A ÓPERA ALEMÃ

Supervisão Editorial: J. Guinsburg
Revisão: Juliana Cardoso
Capa e Diagramação: Adriana Garcia
Produção: Ricardo W. Neves
Raquel F. Abranches
Sergio Kon

HISTÓRIA DA ÓPERA
Lauro Machado Coelho

A ÓPERA ALEMÃ

Dados Internacionais de Catalogação na Publicação (CIP)
(Câmara Brasileira do Livro, SP, Brasil)

Coelho, Lauro Machado
  A ópera alemã / Lauro Machado Coelho. -- São Paulo : Perspectiva, 2011. --
(História da ópera)

  Bibliografia.
  1. reimpr. da 1. ed. de 2000
  ISBN 978-85-273-0232-6

  1. Ópera - Alemanha 2. Ópera - História I. Título. II. Série.

00-4616   CDD-782.10943

Índices para catálogo sistemático:
1. Alemanha : Ópera : Música 782.10943
2. Ópera alemã : Música 782.10943

Direitos reservados em língua portuguesa à
EDITORA PERSPECTIVA S.A.

Av. Brigadeiro Luís Antônio, 3025
01401-000 – São Paulo – SP – Brasil
Telefax.: (011) 3885-8388
www.editoraperspectiva.com.br

2011

Para a minha família:

Lucília, minha mãe, doce e forte, tia Clymene, que foi para nós uma segunda mãe, Maria Honória, minha irmã querida, Sérgio, meu sobrinho, e Antonio Viotti, meu cunhado, Fernando e Guilherme, meus filhos.

"Von Herzen – möge es wieder zu Herzen gehen."
("Que do coração volte para o coração")

BEETHOVEN – na dedicatória da
Missa Solemnis

Alle neuere Musik wird auf zweierlei Weise behandelt, entweder daß man sie als eine selbstständige Kunst betrachtet, sie in sich selbst aussbildet, ausübt und durch den verfeinerten Sinn geniesst, wie es der Italiener zu tun pflegt, oder daß man sie in Bezug auf Verstand, Empfindung, Leidenschaft setzt und sie dergestalt bearbeitet, daß sie mehrere menschliche Geistes-und Seelenkräfte in Anspruch nehmen könnte, wie es die Weise der Franzosen, der Deutschen un aller Nordländer ist und bleiben wird.

GOETHE
Anmerkung zu Diderot

(Toda música nova é tratada de uma dessas duas maneiras: ou é considerada como uma arte independente, que se desenvolve dentro de si mesma, mantém a si própria e deve ser fruida com sentimento refinado, como fazem os italianos; ou está relacionada com a compreensão, o sentimento, a paixão, e é tratada de tal maneira que requer o exercício de muitas qualidades do espírito e da alma para que se possa entende-la, e é assim que os franceses, os alemães e os nórdicos a tratam, e sempre o farão.)

Notas sobre Diderot

Sumário

Prefácio 13

DAS ORIGENS A WEBER 15

As Origens da Ópera Alemã 17
   Schütz 18, Bontempi 18

Steffani 21

Os Primeiros Compositores Alemães ... 27
   Seelewig 27, Schürmann 28, Krieger 28,
   Strungk 28, Franck 31, Förtsch 31,
   Conradi 32, Kusser 32, Heinichen 32

Keiser 33

Haendel 39

Mattheson 43

Telemann 45

Graun 49

Agricola 53

Fux 55

Caldara e Predieri 59

Hasse 61

O Singspiel 67
   J. Hiller 68, Neefe 69, André 70, Dieter
   70, Schweitzer 70, Benda 72, Umlauf 73,
   F. Hiller 73, Weigl 73, Müller 74, Zumsteeg
   74, Reichardt 75, Wranitzky 76, Dittersdorf 77

Haydn 79

Mozart 93

O Final do Século XVIII 131
   Holzbauer 131, Schürer 132, Naumann
   133, Schuster 133, Schenk 133, Danzi 134

Leonore ou Fidelio?: A Única Ópera de
Beethoven 135

Os Precursores 143
   Hoffmann 143, Spohr 146, Von Poissl 153

O Declínio da Ópera Italiana 155
   Morlacchi 155, Rastrelli 157

O ROMANTISMO 159

O Romantismo 161

Weber 171

Schubert 187

Marschner e os Epígonos Românticos .. 195
   os Lachner 201, Reissiger 202, Bruch 202

Mendelssohn 205

Schumann 209

A Comédia Romântica 211
   Kreutzer 211, Lortzing 212, Nicolai 218,
   Von Flotow 219

Wagner 225
   A Recusa da Estrutura Tradicional da Ópera 230, O Uso do Leitmotiv 233, A Visão da
   Ópera como uma Gesamtkunstwerk 234, O
   Cuidado com a Encenação 236, O Teatro
   como o Local Sagrado da Fusão de Todas
   as Artes 239, Discografia Seletiva 241

DO SÉCULO XIX PARA O XX 245
O Pós-Wagner: Goldmark –
os "Wagneritas" 247
   Goldmark 249, O Wagnerismo 253, Mangold 253, Born 253, Von Holstein 254, Zöllner 254, Weingartner 255, Bungert 255

A *Komische Oper* 257
   Cornelius 257, Götz 259, Wolf 261, D'Albert 263, Outros Nomes 264, Von Reznicek 264, Von Schillings 265, Urspruch 266, Blech 266

A *Volksoper* e a Influência Verista 267
   Brüll 267, Nessler 267, Bittner 268, Kienzl 269, D'Albert 270, Von Schillings 271, Von Walthershausen 275

A *Märchenoper* 277
   Ritter 277, Humperdinck 277, Outros Nomes 286, Schulze 287

O SÉCULO XX 289
Os Caminhos Divergentes
do Século XX 291
   O Quadro Histórico 291, Neo-Romantismo 296, Expressionismo 298, Nova Objetividade e Neoclassicismo 301

Richard Strauss 305
   Discografia Seletiva 317

Busoni 321
Siegfried Wagner 331
Pfitzner 347
Zemlinsky 355
Schmidt 365
Schreker 371
Outros Nomes 389
   Graener 389, Ettinger 390, Haas 390, Berg 391, Weismann 391, Klenau 392, Gál 392

Braunfels 395
Wellesz 401
Schoeck 405
Gurlitt 411
Martin 415
Suder 419
Schuhlhoff 423
Dessau e Brand 429
   Brand 430

Hindemith 435
Orff 451
Korngold 459
Toch 477
Eisler 479
Ullmann 483
Krenek 489
Weill 499
Reutter 519
Egk 521
Wagner-Régeny 529
Blacher 535
Goldschmidt 537
Hartmann 543
Sutermeister 547
Krása 549
Von Einem 553

Bibliografia 561

Prefácio

O primeiro volume desta coleção a ser publicado chamava-se *A Ópera na França*. Este, porém, intitula-se *A Ópera Alemã*, pois seu objeto de estudo abrange as manifestações do gênero tanto nos Estados germânicos – só unificados em 1871 – quanto nos territórios que integravam o Império Austro-Húngaro. Por isso, o leitor encontrará aqui, ao lado dos alemães, compositores austríacos (Haydn, Mozart, Schreker), húngaros (Goldmark), tchecos (Wranitzky, Schuhlhof), suíços (Schoeck, Martin), e até mesmo italianos que fizeram carreira em terras alemãs (Steffani, Caldara, Busoni), abrigados sob o amplo guarda-chuva da língua, da cultura, das circunstâncias políticas, da evolução histórica.

Além disso, não podemos esquecer que a História das origens da ópera alemã é, na verdade, a História da expansão, pelos territórios germânicos, de um modelo de teatro musical importado da Itália, com freqüência cantado em italiano e, por muito tempo, reproduzindo fórmulas de composição nascidas em Nápoles ou Veneza. Isso é particularmente verdade em relação à chamada *opera seria*. A Europa foi dominada, durante a primeira metade do século XVIII, pelo tipo de melodrama nascido das reformas no libreto propostas, a partir de 1690, pelos poetas árcades romanos – Silvio Stampiglia, Apostolo Zeno e principalmente Metastasio (pseudônimo de Pietro Trapassi) –, visando a domar os excessos da Escola Veneziana.

Regida por convenções extremamente rígidas, a *opera seria* espalhou-se por toda a Europa, de Londres a São Petersburgo, só não atingindo a França – curiosamente porque, graças ao italiano Lully, a fórmula versalhesa da *tragédie lyrique* tivera, desde o início, regras próprias, nitidamente diferenciadas do modelo italiano (ainda que eventualmente sofrendo a sua influência). Mas o caso francês é singular. No resto da Europa setecentista, é absoluta a hegemonia do modelo peninsular. Haendel e Bononcini em Londres, Mattheson e Telemann em Hamburgo, Agricola e Graun em Berlim, Caldara, Predieri e Fux em Viena, Hasse em Dresden, todos eles puseram-se a serviço da fórmula metastasiana, que se constituiu no modelo por excelência da ópera aristocrática. O volume desta coleção dedicado à *Ópera Barroca Italiana* trouxe um estudo detalhado das características da *opera seria* e das causas para seu aparecimento e expansão. Em função disso, cabe aqui uma explicação. É neste volume que o leitor encontrará o capítulo sobre o italiano Agostino Steffani, pois ele viveu e trabalhou na Alemanha. Em compensação, aqui, terá apenas uma breve referência à fase alemã da obra de Haendel, na Ópera de Hamburgo. Como a partir de 1707 – primeiro em Florença e Veneza e depois em Londres – começa a fase internacional de sua carreira, a análise de sua obra encontra-se no já mencionado volume sobre o Barroco.

Como nos demais volumes da coleção *A História da Ópera*, a análise da evolução do drama lírico germânico exclui os compositores que, a partir da revolução dodecafônica, romperam com o sistema tonal, procurando outras alternativas. A chamada Segunda Escola de Viena e todas as manifestações dela decorrentes serão analisadas, no final da série, em *A Ópera Contemporânea*.

Esta coleção de *História da Ópera* prevê também estudos separados para alguns grandes nomes cuja produção foi particularmente relevante. Dentre os compositores aqui abordados, Mozart, Wagner e Richard Strauss terão direito a essa abordagem detalhada. Mas como seria impossível deixar de mencioná-los na seqüência de uma História da Ópera alemã, este livro inclui capítulos sumários que oferecem uma visão de conjunto provisória (e uma discografia seletiva) de sua produção. Que o leitor não estranhe, portanto, a aparente superficialidade do tratamento dado a figuras desse porte. As óperas de Strauss, Wagner e Mozart, fundamentais para o desenvolvimento do gênero não só na Alemanha, mas como um todo, merecerão análise posterior muito mais pormenorizada.

Procurei fazer com que esta coleção se tornasse acessível a todo o público interessado em ópera, o que significou restringir a terminologia técnica ao mínimo indispensável e renunciar ao uso de exemplos musicais, que só teriam sentido para o leitor especializado. Da mesma forma, como o disco é o melhor meio para que se trave conhecimento com as obras descritas, enumerei, em cada capítulo, as gravações existentes em disco (Lp, CD) e vídeo (cassete, laser-disc). Preferi mencioná-las no corpo do texto a estabelecer uma discografia seca no fim do volume, o que me permitiu, sempre que necessário, fazer comentários e comparações. Alguns dos álbuns mencionados – em especial os pirata – não se encontram imediatamente disponíveis. Mas é importante consigná-los, pois poderão, eventualmente, ser localizadas em sebos, lojas de saldos ou coleções particulares. Essa *Discografia*, evidentemente, não tem a menor pretensão de esgotar o assunto. Sou o primeiro a ter consciência de que, nesse levantamento, muita coisa me escapou – mesmo porque a rapidez dos lançamentos no mercado internacional, em particular na área das cópias de vídeo, faz com que esse tipo de inventário, nem bem terminado, já se tenha desatualizado. Fica aqui, portanto, desde já, o meu pedido de desculpas por qualquer tipo de lacuna ou imprecisão, e o agradecimento ao leitor que, gentilmente, se prontificar a apontar-me os deslizes e a ajudar-me a saná-los.

Last but not the least, resta-me fazer agradecimentos especiais aos amigos Sérgio Casoy, Mírian Marques e Renato Rocha Mesquita que, integral ou parcialmente, leram os originais deste livro, dando-me sugestões preciosas; Renato, além disso, compartilhou generosamente comigo os tesouros de sua discoteca, de sua biblioteca e de sua larga experiência como historiador.

Das Origens a Weber

As Origens da Ópera Alemã

Até 1871, a Alemanha não existia como um Estado unificado. No século XVII, quando a ópera começou, a partir da Itália, a irradiar-se por toda a Europa, a nação alemã estava fragmentada em quase 1.700 pequenas entidades políticas, que iam desde uma cidade imperial como Frankfurt, ou um eleitorado palatino como Mannheim, até minúsculas possessões resultantes de antigos feudos.

A música sempre exerceu papel predominante na vida alemã mas, na ausência de uma capital centralizada, não havia uma cidade única para a qual convergisse a produção artística, como acontecia com Paris, Londres ou Viena. Assim como acontecia também na Itália, que, nessa época, tampouco existia como país unitário, se formavam diversos centros de criação, mais estilhaçados e sem força para exercer influência internacional de grande porte, mas com personalidades próprias, muito diferenciadas, e de excepcional variedade.

A igreja e a corte foram, até o século XIX, os dois centros privilegiados da produção musical: para se manter, o músico devia pôr-se ao serviço de uma ou de outra. No caso da ópera, as cortes mais prósperas e organizadas, que dispunham de orquestra própria e tinham vida musical intensa, possuíam muitas vezes teatros em que se encenavam espetáculos, cujo grau de sofisticação e complexidade era muito variável. Mas nas cidades maiores havia também salas de espetáculo públicas extremamente ativas.

A primeira sala independente alemã – na verdade o primeiro teatro público europeu, depois dos de Veneza – foi a Oper auf dem Gänsemarkt (o Teatro de Ópera do Mercado dos Gansos), de Hamburgo, inaugurada em 2 de janeiro de 1678 com *Der erschaffen, gefallene und auffgerichtetet Mensch* (O Homem Criado, Decaído e Reerguido). Esse drama religioso de Johann Theile (1646-1724), baseado na história de Adão e Eva, provocou protestos indignados da Igreja, que considerava sacrílega uma peça teatral extraída da Bíblia. Mas Theile, músico da corte do duque Christian Albrecht von Gottorf, não deixou-se intimidar pois, em 1681, compôs, para a mesma sala, o drama sacro *Die Geburth Christi* (O nascimento de Cristo), hoje perdido. O Gänsemarkt, onde trabalharam Kusser, Keyser, Mattheson, Telemann e o Haendel do início da carreira, fez de Hamburgo um centro operístico muito vigoroso.

A estrutura política fragmentada da Alemanha dificulta, portanto, a tarefa de traçar as grandes linhas do desenvolvimento cultural germânico, não só no domínio da música, mas de todas as artes – e faz com que esse desenvolvimento não seja homogêneo, criando, da literatura para as artes plásticas, ou destas para a música, um descompasso ainda maior do que o normalmente observado em Estados de formação mais antiga, como a França ou a Inglaterra. Entre os séculos XVII e XIX, o desenvolvimento da ópera, em todas essas cortes e cidades, passou por altos e baixos, avanços e retrações, ao sabor de circunstâncias políticas e econômicas, muitas vezes sem que se possa perceber um padrão definido de evolução.

Como já foi alertado no Prefácio, um complicador adicional é o fato de, em todos os campos artísticos – mas no da música em particular –, haver uma herança comum compartilhada pelos Estados alemães e os países integrantes do Império Austro-Húngaro. Sendo Viena um centro cultural de imensa importância, era natural que funcionasse como um pólo de atração para artistas nascidos em território alemão que – como Beethoven – iam estudar na Áustria, ali se instalavam e passavam a vida inteira. Para evitar, portanto, de nos perdermos em minúcias poucos relevantes, este estudo não fará distinção entre a ópera produzida na Áustria ou na Alemanha – a não ser nos casos em que elementos locais possam ter uma importância estética específica.

A Áustria interessou-se muito cedo pelas experiências com o novo tipo de teatro musical que, em 1597, surgira em Florença. Em 1614, Salzburgo foi a primeira cidade germânica a encenar uma ópera. Seguiram-se Viena, em 1626, e Praga no ano seguinte. Foi também em 1627 que Torgau, perto de Dresden, ouviu a primeira ópera composta por um alemão. Seu autor era Heinrich Schütz (1585-1672), um dos maiores nomes do período Protobarroco alemão.

Schütz

Em 1610, quando estudava composição com Giovanni Gabrielli em Veneza, Schütz ficou conhecendo *Dafne*, o poema que Ottavio Rinuccini escrevera para a primeira ópera, composta por Jacopo Peri e apresentada no palácio Bardi, em Florença, no Carnaval de 1597. Ao voltar para a Alemanha, levou consigo o libreto – cuja música, a essa altura, provavelmente já se perdera – e o fez traduzir por Martin Opitz. Infelizmente não se conservou, tampouco, a partitura que Schütz escreveu para o poema de Rinuccini/Opitz. Sua *Dafne* foi cantada na primavera de 1627, em comemoração ao casamento do landgraf Georg II de Hesse-Darmstadt com Sophie Eleonora, filha do eleitor Johann Georg I de Dresden, patrão do compositor.

Perdeu-se igualmente *Orpheus und Euridice*, ópera-balé em cinco atos fiel ao modelo florentino, que Schütz compôs em 1638 para o casamento do príncipe Johann Georg da Saxônia com a princesa Magdalena Sybilla de Brandenburgo. Para esse *Orpheus*, Opitz também traduzira um libreto de Rinuccini, o da *Euridice* (1600) – a primeira ópera de que se possui a partitura completa, igualmente composta por Peri.

Bontempi

Em 1671, o primeiro texto de Rinuccini adaptado por Opitz voltou a ser musicado, desta vez pelo italiano Giovanni Bontempi (1624-1705), assistente de Schütz em Dresden que, para isso, contou com a colaboração de um certo Peranda. Essa segunda versão da *Dafne* é a primeira ópera alemã integralmente conservada. Compositor, cantor, ensaísta e, no fim da vida, cenógrafo, Bontempi tinha sido o autor da primeira ópera italiana encenada no norte da Alemanha: *Il Paride* – que ele chamava de "un erotopegno musicale" (uma prova de amor musical) – também apresentada no casamento da filha do eleitor, lado a lado com a primeira *Dafne*, a de Schütz.

Il Paride era uma fidelíssima reprodução do estilo de Domenico Mazzocchi, um dos fundadores da Escola Romana, com quem Bontempi estudara. Esse Mazzocchi é historicamente importante por ter sido o primeiro autor a usar, na *Catena d'Adone*, de 1626, a palavra "ária" para distinguir a cantilena mais elaborada que, de vez em quando, interrompe o fluxo contínuo do recitativo monódico, dando-lhe maior variedade. Isso significa que, ao atingir a Alemanha, a ópera italiana já se desprendera dos moldes um tanto toscos e rígidos do *recitar cantando* proposto pelos pioneiros da Escola Florentina e dava os primeiros passos rumo à evolução que a levaria às formas mais elaboradas da Escola Napolitana e ao aparecimento do códice da chamada *opera seria* barroca.

Na segunda metade do século XVII, Bontempi e Carlo Pallavicino (1630-1688) em

DAFNE.

Auff deß Durchlauchtigen/
Hochgebornen Fürsten vnd Herrn/
Herrn Georgen/ Landtgrafen zu Hessen/
Grafen zu Catzenelnbogen/ Dietz/
Ziegenhain vnd Nidda;
Vnd
Der Durchlauchtigen / Hochgebornen Fürstinn vnd Fräwlein/ Fräwlein Sophien
Eleonoren/ Hertzogin zu Sachsen/ Gülich/ Cleve
vnd Bergen/ Landtgräfinn in Thüringen/
Marggräfinn zu Meissen/ Gräfinn zu
der Marck vnnd Ravenspurg/
Fräwlein zu Ravenstein
Beylager:
Durch Heinrich Schützen/ Churfürstl.
Sächs. Capellnmeistern Musicalisch in den
Schawplatz zu bringen/
Auß mehrentheils eigener erfindung
geschrieben von
Martin Opitzen.

In Vorlegung David Müllers/
Buchführers in Breßlaw.

Página de rosto do libreto da *Dafne* de Heinrich Schütz (1627), a primeira ópera em alemão; o texto de Martin Oppitz é a tradução do poema de Ottavio Rinuccini para a *Dafne* de Jacopo Peri – a primeira ópera da história.

Dresden, Pietro Cesti (1623-1669) e Giovanni Battista Draghi (1640-1708) em Viena, terão consolidado o gosto pela ópera – todos esses autores foram estudados no primeiro volume desta coleção, *A Ópera Barroca Italiana*. A conseqüência do interesse por esse novo gênero de teatro musical é a necessidade de importar da Itália, onde ele surgiu, músicos competentes em condições de produzi-lo para os senhores alemães e familiarizar os artistas locais. Esses compositores virão, naturalmente, acompanhados de poetas que lhes possam fornecer os libretos, de cantores e instrumentistas. Um grande artista, porém, é trazido muito cedo, ainda adolescente, e é na Alemanha que estuda música e se transforma num dos degraus mais significativos da evolução da ópera nos territórios germânicos.

STEFFANI

Pouco conhecida hoje, mas de importância fundamental como ponto de passagem entre a ópera do século XVII e a do XVIII, é a obra de Agostino Steffani (1643-1628). Em 1739, ao falar de seus *Duetti da Camera* – de que Alan Curtis fez em 1982 uma memorável gravação para o selo Archiv – o compositor Johann Mattheson chamou-o de "mestre incomparável, que ultrapassa todos os outros músicos de que tenho conhecimento e merece ser tomado como modelo". Homenagem justíssima a uma personalidade que causou forte impressão em todos os que conviveram com ele, operista dotado de senso dramático excepcional, facilidade melódica, ouvido invulgar para o colorido orquestral e original imaginação harmônica, que influenciou Keyser, Bononcini, Haendel, Telemann e o próprio Mattheson.

Agostino tinha 13 anos quando o eleitor Ferdinando Maria da Baviera o conheceu em Pádua e levou-o para Munique. Fez seus primeiros estudos de música com o organista da corte, Johann Kaspar Kerll e, em 1672, foi mandado para Roma, onde passou dois anos aperfeiçoando-se com Ercole Bernabei, maestro da Cappella Giulia. Desses estudos resultaram, em 1674, as *Psalmodia Vespertina*, a primeira obra que publicou. De volta a Munique, assumiu em 1678, o cargo de organista da corte. Ao subir ao trono em 1681, Maximiliano II Emanuel o escolheu para o cargo de *Kammermusikdirektor* – o responsável pela música executada na residência pessoal do soberano. Nesse mesmo ano, Steffani iniciou a carreira de operista com *Marco Aurelio*, seguido de *Servio Tullio* (1686).

Inovadora, em termos de temática, é a preferência de Steffani pelos libretos extraídos da história germânica – *Alarico il Baltha* (1687), *Henrico Leone* (1689) –, embora eles continuem convivendo com os tradicionais argumentos mitológicos, como é o caso de *La Lotta d'Hercole con Achelao* (1689) ou do seu primeiro grande sucesso no palco: *Niobe, regina di Tebe*, estreada no recém-reformado Hoftheater de Munique, em 5 de janeiro de 1688. A qualidade dessa ópera, que Luigi Orlandi extraiu do Livro VI das *Metamorfoses* de Ovídio, causou enorme surpresa quando ela foi remontada, em 31 de agosto de 1977, no Teatro Accademico de Castelfranco Veneto, onde Steffani nasceu, e centro hoje de um festival dedicado ao teatro barroco. O selo Voce tem a gravação desse espetáculo, regido por Newell Jenkins, grande especialista da obra do compositor, cujas partituras editou, juntamente com Gerhard Croll, na série dos *Denkmäler Rheinischer Musik* (Monumentos da Música Renana).

Niobe, a mulher de Anfion, rei de Tebas, derruba as estátuas da deusa Latona e exige que seus próprios filhos sejam proclamados deuses. Júpiter castiga essa arrogância fulminando os rapazes com seus raios e transformando em pedra a própria rainha sacrílega.

Mas Orlandi não se limitou a reproduzir a narrativa de Ovídio: inventou um amante para a rainha, o libertino Clearte, razão a mais para que essa anti-heroína seja punida. Imaginou a paixão que a bela soberana inspira em Creonte que, disfarçado como o deus Marte, tenta raptá-la e, depois, aliado a Polifermo, ataca a cidade – pretexto para cenas de muito efeito. E criou uma intriga paralela, de tom mais lírico: os amores do jovem Tiberino por Manto, a filha do adivinho Tirésias.

A maquinaria do teatro era provavelmente de primeira ordem, pois *Niobe* foi composta de modo a explorar todas as suas possibilidades. Há terremotos, tempestades, nuvens que descem dos céus e se abrem revelando os deuses, dragões voadores e, na apoteose final, uma procissão de todos os planetas que cruzam o céu. Mas Niobe não é apenas um espetáculo pirotécnico sem substância musical, pois Steffani já está rompendo com o acompanhamento homofônico tradicional, em que as linhas vocal e instrumental se desenvolviam simultaneamente. A sua escrita assume caráter contrapontístico e o baixo contínuo faz comentários independentes da melodia vocal. Ao contrário do que acontecia em Monteverdi, Cavalli e até mesmo Cesti, nas suas árias o solista já é tratado de forma instrumental, e a conseqüência é um tipo de coloratura que emerge das idéias musicais, e não das sugestões dramáticas.

Inclinado ao canto tenso e vigoroso, Steffani escreve também recitativos muito eloqüentes, que levam a voz para tessituras muito elevadas, com súbitas escalas ascendentes ou descendentes de efeito surpreendente. *Niobe* traz belos exemplos dessa técnica: por exemplo, os entrecortados recitativos acompanhados, cheios de angústia, que precedem o lúgubre lamento "Funeste immagini", do ato III. Ou as velozes escalas ascendentes que fazem o monólogo de Polifemo culminar na *aria di furore* "Fiera aletto". Desde a *Niobe*, de resto, vê-se surgir em Steffani uma preocupação que não existe em seus contemporâneos: a de colocar em suas partituras indicações sobre as nuances expressivas. Seu *allegro* ora é *non tanto*, ora *con brio* ou *con fuoco*. Em suas partituras já surgem expressões como *con moto passionato* ou *con moto deciso*.

A vinda de Bernabei, seu professor romano, para Munique, fez Steffani preferir mudar-se para Hanôver, pois percebeu que a concorrência do outro não lhe daria possibilidades de promoção. Aceitou trabalhar para o duque Augusto que, em seu palácio, montara uma boa orquestra, tomando como modelo os *violons du Roy* de Lully em Versalhes, e mandara vir da Itália cantores competentes. Colaborando com o poeta Ortensio Mauro, Steffani apresentou *La Superbia d'Alessandro* (1690), *L'Orlando Generoso* (1691) e, principalmente *L'Atalanta Ovvero Le Rivali Concordi* que, estreando no Schlosstheater em 20 de fevereiro de 1692, excursionou com muito sucesso por Hamburgo (1698) e Stuttgart (1699 e 1701), sendo cantada em tradução alemã.

O rei Meléagro da Calidônia ofendeu sem querer a deusa Diana e esta, para se vingar, enviou um urso que está devastando o campo e provocando a fome. O heróis Jasão e Teseu e a caçadora Atalanta vêm em socorro de Meléagro, matam o animal, e o rei oferece sua cabeça a Atalanta como prêmio. Furiosos por terem sido preteridos nessa manifestação de reconhecimento, Jasão e Teseu – ambos apaixonados por Atalanta e temerosos de que o prêmio a faça enamorar-se por Meléagro – decidem derrubá-lo do trono. Mas as suas mulheres, Medéia e Ariadne, intervêm para impedi-los. Meléagro chega a ser destronado mas, enquanto os dois "rivais de acordo" estão discutindo a quem caberá a mão de Atalanta, as suas esposas aparecem, exigem deles que voltem para casa, e o caminho fica livre para que Atalanta se una ao rei, a quem amava desde o início.

O estilo de ópera francês, com o qual Steffani se familiarizara ao visitar Paris em 1678, exerce nítida influência sobre *L'Atalanta*. A abertura tem a forma ternária lento-allegro-lento estabelecida por Lully (mas nela o italiano introduz um trio – um interlúdio para três solistas, que contrasta com o *tutti* orquestral – no qual encontramos o embrião do episódio contrastante que há no centro do terceiro movimento da sinfonia clássica, seja um ritmo de dança ou um *scherzo*). O recitativo é cuidadoso, muito atento às inflexões da língua falada. As árias líricas têm andamento nobre e pausado, com uso abundante de instrumentos *obbligato* (flauta, violino, oboé, fagote, trompa) para tecer desenhos ornamentais em torno da melodia vocal. É extenso o emprego de ritmos de dança nas árias rápidas e importante o papel do balé como *divertissement* intercalado à ação.

De Lully, Steffani herdou também a técnica da "ária de lema". Giovanni Legrenzi foi o primeiro a utilizar, no *Eteocle e Polinice*, de 1675, esse tipo de construção a que se dá, em alemão, o nome de *Devisenaria* (e em inglês o de *motto aria*). Esse número começa com as primeiras notas da melodia principal; trata-se, porém, de um falso começo, pois o tema logo se interrompe. Logo depois é repetido e desenvolvido. As notas iniciais ficam como um lema que, em geral, é ecoado várias vezes pela orquestra no acompanhamento.

Exemplo típico do *opéra à clef* a que o período Barroco tanto se afeiçoa é *La Libertà Contenta*, estreada no Schlosstheater em 3 de fevereiro de 1693. O selo Voce tem o registro da apresentação em forma de concerto que Jenkins regeu, em 31 de outubro de 1979, dessa comédia que foi extremamente popular em seu tempo – a ponto de Jenkins afirmar que Mozart tinha em mente a cena do ato II, em que várias personagens se cruzam num jardim e as identidades trocadas provocam diversas confusões, ao compor o final das *Bodas de Figaro*, no qual Beaumarchais reutiliza esse tipo de situação clichê.

A princesa Timea, noiva do rei Agi de Esparta, é amada também por Alcebíades e Lisandro. A dama ateniense Aspásia é noiva de Péricles, mas o rei Agi, Alcebíades e o filósofo Telamide também lhe fazem a corte. Alcebíades, que foi exilado de Atenas, vai para Esparta, mas não consegue decidir quanto à mulher que prefere. A situação é complicada pelo fato de Aspásia e Péricles se disfarçarem de escravos, ela para se certificar a quem Alcebíades realmente ama; ele, para vigiar uma eventual infidelidade de sua noiva. No final, Timea conclui que o amor verdadeiro de Lisandro vale mais do que as indecisões de Alcebíades ou o trono ao lado de um homem que não estima. Aspásia reconcilia-se com Péricles. O exilado ateniense continua às voltas com suas indecisões. E Agi conclui, filosoficamente, que a alegria da liberdade é ainda mais valiosa do que a sua coroa.

Nas palavras da ária do ato III em que Timea se pergunta "A quem devo amar? Devo reinar ao lado de um rei e sofrer sem ter quem me ame?", parece que Mauro reproduziu um bilhete galante que Sofia Dorotéia, a mulher do eleitor George de Hanôver, enviou ao aristocrata sueco conde Phillipp Christoph Königsmark que, segundo consta, era seu amante. A tentativa de fuga dos dois fracassou e o futuro rei George I da Inglaterra mandou prender Königsmark, que desapareceu misteriosamente, um ano após a estréia de *A Alegria da Liberdade*. Esse episódio, naturalmente, só serviu para aumentar o interesse pela ópera. *Baccanali* e *I Trionfi del Fato ovvero Enea in Italia*, ambas de 1695, e *Briseide*, de 1696, ainda foram escritas em Hanôver, sobre libretos de Mauro, antes de Steffani ser mandado como embaixador a Bruxelas.

O ano de 1703 encontra-o em Düsseldorf. Além de revisar e reprisar títulos já escritos para Hanôver, ele escreve obras novas, como o *Arminio* (1707), uma vez mais inspirado em um episódio da história alemã. E é no Teatro da Corte Eleitoral Palatina que, em janeiro de 1709, em homenagem a seu patrão, o eleitor Johannn Wilhelm, estréia suas duas partituras mais ricas: *Il Turno* e *Tassilone*. O libreto de *Il Turno ossia L'Amor Vien dal Destino* é provavelmente de Mauro, e fala dos amores de Enéias por Lavínia, a filha do rei Latino. A moça está noiva de Turno, príncipe do Lácio, e este, ao saber das intenções do troiano, decide-se a raptar a moça que lhe foi prometida. Mas Giuturna, a irmã de Lavínia, está apaixonada por Turno e disfarça-se como ela para que o rapaz a seqüestre. Nesse meio tempo, o deus florestal Fauno procurou Latino, de quem é o pai, e lhe revelou que, se favorecer as bodas de Enéias com Lavínia, dessa união resultaria a nação romana. O rei deixa, portanto, que Enéias e seus homens procurem Turno e o derrotem. Mas o troiano poupa a vida do rival ao perceber que, tendo possuído Giuturna, ele se apaixonou por ela.

Quanto a *Tassilone*, o libretista Stefano Benedetto Pallavicini era o secretário pessoal do eleitor, tinha conhecimento íntimo de seus planos políticos e, ao contar essa história passada nos tempos do imperador Carlos Magno, encheu-a de alusões contemporâneas. A gravação da montagem que Jenkins fez em Castelfranco (Voce, 1975) demonstra que esta é a ópera mais madura e musicalmente bem realizada de Steffani. Em seus momentos mais felizes – a empolgante abertura de estilo francês, algumas árias com coloratura rápida que oferecem verdadeiros malabarismos de articulação e emissão – tem-se a nítida impressão de já se estar ouvindo Haendel.

O nobre Tassilone, noivo de Gismonda, foi acusado de ter traído o imperador Carlos Magno e exige o direito de expor-se ao julgamento divino, duelando com um cavaleiro escolhido pelo imperador. Dois guerreiros se apresentam: Gheroldo, príncipe da Suábia, que está apaixonado por Rotrude, a filha do imperador; e Sigardo, que ama Teodota, a outra filha de Carlos Magno. Mas Teodota é uma mulher muito insegura e, desconfiada de que Sigardo está fazendo também a corte a Gismonda, revela as suas suspeitas a Tassilone que, desesperado, jura vingança. É Sigardo o escolhido e, no duelo, ele é morto, mas Tassilone também fica muito ferido. Na confrontação com a noiva, a personagem-título percebe que suas suspeitas de infidelidade eram infundadas e morre serenamente em seus braços. Gheroldo une-se a Rotrude e a ópera termina com um hino de louvor à virtude.

À maneira barroca, com metáforas tortuosas e referências indiretas, o libreto reflete a situação política da corte bávara e do Palatinado durante a Guerra da Sucessão Espanhola, com Carlos Magno representando José I, do Sacro Império, Tassilone simbolizando Max Emanuel da Baviera, e Gheroldo, o eleitor Johann Wilhelm. Os fatos, evidentemente, não são análogos, mas há paralelos muito claros que podem ser traçados.

Em 1709, Steffani voltou para Hanôver, onde ficou até o fim da vida (são dessa fase muitos dos duetos de câmara, escritos para a princesa Sofia Carlota, filha do eleitor George de Hanôver, que haveria de se tornar a eleitora de Brandenburgo). Sua saúde estava declinando rapidamente. Em 1927, ele foi a Londres, pois fora eleito presidente da Academy of Vocal Music. Na volta, fez uma escala em Frankfurt, onde morreu de um derrame.

Nas passagens melismáticas de uma ária como "Tutta tremo e per le vene", do *Tassilone* (III, 6), encontramos aquele tipo de coloratura que emerge das idéias musicais, e não das sugestões dramáticas, e já tende a fazer da voz um uso instrumental, virando as costas ao princípio de clareza que era fundamental para a Camerata. Isso é muito claro nas árias de bravura de estilo marcial, em que são freqüentes as passagens virtuosísticas lembrando toques de trombeta ("La tromba qui m'invita", em *Tassilone* IV, 8, é um perfeito exemplo disso). Há, na invenção melódica dessas árias e na condução do estilo concertante, um tom nitidamente pré-haendeliano.

As árias de Steffani já são quase todas ternárias, com *da capo*. Para conservar o caráter contrapontístico, ele usa com freqüência o *basso ostinato* que, às vezes, determina a forma mas, não raro, é simplesmente incorporado à estrutura com a reprise. Em muitos casos, aliás, o princípio do *basso ostinato* é modificado e o acompanhamento do contínuo reduz-se a um movimento regular com intervalos de quarta ou oitava, num motivo rítmico característico que se repete quase constantemente. Insólitas, já tão cedo na história da evolução da ária ternária ABA', são a amplitude e o aparato virtuosístico que ele dá à seção central. Nos recitativos acompanhados, que têm estrutura muito flexível e apresentam uma mistura livre de declamação e arioso, reencontramos às vezes o antigo ideal do *recitar cantando* da Camerata, de Monteverdi e Cavalli.

Quanto aos desenhos traçados pelos instrumentos *obbligato* em torno da linha vocal, eles refletem o gosto do Barroco pelo ornamento sem função estrutural que serve para dissimular os traços principais. Há um paralelo que pode ser feito entre os desenhos da flauta, na grande ária da personagem-título no ato II da *Niobe*, por exemplo, e o que acontece nas artes plásticas: o excesso de decoração escondendo as linhas de força dos objetos, nos altares sobrecarregados de dourados, no mobiliário coberto de enfeites *en rocaille*, nas colunas salomônicas da capela do Vaticano em que as formas puras das colunas gregas são "torcidas" e deformadas. Ou na literatura, em que o gosto do cultismo – o jogo com os artifícios formais – leva ao deliberado obscurecimento da frase através de metáforas, inversões e outras figuras de retórica.

Em sua *Storia del Belcanto*, Rodolfo Celetti chama a atenção para o alargamento da extensão vocal imposto pela escrita de Steffani. Na *Briseide*, o tenor que faz Agamemnon atinge o si^3 na ária "Dolce maga è la beltà". Notas insólitas para a época, como o mi^4 ou o ré^4 são requeridos do contratenor ou do contralto. E embora o sopranista não ultrapasse o lá^4, exige-se dele que o emita com muito mais freqüência do que no passado. Steffani é, portanto, junto com Alessandro Scarlatti, o compositor da transição entre os séculos XVII-XVIII em que melhor se percebe o germe do que será o *belcanto* barroco em seu apogeu. Ou como diz Donald J. Grout:

Steffani é um dos pontos culminantes do estilo operístico no fim do século XVII. Foi um gênio espontâneo como Mozart ou Schubert, e não um dramaturgo nato como Cavalli ou Haendel, e as suas composições constituem a síntese perfeita da obra musical que o século inteiro tinha realizado. Na sua obra, chega-se finalmente à reconciliação do princípio monódico com a tradição contrapontística. As óperas de Steffani – da mesma forma que as sonatas em trio de Corelli, que lhe são contemporâneas – exemplificam o equilibrado estilo clássico do Barroco Tardio que abre caminho para as obras monumentais de Bach e Haendel, membros de uma geração mais nova. Aristocrático, digno, musicalmente sério, Steffani encontrou seguidores não só em alguns excepcionais compositores nórdicos como Johann Christoph Pez, mas também em Keiser e Haendel. A Itália permaneceu estranha a esse movimento: lá, a busca da melodia e da simplicidade, típica do temperamento italiano e da ópera entendida como um espetáculo que se destinava ao público mais vasto possível, levou inelutavelmente às *galanteries* do século XVIII.

Os Primeiros Compositores Alemães

Tendo em seus teatros de corte músicos do calibre de Cesti, Draghi ou Steffani, era natural que os senhores germânicos se encantassem com a ópera italiana e esta tivesse, sobre seus territórios, um domínio hegemônico. O que não impedia que fossem feitas, paralelamente, tentativas de criar uma ópera que tivesse uma linguagem alemã. O exemplo mais antigo que se conhece é *Seelewig*, alegoria religiosa sobre o eterno conflito entre o pecado e a virtude, estreada privadamente em Nurembergue em 1644.

Seelewig

O título completo é *Die geistliche Waldgedicht oder Freudenspiel, genant Seelewig, Gesangsweis auf Italienische Art gesetzet* (O Sagrado Poema da Floresta ou uma Alegre Peça para Canto Intitulada Seelewig, Escrita à Maneira Italiana). O autor dessa "pastoral espiritual" é Georg Philipp Harsdörfer, o fundador da *Pegnesischer Blumenorden* – a Academia das Flores de Pegnitz – que se propunha a purificar de estrangeirismos a língua literária alemã. O poema foi publicado no jornal *Frauenzimmer Gesprächspiele* juntamente com comentários do autor sobre a evolução do gênero dramático da Antiguidade até a sua época e a formulação pioneira do princípio de que a ópera deveria sintetizar todas as outras artes.

Na tentativa de seduzir a ninfa Seelewig (a Alma), o fauno Trugewald recorre à ajuda de uma outra ninfa, Sinnigunda (a Sensualidade) e de três pastores, Kunsteling (o Artifício), Reichmut (a Riqueza) e Ehrelob (o Poder). A virtuose Seelewig, porém, é amparada por Gwissulda (a Consciência) e Herzigilde (a Sabedoria), que lhe ensinam a resistir e permitem-lhe triunfar no final.

A música é do organista e compositor Sigmund Theophil Staden (1607-1655), filho de um respeitado autor de música sacra, com quem estudara, e funcionário da prefeitura de Nurembergue, para a qual organizou diversos eventos cívicos com apresentações musicais. Esta é a sua única obra dramática que sobreviveu, mas sabe-se que ele compôs também um oratório e várias partituras para acompanhar dramas litúrgicos. *Seelewig* faz parte dos dramas religiosos que foram produto primeiro da Reforma e, depois, da Contra-Reforma. Como já acontecia com os mistérios medievais, havia, nessas peças faladas, a inserção de números cantados com dois objetivos: obter variedade e momentos de repouso em relação aos longos monólogos de tom edificante; e utilizar os trechos cantados como um recurso de memorização dos pontos doutrinários-chave, sintetizados na letra das canções estróficas, cuja melodia, simples e de sabor popular, era muito fácil de reter.

Staden demonstra grande habilidade na associação de esquemas métricos, ritmos, andamentos ou padrões melódicos à natureza positiva ou negativa de cada de suas personagens, para frisar seu significado alegórico. A utilização da trompa de caça, por exemplo, para retratar Trugewald, uma figura mitológica dos bosques, tem um excelente rendimento dramático. Misturando o *stile rappresentativo* das primeiras óperas italianas à fórmulas dos dramas escolásticos dos séculos XVI-XVII, ele cria uma peça musical surpreendentemente viva para a época em que foi escrita. Cada um dos três atos é precedido por uma sinfonia de estilo italiano (allegro/adagio/allegro) e os atos II e III se encerram com uma cena coral.

Os dramas religiosos são o ancestral do *singspiel*, a forma típica de ópera alemã, em que diálogos falados servem para interligar as partes cantadas. Esse modelo, que já combinava fala e canto, consolidou-se e enriqueceu-se a partir do momento em que foi contaminado pelo *opéra-comique* francês, de estrutura idêntica, embora um pouco mais sofisticada. Desde as primeiras décadas do século XVII, companhias ambulantes francesas visitaram os Estados alemães, às vezes detendo-se por mais tempo nas cidades onde obtinham maior aceitação. Essa influência estrangeira tornou-se muito grande durante a Guerra dos Trinta Anos (1618-1648) que, arruinando a maioria das cortes germânicas, desmantelou o início de unidade que se tinha conseguido estabelecer.

Schürmann

No início do século XVIII, havia poucos locais onde a ópera fosse praticada de modo significativo. As pequenas cortes de Wolfenbüttel e Weissenfels eram as duas grandes exceções. O compositor residente da primeira, Georg Caspar Schürmann (1672?-1751), era um contralto masculino que trabalhara com Steffani e, em 1697, foi contratado pelo duque Anton Ulrich von Brunswick-Lüneburg, senhor de Wolfenbüttel. Das 40 óperas que compôs para o luxuoso teatro ali construído, sobrevivem apenas *Salomon* (1701), *Giasone ovvero Il Conquisto del Velo d'Oro* (1707) e *Der getreue Alceste* (A Virtuosa Alceste, 1719). Pesquisas recentes permitiram a localização de trechos de *Leonilda oder Der siegende Beständigkeit* (Leonilda ou O Triunfo da Constância, 1705), *Das verstöhrte Troja* (Tróia Destruída, 1706), *Porsenna* (1718), *Ixion* (1722) e *Ludovicus Pius oder Ludewig der Fromme* (?). Esta última e *Leonilda* demonstram que Schürmann abordou, paralelamente aos temas mitológicos de praxe, os assuntos da história alemã caros a seu mestre Steffani.

As partituras que sobreviveram demonstram ter ele aprendido muito bem as lições da Escola Veneziana, combinando-as com traços do estilo hamburguês. São óperas que dão muita importância aos aspectos teatrais do espetáculo. Mas como o compositor teve também uma longa carreira como cantor, dá destaque às árias, em geral de factura muito lírica. Bem recebidas no teatro da corte de Wolfenbüttel, muitas dessas óperas foram representadas também no Gänsemarkt.

Krieger

A perda das dezoito óperas compostas por Johann Philipp Krieger (1649-1725) não permite que se tenha idéia tão clara das atividades musicais em Weissenfels. Mas se sabe, pela documentação existente, que esse nativo de Nuremberg foi organista da corte de Halle, e *Kappelmeister* a partir de 1680, quando a corte transferiu-se dali para Weissenfels. Dirigiu o teatro do palácio, encenando as suas próprias óperas e também as de outros compositores. Os arquivos de Weissenfels, durante a sua gestão, mostram a importância que dava ao trabalho de Strungk, Frank ou Förtsch – autores que, àquela altura, já tinham certa envergadura cosmopolita e, além de contribuir para os teatros dos locais onde trabalhavam, colaboravam também sistematicamente com o Gänsemarkt.

Strungk

Das vinte óperas de Nicolaus Adam Strungk (1640-1700), sobreviveram apenas *Semiramis* (1681), escrita para Hamburgo, e *Alceste* (1693), com a qual foi inaugurado o teatro de ópera que ele fundou e dirigiu, em Leipzig, até sua morte.

Gravura representando uma cena de *Seelewig*, de Sigmund Staden, drama alegórico encenado em Nurembergue em 1644.

O palco do Teatro do Mercado dos Gansos, em Hamburgo (1678-1738).

Franck

A tentativa de reconciliar as tradições venezianas de Cavalli e Cesti com as formas nativas do *singspiel* marcam a produção de Johann Wolfgang Franck (1644-1710). Em suas árias, ele utiliza ritmos de dança, que lhes dão um sabor folclórico; e nos momentos mais solenes, chega a imitar o estilo dos corais de igreja luteranos. Franck parece ter sido o primeiro, dentre os compositores que trabalhavam para o Gänsemarkt, a dar a toda a ária um acompanhamento orquestral, em vez de simplesmente usar a técnica veneziana do *ritornello* que a precedia e era repetido depois dela (ver G. Bülow in *The Viking Opera Guide*).

Franck chegou a ser *Kappelmeister* e *Direktor der Komödie* na corte do margrave de Ansbach. Mas teve de abandonar precipitadamente esse cargo, em 1679, após ferir sua mulher e matar um dos músicos de sua orquestra, com quem a surpreendera. Depois disso, foi *Kappelmeister* da catedral de Hamburgo e, em 1686, mudou-se para Londres, onde passou o fim da vida, participando ativamente da vida musical inglesa. Escreveu dezessete óperas, dentre as quais as mais importantes são *Semele* (1681) e *Diocletianus* (1682).

Förtsch

Na juventude, Johann Philipp Förtsch (1652-1732) tinha cantado no coro e escrito libretos para a Ópera de Hamburgo. Ele sempre combinou as profissões de músico e médico nas cortes do duque de Schleswig-Holstein e do bispo de Lübeck. Infelizmente o seu estilo, muito marcado pelo das produções de Veneza, cidade que visitou várias vezes, só pode ser avaliado por árias isoladas, pois nenhuma de suas óperas sobreviveu inteira. Dentre elas, as mais populares eram *Alexander in Sidon* (1688), *Xerxes in Abydus* (1689) e *Ancile Romanum* (1690) – esta última destinada a comemorar a coroação do imperador José I. Apaixonado pela Espanha, Förtsch compôs, em 1690, *Das irrende Ritter Don Quixotte de la Mancha* (O Cavaleiro Errante), a segunda ópera a explorar a personagem da novela de Cervantes (a primeira tinha sido a do espanhol Sajón dez anos antes).

[Cabe aqui um reparo: uma das primeiras óperas alemãs de tema histórico a dar sinais de atração pela ambientação turca que, no século XVIII, estará muito em voga na Áustria e em alguns Estados alemães devido aos constantes atritos entre o Império austríaco e a Sublime Porta, é *O Feliz Grão-vizir Cara Mustafá*, de 1696. No *Oxford Dictionary of Opera* (1992), J. Warrack e E. West a atribuem a Förtsch. No *Viking*, porém, Bülow afirma que Franck é o seu autor. Os créditos desse estudioso, professor de Musicologia na Universidade de Indiana e dono de uma monumental *History of Baroque Music* (W. W. Norton, 1994), dão-lhe especial credibilidade.

Com libreto de Lucas von Bostel, *O Feliz Grão-vizir* está dividida em duas partes e tem um daqueles títulos quilométricos bem ao gosto do século XVII: *Der glückliche Grossvezier Cara Mustapha; erster Teil, nebenst der grausigen Belagerung und Bestürmung der Kaiserlichen Residenzstadt Wien; andern Teil, nebenst dem Freulichen Entsatze der der Kaiserlichen Residenzstadt Wien* – ou seja: O Feliz Grão-vizir Cara Mustafá; Primeira Parte Acerca do Espantoso Cerco e Assédio de Viena, a Residência Imperial; Segunda Parte, Acerca do Feliz Socorro a Viena, a Residência Imperial.]

Schurmann e Krieger, Strung, Franck e Förtsch formaram a primeira geração dos compositores responsáveis pelo repertório do Gänsemarkt. Com eles, assenta-se a base para o trabalho de uma segunda geração, integrada por Conradi, Kusser, Heinichen e principalmente Keiser. Esse grupo de músicos extremamente talentosos elevou a ópera alemã – ainda que praticada de acordo com os cânones mediterrâneos – ao nível das melhores produções estrangeiras, e exerceu influência benéfica na fase formativa de Haendel, Telemann e Mattheson.

Havia, aí, a possibilidade concreta de se estabelecer uma escola alemã de ópera com características próprias. Infelizmente, dominado por uma crise econômica que se vinha acumulando havia muito tempo, o Gänsemarkt foi obrigado a fechar as portas em 1738; e isso retardou por muito tempo o processo de emancipação. Continuou, portanto, durante décadas a aplicação do modelo italiano, ainda que combinado com formas locais.

Conradi

Para a Ópera de Hamburgo, de que foi compositor residente entre 1690-1693, Johann Georg Conradi (?-1699) produziu nove óperas. Delas, apenas *Die schöne und getreue Ariadne* (A Bela e Fiel Ariadne, 1691) sobreviveu. Conservaram-se também árias soltas de *Die Verstörung Jerusalems* (A Destruição de Jerusalém, 1692) e *Die wunderbare vergnügte Pygmalion* (O Maravilhosamente Ditoso Pigmalião, 1694). Essas partituras demonstram a habilidade de Conradi para combinar as influências formais francesas e italianas às melodias de sabor germânico. *Ariadne*, muito apreciada na época, foi reeditada em 1722 por Keiser. Nesse ano, Telemann fez o mesmo com seu *Gensericus*, de 1693, mas essa edição também se perdeu. Essa repescagem de títulos antigos, numa época em que a ópera era um artigo de consumo rapidamente descartável, exemplifica a durável popularidade de Conradi.

Kusser

Aluno de Lully, com quem estagiara em Paris entre 1674-1682, Johann Sigismund Kusser (1660-1727) foi *Kappelmeister* em Brunswick, escrevendo para essa corte sete óperas, entre as quais *Julia* (1690) e *Ariadne* (1692). Mas aceitou o cargo de diretor da Ópera de Hamburgo, em 1694, depois de desentender-se com Bressand, seu libretista. Das óperas que escreveu para esse teatro sobraram umas poucas árias e os títulos: *Erindo oder Die unsträfliche Liebe* (O Amor sem Culpa, 1694) e *Der grossmüthige Scipio Africanus* (O Magnânimo Cipião, o Africano, 1694) – que fazem dele um continuador do trabalho de Conradi. Em 1704, instalou-se na Inglaterra, onde estreou *The Man of Mode*. Cinco anos depois, mudou-se para a Irlanda, onde chegou a principal compositor e professor de música do castelo de Dublin.

Heinichen

Nascido em Krössung, perto de Weissenfels, Johann David Heinichen (1683-1729) fez ali os seus primeiros estudos e entrou em contato com a rica produção operística local. A partir de 1710, passou seis anos em Veneza: ganhou com isso a experiência que lhe valeu o convite para trabalhar como *Kappelmeister* de Augusto, o Forte, em Dresden. Os anos passados na Itália granjearam-lhe ainda a amizade de Gasparini, Pollaroli, Lotti e Vivaldi; e a encomenda de duas óperas – *Mario* e *Le Passioni per Troppo Amore* –, muito bem recebidas na temporada de Carnaval de 1713 do Teatro Sant'Angelo, em Veneza. *Mario* foi levada em Hamburgo, em 1716, com o título de *Calpurnia oder Die römische Grossmut* (A Generosidade Romana).

Heinichen obedece à tendência setecentista a combinar ingredientes de proveniência italiana, francesa e alemã; mas o faz usando texturas leves, com pouca complexidade contrapontística, numa linha "pré-clássica". Muitas de suas óperas se perderam: além das duas mencionadas, possui-se a partitura da inacabada *Flavio Crispo* (1720) e apenas árias isoladas de *Herkules* e *Olympia vendicata*, ambas de 1709, e de um *Der Karneval von Venedig oder Der angenehme Betrug* (O Carnaval de Veneza ou A Agradável Decepção), talvez de 1705, cujo texto seria reutilizado por Keiser.

Mas a sua contribuição mais importante para a História da Música é o tratado *Der General-Bass in der Composition*, de 1728, preciosa documentação dos métodos de execução do baixo contínuo vigentes nos teatros da época, súmula de toda experiência adquirida por ele nos anos que passara na Itália. Além de dar instruções sobre a maneira de acompanhar os mais diversos tipos de recitativo, o livro inclui curiosas observações sobre a técnica de compor boa música para textos menos inspirados.

KEISER

Fazendo um jogo de palavras com seu nome, Mattheson chamava-o de "o imperador (Kaiser) da ópera". E em *Über die musikalische Komposition* (1773), o musicólogo Johann Scheibe considerou-o "talvez o maior gênio original da música que a Alemanha já produziu". Aluno de Johann Schelle e Johann Kuhnau na Thomasschulle de Leipzig – da qual Bach seria, mais tarde, o diretor – Reinhard Keiser (1674-1739) tornou-se muito amigo de Kusser ao ser nomeado *Kammerkomponist* na corte de Brunswick. Quando Kusser assumiu a direção do Teatro de Hamburgo, ofereceu-lhe o lugar que deixara vago em Brunswick. Mas em 1696, levou-o também para aquela cidade.

Mahumet II, desse ano, e *Der geliebte Adonis*, do ano seguinte, deram início a uma prolífica carreira no Gänsemarkt, que o levaria, às vezes, a escrever cinco óperas para uma mesma temporada. *O Bem-amado Adônis* foi a primeira colaboração com o libretista Christian Heinrich Postel, autor de muitos de seus textos. De acordo com a prática da época, Postel trança uma intriga secundária à história dos ciúmes de Marte, porque Vênus, a quem ele ama, apaixonou-se pelo mortal Adônis, de enorme beleza. Também a deusa do amor tem suas razões para sentir ciúmes, pois as ninfas Dryante e Eumene competem pelo amor de Adônis e tentam seduzi-lo. Quando Marte se vinga dele transformando-o num javali e matando-o durante uma caçada, as lágrimas de dor da deusa convertem-se em anêmonas. Depois, o sangue de Adônis faz as rosas brancas ficarem vermelhas: Vênus as colhe e, levando-as junto ao peito, volta ao Olimpo – num desenlace original, pois contradiz o costume, comum na época, do final feliz obrigatório. O brilhante papel de Adônis foi escrito para contralto, mas deve ter sido cantado por um falsetista pois, naquela época, a moda dos *castrati* ainda não tinha sido introduzida em Hamburgo.

Do ano seguinte é uma das mais importantes colaborações do início da carreira de Keiser e Postel: *Der bey dem allgemeinen Welt-Friede und dem grossen Augustus geschlossene Tempel des Janus* (O Templo de Jano Fechado pelo Grande Augusto Devido à Ampla Paz Mundial), composta para celebrar o fim da Guerra da Liga de Augsburgo, que se arrastara por dez anos. Mattheson não poupava elogios à forma como libretista e compositor tinham trabalhado a história da pacificação do império por Augusto. Contra esse pano de fundo trança-se uma intriga sentimental com ramificações políticas: Lívia, a mulher do imperador, deseja que Tibério, filho de seu primeiro casamento, seja nomeado sucessor. A condição para isso é que ele se case com Júlia, a filha de Augusto. Não hesitando diante de coisa alguma para atingir seus objetivos, Lívia manobra até conseguir que Tibério rompa com sua noiva, Vipsania Agripina, a quem ama, e aceite o casamento de interesse. A forma como, nesta ópera, os sentimentos pessoais são sacrificados às maquinações políticas lembra o cinismo e a amarga visão do mundo do libretista veneziano Francesco Busenello – e não é impossível que Postel tivesse conhecimento de *A Coroação de Popéia* escrita por ele para Monteverdi.

Mais convencional, devido às suas origens, é *La Forza della Virtù oder Die Macht der Tugend* (O Poder da Virtude): Friedrich Christian Bressand traduziu para o alemão o libreto que, em 1693, Domenico Davide escrevera para Carlo Francesco Pollarolo. E Keiser devia conhecer a ópera do italiano, pois reproduziu muitas de suas características, a começar pelo formato *da capo* da maioria das árias, o que dá uma variedade formal muito menor ao drama. Mas o fato de ter sido a primeira ópera de Keiser a ser parcialmente publicada – em 1701, um ano após a estréia – confirma o sucesso que ela fez junto a seus contemporâneos.

La Forza della Virtù, do árcade Domenico Davide, é um dos primeiros exemplos de libreto fiel às propostas de reforma formuladas por Silvio Stampiglia e Apostolo Zeno e já contém em germe as características do que, na primeira metade do século XVIII, será a *opera seria*, a forma teatral predominante do Barroco Tardio. Ela tem todos os clichês típicos do teatro italiano de fim de século, que Keiser e Bressand preservam – entre eles uma curiosa *aria di toaletta*, sem acompanhamento, que uma das personagens, Anagilda, canta diante do espelho enquanto se penteia.

A princesa Clotilde veio da França para assumir o papel de esposa do rei Fernando de Castela, com quem se casou mediante um contrato entre as duas casas reais. Mas descobre que ele está apaixonado por Anagilda, a filha do nobre Sancho, jovem ambiciosa e sem escrúpulos, decidida a convencer o amante a repudiar a mulher para poder sentar-se no trono a seu lado. Inspirado por Anagilda, o rei acusa sua esposa de infidelidade, manda prendê-la, ordena-lhe que cometa suicídio mas, ao ser confrontado com ela, fica impressionado com sua conduta virtuosa. E é definitivamente conquistado quando Clotilde o salva de um atentado. Furiosa, Anagilda tenta assassiná-la, mas é magnanimamente perdoada pela rival. A ópera termina com a cena da coroação de Clotilde e é Anagilda quem lhe coloca a coroa na cabeça.

Das 60 partituras que Keiser produziu para o teatro – sob sua direção entre 1703-1707 – sobreviveram apenas dezessete. Era muito respeitado por seus colegas de profissão, que admiravam sua rica escrita instrumental e a facilidade com que manejava as vozes. E exerceu grande influência sobre o jovem Haendel que, em 1704, contratou para tocar como violino *ripieno* em sua orquestra. Um sinal do respeito que Haendel lhe testemunhava foi o número de melodias suas que reutilizou, desenvoltamente, em suas próprias óperas. Do *Adônis*, por exemplo, sai o tema de "O beauteous Queen", no oratório *Esther*. E a conhecidíssima "I know that my Redeemer liveth", do *Messias*, nada mais é do que a repescagem de "Mit einem schönen Ende", uma ária de *La Forza della Virtù*.

Haendel gostava tanto de sua "Holde Schatten" (Sombra Sagrada), de *O Templo de Jano*, que a retrabalhou de três maneiras diferentes: no *Pastor Fido* e nos oratórios *La Ressurrezione* e *Esther*. Foi, de resto, a importância dos empréstimos haendelianos que levou o musicólogo Karl Friedrich Chrysander a iniciar, na década de 1860, as pesquisas sobre Keiser, após constatar que dez das árias da *Agrippina* (1709) provinham de *Die römische Unruhe oder Die edelmüthige Octavia* (A Inquietação Romana ou A Nobre Alma de Octávia), com libreto de Barthold Feind, estreada em 5 de agosto de 1705. Para facilitar as comparações entre as duas partituras, publicou essa ópera como um volume suplementar à edição completa de Haendel, que editou. Com isso, deu o primeiro passo no processo de redescoberta de um dos maiores predecessores de Haendel.

Apesar do libreto muito fraco, *A Inquietação Romana* contém algumas das árias mais atraentes de Keiser e exemplos excepcionais da riqueza de sua escrita para orquestra. Este é um dos exemplos mais curiosos da liberdade como a História é tratada pelos libretistas barrocos, despreocupados de qualquer fidelidade aos fatos reais mas interessados, em vez disso, em usar as personagens da Antiguidade como um veículo para endereçar a seus contemporâneos uma mensagem edificante, de valorização do amor e da virtude, mas também da importância de um relacionamento harmonioso entre comandantes e comandados.

Nesta versão da História "como ela deveria ter sido", Feind imagina a paixão do imperador Nero por Ormoena, a mulher de Tiridates, rei da Armênia. Ao mesmo tempo, a incapacidade do imperador como governante o faz enfrentar uma rebelião em Roma. Para livrar-se de Otávia, a sua esposa, e ter o caminho livre para o coração de Ormoena, Nero ordena que ela se suicide e Otávia, que tem uma "nobre alma", decide obedecer. É impedida, porém, por Piso, um patrício romano que a ama em segredo, e pelo filósofo Sêneca, tutor e conselheiro de seu marido. Finalmente, dando-se conta do amor e devoção de Otávia, Nero pede-lhe perdão e renuncia a Ormoena. Vendo seus soberanos reconciliados, os cidadãos se regozijam e a "inquietação romana" se dissipa.

Nas mãos de Keiser, o Gänsemarkt transformou-se numa empresa altamente lucrativa. Óperas como *Störtebecker und Jödge Michael* (1701), *Die verdammte Staat-Sucht oder Der verführte Claudius* (A Amaldiçoada Procura pela Cidade ou Cláudio Seduzido, 1703) ou *Der gestürzte und wieder erhöhte Nebucadnezar, König zu Babylon* (Nabucodonosor, Rei de Babilônia, Destruído e de novo Restaurado, 1704) atraíram para Hamburgo espectadores de toda a Alemanha. O poder emotivo de sua escrita fez com que suas óperas se nivelassem ao que de melhor estava sendo produzido na França e na Itália naquela época. Exemplo disso é *Masagniello furioso oder Die neapolitanische Fischer-Empörung* (A Insurreição dos Pescadores Napolitanos), um de seus maiores sucessos, estreado em junho de 1706.

O libreto de Feind inspira-se na história da rebelião napolitana de 1647 contra os dominadores espanhóis, liderada por um jovem pescador de 27 anos que se chamava Tommaso Aniello (apelidado de Masaniello) – episódio que haveria de inspirar outras óperas, entre elas a *Muette de Portici*, de Auber, e o *Salvator Rosa*, de Carlos Gomes. O tema foi escolhido, pois ainda estava muito viva, na lembrança dos moradores de Hamburgo, a rebelião popular que abalara essa cidade entre 1648-1646, e ele servia, portanto, como um lembrete para que não se repetissem as situações de abuso que tinham estado na raiz do levante.

Mas Feind, como é de seu costume, enfraquece consideravelmente o alcance político da obra ao dar importância maior às intrigas amorosas que se trançam na linha narrativa central: o amor de Don Pedro por Aloysia, a mulher do general Don Velasco; e as dificuldades de Mariane, apaixonada por Don Antonio, mas desejada também pelo Duque d'Arcos, o vilão da história. A ruindade do texto não afeta, porém, a inventividade de Keiser tanto na escrita das árias quanto na variedade dos efeitos de instrumentação. O selo CPO tem a gravação dessa ópera, popularíssima em seu tempo, feita por Thomas Albert e o conjunto Fiori Musicali em 1995 – o registro é o da versão revista em 1722 por Telemann, que lhe acrescentou algumas árias de sua própria autoria.

Em 1707, Keiser demitiu-se da direção do Gänsemarkt, mas continuou trabalhando para ele até 1717, produzindo cerca de 25 óperas, das quais possuímos *La Grandezza d'Animo oder Arsinoe* (1710), *Fredegunda* (1715) e a festiva *Der die Festung Siebenbürgisch-Weissenburg erobernde und über Dacier triumphirende Kayser Trajanus* (O Imperador Trajano Conquistando a Fortaleza de Siebenbürg-Weissenburg e Triunfando sobre os Dácios, 1717). Dessa fase, é necessário destacar *Die grossmütige Tomyris*, que Johann Joachim Hoe adaptou de um libreto previamente escrito por Domenico Lalli. *A Magnânima Tomyris* tem grande importância histórica, pois constitui tentativa muito consistente de adaptar ao drama lírico praticado no norte da Alemanha as características da *opera seria* italiana, então em franco processo de consolidação.

Não só as canções estróficas mais simples foram substituídas por ornamentadas árias *da capo* como elas são, em geral, colocadas no final das cenas, segundo a técnica italiana da *aria di sortita*. Há menos variedade de estilo do que nos melodramas do início da carreira mas, em compensação, a escrita é mais virtuosística e as formas são de fôlego mais amplo e trabalhado, com evidentes influências do *stile grazioso* que, a partir de Cesti – muito admirado na Áustria – tinha grande popularidade entre os compositores mediterrâneos. As texturas são mais leves com uso extenso do contraponto e, com freqüência, o acompanhamento das árias não é mais feito pelo baixo contínuo e sim pelas cordas. Já aparecem também exemplos interessantes de árias concertantes (com o acompanhamento de instrumentos solistas *obbligato*).

A intriga é típica da *opera seria*, com seu arsenal de sentimentos amorosos desencontrados, disfarces, desejo de vingança e uma reviravolta final. Tomyris, a rainha dos massagetas, povo de origem cita, ficou viúva e é cortejada por dois reis estrangeiros. Mas está apaixonada pelo general Tigranes que, por sua vez, ama Meroe, a filha de Ciro, o rei da Pérsia – que encontrou a morte nas mãos de Tomyris. Para vingar a morte do pai, Meroe disfarça-se de mágico armênio e se infiltra na corte cita, tentando conquistar a confiança da soberana, a quem quer assassinar. Tigranes descobre o seu estratagema, mas fica dividido entre o amor que sente por ela e o dever de lealdade para com a rainha. Quando Tomyris descobre quem é Meroe e que ela está sendo acobertada pelo general, o ciúme a faz acusá-lo de traição e, apesar de seus protestos de inocência, o condena à morte. No último minuto, Tigranes é salvo pela descoberta de que é o filho que Tomyris perdeu muito anos antes. Desta *opera seria*, a EMI tem a gravação Pürgstaller, feita em 1988.

Keiser fez mal-sucedidas tentativas de trabalhar como *Kappelmeister* em Stuttgart e Copenhagen. Depois, voltou a Hamburgo como compositor-residente. Ainda criou obras grandiosas, das quais a mais famosa é *Der hochmüthige, gestürzte und wieder erhabene Croesus* (O Orgulhoso Creso, Decaído e de Novo Restaurado), estreada em 1711. O libreto de Lucas von Bostel, traduzido de um antigo texto de Niccolò Minato (1678), conta a história do abastadíssimo rei da Lídia – ao qual se deve a expressão "rico como Creso" – derrotado por Ciro, o rei dos persas.

Vendo desbaratado o seu exército, Creso disfarça-se e foge; mas é capturado e está para ser morto, quando seu filho Atys, que é mudo, recupera a voz e grita: "Não o matem. É o rei!". Ciro ordena, então, que ele seja executado na fogueira; mas os deuses mandam uma tempestade, que apaga o fogo. Quando a pira está sendo de novo acesa, Creso percebe como foi frívolo em basear sua felicidade na posse de bens materiais e resigna-se a seu destino. A regra barroca do final feliz obrigatório faz com que Ciro, nesse instante, comovido com a coragem de seu adversário vencido, o ponha em liberdade e lhe devolva o trono.

Creso é, dentre as óperas de Keiser, uma das que apresentam maior variedade de escrita, em especial no acompanhamento das árias, em que há interessantes texturas baseadas na interpenetração dos motivos a três ou quatro vozes. À exceção de uns poucos números da versão original, o que se conhece hoje é a revisão apresentada em 6 de dezembro de 1730, na qual foram feitas extensas modificações: omissão do balé, corte de personagens secundárias e recomposição de 37 árias. A predominância da coloratura italianada e a proximidade do estilo de Telemann ilustram claramente a evolução ocorrida na ópera alemã entre 1711-1730. Para conhecer *Creso*, existe, no selo Nuova Era, uma gravação de 1990 com o Clemenčíć Consort e o Ensemble Vocal La Cappella.

Em 1728, sentindo estar sendo suplantado pelo estilo mais moderno de Mattheson e Telemann, Keiser aceitou o cargo de *Kantor* na catedral de Hamburgo e, até o fim da vida, dedicou-se estritamente à música sacra – aliás, de primeira ordem. Uma de suas peças mais belas é a *Paixão* que G. Braembeck gravou para o selo Christophorus com o grupo Parthenia Baroque. A essa altura, de resto, o gosto do público voltava-se cada vez mais para o *singspiel* farsesco, o que acabaria determinando o declínio do Gänsemarkt. Obras de fim de carreira como *Der lächerliche Printz Jodelet* (O Cômico Príncipe Jodelet, 1726) já refletem essa tendência.

A lenda de que Keiser era um libertino, de vida muito dissoluta – que não parece corresponder à realidade, mas se espalhou tenazmente durante o século XIX –, inspirou a Benno Bardi a ópera *Der tolle Kappelmeister* (O Mestre de Capela Maluco), estreada em Dantzig em 1931. Nela, são utilizados temas extraídos de várias das obras desse mestre na arte de combinar a forma elaborada da ária napolitana com as melodias de estilo germâ-

Creso na fogueira: gravura na edição do libreto de Lucas von Bostel para o *Croesus* (1711) de Reinhard Keiser.

nico. Mas ele sabia também intercalar as complexas árias *da capo*, inspiradas em Scarlatti, com outras mais simples e curtas, características da Escola Veneziana. À forma mediterrânea da ópera em três atos, com árias entremeadas de longos recitativos, Keiser mistura balés, coros, música incidental com função descritiva, e canções com ritmos de dança e estrutura binária, típicos da ópera francesa. De Lully, herda também a forma da abertura francesa, que lega a Haendel. Mas muita coisa, em sua escrita vocal, é tipicamente alemã e provém dos *lieder* sacros e seculares, dos pregões de rua, cânticos folclóricos e danças do norte da Alemanha.

Seguindo uma praxe de seu tempo, Keiser costuma utilizar libretos bilíngües. Em *La Forza della Virtù* ou em *La Fedeltà Coronata oder Die gekrönte Treue* (A Fidelidade Coroada, 1706), os recitativos eram em alemão, para que o público pudesse acompanhar a ação; mas as árias eram mantidas em italiano, língua que considerava mais adequada para as exibições virtuosísticas. O público não se incomodava com isso pois, de qualquer maneira, as deformações impostas ao texto pela ornamentação o tornavam totalmente incompreensível, independente da língua em que fosse cantado.

Em *Der angenehme Betrug oder Der Carneval von Venedig* (A Agradável Decepção ou O Carnaval de Veneza), de 1707, com texto de Meister e Curro, Keiser causou celeuma ao escrever as cenas cômicas em *Plattdeutsch*, o dialeto popular da Baixa Saxônia. Nesta ópera, aliás, trabalhou a quatro mãos com *Christoph Graupner* (1683-1760), ele próprio um operista de certa nomeada. Seu título de maior sucesso foi *L'Amore Ammalato: Die Krankende Liebe oder Antiochus und Stratonica* (O Amor Doente, 1719) – de libreto bilíngüe, como o próprio nome o indica – contando a história tradicional do rei Seleuco, que se divorcia da jovem esposa ao perceber que Antíoco, seu filho, está se consumindo de paixão por ela.

Mas a maioria das óperas de Keiser é séria, o que lhe permite pôr em prática suas concepções sobre o papel dramático do recitativo, expostas no Prefácio a uma coleção de árias de ópera que publicou no fim da vida. Reagindo à situação dramática, podia escrever longos recitativos desacompanhados, ou recorrer a uma instrumentação colorida e com súbitas modulações de efeito muito forte. O uso que faz dos timbres instrumentais é um dos aspectos mais originais de seu estilo. A variedade de recursos que tinha à sua disposição permitia-lhe compor desde árias com o acompanhamento básico do baixo contínuo, até outras que exigiam efetivos bem mais sofisticados. Uma das árias de *Orpheus*, por exemplo, requer cinco flautas, violino e contrabaixo. O resultado é de caráter concertante, obtendo contrastes e alternâncias intrincadas entre a voz, as cordas e os sopros. Nessa riqueza da instrumentação encontramos uma das fontes básicas em que bebeu Haendel, o maior operista do Barroco Tardio.

Haendel

Não há, a bem dizer, uma evolução coerente na obra de Georg Friedrich Haendel (1685-1759). Atendendo à necessidade de interessar a uma platéia muito volúvel, e de sobreviver dentro de um ambiente extremamente competitivo, ele não hesitou em reverter a práticas antigas cada vez que sentiu ser essa a forma de trazer as pessoas a seu teatro. Dotado de tino comercial muito agudo, usava de todos os meios para cativar a atenção do público. Passava sem hesitar do heroísmo de *Scipione* ou *Alessandro* para a rústica beleza de *O Pastor Fido* e, daí, para o mundo mágico do *Orlando* ou da *Alcina*, buscando antes de mais nada a surpresa e a variedade.

E como tinha de oferecer títulos novos à platéia com extrema velocidade, não pensava duas vezes ao reutilizar material de óperas anteriores – ou ao apropriar-se desenvoltamente da obra de seus contemporâneos, buscando nela melodias que revestia com novas e cintilantes roupagens harmônicas. Comportamento que, de resto, não era considerado ilegal numa época em que, sendo os músicos em geral empregados da corte ou da Igreja, ou trabalhando para os teatros num ritmo de consumo que tornava suas obras rapidamente descartáveis, a noção de direito autoral e de plágio ainda não se firmara como existe hoje. Isso faz com que a datação das óperas de Haendel, com base em critérios estilísticos, seja muito difícil e confusa, enganando até mesmo os estudiosos mais atentos.

Haendel ocupa uma posição peculiar na História da Ópera. Pertence àqueles compositores do século XVIII que produziram *opera seria* de acordo com o molde metastasiano, cada vez mais estereotipado. Mas a sua sólida formação harmônica germânica, o contato que tivera com a generosidade melódica italiana, o legado que recebera via Steffani e Keiser das refinadas formas francesas, e o fato de ter vivido num ambiente cosmopolita como o de Londres – tudo isso fertilizado por um gênio naturalmente voltado para o teatro –, fizeram dele um compositor muito mais criativo do que a média de seus contemporâneos. Em suas mãos, até mesmo uma forma monótona e repetitiva como a da *opera seria*, com poucos coros ou duetos, formada por uma série interminável de árias *da capo* entremeadas de recitativos secos (acompanhados pelo cravo) ganha extrema flexibilidade e força de expressão.

Friedrich Wilhelm Zachau, organista na Liebfrauenkirchen de sua Halle natal, foi o primeiro professor de Haendel. Homem muito versado em música alemã e também nas mais modernas composições italianas, Zachau ensinou-lhe a tocar violino, oboé, e refinou seus conhecimentos intuitivos de órgão e cravo. Mas a certeza de seu pai de que seria preferível ter em casa um bem-sucedido advogado a um músico nômade e meio morto de fome o fez entrar, em 1702, para a Universidade de Halle. Seu rendimento escolar ficava longe do excelente; mas o contato com a universidade o abriu para as idéias ali pregadas por seus professores de teologia e religião. Mas o trabalho que conseguira, desde 1697, como assistente de Johann Christoph Leporin, organista da Domkirche, a catedral calvinista de Halle, não o satisfazia – decididamente os horizontes musicais de sua cidade natal eram estreitos demais para ele.

Em 1703, tornou-se segundo violinista e depois cravista na orquestra do Gänsemarkt, a que fora levado pela amizade estreitada dois anos antes com Georg Telemann – e também pelos contatos com Keiser, amigo de familiares seus. Em Hamburgo ficou conhecendo Johann Mattheson, com quem viajou até a vizinha Lübeck para estudar a possibilidade de se candidatarem à sucessão do organista local, o compositor Dietrich Buxtehude, que estava para se aposentar. Mas ambos desistiram ao saber que a condição para herdar o posto era casar-se com a primogênita do organista, feia e já quarentona. Curiosamente, três anos depois, também Bach desistiria do cargo pela mesma razão. E Buxtehude seria sucedido por Johann Christian Schiferdecker, um aluno de Keiser que não recuou diante da temível cláusula.

Em 8 de janeiro de 1705, estreou a primeira ópera de Haendel, *Almira, Königin von Castillien oder Der in Krohnen erlangte Glückswechsel* (Almira, Rainha de Castela ou Na Coroa Reside uma Mudança da Fortuna). O libreto de Friedrich Christian Feustking era a adaptação de *L'Almira*, que Giulio Pancieri escrevera em 1691 para o compositor veneziano Giuseppe Boniventi. Das partituras preparadas por Haendel para o teatro de Hamburgo, esta é a única que sobreviveu em condições de ser executada – e assim mesmo com base numa cópia feita para uma reprise de 1732, na qual há diversas alterações e adições da autoria de Telemann. O libreto impresso dá a *Almira* a denominação de *singspiel*, embora não haja diálogos falados e sim recitativos que, seguindo os hábitos do tempo, são em alemão. Das 53 árias, quinze são em italiano; as demais 38, em vernáculo. Mattheson atuou como cantor nesta ópera, depois de superado o desentendimento que tivera com Haendel – e que é narrado a seguir, no capítulo dedicado a esse compositor.

Comparada às *opere serie* metastasianas de estilo monolítico que Haendel escreverá em sua fase inglesa, *Almira* parece fragmentada, pois preserva muitas das características de seu modelo veneziano, bem ao gosto da platéia cosmopolita de Hamburgo. Baseada em mensagens que são entregues ao destinatário equivocado, nos sentimentos conflituosos de quatro homens e três mulheres, e nas crises de ciúme que essas emoções cruzadas propiciam, a intriga preocupa-se muito mais com os efeitos cênicos do que com a coerência dramática. O ato I se inicia com uma faustosa cena de coroação e no III há um longo balé com o cortejo dos Continentes. A regra da separação dos gêneros, que viria com Zeno e Metastasio, ainda não estava em vigor àquela altura: um servo se encarrega de comentar a ação de forma irônica, fornecendo o contraponto cômico às personagens sérias.

As árias em italiano são aquelas cujo texto foi literalmente conservado do original de Pancieri. Embora de dimensões reduzidas, muitas das árias contêm um tipo de escrita que exige dos intérpretes muito virtuosismo. Mas este é um Haendel inexperiente, mal resolvido e, se *Almira* é interessante, é pela possibilidade que oferece de sentir com que rapidez ele vai evoluir, ao sair de Hamburgo e iniciar a fase italiana de sua carreira. De *Almira*, existe a gravação de Andrew Lawrence-King (CPO, 1994); mas nada sobreviveu de *Nero oder Die durch Blut und Mord erlangte Liebe* (Nero ou O Amor Atingido Através do Sangue e do Assassinato), de 1705.

Mas chegara a hora de sair de Hamburgo. Keiser não estava satisfeito desde que, na Semana Santa de 1704, Haendel obtivera muito sucesso com a execução de uma *Paixão segundo São João* com texto de Heinrich Postel. É obra ainda imatura, mas a factura de algumas das árias – o "Mich dürstet" (Tenho sede), de Cristo na cruz, ou "Es ist vollbracht" (Tudo está consumado), em que o baixo narra a morte do Salvador – já nos faz pressentir a mão que, muitos anos depois, escreverá o "He was despised" do *Messias*. E a irritação de Keiser aumentou ao fracassarem as óperas que escreveu sobre a *Almira* e o *Nero*, usando os libretos de Feustking, na tentativa de suplantar as de Haendel. Sentindo que devia procurar ares mais respiráveis do que os de Hamburgo, o jovem compositor decidiu visitar a Itália – idéia antiga, que vinha dos contatos com Steffani nos primeiros anos da estada em Hamburgo.

Para colocar em prática esse projeto contribuíram muito seus contatos com o príncipe Giovanni Gastone de' Medici. Irmão do grão-duque da Toscana, Gastone era um aventureiro perdulário, apaixonado por música, que se consolava de um casamento de conveniência com a desengonçada princesa Anna Maria de Saxe-Lauenburg promovendo, em seu castelo da Boêmia, festas que eram uma mistura de orgias desenfreadas com refinados espetáculos operísticos. Foi Gastone de' Medici quem o encorajou a escrever, sobre libreto de Heinrich Hinsch, a sua última ópera para o Gänsemarkt – que, de tão longa, teve de ser desmembrada em duas noites, com os títulos de *Florindo* e *Dafne* (apenas uma ária da primeira sobreviveu). E foi a conselho do príncipe que, em 1706, Haendel pediu demissão e, reunindo os 200 ducados que economizara, despediu-se de Hamburgo.

Aqui termina a carreira alemã do operista Georg Friedrich Haendel – e a fase de sua obra que nos interessa neste volume. Todas as suas outras peças para o palco destinaram-se a teatros de Florença, Veneza e Londres, e conformaram-se ao modelo internacional que era o da *opera seria* de estilo italiano. Por esse motivo, é no primeiro volume desta coleção, dedicado ao período barroco, que a produção haendeliana foi analisada.

MATTHESON

Um importante papel, como elo entre a tradição mais antiga, de Kusser e Keiser, e as idéias novas trazidas por Telemann, é desempenhado por Johann Mattheson (1681-1764). Das oito óperas que escreveu para a Ópera de Hamburgo, apenas *Die unglückselige Cleopatra* (A infeliz Cleópatra) sobreviveu. Em 1975, G. J. Bülow editou as árias remanescentes de *Die geheimen Begebenheiten Henrico IV, Königs von Castillien und Leon oder Die getheilte Liebe* (Os Acontecimentos Secretos na Vida de Henrique IV, Rei de Castela e de Leão ou O Amor Compartilhado, 1711). Teria sido muito interessante conhecer o *Boris Godunow*, baseado não em fontes eslavas mas em textos de historiadores ocidentais, que ele compôs em 1710.

A partir da estréia de *Die Plejades* (As Plêiades, 1699), Mattheson trabalhou para o Gänsemarkt como cantor, cravista-regente, organista e compositor. Foi durante uma apresentação de sua *Cleópatra*, estreada em 20 de outubro de 1704, que ocorreu o episódio famoso da rusga com Haendel, contada com muito humor no livro de memórias *Grundlage einer Ehrenpforte* (Os Alicerces para um Arco do Triunfo). As relações entre ambos já andavam abaladas, pois Johann usurpara de Georg Friedrich o seu lugar como professor de música de um dos filhos de cônsul inglês John Wich. Numa das récitas, a tensão represada explodiu.

Haendel regia o espetáculo, sentado ao cravo, enquanto Mattheson, no palco, cantava o papel de Antônio. No ato III, após a morte da personagem, o autor descia ao palco e assumia a regência do resto do espetáculo. Mas em 5 de dezembro, Haendel recusou-se a entregar-lhe o lugar ao instrumento. À saída, Matheson esbofeteou-o e foi desafiado para um duelo. "Eu não queria ofendê-lo, apenas fazer-lhe uma advertência amigável", justificou-se ele. "Além disso, Haendel era alto, forte, musculoso e sabia muito bem como se defender." Se hoje temos o *Messias*, é porque a ponta da espada de Mattheson se quebrou contra um dos largos botões de metal do casaco de Haendel. Os dois amigos reconciliaram-se, em 30 de dezembro, durante o jantar de desagravo promovido por um amigo comum, o conselheiro Schott. E no ano seguinte, Mattheson cantou na estréia das duas primeiras óperas de Haendel: *Almira* e *Nero*.

Autor de vários oratórios e música instrumental, Mattheson foi também escritor extremamente prolífico. *Der volkommene Kappelmeister* (O Mestre de Capela Completo) e *Der neueste Untersuchung der Singspiele* (Um Novo Exame do *Singspiel*) registram as suas opiniões sobre todos os aspectos da vida musical alemã e, em especial, sobre o papel educativo que a ópera pode desempenhar. Para ele,

um bom teatro de ópera nada mais é do que uma academia de várias belas-artes ao mesmo tempo: arquitetura, perspectiva, pintura, mecânica, dança, interpretação, ética, história, poesia e, principalmente, música. [...] O declínio da ópera significa o declínio da própria essência da música.

Nessas palavras já percebemos o embrião do conceito da ópera como uma *Gesamtkunstwerk* (obra de arte total), que será desenvolvido por Richard Wagner. Durante muito tempo, acreditou-se que os manuscritos de seus livros tinham sido destruídos num incêndio, durante o bombardeio de Hamburgo, na II Guerra Mundial. Em 1983, porém, soube-se que muitos deles tinham sobrevivido, sendo levados pelas tropas de ocupação para a Rússia, onde se encontram numa biblioteca do Estado.

TELEMANN

*S*igismundus, a primeira ópera do prolífico Georg Philip Telemann (1681-1767), foi escrita quando ele tinha apenas 12 anos. Diante disso, o prefeito de Leipzig, onde estudava, contratou-o para compor uma cantata, a cada duas semanas, para a catedral de São Thomas. Fundador do Collegium Musicum (1704), uma das mais importantes sociedades de concertos de Leipzig, Telemann trabalhou em Sorau, Eisenach, Frankfurt e Bayreuth antes de se tornar, em 1722, o diretor musical das cinco maiores igrejas de Hamburgo. Ali permaneceu a vida inteira, só se ausentando da cidade para breves idas a Berlim. Fez uma única viagem mais longa, à França, em 1737. A essa altura, tinha um renome internacional tão grande que obras suas foram executadas na corte e nos Concerts Spirituels. De Paris, trouxe significativas aquisições, bebidas em Lully e Campra, que enxertou na sua própria obra.

Além das quarenta óperas que compôs para diversas cidades, Telemann colaborou com vinte títulos para o repertório do Gänsemarkt (1721-1738) adquirindo, em seu tempo, uma fama que eclipsava a do próprio Bach e se igualava à de Haendel. Infelizmente, é muito difícil fazer uma avaliação correta de sua importância como operista pois, dessas sessenta partituras, restaram apenas *Der geduldige Socrates* (O Paciente Sócrates, 1721), *Sieg der Schönheit* (O Triunfo da Beleza, 1722), *Der neu-modische Liebhaber Damon* (Damon, o Namorador na Última Moda, 1724), *Pimpinone* (1725) e a serenata *Don Quichotte auf der Hochzeit des Comacho* (Don Quixote nas Bodas de Comacho, 1761). Bernd Baselt editou as versões incompletas de outras óperas, entre elas *Flavius Bertaridus, König der Longobarden* (Flávio Bertárido, Rei dos Longobardos, 1729). E René Jacobs reconstituiu, no início da década de 1990, um *Orpheus* de 1726, de que falaremos mais adiante. Das demais, foram encontrados apenas fragmentos.

Por elas, dá para perceber que Telemann estava se desligando dos excessos barrocos e voltando-se para um estilo mais simples e popular, de factura folclórica, que o coloca como um precursor do *singspiel* da virada do século. Ele tem forma muito matizada de tratar, sobretudo, os temas leves e satíricos – é nesse campo que parece estar mais à vontade. Se um número maior de partituras dramáticas suas tivesse sobrevivido, seu nome estaria certamente entre os dos maiores compositores de ópera da primeira metade do século XVIII.

Johann Ulrich von König traduziu e adaptou, para *O Paciente Sócrates*, um libreto em que Niccolò Minato falava, em tom muito irreverente, dos problemas conjugais do filósofo com suas duas mulheres, Xantippa e Amitta. O príncipe ateniense Melito vem pedir-lhe conselho, pois não sabe se deve se casar com Rodisette ou Edronica, já que ama as duas jovens. Ao príncipe, Sócrates não tem dificuldade nenhuma em dar uma opinião racional: é a bela e fiel Rodisette que ele deve desposar. Mas para si mesmo essas judiciosas palavras não valem pois, quando a ópera termina, ele ainda não conseguiu pôr fim às briguinhas intermináveis entre suas duas esposas.

Combinando sério e cômico, *Sócrates* tempera a rigidez das árias *da capo* convencionais com duetos e árias estróficas no formato do *lied* popular. Esse contraste permite uma caracterização melhor das personagens secundárias. Nesse sentido, o melhor momento é a canção de taverna de Pitho, um estudante fofoqueiro que, no ato II, vem trazer ao filósofo uma sátira a seu respeito escrita por Aristófanes – a que Sócrates não dá a menor atenção. A gravação que McGegan fez com a Capella Savaria, para o selo Hungaroton, em 1987, demonstra as qualidades dessa ópera cômica.

O nome completo de *Pimpinone* é *Die ungleiche Heirat oder Das herrschsüchtige Camermagden Pimpinones* (O Casamento Desigual ou A Tirânica Camareira de Pimpinone). Telemann concebeu esse *Lustiges Zwischenspiel* (alegre *intermezzo*) para ser cantado, em 27 de setembro de 1725, no intervalo entre os atos do *Tamerlano*, de Haendel, que ele revisara. Johann Philip Pretorius traduziu e adaptou um libreto de Pietro Pariati, para Tomaso Albinoni. Apresentado no Teatro San Cassiano, de Veneza, no outono de 1708, junto com *Astarto*, do próprio Albinoni, este tinha sido um dos *intermezzos* mais populares do início do século – razão pela qual Telemann o retomou.

A intriga de Pariati/Praetorius parece-se muito com a que Gennarantonio Federico escreverá para a *Serva Padrona*, de Pergolesi, em 1733. Na verdade já havia, em *intermezzos* como os de Albinoni e Telemann, o embrião da ópera cômica setecentista. Se a obra de Pergolesi passou à história como o marco inicial do gênero foi devido à singular popularidade que alcançou, e ao fato de ter servido de modelo para compositores dos mais diversos quadrantes.

Vespetta, contratada como governanta por Pimpinone, acaba convencendo-o a casar-se com ela e trata-o como uma megera, comportando-se ao mesmo tempo como uma mulher livre, que não lhe dá a menor satisfação. A música segue o padrão bufo italiano, com boas paródias de árias sérias, duetos divertidos com uso de silabato – o texto com frases curtas, declamadas em ritmo vertiginoso –, pausas inesperadas, de efeito engraçado, e vivos comentários dos instrumentos. O estilo vocal, às vezes, exige dos cantores que saiam de seu registro e usem o falsete. A gravação do Ensemble Florilegium Musicum (Teldec, 1975) mostra por que esse *intermezzo* tornou-se tão popular – a ponto de Telemann ter escrito uma continuação, *Die amours der Vespetta* (Os Amores de Vespetta, 1727), que infelizmente se perdeu.

A morte precoce impediu o poeta Daniel Schiebeler (1741-1771) de levar adiante o projeto de criação, a partir do *singspiel*, de uma ópera tipicamente alemã. *Basilio und Quiteria* era o título original do *Singegedicht für das Theater* (Poema-canção para o Teatro) que ofereceu em 1761 a Telemann, com quem tinha relações muito cordiais. O episódio do romance de Cervantes em que se baseia é o mesmo que, mais tarde, inspirará a Mendelssohn uma de suas óperas (ver o capítulo sobre esse compositor). Atenção, porém, à diferença na grafia do nome, aqui deformado para "Comacho", e em Mendelssohn conservado como "Camacho", fiel ao original.

Telemann percebeu o potencial dramático do poema, mas precisou revisá-lo inteiramente para adequá-lo às suas necessidades práticas. Visando a distingui-lo do trabalho de Schiebele, já que lhe fizera modificações que o afastavam muito do original, deu-lhe o título de *Don Quixote nas Bodas de Comacho*. O resultado é um libreto denso, extremamente bem construído – que recebeu a designação de "serenata", pois a estréia foi em forma de concerto, em 5 de novembro de 1761. Mas como o demonstra a gravação feita por Michael Schneider (CPO, 1993) com a Akademie für Alte Musik, de Bremen, a peça funciona como uma verdadeira ópera cômica em um ato, que deve ter ótimo rendimento cênico.

A trama é extremamente simples e, na verdade, serve apenas de apoio para árias que caracterizam aspectos do comportamento das personagens. O camponês Basílio usa de um estratagema para impedir que sua namorada, a linda Quitéria, seja obrigada a casar-se com Comacho, um fazendeiro velho e rico. Na hora da festa, seus amigos o trazem agonizante, com um punhal enterrado no peito, e dizem que ele se suicidou de pura tristeza. Antes de morrer, Basílio pede para ser unido à mulher que ama, pois assim partirá em paz consigo mesmo. Muito a contragosto, Comacho é obrigado a concordar. Quando o padre pronuncia a bênção, Basílio tira do peito o punhal de brinquedo e mostra que tudo não passou de um engodo. Comacho tenta protestar, mas o Cavaleiro da Triste Figura, que ia passando pela aldeia e foi convidado para assistir às bodas, interpõe-se entre ele e os noivos, defendendo o direito de o amor triunfar.

Mais importante do que esse tênue fio narrativo é a caracterização das personagens e do ambiente rural, através dos recursos mais elaborados da ópera cômica de estilo italiano – árias e coros intercalados a recitativos – e não do *singspiel*. Às reflexões de Don Quixote sobre a verdadeira natureza do herói, que não deve temer dragões e gigantes, opõem-se as preocupações terra a terra de Sancho, a quem encher a pança interessa mais do que obter fama e imortalidade. E é muito saboroso o retrato dos aldeões, perplexos diante da desengonçada figura do cavaleiro e de seu espandongado Rocinante.

O contraste existe também, é claro, ao nível musical. As árias de Quixote, com formato *da capo*, coloratura e pomposas fanfarras de acompanhamento, provêm da tradição da *opera seria*. Os camponeses exprimem-se em estilo folclórico, com melodias muito singelas e de bom-gosto, que antecipam o tom dos *singspiele* de Haydn e Mozart. Há também elementos que visam a criar a ambientação espanhola: o ritmo de bolero, com acompanhamento de tambores, num dos números corais; o uso dos pícolos reforçando o violino e obtendo o colorido estridente das bandas populares; o sabor ibérico de algumas melodias. O vigor de inspiração que essa música denota, num compositor que já tinha atingido os 80 anos, faz lamentar mais ainda ter-se perdido a maioria de suas obras teatrais.

Damon der neumodischer Liebhaber oder Die Satyren in Arkadien foi escrita para uma ocasião festiva: a reinauguração, em 30 de agosto de 1724, do Gänsemarkt, que passara por uma grande reforma. Não havia tempo para criar uma obra original, por isso ele fez uma ampla revisão numa "alegre opereta" que encenara em 1719, uma de suas peças mais despreocupadas e maliciosas. Tudo leva a crer que é ele mesmo o autor do libreto sobre as aventuras de Damon, um sátiro da Tessália, que se descreve como "um Etna de paixões como lava derretida", e quer ser amado por todas as mulheres que encontra à sua frente. Damon é um *Liebhaber*, um mulherengo incorrigível, e por causa de sua libertinagem o pastor Tyrsis conseguiu que ele fosse expulso da Arcádia.

Ao voltar à Arcádia, Damon tenta vingar-se de Tyrsis e este, para escapar, disfarça-se de mulher, apresentando-se como a ninfa Caliste. Mas a emenda é pior que o soneto, pois o sátiro apaixona-se por "ela" e passa a persegui-la. Também Mirtilla, a irmã de Tyrsis, tem de simular loucura para desencorajar Damon, que a assedia de todas as maneiras. O comportamento do *Liebhaber* só tem cobro quando a cigana Nigella, sua mulher, vem buscá-lo pela orelha, e a Arcádia fica livre desse amante inconveniente. O tipo de macho brutal e inescrupuloso permite a Telemann um tipo de sátira de aplicação contemporânea que foi muito apreciada pelo público da época.

Do ponto de vista musical, a partitura reflete a extraordinária riqueza de inspiração musical de Telemann, desde o concerto para violino, em três movimentos – allegro/largo/vivace – que ele usa no lugar da abertura, até a cena final "Triumph, Triumph beglückte Seelen!" (Triunfo, nas almas bem-aventuradas), em que se celebra a vitória sobre o sátiro. É de grande poder de evocação o coro introdutório, "Blasser Geist, entschlafne Seele"(Pálido espírito, alma adormecida). São encantadores os intermédios dançados: a Sarabanda-Giga e a Entrada dos Caçadores, no ato I; a Gavota do II; a Chacona Cômica, a Gavota-Trio e a Chacona dos Pastores, no III. E há muito cuidado no contraste entre as árias e duetos, de modo a fazer alternar momentos de tensão e pausas para efusões líricas.

O ritmo da partitura é buliçoso e ela está cheia de pastiches das árias sérias de fúria, paixão, indignação, vingaça e loucura. Nos trechos satíricos a ornamentação é bastante florida e, de um modo geral, a instrumentação é variada, visando a fazer uma colorida criação de ambientes. *Damon* requer uma regência enérgica, elétrica – o que encontra nas mãos de Michael Schneider, que a gravou com La Stagione Frankfurt (CPO, 1997), e dos solistas que ele emprega, em especial Ann Monoyios (Myrtilla), que faz a formidável paródia de uma típica ária de vingança de *opera seria*.

Em 1994, a Staatsoper de Berlim apresentou *Orpheus*, reconstruído por René Jacobs e Peter Huth. Como todo o libreto tinha sobrevivido, foi possível completar a partitura acrescentando, aos trechos de que se dispunha, páginas extraídas de outras obras de Telemann – prática que os próprios costumes barrocos autorizam, já que os compositores dessa fase eram os primeiros a reutilizar numa peça música de outra. Embora o tratamento seja sério, o caráter da ópera é quase de *pasticcio*, pois o seu libreto foi montado com textos – em italiano, francês ou alemão, de acordo com a natureza de cada uma das situações –, extraídos de dramas escritos para Haendel, Lully e outros compositores.

O mito de Orfeu tem, aqui, tratamento tipicamente barroco, muito mais prolixo do que nas versões de Monteverdi ou Gluck. A rainha Orásia, da Trácia, está loucamente apaixonada pelo poeta, e é ela quem joga um feitiço na serpente para que pique Eurídice e a livre da rival. Dominada por essa "obsessão fatal", Orásia chega a ameaçar, no ato III, seguir Orfeu ao subterrâneo depois que ele morre, para impedi-lo de reunir-se com a mulher no Inferno. Além disso, a ação é sobrecarregada por uma intriga paralela, contando a paixão sem esperança de Eurímedes, amigo de Orfeu, por Cefisa, uma das ninfas de Orásia. A gravação desse *Orpheus*, lançada em 1998 pela Harmonia Mundi, lança uma luz nova sobre a dramaturgia de Telemann – e mantém acesa a esperança de que as pesquisas musicológicas venham, no futuro, a revelar outras partituras esquecidas.

GRAUN

O nome de Carl Heinrich Graun (1703-04?-1759) não deve ser confundido com o de seus irmãos August Friedrich, autor de música sacra, e Johann Gottlob, compositor de peças instrumentais. Foi muito influenciado por Keiser e Fux, tendo tocado o primeiro violoncelo na estréia da *Costanza e Fortezza*, desse último, em Praga (1723). Ingressou na corte de Brunswick, em 1725, como tenor; mas seu talento para compor logo foi reconhecido e, em 1731, ele foi nomeado *Vizekappelmeister* de Georg Caspar Schürmann.

Para o casamento de Elisabeth Christiana, princesa de Brunswick, com o príncipe herdeiro Frederico, da Prússia (1733), Graun escreveu *Lo Specchio della Fedeltà* (música perdida), com libreto de Apostolo Zeno. O futuro Frederico, o Grande gostou tanto desse trabalho que o convidou para trabalhar em seu castelo de Rheinsberg e, ao subir ao trono (1740), nomeou-o *Kappelmeister*, encarregando-o de criar em Berlim uma companhia de ópera italiana. Recursos não lhe faltavam e Graun pôde montar um grupo de alto nível, para o qual escreveu *Rodelinda, Regina de' Longobardi* (1741). No ano seguinte, *Cleopatra e Cesare* inaugurou o Lindenoper, o novo teatro da corte, que Frederico encarregara o arquiteto Georg Wenzeslaus von Knobeldorff de construir.

Cleópatra e César, que Giovanni Gualberto Botarelli adaptara da *Mort de Pompée*, de Corneille – mas usando também como fonte de inspiração o libreto de Nicola Haym para o *Giulio Cesare* de Haendel –, foi cantada em 7 de dezembro de 1742, num teatro que a impaciência do rei em vê-lo funcionando fizera ser inaugurado antes mesmo de estar inteiramente pronto. O selos Serenissima e Harmonia Mundi têm a gravação ao vivo, regida por René Jacobs, do espetáculo que foi montado na Staatsoper Unter den Linden, em 1992, para comemorar os 250 anos desse acontecimento.

Cleópatra e César atesta a variedade da inspiração de Graun ao trabalhar com as costumeiras receitas da ária *da capo*. E apresenta pelo menos um número extremamente original: um *tutti* de que participam as seis personagens, no finale do ato II. Cada uma delas canta dois ou três versos e, em seguida, todas as vozes unem-se, na estrofe seguinte, em um sexteto. Essa página já aponta à distância para o que serão as cenas de conjunto clássico-românticas.

Nas trinta *opere serie*, pastorais e *intermezzos* que escreveu para seu patrão, Graun sempre deu muita importância à qualidade literária: usou libretos de Zeno e Metastasio ou fez adaptar ao modelo italiano textos que Philippe Quinault escrevera para Lully. Fez com que, na Prússia, o gosto mudasse, da tradição hamburguesa, que misturava os estilos mediterrâneo e alemão, para o culto das formas italianadas puras. E fez em Berlim o mesmo que Lully fizera em Versalhes, criando uma ópera voltada exclusivamente para a glorificação do soberano – a começar pela sua orquestra, que recebia o nome de *Laquaien vor musikalisches Amüsements* (Lacaios para os entretenimentos musicais).

Johann Friedrich Reichardt descreveu, em 1774, as relações entre o compositor e seu patrão: "Graun trabalhava apenas em função dos gostos do rei; o que não agradava a este era suprimido, mesmo que fosse a melhor parte da ópera: como ele era, digamos assim, limitado e teimoso em seus gostos, não concedia liberdade alguma a Graun e não lhe permitia nenhuma variedade." Mas, na verdade, reinava um clima de extrema confiança entre os dois, desde os tempos de Rheinsberg. Frederico não gostava de excessos, das explosões dramáticas de sentimentos, e era exatamente no elegíaco e na expressão das emoções mais delicadas que estava o ponto forte de Graun.

Ao lado de Hasse, Graun representa o pináculo do Barroco operístico alemão, com muita ênfase na figura do solista, para o qual escreve árias de coloratura muito expansiva, que exigem grande domínio técnico. Exemplo típico é o *Artaserse*, cantado no Lindenoper em 2 de dezembro de 1743, em que ele utiliza um dos mais populares libretos de Metastasio, musicado por mais de cem compositores diferentes. A história trança a típica rede de sentimentos cruzados, no joguinho de xadrez amoroso de que Metastasio gostava tanto.

Tendo assassinado o rei Xerxes, o vilão Artabano, que quer apoderar-se do trono persa, põe a culpa em seu próprio filho, Arbace, que está apaixonado por Mandane, a irmã do monarca morto. Artaxexes, o príncipe herdeiro, está por sua vez apaixonado por Semira, a filha de Artabano; mas este não deseja o casamento dos dois jovens, julgando que ele prejudica as suas pretensões ao trono. Após uma série de reviravoltas, as manobras de Artabano são reveladas, Arbace é inocentado e os dois casais podem unir-se.

O *Artaserse* de Graun repousa sobre árias *da capo* de factura muito variada, destinadas principalmente aos *castrati*, que predominavam na companhia. A linha vocal é soberana, o acompanhamento orquestral é básico e os longos trechos de recitativo demonstram que Graun não tinha um domínio muito grande do italiano. Mas nesta ópera convencional já existe, como no *Cesare e Cleopatra*, o indício de que ele logo começaria a buscar caminhos novos, pressionado por Frederico, que não demorou a se cansar da interminável fieira de árias *da capo*. No ato I, por exemplo, ele transforma uma seqüência de três árias num sexteto – traço absolutamente incomum para a época.

Nas óperas de fim de carreira, *Silla* (1753) e *Semiramide* (1754), em que colabora com o libretista Gianpietro Tagliazucchi, é evidente o desejo de reforma, pois ele intercala às árias *da capo* uma série de cavatinas menos estilizadas e de emoção mais concentrada. Sua obra mais inovadora foi *Montezuma*, estreada em 6 de janeiro de 1755. O libreto, escrito em francês pelo próprio Frederico, o Grande e traduzido para o italiano por Tagliazucchi, é desusado, pois não aborda um tema mitológico ou de história antiga. Na escolha desse episódio da conquista espanhola das Américas há a visível influência de Voltaire, amigo pessoal do monarca, e do gosto francês pelo exotismo.

O nobre chefe asteca Montezuma simboliza o espírito iluminista, encarnado num perfil rousseauísta de "bom selvagem". A ele opõe-se a figura odiosa de Hernán Cortés, representante do autoritarismo da Igreja Romana. Ambos ilustram o conflito fundamental da Prússia protestante com a Áustria católica. Seguindo o exemplo da tragédia voltaireana, a ópera ignora a regra do final feliz obrigatório, fazendo o protagonista morrer no final. Em forma e estilo, *Montezuma* é uma ópera experimental. À sua irmã Wilhelmine, Frederico escreveu: "A maioria das árias é escrita para ser cantada sem repetições. [...] As repetições só devem ser utilizadas quando os cantores souberem como fazer a música variar. Mas, de qualquer maneira, parece-me excessivo repetir quatro vezes seja lá o que for" (o que é um ponto de vista inovador, apontando para a revogação do *da capo* compulsório).

Quando vêm lhe anunciar que os espanhóis desembarcaram em seu litoral, o imperador Montezuma, ignorando os maus pressentimentos de Eupaforice, sua mulher, não consegue acreditar que os visitantes tenham más intenções. Dá as boas-vindas a Cortés e a seu capitão, Narves; estes retribuem a acolhida prendendo-o e atacando o povo asteca.

Montezuma consegue libertar-se, mas é recapturado. Enquanto isso, Cortés tenta seduzir Eupaforice que, para não se desonrar, prefere suicidar-se. A tragédia se encerra com um coro dos aztecas que deploram a crueldade dos espanhóis, enquanto Montezuma é levado para ser executado.

Ao lado de passagens intensamente líricas – o dueto de amor de Montezuma com sua mulher, no ato III, por exemplo –, a ópera está cheia de momentos muito dramáticos, com uma profundidade de caracterização ausente nas obras anteriores de Graun. Um dos mais eficientes é a ária de vingança de Eupaforice, no ato III, "Barbaro, barbaro che mi sei". Joan Sutherland faz dela uma belíssima interpretação na gravação de trechos realizada por Richard Bonynge, em 1967, para o selo Decca. Essa gravação foi responsável por despertar a curiosidade pela obra que, depois disso, foi reencenada em Berlim e no Festival de Spoletto na década de 1980.

Excetuando esse registro e o de Jacobs, Graun continua precisando urgentemente ser tirado do esquecimento. Ele é mais lembrado, hoje, pelo seu *Te Deum* (1757) e pelo oratório *Der Tod Jesu* (A morte de Jesus, 1755), interessante pelo seu estilo operístico tanto na intensidade dramática quanto no tratamento das vozes. Deste último, essencial para ilustrar o fenômeno, essencial no Barroco, da contaminação do gênero sacro pelas formas líricas, o selo Musique d'Abord tem a gravação de Pál Németh com a Cappela Savaria.

AGRICOLA

Aluno de Bach, em Leipzig, e de Johann Quantz, em Berlim, Johann Friedrich Agricola (1720-1774) foi nomeado músico da corte por Frederico, o Grande, em 1751. Dentre as sobreviventes das onze óperas que escreveu para seu patrão, *Cleofide* (1754) e *Achille in Sciro* (1765) caracterizam-no como um compositor competente, mas rotineiro, que raramente consegue alçar-se acima do convencional. Nesse sentido, em todo caso, suas obras são preciosas pois, sem serem criativas, servem de exemplo muito claro da rigorosa aplicação das regras do códice metastasiano.

Em 1759, após a morte de Graun, ele assumiu a responsabilidade por todas as produções operísticas da corte. Até esse momento, porém, o desenvolvimento de sua carreira tinha sido prejudicado pelo fato de ele ter-se casado com a soprano Emilia Molteni, que também trabalhava para Frederico. Este obrigava os artistas que estavam a seu serviço a permanecer solteiros, para que os encargos domésticos não os distraíssem de suas atividades. Quando Agricola e Molteni desobedeceram a essa regra, seus salários foram reduzidos, como castigo. O perdão real só veio quando, tendo perdido Graun, Frederico passou a precisar dele.

Os ensaios que escreveu sobre o gosto musical da época e suas contribuições para a *Allgemeine Deutsche Bibliothek* formam a parte mais importante do legado de Agricola. Entre essas últimas, está a tradução comentada que fez das *Opinioni de' Cantori Antichi e Moderni* (1723), do *castrato* Piero Francesco Tosi, o mais precioso manual sobre as técnicas de canto do século XVIII, indispensável para que se possa, hoje, reconstituir o estilo do *belcanto* em seus primórdios.

Fux

Autor do *Gradus ad Parnassum* (1725), um dos mais importantes manuais de contraponto do século XVIII, o austríaco Johann Joseph Fux (1660-1741) praticou com igual habilidade a música sacra e a secular, exercendo a invejável posição de *Kappelmeister* tanto da catedral de Santo Estêvão quanto da corte vienense. Seu papel de preservador de um estilo de composição que remonta aos grandes mestres renascentistas italianos fez com que fosse chamado "o Palestrina austríaco".

Quando Johann Nikolaus Forkel estava escrevendo a primeira biografia de J. S. Bach, perguntou ao filho deste, Carl Philipp Emanuel, quais eram os compositores prediletos de seu pai; e Fux foi o primeiro nome que Emmanuel citou. Prova dessa admiração é o fato de Bach ter extraído os famosos cânones ascendentes das *Variações Goldberg* de uma melodia da sua *Missa prolationum*. Johann Adolph Scheibe, que foi seu contemporâneo, escreveu:

> Além de ser o mais profundo contrapontista de seu tempo, Fux possuía a habilidade de escrever melodias leves, naturais e atraentes, como o demonstram as suas obras dramáticas.

Concebidas em grande escala, para as cerimônias de corte, suas óperas são muito imponentes, misturam características das escolas francesa e napolitana e possuem, nos momentos mais solenes, texturas quase eclesiásticas. Todas elas apresentam detalhes muito originais. *Julo Ascanio, re d'Alba*, por exemplo, escrita para a festa de São José, em homenagem ao imperador José I (19.3.1708), exibe passagens de instrumentação inventiva, como um trecho para duas violas da gamba e dois fagotes.

Seu título mais famoso é *Costanza e Fortezza*, encenada em Praga, com uma magnificência extraordinária, em 28 de agosto de 1723, para comemorar simultaneamente o aniversário da imperatriz e a coroação de Carlos VI como imperador da Boêmia. Fux, nessa época, sofria horrivelmente de gota e seria difícil para ele estar presente ao espetáculo. Mas tão grande era seu prestígio que o imperador o fez transportar até Praga numa liteira. O arquiteto Giuseppe Galli-Bibbiena – membro da mais famosa família de cenógrafos italianos do período Barroco – tinha sido contratado para construir, na esplanada de Hradcany, perto do palácio real, o palco e um auditório com capacidade para 4 mil espectadores. Uma gravura da época dá uma idéia clara dos assombrosos recursos mobilizados para esse espetáculo. O *Wiener Diarium* fez o relato:

> Todos apareceram de manhã, no palácio real, envergando vestes de gala, para oferecer aos soberanos os seus cumprimentos. Às 11 horas, todos foram à missa e, depois, voltaram para o palácio, onde um banquete foi servido. À tarde, o imperador, a imperatriz e todos os seus convidados foram assistir à ópera.

O auditório e palco construídos ao ar livre por Giuseppe Galli-Bibbiena, na praça Hradschany em Praga, para a encenação de *Constanza e Fortezza* de Johann Joseph Fux (1723).

Constância e Fortaleza, título do libreto de Pietro Pariati, era o lema de Carlos VI – virtudes que a ópera celebra contando vários episódios da história romana em que essas qualidades se manifestaram. A orquestração, pensada para um espetáculo ao ar livre, é muito ousada, incluindo partes escritas para oito trompetes, quatro tímpanos e um número desusado de cordas. Para reforçar a orquestra, Fux convidou músicos de grande competência, como Graun, o alaudista Sylvius Weiss e seu ex-professor Johann Quantz. Este deixou uma descrição detalhada da ópera, em que chama a atenção para o uso que o discípulo faz do estilo eclesiástico.

No papel, essa música pode parecer rígida e seca, mas no palco soa bem, muito melhor do que teria acontecido com melodias em andamento rápido e com muitas notas.

De Fux, só se dispõe da gravação de uma ópera em um ato – *Dafne in Lauro*, de 1714, com libreto de Pariati – feita pelo Clemenčíć Consort para a série "Ancient Music" do selo Nuova Era.

Caldara e Predieri

A carreira de Antonio Caldara (1670-1736), provável aluno de Legrenzi, desenvolve-se em parte na Itália – e esse setor de sua produção é estudado no volume que trata do período barroco. Aqui, interessa-nos a fase em que ele trabalhou em Viena. Em 1716, ao ascender ao trono imperial com o título de Carlos VI, o rei espanhol Carlos III – para quem Caldara já tinha trabalhado em 1708-1709 em Barcelona – nomeou-o *Vizekappelmeister* de Fux.

Apesar de ter de trabalhar num ritmo alucinante, para comemorar aniversários, dias santos e o Carnaval – o que o fez recair com freqüência em fórmulas mecânicas e repetitivas –, estes foram os anos mais férteis de sua carreira, pois ele tinha o tipo de talento exigido por uma corte com a tradição de espetáculos muito suntuosos. Cerca de 90 óperas de Caldara sobreviveram e contêm muitos pontos de contato com as de Vivaldi e Alessandro Scarlatti.

Para o brilho de sua carreira contribuiu também a colaboração constante com o *poeta cesareo* Apostolo Zeno que, nesse momento, estava iniciando em Viena o movimento para reformar o libreto de ópera, dando-lhe a carta de nobreza de gênero literário independente. O resultado da valorização da análise psicológica que Zeno propunha, em detrimento dos episódios bizarros e dos efeitos de maquinaria, é que, em seus libretos, os recitativos são mais numerosos e as árias, enquanto momento de reflexão, mais concentradas. Zeno e Metastasio, o seu sucessor, que chegou a Viena em 1730, reduziram também o número de personagens para que cada um deles pudesse ser desenvolvido de forma mais aprofundada.

Embora as funções de Caldara como músico da corte o obrigassem a tratar assuntos predominantemente heróicos – *Mitridate* (1728), *Il Demetrio* (1731), *Adriano in Siria* (1732), *La Clemenza di Tito* (1734) – ele tinha também a mão hábil para pastorais de tom mais leve, que prenunciam o estilo galante. *Nigella e Tirsi* e *Ghirlande di Fiori* (ambas de 1726) ou *Il Natale di Minerva* (1729) são as mais bem-sucedidas nesse gênero. Seu renome fez com que o arcebispo Franz Anton von Harrach, de Salzburgo, o convidasse a escrever, para sua corte, *Camaïde, Imperatore della China* (1722) e *Il Finto Policare* (1724). Curiosamente, essas encomendas lhe valeram cachês mais generosos do que os do próprio Fux. Hoje, as suas óperas estão esquecidas, mas algumas de suas árias se firmaram no repertório de concerto.

Seu sucessor foi Luca Antonio Predieri (1688-1767), bolonhês que chegara a Viena em 1737 e galgou o cargo de *Kappelmeister* em 1746. Sem o mesmo talento de seus predecessores, foi um artesão habilidoso, tanto no gênero sério – *Lucio Papirio* (1714, perdida) – quanto no bufo, com *La Serva Padrona* (1732), sobre o mesmo libreto de Federico para Pergolesi (igualmente perdida). *Astrea Placata* (1739), com Metastasio, de que ficou a partitura, mostra que ele tinha um gosto especial pelos temas heróicos e os grandes gestos.

HASSE

Foi no Gänsemarkt, durante a gestão de Keiser, que Johann Adolph Hasse (1699-1783), nativo da aldeia de Bergerdorf, vizinha a Hamburgo, iniciou a carreira de cantor, prosseguida na corte de Braunschweig-Wolfenbüttel onde, em 1721, conseguiu produzir *Antioco*, a sua primeira ópera. Percebendo nele um grande talento, seu patrão mandou-o estudar na Itália, com Scarlatti.

Entre 1724 e 1729, Hasse estreou em Nápoles várias *opere serie* – *Sesostrate, Astarto, Geronne Tiranno di Siracusa* – e a comédia em dialeto *La Sorella Amante* – que o tornaram muito popular e lhe valeram um convite: o de compor, em 1730, um *Artaserse* para Veneza (sobre o famigerado libreto de Metastasio que já mencionamos). Da montagem participaram o *castrato* Farinelli e a soprano Francesca Cuzzoni, duas das maiores estrelas da época. Para conhecê-lo, existe um disco de trechos do conjunto Belcanto Festival, regido por Ton Kos, no selo Erasmus.

Artaserse marca um momento decisivo na História da Ópera, pois a música de Hasse, ao mesmo tempo que obedecia a todas as estilizações propostas na reforma metastasiana, oferecia contrastes expressivos e brilhantismo técnico suficientes para despertar a apaixonada atenção da platéia. Capitalizando o sucesso dessa peça, que excursionou vitoriosa por toda a Europa, Hasse compôs no mesmo ano uma outra, de caráter semelhante: *Dalisa ossia La Costanza Vincitrice*. Dessa vez, a estrela era a mezzo-soprano Faustina Bordoni, a grande rival da Cuzzoni. Em junho de 1730, um mês depois da estréia, Hasse e ela se casaram.

Logo em seguida, o casal excursionou por toda a Europa, ele apresentando as suas óperas, cujo renome já se tornara mundial, a cantora interpretando papéis especialmente concebidos para seu tipo muito peculiar de voz pelo marido ou outros compositores. Acabaram atraindo a atenção do príncipe Frederico Augusto II da Saxônia, o filho do eleitor Augusto, o Forte que, em Dresden, mantinha uma corte suntuosa, de gosto muito europeizado, onde se cultivava o balé de estilo francês. Admirador de Vivaldi, há tempos Frederico Augusto desejava criar uma boa companhia de ópera italiana e estava à procura de um compositor que lhe fornecesse partituras de peso. O sucesso do *Artaserse* coincidiu, fortuitamente, com a morte do *Kappelmeister* de seu pai, a quem ele convenceu a contratar Hasse para substituí-lo.

Para mostrar do que era capaz a Augusto, o Forte, um patrão que ainda encarava a ópera italiana com alguma desconfiança, Hasse fez encenar, assim que assumiu o novo cargo, uma de suas óperas mais famosas. *Cleofide ossia Alessandro nelle Indie*, estreada em 13 de setembro de 1731, tinha libreto de Metastasio adaptado por Michelangelo Boccardi. Veículo para o estrelato da Bordoni, a ópera tinha também uma intriga heróica que garantiu o apoio do reticente soberano. A excelente gravação de William Christie, feita para o selo Capriccio em 1986, ajuda a entender as causas do sucesso de *Cleofide*.

A história, tal como a concebera Metastasio, contava como Alexandre, o Grande invadia a Índia, destronando Poro, o seu rei. Boccardi deslocou a atenção para a figura da rainha Cleofide, que acolhe o monarca fugitivo e acaba desposando-o – o que permitiu trazer para o primeiro plano a personagem interpretada pela Bordoni. Na revisão de 1736 para Veneza, Hasse reverteu à forma e ao título originais, dando ênfase diferente à história.

Cleofide é uma daquelas compilações típicas do século XVIII. De suas 29 árias, apenas dezesseis pertencem ao libreto de Metastasio. As outras – incluindo uma cena de loucura que é de grande efeito – foram escritas por Boccardi, que se inspirou em várias fontes diferentes. Hasse também adaptou melodias de árias compostas para diversas óperas anteriores. É bem provável que Bach tenha assistido à estréia da *Cleofide* pois, na época, se encontrava em Dresden, em companhia de seu filho favorito, o mais velho, Wilhelm Friedemann. O grande Bach tinha ido àquela cidade para dar um recital de órgão na Sophienkirche.

Mas as intrigas que os músicos italianos da corte de Dresden faziam contra ele eram muito desgastantes e, para fugir delas, Hasse voltou a fazer, com Faustina, excursões por todos os países onde suas óperas eram solicitadas. Data dessa época o *Demetrio* (1732), notável por suas enérgicas *arie di tempesta*: "Scherza il nocchier talora", construída com vertiginosos floreios vocais interrompidos por bruscas pausas, na medida para explorar as habilidades do *castrato* Bernacchi; e "Non fidi al mar che freme", de estilo mais incisivo, escrita para o contraltista Appiani.

Em 1734, Hasse recusou o convite para dirigir, em Londres, a *Opera of the Nobility*, pois não desejava servir de munição aos rivais de Haendel, de quem era amigo. Mas seu *Artaserse*, que a empresa patrocinada pelo príncipe de Gales montou aquele ano, para fazer concorrência à Real Academia de Música, foi deliratemente aclamado pelo público londrino e foi uma das causas do declínio da companhia de Haendel.

Durante a década de 1740, tendo-se consolidado a sua posição, Hasse passou mais tempo na corte da Saxônia, para a qual, durante vinte anos, produziu pelo menos uma ópera por ano, transformando-a num centro operístico só superado por Berlim. Aprofundou o contato com Metastasio, de quem musicou todos os 27 libretos, à exceção do *Temistocle*. Foi para ele que o *poeta cesareo* escreveu *Antigono* (1743), *Ipermestra* (1744), *Attilio Regolo* (1750), *Il Trionfo di Clelia* (1762), *Romolo ed Ersilia* (1765) e *Ruggiero* (1771). Além disso, Hasse reviu todas as suas óperas anteriores, para adequá-las ao estilo reformado. Dessa forma, estabeleceu-se entre os dois homens um relacionamento de amizade que floresceu numa aliança artística semelhante à de Philippe Quinault com Lully, de Gluck com Raniero da Calzabigi ou de Mozart com Lorenzo da Ponte.

Particularmente importante foi a segunda versão do *Arminio*, executada em comemoração à visita de Frederico, o Grande a Dresden, depois da vitória na Batalha de Kesseldorf, para assinar o tratado que pôs fim à II Guerra da Silésia. A luta de Arminio (o chefe germânico Hermann) contra o invasor romano, tal como foi registrada por Tácito em seus *Anais*, convinha perfeitamente à ocasião. O primeiro *Arminio* tinha sido escrito para Milão, em 1730, com libreto de Antonio Salvi. Na revisão, Hasse deu instruções muito específicas a Giovanni Claudio Pasquini, que acabara de ser nomeado poeta oficial do eleitorado. É um dos casos mais antigos de estreita colaboração entre o músico e o libretista – praxe não muito comum numa época em que o normal era trabalhar com textos que já tinham passado de mão em mão.

Espetaculares foram os termos de concepção do *Solimano*, encenado no Hoftheater de Dresden em 5 de fevereiro de 1753: oitocentas pessoas, além de cavalos, camelos, elefantes e vários pássaros exóticos, foram mobilizadas para recrear a suntuosidade da corte otomana, na história narrada por G. A. Migliavacca. Ao público, interessaram mais os aspectos externos dessa luxuosíssima produção desenhada por Francesco Ponte – que P. H. Lange chama de "o protótipo das *Türkenoper* que haveriam de se seguir". Mas Frederico, o Grande, que assistiu a esse espetáculo, im-

Figurino desenhado por Francesco Ponte para Rusteno, o Turco, em *Solimano* de Johann Adolph Hasse (Dresden, 1753).

pressionou-se, sobretudo, com a qualidade da música e convidou Hasse a visitá-lo em Potsdam, onde o tratou como um convidado de honra.

A fama de Hasse chegara ao auge, mas seus problemas eram grandes. A voz da Bordoni entrara em declínio e ela estava sendo suplantada pela soprano Regina Mingotti. Esta tinha sido aluna de Porpora que, nomeado *Kappelmeister* encarregado da música sacra em 1748, vinha desde então rivalizando abertamente com o alemão. Tudo isso tornava muito tenso o clima da vida musical na corte saxã. Mas foram as circunstâncias políticas que fizeram Hasse sair de Dresden.

Entrando em conflito com o eleitorado, Frederico, o Grande cercou a cidade em 1760. O bombardeio destruiu o teatro e parte da biblioteca da corte, atingiu a casa do próprio Hasse e fez com que ele perdesse boa parte de seus manuscritos. A crise financeira do pós-guerra forçou a dissolução da companhia de ópera e seu diretor foi demitido sem a pensão a que teria direito. Faustina e ele escolheram Viena onde, em 1763, foram bem acolhidos. Mas chegaram à capital austríaca no auge da querela entre Metastasio e os responsáveis pela proposta de uma nova e revolucionária reforma da ópera: Gluck e Calzabigi.

Hasse, a essa altura com 64 anos, alinhou-se naturalmente com seu amigo o *poeta cesareo* que, a seu lado, tinha a ala mais conservadora da corte. As óperas compostas nessa última fase foram muito bem recebidas – em especial *Egeria*, escrita para comemorar a coroação de José II –; mas ele tinha perfeita consciência de que as idéias novas ameaçavam uma tradição aparentemente inabalável. Sinal disso é a mais experimental de suas obras, a serenata *Piramo e Tisbe*, cantada no Burgtheater em novembro de 1768. O fato de que só uma das nove árias é *da capo*, de que há quatro duetos e uma grande quantidade de recitativos acompanhados pelas cordas – em vez do seco convencional – mostra que Hasse estava se abrindo às idéias de Gluck.

A atração pelos novos rumos que a ópera ia tomando é evidente em seu último trabalho, *Il Ruggiero ovvero L'Eroica Gratitudine*, encomendado pela imperatriz Maria Theresa para comemorar o casamento de seu filho, o arquiduque Ferdinando, com a princesa Maria Beatrice d'Este. Cantado no Teatro Regio Ducale, de Milão, em 16 de outubro de 1771, *Ruggiero* é um dos raros exemplos de libreto em que Metastasio não trata de assuntos clássicos. Baseado nos três últimos livros do *Orlando Furioso*, conta a história da nobre guerreira Bradamante, que se passa perto de Paris, durante o reinado de Carlos Magno.

Leone, filho do imperador Constantino, é candidato à mão de Bradamante. Mas ela só aceitará casar-se com o homem que a vencer em combate. O príncipe pede a seu amigo Ruggiero, guerreiro destemido, que lute em seu lugar. Apresentando-se com o nome de Erminio, ele derrota Bradamante, e esta se apaixona pelo homem que reconhece ser mais valoroso do que ela. Ruggiero, porém, revela à moça a sua verdadeira identidade e renuncia ao casamento em favor de Leone. Este, comovido com a fidelidade do amigo e com o sofrimento de Bradamante, dá provas de "heróica gratidão" ao permitir que os dois jovens se unam.

A ópera tem música da melhor qualidade. Além disso, há poucas árias *da capo* e uma abundância de recitativos acompanhados, nitidamente inspirados nos de Gluck, o que assegura uma continuidade ausente das demais *opere serie* de Hasse. Mas a platéia milanesa, que esperava um superespetáculo na medida do tema épico, decepcionou-se com o estilo interiorizado da ópera metastasiana, mais interessada em refletir sobre os conflitos íntimos das personagens do que em promover cenas de grande efeito. Muito mais sucesso fez uma serenata com danças e coros, estreada no dia seguinte: *Ascanio in Alba*, o K111 de um menino de quinze anos chamado Wolfgang Amadeus Mozart.

Numa carta de 2 de novembro de 1771 a Nannerl, a sua irmã, Wolfgang expressa admiração pela ópera de Hasse: "Felizmente sei quase todas as suas árias de cor e posso continuar a vê-las e ouvi-las dentro de mim, mesmo depois de ter voltado para casa." O próprio Hasse, porém, não tinha ilusões: "Esse menino vai nos deixar a todos na sombra", comentou após ouvir *Ascanio*. E tinha razão, pois o eclipse não tardou. Em 1773, saiu de Viena e foi morar em Veneza. Daí até sua morte, dez anos depois, compôs apenas "Ah, che manca" – uma ária de melodia profundamente melancólica, mais tarde incorporada ao *Adriano in Siria* –, em que expressava a dor pela morte de Faustina, ocorrida em novembro de 1781. Morreu quase esquecido, no país onde, anos antes, sua popularidade tinha sido enorme. Com ele morria, na mesma época, o gênero a que dera algumas das mais ilustres contribuições.

Hasse teve papel fundamental no desenvolvimento da *opera seria*. Juntamente com Graun, foi um dos últimos compositores do Barroco Tardio a trabalhar exclusivamente no âmbito da corte, e não num contexto comercial – e, por isso, a sua estética reflete a vida cultural do ambiente aristocrático para o qual suas óperas foram concebidas. Suas amplas linhas melódicas, os temas heróicos, as emoções elevadas, o ritmo majestoso com que as ações se desenrolam espelham, de forma idealizada, a imagem que as opulentas cortes para as quais trabalhou tinham de si mesmas. De resto, Dresden – chamada de "a Florença alemã" – oferecia o clima ideal para que florescesse o gênio de um compositor italianado, que nunca se interessara pelo gênero híbrido desenvolvido em Hamburgo.

As circunstâncias ajudaram Hasse. A morte, em outubro de 1744, de Leonardo Leo – com quem ele compartilha, no início da carreira, muitas semelhanças técnicas – deixou-o como o máximo representante da *opera seria* ortodoxa (lembremos, uma vez mais, que a prática haendeliana, contaminada por influências francesas, dava à sua produção um caráter distinto). O nome de Hasse tornou-se sinônimo daquele tipo de ópera muito estilizada que se baseava em árias estereotipadas, recitativos secos ágeis, e ênfase no canto virtuosístico, com melodias elegantes, muito cantábiles e de bom-gosto.

Houve quem o criticasse por conhecer muito bem a voz humana mas ter um escasso senso de teatro e uma técnica instrumental um tanto rústica – objeção que se torna relativa se pensarmos nos idéias estéticos de seu tempo, que ele compreendeu perfeitamente, e na natureza muito peculiar do libreto metastasiano, cujas exigências ele atendeu à perfeição. Comparado a seus contemporâneos mais jovens – Jommelli ou Galuppi – Hasse parece-nos pouco inclinado a inovações. Mas suas árias são modelos de uma sensibilidade que sabe traduzir todas as idéias em melodias estupendas, que fluem ininterruptamente ao sabor de uma coloratura extremamente refinada. "Pode até ser que suas melodias sejam superficiais", escreve David Jay Grout, "mas essa superfície tem tal perfeição que exigir delas mais do que isso poderia ser capcioso".

O modelo napolitano que Hasse cultivou, com estrutura formal precisa e convenções rígidas, era o veículo ideal para o que ele realmente queria: explorar o *belcanto*. Nele, a flexibilidade da melodia, a simplicidade harmônica e a leveza da escrita orquestral serviam antes de mais nada para pôr em evidência a ornamentada linha vocal. Mas esse compositor não é apenas um cultor do canto florido: também presta atenção, desusada para o período, aos recitativos, observando as inflexões e intonações da fala, e trabalhando com as tonalidades e cadências de forma a sublinhar a expressão muito viva das emoções – como acontece na cena da aparição do fantasma, em *Artaserse*, que tem um recitativo acompanhado muito dinâmico. Na verdade, por mais fiel que fosse às propostas de seu amigo Metastasio, não hesitava em incluir recursos estranhos a seu códice – como o demonstram principalmente as suas últimas obras – cada vez que isso atendia às suas necessidades dramáticas.

De resto, em suas grandes obras do final da carreira, há elementos que deixam perceber as mudanças que estão a caminho. As suas árias, embora conservem o *da capo*, parecem visar ao desenvolvimento lógico da idéia e não à repetição mecânica dos temas. Diversamente a outros compositores italianos que o tinham precedido, ele não era insensível à unidade teatral do drama e, portanto, não se tornava escravo da rígida convenção de sempre fazer alternar recitativo seco e ária. De acordo com a situação, preferia utilizar a forma de maneira mais livre e desenvolta. Até mesmo no modo de tratar a orquestra, ele se mostra muitas vezes superior à média de seus contemporâneos. E dá-se o caso – sobretudo nos recitativos acompanhados, pelos quais era célebre – de ele ser capaz de uma grande profundidade de expressão.

Hoje, a música de Hasse está passando por um processo de redescoberta, via disco, o que nos ajuda muito a compreender melhor o desenvolvimento da ópera no século XVIII. Percebemos que ele foi o ponto de partida até mesmo para compositores que, mais tarde, afastaram-se da *opera seria*. A primeira ópera de Gluck, por exemplo, foi um *Artaserse* (1741) que deve muito ao de seu predecessor. A invenção melódica e rítmica de Hasse, o rico tratamento que dá à voz humana, vêm fazendo com que o público moderno vença as dificuldades em sintonizar com uma realidade musical cujos valores estéticos lhe parecem engessados em regras imutáveis e artificiais.

Além das gravações citadas, existem também as dos seguintes *intermezzos*:

Larinda e Vanesio (1726) – Orquestra Barroca da Catania/S. Carchiolo (Bongiovanni);

Lucilla e Pandolfo ossia Il Tutore (1730) – Milano Classica/Massimo Zanetti (La Bottega Discantica);

Piramo e Tisbe (1768) – Capella Clementina/ Helmut Müller-Brühl (Koch-Schwann); e o registro de um espetáculo ao vivo no La Fenice de Veneza, em 1997 (Mondo Musica);

La Serva Scaltra ossia Dorilla e Belanzone (1739) – Berlin Staatskapelle/reg. não indic. (Berlin Classics); Conjunto de Sassari/Gabriele Catalucci (Bongiovanni).

O *Singspiel*

Mais ainda do que às reformas de Gluck, é ao *singspiel* – literalmente "peça cantada" –, de popularidade crescente na virada do século, que se deve a superação definitiva da *opera seria* em terras alemãs. Como já foi dito antes, essa forma de teatro originava-se da antiga peça sacra falada e entremeada de canções. Mas a sua forma se definiu e se consolidou por influência do *opéra-comique*, bem conhecido devido às freqüentes excursões que as companhias parisienses faziam pelas cidades germânicas.

O *opéra-comique* nascera do antigo teatrinho de feira francês. Mas sofrera por sua vez notável impacto do *intermezzo* italiano, o tipo de composição cômica que está na raiz da ópera bufa. Isso ocorreu durante a chamada *Querelle des Bouffons*, que opôs os partidários da ópera de estilo italiano e os defensores do modelo tradicional de *tragédie lyrique* fixado por Lully no século XVII (um dos grandes argumentos dos italianistas era justamente a *Serva Padrona*, de Pergolesi, exemplo perfeito do *intermezzo*). Dessa forma, características típicas da comédia italiana reforçam aspectos já existentes na "comédie mêlée d'ariettes". E estes se transferem para o *singspiel* da vizinha Alemanha – fechando-se assim um círculo de influências mútuas que concorrem para a constituição do gênero que, na Alemanha, vai ajudar a transformar a *opera seria* num estilo de teatro totalmente obsoleto.

Peça de teatro falado, com números musicais intercalados, o *singspiel* tinha – em comum com o *opéra-comique* francês – as seguintes características:

- abandono total dos temas mitológicos e históricos em favor de situações comuns, do cotidiano, abordadas num registro geralmente cômico (mas que não exclui a possibilidade do assunto sério – e é importante ter isso em mente, pois o *singspiel* é uma "forma" e não um "gênero"; ou seja: havemos de deparar, mais adiante, com exemplos extremamente dramáticos, como o *Fidelio*, de Beethoven, ou o *Freischütz*, de Weber);
- intrigas que comportam sempre um interesse amoroso, mas visto de ângulo bem terra a terra, sem as tortuosas interações que caracterizavam os libretos barrocos;
- personagens diretamente observadas da realidade, que se expressam em linguagem coloquial, acessível a todas as camadas sociais;
- música de corte mais simples, fazendo constante apelo a ritmos de dança e a melodias de estilo folclórico e popular.

Tudo isso criava, para o público, condições imediatas de identificação com o espetáculo e de assimilação da música. Na fase de virada de século que assiste à ascensão da burguesia e, com ela, ao conseqüente declínio do gosto aristocrático, acontecerá com o *singspiel* o mesmo que à ópera bufa italiana ou ao *opéra-*

comique: é neles – e não nas formas sérias de espetáculo lírico – que estará o germe da ópera romântica, justamente por causa dessas características mais realistas, que suplantam totalmente a estilização e o artificialismo do teatro barroco.

Com o predomínio do *singspiel*, portanto, tudo parece pronto para que se desenvolva, nos Estados alemães, uma escola de ópera com características tipicamente nacionais. O que retarda até 1821 – data da estréia do *Freischütz*, de Weber – a eclosão desse fenômeno, é o gosto do público por espetáculos importados: a ópera de resgate ou de aventuras francesa; os melodramas de autores italianos (Cimarosa, Paisiello, mais tarde Rossini) ou de alemães aclimatados ao solo peninsular (Ferdinand Paër, Simon Mayr). O próprio *singspiel* sofre, por muito tempo, visível influência francesa no estilo melódico, no desenho dos números, na preferência pelas histórias que valorizam o sentimental em detrimento do bufo.

Hiller

Na transição entre os séculos XVIII e XIX, o nome de Johann Adam Hiller (1728-1804) é o primeiro a se destacar no domínio do *singspiel*. Embora parecesse destinado a uma carreira na jurisprudência, acabou dedicando-se à música, para a qual demonstrara grande pendor desde o início dos estudos no ginásio de Görlitz, perto da cidadezinha de Wendisch-Ostig, onde nascera. À exceção de curtos períodos em que foi mordomo do conde Brühl, em Dresden, *Kappelmeister* do duque da Curlândia e diretor do Teatro de Ópera de Breslau, foi em Leipzig que J. A. Hiller passou toda a vida. E foi lá que, em 1754, publicou o interessante *Abhandlung über die Nachahmung der Natur in der Musik* (Tratado sobre a imitação da natureza na música).

Hiller exerceu papel de grande importância para a vida musical de Leipzig: regeu o Grosses Concert de 1763 a 1771 e, a partir de 1781, os concertos da Gewandhaus; fundou uma escola de canto, foi *Kappelmeister* na Paulinerkirche e na Neukirche; e um dos principais colaboradores do *Wöchentliche Nachrichten* (Notícias semanais), o primeiro periódico a especializar-se em história, crítica e teoria estética da música – papel em que contribuiu muito para despertar, no público, a consciência da importância social do artista.

Seria muito importante que se resgatasse a obra desse músico pioneiro. Infelizmente, não me consta que exista gravação de nenhum dos onze *singspiele* que escreveu, entre 1766 e 1773, para o Rannstädterthortheater, em colaboração com o poeta Christian Felix Weisse. Eles são de importância fundamental na medida em que forneceram o exemplo para as obras subseqüentes de compositores como Neefe, Dieter, Reichardt, Schweitzer, Benda ou Umlauf, de que falaremos mais adiante.

Embora se atribua a Hiller o papel de iniciador do *singspiel*, não é ele o primeiro autor de uma peça desse gênero. O protótipo da ópera cômica alemã com diálogos falados foi composta por Johann Christian Standfuss, de quem se supõe que tenha morrido em Hamburgo em 1759. Violinista na companhia teatral de J. A. Koch, foi ele quem teve a idéia de pedir a C. F. Weisse que traduzisse para o alemão a *ballad opera* inglesa *The Devil to Pay or The Wives Metamorfos'd* (1731), de Charles Coffey, para a qual escreveu uma música nova. Embora os especialistas criticassem a mistura de canto e fala, *Der Teufel ist los oder Die verwandelten Weiber* agradou em cheio ao grande público.

Em 1766, Hiller acrescentou canções suplementares à partitura que Standfuss escrevera para *O Diabo Está à Solta* e, diante da reação favorável da platéia, fez o mesmo com *Der lustige Schuster* (O Alegre Sapateiro), continuação da história que seu predecessor tivera tempo de compor antes de morrer. Confiante na boa acolhida do público, tentou então mudar de gênero. *Lisuart und Dariolette oder Die Frage und die Antwort* (A Pergunta e a Resposta) foi uma das primeiras experiências alemãs de "ópera romântica", com recitativo seco e árias *da capo* cheias de amplos cantábiles italianados, que refletiam o gosto pelo estilo de Hasse e Graun.

Não tendo sido bem-sucedido, Hiller retornou ao terreno seguro dos *singspiele* moldados nos *opéras-comiques* de Monsigny. Usando basicamente a forma da canção estrófica alemã, mas introduzindo em algumas árias a expansividade do canto italiano, e escrevendo curtas cenas de conjunto, estabeleceu uma forma alternativa para o teatro musical de seu tempo, sem o convencionalismo da *opera seria*, mas com um grau de sofisticação maior do que o das peças populares apresentadas nos teatrinhos de feira.

Foi igualmente bem-recebida *Lotte am Hofe* (Lotte na Corte), que Hiller adaptara da *Ninette à la cour* (1753), de Simon Favart – por sua vez traduzida do *Bertoldo, Bertoldino e Cacaseno* (1747) de Vincenzo Ciampi, com libreto do grande dramaturgo veneziano Carlo Goldoni. Levada em Paris no auge da *Querelle des Bouffons*, que opusera os nacionalistas, partidários do modelo de ópera criado por Lully, aos simpatizantes do drama cantado mediterrâneo, a ópera bufa de Ciampi agradara tanto que fora remanejada por Favart e se integrara ao repertório das companhias ambulantes de *opéra-comique* que excursionavam pelos países vizinhos. O fato de já ter sido ouvida nos territórios alemães, e provavelmente na própria Leipzig, explica por que Hiller a escolheu para fazer a sua própria versão.

Nunca é demais frisar a freqüência com que é francesa a fonte de onde nascem os *singspiele* desse período – motivo pelo qual ainda não se pode considerá-los manifestações integrais de uma escola nacional germânica. É o caso da ópera mais importante de Hiller, que ele vai escrever em 1770, depois do êxito de *Die Muse* (A Musa, 1767) e *Die Liebe auf dem Lande* (O Amor no Campo), do ano seguinte. *Die Jagd* (A Caçada) toma como ponto de partida *La partie de chasse de Henri IV* (1763), peça de Charles Colle que inspiraria também o compositor francês Étienne Méhul. Uma vez mais é de Weisse o libreto contando a historinha ingênua da paixão entre o jovem monarca e a camponesa que o socorre quando ele cai do cavalo, durante uma caçada, e a quem, de início, ele não revela a sua verdadeira identidade.

Estreada em 29 de janeiro de 1770, no Kleines Schlosstheater de Weimar, *A Caçada* utiliza um procedimento que já existia na antiga comédia napolitana do Barroco Tardia: árias de formatos diferentes para caracterizar as diversas personagens – em estilo elevado para as classes altas; de recorte folclórico ou cômico para os plebeus. Escritas para atores que, com freqüência, não tinham treinamento formal como cantores, as canções de cunho mais popular são bem simples, porém sem recair numa escrita ingênua ou banal.

Um dos estudiosos da obra de Hiller, Kurt Kawada, afirma ter sido a popularidade de *A Caçada* o motivo que levou Goethe a querer redigir textos para *singspiele*, nos quais via um veículo útil para fazer chegar determinadas reflexões a públicos mais populares. Sinal dessa duradoura popularidade é também Lortzing – de quem falaremos mais tarde – ter reconstituído a partitura de *A Caçada* em 1830, reorquestrando-a para uma apresentação no Altes Theater de Leipzig. O exigente Richard Wagner, de resto, tinha essa operazinha em alta conta.

Neefe

Para *Der Dorfbarbier* (O Barbeiro de Aldeia), de 1771, Hiller contou com a colaboração de Christoph Gottlob Neefe (1748-1798), hoje mais conhecido por ter sido professor de Beethoven. O resultado lhe agradou tanto que, cinco anos depois, foi Neefe que ele escolheu para substituí-lo na direção do Seylertheater, onde o jovem trabalhou durante três anos. Em 1779, Neefe aceitou o convite da companhia Grossman-Helmut e mudou-se para Bonn. Ali, foi-lhe confiada a educação do pequeno Ludwig, que tinha por ele afeto verdadeiro e sabia ser-lhe devedor de coisas fundamentais como o despertar do interesse pela obra de Bach.

Facilidade melódica e eficiente senso dramático caracterizam os *singspiele* mais felizes de Neefe: *Die Apotheke* (A Farmácia, 1771); *Zemire und Azor* (1776), imitada do *opéra-comique* de Grétry; e *Die Zigeuner* (Os Ciganos, 1777), em que é muito interessante o uso que faz de material melódico do Leste europeu. O elemento "exótico" é, de resto, comum na obra de Neefe: na *Adelheid von Veltheim* (1780), ele usou música de "estilo turco", na qual tentou reproduzir as sonoridades e ritmos característicos das bandas de *yeniçeri*, os "janízaros" criados no século XIV para ser a guarda pessoal do sultão. Desde que Augusto II da Polônia integrara as percussões e os sopros agudos turcos à sua banda, em 1733, eles tinham-se tornado muito populares e vários compositores – Haydn em *Lo Speziale* (1769), Gluck em *La Rencontre Imprévue* (1778), Grétry em *La Fausse Magie* (1778) – os tinham utilizado. Dois anos depois da *Adelheid von Veltheim*, a mais famosa incorporação de "música turca" seria feita por Mozart no *Rapto do Serralho*.

A Neefe atraiu muito também o modelo de melodrama proposto pelo tcheco Jíri Benda: uma peça falada com acompanhamento orquestral contínuo e números corais. Em óperas como *Heinrich und Lyda* (1776), Neefe usou essa técnica para realçar os momentos de clímax dramático. Estabeleceu assim um exemplo que o seu próprio aluno seguiria no *Fidelio*, numa passagem como a cena do calabouço. Neefe produziu, de resto, uma extensa obra desse gênero: o monodrama *Sophonisbe*, de 1778.

André

A carreira teatral de Johann André (1741-1799) começou na década de 1770, quando a Ópera de Frankfurt o contratou para traduzir o libreto dos *opéras-comiques* de Philidor e Monsigny. Sua escrita elegante agradou ao empresário Theobald Marchand, que lhe encomendou o libreto de *Der Töpfer* (O Oleiro) e, depois, concordou em confiar-lhe também a composição da música. Quando essa comédia estreou em Hanau, em 1773, Goethe elogiou a habilidade com que André combinava "a boa declamação com melodias leves e fluentes". E como prova de sua admiração, deu-lhe a musicar o texto de *Erwin und Elmire*, que ele próprio escrevera. A estréia dessa peça, em Frankfurt, em 1775, foi muito bem acolhida.

Uma fase de grande produtividade iniciou-se quando André tornou-se o regente da companhia de Theophil Döbbelin, em Berlim. Lá, obteve grandes sucessos: *Claudina von Villa Bella* (1778), de Goethe – libreto que Schubert também utilizaria, mais tarde –; *Belmont und Constanze oder Die Entführung aus dem Serail* (O Rapto do Serralho, 1781), de Christoph Friedrich Bretzner que, remanejado no ano seguinte por Gottlieb Stephanie, haveria de se tornar famoso nas mãos de Mozart; e *Der Barbier von Bagdad* (1783), tradução de um libreto de Montenoy. Nelas, André demonstra certo senso teatral e facilidade para imitar com fluência o estilo das canções folclóricas.

Voltando no fim da vida para Offenbach, onde nascera, André fundou ali uma editora responsável pela publicação de várias obras de Haydn, Gyrowetz e Pleyel. Por essa atividade, é hoje mais lembrado do que pelos dezesseis *singspiele* que escreveu.

Dieter

O exemplo de André foi seguido muito de perto por Christian Ludwig Dieter (1757-1822), um dos popularizadores do *singspiel*. Das doze peças que forneceu à corte de Stuttgart, sobreviveu apenas *Der Irrwisch oder Endlich fand er sie* (O caminho equivocado ou Finalmente ele a encontrou, 1779). Dieter é lembrado, hoje, por ter escrito também, dois anos depois de Mozart, um *Belmonte und Konstanze* inspirado no de André. Despreocupada em fazer uma caracterização mais aprofundada das personagens, a sua versão empenha-se apenas em combinar, à maneira de Hiller, canções estróficas em estilo folclórico e árias muito ornamentadas, de origem italiana. Nestas, como no habilidoso uso dos coloridos orquestrais para descrever as situações dramáticas, percebe-se a nítida influência de Jommelli, que foi seu predecessor em Stuttgart.

Schweitzer

Ao ser contratado pela companhia de Abel Seyler, de que se tornou o compositor oficial, Anton Schweitzer (1735-1787) já tinha alguma experiência como músico da corte do duque de Hildburghausen. Seyler trabalhara no teatro de Hamburgo e, em 1769, mudara-se para Hanôver, onde fundou uma das melhores companhias de ópera da época – cujos dias áureos coincidem justamente com a fase em que esteve sob a direção musical de Schweitzer.

Em vez de dedicar-se ao gênero cômico, porém, o compositor preferiu praticar a ópera de tema sério, seguindo os princípios da refor-

Uma cena da *Caçada* (1770) de Johann Adam Hiller: gravura pertencente à coleção do libretista Christian Weise.

Charlotte, a mulher do libretista Johann Christian Brandes, criadora do papel título na *Ariadne auf Naxos* de Georg Benda (Gotha, 1776).

ma formulados por Gluck e Calzabigi. Aplicou-os em *Alkeste* (1773), cujo libreto era de Wieland. Numa carta de 18 de dezembro de 1778 a seu pai, Mozart disse ter apreciado a cena "O Jugendzeit" (Ó juventude), no ato IV dessa ópera; mas acrescentou que ela estava "chamando a atenção do público mais pelo que tinha de novidade do que pelos seus méritos intrínsecos".

Ele tinha razão: Schweitzer é um daqueles compositores que têm mais ambições do que meios para atingir as metas visadas, como o demonstram suas poucas partituras que sobreviveram: *Die Dorfgala* (A Festa na Aldeia, 1772), *Polyxena* (1775) ou *Rosamunde* (1780). Das sete que se perderam, teria sido interessante preservar a versão alemã que produziu, em 1772, do *Pygmalion* de Jean-Jacques Rousseau. Antecedendo três anos a *Ariadne* de Benda, este parece ter sido o primeiro exemplo alemão de melodrama. O público apreciou tanto esse *Pigmalião*, que Franz Aspelmayr (1728-1786) – violinista do Kärntnertortheater, de Viena, onde produzia partituras para os balés do coreógrafo Jean Noverre – compôs novo acompanhamento para a mesma tradução, feita do francês pelo próprio Schweitzer.

Benda

Rousseau foi o modelo em que se inspirou o tcheco Jirí Antonín Benda (1722-1795), numa obra que o tornou célebre em toda a Europa. Nascido em Staré Benátky, perto de Praga, de uma família de músicos profissionais, ele germanizou seu nome para Georg Anton Benda ao obter um emprego na corte ducal de Saxe-Gotha, onde foi *Kappelmeister* e *Kappeldirektor*. Seu interesse pela ópera foi despertado por uma viagem à Itália, em 1765, durante a qual conheceu Hasse. As fórmulas que aprendeu com este, ele as aplicou num *Xindo Riconosciuto*, com libreto de J. A. Galetti.

Quando a companhia de Seyler visitou Gotha, em 1774, Benda propôs-se a escrever para ela espetáculos em alemão. O resultado foi *Ariadne auf Naxos*, melodrama em um ato, com texto de Johann Christian Brandes, estreado em 27 de janeiro de 1775, em Gotha. A forte interpretação de Charlotte Brandes, a mulher do libretista, no papel-título contribuiu muito para o sucesso retumbante dessa peça de teatro falado com música contínua, coro e números de pantomima. Ela foi imitada em toda a Europa – até mesmo na Rússia, numa peça como o *Orfiêi i Evridíka*, de Fomín. Diante desse sucesso, Seyler encenou, no Rannstädtlertortheater de Leipzig, em 1º de maio do mesmo ano, o segundo melodrama de Benda: *Medea*, com texto de Friedrich Wilhelm Gotter.

Mozart foi um dos que não regatearam elogios à *Ariadne* e à *Medéia*. "De todos os *Kappelmeisters* luteranos, Benda sempre foi meu favorito", escreveu ao pai em novembro de 1778. "Gosto tanto dessas duas obras que as levo sempre comigo." Em vista da boa aceitação do gênero, Benda pediu a Gotter que retraduzisse o *Pigmalião* de Rousseau e, em 1779, escreveu para ele uma nova partitura. O melodrama na *Zaïde* que Mozart deixou incompleta; a cena do calabouço no *Fidelio*, de Beethoven; a seqüência da fundição das balas enfeitiçadas no *Freischütz*, de Weber, demonstram a extensão da influência de Benda sobre a ópera alemã.

Dos *singspiele* que Benda compôs, vale a pena citar *Der Dorfjahrmarkt oder Lucas und Bärbchen* (A feira na aldeia ou Lucas e Bárbara), porque dela existe, no selo Archiv, uma gravação feita em Praga em 1968. Essa comédia em um ato, com texto de Gotter, estreada em Gotha em 10 de fevereiro de 1775, ilustra a riqueza da orquestração de Benda e a facilidade com que mistura, nos recitativos e árias, técnicas provenientes tanto da ópera bufa quanto da séria.

Em outubro de 1996, foi muito bem recebida a exumação, pelo Festival de Valdstein, na Suécia, de um *singspiel* intitulado *Walder*, esquecido desde sua estréia em 1776 e reeditado por Anders Wiklund. Regida por Steffan Larson, a partitura revelou uma construção fluente e um melodismo cheio de atrativos, postos a serviço de um drama familiar. A personagem-título rebelou-se contra o pai, homem preconceituoso e intolerante, e abandonou a casa paterna para casar-se com uma camponesa, que lhe deu duas filhas. Anos depois, quando o pai morre, tem de entrar em choque com o irmão, ambicioso e sem escrúpulos, que lhe nega todo e qualquer direito sobre a herança. "Melodias que se pode desfrutar como pequenas jóias musicais" foi a expressão usada, na época, pelo crítico Görel Sällström (revista *L'Opera*, ano X, nº 101) para descrever a obra.

O mais velho dos cinco filhos de Benda, Friedrich Ludwig (1752-1792), também trabalhou para Seyler. Essa companhia estreou a sua ópera mais importante: *Der Barbier von Sevilla*, cantada em Leipzig em 1776, um ano apenas depois da estréia, em Paris, da peça de Beaumarchais – e, portanto, seis anos antes do *Barbiere di Siviglia*, de Giovanni Paisiello, de fama internacional até ser desbancado pelo de Rossini.

Umlauf

Quanto a Ignaz Umlauf (1746-1796), ele era spalla das violas na orquestra do Deutsches Theater, em Viena. José II deu-lhe uma oportunidade de demonstrar o talento como compositor ao encomendar-lhe, em 1778, uma peça para a inauguração do novo Deutsches Singspieltheater. E gostou tanto de *Die Bergknappen* (O Mineiro) que lhe fez cinco outras encomendas até as dificuldades econômicas forçarem o fechamento da sala em 1783. Destas, a mais popular foi *Die schöne Schusterin oder Die pücefarbenen Schuhe* (A Bela Sapateira ou Os Sapatos Cor de Pulga, 1779), representada em todo o território de fala alemã e, até a segunda década do século XIX, ainda freqüentemente encenada. Em 1791, Beethoven escreveu para ela duas árias alternativas.

Mas a falta de coerência estilística nas obras de Umlauf demonstra a dificuldade de impor um novo gênero de teatro musical que, na prática, estava muito distante das intenções de seus formuladores teóricos. São peças extremamente híbridas, em que as canções cômicas, de sabor folclórico, têm origem popular, proveniente do teatrinho de feira ou dos espetáculos circenses; a filiação dos recitativos e dos momentos dramáticos está na *opera seria*; e os *vaudevilles* com que as óperas se encerram são típicos do *opéra-comique* parisienses. Em seus finais, porém, Umlauf consegue às vezes afastar-se desse esquema restritivo, misturando recitativos, diálogos, trechos cantados e passagens corais com mais flexibilidade.

Hiller

Numa fase tardia, já em pleno século XIX, *Konradin, der letzte Hohenstaufe* (Konradin, o Último dos Hohenstaufe), cantada em Dresden em 1847, fez o nome do pianista Ferdinand Hiller (1811-1885) como autor de música para teatro. Antes disso, esse aluno de Hummel, que vivera sete anos em Paris, onde se notabilizara como recitalista e autor de música de câmara, tinha tentado a sorte em Milão, onde *Romilda* (1839) foi aceita no Scala por interferência de Rossini. *Konradin* tinha libreto de Robert Reinick que, mais tarde, escreveria para Schumann o texto da *Genoveva*.

Nomeado *Kappelmeister* da prefeitura de Colônia, Hiller compôs, nessa cidade, *singspiele* fortemente marcados pela influência francesa: *Der Advokat* (1854), *Die Katakomben* (1862) e *Der Deserteur* (1865), essas duas últimas fiéis ao modelo parisiense da ópera de aventuras, cheias de bandoleiros, ambientação sinistra e episódios rocambolescos. Amigo de Brahms e professor de Max Bruch, F. Hiller nunca foi um compositor muito original, embora o público sempre o tratasse respeitosamente. Em seus melhores momentos, tem uma linguagem que o aproxima muito de Mendelssohn.

Nessa fase da ópera alemã, dois tipos de libreto são especialmente comuns. O primeiro é o que trata de problemas domésticos e familiares, com grande destaque para o elemento sentimental. O segundo é o que tem tema legendário, na fronteira entre o real e o imaginário, explorando o gosto, sempre muito forte no público germânico, pela temática sobrenatural. Nessa preferência pelo sobrenatural já identificamos, de resto, um nítido traço pré-romântico.

Weigl

O mais famoso exemplo de *singspiel* de tema doméstico é *Die Schweitzerfamilie* (A Família Suíça, 1809), de Joseph Weigl (1766-

1846), aluno de Albrechtsberger. Sua primeira ópera, *Die unnütze Vorsicht oder Die betrogene Arglist* (A Cautela Inútil ou A Astúcia Enganosa), tinha sido montada no Burgtheater, de Viena, em 1783, sob o patrocínio de Gluck e de Salieri, este último seu professor de composição.

Para Viena, onde viveu a vida inteira, recusando convites para ir trabalhar em Stuttgart ou Milão, Weigl escreveu diversas óperas com libreto em italiano – *Il Pazzo per Forza, La Principessa d'Amalfi, L'Amor Marinaro ossia Il Corsaro* –, em que imita conscienciosamente o estilo de seu professor. Mas para a História da Ópera, o seu nome é importante como o do autor de *A Família Suíça*, na qual faz extenso uso de temas folclóricos suíços. Essa comédia estabelece, como dizíamos, o modelo do *singspiel* de tema familiar, com trama sentimental ambientada numa moldura natural idílica.

Nos *singspiele* de Weigl, os conflitos entre as personagens são reduzidos a um mínimo e a caracterização musical não é o seu forte. Mas ele tinha o dom de escrever melodias eminentemente cantáveis e fáceis de memorizar, que acabavam ganhando, junto ao público, um status de canção popular. Credite-se a ele também o uso, na orquestra, não exatamente de temas recorrentes, mas de melodias que funcionam como reminiscências, o que dá à sua escrita uma continuidade que o *singspiel* dessa fase não costumava ter.

Müller

O *singspiel* de tema cotidiano também foi habilmente cultivado por um contemporâneo de Weigl, o boêmio Wenzel Müller (1767-1835), nascido em Tyrnau (hoje Trnava, na República Tcheca). Aluno de Dittersdorf, foi primeiro violinista no teatro de ópera de Brünn (hoje Brno) e, em 1786, graças ao prestígio de seus primeiros *singspiele*, obteve o emprego de *Kappelmeister* no Leopoldstadttheater, de Viena. Compôs 250 *singspiele*, pantomimas, balés, melodramas e músicas incidentais para peças de teatro falado. *Kaspar der Fagottist* foi encenada 125 vezes, entre 1791 e 1819, embora Mozart, em carta de 12 de junho de 1791 a Nannerl, sua irmã, a tenha qualificado de "troço muito vagabundo". *Die Schwestern von Prag* (As Irmãs de Praga, 1794) é lembrada porque o tema de sua ária "Ich bin der Schneider Kakadu" foi usado nas *Variações para Piano e Cordas op. 121* de Beethoven. Algumas melodias de suas óperas ficaram tão conhecidas que entraram para o repertório popular alemão e, com freqüência, quem as canta ainda hoje pensa que pertencem ao folclore.

Porém, a obra mais bem acabada de Müller é *Das Sonnenfest der Braminen* (O Festival Solar dos Brâmanes), que estreou no Leopoldstadttheater em 9 de setembro de 1790. Ela pertence não ao gênero do *singspiel* de tema doméstico, mas ao da "turquerie" de entrecho exótico, contaminado pelos clichês da ópera de resgate, na linha do *Rapto do Serralho* – com a qual tem, aliás, muitas semelhanças, apesar de o libretista Karl Friedrich Hensler insistir em chamá-la "ein Heroischkomischer original Singspiel". O jovem inglês Eduard desembarca numa ilha da costa indiana à procura de Laura, sua namorada, raptada por piratas. Ao saber que Bella, moça que, em outros tempos, o salvou de um naufrágio, está para ser imolada na fogueira pelos sacerdotes brâmanes, dentro das festividades em honra ao Sol, o rapaz consegue resgatá-la, trocando-a pela sua criada, que será queimada em seu lugar. Mas na hora do holocausto, o sol se esconde, começa a chover, e os sacerdotes compreendem: o deus ordenou que a vítima seja poupada. No final, não só Eduard liberta Laura como descobre que Bella é a sua própria irmã, separada dele desde menina.

Sonnenfest exibe a habitual mistura de canções estróficas alemãs com árias de coloratura italianas – embora em proporção menor, pois no Leopoldstadttheater havia mais atores, com pouco treinamento musical, do que cantores líricos profissionais. Nem mesmo a estréia da *Flauta Mágica*, no ano seguinte, apeou de sua popularidade um título que continuou a ser encenado com freqüência, em Viena, até quase o fim do século XIX.

Zumsteeg

O produto mais característico do *singspiel* de tema fantástico é *Die Geisterinsel* (A Ilha dos Espíritos, 1798), de Johann Rudolf Zumsteeg (1760-1802). Ela agradou tanto ao público que, no mesmo ano de sua criação, Wenzel Müller a imitou em *Der Sturm oder Die bezauberte Insel* (A Tempestade ou A Ilha Encantada). Embora seja mais lembrado pelo grande volume de canções que compôs, e que exerceram influência sobre o jovem Schubert, a verdadeira ambição de Zumsteeg era vencer no teatro. Antes de acertar a mão na peça que fez sua fama como operista, ele compôs, para o Hoftheater de Stuttgart, diversas obras em italiano – *Le Feste della Tessaglia* (1782), *Le Delizie Campestri ossia Ippolito e Aricia* (1782) –, em francês – *Armide* (1785), *Zalaor* (1787), *Le Chant des Parents Éloignés de leurs Enfants* (1796) –, e em alemão: *Des tartarisches Gesetz* (A Lei dos Tártaros, 1780) e *Der Schuss von Gänsewiz* (O Atirador de Gänsewiz, 1781).

A *Ilha dos Espíritos*, estreada em novembro de 1798, baseia-se na tradução muito livre que Gotter fez da *Tempestade*, de Shakespeare. Nela ainda transparece a influência de Jommelli que, nas óperas de assunto sério escritas por Zumsteeg, é extremamente forte. Nela está presente também o interesse pelas técnicas do melodrama de Benda. Mas o que mais se sente, na escrita vocal e instrumental desse compositor, é a devoção por Mozart, cujas óperas conhecia profundamente, tendo sido o responsável pela estréia da maioria delas em Stuttgart. Zumsteeg tentou repetir a fórmula bem-sucedida da *Ilha dos Espíritos* em *Das Pfauenfest* (A Festa dos Pavões, 1801), mas sem iguais resultados.

Reichardt

A acolhida do público à *Ilha dos Espíritos* foi tão entusiástica que, naquele mesmo ano, além de Müller, também Johann Friedrich Reichardt (1752-1814) tentou capitalizar o seu sucesso, voltando a musicar o texto de Gotter. Embora seja hoje mais lembrado por suas canções e pelos escritos que deixou, Reichardt foi prolífico autor de óperas sérias e cômicas. A cópia de *Le Feste Galanti*, ainda inédita, que mandou para Frederico, o Grande, após a morte de Agricola, fez com que o soberano o nomeasse *Kappelmeister* em Berlim.

Para essa corte, além de reger obras de Graun e Hasse, ele produziu *Andromeda, Protesilao* e *L'Olimpiade*, com libretos em italiano, e a ópera alemã *Cephalus und Procris*. Contribuiu também para a divulgação do repertório instrumental, fundando e dirigindo o Concert Spirituel, que imitava o de Paris e se destinava a resgatar obras esquecidas. E foi o editor do *Musikalisches Kunstmagazin* (1782-1791), no qual fez um trabalho de crítico que antecipa o de Schumann.

Uma visita a Paris, em 1785, o pôs em contato com Gluck, cujas teorias reformistas assimilou. O resultado desse aprendizado foi *Tamerlan* e *Panthée*, com libreto em francês, compostas com um olho no Opéra de Paris, mas encenadas só muito mais tarde, na própria Alemanha. Sinais premonitórios do Romantismo surgem na música incidental que, em 1787, Reichardt escreveu para uma encenação do *Macbeth*, de Shakespeare, traduzido por G. A. Bürger: os efeitos de orquestração utilizados na cena das bruxas antecipam características do *Freischütz*. O destaque dado, na música, a esse trecho em que o sobrenatural intervém corresponde à atração do público alemão pela literatura gótica, já muito forte no final do século XVIII. E a admiração que sentia por Gluck transparece no fato de ter remusicado, em 1788, a quatro mãos com o italiano Ferdinando Bertoni, o libreto de Ranieri Calzabigi para *Orfeo ed Euridice* (na época, isso era considerado uma homenagem).

O sucesso do *Brenno* que encenou em Berlim, em 1789, fez um crítico dizer que ela "parecia ter sido composta por Gluck" – o que deve tê-lo lisonjeado. Essa ópera de grandes proporções é um dos elos entre a *tragédie lyrique* reformada de Gluck e o *opéra héroïque* de Spontini – e mais tarde o *grand-opéra* meyerbeeriano. A opiniões políticas de Reichardt, consideradas subversivas – ele era um liberal, ligado à Maçonaria –, fizeram com que fosse demitido em 1794. Retirou-se, então, para a aldeia de Giebichenstein, perto de Halle, que transformou num ponto de encontro para os jovens intelectuais da fase pré-romântica.

As óperas com libreto em alemão que Reichardt escreveu a partir de 1789 foram muito bem recebidas. A popularidade de que desfrutaram é um claro indício de que o gosto estava mudando, da sofisticação italianada para formas mais simples e acessíveis. Além de musicar três libretos escritos por Goethe – *Claudine von Villa Bella* (1789), *Erwin und Elmire* (1793) e *Jery und Bätely* (1801) – e a já mencionada versão alternativa de *Die Geisterinsel* (1798), Reichardt compôs *Das Zauberschoss* (O Castelo Mágico, 1802), com libreto do poeta Kotzebue, e *Der Taucher* (O Mergulhador, 1811), baseado em Schiller.

Fracassada foi a tentativa de criar um gênero novo, a que dava o nome de *Liederspiel* – uma espécie de ciclo de canções contando uma historinha, que pudesse receber encenação muito simples e barata. A idéia, muito interessante, era a de criar pequenos espetáculos viáveis para montagem doméstica ou por grupos de amadores, com piano, cenários simplificados, e sem exigir dos cantores um treinamento excepcional. Mas *Lieb' und Treue* (Amor e Lealdade) e *Kunst und Liebe* (Arte e Amor) não despertaram o interesse do público.

É importante ainda mencionar o trabalho do Reichardt ensaísta. Os dois volumes das *Briefe eines aufmerksamen Reisenden die Musik betreffend* (Cartas de um Viajante Atento Referentes à Música), publicadas entre 1774-1776, formam o diário de suas turnês pela Alemanha e Boêmia, e constituem precioso documento sobre a vida musical da época. *Über die deutsche komische Oper* (Sobre a Ópera Cômica Alemã, 1774) faz o levantamento dos caminhos trilhados pelo gênero a partir de uma análise extremamente lúcida da *Caçada*, de Hiller. E um saboroso retrato da vida musical austríaca está na *Vertraute Briefe geschrieben auf einer Reise nach Wien* (Carta Íntima Escrita sobre uma Viagem a Viena), de 1810.

A Família Suíça e *A Ilha dos Espíritos* mantiveram durante muito tempo o seu prestígio e chegaram a ser cantadas no exterior. No início do século XX, ainda eram encenadas ocasionalmente nos teatros de província e suas canções mais famosas integravam o repertório dos recitais de canto. Ambas serviram de modelo para obras que tiveram nomeada apenas local e temporária, escritas por músicos como Georg Christoph Grosheim (1764-1841), Ferdinand Kauer (1751-1831), Friedrich Heinrich Himmel (1765-1814) ou Carl David Eule (1776-1827), que hoje não passam de rodapés de enciclopédia.

Wranitzky

Mas *Oberon, König der Elfen* merece o registro aqui, pois tem importância histórica particular. Criada no Theater auf der Wieden, em 7 de novembro de 1789, *Oberon, o rei dos elfos* agradou tanto ao público que o diretor dessa casa de espetáculos, Emmanuel Schikaneder, decidiu aproveitar o sucesso repetindo os seus ingredientes numa história de cunho fantástico. Misturando alhos e bugalhos, escreveu um libreto um tanto disparatado que estava destinado a se transformar num verdadeiro milagre, o mais sublime *singspiel* do século XVIII: *A Flauta Mágica*, de Mozart.

Oberon fez a fama do tcheco Pavel Vranický (1756-1808), nascido em Nová Ríše, na Morávia. Ao mudar-se para Viena, onde foi aluno de Haydn, ele germanizou seu nome para Paul Wranitzky. Foi muito amigo de Beethoven, de quem estreou a *Sinfonia nº 1*; e a ele se devem as apresentações da *Criação*, de Haydn, em Viena (1799 e 1800). Membro da mesma Loja Maçônica que Mozart, trabalhou como *Kappelmeister* na corte do conde Johann Nepomuk Esterházy e foi regente titular dos teatros da corte. Compôs 51 sinfonias, muita música de câmara, onze óperas e vários balés, no estilo clássico vienense. Apesar de sua origem tcheca, são raras as inclusões, em sua música, de temas de origem morávia; e, assim mesmo, eles só aparecem em suas peças menores.

Comédias como *Das Maroccanische Reich* (O Reino Marroquino, 1795) ou *Das Picknick der Götter* (O Piquenique dos Deuses, 1804) estão hoje completamente esquecidas. Só de *Oberon* ficou o registro, pelas razões históricas já mencionadas. O libreto de Frederike Sophie Seyler baseia-se não em Shakespeare, mas em Wieland, e foi extensamente revisto por Johann Giesecke. A história – basicamente a mesma que Weber usará mais tarde na ópera do mesmo nome –, tem de fato semelhanças estruturais muito grandes com *Die Zauberflöte*.

Em ambas, há um príncipe (Huon de Bordeaux/Tamino) que viaja para um país exótico (Bagdá e Túnis/o Egito) levando consigo um companheiro (Scherasmin/Papageno) e um instrumento mágico (uma trompa/a flauta). O rapaz vai em busca de uma moça pela qual se apaixonou (Amanda/Pamina) e que foi seqüestrada. Ambos têm de enfrentar muitas peripécias antes de os dois casais encontrarem a felicidade. Como na *Flauta*, também Scherasmin encontra a sua "Papagena": ela se chama Rezia e é a criada de Amanda.

O que a ópera de Wranitzky não tem é a profundidade musical mozartiana nem o alcance humanitário e alegórico que é conferido à *Zauberflöte* pelas idéias maçônicas. É obra de estrutura bem mais simples, também, sem a riqueza das cenas de conjunto que Mozart utiliza. Wranitzky usa a velha técnica das árias interligadas por diálogos falados, e só há cenas de conjunto nos finais de ato, muito menos extensos e complexos do que os de Mozart, que os concebe de forma sinfônica. Mas numa coisa elas se parecem: as canções de Scherasmin têm um corte singelo e popular, como as de Papageno; Huon e Amanda exprimem-se no mesmo tom de *opéra-comique* sentimental que Tamino e Pamina; e, para o rei dos elfos, Wranitzky escreve coloratura proveniente da *opera seria* barroca, tão florida – se não tão original – quanto a da Rainha da Noite.

Oberon foi a ópera escolhida para ser cantada em Frankfurt, em 1790, comemorando a coroação do imperador Leopoldo II – cumprindo, portanto, a mesma função da *Clemenza di Tito*, um ano depois, em Praga. Só nessa ocasião foi encenada 35 vezes seguidas. Viajou por toda a Alemanha e alguns países estrangeiros, e ficou no repertório, em Viena, até ser desbancada pela ópera homônima de Weber. Goethe a apreciava tanto que chegou a convidar Wranitzky para musicar a continuação da *Flauta Mágica* que ele tinha escrito – e que consegue a proeza de ser ainda mais alambicada do que a de Schikaneder. Mas esse projeto nunca chegou a se concretizar.

Dittersdorf

Na década de 1780, os *singspiele* de Karl Ditters von Dittersdorf (1739-1799) rivalizavam com as óperas de Mozart, chegando às vezes até a ser mais populares. Iniciando a carreira como violinista no palácio vienense do príncipe de Sachsen-Hildburghausen, Von Dittersdorf estudou composição, ali, com Giuseppe Bonno, e manteve contato com Gluck na fase em que este iniciava a sua reforma da *opera seria*. A partir de 1765, trabalhou como *Kappelmeister* do bispo de Grosswarden, na Hungria e, depois, do príncipe-bispo de Breslau, conde Schaffgotsch (1771-1795). Nesse último emprego, escreveu onze óperas sérias ou cômicas com libreto em italiano. Delas, existe, no selo Voce, uma gravação pirata de *L'Arcifanfano ossia Il Rè de' Matti*.

Doktor und Apotheker (Médico e Farmacêutico) fez a sua fama. *L'Apothicaire de Murcie*, a peça em que se baseou o libreto de Johann Gottlieb Stephanie, o Jovem, tinha sido escrita por um nobre da corte – há quem suponha que seja obra do próprio José II – sob o pseudônimo de "Le Comte N." A ópera fez parte da segunda tentativa do imperador de criar um Teatro Nacional Germânico (a primeira, iniciada em 1778, e marcada pela estréia do *Rapto do Serralho*, fora abandonada em 1783). *As Bodas de Fígaro*, que tinham estreado dois meses antes, tiveram de ser retiradas de cartaz para que *Médico e Farmacêutico* pudesse ser apresentada no Kärntnertortheater, em 11 de julho de 1786. James Lockhard fez, em 1981, para o selo RBM/Bayer, a gravação dessa ópera extremamente popular que, até hoje, ainda é ocasionalmente encenada nos teatros alemães.

A jovem Leonore está apaixonada por Gotthold Krautmann, filho do médico da cidadezinha onde mora. Mas seu pai, Stoessel, detesta o médico e prefere que ela se case com Sturmwald, um ex-soldado inválido e beberrão, mas que tem muito dinheiro. Ajudados por um casal de amigos, também apaixonados um pelo outro, Leonore e Gotthold conseguem, ao cabo da tradicional série de qüiproquós desse tipo de comédia, ridicularizar Sturmwald e arrancar de Stoessel a permissão para que se casem.

Seguindo a fórmula do *Rapto*, Von Dittersdorf combina os elementos tradicionais do *singspiel* – a que não faltam clichês como a obrigatória canção de taverna – com elaboradas árias em estilo de *opera seria*, para expressar os sentimentos mais elevados dos dois jovens. E usa a escrita *parlando* da ópera bufa para caracterizar a personalidade grotesca do pai rabugento e do soldado bêbado. Influenciado pelo finale do ato II das *Bodas*, Von Dittersdorf escreve, para *Médico e Farmacêutico*, um dos primeiros exemplos que se conhece, em *singspiel*, de final de ato em seções múltiplas.

O sucesso espetacular desse primeiro *singspiel* fez com que lhe fossem encomendados outros. *Betrug durch Aberglauben oder Der Schatzgräber* (O Engano por Superstição ou O Escavador de Tesouros), de 1786, e *Die Liebe im Narrenhause* (O Amor no Hospício), do ano seguinte, agradaram tanto quanto o *Doktor*. A acolhida, de início fria, a *Democrito Corretto*, melhorou muito quando ela foi apresentada em versão alemã. Depois de mais alguns títulos escritos para Viena – que incluem *Hyeronimus Knicker* (1789), um de seus trabalhos mais bem cuidados –, Von Dittersdorf foi trabalhar na corte de Brunswick-Oels, para a qual produziu outros onze *singspiele* – entre os quais um *Hochzeit des Figaro* (1789), também inspirado na peça de Beaumarchais e decalcado na ópera de Mozart, cuja partitura infelizmente se perdeu, pois teria sido interessante comparar os resultados.

A simplicidade da escrita, que tornara as suas óperas tão populares, foi a responsável pelo declínio de seu prestígio, à medida que o público começou a ser despertado pelas formas mais complexas da música pré-romântica. Infelizmente, Von Dittersdorf teve tempo de dar-se conta disso pois, nas *Lebenschreibung* (Memórias) que ditou a seu filho, no leito de morte, lamentava-se que a sua vida tinha sido "um total fracasso", porque "nunca passara de um compositor cortesão cujo único objetivo era dar prazer imediato a seu patrão e ao público".

Em suas comédias, Von Dittersdorf usa ágeis melodias *parlando* e um estilo silábico de escrita vocal, para compensar o retardamento no fluxo da trama ocasionado pela oscilação diálogo falado/números cantados. Suas árias têm, em geral, o formato de canções populares, e a orquestra limita-se a fornecer-lhes apoio harmônico. É um compositor mais feliz na caracterização de personagens burlescas no que na expressão dos sentimentos amorosos. Obtém, em especial, efeitos muito engraçados com a utilização de onomatopéias para imitar a voz dos animais, o canto dos pássaros, os ruídos de sinos, canhões, trovoada – é assim a ária "Ich hör den Donner brummen" (Ouço o trovão soar), do *Hyeronimus Knicker*, que alguns barítonos alemães incluem até hoje em seus recitais.

Frases curtas e motivos repetidos são típicos de sua música. Mas, se lhe conferem vivacidade, contribuem também para que o desenvolvimento seja muito tosco. Isso é particularmente verdade em relação a seus finales – às vezes até mais longos do que os do próprio Mozart –, construídos com diversas seções curtas. Como esses finales não se preocupam em retratar a evolução psicológica das personagens ou em ter organicidade sinfônica, acabam transformando-se em mosaicos, numa mera junção de fragmentos sem coesão estrutural.

Haydn

Hoje em dia, o nome de Franz Joseph Haydn (1732-1809) é lembrado como um dos mais notáveis autores de sinfonias, quartetos, missas, oratórios – mas não de óperas. E, no entanto, a ópera forma parte muito importante de sua produção e, na fase que vai de 1776 a 1790, chega a constituir praticamente a sua atividade principal. Por muito tempo negligenciado, esse aspecto fundamental de sua criação só começou a ser redescoberto no final do século XIX; e assim mesmo, de 1895 até o início da II Guerra Mundial, as poucas óperas de sua autoria que chegaram a ser encenadas eram sempre traduzidas para o alemão e apresentavam cortes e revisões que as desfiguravam.

Os estudos haydnianos sérios são um fenômeno da década de 50. A parte vocal do *Joseph Haydn Thematisch-bibliographisches Werkverzeichnis* (Catálogo Temático e Bibliográfico da Obra de JH), de A. von Hoboken – o Hob. seguido de vários números cabalísticos que acompanham os títulos de suas peças –, só foi publicada entre 1951-1971. De lá para cá, as óperas de Haydn estão longe de ocupar, no repertório lírico básico, papel semelhante ao das sinfonias nos programas de concertos. Mas o disco fez um trabalho essencial para torná-las mais conhecidas: primeiro, na década de 70, as gravações húngaras de Frigyés Sándor e György Lehel e, logo em seguida, o monumento que é a integral realizada para o selo Philips pelo maestro Antal Doráti – a quem devemos também um excelente registro das 104 sinfonias.

No início de 1750, o jovem Franz Joseph estava sobrevivendo em Viena dos mais variados expedientes. Com a chegada da adolescência, perdera a bonita voz que tivera em criança, fora desligado do coro da catedral de Santo Estêvão e era obrigado a dar aulas, fazer arranjos ou trabalhos de copista. A primeira experiência dramática, de que não sobreviveu a partitura, foi feita em 1752: uma companhia de *singspiel* que se apresentava no Kärntnertortheater encarregou-o de musicar *Der krumme Teufel* (O Diabo Manco). O proverbial bom-humor de Haydn deve ter encontrado nessa comédia uma forma clara de se manifestar, pois o público gostou dela a ponto de ter havido uma seqüência, *Der neue krumme Teufel* (O Novo Diabo Manco). Mas o jovem compositor estava sem sorte. Um nobre vienense meteu na cabeça estar sendo caricaturado nesses *singspiele* e moveu céus e terra para que fossem retirados de cartaz.

No primeiro emprego fixo que Haydn conseguiu (1759-1760), como *Kappelmeister* na residência de verão que o conde Ferdinand Maximilian von Morzin tinha em Lukavec (hoje na República Tcheca), só lhe foi exigido que compusesse música instrumental – e é aí que ele inicia a sua série de sinfonias. A produção de música vocal desse período é praticamente nula. A primeira ópera de Haydn de que se possui a partitura é *La Canterina*, que reutiliza o texto de Carlo Goldoni para um *intermezzo* apresentado, em 1760, nos intervalos entre os atos de *L'Orgille*, de Niccolò Piccini. Estreada em julho de 1766, *A Cantora* foi encenada no teatrinho da propriedade de Eisenstadt onde, havia cinco anos, o compositor trabalhava para uma das mais ricas famílias austríacas, a serviço da qual ficaria até o fim da vida.

Em 1761, dificuldades financeiras tinham obrigado Morzin a desfazer sua orquestra particular. Ao saber que Haydn estava desempregado, o príncipe Paul Anton von Esterházy ofereceu-lhe o cargo de maestro assistente da orquestra que mantinha em seu palácio nos arredores de Viena. Paul Anton pertencia à família húngara dos Esterházy von Galanta, tratada com muito respeito pelo trono austríaco, como forma de conservar a lealdade da Hungria, dominada pelo império. Homem muito culto, com grande amor pelas artes, Esterházy tocava violino e violoncelo, e encarregara o compositor Gregor Werner de formar, em seu palácio, uma orquestra muito boa, cujo spalla era o competente violinista italiano Luigi Tommasini. Eisenstadt tinha também uma biblioteca com vasta coleção de partituras e libretos, e um teatrinho onde se apresentavam os mais importantes atores e cantores de ópera da época.

Essa companhia encenou a historiazinha ingênua do idoso professor de canto Don Pelagio, rival de seu amigo Don Ettore no amor pela jovem cantora Gasparina. As confusões e intrigas que os dois homens aprontam, tentando suplantar um ao outro, acabam fazendo com que a moça e sua mãe sejam despejadas da casa onde moram. Isso faz os dois pretendentes tomarem juízo e Gasparina fica aliviada ao ver-se livre da seqüência absurda de acontecimentos que as pretensões amorosas dos dois velhos lhe infligiram. Há seis números cantados apenas: o mais interessante é a ária virtuosística "Non v'è chi m'aiuta", em dó menor, cujo idioma está intimamente associado ao das sinfonias em tom menor escritas na época. O recitativo acompanhado "Che mai far deggio?", em que se caricatura uma lição de canto, contém um exemplo claro do proverbial senso de humor de Haydn. Para conhecê-la existe, além de duas gravações ao vivo – Schneider/MRF, 1967 e Palmer/Newport Classic, 1994 – o registro de Pal Németh, de 1996 (Hungaroton).

O contrato de três anos assinado com Esterházy (1.5.1761) preservava a posição do já idoso Werner, mas assegurava a Haydn o controle total da orquestra e prometia-lhe o cargo de *Kapellmeister* assim que o titular se aposentasse ou morresse. Teria de ensaiar músicos e cantores, cuidar da manutenção dos instrumentos e solucionar as disputas eventuais que surgissem entre os membros da orquestra. O príncipe poderia dispensá-lo a qualquer momento, se estivesse descontente com seu trabalho; mas Haydn teria de dar um aviso prévio de seis meses, se quisesse se desligar de seu serviço. O salário era de 400 florins anuais, o dobro do que Morzin lhe pagava. As condições do contrato eram draconianas mas, do ponto de vista da composição, como Esterházy sempre gostava muito do que ele escrevia, Haydn tinha plena liberdade para conduzir as suas experimentações formais – o que se sente desde as brilhantes e alegres *Sinfonias nº 6-8*, a que o próprio Esterházy deu os títulos de *Le Matin*, *Le Midi* e *Le Soir*.

Paul Anton morreu em 18 de março de 1762 e, em 17 de maio, foi sucedido por seu irmão Nicholas, que viria a ser chamado de "o Magnífico" devido ao gosto que tinha por cerimônias extravagantemente luxuosas. Para sua coroação, Haydn teve de compor quatro óperas em um ato, da qual uma só, *La Marchesa Nespola*, sobreviveu. E no ano seguinte, foi-lhe encomendada a sua primeira ópera de grande porte, para ser cantada em 11 de janeiro, no casamento de Anton, filho do príncipe, com a condessa Maria Theresa Erdödy. Esta é *Acide*, baseada na história mitológica, tantas vezes explorada pelo teatro lírico, do pastor Acis, apaixonado pela ninfa Galatéia, assassinado pelo enciumado gigante Polifemo.

Em 1764, encantado com o esplendor de Versalhes, que acabara de visitar, o príncipe Nicholas decidiu construir para si um palácio semelhante em sua propriedade de Sütter, num local onde antes se erguia uma modesta hospedaria para caçadores. Teve de mandar instalar ali um complexo sistema de drenagens e represas, para pôr fim às constantes inundações causadas pelo Lago Neusiedler. O palácio Esterháza, que lhe custou 11 milhões de florins (cerca de US$ 4 milhões hoje), foi inaugurado em 1766 – embora o jardim, com suas elaboradas fontes e cascatas artificiais, estátuas, pavilhões e grotas, só ficasse pronto em 1784. Esterháza tinha uma biblioteca de 75 mil livros e manuscritos e uma enorme galeria de pintura italiana e flamenga.

Havia também dois teatros, um pequeno, destinado a espetáculos de marionetes, e um maior, com 400 lugares, para peças faladas e ópera italiana. Este possuía um palco bastante profundo, permitindo o funcionamento de maquinaria muito complexa; e estava também equipado com o que havia de mais moderno em termos de iluminação a vela. Haydn ficou encarregado de administrar esse teatro onde, a princípio, os espetáculos eram esporádicos. Mas a partir de 1775 ele foi dotado de uma companhia própria, que apresentava obras dos principais compositores da época: Anfossi, Cimarosa, Guglielmi, Paisiello, Piccinni, Sarti e o próprio Haydn. O ano mais ativo foi o de 1786, em que houve 125 encenações de 17 óperas diferentes, oito das quais estreadas naquela sala.

Esterháza é um fenômeno muito curioso na História da Ópera setecentista, pelas características absolutamente incomuns de que se reveste. Graças à personalidade carismática de Haydn, esse teatro isolado dos grandes centros – Viena, a grande cidade mais próxima, ficava a quase cem quilômetros – possuía um nível artístico comparável ao de Londres ou ao de Dresden. Sua orquestra de vinte músicos e sua equipe de 25 profissionais – incluindo cantores, cenógrafos e pessoal técnicos – estavam entre as melhores da Europa. Mas era o único grande teatro europeu do século XVIII que não tinha um italiano como compositor residente. Haydn, aliás, nunca foi à Itália e, ao começar, tinha muito pouca prática do estilo mediterrâneo de *dramma per musica*.

Além disso, Esterhaza não possuía um poeta cortesão, o que o impediu de estabelecer uma parceria como a de Galuppi com Goldoni, Gluck com Calzabigi ou, sobretudo, Mozart com Lorenzo da Ponte. O jeito era reaproveitar velhos libretos que, nas versões originais, tivessem resultado em peças de grande agrado popular. No máximo ele contava com a colaboração de poetas improvisados que o ajudavam a modernizar os libretos aumentando as possibilidades para as cenas de conjunto e dando-lhes a feição característica das óperas cômicas do Classicismo. O tenor Carl Friberth e, mais tarde, o italiano Nunziato Porta, que dirigiu o teatro, foram esses dois ajudantes eventuais.

Em 1766, Werner morreu e, como prometido, Haydn foi nomeado *Kapellmeister* da orquestra que expandira e transformara numa das melhores da Europa. Tanto que foi ela a escolhida para a abertura, em 16 de fevereiro do ano seguinte, da temporada de ópera de Pressburger (atual Bratislava, capital da Eslováquia), na presença da imperatriz Maria Teresa, com uma reprise de *La Cantarina*. Outra ópera cômica foi escrita para a inauguração do magnífico Teatro de Esterháza, em 28 de setembro de 1768. Para essa ocasião, Friberth adaptara o libreto de *Lo Speziale* (O Boticário), escrito em 1752 pelo grande dramaturgo veneziano Carlo Goldoni.

O jovem Mengino vai trabalhar como auxiliar do farmacêutico Sempronio, pois está apaixonado por sua pupila Grilletta; mas não sabe que o velho – como todo tutor de ópera bufa que se preze – pretende casar-se com a moça. Grilletta tem um outro pretendente, o rico e vaidoso Volpino, mas não gosta dele e rejeita sua corte. Quando Sempronio surpreende Grilletta e Mengino se beijando, ameaça separá-los para sempre. Volpino vem sugerir ao velho que trabalhe para o sultão como boticário, mas ele diz que não terá condições de fazer isso, pois decidiu pedir sua pupila em casamento. Nesse meio tempo, a moça está tentando convencer o namorado a criar coragem e ir pedir sua mão a Sempronio.

Surgem dois tabeliões na loja do boticário (na realidade, trata-se de Mengino e Volpino disfarçados). Oferecem-se para redigir o contrato nupcial de Sempronio, ambos pretendendo, é claro, colocar nele o seu próprio nome. O velho descobre a tramóia e, enquanto Mengino o enfrenta, tentando convencê-lo da seriedade de suas intenções, Volpino foge e volta disfarçado de sultão. Mas desta vez é

Grilletta quem o reconhece e denuncia seu estratagema. Furioso, Volpino começa a quebrar tudo dentro da loja e Sempronio, que não sabe como se defender, pede a ajuda de Mengino. Após obter dele a promessa de que o deixará desposar Grilletta, Mengino expulsa Volpino. Só resta ao boticário abençoar a contragosto o casal de namorados.

Houve sensível progresso em relação à *Cantarina*. O desenho das personagens não é tão convencional e a partitura é mais elaborada, combinando ingredientes bufos – sobretudo nos duetos e nas árias de Sempronio e Volpino – e elementos sérios nos trios e nas cenas de amor de Mengino e Grilletta. Mas os momentos sérios nada têm do formalismo barroco, são mais fluidos e brilhantes, com uma elegância caracteristicamente rococó. O gosto do compositor pelo pastiche transparece, é claro, no arremedo de música oriental que acompanha o aparecimento do "sultão".

O Boticário é a primeira das numerosas criações líricas de Haydn a se manter até hoje no repertório. Mas a música para as cenas 1 a 3 do ato III e o início da cena 4 se perdeu. Para permitir a encenação, recompõe-se os trechos que faltam utilizando passagens de outras óperas cômicas do próprio compositor; ou preenche-se essa lacuna com a partitura de Domenico Fischietti, para o qual Goldoni escrevera originalmente o seu *dramma giocoso*. As gravações de Lehel, feita em 1978 para a Hungaroton, e Fabio Maestri (Bongiovanni, 1993) dão uma idéia dos expedientes musicológicos com que se pode reconstituir *O Boticário*.

O mesmo já não acontece com *Le Pescatrici*, escrita no ano seguinte. Partes tão grandes dos atos I e II desapareceram que é difícil dar continuidade ao que sobrou. E, no entanto, esta foi uma obra muito bem recebida em sua estréia. A nata da sociedade vienense viajou até Esterháza, em 16 de setembro de 1770, para ouvi-la como parte das comemorações do casamento da condessa Lamberg, sobrinha do príncipe Nicholas, com um nobre italiano, o conde Pocci. O texto das *Pescadoras*, escrito por Goldoni em 1751, também tinha sido adaptado por Friberth – que, nessa ocasião, envolvera-se num delicado episódio de que o salvou o tato do *Kappelmeister*.

Ignorando a cláusula contratual que proibia aos músicos de Esterháza se casarem sem a autorização expressa do príncipe, Friberth tinha desposado, em janeiro de 1769, a soprano Magdalena Spangler. Nicholas teria despedido ambos se "Papá Haydn", como os músicos o chamavam, não interviesse para aplacá-lo. Com isso, Franz Joseph retribuía em parte uma dívida de gratidão, pois Magdalena era a filha do cantor Johann Michael Spangler que, em 1749, o acolhera generosamente em sua casa quando ele foi demitido de Santo Estêvão e estava sem ter onde cair morto. E foi graças a seu prestígio que, em 1776, Friberth obteve um bom posto como cantor em Viena.

A fama de Haydn como operista consolidou-se com *L'Infedeltà Delusa* – uma vez mais um arranjo de Friberth para um antigo libreto de Marco Coltellini. Encenada em 26 de julho de 1773, no dia onomástico da princesa Maria Anna Louise, viúva de Paul Anton, acompanhada de um baile de máscaras e um espetáculo de fogos de artifícios, essa *burletta per musica* agradou tanto aos presentes que, no mês seguinte, a imperatriz Maria Theresa em pessoa veio de Viena para assisti-la. "Se eu quiser ouvir boa ópera, é a Esterháza que tenho de ir", disse a soberana após a récita de 31 de agosto da *Infidelidade Desiludida*. Dois dias depois, foi apresentada *Philemon und Baucis*, composta para a abertura do teatro de marionetes – cuja partitura acreditou-se perdida até que o manuscrito ser redescoberto, em 1950, na biblioteca do Conservatório de Paris. A imperatriz gostou tanto da ópera para fantoches e da *Sinfonia nº 48 em dó maior "Maria Teresa"*, tocada em sua honra no Pavilhão Chinês, que presenteou o compositor com uma caixinha para rapé, folheada a ouro e cheia de ducados.

Na *Infedeltà Delusa*, Vespina está apaixonada por Nencio, e Nanni por Sandrina. Mas Filippo, o pai desta última, acha que Nencio é o candidato mais adequado à mão de sua filha e, por isso, o convence a fazer uma serenata para ela. Sandrina o rejeita e Vespina, que assistiu a tudo escondida, lhe dá uma bofetada. Apresentando-se sob uma série de disfarces diferentes – o de uma velha coxa, de uma governanta alemã, de um certo marquês de

Ripafratta e de um tabelião –, a astuciosa Vespina manobra as coisas até arrancar de Filippo a autorização para que Nanni e Sandrina se casem. Assim o caminho fica livre para que o homem que ela ame volte a seus braços.

O expediente cômico dos disfarces sucessivos é um prato cheio para o operista, pois lhe permite variar as caracterizações oferecendo ao intérprete a possibilidade de exibir todos os seus recursos interpretativos (é o que Donizetti ainda estará fazendo, em 1836, com *Il Campanello di Notte*). As árias contrastantes de Vespina, no ato II, desenham a personalidade inescrupulosa mas simpática de uma figura feminina que antecipa a Despina do *Così fan tutte* mozartiano. Sandrina, vítima inocente dessa rede de intrigas, também é muito bem caracterizada e um dos melhores momentos da ópera é a grande ária "È la pompa un grand'imbroglio", que ela canta pouco antes do desenlace da trama. A maior parte da ação se desenrola mediante a alternância de recitativos secos e árias; mas eles são emoldurados por cenas de conjunto colocadas no início e fim do ato I e no fim do ato II. Existem três gravações disponíveis da *Infedeltà Delusa*:

Hungaroton, 1976 – Frigyés Sándor (gravada no próprio Esterháza);
Philips, 1981 – Antal Doráti (de que participa o brasileiro Aldo Baldin) e
Deutsche Harmonia Mundi/BMG, 1989 – Sigismund Kujken.

Gottlieb Konrad Pfeffel é o autor da ópera para marionetes *Philemon und Baucis oder Jupiters Reise auf die Erde* (Filêmon e Baucis ou A Viagem de Júpiter à Terra), transformada em 1780 num *singspiel* encenado pela primeira vez em Regensburg. A partitura que se possui hoje é a desta versão revista e, nela, há a inclusão de números que não pertencem a Haydn: duas árias tiradas do *Paride ed Elena* (1770) de Gluck e uma que vem de *Alceste* (1775), uma ópera para marionetes do espanhol Carlos de Ordóñez. Da história da visita que Júpiter e Mercúrio fazem à Terra, para trazer de volta à vida um casal de velhos que se manteve apaixonado até o fim, existe o antigo registro Zallinger, feito em 1951 para o selo Vox, logo após a redescoberta do manuscrito.

O palco ocupou Haydn quase que exclusivamente nos anos seguintes. Até então, ele tinha escrito peças relativamente curtas. *L'Incontro Improvviso* – que Friberth traduziu do libreto de L. H. Dancourt para *La Rencontre Imprévue* (1764) de Gluck – foi a sua primeira ópera longa e de estrutura mais ambiciosa. Há onze personagens (contra os cinco da *Infedeltà*) e a ambientação exótica dessa *turquerie* – gênero que as lutas entre os Impérios Austríaco e Otomano tinham posto em voga – autorizava uma encenação muito luxuosa. Ou seja, as condições ideais para um espetáculo concebido em comemoração à visita que o arquiduque Ferdinando e sua mulher, Beatrice d'Este, fizeram a Esterháza (o *dramma giocoso* foi cantado em agosto de 1775).

Como a maioria das peças "turcas" do século XVIII, *O Encontro Imprevisto* trata de prisão, resgate e clemência, no mesmo registro cômico do *Rapto do Serralho* mozartiano, com a qual a ópera tem muitos pontos em comum. A princesa Rezia foi raptada pelo sultão e o príncipe Ali, seu namorado, propõe-se a libertá-la ajudado por Osmin, o seu criado. Várias tentativas fracassam mas, finalmente, eles ganham a confiança das damas de companhia da princesa e de alguns derviches. Auxiliados por eles, planejam a fuga. São apanhados pelo sultão que, a princípio deseja vingar-se mas, ao sentir a força dos sentimentos que unem Ali a Rezia, tem o habitual gesto magnânimo de déspota esclarecido: perdoa-os e concede-lhes a liberdade.

Tambores, címbalos e triângulos participam ativamente nesta partitura, visando a conferir-lhe o colorido típico da banda militar de janízaros, a guarda dos sultões otomanos. Uma das cenas cômicas mais curiosas é a do ato I em que os derviches tentam ensinar a Osmin a sua estranha música. Ao contrário das óperas anteriores, os números possuem em geral um nível de elaboração maior e, conseqüentemente, são mais longos, a ponto de às vezes prejudicarem a continuidade da ação. Mas "Il guerrier con armi avvolto", que Ali canta no ato II, é uma esplêndida *aria di guerra* com sabor levemente barroquisante. E o trio do I, "Mi sembra un sogno, che diletta", entre Rezia e suas criadas Balkis e Dardane, é um daqueles deliciosos andantinos de Haydn o sinfonista maduro, a que os dois cornes ingleses *obbligati* dão um colorido todo particular. Para conferir, há a excelente versão Doráti (Philips, 1980).

L'Incontro Improvviso foi tão bem-sucedida que José II encomendou a Haydn uma ópera para ser encenada em Viena; e o resultado foi a elaborada *La Vera Costanza*, retomando o libreto que Francesco Puttini escrevera para Anfossi em 1775. Sob a influência das idéias de Gluck, Haydn estava usando, nesta ópera que é uma de suas criações mais refinadas, recitativos acompanhados pela orquestra, e não pelo cravo, como era usual na comédia. Com isso, *A Verdadeira Constância* tem uma continuidade estrutural surpreendente para os padrões de composição da época. Mas a redação seria interrompida pelas intrigas do verdadeiro ninho de serpentes que era o teatro da corte, e pelo fato de o imperador ter passado subitamente a interessar-se pela criação de um teatro para a apresentação exclusiva de *singspiele* em alemão, negligenciando os dramas em italiano. Irritado, Haydn retirou sua partitura, decidido a produzi-la em Esterháza.

Antes dela, porém, compôs mais uma farsa para marionetes – *Die Feuerbrunst oder Das abgebrannte Haus* (O Incêndio ou A Casa Queimada) – e uma das suas óperas mais famosas: *Il Mondo della Luna*. Melodias extraídas da *Sinfonia nº 59* foram utilizadas no *Incêndio*, cuja partitura aparentemente se perdeu. A versão apresentada em 18 de julho de 1963, no Festival de Bregrenz, é objeto constante de polêmica entre os musicólogos: discute-se se ela é um *singspiel* adaptado posteriormente – e catalogado com o número de Hob. XXIXa:4 – ou uma reconstituição do original feita em época indeterminada por autor desconhecido.

Dentre os libretos notáveis escritos por Carlo Goldoni, *O Mundo da Lua* é um dos mais populares. Além da versão original de Baldassare Galuppi (1750), também Giovanni Paisiello (1774) e Gennaro Astarita (1775) o tinham utilizado. Nesta última versão, o papel de Ecclitico tinha sido feito por Guglielmo Jermolli que, em março de 1777, foi contratado para cantar em Esterháza. Parece ter sido ele quem sugeriu a peça a Haydn, que estava à procura de um libreto novo para a comemoração do casamento do conde Nicholaus, segundo filho de seu patrão, com a condessa Maria Anna von Weissenwolf, em 3 de agosto de 1777. Parece estranho, considerando o sucesso atual dessa ópera, cheia de fantasia, de temas cativantes e do característico bom-humor haydniano, que o público a tenha apreciado apenas moderadamente e ela não fosse mais reprisada em vida do compositor. Depois da redescoberta, no Greenwich Mews Playhouse de Nova Iorque, em 7 de junho de 1949, *O Mundo da Lua* nunca mais deixou de estar entre as óperas preferidas de Haydn. E a versão Doráti (1980) é uma das mais bem-sucedidas em sua integral para a Philips.

O astrônomo Ecclitico está examinando a Lua com seus alunos, interessado em descobrir se lá existe vida humana. Eles convencem o simplório Bonafede – cujo nome já dá idéia de sua credulidade – que no satélite da Terra existem formas mais avançadas de vida. Ecclitico e o cavaleiro Ernesto estão apaixonados por Flamina e Clarice, as filhas de Bonafede; e Cecco, o criado do cavaleiro, gosta de Lisetta, a criadinha das duas. Ecclitico garante-lhes que pode convencer o reticente pai das moças a permitir um triplo casamento e ministra um sonífero a Bonafede, dizendo tratar-se de uma poção que o transportará para a Lua. Quando ele se despede de todos, as suas filhas acreditam que ele está às portas da morte; mas se acalmam após a leitura de um testamento forjado, em que o pai lhes deixa um polpudo dote.

Bonafede desperta no jardim de Ecclitico, arrumado para que acredite ter chegado à Lua. O velho acorda ao som das danças "lunáticas", é preparado para o encontro com Cecco disfarçado de imperador da Lua, e encanta-se com Lisbetta, que está para ser coroada a rainha desse astro; mas ela o rejeita, desdenhosa. Imaginando que suas filhas vão unir-se a dignitários do Império Lunático, autoriza o seu casamento. Ao descobrir que foi enganado, fica furioso; mas todos pedem-lhe perdão. De volta ao estúdio de Ecclitico, este anuncia que vai renunciar à astrologia para dedicar-se à vida familiar. Bonafede acaba se acalmando e abençoando o casamento das filhas com os homens que amam. Todos se regozijam agradecendo a boa sorte que o mundo da lua lhes trouxe.

Este é o típico *dramma giocoso* em que as personagens se dividem nitidamente em categorias definidas pelo seu estilo de canto: de um lado, as personagens cômicas (Bonafede, Lisetta e Cecco), que se expressam com o idioma bufo; do outro as partes sérias (Flamina e Ernesto), cujo canto assume as formas do diálogo amoroso na ópera barroca. Entre os dois extremos, há as chamadas personagens de *demi-caractère* (Ecclitico e Clarice), cuja linguagem combina ingredientes dos dois registros. Isso permite uma caracterização muito clara e econômica com o uso de recursos puramente musicais, em especial nas três árias cantadas no ato I pelas personagens femininas, que definem muito bem o seu tipo contrastante de temperamento e de atitude diante da vida: Flamina é sonhadora e idealista; Clarice tem seu lado sentimental mas é mais objetiva; Lisbetta é a mulher do povo, pragmática e sem ilusões.

Bonafede vive realmente no mundo da lua, antes mesmo de pôr os pés no império de mentirinha que Ecclitico montou em seu jardim. E por mais que pareça tolo e presunçoso, é impossível não sentir simpatia por ele quando, em "Che mondo amabile", descreve a sua alegria por estar no universo idealizado com que sempre sonhou – inclusive assobiando para imitar o canto dos passarinhos. Aliás, todos os efeitos musicais – e em especial o balé do ato II – concorrem para tornar verossímil a *féerie* em que o ingênuo Bonafede quer acreditar. Dentro desse quadro, destaca-se, pelo seu franco bom-humor, a ária "Un avaro suda e pena", de Cecco/Imperador, exemplar pastiche do estilo solene da *opera seria*.

Haydn reutilizou vários números desta ópera em peças posteriores. A abertura em dó maior transformou-se no primeiro movimento da *Sinfonia nº 63 "La Roxelane"*. "Qualche volte non fa male", a delicada ária em que Ernesto confessa seus sentimentos por Flamina, reaparecerá em 1782 como o "Benedictus" da *Missa Cellensis*. Outros trechos surgem nos seis trios para dois violinos e violoncelo de 1784 (Hob. IV:6-11). No *Dictionnaire Chronologique de l'Opéra*, Lorenzo Bianchi escreve:

Nesta ópera, Haydn utiliza todos os conhecimentos que garimpou daqui e dali no domínio da arte lírica: o resultado é a harmoniosa mistura de influências da toda-poderosa escola italiana, das técnicas mais eruditas da orquestra de Mannheim, de referências gluckianas e de temas folclóricos. E talvez seja esse último elemento o que explica o extraordinário frescor do elemento cômico em um compositor tão culto e refinado quanto ele.

Desse refinamento dá provas *La Vera Costanza*, cantada finalmente em Esterháza em 25 de abril de 1779. *A Verdadeira Fidelidade* a que se refere o título é a de Rosina, jovem vendedora de peixes que se apaixonou pelo conde Errico, se casou com ele secretamente e lhe deu um filho. Essa fidelidade é posta à prova pela baronesa Irene, que tem planos de casar-se com Errico; pelo pescador Villotto, que deseja Rosina; até mesmo pelo marido da jovem que, a certa altura, tem dúvidas sobre seus próprios sentimentos. Seu filho e ela escapam de atentados, quase sucumbem a uma tentativa de matá-los de fome, mas os bons sentimentos triunfam: Errico reconhece finalmente o amor que Rosina sente por ele e a assume abertamente como sua esposa.

Rosina é uma personagem extremamente bem caracterizada exigindo uma cantora de recursos vocais muito variados – é Jessye Norman quem a interpreta, com grande classe, na gravação de Antal Doráti (Philips, 1977). O melodrama encaixado no finale do ato III, quando o menino – um papel falado – leva o resgate até sua mãe, que foi deixada para morrer de fome, é um exemplo acabado do tipo de sensibilidade que, neste fim de século, está gerando o *drame larmoyant* – e na qual já se pode sentir nitidamente a promessa do Pré-romantismo. *La Vera Costanza* é também importante, como já foi dito antes, pela sua busca de uma estrutura mais orgânica e contínua para os atos: os finales encadeados dos atos I e II são os mais bem escritos por Haydn até essa data, ocupando um quarto e um terço desses atos respectivamente.

Os traços sérios e sentimentais da *Verdadeira Constância* inauguram uma fase nova na obra de um compositor que, até então, tinha-se caracterizado pela preferência dada ao gênero bufo, e um senso de humor capaz de levá-lo a fazer, em sua música, brincadeiras inteligentes (a mais famosa é a da *Sinfonia nº 45 em Fá Sustenido Menor "A Despedida"* – em seu último movimento, os músicos vão saindo do palco um a um, como a forma de dar a entender a Nicholaus Esterházy que, se não desse férias a seus artistas, corria o risco de acabar ficando sem nenhum deles). A ópera seguinte, *L'Isola Disabitata*, é a primeira de tema sério desde *Acide*. E é a única em que Haydn utiliza um libreto de Metastasio: a história de Costanza e Silvia, que naufragam numa ilha deserta, de onde são resgatadas, após três anos de solidão, pelo marido de uma e o namorado da outra. O *poeta cesareo* escrevera esse texto em 1753, para uma *azione teatrale* musicada por Giuseppe Giovanni Battista Bono, *Kappelmeister* da corte. É visível a influência, sobre esta partitura, do *Orfeo ed Euridice* de Gluck, de que Haydn regera uma apresentação em Esterháza em 1776. Visível não só no fato de que todos os recitativos são acompanhados pela orquestra, mas também nos andamentos pausados da maior parte da música – que o próprio autor afirmava, no fim da vida, precisar ser abreviada (embora ele próprio nunca tenha chegado a fazer esse tipo de revisão). Doráti fez a gravação para a Philips em 1978.

A seriedade de *La Vera Costanza* e da *L'Isola Disabitata* não correspondem, porém, a um momento depressivo na vida do compositor. Pelo contrário, havia uma nova razão para a sua reencontrada alegria de viver: ele acabara de conhecer a meio-soprano Luigia Polzelli, linda moça de 19 anos, casada com um violinista que fora contratado para tocar na orquestra de Esterháza. Antonio Polzelli era muito mais velho do que a mulher e a tuberculose que o consumia tornara a união dos dois um casamento branco. Haydn, cujo matrimônio era, havia muitos anos, um irrecuperável fracasso, sentiu-se irresistivelmente atraído por aquela bela mulher 28 anos mais jovem. O carinho de Joseph pela amante, cuja voz não era excepcional, evidencia-se no cuidado com que transpunha ou reescrevia para ela as árias mais difíceis, contornando as passagens cuja técnica ela não conseguiria dominar. Quando o contrato dos Polzelli terminou, em 1780, o príncipe queria dispensá-los, pois a doença do marido fazia dele um instrumentista pouco confiável e as limitações vocais da mulher a restringiam a papéis secundários. O fato de o contrato ter sido renovado só se explica por uma discreta intervenção do *Kapellmeister*.

A *Ilha Desabitada* não pôde ser estreada no teatro de Esterháza em 21 de novembro de 1779, como se previa, em comemoração do casamento do conde Anton von Forgach com a condessa von Grassalkovich. Três dias antes, o Pavilhão Chinês, que estava sendo preparado para a cerimônia, pegou fogo com a súbita explosão de dois grandes fogareiros que tinham sido mantidos acesos vários dias seguidos para aquecer o lugar; e as chamas atingiram rapidamente o teatro, destruindo-o completamente. Aliás, só uma forte tempestade providencial impediu que o fogo passasse do teatro para o palácio, tornando o desastre ainda maior. Foi a terceira vez que manuscritos de Haydn desapareceram, consumidos por incêndios. Os dois anteriores tinham sido em 1768 e 1776, em instalações do palácio de Eisenstadt. É impossível saber o que se perdeu nessas três ocasiões – é provável que tenham sumido obras das quais não havia outra cópia. Mas o desastre de 1779 não impediu o casamento aristocrático, e fez com que a estréia da ópera fosse adiada apenas três semanas: ela subiu à cena, de forma heroicamente improvisada, em 6 de dezembro, no palquinho do teatro de fantoches.

Nicholas estava tão firmemente decidido a reconstruir seu teatro que, em 18 de dezembro, um mês depois do incêndio, a nova pedra fundamental foi colocada e, dez meses depois, estava terminada a construção de um prédio ainda mais luxuoso do que o anterior. A estréia da nova ópera de Haydn, a comédia pastoral *La Fedeltà Premiata*, prevista para 15 de outubro, teve, porém, de ser adiada para 25 de fevereiro do ano seguinte, pois a maquinaria de palco ainda não estava pronta. Baseada no libreto que Giambattista Lorenzi escrevera em 1779 para *L'Infedeltà Fedele* de Cimarosa, esta foi uma das óperas de maior sucesso de Haydn. Só o teatro de Esterháza levou-a 36 vezes e, traduzida para o alemão, ela foi encenada em Pressburg e em Viena, no Kärntnertortheater (1784), dirigida por Emmanuel Schikaneder. Foi uma das responsáveis pela moderna redescoberta do Haydn operista, mediante a montagem de 1970, no Festival da Holanda, regida por Alberto Erede. A gravação de Doráti (Philips) é de 1976; a de F. Sándor (Hungaroton), feita no palácio de Esterháza, do ano seguinte. No *Kobbé: O Livro Completo da Ópera*, escreve Jean-François Labie:

> O libreto de Lorenzi é o protótipo da história vale-tudo, misturando elementos de drama clássico, para justificar a utilização de maquinaria cênica, fragmentos de comédia pastoral, um pouco de burlesco, tudo temperado com mitologia fantasista e destinado basicamente a servir de veículo para algumas belas árias. É uma das provas do gênio de Haydn que tenha conseguido extrair de material tão pobre uma ópera cintilante de espiritualidade musical.

A história, de fato, gira em torno dos qüiproquós um tanto artificiais gerados pelo fato de que, para aplacar a fúria de um monstro marinho mandado pela deusa Diana, será necessário sacrificar a ele um casal de amantes fiéis – a menos que alguma alma heróica se ofereça como vítima, pondo fim ao malefício. Ajudada pelo sacerdote Melibeo, Amaranta está tentando promover o casamento de seu irmão Lindoro com Célia; para isso, afastou Lindoro da ninfa Nerina, de quem ele era namorado, e pensa em uni-la a Fileno. Mas Fileno ama Célia e esta, ao encontrá-lo, também se sente atraída por ele; ambos, porém, se afastam ao perceber que arriscam ser sacrificados. Fileno, desesperado ao se dar conta de que estão planejando o casamento da mulher que ele ama com Lindoro, pensa em suicídio, fazendo Célia acreditar que ele morreu. Nesse meio tempo, Melibeo, que deseja Amaranta, quer afastar dela o conde Perruchetto, que lhe está fazendo a corte, e decide casá-lo com Célia. No momento da cerimônia, Fileno reaparece e Célia alegra-se por saber que ele está vivo. Mas o monstro se enfurece e, para apaziguá-lo, Fileno aceita sacrificar-se: atira-se ao mar, mas vai parar dentro de uma gruta mágica onde depara com a deusa Diana. Esta recompensa a sua generosidade abençoando o seu casamento com Célia, e o de Perruchetto com Amaranta.

A música da *Fidelidade Recompensada* agradou tanto que Haydn a reutilizou em duas ocasiões: a abertura em estilo pastoral transformou-se no movimento final da *Sinfonia nº 73 em Dó Maior* (1781) – e, por causa desse caráter rústico, ela passou a ser denominada *"La Chasse"*. O recitativo e a ária de Célia no ato II, "Ah come il core... Ombra del caro bene", foram transformados numa cantata independente que Haydn apresentou em 16 de maio de 1791, num concerto realizado nos Hanover Square Rooms de Londres. Esta ária e as de Fileno e Amaranta no mesmo ato permaneceram no repertório como peças de recital. Com toda a fragilidade e confusão de seu libreto, *A Fidelidade Recompensada* é notável pela coesão de seus finais de ato, em que os números se integram não só pela ausência de recitativos que os interliguem como também pelas relações tonais existentes entre eles, o que lhes dá verdadeira consistência sinfônica.

O compositor orgulhava-se muito dessa obra e tinha consciência do significado das novidades formais que ela apresentava. Em 1781, escreveu a Artaria, o seu editor:

> Garanto que nunca se ouviu obra parecida em Paris e talvez até nem mesmo em Viena. O meu único azar é morar no campo.

Mesmo sabendo que o público europeu se interessava muito mais por suas sinfonias, quartetos e sonatas para piano pois, de toda parte – dos Concerts Spirituels parisienses, das orquestras londrinas – surgiam encomendas de obras instrumentais, ele atribuía grande importância ao setor dramático de sua produção. Prova disso é o destaque que lhe dá no *Esboço Autobiográfico* que redigiu em 1776 a pedido de um jornal de Viena. Além disso, a paixão do príncipe Nicholaus pela ópera tornara-se tão grande que ele perdera todo interesse pela música de câmara, e exigia que Haydn regesse três espetáculos teatrais por semana. Mas isso reduzia ainda mais seu tempo disponível para a composição. "Sinto-me enterrado vivo", queixava-se.

Em julho de 1781, Esterházy contratou Nunziato Porta para dirigir seu teatro. Um dos primeiros espetáculos que o italiano pretendia montar era *Le Pazzie d'Orlando*, de Pietro Alessandro Guglielmi (Londres, 1771) – uma daquelas costumeiras comédias de erros do Barroco Tardio, em que todo mundo está apaixonado pelo parceiro errado. Porta tinha feito uma revisão no libreto original de Carlo Francesco Badini, para uma apresentação em Praga e Viena (1775). Na versão de Badini, o paladino Orlando, sobrinho do imperador Carlos Magno, enlouquece porque ama Angelica, rainha de Cathay (a China); mas esta prefere o cavaleiro sarraceno Medoro – que já se cansou dela e anda fazendo a corte a uma de suas criadas. Angelica é protegida pela feiticeira Alcina, que está apaixonada por Rodomonte, rei da Barbaria. Mas este também deseja Angelica e não esconde que não tem interesse algum por uma bruxa velha e feia. Porta fizera algumas modificações no texto de Badini, eliminando a criada e o interesse amoroso de Alcina por Rodomonte; mantendo Medoro fiel a Angelica; e introduzindo a figura de Pasquale, o escudeiro de Orlando, um Sancho Pança covarde, glutão e namorador que passa o tempo todo no rabo da saia da pastora Eurilla.

Quando os ensaios começaram, veio a notícia de que o grão-duque Paulo da Rússia e sua esposa visitariam Viena e haveriam de querer assistir a um dos celebrados espetáculos de ópera de Esterházy. Não era possível oferecer uma ópera requentada ao augusto casal, admirador confesso de Haydn. O jeito era o *Kappelmeister*, com a sua habitual velocidade, produzir uma partitura nova em folha. A visita do grão-duque acabou não se realizando e a estréia de *Orlando Paladino* foi adiada para 6 de dezembro de 1782, dia do onomástico do príncipe Nicholaus. Um estudo do manuscrito demonstra que, durante a composição, músico e libretista fizeram diversas alterações adicionais, expandindo o papel de Pasquale e as cenas líricas entre Medoro e Angelica. Apresentada vinte vezes em Esterháza, *Orlando Paladino* foi a ópera mais popular de Haydn no século XVIII: mais de vinte cidades da Áustria, Alemanha, Tchecoslováquia e Hungria assistiram a ela, em geral na tradução alemã. A gravação de Doráti para a Philips é de 1977.

Orlando Paladino combina os elementos operísticos mediterrâneos tradicionais com ingredientes folclóricos austríacos que lhe dão sabor todo especial. A diferenciação entre as figuras populares, Pasquale, Eurilla e seu pai, Licone, e as personagens de estrato social elevado é feita, naturalmente, em termos musicais, opondo a linguagem da *opera seria* à do estilo bufo. Nesse sentido, Pasquale é a perso-nagem mais interessante. Este Leporello *avant la lettre* tem a cantar duas "árias de catálogo": "Ho viaggiato in Francia, in Spagna", em que narra as infindáveis viagens que fez acompanhando o seu amo; e "Ecco il mio trillo", em que enumera os seus variados talentos musicais, ambas bem típicas da efervescente personalidade de seu criador.

Embora seja a personagem-título, Orlando aparece pouco e sua figura não chega a ter grande destaque. Ainda assim, cabem-lhe belas árias precedidas de recitativo acompanhado, como "Sogno? Veglio? Cos'è... Come qui la mia spada", do ato III, em que descreve o despertar de um longo sonho mágico. A ópera termina com um *vaudeville* em forma de rondó no qual todo o elenco vem declamar a moral da história e cada personagem apresenta seu ponto de vista sobre o desenlace. Não há prova alguma de que Mozart e Da Ponte conhecessem *Orlando Paladino* (embora isso não fosse improvável). Mas há afinidades entre esta ópera e o *Don Giovanni* – além da já apontada em relação a Leporello – que vale a pena mencionar. A caracterização de Medoro e Don Ottavio tem muitos pontos em comum; e Angelica parece irmã de Donna Anna. As duas óperas são *drammi giocosi* em que três figuras nobres e sérias são contrastadas a três personagens populares cômicas. Entre elas, ergue-se a personagem central que, em sua ambigüidade de caracterização, contém ingredientes ao mesmo tempo sérios e cômicos. Ou, como diz Karl Geiringer comentando a gravação de Antal Doráti, "as duas obras-primas parecem ter nascido do mesmo solo artístico".

Armida foi a última ópera composta para Esterháza, onde subiu ao palco em 26 de fevereiro de 1784 e foi reprisada 54 vezes. Porta fez a costumeira revisão num texto antigo, o *Rinaldo* de Antonio Tozzi, extraído da *Jerusalém Libertada* de Torquato Tasso. O conflito entre o amor e o dever é vivido pelo cruzado Rinaldo, enamorado da feiticeira Armida e chamado à razão por seu amigo, o cavaleiro Ubaldo. O final é ambíguo pois, embora o amor pareça triunfar, o afeto de Armida transforma-se em ressentimento e, no final, as personagens refletem sobre a estranheza de seu destino ao som de uma música que tem um irônico tom marcial. O papel-título, ricamente virtuosístico, tem em Jessye Norman uma brilhante intérprete, na gravação Doráti (Philips, 1979).

Vários números se encadeiam diretamente, nos atos II e III, sem que haja recitativos intermediários, o que garante bastante continuidade dramática a amplos segmentos da ópera. Mais do que nas peças anteriores, este é um drama que recorre muito ao canto ornamentado, fazendo pesadas exigências aos intérpretes, em especial nas árias de estilo marcial cantadas por Rinaldo e Ubaldo. Parece haver também notável antecipação do grande Haydn da *Criação* e das *Estações* nas páginas do ato III em que são evocados de forma ricamente descritiva os fenômenos naturais.

Haydn estava em Londres quando escreveu a última ópera, *L'Anima del Filosofo ossia Orfeo ed Euridice*. A viagem à Inglaterra fora permitida por acontecimentos que deram súbita guinada em sua vida. Em 23 de fevereiro de 1790, morrera a princesa Elizabeth von Esterházy; meses depois, em 28 de setembro, foi a vez de seu patrão, o príncipe Nicholaus, que estava com 77 anos. Os interesses de seu filho Anton, que herdou o principado aos 52 anos, eram exclusivamente políticos e uma de suas primeiras providências foi dissolver a orquestra e o coro. Não demitiu o *Kapellmeister*: deu-lhe uma pensão anual de 1.400 florins, mas o transformou num general sem exército, que ainda era empregado da casa mas nada mais tinha a fazer.

Cada vez mais, de resto, nesses últimos anos, Haydn ignorara as restrições contratuais que o ligavam a seus empregadores e aceitara encomendas vindas de fora. Livrar-se finalmente dos encargos de Esterháza, onde agora se entendiava e se sentia "enterrado vivo", vinha em boa hora. Finalmente poderia abrir as asas para vôos mais amplos. Recusou o convite para ser o mestre de capela de Ferdinando IV de Nápoles, porque não queria mais se amarrar a um emprego fixo. Tentou-o muito mais a proposta de Johann Peter Salomon, talentoso ex-spalla da corte do príncipe Henrique da Prússia que, desde 1781, residia na Inglaterra, onde montara uma orquestra e se tornara empresário. Muito satisfeito com as relações comerciais que vinha mantendo com os editores ingleses Forster e Bland, o compositor aceitou a oferta que Salomon lhe fazia de ir para Londres.

Os termos do contrato eram ótimos: 300 libras por uma nova ópera, 300 por seis novas sinfonias, 200 a mais por seus direitos autorais, 200 por vinte outras peças menores e 200 de garantia pela renda de um concerto a ser regido na capital inglesa. Salomon devia saber o que estava fazendo para colocar, assim, de olhos fechados, 1.200 libras nas mãos de um compositor cujo nome ainda não era muito conhecido na Inglaterra. Haydn tinha 58 anos na época, não falava uma só palavra em inglês, nunca tinha feito viagens muito longe de Viena e nunca pusera os pés num navio. Pesava-lhe também deixar os amigos austríacos – em especial, Marianne von Genziger, jovem dama vienense a quem, desde que perdera o contato com Luigia Polzelli, "sentia-se ligado pela mais terna afeição", segundo ele mesmo dizia. Mas nada disso o deteve. Em 15 de dezembro de 1790, Salomon e ele iniciaram a viagem. A essa altura, a Europa pegava fogo com o movimento revolucionário que se iniciara em Paris e, em breve, custaria a cabeça à própria filha da imperatriz Maria Teresa.

Haydn chegou a Londres em 2 de janeiro de 1791 e espantou-se com o tamanho e a agitação "desta interminável cidade", a cujas "belezas variadas e maravilhas" faz sem cessar referência nas cartas aos amigos e a Marianne. Tendo como intérpretes Salomon e o músico tcheco Adalbert Gyrowetz, que estava morando em Londres, foi introduzido à alta sociedade londrina. Recebeu, em 19 de janeiro, o convite para comparecer ao baile da corte em homenagem ao aniversário da rainha, e foi recepcionado pelo príncipe de Gales, o futuro George IV em pessoa, que o convidou a participar de um sarau em sua residência, na Carlton House – local de que se tornaria visitante assíduo.

A opinião do crítico do *Morning Chronicle*, após o concerto de 11 de março, nos Hanover Square Rooms, de que "o maior gênio musical daquela época" deveria "eleger domicílio permanente na Inglaterra" tapou a boca dos rivais de Salomon, que o acusavam de ter contratado um músico envelhecido, cujo talento já estava em decadência. Tinha sido a primeira vez na vida que Haydn via uma platéia pagar para ouvi-lo reger. A renda dos concertos foi de 350 libras, excedendo as 200 que Salomon lhe prometera como garantia. Esse sucesso irrestrito desencadeou nele novo surto de criatividade. Livre das restrições de Esterháza e do peso de seus encargos administrativo, haveria, agora, de produzir as suas mais belas sinfonias. Essa intensa vitalidade se sente também na música de *Orfeo ed Euridice*.

John Gallini pretendia apresentá-la no King's Theatre, em Haymarket, mas intrigas políticas e cabalas artísticas fizeram o projeto fracassar. Embora lhe tivessem pago o combinado, Haydn acabou se desinteressando pela *Alma do Filósofo*, e a ópera, com libreto de Badini inspirado nos livros IX e X das *Metamorfoses* de Ovídio, não chegou a ser terminada. Haveria provavelmente um quinto ato de teor alegórico, com a apoteose de Orfeu que, transportado para o céu, veria suas dores serem consoladas pelo poder regenerador da música. Assim como está, a partitura demonstra – sobretudo do ponto de vista da utilização do coro – ter saído da mão magistral que compôs as últimas missas e oratórios.

A última ópera de Haydn foi estreada em 9 de junho de 1951, no Teatro della Pergola, durante o Maggio Musicale Fiorentino. Erich Kleiber regia um elenco encabeçado por Maria Callas e Boris Christoff. Do mesmo ano é a gravação Swarowski, que havia no selo Nixa. Mais recentes são os registros de Michael Schneider (Deutsche Harmonia Mundi, 1992), Leopold Hager (Orfeo, 1992) e Christopher Hogwood (Oiseau-Lyre, 1996). Existe também um vídeo da Ópera de Viena, de 1995: Bartoli, Sacca, Mei/Harnoncourt.

Durante os dezoito anos que ainda lhe restariam por viver, Haydn não fez mais nenhum projeto dramático. Já em 1787, quando lhe sugeriram compor uma ópera nova para o teatro alemão de Praga, ele se recusara alegando que "nenhum homem sensato se arriscaria a ser comparado com o grande Mozart" – cujo *Don Giovanni* fora estreado no Gräflich Nostitzsches Nationaltheater da capital boêmia naquele mesmo ano. Desde a *Armida*, de 1784, ele se desinteressara pelo gênero e *Orfeo ed Euridice* fora um episódio isolado cujo malogro o confirmou em sua decisão de renunciar ao palco.

A fortuna da obra cênica haydniana foi sempre muito variável. Embora algumas delas – como indicado no corpo deste capítulo – tenham sido bastante populares nos anos que se seguiram à sua estréia, de outras manteve-se apenas o conhecimento parcial: por exemplo os onze números de *L'Anima del Filosofo* que Breitkopf und Härtel editaram separadamente em 1806, com a aquiescência do compositor. *La Fedeltà Premiata* e *Orlando Paladino* eram encenadas de vez em quando, em traduções alemãs, com partituras muito estropiadas. *La Vera Costanza* apareceu em 1791, no Théâtre Feydeau de Paris, convertida num *opéra-comique* intitulado *Laurette*. E tem-se a notícia de uma *Armida* encenada em Turim em 1805. O resto ficou por longo tempo engavetado em Esterháza.

A inevitável comparação com Mozart fez a Haydn o mesmo mal que aos demais operistas que tiveram o azar de conviver com Wolfgang Amadeus. É verdade que suas comédias não tem a mesma profundidade psicológica nem a mesma fluência de andamento dramático – mas que outro compositor do fim do século XVIII as tem? Mas se o situarmos em relação à média dos autores italianos de ópera bufa de seu tempo, veremos que suas realizações foram apreciáveis. No *Viking Opera Guide*, David Wyn-Jones comenta:

> Como se poderia esperar de um compositor cuja reputação repousa principalmente em sua música instrumental, as árias [de Haydn] têm freqüentemente uma riqueza de orquestração, uma segurança estrutural, uma individualidade melódica e, principalmente, um conteúdo harmônico que é raro em seus contemporâneos italianos.

Tivemos mais de uma ocasião de apontar, no decurso do capítulo, a presença da influência gluckiana em suas óperas. A influência das idéias reformistas faz com que em *L'Isola Disabitata* e *Armida*, principalmente, o uso extenso do recitativo acompanhado diminua a oposição entre este e a ária propriamente dita, atenuando a fragmentação da ópera de números. Da mesma forma, o exemplo das óperas de Mozart – a quem ele admirava profundamente – levou Haydn a construir seus finales de ato em seqüências cada vez mais amplas, algumas delas com até dez seções consecutivas, unificadas por relações tonais que lhes dão estrutura sinfônica. Esses elementos bastam para determinar a importância da ópera de Haydn, a cavalo entre o Classicismo e o Pré-Romantismo.

Mozart

O menino de doze anos que estreou, em outubro de 1768, no jardim da casa vienense do Dr. Mesmer, o seu primeiro *singspiel* em alemão não era mais um novato no campo operístico. Na verdade, *Bastien und Bastienne* já era a quarta obra dramática de Wolfgang Amadeus Mozart (1756-1791).

Em março de 1767, a Universidade de Salzburgo encomendara parte de um oratório ao prodigioso filho de Leopold Mozart. O mais curioso não era o compositor ter apenas onze anos e, sim, o fato de estar musicando o libreto de Jacobus Wimmer a seis mãos com dois adultos: o organista Anton Cajetan Adlgasser e Michael Haydn, o irmão do "pai da sinfonia". *Die Schuldigkeit des ersten gebotes* (A Obrigação do Primeiro Mandamento) foi cantada em forma de concerto no dia 12. Mas a obra seguinte já foi encenada, em 13 de maio do mesmo ano. Tratava-se de um *intermezzo* em latim, *Apollo et Hyacinthus*, para ser intercalado nos intervalos da peça séria *Clementia Croesi* (A Clemência de Creso), de Rufinus Widl.

Contam que o arcebispo mandara que Wolfgang trabalhasse trancado numa sala, sem contato com ninguém, pois não acreditava que uma criança fosse capaz de escrever música comparável à de um adulto, e queria certificar-se de que não havia, em suas partituras, o dedo de Leopold. Não havia. Por mais inexperientes que sejam, essas duas obras de estreante trazem um instintivo conhecimento da forma, um prodigioso dom para a caracterização e, mais do que isso, a "assinatura mozartiana", aquela sonoridade inconfundível que nos faz reconhecer a sua música no terceiro compasso.

O palácio do arcebispo assistiu também, em maio do ano seguinte, a estréia de *La Finta Semplice*, a sua primeira ópera italiana. Ela tinha sido encomendada por Giuseppe Afflisio, diretor dos dois maiores teatros vienenses, durante a visita que ele fizera à capital do império em setembro de 1767, em companhia do pai. Chegou a receber cem ducados por ela e a promessa de que os melhores cantores disponíveis seriam escalados na produção. Mas as intrigas de bastidores de que a corte era pródiga fizeram fracassar o projeto. E foi em Salzburgo que *A Simplória Fingida* subiu à cena.

O sucesso dessa ópera bufa haveria de render a Wolfgang a nomeação para o cargo de primeiro violinista da orquestra do arcebispo. Afinal, não se tratava mais de um mero *intermezzo*, mas de uma ópera bufa em três atos, moldada no estilo então em voga dos "novos napolitanos" (Pergolesi, Jommelli, Traetta), e com visível influência de J. Ch. Bach. E o libreto, revisto por Marco Coltellini, era de ninguém menos do que Carlo Goldoni. O grande dramaturgo veneziano baseara-se em *La fausse Agnès ou Le poète campagnard* (1734), comédia de Philippe Néricault Destouches.

O vaidoso e avarento Don Cassandro, de Cremona, não quer que sua irmã Giacinta se case com o capitão húngaro Fracasso; nem que sua criada Ninetta namore o sargento Simone, ajudante de ordens do militar. Rosina, irmã de Fracasso, finge ser uma moça ingênua e tenta seduzir não só o unha-de-fome – de quem consegue tirar uma preciosa jóia de família – mas também seu irmão, o tolo Polidoro. Acreditando que Giacinta roubou o anel e fugiu, Cassandro promete sua mão a quem a trouxer de volta. É o que permite a Fracasso e Simone se casarem com suas amadas. Quanto a Rosina, ela acaba concluindo ser melhor Cassandro do que seu irmão, sem um vintém no bolso.

Não se pode pedir muito de uma ópera em grande escala escrita por um menino que ainda não entrou na adolescência. Mas as duas jóias da partitura – a ária do jardim, "Senti l'eco ove t'agiri", com *obbligato* de oboé e dois cornes ingleses, e o andante "Amoretti che ascosi qui siete" – já bastam para provar que está ali um operista nato em embrião. *La Finta Semplice* é importante também por assinalar a primeira aparição em Mozart do finale, com episódios justapostos de tonalidades e andamentos contrastantes, que surgira na ópera bufa por volta de 1750. Essa é uma técnica que, no futuro, será uma das pedras-de-toque do teatro mozartiano. Peter Schreier rege a gravação existente no selo Philips (1991).

Para a ocasião informal a que se propunha, porém – um *garden party* na casa que o Dr. Anton Mesmer, o inventor da "terapia do magnetismo", também chamada de mesmerismo, possuía nos arredores de Viena –, Mozart preferiu a forma descontraída da comédia popular alemã, com canções e diálogos falados. Fizera muito sucesso em Viena a apresentação, em francês, de *Les amours de Bastien et de Bastienne*, escrita em 1753 por Harny de Guerville, Charles-Simon Favart e Marie Justine Benoîte Favart. Esse *opéra-comique*, por sua vez, era a paródia de uma operazinha que fizera muito sucesso em Paris em 1752: *Le devin du village*, do compositor e filósofo Jean-Jacques Rousseau – peça fundamental na chamada *Querelle des Bouffons*, que incendiara o mundo musical parisiense jogando os partidários da *tragédie lyrique* lullista contra os defensores do melodrama de estilo mediterrâneo (ver o volume *A Ópera na França*). O texto francês da paródia de Favart foi traduzido por Friedrich Wilhelm Weiskern e Johann Heinrich Müller; em seguida, revisto por Johann Andreas Schachtner, trompetista na orquestra da corte de Salzburgo e amigo da família Mozart.

Preocupada com a indiferença de seu namorado Bastien, a pastora Bastienne vai consultar Colas, o feiticeiro da aldeia. Este a aconselha a fingir desinteresse também, e vai dizer a Bastien que a moça já não o ama mais como antes; mas o adverte que as suas artes mágicas poderão reacender o amor no coração da moça. É o que basta para que o pastorzinho se sinta inflamado de paixão. E os dois terminam agradecendo a Colas por tê-los tão habilidosamente reunido.

Texto muito coloquial, com formas dialetais vienenses salpicadas aqui e ali, melodias simples, de tom popular, fáceis de memorizar, e toques pitorescos como a imitação da gaita de fole para a entrada de Colas: a receita do *singspiel* é habilmente observada por Mozart. Algumas das árias têm um expressivo ritmo de minueto, mas muitas delas são no convencional 2/4 das canções de *opéra-comique*. "Diggi, daggi, schurry, murry", que Colas canta invocando as suas fórmulas mágicas, é uma esplêndida antecipação do que serão as grandes árias cômicas do futuro. Mas a caracterização do par central ainda é muito superficial e feita em traços sumários. Talvez o fato de os dois terem nomes tão parecidos – arrisca Erik Smith, o organizador da *Complete Mozart Edition* com que, em 1991, a gravadora Philips homenageou os 200 anos de sua morte – explique por que o compositor os faz cantar melodias tão parecidas.

Ainda assim, o dueto "Geh! geh! geh!, Herz von Flandern" tem uma construção interessante. A princípio os dois recusam-se obstinadamente a aceitar a reconciliação; depois, numa seção *adagio* em tom menor, eles se estendem raminhos de oliveira, em sinal de que querem fazer as pazes, e celebram seu amor num exuberante finale em 3/8. Três gravações são recomendadas: a de John Pritchard (Philips, 1958); a de Raymond Leppard (Sony, 1991) – que já existiu no catálogo brasileiro –;

e a de Uwe Christian Harrer (Philips, 1987), que tem como curiosidade um soprano e um contralto infantis escalados nos papéis-título. Em 1999, o maestro brasileiro Celso Antunes gravou-a ao vivo, em Aachen, com a Capella Istropolitana, para o selo Capriccio.

Mozart não ocupou por muito tempo a cadeira de spalla da orquestra do arcebispado, pois Leopold planejava levá-lo para a Itália, de onde vinham todas as influências e as grandes novidades da época. A primeira etapa foi Milão onde, em janeiro de 1770, Wolfgang ficou conhecendo, em casa do conde Carl Joseph von Firmian, ministro plenipotenciário de Viena, o venerável pedagogo Giovanni Battista Sammartini, cujos ensinamentos o marcaram muito. Foi na casa de Firmian, em março, que a execução de três magníficas árias de concerto lhe valeram o convite para escrever uma ópera a ser cantada no Teatro Regio Ducale na temporada de Carnaval, que se iniciava em dezembro.

Era um desafio sério: dizia-se que um menino de 14 anos não teria condições de igualar a música que Quirino Gasparini escrevera, em 1767, para *Mitridate Re di Ponto*. O poema de Vittorio Amedeo Cigna-Santi baseava-se na tradução que Giuseppe Parini fizera do *Mitridate* (1673) de Jean Racine – e o fato de o libreto basear-se numa grande peça de teatro garantia-lhe uma tensão dramática rara na média dos libretos setecentistas. As possibilidades eram ótimas, pois a orquestra do Regio Ducale era muito grande (tinha 28 violinos, contra os doze do Burgtheater, de Viena – ou os seis da estréia da *Flauta Mágica*). Mas os cantores deram muito trabalho: foi preciso escrever três vezes, por exemplo, a ária de entrada do tenor Guglielmo d'Ettore, que fazia o papel título. Mas em 26 de dezembro de 1770 os aplausos do público foram tão entusiásticos que, ao sair de Milão, Mozart já levava no bolso a encomenda de uma nova ópera. Dois álbuns documentam as qualidades do *Mitridate*: o de Leopold Hager (1977) e o de Nikolaus Harnoncourt (Decca, 1992).

Mitridate VI Eupator, que está desde 132 a.C. no trono do Ponto, no Mar Negro, deixa o poder em mãos de seus filhos Sifare e Farnace enquanto luta contra os romanos (que o derrotaram em 63 a.C.). Ao receber a notícia de que o pai morreu, Farnace declara-se a Aspásia, noiva do rei, e esta, para se defender, pede proteção a Siface. Quando volta, Mitridate está trazendo Ismene como noiva para Farnace mas, ao saber o que o filho fez, decide puni-lo com a morte. Nesse meio tempo, Aspasia e Siface apaixonaram-se um pelo outro e lamentam o destino que a força a se casar com o rei. Farnace conspira com os romanos para derrubar o pai e, ao ser descoberto, denuncia o romance do irmão com Aspasia para salvar a própria pele. Mitridate quer condenar os dois à morte, mas Ismene consegue retardar essa decisão até os príncipes, tendo lutado contra o inimigo, defenderem o Ponto de uma invasão romana. Mortalmente ferido em combate, Mitridate, antes de morrer, abençoa a união de Aspasia-Siface e de Ismene-Farnace.

Mitridate ainda é uma obra muito irregular, com a fieira convencional de recitativos secos e árias *da capo*, e alguns números mal resolvidos: a coloratura mecânica da primeira ária de Aspasia; os *staccatos* de tom bufo com que o rei se expressa quando está irado; a pobreza de inspiração de "Vado incontro al fato", o último monólogo do rei que, na estréia, chegou a ser substituído pela partitura de Gasparini, cuja seqüência de seis dós agudos a fazia ser uma das favoritas do público. Ocasionalmente, porém, emergem momentos de soberbo artesanato, como a refinada "Sofre il mio cor" de Siface, ou a belíssima "Già degl'occhi il velo è tolto" de Farnace. O poder de caracterização que o grande dramaturgo terá no futuro já se delineia também na oposição entre os grandes saltos de oitava e os contrastes de dinâmica na escrita do irritado Mitridate, a suavidade das melodias de Siface, homem terno e de bom coração, e os temas angulosos de Farnace, impulsivo e ambicioso como o pai.

Se fizermos um balanço, porém – descontada a estrutura envelhecida *opera seria*, que torna *Mitridate* monótona para o gosto contemporâneo –, há mais boa música do que páginas rotineiras. Exemplos disso são o "Lunge da te" de Siface, que ganhou um *obbligato* de trompa quando Mozart entrou em contato com a excelente orquestra milanesa que deveria interpretá-la; o único dueto, "Se viver non degg'io", uma tristonha declaração do amor impossível entre Sifare e Aspasia; e a ária que ficou mais famosa, como número de recital de soprano: "Pallide ombre". Comenta Erik Smith:

> Nesta longa ária encantatória com recitativos acompanhados, que Aspasia canta quando o rei lhe entrega uma taça envenenada, encontramos a gravidade da *Alceste*, de Gluck. Quando ela canta no extremo inferior de seu registro, é para expressar seus sentimentos de forma muito intensa e não para mostrar o que uma boa cantora sabe fazer.

A encomenda seguinte era uma *festa teatrale* para a cerimônia de casamento do arquiduque Ferdinando, então com 17 anos, com a princesa Maria Beatrice d'Este, de Módena. Mas havia também a necessidade de fornecer uma obra nova para o jubileu de seu patrão, o príncipe-arcebispo Sigmund Christoph von Schrattenbach, a ser comemorado em janeiro de 1772. Por isso Mozart compôs, com grande antecedência, uma *azione teatrale*, o tipo de obra dramática que podia ser encenada ou executada em forma de concerto, dependendo das circunstâncias. *Il Sogno di Scipione* utiliza um libreto que Metastasio escrevera em 1735, baseando-se no episódio alegórico do "Sonho de Cipião" que Cícero conta no livro VI da *República*.

Públio Cornélio Cipião Emiliano é visitado em sonho pelas deusas Fortuna e Fidelidade que o mandam escolher entre elas. Levam-no até o Elísio, onde seu pai e seu avô adotivo lhe falam da imortalidade da alma e o encorajam a optar por uma vida virtuosa. Quando é a Fidelidade que ele escolhe, a Fortuna, furiosa, faz sobrevir um terremoto que a tudo engole. Mas quando Cipião desperta, encontra a seu lado a Fidelidade.

O *Sonho* estava pronto desde agosto de 1771; mas o arcebispo morreu em dezembro e os Mozarts esperavam que fosse executado em 17 de março do ano seguinte, na cerimônia de posse de Hyeronimus, conde de Colloredo, o seu sucessor. Não existe certeza, porém, de que isso tenha acontecido. É provável que a primeira audição tenha ocorrido, sem grande pompa, em meados de maio, após uma revisão feita em abril – e que inclui o nome do novo dedicatário na *Licenza*, o recitativo dirigido diretamente a ele.

Obra de circunstância, cheia das cenas corais e fanfarras cerimoniais com trompetes e trompas, *Il Sogno* é uma das peças estilisticamente mais indistintas de Mozart (L. Hager a gravou para a Philips em 1977). É convencional a forma como ele ilustra as metáforas da *aria di tempesta* "Biancheggia in mar lo scoglio", em que pese a beleza do *andante* com que se sugere a calmaria das ondas, passada a borrasca. São raros os recitativos acompanhados e, assim mesmo, quando ocorrem – na cena do cataclisma – são, no dizer de Erik Smith, "uma coleção acadêmica de modulações mais ou menos gratuitas". Não deixa, porém, de estar presente o supremo artesanato mozartiano na precisão da escrita orquestral; e uma ária como "Quercia annosa", com enérgico ritmo em 6/8, aponta para o operista da maturidade.

O epílogo original, destinado a Schrattenbach, por mais bem acabado que fosse, é bem inferior ao definitivo, escrito provavelmente em abril de 1772 e visando a homenagear Colloredo – suas melodias têm torneado mais definidos e os jogos harmônicos e a utilização da coloratura, longe de ser concessões a praxes de época, são escolhidos em função do efeitos que o músico deseja obter – o que sugere a constatação de que, em Mozart, o processo de aquisição da maturidade pode ser aferido quase mês a mês.

Giuseppe Parini baseou-se na *Eneida*, de Virgílio, para escrever o poema de *Ascanio in Alba*, transformado por Mozart numa *festa teatrale* para o casamento de Ferdinand e Maria Beatrice. Hasse, a quem a imperatriz Maria Theresa encomendara *Il Ruggiero* para essa mesma ocasião, comentou, depois da estréia no Regio Ducale em 17 de outubro de 1771:

> Esse menino vai fazer com que todos nós sejamos esquecidos.

O próprio Leopold, que nunca primou pela modéstia, escreveu para a mulher e a filha:

> Infelizmente a serenata de Wolfgang passou a ópera de Hasse para trás de uma forma que eu nem consigo descrever.

Contam que o arquiduque, impressionado com a beleza da música, perguntou à mãe se poderia contratar o jovem compositor, praticamente de sua idade. E Maria Theresa o teria dissuadido respondendo:

> Não sei para que serve ter a teu serviço gente inútil como um compositor. Mas se isso te dá prazer, não sou eu que vou te impedir. Em todo caso, toma cuidado com esses Mozart, pois seu hábito de andar pelo mundo afora como mendigos os torna empregados muito pouco confiáveis.

Ascânio, filho de Enéias, conhece Sílvia, a filha do rei do Lácio e, casando-se com ela, funda Alba Longa que, segundo a lenda, foi o berço de Roma. Não causou estranheza ao público que, na alegoria do abade Parini, a imperatriz aparecesse como a Deusa do Amor; nem que o jovem casal fosse representado por Giovanni Manzuoli, um *castrato* que já passara dos cinqüenta anos, e Antonia Maria Girelli-Aguilar, soprano que já estava em fim de carreira. Para dizer a verdade, a platéia deve ter prestado bem menos atenção à música do que ao luxo dos cenários e à magnificência dos balés. Nada há de muito original no formato das árias, em duas seções ou com *da capo* abreviado. Mas há a costumeira desenvoltura do orquestrador, muito hábil na utilização dos instrumentos de sopro.

A personagem mais interessante é Sílvia, a quem Vênus esconde a verdadeira identidade de Ascânio –, por quem Cupido já a fez apaixonar-se em sonhos – para testar a sua virtude. Há nítidas antecipações da Pamina da *Flauta Mágica* na forma como ela se expressa em "Sì, ma d'un altro Amore" e "Infelici affetti miei", em que a coloratura é muito brilhante, mas posta a serviço da expressão dos sentimentos.

Nada nos prepara para o salto de qualidade que ocorre, do *Mitridate* para o *Lucio Silla*, na utilização das fórmulas metastasianas tradicionais. E, no entanto, esta nova *opera seria*, estreada no Regio em 26 de dezembro de 1772, teve de ser escrita muito mais depressa. Os recitativos ficaram prontos logo, mas as árias só puderam ser escritas depois que os solistas – o *castrato* Venanzio Rauzzini e a soprano Anna de Amicis-Buonzollazi – chegaram a Milão. Ainda assim, o papel-título foi feito pelo tenor Bassano Morgnoni – "cantor de igreja vindo de Lodi, totalmente inadequado", como disse Wolfgang em carta ao pai – só escolhido oito dias antes da estréia. O resultado foi terem sido escritas para ele apenas duas árias fáceis, o que torna muito débil a motivação da personagem para a reviravolta do final da intriga.

O protagonista do libreto de Giovanni de Gamerra é uma figura histórica, o ditador Lúcio Cornélio Silla, que governou Roma entre 138-78 a.C. Banido por ele, o senador Cecílio retorna à cidade em segredo para buscar Giunia, a sua noiva, e fica sabendo, por seu amigo Cinna, que Lúcio seqüestrou a donzela e a levou para a sua casa. Encorajado pelo tribuno Aufidio a usar a força, e aconselhado por sua irmã Célia a ser mais amável, o ditador tenta em vão conquistar Giunia. Indo rezar no túmulo de seu pai, para pedir aos deuses que livrem a cidade da tirania, a moça encontra Cecilio e Cinna – mas rejeita a proposta deste último para que assassine Silla. Quando, no Capitólio, o ditador exige de Giunia que aceite a sua mão como uma forma de pôr fim à guerra civil, Cecilio aparece, de espada desembainhada; mas é preso e condenado à morte. Giunia está pronta a morrer com ele mas, no último momento, comovido com a fidelidade dos amantes, Silla os perdoa e abdica.

Já existem, tanto no libreto quanto na música de *Lucio Silla*, sinais de atenção à reforma de Gluck que, em 1772, estava a um passo de mudar-se para Paris onde, dois anos depois, estrearia a *Iphigénie en Aulide*. Os recitativos acompanhados são muito bem trabalhados e a função da orquestra é maior do que em qualquer outra das obras precedentes de Wolfgang – ou que na médias das óperas italianas daquele período. A continuidade obtida no final do ato I com dois breves ritornellos orquestrais ligando o coro "Fuor di queste urne" – em que há uma ária interpolada para Giunia – ao dueto que assinala o reencontro dos amantes, já mostra que Mozart está dando passos largos na direção do *Idomeneo*.

Das dezoito árias, a maioria ainda é demasiado longa e com coloratura no estilo genérico da *opera seria*. Mas Leopold, numa das cartas para casa, chamou a atenção para a grande ária de Giunia, "Ah se il crudel periglio":

Wolfgang colocou nela passagens novas com dificuldades especiais espantosas; mas [de Amicis] as canta de forma surpreendente e estamos nos dando muito bem com ela.

Para Rauzzini, Mozart haveria de compor, pouco depois, o moteto *Exultate, Jubilate*, famoso pela exuberante coloratura de seu "Aleluia" final. Mas no *Lucio Silla* as habilidades do castrato são exploradas menos na ornamentação do que na capacidade atlética que ele tinha de dar enormes saltos com a voz, como o do lá grave ao lá bemol quase duas oitavas acima que há em "Ah, se a morir mi chiama", de Cecilio. Por outro lado, para Rauzzini também foram concebidas melodias em *stile grazioso*, muito adequadas à sua doçura de timbre: o minueto "Pupille amate", em forma de rondó, com a nítida influência rococó de Johann Christian Bach. Uma versão posterior, muito ornamentada, de "Ah, se a morir" parece não ter sido escrita visando à encenação e sim como um exemplo para os cantores, de como poderiam variar as *fioriture* de uma seção para a outra da ária.

São de autoria duvidosa os balés incluídos no espetáculo e coreografados por Charles le Picq e Giuseppe Salamoni: *La Gelosia del Serraglio, La Scuola di Negromanzìa e La Ciaccona* – este último encerrando a ópera, com partes cantadas em que o coro e os solistas se alternam. Acredita-se que se trate de um *pasticcio* misturando trechos de outras composições. L. Hager gravou a ópera para a Philips em 1977.

Os rendimentos milaneses melhoraram muito as condições materiais da família Mozart, mas não reverteram em ofertas concretas de emprego fixo, que se tornavam reticentes e indefinidas cada vez que Leopold tocava no assunto, talvez porque todos temessem, como Maria Theresa, que Wolfgang tivesse com seus empregadores o mesmo comportamento volúvel que com Colloredo. Por isso eles nada conseguiram ao ir bater de novo, em julho de 1773, à porta de seus amigos vienenses: o Dr. Mesmer, o coreógrafo Jean-Georges Noverre, o *Kappelmeister* da corte Giuseppe Bono. Se não fosse o contato com Franz Joseph Haydn, descoberta que frutificou nos seis maravilhosos *Quartetos K168-173*, dedicados ao mestre mais velho, a volta a Viena teria sido um total fracasso.

Havia, porém, uma outra possibilidade: o convite do Salvatortheater, de Munique, de vestir com música nova, para a temporada de Carnaval, *La Finta Giardiniera*, um *dramma giocoso* que Giuseppe Petrosellini tinha escrito no ano anterior para Pasquale Anfossi. Há uma curiosa carta de Wolfgang para a mãe pedindo-lhe que não se preocupe com a data agourenta de 13 de janeiro de 1775 para a estréia da *Falsa Jardineira*. Essa data foi o resultado de atrasos nos ensaios devido a problemas com Rosa Manservisi, criadora de Sandrina, que ficara doente; e com a orquestra, "grande mas muito indisciplinada", como dizia Wolfgang à mãe.

Para grande desagrado de sua ciumenta criada Serpetta, o prefeito de Lagonero, Don Anchise, apaixonou-se por Sandrina, a nova ajudante do jardineiro. Esta na verdade é a marquesa Violante, que está fugindo do noivo, o conde Belfiore, homem muito violento. Vem acompanhada de seu criado Roberto, que se apresenta com o nome de Nardo. Arminda, a arrogante sobrinha de Anchise, vem apresentar seu novo noivo – que é justamente Belfiore – e é recriminada pelo cavaleiro Ramiro, que a ama. Para testar Belfiore, Sandrina nega que seja Violante. Mas quando o prefeito vem prendê-lo, sob a acusação de ter assassinado a marquesa, ela se dá a reconhecer. Só que, ao ficar sozinha com ele, nega de novo. Belfiore, que já tinha um comportamento um tanto estranho, fica inteiramente louco.

Arminda e Serpetta, cheias de ciúmes, seqüestram Sandrina e a abandonam na floresta. Mas Nardo, que andava fazendo a corte à criada de Anchise, descobre o seu plano e resgata a patroa. Desta vez, é Sandrina que parece ter perdido a razão. Mas o reencontro com Belfiore devolve a ambos a sanidade e a ópera termina com o casamento dos dois, de Arminda e Ramiro, de Serpetta e Nardo. A Don Anchise só resta esperar que uma outra Sandrina apareça em seu jardim.

Este *dramma giocoso* segue a moda da comédia com intriga sentimental inaugurada em 1760 pela *Buona Figliuola* de Niccolò Piccini. Na esteira dessa ópera inspirada no populariíssimo *Pamela or Virtue rewarded* (A virtude recompensada), do inglês Samuel Richardson, tinham vindo várias imitações, inclusive *L'Incognita Perseguita* e *La Metilde Ritrovata*, libretos escritos pelo próprio Petrosellini para outros autores. As cenas de loucura, apreciadas desde os tempos das *opere serie* barrocas baseadas no *Orlando Furioso* de Ariosto, ganharam fôlego com o modelo piccinista e, nessa segunda metade de século XVIII, vão ser muito freqüentes: aparecem em *La Vera Costanza* (1778), de Haydn, por exemplo, ou na *Nina ossia La Pazza per Amore* (1789), de Paisiello. E o gosto pelo clichê da cena de loucura vai estender-se Romantismo adentro, no Bellini dos *Puritani*, no Donizetti da *Lucia di Lammermoor*, no Ambroise Thomas do *Hamlet*. A loucura de Sandrina e Belfiore manifesta-se na crença que eles têm de que são figuras mitológicas (idéia que W. H. Auden há de retomar no *Rake's Progress*, escrito em 1951 para Stravínski, em que Tom Rakewell, ao enlouquecer, imagina ser Adônis esperando por Vênus).

De um modo geral, *La Finta Giardiniera* é a comédia italiana padrão da fase 1760-1770, com a mistura de personagens vindas da *opera seria* – Arminda e Ramiro – e do domínio bufo: a soubrette Serpetta, o valete cômico Nardo, o tenor característico Anchise, a quem não falta a ária em que ele tem de imitar o som de diversos instrumentos. Belfiore tende mais para o cômico do que para o sério, em especial na ária "Da Scirocco a Tramontana", em que se vangloria de sua origem nobre; e, nesse sentido, antecipa alguns aspectos mais leves da personalidade de Guglielmo e Ferrando, os namorados do *Così Fan Tutte*. É tradicional, na comédia, a idéia de que uma personagem com falhas de caráter tenha de passar por provações, como as de Belfiore, antes de tornar-se digno do amor.

Quanto a Sandrina, ela é a personagem mais interessante do ponto de vista da concepção, ora séria, quando se expressa como Violante, ora leve, quando age como a jardineira. Há nela aquele equilíbrio sério-cômico, que é o da própria vida, que será a marca registrada de Mozart em suas obras-primas da maturidade. Na construção das árias também houve um progresso considerável: elas já não têm mais *da capo*, optam geralmente pela forma de sonata e são de um tamanho compatível com o texto e a situação, enfatizados pela judiciosa escolha de tonalidades, andamentos e tipo de ornamentação. *Così Fan Tutte* é a ópera mais claramente prenunciada em *La Finta Giardiniera*, na medida em que Serpetta também parece uma parente distante de Despina.

Já existe, na riqueza harmônica, rítmica e instrumental dos finais de ato da *Falsa Jardineira*, a promessa dos grandes finales das *Nozze di Figaro*. Ouçamos a descrição de Erik Smith no *Viking Opera Guide*:

> Nas seções *allegro* do finale do ato I, Mozart emprega uma forma livre de rondó em que as personagens dão um sabor individual ao tema principal cantando-o em tom menor ou continuando-o de forma diferente. O finale do ato II, interligado por seções orquestrais ou recitativos acompanhados às três árias anteriores, oferece 26 minutos de música contínua – mais do que o longo finale do ato II das *Bodas*, que não chega a durar vinte! Abre-se de forma sombria (como o finale do ato IV do *Figaro*), num *andante sostenuto* em mi bemol, tonalidade tradicional para as cenas noturnas, como acontecia no *Lucio Silla*. Os sons da floresta escura, expressos pela orquestra, são interrompidos por vozes isoladas, aqui e ali, até que Ramiro apareça com criados carregando tochas. Eles são acompanhados por ágeis figuras do violino até que o palco se clareie ao som das flautas e trompas e a identidade de todos seja revelada. Há tanto toques do mais puro gênio mozartiano que a única coisa a lamentar é a debilidade do libreto.

Durante muito tempo a versão original de *La Finta Giardiniera* não podia ser representada pois os recitativos do ato I tinham desaparecido. Até eles serem redescobertos na Morávia, na década de 1970, o que se fazia era uma versão *singspiel*, adaptada pelo próprio Mozart em 1780, com tradução alemã de Johann Franz Joseph Stierle pai, intitulada *Die verstellte Gärtnerin oder Die Gärtnerin der Liebe* (A Falsa Jardineira ou A Jardineira do Amor). Dela, existe a gravação de Hans Schmidt-Isserstedt (Philips, 1972). Do original, a de L. Hager (Philips, 1981).

Depois da sofisticada acolhida pela nobreza bávara, foi deprimente voltar a Salzburgo, cujo ambiente intelectual parecia cada vez mais estreito e sufocante. Cada contato com o mundo exterior aumentava em Mozart a sensação de que estava perdendo tempo. A forma de exteriorizar as tensões era compor prolificamente e *Il Re Pastore* é fruto dessa fase, encomenda do arcebispo para comemorar a visita do arquiduque Maximiliano Francisco a Salzburgo. O libreto escolhido era de Metastasio e já servira a muitos outros compositores, sempre para homenagear príncipes Habsburgos. O abade Giambattista Varesco fez a revisão do poema, montado em 23 de abril de 1775 como uma serenata, com o mínimo de cenário e representação.

Metastasio encontrara nas crônicas de Cúrsio e Justiniano a história de que Alexandre, o Grande escolhera, para colocar no trono de Sidon, um jardineiro desconhecido chamado Abdolônimo. Mas o *poeta cesareo* mudara a profissão de seu protagonista – para conformá-lo à tradição bucólica arcádica – e chamara-o de Aminta, pois "o nome original dele soava como o de um hipocondríaco com dor de barriga". Após depor Strato, que usurpou o trono de Sidon, Alexandre pede a seu amigo, o nobre Agenore, que o ajude a encontrar o legítimo herdeiro. Este é Aminta, que ignora suas origens nobres. Ao procurá-lo, Agenore encontra, disfarçada de pastora, a bela Tamiri, filha de Strato, a quem ama.

Aminta, porém, não dá muita atenção à notícia que Agenore lhe traz, pois só tem olhos para a sua amada, a pastora Elisa; e se ofende quando o nobre, por considerá-la plebéia, recusa-se a apresentá-la ao soberano macedônio. Tentando motivá-lo, Alexandre decide casá-lo com Tamiri, o que deixa tanto Aminta quanto Agenore desesperados. É preciso que as duas moças encham-se de coragem e vão dizer ao conquistador que, sem querer, ele está tornando todo mundo infeliz. Nesse meio tempo, Aminta renuncia ao cetro: que Tamiri reine ao lado de outro, pois a única coisa que ele quer é o amor de Elisa. Alexandre entroniza Agenore em Sidon, tendo Tamiri como sua rainha; e promete a Aminta que será dele o governo da próxima cidade que conquistar.

A fase da composição do *Re Pastore* é dominada por grandes obras instrumentais, entre elas os concertos para piano *K242* (escrito para suas alunas da aristocrática família Lodron) e *K271* (dedicado à pianista francesa Sophie Jeunehomme) e a nobre *Serenata K250* com que se comemorou o casamento de Elisabeth Haffner, filha de um eminente cidadão salisburguês. É compreensível, portanto, que as árias tenham forma instrumental. O tema da primeira a ser cantada por Aminta vai reaparecer, em setembro de 1775, no *Concerto para Violino em Sol Maior*; e são notáveis o *obbligato* de flauta em "Se vincendo vi rendo felice", de Alexandre, ou a delicadeza melódica de "Se tu di me fai dono", de Tamiri.

A ária mais famosa do *Rei Pastor* é a declaração de amor de Aminta, "L'amerò, sarò costante", com seu mágico solo de violino e o acompanhamento de flauta, corne inglês, fagote, trompa e cordas em surdina. Composta para o *castrato* Tommaso Consoli, essa página, hoje uma favorita nos recitais de soprano, tem a marca melódica do grande Mozart maduro. No selo Philips, há a gravação integral de Neville Marriner (1991).

Em 1773, logo depois da estréia do *Lucio Silla*, Mozart recebeu a encomenda de alguns coros para a apresentação do drama heróico *Thamos, König in Egypten* (Thamos, rei do Egito), de Tobias Philipp *Freiherr* von Gebler. Houve provavelmente uma audição dos seis primeiros coros no Kärntnertortheater, de Viena, em 4 de abril de 1774. Foram acrescentados interlúdios instrumentais a esses números cantados, para um novo espetáculo em Salzburgo, em 3 de janeiro de 1776. Novas revisões foram feitas para a reprise de 1780. Mozart parecia gostar desse trabalho pois, três anos depois, lamentava que a peça de Gebler tivesse passado de moda pois, assim, sua música não mais seria ouvida. Para conhecê-la, hoje, pode-se recorrer às gravações de Jörg Färber (Vox, 1976), de Bernhard Klee (Philips, 1974) e de Nikolaus Harnoncourt (Teldec, 1976).

Thamos, Rei do Egito é mais do que uma mera curiosidade musicológica: na fantasiosa ambientação egípcia da peça de Gebler e na forma maniqueísta de dividir as personagens, dando-lhes conteúdo simbólico, já existe um prenúncio distante da *Flauta Mágica*. Filho do usurpador Rameses, o rei Thamos está apaixonado por Sais, a sacerdotisa do Sol, sem saber que ela é a filha de Menes, o soberano destronado. Ignora também que Menes refugiou-se no templo e, disfarçado como o sumo-sacerdote Sethos, está tentando devolver o trono à sua dinastia. É ele quem, no final, reconcilia-se com Thamos e promove seu casamento com Sais, tornando-a rainha. Mas para isso tem de neutralizar os negros planos do vilão da história, o general Pheron, que conspira aliado à grã-sacerdotisa Mirza, tia do rei. Num desenlace de tom já pré-romântico, que rompe com a tradição do final feliz obrigatório, Pheron é fulminado por um raio divino e Mirza se suicida.

Os interlúdios de *Thamos* são um raro exemplo, dentro da obra de Mozart, da veemência do *Sturm und Drang*, o movimento literário pré-romântico (ver "O Romantismo") que deixou marcas na obra de alguns compositores – em especial nas sinfonias compostas por Haydn entre 1766-1777. Escritos em forma de sonata – à exceção do último que é bem curto – esses interlúdios estão cheios de tremolos, intervalos de sétima diminuída e acentos deslocados por síncopes, constituindo um interessante exercício de expressão da flutuação de sentimentos mediante procedimentos exclusivamente musicais. Anotações feitas na partitura por Leopold Mozart mostram-nos o que cada uma dessas peças pretende representar:

> 2. A resolução dos conspiradores; 3. A duplicidade de Pheron e a honestidade de Thamos; 4. O traiçoeiro plano de Pheron e Mirza; 5. O ato IV termina com uma confusão geral. 7a. O desespero de Pheron, sacrilégio e morte.

O nº 3 é a única peça de tom mais sereno, com fortes contrastes de forte e piano, estabelecendo o contraste entre a sinuosa melodia que representa o general e o solo de oboé que simboliza o rei. O nº 4 está escrito no agressivo sol menor que Mozart costuma utilizar quando quer expressar sentimentos veementes. No meio da música vigorosa do nº 5, destaca-se um tema de caráter nobre, que retrata a bondade de coração de Thamos.

Na primeira redação dos coros (1773), já se notava um traço original de orquestração: em vez de os trombones simplesmente dobrarem as vozes, como era usual na música litúrgica, ele se alternam com os cantores; Mozart faz o mesmo com os sopros em relação às cordas. Quando reviu essas partituras, em 1779, já tinha feito a viagem a Mannheim, a que nos referiremos a seguir, e assistido, em Paris, a óperas francesas, nas quais o coro desempenhava papel muito mais importante e elaborado do que nas *opere serie* de estilo italiano. Na forma como repensa as composições de seis anos antes, já está a caminho da extrema complexidade da escrita coral de que dará provas, em 1781, no *Idomeneo*.

Ainda assim, comenta Erik Smith, esses primeiros coros parecem muito rígidos se comparados ao último deles, de 1780, que não parece ter sido executado em vida do compositor. Ele se abre com a oração do sumo-sacerdote, "Ihr Kinder des Staubes, erzittert und bebet" (Filhos do pó, estremeçam e tremam), com acompanhamento de extrema riqueza melódica e harmônica, em que as violas e contrabaixos em pizzicato acompanham o canto imitando o violão.

Por diversas razões, a viagem a Paris, em 1777, é um marco na vida de Mozart. Dessa vez, para não descontentar demais o patrão, Leopold teve de ficar; foi Maria Anna, a sua mãe, quem o acompanhou. Aos 21 anos, era a primeira vez que Wolfgang se separava do pai. As cartas que trocaram evidenciam as relações ambíguas entre ambos: o misto de alívio por não tê-lo mais constantemente em seu calcanhar, e de insegurança por não mais tê-lo a seu lado resolvendo tudo, após tantos anos de dependência. No caminho para a França, mãe e filho pararam em Augsburgo, para visitar Franz Aloys, o irmão de Leopold. E Wolferl conheceu Maria Anna Thekla, a quem chamava de Bäsle (priminha). Thekla é a primeira manifestação de seu interesse pelo sexo oposto. As cartas trocadas entre ambos não escondem a atração sexual que ela lhe inspirava. Em sua biografia do compositor, em que usa essas cartas para fazer curioso estudo de sua personalidade, Wolfgang Hildesheimer é da opinião que Bäsle foi efetivamente a primeira amante de Mozart. Mulher sensual e de comportamento livre, ela teve, aliás, em 1784, uma filha ilegítima que, depois, descobriu-se ser do abade Theodor Franz von Reibeld.

Determinante para o desenvolvimento da escrita instrumental de Mozart foi a escala que fez em Mannheim, a partir de 30 de outubro de 1777. Carl Theodor, o governante dessa pequena cidade-Estado, apaixonado pela música, juntara à sua volta os melhores músicos da Europa, e concedera a Carl Stamitz, contratado para regê-la, a liberdade de fazer todas as experimentações que desejasse. Stamitz criou uma verdadeira orquestra-laboratório, responsável pela descoberta de uma série de procedimentos de escrita – as técnicas de crescendo e de gradações dinâmicas, por exemplo, ou a maior independência dos sopros em relação às cordas – que revolucionaram toda a música européia. Mozart entusiasmou-se com o trabalho ali desenvolvido, e fez amizade com o primeiro violino, Christian Cannabich, com o mestre-de-capela Ignaz Holbauer e o flautista Johann Baptist Wendling. E ficou muito desapontado quando o Príncipe-Eleitor, depois de cozinhá-lo um mês em água fria, deixou claro que tampouco pretendia empregá-lo.

Paris, meta principal da viagem, estava sendo adiada: Wolfgang alegava que a época não era propícia para viagens; que precisava dar aulas e concertos com que ganhar o dinheiro para seguir caminho. Mas, na verdade, havia outra razão para a falta de pressa: ele se apaixonara por Aloysia, de dezesseis anos, a filha mais velha do copista Fridolin Weber, que trabalhava como ponto na Ópera de Mannheim. Chegou a viajar com ela para Kirchheimboland, acompanhando-a ao cravo quando o jovem soprano foi cantar para a princesa de Nassau-Weilburg. E teria ido com ela para a Itália se Leopold, ao saber da história, não tivesse exigido que seguisse para Paris sem mais delongas. Traçara para o filho um roteiro completo, prevendo os mínimos detalhes e, agora, indignava-se com sua "falta de responsabilidade", com "sua deslealdade em relação à família". Na carta de 12 de fevereiro de 1778, ordenou secamente:

>Parta para Paris. Encontre seu lugar entre os grandes: *aut Caesar aut nihil*.

Ou ser César ou não ser nada – era esse o lema dos Bórgia. Não havia como retrucar: em 14 de março, Mozart despediu-se de Aloysia, com o coração sangrando, e foi para a França.

Na capital francesa, não se sentia nem um pouco feliz. Suas cartas deixam claro que desprezava a música e o gosto franceses e via por toda parte intrigantes decididos a sabotá-lo. Escreveu para o velho amigo Noverre o balé *Les Petits Riens K299b*, a ser dançado após *Le Finte Gemelle* (As Falsas Gêmeas), de Niccolò Piccini; fez muito sucesso, nos Concerts Spirituels, com a *Sinfonia em Ré Maior K297 "de Paris"*; e conseguiu algumas outras pequenas encomendas. Mas recusou a oferta de ser organista em Versalhes, pois o cargo não lhe interessava. Depois disso, nenhuma outra oportunidade surgiu. Paris, absorvida pela acalorada polêmica entre os adeptos de Christoph Willibald Gluck e suas propostas de reforma da ópera, e os partidários de Piccini, representante do modelo italiano tradicional, não tinha ouvidos para um desconhecido músico austríaco.

Nesse meio tempo, Maria Anna caiu doente, com uma febre tenaz. Por mais que se esforçassem os médicos chamados pelo barão Melchior von Grimm, o secretário pessoal do duque de Orléans, em casa de quem estavam hospedados, ela faleceu em 3 de julho. A forma como Wolfgang comunicou sua morte ao pai revela excepcional carinho e sensibilidade. Escreveu-lhe para dizer que a mãe estava doente; mas foi ao abade Joseph Bullinger, amigo íntimo de Leopold, que confiou a tarefa de dar-lhe aos poucos, e com cuidado, a notícia da perda de sua esposa. Em 31 de agosto, Leopold respondeu: já que dera tudo errado em Paris, estava na hora de voltar a Salzburgo, onde o arcebispo lhe oferecia o duplo cargo de primeiro violinista e organista da capela real, com melhor salário.

Para Wolfgang, a perspectiva de mergulhar de novo no ambiente provinciano de Salzburgo não era nem um pouco atraente. Retardou a viagem de todos os modos que conseguiu: um mês em Mannheim, depois uma estada em Munique, onde ansiava por reencontrar Aloysia. Mas desapontou-o a frieza com que foi acolhido pela moça, agora cantora na corte. "Realmente não consigo escrever. Meu coração está cheio de lágrimas", confessou ao pai que, irritado, exigia a sua volta.

Os dezesseis meses que passara fora de casa tinham sido desastrosos: perdera a mãe, a emoção do primeiro amor frustrara-o cruelmente, não conseguira nenhuma oferta razoável de emprego e nem mesmo a encomenda de uma nova ópera; e suas relações com o pai, que o vira desobedecer planos rigorosamente traçados, tinham-se tornado extremamente tensas. As cartas que trocaram nessa fase revelam, porém, um elemento novo na personalidade de Mozart: a arrogância e o desprezo em relação à música dos outros, demonstrando estar-se consolidando nele a consciência da superioridade de sua arte em relação ao que se fazia em seu tempo.

Os anos de 1778-1780 transcorreram sem novidades, marcados, como era comum quando estava de volta a Salzburgo, por intensos surtos de criatividade. Porém, a obra mais importante desse período está inacabada. Já em 10 de novembro de 1778, enquanto estava em Mannheim, Mozart escrevera para o pai:

> Sei com certeza que o Imperador tem a intenção de instituir em Viena um teatro de ópera alemã e procura muito seriamente um jovem *Kappelmeister* que compreenda a língua alemã, possua talento e esteja em condições de dar vida a algo de novo. [...] Creio que esta seria uma coisa muito adequada para mim.

De fato, desde 23 de março de 1776, José II dera ao príncipe Johann Khevenmüller-Metsch, grão-mordomo do palácio imperial desde os tempos de sua mãe Maria Teresa, a ordem de que

> o teatro nas vizinhanças do castelo passe a se chamar Singspiel-Nationaltheater, dedicado a espetáculos cantados em alemão, não sendo assim exclusivamente reservado à aristocracia.

A esperança de que a composição de *singspiele* – gênero com que se familiarizara em Munique e Mannheim – lhe trouxesse o reconhecimento em Viena que tanto desejava animou Mozart a encomendar novo libreto a Schachtner, o revisor do *Bastien*. Schachtner era um poeta medíocre e limitou-se a alinhavar, em *Zaide*, os habituais clichês da peça de resgate de tema turco, cozinhando *Das Serail* (O Serralho), um libreto que, naquele mesmo ano, Franz Josef Sebastiani escrevera para Joseph Friebert. O fato de essa ópera ter sido estreada em Botzen – a atual Bolzano, na época pertencente ao Império Austríaco – tornava muito remota a possibilidade de que alguém da capital a tivesse visto.

Mas logo ficou claro que eram muito restritas as possibilidades de convencer o fechado mundo teatral vienense a se interessar pelo espetáculo. Leopold o diz numa carta de 11 de dezembro de 1780 ao filho que, nesse momento, se encontrava em Munique ensaiando o *Idomeneo*:

> Quanto ao drama de Schachtner, nada há a fazer por enquanto, pois os teatros estão em recesso e não há como chegar ao Imperador, que trata de tudo o que se refere aos espetáculos. Já que a música não está inteiramente pronta, é melhor esperar, pois quem sabe não se apresenta uma ocasião melhor de irmos a Viena.

Com isso, o *singspiel* ficou incompleto e só foi redescoberto postumamente por Johann André, o editor de Offenbach, que o fez representar em 27 de janeiro de 1866, na Opernhaus de Frankfurt. Mas a semelhança com *O Rapto do Serralho* e o fato de que a partitura não passa de um torso – embora iluminado por lampejos de inspiração que fazem dela uma obra extremamente significativa – impediram que se impusesse no repertório. O que é uma pena pois, ao lado de passagens convencionais, há formulações líricas que abrem perspectivas inteiramente novas de expressão ao teatro lírico.

Ao ver adormecido Gomatz, o novo cativo de origem européia, Zaide, a favorita do sultão, apaixona-se por ele e deixa a seu lado o seu retrato e uma jóia. Apaixonando-se por ela também, Gomatz planeja fugir levando-a consigo. É ajudado por Allazim, que foi encarregado de vigiá-los mas, cativo como eles, quer se evadir junto com os dois. Eles são presos e o sultão Soliman, furioso, quer castigá-los. Não se acalma nem mesmo quando Allazim lhe revela ter sido o homem que, uma vez, lhe salvou a vida. É preciso que Allazim faça apelo ao senso de humanidade do soberano para que este os perdoe e os deixe partir.

Em sua *Histoire de l'Opéra*, René Leibowitz atribui excepcional importância à *Zaide*, "ponto de virada na evolução operística mozartiana", pelo desejo que ela manifesta de contribuir para a criação de uma ópera em alemão, projeto que, passando pelo *Rapto*, desaguará na *Flauta Mágica*. Os meios expressivos usados não são inéditos, mas conferem dignidade nova aos recursos ligeiros do *singspiel* tradicional. Contrastando com o coro inicial, "Brüder, lasst uns lustig sein" (Irmãos, sejamos alegres), que mantém a tendência do gênero à simplificação, os outros números revelam com que empenho Mozart se propõe a renovar o *singspiel*, construindo-o de modo complexo e refinado.

Zaide é um verdadeiro drama, com paixões autênticas e os conflitos emocionais que delas resultam, apesar da moldura ligeira do *singspiel*. Começa de forma original, com o melodrama "Unerforschliche Fügung!" (Impenetrável Providência!), com que Gomatz lamenta o seu destino, e é resultado do entusiasmo de Mozart com as experiências de Benda na *Ariadne em Naxos*. Ao contemplar o moço adormecido, Zaíde canta uma das mais belas árias de Mozart, "Ruhe sanft, mein holdes Lieb" (Repousa, amor querido), um *minuetto grazioso* em que a voz, na última seção, dialoga com o oboé, peça fundamente enraizada na tradição do *lied*, sem qualquer traço de influência italiana. Se em algum momento há uma promessa real, para o futuro, de uma ópera tipicamente germânica, é nessa página de atmosfera psicológica profundamente sugestiva.

"Trostlos schluzet Philomele" (Inconsolável, Filomela chora), com que Zaide deplora a sua sorte, é uma *arietta* de estilo francês, tributária do *opéra-comique*. E, logo a seguir, a virtuosística "Tiger! wetze nur die Klauen" (Tigre, aguça as tuas garras) é o típico *pezzo di bravura* originário da *opera seria*, em que pesem as novidades: evidente atenção ao modelo gluckiano na orquestração; e a revolucionária invectiva que a voz faz, voltando após a coda para lançar a palavra "Tiger!" sobre duas notas – a segunda das quais, emitida sem o apoio da orquestra, cai no silêncio.

Na *Zaide*, já está prenunciada a capacidade que Mozart terá, na *Flauta Mágica*, de fazer uma grande síntese de todos os recursos disponíveis no idioma teatral de seu tempo: a grande ária de *opera seria*, o *lied* alemão, a ária lírica de *opéra-comique*, a ária característica de ópera bufa: "Wer hungrig bei der Tafel sitzt" (Quem se senta à mesa faminto), do escravo Osmin, digno predecessor de seu homônimo do *Rapto*. Mas é sobretudo nas cenas de conjunto, que vão se transformar na pedra-de-toque da dramaturgia do Mozart maduro, que estão os grandes sinais da genialidade dessa obra-prima inacabada.

No trio "O selige Wonne" (Ó suprema felicidade), com que se encerra o ato I, há um achado muito criativo: o súbito ritmo de siciliana em 6/8 que se instala quando Zaíde acredita ter ouvido o ruído do trovão. Mais significativo ainda é o quarteto "Freundin! stille deine Tränen" (Amiga, não chora mais), com que se encerra o ato II. A respeito dele, escreve Leibowitz:

> Talvez estejamos diante do primeiro exemplo do que podemos chamar concertato psicológico, no qual cada personagem aparece definida, em seu caráter e situação particular, pelo jogo complexo e sutil do tecido musical. A nota dominante é a súplica, pois Zaíde implora a Soliman que poupe o seu amante; Gomatz pede a Zaíde que mantenha a calma; e esse duplo pedido – o "Freundin!" (Amiga!) de Gomatz e o "Lass mich, Herr, allein verderben" (Deixa-me morrer sozinha, senhor), de Zaíde – é expresso em linhas melódicas cantábile de sublime lirismo. Soliman intervém num tom cruel – "Alle Tränen nutzen nicht" (Todas as lágrimas são inúteis) –, em frases melódicas de grande maestria. Enquanto isso, Allazim, que assiste impotente à condenação de seus amigos, soluça em breves motivos entrecortados por silêncios: "Welch ein Schmerz! mein Herze bricht" (Que dor! meu coração se parte). A admirável fusão de todos esses aspectos contrastantes num conjunto perfeitamente homogêneo constitui o que há de mais precioso na linguagem musical dessa ópera.

Está sendo dado, de fato, um passo essencial na transformação da cena de conjunto. Até então, na comédia, o que tínhamos era o concertato "em uníssono", cujos integrantes expressavam a mesma emoção diante de um determinado fato: por exemplo, os concertatos "de perplexidade" que intervinham ao ocorrer algo que pegava a todos de surpresa. Esse tipo de página ainda será muito freqüente em Rossini – por exemplo, no *Barbiere di Siviglia*, quando todos se espantam diante da forma respeitosa como os guardas tratam o soldado bêbado (em quem acabam de reconhecer o conde Almaviva disfarçado).

A partir de agora, porém, o que teremos são cenas de conjunto em que emoções paralelas e discordantes se expressam mediante linhas melódicas independentes – donde a designação "psicológico" utilizada por Leibowitz –, harmonizadas num todo absolutamente coerente pela arte do compositor. Essa é uma forma que assumirá importância excepcional durante o Romantismo, chegando, no caso de um compositor como Verdi, a constituir o elemento definidor de seu perfil estilístico.

Tem razão também Gottfried Kraus, na introdução ao álbum de Leopold Hager (Orfeo, 1982), ao chamar a atenção para os elementos, na *Zaide*, que prenunciam o *Fidelio*, de Beethoven: a semelhança de tom entre o "Tiger!" de Zaide e o "Abscheulicher!" de Leonora; e o tom humanista da exortação de Allazim:

> *Ihr Mächtigen seht ungerührt*
> *auf eure Sklaven nieder,*
> *und weil euch Gluck und Anseh'n ziert,*
> *verkennt ihr eure Brüder.*
> *Nur der kennt Mitleid, Huld und Gnad',*
> *der eh' man ihn zum Rang erhoben,*
> *des wandelbaren Schiksals Proben*
> *im niedern Staub gesammelt hat.*

(Vós, poderosos, abaixais friamente os olhos para vossos escravos e, porque a fortuna e a autoridade vos pertencem, não reconheceis neles vossos irmãos. Só conhece a piedade, a bondade e a clemência aquele que, antes de ser de nível elevado, experimentou as inconstâncias do destino na poeira do chão).

E mais adiante, acrescenta Kraus:

> Mozart inventa também, para a segunda ária de Gomatz, a primeira de Allazim, ou a passagem maravilhosamente cômica de Osmin, um tom de leveza popular que não encontraremos nem no *Rapto* nem na *Flauta Mágica*, e que antecipa a ópera alemã do século XIX, a que, começando em Weber, chegará a Lortzing.

Pode parecer estranho que, neste capítulo, se dedique espaço tão grande a uma ópera incompleta, da qual existem duas gravações: além de Hager, a de Bernhard Klee (Philips, 1975) e a de Paul Goodwin (Harmonia Mundi, 1997). Mas *O Rapto* ou *A Flauta* não precisam de quem as defenda. Ao passo que é necessário frisar o papel fundamental desta obra-prima inacabada dentro da História da Ópera – e não apenas a de língua alemã.

Finalmente veio nova chance para sair de Salzburgo. O veterano tenor Anton Raaf, com quem Mozart fizera amizade em Mannheim, convenceu a direção do teatro de Munique a encomendar-lhe uma nova ópera. As condições eram boas, pois Carl Theodor assumira o eleitorado da Baviera, em 1778, e trouxera com ele a orquestra de Mannheim. Desta vez, o abade Varesco foi encarregado de adaptar *Idoménée*, um libreto que Antoine Danchet escrevera, em 1721, para o francês André Campra.

Ameaçado por uma tempestade em alto mar, Idomeneu, rei de Creta, promete a Netuno sacrificar a primeira pessoa que lhe vier ao encontro quando pisar em terra firme. E esta é Idamante, o seu filho. A princípio, Idomeneo pensa em proteger o filho, mandando-o para longe em companhia da princesa Elettra, sua noiva – a quem ele não ama, pois apaixonou-se por Ilia, uma cativa troiana. Mas Netuno, furioso com a quebra da promessa, manda uma tempestade que devasta a ilha. Ao povo revoltado, Idomeneo tem de confessar ser o culpado pela ira do deus. E decide-se a sacrificar Idamante. Mas Ilia vem ao templo para oferecer-se em holocausto em lugar do homem que ama. Comovido com a devoção dos dois jovens, Netuno manda o Oráculo dizer que eles estão perdoados e devem reinar sobre Creta. Todos se rejozijam, exceto Elettra que, numa cena de loucura, parece perseguida pelas mesmas fúrias que atormentaram seu irmão Orestes.

As cartas escritas entre a chegada de Mozart em Munique (8.11.1780) e a vinda de Leopold (25 de janeiro do ano seguinte, dois dias antes do 25º aniversário do filho) dão conta das dificuldades com Raaff, já envelhecido; com o intérprete de Idamante, "il mio amato castrato del Prato", os "dois piores atores que já subiram ao palco"; e com os contra-sensos da forma da *opera seria*:

> Parece uma ingenuidade que todo mundo tenha de sair correndo do palco, depois de ouvir a palavra do Oráculo, só para deixar sozinha Elettra, que precisa cantar sua grande ária.

Encerrando a fase de aprendizado, *Idomeneo Re di Creta*, estreada no Cuvilliès Theater de Munique em 29 de janeiro de 1781, é a ópera em que já estão claramente prefiguradas todas as qualidades do operista maduro. O libreto original, demasiado longo, teve de ser impiedosamente retalhado, para tornar a ação mais natural – e esse foi o primeiro caso em que Mozart, já se sentindo muito seguro como dramaturgo, assumiu durante os ensaios o controle total da produção, passando por cima do intendente do teatro, conde Seeau, e até mesmo do diretor do espetáculo, Lorenzo Quaglio.

Em março de 1786, fez algumas mudanças, transpondo o papel de Idamante para tenor e dedicando-lhe uma nova ária, "Non temer, amato bene", com violino *obbligato*, com vistas a uma apresentação de amadores aristocráticos que houve no palácio Auersperg, em Viena, durante os ensaios das *Bodas de Fígaro*. Quanto à versão simplificada de "Fuor del mar ho un mar in seno", com que Idomeneo fala de seu conflito interior no ato II, Daniel Hertz e Stanley Sadie demonstraram que ela não é de 1786: o corte de 22 compassos e a eliminação da coloratura mais pesada deve ter atendido, na estréia, às limitações de Raaf, que já estava com 66 anos.

Embora seja o que Erik Smith chama de "obra-prima falhada, sem a tensão de uma verdadeira tragédia", *Idomeneo* é infinitamente rica no que se refere à pintura das emoções e dos conflitos humanos, e à presença de inovações provenientes da experiência de 1777: traços da reforma gluckiana, da *tragédie lyrique* francesa e das técnicas de Mannheim na orquestração. Há longos trechos de recitativo acompanhado formando blocos contínuos, sem a presença das costumeiras "árias de saída"; e a repetição de temas de uma ária para a outra amarra o drama mais organicamente. O quarteto de sopros *obbligato* em "Se il padre perdei", de Ilia, no ato II, não é apenas um recurso concertante decorativo, mas uma forma muito precisa de retratar o que ela sente naquele exato momento.

Contrastando com a energia de "Fuor del mar", a oração de Idomeneo, "Accogli, oh re del mar", com o acompanhamento do coro em uníssono e de cordas em *pizzicato* trançando-se com uma rede de desenhos dos sopros, é de grande nobreza. Ao lado da Fiordiligi do *Così Fan Tutte* e da Vitellia da *Clemência de Tito*, Elettra é um dos papéis femininos mais difíceis do teatro mozartiano, pois exige delicadeza em "Idol mio" ou "Placido è il mar", e um furor sem limites em "D'Oreste, d'Aiace ho in seno i tormenti", em que explode toda a sua loucura. E o quarteto "Andrò ramingo e solo", quando Idomeneo pede a seu filho que fuja e fique em segurança, é uma das maiores cenas de conjunto escritas por Mozart.

Leopold perguntou, numa das cartas, como os músicos conseguiam resistir ao tocar, durante três horas seguidas, partitura tão difícil, que exigia deles concentração absoluta. *Idomeneo* marca a ruptura com as técnicas convencionais da escrita instrumental operística. Os sopros são totalmente independentes das cordas; o clarinete faz sua primeira aparição na orquestra mozartiana, há partes virtuosísticas para o oboé dedicadas a Friedrich Ramm, com quem Wolfgang fizera amizade em Mannheim; e um uso imaginoso das quatro trompas, dos dois trompetes, combinados aos tímpanos, para frisar os efeitos de tempestade, a aparição do monstro marinho ou os deslocamentos da multidão.

Eis uma seleção dos registros disponíveis de *Idomeneo*:

Haydn Society, 1950 – Horst Taubmann/Meinhard von Zallinger;
EMI/Angel, 1956 – Richard Lewis/John Pritchard;
Philips, 1968 – George Shirley/Colin Davis;
EMI/Angel, 1971 – Nicolai Gedda/Hans Schmidt-Isserstedt;
DGG, 1977 – Wieslaw Ochman/Karl Böhm;
Teldec, 1981 – Werner Hollweg/Nikolaus Harnoncourt;
Decca/London, 1983 – Luciano Pavarotti/John Pritchard;
Archiv, 1990 – Anthony Rolfe Johynson/John Eliot Gardiner;
Philips, 1991 – Francisco Araiza/Colin Davis;
DGG, 1994 – Plácido Domingo/James Levine.

Uma súbita guinada mudara completamente a vida de Mozart quando, em 16 de julho de 1782, ele estreou *Die Entführung aus dem Serail* (O Rapto do Serralho), escrito para o Singspiel-Nationaltheater. Ele se decidira finalmente a abandonar o serviço de Colloredo, com quem suas relações sempre tinham sido tensas. E, contra a vontade do pai, estava noivo de Constanze Weber, a irmã de Aloysia, que o desprezara (ela preferira casar-se, em 1780, com o ator e pintor Joseph Lange – autor de um famoso retrato inacabado de Mozart sentado ao cravo, que o mostra já visivelmente devastado pela doença).

O libreto do *Rapto* é de Gottblieb Stephanie, o Jovem, diretor do Burgtheater, onde funcionava o National-Singspiel. E baseava-se, como nos referimos ao falar de Johann André, no *Bellmont und Constanze* que Christoph Friederich Bretzner escrevera pouco antes, naquele mesmo ano. Começou a ser composto em julho de 1781, para ser encenado durante uma visita que o grão-duque da Rússia deveria fazer a Viena em dezembro. Mas como essa viagem foi adiada, os percalços trazidos pela ruptura com Colloredo e o início do noivado retardaram a composição até maio do ano seguinte. Com isso, *O Rapto* teve um período de gestação desusadamente longo para os padrões mozartianos. As cartas trocadas com o pai descrevem a gênese cuidadosa da ópera: a forma como Wolfgang deseja representar as batidas do coração de Belmonte quando este fica sabendo, cheio de emoção, que sua noiva ainda está viva; e os recursos com que deseja expressar a fúria de Osmin, o guardião do serralho:

> Ele está fora de si, e isso a música deve refletir. Mas por mais forte que seja a paixão, ela nunca deve ser expressa de modo que a melodia desagrade ao ouvinte, pois a música deve sempre permanecer música. Por isso, escolhi [para esse trecho da ária que expressa o furor de Osmin] uma tonalidade que não é estranha ao fá maior principal, mas uma amiga sua, não o ré menor, que lhe está mais próximo, mas o lá menor.

Essas cartas demonstram o quanto a idéia da ópera já estava pronta em sua cabeça, antes mesmo que ele visse o texto. Demonstram também em que medida essa forma de concebê-la é responsável tanto pelo que tem de mais bem sucedido quanto pelo que possui de deficiente. Certo de que a música adequada teria condições, por si só, de dar ao drama o rumo desejado, Mozart não se preocupou em contornar certas deficiências dramáticas do libreto de Stephanie – dentre as quais a pior é o fato de o momento capital, de desenlace, ser resolvido em diálogo falado, sem música.

O nobre espanhol Belmonte desembarca na costa turca à procura de sua noiva Konstanze, raptada por piratas. A moça foi presa juntamente com Blonde, a sua criada, e Pedrillo, o valete de Belmonte. Com grande dificuldade, o rapaz consegue arrancar de Osmin, de guarda na porta do palácio, a informação de que é ali a residência do paxá Selim, em cujo serralho está aprisionada a mulher que ele ama. Através de Pedrillo, que aparece em seguida – e pelo qual Osmin não esconde a mais profunda antipatia –, Belmonte fica sabendo que Konstanze está sã e salva. Chega Selim em companhia de sua prisioneira, a quem ele corteja; mas o coração da moça não lhe pertence e ela continua saudosa do namorado. Selim dá-lhe só um dia mais para decidir-se e, quando ela sai, Pedrillo apresenta-lhe Belmonte como um arquiteto famoso. Selim dá-lhe boa acolhida, mas só com dificuldade eles conseguem passar por Osmin para entrar no palácio.

Blonde, que foi destinada ao guardião, trata-o com altivez e também recusa-se a entregar-se a ele, pois é a Pedrillo que ama. Quanto a Konstanze, é com altivez que ela responde a Selim quando este a ameaça com tortura se ela não se deixar possuir. Blonde fica contentíssima quando Pedrillo vem lhe dizer que Belmonte e ele preparam a fuga para aquela noite mesma. Reunindo toda a sua coragem, o criado do nobre empenha em embriagar Osmin, para tirá-lo do caminho. Quando, finalmente, Belmonte se encontra com Konstanze, esta lhe garante que Blonde e ela conseguiram preservar a sua pureza, apesar de todos os perigos a que estão sujeitas vivendo no serralho.

Um guarda, porém, os surpreende no momento em que estão tentando fugir, e leva-os à presença de Osmin que, furioso, jura vingança. O guardião chama Selim e, quando este o condena à morte, Belmonte lhe revela ser o filho de Lostados, o governador de Oran. Trata-se do maior inimigo do paxá e isso coloca em suas mãos a possibilidade perfeita de vingança. Mas aproveitá-la seria igualar-se a um homem cuja crueldade despreza. Por isso – apesar dos protestos de Osmin – ele os perdoa e concede-lhes a liberdade. Eleva-se um hino de gratidão à magnanimidade do potentado.

Na ópera de André, o paxá era um papel falado. Não se sabe por que Mozart o manteve assim, em seu *singspiel*. Talvez não quisesse trabalhar com três tenores; talvez não tivesse ficado contente com a caracterização do sultão da *Zaide* que, de fato, é insatisfatória. Seja como for, o fato de Selim não cantar faz com que apenas Osmin sirva de oposição ao grupo formado pelos dois casais europeus. E exclui, como já foi dito, a possibilidade de uma ária no momento climático em que Selim descobre ter nas mãos a possibilidade de vingar-se do detestado governador de Oran.

Além disso, Bretzner tinha escrito uma cena de conjunto para o momento da fuga, no ato III. Mozart chegou a começar um trecho dela, de que sobrou o dueto "Welch ängstliches Beben" (Que tremor angustioso), para Pedrillo e Belmonte, catalogado isoladamente como K 389/384[1]. Com isso, a cena da fuga e da captura tampouco tem música. Nada disso impediu que a ópera fosse um imenso sucesso, apesar do comentário, atribuído a José II, de que ela "tinha notas demais" – a que Mozart teria respondido: "Nem uma a mais do que o necessário, Majestade." *Die Entführung* teve 34 récitas em Viena, em seus seis primeiros anos de vida. Foi encenada em mais de quarenta cidades alemãs e austríacas. Dela disse Goethe que "tinha virado de pernas para o ar tudo o que o *singspiel* fizera antes"; e tinha razão, pois é inesgotável a invenção musical, apesar das deficiências dramáticas.

Para *O Rapto*, Mozart contou com um elenco excelente, a começar pelo baixo Ludwig Fischer, para o qual escreveu árias que se tornaram modelos do estilo bufo – em especial "O, wie will ich triumpheren" (Oh, como triunfarei), que o guardião do serralho entoa ao ter na mão os fujões e exultar, pois agora pode exigir do paxá que os castigue. Mas teve também, como o demonstram as cartas a seu pai, de fazer concessões aos cantores: ao tenor Johann Valentin Adamberger, que exigiu uma ária no momento em que Belmonte reencontra Konstanze (quando um dueto teria sido mais apropriado); e principalmente a Caterina Cavalieri – a amante de Antonio Salieri, o *Kappelmeister* da corte –, o renomado soprano coloratura que criou a principal personagem feminina. Em 26 de setembro de 1781, Wolfgang conta a Leopold:

O que era freqüentemente vantajoso acabou tendo de se converter numa concessão. Confesso que a sacrifi-

---

1. A letra K designa o *Chronologisch-Thematisches Verzeichnis sämtlicher Tonwerke Wolfgang Amadeus Mozarts* (Catálogo cronológico-temático da obra completa de W.A.M.), publicado por L. von Köchel em 1862.

quei um pouco à hábil garganta da *signorina* Cavalieri. Com esse trecho, procurei exprimir os sentimentos tanto quanto o permite uma ária de bravura italiana.

O trecho a que ele se refere é o recitativo e ária do ato II, em que Konstanze relembra o namorado distante:

Welcher Wechsel herrscht in meiner Seele
seit dem Tag, da uns das Schiksal trennte!

(Que mudança ocorreu em minha alma desde o dia em que o destino nos separou)

e, em seguida, constata:

Traurigkeit ward mir zum Lose,
weil ich dir entrissen bin.
Gleich der wurmzernagten Rose,
gleich der Grass in Wintermoose,
welkt mein banges Leben hin.

(A tristeza foi só o que me restou, pois estou afastada de ti. Como a rosa que feneceu, como a relva sob o orvalho invernal, a minha vida também está murchando.)

Para esse momento, contudo, são muito felizes as formas que o compositor encontra, dentro das imposições estilísticas da ária de estilo italiano, para representar os sentimentos da moça. Já não acontece o mesmo com a página mais famosa da ópera:

Martern aller Arten
mögen meiner warten.
Ich verlache Qual und Pein.
Nichts soll mich erschüttern:
nur dann würd'ich zittern,
wenn ich untreu könnte sein.

(Torturas de todos os tipos podem esperar por mim. Desprezo os tormentos e a dor. Nada há de abalar a minha decisão: eu só tremeria se fosse infiel a ele.)

Esta, sim, é a grande chance de exibição para La Cavalieri, construída como o típico concerto vocal de gosto nitidamente barroco, cujo brilho é realçado pelo quarteto solista *obbligato*, flauta, oboé, violino e violoncelo.

Muito interessantes são as árias de Pedrillo, em que Mozart retrata à perfeição o homenzinho que não é nada corajoso mas reúne todas as suas forças para estar à altura das circunstâncias. No *Viking Opera Guide*, Erik Smith chama a atenção para a romança "In Mohrenland gefangen war" (Para a terra dos mouros foi levada cativa), que ele canta no ato II. A história do cavaleiro que resgata uma donzela das mãos dos sarracenos é o sinal que ele dá a Belmonte de que está na hora de fugir. Diz Smith:

> A romança *sotto voce*, acompanhada apenas pelas cordas em *pizzicato*, é uma das mais estranhas composições de Mozart: os primeiros três versos passam pelas tonalidades de ré, lá, dó, sol, fá sustenido menor e fá sustenido maior.

É também Smith quem escreve, a respeito de "Ist es möglich? Welch Entzücken!" (Será possível? Que encantamento!), o longo quarteto que precede a frustrada tentativa de fuga:

> Embora não se encaixe na costumeira estrutura de um finale de ato II como um crescendo de ruído e confusão, o quarteto é uma das criações mais encantadoras de Mozart. O início e o fim expressam a alegria de uma forma generalizadora, mas a seção central contém um pequeno drama: os dois tenores perguntam aos sopranos, não sem uma certa hesitação e embaraço, se as duas lhes permaneceram fiéis. As reações das mulheres os tranquilizam. Trata-se menos de um quarteto do que de dois duetos simultâneos – os dois amantes nobres cantando linhas *legato*, os dois criados com frases em *staccato* –, culminando nos fogos de artifício vocais de Blonde, que ainda se ressente do insulto, contra a feliz reconciliação dos outros. No centro desse quarteto, há uma serena *sicilienne* em lá maior, de apenas quinze compassos, na qual Mozart celebra a profunda felicidade do amor. Esse era o momento em que ele próprio estava se preparando para casar com Constanze Weber, apesar da atitude de seu pai, muito menos conciliatória do que a do paxá Selim.

O *Rapto* é o mais bem acabado exemplo da moda austríaca da *turquerie* que, desde a *Rencontre imprévue* de Gluck, dera os mais variados frutos. A visão que *Die Entführung* tem do vizinho otomano não difere em nada das muitas comédias do mesmo teor que eram um dos entretenimentos preferidos do público. Contém a imagem estereotipada do sarraceno como um brutamontes estúpido ou ingênuo e, se Selim tem, no último instante, uma reviravolta de bom-senso e magnanimidade, é quase que só por concessão à regra do final feliz obrigatório. A ambientação turca é, principalmente, o pretexto para a música exótica, com o colorido típico das bandas de janízaros – a guarda do sultão – que tanto sucesso faziam na segunda metade do século XVIII.

Desde a abertura sente-se o brilho rítmico e instrumental da música turca, em que se destacam os triângulos – na época enfeitados com anéis pendurados que soavam como guizos acessórios –; os pares de pratos de diversos tamanhos; a caixa grande, cilíndrica, tocada com batente sem surdina; o tambor militar, com corda de tripa e som muito agudo; e o flautim em sol, de tom ácido e estridente. Mas não é apenas decorativo o efeito dessa música turca, como assinala Norbert Bolin – na introdução à gravação do *Rapto* feita por Bruno Weil – ao falar da abertura:

> As duas seções *presto* da abertura, com os instrumentos turcos, não representam apenas um mundo exótico, mas também um mundo rigidamente organizado, militar, um mundo de agressão, barulho e brutalidade, que tem efeito ainda mais marcado devido à oposição com o tema lírico de Belmonte na parte central. A música turca simboliza, aqui, o lugar real de sofrimento e de luta, o lugar onde deve começar a busca de Belmonte.

Quanto ao nº 21a com que a comédia termina, em que cada uma das personagens agradece a bondade de Selim e, depois, as quatro vozes unem-se no refrão:

> *Wer so viel Huld vergessen kann,*
> *denn seh' man mir Verachtung an*
>
> (Qualquer um que fosse capaz de esquecer essa grande clemência deveria ser olhado com desconfiança),

a sua forma é a do *vaudeville* típico, o que atesta uma vez mais com que profundidade o *singspiel* alemão deita raízes no *opéra-comique*.

Eis uma seleção das principais gravações comerciais disponíveis de *O Rapto do Serralho*:

Decca/London, 1950 – Josef Krips;
Guilde International du Disque, 1954 – Otto Ackermann;
DGG, 1954 – Ferenc Fricsay;
EMI, 1956 – Thomas Beecham;
Eterna, 1962 – Otmar Suitner;
DGG, 1965 – Eugen Jochum;
EMI/Angel, 1966 – Josef Krips;
EMI/Angel, 1968 – Yehudi Menuhin;
DGG, 1973 – Karl Böhm;
Philips, 1978 – Colin Davis;
Eurodisc, 1978 – Heinz Wallberg;
Teldec, 1985 – Nikolaus Harnoncourt;
Decca/London, 1985 – Sir Georg Solti;

L'Oiseau-Lyre, 1990 – Christopher Hogwood; Sony, 1991 – Bruno Weil.

A presença, nesta lista, de grandes mozartianos veteranos – Krips, Fricsay, Beecham, Böhm, Solti –, ao lado de maestros modernos – Hogwood, Harnoncourt – que trabalham com instrumentos de época e lançam luzes novas sobre a partitura, torna muito ricas as opções oferecidas ao ouvinte. O álbum de Bruno Weil, contudo, às qualidades de interpretação e elenco junta a de ter sido lançado no Brasil pouco depois do aparecimento na Europa.

O período que se inicia em 1784 é um dos mais ativos e bem-sucedidos na vida de Mozart. Tinha muito alunos e era constantemente convidado a tocar em casa do conde Johann Esterházy, do embaixador russo, príncipe Dmitri Golítsin, ou do rico mecenas, barão Gottfried van Swieten, o blibliotecário da corte. Os grandes editores, Artaria, Torricella, finalmente aceitavam publicar as suas obras – entre eles os seis quartetos dedicados a Haydn. Em 11 de dezembro de 1784, o barão Von Gemmingen, com quem fizera amizade seis anos antes, convenceu-o a aderir à loja maçônica da qual era o grão-mestre, a *Zur Wolthätigkeit* (Pela beneficência). Mozart freqüentou também a loja *Zur wahren Eintracht* (Pela verdadeira concórdia), da qual Haydn fora membro. Lá conheceu o grão-mestre Ignaz von Born que, mais tarde, haveria de ser o modelo para o sacerdote Sarastro, da *Flauta Mágica*.

No final de 1785, o *Wiener Zeitung*, falando de seu *Concerto nº 21 em Dó Maior K467* – cujo introspectivo segundo movimento é um dos mais famosos exemplos do gênio melódico de Mozart –, referia-se à sua "merecida fama de músico internacionalmente respeitado". E em breve, a entrada em sua vida de uma personagem nova assinalaria o início da fase de plena maturidade como operista. O veneziano Emanuele Conegliano era de família judia, mas seu pai convertera-se ao catolicismo por perceber que isso era indispensável para a ascensão social da família. E o incentivara a abraçar a carreira eclesiástica não por acreditar que ele tivesse vocação para isso, mas por ver nela um trampolim social. Ao se ordenar, Emanuele adotou o nome de seu protetor, Lorenzo da Ponte, bispo de Cesena, que pagara os seus estudos. Forçado a fugir de Veneza devido às suas dívidas e aventuras amorosas, Da Ponte foi para Viena, onde acabou tornando-se *poeta cesareo* e um dos mais solicitados libretistas de sua época. Juntos, Mozart e ele produziriam o que o teatro musical do século XVIII tem de mais importante.

Curiosamente, a primeira referência que encontramos a Da Ponte na correspondência de Wolfgang vem cercada de dúvidas. Falando da promessa que o conde Orsini-Rosenberg lhe fizera de encomendar uma comédia italiana para o teatro da corte, escreve, em maio de 1783:

> Um certo abade Da Ponte me prometeu um novo libreto, mas quem sabe se ele há de manter a sua palavra. Se estiver ligado a Salieri, nunca hei de consegui-lo... e só Deus sabe como eu gostaria de mostrar o que sou capaz de fazer numa ópera italiana.

Foi por isso que recorreu a Varesco. Mas considerou muito tolo o libreto que este lhe preparou e, em dezembro daquele mesmo ano, já tinha abandonado pelo meio a composição de *L'Oca del Cairo*. Não é realmente grande coisa a história do marquês Don Pippo, homem vaidoso e violento que quer casar-se com a jovem Lavínia, dama de companhia de sua filha Celidora. Ao mesmo tempo, quer impor a esta a união com o conde Lionetto di Casavuota. Mas Celidora ama Biondello, amigo de Calandrino, o namorado de Lavínia. E recusa-se a aceitar um pretendente que não ama. Para dobrá-las, Don Pippo mantém as duas moças trancadas dentro de uma torre. Está tão seguro de que a sua fortaleza é inexpugnável que, por pura bravata, faz um desafio a Biondello: promete dar-lhe a mão de Celidora se, em um ano, ele encontrar o meio de entrar na torre.

Ajudados pelos criados Chichibio e Auretta, Calandrino e Biondello tentam construir uma ponte para chegar até a torre. Mas são descobertos por Don Pippo, que faz a fuga das moças fracassar. Esse foi o ponto até onde Mozart chegou, no final do ato I. No II, Biondello consegue finalmente entrar na torre, dentro de um enorme ganso mecânico operado por uma misteriosa mulher moura – que se descobre ser Donna Panthea, a mulher de

Pippo, que o abandonara muito tempo antes, e todos consideravam morta. Tia de Calandrino, ela ajuda os dois casais de namorados para desforrar-se do homem em cujas mãos sofrera tanto no passado.

O fato de Mozart achar ridícula a história do *Ganso do Cairo*, e em especial o grotesco "cavalo de Tróia" utilizado pelas personagens, contribuiu para que deixasse a comédia pelo meio. Mas os fragmentos preservados – quatro árias, dois duetos, um trio, um quarteto e o finale I – permitiram a Victor Wilder fazer um arranjo que estreou em Paris em 6 de junho de 1867, com o título de *L'oie du Caire*. Nela era aproveitada música de outra ópera inacabada, *Lo Sposo Deluso*, e um quarteto em mi bemol maior composto para inserção em *La Villanella Rapita*, comédia de Francesco Bianchi. Existem outras tentativas de arranjo:

- a de Hans Redlich, para uma apresentação no Sadler's Wells de Londres, em 12 de maio de 1940;
- a de Hans Erismann, com a forma de *singspiel* em alemão, intitulada *Don Pedros Heimkehr* (A volta de Don Pedro para casa), montada na Greenwich Playhouse de Nova Iorque em 1º de junho de 1953;
- a de Erik Smith para a gravação de Peter Schreier no selo Philips (1990);
- a de Stephen Oliver, preparada para um espetáculo em Battignano, na Itália, em 27 de julho de 1991.

A qualidade apenas mediana do texto de *Lo Sposo Deluso ossia La Rivalità di Tre Donne per un Solo Amante*, livremente adaptado de *Le Donne Rivale* de Cimarosa (1780), torna pouco provável que o libreto seja de Da Ponte, como já se quis fazer acreditar. Bocconio Papparelli, ricaço idoso e muito tolo, está esperando a nobre Eugenia, com quem pretende casar-se. Mas quando ela chega, o velho ainda não está pronto para recepcioná-la, o que a deixa muito irritada. Quem a acalma é um amigo de Bocconio, o misógino Pulcherio, que se regozija por não ter a dor de cabeça de uma esposa. Aparece o oficial Asdrubale, que está interessado em Bettina, a sobrinha de Bocconio, e Eugenia reconhece nele um antigo namorado que andava desaparecido. Uma série de qüiproquós leva finalmente ao casamento de Eugenia com Asdrubale e de Bettina com Pulcherio, deixando Papparelli a ver navios.

Há apenas uma abertura, seguida de um quarteto com a orquestração incompleta; duas árias com a linha vocal escrita e o baixo apenas indicado; e um trio completo. O projeto muito mais tentador das *Bodas de Fígaro* parece ter sido a razão para o abandono desta comediazinha inócua. A primeira audição desses fragmentos foi a de Nova Iorque em 1953 (ver acima). Depois, John Coombs fez o mesmo tipo de arranjo que Winter para *The Deluded Bridegroom*, cantada em inglês no City Opera Club de Londres, em 11 de fevereiro de 1956. Erik Smith é o autor da edição usada por Colin Davis (Philips, 1975). Hans Rotman usou-os na montagem do *Ganso do Cairo* que fez, em 1991, para a televisão alemã, com o grupo Kameroper Antwerpen Transparant. Esse espetáculo existe em vídeo e num disco do selo CPO (1991) que contém os trechos de *L'Oca del Cairo* e *Lo Sposo Deluso*, o quarteto da *Villanela Rapita* e a ária "Chi sa qual sia" K582, escrita para inserção em *Il Burbero di Bon Cuore*, de Martín y Soler, também utilizada por Rotman.

Cada página de Mozart, por mais inacabada que esteja, é de valor incalculável. Mas neste caso, tanto quanto no da *Zaide*, é compreensível o carinho com que a musicologia tem tratado essas duas comédias incompletas, pois elas nos mostram o compositor finalmente no caminho certo. Pouco importa que os libretos sejam de qualidade inferior: na música já ressoam, a todo instante, promessas das *Bodas de Fígaro*, soluções dramáticas do *Così Fan Tutte*, as intensas iluminações do *Don Giovanni* e da *Flauta Mágica*.

No auge desse período em que tudo parecia sorrir a Wolfgang, veio a encomenda de algumas canções para serem entremeadas numa comédia alemã escrita por Stephanie. Ela se destinava a uma festividade cortesã em homenagem ao duque Alberto de Saxe-Teschen, governador-geral dos Países Baixos, e à arquiduquesa Cristina, sua mulher. Em 7 de fevereiro de 1786, os oitenta convidados reunidos na Orangerie do palácio de Schönbrunn assistiram a espetáculos em palcos montados nos dois extremos do local: de um lado, o breve *singspiel* mozartiano; do outro, logo em seguida, uma ópera bufa de Salieri, *Prima la Musica poi le Parole*, com libreto de Giambattista Casti (sobre esse compositor, ver o volume *A Ópera na França*).

O programa duplo era extremamente adequado porque tanto *Der Schauspieldirektor* (O Empresário) quanto *Prima la música* tratam, em tom irônico e de metalinguagem, da vida teatral e da política de bastidores. Como diretor do Nationaltheater, Stephanie parece representar a si mesmo sob os traços simpáticos do empresário Frank. Ajudado por Buff, um cantor cômico, ele está formando uma companhia de teatro para se apresentar em Salzburgo. Duas atrizes vêm fazer a audição e são contratadas. Em seguida aparece Mme. Herz (Coração), que canta a ária patética "Da schlägt die Abschiedsstunde" (Soou a hora da despedida); depois dela, Mlle. Silberklange (Som de prata) que, no virtuosístico rondó "Bester Jüngling!" (Belo jovem), demonstra seu talento para a coloratura.

As duas querem ter o direito ao cachê mais alto, mas essa é também a pretensão exposta pelo tenor, Herr Vogelsang (Canto de pássaro), em "Ich bin die erste Sängerin" (Sou eu o primeiro cantor). Quando Frank, irritado com a interminável discussão, ameaça desistir da idéia de montar a companhia, todos retiram as suas exigências descabidas. No *vaudeville* com que a comédia se encerra – "Jeder Künstler strebt nach Ehre" (Todo artista aspira à honra) –, os recém-contratados reconhecem que a ambição é necessária e salutar, mas não deve prejudicar os seus colegas.

Ocupado, naquele momento, com a composição das *Bodas*, Mozart escreveu apenas a abertura e quatro números vocais para essa pequena peça que não dura mais de meia hora. Mas trata-se de miniaturas de extremo bom gosto, a começar pela abertura, viva e ricamente orquestrada. O compositor deve ter-se divertido muito com as paródias de *opera seria* que concebeu para as duas *prime-donne*, criadoras de Silberklange e Herz: La Cavalieri e sua cunhada Aloysia Lange, por quem fora um dia apaixonado.

Já há nítida antecipação do *Così Fan Tutte* na ária de Herz, em *style sensible*, na qual a trompa, imitando o dobre fúnebre dos sinos, faz um efeito muito engraçado. Do *Don Giovanni* também há um prenúncio: a figura que ornamenta o rondó, acompanhado pelos sopros, vai reaparecer no "Non mi dir" de Donna Anna. O trio é de fina ironia pois, ao mesmo tempo que falam da nobreza e integridade de sua arte, as duas cantoras tentam se suplantar uma cantando notas sempre mais altas do que a outra. O encerramento tem a forma de um rondó muito simples com ritmo de gavota. As gravações de Karl Böhm (DGG, 1974) e Colin Davis (Philips, 1992) ou Nikolaus Harnoncourt (Teldec, 1995) omitem o diálogo, o que prejudica muito a coesão dramática. Nesse sentido, são preferíveis as de Helmut Koch (Berlin Classics, 1968), John Pritchard (Decca, 1990).

Em suas *Memórias*, Da Ponte diz ter sido ele quem obteve do imperador a autorização para que fosse apresentada uma ópera extraída de *La Folle Journée ou Le Mariage de Figaro*, de Pierre-Augustin Caron de Beaumarchais, peça que José II proibira por considerá-la subversiva. Mas sabemos que foi o próprio Mozart quem escolheu como tema a segunda comédia da série que Beaumarchais dedicara à figura de Figaro, no qual colocara muitos traços autobiográficos. (Da primeira, *Le Barbier de Séville*, musicada por dezesseis compositores diferentes, as versões mais famosas são a de Paisiello/1782 e a de Rossini/1816. Da terceira, *La Mère Coupable*, há uma pouco conhecida ópera escrita por Darius Milhaud/1966; e em 1991, ela serviu de ponto de partida para *The Ghosts of Versailles*, do americano John Corigliano.)

O próprio Beaumarchais tivera problemas com sua peça, pois só em 1784 teve condições de levar ao palco um texto que estava escrito desde 1774. O que não é de se estranhar pois, nessa vitriólica história em que o patrão é ridicularizado por seus empregados e, no final, tem de pedir desculpas por seus erros, os ventos que sopram já são os da Revolução Francesa. Para tornar aceitável a sua versão operística, Da Ponte teve de amputar do texto todas as ousadias políticas. Mesmo assim, ainda há velados desafios, como a ária "Se vuol ballare, signor Contino", do ato I, em que Figaro promete a Almaviva fazê-lo dançar segundo a sua música.

Expurgada da maioria das situações e alusões que poderiam ofender a aristocracia, construída de forma a dar mais ênfase aos *lazzi*, isto é, aos típicos clichês cômicos, o libreto de *Le Nozze di Figaro* teria se transformado, nas mãos de qualquer outro compositor, num eficiente espetáculo bufo, pois o elenco é variadíssimo, as personagens são retratadas de forma muito viva, a ação é incrivelmente ágil e os *coups de théâtre* se sucedem a cada ato. *As Bodas de Fígaro*, porém, vão muito mais longe: a alquimia da música de Mozart e da poesia de Da Ponte transforma no ponto mais alto da literatura cômica setecentista a ópera estreada no Burgtheater em 1º de maio de 1786.

Em *Le Barbier de Séville*, Beaumarchais mostrara como o conde Almaviva, ajudado por Figaro, ex-empregado de sua família, conquista a mão de Rosina, pupila do Dr. Bartolo, velho médico sevilhano que planejava casar-se com a moça para tornar-se o dono efetivo de sua herança. No *Mariage*, vários anos se passaram, a paixão do Conde por Rosina esfriou, e ele se tornou um mulherengo incorrigível, sempre em busca de novas aventuras. Entre as mulheres que deseja, está Susanna, a camareira de sua esposa, noiva de Figaro. Este, para se proteger, pede ao Conde que marque logo o dia do casamento, lembrando-lhe que, ao se casar com Rosina, em sinal de amor ele renunciou formalmente ao "droit du seigneur", que autorizava o senhor feudal a desfrutar da virgindade de suas súditas. O Conde, porém, tem a esperança de que Fígaro seja afastado de Susanna por Marcellina, a antiga governanta do Dr. Bartolo: a idosa senhora emprestou dinheiro ao criado em troca de uma promessa de casamento, caso ele não tenha condições de restituir-lhe a soma. Bartolo também tem todo o interesse em que isso aconteça, pois nunca engoliu a humilhação de perder Rosina para Almaviva e, já que nada pode fazer contra o Conde, há de se vingar em Fígaro, que o ajudou.

Há no castelo um jovem pajem, Cherubino – um fauno adolescente "bêbado de amor", como dizia Kierkegaard –, indiscriminadamente apaixonado por todas as mulheres da vizinhança. O Conde o odeia, pois vive tropeçando nele cada vez que tenta fazer suas próprias conquistas. Ao encontrá-lo no quarto de Susanna, castiga-o dando-lhe a ordem de alistar-se em seu regimento. Mas Susanna e a Condessa – por quem Cherubino está apaixonado também, é claro – decidem disfarçá-lo de mulher para que, escondido no castelo, não perca a festa do casamento de Fígaro. O azar é que o criado, resolvido a despertar o ciúme do Conde para que este, preocupando-se com sua mulher, pare de perseguir Susanna, mandou-lhe uma carta anônima denunciando o interesse de Cherubino pela Condessa. Isso é a fonte da série de qüiproquós que ocupa todo o ato II.

Surpreendido pelo Conde nos aposentos de sua esposa, Cherubino esconde-se dentro do quarto de vestir. Mas faz um ruído que revela a sua presença e, enquanto Almaviva vai buscar um pé-de-cabra para arrombar a porta, ele foge pela janela deixando Susanna em seu lugar. Mal o Conde se recupera da supresa de encontrar a camareira da Condessa no lugar do pajem, e chega o noivo de Susanna para pedir uma vez mais que a data do casamento seja marcada. Sem saber o que está acontecendo, Fígaro mete os pés pelas mãos de todas as maneiras, só sendo salvo pela providencial intervenção de Susanna e da Condessa. E o ato termina de forma esfuziante com a chegada de Marcellina, acompanhada de Bartolo e do intrigante Don Basilio, o professor de canto, exigindo que Figaro cumpra a promessa de casar-se com ela.

O plano do Conde de condenar Fígaro a casar-se com Marcellina é frustrado pela súbita descoberta de que ele é, na realidade, Raffaelo, o filho bastardo que, no passado, ela tivera com... o Dr. Bartolo. Este é obrigado a engolir a pílula duplamente amarga: esquecer os projetos de vingança e abrir os braços ao filho reencontrado. Nesse meio tempo, a Condessa e Susanna combinam fazer Almaviva cair numa armadilha: a noiva de Fígaro envia-lhe um bilhete marcando um encontro no jardim; mas é sua esposa que, trocando de vestido com Susanna, irá a seu encontro. O problema é que, por uma inabilidade de Barbarina, a quem foi confiada a tarefa de entregar o bilhete ao Conde, Fígaro fica com a impressão de que ainda nem se casou e já está sendo traído.

Todas as personagens convergem para o jardim, à noite, depois do casamento: o Conde, que não sabe estar fazendo a corte à sua própria esposa; Fígaro, que espera pegar Susanna com a boca na botija mas, ao reconhecê-la sob disfarce, desforra-se dela fazendo-a acreditar que é à Condessa que está se declarando; Cherubino e Barbarina, que sempre aproveitam para ter seus encontros furtivos pelos cantos; Marcellina e Bartolo, que mudaram de campo e, agora, querem ajudar o filho a ser feliz; e Basilio, que nunca perde a chance de participar de mais uma intriga. A comédia de erros termina com a confusão do Conde, que é obrigado a pedir perdão à sua esposa, e com o regozijo geral.

Aparentemente, a intriga e as personagens das *Nozze* e do *Mariage* são as mesmas. Ambas repousam sobre um dado de suspense: conseguirá Fígaro desposar Susanna antes que Almaviva lhe roube seus legítimos direitos de marido? Mas Beaumarchais tratara o tema do ponto de vista da sátira política – até mesmo porque a peça foi a ocasião para o acerto de contas pessoal com alguns de seus inimigos. Mozart vai deslocar o centro de interesse para a investigação psicológica, expandindo os monólogos e cenas de conjunto em que as personagens expõem a nossos olhos os meandros de seu comportamento. Em suas mãos, longe de ser mero pretexto para exibições virtuosísticas, a técnica da ária vai converter-se em instrumento de prospecção das emoções.

Em meio a um turbilhão de golpes de cena, qüiproquós, travestimentos, assistimos a progressivos mergulhos no cerne do amor compartilhado, do amor negligenciado, do ciúme e do ressentimento, das ilusões juvenis e das ilusões da maturidade. Saber-se amado por Susanna compensa Fígaro pelos anos de humilhação como subalterno do Conde – que de certa forma lhe deve a sua felicidade –; mas ter causas aparentes de desconfiar da amada o faz passar por nova provação. A ambigüidade do papel de Susanna encontra sua mais sutil expressão na ária "Deh vieni non tardar", do ato IV: ela se declara a Fígaro e antecipa sensualmente o momento de estar a sós com ele; mas o noivo, escondido, sem saber que é a ele mesmo que ela se dirige, toma suas palavras como uma confissão de adultério.

O insaciável Cherubino – e também acessoriamente Barbarina, a única mulher no castelo que lhe é efetivamente "acessível" – surge como o acabado arquétipo do desejo adolescente a caminho da descoberta do amor e do erotismo. É ele a personagem mais famosa dentro da longa tradição dos "trouser roles", papéis de adolescente feitos por meio-soprano que, no século XX, ainda terá um de seus melhores exemplos no Octavian do *Cavaleiro da Rosa*, homenagem de Richard Strauss à sedutora figura mozartiana. No extremo oposto, Marcellina, a velha governanta, acalenta sonhos amorosos temporões que as circunstâncias farão transformar-se em amor maternal. E é também o fel dos desejos truncados que guia os projetos de vingança de Don Bartolo.

Mas são o caráter e a função dramática do Conde e da Condessa os mais profundamente modificados nesta descida ao inferno dos desejos contrariados. O libertino cínico de Beaumarchais transforma-se num homem ainda jovem, impetuoso, apaixonado de verdade por Susanna, cujo ciúme desesperado explode no torturado vocalise de "Vedrò mentr'io sospiro", no ato IV. Da mesma forma, a Condessa que se aborrece e, na comédia francesa, chega à beira de pensar se Cherubino não seria um bom remédio para as suas tardes solitárias, ganha inesperada consistência trágica. O único objetivo dessa mulher, que ela exprime nos queixumes de "Porgi amor" e, mais ainda, no atormentado "Dove sono", é reconquistar seu leviano marido. De protótipos revolucionários de uma nobreza decadente, ei-los transformados numa profunda reflexão sobre a dificuldade de amar em um mundo por natureza imperfeito.

Em *La Folle Journée*, artigo publicado no nº 13/14 de *Le Monde de la Musique*, de 1979, afirma François Lafon:

> A ópera nunca mais será a mesma. Mozart voltará ao *singspiel* com A Flauta Mágica, que será o ponto de partida para toda a ópera romântica alemã. A ópera bufa conhecerá Rossini e Donizetti mas nunca mais atingirá a perfeição dessas *Nozze* franco-ítalo-vienenses. É que Mozart foi o único a saber aliar o demonismo pré-romântico alemão a uma leveza ao mesmo tempo tensa, brilhante e cruel, herdada da Itália – dualidade, de resto, indissociável de sua própria personalidade.

As Bodas de Fígaro é essencialmente uma ópera de grandes cenas de conjunto – embora haja nela árias individuais de grande valor –, pois o que mais conta, em sua intriga, é a interação das personagens, a sutil trama de relações psicológicas que se estabelece entre elas. Por isso a riqueza

- dos *duetos*: o do ato I, por exemplo, em que Susanna e Marcellina trocam ofensas; ou a maravilhosa música noturna do "Dueto da carta", no III, quando a Condessa dita a Susanna o bilhete com que seu marido será ludibriado;
- dos *trios*: por exemplo, o mortificado "Contessa, perdono" do II, quando Almaviva vê Susanna emergir do quarto de vestir e não sabe com que cara enfrentar a esposa injustamente acusada (ele pelo menos acha);
- dos *quartetos*: o que se forma quando Fígaro aparece e é envolvido nas contradições de suas próprias tramas;
- até o virtuosístico *sexteto* do III, verdadeira síntese da arte do Mozart autor de alta comédia. À alegria de Marcellina e Fígaro com a família reencontrada, à perplexidade de Bartolo e Don Curzio, à ira do Conde vem juntar-se a surpresa de Susanna ao deparar com o noivo nos braços da pretensa rival. Depois dos "schiaffi graziosissimi", as ciumentas bofetadas que chovem sobre Fígaro, vêm as explicações e a serena recapitulação "em que o riso dissolve-se em lágrimas de alegria" (Erik Smith).

É no ato II das *Bodas*, sobretudo, que chega ao apogeu a técnica mozartiana do finale pensado como um grande organismo sinfônico, em que as entradas sucessivas de personagens, por caracterizar mudanças na situação dramática, constituem novas seções musicais. Ouçamos o que diz René Leibowitz em sua *Histoire de l'Opéra*:

> Cada uma dessas seções determina uma espécie de crise nova, e a progressão dramática se desenvolve de acordo com uma curva ascendente de extraordinária intensidade, para culminar, no final do ato, numa explosão de frenesi coletivo. Mas, ao mesmo tempo, a unidade desse trecho de proporções tão amplas (cerca de 150 páginas de partitura) é realizada com um trabalho de composição rigorosamente severo. A articulação das melodias que, por si só, revelam rica imaginação, dá ao discurso musical uma progressão lógica e coerente. Por outro lado, o senso unitário que domina todo o trabalho deve-se a uma organização tonal de extrema precisão. O trecho tem início com um dueto do Conde e da Condessa, em mi bemol maior; com a entrada de Susanna, transforma-se num trio em si bemol maior, dominante da tonalidade precedente. A chegada de Fígaro leva a tonalidade para sol maior, tom maior correspondente ao menor relativo da tonalidade precedente. E essa tonalidade, por sua vez, transforma-se na dominante do dó maior que se segue, para caracterizar a entrada do jardineiro Antonio, que vem falar do homem que pulou pela janela destruindo o seu canteiro de gerânios. Essa transformação da tonalidade na dominante da tonalidade sucessiva acontece duas outras vezes (fá maior para si bemol maior e si bemol para mi bemol) de tal forma que, quando Marcellina, Bartolo e Basilio aparecem, estamos de volta à tonalidade inicial de mi bemol maior.

Está claro que uma análise como a do maestro Leibowitz destina-se a quem tenha noções teóricas e seja capaz de ler a partitura. Mas o ouvinte sensível há de perceber, sem que seja necessário entrar em detalhes técnicos, a naturalidade com que as diversas seções se amarram e se encaixam, saem uma de dentro da outra, o dueto transformando-se em trio, este em quarteto, até o complexo septeto final, como se o finale do ato fosse um vasto movimento sinfônico. Conclui Leibowitz:

> Pelas dimensões tanto quanto pela elaboração musical, esse finale constitui um elemento absolutamente inédito no quadro das estruturas operísticas. E isso confirma o que já tínhamos dito: que as *Bodas* não assinalam um retorno a meios expressivos convencionais ou arcaicos, mas abre novas perspectivas à arte lírica. Sem precisar insistir sobre a criação do "concertato psicológico", basta dizer que a organização composicional desse finale grandioso já é típica de uma atitude nova, a da *Durchkomposition* (estrutura contínua), que marcará toda a evolução da ópera alemã propriamente dita e, nas óperas de Wagner, não só assumirá um nível de dogma absoluto como também há de se converter no caráter essencial de toda autêntica criação lírica.

De *As Bodas de Figaro*, há muitas e excelentes gravações. Indico, nesta lista sumária, apenas o intérprete de Fígaro e o regente:

EMI/Angel – Willi Domgraf-Fassbänder/Fritz Busch;
Met, 1940 – Ezio Pinza/Ettore Panizza;
EMI/Angel, 1950 – Erich Kunz/Herbert Von Karajan;
Cetra, 1951 – Italo Tajo/Fernando Previtali;
EMI/Angel, 1955 – Sesto Bruscantini/Vittorio Gui;
EMI/Angel, 1955 – Rolando Panerai/Hans Rosbaud;

Decca/London, 1955 – Cesare Siepi/Erich Kleiber;
Philips, 1956 – Walter Berry/Karl Böhm;
RCA/BMG, 1959 – Giorgio Tozzi/Erich Leinsdorf;
EMI/Angel, 1959 – Giuseppe Taddei/Carlo Maria Giulini;
DGG, 1960 – Renato Capecchi/Ferenc Fricsay;
DGG, 1968 – Hermann Prey/Böhm;
EMI/Angel, 1970 – Geraint Evans/Otto Klemperer;
Philips, 1971 – Wladimiro Ganzarolli/Colin Davis;
EMI/Angel, 1976 – Geraint Evans/Daniel Barenboim;
Decca/London, 1978 – José van Dam/Von Karajan;
Decca/London, 1981 – Samuel Ramey/Sir Georg Solti;
Philips, 1986 – Van Dam/Neville Marriner;
EMI/Angel, 1987 – Thomas Allen/Riccardo Muti;
EMI/Angel, 1988 – Claudio Desderi/Bernard Haitink;
L'Oiseau-Lyre, 1988 – Petteri Salomaa/Arnold Östman;
DGG, 1990 – Ferruccio Furlanetto/James Levine;
Erato, 1991 – John Tomlinson/Barenboim;
RCA/BMG, 1991 – Alan Titus/C. Davis;
Sony Classics – Michele Pertusi/Zubin Mehta;
Philips, 1993 – Anton Schäringer/Nikolaus Harnoncourt;
Archiv, 1994 – Bryn Terfel/John Eliot Gardiner;
DGG, 1994 – Lucio Gallo/Claudio Abbado;
Telarc, 1994 – Alastair Miles/Sir Charles Mackerras;
Astrée, 1995 – Huub Claessens/Jean-Claude Malgoire.

Kleiber, Leinsdorf, Giulini, Fricsay, Böhm-II oferecem grandes leituras tradicionais com maravilhosos elencos. Östman, Harnoncourt, Gardiner, Malgoire constituem instigantes edições com o rigor musicológico dos instrumentos de época. Ao colecionador de extravagâncias, nada há de melhor a aconselhar do que o álbum do selo Sadek com *Le Nozze* cantadas em árabe, sob a regência de Yousef el Sisi, com Reda al Wakil no papel título –

parte de um projeto que inclui também *Don Giovanni* e *Così Fan Tutte* gravados entre 1988-89 e atesta a imensa variedade de abordagens possíveis que se pode dar ao mundo mozartiano.

Em dezembro de 1780, *Le Nozze* estreou em Praga com grande sucesso. Diante do entusiasmo do público, Domenico Guardasoni, que a encenara, convenceu Pasquale Bondini, o diretor do Gräflich Nostitzsches Nationaltheater, a encomendar a Mozart uma nova ópera para a temporada seguinte. O compositor deu carta branca a Da Ponte para escolher o assunto. Acontece que este já se comprometera com Martín y Soler, para quem estava escrevendo *L'Arbore di Diana*. Salieri também lhe encomendara a tradução de *Tarare*, a ópera em que colaborara na França com Beaumarchais e, em Viena, viria a ter o nome de *Axur Re d'Ormuz*. Além disso, conta o libretista em suas *Memórias*:

> Uma bela jovem de dezesseis anos (que eu preferia amar como uma filha, mas...) morava em minha casa com a mãe, que cuidava da família; e vinha ao meu quarto ao toque de uma sineta que, na verdade, eu fazia soar com bastante freqüência, especialmente quando sentia esfriar-me o estro. [...] De início, eu permitia suas visitas muito amiúde; por fim tive de fazê-las menos constantes para não perder tempo demais em mimos amorosos, no que ela era uma perfeita mestra. No primeiro dia, entre o Tokay, o tabaco de Sevilha, o café, a sineta e a jovem musa, escrevi as duas primeiras cenas do *Don Giovanni*, mais duas de *L'Arbore di Diana* e mais da metade do primeiro ato de *Tarare*, que modifiquei para *Assur* [sic].

Com tantos afazeres, não é de se espantar que Da Ponte tenha recorrido ao expediente, comum na época, de requentar a obra alheia. Na temporada do Carnaval de 1786, estreara em Veneza uma ópera em um ato, *Don Giovanni ossia Il Convitato di Pietra*, de Giovanni Gazzaniga. Seu libretista, Giuseppe Bertati, inspirara-se no *Don Giovanni Tenorio ossia Il Dissoluto Punito* (1736), de Carlo Goldoni. E o grande comediógrafo veneziano tivera, por sua vez, dois modelos: o *Don Juan ou Le Festin de Pierre* (1665), de Molière, e *El Burlador de Sevilla o El Convidado de Piedra* (1634), na qual o monge Tirso de Molina criara a figura do sedutor que vive a perigosa experiência da sensualidade sem limites e do desprezo pelas crenças espirituais. Para o público de Praga, uma ópera cantada o ano anterior em Veneza seria desconhecida: ele a receberia como novidade absoluta.

As gravações de Bruno Weil (Sony) e Stefan Soltesz (Orfeo) provam que teria sido muito melhor a fortuna do ato único de Gazzaniga, se ele não tivesse a infelicidade de concorrer com uma das maiores criações do espírito humano. A comparação das duas partituras demonstra não só que Da Ponte limitou-se a expandir em dois atos o libreto de Bertati, como também que Mozart retomou alguns dos moldes dramáticos originais: por exemplo, o dueto entre Anna e o sedutor no ato I. Mas tanto o poeta quanto o músico superam o modelo em que se basearam, devido a seu gênio como operistas.

Bondini queria estrear a ópera em 14 de outubro de 1787, numa noite de gala em honra à arquiduquesa Maria Teresa, irmã de José II. Ela passaria por Praga a caminho de Dresden, onde ia encontrar-se com o marido, Antônio da Saxônia, com quem se casara por procuração. Mas diante do caráter audacioso de algumas cenas, Mozart preferiu não terminar a partitura a tempo e, na data prevista, repetiu-se *Le Nozze*. Em 1829, Constanze Mozart contou à sua biógrafa, Mary Novello, que a abertura foi a última página a ser escrita, durante a noite que precedeu a estréia. O autógrafo conservado na Biblioteca do Conservatório de Paris de fato revela que essa abertura – já tematicamente relacionada com o corpo da obra, ao contrário das precedentes – foi escrita em papel diferente, numa ortografia que denota muita pressa.

Il Dissoluto Punito ossia Il Don Giovanni foi calorosamente aplaudido ao subir à cena, em 29 de outubro de 1787, tendo Luigi Bassi como a personagem título, e Teresa Saporiti, Caterina Micelli e Caterina Bondini nos três papéis femininos. Para a estréia em Viena, em 7 de maio do ano seguinte, foi necessário fazer ajustes de elenco: Caterina Cavalieri exigiu uma nova ária para Donna Elvira, e ganhou "Mi tradì"; para o tenor, foi escrita a ária "Dalla sua pace", menos difícil que "Il mio tesoro"; e Leporello e Zerlina ganharam o dueto bufo "Per queste tue manine", hoje raramente executado. *Don Giovanni* não fez, em Viena, o mesmo sucesso que em Praga, mas logo se firmou como uma das favoritas de Mozart. Em 1877, ao comemorar-se o seu sesquicentenário, foi encenada 532 vezes em Praga, 491 em Berlim e 472 em Viena – números que desafiam os do catálogo em que Leporello registra as conquistas de seu patrão.

Giovanni mata o Comendador, que o surpreendeu no quarto de sua filha, Donna Anna, tentando seduzi-la. Graças a seu criado Leporello, escapa da perseguição de Donna Elvira, que viera de Burgos cobrar dele uma promessa de casamento. E é só a intervenção de Elvira que o impede de seduzir Zerlina, jovem camponesa de suas terras que, naquele dia, está se preparando para casar-se com Masetto, seu noivo. É também Elvira quem põe Anna em guarda contra o sedutor, quando ela vem, em companhia de seu noivo, Don Ottavio, pedir a Giovanni que a ajude a encontrar o assassino do pai. Alertada por Elvira, Anna reconhece a voz de Giovanni: é ele o homem que entrou em seu quarto. Narra o episódio a Ottavio, que promete desforra. Mascarados, Anna, Ottavio e Elvira comparecem a um baile no jardim da casa de Giovanni e o impedem, uma vez mais, de seduzir Zerlina. Acusam-no de todos os seus crimes e prometem-lhe o castigo do céu enquanto ele os desafia abertamente.

Trocando de roupa com Leporello, para tentar seduzir a empregada de Elvira, Giovanni dá uma surra em Masetto, que está à sua procura para vingar-se. Confundido com seu patrão, Leporello cai nas mãos de seus inimigos e escapa por um fio de sua cólera. Fugindo de seu perseguidores, que querem puni-lo por nova aventura galante, Giovanni esconde-se no cemitério onde, por pura bravata, ordena a Leporello que convide para a ceia a estátua do Comendador que ele assassinara. A estátua atende ao convite e, quando Giovanni lhe estende a mão, agarra-a e exige que ele se arrependa. É com um não obstinado nos lábios que o libertino é arrastado para as chamas do inferno. Todas as personagens voltam ao palco e, num número final, unem as suas vozes para declarar: "Questo è il fin di chi fa mal."

Neste *dramma giocoso* misturam-se tipos bufos (Leporello, Zerlina, Masetto) e sérios (o

Comendador, Anna, Elvira, Ottavio); e o tratamento que Mozart lhes dá supera os limites esquemáticos de sua caracterização tradicional, transformando-os em seres vivos de grande complexidade. Acima deles paira a figura ambígua de Giovanni, do qual já se disse que configura a primeira aparição do inconsciente no teatro. E como esse é um elemento estranho à cultura do Iluminismo, a mais perturbadora das figuras do universo dramático mozartiano surge como uma nítida criação pré-romântica. O inferno de Giovanni está dentro dele, como projeção de uma fantasia que rompe os confins da razão: de um lado o eterno sonho masculino da virilidade inesgotável (a "genialidade sexual" de que falava Sören Kierkegaard) e, do outro, o retorno dos mortos como única solução para reprimir o instinto desencadeado.

Com essa figura luciferina entra em contato uma comunidade em que estão representadas todas as classes sociais: a aristocrática Donna Anna; Donna Elvira, dama da alta burguesia; e a camponesa Zerlina. Cada uma delas reage de forma diferente à experiência: Anna com um misto de atração e repulsa por desejos que a sua educação rígida certamente tinham sufocado e que tornará impossível para ela, daí em diante, contentar-se com a corte do insípido Don Ottavio; Elvira com neurótica adesão à atração sexual irrefreável que tem por Giovanni e que a enlouquece totalmente; Zerlina com a malícia camponesa de quem tem os pés no chão e incorpora à sua relação com Masetto o poder de sedução que o contato com Giovanni fê-la descobrir em si mesma. A passagem do sedutor pela vida destas três mulheres as perturba tão profundamente que, no concertato final, elas demonstram não conseguir mais voltar ao que eram antes de o ter conhecido.

O tentador é demoníaco menos pela sua própria busca amoral do prazer do que pela inquietação que desperta nos outros, forçando-os a tomar consciência de seus próprios desejos reprimidos. Nesse sentido, o Giovanni mozartiano é uma personagem associada à típica sensibilidade mórbida do pré-Romantismo que, na virada dos séculos XVIII-XIX, gerou obras perturbadoras como as de Choderlos de Laclos, Restif de la Bretonne, Crébillon ou do marquês de Sade.

Giovanni é o *burlador*: ele não só seduz mulheres indiscriminadamente, sem se importar com a sua condição social, como viola, com total desprezo pelos princípios vigentes, as leis morais, espirituais e públicas. Esse contemporâneo de Casanova e do marquês de Sade é punido não tanto por ter levado um número tão absurdo de mulheres para a cama – 2.065, se fizermos as contas do catálogo que Leporello exibe a Elvira, para lhe revelar a verdadeira natureza cínica e debochada do patrão –, e tampouco por ter despachado o Comendador para o outro mundo. O dissoluto é punido por ter feito pouco das convenções de continência e castidade; por ter zombado da venerável instituição do matrimônio; por ter, em suma, praticado uma filosofia de auto-expressão e radical individualismo que desafiava a autoridade estabelecida.

Quem é o verdadeiro Don Giovanni? Ele tem um caráter camaleônico na medida em que adota a linguagem das outras personagens para seduzi-las – os ritmos camponeses de 2/4 ou 6/8 quando convida Zerlina a acompanhá-lo ("Là ci darem la mano") ou convence Leporello a permanecer a seu serviço – ou para iludi-las: ele repete as melodias de Donna Anna e do Comendador, em sua primeira aparição. Com a exceção da breve "Fin ch'han dal vino", cheia de energia, e da serenata "Deh, vieni alla finestra", nenhuma ária foi escrita para ele – e Bassi protestou, sugerindo que Mozart incluísse uma "profissão de fé" de libertino na cena em que Leporello o aconselha a abandonar a vida que leva. Felizmente Mozart não cedeu a essa pressão: para que Giovanni perderia tempo em se explicar se tem o criado para fazê-lo em seu lugar?

Só na cena final, quando o Convidado de Pedra lhe dá a chance de se arrepender, um minuto antes de ser arrastado para o outro mundo, e ele recusa, é que podemos ver de relance o seu verdadeiro rosto. Giovanni prefere morrer desafiando o Céu e o Inferno como nenhuma outra personagem de ópera jamais fez. É quando esse anti-herói lúbrico, traiçoeiro, perigoso não só se rebela contra tudo o que é apropriado, mas também permanece coerente, fiel a si mesmo diante do risco pavoroso da danação eterna, que ele assume a dimensão heróica. E, apesar de tudo, consegue atrair a nossa simpatia, da mesma forma que fascina todas as mulheres, para as quais é um permanente desafio enfrentar essa força desgovernada da natureza, que ninguém conseguiu domesticar.

Formalmente, *Don Giovanni* parece ter mais vínculos com a tradição barroca do que *Le Nozze di Figaro*. Há proporcionalmente mais árias (15) do que números de conjunto (12), embora eles sejam de factura muito variada. Mas é que se, nas *Bodas*, o que interessava era a interação das personagens, a forma como o conflito as modificava – donde a prioridade dadas às cenas de conjunto –, aqui importa isolá-las em sua solidão, em choque com seus sentimentos mais íntimos. É por isso também que, ao contrário das *Bodas*, a maioria das cenas de conjunto é estática, comentando a ação em vez de fazê-la progredir. Por outro lado, refina-se, nos finais imensos e elaboradíssimos dos atos I e II, a capacidade mozartiana de pensar sinfonicamente cenas de grandes proporções.

Um traço extremamente original é a escrita contínua da Introdução ao ato I, em que Mozart/Da Ponte já estabelecem, de forma sintética, o caráter das principais personagens (Don Giovanni e Leporello, Anna, Ottavio e o Comendador), bem como a duplicidade de tom da ópera: as intervenções bufas do criado são jogadas contra o trágico do duelo. Dentre as árias, cada uma delas notável por razões próprias, uma em especial tem importância histórica. "Or sai chi l'onore", de Donna Anna, precedida do longo recitativo acompanhado "Povera sventurata!... Don Ottavio... son morta!", é uma precursora das grandes árias narrativas do Romantismo.

Finalmente a abertura: ao contrário das páginas instrumentais que introduzem as óperas anteriores de Mozart, e que são meras peças brilhantes para dar o tom do espetáculo, esta já contém material que será ouvido no corpo da obra: a música do *andante* inicial sai da cena em que Giovanni enfrenta a estátua do Comendador. Antecipa-se assim a técnica romântica da abertura que funciona como uma síntese musical da ação a que se vai assistir. Estas são as principais gravações comerciais do *Don Giovanni*:

EMI/Angel, 1936 – John Brownlee/Fritz Busch;
Haydn Society, 1950 – Mariano Stabile/Hans Swarowsky;
Cetra, 1953 – Giuseppe Taddei/Max Rudolf;
EMI/Angel – Cesare Siepi/Wilhelm Furtwängler;
Philips, 1955 – George London/Rudolf Moralt;
Decca/London, 1955 – Siepi/Josef Krips;
EMI/Angel, 1956 – Antonio Campò/Hans Rosbaud;
Sony Classics, 1956 – Siepi/Dmitri Mitropoulos;
DGG, 1956 – Dietrich Fischer-Dieskau/Ferenc Fricsay;
Decca/London, 1959 – Siepi/Erich Leinsdorf;
EMI/Angel, 1959 – Eberhard Wächter/Carlo Maria Giulini;
EMI/Angel, 1966 – Nicolai Ghiaurov/Otto Klemperer;
DGG, 1967 – Fischer-Dieskau/Karl Böhm;
Decca/London – Gabriel Bacquier/Richard Bonynge;
Philips, 1973 – Ingvar Wixell/Colin Davis;
EMI/Angel, 1974 – Roger Soyer/Daniel Barenboim;
DGG, 1977 – Sherrill Milnes/Böhm;
CBS/Sony, 1978 – Ruggero Raimondi/Lorin Maazel;
Decca/London, 1978 – Bernd Weikl/Georg Solti;
EMI/Angel, 1984 – Thomas Allen/Bernard Haitink;
Eurodisc, 1985 – Alan Titus/Rafael Kubelik;
DGG, 1985 – Samuel Ramey/Herbert von Karajan;
Teldec, 1988 – Thomas Hampson/Nikolaus Harnoncourt;
EMI/Angel, 1990 – William Shimmel/Riccardo Muti;
Chandos, 1990 – Renato Bruson/Neeme Järvi;
Erato, 1990 – Ferruccio Furlanetto/Daniel Barenboim;
L'Oiseau-Lyre, 1990 – Håkan Hagegård/Arnold Östman;
Philips, 1990 – Allen/Neville Marriner;
EMI/Angel, 1991 – Andreas Schmidt/Roger Norrington;
Nuova Era, 1991 – Albert Dohmen/Martin Haselböck;
Koch-Schwann, 1992 – Albert Dohmen/Gustav Kühn;

Archiv, 1995 – Rodney Gilfry/John Eliot Gardiner;
Astrée, 1995 – Nicolas Rivenq/Jean-Claude Malgoire.

Retumbantes fracassos como a versão Swarowsky – mal regida, mal cantada e com um Stabile envelhecido – desequilibram o brilho de uma discografia em que há álbuns como os de Furtwängler, Krips, Fricsay, Giulini, Klemperer e Böhm-I e II. E uma constelação de estrelas extraordinárias liderada por Giovannis fantásticos: Siepi, Fischer-Dieskau, Ghiaurov, Ramey, Terfel. Alguns dos álbuns – Leinsdorf, Bonynge, Barenboim – são completos, incluindo o dueto Leporello/Zerlina. Os de Maazel e Von Karajan são trilhas sonoras: para o filme de Joseph Losey; e para um videodisco da produção do Festival de Salzburgo.

Depois da bem-sucedida reprise das *Bodas* em Viena, em 29 de agosto de 1789, veio a encomenda do Burgtheater para uma nova peça. Única ópera de Mozart com libreto original, embora retomando situações que remontam a Ovídio através de Ariosto, *Così Fan Tutte ossia La Scuola Degli Amanti* agradou muito ao estrear em 26 de janeiro de 1790, na véspera do aniversário do compositor. Mas a temporada foi interrompida pela morte de José II em 20 de fevereiro de 1790. Houve nova série de apresentações entre junho e agosto e, para elas, Mozart incluiu a ária "Rivolgete a lui lo sguardo", que compusera para Francesco Benucci, o primeiro Fígaro e o criador de Guglielmo – mas substituída na estréia por "Non siate ritrosi".

O cético Don Alfonso sustenta que todas as mulheres são levianas e aposta cem sequins com seus jovens amigos Ferrando e Guglielmo como pode provar que Fiordiligi e Dorabella, as namoradas de ambas – cuja fidelidade eles louvam – não são diferentes. Ele diz às duas moças que os rapazes foram convocados pelo exército. Depois de chorosas despedidas, os dois voltam disfarçados como militares "albaneses" e, ajudados pela criada Despina, são apresentados às duas irmãs e começam a fazer a corte um à namorada do outro. A princípio elas os recusam; quando eles fingem tomar veneno, elas fraquejam um pouquinho mas, ainda assim, mantêm-se fiéis. Despina vem disfarçada de médico e cura os dois com magnetos (uma referência ao "magnetismo animal" do Dr. Mesmer, o antigo amigo vienense dos Mozart).

As irmãs passam a considerar a possibilidade de um flertezinho inócuo. Dorabella e Guglielmo trocam provas de amor, mas Fiordiligi ainda mantém-se firme; mas cede também depois que Ferrando, ao saber que sua namorada se entregou, empenha-se seriamente em conquistá-la. É combinado um duplo casamento, no qual Despina servirá de falso tabelião. Mas uma marcha militar anuncia o retorno do exército, os dois "albaneses" fogem e Ferrando e Guglielmo reaparecem. Encontram o contrato de casamento que Don Alfonso deixou cair, encostam as duas irmãs na parede e, depois, revelam seu estratagema. A ópera termina de forma extremamente ambígua. É impossível saber quem fica com quem, ou qual será o futuro desses dois casais aparentemente reconciliados, cuja confiança mútua está irreparavelmente comprometida.

Così Fan Tutte pertence ao mesmo mundo em crise que gerou *Les Liaisons Dangereuses*, de Choderlos de Laclos. E o cinismo com que Da Ponte encara suas personagens foi o responsável pela rejeição futura à ópera, considerada, durante o século XIX e boa parte do XX, imoral e "indigna do gênio de Mozart" (tanto quanto *A Coroação de Popéia* o seria do de Monteverdi, se acreditássemos nesse modo de pensar). Não é à toa que, na obra citada, Leibowitz chamou-a de "tragédia em forma de jogo":

> Nela, a crueldade é absoluta. Nenhuma justificativa para as personagens e suas motivações. Nenhuma piedade por seu destino. Apenas o frio abandono de seis fantoches, únicos rersponsáveis pela ridícula farsa que estão vivendo. É claro que não acontece nada de muito grave e, no final, tudo se acomoda. Mas essas considerações nada têm a ver com o gênio de nosso artista: a história poderia ter "acabado mal" e isso não teria acrescentado nada ao trágico da situação. Pelo contrário, talvez na desgraça esses fantoches pudessem ter-nos inspirado piedade; teriam talvez podido demonstrar uma certa grandeza e, nesse caso, teria sido necessário explicar, justificar etc. Mas com esse desenvolvimento e esse final, a absurda aventura de nossas seis personagens se encerra com o mais completo desprezo de Mozart por eles.

Mais do que nunca misturam-se, desde a agridoce abertura de *Assim Fazem Todas*, os elementos sérios e cômicos. Este último é assumidamente farsesco. Retomando o procedimento do duplo travestimento que já havia na *Grotta di Trofonio* (Salieri-Casti, 1785), baseia-se numa convenção teatral deliberadamente inverossímil: a de que basta os rapazes colocarem bigodes postiços para que suas namoradas não os reconheçam mais (indicação de que, na realidade, elas estavam prontas a enganá-los ao primeiro pretexto).

As cenas de conjunto exploram habilmente os clichês bufos. "Alla bella Despinetta", no ato I, trabalha com os temas curtos e brincalhões do gênero, contrastando com a retórica das árias parodiando *opera seria* – "Smanie implacabili" de Dorabella e "Come scoglio", de Fiordiligi –, em que as duas irmãs expressam o desespero com a ausência dos amantes. É muito irônica a beleza serena do trio de despedida "Soave sia il vento", se pensarmos na esparrela que está por detrás de sua superfície melancólica. E à "cena de morte" do ato I, com comentários sarcásticos do fagote que não deixam margem à dúvida, e ao número bufo de Despina disfarçada de médico

segue-se a música do despertar dos dois homens, venturosa o suficiente para poder acompanhar Adão e Eva despertando no Paraíso. (Erik Smith)

Ferrando e Guglielmo são nitidamente diferenciados. Este último é um parente jovem de Don Giovanni que, após enlear Dorabella em sua teia, tem um comentário irônico para o amigo em quem, sem querer, plantou chifres. Ferrando é menos cínico e, em "Tradito, schernito", ele o demonstra claramente. Assim também é Fiordiligi que, no rondó "Per pietà", com *obbligato* de trompas e madeiras, atinge grande profundidade de expressão ao admitir seus contraditórios sentimentos. Mas aqui também há o traço de ironia fina estilo "tongue in cheek", pois o instrumento encarregado de comentar suas palavras sobre fidelidade é a trompa, tradicionalmente associada à idéia do *cornuto*.

Embora haja algumas versões integrais, as gravações padrão de *Così Fan Tutte* variam muito, ora eliminando a ária "Ah! Lo veggio", de Ferrando, ou o dueto "Al fato dan legge", dos dois rapazes, ora reintegrando "Rivolgete" no lugar de "Non siate ritrosi" ou mantendo-a como um apêndice. Para não privilegiar membros de um elenco que, mais do que em outras óperas de Mozart, funciona como um conjunto, limito-me a indicar o nome do regente:

EMI/Angel, 1935 – Fritz Busch;
CBS/Sony, 1952 – Fritz Stiedry;
EMI/Angel, 1954 – Herbert von Karajan;
Decca/London, 1955 – Karl Böhm;
Philips, 1955 – Rudolf Moralt;
EMI/Angel, 1962 – Karl Böhm;
DGG, 1963 – Eugen Jochum;
RCA/BMG, 1967 – Erich Leinsdorf;
Eterna, 1969 – Otmar Suitner;
EMI/Angel, 1971 – Otto Klemperer;
Decca/London, 1974 – Sir Georg Solti;
Philips, 1974 – Colin Davis;
Guilde International du Disque, 1974 – Pierre Colombo;
DGG, 1974 – Karl Böhm;
Erato, 1977 – Alain Lombard;
EMI/Angel, 1982 – Riccardo Muti;
L'Oiseau-Lyre, 1984 – Arnold Östman;
EMI/Angel, 1986 – Bernard Haitink;
DGG, 1988 – James Levine;
Philips, 1989 – Neville Marriner;
Erato, 1989 – Daniel Barenboim;
Orfeo, 1990 – Gustav Kühn;
Naxos, 1990 – Johannes Wildner;
Teldec, 1991 – Nikolaus Harnoncourt;
Accent, 1992 – Sigiswald Kuijken;
Archiv, 1992 – John Eliot Gardiner;
Telarc, 1993 – Sir Charles Mackerras;
Astrée, 1995 – Jean-Claude Malgoire.

Jochum (com Seefried-Häfliger, Merriman-Prey, Köth e Fischer-Dieskau) é a indicação para quem deseje um só álbum. Lombard é uma excelente alternativa. Klemperer não é para todos os gostos mas, como sempre, constitui uma experiência singular. Böhm, Leinsdorf, Colin Davis, Mackerras trazem o selo de garantia do mozartiano experimentado. Marriner, Harnoncourt, Gardiner, Malgoire adicionam a pitada de sal das releituras com intenções musicológicas e abrem espaço a cantores modernos que sustentam o confronto com os grandes veteranos.

Difícil é o último ano de vida de Mozart – tema de um brilhante estudo de H. C. Robbins

Landon (publicado no Brasil, em 1990, pela Nova Fronteira). Agravam-se os sintomas da doença que o levaria precocemente, as dificuldades econômicas são crescentes e o azar parece persegui-lo. A bem-sucedida temporada do *Così Fan Tutte* teve de ser interrompida em 20 de fevereiro de 1790, quando José II morreu. E nenhum papel oficial lhe foi reservado, em 13 de maio, na cerimônia de coroação do sucessor, Leopoldo II – cujo interesse por música era praticamente nulo. Foi um fracasso financeiro o concerto que organizou em Frankfurt com o violinista Franz de Paula Hofer, marido de sua cunhada Josepha. De volta a Viena, candidatou-se ao cargo de *Kappelmeister* da catedral de Santo Estêvão, cujo titular vitalício, Leopold Hoffmann, já estava idoso e muito doente – e a Câmara dos Vereadores garantiu que o nomearia assim que o posto vagasse. Mas Hoffmann sobreviveu a ele: quando morreu, em 1793, havia dois anos que Wolfgang desaparecera.

Mas as cartas do verão de 1791, dirigidas a Constanze que, de novo grávida, estava fazendo uma cura de águas em Baden, são afetuosas, despreocupadas, cheias de gracejos. Esse bom-humor refletia o entusiasmo com o novo colaborador, Emanuel Schikaneder, colega de maçonaria, que conhecera no início daquele ano. Robbins Landon assim descreve essa estranha personagem, misto de cantor, empresário e aventureiro, diretor do Freihaustheater auf der Wieden, num subúrbio de Viena:

> Schikaneder chegou a esse teatro da seguinte maneira: reconstruído e reinaugurado em 1786, sob a direção de Christian Rohrbach, astro de um grupo de atores perambulantes, dois anos mais tarde o Theater auf der Wieden foi ocupado por Johann Friedl com grande sucesso; entretanto, ele logo morreu e, no seu testamento, deixou a direção para a sua legatária residual Madame Schikaneder, então com 25 anos. Esta imediatamente chamou o marido em Regensburg para ajudá-la a montar o teatro. Schikaneder recebeu do imperador José II o privilégio oficial, logo angariando um público grande e fiel com suas "comédias mecânicas" (engenhosas máquinas no palco que desempenhavam atos de prestidigitação, às vezes com atores e atrizes), contos de fadas e óperas mágicas – todas em alemão ou em dialeto vienense.
>
> Schikaneder era um autêntico homem de teatro, além de ser um empresário inteligente, sempre cuidadoso em não ludibriar o público. No Prefácio de seu libreto *Der Spiegel von Arkadia* (O espelho da Arcádia) – estréia no auf der Wieden em 14.11.1794, com música de Sussmayr –, disse o seguinte:
>
>> Escrevo para divertir o público e não desejo me apresentar como um intelectual. Sou um ator – um diretor – e trabalho para a bilheteria; mas não tiro dinheiro do público ludibriando-o, pois o homem inteligente só se deixa enganar uma vez.

Foi a salinha mambembe do auf der Wieden que viu nascer um dos maiores prodígios da História da Ópera: *Die Zauberflöte* (A Flauta Mágica). Mas em meio à alegria com a composição dessa ópera feérica, um estranho episódio haveria de encher Wolfgang Amadeus de negros pressentimentos. Logo depois do nascimento, em 26 de julho, de seu último filho, Franz Xaver – que viveu até 1844 –, um misterioso desconhecido, embuçado e todo vestido de negro, veio bater em sua porta, de madrugada, encomendando-lhe uma missa para os mortos. Tratava-se, na verdade, do mordomo de um certo conde Franz von Walsegg-Stuppach, músico amador. Sem competência para compor, ele comprava dos outros, a peso de ouro, obras que fazia passar por suas. A senhora Von Walsegg acabava de falecer e o conde queria fazer cantar, em sua memória, um *Requiem* que pretendia apresentar como seu.

Apesar do entusiasmo com *A Flauta*, que já estava quase pronta, Mozart sentia-se fisicamente muito debilitado; e para isso contribuíam, certamente, as noitadas de bebedeira e libertinagem com Schikaneder, que o arrastava para a taberna e o bordel, aproveitando a ausência de Constanze. O aparecimento do sinistro emissário pareceu-lhe um presságio. Convenceu-se de que era para si mesmo que estava escrevendo aquele *Requiem* – e mal sabia o quanto tinha razão ao pensar assim. Mas os imperativos econômicos acabavam sempre passando à frente de suas angústias pessoais. Em meados de julho, Guardasoni voltou a escrever para alertar que Leopoldo II estava para ser coroado rei da Boêmia e, nessa ocasião, Praga precisaria de uma ópera nova. Era a chance de ganhar um dinheirinho extra.

Não havia tempo para inventar muito. Aproveitando a passagem por Viena de Caterino Mazzolà, poeta oficial da corte de Dresden e velho amigo de Da Ponte, Mozart pediu-lhe que adaptasse *La Clemenza di Tito*,

O libretista e cantor Emmanuel Schickaneder no papel de Papageno: gravura na primeira edição do libreto da *Flauta Mágica*, de Mozart (1791).

O incêndio do Capitólio na *Clemência de Tito*, de Mozart: gravura na capa da redução para piano feita em 1795, por J. A. Rössmaler, para a editora Breiukopf und Härtel.

um libreto escrito por Metastasio em 1734, cujo tema – a benevolência do imperador romano, que perdoa os que conspiraram contra ele – se prestaria perfeitamente ao objetivo pretendido. Chamada de "porcheria tedesca" pela imperatriz quando estreou, em 5 de setembro de 1791, *A Clemência de Tito* foi um fracasso com o público aristocrático, mas não com o popular. Nas récitas seguintes foi muito aplaudida e manteve-se em cartaz até os primeiros anos do século XIX: foi a primeira ópera de Mozart a ser cantada em Londres (27.3.1806). Depois desapareceu, só sendo redescoberta em 1952, no Festival de Tanglewood, Estados Unidos.

A ópera é de fato desigual: nela convivem elementos ainda presos à tradição barroca já obsoleta e outros que apontam resolutamente para o Pré-romantismo. É também uma ópera escrita em tempo recorde, simultaneamente com o término da *Flauta*, o trabalho no *Requiem* e a elaboração de peças como o maravilhoso *Concerto para Clarineta em Lá Maior K622*, dedicado a Anton Stadler – para quem Mozart já compusera o *Kegelstatt Trio K498*, o *Quinteto K581* e em quem pensava ao usar a clarineta como solista *obbligato* em algumas das árias da *Clemenza*.

O libreto de Metastasio já tinha sido modificado em suas 40 versões anteriores, mas nunca de forma tão radical. Mazzolà cortou um terço do texto, deixou apenas onze árias e o resto transformou em três duetos, três trios, três coros e dois finais. Ainda assim, não conseguiu evitar que, como na *opera seria*, cada número abordasse um só sentimento ou situação estática. É muito pequena ou nula a interação das personagens. A figura do imperador Tito Vespasiano, que governou entre 79 d. C. -81 d. C., é histórica. Vitellia, porém, baseia-se na Hermione da *Andromaque*, de Racine, que pede ao homem que a ama para matar o rei que a desprezou; com isso, contrasta com as virtuosas matronas romanas à sua volta embora, no final, transforme-se na típica heroína metastasiana ao se arrepender.

Vitellia convence Sesto a matar Tito, porque este não a escolheu como sua imperatriz. Quando o casamento do imperador é adiado, ela pede que seu assassinato também o seja. Annio, um amigo de Sesto, quer casar-se com Servilia, a irmã deste; mas Tito anuncia que é ele quem deseja desposar Servilia. A moça lhe confessa que ama Annio e o soberano, generosamente, concorda em não impedir sua felicidade. Acreditando ter sido preterida de novo, Vitellia ordena a Sesto que execute seu plano. Fica depois sabendo que Tito mudou de idéia, tenta detê-lo, mas já é muito tarde.

Quando vêm lhe dizer que Tito não morreu, Sesto confessa seu crime a Annio. Por engano, ele apunhalou o tribuno Lêntulo, que o reconheceu. Preso e levado ao Senado, Sesto é condenado à morte. Tito é seu amigo e quer salvar-lhe a vida; mas Sesto recusa-se a explicar o seu gesto pois, se o fizer, há de incriminar Vitellia. Esta, cheia de remorsos, atira-se aos pés do imperador e admite ter sido a mandante do assassinato. Tito perdoa a todos e o povo se regozija com a sua clemência.

Toda a ópera gira em torno da rica personalidade de Vitellia e da variedade de emoções que ela expressa, com uma riqueza de recursos que exige da cantora uma extensão que vai do lá grave ao ré agudo. Uma das árias mais famosas da ópera é justamente seu rondó "Non più di fiori", com *obbligato de* basset horn. Sesto também tem momentos notáveis, em especial "Deh per questo istante", com um acompanhamento de clarineta escrito para Stadler. Comparado a eles, Tito é uma figura de papelão, cuja escolha de três mulheres diferentes, em tão curto espaço de tempo, é pouco convincente.

Os recitativos secos, escritos por Franz Xaver Süssmayer, aluno de Mozart, são bem inferiores aos dramáticos recitativos acompanhados do próprio compositor. Por isso, foram cortados da primeira integral da *Clemência*, a de Gustav Lund (1951), lançada pelo selo Period. Depois dela – indicando-se como referência a intérprete de Vitellia – , vieram as de:

Decca/London, 1967 – Maria Casula/István Kertész;
Philips, 1976 – Janet Baker/Colin Davis;
DGG, 1979 – Julia Varady/Karl Böhm;
EMI/Angel, 1988 – Carol Vanness/Riccardo Muti;
Archiv, 1990 – John Eliot Gardiner;
L'Oiseau-Lyre, 1993 – Lucia Popp/Nikolaus Harnoncourt.

Na noite de 30 de setembro de 1791, em que a *Clemenza* foi cantada pela última vez em Praga, *A Flauta Mágica* subiu à cena pela primeira vez no Theater auf der Wieder. O programa dessa noite, milagrosamente preservado, informa que,

> por respeito ao gracioso e amável público e por amizade ao autor da peça, Herr Mozard [sic] regerá pessoalmente a orquestra.

Schikaneder escrevera para si mesmo o papel de Papageno pensando nas possibilidades que ele lhe daria, no palco, como ator e cantor; e tudo indica que fascinava a platéia com sua interpretação. A primeira Rainha da Noite era Josepha Hofer, a cunhada de Mozart. Anna Gottlieb que, aos doze anos, criara a Barbarina das *Nozze*, tinha dezessete quando fez Pamina. Tamino também era um artista versátil: além de cantor, Benedikt Schack era também compositor – Franz Xaver Gerl, o primeiro Sarastro, e ele tinham escrito a quatro mãos *Der dumme Gartner aus dem Gebirge oder Die zween Anton* (O Tolo Jardineiro das Montanhas ou Os Dois Antônios), com que o Freihaustheater abrira as portas em julho do ano anterior.

Não se tem idéia exata da acolhida dada à *Flauta* na noite da estréia. Hoje sabe-se que o relato feito pelo compositor Johann Schenck em sua autobiografia está cheio de invencionices – a começar pelo fantasioso episódio do beijo que o próprio Schenk teria corrido a dar na mão de Mozart após a execução da abertura. Na verdade, as primeiras reações devem ter sido cautelosas, pois ao público popular desconcertou uma obra cujos padrões eram diametralmente opostos a tudo a que estava acostumado.

Em 7 de outubro, porém, Mozart já escrevia à sua "queridíssima, melhor mulherzinha do mundo" – que estava de novo em Baden –, dizendo-lhe que o sucesso era crescente, vários números estavam sendo bisados e até mesmo em Praga seus amigos tchecos já tinham ouvido falar do sucesso do *singspiel*. Seu estado de saúde piorava a olhos vistos, mas ele insistia em ir ao teatro quase todas as noites. Numa delas, levou consigo Salieri e La Cavalieri, amante deste; e dizem que o italiano gritava "bravo! molto bello!" após cada número.

Noutra, Wolfgang deliciou a platéia brincando com Schikaneder, que fazia o papel de Papageno. Tocava o carrilhão nos bastidores, fazendo-o soar na hora errada, antes que o cantor pudesse se aproximar do instrumento que estava em cena. Até que Schikaneder arrancou gargalhadas do público ao virar-se para o carrilhão do palco e rosnar: "Calado!" Foram seus últimos momentos alegres. A má saúde que o acompanhara a vida inteira pregou-o na cama, no fim de novembro. Dois médicos respeitados, os Drs. Thomas Closset e Matthias von Sallaba, vieram assisti-lo. Ele sofria horrivelmente e seu estado era desesperador. Em 3 de dezembro, pareceu melhorar e chegou a cantar trechos do *Requiem* inacabado junto com Schack, Gerl e Hofer, seu concunhado. Naquela tarde mesmo, porém, piorou de repente. Chamado às pressas, Closset aplicou-lhe compressas frias. Mas nada mais podia ser feito. Wolfgang Amadeus Mozart morreu, aos 36 anos, à uma da manhã do dia 5 de dezembro de 1791.

O Registro de Óbitos da Cidade de Viena dá como causa-mortis *hitziges Frieselfieber* (severa febre miliar) e *rheumatische Entzüdungsfieber* (febre reumática inflamatória). Numerosos estudos modernos foram feitos sobre as causas de sua morte: os mais recentes, do inglês Peter J. Davies (1983-1989), sustentam que ele sofria de uma afecção latente conhecida como síndrome de Henoch-Schoenlein, que leva à insuficiência e colapso renal, resultado provável de um acúmulo de lesões deixadas por doenças anteriores. Também o Dr. Aloys Greither, num estudo publicado em 1967, sugere que ele sofria de nefroesclerose, geradora do coma urêmico que teria provocado a crise final.

Destroçada pela dor, Constanze não foi capaz de tomar qualquer providência prática. Embora tivesse condições de oferecer a Wolfgang um enterro decente, o barão Von Swieten apressou-se em aconselhar à desconsolada viúva que dispusesse dos despojos da forma mais barata possível. O documento do registro detalha as minguadas despesas que ela fez com um enterro de terceira classe, no Cemitério de St. Marx. Conta Robbins Landon:

> St. Marx é um subúrbio de Viena, distante mais ou menos uma hora a pé do centro. Ninguém do cortejo fú-

nebre – não sabemos os nomes dos participantes – quis acompanhar o corpo e ninguém, durante anos, se preocupou em saber onde Mozart tinha sido enterrado: como conseqüência, sabemos apenas a área aproximada do cemitério sob a qual, em algum lugar, jaz o maior gênio da música.

É, portanto, uma lenda romântica a versão de que uma tempestade de neve teria impedido o cortejo de entrar no cemitério. O tempo, no dia 7 de dezembro, estava calmo e ameno. Não há monumento algum marcando o lugar onde Mozart repousa. É como se ele tivesse passado pela Terra sem deixar vestígios. A não ser o inexaurível tesouro de sua arte.

Perseguido por uma enorme serpente, o príncipe Tamino desmaia e não vê que foi salvo por três misteriosas Damas armadas. Ao despertar, acredita que o monstro foi morto por Papageno, uma estranha figura de passarinheiro, que tem o corpo coberto de penas. Mas as bravatas dessa personagem são desmentidas pelas Damas, que colocam um cadeado na boca de Papageno para puni-lo pelas suas mentiras. Elas entregam a Tamino o retrato de Pamina, a filha da Rainha da Noite, pela qual ele se apaixona à primeira vista. A Rainha surge para incumbi-lo de resgatar sua filha das mãos de Sarastro, um bruxo maléfico. Três Meninos vão lhes mostrar o caminho. Papageno deve acompanhá-lo. Para ajudá-los, as Damas lhes entregam dois instrumentos mágicos: uma flauta e um carrilhão.

Tamino vai descobrir que Sarastro não é um feiticeiro e, sim, o grão-sacerdote do culto do Sol, ao qual lhe é oferecida admissão se ele passar pelas provas que demonstrarão se tem a virtude necessária. Nesse meio tempo, Papageno encontrou Pamina, que está sendo guardada pelo escravo mouro Monostatos. Ao ser levada diante de Sarastro e encontrar-se com Pamino, ela também apaixona-se por ele assim que o vê. Depois de usar a flauta mágica para amansar, na floresta, os animais selvagens que os perseguem, o príncipe e seu companheiro plebeu têm de passar pela prova do jejum e do silêncio, mas Papageno não consegue parar de falar nem de reclamar porque sente fome e sede. Quanto a Tamino, agora ele sabe quem é Sarastro e resiste à tentativa das três Damas de mantê-lo aliado à Rainha da Noite.

Esta vai procurar Pamina e, entregando-lhe um punhal, ordena-lhe que mate Sarastro. Mas o sacerdote, que a protege dos lúbricos avanços de Monostatos, a tranqüiliza. Enquanto isso, o passarinheiro fica horrorizado pois lhe aparece uma velha que lhe diz ter dezoito anos e dois minutos, e possuir um namorado chamado... Papageno. Pamina vem ao encontro de Tamino – que não pode falar com ela – e, entristecida com seu aparente desprezo, chega a pensar em morrer; mas é dissuadida pelos três Meninos. E Papageno, a quem a velha disse que a alternativa para casar-se com ela é ficar preso pelo resto da vida, concorda em aceitar a sua mão. Nesse momento ela retira o disfarce, mostra-se como é realmente, jovem e linda, e desaparece.

Tamino e Pamina são finalmente submetidos à prova da água e do fogo e levados para o templo, onde serão iniciados. Papageno, desesperado porque não encontra a namorada, pensa em se enforcar; mas os três Meninos lhe dizem que recorra ao carrilhão mágico: ele faz aparecer Papaguena e os dois celebram a perspectiva da felicidade doméstica cercados de papagueninhos. A Rainha da Noite, as três Damas e Monostatos fazem uma última tentativa de atacar o templo, mas são impedidos por trovões e relâmpagos que, depois de expulsá-los, cedem lugar a um sol radioso: a noite foi definitivamente expulsa; Tamino e Pamina são recebidos no templo da luz.

A Flauta Mágica é uma alegoria maçônica e está cheia de símbolos e personagens-chave. Pamina representa a Áustria, dividida entre as trevas do totalitarismo da imperatriz Maria Teresa (a Rainha da Noite) e a luz do ideário maçon (Sarastro corresponde a Ignaz von Born, o grão-mestre do Grande Oriente austríaco). Tamino é o herói esclarecido destinado a salvar Pamina das trevas para consagrá-la à luz: durante algum tempo, os maçons esperavam que José II, simpático à loja, cumprisse esse papel. A seu lado, como escudeiro, Tamino leva Papageno, a engraçada figura do vendedor de pássaros, que representa o homem comum, com suas saudáveis preocupações terra-a-terra: conforto material, uma Papaguena bonita e carinhosa, bom vinho e mesa farta.

Apesar da versificação rudimentar e de uma certa ingenuidade de concepção, o libreto da *Flauta Mágica* tem fontes de inspiração muito sofisticadas:

- No capítulo sobre o *singspiel*, já mencionamos os elementos provenientes do *Oberon* (1789) de Paul Wranitzky. Mozart assistira à encenação feita por Schikaneder e Karl Ludwig Gieseke – que criou, na *Flauta*, o papel do Primeiro Escravo e dizia, mais tarde, ter colaborado na redação do libreto (afirmação que nunca se pôde comprovar inteiramente).
- Não nos esqueçamos do *Thamos, Rei do Egito*, de Tobias von Gebler, para o qual Mozart compusera a música incidental. Nem das idéias encontradas em *Der Fagottist oder Die Zauberzither* (O Fagotista ou A Cítara Mágica), encenado em Viena no início daquele mesmo ano de 1791. A história desse *singspiel* de Wenzel Müller foi tirada de *Dschinnistan* (1786), coletânea de contos orientais reunida por Christoph Martin Wieland.
- No livro de Wieland, Schikaneder encontrou também o conto *Lulu oder Die Zauberflöte*, de onde saem o título de seu libreto e as figuras de Monostatos e dos três Meninos.
- Duas obras traduzidas pouco antes para o alemão também contribuíram. Em *Yvain ou Le Chevalier au Lion*, de Chrétien de Troyes (século XII), está descrita a cena inicial da serpente, das três damas e da aparição de um estranho ser meio homem meio pássaro. Na novela *Sethos* (1731), de Jean Terrasson, encontramos a ambientação egípcia, presente também na peça de Gebler.
- E Robbins Landon faz o levantamento das citações de textos iniciáticos, recolhidos em obras como *O Grande Mistério da Maçonaria Revelado* (Londres, 1725) ou *Mistérios dos Maçons* (1784), de Ignaz von Born. E analisa também extensamente todos os elementos de simbologia maçônica existentes não só na *Flauta* como em outras obras instrumentais do fim da carreira de Mozart. O número mágico três domina toda a obra: há três Damas e três Meninos; é freqüente o uso da tonalidade simbólica de mi bemol maior, que tem três bemóis na armadura de clave; na abertura, ouvem-se os três acordes que evocam as batidas rituais na porta com que o aspirante a maçom pedia a entrada na loja. E o número dezoito – seis vezes três –, o do Grau Rosa-Cruz, aparece sistematicamente:

> Caso o leitor passe a encarar com ceticismo todo esse simbolismo numerológico, devo acrescentar que a introdução orquestral [da cena com os Homens Armados, na porta do templo,] contém precisamente dezoito grupos de notas. Sarastro, o sumo-sacerdote, isto é, o Venerável Mestre da Loja, aparece pela primeira vez na cena 18 do ato I. No ato II, quando Sarastro entra, há em cena – como o libreto de 1791 faz questão de especificar – dezoito sacerdotes e dezoito cadeiras; e a primeira parte do coro que eles cantam, "O Isis und Osiris", tem dezoito compassos. Quando Papageno pergunta à monstruosa velha, que se tornará Papagena, quantos anos tem, ela responde: Dezoito (provocando sempre hilaridade na platéia). E quando os três Meninos aparecem suspensos no palco em uma máquina, o libreto enfatiza que ela está "coberta de rosas". [...] À medida que a ópera se desenrolava, os maçons da platéia devem ter ficado estupefatos: um símbolo após outro provinha da Confraria.

Erik Smith também comenta alguns aspectos curiosos do libreto:

> Dentro do mundo da época, dominado pelos homens de uma forma geral – e para os maçons de modo particular – é notável que Pamina assuma um papel cada vez mais importante, tanto no sofrimento quanto como guia de Tamino através da água e do fogo. Os três Meninos são um enigma, pois foram recomendados como guias pelas três Damas mas, depois, revelam ser agentes do bem. Eles não são servos do templo; parecem, em vez disso, ser forças da natureza, a constelação que guia os nossos passos, a voz da consciência que nos impede de nos suicidar, o sereno lembrete daquilo que realmente sabemos. Ao começar o finale do ato II, são eles quem assinalam o fim da superstição e o triunfo da sabedoria humana.

Também Monostatos é uma figura ambígua, aparentemente a serviço do templo mas, na realidade, como se constata depois, vendido à Rainha da Noite. Já se sugeriu que ele representava certas figuras de duas caras que as autoridades infiltravam nas lojas para espioná-las.

O significado maçônico da *Flauta Mágica* está, hoje, completamente obsoleto. Do libreto de Schikaneder, sobram a história recheada de disparatados elementos pitorescos, as noções básicas de solidariedade entre os homens e da obrigatória vitória do Bem sobre o Mal, e um poder de persuasão dramática que emana de seu próprio caráter ilógico e de sua ambientação misteriosa. O que faz da *Flauta* uma das mais sublimes criações do espírito humano é o poder transfigurador da música de Mozart. Ela dá profundidade à filosofia de botequim de Schikaneder. E constitui uma síntese espantosa de todo o teatro musical do século XVIII.

Como já fizera antes de forma embrionária na *Zaide* e no *Rapto*, Mozart injeta, dentro do molde descomprometido do *singspiel*, todos os estilos de música, nos mais diversos níveis de expressão, fazendo conviver técnicas e procedimentos aparentemente incompatíveis.

- Em suas duas aparições, a Rainha da Noite canta como uma legítima personagem de *opera seria*. A coloratura vertiginosa de "Der Hölle Rache kocht in meinem Herzen" (A vingança infernal arde em meu coração) constitui um permanente desafio para os sopranos coloratura.
- Papageno entoa refrões de rua: "Ein Vogelfänger bin ich ja" (Sou um caçador de pássaros, sim) traz a marca típica da melodia popular vienense do século XVIII.
- Tamino e Pamina usam o idioma da ópera sentimental de estilo francês, com temática amorosa. Mas é a evolução do texto, e não regras pré-estabelecida de estrutura, que condiciona a forma assumida por suas árias, como o demonstram "Dies Bildnis ist bezaubernd schön" (Este retrato é encantadoramente belo), com que o príncipe se encanta ao ver a imagem de Pamina; ou "Ach, ich fühl's" (Ah, eu sinto), o lamento da moça quando imagina que o amado já não se interessa mais por ela.
- Sarastro e seus sacerdotes se expressam na linguagem nobre e solene da música litúrgica. E a gravidade do momento em que o casal de iniciados se apresenta na porta do templo é sublinhado pelo emprego da melodia do coral luterano "Ach Gott, von Himmel sieh' darein" (Ah Deus, do alto do céu), de 1524, entoada pelos dois Homens Armados. Mozart reutiliza ali, aliás, um estudo contrapontístico que escrevera em 1784 para a sua aluna Barbara Ployer.

A dualidade de tom da história, a seriedade de seu conteúdo "iniciático" e o lado desenvolto, alegre, cheio de alegria de viver, já está sintetizada na maravilhosa abertura, música rebuscada, erudita, cheia de efeitos técnicos que só um acurado exame da partitura revela, mas que efetua o milagre de soar perfeitamente natural e acessível a todos os ouvidos, de ser atraente para todas as faixas de público, para todas as idades. Comparada com a riqueza das *Nozze* ou do *Idomeneo*, a *Flauta* tem uma orquestração relativamente simples, mas extremamente adequada: por exemplo, não há contrabaixos acompanhando os três Meninos para frisar o caráter leve, aéreo dessas personagens. O fato de o *singspiel* ter sido montado num teatro pequeno explica em parte essa simplicidade; mas ela se liga também – como o demonstra a partitura da *Clemenza di Tito*, austera embora concebida para uma faustosa solenidade cortesã – pelo fato de Mozart, nessa fase final da carreira, concentrar-se cada vez mais nos elementos essenciais da expressão dramática.

A forma de construir os finales ilustra também o desenvolvimento extraordinário pelo qual ele estava passeando, e que teria feito a ópera trilhar caminhos inimagináveis, se a morte não o tivesse levado tão cedo. A esse respeito, vale a pena citar extensamente as palavras de Erik Smith:

> Uma nova liberdade surge no finale do ato I. Nesta ópera, os finales não são mais uma série de cenas com número crescente de personagens e tensão crescente, mas a expressão livre das emoções que se esconde por trás das palavras. O diálogo de Tamino com o velho sacerdote evolui livremente do recitativo ao arioso e, daí, para um coro distante: apesar do tom austero da conversa, o delicado tema recorrente nas cordas demonstra que Tamino está sendo sensibilizado pela sabedoria do outro. Mais tarde, no mesmo finale, o dueto entre Pamina e Sarastro oferece outra possibilidade de retrato das emoções pela orquestra, que sugere batidas do coração de diversas velocidades e intensidades – as de Pamina quando pensa em sua mãe; as de Sarastro quando reconhece que a moça não é para ele, como esperara, porque agora é a um outro que ela ama. A passagem do recitativo para a melodia, nesta cena e, mais tarde, na seguinte, para uma interjeição do coro, é feita com absoluta liberdade.
>
> O finale do ato II contém a essência da ópera, quatro peças tão separadas umas das outras que já aconteceu até de serem executadas em ordem diferente. Entre a cena em que os três Meninos impedem Pamina de se suicidar e a em que eles prestam o mesmo serviço a Papageno, está o coração da ópera, em que Tamino e Pamina se submetem às provas. Mozart abre-a com seis solenes com-

passos em dó menor, depois vem um antigo coral cantado pelos dois Homens Armados, dobrado pelas madeiras e trombones em oitavas, acompanhado por um fugato a quatro vozes nas cordas, executado com a maestria de Bach mas com a sensibilidade do fim do século XVIII nas appoggiaturas freqüentes. É uma das peças mais impressionantes da ópera, mas ainda mais coisa a vir pela frente.

Após um delicioso *allegretto*, no qual constatamos que os Homens Armados no fundo são dois bons sujeitos, preocupados em tranqüilizar o casal dizendo-lhe que o final está próximo e tudo vai acabar bem, vem o final, simples e exultante: "Tamino meu! Que felicidade!/ Pamina minha! Que felicidade!" Há um início hesitante, com as trompas sustentadas pelas cordas, antes que os amantes falem de novo. Este é o maior dentre os muitos momentos que fazem da *Flauta Mágica* a mais comovente das óperas de Mozart.

Die Zauberflöte é uma das óperas mais gravadas da história do disco. Em *The Metropolitan Guide to Recorded Opera*, Roland Graeme afirma:

De um modo geral, A *Flauta Mágica* trouxe à tona o que os seus intérpretes em discos têm de melhor. Pelo menos nas versões de estúdio, as decepções são raras, e muitas das integrais são verdadeiramente notáveis. Além disso, até mesmo as execuções que, no conjunto, são menos persuasivas contêm, freqüentemente, contribuições pessoais de grande mérito.

É grande o embaraço da escolha, tornando-se muito difícil optar quando o que se tem à mão é:

EMI/Angel, 1938 – Tiana Lemnitz, Helge Roswaenge/Thomas Beecham;
EMI/Angel, 1950 – Irmgard Seefried, Anton Dermota/Herbert von Karajan;
DG, 1955 – Maria Stader, Ernst Häfliger/Ferenc Fricsay;
Decca, London, 1955 – Hilde Güden, Léopold Simoneau/Karl Böhm;
EMI/Angel – Gundula Janowitz, Nicolai Gedda/Otto Klemperer;
DGG, 1964 – Evelyn Lear, Fritz Wunderlich/Böhm;
Eurodisc, 1968 – Helen Donath, Peter Schreier/Otmar Suitner;
Decca/London, 1969 – Pilar Lorengar, Stuart Burrows/Georg Solti;
EMI/Angel, 1972 – Anneliese Rothenberger, Schreier/Wolfgang Sawallisch;
DGG, 1977 – Edith Mathis, Schreier/Böhm;
Barclay, 1978 – Kiri Te Kanawa, Peter Hoffmann/Alain Lombard;
DGG, 1980 – Edith Mathis, Francisco Araiza/Von Karajan;
RCA/BMG, 1980 – Ileana Cotrubas, Eric Tappy/James Levine;
EMI/Angel, 1981 – Lucia Popp, Siegfried Jerusalem/Bernard Haitink;
Erato, 1982 – Marjanne Kweksilber, Guy de Mey/Ton Koopman;
Philips, 1984 – Margaret Price, Schreier/Colin Davis;
Teldec, 1988 – Barbara Bonney, Hans Peter Blochwitz/Nikolaus Harnoncourt;
Erato, 1989 – Luba Organosova, Gösta Wimbergh/Armin Jordan;
Philips, 1989 – Te Kanawa, Araiza/Neville Marriner;
Decca/London, 1990 – Ruth Ziesak, Uwe Heillmann/Solti;
EMI, Angel/ 1990 – Dawn Upshaw, Anthony Rolfe Johnson/Roger Norrington;
Archiv, 1990 – Silvya McNair, Rolfe Johnson/John Eliot Gardiner;
Telarc, 1991 – Barbara Hendricks, Jerry Hadley/Sir Charles Mackerras.

Verdadeiros monumentos da história do disco, como os álbuns de Beecham e Klemperer, sofrem com o fato de não oferecer o diálogo, convertendo a ópera num recital de árias e desmantelando-a teatralmente. Mas em que outro álbum, senão no de Klemperer, é possível encontrar uma trinca de damas formada por Elisabeth Schwarzkopf, Christa Ludwig e Josephine Veasey? Marcos da interpretação mozartiana como Fricsay ou o Böhm de 1964 oferecem o diálogo de forma condensada. Registros como o de Colin Davis ou James Levine não só o trazem integral como conseguem fazer dele uma leitura dramaticamente muito eficiente. Dentre as versões modernas, a de Gardiner, com instrumentos de época, é de grande refinamento musicológico.

As indicações discográficas, neste capítulo, visam apenas a dar ao leitor uma orientação básica. O levantamento completo dos registros da produção operística em áudio e vídeo (comercial e pirata) será feito no volume *As Óperas de Mozart*, desta coleção.

O Final do Século XVIII

Há ainda alguns autores a considerar que, nos últimos anos do século XVIII, constituem a ponte entre o Classicismo e o Pré-romantismo.

Holzbauer

O pai do vienense Ignaz Jakob Holzbauer (1711-1783) o destinava ao Direito. Mas ele dedicou-se à música como autodidata, estudando às escondidas o *Gradus ad Parnassum* de Fux. Este, tendo-o conhecido e percebido seu talento, convenceu o pai a deixá-lo aperfeiçoar-se na Itália onde, ao longo de sua vida, ele retornaria várias vezes, para atualizar seus conhecimentos do melodrama peninsular, com o qual tinha muita afinidade.

Holzbauer foi *Kappelmeister* na corte do conde Rottal, em Holleschau, e regente do Burgtheater de Viena, antes de instalar-se em 1753, em companhia de sua esposa, a soprano Rosa Andreides, no eleitorado de Mannheim. Ali, durante 23 anos, trabalhou como *Kappelmeister* do eleitor Carl-Theodor. No exercício desse cargo, compôs abundantemente, sobre libretos em italiano, num estilo que combina o modelo de Hasse com a influência das idéias reformistas de Gluck: *Il Figlio delle Selve* (1753), *L'Isola Disabitata* e *L'Issipile* (1754), *Don Chisciotte* (1755), *I Cinesi, Le Nozze d'Arianna* e *Il Filosofo di Campagna* (1756), *La Clemenza di Tito* (1757), *Nitteti* (1758), *Alessandro nelle Indie* e *Ippolito ed Aricia* (1759), *Adriano in Siria* (1768) – muitas delas reutilizando antigos libretos de Metastasio.

O lançamento, pelo selo CPO, de *Günther von Schwarzburg*, gravada por Michael Schneider em 1994, resgatou a sua ópera mais importante, a única com libreto em alemão. O texto do jesuíta Anton Klein baseia-se em um episódio da História medieval de seu país. Estreada no Schlosstheater de Mannheim em 5 de janeiro de 1777, *Günther von Schwarzburg* rompe com as tradições italianadas vigentes na época e aponta resolutamente para o futuro. Mozart, que assistiu à ópera em novembro daquele ano, escreveu a seu pai:

> A música é muito bonita. A poesia não está à mesma altura. O que mais me surpreende é que um homem tão idoso [Holzbauer tinha 66 anos nessa época] ainda tenha o espírito tão vivo, pois você nem imagina o fogo que há em sua música.

Em 1349, o partido de Wittelsbach, contrário aos aliados do papa, elegeu o barão da Turíngia, Günther von Schwarzburg, sucessor do imperador Luís da Baviera. Günther teve de enfrentar a rivalidade de Carlos IV do Luxemburgo, o candidato papista que, desde 1346, tinha sido coroado rei pela Santa Sé. O barão da Turíngia chegou a tomar posse mas, em seguida, acometido de doença misteriosa, entregou o poder a Carlos VI e morreu naquele mesmo ano – tendo sido enterrado na catedral de S. Bartolomeu, em Frankfurt, onde tradicionalmente os imperadores alemães eram eleitos. Em seu libreto, Klein imagina que Günther foi envenenado por Asberta, a mãe de Carlos, que conspira para vê-lo no trono (essa personagem foi inventada pelo dramaturgo). No final da ópera, Carlos reconcilia-se com Günther moribundo. E Asberta, ameaçada de prisão para ser punida por seus crimes, prefere suicidar-se, apunhalando-se.

Para compor *Günther*, Holzbauer inspirou-se na *Alkeste* de Christoph Wieland e Anton Schweitzer. Mas, enquanto esta tratava de um assunto mitológico e mantinha a forma de *singspiel*, preferiu dar à sua ópera um modelo que entrelaça as árias tradicionais da *opera seria* metastasiana aos recitativos acompanhados da estrutura reformada gluckiana, garantindo com isso maior continuidade à narrativa – a ponto de Michael Schwarte comentar, no ensaio de apresentação do álbum da CPO: "Às vezes o ouvinte tem de recorrer ao libreto para distinguir o início de uma ária do final de um recitativo acompanhado".

A preocupação de Holzbauer com a continuidade sente-se na forma como o final da abertura conduz diretamente ao recitativo "Es ist geschrieben" (Está escrito), que precede a ária "Ach! wie leide ich!" (Como sofro!) – cantada por Anna, a filha do eleitor Rudolf e noiva de Carlos VI, angustiada com os riscos que a rivalidade entre ele e Günther traz a seu casamento. As árias, cujo acompanhamento explora com freqüência os brilhantes metais da orquestra de Mannheim, só utilizam o *da capo* quando ele é dramaticamente necessário.

A escrita vocal exige cantores com tessitura ampla – a de Anna vai do mi^3 ao fá^5 – e técnica muito segura, capazes de sugerir sutis variações de temperamento. Compreende-se que Mozart tenha ficado encantado ao ouvir Franziska Danzi, a criadora de Anna, na ária "Der glänzende Himmel" (O céu resplandescente), em que o *obbligato* de oboé era executado por Ludwig August Lebrun, futuro marido da cantora. O papel de Günther foi estreado pelo veterano *castrato* Anton Raaf que, mais adiante, criaria *Idomeneo* em Munique. Mozart achou muito estática a sua maneira de cantar "O süßes Ende meiner Plage!" (Ó doce fim de meu sofrimento!), a comovente ária do protagonista antes de morrer. Mas concordou que ela está cheia de emoção genuína. Na gravação de Schneider, o papel, transposto para tenor, é interpretado por Robert Wörle.

Cabe registrar também a importância histórica de Asberta. Schwarte chama-a de uma das primeiras "weibliche Opernteufel des Musiktheaters" (figuras femininas diabólicas do teatro musical) e, de fato, com sua crueldade, calculismo e senso de intriga, há nela a ancestral legítima da Ortrud wagneriana. Escrito para uma soprano capaz de enfrentar tessituras como a da Donna Anna ou da Fiordiligi mozartianas, esse papel tem grandes momentos, como a ária "Du hast dein Ziel, die Kron' erlangt" (Atingiste teu objetivo, a coroa), de II, 1, na qual, após a coroação de Günther, Asberta o adverte de que a coroa é instável sobre a sua cabeça, pois ela ainda está lutando para colocar seu filho no trono.

Günther von Schwarzburg fez a fama de Holzbauer; mas sua fórmula não se repetiu. No final da vida, muito aflito pela surdez, ele compôs pouco e, em *La Morte di Didone* (1779) e *Tancredi* (1783), preferiu retornar ao estilo antigo, com que estava familiarizado. Era muito respeitado também como professor.

Schürer

Nascido em Raudnita – a atual Roudnice, na República Tcheca – Johann Georg Schürer (1720?-1786) pertencia à comunidade germânica residente na Boêmia e faz parte dos músicos que trabalharam para a corte de Dresden. Estreando em 1746 com a bem recebida *Astrea Placata ovvero La Felicità Della Terra*, produziu em rápida sucessão *La Galatea* (1746), *L'Ercole sul Termodonte* (1747) e *Calandro* (1746) – esta última a imitação da comédia de Giovanni Ristori, cuja popularidade estendia-se da Alemanha à Rússia. Nesse meio tempo, agradou muito a um público mais popular escrevendo *Doris* (1747), um *singspiel* de estilo bem mais descontraído. Mas abandonou o palco a partir de 1748, dedicando-se exclusivamente à música sacra.

O idioma operístico de Schürer é típico da fase de transição em que trabalhou: nele, elementos do fim do Barroco e do Classicismo rococó associam-se a prenúncios esparsos de uma emotividade pré-romântica. Era um artesão competente, dotado de muita habilidade para o contraponto, mas prejudicava-o a falta de talento melódico.

Naumann

Aos 16 anos, Johann Gottlieb Naumann (1741-1801) foi para a Itália, onde estudou com Tartini, o padre Martini e Hasse. O *intermezzo Il Tesoro Insidiato*, que produziu em 1762, agradou a este último, que o recomendou à corte de Dresden, onde ele obteve um emprego de compositor de música sacra e, em 1776, a promoção a *Kappelmeister*. Nesse meio tempo, continuava compondo para os teatros italianos, onde *L'Achille in Sciro* (1767), *La Clemenza di Tito* (1769), *Solimano* (1773) e *L'Isola Disabitata* (1773), com os indefectíveis libretos de Metastásio, foram bem recebidas.

Armida (1773) e *Ipermestra* (1774), escritas para Dresden, já denotam tendências reformistas, de matriz gluckiana, que vão se desenvolver plenamente durante o período 1778-1787, passado na Suécia, onde Naumann colabora no desenvolvimento da escola local de ópera. Começa com *Amphion* (1778) e *Elisa* (1781); mas é com *Cora och Alonso*, escrita para a inauguração do Novo Teatro de Ópera de Estocolmo, que produz a sua obra mais popular. Nela, e na tragédia lírica *Gustav Wasa* (1786) – que Naumann dizia ser a sua partitura mais bem acabada – já existem os balés, os coros extensos, os recitativos acompanhados e as árias de formato mais variados, típicos do Gluck da fase francesa.

Essas óperas assinalam também o afastamento temporário do repertório setecentista de temas mitológicos ou de História antiga, que Naumann retomou no retorno a Dresden, onde ainda estreou alguns títulos fiéis ao modelo convencional: *Medea in Colchide* (1778), *Protesilao* (1789), *Andromeda* (1792), *Aci e Galatea, ossia I Ciclopi Amanti* (1792).

Schuster

Como muitos outros compositores alemães de sua época, Joseph Schuster (1748-1812) fez seus estudos na Itália, com o veneziano Girolamo Pera e, depois, em Bolonha, com o famoso padre Martini. Nápoles assistiu, em 1776, à estréia de sua *Didone abbandonata*, com o obrigatório libreto de Metastasio. Seguiram-se *Demoofonte* (1776), *La Schiava Liberata* (1777), *Creso in Media* (1779), *Amor in Psyche* (1780) em que, às lições barrocas convencionais, já se misturam as idéias inovadoras de Jommelli e Gluck.

Mas na corte de Dresden, onde trabalhou a partir de 1787, foi no campo da ópera bufa e do *singspiel* que Schuster se notabilizou. *Il Pazzo per Forza* (1784), *Lo Spirito di Contradizione* (1785), *Gli Avari in Trappola* (1787), *Rübezahl* (1789), *Il Servo Padrone ossia L'Amore Perfetto* (1793) e *Osmano Bey d'Algeri* (1800) demonstram que ele tinha a mão leve, ideal para esse tipo de espetáculo. A familiaridade com o estilo vienense de comédia, de melodismo muito caloroso e instrumentação extremamente colorida, fica patente em sua obra mais feliz: *Der Alchymist oder Der Liebesteufel*.

Composto sobre libreto de A. G. Meisner, *O Alquimista ou O Demônio do Amor* foi estreado em 2 de outubro de 1778, no Kleines Kurfürtliches Theater de Dresden, e logo corria a Alemanha, apresentado em várias localidades. É uma obra importante pois estabelece o elo entre o *singspiel* setecentista e a *Komische Oper*, tal como será praticada, mais adiante, por Kreutzer ou Lortzing. Sua leveza de toque impressionou bem a Mozart que, interessado em conhecer o restante da produção de Schuster, encantou-se com seus divertimentos para violino e cravo. Mandou seis deles a Nannerl, em 6 de outubro de 1777, junto com uma carta em que dizia:

> Não são nada maus [...]. Pretendo escrever uma série de seis no mesmo estilo, pois esse é um tipo de música muito popular aqui em Dresden.

Schenk

Compositor muito versátil desde a adolescência, Johann Baptist Schenk (1753-1836), aluno de composição de Wagenseil, é hoje lembrado apenas como um dos autores de *singspiele* da fase final do Classicismo – embora, em sua época, fosse muito respeitado como pianista (Beethoven foi seu aluno em 1793-1794). Sua obra mais bem-sucedida foi *Der Dorfbarbier* (O Barbeiro de Aldeia), uma enérgica comédia de costumes estreada em 1796. Nela percebe-se a facilidade com que mistura árias e cenas de conjunto (inclusive um septeto) de tom ora irônico, ora lírico e sentimental.

Danzi

Hoje em em dia, Franz Ignaz Danzi (1763-1826) é mais lembrado como o autor de música de câmara para instrumentos de sopro. Mas foi também criador de *singspiele*, melodramas, música de cena para várias peças de teatro e uma ópera imitada de Gluck, *Iphigenia in Aulis*, infelizmente perdida. Estudou com o abade Vogler em Mannheim e foi violoncelista na orquestra do Nazionaltheater; nessa época, produziu suas primeiras músicas incidentais para espetáculos de teatro de prosa.

Mudou-se em 1783 para Munique, onde obteve o seu primeiro sucesso com o *singspiel* cômico *Die Mitternachtsstunde* (À Meia-noite), de 1788. Seguiu-se a bem-sucedida *Der Sylphe* (A Sílfide), uma das inúmeras adaptações da lenda da Ondina/Loreley. Nomeado *Kappelmeister* da corte de Stuttgart em 1807, ali ficou conhecendo Weber, com quem fez amizade. Dessa época datam *Camila und Eugen oder Der Gartenschlüssel* (A Chave do Jardim, 1812), *Rübezahl* (1813) e *Malvina* (1814).

Danzi trabalhava em Karlsruhe ao compor *Turandot* (1817), uma das adaptações operísticas mais antigas da peça de Carlo Gozzi. Nessa corte, foi ele o responsável pela encenação do *Freischütz* e da *Euryanthe*, de Weber, cuja influência, ao nível da harmonia e da orquestração, percebe-se na fase final de uma carreira que sempre fora marcada por Mozart e Gluck. *Die Probe* (O Ensaio, 1817) e sua versão revista, *L'Abbée de l'Attaignant oder Der Theaterprobe* (O Abade de Attaignant ou O Ensaio Teatral, 1820) são o mais claro exemplo de que, em seus últimos anos, Danzi estava muito atento e aberto ao que se passava à sua volta.

Leonore ou *Fidelio*?: A Única Ópera de Beethoven

Uma ópera que existe em duas versões autônomas e possui três aberturas diferentes (na verdade, até mesmo quatro): este é um típico caso isolado, tanto na História do gênero quanto na obra de seu autor, que nunca mais produziu outra peça da mesma natureza. Pouco antes de morrer, falando a um amigo sobre a sua única ópera – que, no futuro, haveria de fazer correr rios de tinta – Ludwig van Beethoven (1770-1827) admitiu:

> De todos os meus filhos, este foi o que me causou mais dores de parto e maiores sofrimentos.

Embora de tema extremamente sério – mais apropriado para o tratamento no âmbito formal da "Romantische Oper" de filiação italianada – *Fidelio oder die Eheliche Liebe* (Fidélio ou O Amor Conjugal) é um *singspiel*, fiel às normas praticadas por Neefe, com quem Beethoven tinha estudado. Nesse sentido, prende-se ainda à influência francesa do *opéra-comique*; assim como é francês o modelo em que se inspira: o da ópera de resgate.

O *opéra de sauvetage* – que, na Alemanha, recebe o nome de *Rettungsoper* – é um produto típico dos anos de turbulência da Revolução Francesa, em que foram muito freqüentes as perseguições políticas e os casos de salvamento, por empregados fiéis ou parentes devotados, de aristocratas que estavam sendo perseguidos pelas novas autoridades. Fidelidade, solidariedade, defesa do direito à liberdade eram os temas desse subgênero, amplamente praticado nos primeiros anos do século (para um estudo mais amplo, veja, nesta coleção, o volume *A Ópera na França*). Esses temas tinham muito a ver com o autor da *Eroica* que, desde os tempos de universidade, em Bonn, entusiasmara-se pelo ideário liberal dos iluministas.

Uma das óperas de resgate de maior sucesso foi *Les Deux Journées*, de Luigi Cherubini, apresentada na Alemanha com o título de *Der Wasserträger* (O carregador de água). Nela, é contada a história de um casal de nobres, perseguido pela polícia do cardeal Richelieu, que consegue fugir de Paris escondendo-se no enorme tonel de aguadeiro de Mikel, um ex-criado da família (donde o título que a ópera recebeu na tradução alemã). Beethoven viu nela o modelo do libreto que, desde 1800, vinha procurando. Era muito exigente: recusava argumentos cômicos ou "licenciosos", como o das *Nozze di Figaro* ou do *Don Giovanni*, aos quais fazia severas críticas. E não aceitava assuntos mágicos, mitológicos ou de história antiga, por não sentir afinidade com eles. Por essas razões, rejeitou muitos textos que lhe foram oferecidos: *Macbeth, Melusina, A Volta de Ulisses, As Ruínas de Babilônia, Baco, Rômulo e Remo*. Em 1803, começou a musicar *Vestas Feuer* (O Fogo de Vesta), de Schikaneder; mas abandonou-o por considerá-lo demasiado fantasioso.

Florestan sendo libertado de seus grilhões: gravura do século XIX representando uma cena do *Fidelio*, de Beethoven.

No entanto, seu interesse pelo gênero dramático evidencia-se, desde cedo, em peças não-operísticas como a ária de concerto *Ah, Perfido!* (1796), com texto de Metastasio; o balé *As Criaturas de Prometeu* (1801) ou o oratório *Cristo no Monte das Oliveiras* (1803). E há um inegável elemento teatral em obras como a *Missa Solemnis* ou a *Sinfonia nº 9 "Coral"*. É importante observar também que personagens como Prometeu e o Cristo – revolucionários que se sacrificaram para libertar a Humanidade – estão intimamente relacionados com as preocupações humanitárias de Beethoven. As mesmas preocupações que o levariam a apaixonar-se pela figura de Napoleão Bonaparte, em quem identificava um herói e um libertador. E com quem se decepcionou, ao saber que ele se coroara imperador da França, a ponto de cancelar a dedicatória que lhe fizera da *Sinfonia nº 3 "Eroica"* (1803).

Nada mais natural, portanto, do que ir procurar inspiração na obra de Jean-Nicolas Bouilly, o libretista das *Deux journées*. Ele a encontrou em *Léonore ou L'amour Conjugal*, de 1797. O jacobino Bouilly baseara-se num episódio real, ocorrido no distrito de Tours, onde era juiz: uma mulher, disfarçando-se de homem, fora trabalhar numa prisão para descobrir se ali estava trancafiado o marido, do qual a polícia afirmava desconhecer o paradeiro. Bouilly desempenhara, nessa história, papel semelhante ao do Don Fernando de sua peça, punindo o diretor da prisão, que abusara de sua autoridade para fazer uma vingança pessoal. Mas, para evitar problemas com as autoridades revolucionárias, o dramaturgo preferiu situar a ação na Espanha do século XVII (repetiu, de resto, o artifício usado nas *Deux Journées*, cuja ação deslocara para o reino de Luís XIII – dessa forma, embora o público soubesse perfeitamente a que realidade ele se referia, alegava estar criticando os desmandos do Ancien Régime).

A música da *Léonore* original foi escrita pelo tenor e compositor Pierre Gaveaux, e estreada em Paris em 19 de fevereiro de 1798. A ópera de Gaveaux está hoje esquecida; mas seu prestígio pode ser medido pelo fato de o texto de Bouilly ter sido também musicado por Ferdinand Paër (Dresden, 1804) e Johann Simon Mayr (Pádua, 1805), o professor de Donizetti. Da *Leonore* de Paër, existe a gravação de Peter Maag (Decca, 1977), que permite curiosa comparação com a de Beethoven, fazendo-nos sentir a distância entre a liberdade de criação do gênio e a competência com que um músico de talento põe em prática as fórmulas vigentes em sua época.

Beethoven possuía, em sua biblioteca, um exemplar da partitura de Gaveaux; mas hoje sabe-se não proceder a afirmativa de que conhecia também a de Paër. Trabalhou em cima de uma tradução do libreto feita por Joseph Sonnleithner, que o expandira para três atos. Era a época de sua paixão frustrada por Josephine von Brunswick, e o desejo de encontrar uma mulher que o amasse e se devotasse inteiramente a ele certamente explica a intensidade com que retrata Leonore, a esposa fiel. Decerto identificava-se também com Florestan, trancado na escuridão do calabouço, da mesma forma que ele se sentia enclausurado dentro da surdez crescente.

Leonore ou O Amor Conjugal, em que investira tanto de si mesmo e de suas crenças políticas e filosóficas mais exaltadas, estreou em 20 de novembro de 1805, no Theater an der Wien – e foi um tremendo fracasso. Durante muito tempo, aceitou-se a idéia de que a ópera não agradara por ser demasiado longa e difusa. A gravação desse primeiro estágio do *Fidélio*, feita na década de 1970 por Herbert Blomstedt (EMI/Angel), com base na reconstrução do original realizada por Erich Prieger em 1905, começou a desfazer esse equívoco. De lá para cá, as pesquisas musicológicas evoluíram muito, e a gravação de John Elliot Gardiner (Archiv/DG, 1998), com os instrumentos de época do Orchestre Révolutionnaire et Romantique, permite uma visão clara do que os vienenses ouviram, naquela noite de novembro de 1805.

As causas do insucesso devem, na realidade, ser atribuídas às condições adversas da estréia. Em outubro, o Exército austríaco tinha sido derrotado em Ulm e, em 6 de novembro, duas semanas antes da primeira apresentação de *Leonore*, as tropas napoleônicas tinham entrado em Viena, de onde a aristocracia fugira para esconder-se em suas propriedades do interior. A maior parte do público, aquela noite, era formada pelo oficialato francês, que não entendia uma palavra de alemão, não estava habituado ao estilo denso da música beethoveniana, e escutou a obra com grande indiferença. Quanto ao restante do público local, de extração popular, este poucas condições tinha de avaliar as novidades contidas na partitura. Além disso, Anna Milder, escolhida para interpretar a heroína, possuía voz muito volumosa, elogiada por Haydn, mas estava com vinte anos apenas e isso a tornava inexperiente para enfrentar as exigências vocais do papel, ainda maiores na primeira versão do que na definitiva.

Diante da decepção de Ludwig, seu amigo Stephan Breuning convenceu-o, no ano seguinte, a fazer uma revisão da ópera. O próprio Breuning remanejou o libreto, cortando muita coisa e reduzindo-o para dois atos. Reapresentada no mesmo teatro em 29 de março de 1806, a *Leonore-II* teve uma recepção bem melhor. Mas desentendimentos entre Beethoven e a direção da casa levaram-no a retirar a partitura após duas récitas apenas.

Em 1807, houve planos para uma apresentação em Praga, que não chegou a concretizar-se. Só em 1814, quando o sucesso de obras muito populares como *A Batalha de Wellington* tinha cercado de prestígio o nome de Beethoven, a direção do Kärntnertortheater interessou-se por remontar *Leonore*. Ele concordou, desde que lhe fosse permitido fazer nova e extensa revisão – no que foi ajudado por Georg Friedrich Treitschke, o diretor de cena do teatro. Este refundiu o texto, dotando-o de partes novas: o recitativo que precede a grande ária de Leonore, "Komm Hoffnung" (Vem, esperança), no ato I; o adeus dos prisioneiros ao sol, com que se encerra esse mesmo ato; e a visão de sua mulher que Florestan tem no final da grande ária que canta em sua cela, ao iniciar-se o ato II. Treitschke também retirou do calabouço a cena final, transferindo-a para o pátio da prisão. Jogou, assim, com o contraste simbólico entre a treva do cativeiro e a luz da liberdade. E endossou a sugestão do barão Von Braun, superintendente do teatro, de que o título fosse mudado, para desvincular essa ópera da de Paër. Treitschke propôs *Fidelio*, o pseudônimo que Leonore adota ao disfarçar-se de homem, e que é uma claríssima alusão aos sentimentos que ela nutre pelo marido. Mas, para Beethoven, a ópera continuaria sempre a chamar-se *Leonore* – tanto que foi esse o nome que deu às aberturas concebidas para ela. Para cada versão, Beethoven escreveu uma abertura diferente:

- A *Leonore n° 2* destinava-se à estréia, em 1805. Não ficou pronta a tempo e foi substituída, à última hora, pela das *Ruínas de Atenas*, só sendo ouvida pela primeira vez em 1814 (mas é com ela que se iniciam as gravações de Blomstedt e Gardiner).
- A $n^o 3$, a mais elaborada, foi composta para a versão revista de 1806. Gustav Mahler foi o primeiro a empregá-la, numa encenação que regeu na Ópera de Viena, como um interlúdio entre as duas últimas cenas do ato II. Os puristas condenam essa praxe não-recomendada por Beethoven, alegando que, apesar da extraordinária beleza da música, ela corre o risco de quebrar a continuidade dramática – o que não deixa de ser verdade. Mas o vídeo do espetáculo regido por Leonard Bernstein em Viena, em 1979, demonstra o efeito empolgante que se pode extrair dessa inclusão.
- Acreditava-se que a $n^o 1$, publicada postumamente, tivesse sido escrita em 1804 e, posteriormente, rejeitada. Por esse motivo, no momento da edição, foi dada como a primeira da série. Hoje, sabe-se que a $n^o 1$ foi prevista para a frustrada encenação de 1807, em Praga.
- Há, finalmente, a abertura do *Fidélio* propriamente dito, composta para a versão definitiva de 1814. Ao ouvir essas quatro aberturas em seqüência, em 1840, Schumann disse:

> Mais do que nunca, é aqui que conseguimos ouvir Beethoven trabalhando em sua oficina, formando, rejeitando, alterando o seu material e resplandecendo de inspiração.

A reestréia, em 23 de maio de 1814, teve muito melhores resultados. Anna Milder, a essa altura com 29 anos, tinha amadurecido e tornara-se uma experiente intérprete do papel. Mas a ópera só foi efetivamente descoberta pelo público em 1822, graças ao brilho da interpretação da soprano Wilhelmine Schröder-

Devrient, de quem se dizia que "tinha uma voz grande como uma casa". A fiel Leonore tornou-se um dos principais papéis de seu repertório, que ela celebrizou em toda a Alemanha.

Nesta típica obra de transição, é visível a influência mozartiana, no tratamento dado ao casal Marzelline/Jacquino – em especial no dueto "Jetzt, Schätzchen, jetzt sind wir allein" (Agora, meu bem, que estamos sozinhos), com que se inicia o ato I. Marzelline, a filha de Rocco, o carcereiro, apaixonou-se por Fidélio sem perceber que ele é uma mulher em disfarce. Jacquino, o outro empregado da prisão, pretende casar-se com ela e irrita-se com essa atração. Os dois descendem diretamente dos casaizinhos de empregados enamorados, da ópera bufa setecentista.

Em Rocco, percebemos a tentativa, imperfeitamente realizada, de cruzar o baixo bufo da comédia clássica com a obrigatória figura do carcereiro de bom coração que havia na *pièce de sauvetage*. Exemplo claro de erro de cálculo, no que se refere a essa personagem, é a ária "Hat man auch nicht Geld beineben" (Se a gente não tem dinheiro): a melodia é tão bonita e a elaboração harmônica tão complexa, que sobrepujam e neutralizam o efeito cômico pretendido. Trata-se de uma belíssima ária, sem sombra de dúvida. Mas não corresponde à função pretendida pelo autor.

Já Don Pizarro, o governador da prisão, e o casal Florestan/Leonore são típicas personagens da ópera de resgate e, na maneira como são caracterizadas, já contêm o essencial da heroína e do vilão românticos. A furiosa ária de Pizarro, "Ach, welch'ein Augenblick" (Ah!, que momento decisivo) tem a impulsividade, a tessitura árdua, a extroversão virtuosística que reencontraremos em Weber, Marschner e no jovem Wagner. E mesmo quando o molde externo ainda é o monólogo gluckiano – como é o caso da cena de Leonore, "Abscheulicher, wo eilst du hin?" (Monstro, para onde corres?), herdeira direta do "Divinités du Styx", da *Alceste* –, a música de Beethoven é de um estilo pessoal e inconfundivelmente novo.

Onde mais se evidencia a vertente romântica é na ária de Florestan, "Welche Dunkel hier" (Que escuridão aqui), precedida de longa introdução orquestral que sugere, com tintas muito fortes, o ar abafado do subterrâneo e a desesperança do homem ali encerrado há tanto tempo; na explosão emotiva do extasiado dueto "O namenlose Freude" (Ó alegria sem nome), com que os dois esposos celebram seu reencontro; e na cena final, "Wer ein solches Weib errungen" (Quem tal esposa adorou), cuja música tem os sons da plena maturidade beethoveniana. Na construção desse concertato e em seu desenho melódico já ressoa a clara promessa da seção final da *Sinfonia nº 9*.

Não se pode "fazer um 'balanço de perdas e ganhos' para decidir qual das duas versões é musicalmente superior ou dramaticamente mais convincente", diz J. E. Gardiner, comparando a *Leonore* ao *Fidelio* no folheto que apresenta a sua gravação. E, de fato, trata-se de duas coisas muito diferentes. Mais próxima dos anos de fervor revolucionário de Bonn, contemporânea da *Eroica* e do oratório *Cristo no Monte das Oliveiras*, a primeira versão tem um imediatismo de emoção e uma espontaneidade inegavelmente maiores. Já o *Fidelio* é a obra de um homem maduro que, retrospectivamente, concebe as suas idéias de forma mais reflexiva.

As alterações feitas em 1814 reduzem a complexidade pessoal e humana em favor de uma mensagem filosófica e coletiva, de solidariedade e defesa da liberdade, que é mais abstrata. O ritmo narrativo do *Fidelio* também se acelera. Já não há mais aquele andamento compassado que faz Winton Dean dizer, da *Leonore*: "Nela, às vezes, a música ameaça travar as rodas do drama." Em compensação, perde-se em termos de desenvolvimento das personagens. No *Fidelio*, Leonore sabe, desde o início, que Don Pizarro é seu inimigo. Não se tem, assim, o processo de descoberta e a mudança de sua atitude em relação a Rocco, que torna a versão original muito interessante.

Em 1805, a divisão em três atos dava à ópera uma estrutura bem clara. O primeiro ato trazia o ponto de vista *social*: os sonhos e ideais pequeno-burgueses de Rocco e sua filha Marzellina; o valor do casamento, do dinheiro, da tranqüilidade doméstica. O ato II tinha um enfoque nitidamente *político*: as motivações ocultas de Don Pizarro, a repressão, o desejo de liberdade dos prisioneiros, a deliberação de Leonore de lutar contra o tirano. O III, enfim, colocava o problema no plano *filo-*

sófico, ao mostrar Florestan e o governador Don Fernando como símbolos da resistência à opressão e da justiça que acaba prevalecendo; e ao encerrar-se com o cântico ao amor e à liberdade.

A revisão em dois atos tornou a ópera mais compacta e ágil. Mas acentuou o choque, a que muitos críticos já se referiram, entre o lado da comédia de costumes e o drama épico, antes mais compartimentados. No *Fidelio*, Beethoven cortou vários trechos: um trio para Marzelline, Jaquino e Rocco, no ato I; um bonito número para Marzelline e Leonore, no ato II, reminiscente do "Che soave zefiretto" das *Bodas de Fígaro*; e a segunda ária de Don Pizarro, com que se encerrava o ato II (substituída pelo coral dos prisioneiros). Mas não foi só isso: reduziu todos os números, evitando repetições, simplificando a linha melódica, tornando-a mais "lisa", despida de ornamentações.

Onde isso é mais visível é nas árias. "O wär ich schön", de Marzelline, com que a ópera se iniciava (hoje ela está depois do dueto com Jaquino), tinha modulações e ornamentos que acentuavam a sua afinidade com as árias de concerto mozartianas. "Komm Hoffnung" (Vem, esperança), em que Leonore expressa o desejo de poder libertar o marido, tinha coloratura muito mais elaborada, ligada às tradições belcantísticas barrocas. Acrescida, na versão definitiva, do recitativo "Abscheulicher", que é extremamente forte, ela ganha uma austeridade declamatória que, como já dissemos, a aproxima dos grandes modelos gluckianos.

O mesmo acontece com "O namenlose Freude", em que o marido e a mulher celebram a "alegria inefável" do reencontro. A linha de canto desse dueto belíssimo – cujo tema veio de uma das cenas do inacabado *Vestas Feuer* – era mais tortuosa e virtuosística em 1805 e, de certa forma, mais sensual. Comparada a ela, a versão revista de 1814, embora empolgante e apaixonada, soa um pouco menos interiorizada. Aqui tambem há algo a lamentar: o fato de Beethoven ter cortado o recitativo que precedia esse dueto. Embora longo, ele criava uma transição interessante: tendo ficado muito tempo separados, o homem e a mulher custavam um pouco para cair em si e dar-se conta de que tinham realmente se reencontrado. Precisavam de um tempo para quebrar o gelo, antes de conseguir finalmente entregar-se à explosão da "alegria inefável".

Fidelio tem, sem dúvida alguma, o acabamento de um músico muito mais refinado e que está próximo de criar os grandes monumentos do fim da carreira. E nada o demonstra melhor do que o número final, "Wer ein holdes Weib errungen", em que a fidelidade da esposa é celebrada. Em 1805, essa página era um extrovertido cântico de agradecimento à devoção de Leonore, a esposa que salvou o marido. Em 1814, trabalhando o mesmo material melódico de uma forma diferente, Beethoven o converte no olímpico hino à solidariedade humana. É música que já sai das mãos do artista que, em breve, legará à humanidade a *Missa Solemnis* e a *Sinfonia nº 9*.

Gardiner tem razão: é difícil escolher entre o *Fidelio* e a *Leonore*, quanto mais pronunciar um julgamento de qualidade entre as duas. Clássica em sua postura, uma, romântica em sua espontaneidade, a outra, ambas oferecem maneiras complementares de encarar e interpretar a mesma historia. Pode-se considerar musicalmente superior o coral "Leb wohl du warmes Sonnelicht" com que, no final do ato I, os prisioneiros se despedem do sol antes de voltar para as suas celas. Mas é difícil resistir à segunda ária de Don Pizarro, "Auf euch will ich bauen", com que o ato II se encerrava em 1805, pois, como diz Gardiner:

> O que, no papel, parece apenas uma bombástica sucessão de acordes de si sustenido maior demonstra, na execução, ser um final perfeitamente convincente para o ato mais político da ópera.

Na *Leonore*, a presença de Mozart é muito mais marcante, não só no talhe de certas melodias como também na técnica cumulativa de construção do ato I (que ele herda de uma página como o finale II das *Bodas de Fígaro*, por exemplo). Ao eliminar o trio e fazer a ópera começar pelo dueto, a revisão desfez a interessante seqüência de apresentação gradual das personagens: ária de Marzelline, dueto com Jaquino, trio dos dois com Rocco, quarteto à entrada de Fidélio. No *Fidelio*, em compensação, há a mão do mestre que sabe obter transparências melhores da orquestração e jogar habilmente com as relações tonais. Na *Leonore*, o dó maior, associado à idéia de libertação, predomina desde o início. No *Fidelio*, ele vai se impondo aos poucos, à medida que a liberdade vai sendo recuperada – e explode no luminoso hino final.

Interessante, porém, é notar os momentos em que, desde 1805, manifestava-se o compositor maduro. É o caso do quarteto "Mir ist so wunderbar", em que Marzelline fala de sua atração por Fidelio e Leonore se mostra embaraçada por não poder revelar-lhe o seu segredo. O texto é um tanto banal e está claro que o modelo é o quarteto canônico do *Così Fan Tutte*. Mas a mágica melodia faz dele uma das mais belas jóias da ópera. O próprio Beethoven parecia saber disso, pois não lhe alterou uma só nota, nem na revisão de 1806, nem na de 1814.

Leonore terminava como um cântico de agradecimento à mulher de Florestan, que o salvou da prisão. *Fidelio* termina com um hino à liberdade, em que a figura da mulher é vista quase como o princípio goetheano do Eterno Feminino, e o drama pessoal dissolve-se na idéia do amor coletivo. Esse final foi muito criticado, por parecer mais um trecho de oratório do que uma página de ópera. Mas ele é a conclusão lógica para a progressão do individual para o universal – que se inicia a partir do momento em que Beethoven decide fazer suceder-se, à ária de Leonore manifestando a sua esperança, não a de Don Pizarro reafirmando seus planos de vingança, mas o coro dos prisioneiros saudando a luz do sol.

Onde essa idéia de amor universal fica mais clara é num momento sublime da cena dentro do calabouço. Leonore está ajudando Rocco a cavar o túmulo para o homem que o carcereiro recebeu a ordem de matar. No escuro, ela não consegue enxergar os traços do misterioso prisioneiro de que Don Pizarro quer ver-se livre, e confirmar se ele é ou não o seu marido. Assim mesmo, ela lhe diz: "Wer du auch seist, ich will dich retten." Na treva do calabouço, Leonore planta a semente do amor mais solidário:

> Sejas tu quem fores, quero te salvar. Não serás a presa deles. Acredita em mim, pobre homem, quebrarei tuas cadeias e te deixarei em liberdade.

Pouco importa que o libreto do *Fidelio* tenha seus defeitos estruturais e que nem sempre o nível de inspiração do texto seja muito alto. Como acontece na *Flauta Mágica*, é a genialidade da música que carrega em si a mensagem transcendente de lealdade, resistência à opressão e triunfo sobre a injustiça. Isso é especialmente verdade em relação ao concertato final. Ali, a história já acabou: à exceção do momento climático em que Rocco traz Florestan para os braços de Leonore, para que esta o liberte oficialmente, nada mais há a acontecer.

A tensão teatral não emerge mais do encadeamento de ações, e sim de uma seqüência pura de idéias musicais que se contrapõem, chocam-se, complementam-se. O drama deixa de estar nos fatos para residir na música em si, na estrutura sinfônica do finale. Ou como diz René Leibowitz em *L'Histoire de l'Opéra*:

> É aqui que Beethoven se manifesta como o poeta, o idealista, como o músico para o qual a ópera é apenas um meio de exprimir suas elevadas concepções, comparada com as quais a forma dramática exterior chega a ser secundária. Em seus maiores momentos musicais – nesta como em outras obras vocais –, Beethoven é impiedoso com os cantores. O pensamento transcende de tal forma as possibilidades da expressão, e a glória da música está tanto mais naquilo que é sugerido do que no que pode realmente ser dito, que algumas das passagens do *Fidélio* – como da *Missa Solemnis* ou da *Nona Sinfonia* – são muito difíceis de serem cantadas por seres humanos normais. *Fidélio* não é apenas uma ópera mas, em última análise, um hino ao heroísmo de Leonore e, como a *Eroica*, composta mais ou menos no mesmo período, um hino ao heroísmo de um modo geral.

William Mann, no ensaio introdutório à gravação de Otto Klemperer, externa opinião semelhante:

> A grandeza, o enorme impacto do *Fidélio* são, na verdade, obra de Beethoven. Ele viola todas as regras da ópera bem-sucedida, mas atinge o alvo na mosca, como só as maiores óperas conseguem fazer. Se lermos friamente o libreto, todas as personagens nos parecerão fantoches [...]; mas ligue-os à música de Beethoven e todas elas adquirem vida: suas duas dimensões tornam-se quadridimensionais. Porque a questão principal, em *Fidélio* [...], é que, por toda parte, em qualquer época da História, a injustiça que está sendo cometida pode ser impedida pela convicta ação individual de quem acredite nos princípios morais humanos e, sobretudo, na santidade da vida humana. Esse era o credo de Beethoven, e é no *Fidélio* que ele o afirma com toda força.

Além das duas gravações da *Leonore* já mencionadas, existem diversos registros do *Fidelio*, alguns de altíssimo nível:

Vox, 1943 – Karl Böhm (H. Konetzni, T. Ralf);
RCA, 1944 – Arturo Toscanini (R. Bampton, J. Peerce);
EMI, 1950 – Wilhelm Furtwängler (K. Flagstad, J. Patzak);
EMI/Angel, 1953 – Furtwängler (M. Mödl, W. Windgassen);
Melodram, 1955 – Böhm (Mödl, A. Dermota);
Arkadia, 1956 – Erich Kleiber (B. Nilsson, H. Hopf);
DG, 1957 – Ferenc Fricsay (L. Rysanek, E. Häfliger);
Nonesuch, 1957 – Carl Bamberger (G. Kuchta, J. Patzak);
Claque, 1957 – Herbert von Karajan (C. Goltz, G. Zampieri);
Westminster/MCA, 1961 – Hans Knappertsbusch (S. Jurinac, J. Peerce);
EMI/Angel, 1962 – Otto Klemperer (Ch. Ludwig, J. Vickers);
Decca/London, 1964 – Lorin Maazel (Nilsson, J. McCracken);
DG, 1969 – Böhm (G. Jones, J. King);
Arkadia, 1970 – Leonard Bernstein (Nilsson, L. Spiess);
EMI/Angel, 1970 – Herbert von Karajan (H. Dernesch, J. Vickers);
DG, 1978 – Bernstein (G. Janowitz, R. Kollo);
Decca/London, 1979 – Georg Solti (H. Behrens, P. Hoffmann);
Eurodisc, 1981 – Kurt Masur (J. Altmeyer, S. Jerusalem);
Philips, 1989 – Bernard Haitink (J. Norman, R. Goldberg);
Decca, 1992 – Christoph von Dohnányi (G. Schnaut, J. Protschka);
RCA, 1995 – Colin Davis (D. Voigt, B. Heppner);
Telarc, 1997 – Nikolaus Harnoncourt (G. Beňačková, A. Rolfe-Johnson);
Naxos, 1999 – Michael Halász (I. Nielsen, G. Winbergh);
DG, 1999 – Daniel Barenboim (W. Meier, P. Domingo).

Toscanini, Furtwängler, Klemperer, Böhm são documentos históricos de grande valor interpretativo; com todas as suas idiossincrasias, Bernstein faz de sua leitura da ópera uma experiência fascinante; contrariamente, o respeito à partitura faz da subestimada versão Masur um álbum muito interessante; Harnoncourt – assim como Gardiner na *Leonore* – trabalha com instrumentos originais e reconstitui as praxes de execução da época. Quanto aos vídeos, são estes os atualmente disponíveis:

1970 – Deutsche Oper: Jones, King/Böhm;
1978 – Ópera de Viena: Janowitz, Kollo/Bernstein;
1978 – Festival de Orange: Janowitz, Vickers/Mehta;
1979 – Catedral de Viena: Jones, Kollo/Bernstein;
1980 – Glyndebourne: Söderström, de Ridder/Haitink;
1991 – Covent Garden: Benacková-Capová, Protschka/Von Dohnányi.

Os Precursores

Hoffmann, Spohr, Von Poissl

Duas importantes precursoras da ópera weberiana foram, por coincidência, estreadas em 1816. Berlim assistiu, em 3 de agosto, à criação da *Undine*, de E. T. A. Hoffmann. Menos de um mês depois, em 1º de setembro, Weber regia em Praga o *Faust* de L. Spohr. A esses dois compositores poderia ter cabido a honra de figurar como o marco inaugural de uma escola alemã de ópera. Se assim não o quis a historiografia musical é apenas porque, na obra de ambos, ainda são muito numerosos os empréstimos externos, caracterizando uma nítida fase de transição, em que elementos clássicos e pré-românticos ainda se misturam.

Hoffmann

Mais do que como compositor, o notável novelista Ernst Theodor Hoffmann (1776-1822) contribuiu para a História da Música com os seus escritos: ensaios sobre a obra instrumental de Beethoven que, para ele, era a suprema encarnação do Romantismo; resenhas de óperas em que se batia pela criação de um teatro tipicamente alemão. Nesse sentido, era radicalmente antiitaliano. Demoliu a *Sofonisba* (1805), de Ferdinando Paër, considerando-a "dramaticamente banal"; e julgava Rossini "um compositor frívolo, indigno da arte verdadeira". Preferia Boïeldieu e Méhul às grandiosidades de Spontini – de que zombou no sardônico *Der volkommene Maschinist* (O Perfeito Contra-regra). E tinha por Gluck e Mozart devoção tamanha que fez de ambos personagens de sua ficção.

Ritter Gluck (O Cavaleiro Gluck) imagina um encontro entre Wolfgang Amadeus e seu colega veterano, a quem ele vê como um mediador entre este mundo e o infinito. Em *Don Juan*, um jovem músico estabelece uma misteriosa relação com a personagem de Donna Anna – e, portanto, com os ideais estéticos de Mozart – durante uma encenação do *Don Giovanni*. Esse conto traz um dos primeiros exemplos, dentro da literatura alemã, da associação amor-morte, num módulo que será constante durante a plenitude romântica. E o diálogo *Der Dichter un der Komponist* (O Poeta e o Compositor) debate, em tom romanceado, o eterno problema do equilíbrio, na ópera, entre as exigências do drama e da música. A ópera e o canto, de resto, desempenham papel fundamental em muitos dos contos que Hoffmann reuniu em *Fantasiestücke in Callots Manier* (Fantasias à Maneira de Callot), *Die Serapionsbrüder* (A Irmandade dos Serapiões) e *Kreisleriana*.

A primeira lembrança que o nome de Hoffmann suscita, hoje, é a de sua obra literária e, em especial, a dos contos fantásticos que inspiraram de Offenbach (*Les Contes d'Hoffmann*) a Malipiero (*I Capricci di Callot*), e de Busoni (*Die Brautwahl*) a Hindemith (*Cardillac*). E, no entanto, ele se considerava, antes de mais nada, um músico. Em 1805, ao assinar o manuscrito de *Die lustigen Musikanten* (Os Alegres Músicos), um *singspiel* que escreveu em Varsóvia, firmou simbolicamente esse destino ao trocar um de seus prenomes, Wilhelm, pelo de Amadeus, em homenagem a Mozart (tenho notícia da existência de uma gravação dessa ópera, feita em 1983, mas infelizmente não consegui localizar seus intérpretes).

O *singspiel* é a forma escolhida por Hoffmann para a maioria de suas óperas: *Die Maske* (A Máscara, 1799); *Scherz, List und Rache* (Brincadeira, Engano e Vingança, 1802); *Der Renegat* (O Renegado, 1804); *Faustina* (1804); *Die ungebetenen Gaste oder Der Kanonikus von Mailand* (O Hóspede Indesejado ou O Cônego de Milão, 1805); *Liebe und Eifersucht* (Amor e Ciúme, 1807). Mas são partituras muito cuidadosas, do ponto de vista da variedade dos números, da abundante utilização do coro, de texturas instrumentais trabalhadas e da preocupação em dar continuidade dramática à peça, a despeito da estrutura de números separados. Na verdade, ele tenta aplicar ao domínio do *singspiel* as grandes lições extraídas da ópera mozartiana.

Comentando a sua predileção por um compositor do qual chegara a adotar um dos nomes, escreve o crítico inglês John Warrack:

> Pode parecer paradoxal que um escritor associado aos extremos românticos do sobrenatural, do ilógico e do misterioso, respeitasse tanto os valores mozartianos em sua música. Mas Hoffmann acreditava que a linguagem de Mozart pudesse ser adaptada a todas as regiões do sentimento, como ele declarava que o próprio Mozart demonstrara ser possível, ao compor o *Don Giovanni*.

À exceção de breves períodos em Bamberg e Leipzig, entre 1805 e 1814, Hoffmann nunca obteve um cargo permanente como diretor de teatro. Nem mesmo depois do sucesso de *Undine* sua carreira teve maior impulso, pois logo ele começou a ser suplantado por Weber – comparado com o qual suas óperas parecem muito conservadoras. Não é verdade, porém, que ele tenha publicado, sob pseudônimo, um artigo atacando o *Freischütz*, como se acreditou durante muito tempo. Na História da Música, este é mais um daqueles homens supremamente inteligentes cujo pensamento, muito ambicioso, suplanta os recursos técnicos de que dispõe, como artista, para pôr as idéias em prática.

E, no entanto, foi o próprio Weber quem aclamou *Undine*, quando ela subiu ao palco do Königliches Schauspielhaus, de Berlim, descrevendo-a como "a obra de arte auto-suficiente em que as artes relacionadas se fundem e se dissolvem, para formar um novo mundo". Falando assim de Hoffmann, Weber parecia estar se referindo a seu próprio ideal: dar à ópera uma unidade estrutural que resulte da ênfase que se dá a um todo coerente, e não apenas dos efeitos isolados.

Para o libreto de *Undine*, Hoffmann baseou-se num conto que Friedrich de la Motte Fouqué publicara em 1811. É a mesma história do folclore centro-europeu que haveria de inspirar Lortzing, Dargomýjski, Dvořák e tantos outros. Undine é um espírito das águas, mas foi adotada por um velho pescador e sua mulher e criada como um ser humano. Quando ela se apaixona pelo conde Huldbrand von Ringstetten, o velho espírito das águas Kühleborn opõe-se ao namoro, advertindo-a que, se se casar com um mortal, ganhará uma alma humana; mas se algum dia o marido a trair, será destruída.

Ignorando as advertências de Kühleborn, Undine casa-se com Huldbrand. A princípio, é muito bem recebida em seu castelo pela nobre Berthalda, uma órfã que é irmã de criação de seu marido. Mas ao saber que Undine é a filha de um humilde pescador, Berthalda a rejeita e, ofendida porque Huldbrand preferiu uma plebéia, sai do castelo. Irritado porque sua mulher não consegue romper os antigos vínculos com os espíritos da água, o conde a repudia e pede a mão de Berthalda. Undine desaparece dentro do lago mas, no dia do casamento, emerge de uma fonte, no pátio do castelo. Ao vê-la, Huldbrand percebe que ainda a ama, atira-se com ela no lago e os dois unem-se no amor e na morte.

Na presença do elemento sobrenatural e nas melodias que imitam temas populares, já há um prenúncio do que será o *Freischütz*. Mas o débito para com as formas estrangeiras ainda é considerável. A orquestração tem momentos muito imaginosos: um dos melhores é a solene melodia nos contrabaixos desacompanhados para anunciar a entrada em cena, no

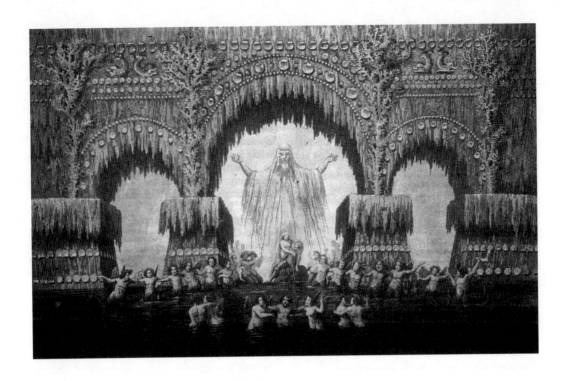

O palácio aquático de Kühleborn na *Undine* de Ernst Hoffmann: cenário desenhado por Carl Heinrich Schinkel para a estréia no Königliches Schauspielhaus de Berlim, em agosto de 1816.

ato I, do Santo Homem, o venerado eremita que vai celebrar o casamento de Undine com Huldbrand. O enorme êxito inicial da opera foi truncado pelo incêndio que, em 27 de julho de 1817, destruiu o Königliches Schauspielhaus. Depois de uma encenação em Praga, em 1821, que foi um fracasso, *Undine* só voltou a ser remontada em Aachen, em 30 de junho de 1922, com o libreto revisto por H. von Wolzogen. Em anos recentes, foi ocasionalmente revivida em teatros de província alemães. O selo Memories tem o registro de uma transmissão da Rádio Baviera, que foi ao ar em 1970. No Koch-Schwann, há a gravação comercial de Roland Badger, feita em 1982.

Spohr

A importância de Louis Spohr (1784-1859) para o desenvolvimento da ópera alemã é muito maior do que se poderia pensar, devido ao esquecimento em que suas óperas caíram por muito tempo – e de que, de uns anos para cá, começam a ser merecidamente resgatadas. Esse ostracismo, porém, é um fenômeno relativamente recente, pois a maioria delas ficou no repertório básico germânico durante todo o século XIX, e *Jessonda* continuou sendo encenada até a década de 1930, quando foi banida pelos nazistas sob a alegação estapafúrdia de que sua personagem – um europeu – mantinha uma relação interétnica ilegal com uma representante de raça "impura": uma princesa indiana!

A revalorização recente da obra de Spohr começou pela sua riquíssima música de câmara: o *Noneto*, a série dos octetos, septetos e quintetos, a bela coleção de quartetos, e um interessante ciclo de sonatas para o violino – que ele tocava – em que o piano é substituído pela harpa, o instrumento de sua mulher. A originalidade dessas partituras, que formam a ponte entre o Classicismo e o Romantismo, despertou a atenção dos intérpretes para suas composições. Na década de 1990, multiplicaram-se as gravações de suas sinfonias, concertos, canções e de uma obra de grande porte como o oratório *Die Heilands letzte Stunden* (As Últimas Horas do Salvador), escrito para a Semana Santa de 1835.

Ainda adolescente, Spohr tentou escrever a sua primeira ópera – *Kinderfreunde* (O Amigo das Crianças), baseada na peça de Weisse – usando como modelo *Die Jagd*, de Hiller. Enquanto violinista na orquestra da Ópera de Brunswick, estudou as partituras de Mozart, Cherubini e dos *opéras-comiques* apresentados durante as excursões das companhias francesas. Essas influências são evidentes em *Die Prüfung* (O Teste, 1806), seu primeiro *singspiel*, no qual explora o conflito entre o racionalidade iluminista e a emotividade do Romantismo nascente.

Insatisfeito com a partitura, Spohr só deixou que fosse apresentada uma vez, em versão de concerto. Retirou de cartaz também sua segunda ópera, *Alruna* (1808), principalmente depois que Goethe lhe disse que o libreto de Karl Friedrich Hensler precisava de sérios retoques. Mais satisfatórios foram os resultados de *Der Zweikampf mit der Geliebten* (O Duelo com a Amada), encomendada pelo Teatro de Hamburgo em 1810. A essa altura já violinista e regente de prestígio consolidado, ele se convenceu de que era capaz de realizações mais substanciosas no campo teatral.

A chance para isso surgiu três anos depois, ao ser nomeado regente titular do Theater an der Wien, o que o fez entrar em contato com o rico ambiente intelectual vienense. A princípio planejou, com Theodor Körner, uma ópera sobre a lenda do aventureiro Rübezahl. Mas o projeto não foi adiante, pois o jovem poeta, vivendo na prática os seus ardorosos ideais patrióticos, alistou-se no regimento Lützow e morreu durante a guerra contra Napoleão. Spohr voltou-se então para um tema que lhe fora proposto por Joseph Carl Bernard, editor da revista literária *Thalia*: a história do pacto entre o Dr. Fausto e o Demônio.

Bernard combinou elementos extraídos da *Fausts Leben, Toten und Höllenfahrt* (Vida, Morte e Viagem para o Inferno de Fausto), de Klinger, da *Käthchen von Heilbronn*, de Kleist, e alguma coisa da recém-publicada primeira parte do poema de Goethe. Incorporou também a seu libreto ingredientes da ópera de aventura, de origem francesa: o seqüestro de uma das personagens e a sua libertação por Fausto, ajudado pelo Diabo. Entusiasmado com o texto, Spohr compôs a música em apenas quatro meses. Durante o processo de composição, foi muito ajudado por seu amigo Meyerbeer que, nessa época, ainda morava em Viena: "Sempre que terminava um número", conta ele em suas *Memórias*, "corria para a casa de Jakob e pedia-lhe que tocasse a partitura para mim ao piano, o que ele fazia excepcionalmente bem. E eu assumia a parte vocal, interpretando as diversas personagens com o maior entusiasmo. Cada vez que as minhas cordas vocais não davam conta do recado, recorria ao assobio, coisa que sempre fiz com muita eficiência."

Quando a versão Spohr-Bernard começa, o Dr. Fausto já fez o pacto com o Diabo e acredita poder enganá-lo usando os seus poderes para o bem. Mephistopheles tem profundo desprezo pelos homens, mas precisa da alma do doutor para poder ser readmitido no Inferno, de onde foi expulso. Apresenta a Fausto a bela e pura Röschen, que poderá redimi-lo através do amor – um tema que a ópera romântica alemã há de explorar à exaustão. Mas o contrato reza que, se Fausto se casar, o Diabo não poderá mais reivindicar a sua alma.

É por isso que, astutamente, Mephistofeles o faz desejar desesperadamente a sensual condessa Kunigunde, e salvá-la das mãos do cavaleiro renegado sir Gulf, que a seqüestrara. Das bruxas que se reúnem no topo do Blocksberg, Fausto recebe uma poção que lhe permite enfeitiçar Kunigunde no dia de seu casamento com o conde Hugo. Quando o noivo tenta expulsá-lo do castelo, Fausto o desafia para um duelo e, com a ajuda de Mephistofeles, mata-o. Desesperada por ter sido traída, Röschen se afoga. E o Diabo, exultante, pode arrastar para o fundo do inferno o pobre Fausto, condenado por um duplo crime.

Desentendimentos com o bronco conde Palffy, proprietário do Theater an der Wien, fizeram com que Spohr retirasse a sua ópera da casa de espetáculos onde era regente, e a entregasse a Weber que, naquele momento, estava em Viena fazendo audições com cantores novos, recrutando-os para Praga, onde era o diretor da Ópera. Por isso *Fausto* foi criado na Boêmia, num espetáculo a que seu autor não assistiu, pois estava ocupado regendo em Frankfurt. Viena só viu a ópera em 1818. Daí em diante, ela foi executada em toda a Europa e, num ensaio famoso publicado em 1860, o crítico Ludwig Rellstab chamou-a de "das missing-link der deutschen Operngeschichten zwischen Mozart und Weber" (o elo perdido da História da Ópera alemã entre Mozart e Weber).

Em 1852, o Royal Italian Opera of Covent Garden, de Londres, pediu a Spohr que convertesse o seu *singspiel* em uma ópera com recitativos, conformando-a às praxes ali utilizadas. Ele próprio abreviou os diálogos e compôs o acompanhamento orquestral, preocupando-se em preservar o estilo de escrita que tinha 35 anos antes. Criou também um número novo: a Introdução, recitativo e ária "Wie bin ich dieser Menschenmaske satt" (Como estou cansado desta minha máscara humana), cantado por Mephistopeles no início do ato III – que parece já sair da boca de futuras personagens desiludidas e amarguradas como o Vampiro, de Marschner, ou o Holandês, de Wagner. Na estréia, ele tinha colocado, nesse ponto, servindo de interlúdio entre os atos II e III, a abertura de uma música incidental que escrevera, anteriormente, para uma apresentação do *Macbeth*, de Shakespeare.

A versão revista de 1852 foi a escolhida por Geoffrey Moll para a remontagem de junho de 1993, na Ópera de Bielefeld, gravada ao vivo pelo selo CPO. No folheto que acompanha esse álbum, Frank Harders-Wuthenow explica as razões para essa escolha: Mould a considera a "versão definitiva", já que ela foi revista pelo próprio autor; reverter à forma original, de 1818, significaria ter de renunciar a números excepcionais compostos posteriormente; além disso, com recitativos, a ópera possui, na sua opinião, "uma coesão dramática muito maior". Uma outra gravação foi feita em 1994, para o selo Capriccio, por Klaus Arp.

A fama maior granjeada pelo *Freischütz* garantiu-lhe o posto de marco inaugural da ópera nacional alemã. Mas Weber deve muito a Spohr, a começar pelo modelo da abertura, que contém uma síntese dos temas a serem utilizados na ópera. Na resenha da estréia que escreveu, ele elogiava "as poucas melodias muito felizes, cuidadosamente imaginadas, que Spohr entrelaça, ao longo de toda obra, como fios delicados, de modo a organizá-la intelectualmente". Referia-se, assim, à técnica que a musicologia alemã passaria a chamar de *leitmotiv* (motivo condutor), desde que Friedrich W. Jähn usou esse termo pela primeira vez, em 1871, numa análise das óperas de Weber. Antes, era usual chamar de *tema recorrente* o motivo com função mnemônica que voltava de forma mais ou menos sistemática. Grétry, no *Richard Coeur-de-Lion* (1784), Mozart na *Zauberflöte*, Hoffmann na *Undine* já lançavam mão desse recurso. Spohr o utiliza com extrema habilidade, obtendo aquela concisão que Thomas Mann tinha em mente ao descrever o *leitmotiv*:

uma fórmula mágica, que aponta para a frente e para trás ao mesmo tempo, como o meio de, a todo momento, tornar presente a plenitude interior.

Embora só no fim da vida tivesse chegado à beira do drama lírico *durchkomponiert* (de estrutura contínua), com libreto não-rimado, Spohr demonstra já ter percebido, no *Faust*, as possibilidades de organização mais fluida da cena quando se eliminam as fronteiras rígidas entre recitativo e ária mediante o uso de temas recorrentes que se interpenetram. O motivo de Fausto, ágil e flexível, em semicolcheias, é ouvido logo no início da abertura e reflete sua natureza instável e inquieta. Em contraste, o de Röschen, lírico e sonhador, parece ficar em suspenso no ar. Logo em seguida vem o do inferno, ouvido no corpo da ópera, durante a primeira ária de Fausto, quando ele se refere às "Schlangen vom Abgrund" (as serpentes do abismo) que se erguem à sua volta para sufocá-lo. A associação diabo/serpente é feita, habilmente, mediante uma coleante frase cromática em torno de um acorde menor em tríade.

Nessa primeira ária de Fausto – "Liebe ist die zarte Blüte" (O amor é uma flor delicada) –, que é de forma ternária, Spohr joga com os temas antitéticos de Fausto e Röschen. O tom pastoral do *larghetto* em fá maior com que o doutor evoca "o sereno prazer" do que sente pela moça modula bruscamente para um trágico tom menor, quando ele se lembra do pesadelo que o persegue – o contrato que assinou com o Demônio – e é perseguido por visões do inferno. Tremolos nas cordas, ganidos das trompas, agudos contrastes dinâmicos frisando as harmonias cromáticas descrevem a agitação em sua alma, pacificada pelo retorno do tema de Röschen, símbolo do poder conciliador do amor. Já há aqui, plenamente caracterizado, o gosto romântico pelos contrastes bruscos entre luz e sombra, idílio e abismo.

Nesse sentido, Spohr é, inclusive, mais pessimista do que Weber. No *Freischütz*, o elemento demoníaco, que coloca em risco a possibilidade de o indivíduo ser feliz, serve na realidade para realçar a importância do casamento e da vida em harmonia com a natureza. Em Spohr, ao contrário, o equilíbrio é ameaçado e não existe a menor chance de salvação. Num libreto que já rejeita o tradicional final feliz obrigatório, a música também recusa-se a oferecer ao ouvinte o alívio de um catártico acorde conclusivo maior.

Na cena do ato II em que Fausto se angustia, sem saber escolher entre as duas mulheres, as constantes oscilações de andamento espelham claramente a sua "poderosa discórdia interior". A ária propriamente dita, "Auf! Auf! Geöffnet sind die Schranken" (Vamos! Vamos! Abram-se as barreiras), é muito curta: tem apenas 39 compassos, contra 93 do recitativo "Was fühl ich?..." (O que sinto?). Além de se inverter a tradicional relação recitativo-ária, a declamação é animada por um elaborado jogo de modulações sobre todas as possibilidades do motivo, o que dá à cena uma continuidade de escrita muito intensa. Muda a regra convencional: o que interessa já não é mais a pausa para reflexão ensejada pelo cantabile e, sim, a dramaticidade da ação expressa pelo recitativo. Foi dado um passo essencial na direção do arioso permanente que Wagner usará no *Ouro do Reno*, por exemplo.

O motivo do filtro mágico, ouvido no prelúdio do ato II e na cena das bruxas, retorna quando Kunigunde começa a sentir os efeitos da beberagem com que foi enfeitiçada. A cena, que tem por fundo uma polonaise fantasmagórica, sofre então um corte brusco e – num efeito cinematográfico "avant la lettre" – é como se o baile desaparecesse e o tempo real parasse quando Kunigunde diz: "Wie in einem Zauberkreis hält es mich in seiner Nähe" (Ele me mantém em seu poder como se eu estivesse presa em um círculo mágico). A irrealidade desse momento é frisada pela suspensão temporária da tonalidade: o cromatismo e a enarmonia fazem a música perder pé e, de repente, é como se tivéssemos entrado, por um misterioso corredor do tempo, no mundo harmônico do *Tristão e Isolda*.

Na cena do Blocksberg, em compensação, Spohr dá preferência às buliçosas brincadeiras dos elfos, em vez de explorar os aspectos mais dramáticos das bruxarias (é o contrário do que fará Weber na seqüência da fundição das balas, do *Freischütz*). O resultado é um sedutor turbilhão musical, que só encontra paralelo no *Sonho de Uma Noite de Verão*, de Mendelssohn. Foi, aliás, Carl Friedrich Zelter, o professor de Felix, quem escreveu, em 1818: "Esta cena pertence ao que já se compôs de mais perfeito, nos últimos tempos".

A cena de igreja, que há de se tornar um lugar-comum romântico, tem no *Fausto* de Spohr o seu primeiro exemplo. O início da *Genoveva*, de Schumann, as cenas do *Lohengrin* ou dos *Mestres Cantores* bem como numerosas passagens de *grand-opéra* francês que se passam em igrejas têm sua semente na cena das bodas, acompanhada pelo solo de órgão, na qual é utilizado um sóbrio coral homófono luterano, de modo a captar a cor local arcaica. Para estabelecer o nexo entre Spohr e o *grand-opéra*, aliás, basta relembrar a participação, no processo de gênese do *Fausto*, de seu amigo Meyerbeer, responsável pela fixação desse tipo de espetáculo suntuoso na Ópera de Paris.

Citemos, ainda, por oposição às árias de Fausto, a simplicidade e a concentração lírica da cavatina de Röschen, "Dürft ich dich nennen" (Posso te dizer). A cavatina distingue-se da ária por seu estilo cantábile mais singelo, que renuncia aos vocalises muito floridos e prefere uma expressão elegíaca ou sonhadora – transformando-se, assim, no veículo ideal para os sentimentos românticos. Em seu *Die Deutsche Romantische Oper*, Siegfried Goslich observa:

> Já se encontra uma liberdade notável, em 1813, no *Fausto* de Spohr. A cavatina de Röschen possui uma métrica de individualidade notável, que reencontraremos mais tarde em Weber e Marschner. Já estamos, aqui, no campo de uma expressão que é claramente romântica.

Isso caracteriza *Fausto* como uma típica ópera de transição: se as virtuosísticas árias de Kunegunde ainda voltam o rosto para o passado e conservam o pé no domínio italianado do Classicismo, as cenas de Röschen já nos fazem cruzar a fronteira que leva ao apogeu romântico, século XIX adentro.

O sucesso do *Fausto* chegou a ser empalidecido pelo de *Zémire und Azor*, composta na época em que Spohr era diretor da Ópera de Frankfurt – onde ela estreou em 4 de abril de 1819. O libreto de Johann Jakob Ihlee baseia-se na comédia-balé de Jean François Marmontel (1771), em que se conta a história da Bela e da Fera – de resto adaptada também por Grétry, em 1771, na ópera do mesmo nome. A versão de Spohr é bem mais complexa do que suas homônimas francesas, em virtude dos motivos recorrentes com que a estrutura dramática é unificada, embora as tentativas de imitar os cantábiles italianos pareçam ocasionalmente laboriosos. É com profundidade que ele volta a tratar o tema da redenção pelo amor: é só quando Zemira consegue amá-lo que Azor, a Fera, liberta-se do encantamento que o deformara. Para conhecer essa ópera, existe a gravação de Anton Kolar, feita em 1996 para o selo Deutsche Schalplatten.

Antes de compor *Zemira*, Spohr pensara num libreto baseado em *Der schwarze Jäger* (O caçador negro), de Apel; mas desistiu de bom grado ao saber que Weber estava trabalhando, a partir da mesma história, no projeto do *Freischütz*. Ambos eram grandes amigos, e foi Weber quem, em 1820, o recomendou para o cargo de *Kappelmeister* em Kassel – cidade onde ele ficou até o fim da vida, sendo promovido, em 1847, para o cargo de *Generalmusikdirektor*. Foi no Hoftheater de Kassel que, em 28 de julho de 1823, Spohr estreou *Jessonda*, a sua ópera mais bem-sucedida – da qual, em 1990, o selo Orfeo lançou a gravação regida por Gerd Albrecht, passo inicial na recuperação discográfica de sua dramaturgia.

Para o libreto de *Jessonda*, Eduard Heinrich Gehe baseia-se na tragédia *La Veuve de Malabar*, de Antoine Lemierre. Escrita em 1770 e inteiramente revista dez anos depois, *A Viúva do Malabar* foi encenada com enorme sucesso em várias cidades alemãs. Sua popularidade fez com que muitos compositores escrevessem para ela música incidental, ou a

O acampamento português: cenário de Carlo Broschi para a apresentação da *Jessonda* de Spohr em Viena (1856).

Em gravura de 1822, cenário de Friedrich Wilhelm Holdemann para uma encenação do *Freischütz*, de Weber, na Hofoper de Weimar.

transformassem em óperas hoje esquecidas. Spohr leu o drama de Lemierre durante o inverno de 1820-1821, que passou em Paris. Fez dele um roteiro em prosa, pedindo depois a Gehe que o versificasse.

Adiantando-se à voga do orientalismo que, na França, só vai começar com Félicien David na década de 1850, *Jessonda* já é uma ópera tipicamente romântica. Tem tema exótico e trata fantasiosamente as personagens históricas, ao imaginar o envolvimento amoroso do navegador português Tristão da Cunha, colonizador de Goa, com a personagem-título, viúva do rajá local. No ensaio de introdução ao álbum da Orfeo, Jürgen Schläder escreve:

> A temática de *Jessonda* despertou o interesse da sociedade reacionária pré-Revolução de 1848. Através do ritual historicamente autêntico da imolação da *suttee* (a viúva) na pira funerária, a jovem inocente, que sofre em silêncio, evolui para o papel de redentora do marido que acaba de falecer. Seu comovente sacrifício liga-se a um antigo costume bárbaro, ao qual a ética cristã e ocidental, personificada pelos soldados portugueses, pode pôr fim. O forte contraste entre o mal ritualizado e o bem moralizado ainda não fornece grandes linhas de ação utilizáveis, mas empresta um contorno e um perfil à idéia de uma sociedade européia intacta e superior, investida de uma missão civilizadora.

Nesse sentido, *Jessonda* tem afinidades claras com outra ópera de ambientação oriental, a *Africaine*, de seu amigo Meyerbeer. E ambas funcionam como precursoras de todo um filão ideologicamente colonialista que, no futuro, produzirá de *Lakmé* a *Madama Butterfly*, passando pelo *Schiavo*, de Carlos Gomes – e até mesmo pela *Jupyra* do brasileiro Francisco Braga, onde a indígena serve para ser o brinquedo sexual do branco mas, na hora de escolher uma companheira, é uma branca que ele vai preferir.

Mas não é esse o único ponto de contato entre a ópera de Spohr e a fórmula parisiense do *grand-opéra*, de que a *Africana* é o paradigma. Ela também é um superespetáculo, com cenas de balé – a dança das bayadeiras no final do ato II; a dos guerreiros, com que se abre o II – e grandes efeitos cênicos: a cerimônia fúnebre, com coro e danças rituais, no início do ato I; a cerimônia de purificação no final do II; a tempestade no clímax do III. Insere-se, portanto, numa tendência de filiação tipicamente francesa: a ópera heróica tal como foi praticada por Spontini, nos primeiros anos do século XIX, e que evoluirá naturalmente para o modelo meyerbeeriano.

O libreto de Gehe é o responsável pelos principais problemas da estrutura dramática. Tem efeito dispersivo sobre a ação a intriga secundária: o amor de Nadori – o jovem brâmane a quem o sumo-sacerdote Dandau encarrega de avisar Jessonda que ela terá de ser sacrificada – por Amazili, a jovem irmã da protagonista. E, curiosamente, o dueto de amor "Schönes Mädchen, wirst mich hassen" (Linda moça, tu me detestarás) – uma das mais belas páginas vocais de Spohr – é escrito para esse casalzinho, e não para o dos protagonistas.

Além disso, a tessitura de baixo-barítono escolhida para Tristão da Cunha o caracteriza bem como soldado, mas torna pouco convincente seu papel de namorado entusiasta. Credite-se ao compositor, em todo caso, a intenção inovadora de romper com as convenções de seu tempo no que se refere à distribuição dos registros. A combinação soprano/barítono (Jessonda-Tristão) e meio-soprano/tenor (Amazili-Nadori) foge aos usos de seu tempo e cria contrastes de colorido vocal bastante interessantes. [Ela tem um precedente curioso no início do *Così Fan Tutte*, é bem verdade. Mas é preciso lembrar que, em Mozart, os registros "trocados" são apenas um artifício passageiro, para que eles se ajustem a partir do momento em que cada personagem começa a cortejar a namorada do outro.]

Cortes que Gehe fez na peça de Lemierre prejudicam o entendimento da ação. Não fica bem motivada a resignada aceitação da morte, que Jessonda expressa em sua ária do ato III, "Ich hatt' entsagt der Erde Freunden" (Eu renunciara às alegrias terrestres), por ter sido eliminada uma informação fundamental: pouco antes, ela recebera a falsa notícia de que Tristão tinha morrido na batalha com os brâmanes; e isso a faz perder toda a esperança de ser libertada do holocausto pelo fogo. Para o espectador da época, familiarizado com a peça de Lemierre, o problema não era tão grave quanto para o de nossos dias. Ainda assim, as deficiências do libreto são resgatadas pelo grande talento do compositor.

Em *Jessonda*, Spohr põe em prática as idéias expostas no ensaio *Aufruf an deutsche Komponisten* (Apelo aos compositores alemães), publicado no início de 1823. Nesse texto, ele pedia a substituição dos diálogos falados do *singspiel* por recitativos acompanhados, para obter maior unidade dramática; sugeria que os números cantados fossem em menor quantidade, e mais extensos, de modo a concentrar a expressão musical e obter atos menos fragmentados; e recomendava a supressão dos vocalises e das ornamentações virtuosísticas, que considerava "fórmulas ocas". Com isso, queria "elevar a ópera nacional alemã ao nível do drama lírico europeu, colocando-a ao lado da *tragédie lyrique* francesa e da *opera seria* italiana".

Sinal dessa preocupação é o cuidado com que dá às suas árias uma construção em dois tempos, obedecendo à alternância ária/cabaletta da grande cena romântica italiana. Belo exemplo dessa técnica é "Der Kriegslust ergeben" (Devotado aos prazeres da guerra) com que, no ato II, Tristão descreve como conheceu Jessonda e apaixonou-se por ela. Também no dueto "Lass für ihn, den ich geliebet, einen Selam still uns wieder" (Para aquele que eu amei vamos tecer uma guirlanda), cantada pelas duas irmãs no ato II, enquanto preparam os ritos funerários do Malabar, evidencia-se esse talento.

Jessonda contém algumas das melhores páginas do Spohr operista. Tinha razão o crítico que escreveu, após a estréia londrina, em junho de 1840: "A ópera é um tecido das mais lindas melodias e das mais deliciosas combinações harmônicas." E um outro afirmou, cheio de entusiasmo: "*Jessonda* não é superada por nenhuma outra ópera que conhecemos, e muito poucas igualam-se a ela."

A busca de continuidade, mediante o recitativo acompanhado e o uso unificador dos motivos recorrentes, dará um passo adiante em *Der Berggeist* (O espírito da montanha, 1825), em que os atos, não mais divididos em cenas, formam grandes blocos contínuos. A mesma técnica é usada em *Pietro von Albano* (1827) e *Der Alchymist* (1830). Essas três óperas estão a exigir urgente resgate discográfico, devolvendo-lhes o lugar que lhes pertence na evolução da ópera romântica alemã. A preocupação de Spohr em trabalhar com um arioso muito fluente, já quase *durchkomponiert*, coloca-o como um precursor de Wagner que, de resto, expressou por ele grande admiração. Recíproca, pois Spohr foi um dos primeiros a reconhecer o gênio do autor do *Navio Fantasma*, ópera que regeu em Kassel, cinco meses apenas após a estréia de 1843 em Dresden. Conseguiu ainda encenar o *Tannhäuser*; mas foi frustrado pelo Eleitor em seu projeto de montar também o *Lohengrin* – no qual o próprio Wagner admitia ter sofrido a influência da *Jessonda*. Essa influência é, de resto, uma rua de duas mãos pois, na última ópera de Spohr, *Die Kreuzfahrer* (Os cruzados, 1845), percebe-se nitidamente a marca do *Tannhäuser*. Como no caso de Haydn em relação a Mozart, a capacidade de compreender e aceitar a mensagem revolucionária de um músico mais jovem só depõe a favor desse artista que a posteridade demorou tanto a redescobrir.

Von Poissl

Contemporâneo de Spohr e pertencente a esta fase pré-romântica é Johann Nepomuk *Freiherr* von Poissl (1783-1865), de família aristocrática de Haukenzell, perto de Munique – para onde foi, aos 20 anos, estudar composição com o abade Vogler e Franz Danzi. A *Iphigenia in Aulis* (1807) deste último o inspirou a compor óperas de grande porte, em estilo gluckiano. Tanto *Antigonus* (1808) quanto *Ottaviano in Sicilia* (1812) baseiam-se em libretos de Metastasio que ele próprio adaptou; e o público de Munique as recebeu muito bem. O mesmo não aconteceu com *Aucassin et Nicolette*, um *singspiel* baseado no antigo *fabliau* francês, pois o barão Von Poissl não parecia ter a mão leve requerida pela comédia.

Athalia – com libreto de Johann Gottfried Wohlbrück baseado na tragédia de Racine e estreada no Residenztheater em 3 de junho de 1814 – veio provar que a grande ópera trágica era o seu domínio. Graças aos esforços de Weber, de quem Von Poissl fora colega nas aulas de Vogler, ela foi representada em vários teatros alemães. O crítico do *Münchner Theaterjournal* aclamou nela "o início da tão esperada era da arte nacional, a criação de um modelo artístico nacional que nos fazia tanta falta". Entusiasmado com a popularidade de *Athalia*, Von Poissl adaptou pessoalmente a *Olimpiade* de Metastasio, dela extraindo o libreto de *Der Wettkampf zu Olympia oder Die Freunde* (O concurso em Olímpia ou Os amigos), que o Residenztheater encenou em 21 de abril de 1815. Esta obra consolidou o seu prestígio, por algum tempo, como um dos nomes de maior destaque na ópera alemã.

Ao produzir *Der Wettkampf* em Dresden, em 1820, Weber escreveu nas notas de programa: "Além da atenção escrupulosa à prosódia, da rica palheta harmônica e da instrumentação competente e variada, a música do barão von Poissl é notável pelas suas melodias fluentes e claramente definidas, que têm a virtude de ser eminentemente cantáveis e de ter natureza muito delicada". Chamava a atenção também para a maneira como Von Poissl utilizava os temas recorrentes, o que o situa como um dos precursores do *leitmotiv* wagneriano.

Von Poissl forma o elo de transição entre a ópera séria alemã, tal como foi praticada por Holzbauer em Mannheim, e os dramas românticos de Spohr e Weber. Ainda mantém uma empostação clássica, preferindo os assuntos tirados da mitologia ou da História antiga, e insistindo em adaptar libretos de Metastasio; mas faz importante trabalho de aclimatação das regras da reforma gluckiana ao estilo musical das primeiras décadas do século XIX. Era, porém, um estilo de tragédia velhusco, condenado a ser suplantado pelo romantismo dos dramas de Spohr e Weber, mais condizentes com o gosto da época. Isso fez com que a popularidade granjeada com *Athalia* e *Olympia* fosse de curta duração.

Além disso, suas origens nobres eram um obstáculo à carreira, pois os senhores alemães sentiam-se constrangidos em oferecer a um de seus iguais um emprego de músico de corte considerado de nível subalterno. Por esse motivo, e não por suas qualidades profissionais, foi-lhe recusado o posto de *Kappelmeister* em Darmstadt, apesar da boa recepção que ali tiveram *Nittetis* (1817), *Issipile* (1818) e *La represaglia* (1820), sempre adaptadas de antigos poemas metastasianos. Em 1823, finalmente, Von Poissl conseguiu um emprego na corte de Munique e, dois anos depois, foi nomeado diretor do Hoftheater. Mas era um mau administrador, não soube evitar que o teatro tivesse pesados prejuízos e, em 1832, foi forçado a demitir-se.

Depois do sucesso do *Freischütz* e de *Jessonda*, tentou abordar temática selhante em *Die Prinzessin von Provence* (A princesa da Provença), que lhe encomendaram para a reabertura do Nazionaltheater, destruído em 1823 por um incêndio – e não foi de todo mal-sucedido. Mas o fracasso de *Der Unterberg* (O Sopé da Montanha, 1829) o deixou muito desiludido e afastou-o do palco. *Zaide* (1843), sua última ópera, passou praticamente despercebida. Quando morreu, num estado próximo ao da mendicância, Von Poissl estava totalmente esquecido.

O Declínio da Ópera Italiana

Morlacchi e Rastrelli

Desde os tempos de Giovanni Bontempi e Carlo Pallavicino, no século XVII, Dresden fora um dos grandes centros europeus de produção de ópera, e eram tipicamente peninsulares as opulentas formas do melodrama preferidas pela nobreza. O Kurfürtliches Opernhaus, inaugurado em 1667, e o Grosses Opernhaus – na época o maior da Europa –, aberto em 1719, foram durante dois séculos baluartes do *dramma per musica* de estilo italiano. Em Dresden, vivem Morlacchi e Rastrelli, os dois últimos representantes de uma escola estrangeira que, nos primeiros anos do século XIX, já está prestes a ser suplantada pelo desejo de criação de uma ópera com formas próprias – mas ainda resiste no Hoftheater aberto em 1755. Esses dois artistas, nessa fase de transição, tiveram contato com Weber – que a partir de 1817 foi o *Kappelmeister* da corte – e foram seus rivais.

Morlacchi

Tendo iniciado os estudos com seu tio, o organista Luigi Mazzetti, e com Luigi Caruso, diretor da escola de música dos Padri dell'Oratorio de Perugia, onde nascera, Francesco Giuseppe Baldassare Morlacchi (1784-1841) compôs muito cedo obras sacras de grande porte, como o oratório *Gli Angeli Esultanti al Sepolcro*, convencendo seus mentores de que era necessário mandá-lo fazer estudos mais aprofundados em Nápoles. Ele não gostou das aulas de Nicola Zingarelli. Preferiu colocar-se nas mãos do padre Mattei, no Liceo Filarmonico de Bolonha. Ali fez progressos rápidos, tornou-se membro da Accademia Filarmonica e diplomou-se com uma cantata, *Il Tempio della Gloria*, executada no Teatro Maggiore em homenagem à coroação de Napoleão rei da Itália.

Lançou-se como operista, em 1807, com *Il Poeta in Campagna ossia Il Poeta Spiantato* (Florença), de que o selo Bongiovanni tem uma gravação ao vivo com G. Catalucci. Esta farsa e a seguinte, *Il Ritratto ossia La Forza dell'Astrazione* (Verona) foram tão bem recebidas que, no ano seguinte, três óperas de tema sério lhe foram solicitadas pelos teatros napolitanos: *Il Corradino; Enone e Paride; Oreste*. Esse recorde, Morlacchi o bateu em 1809, ao levar à cena quatro óperas: *Rinaldo d'Asti*, as comédias *Il Tutore Deluso, Il Simoncino, Le Avventure di una Giornata* e, principalmente, *La Principessa per Ripiego*, entusiasticamente aclamada em Roma. Encantada com *Le Danaidi* (1810), que retoma o tema da *tragédie lyrique* de estilo gluckiano com que Salieri triunfara em Paris em 1784, o contralto Maria Marcolini lhe pediu que escrevesse para ela a cantata *Saffo*, estreada no Scala. Ela era parente do conde Camillo Marcolini, ministro na corte saxã, e lhe sugeriu que o contratasse para trabalhar em

Dresden, onde Morlacchi chegou em setembro de 1810, como assistente do *Kappelmeister* Joseph Schuster. Agradou tanto a seus empregadores que, no ano seguinte, tendo morrido o seu superior, foi nomeado *Kappelmeister* vitalício. A fase áurea de sua carreira é 1810-1816 quando, à frente da capela real, demonstrou grande dinamismo como administrador, competência como regente e versatilidade como intérprete de violino, piano, clarineta, flauta, fagote, trompa e violoncelo. Seu biógrafo Dieter Härtwig escreve:

> É preciso reconhecer a sua capacidade de organização, habilidade diplomática, faro para descobrir vozes virtuosísticas e autoridade musical, freqüentemente subestimadas devido a seus defeitos de caráter: vaidade, o hábito de se auto-engrandecer, gosto pela intriga, preconceitos. Essas características mostraram-se na rivalidade com Weber, causando muitas dificuldades à administração deste como *Kappelmeister* do Teatro de Ópera Alemã entre 1817-1826. Mas, na verdade, era mais a rivalidade entre as facções que eles representavam do que divergências pessoais entre ambos que faziam Morlacchi agir de forma pouco razoável.

Como *Kappelmeister* do teatro de Ópera Italiana, apoiado pelo influente partido italiano da corte e protegido pelo poderoso conde von Einsiedel, Morlacchi levou a Dresden um repertório muito variado de óperas de seu país. Embora não renunciasse às características típicas desse gênero, sabia adaptar-se ao gosto do público para o qual compunha, e isso se percebe nas texturas harmônicas mais bem cuidadas de *Raoul di Créqui* (1810) e na ausência de recitativos ou introduções instrumentais, que dão ao drama bastante continuidade. Depois de *La Capricciosa Pentita* (1812), obteve seu maior sucesso com *Il Barbiere di Siviglia* – com libreto de Giuseppe Petrosellini –, estreado no Hoftheater de Dresden em maio de 1816, alguns meses apenas após o de Rossini. No selo Bongiovanni, existe a gravação ao vivo dessa comédia, feita por G. Catalucci em setembro de 1989. A edição que ela utiliza é a de 1817, preparada para a apresentação em Perugia e intitulada *Il Nuovo Barbiere di Siviglia*.

A fama do *Barbiere* de Paisiello, estreado na Rússia em 1782, atraíra para a comédia de Beaumarchais a atenção de Elsperger (1783), Benda (1785) e Schulz (1786) antes de Rossini. E o de Morlacchi não esgotaria a lista pois, depois dele, ainda vieram os de Costantino dall'Argine (1868) – que chegou a escrever a Rossini pedindo-lhe a autorização para reutilizar a história –, Achille Graffigna (1879) e Leopoldo Cassone (1915). Curioso é a consciência que o próprio Morlacchi parecia ter de que a partitura rossiniana superava todas as suas concorrentes pois, num esboço autobiográfico que, hoje, está preservado na Biblioteca Augusta de Perúgia, onde ele nasceu, afirma ter estreado a sua ópera em 1815 – antes, portanto, da de Rossini (a musicologia atual restabeleceu a cronologia correta).

O melhor comentário a respeito do *Barbiere* de Morlacchi foi feito por Weber:

> O homem tem poucos conhecimentos musicais. Mas há em sua música muita coisa a ser admirada e elogiada. Morlacchi possui gênio, grande abundância de idéias e, em especial, um grande estoque de material cômico do qual extrai seus efeitos mais bem-sucedidos.

Desde que se consiga esquecer a obra-prima rossiniana, há de fato o que apreciar em sua partitura: cenas de conjunto bem construídas (o trio de Rosina e Bartolo com o conde disfarçado de soldado bêbado; o vivíssimo dueto em que Rosina confessa a Fígaro estar apaixonada por Lindoro; o quinteto "Giusto cielo... Buona sera", em que Don Basilio é convencido de que está doente e deve voltar para casa) e árias muito delicadas, como a romança "Saper bramate", de Almaviva, no ato II. A grande exibição de virtuosismo é feita por Rosina no final do ato II, numa ária de bravura com viola *obbligato*, tão árdua que, segundo um artigo de junho de 1816 no *Allgemeine Musikalische Zeitung*, Luigia Sandrini, a criadora do papel, teve enorme dificuldade em realizá-la.

Sente-se um cuidado cada vez maior com o colorido da instrumentação nas óperas escritas para Dresden depois do *Barbiere*: *La Semplicetta di Pirna* (1817), *Laodicea* e *Gianni di Parigi* (1818), *Donna Aurora ossia Il Romanzo all'Improvviso* (1819), *Tebaldo e Isolina* (1820). Em *La Gioventù di Enrico V* (1823), *Ilda d'Avenello* (1824) e *I Saracenni in Sicilia ossia Eufemia di Messina* (1828) sente-se uma preocupação com o uso solista do clarinete, da trompa e do violoncelo que é resultado da observação do trabalho de Weber. *Don Desiderio ovvero Il Disperato per Eccesso di Buon Cuore* (1829) e *Il Rinnegato* (1832), versão revista dos *Saracenni*, foram suas últimas operas. Em 1828, Morlacchi foi, juntamente com Rossini, Donizetti e Bellini, um dos convidados a compor óperas para a inauguração do Teatro Carlo Felice de Gênova e, em homenagem a um dos filhos mais ilustres da cidade, escreveu *Il Colombo*. Ao morrer, deixou inacabada uma *Francesca da Rimini*.

Rastrelli

O pai de Giuseppe Rastrelli (1799-1842) chamava-se Vincenzo e era violinista na corte de Dresden. Foi o primeiro professor do menino que, tendo demonstrado precocidade, logo pôs-se a excursionar com ele pela Europa, tendo-se apresentado em Moscou com apenas seis anos, em 1805. Rastrelli estudou violino com Poland e harmonia com Fiedler, em Dresden. Em seguida, foi mandado para a Bolonha em 1814, inscrevendo-se na classe de contraponto do padre Mattei. A cidade de Ancona assistiu, em 1816, a seu primeiro trabalho para o palco, *La Distruzione di Gerusalemme*. No ano seguinte, de volta para casa, ele estava às voltas com a composição de *La schiava circassa*, cantada com tanto sucesso no Hoftheater em 1820 que ele foi nomeado violinista da capela real.

Le Donne Curiose (1821) e *Velleda* (1822) valeram-lhe uma bolsa de estudos para Milão, onde conseguiu que o Scala aceitasse a sua *Amina* (1824). A música sacra e o ensino de canto o ocuparam, em Dresden, de 1825 até 1829, quando foi nomeado Vizekappelmeister de Morlacchi no teatro da corte. Nesse meio tempo, tinha sido condecorado pelo papa com a ordem de Cavaleiro da Espora Dourada em agradecimento por dois motetos que escrevera para a Capela Sixtina. Rastrelli dividiu também com Morlacchi e Reissiger, a partir de 1830, o cargo de *maestro da capella* na corte.

A segunda fase de sua carreira de operista se inicia em 1832, no momento em que é fechado o Teatro Italiano, com a produção de *Salvator Rosa oder Zwey Nächte in Rom* (SR ou Duas noites em Roma), um *singspiel* interessante por combinar em partes iguais música de estilo alemão e italiano. A receita tendo dado certo, ele a repetiu em *Bertha von Bretagne* (1835) e *Die Neuvermählten* (Os Recém-casados), de 1839. A estima de que desfrutava em sua cidade natal como compositor e regente fez com que, em 1836, ele recusasse um tentador convite que lhe tinha sido feito para dirigir o Teatro Bolshói de Moscou.

Em 31 de março de 1841, foi fechado definitivamente o Teatro de Ópera Italiana de Dresden. Com a morte de Morlacchi em outubro de 1842 – seis meses depois de Spontini ter caído em desgraça em Berlim – e com a de Rastrelli em novembro do ano seguinte, encerra-se a dinastia de músicos italianos nessa cidade. Em 1843, o cargo de *Hofkappelmeister* passou às mãos do alemão Richard Wagner, que ali ficaria – encenando nesse meio tempo *O Navio Fantasma* e o *Tannhäuser* – até ser obrigado a fugir devido à sua participação na Revolução de 1848. Tinha chegado ao fim a supremacia da ópera italiana nas cortes alemãs.

O Romantismo

O Romantismo

Ao detonar os processos de unificação e independência de nações que, até então, ainda não existiam como Estados autônomos, o nacionalismo decorrente dos movimentos liberais da virada dos séculos XVIII-XIX traz consigo também, no plano estético, uma outra conseqüência: a necessidade da criação de uma arte que rejeite as influências estrangeiras e reflita, não só do ponto de vista da temática mas também dos meios de expressão, a índole específica de cada povo. No caso da ópera, é nos territórios alemães que se registrará primeiro essa preocupação em criar uma linguagem própria, livre dos modelos vindos do exterior.

Na Itália, criadora do gênero e exportadora hegemônica das fórmulas operísticas durante os séculos XVII e XVIII, a questão do nacionalismo só vai se colocar um pouco mais tarde: na fase do *Risorgimento* (a campanha pela unificação), em que a ópera há de se tornar um dos veículos privilegiados de propaganda da luta contra a dominação austríaca. Na primeira metade do século XIX, a França, onde uma forma própria de ópera formou-se desde cedo, é um grande centro cosmopolita em que elementos locais e externos fundem-se com imensa variedade de formas. A Inglaterra continua vivendo a crise da produção operística aberta pela morte de Henry Purcell, que deixou inacabado o projeto de criação de uma ópera nacional: desse marasmo ela só começará a sair no final do século XIX, e seus maiores compositores líricos só surgirão no século XX.

É, portanto, na Alemanha – que só começará a existir como país unificado a partir de 1871 –, que o sentimento nacionalista vai nutrir, no campo da arte, a busca de uma identidade própria, que resultará na criação de uma Escola Nacional de ópera. Esta, por sua vez, influenciará o aparecimento de movimentos análogos em países do Leste e do Norte europeus. Mas em pleno século XVIII, já vamos encontrar, no movimento pré-romântico *Sturm und Drang*, prenúncios muito claros desse nacionalismo germânico, que se tornará muito forte e definido após a vitória da aliança contra Napoleão – de que os Estados alemães participam.

Tirando o seu nome do título de *Tempestade e Ímpeto*, drama de Friedrich Maximilian von Klinger (1776) que se passava na América, o *Sturm und Drang* punha ênfase na energia, no demoníaco, nas qualidades prometéicas do indivíduo. Reagia contra o racionalismo iluminista e o formalismo do teatro neo-clássico, tal como era praticado, por exemplo, nas estáticas tragédias de Voltaire, decalcadas nas peças seiscentistas de Racine e Corneille. E ao fazê-lo, os jovens intelectuais pertencentes a esse grupo rejeitavam automaticamente a influência filosófica e estética da civilização francesa (latina e católica), substituindo-as pelas qualidades de rebeldia, emotividade, devaneio, criatividade e livre julgamento que associavam ao espírito germânico e luterano.

E não só germânico mas, mais amplamente, anglo-saxão, pois é na liberdade formal de Shakespeare e na veemência com que este expressa as suas emoções que os líderes do movimento, Johann Wolfgang von Goethe e Friedrich von Schiller – mas também Reinhold Lenz, Heinrich Wagner e Gottfried Bürger – vão buscar inspiração. É curioso observar que, dentre os filósofos do movimento iluminista, o único com quem os jovens artistas do *Sturm und Drang* sentiam-se identificados era Jean-Jacques Rousseau, em cuja obra sentimos, justamente, os mais fortes prenúncios da virada romântica.

Esses exacerbados dramaturgos estão de tal forma à frente de seu tempo que, a nível temático, só no Romantismo pleno a paixão descabelada que colocam em cena conseguirá ser assimilada e transformada em fonte de inspiração para a ópera. No plano musical, durante o Classicismo, essa influência só se manifesta na área instrumental: por exemplo, na inflamada série de sinfonias escritas por Franz Joseph Haydn entre 1766-1774, e que se caracterizam "pela ampla margem de contrastes emocionais numa mesma obra" (H. C. Robbins Landon). Só mais tarde as peças do *Sturm und Drang* fornecerão temas às casas de ópera.

Em 1829, Rossini encontrou, no drama de Schiller, a moldura épica para a sua última ópera, *Guillaume Tell*, uma das precursoras do *grand-opéra* romântico. Mas será necessário esperar por Verdi para que Schiller chegue ao palco lírico com *I Masnadieri* (tirada de *Die Räuber*), *Luisa Miller* (extraída de *Kabale und Liebe*) e, principalmente, *Don Carlos*. Só autores oitocentistas – Berlioz, Gounod, Boito, Busoni – encorajaram-se a tocar no imenso monumento que é o *Fausto* (o de Louis Spohr bebe ainda nas fontes lendárias anteriores a Goethe). E só Jules Massenet, na segunda metade do século XIX, há de se sentir tentado a converter num drama lírico o semi-autobiográfico *Die Leiden des Jungen Werthers* (Os sofrimentos do jovem Werther, 1774), no qual Goethe captou de tal forma o sentimento trágico de desilusão da classe média com o mundo em que vivia, que o romance provocou verdadeira epidemia de suicídios entre os jovens, que se identificavam com sua desesperançada personagem. Não se pode negligenciar, porém, o impacto da ideologia *Sturm und Drang*, de valorização de tudo o que era germânico, sobre autores como Weber ou Marschner, da primeira hora da Escola Nacionalista.

Outro elemento fundamental a se levar em conta, nesse processo, é o entranhado individualismo da personalidade romântica. Os compositores dos séculos XVII-XVIII eram artesãos que (com raras exceções) não faziam da música um instrumento confessional. Isso não significa, é claro, que a emoção estivesse ausente dela, ou o dado subjetivo lhe fosse inteiramente estranho. Mas o que predominava era uma visão objetiva do fenômeno criador. Já o compositor do século XIX é um homem que pensa a sua música – assim como o fazem o poeta, o dramaturgo, o artista plástico – como um meio de exprimir o que há de mais íntimo em seu ser, como uma projeção dos seus sentimentos e idéias.

Basta lembrar a identificação criador-criatura que há em obras de Beethoven como o oratório *Cristo no Monte das Oliveiras* ou o balé *As Criaturas de Prometeu*. Em Jesus e no herói grego, ele reconhece dois libertadores, dois mártires da emancipação da Humanidade, ideal típico do *Aufklärung*, o Iluminismo, de que se impregnou nos tempos de estudante universitário, em Bonn. É o mesmo mecanismo de que falamos, ao estudar o *Fidelio*, que o faz reconhecer-se em Florestan, preso há muito tempo num calabouço, da mesma forma que ele se sentia enclausurado em sua surdez.

Compare-se a forma objetiva como Purcell trata suas personagens, em *Dido e Enéias*, ao subjetivismo com que Berlioz evoca, nos *Troianos*, as figuras de Cassandra e Dido. A primeira, em especial, cujos vaticínios estão condenados a não serem levados a sério pelos que a cercam, tem muito a ver com a consciência que Berlioz tem de sua própria marginalidade; de estar propondo inovações que seus contemporâneos não são capazes de assimilar. E de ser condenado, como Dido, ao abandono por parte daqueles que deveriam amá-lo.

A música do século XIX passa, portanto, a dirigir-se mais à emoção do que à razão – donde a freqüência dos temas que solicitam fortemente a sensibilidade do espectador: paixões desabridas, atos violentos, horror, suspense, grandes aventuras. A noção de *clareza* que predominava no Classicismo é substituída pela de *contraste*, com que se visa a obter o choque entre emoções conflituosas; e pela fusão de elementos de proveniência variada. O resultado é a *mistura de gêneros* que vem romper deliberadamente com um dos princípios básicos da arte clássica, o da unidade de estilo. A busca do contraste e a necessidade da liberdade de expressão vão fazer com que, no lugar dos gêneros clássicos, nitidamente delimitados, surjam formas cada vez mais híbridas, em que se associam estilos musicais de origens diversas.

Berlioz experimenta, no *Roméo et Juliette*, com a fusão da sinfonia e da cantata; e no *Harold en Italie*, com o cruzamento do concerto para solista e o poema sinfônico. Liszt compõe sinfonias, a *Fausto* e a *Dante*, que são seqüências de poemas sinfônicos. E sua *Sonata para Piano* assume inovadora forma rapsódica, que rompe com a estrutura tradicional. Dentro desse contexto, não parece estranho que Gounod inclua, no *Roméo et Juliette*, passado no século XVI, uma forma de dança anacrônica como é a valsa, que só se desenvolveu a partir do final do século XVIII.

O mesmo tipo de liberdade formal observa-se na ópera. Assim como as formas fixas instrumentais são enriquecidas com gêneros novos, o teatro musical vê desenvolverem-se novos formatos de ária, diversas combinações diferentes de cena de conjunto, e a estrutura das cenas e dos atos vai se tornando cada vez mais flexível. Retorna a convivência do cômico com o sério e é freqüente a utilização, dentro da mesma partitura, de materiais provenientes de estilos diferentes de espetáculo – um ecletismo antes só aceitável no domínio da comédia, mas que passa a ser comum também no drama.

A modificação no status profissional do compositor também contribuirá para as mudanças que ocorrem nesse início de século. Na fase em que o músico vivia como empregado da Igreja ou da corte, era muito tênue a noção da individualidade da criação artística, ou do direito à propriedade intelectual. O salário lhe era garantido pelos empregadores, o que o dispensava da preocupação em defender sua criação como um meio de subsistência.

No século XVIII, praticamente não existia a noção de plágio como a compreendemos hoje. O mesmo libreto podia ser musicado várias vezes, como já vimos ao falar, no início deste livro, do surradíssimo *Artaserse*, de Metastasio, utilizado por uma centena de operistas. Melodias de um autor podiam ser usadas por outro sem que isso significasse apropriação indébita. Bach fez, para o cravo, transcrições de concertos de Vivaldi para o violino; e rearranjou a música do *Stabat Mater*, de Pergolesi, com o texto do salmo 51, "Tilge Höchster". Já falamos da desenvoltura com que Haendel saqueava a obra de seus contemporâneos, extraindo dela temas a que, invariavelmente, dava roupagem harmônica e instrumental muito mais atraente.

Trechos inteiros de uma obra podiam ser transplantados de uma peça para a outra, sem levar muito em conta a natureza de ambas. Claudio Monteverdi reutilizou, no *Orfeo*, de tema profano, a sinfonia das *Vésperas de 1610*, que pertencem ao gênero sacro. O coral de abertura do *Oratório de Natal*, de Bach, foi originalmente escrito para a cantata secular nº 214, *Tönet ihr Pauken! erschallet Trompeten!* (Toquem, tambores! Ressoem, trombetas!), de 1733, que comemorava o aniversário de Maria Josepha, esposa de seu empregador, o eleitor Frederico Augusto II, de Leipzig. E não há exemplo melhor da forma indiscriminada como as formas musicais eram permutáveis do que a prática bizarra da chamada "ária de baú": uma ária contendo todos os tipos de ornamentação que o cantor era hábil em fazer; ele a levava "dentro do baú", para todos os lugares onde viajava, e dava um jeito de enxertá-la em todas as óperas que cantava.

Esses hábitos não desaparecem de todo com o Classicismo. Resquícios deles persistem até as primeiras décadas do século XIX. Ainda vamos encontrá-los em compositores como Rossini, que era um mestre na arte do "tira daqui passa para lá". A hoje celebérrima abertura do *Barbeiro de Sevilha* começou a carreira em *Aureliano in Palmira* e, depois de ter estagiado uns tempos em *Elisabetta Regina d'Inghilterra*, ambas de assunto sério, acabou aterrisando numa ópera cômica – e a nossos ouvidos soa, atualmente, como a epítome do gênero bufo. Quanto à ária de tenor "Cessa di più resistere", composta inicialmente para *O Barbeiro*, ela foi transferida para a cena final da *Cenerentola* onde, com o título de "Non più mesta", é cantada pelo mezzo.

É no século XIX que se desenvolve a idéia, já presente na reforma gluckiana do final do século anterior, de que palavras e música não podem estar desvinculadas uma da outra. Que determinados sentimentos veiculados no texto devem corresponder necessariamente a um certo tipo de expressão melódica. Rejeita-se, assim, uma certa indiscriminação de tom que era comum no Barroco e se prolonga, uma vez mais, num músico como Rossini, que aplica a mesma técnica de crescendo em forma de galope aos assuntos sérios ou bufos.

Na Alemanha, em especial, a teoria estética vai formular o princípio de que deve haver uma correspondência entre todas as artes; de que a música, a poesia, o teatro, a pintura, a dança devem fundir-se numa obra cuja soma seja maior do que as partes que a compõem. Pode-se objetar que a ópera, desde as suas origens florentinas remotas, sempre foi essa tentativa de conjugar, em um só espetáculo, todas as outras artes. Mas é a partir de Weber que surge a consciência teórica da necessidade de fazê-lo *sistematicamente*. E isso culminará, na segunda metade do século, no conceito wagneriano da *Gesamtkunstwerk* (a "obra de arte total"), em que essa ampla fusão vai tornar-se a viga mestra da elaboração do drama lírico.

Em suas *Vorlesungen über dramatische Kunst und Literatur* (Leituras sobre a arte dramática e a literatura), de 1809, o filósofo August Wilhelm von Schlegel afirmava:

> As artes deveriam avizinhar-se de novo, jogando pontes uma em direção à outra, de modo que as colunas da arquitetura pudessem ser vivas e coloridas como as telas, que os quadros pudessem transformar-se em poemas, e que os poemas fossem como música.

E foi Friedrich Wilhelm von Schelling quem, na *Philosophie der Kunst* (A filosofia da arte), de 1810, chamou a arquitetura de "música congelada no espaço". Essa preocupação em estabelecer o nexo entre as diversas artes é, de resto, a responsável pelo surgimento de um fenômeno típico do Romantismo: o artista polivalente. Já falamos de Hoffmann, o compositor da *Undine*, hoje mais conhecido como ficcionista. Pois este não é um caso isolado. O poeta William Blake também era pintor e ilustrou com aquarelas os seus poemas visionários. O romancista, poeta e dramaturgo Victor Hugo era um excelente desenhista. O mesmo pode-se dizer de Mendelssohn, que deixou, de seus dias de lua-de-mel, após o casamento com Cécile Jeanreaud, um diário ilustrado que é delicioso tanto pelo texto quanto pelos desenhos. A legendária habilidade do pintor Jean-Auguste Ingres com o arco fez com que a expressão "violon d'Ingres" passasse a designar todo hobby bem realizado. Friedrich Nietzsche era filósofo, poeta, músico amador. E os compositores Berlioz, Schumann, Liszt, Lortzing, Wagner notabilizaram-se também como poetas, críticos ou ensaístas.

Também a relação com a natureza caracteriza nitidamente a diferença entre o homem clássico e o romântico. Para o Barroco e o Classicismo, a natureza é um pano de fundo estilizado, concebido nos mesmos padrões da poesia bucólica greco-romana. E a música a ela relacionada é apenas imitativa – canto de pássaros, tempestades, nascer do sol, a evocação dos ambientes contrastantes criados pelas estações do ano –, mas de forma muito idealizada. Como o eram também os cenários fixos de encenadores como os da família italiana Galli-Bibbiena, representando jardins ou florestas a que se misturavam elementos arquitetônicos greco-romanos, sem muita preocupação com o realismo ou a cor local. Esse estado de coisas só começará a ser radicalmente modificado pelos mestres encenadores da Ópera de Paris, durante o século XIX, na fase de voga do *grand-opéra*. É o momento em que surge o cuidado em reproduzir escrupulosamente o local onde se passa a ação, seja ele uma rua de Nápoles (na *Muette de Portici*, de Auber), seja o claustro da abadia de Montfort l'Amaury (no *Robert le Diable*, de Meyerbeer) – veja o capítulo a esse respeito em *A Ópera na França*.

Para o homem romântico – e em especial o alemão, que sempre teve com a natureza uma relação panteísta, associando a ela sensações subjetivas, medo do sobrenatural, impressões oníricas –, o mundo exterior transforma-se numa caixa de ressonância das emoções humanas. Os fenômenos naturais deixam de ser vistos como manifestações concretas e, filtrados pela subjetividade do artista, convertem-se em reações da realidade externa, que ele vê dotada de sentimentos, àquilo que se passa dentro dos seres humanos. Forma-se, assim, um clichê narrativo – a forma como a natureza responde a certos acontecimentos da intriga – que persiste, até hoje, nos mais diversos gêneros. Não é por outra razão que, nos modernos filmes de terror, por exemplo, a inevitável tempestade se desencadeia nos momentos de maior tensão e perigo. A presença da natureza, não mais como uma mera moldura, mas como um verdadeiro protagonista da ação, será determinante nas óperas da escola nacional alemã, tanto em Weber (*Freischütz*) quanto em Marschner (*Hans Heiling*), Lortzing (*Undine*) ou Wagner (*O Navio Fantasma, Tannhäuser, O Anel*).

Onde povos com raízes comuns, mas pertencentes a unidades políticas provisoriamente independentes, podem buscar uma identidade especificamente "germânica"? Na língua, nos costumes, nas tradições, na visão do mundo que os aproxima. E isso vai influenciar diretamente a escolha dos temas romanescos, teatrais, operísticos. Abandonando os assuntos mitológicos ou da história antiga, que tinham predominado nos séculos anteriores, o artista romântico vai dar preferência aos episódios folclóricos, legendários ou medievais. E é numa série de obras literárias e estudos etnográficos fundamentais, cuja influência sobre o teatro musical da época é nítida, que encontraremos as raízes dessa temática.

Em 1760, surgiram em Edimburgo os *Fragments of Ancient Poetry Collected in the Highlands of Scotland, and Translated from the Gallic or the Erse Language*. Seu autor, James Macpherson (1736-1796), afirmava ter localizado, em suas pesquisas, textos de Ossian, um antigo bardo gaélico que teria vivido no século III, e era filho do chefe guerreiro Finn, ou Fingal (cujo nome foi dado às grutas evocadas por Mendelssohn em seu poema sinfônico). O sucesso desses poemas fez, inclusive, com que vários leitores dessem a MacPherson substanciais contribuições em dinheiro para que pudesse levar adiante as suas pesquisas e encontrar novos manuscritos. O investimento valeu a pena, pois ele publicou, logo depois, *Fingal* (1762) e *Temora* (1763), dois novos "*ancient epic poems*".

Só depois de esses escritos terem sido coligidos nos dois alentados volumes das *Works of Ossian* (1765), é que surgiram as desconfianças, no início limitadas a círculos muito restritos. Mas Macpherson morreu coberto de glória, e está enterrado na abadia de Westminster, embora nunca tenha sido capaz de exibir os manuscritos de onde traduzira os poemas. Só no século XX é que, em *The Gaelic Sources of Mac Pherson's "Ossian"*, Donald Thomson demonstrou serem esses textos uma genial impostura.

Tendo fracassado na tentativa de interessar os editores de Edimburgo na publicação de seu poema épico *The Highlander* (O homem das Terras Altas), escrito em 1758, Macpherson imaginou esse artifício para impor-se literariamente. Ajudado por um amigo, o reverendo John Home, forjou textos a partir do modelo dos poemas gaélicos de tradição oral, que circulavam em Invernesshire, onde nascera, e Aberdeen, onde estudara. O clima soturno e brumoso do Norte, as aventuras dos guerreiros destemidos, o canto nostálgico das glórias perdidas, indo de encontro a sentimentos típicos do homem do final do século XVIII, insatisfeito com a época em que vivia, tornaram imensamente populares os poemas de Ossian.

Peregrinações eram organizadas aos pretensos locais onde ele teria nascido e vivido. Pseudo-pesquisadores "encontravam" documentos sobre sua vida, e fantasiosas biografias de Ossian foram publicadas antes que se descobrisse a verdade. O poeta inventado por Macpherson inspirou óperas de Lesueur e Méhul, e entusiasmou Goethe, que fez Charlotte e Werther chorarem ao ler os seus versos. Na ópera de Massenet, aliás, a personagem-título cita Ossian, no monólogo "Pourquoi me réveiller?", ao evocar o momento, no início de sua paixão por Charlotte, em que ambos se encantavam ao ler juntos os textos do pretenso poeta gaélico. Os alemães, que tinham da antiga Escócia a impressão de que era uma nação semibárbara, reviram sua opinião graças à sublime falcatrua de Macpherson.

Compararam Ossian a Homero e chamaram sua pátria de "a Grécia do Norte".

Thomas Percy (1729-1811), bispo de Dromore, começou a carreira literária imitando Macpherson. Seus *"runic poems"* inspiravam-se em antigos textos islandeses que lera em tradução latina. Depois, voltou-se para o passado literário de seu próprio país. Suas pesquisas, porém, foram autênticas: partiram de um manuscrito do século XVII, o *Percy Folio*, que hoje está guardado no Museu Britânico. Esse texto forneceu-lhe a base para as *Reliques of Ancient English Poetry*, coleção de baladas, sonetos, canções e romances em verso de tradição oral, coligida por ele entre 1765 e 1794. Embora seus métodos de edição sejam discutíveis e, com muita freqüência, ele adultere os textos para corrigir o que considera "incorreto", o livro de Percy constituiu um estímulo essencial para escritores como sir Walter Scott e William Wordsworth. E propôs o modelo de compilação dos tesouros da poesia popular a ser seguido, no futuro, por pesquisadores mais sérios.

O primeiro deles foi Johann Gottfried Wieland (1733-1813), cuja *Stimmen der Völker in Liedern* (A voz do povo nas canções) é uma coletânea de poemas folclóricos de várias nacionalidades. Publicada entre 1778-1779, influenciou, por sua vez, as buscas de Ludwig Achim von Arnim (1781-1831) e de seu cunhado, Clemens Brentano (1778-1842). Restringindo-se à produção folclórica alemã, Achim e Brentano publicaram, de 1805 a 1808, *Das Knaben Wunderhorn* (A Cornucópia do Menino), coleção de poemas de várias épocas na qual, futuramente, Gustav Mahler encontraria inesgotável fonte de inspiração para suas canções e sinfonias. Partindo do modelo desses textos, Brentano criou bem-sucedidos contos de fada, de que *Die Geschichte vom braven Kasperl und dem schönen Annerl* (A História do Bravo Gasparzinho e da Bela Aninha, 1817) é um dos melhores exemplos. Com esses livros, foram assentados os fundamentos da ficção germânica inspirada em contos e poemas narrativos populares.

A metodologia estabelecida por Arnim e Brentano foi seguida por dois estudiosos de extraordinário estofo, levando-se em conta os recursos teóricos de que dispunham na época:
os irmãos Grimm – Jakob Ludwig (1785-1863) e Wilhelm Karl (1786-1859). O mais velho foi demitido, em 1837, de seu cargo de professor, em Göttingen, por ter idéias liberais; e foi delegado da Assembléia Nacional em Frankfurt (1848). Fundou o estudo científico da lingua alemã e foi notável medievalista. O mais novo realizou, entre 1826-1829, pesquisas pioneiras sobre as inscrições rúnicas e as *Heldensage*, as lendas de caráter heróico.

Juntos, eles publicaram, em 1815, *Kinder- und Hausmärchen* (Contos de Fadas Domésticos e para Crianças), que reúnem narrativas de tradição oral, compiladas e analisadas do ponto de vista da língua e do estilo. Essa coletânea fornecerá amplo material aos compositores que buscam no acervo popular a sua inspiração. O exemplo mais famoso será a ópera *Hänsel e Gretel*, de Humperdinck, extraída de uma história também existente no folclore luso-brasileiro, e que conhecemos com o nome de *Joãozinho e Maria*.

A escolha dos temas literários e operísticos nesses repositórios folclóricos trouxe consigo outra conseqüência: a valorização do elemento popular, das formas mais simples de vida, dos instintos não-sofisticados das pessoas comuns. Nessa fase pós-Revolução Francesa, marcada pela ascensão da burguesia, essa forma de pensar está relacionada com a atitude de rejeição do elitismo aristocrático, e do refinado e artificioso código de comportamento que caracterizava o Antigo Regime. Essa atitude é típica do chamado *estilo Biedermeier*, que se desenvolve nos países germânicos entre 1810-1850.

A origem dessa designação é curiosa: deriva dos nomes de duas personagens cômicas, de cartum, *Bieder*mann e Bummel*meier*, criadas provavelmente por Ludwig Pfau, mas utilizadas por vários desenhistas satíricos de jornal, que os tornaram muito populares na época. Gordos e autocomplacentes, reacionários e de visão estreita, esses Bouvard et Pécuchet *avant la lettre* eram o símbolo acabado do burguês cauteloso e sem imaginação, de horizontes limitados. Os dois nomes foram fundidos num só pelos humoristas Adolf Kussmaul e Rudolf Rodt que, em 1810, publicaram nas *Fliegende Blätter* as *Obras Escolhidas de*

Wieland Gottlieb Biedermeier. Na verdade, esses poemas bisonhos, de uma mediocridade que beirava o ridículo, tinham sido escritos por Samuel Friedrich Sauter, um modesto mestre-escola de província. Ao publicá-los, os humoristas zombavam impiedosamente das ingênuas pretensões artísticas do homem comum.

O nome pegou. Biedermeier tornou-se, na Áustria e nos Estados alemães, sinônimo do movimento emergente da mentalidade burguesa, conformista, apolítica, preocupada essencialmente com a acumulação dos bens materiais, e recolhida num estilo de vida provinciano cujo valor predominante era a busca do conforto. Onde o Biedermeier mais claramente se manifesta é nas artes diretamente ligadas à vida cotidiana. Na arquitetura, onde as casas tornam-se menores, mais aconchegantes e funcionais; na confecção, que simplifica o vestuário, visando a uma maior informalidade e bem-estar físico. E principalmente no mobiliário, de que são eliminados os ornamentos em metal e as formas retas, em favor de curvas mais aerodinâmicas; e são adotadas almofadas macias no assento e no encosto, em nome da busca de comodidade e da descontração na postura. A cadeira austríaca, de Michael Thonet (1796-1871), o maior desenhista de mobiliário da época, resume a busca de aconchego e bem-estar do espírito Biedermeier.

Sentimentalismo, ausência de preocupação com as grandes causas políticas ou sociais da época, e temática voltada para os aspectos simples do quotidiano são os aspectos mais marcantes da literatura e da música influenciadas pelo Biedermeier, formando uma espécie de reverso da moeda do Romantismo retórico, condoreiro, patriótico e contestador. Em seu pólo negativo, o Biedermeier tende também para a melancolia, o pessimismo, o gosto pelos assuntos sombrios – e aí já está o embrião à distância de um estado de espírito que vai-se desenvolver plenamente na fase tardia do Romantismo, chamada de "crepuscular" ou "decadente". O estilo literário caracteriza-se também por um refinamento que pode, às vezes, cair num preciosismo um tanto vazio, já prenunciando o formalismo parnasiano.

Todas essas tendências, aliadas a uma forma especificamente germânica de conceber a arte musical, vão trazer à ópera alemã do início do século XIX uma série de transformações que, posteriormente, exercerão considerável influência sobre a produção de outros países. A primeira delas é a expansão do papel da orquestra que, em séculos anteriores, tinha por função acompanhar o cantor, só adquirindo maior independência em trechos específicos puramente instrumentais: aberturas, *ritornelli*, bailados, sinfonias descritivas, *intermezzos* etc.

Com o Romantismo, expandindo tendências que já estavam implícitas em Haydn, Mozart ou Gluck, a orquestra passará a interpretar os estados de ânimo, a fornecer sugestões sobre o próprio desenvolvimento da trama, a ser um co-narrador. O acompanhamento transforma-se em um fluxo constante de som que apóia a linha vocal, cujo estilo de declamação assume formas mais realistas e variadas; mas também comenta o que está – e principalmente o que não está – sendo dito por essa linha vocal. A abertura, que antes era apenas uma peça atmosférica, brilhante, sem outra ambição senão a de dispor favoravelmente o espectador para a ópera a que ia assistir – a das *Bodas de Fígaro*, por exemplo –, passa a ter estreita conexão temática ou estrutural com o conteúdo do drama, do qual apresenta uma espécie de síntese. Além disso, levando adiante pesquisas que já se tinham iniciado, no século XVIII, com o experimentalismo da orquestra-laboratório de Mannheim, o progresso técnico dos instrumentos de sopro e a introdução de novas percussões aumentam as possibilidades do colorido orquestral.

Na música alemã, sempre existiu essa tendência natural a valorizar o papel da orquestra. É Curt Sachs quem, em *The Road to Major*, fala da "eterna antítese entre o Norte que toca e o Sul que canta". Descontado o perigo da generalização, há de fato, na ópera alemã, uma maior densidade da escrita orquestral, contrastando com a inata vocação mediterrânea para uma solar vocalidade. Isso faz com que, de um lado, predominem a melodia e a arte do belcanto; do outro, a preocupação com a harmonia e as texturas contrapontísticas. É o que, em todas as épocas, sempre fez a diferença fundamental entre os Scarlatti e Keiser, entre Bononcini e Händel, Vivaldi e Hasse, Traetta e Gluck, Paisiello e Mozart, Rossini e Weber, Verdi e Wagner, Strauss e Puccini.

Durante o Romantismo – não só na Alemanha, mas de uma forma bem mais rápida e sistemática no domínio germânico –, a estrutura da ópera sofre modificações radicais. Os números distintos, sem interconexão temática, da ópera barroca e clássica, serão substituídos por unidades mais amplas. O finale da ópera clássica já tinha essa tendência à expansão: ele era a extensa seção com que se encerrava cada ato de ópera, durante a qual os "números" musicais justapunham-se, não mais sendo separados por recitativos; e alguns finales, os de Mozart sobretudo, assumem uma complexidade sinfônica muito grande. Partindo dessa técnica do finale e estendendo-a ao resto do ato, os compositores vão escrever seções contínuas cada vez mais longas, garantindo maior fluência, coerência e organicidade.

Na ópera romântica italiana, desenvolve-se a fórmula tripartite da *scena*, constituída por um *recitativo* de introdução, uma *ária* de caráter reflexivo, uma passagem de ligação (*tempo di mezzo*), e uma seção complementar, geralmente mais rápida e virtuosística, a que se dá o nome de *cabaletta*[1]. A estrutura ternária – ária/recitativo/cabaleta – da *scena* romântica resulta da expansão da fórmula ABA' da antiga ária *da capo* barroca, em que a primeira seção era reprisada, com variantes de ornamentação. E constitui uma unidade completa de sentido: uma cena em que um determinado problema é proposto (no recitativo), a personagem reflete sobre ele (na ária), chega a uma conclusão ou decisão e, na cabaleta, celebra esse desenlace ou afirma a vontade de colocá-lo em prática.

Com o tempo – sobretudo nas mãos do Verdi maduro – essa *scena* irá se ampliando e tendendo à forma do ato contínuo. Na ópera alemã também começará a se manifestar, desde muito cedo, a tendência àquilo que Wagner chamará de *Durchkomposition*: o desaparecimento da separação entre um número e outro, levando ao ato "through-composed", isto é, musicado de uma ponta à outra, mediante um *arioso* livre e permanente. Esse é o nome dado a um estágio intermediário de canto, que já não é mais o simples recitativo acompanhado, mas ainda não atingiu o grau de elaboração da ária, baseada numa melodia formal, de padrões simétricos, com desenvolvimento complexo. De um modo geral, o arioso tem uma empostação melódica mais descontraída, próxima das inflexões normais da fala.

Esse arioso pode, ocasionalmente, alçar-se ao nível mais elaborado da cantilena, como na "ária" tradicional. Mas já não existirá mais a diferença flagrante entre recitativo e ária que, na ópera do Barroco até o início do século XIX, eram antinômicos. E a declamação melódica será sustentada por um comentário orquestral cada vez mais independente. Em Wagner, além disso, a unidade orgânica será dada pelo *leitmotiv* (motivo condutor), sistematização muito pessoal da técnica do tema recorrente, que já vinha sendo usada muito tempo antes e conferirá à orquestra o papel de verdadeiro co-narrador da história (já que, a essa altura, não se poderá mais falar de acompanhamento orquestral nos termos tradicionais).

Muito mais do que nos melodramas italianos anteriores à maturidade de Verdi, recitativo e ária tenderão logo, na ópera alemã, a não ter distinção muito nítida. Os recitativos aproximam-se do arioso e as árias, renunciando progressivamente aos excessos de ornamentação de estilo belcantístico, convergem também para uma declamação mais livre, que adere de perto à métrica dos versos. As árias, números de conjunto e cenas corais vão combinar-se variadamente, em unidades cada vez maiores. Depois da "ópera de números" dos séculos XVII e XVIII – assim chamada porque, na partitura, cada ária vinha numerada –, surge o que poderíamos chamar de "ópera de cenas", que evoluirá naturalmente para a "ópera de atos inteiros".

No terreno harmônico, a necessidade de estabelecer relações de interdependência entre as cenas, que fluem uma da outra, e também de expressar a multiplicidade de emoções conflitantes, faz com que se recorra a modulações cada vez mais freqüentes. À medida que

---

1. A origem etimológica desse último termo é indefinida. Alguns autores ligam-no a *cavallo*, devido a seu ritmo "galopante". Mas outros vinculam-no a *cobboletta*, diminutivo de *cobbola*, que vem do provençal *cobla*/estrofe – a mesma palavra derivada do *copula* latino que em espanhol dá o vocábulo *copla* e, em francês, *couplet*.

se avança pelo século XIX, essa sistemática mudança de tonalidade fará seus limites tornarem-se ambíguos e indefinidos. As alterações cromáticas produzidas pelos choques entre as vozes principais e as intermediárias – de que já havia exemplos isolados em Weber e Marschner –, chegarão ao extremo limite no *Tristão e Isolda* (1865), em que Wagner evita deliberadamente as cadências conclusivas, modulando para outra tonalidade cada vez que estas se aproximam e a resolução parece inevitável. A conseqüência disso é que, rompido o vínculo com o princípio básico da música tonal – o de que, à tensão criada a partir de determinada tonalidade, deve seguir-se o repouso representado por sua resolução –, a impressão que se tem é a de que a música nunca parece chegar a seu fim. Isso é o que Wagner chamará de *Unendliche Melodie* (a melodia infinita). Essa técnica gera um efeito que corresponde a um dos mais fortes componentes do espírito germânico: a ânsia pelo inalcançável, a contradição permanente entre a necessidade de Absoluto que existe em cada indivíduo e a consciência de que este é um mundo finito, contingente, cuja imperfeição torna impossível a realização ideal de nossos desejos.

Weber

As origens nobres do criador da escola nacional de ópera alemã existiam apenas na cabeça de seu pai, Franz Anton Weber. Foi ele quem, em 1768 – como já demonstrou John Warrack em sua biografia do compositor –, decidiu acrescentar ao nome da família a partícula nobiliárquica "von" e intitular-se barão. As ambições desse modesto músico de província estendiam-se também a seus filhos. Inspirado pelo sucesso de Mozart como criança prodígio, chegou a levar para Viena Fritz e Franz Edmund – que tivera de um primeiro casamento com Maria Anna Fumetti –, fazendo-os estudar com Haydn, na esperança de que um talento surpreendente desabrochasse neles.

Já desistira de ter um filho musicalmente superdotado e conformara-se a um cargo de músico municipal em Eutin, no eleitorado de Lübeck, quando nasceu Carl Maria Friedrich Ernst de seu segundo casamento, com a cantora Genovefa Brenner, 29 anos mais jovem do que ele. Carl Maria von Weber (1786-1826) esteve, desde menino, em contato com o palco pois, pouco depois de seu nascimento, o pai criou a *Von Weberschen Schauspielergesellschaft* (Companhia de Teatro von Weber) para excursionar pela Alemanha. Um problema ortopédico de nascença, que o fez mancar e ter a saúde frágil a vida inteira – ele não conseguiu andar antes dos quatro anos –, foi compensado pelo desenvolvimento intelectual muito precoce. Mas seus estudos foram irregulares, pois a família estava sempre indo de um lado para outro, e ele a acompanhava em suas constantes turnês pela Baviera.

As primeiras noções de música lhe foram transmitidas pelo pai e o meio-irmão Fridolin. Nas várias cidades por onde a companhia passava, professores esporádicos lhe iam dando aulas: piano com Johann P. Heuschkel, em Hildburghausen; rudimentos de composição com Michael Haydn – irmão do "pai da sinfonia" –, em Salzburg; canto numa escola de Munique. Data de 1798 a sua mais antiga obra publicada: uma coleção de seis pequenas fugas dedicadas ao meio-irmão Edmund, exercícios de contraponto que lhe tinham sido passados por M. Haydn, e que escreveu com apenas 12 anos.

Um'ano depois, ajudado por Johann Nepomuk Kalcher, organista da corte, produziu *Die Macht der Liebe und des Weins* (O Poder do Amor e do Vinho), *singspiel* cuja partitura se perdeu num incêndio em casa de Kalcher. No mesmo ano, quando a família passou por Freiberg, Carl Maria conheceu Carl von Steinsberg, diretor da companhia de ópera local. Este lhe propôs o libreto de sua primeira ópera encenada: *Das stumme Waldmädchen* (A Garota Muda do Bosque), que a companhia Steinsberg levou ao palco no Buttermarkttheater, em 24 de novembro de 1800. Embora a crítica local tivesse palavras de encorajamento para esse primeiro esforço, o jovem compositor sentiu-se esnobado pela fria recepção do público e destruiu a partitura.

Augsburg, onde Edmund era regente, assistiu, em 1803, à terceira ópera de Weber, *Peter Schmoll und sein Nachbarn*, concebida sob a orientação de M. Haydn, "de acordo com as verdadeiras regras do contraponto". Para o libreto de Joseph Türke, baseado numa novela muito popular de Carl Gottlob Cramer, o jovem compositor escreveu uma música de forte empostação mozartiana que com freqüência lembra a da *Flauta Mágica*. Não se pode esperar que compositor tão jovem seja capaz de infundir vida às figurinhas de papelão do texto de Türke; mas já existem, aqui e ali, combinações instrumentais desusadas: por exemplo, um trio acompanhado por duas flautas doces e duas trompas. Edmund a estreou em Augsburg, em março de 1803, "sem grande sucesso", como o próprio Weber contaria mais tarde. *Peter Schmoll e seus Vizinhos* foi gravada por Gerhard Markson, em 1993, para o selo Marco Polo.

Percebendo o imenso potencial do garoto, M. Haydn recomendou a seus pais que o levassem para Viena e o entregassem aos cuidados de Franz Joseph, seu célebre irmão. Mas foi na classe de Composição do prestigioso abade Georg Joseph Vogler (1749-1814) – a cujos ouvidos já tinham chegado notícias desse promissor adolescente, autor de duas óperas já encenadas – que Carl Maria foi parar. Vogler, em cujo curso Weber foi colega de Jakob Meyerbeer, exerceu sobre o seu desenvolvimento musical uma influência profunda e duradoura. E confiava tanto nele que, em 1804, embora ele tivesse apenas 18 anos, recomendou-o para o cargo de *Kappelmeister* da Ópera de Breslau (atual Wróclaw, na Polônia).

Enquanto trabalhava em *Rübezahl* – que deixou inacabado, e de que sobrevivem apenas três números – Weber tentava implantar em Breslau idéias novas, que revitalizassem as práticas obsoletas do teatro. Mas era muito jovem e esbarrava na feroz oposição dos veteranos, agarrados a seus velhos costumes. Em 1806, sofreu um acidente grave: procurando no escuro uma garrafa de vinho que deixara em cima da mesa, bebeu involuntariamente o ácido nítrico com que se gravavam as chapas para a impressão de partituras. Ficou hospitalizado dois meses, nunca mais pôde cantar e até para falar o timbre de sua voz se alterou. Ao voltar ao teatro e descobrir, irritadíssimo, que todas as suas reformas tinham sido canceladas, pediu demissão.

No ano seguinte, após breve estada em Carlsruhe, onde compôs suas duas sinfonias, foi contratado como secretário particular do duque Ludwig de Würtemberg, cargo que ocupou até 1813. Em sua casa, conheceu o *Kappelmeister* Franz Danzi, que lhe encomendou a música incidental para uma encenação da *Turandot* (1809), de Schiller, sua primeira partitura importante para o palco. Foi ali também que Franz Carl Hiemer revisou para ele o libreto da *Garota Muda do Bosque*, dando-lhe um novo título. *Silvana* estreou em 16 de setembro de 1810 em Frankfurt-am-Main, onde a recepção foi morna; mas Berlim a acolheria entusiasticamente, dois anos depois. Foi também Gerhard Markson quem fez, em 1997, a gravação existente no selo Marco Polo, com um elenco jovem que compensa com entusiasmo o que perde em experiência.

O conde Rudolph apaixona-se por Silvana, uma linda garota muda, que mora sozinha no bosque. Está noivo de Mechtilde, a quem não ama; e ignora que sua prometida é apaixonada por Albert, filho de um velho inimigo de seu pai. O impedimento para a união do nobre Rudolph com a plebéia Silvana desaparece, quando ele descobre que, na realidade, a moça do bosque é Ottilie, irmã mais nova de Mechtilde, raptada quando menina pelo pai de Albert e que, um dia, desaparecera de seu castelo. Com a alegria de ser pedida em casamento pelo jovem conde, Silvana/Ottilie recupera a fala. Mechtilde pode casar-se com Albert, e o pai de Rudolph reconcilia-se com seu inimigo.

Não é possível saber em que medida Hiemer melhorou o libreto original de Türke, porque o texto deste não foi preservado. Seja como for, o entrecho continua bem contorcido, ao gosto das platéias da época. A partitura, que obedece ao princípio da mistura de canções estróficas alemãs com árias de coloratura italianada, é obra de um compositor jovem; mas a um ouvido atento não escapa o embrião de alguns traços estilísticos do músico maduro. Em especial, a evocação dos fenômenos naturais, na cena do ato I que se passa na floresta, e a descrição da tempestade no ato III, já apontam para o futuro autor do *Freischütz*. A caracterização das personagens principais já é mais firme – percebe-se nítido progresso em relação a *Peter Schmoll* – e há um certo cuidado na utilização dos efeitos de colorido orquestral. A ambientação das cenas ao ar livre, é muito feliz. Alguns números são muito bem escritos: a ária de Mechthilde ou a romança do tenor, com um belo acompanhamento de violoncelo *obbligato*. O coro dos caçadores é exuberante e o finale do ato II tem uma construção enérgica e persuasiva.

Em 1810, quando Carl Maria foi visitar o amigo Stift Neuberg em Darmstadt, este lhe deu a ler *Der Gespenterbuch* (O Livro dos Fantasmas), de Johann Appel e Friedrich Laun. Ali ele encontrou a história fascinante de um jovem caçador que anda em maré de azar e faz um pacto com o Diabo para poder ganhar um concurso de tiro ao alvo, pois o prêmio para o ganhador será a mão da moça que ele ama. Weber chegou a esboçar o roteiro para extrair desse conto uma ópera; e o violoncelista amador Alexander von Dusch, que conheceu em casa de Neuberg, ofereceu-se para escrever o libreto. Mas Dusch andava muito ocupado, não teve tempo de preparar o texto, e o projeto foi adiado.

Mesmo porque a atenção de Weber voltara-se para *Abu Hassan*, libreto de Hiemer baseado num conto de Antoine Galland. Este o escrevera imitando o estilo das *Mil e uma Noites*, de que publicara, em 1712, a primeira tradução européia. Estreado em 4 de junho de 1811, no Residenztheater de Munique, esse *singspiel* é um dos últimos produtos da voga germânica de atração pelo Oriente otomano.

Abu, mordomo do Califa, e sua jovem mulher, Fátima, devem muito dinheiro ao agiota Omar. Dizendo que sua mulher morreu, Abu pede ao soberano que lhe dê dinheiro para que ela possa ter um funeral condigno. Fátima conta a mesma mentira a Zobeide, a primeira esposa do Califa. Nesse meio tempo, Omar vem à casa do rapaz e tenta seduzir sua atraente esposa, em troca do perdão da dívida. Quando ouve Abu chegando, esconde-se dentro de um armário, de onde o ouve dizer a Fátima, num fingido tom feroz, que está sedento do sangue do agiota. Mesru, criado do Califa, e Zemrude, criada de Zobeide, vêm verificar se é verdade a notícia da morte do casal e, um depois do outro, Abu Hassan e Fátima fingem-se de defunto. Como as coisas ainda não estão claras, o Califa e sua esposa vêm pessoalmente esclarecer os fatos. Ao ouvi-lo dizer que daria dez mil dinares de ouro a quem lhe explicasse o que está se passando, Abu Hassan "ressuscita" e conta-lhe o motivo do estratagema. Em vez de se enfurecer, o Califa o perdoa, dá-lhe o dinheiro, e manda seus homens levarem o armário – com Omar dentro – para a prisão.

Antes mesmo da estréia de *Silvana*, Weber já começara a trabalhar seriamente na partitura de *Abu Hassan*. A primeira coisa que escreveu foi o coro dos credores – escolha compreensível pois, em decorrência de transações dúbias com agiotas em que seu pai tinha se envolvido em Württemberg, tinha ficado preso alguns dias e, ao ser solto, tivera de sair às pressas da cidade. Para a apresentação em Gotha (1813), Weber acrescentou um novo dueto para o casal de finórios; e à remontagem de Dresden, em 1823, anexou o delicioso lamento de Fátima sobre a pretensa morte do marido. Anthony Friese-Greene, biógrafo do compositor, conta também uma história pitoresca em relação a "Fatima, Geliebte", a ária em que a personagem-título declara o amor por sua esposa. Dizem que Carl Maria estava hospedado em casa de Von Dusch, em Heidelberg e, uma noite, após o jantar, ocorreu-lhe uma belíssima melodia para essa ária e ele a cantarolou para o amigo. Na manhã seguinte, porém, esquecera-a completamente. A sorte é que Dusch lembrava-se dela e a cantarolou de volta, permitindo-lhe recuperá-la e desenvolvê-la.

Embora *Abu Hassan* já contenha em germe todas as qualidades do dramaturgo maduro, são inevitáveis as influências principalmente do Mozart do *Rapto do Serralho*, modelo óbvio para os *singspiele* de tema otomano. Omar, naturalmente, prolonga o estilo bufo de Osmin, o guardião do serralho; a música de entrada do Califa ecoa o famoso "tema turco" mozartiano; e o trio "Ängstlich klopft es mir im Herzen" lembra muito "O wie ängstlich", a ária de Belmonte. Mas a invenção do compositor evidencia-se em páginas como a declaração de amor de Abu Hassan, acompanhada por dois violões e fagote; e a de Fátima, com um violoncelo *obbligato* que já prenuncia a romança de Agathe no *Freischütz*. O cuidado com a orquestração também transcende os limites do gênero, naquela fase.

Além da gravação de Wolfgang Sawallisch (Electrola, 1975), existia, em Lp no selo Varèse-Sarabande, um registro histórico dessa pequena obra-prima do início do Romantismo: uma transmissão radiofônica feita em 1941, em plena guerra, sob a regência de Leopold Ludwig, em que Fátima é interpretada por um jovem soprano, em início de carreira, chamado Elisabeth Schwarzkopf. Essa gravação foi relançada em CD pelos selos Grammofono e Forlane.

Uma fase dedicada à composição de obras instrumentais e a turnês como pianista de concerto foi interrompida, em 1813, quando Weber aceitou novo cargo de *Kappelmeister*, desta vez na Ópera de Praga. Ali, como em Breslau, dedicou-se, até 1816, a reformar as práticas vigentes: contratou cantores por suas potencialidades como membros de um conjunto, e não por seus dotes de estrelato; reorganizou o plano de ensaios e renovou a orquestra; controlou desde a confecção dos cenários até a compra de novas partituras para a biblioteca; e escreveu, para os programas, brilhantes ensaios sobre as óperas dos autores novos que fazia encenar, empenhado em ampliar o repertório do teatro. Foi Weber quem revelou ao público tcheco todos os títulos importantes da ópera francesa, de Cherubini a Grétry, passando por Spontini, Boïeldieu, Dalayrac e Méhul – autores cuja influência seria determinante para a formação da ópera nacional alemã.

Foi uma fase exaustiva, que abalou muito a sua saúde e lhe deixou pouco tempo para compor. Uma de suas poucas obras importantes é o ciclo de canções *Leyer und Schwert* (Lira e Espada, 1814), baseado nos poemas patrióticos de Theodor Körner sobre a resistência à invasão napoleônica. Esses sentimentos nacionalistas – que estão na raiz de seu desejo de dar à ópera uma feição tipicamente germânica – vêm dos tempos das aulas com Vogler. Foi o abade quem o pôs em contato com a ideologia pré-romântica do movimento *Sturm und Drang* (Tempestade e Ímpeto). Como já acontecera antes, os choques com a direção do Teatro de Praga, que aceitava com dificuldade as suas inovações, foram constantes e, em outubro de 1816, Weber pediu demissão e foi para Berlim. Mas a fama do trabalho pioneiro que fizera chegou até Dresden, e a direção da Real Ópera Saxã ofereceu-lhe o cargo de *Kappelmeister*, que ele aceitou. Em Dresden – onde teria Heinrich Marschner como assistente –, Weber também renovou o coro e a orquestra, contratando músicos mais jovens e atualizados; deu especial atenção às novas técnicas de construção de cenários e de iluminação vindas da França; e privilegiou o repertório alemão e francês, de modo a competir com o Teatro Italiano, dirigido por Francesco Morlacchi. Introduziu ainda uma técnica revolucionária: a de obrigar os cantores a fazer a leitura dramática do libreto, antes dos ensaios musicais, como se ele fosse uma peça falada, para que se familiarizassem com seus aspectos teatrais. Deu, assim, destaque muito maior à encenação, rompendo com as velhas praxes de montagens estáticas e estilizadas que vinham desde os tempos do Barroco. Estava atento, portanto, à revolução dramática que, iniciada na Ópera de Paris, se irradiava por toda a Europa.

Em Dresden, Weber conheceu Friedrich Kind, a quem finalmente confiou a tarefa de redigir um libreto baseado em *Der Freischütz* (O caçador furtivo), o conto que lera na antologia de Apel e Laun. Nesse meio tempo, a história tornara-se muito popular, pois tinha sido usada como base para duas obras teatrais do mesmo nome: a "Romantische Tragödie" de Franz Xaver von Caspar (1812), com música incidental de Carl Neuner; e a versão de Ferdinand Rosenau e Aloys Gleich (1816), com acompanhamento musical de Franz Roser. Como já dissemos no capítulo dedicado a Spohr, este tinha começado a trabalhar num libreto de Georg Doring baseado na peça de F. X. von Caspar, quando soube do projeto de Weber sobre o mesmo assunto – na época intitulado *Der Probeschuss* (O Concurso de Tiro). Desistiu então da idéia, dedicando-se a *Zemire und Azor*.

O excesso de trabalho em Dresden, a saúde frágil e a pressão de outras encomendas – entre elas a de uma ópera intitulada *Alcidor*, que Weber acabou convencendo seus patrões a cancelar – retardaram a composição da nova ópera que, em 1819, já se intitulava *Die*

Jägersbraut (A Noiva do Caçador). O que o animou a trabalhar intensivamente nela foi a promessa de que ela inauguraria o novo Berliner Schauspielhaus – na verdade aberto com uma peça de Goethe, embora *Der Freischütz* tenha sido a primeira ópera ali encenada. A aclamação do público, em 18 de junho de 1821, foi tão triunfal que *O Caçador Furtivo* – levado vezes no mesmo teatro, até 1884 – acabou apontado pela historiografia como a primeira pedra da Escola Nacional alemã.

Isso é compreensível, pois *Der Freischütz* chega num momento muito oportuno da História alemã, em que a derrota de Napoleão tinha feito crescer de forma significativa o sentimento nacionalista. Com suas personagens, situações e música germânicas até a medula, a ópera inflamou e cativou a imaginação da platéia, que viu nela um símbolo vivo de seu desejo de assumir uma identidade própria, naqueles tempos difíceis em que obstáculos muito grandes ainda se interpunham ao sonho de criação do Estado único – a que só se chegaria muitas décadas depois.

O libreto do *Freischütz* é uma síntese dos principais elementos do *singspiel*, tal como ele vinha sendo praticado desde o fim do século XVIII. Tem, como fundo para a ação, a natureza e a vida simples dos camponeses. O roteiro de 1810 previa um Prólogo, em que Agathe vai visitar o eremita e pedir que a abençõe e à sua união com Max, a quem ama. Mas a cantora Caroline Brandt, mulher de Weber, foi da opinião de que, se a ópera queria ser a respeito do povo, deveria começar com uma cena em que este aparecesse. Por esse motivo inicia-se com o treinamento para o concurso de tiro, uma entrada direta no assunto que é dramaticamente mais eficiente. Porém, como Kind se esqueceu de fazer, no diálogo, referência à cena que tinha cortado, a aparição do eremita no final parece intempestiva e mal explicada quando, na realidade, já estava combinado que ele viria.

O caçador Max é um jovem ingênuo e cheio de boas intenções. Há tempos vem tendo azar nas competições de tiro, pois sua pontaria tornou-se inexplicavelmente ruim. Por isso, deixa-se convencer a fazer um pacto com o Diabo, para conseguir as balas encantadas que lhe permitam ganhar o grande concurso anual de tiro. Conquistará, assim, o primeiro prêmio: a mão de Agathe, filha do guarda florestal Cuno, por quem está apaixonado. É envolvido nessa perigosa aventura por Caspar, um ardiloso vilão que acaba vítima de sua própria armadilha: no momento em que Max dispara a terceira bala – a que pertence a Samiel, o diabo – ele é atingido e levado para o inferno.

Descobertos os meios demoníacos que Max usou para obter as balas com que acertou os dois primeiros tiros, ele está para ser condenado pelos aldeões quando é salvo pela intervenção do sábio eremita e pela benevolência de Ottokar – príncipe magnânimo, personagem herdado da tradição barroca do "déspota esclarecido" que, no final da ópera, sempre compreendia e perdoava os erros das personagens. Ottokar impõe a Max um período de isolamento, para purgar sua culpa, depois do qual poderá voltar à aldeia e fazer-se merecedor da mão de Agathe, que estará esperando por ele.

Aos elementos pitorescos da ação (a vida dos caçadores, os costumes matrimoniais dos camponeses, os cantos e danças folclóricos), unem-se os sobrenaturais, inspiradores de terror e tensão, tão populares na época. Nada disso era estritamente novo, mas Weber e Kind combinavam todos esses ingredientes de uma forma que transcendia a simples luta entre o Bem e o Mal, situando a história no plano do triunfo das características mais típicas do espírito germânico. Fizeram, com isso, que o público se identificasse com as personagens e se reconhecesse não só na ação mas também na música, cujas melodias estavam intimamente ligadas às marchas, às canções de trabalho, aos *ländler* e *lieder* que faziam parte do cotidiano. Mais do que qualquer compositor antes dele, Weber consegue elevar a música popular à dignidade da ópera de assunto sério, numa linha que, mais tarde, exercerá grande influência sobre as nascentes escolas nacionais do Leste e do Norte europeus.

Trechos como a romança de Agathe no ato II, "Leise, leise, fromme Weise" (Devagar, leve ar), combinam harmoniosamente as melodias de inspiração folclórica com o modelo erudito da *scena* tripartite, com uma amplitude típica de *grand-opéra*. Weber tem grande habilidade em diferenciar suas personagens através das formas musicais que as faz utilizar. Compare-se, por exemplo, a nobreza de linha dessa romança, ou da ária de Max, "Durch die Wälder" (Através dos bosques), com a descontraída polonaise "Kommt ein schlanker Bursch gegangen" (Se vier um esbelto rapaz), cantada por Ännchen, a jovem e despreocupada amiga de Agathe. Ou a música solene e aristocrática de Ottokar com as melodias entrecortadas e tortuosas que definem o caráter traiçoeiro de Caspar.

Der Freischütz tem, provavelmente, na seqüência que se passa no Vale dos Lobos, onde Caspar e Max vão se encontrar com Samiel e fundir as balas mágicas, a melhor cena de terror da História da Ópera. Talvez apenas Benjamin Britten, em *The Turn of the Screw*, tenha, depois de Weber, conseguido evocar o sobrenatural de maneira tão impressionante. Os expedientes usados são de um seguro efeito dramático: as harmonias misteriosas das cordas em tremolo; o coro dos espíritos sobre uma única nota; o diálogo entre Caspar que canta e Samiel que fala; e o melodrama da fundição das balas, com a orquestra acompanhando o texto falado e recriando fenômenos progressivamente assustadores – latidos, ventania, gritos lancinantes de almas penadas.

Antes de Weber, o sobrenatural era, de certa forma, um elemento decorativo, um pano de fundo para dar à ação um tempero de suspense. O *Freischütz* é a primeira ópera a trazer para o palco o componente noturno, onírico, a dificuldade em estabelecer fronteiras nítidas entre a realidade e a fantasia, que impregnam a poesia de Novalis, de Jean-Paul Richter. Essa fascinação pelo *Umheiliche* – o sinistro, o lúgubre – forma a base do que, em *A Decadência do Ocidente*, Oswald Spengler chama de "a alma fáustica" do povo alemão, cheia de atração por tudo o que é sombrio, inquietante, demoníaco. É o sentimento comum que está na base de obras tão diferentes entre si quanto o *Fausto* de Goethe ou o de Lenau; os contos fantásticos de Hoffmann e as óperas de Marschner e Wagner; uma peça como *A Caixa de Pandora*, de Wedekind, em que se inspirou a *Lulu*, de Alban Berg; ou o cinema expressionista do entre-guerras, que tem no *Gabinete do Dr. Caligari*, de Robert Wiene, o seu exemplo mais famoso.

Do ponto de vista musical, Weber já utiliza dissonâncias que se sucedem de modo livre e imprevisto, e não se resolvem no momento em que seria de se esperar uma distensão. Trabalha também com choques entre regiões tonais muito distantes umas das outras. O finale do ato III, por exemplo, começa em dó menor mas, depois, modula bruscamente para si maior, num salto de tonalidade difícil de encontrar em compositores anteriores a ele. Em sua escrita, portanto, já encontramos a semente de uma prática que se acentuará ao longo do Romantismo – a das modulações inesperadas conduzindo a harmonias vagas e indefinidas – que o Wagner do *Tristão* levará à beira da dissolução do conceito de tonalidade.

Outro elemento importante na linguagem do *Freischütz* é a técnica de jogar com o colorido orquestral alterando os timbres para frisar certos aspectos da ação. Mozart, Beethoven ou Berlioz já faziam isso instintivamente; mas Weber é o primeiro a formular, no plano teórico, as possibilidades do que chamava de *unheitlicher Grundton* (unidade fundamental de tom): a utilização de combinações específicas de timbres instrumentais para sugerir a ambientação camponesa, a vida dos caçadores (metais principalmente), a interferência dos poderes demoníacos na vida dos seres humanos (registros graves de diversos instrumentos) ou, como já mencionamos, as diferenças de personalidade entre Agathe, Max, Caspar, Ännchen etc. Esse caráter específico dado, em cada passo, à sonoridade orquestral é historicamente importantíssimo, pois abre caminho, num certo sentido, ao sistema wagneriano do *leitmotiv* e, mais adiante, à *Klangfarbenmelodie* (melodia de timbres) da fase expressionista. E contribui para a consciência da unidade da composição que será um dos objetivos fundamentais do compositor romântico.

É basicamente a capacidade de dar à orquestra um *som* extremamente pessoal, que funciona como uma "assinatura", reconhecível à audição de uns poucos compassos, que permite a Weber conferir unidade a elementos provenientes das mais diversas origens: o melodrama típico da tradição do *singspiel*; a desenvoltura do estilo de escrita vocal silábica do *opéra-comique* francês, no tom de "conversação" de trechos como o dueto Agathe-Ännchen ou o trio das duas moças com Max, ambos no ato II; as reminiscências rossinianas na estruturação de certas árias etc. A busca dessa unidade de composição é perfeitamente exemplificada pela técnica de construção da abertura, um modelo do gênero. Nela vão basear-se, no futuro, todas as introduções que visem a recapitular os temas a serem utilizados no corpo da obra – da abertura da *Forza del Destino*, de Verdi, à Protofonia do *Guarany*, de Carlos Gomes. Partindo do exemplo de Spohr, Weber faz, no encadeamento desses temas, uma verdadeira súmula sinfônica do que será a ação.

A abertura, dominada pelas tonalidades de dó maior e dó menor – representando as forças opostas do Bem e do Mal – se inicia com um *adagio* nas cordas, associado à floresta e seus mistérios. Segue-se o tema nas trompas que sugere a sensação do horror diante do inexplicável: é o acorde de sétima diminuída (fá#, lá, dó, mi bemol), ligado à figura de Samiel, o Demônio, carregado de prenúncios sombrios. Acompanham-no o tremolo nos violinos, um *pizzicato* dos violoncelos, a marcação rítmica do tímpano contra um fundo de violoncelos. A tensão sobe num crescendo, depois morre até quase o silêncio.

A seção *molto vivace*, de alguns compassos sincopados, traz nos clarinetes o tema que se ouve no "Doch mich umgarnen finstre Mächte", da ária de Max ("Durch die Wälder"). Os clarinetes executam a melodia que acompanha as palavras de Max: "Que poder maléfico me cerca de terror?". O fortissimo da orquestra em uníssono sugere o terror do rapaz durante a cena no Vale dos Lobos. Essa parte culmina numa precipitada cadência ascendente-descendente, nas cordas, flautas e clarinetes, que se resolve na reprise do sinistro tremolo nas cordas, acentuado, ocasionalmente, por acordes das trompas.

O tremolo é interrompido pelo solo de clarinete, *fortissimo e con molta passione*, cuja melodia luminosa leva, após curta transição, ao tema exultante do "Süss entzückt entgegen ihm", na parte final da romança "Leise, leise", com que Agathe expressa sua confiança na felicidade que terá ao lado de Max. A essência vital do drama foi exposta: a ação se passa nos recessos da floresta alemã, as forças do Mal produzem horror e desespero em Max, mas ele poderá ser salvo pela inocência e o amor de Agathe. O resto da abertura é um desenvolvimento sinfônico do material já apresentado. Depois do retorno ao tema sombrio ligado ao Mal, há uma longa pausa seguida de uma nota isolada nos violoncelos e baixos; a seguir, outra longa pausa leva a um enorme crescendo de toda a orquestra e a uma triunfante recapitulação da melodia de Agathe na tonalidade de dó maior.

Ao longo de toda a ópera, as tonalidades desempenham papel fundamental no desenho do conflito entre o Bem e o Mal. As tonalidades maiores, em especial as com sustenidos, ligam-se à idéia de simplicidade e bondade; as menores – em especial o dó menor –, aos poderes da treva. A sétima diminuída de Samiel reaparece a todo momento, como uma advertência de que o Mal anda por perto. Toda a cena do Vale dos Lobos constrói-se a partir das tonalidades de cada nota desse acorde. Começa em fá# maior; quando Samiel aparece, modula para dó menor; quando Max surge, modula de novo para mi bemol. Volta para dó menor ao iniciar-se a fundição das balas; depois, à medida que as balas vão sendo atiradas dentro do cadinho, dó menor e lá maior se alternam, com uso abundante da sétima diminuída. No fim, quando Caspar e Max caem desmaiados de horror fecha-se o círculo: volta-se ao fá# do início.

Ao falarmos de Hoffmann, tínhamo-nos referido à resenha da *Undine*, feita por Weber em 1816, na qual ele a descrevia como uma obra de arte na qual os elementos fornecidos pelas demais artes "fundem-se e reemergem para criar um mundo novo". Pois foi no *Freischütz* que ele começou a pôr em prática esse ideal que, na segunda metade do século, culminaria no princípio wagneriano da "obra de arte total".

Em 1830, *O Caçador Furtivo* já tinha sido traduzido em francês, inglês, russo, tcheco, dinamarquês, sueco, polonês e holandês, exercendo influência incomensurável como o detonador de processos semelhantes de criação de escolas nacionais em diversos países. Tinha sido montado também em versões mutiladas e se prestado a diversas paródias. Em 1824, ao mesmo tempo que a Alemanha assistia a *Samiel oder Die Wunderpille* (A Pílula Mágica), Londres ria de um "new muse-sick-all" – trocadilho com a palavra "musical" que significa, literalmente, "tudo deixa a musa enjoada" –, baseado na ópera de Weber. No mesmo ano, Berlioz ficou indignado com o "sacrilégio" de François-Henri Castil-Blaze, que transformou o *Freischütz* num irreverente *Robin des Bois*. Mais tarde, em 1841, embora achasse a idéia desrespeitosa, deixou-se convencer a preparar uma edição com recitativos – e um balé! – para a apresentação no Théâtre de l' Opéra de Paris.

A discografia do *Freischütz* é compreensivelmente rica, já que se trata da ópera nacional da Alemanha; e nela destacam-se alguns grandes nomes da regência nesse país. Dentre os registros antigos, o de Keilberth, com os maravilhosos desempenhos de Elisabeth Grümmer e Rudolf Schock, tem um lugar especial. Dentre os álbuns mais modernos, os de C. Kleiber e Kubelík têm grandes qualidades:

Acanta, 1951 – Rudolf Kempe (E. Trötschel, B. Aldenhoff);
Decca/London, 1951 – Otto Ackermann (M. Cunitz, H. Hopf);
Arkadia, 1954 – Wilhelm Furtwängler (Grümmer, H. Hopf);
Arkadia, 1955 – Erich Kleiber (Grümmer, Hopf);
EMI/Angel, 1959 – Joseph Keilberth (Grümmer, R. Schock);
DG, 1959 – Eugen Jochum (I. Seefried, R. Holm);
Eurodisc, 1967 – Lovro von Matacic (C. Watson, R. Schock);
Arkadia, 1972 – Karl Böhm (G. Janowitz, J. King);
EMI/Angel, 1969 – Robert Heger (B. Nilsson, N. Gedda);
DG, 1973 – Carlos Kleiber (G. Janowitz, P. Schreier);
Decca/London – Rafael Kubelík (H. Behrens, R. Kollo);
Denon, 1985 – Wolf-Dieter Hauschild (J. Smitková, R. Goldberg);
Philips, 1990 – Colin Davis (K. Matila, F. Araiza);
BMG, 1994 – Marek Janowski (S. Sweet, P. Seiffert).

A estes discos, acrescentem-se três versões em vídeo:

1981 – Ópera de Wurttemberg – Ligendza, Kramen/Davies;
1981 – NHK de Tóquio – Pusar, Goldberg/ Hauschilld;
1985 – Ópera de Dresden – Smitkova, Goldberg/Kurz.

No final de 1999, o selo Empreinte Digitale lançou *Le Franc-tireur*, a versão francesa adaptada por Hector Berlioz, em que os diálogos falados são substituídos por recitativos que ele mesmo compôs, para que a obra de Weber pudesse ser encenada na Ópera de Paris. A regência é de Jean-Paul Penin.

Durante o estágio final de redação do *Freischütz*, Weber começou a interessar-se por uma ópera cômica: *Die drei Pintos* (Os Três Pintos), com libreto de Theodor Hell, baseado no conto *Der Brautkampf* (A Luta pela Noiva, 1819), de Carl Ludwig Seidel. Esboçou-a no verão de 1821 e continuou a trabalhar nela, esporadicamente, até iniciar *Euryanthe*. Retomou-a no outono de 1824, mas a abandonou definitivamente ao receber de Londres a encomenda para compor *Oberon*. Contribuiu para seu desânimo a falta de interesse do conde Einsiedel, chefe de gabinete do rei, em tomar as providências necessárias para encená-la.

Einsiedel era um homem refinado e de bom-gosto, mas apoiava, por motivos estritamente políticos, a manutenção da ópera italiana, e era hostil ao estabelecimento de uma escola nacional de música lírica. A seu ver, a ópera italiana, por sua própria natureza, ajudava a entreter a mística da corte. Já um melodrama em vernáculo, com temas familiares, poderia facilmente prestar-se à subversão da ordem estabelecida. Ainda mais que Weber tornara-se suspeito ao musicar a *Leyer und Schwert* em que Körner celebrava a derrota de Napoleão, de quem o rei Friedrich August fora aliado e partidário. Com isso, *Os Três Pintos* permaneceu inacabada.

O espanholismo da peça já prenuncia o do *Corregedor*, de Hugo Wolf. No caminho para Sevilha, o aventureiro Don Gastón conhece Don Pinto, que está indo à cidade para casar-se com a bela herdeira Clarissa. Embebeda-o, apossa-se de seus documentos, toma seu lugar e tenta conquistar a moça. Mas ao perceber que esta ama Don Gómez, com quem fez amizade, dá-lhe os documentos de Don Pinto para que possa casar-se com ela. O pai descobre a falcatrua, mas acaba perdoando os jovens amantes e consentindo que se unam.

Dos dezessete números previstos, Weber escreveu apenas sete: todo o ato I e o primeiro número do ato II. Depois de sua morte, pensou-se em confiá-la a seu ex-colega Meyerbeer, para que este a editasse; mas as múltiplas atividades desse músico em Paris e Berlim o impediram de levar a idéia adiante. Em 1847, ele devolveu os manuscritos a Caroline Brandt von Weber, a viúva do compositor. Em 1887, seu neto Carl von Weber revisou o libreto, reordenando os episódios, e propôs a Gustav Mahler completar a partitura.

A princípio, este pensou em usar a música deixada por Weber para reconstituir os dois primeiros atos e apresentar o III como uma peça falada. Depois, concluindo que essa seria uma solução desastrosa, usou, para as cenas ainda não escritas, trechos de outras obras do compositor. Sua versão tem 21 números, em vez dos dezessete constantes do roteiro original. Mahler orquestrou toda a partitura tentando reproduzir o estilo de Weber, e compôs um interlúdio usando temas da ópera. Dessa forma, *Die drei Pintos* foi estreada no Neues Stadttheater de Leipzig, em 20 de janeiro de 1888. E foi gravada, em 1976, por Gary Bertini, para o selo RCA. O resultado, naturalmente, é mais curioso do que conclusivo para que se tenha uma idéia exata do que o músico pretendia fazer com essa ópera cômica.

O sucesso imenso de sua ópera fantástica reverteu, imediatamente, num convite para que ele fornecesse ao Kärntnertortheater, de Viena, uma outra peça no mesmo estilo. Weber não quis, porém, repetir a fórmula do *singspiel*. Desejava responder às críticas de Spontini, e de seu amigo, o poeta Ludwig Tieck, de que "o *Freischütz* pecava por não ter formas musicais mais amplas e desenvolvidas" – isto é, por não saber explorar as fórmulas mais elaboradas da ópera de estilo italiano ou francês. Optou então por um drama lírico de música contínua, em que os recitativos acompanhados substituíam os diálogos falados. Por coincidência, no mesmo momento, decisão análoga tinha sido tomada por Schubert, no *Alfonso und Estrella*, e por Spohr, na *Jessonda*.

O libreto de *Euryanthe* é de Helmina (Wilhelmine) von Chézy, a autora da estrambótica *Rosamunde* musicada por Schubert. Essa senhora, de reputação um tanto suspeita e temperamento muito difícil, tinha um gosto acentuado pelas intrigas sobrecarregadas e os textos torrenciais. Foram precisos seis meses de idas e vindas antes que ela apresentasse a Weber um texto que ele considerasse viável. Mesmo assim, ainda é bastante pesadona a peça tirada de um *fabliau* anônimo do século XIII – *L'Histoire du Très Noble et Chevalereux Prince Gérard, Comte de Nevers, et de la Très Vertueuse et Très Chaste Princesse Euriant de Savoye, sa Mie* – recolhido pelo conde Louis de Tressan, em 1780, na *Bibliothèque Universelle des Romans*. Wilhelmine lera esse poema durante o período em que vivera em Paris, casada com o orientalista francês Léonard de Chézy. O poema já inspirara a Boccaccio uma das histórias do *Decameron* (II,9); a Shakespeare, sua peça *Cimbelino*; e a Friedrich Schlegel, *Die Geschichte der tugendsame Euryanthe von Savoyen* (A História da Virtuosa Euryanthe de Sabóia).

Na corte do rei Luís VI, ao ouvir o cavaleiro Adolar louvar a virtude de Euryanthe, sua noiva, o maléfico Lysiart aposta com ele que será capaz de seduzi-la. Enquanto isso, Eglantine, que também está apaixonada por Adolar e, por isso, odeia Euryanthe, finge ser sua amiga e arranca dela um segredo: o de que a irmã de Adolar, cujo fantasma costuma aparecer rondando o castelo, suicidou-se por amor, ingerindo o veneno que trazia escondido num anel.

Lysiart, que veio até o castelo de Euryanthe, mas nada conseguiu com ela, surpreende Eglantine violando o túmulo de Emma para apoderar-se de seu anel. Os dois decidem aliar-se. Lysiart volta à corte e mostra o anel de Emma, como a prova de que Euryanthe entregou-se a ele e deu-lhe esse penhor de afeto. Cobra de Adolar que lhe entregue as suas terras, nos termos da aposta que fizeram. Adolar leva Euryanthe para as montanhas, decidido a matá-la.

Wilhelmine Schröder-Devrient no papel título da *Euryanthe* de Carl Maria von Weber (Dresden, 1839).

Quando eles são atacados por uma enorme serpente, num desfiladeiro, Euryanthe tenta jogar seu corpo sobre o de Adolar, para protegê-lo. O cavaleiro mata o monstro mas, comovido com o sacrifício da noiva, não a mata, como pretendia. Abandona-a, porém, num lugar ermo onde ela é encontrada pelo rei, que ouve sua história e vai procurar Adolar em seu castelo – onde Lysiart e Eglantine preparam-se para se casar. Quando Lysiart é desmascarado, Eglantine zomba dele por não ter sabido fazer funcionar seu estratagema; ofendido, ele a apunhala, e é levado preso. Adolar e Euryanthe se reconciliam e proclamam seu amor.

Na estréia, em 22 de outubro de 1823, a presença de Weber ao pódio garantiu a boa reação do público. Mas a opinião geral foi de que a ópera era demasiado longa: o próprio Weber sancionou o corte de 172 compassos e, depois que ele saiu de Viena, outros 352 foram amputados. Nas récitas seguintes, o entusiasmo foi decrescendo, até decretar-se o fracasso. Que tem sido, geralmente, atribuído à má qualidade de um libreto confuso e cheio de incongruências: a pior delas é a incapacidade de Euryanthe em dissipar o equívoco aos olhos da corte e do noivo. Há situações um tanto ridículas – o episódio da serpente gigante, por exemplo –, e o texto é rebuscado, gongórico, carregado de clichês.

Tentativas posteriores de revisá-lo não conseguiram melhorá-lo substancialmente. Isso fez com que essa ópera, pela qual Schumann e Liszt afirmavam ter admiração sem limites, caísse em virtual esquecimento até ser exumada, em 1975, pela excepcional gravação de Marek Janowski (HMV), agraciada pelas interpretações de Jessye Norman e Nicolai Gedda. Escutá-la sem ser muito rigoroso com as tolices do libreto revela trechos isolados de uma beleza incomparável. Entre elas estão a abertura, seguindo o modelo proposto pelo *Freischütz*, ou a romança de Adolar, "Unter bluh'nden Mandelbäumen" (Sob as amendoeiras floridas), do ato I. É de primeira água a seqüência formada pela cavatina de Euryanthe, "Glöcklein im Tale" (Sininhos no vale) e pelo dueto em que Eglantine arranca da protagonista o segredo de família ferozmente guardado.

São de grande originalidade a ária de Lysiart no ato II, "So weih' ich mich den Rachegewalten" (Assim me consagrei aos deuses da vingança), entrecortada por nervosos recitativos; e seu sombrio dueto com Eglantine, em que os dois combinam a vingança contra Euryanthe. Schumann considerava-o "o trecho mais genial de toda a ópera". O talento melódico de Weber afirma-se de forma suntuosa na ária de Adolar, cujo tema forma o nó central da abertura; em seu dueto no deserto com Euryanthe; em "Hier dicht am Quell, wo Weiden stehn" (Aqui perto da fonte, onde estão os salgueiros), a ária da protagonista no ato III; e no coral dos caçadores que precedem o cortejo do rei. Juntamente com o coro de introdução ao ato I, essa última página tem uma construção que comprova o profundo conhecimento que Weber tinha da obra de Gluck.

Euryanthe é uma ópera, inteiramente musicada, e não um *singspiel* com diálogos falados. Ainda existe, na linha vocal, distinção nítida entre recitativo e número cantado. Mas o acompanhamento orquestral é contínuo e, freqüentemente, é à orquestra que o compositor confia a tarefa de revelar as verdadeiras intenções das personagens. O exemplo mais claro disso está no dueto de Eglantine com Euryanthe, em que o colorido sombrio dos instrumentos desmente o tom amigável de suas palavras. Isso significa intuir, ainda que de forma embrionária, o princípio da orquestra como narradora e comentarista da ação, que será plenamente desenvolvido por Wagner.

Esta ópera, por tanto tempo incompreendida, confirma a genialidade de Weber como orquestrador, a elegância com que entrelaça temas de caráter popular e erudito, e o uso que faz dos contrastes de tonalidade e colorido instrumental para caracterizar as personagens. É um *grand-opéra* dentro da tradição francesa, mas sem os excessos gratuitos de Meyerbeer, que Schumann tanto deplorava. Euryanthe exerceu nítida influência sobre *O Templário e a Judia*, de Marschner, e a *Genoveva*, de Schumann. Mas, sobretudo, é o elo entre o *grand-opéra* e a "Romantische Oper" da primeira fase da obra de Wagner – uma dívida que o próprio autor do *Tannhäuser* reconhecia.

A escrita harmônica e o estilo de declamação das primeiras óperas de Wagner descendem diretamente de Weber. A juvenil *As Fadas* é muito decalcada na *Euryanthe*. É evidente o parentesco entre a ária "Wehen mir Lüfte Ruh'?" (As brisas trazem-me paz?) e a Romança da Estrela, do *Tannhäuser*. No *Lohengrin*, principalmente, há um grande número de influências e até mesmo de empréstimos. O contraste entre o par "sombrio" (Lysiart-Eglantine) e o "luminoso" (Adolar-Euryanthe) é o mesmo que encontramos em Telramund-Ortrud e Lohengrin-Elsa. E a cena em que Eglantine ganha a confiança da heroína, para melhor poder traí-la, repete-se, no Wagner de 1850, quando Ortrud se aproxima de Elsa para convencê-la a agir de uma forma que a fará perder o Cavaleiro do Cisne.

A saúde cada vez mais frágil de Weber fez com que, durante um ano após a estréia da *Euryanthe*, ele não compusesse praticamente nada. Em agosto de 1824, porém, foi demovido da decisão de aposentar-se da carreira de operista por Charles Kemble, diretor do Covent Garden, de Londres. Foi-lhe feita oferta tão boa que Carl Maria, já pressentindo não ter muito mais tempo para viver, aceitou pensando na possibilidade de formar, com aquele dinheiro, um pecúlio que garantisse a segurança financeira de Caroline e dos filhos após a sua morte.

Dois temas lhe foram propostos: *Fausto* e *Oberon*. Se ele escolheu o segundo, foi apenas para retribuir a consideração de Spohr que, anos antes tinha renunciado ao *Freischütz* para não concorrer com ele. Evitou compor uma ópera que talvez empanasse a popularidade ainda grande do *Fausto* de seu amigo e colega de profissão. O libreto de *Oberon or The Elf King's Oath* era do arqueólogo James Robinson Planché, prolífico dramaturgo amador que forneceu mais de 200 textos a compositores ingleses. Ele se baseara num poema narrativo de Christoph Wieland (1780), por sua vez livremente adaptado de *Huon de Bordeaux*, uma *chanson de geste* francesa do século XIII, cruzando-a com situações tomadas de empréstimo ao *Sonho de Uma Noite de Verão*, de Shakespeare.

Antes de começar a compor, Weber tomou 153 aulas de inglês, para dominar a prosódia do idioma e poder supervisionar os ensaios, quando fosse a Londres para a estréia. Mas não foi uma colaboração fácil, pois Planché não lhe mandou o libreto inteiro, e incomodava-o muito ter de trabalhar sem visão de conjunto. Além disso, as formas muito híbridas da ópera praticada na Inglaterra, àquela altura, o deixavam desnorteado. Ele não gostou nada quando Kemble lhe escreveu dizendo que o público inglês gostava de "dramas líricos com coros bem vivos e ruidosos, poucas árias, menos conjuntos ainda, muita bravura vocal, cenários vistosos, efeitos mecânicos espetaculares, figurinos históricos autênticos e rápidas mudanças de cenário" – uma descrição que mostra a que ponto também a Inglaterra fora atingida pelo gosto parisiense dos espetáculos suntuosos, em que música, não raro, era relegada a segundo plano. Em carta de fevereiro de 1825 ao libretista, Weber queixava-se: "A mistura de tantos atores principais que não cantam, a omissão da música em alguns dos momentos mais importantes – tudo isso priva o nosso *Oberon* do título de Ópera, tornando-o inadequado para a maioria dos Teatros da Europa, o que, para mim, é uma coisa muito ruim – mas *passons là dessus*."

Foi necessário não só acomodar-se à necessidade de compor cenas curtas, que permitissem muitas mudanças de cenário, como aceitar outras limitações: por exemplo, não há baixos no *Oberon* pois, na época, o Covent Garden não dispunha de nenhum bom cantor com esse registro. Além disso, o pouco tempo disponível o obrigou a reaproveitar material antigo. A marcha do final do ato III pertencia à música incidental para *Heinrich IV*, uma tragédia de Gehe. Ele reutilizou um dos coros de seu juvenil *Peter Schmoll*; temas da cantata *L'Accoglienza* e, na canção dos guardas do harém, no fim do ato I, um tema turco autêntico.

Mas Weber ficou muito enfraquecido por ter trabalhado em ritmo acelerado e por insistir, contra as advertências expressas de seu médico, em ir a Londres para reger a estréia. Ainda mais que fez questão de dar uma parada em Paris para visitar velhos amigos – Paër, Auber, Cherubini e Rossini –, talvez porque, intimamente, soubesse que era essa a última chance que teria de revê-los. A montagem tinha sido feita com todo o capricho, os cenários eram extraordinariamente opulentos, mas os ensaios foram muito acidentados. A prima-dona Mary Paton sofreu um aborto e teve uma crise emocional. Quando se recuperou, um pedaço do cenário caiu em sua cabeça, durante o ensaio geral, e ela teve de ser substituída na última hora.

Antes disso, Weber tivera problemas com o tenor, John Braham, que declarava certas passagens de sua parte impossíveis de cantar. Para contentá-lo, foi necessário trocar a ária "From boyhood train'd" – depois restabelecida – por outra menos inspirada, "Ah, 'tis a glorious sight to see"; e inserir uma outra, "Ruler of his awful hour", que nada tinha a ver com a seqüência dramática. Braham, aliás, tinha o hábito de interpolar no *Freischütz*, quando o fazia em Londres, polcas e canções populares inglesas que a platéia adorava. A conseqüência foi quebrar a unidade musical obtida com o encadeamento rigoroso das tonalidades. E para piorar as coisas, a companhia rival de Drury Lane levou, dias antes da estréia, um melodrama intitulado *Oberon*, que Weber descreveu como "uma coisa inteiramente estúpida".

Apesar do sucesso que obteve nos onze concertos de obras suas que regeu em Londres, Weber não conseguiu o resultado financeiro que esperava. O teatro estava lotado, em 12 de abril de 1826, e o público reagiu muito bem. Mas a crítica acusou a ópera de "não ter melodias". O próprio Weber não estava muito contente com a forma da obra, tanto que pretendia revisá-la para a estréia alemã. Mas, extenuado pelo excesso de trabalho, morreu de um colapso, durante o sono, em 5 de junho de 1826, na véspera da data prevista para voltar à Alemanha. "Não havia o menor traço de dor ou sofrimento em suas feições", contou o filho Max Maria, que estava com ele.

O criador da escola nacional de ópera alemã foi enterrado em Londres, na igreja católica de St. Mary, em Moorfields, ao som do *Requiem* de Mozart cantado pelos solistas do *Oberon*. Só em outubro de 1844 um movimento, encabeçado por Wagner e Meyerbeer, fez os seus restos voltarem para repousar na terra de onde bebia a inspiração e a que deu uma feição pessoal e inconfundível em seu teatro.

Oberon reestreou em Leipzig, em 23 de dezembro de 1826, na versão original, que tem aspectos realmente insatisfatórios. Em 1860, Planché montou uma versão revista, em italiano, com recitativos escritos por Julius Benedict, aluno de Weber. Foram feitos muitos arranjos, entre os quais o de Franz Wüllner, com recitativos; e o de Gustav Brecher, com a música reeditada por Mahler que, usando material da própria ópera, escreveu trechos instrumentais para acompanhar algumas seções do diálogo. Essa é a versão utilizada nas gravações existentes do *Oberon*:

DG, 1971 – Birgit Nilsson, Plácido Domingo/ Rafael Kubelík;
EMI, 1992 – Debora Voigt, Gary Lakes/James Conlon;
RCA/BMG, 1997 – Inge Nielsen, Peter Seiffert/Marek Janowski.

O álbum de Kubelík – cujo elenco é melhor – foi lançado em duas versões, com e sem os diálogos falados. Ambas são soluções insatisfatórias: se, por um lado, os diálogos integrais são demasiado longos e enfadonhos, por outro, um *singspiel* sem diálogos fica dramaticamente desmantelado, carente de continuidade teatral, reduzido a um mero recital de árias. Mais correto teria sido editá-la com uma versão condensada do texto, como fazem Conlon e Janowski. Registremos também o vídeo da Ópera de Frankfurt (1986), com Langridge, Frey, Connell/Ozawa.

A partir da história shakespeareana da disputa entre Oberon e Titânia, que se propõem a encontrar o perfeito casal de amantes, o libreto desenvolve as aventuras do cavaleiro Huon de Bordeaux, a quem o rei Carlos Magno ordenou que vá até Bagdá e case-se com a filha do Califa. Para poder reconciliar-se com Titânia, Oberon faz Huon ter a visão da jovem Rezia, por quem ele se apaixona. Dá ao herói uma trompa e um caneco mágicos, e ele embarca para Bagdá em companhia de seu escudeiro Sherasmin.

Ao cabo de peripécias mirabolantes, eles fogem de Bagdá levando Rezia e sua criada Fátima, pela qual Sherasmin se apaixonou. Mas, no caminho de volta, todos – à exceção de Huon – são seqüestrados e levados para Túnis por um bando de piratas. Ajudado por Oberon e a trompa mágica, Huon resgata seus companheiros. Provando a Titânia que o amor constante pode existir, Oberon reconcilia-se com ela e transporta os dois casais de amantes para o palácio de Carlos Magno, onde se comemora a sua união.

Fundindo a tradição setecentista das *turqueries* com a atração romântica pela temática heróica medieval, *Oberon* é, do ponto de vista dramático, um retrocesso em relação às óperas anteriores de Weber. O libreto, muito fantasioso, tem cenas demasiado fragmentadas para permitir as numerosas trocas de cenário e os efeitos de encenação, não abrindo muito espaço à caracterização psicológica das personagens. Os diálogos falados, como dissemos, são excessivamente longos e a música, em alguns momentos, parece meramente incidental. O projeto de Weber, que a morte não o deixou realizar, era o de abreviar esses diálogos, convertendo-os em recitativos; e é possível também que refundisse muitas das cenas, escrevendo para elas música adicional. Tal como está, *Oberon* é apenas um torso e nenhuma das edições existentes é totalmente sartisfatória. Mas, do ponto de vista da composição, é um torso magistral, não só porque nele estão algumas das coisas mais belas que o compositor criou, mas também porque ele é de importância extraordinária para o desenvolvimento do gênero operístico da Alemanha.

Em 1826, Weber capta no ar o tom exato da música que corresponde ao lado mais exaltado da sensibilidade romântica. É aquela exaltação emocional que encontramos, contemporaneamente, no *Octeto* (1825) e na abertura do *Sonho de Uma Noite de Verão* (1826), de Mendelssohn; no quarteto *A Morte e a Donzela* (1824), de Schubert e, fora da Alemanha, numa ópera como *La Dame Blanche* (1825), de Boïeldieu.

A abertura, levando adiante a técnica de resumo dramático já utilizada no *Freischütz* e na *Euryanthe*, é uma verdadeira síntese sinfônica da peça. O apelo da trompa, com que ela se abre, será utilizado periodicamente, em diversos pontos da ópera, como um balizador das etapas da ação e um motivo recorrente unificador. No *Oberon*, as influências externas já foram completamente superadas. Tudo é novo, original e perfeitamente adequado às exigências do drama. Monólogos como "Ozean, du Ungeheuer" (Oceano, monstro potente), de Rezia no ato II, ou "Von Jugend auf in dem Kampgefild" (Desde a juventude no campo de batalha) – a ária de Huon, no ato I, que Braham não quis cantar – estão entre as melhores realizações do canto germânico no século XIX.

A escrita coral, aqui, já superou completamente certa tendência ao sentimentalismo Biedermeier que ainda havia no *Freischütz*, assumindo uma transparência de texturas e um bom-gosto excepcionais. O coro das fadas inspirou visivelmente o Mendelssohn do *Sonho*. E em "O wie wogt es sich schön" (Como é belo navegar), o canto das sereias que acompanham o barco de Huon e Sherasmin, quando estes vão para Bagdá, a voz que já se ouve, ao longe, é das filhas do Reno wagnerianas.

O uso da orquestra é também de uma grande originalidade. Weber utiliza recursos de instrumentação muito mais sóbrios do que na *Euryanthe* ou no próprio *Freischütz* e, apesar disso, extrai deles efeitos de extremo brilhantismo e riqueza de colorido. Esse acompanhamento emoldura com absoluta propriedade as grandes cenas do tenor e do soprano, cuja tessitura heróica já prenuncia a do *Heldentenor* e do *Hohensopran*, que desabrocharão completamente na maturidade de Wagner. Donald Jay Grout escreve, em *A Short History of Opera*:

> Se Weber não tivesse morrido aos quarenta anos, a História da Ópera alemã entre 1826, o ano do *Oberon*, e 1843, o ano do *Navio Fantasma*, teria sido provavelmente muito diferente, com um desenvolvimento mais equilibrado e constante. Em vez disso, durante esses dezessete anos, não foi composta nenhuma ópera que tivesse realmente igualado o sucesso e a importância histórica do *Freischütz* e do *Oberon*. Os primeiros românticos tinham criado, na ópera, um mundo no qual a vida dos seres humanos estava de tal modo entrelaçada aos processos naturais que tanto o Homem quanto a Natureza pareciam ser governados por seres espirituais superiores a eles; e esses três reinos – o natural, o humano e o sobre-humano – pareciam formar uma só unidade. Depois do *Freischütz*, essa unidade primitiva se perdeu, com efeitos negativos tanto para o libreto quanto para a música. Poetas e compositores voltaram a utilizar o sobrenatural apenas como um maneirismo, para criar sensações, e o elemento humano apenas para apelar aos sentimentos ou criar situações cômicas; e periodicamente continuaram deixando-se fascinar pelo modelo espetaculoso do *grand-opéra*.

Essas palavras de Grout contêm uma avaliação muito correta da importância de Weber mas, escritas em 1947, são de uma época em que a musicologia ainda não se tinha dado conta do real significado da obra de Heinrich Marschner – que complementa a de Weber e, como a dele, também lança pontes para o futuro. Mas antes de determo-nos em sua produção, é importante tratar de um pequeno grupo de grandes compositores, em cuja obra – da maior importância para a História da Música – a ópera ocupa um papel periférico.

SCHUBERT

A vida inteira, Franz Peter Seraph Schubert (1797-1828) foi fascinado pela ópera. Mas ao morrer prematuramente, aos 31 anos, não conseguira impor-se nesse campo. Ainda hoje, a obra teatral desse músico que, reconhecidamente, é um dos maiores compositores que o mundo já conheceu, ainda não encontrou seu lugar no repertório. E, até hoje, autores como Clive Brown continuam a repetir que,

apesar de conter bons momentos, [as suas óperas] fracassam, musicalmente, devido às suas debilidades dramáticas. Se isso se deve a uma capacidade inata para construir obras dramáticas em larga escala, ou à falta de experiência de palco, é impossível dizer.

Mas esse julgamento é relativo, pois óperas como *Alfonso und Estrella, Die Verschworenen* (Os conspiradores) ou *Fierrabrás* atestam os progressos visíveis que ele fazia, de uma experiência para a outra. E como o demonstram os esboços para *Der Graf von Gleichen* (O Conde von Gleichen), em que estava trabalhando quando morreu, um estilo teatral mais individualizado parecia estar emergindo, no tratamento da ambientação, na escrita orquestral, antecipando traços da ópera romântica alemã que só eclodiriam muito mais tarde (da mesma forma que a *Sinfonia nº 9 "a Grande"* faz entrever uma evolução que só virá com Bruckner).

Pode ser que as convenções operísticas, ainda muito rigorosas na fase de transição clássico-romântica em que Schubert viveu, engessassem a ilimitada criatividade de que ele dá provas em suas canções: por exemplo na prodigiosa *Rei dos Elfos*, escrita quando tinha apenas 17 anos, e que é uma verdadeira mini-ópera. Mas há elementos indicando que, tivesse ele vivido mais, teria certamente chegado a uma concepção muito original do drama lírico.

Na tentativa de fazer-se conhecer, se não como operista, pelo menos como um eficiente autor de música para o teatro, Schubert escreveu partituras para duas peças faladas. Esses dramas, porém, não sobreviveram porque seus textos eram muito fracos. O público reagiu friamente ao melodrama *Die Zauberharfe* (A harpa mágica), com texto do cavaleiro Georg von Hoffmann, secretário do Theater an der Wien (19.8.1820), que era uma espécie de versão falada do *singspiel* de tema fantástico. Quando a peça desapareceu de cartaz, Schubert reutilizou a abertura em *Rosamunde von Cypern*, de resultado ainda pior. O teatro romântico tem muitas coisas estranhas. Mas poucas superam a bobajada desse dramalhão escrito por Wilhelmine von Chézy, a libretista da *Euryanthe* de Weber. Ele está cheio de passagens secretas, personagens que desaparecem em naufrágios misteriosos, uma princesa seqüestrada e educada por um pescador, outra que se disfarça de pastor, e assim por diante. Até mesmo para o público da época era demais: estreada em 20 de dezembro de 1823, no an der Wien, a peça só agüentou dois dias em cartaz.

Os programas de concerto, porém, preservaram, desde cedo, as páginas instrumentais de rara beleza que Schubert produziu para essas duas tolices. O schubertiano convicto que queira conhecer *A Harpa Mágica* – e confirmar os motivos para seu ostracismo – dispõe de uma gravação, feita ao vivo em Bolonha, com o coro e a orquestra do Teatro Nacional de Széged, da Hungria, sob a regência de Tito Gotti (Bongiovanni, 1983). A peça e a partitura foram reconstruídas por Rossana Dalmonte.

Quanto aos *singspiele* de Schubert – dezesseis ao todo, alguns dos quais deixados incompletos – é muito recente a tentativa de resgatá-los do esquecimento. E, no entanto, há neles muito mais boa música – e até mesmo um certo ingênuo senso dramático – do que por muito tempo quis se fazer acreditar. Os estudos com Antonio Salieri, em 1813, tinham convencido o jovem músico de que a ópera era um terreno em que todo compositor digno do nome tinha a obrigação de vencer. Mas mesmo antes disso, quando estudava no Stadtkonvikt, ele já tinha feito uma primeira primeira tentativa abortada.

Cinco compositores, pelo menos, já tinham musicado, antes dele, o texto de *Der Spiegelritter* (O Cavaleiro do Espelho), um *singspiel* em três atos que seu autor, August von Kotzebue, descrevia como "engraçado, romântico e tolo". O espelho mágico do título foi dado pelo feiticeiro Burrudusussusu ao nobre Almador que, acompanhado de seu fiel escudeiro, sai pelo mundo à cata de aventuras. Schubert só escreveu a abertura e sete números do ato I, todos eles pesadamente influenciados pela *Flauta Mágica*, que o extasiara quando a ouviu pela primeira vez em 1812, durante a fase de gestação dessa partitura. Os trechos existentes só foram ouvidos pela primeira em 11 de dezembro de 1949, numa transmissão da Rádio Suíça. O Stadttheater de Weilheim, uma cidadezinha perto de Munique, os encenou em 1º de março de 1975. E Theodor Guschlbauer fez deles uma gravação, em 1978, para o selo DG.

Mais substancioso foi o resultado de *Das Teufels Lustschloss* (O Castelo de Prazeres do Diabo), também com texto de Kotzebue, que Schubert iniciou, aos 16 anos, na fase em que estava saindo do Stadtkonvikt. Contam que ele faltou às aulas de Salieri durante vários dias e, ao voltar, justificou-se mostrando ao mestre irritado a partitura completa. Que, logo em seguida, pôs-se a rever, orientado pelo professor.

A intriga dessa ópera de tema fantástico lembra muito a da *Zauberflöte*. O cavaleiro Oswald tem de passar por uma série de testes de coragem e virtude, dentro de um castelo assombrado por lúbricos demônios. É acompanhado por Luitgarde, sua mulher, e o valete Robert. No final, descobre que o tio e tutor de sua mulher o submeteu a essas provações para descobrir se ele lhe é realmente fiel. A ópera termina com um coro em louvor do amor verdadeiro, do qual o casal extraiu a força para enfrentar os testes.

É uma típica obra de aprendiz, com recitativos acompanhados decalcados nos de Gluck e do próprio Salieri – que deve ter retocado pessoalmente muita coisa – e reminiscências de Mozart e Beethoven, aqui e ali, nas cenas de conjunto. O dueto com que Luitgarde e Oswald celebram seu amor, no ato II, ecoa nitidamente "O namenlose Freude", do *Fidelio*, que Schubert ouvira pela primeira vez em 1814. A estréia, póstuma, foi em 12 de dezembro, na Musikvereinsaal, de Viena. Não tenho notícia da existência de qualquer gravação desta obra juvenil.

Em 1815, enquanto trabalhava como professor assistente na escola primária dirigida por seu pai, Schubert compôs, num daqueles intensos surtos de criatividade comuns em sua carreira, quatro *singspiele* seguidos, em que ainda é forte a influência de Mozart e Beethoven. Mas percebe-se que está também familiarizado com os contemporâneos franceses – Le Sueur, Dalayrac, Méhul – e tenta seguir os passos de Joseph Weigl e Wenzel Müller, os músicos mais populares na Viena daqueles dias.

Em *Der vierjährige Posten* (Quatro anos de plantão), Theodor Körner conta a história de um sentinela francês que é esquecido e deixado para trás quando o seu regimento sai da aldeia onde tinha acampado. Como ele se apaixonou por uma garota do lugar, decide ficar e casar-se com ela. Quatro anos depois, ao saber que o exército está voltando, e que ele corre o risco de ser fuzilado por deserção, coloca-se no posto onde estava antes e, ao ver chegarem os seus superiores, diz que ali ficou aquele tempo todo, pois ninguém veio dar-lhe a ordem de sair. O capitão não está disposto a acreditar nessa desculpa esfarrapada; mas o general, mais tolerante e comovido com os motivos sentimentais que o levaram a agir assim, desliga-o do exército e tudo acaba bem.

No espaço de doze dias apenas (de 8 a 19 de maio), Schubert escreveu a abertura e os oito números dessa comediazinha em um ato. As árias e cenas de conjunto já têm escrita mais segura, mas ainda estão longe de ter o grau de invenção de um *lied* como *An der Mond*, composto em 17 de maio, dois dias antes do término do *singspiel*. A estréia póstuma ocorreu no Hoftheater de Dresden, em 23 de setembro de 1896. Heinz Wallberg fez duas gravações dessa comédia: a de 1977 (Electrola) e a de 1998 (CPO).

Uma mistura do *Fidelio* com situações típicas da "ópera de aventura" francesa inspira *Fernando*, peça de ambientação espanhola escrita por Albert Stadler, um dos melhores amigos de Schubert, seu ex-colega no Stadtkonvikt. A personagem-título tornou-se eremita para escapar da prisão, depois de ter matado o cunhado num acesso de raiva. Eleonore, a sua mulher, e o filho Philipp vão procurá-lo, e têm de enfrentar lobos, tempestades e bandidos antes de encontrá-lo e dizer-lhe que pode voltar para casa, pois foi perdoado.

Lothar Zagrosek gravou em 1982, para o selo Orfeo, esta obra desigual, que ficou engavetada até 1917. Nesse ano, Viena assistiu a uma apresentação em concerto (13/4); a primeira encenação foi no Viktoriatheater, de Magdeburg, em 18 de agosto de 1918. O principal problema do *singspiel* – com duração de apenas meia hora – é o texto muito ralo de Stadler, que não desenvolve corretamente as situações, impedindo assim qualquer tentativa de dar vida às personagens. Schubert escreveu em treze dias, de 27 de junho a 9 de julho de 1815, essa partitura que, a julgar pela gravação Zagrosek, não deixa de ter páginas onde se manifesta a sua inesgotável veia melódica com o frescor característico de suas produções de juventude. A abertura – e um interlúdio descrevendo a tempestade – têm música orquestral da melhor qualidade. O jubiloso dueto do reencontro do eremita com sua mulher e o quinteto final são de Schubert em seus melhores dias.

Velocíssima foi também a gênese de *Die Freunde von Salamanka* (Os amigos de Salamanca) que, iniciado em 18 de novembro, estava pronto no último dia do ano. Desse *singspiel*, porém, temos apenas os números musicais – que Theodor Guschlbauer gravou para a DG em 1978 –, pois os diálogos foram destruídos por seu autor, Johann Mayrhofer, insatisfeito com o resultado (amigo de Schubert, Mayrhofer é o autor de 47 poemas que ele transformou em canções). E não deixava de ter razão, pois a historinha é de fato ingênua e cheia dos mecânicos clichês da comédia amorosa, de ambientação espanhola, popular desde meados do século anterior.

O conde Tormes opõe-se a que sua filha Olivia se case com Don Alonso, o jovem a quem ama. Mas o rapaz, ajudado por seus amigos Diego e Fidelio, lança mão de vários estratagemas e acaba unido a ela. Como recompensa, seus dois cúmplices também se unem a Eusebia e Laura, amigas da condessinha. Ao pai da moça não resta senão resignar-se. Os números solistas nada têm de muito especial, mas os finais dos dois atos já são construídos com muita coerência e variedade de estilo. De acordo com o hábito que tinha da autocitação, Schubert reutilizou o tema do dueto de Diego e Laura, do ato II, no *andante con variazioni* de seu *Octeto em fá maior op. 166*.

Infelizmente, da obra mais elaborada desse período, restaram apenas o ato I e fragmentos do II. Trata-se da já mencionada *Claudina von Villa Bella*, em três atos, sobre texto de Goethe, composta durante o verão de 1815. Segundo Maurice J. E. Brown, a partitura ficou em mãos de Josef Hüttenbrenner e, em sua casa, os criados usaram parte do papel de música para acender o fogo. Josef era irmão de Anselm Hüttebrenner, diretor da Sociedade Musical de Graz, à qual Schubert dedicou a *Sinfonia nº 8*. Como uma das teorias para explicar o fato de ela estar inacabada é a possibilidade de que os dois últimos movimentos tenham-se extraviado em casa do maestro, não é muito boa a reputação com que os dois descuidados irmãos Hüttenbrenner passaram à História da Música.

Em 1997, comemorando o bicentenário do nascimento de Schubert, o selo Orfeo lançou a gravação dos fragmentos de *Claudina*, feita por Lothar Zagrosek. Comentando-os, escreveu Shirley Fleming na revista *Opera News* (vol. 62 nº 3):

> O *singspiel* começa com a celebração de um casamento – ensolarada, melodiosa e cheia de impulso rítmico – e ganha inesperada densidade ao chegar um grupo de bandidos. Os números solistas são agradáveis, o coro masculino dos bandoleiros muito eficiente. Schubert visivelmente empenhou-se muito ao escrever a abertura, que dura apenas oito minutos mas tem uma gravidade beethoveniana e texturas profundamente dramáticas.

A gravação de Zagrosek é completada por *Fernando* e uma obra de circunstância, a *Cantata para Joseph Spendou*, encomendada ao compositor em homenagem ao benemérito fundador de um lar para acolher viúvas desvalidas.

Dois anos depois, Franz ficou conhecendo o barítono Johan Michael Vogl, a grande estrela da companhia Süssmayer de ópera. Além de ligar-se a ele por sincera amizade, Vogl tornou-se o mais dedicado intérprete de suas canções. Um dos freqüentadores das famosas "schubertíadas" – os saraus que os amigos do compositor organizavam para ouvir as suas obras –, Franz von Hartmann, fala com entusiasmo, em seu *Diário*, de uma noite de dezembro de 1828 em que "Vogl cantou para nós quase trinta esplêndidas canções". Atribui-se ao poeta Franz Schober, letrista de muitos *lieder* de Schubert, a caricatura que mostra o músico, baixinho e atarracado, andando numa rua de Viena ao lado da figura imponente e desempenada do cantor.

Graças a seu prestígio, Vogl conseguiu que algumas das canções de Schubert fossem publicadas e um texto muito elogioso aparecesse, em 1822, no *Wiener Zeitschrift für Kunst* – embora isso não tenha contribuído para atrair a fama que seu amigo merecia. Foi o barítono também quem arrancou da direção do Kärntnertortheater a encomenda do único *singspiel* de Schubert encenado durante a sua vida. *Die Zwillingsbrüder* (Os Gêmeos) estreou em 14 de junho de 1820 e foi cantado apenas seis vezes, pois a crítica o considerou complicado e demasiado sério para uma comédia. Mas ele contribuiu para ampliar um pouco a fama de Schubert fora do restrito círculo de devotos das "schubertíadas".

No dia do casamento da jovem Lieschen com Anton, um antigo pretendente aparece: é Franz Speiss, que andou viajando durante dezoito anos à procura de Friedrich, seu irmão gêmeo, que desapareceu quando ambos eram crianças. Ele se lembra de que seu pai e o de Lieschen combinaram o casamento dos dois quando nasceram, e vem reclamar que ela cumpra a promessa. Naquele mesmo dia, porém, Friedrich volta à cidade natal sem avisar a ninguém. Seguem-se os inevitáveis qüiproquós ligados à origem do libreto: Von Hoffmann – o autor da desastrada *Zauberharfe* – o adaptou de duas peças francesas, o *vaudeville Les Deux Valentins*, de autor desconhecido, e *Les Ménechmes ou Les Jumeaux* (1705), de Jean-François Regnard. No fim, o imbróglio é elucidado e Franz concorda em abrir mão da promessa para que Lieschen se case com Anton, a quem ela ama.

A gravação de Wolfgang Sawallisch (EMI, 1978) permite que se avalie o passo à frente dado por Schubert. O "sério demais" a que se referiram os críticos da época liga-se ao fato de que – querendo caprichar, sabendo que a sua ópera teria finalmente a chance de ir para o palco – Schubert compôs não as canções estróficas de tom bem simples, a que o público de *singspiel* estava habituado, mas verdadeiras árias de estilo muito elaborado. É nítida a influência, nas cenas de conjunto, da escrita de Rossini, cujas comédias eram muito apreciadas em Viena, na época. Depois de 1820, *Os Gêmeos* só voltou a ser apresentada em 26 de junho de 1938, pelo Collegium Musicum da Universidade de Leipzig.

Durante as férias que passou com Schober no castelo de Ochsenburg, perto de St. Polten, em 1821-1822, os dois colaboraram numa "Romantische Oper" em três atos, intitulada *Alfonso und Estrella*. A gravação de Ottmar Suitner (EMI, 1978) demonstrou que ela é uma ópera de grande diversidade formal, com música muito colorida, que combina desenvoltamente o grandioso ao intimista. Para conhecê-la, existe também um vídeo da Staatsoper de Viena (1997), regido por Nikolaus Harnoncourt.

Aquarela de Leopold Kupelwieser representando uma schubertíada – as reuniões que os amigos de Franz Schubert (mostrado ao piano) faziam para ouvir as suas composições novas.

Já se falou muito mal do libreto de Schober que, por querer oferecer a seu amigo uma grande variedade de situações, exagerou na overdose de clichês; mas, para ser sincero, a peça não é nem melhor nem pior do que muitas outras da época. A mão de Estrella, filha de Mauregato, o rei de León, é exigida pelo general Adolfo, em recompensa por uma campanha militar vitoriosa. Mas o rei, sabendo que a filha detesta o general, diz que ela só se casará com quem recuperar a Corrente de Eurich, uma jóia que está em poder de Troila, o antigo rei, que ele destronou. Estrella perde-se na floresta e é salva por Alfonso, o filho de Troila, por quem se apaixona. O rapaz lhe dá de presente, como prova de seu amor, a Corrente de Eurich, que ela entrega ao pai, dizendo-lhe que só se casará com aquele belo desconhecido. Sabendo disso, Adolfo provoca um motim das tropas e tenta derrubar Mauregato – que é salvo pelos homens de Alfonso. Arrependido, o usurpador devolve o trono a Troila. E este renuncia para que Alfonso e Estrella possam reinar. Os dois pais abençoam a união de seus filhos, sinal da reconciliação definitiva.

Schubert supera as debilidades do libreto escrevendo para ele melodias maravilhosas, como a do dueto de amor do ato II, "Von Fels und Wald umzungen" (Cercados por planícies e florestas). E dá provas do domínio das cenas de conjunto num finale majestoso como o do ato I. Impressionado com o *Otello* e o *Tancredi* de Rossini, a que assistira, queria produzir algo de menos frívolo do que o *singspiel* médio – razão pela qual optou pela forma mais elaborada da ópera com recitativos acompanhados. Schubert tentou, inutilmente, interessar os teatros de Dresden, Berlim e Weimar na produção de *Alfonso e Estrela* mas, como aconteceu com suas outras óperas, a estréia foi póstuma. Liszt regeu uma versão muito abreviada, no Hoftheater de Weimar, em 14 de junho de 1854. A partitura integral só foi ouvida numa transmissão radiofônica da Rádio de Beromunster, na Suíça, em 1946. A maioria das outras apresentações de que se tem notícia foram também em forma de concerto.

Em 1997, no quadro do bicentenário, chamou muita atenção o álbum do selo independente Opus 111, em que Christoph Spering regia uma apresentação ao vivo de *Die Verschworenen* (Os Conspiradores). Ela veio juntar-se à de estúdio, feita por Hans Wallberg para a EMI (1977). Depois disso, também no quadro das comemorações, Wallberg voltou a gravá-la para o selo CPO (1998). Os três registros atestam a injustiça de se ter deixado no limbo um *singspiel* muito engraçado, que pode ter rendimento cênico apreciável.

Ignaz Franz Castelli, o autor do libreto da *Família Suíça* de Weigl, baseou-se numa peça que ele próprio tinha escrito, em 1820, ambientando na Idade Média alemã a história da "greve do sexo" que Aristófanes contou em *Lisístrata* (c. 406 a.C.). É certamente o melhor dos libretos que Schubert teve para musicar, denso, divertido, em perfeita sintonia com o gosto da época. Desta vez, porém, a ópera esbarrou na intolerância dos censores, que se recusaram a liberá-la mesmo depois de o título, "potencialmente perigoso do ponto de vista político", ter sido trocado para *Der häusliche Krieg* (A Guerra Doméstica). Viena só a ouviu, em forma de concerto, na Musikvereinsaal, em 1º de março de 1861. E a estréia de palco foi na Städtisches Komödienhaus de Frankfurt, em 29 de agosto de 1861. Nas duas ocasiões a reação do público demonstrou que ela teria agradado se chegasse a ser levada ao palco na época em que foi escrita.

A abertura, de que sobreviveu apenas uma parte, inspira-se no modelo de Weber: nela se utilizam os temas que, subseqüentemente, serão ouvidos no corpo da ópera. Não há, aqui, o desejo de seriedade que espantou aos ouvintes dos *Irmãos Gêmeos*. Schubert trabalha com os elementos familiares do *singspiel* de tema cômico, escrevendo árias que têm aquela simplicidade melódica extraordinariamente inventiva que é a sua marca registrada. É uma música alegre, fervilhante, que adere espontaneamente ao texto bem-humorado de Castelli, que teria feito o grande público reconhecer suas possibilidades como operista.

As qualidades dessa ópera surgem ainda mais amadurecidas na peça seguinte. A gravação de *Fierrabras* – DG, 1990, com Claudio Abbado, em disco e vídeo – torna inexplicável o azedo julgamento que Alfred Einstein, um dos maiores biógrafos do compositor, proferiu sobre ela. Em *Schubert, the Man and the Music*, ele a chama de "lamentável e pretensiosa bobagem", qualificando-a de "a partitura mais indiferente, vazia e convencional" [de Schubert].

No fim de 1821, Domenico Barbaja, o diretor do Kärntnertortheater, pediu a Franz uma ópera alemã para a temporada do ano seguinte. Mas recusou *Alfonso und Estrella* e *Die Verschworen*, que permaneciam inéditas. Desejoso de ver pelo menos mais uma de suas obras cênicas no palco, Schubert encomendou a Joseph Kupelwieser um libreto, para o qual este se baseou em *La Puente de Mantible*, de Pedro Calderón de la Barca, combinando-a com situações tiradas de *Eginhard und Emma*, um poema narrativo anônimo alemão da Idade Média. Mas Barbaja não gostou do resultado, recusou-se a programá-la e Schubert frustrou-se uma vez mais em suas ambições de ser aceito como um bom operista.

Nem assim desanimou: como dissemos antes, ao morrer, em 19 de novembro de 1828, ele estava trabalhando em um novo *singspiel* que deixou inacabado: *O Conde de Gleichen* – do qual, em 1996, o selo Centaur lançou os fragmentos disponíveis, gravados ao vivo num concerto realizado em Cincinnati, nos EUA. Os revezes não o faziam desistir de compor, pois parecia saber que estava criando para o futuro. Para os dias de hoje, em que se pode, finalmente, perceber que *Fierrabras* é a mais moderna de suas partituras dramáticas.

Depois de uma vitória contra os mouros, o rei Carlos Magno manda ao chefe inimigo Boland uma missão de paz encabeçada pelo general Rolando e pelo cavaleiro Eginhard (que namora em segredo Emma, a filha do soberano). Entre os prisioneiros mouros, está Fierrabrás, o filho de Boland, cuja coragem suscitou a admiração de Rolando. Fierrabrás está apaixonado por Emma desde que a viu, uma vez, em Roma – ocasião em que Rolando também se enamorou de Florinda, irmã do guerreiro mouro –; e fica muito enciumado quando presencia um encontro clandestino dela com Eginhard. Mas não os denuncia nem mesmo depois de ser injustamente preso sob a acusação de ter tentado seqüestrá-la.

Furioso com a prisão do filho, Boland manda deter toda a delegação de paz. Reconhecendo Rolando, Florinda decide libertá-los. Dá-lhes armas para se defenderem, mas só Eginhard consegue escapar: os demais cavaleiros ficam barricados dentro da torre onde estavam presos. Nesse meio tempo, Carlos Magno descobriu a verdade sobre o romance secreto da filha e mandou soltar Fierrabrás – este acompanha Eginhard, que formou um grupo de combatentes para resgatar seus companheiros, chegando a tempo de impedir a execução de Rolando, Florinda e os outros. No final, a paz é feita, os dois casais são autorizados a unir-se e Fierrabrás, por sua bravura e magnanimidade, é aceito na Irmandade dos Cavaleiros Francônios.

Misturando habilidosamente elementos da ópera de resgate e de aventura com ingredientes sentimentais muito apaixonados, *Fierrabrás* é a obra mais satisfatória que Schubert compôs para o palco. Nela, as influências de outros compositores estão firmemente assimiladas, traduzidas no idioma muito pessoal do compositor. Há apenas três árias construídas segundo o modelo tradicional. As demais improvisam a forma a partir das necessidades do texto, numa gama variada que vai do *lied* às fórmulas de *singspiel*. A personagem mais bem desenvolvida é Florinda: a ela pertencem a bela ária "Des Jammers herbe Qualen" (Da dor o acerbo lamento), acompanhada pelo coro masculino; e um melodrama muito dramático, no momento em que vê seu bem-amado Rolando defendendo-se dos guerreiros mouros.

Muitas das cenas são articuladas sem o uso de recitativos intermediários, fundindo-se desenvoltamente uma na outra de uma forma que prenuncia a continuidade que a ópera terá no apogeu do Romantismo. E, com freqüência, o poder transfigurador da música compensa as deficiências do texto: é o caso da encantadora "Der Abend sinkt aus stiller Flor" (A noite cai como um manto silencioso), a serenata de Eginhard para Emma, com que se inicia o finale do ato I. De *Fierrabrás*, existem, além da versão Abbado, trechos gravados na década de 1960 por Müller-Kray, relançados em 1997 pelo selo italiano Mytho. A interpretação de Fritz Wunderlich dá-lhes enorme valor.

A dificuldade em conseguir quem se dispusesse a montar as suas óperas fez com que Schubert limitasse suas experiências nesse campo. Ainda assim, deixou uma produção razoavelmente grande nesse gênero. Com o descomunal gênio melódico que possuía, e o talento dramático de que canções como *A Morte e a Donzela* ou *O Rei dos Elfos* dão testemunho, certamente teria granjeado, nesse domínio também, o sucesso a que sempre almejou, se contasse com libretos melhores, e se lhe tivesse sido dada a chance de mostrar o que era capaz de fazer.

Marschner e os Epígonos Românticos

Lindpaintner, os Lachner, Reissiger, Bruch

O mais significativo seguidor de Weber, e um elo entre sua obra e a de Wagner, Heinrich Marschner (1795-1861) era o filho de um *Horndrechsler* – artesão que fabricava objetos de marfim e chifre –, homem simples mas com profundo interesse por música, que incentivou desde cedo a sua vocação. Na aldeia de Zittau onde nascera, o pequeno Heinrich participou como soprano infantil de uma montagem amadora da *Vestal*, de Spontini, cantando o papel de Júlia, a protagonista. E a sua primeira obra para o palco, o balé *Die stolze Bauerin* (A Camponesa Soberba), foi composto quando ele ainda estava na escola.

Seu pai o incentivou a tomar aulas de música, ao mesmo tempo que cursava Direito na Universidade de Leipzig. O professor escolhido foi Johann Gottfried Schicht, que substituíra Bach como *Kantor* na Igreja de São Thomas. Depois disso, o conde Thaddaeus Amadée de Várkonyi, jovem mecenas húngaro com quem Marschner fez amizade em 1815, conseguiu que ele tivesse algumas aulas com Beethoven; e que fosse aceito como professor de música dos filhos do conde Johann Nepomuk Zichy, em Pressburg (atual Bratislava, capital da Eslováquia).

Ali, Marschner estudou com Heinrich Klein, que o estimulou a escrever nova partitura para *A Clemência de Tito*, de Metastasio, tal como fora adaptada por Caterino Mazzolà para a última ópera de Mozart; mas *Titus* (1816) foi apenas um exercício visando ao aprendizado das formas veneráveis da *opera seria*, e ele nunca teve a intenção de fazê-lo encenar. Seus primeiros *singspiele* também foram obras de aprendiz: *Saidar und Zulima* (1818), fiel à moda já um tanto antiquada da "turquerie"; e *Der Kyffhäuserberg* (A Montanha de Kiffhäuser, 1822), baseado numa lenda da Turíngia – primeira manifestação de seu interesse pelo acervo folclórico nacional.

Antes dessa última, porém, Weber dera-lhe a primeira chance: encenara em 1820, na Ópera de Dresden, que estava sob sua direção, *Heinrich IV und d'Aubigné*, tentativa não muito bem-sucedida de imitar o estilo do *grand-opéra* parisiense. Em todo caso, quando Marschner mudou-se para Dresden, no ano seguinte, foi convidado, graças à relativa boa acolhida que essa ópera tivera, a compor a música incidental para uma apresentação do *Prinz Friedrich von Homburg*, de Heinrich Kleist. A ela seguiram-se outros *singspiele* de tema bem popular, entre os quais *Schön Ella* (O Belo Ella, 1822), parte do projeto de oferecer ao público óperas de escrita fácil, em redução para voz e piano, adequadas à encenação doméstica – prática muito comum na época.

Em 1823, Marschner assistiu, em um teatro de Dresden, à peça *Der Vampyr oder Die Totenbraut* (O Vampiro ou A Noiva da Morte), que Heinrich Ludwig Ritter adaptara de um

George atira em Lord Ruthven, no ato II do *Vampiro* de Heinrich Marschner (gravura de 1831).

dramalhão de Nodier, Carmouche e De Jouffroy. Por muito tempo, acreditou-se que os autores franceses tinham-se baseado numa história de lorde Byron. Esse equívoco deve-se ao fato de o conto original, da autoria do inglês John Polidori, secretário pessoal do poeta, ter sido publicado em 1819 com o título *The Vampyre: a Tale by Lord Byron* – ou seja, à maneira desse escritor. Com sua mistura de realidade e sobrenatural, a trama correspondia ao que Marschner procurava, desejoso de trilhar o caminho do *Freischütz*, triunfalmente estreado no ano anterior.

Ao começar a trabalhar no libreto, que lhe foi preparado por seu cunhado Wilhelm Wohlbrück, já se tornara vice-diretor da Ópera de Dresden – contra a vontade de Weber, que desejava nomear, como seu assistente, o amigo Johann Gänsbacher. Esse fato, combinado com seu temperamento áspero, foi responsável pelas relações espinhosas que sempre teve com seu superior. A partir de 1824, ao assumir também a direção do Teatro Italiano, em substituição ao compositor Francesco Morlacchi, Marschner empenhou-se em aplicar ali o mesmo tipo de reforma que Weber implantara no teatro alemão. Mas o fato de trabalhar numa casa especializada em repertório estrangeiro não o fazia descurar seu objetivo principal, o de consolidar um teatro nacional alemão – plano a que pertence *Der Holzdieb* (O Ladrão de Lenha), *singspiel* de 1825.

Após a morte de Weber, fracassaram as gestões para que o nomeassem seu sucessor. Decepcionado, Marschner pediu demissão do cargo de assistente e viajou para Berlim com sua mulher, a cantora Marianne Wolhbrück. Trabalhou durante seis meses como regente de ópera em Dantzig (atual Gdansk, na Polônia), depois perambulou por Breslau (atual Wróclaw, também na Polônia) e Magdeburg, antes de voltar para Leipzig em 1827. Ali, apresentou *Lucretia*, que iniciara em 1820: uma tentativa de aplicar ao episódio da História Romana a fórmula spontiniana da ópera heróica. Mas a recepção do público foi extremamente morna.

Foi no Sächsisches Hoftheater de Leipzig que *Der Vampyr*, pronta havia algum tempo, estreou finalmente em 29 de março de 1828. Muito popular em sua época, a ópera caiu em gradual esquecimento na segunda metade do século. Em 1924, Hans Pfitzner fez dela uma revisão; e sob essa forma, tem sido ocasionalmente encenada nos teatro alemães. São as seguintes as gravações disponíveis do *Vampiro*, todas elas repescagens em CD de espetáculos ao vivo:

Memories, 1951 – L. Synek, L. Heppe/Karl Tenner;
Enterprise, 1974 – Arleen Augér, Roland Hermann/Fritz Rieger;
Fonit Cetra, 1980 – Carole Farley, Siegmund Nimsgern/Günter Neuhold.

Na edição em Lp da versão Rieger, que circulou num álbum da MRF, havia como complemento as versões alternativas de duas das árias da ópera, preparadas por Wagner para uma encenação do *Vampiro* na Ópera de Riga, que ele dirigia[1].

Lord Ruthven assinou com o Diabo um pacto que o transformou num vampiro. Durante uma reunião de espíritos malévolos, à meia-noite, nas Terras Altas escocesas, o Demônio concorda em ampliar o seu prazo de permanência na terra, desde que, nas próximas 24 horas, ele lhe sacrifique três donzelas. A primeira delas é uma camponesa chamada Janthe; mas Ruthven é apunhalado por Berkley, o pai da moça, que o surpreendeu no momento em que a seduzia e assassinava. Agonizando, Ruthven pede ao jovem Aubry, cuja vida salvou no passado, que exponha seu cadáver aos raios do luar – e estes o fazem reviver. Aubry fica horrorizado com o que vê, mas Ruthven exige que ele guarde segredo, pelo menos até o dia seguinte.

Logo em seguida, Aubry fica sabendo que Ruthven pediu em casamento a jovem Malwina, pela qual ele próprio está apaixonado; e o burguês Davenant, o pai da moça, aceitou, pois o lisonjeia a idéia de que um nobre entre para a família. A segunda vítima do vampiro é a camponesa Emmy, cujo casamento interrompe. Aubry tenta impedi-lo, mas Ruthven lhe adverte que, se intervier, cairá sob a mesma maldição que ele. George, o noivo da moça

---

1. Nenhum desses registros traz o libreto, mas é possível acessar, pela Internet, a tradução inglesa de Jutta Romero no site: http://php.indiana.edu/~lneff/libretti/vampyr.html

assassinada, atinge o vampiro com uma bala; mas os criados do nobre o colocam ao luar, e ele revive pela segunda vez. Aubry vai então para o castelo de Davenant, e faz o que pode para atrasar a cerimônia da união de Malwina com o vampiro. Quando finalmente o denuncia à família da noiva, ele ainda tenta negar mas, a essa altura, o prazo que lhe foi dado pelo Demônio já expirou: ao soar a badalada da uma hora, um raio fulmina lorde Ruthven.

Der Vampyr representa uma significativa expansão das possibilidades da ópera de números estanques. Mantendo a tensão dramática mediante o uso de temas recorrentes e harmonias muito cambiantes, frisando as oscilações emocionais com efeitos instrumentais e vocais muito vivos, Marschner integra de forma convincente estilos contrastantes de escrita: declamação, canção estrófica de formato folclórico, arioso, melodrama, cenas corais. A atmosfera é de suspense e horror criado pelo medo do sobrenatural. A inevitável influência de Weber está patente na abertura, que retoma literalmente o esquema do *Freischütz*. Além disso, para sugerir o elemento demoníaco, Marschner recorre à mesma tonalidade de ré menor e aos mesmos intervalos de sétima diminuída que seu predecessor utilizara na cena do Vale dos Lobos.

Mas há, no tratamento de Ruthven, um elemento muito original: ao contrário do Caspar do *Freischütz*, ele não é uma personagem monocrômica – contém dentro de si, ao mesmo tempo, o bem e o mal, e vive um dilacerante conflito. Embora saiba que precisa de Malwina para salvar-se, ama-a genuinamente e está consciente de que, possuindo-a, estará destruindo a possibilidade de que ela seja feliz com o homem de quem gosta. Quando seu prazo se esgota e o Demônio o leva consigo, parece experimentar uma mistura de tristeza, horror e alívio. Essa duplicidade do Vampiro será um dos principais elementos fertilizadores do Holandês Errante wagneriano.

Pois esse é, no ciclo evolutivo da ópera alemã, um dos aspectos mais importantes do *Vampiro*: sua influência determinante na gênese do *Navio Fantasma*. Na história desse homem amaldiçoado, que precisa do sacrifício de uma mulher para se salvar, identificamos uma das matrizes do argumento do *Fliegende Holländer*. Mas as semelhanças vão mais além:

– há nítido paralelismo entre as personagens e as funções que desempenham: Ruthven e o Holandês são homens marcados por uma maldição; Malwina e Senta, mulheres que se encontram na lisonjeira posição – consciente ou não – de resgatá-los; Davenant e Daland, pais ambiciosos que não percebem estar entregando as filhas a homens que as destruirão; Aubry e Erik, namorados que tentam salvar a mulher amada – um com sucesso, o outro, não;

– a tessitura de baixo-barítono é a mesma para Ruthven e o Holandês, com exigências de colorido e dinâmica que os tornam vocalmente muito parecidos (a estrutura de "Welch ein Lust", a ária com que o Vampiro se apresenta, na primeira cena da ópera, falando do prazer que lhe dá "sugar uma vida nova num beijo, saciando a sede ardente com o sangue que flui do coração", é a mesma de "Die Frist ist um", o primeiro monólogo do Holandês);

– a forma da balada que Malwina canta, no ato III, é muito próxima daquela em que Senta narra a lenda do Holandês Errante;

– e também o estilo de orquestração de Marschner, decalcado no de Weber, lança uma ponte para o do jovem Wagner.

[Registremos, a título de curiosidade, a existência de um outro *Vampiro*, estreado em 21 de setembro de 1828. O libreto de Caspar Max Heigel baseia-se nas mesmas fontes usadas por Marschner: a peça de Ritter e o conto de Polidori. A música é da autoria de *Peter Lindpaintner* (1791-1856), compositor prolífico mas secundário, que estudou com Peter von Winter e foi muito influenciado por Weber e Spohr. *Demophoon*, uma *opera seria* de 1811, valeu a Lindpaintner o cargo de *Musikdirektor* no Isartortheater de Munique, onde ele se destacou como regente competentíssimo. *Kappelmeister* em Stuttgart a partir de 1819, escreveu várias óperas muito melodiosas, mas sem maiores pretensões.

Seu maior sucesso foi *Der Bergkönig* (O Rei da Montanha, 1825), baseado na mesma história do *Berggeist* (1825), de Spohr, e do *Rübezahl oder Der Beherrscher der Geist* (O

Soberano dos Espíritos, 1805), de Weber. Nos detalhes da escrita orquestral é visível o decalque de alguns maneirismos weberianos da *Euryanthe*. De seu próprio *Vampiro*, Lindpaintner fez, em 1850, uma revisão em que trocou os diálogos falados por recitativos, e que foi bem recebida em 26 de abril. É notável o traço weberiano no uso dos ritmos de polonaise, com ritmos cromáticos, que lembra a ária de Ännchen no *Freischütz*. Lindpaintner é um compositor menor, mas constitui um elo importante entre Marschner e Wagner, na medida em que, na sua escrita coral, já existem algumas antecipações do *Lohengrin*.

Die Macht des Leides (O Poder da Dor), de 1836, retorna à forma descomprometida do *singspiel* e tem um certo frescor com seu estilo simples de canção popular, um gênero com o qual Lindpaintner parece sentir-se à vontade. Já *Die sizilianischen Vesper* (As Vésperas Sicilianas, 1843), abordando o mesmo episódio de rebelião contra a dominação espanhola que, em 1855, inspiraria também o *grand-opéra* escrito por Verdi para Paris, pretende ser um *grosse romantische Oper*; e fica patente que as formas amplas do espetáculo em grande escala ficam aquém das possibilidades desse compositor de fôlego limitado.]

Depois do *Vampiro*, com sua reputação de operista consolidada, Marschner escolheu outro assunto muito popular. Desta vez voltou-se para a peça *Das Gericht der Templer* (A Lei do Templário), que Johann Reinhold Lenz adaptara em 1823 de um romance literalmente devorado pelos leitores da época: o *Ivanhoe* (1819), de sir Walter Scott. Autor que será uma das grandes fontes de libretos do século XIX, o escocês Scott inspirou operistas tão diversos quanto o Rossini da *Dama do lago*; o Donizetti da *Lucia di Lammermoor* e da *Elisabetta al castello di Kenilworth*; o Federico Ricci da *Prigione di Edimburgo*; o Von Flotow de *Rob Roy*; o Auber de *Leicester*; ou o Bizet de *La jolie fille de Perth*. Depois de Marschner, o próprio *Ivanhoe* haveria de ser convertido em ópera por Pacini, Nicolai, Pisani, Ciardi e até mesmo o Sullivan das operetas, numa de suas raras incursões pelo gênero sério, sem o eterno parceiro Gilbert.

Wohlbrück escreveu para ele o libreto de *Der Templer und die Jüdin* (O Templário e a Judia). Apesar da bem-sucedida estréia em 22 de dezembro de 1829, no Hoftheater de Leipzig, Marschner não ficou satisfeito com o resultado e começou imediatamente a revisá-la, encurtando algumas cenas, alterando a sua ordem e transformando parte do diálogo falado em recitativo. Pfitzner também a reeditou, para uma apresentação em Berlim em 1904, e foi assim que ela continuou sendo apresentada até cair no esquecimento. Não há notícia de gravação alguma – nem mesmo pirata – desta ópera que, durante muito tempo, foi popularíssima na Alemanha.

A intriga, em que Wohlbrück tenta condensar todos os episódios do longo romance de Scott, é muito carregada. Gira em torno do desejo do cavaleiro de Bois-Guilbert por Rebecca, a filha do judeu Isaac. Mas ela está apaixonada por Ivanhoe, de quem cuidou quando ele foi ferido – e este, por sua vez, ama Lady Rowena, seqüestrada no castelo de Bois-Guilbert pelo maléfico Bracy, que também a quer. O castelo é cercado pelo Cavaleiro Negro, que conta com o apoio do nobre fora-da-lei Locksley (aliás Robin Hood) e de Frei Tuck. Bracy é morto, Ivanhoe, Rowena e seu criado Cedric são salvos; Bois-Guilbert consegue fugir levando Rebecca; e o Cavaleiro Negro revela a sua verdadeira identidade. É Ricardo Coração de Leão, o rei legítimo. Ao voltar para a Inglaterra, após ficar detido em mãos dos sarracenos, fora aprisionado por seu irmão João Sem-Terra, que não lhe queria devolver o tronos. Os saxões o aclamam então como seu legítimo soberano.

Mas a Ordem dos Cavaleiros Templários acusa Rebecca de ter enfeitiçado Bois-Guilbert para que ele a amasse. A judia pede para ser submetida ao julgamento de Deus e Isaac vai procurar Ivanhoe – que acabou de ficar noivo de Rowena –, e lhe pede que lute como o defensor de sua filha. Ele aceita, derrota Bois-Guilbert, proclama a inocência de Rebecca e, segundo as leis da época, ganha o direito à sua mão. Por mais que o ame, a moça renuncia ao casamento com ele e o devolve a Rowena.

Wohlbrück precisou escrever diálogos muito longos – substancialmente abreviados nas revisões – para fornecer ao público todas as informações sobre trama tão complexa. Ainda assim, conseguiu fornecer um pano de fundo histórico bem vivo para o drama de Rebecca, que ama Ivanhoe e rejeita Bois-Guilbert, e para o conflito dessa última personagem consigo mesma. Da mesma forma que Ruthven, esse vilão – muito admirado por Wagner – não é esquemático nem maniqueísta: traz dentro de si uma mistura inextricável de bons e maus sentimentos, bem típica de anti-heróis românticos como o Lorenzaccio, de Musset – ressonâncias que se farão sentir, mais tarde, nas primeiras personagens wagnerianas: o Holandês, Tannhäuser, Telramund.

Continua grande a admiração de Marschner pela escrita weberiana. O que ele quis emular, no *Templário e a Judia*, foi o estilo grandioso da *Euryanthe*. Mas combina diversas formas musicais diferentes para evocar a cor local e histórica, muito mais proeminente aqui do que em suas demais obras. No *Templário*, mais do que na *Euryanthe*, a atenção concentra-se no desenho psicológico e os efeitos musicais são usados para caracterizar as personagens. Os rústicos saxões exprimem-se com canções estróficas simples e vivos ritmos marciais; a linguagem dos aristocratas normandos é mais sofisticada. A origem oriental de Rebecca é sugerida mediante o exotismo das modulações de seus floreios vocais, contrastando com a linha de canto mais europeizada de Rowena. Tuck e Wamba, o bobo da corte, fornecem o contraponto cômico: para eles, Marschner escreveu algumas das cenas mais cativantes da ópera.

O conflito desenrola-se em cenas de construção ampla. Números fechados intercalamse a passagens declamadas em que já se sente, à distância, o estilo wagneriano de arioso livre. O uso funcional da orquestração continua a absorver a lição de Weber, de uma forma que também aponta diretamente para o tipo de acompanhamento da primeira fase da obra de Wagner. Mas é, sobretudo, o perfil de Bois-Guilbert o que mais chama a atenção no *Templário*. Pervertida mas atormentada, essa trágica figura é um elo entre Ruthven e Hans Heiling, a personagem-título da ópera seguinte, em que se manifestarão, de forma ainda mais refinada, os poderes criativos de Marschner.

Em 1831, ele tinha sido regente titular do Hoftheater de Hanôver. Foi lá que recebeu um libreto baseado numa lenda boêmia, a ele enviado anonimamente. O autor do texto era o barítono Philipp Eduard Devrient que, em julho daquele mesmo ano, fizera muito sucesso interpretando Bois-Guilbert. Devrient o escrevera em 1827, a partir de um poema narrativo de Theodor Körner, pensando em oferecê-lo a Mendelssohn, de quem era muito amigo. Mas este o recusara devido à semelhança da história com a do *Freischütz*. Marschner entusiasmou-se pela peça e, ao identificar o responsável por ela, convidou-o para criar o papel-título. Muito bem recebida na estréia (Hofoper de Berlim, 24 de maio de 1833), *Hans Heiling* foi triunfalmente aplaudida, dois meses depois, em Leipzig. Para conhecê-la, há, no selo Marco Polo, a gravação de Ewald Korner, feita em 1990 na Eslováquia. Há tambem, duas edições pirata: a transmissão radiofônica da Rádio do Oeste da Alemanha, de um espetáculo ao vivo na Ópera de Colônia, regido por Joseph Keilberth; e a transmissão da RAI de Turim (anos de 1970), com Gerd Albrecht – ambas existiam, em Lp, nos selos MRF e Voce.

O príncipe dos *Erdgeiste*, os Espíritos da Terra, adquire forma humana, assume o nome de Hans Heiling e sobe à superfície, pois está apaixonado pela mortal Anna. Mas ela o teme, suplica que queime o livro mágico que trouxe consigo do subterrâneo e, durante uma festa da aldeia, é tirada para dançar pelo jovem Konrad e sente-se atraída por ele. Perdida na floresta, Anna encontra-se com a Rainha dos Espíritos: esta lhe revela quem é o seu filho e pede-lhe que renuncie a ele. Anna desmaia e é encontrada por Konrad, a quem declara seu amor. Heinrich os surpreende, exige que ela cumpra a promessa de desposá-lo e Anna lhe responde que não pode, agora que sabe que ele não é mortal. Furioso, Heiling apunhala Konrad.

Quando vai pedir aos Espíritos da Terra que o ajudem a possuir a moça, estes lhe contam que Konrad sobreviveu e vai casar-se com Anna. Hans irrompe na cerimônia, disposto a matar o rival, mas a mãe surge diante dele lembrando-lhe que prometera voltar para o fundo da terra caso se desiludisse no amor. Cego de dor, Hans a acompanha, enquanto todos agradecem aos céus pela salvação do casalzinho de noivos.

O conflito de Heiling, dilacerado entre dois mundos incompatíveis, sugere a Marschner uma brilhante partitura em que o convencional e o inovador são contrastados. O mundo rústico dos mortais vive das tradições do *singspiel*: diálogos vivos, canções estróficas de sabor popular, coros em estilo folclórico. O mundo fantasmagórico dos espíritos é evocado com harmonias e efeitos de colorido orquestral muito rebuscados. Há notável novidade técnica no Prelúdio – uma espécie de prólogo formado por uma seqüência contínua de arioso, recitativos e trechos de conjunto – que precede a abertura. Esta, por sua vez, é uma clara precursora do poema-sinfônico romântico. Unificando as formas musicais divergentes que caracterizam os dois mundos, há um uso muito flexível do melodrama e da declamação livre. Temas recorrentes também contribuem para garantir a coerência musical e dramática.

Finalmente, nunca é demais insistir no impacto das óperas de Heinrich Marschner sobre a inspiração wagneriana. As cenas que se passam no mundo subterrâneo dos *Erdgeiste* prenunciam a descida de Wotan e Loge ao reino dos Nibelungos, no *Ouro do Reno*. E a confrontação da Rainha dos Espíritos com seu filho Hans é ecoada no *Todesverkündigung* (anúncio da morte) do ato II da *Valquíria*: a cena em que Brünhilde vai dizer a Siegmund que ele deve preparar-se para morrer. O herói wagneriano recusará a glória do Valhala, pois não pode levar Sieglinde consigo. Da mesma forma, Hans está pronto a renunciar a seus poderes mágicos de príncipe dos Espíritos se, para mantê-los, tiver de desistir do amor que sente por Anna. Ele também, como Ruthven e Bois-Guilbert, é um ser dividido e contraditório.

A expansão dos números fechados, a tentativa de integrá-los num conjunto mais orgânico e a preocupação com os conflitos íntimos, mais do que com os episódios externos, são a grande contribuição de Heinrich Marschner a esta fase da ópera alemã – pela qual mereceria ser mais conhecido. O problema de sua música é que muitos achados melódicos e harmônicos originais coexistem com elementos banais herdados do sentimentalismo Biedermeier, e com resquícios, nem sempre bem assimilados, da influência de Spontini e Meyerbeer. Além disso, por mais que se preocupe em ampliar os números cantados, ele nunca chega a efetivamente anular a separação entre eles, mantendo-se fiel à estrutura do *singspiel*.

Isso acontece também nos anos finais de sua carreira em Hanôver, onde teve de lutar arduamente para defender a ópera de estilo alemão contra o gosto italianado da corte. Voltou ao *singspiel* de tom fantástico em *Das Schloss am Ätna* (O Castelo Junto ao Etna; Leipzig, 1836). Tentou a comédia em *Babu* (Hanôver, 1838), mas conseguiu apenas demonstrar que não tinha talento para o humor. E emulou a ópera histórica spontiniana em *König Adolf von Nassau* – que Wagner fez encenar em Dresden, em 1845 – e *Austin* (Hanôver, 1852). A única ópera em que usou recitativo acompanhado foi *Sangeskönig Hiarne* (O Rei Cantor Hiarne), que mereceria ser revivida, pois tem um estilo *durchkomponiert* (de estrutura contínua) que já é quase wagneriano. Marschner escreveu-a de olho na possibilidade de uma encenação em Paris mas, apesar dos esforços de Rossini nesse sentido, nenhum teatro da capital francesa interessou-se por ela. Assim, essa última ópera estreou postumamente em Frankfurt, em 1863.

Entre os epígonos de Weber e Marschner, é necessário mencionar também, além do já citado Lindpaintner, os irmãos Lachner e Reissiger. E também um seguidor tardio, Max Bruch que, embora vivendo numa fase em que o modelo wagneriano dava novos rumos à ópera, preferiu manter-se fiel à lição weberiana.

Os Lachner

Membro de uma família de músicos da aldeia de Rain-am-Lech, nas montanhas da Baviera, Franz Paul Lachner (1803-1890) foi para Viena em 1823, como organista da Igreja Luterana. Na capital austríaca, estudou com Sechter e Stadler, e fez amizade com Salieri e Beethoven. Em 1827, tornou-se o assistente de Weigl no Kärntnertotttheater, assumindo a direção dois anos depois, quando seu superior aposentou-se. Ali apresentou, em 1828, a sua primeira ópera, *Die Bürgschaft* (A garantia), na qual percebe-se a marca evidente do estilo weberiano.

As óperas mais importantes de Lachner foram escritas para a corte de Munique, da qual tornou-se Hofkappelmeister em 1836. A mais bem-sucedida foi *Caterina Cornaro*, uma ópera histórica de grandes proporções em que se nota o desejo de emular o exemplo da *Euryanthe*. Estreada no Hoftheater em 3 de dezembro de 1841, foi apresentada em vários teatros alemães. O libreto de Alois Joseph Büssel é a tradução da *Reine de Chypre* que Jules Henri Vernoy de Saint-Georges escrevera no início daquele ano para Halévy. Muito popular, essa peça contando os amores infelizes da princesa veneziana que, no século XV, foi casada com Jacques de Lusignan, rei de Chipre, foi traduzida também para o italiano – *Caterina Cornaro*, nas versões de Donizetti (1844) e Pacini (1846) – e para o inglês: *The Daughter of St. Mark* (1844), de Michael Balfe.

Depois de *Benvenuto Cellini* (1849), traduzido do libreto de Wailly e Barbier para a ópera de Berlioz, Lachner produziu sua partitura mais importante para o palco: a música incidental para o *Oedipus Rex* (1852), de Sófocles, que lhe valeu a nomeação para o cargo de *Generalmusikdirektor*. Mas a sua defesa entusiástica da música de Wagner, de quem regeu em 1867 o *Tannhäuser*, criou atritos entre ele e a administração do Hoftheater, forçando-o a demitir-se no ano seguinte.

Seu irmão Ignaz (1807-1895) estudou com ele em Viena e herdou seus cargos de organista na Igreja Luterana e de assistente no Käntnertortheater. Foi Musikdirektor na corte de Stuttgart (1831-1841) mas, depois, reuniu-se ao irmão em Munique. Entre 1853 e 1861, trabalhou em Hamburgo, Estocolmo e Frankfurt. Bastam os títulos de suas óperas – *Die Geistersturm* (A Tempestade Fantasmagórica, 1837), *Die Regenbrüder* (Os Irmãos da Chuva, 1839), *Loreley* (1846) e *Alpenszenen* (Cenas Alpinas, 1850) – para que se perceba que a sua temática é tipicamente romântica: histórias fantásticas, lendas, o retrato da vida campestre, numa linha muito influenciada por Spohr, Weber e Marschner.

Reissiger

Hoje em dia, as óperas de Carl Gottlieb Reissiger (1798-1859) desapareceram totalmente do palco. Mas, em sua época, esse aluno de Salieri e Winter era muito apreciado. Entusiasmado com sua primeira ópera, *Rockenweibchen* (A Donzela da Rocha), de 1821, Weber ofereceu-se para estrear em Dresden a segunda, *Didone Abbandonata* (1824); e quando morreu, foi Reissiger quem o sucedeu como regente titular desse teatro. Já era o bem-sucedido autor de *Lisbella* (1829), *Die Felsenmühle zu Étalières* (O Moinho no Penhasco em Étalières, 1831), *Turandot* (1835) e *Adèle de Foix* (1841) – todas elas muito marcadas pela música de Weber e Marschner – quando fez amizade com Wagner, de quem estreou o regeu a estréia do *Rienzi*. Mas as relações com o jovem compositor esfriaram, depois que Reissiger se recusou a musicar o libreto de *Die hohe Braut* (A Noiva Nobre), que ele escrevera.

Bruch

Numa época em que era necessário fazer escolhas e tomar partido, Max Bruch (1838-1920), cujas concepções musicais tinham sido muito influenciadas pelo tradicionalismo de Ferdinand Hiller, com quem estudou, optou pelo campo dos defensores do classicismo de Spohr, Weber, Mendelssohn e Schumann, opondo-se às inovações pregadas pelos adeptos de Wagner e Liszt. Ele acreditava na beleza das melodias diatônicas – em especial as que tivessem raízes folclóricas – e rejeitava a harmonia dita "progressista", por estar persuadido (e com razão) que ela poria em risco o equilíbrio do sistema tonal.

Conhecido virtuose do violino, Bruch deixou obras para esse instrumento ainda hoje muito populares: os três concertos para violino, a *Fantasia Escocesa*, o *Kol Nidrei*. Mas foi também autor de oratórios seculares baseados em Homero (*A Bela Helena, Odysseus, Achilleus*), Schiller (*A Canção do Sino, A Força do Canto*) e Walter Scott (*A Cruz de Fogo*). Foi também regente nas cortes de Coblença e

Sondershausen, e em orquestras municipais de Liverpool e Breslau (a atual Wróclaw, na Polônia); e professor de composição na Musikhochschule, de Berlim.

De suas três óperas, *Scherz, List und Rache* (Gracejo, Astúcia e Vingança, 1858), baseado num antigo libreto de Goethe para um *singspiel*, que ele converteu em ópera com recitativos, e *Hermione* (1872) não fizeram sucesso, devido a adaptações medíocres do libreto e à sua recusa em aceitar uma evolução do drama lírico que se impunha cada vez mais ao olhos do público. Mas *Loreley* tem belezas musicais que a fazem ser ocasionalmente revivida em teatros alemães de repertório. O libreto de Emanuel Geibel é aquele a que nos referimos ao falar das óperas de Mendelssohn. Depois que este morreu, Geibel o publicou como uma peça de teatro e proibiu qualquer outro compositor de musicá-lo (até a Marschner negou autorização para isso). Bruch precisou usar de muita persuasão para convencê-lo a permitir-lhe que o usasse.

Geibel dá uma versão ligeiramente diferente à história tradicional da Ondina: a sua personagem, Leonore, é uma camponesa seduzida e abandonada por um rapaz nobre. Para vingar-se dele, faz um pacto com o Espírito do Rio que a transforma na Loreley, a ninfa das águas. Com seu canto, ela consegue então atrair o sedutor e inspirar nele paixão tão desvairada que, impossibilitado de possuí-la, ele se afoga nas águas do Reno.

Há, na ópera de Bruch, a tentativa de encontrar o equivalente musical para as belas evocações poéticas que Geibel faz do vale do Reno, com suas encostas cobertas de vinhedos. Na recriação do ambiente camponês está o que a *Loreley* tem de melhor, evidenciando o dom do compositor para a invenção melódica e o variado colorido orquestral. O modelo seguido por Bruch é o de Weber, com árias e cenas de conjunto fechadas, mas interligadas por recitativos acompanhados em vez de diálogos falados. A cena do pacto entre Leonore e o Espírito das Águas, no ato II, é visivelmente decalcada na seqüência do Vale dos Lobos, no *Freischütz*. A estréia, na Ópera de Mannheim, em 14 de junho de 1863, foi bem-sucedida e a ópera chegou a ser encenada em vários teatros alemães. Mas era de um estilo antiquado e acabou caindo no esquecimento – apesar de duas bem-intencionadas tentativas de revivê-la: a de Gustav Mahler, em Leipzig (1887); e a de Hans Pfitzner, em Estrasburgo (1916).

Não consegui localizar gravações de suas óperas. Mas a música vocal de Bruch pode ser conhecida mediante o registro dos oratórios *Odysseus*, com Leo Botstein (Koch-Schwann) e *Moses*, com Claus Peter Flore (Orfeo).

MENDELSSOHN

Os seis *singspiele* de Felix Mendelssohn (1809-1847) surgiram antes que ele fizesse 22 anos – idade em que escreveu a seu amigo, o cantor Eduard Devrient:

> Ponha um libreto em minhas mãos e, em poucos momentos, terei composto uma ópera. Não se passa um só dia sem que eu sinta vontade de escrever uma nova ópera. [...] Mas recuso-me a musicar um texto que não seja apropriado para mim. Se você souber de alguém que seja capaz de escrever um bom libreto, não deixe de me avisar: não peço outra coisa.

Talvez tenha sido por isso que, depois dessa idade, embora considerando uma série de projetos, nunca tenha se decidido por nenhum deles. Começou uma *Tempestade* (1831), baseada em Shakespeare, autor que venerava desde menino – basta lembrar-se do assombro que é a música para o *Sonho de Uma Noite de Verão*. Em 1834, tentou adaptar a *Pervonte*, de Wieland, e chegou a rascunhar um coro e o final do ato I de uma *Loreley* especialmente escrita para ele por Emanuel Geibel. Mas nada disso foi adiante. Hoje, Mendelssohn é conhecido por sua música instrumental e de câmara, e pelos grandes oratórios, *Paulus* e *Elias*. As óperas que terminou estão semi-esquecidas. Mas são um testemunho notável de seu gênio precoce.

Felix Mendelssohn-Bartholdy tinha onze anos quando tentou a sua primeira experiência dramática: o texto e a música de *Lustspiel, Ich, J. Mendelssohn*, de presente para Abraham, seu pai, que estava fazendo 44 anos. Mas compôs apenas a primeira cena e parte da segunda. Naquele mesmo ano, porém, terminou um *singspiel* intitulado *Die Soldatenliebschaft* (O Namoro do Soldado), que um amigo da família, o Dr. Johann Ludwig Casper, adaptara provavelmente de uma peça francesa. A abertura e os onze números demonstram que o menino estava familiarizado com as convenções cômicas da época, conhecia bem as óperas de Mozart e estava fazendo rápidos progressos nas aulas de contraponto que, desde o ano anterior, vinha tendo com Carl Friedrich Zelter.

Daí para *Die beiden Pädagogen* (Os Dois Pedagogos), escrita em 1821 e encenada no ano seguinte, na casa dos Mendelssohn, o salto é enorme. A escrita obedece aos padrões do *singspiel*, mas existe uma perfeita compreensão das situações estereotipadas, que são resolvidas de forma muito competente. O libreto de Casper, baseado em *Les Deux Précepteurs ou Asinus Asinam Fricat* (1817), de Eugène Scribe, é solto e engraçado. Um rico proprietário de terras, Herr von Robert, contrata um professor de Viena como tutor de seu filho, Carl, que já é quase adulto. Na verdade, espera que o tutor o ajude a dissuadir o filho de casar-se com Elise, a quem ama. Mas, no lugar do professor, quem vem fazendo-se passar por ele é Lustig, o seu assistente, que está querendo abiscoitar o bom pagamento oferecido por Von Robert. Infelizmente, ele é reconhecido por sua ex-namorada, Hännchen, sobrinha de Kinderschreck, o mestre-escola da aldeia (o nome da personagem significa, literalmente, "assusta-criança"). Lustig acaba sendo desmascarado, mas Von Robert também admite que seus projetos eram inviáveis, deixa o filho casar-se com a namorada, e o falso professor também une-se a Hännchen.

O pedante Kinderschreck é a personagem melhor caracterizada, numa linha bufa que relembra obrigatoriamente o Bartolo das *Bodas de Fígaro*. Há páginas surpreendentes, quando se pensa que o compositor tinha apenas doze anos. Uma delas é o trio em que Carl e Elise contam a Hännchen as suas dificuldades. A outra, o quarteto em que Von Robert e seu filho assistem, atônitos, a uma douta discussão entre Lustig, que defende as qualidades dos princípios pedagógicos de Pestalozzi, na época a última palavra em matéria de revolução educacional, e Kinderschreck, que insiste nas vantagens da "escola risonha e franca", à base de palmatória e decoreba. A ópera só foi estreada em 27 de maio de 1962, na Komische Oper de Berlim. Em 1979, Heinz Wallberg fez uma deliciosa gravação para o selo EMI.

O libreto de Casper para *Die wandernden Komödianten* (Os Comediantes Ambulantes), redescoberto na década de 1980 na Bodleian Library da Universidade de Oxford, é bem mais fraco. Mas os números musicais são mais longos e de factura muito variada. O finale, sobretudo, é conduzido com a mão extremamente segura de quem assimilou com exatidão a lição mozartiana dos finales de ato concebidos de forma sinfônica. Na Bodleian, encontraram-se também os diálogos para os dois primeiros atos de *Der Onkel aus Boston oder Die beiden Neffen* (O Tio de Boston ou Os Dois Sobrinhos), a última colaboração de Félix com Casper (1823). Os do ato III se perderam. Mas é um texto dramaticamente débil – embora para ele o rapaz também tenha concebido páginas tecnicamente interessantes. Os dois *singspiele* foram concebidos, de maneira muito despretensiosa, para encenações domésticas, todos os papéis sendo interpretados por amigos e membros da família.

A única ópera em maior escala que Mendelssohn compôs, e também a única a ser encenada e publicada em vida do autor, foi *Die Hochzeit des Camacho* (O Casamento de Camacho), baseada no mesmo episódio do *Don Quixote* que, um século antes, inspirara a serenata de Telemann. Atribui-se o libreto a um outro amigo da família, Friedrich Voigt. Felix terminou a partitura em agosto de 1825, poucas semanas antes de uma de suas peças mais extraordinárias, o *Octeto*. A rapidez com que sua linguagem musical evoluía fez inclusive com que, terminado o ato II, ele chegasse à conclusão de que o I tinha um estilo superado, e o reescrevesse inteiramente. O finale do ato II também foi amplamente reescrito.

Para a estréia, no Berliner Schauspielhaus, em 29 de abril de 1827, foram impostos outros cortes e alterações – com os quais Felix parece não ter concordado pois, ao publicar a redução para piano, em 1827, restituiu-lhe a forma original. Embora bem recebido pelo público, *Camacho* não fez carreira longa, pois o compositor Gasparo Spontini, que dirigia o teatro, fortemente anti-semita e enciumado com o prestígio crescente do menino-prodígio – que atribuía injustamente à fortuna do banqueiro Adam Mendelssohn, seu pai –, tudo fez para boicotar a produção. Acabou conseguindo que ela fosse retirada de cartaz após poucas récitas. Isso concorreu para o semi-esquecimento em que a ópera caiu.

Fazendo jus ao nome que tem, o burguês Carrasco opõe-se ao namoro de sua filha Quiteria com Basilio, seu namorado, pois prometeu a mão da moça ao rico Camacho, muito mais velho do que ela. Lucinda e Vivaldo, amigos do casal, dispõem-se a ajudá-los a evitar esse casamento indesejado. Sabem que, para o banquete de bodas, Camacho convidou Don Quixote e Sancho Pança, que estão na região procurando uma misteriosa caverna assombrada pelo fantasma do aventureiro Montesinos. Basilio vai esconder-se na floresta, enquanto Vivaldo diz a Carrasco que ele encontrou um grande tesouro. Quiteria vai ao encontro do namorado e, na floresta, cruza com Quixote que, sem querer, assusta-a terrivelmente. Quando Carrasco e Camacho, furiosos, vão à procura dos jovens, achando que eles fugiram juntos, dão com Basilio disfarçado como o fantasma de Montesinos, e fogem apavorados.

Durante a festa, para entretenimento dos convidados, Vivaldo monta um *divertissement* alegórico valorizando o amor em detrimento da fortuna, que não agrada nem um pouco a Camacho – e que é interrompido pela intempestiva chegada de Don Quixote. Quando Quiteria está sendo forçada a assinar o contrato nupcial, Basilio aparece e, desesperado, apunhala-se na frente de todo mundo. Agonizando, pede a Carrasco que o deixe casar-se com Quiteria antes de morrer, para que possa partir em paz. Assim que o padre os abençoa, porém, ele "ressuscita" milagrosamente: usou apenas um punhal de teatro. Carrasco e Camacho espumam de ódio, mas nada mais podem fazer para separar um casal unido pela Igreja. O entrecho, como se vê, é mais elaborado do que o usado por Telemann em sua comediazinha em um ato.

Mendelssohn está decidido, no *Camacho*, a abandonar a escala modesta de seus primeiros *singspiele*, e a aproximar-se das formas mais amplas que estão sendo impostas por Weber, Spohr e Marschner. Ainda há diálogos falados, mas são longas as seções ininterruptas de música com que se constróem as cenas multipartites; e profusos temas recorrentes servem para unificar os números separados. Além disso, coros abundantes intercalam-se aos números solistas ou de conjunto, dando variedade à partitura. A instrumentação é muito leve, brilhante, imaginosa, digna do grande Mendelssohn do *Sonho de Uma Noite de Verão*. Ainda assim, a ópera peca por lamentáveis erros de cálculo: o pior deles é a decisão de apresentar o momento climático, da morte fingida de Basilio, em diálogo falado, e não num número musical que teria sido de grande efeito.

Em seu último *singspiel*, porém, Mendelssohn volta à fórmula simples do início da carreira, devido às modestas ambições da peça. *Die Heimkehr aus der Fremde* (A Volta do Exterior para Casa), com libreto de Karl Klingemann, amigo da família, foi concebida para a usual representação doméstica, em comemoração às bodas de prata de Abraham e Leah Mendelssohn, no dia 26 de dezembro de 1829. Dela deveriam participar todos os familiares; até mesmo o pintor Wilhelm Hensel, recém-casado com irmã Fanny, a adorada irmã mais velha de Félix. Como Hensel era totalmente desafinado, suas intervenções eram escritas sobre uma única nota – que ele não acertava nunca. "Foi uma dificuldade fazê-lo encontrá-la", conta Devrient, intérprete do papel principal, "embora todo mundo a cantarolasse o tempo todo e a assobiasse para ele de todos os cantos da casa."

Félix escreveu a música durante a sua primeira visita à Inglaterra. Pretendia voltar à Alemanha a tempo de assistir o casamento de Fanny, para o qual tinha escrito uma bela marcha nupcial para órgão. Mas ao chegar a Londres, sofreu um acidente: caiu da carruagem, machucou seriamente o joelho e ficou dois meses de cama, sendo cuidado por Klingemann e um amigo novo, o organista inglês Thomas Attwood, que fora aluno de Mozart. Voltou para casa em cima da hora de assistir à festa para os pais. Mas estava escrito que as coisas não deveriam ser tão fáceis quanto a família esperava.

O Príncipe Herdeiro tinha marcado um concerto para a noite do espetáculo doméstico, e exigia a presença de Devrient. Ao saber disso, Felix teve uma reação histérica, um acesso de febre e o médico da família, chamado, deu-lhe um sedativo que o fez dormir doze horas seguidas. Nesse meio tempo, usando seus contatos na corte, Abraham conseguiu que Devrient fosse escalado para a primeira parte do concerto, o que lhe permitiria sair correndo e chegar à casa dos Mendelssohn, na Leipzigerstrasse, em cima da hora de começar o *singspiel*. Assim, ele pôde criar a dupla personagem principal.

Kauz é um caixeiro viajante que, chegando a uma cidadezinha pequena mas próspera, faz-se passar pelo filho do juiz, um rapaz fisicamente parecido com ele que, seis anos antes, tinha viajado para o exterior e nunca mais dera notícias. Por coincidência, Hermann, o filho verdadeiro, chega um dia depois, à procura de sua antiga namorada, a quem Kauz já está fazendo a corte. Após algumas peripécias confusas, o caixeiro viajante é desmascarado e expulso da cidade.

Cada um dos números individuais é bem cuidado e melodioso. A historinha é inconseqüente e a música muito simples, mas a caracterização das personagens é atraente. Não há, porém, a menor preocupação em dar ao entrecho uma seqüência dramática mais coerente. Esta é, ironicamente, a obra de Mendelssohn para o palco mais freqüentemente encenada. Fez enorme sucesso ao ser levada em público em Leipzig (10 de abril de 1851); e principalmente no Little Haymarket Theatre, de Londres (7 de julho do mesmo ano). Com o nome de *Son and Stranger*, costuma ser representada até hoje na Inglaterra. H. Wallberg gravou-a, em 1979, para o selo EMI.

SCHUMANN

Notável compositor de música para piano, canções e peças de câmara, Robert Alexander Schumann (1810-1856) já estava com 40 anos quando *Genoveva*, sua única ópera, foi estreada. Por volta de 1830, ele tinha pensado num *Hamlet* mas, não se sabe por que, escreveu apenas oito compassos para a abertura e não passou disso. Dez anos depois, planejou um *Doge und Dogaressa*, inspirado num dos contos dos *Serapion-Brüder*, de Hoffmann, como presente para Clara, sua mulher, no aniversário de casamento. Mas esse projeto tampouco foi adiante.

Em 1842, escreveu a seu amigo Carl Kossmaly: "Sabe o que eu peço a Deus, noite e dia? Uma ópera alemã. Sinto que há algo de muito importante a ser feito nesse campo." Mas nenhum de seus inúmeros projetos frutificou: *Abelard und Heloise, Till Eulenspiegel, Hermann und Dorothea, Faust, Columbus, Der Corsar, König Arthur, Romeo und Juliet*, e até mesmo *Die Niebelungen* e *Tristan und Isolde*.

De *Hermann und Dorothea*, sobrou a abertura, catalogada como o op. 136. Schumann trabalhou no *Corsário*, baseado no poema de lord Byron – que inspirou o *Corsaro* (1848) de Verdi –, entre junho e julho de 1844; mas deixou apenas o coro de abertura e uma ária incompleta. Quanto ao *Fausto*, o resultado não foi uma ópera, mas um oratório extremamente interessante: *Szene aus Goethes Faust*, completado em 1853 – de que existem gravações feitas por Hans Schmidt-Isserstedt (Enterprise, 1945), Benjamin Britten (Decca, 1968) e Claudio Abbado (Sony, 1995).

Em 1847, fascinou-o a idéia de combinar, num só libreto, duas peças muito contrastantes: a mórbida *Das Leben und Tod der heiligen Genoveva* (Vida e Morte de Sta Genoveva), de Carl Friederich Hebbel (1799), drama romântico muito pessimista; e *Genoveva* (1843), de Ludwig Tieck, que enfatizava os aspectos fantásticos da história da santa, evocando-a num clima de conto de fadas. O libreto que Robert Reinick escreveu não o satisfez, e ele resolveu reescrevê-lo; mas sua inexperiência com as obras para teatro fez o resultado ficar desconjuntado, sem muita coerência.

Para a má acolhida da obra, apresentada apenas três vezes no Stadttheater de Leipzig, concorreu também o fato de Schumann, maestro pouco hábil, ter insistido em reger a estréia em 25 de junho de 1850. Ele ainda estava vivo quando Liszt a reapresentou em Weimar, em 1850, mas sem maior sucesso. Embora *Genoveva* forme um elo significativo entre Weber e Wagner, têm sido muito espaçadas as suas encenações. Mas há três gravações: a de Kurt Masur (Electrola, 1977), a de Gerd Albrecht (Orfeo, 1996) e a de Nikolaus Harnoncourt (Teldec), considerada pela crítica inglesa um dos melhores discos de 1997.

Enquanto seu marido, o conde Siegfried, está no campo de batalha, lutando contra os sarracenos ao lado de Carlos Martelo, Genoveva é assediada por Golo, a quem foi confiada a sua guarda. Rejeitado, ele tenta, com a ajuda da feiticeira Margarete, simular uma aventura entre Genoveva e o cavaleiro Drago, para incriminá-la aos olhos do marido. Convence Drago a esconder-se no quarto de Genoveva, chama os cortesãos para pegá-la em flagrante e, antes que o cavaleiro possa se explicar, é morto pelo servo Balthazar.

A princípio Siegfried hesita quando Golo manda lhe dizer que a esposa lhe foi infiel. Mas ordena a execução da esposa depois que Margarete lhe mostra um espelho mágico onde faz aparecer a cena do adultério. Depois que Siegfried parte, furioso, o espectro de Drago surge para a feiticeira e ordena-lhe que confesse a verdade. Quando estão levando Genoveva para o cadafalso, Golo diz que a salvará se ela se entregar a ele; mas a jovem recusa. No último minuto, Siegfried chega, trazido por Margaret, salva-a e castiga o sedutor.

As numerosas revisões feitas por Schumann não conseguiram impedir que o libreto continuasse prejudicado por episódios laterais dispersivos que, em vez de variedade, geram monotonia. Um grande compositor como ele garante algumas páginas inspiradas, como a abertura; a principal ária da protagonista, "Die letzte Hoffnung" (A última esperança); ou o dueto entre Genoveva e Golo, no ato II, em que é feito um uso muito expressivo da canção folclórica "Wenn ich ein Vöglein wär" (Quando eu era um passarinho). A harmonização, a princípio simples mas, depois, gradualmente mais elaborada, sugere a perturbação crescente que a proximidade de Genoveva produz em Golo.

Mas a caracterização das personagens é muito rasa e a orquestração, nem sempre muito criativa – apesar de alguns achados, como a combinação de tuba, piccolo e gongo na cena da aparição do fantasma de Drago. O principal problema de *Genoveva* é um certo tom neutro que tem, resultado da sistemática preocupação de Schumann em fugir de tudo o que considerava "os efeitos fáceis e de mau gosto" da ópera italiana e do *grand-opéra* (ele é o autor de alguns dos mais vitriólicos ataques escritos contra Meyerbeer, cuja música detestava).

O resultado é, com freqüência, desenxabido. Quando é necessário que a música pegue fogo – como na cena em que Golo tenta forçar Genoveva a se entregar – ela é decepcionantemente morna e bem-comportada. O que não a impede de ter importância histórica como um elo entre Weber e Wagner. Ao escrever sua única ópera, Schumann decerto tinha em mente a *Euryanthe*, de seu predecessor, com a qual *Genoveva* tem evidentes pontos de contato. E ela também influenciou o *Lohengrin*, estreado dois meses depois. Enquanto a compunha, Schumann mostrava constantemente o que fazia a Wagner, que conhecia desde os tempos de estudante em Leipzig, e com quem tinha relações muito amigáveis – esfriadas depois que Richard fez críticas severas à sua ópera. Além de semelhanças no tratamento dos *leitmotive*, há afinidades evidentes entre Golo-Margaret e Telramund-Ortrud. E a relação estrutural da narrativa – Golo ameaça Genoveva que é salva por Siegfried – ecoa de certa forma a que se estabelece entre Telramund-Elsa-Lohengrin.

A Comédia Romântica

Kreutzer, Lortzing, Nicolai, Von Flotow

Ao lado do drama romântico de Spohr, Weber e Marschner, desenvolve-se, no início do século XIX, uma ópera de tema cômico ou sentimental, em que se prolongam características do *singspiel* de inspiração francesa do século XVIII. Kreutzer, o primeiro compositor a praticar esse gênero, é hoje menos lembrado pelo que deixou do que pelo caminho que abriu para os mestres da comédia alemã oitocentista.

Kreutzer

Die lächerliche Werbung (O Recrutamento Ridículo) foi escrito quando Konradin Kreutzer (1780-1849) ainda estudava Direito na Universidade de Freiburg. Aluno de Albrechtsberger, que o fez praticar escrevendo outros tanto *singspiele*, Kreutzer obteve tanto sucesso com suas óperas *Konradin von Schwaben* e *Feodora*, ambas encenadas em Stuttgart em 1812, que foi convidado para suceder a Danzi como *Kappelmeister*. Em 1822, marcou novo tento com *Libussa* que, aclamada pelo público do Kärntnertortheater, de Viena, em 4 de dezembro, fez a direção dessa sala convidá-lo para assumir, a partir do ano seguinte, o cargo de maestro titular.

O libreto dessa "Romantische Oper", com claras filiações de *grand-opéra*, é de Joseph Karl Bernard, o autor do texto do *Faust* de Spohr. Ele se baseou no mesmo episódio da história da Boêmia que, sessenta anos mais tarde, inspiraria a *Libuše* de Bedrich Smetana. Mas a ênfase, na peça de Kreutzer, está não no conteúdo patriótico e, sim, no envolvimento amoroso das personagens, tratado em delicada chave de idílio campestre.

Influenciado por Mozart, Beethoven, Schubert e por contemporâneos franceses (Auber) e italianos (Rossini, Donizetti), Kreutzer tem sido descrito como um produto típico da estética Biedermeier, leve, agradável e descomplicada. Da obra muito vasta que compôs, apenas três peças tiveram êxito mais durável e ainda são ocasionalmente ouvidas nos teatros alemães: *Melusine, Das Nachtlager in Granada* e *Der Verschwender*.

A primeira é uma *Zauberoper* (ópera mágica) – no estilo do *singspiel* de tema fantástico – escrita por Franz Grillparzer para Beethoven, que a recusou por achá-la demasiado artificial. O texto é de fato alambicado e confuso, e foi muito criticado na estréia, no Königsstädtischesheater de Berlim, em 27 de fevereiro de 1833. Mas a música de Kreutzer foi bastante elogiada. As melodias são atraentes e ele faz extenso uso de melodramas para contar a história de um mortal que se apaixona por uma sereia. A ópera inspirou a Mendelssohn a sua abertura *Die schöne Melusine*.

O Acampamento Noturno em Granada foi uma das óperas mais populares de seu tempo, muito encenada em toda a Alemanha e em vários teatros do exterior. O texto de Karl Johann

Braun von Braunthal baseia-se na comédia homônima de Johann Friedrich Kind, o libretista do *Freischütz*. A estréia foi no Theater in der Josephstadt, de Viena, em 13 de janeiro de 1834.

Disfarçado de caçador, o príncipe herdeiro da Espanha junta-se a um grupo de ciganos, que decidem matá-lo e roubá-lo quando o surpreendem beijando Gabriella, uma garota do bando. A moça ama o jovem Gómez e vem sendo perseguida por Vasco, homem de temperamento brutal. Quando ela impede que o "caçador" caia na emboscada de seus companheiros, este, em sinal de gratidão, promete pedir a seu "amigo", o príncipe herdeiro, que interceda junto a seus pais, em favor de Gómez. Ao ser cercado pelos ciganos liderados por Vasco, o príncipe revela sua verdadeira identidade e promove o noivado de Gabriella com seu namorado.

Essa historinha ingênua oferece oportunidades para cenas de efeito, coros de caçadores e conspiradores, uma *preghiera*, duetos de amor e cenas de conjunto, tudo traindo influência muito grande de Auber e Donizetti. A música, de tom ligeiro e frívolo, já foi acusada de ser inócua; mas é sempre agradável de ouvir e a ambientação cigana, de inspiração mourisca, permite efeitos de orquestração bastante exóticos. A canção "Ein Schütz bin ich" (Sou um caçador) é tão conhecida na Alemanha que chegou a ganhar status de folclore. E uma página *a cappella* como "Schon die Abendglocken klangen" (Os sinos noturnos já tocam) faz parte do repertório de todos os grupos corais. Em 1837, para uma reprise no Kärntnertortheater, Kreutzer substituiu os diálogos falados por recitativos. Mas é a versão original que foi gravada por H. Preiser, em 1978, para o selo DG.

Der Verschwender (O Perdulário) é na realidade a música incidental muito extensa – incluindo diversos melodramas – para uma peça de J. Raimund (1834) escrita em estilo de *Märchen* (conto de fadas). Os teatrinhos das cidades do interior austríaco ainda costumam encená-la, com a partitura muito agradável e eficiente de Kreutzer. Seus últimos anos, ele os passou excursionando com as filhas, as cantoras Cäcilie e Marie, acompanhando-as ao piano em seus recitais.

Lortzing

O conhecimento instintivo que o cantor, compositor, poeta, regente e empresário Gustav Albert Lortzing (1801-1851) tinha da carpintaria teatral era o resultado de uma vida inteira comendo a poeira dos palcos. Como Weber, ele era filho de um casal de atores e músicos profissionais cuja companhia excursionava de uma cidade para a outra e, desde pequeno, atuou nas peças ao lado dos pais. Representou não só em comédias populares descontraídas, mas também em peças sérias de Schiller, Lessing e Raimund. Isso lhe deu uma facilidade para tratar as formas tradicionais que garante, até hoje, o lugar conquistado por suas comédias no repertório alemão. Quase totalmente autodidata, Lortzing é o típico produto do Biedermeier: suas óperas refletem a preocupação da burguesia alemã com a segurança, a vida familiar estável, o conforto e a felicidade no cotidiano. Sua carreira iniciou-se, aos 23 anos, com *Ali Pascha von Janina oder Die Franzosen in Albanien* (Ali, o paxá de Janina ou Os franceses na Albânia), *singspiel* estreado em 1828 pelo elenco estável do Detmold Hoftheater, de que ele e a mulher eram cantores. O modelo é *O Rapto do Serralho*, mas já há nítidas promessas de talento dramático; e alguns traços originais, como uma agilíssima ária de vingança com *obbligato* de quatro trompetes. O selo MD&G tem uma gravação pirata, de 1989, dessa obra de início de carreira.

O fascínio pelo autor da *Flauta Mágica* manifesta-se também em *Scenen aus Mozarts Leben* (Cenas da Vida de Mozart, 1823), em que Lortzing faz uma habilidosa colagem de temas de várias das suas obras, compondo também alguns trechos originais em que imita seu estilo de escrita. Ao detido estudo das óperas de Mozart, aliás, ele deve a flexibilidade com que, em suas obras mais maduras, há de tratar as cenas de conjunto, algumas delas muito elaboradas e virtuosísticas.

Os resquícios de barroquismo já estão totalmente superados em sua primeira comédia romântica, *Die beiden Schützen* (Os Dois Caçadores), inspirada no modelo de Kreutzer. O libreto é do próprio Lortzing, mas as fontes são complexas. Em 1796, Joseph Patrat expandiu na comédia *Les Deux Grenadiers ou Les*

Quiproquos o libreto que, dez anos antes, escrevera para *Les Méprises par Ressemblance*, de Grétry – a história de dois soldados que voltam à sua aldeia, após anos de ausência, e são confundidos um com o outro. Lortzing conhecia muito bem essa comédia pois, em 1811, participara da montagem da tradução alemã muito livre feita por Gustav Cord.

Os Dois Caçadores é um passo decisivo na superação do *singspiel*, cujo cordão umbilical ainda está preso ao *opéra-comique*. Persistem, aqui e ali, *couplets* de estilo afrancesado; mas a introdução de melodias mais líricas e expansivas, e a importância das cenas de conjunto – incluindo um septeto no ato II – já lhe dão muito mais substância. Percebe-se nela a preocupação com a organização dramática e musical que sempre caracterizará a obra de Lortzing. Albert e sua mãe cantaram dois dos papéis principais na bem-recebida estréia, no Stadttheater de Leipzig, em 20 de fevereiro de 1837. No selo Memories existe uma gravação ao vivo feita em 1950 por J. Koertsie.

As características esboçadas em *Os Dois Caçadores* confirmam-se em sua ópera mais conhecida: *Zar und Zimmermann oder Die zwei Peter* (Tsar e Carpinteiro ou Os Dois Pedros), que Leipzig ouviu em 22 de dezembro de 1837. Uma vez mais, para o libreto, em que foi ajudado por Philip Düringer e Philip Reger, ele lançou mão de uma peça em que trabalhara como ator – procedimento prático, pois lhe garantia, antecipadamente, a boa acolhida do público a um texto bem recebido como peça falada, e cujos mecanismos dramáticos ele conhecia perfeitamente. Georg Christian Römer fizera a tradução alemã de *Le Bourgmestre de Sardaam ou Les Deux Pierres* (1818), de A. Mélesville, J. Merle e E. Caniran de Boirie, comédia muito apreciada que, em 1827, já inspirara *Il Borgomastro di Sardaam*, de Donizetti. É a versão romanceada de um episódio histórico: o período em que o tsar Pedro, o Grande, da Rússia, passou incógnito no estaleiro da cidade holandesa de Sardaam, para aprender as técnicas de construção naval que queria implantar em seu país.

Na ópera, os responsáveis pelo estaleiro ficam sabendo que o soberano está ali, mas o confundem com um outro operário russo, o desertor Piotr Ivánov, que está apaixonado por Marie, a filha do burgomestre Van Bett. Os embaixadores da França, da Inglaterra e da Rússia, interessados em manobras e acordos políticos que não podem ser feitos às claras, envolvem-se em uma série de equívocos com o falso tsar, até que a situação se esclareça. O verdadeiro tsar perdoa seu xará por ter desertado e, antes de voltar a seu país – aonde foi chamado para debelar a rebelião dos Khovânski –, convence Van Bett a autorizar seu casamento com Marie. Na montagem da peça de Römer, Lortzing tinha feito o papel de Châteauneuf, o embaixador francês. Na ópera, criou o de Piotr Ivánov; e sua mãe, o da viúva Browe, dona do estaleiro.

Tsar e Carpinteiro caracteriza-se pela facilidade com que Lortzing escreve melodias leves, de factura popular; pelo domínio que tem dos mecanismos teatrais; e pelo viés sentimental através do qual caracteriza psicologicamente as suas personagens. É obra de grande coerência dramática, em que ele atinge a maturidade como autor de teatro. Os números fechados integram-se com naturalidade ao diálogo falado e a ópera flui sem que se tenha a sensação de que a estrutura é fragmentada.

Alguns números ficaram muito populares: a canção de Marie com acompanhamento de coro, "Lieblich röten sich die Wangen" (Amavelmente enrubescem as faces); a grande ária do tsar, "Sonnst spielt' ich mit Zepter, mit Krone und Stern" (Eu costumava brincar com o cetro, a coroa e a estrela); ou o dueto de amor "Darf eine niedre Magd es wagen" (Pode uma moça simples ousar). E a ária bufa do pomposo Van Bett, "O sancta justitia", com pretensiosas inserções de latim macarrônico e um cômico *obbligato* de fagote, é digna do melhor Rossini ou Donizetti.

Mais ainda do que nas árias e duetos, é nos grandes números de conjunto que Lortzing revela o seu talento e o muito que deve ao fértil aprendizado mozartiano. O sofisticado finale do ato II, ou o concertato do ato III, "Den hohen Herrscher würdig zu empfangen" (Digno de receber o poderoso soberano), em que Van Bett ensaia, com o coro, a cantata com que pretende recepcionar o tsar, são obras-primas do humor musical. A melhor dessas cenas envolvendo várias personagens é "Zum Werk das wir beginnen" (Vamos começar o trabalho), o sexteto do ato II, que se passa na taverna, onde os embaixadores se reuniram para tentar um contato com o tsar incógnito.

Esse sexteto articula-se, de forma muito flexível, como dois trios independentes. Numa mesa está o verdadeiro tsar, com Châteauneuf e Lefort, o embaixador russo; em outra, o falso Piotr, com Van Bett e o embaixador inglês, lord Syndham. De tempos em tempos, os dois trios entrelaçam-se num sexteto. A agilidade com que as diversas linhas se cruzam cria efeitos cômicos muito eficientes, que se devem não só ao texto mas à utilização de recursos musicais específicos. Dessa ópera, existem três gravações:

Enterprise, 1936 – Bernhard Zimmermann (de uma transmissão de rádio);
EMI, 1966 – Robert Heger;
Acanta, 1986 – Heinz Wallberg.

Há também um filme rodado na década de 60, na Ópera de Hamburgo, com Hermann Prey, Lucia Popp/Horst Stein.

O sucesso de *Tsar e Carpinteiro* entusiasmou Lortzing a dedicar-se sistematicamente à composição mas, para isso, precisava de segurança financeira. Por isso, aceitou um emprego fixo no Altes Theater de Leipzig, de que tornou-se *Kappelmeister* em 1844. Depois tentou carreira em Viena, mas não conseguiu impor-se ao público austríaco como ao alemão. Nesse meio tempo, *Caramo* (1839), *Hans Sachs* (1840) e *Casanova* (1841) não tiveram muita sorte. Mas *Hans Sachs*, do ponto de vista histórico, não pode ser ignorada, na medida em que será uma das fontes dos *Mestres Cantores*.

Sempre a seis mãos com Düringer e Reger, Lortzing adaptou uma peça de Johann Ludwig Deinhardstein, estreada em 1827. Nela, é Sachs quem entra num concurso de poesia, cujo prêmio é a mão de Kunigunde, filha de Steffen, o prefeito de Nuremberg. Mas é derrotado por Hesse, membro do conselho municipal de Augsburg, que lhe roubou o manuscrito de seu melhor poema. Quando o imperador Maximiliano vem à cidade, pede a Hesse que lhe declame o poema ganhador, mas este não consegue lembrar-se do texto. É Sachs quem, declamando-o de memória, prova ser seu autor e ganha do soberano a palma da vitória e a mão da mulher que ama.

Na ópera de Lortzing não existe a figura de Walther von Stolzing, o jovem poeta criado por Wagner; e Kunigunde e Steffen não têm semelhança nenhuma com Eva e Pogner. Mas Hesse é um Beckmesser em embrião, Sachs tem a mesma nobreza da personagem wagneriana, e percebem-se outros traços comuns. O tema do aprendiz Geörg lembra muito o de David, discípulo de Hans, cuja personalidade é tratada da mesma forma sonhadora que em Wagner. E a seqüência de danças do último ato corresponde ao cortejo de entrada das corporações, na segunda cena do ato III dos *Mestres Cantores*. Uma gravação dessa comédia viria trazer subsídios preciosos para a compreensão não só do desenvolvimento do gênero, na primeira metade do século XIX, como também das fontes wagnerianas.

O favor do público voltou com *Der Wildschütz oder Die Stimme der Natur* (O Caçador Furtivo ou A Voz da Natureza) que, até hoje, freqüenta os palcos alemães. Lortzing tinha confessada preferência por fontes sem grandes méritos literários, pois estas lhe forneciam apenas uma moldura, dentro da qual podia criar os efeitos dramáticos que lhe convinham. É o caso da grosseira comédia *Der Rehbock oder Die schuldlosen Schuldbewussten* (A Corça ou O Inocente Consciente de sua Culpa), de August von Kotzebue (1815), que transforma num libreto extremamente bem construído e cheio de humor. Autores como Michel Hoffmann – em *Albert Lortzing, der Meister der deutschen Volksoper* (O Mestre da Ópera Popular Alemã), de 1956 – a consideram sua melhor obra, superior até mesmo a *Tsar e Carpinteiro*.

Estreada no Altes Theater de Leipzig, em 31 de dezembro de 1842, *Der Wildschütz*, de uma elegância quase mozartiana, surge como o equivalente cômico ao *Freischütz*, no que se refere à habilidade em retratar a vida campestre. O talento satírico de Lortzing tem livre curso ao contar a história do mestre-escola Baculus, ameaçado de demissão pelo conde de Eberbach, em cujas terras foi apanhado caçando ilegalmente uma corça. Sua noiva, Gretchen, oferece-se para interceder em seu favor, mas Baculus não permite, pois conhece a fama de mulherengo do conde.

Gravura mostrando cena do ato II de *Der Wildschütz*, de Albert Lortzing, na estréia em Leipzig (1842).

Nesse meio tempo, fica conhecendo a baronesa Freimann, viúva e irmã do conde. Ela não o vê desde menina e veio a Eberbach, disfarçada de rapaz, para conhecer o cunhado de seu irmão, barão Kronthal, também viúvo, com quem querem casá-la. E se oferece para fazer o papel de Gretchen. No castelo, tanto o conde quanto o barão ficam interessadíssimos na "noiva" do professor, que tem de fugir da perseguição dos dois durante um engraçado jogo de bilhar. Finalmente, von Eberbach oferece cinco mil talers a Baculus para que desista da mão de Gretchen. Ele aceita mais que depressa esse dote inesperado e, só no dia seguinte, depois de já casado, apresenta a verdadeira noiva a seu patrão. As identidades dos envolvidos vão aos poucos se revelando e, no final, todos se perdoam, pois estavam apenas respondendo à "voz da natureza". O próprio Baculus é perdoado depois que conta a Von Eberbach ter acertado acidentalmente em seu próprio burrinho quando atirou na corça.

Baculus e o mordomo Pancratius são exemplos de estereótipos bufos que a composição inteligente anima com vida própria. A cena do jogo de bilhar é de uma complexidade virtuosística. E a figura pedante da condessa que, a propósito de tudo, faz empoladas citações em grego, presta-se à sátira da moda do helenismo que varreu Leipzig e Berlim depois da apresentação, em 1842, da *Antígone*, de Sófocles, com a música incidental de Mendelssohn. Em *Wildschutz*, há apenas quatro árias solistas, a melhor das quais é "Fünftausend Taler" (Cinco mil talers) em que, ao pensar no que vai fazer com o dinheiro, Baculus revela, de forma comicamente ingênua, toda a sua vaidade. As doze cenas de conjunto são muito variadas. A mais elaborada, é claro, é a do jogo de bilhar. Lortzing entrelaça, com uma habilidade mozartiana, o *cantus firmus* de um coral que está sendo ensaiado por Baculus com a guerrinha erótica contra a desconhecida travada em torno da mesa de jogo. Robert Heger tem, no selo Electrola, uma gravação de 1963 dessa ópera. Igualmente satisfatória é a de Bernhard Klee (1983), no Berlin Classics.

A morte do escritor Friedrich de la Motte-Fouqué, em 1843, renovou o interesse por sua obra. Isso levou Lortzing a ficar tentado a fazer uma incursão fora de seus domínios habituais, compondo uma "Romantische Oper" baseada em *Undine*, o conto de que o próprio De la Motte-Fouqué extraíra um libreto, em 1816, para Theodor Hoffmann. Lortzing perdera seu cargo de *Kappelmeister* em Leipzig, passava por muitas dificuldades e esperava, com uma ópera dentro do popular modelo do *grand-opéra*, restabelecer as finanças combalidas.

O libreto foi escrito em colaboração com Düringer e, na estreia, em Magdeburgo (21 de abril de 1845), *Undine* foi bem recebida. Mas o próprio Lortzing não estava satisfeito com essa partitura, que tem qualidades musicais ainda hoje atraentes, mas carece da espontaneidade de tom de suas comédias – tanto que ele a reviu extensamente para a estréia vienense de 1847, encurtando passagens que considerava "tediosas e difusas". Os efeitos convencionais da "Romantische Oper" não têm muito a ver com ele. Mas a escrita musical não deixa de possuir certa sofisticação.

Undine é importante, sobretudo, pela técnica da associação de temas a determinadas personagens, que já chega muito perto da concepção wagneriana do *leitmotiv*. Os finais dos atos I e IV são muito ambiciosos e incorporam elementos musicais de proveniência diferente numa estrutura dramática e tonal coerente. Há bons efeitos cênicos acompanhados de descritivismo musical – a invasão das águas e a destruição do palácio, na última cena –, que Wagner devia ter em mente ao arquitetar o final do *Crepúsculo dos Deuses*.

As melhores mudanças na história original são as que acomodam ao tom elevadamente romântico da narrativa o realismo cômico de que Lortzing era o mestre. Mas o final feliz que dá à ópera – no final, Undine leva Hugo para o fundo do rio, mas ele não morre pois Kühleborn, o espírito das águas, lhe permite que viva feliz ao lado de sua filha – é inverossímil e, decididamente, enfraquece o desenlace. Há duas boas gravações de *Undine*: a da Electrola (1966), com Robert Heger; e a da Capriccio (1990), com Kurt Eichhorn.

Percebendo que a areia movediça de um terreno pouco familiar não o deixava muito à vontade, Lortzing preferiu voltar, na ópera seguinte, para a adaptação de uma peça de teatro que interpretara em Detmold: a comédia *Liebhaber und Nebenbühler in einer Person* (Amante e Rival em Uma Só Pessoa, 1790), de Friedrich Wilhelm Ziegler und Klipphausen. Deu o título de *Der Waffenschmied* (O Armeiro) ao libreto que escreveu juntamente com Düringer, e regeu ele mesmo a bem-sucedida estréia, no Theater an der Wien, em 30 de maio de 1846.

A peça de Ziegler – cujo esquema narrativo é nitidamente influenciado pelas comédias galantes de Marivaux –, conta a história do conde Liebenau que, para testar sua amada, Marie, filha do famoso armeiro Hans Stadinger, corteja-a de duas maneiras diferentes: como aristocrata e, sob disfarce, como Conrad, aprendiz de ferreiro de seu pai. E fica exultante quando ela vem lhe dizer que prefere o rapaz pobre. Hans, que uma vez foi roubado por um cavaleiro, detesta os aristocratas; mas também não quer o casamento de sua filha com Konrad, pois o acha um péssimo aprendiz. Por sugestão do cavaleiro suábio Adelhof, acha que Marie deve se casar com outro aprendiz, Georg – que, na realidade, é o criado do conde igualmente disfarçado.

Durante as comemorações do jubileu de prata de Stadinger como armeiro, Irmtraut, a sua governanta, vem lhe dizer que Marie e ela foram salvas de um seqüestro por Konrad. Ainda assim, o teimoso armeiro recusa-se a autorizar o casamento e ameaça mandar a filha para um convento. Não resta a Liebenau outra alternativa: como senhor da aldeia, ordena o casamento dos dois jovens e Hans tem de obedecer. Fica duplamente furioso ao descobrir que a filha se casou, afinal de contas, com o aristocrata. Mas é obrigado a dar sua benção ao casal.

A retomada do tema do disfarce, já presente no *Tsar e Carpinteiro* – mas tratado com uma variante pois, agora, os dois namorados de Marie são uma só pessoa; e vazado num molde de comédia sentimental –, sugere de novo a Lortzing canções vivas e cenas de conjunto animadas. Mas já não há aqui a mesma complexidade estrutural do *Wildschütz*: o compositor opta por escrever atraentes canções estróficas e duetos simples, decerto visando ao gosto popular. Chega inclusive a prever estrofes alternativas para a canção de Stadinger, no ato III, pois tinha a certeza de que ela seria bisada. O selo Electrola tem uma gravação do *Waffenschmied* feita em 1964.

O resto da vida foi difícil. *Regina*, de 1848, com temática revolucionária, foi considerada subversiva num ano em que os acontecimentos em Paris, onde houvera o levante liberal que depôs Luís Felipe, deixavam os aristocratas alemães muito inquietos. Recusada por todos os teatros a que foi oferecida, ela só foi cantada postumamente, em 1899, numa versão revista por Richard Kleinmichel e Adolf L'Arronge. As inovações de *Rolands Knappen* (Os Escudeiros de Rolando, 1849), cujo cromatismo insistente já faz prever a guinada wagneriana, foram mal compreendidas.

Lortzing vivia como um modesto regente de teatrinho de bairro, em Berlim, ao compor sua última comédia. O libreto de *Die vornehmen Dilettanten oder Die Opernprobe* (As Diletantes Elegantes ou O Ensaio de Ópera, 1851) foi extraído, como sempre, de uma peça na qual sua família e ele tinham trabalhado, em Colônia, em 1825: *Die Komödie aus dem Stegreif* (A Comédia de Improviso, 1794), de Johann Friedrich Junger, por sua vez muito livremente adaptada de uma comédia francesa, *L'Impromptu de Campagne* (1733), de Philippe. Conseguiu estreá-la no Stadttheater de Frankfurt, em 9 de outubro de 1851. Mas não viveu o suficiente para assistir à sua popularidade.

A exploração satírica do mundo do teatro, que Lortzing conhecia como a palma de sua mão, fez com que *Die Opernprobe* fosse constantemente encenada na Alemanha até o fim da II Guerra Mundial. E a gravação de Ottmar Suitner (Electrola, 1975) torna incompreensível o recente ostracismo de uma comédia muito engraçada sobre um conde extremamente afetado e pedante, tão apaixonado por ópera que só fala a seus criados em recitativo. Aliás, para contratá-los, exige que saibam cantar, pois devem participar das montagens amadoras que organiza em seu castelo.

Toda a ação, cheias dos habituais qüiproquós de comédia, passa-se durante um ensaio dirigido pela camareira Hännchen, candidata a "serva padrona", que está muito interessada no conde. Apesar da indisfarçável melancolia de fim de vida, a ópera está cheia das costumeiras melodias elegantes e buliçosas. E ocupa lugar de destaque na longa seqüência de obras sobre os bastidores da ópera: *O Empresário*, de Mozart; *Prima la Música poi le Parole*, de Salieri; *L'Impresario in Angustie*, de Cimarosa; *Le Cantatrici Villane*, de Valentino Fioravanti; *Le Convenienze ed Inconvenienze Teatrali*, de Donizetti; *Ariadne auf Naxos*, de R. Strauss; *Spiel oder Ernst?*, de N. von Reznicek.

Nicolai

Cantor pianista e compositor, fundador da Filarmônica de Viena e do coro da Catedral de Berlim, Carl Otto Ehrenfried Nicolai (1810-1849) foi um grande animador cultural e um profundo conhecedor de música antiga. Tendo estudado com Carl Friedrich Zelter em Berlim, iniciou a carreira de compositor escrevendo *lieder* e canções para pequenos conjuntos vocais. Em 1833, foi para Roma como organista da embaixada prussiana, e estudou contraponto com Giuseppe Baini, que lhe revelou os tesouros da obra de Palestrina.

A cantata que compôs para a morte da meio-soprano Maria Malibran chamou a atenção para seu nome, permitindo-lhe estrear, em Turim (1838), uma *Rosmonda d'Inghilterra* retomada em Trieste, no ano seguinte, com o título de *Enrico II*. Com um estilo melódico gracioso e fluente, em que é forte a influência de Bellini, escreveu em seguida *Il Templario* (1840), baseado no *Ivanhoe*, de Scott, que já tinha inspirado Marschner. De *Gildippe ed Odoardo* (1840) sobreviveu apenas uma cavatina. *Il Proscritto* (1841), cujo libreto tinha sido recusado por Verdi, também está firmemente enraizada na tradição do *belcanto* romântico. Em compensação, no ano seguinte, foi a vez de Nicolai recusar a oferta do *Nabucco*, de Solera, que haveria de se tornar a primeira ópera importante do grande mestre italiano.

De volta a Viena em 1841, precedido pela fama que adquirira na Itália, Nicolai foi convidado a reger *Il Templario* na Hofoper. O extraordinário sucesso desse espetáculo rendeu-lhe o convite para suceder a Kreutzer como *Kappelmeister* da corte. Com os músicos da orquestra do Real Teatro de Ópera, formou um conjunto destinado a divulgar a música sinfônica. A execução da *Sinfonia nº 7* de Beethoven, que regeu em 28 de março de 1842, constituiu o concerto inaugural da Filarmônica de Viena, hoje uma das orquestras mais importantes do mundo.

Nessa fase, reviu suas óperas italianas, traduzindo-as para o alemão e intitulando-as *Der Tempelritter* (O Cavaleiro Templário, 1845) e *Die Heimkehr des Verbannten* (A Volta do Proscrito para Casa, 1846). Mas pediu demissão do cargo quando o Intendente da Ópera de Viena recusou *Die lustigen Weiber von Windsor* (As Alegres Comadres de Windsor), baseada em Shakespeare. Mudou-se para Berlim, onde se empregou em 1848 como *Kappelmeister* da Hofoper. Ali compôs algumas peças de música sacra, entre as quais um imponente *Réquiem*. Morreu prematuramente, de um derrame, dois meses depois da estréia de sua ópera, em 9 de março de 1849.

Em 1887, Hans Richter, titular da Filarmônica de Viena, instituiu um concerto anual em memória de Otto Nicolai em 11 de maio, dia do aniversário de sua morte. Esta tornou-se uma das mais respeitadas tradições dessa orquestra. Gustav Mahler (1899-1901), Felix Weingartner (1909-1927), Wilhelm Furtwängler (1928-1931, 1933-1944 e 1948-1954), Karl Böhm (1955-1957 e 1964-1980), Claudio Abbado e Lorin Maazel (de 1980 em diante) foram os mais famosos responsáveis por esse concerto comemorativo.

Antes de descobrir a comédia de Shakespeare, que Hermann Salomon Mosenthal reduziu para ele às proporções de um libreto, Nicolai tinha estudado e rejeitado peças de Goldoni, Gozzi e Calderón de la Barca. Chegou a criar um concurso de libretos, mas nenhum dos trinta textos apresentados lhe agradou. Foi Siegfried Kapper, que o ajudara a traduzir suas óperas para o alemão, quem lhe sugeriu a peça inglesa. Uma escolha felicíssima, pois – apesar do *Falstaff*, a obra-prima de Verdi – nada se perdeu da graça com que Nicolai narra as aventuras do gorducho Sir John.

A ação segue de perto a peça original, mas os nomes Ford e Page são trocados para Reich e Fluth. A mãe de Anna Reich, nesta versão, desaprova seu namoro com Fenton e quer casá-la com o Dr. Caius – mas existe também um outro pretendente à sua mão, chamado Spärlich, que é o candidato do pai. Falstaff tem dois encontros frustrados com frau Fluth: no primeiro, é jogado no Tâmisa, dentro do cesto de roupa suja (como na ópera de Verdi). No segundo, foge vestido de mulher. A cena final passa-se também no parque de Windsor e presta-se a vários qüiproquós, até que os de Anna descobrirem que a filha casou-se às escondidas com Fenton e serem obrigados a abençoar o casal. Nesse meio tempo, Caius e Spärlich fugiram juntos, disfarçados de elfos, cada um deles achando que o outro é Anna.

As Alegres Comadres de Windsor é um *singspiel*; mas a forte influência melódica italiana, associada à solidez harmônica e de orquestração germânica, ao humor truculento, à tendência ao sonho e ao sentimentalismo Biedermeier e, principalmente, ao amor pela natureza – perceptível desde os primeiros acordes da abertura, em que se ouve o tema associado ao clima noturno e misterioso da floresta de Windsor – fazem dela a perfeita fusão dos dois estilos nacionais contrastantes. A abertura, moldada nas de Weber, é a página mais famosa da ópera, muito comum em concertos sinfônicos e antologias do gênero em discos.

Nicolai, como Rossini, tem uma grande capacidade de ilustrar musicalmente os sentimentos alegres, desde o humor mais sutil até o mais farsesco. É na cena da taberna que isso fica mais claro, através das brincadeiras que faz com o comentário orquestral: o "gargarejado" da trompa acompanhando os beberrões que entornam o vinho pelo gargalo; e a marcha fúnebre que irrompe quando o barril vazio é retirado do palco. Há muita sutileza de caracterização no dueto entre o presunçoso Falstaff e o irritado Fluth, que se crê traído pela mulher. Nessa passagem, conduzida num flexível *quasi parlando*, os solos de trompa têm efeito quase onomatopaico, "rindo" da situação ridícula em que o marido se coloca ao acreditar que a mulher o está corneando (esta é, de resto, uma associação tradicional: haja vista a trompa – Horn em alemão – que acompanha, nas *Nozze di Figaro*, o "Aprite un po' quegl'occhi" com que Figaro reflete sobre a triste sorte dos maridos traídos).

Mas o compositor é capaz de ter grande densidade de escrita, como no dueto de confrontação entre Fluth e sua mulher, no ato II, que é uma paródia de ópera séria. E há um lirismo intenso no solo de violino que acompanha o *duettino* de amor de Fenton e Anna Reich, "Horch, die Lerche singt in Hain" (Escuta, a cotovia está cantando no bosque). Não são só esses, porém, os trechos em que juntam-se com felicidade o melodismo italiano e a refinada harmonia alemã. São inúmeras as passagens que é preciso relembrar:

– a ária de frau Fluth invocando a malícia feminina, "Nun eilt herbei, Witz, heitre Laune" (Apressa-te, esperteza, humor brincalhão);
– o *quartettino* do ato II, "Bestürmen denn die läst'gen Freier" (Esses cortejadores aborrecidos ainda te perseguem?);
– a engraçada canção "Als Büblein klein an der Mutter Brust" (Menininho no colo de minha mãe), em que Falstaff faz seu auto-retrato, e que é a equivalente do "Quand'ero paggio" verdiano;
– o etéreo Concertato da Lua ou o trio para vozes femininas, "So hat denn der Schwank der fröhlichen Nacht" (Assim a farsa desta noite alegre), com que a ópera se encerra.

Robert Heger fez a gravação para a EMI, em 1963. Mas há também um filme regido por Milan Horvath, cantado em inglês, numa adaptação de Norman Forster, que faz também o papel principal.

Von Flotow

De origem aristocrática, Friedrich Adolf Ferdinand *Freiherr* von Flotow (1812-1883) estava destinado à carreira diplomática mas, ao perceber que ele tinha talento musical, a família permitiu que fosse estudar com Antonin Reicha no Conservatório de Paris (1828-1830). O contato que mais o marcou foi o de Auber, cujos *opéras-comiques* tomou por modelo num *Pierre et Catherine* que, interrompido pela Revolução de 1830, foi terminado no castelo paterno de Mecklenburg, para onde ele tivera de voltar, e ali estreado, em tradução alemã, em 1835.

Voltando a Paris no ano seguinte, von Flotow iniciou modesta carreira de compositor, com obras que conseguiram ser cantadas apenas em apresentações privadas, no circuito dos "salons" aristocráticos – *Sérafine, Alice, La Lettre du Préfet* –, até conseguir maior notoriedade escrevendo a quatro mãos com o belga Albert Grisar – *Lady Melvil* (1838), *L'Eau Merveilleuse* (1839) – e com o francês Auguste Pilati: *Le Naufrage de Méduse* (1839). Essas peças de tom muito ligeiro acabaram agradando ao público parisiense, que deu bastante atenção a *L'Esclave de Camoëns* (1843), na qual Von Flotow dava tratamento romanesco a um episódio da vida do poeta português – personagem que, naquele ano, estava muito em vista, pois aparecia também no *Don Sébastien Roi du Portugal*, de Donizetti.

Le Naufrage de Méduse estava programada para apresentação em Hamburgo em 1840; mas a partitura foi destruída num incêndio. Von Flotow procurou então a ajuda de Friedrich Wilhelm Riese que, sob o pseudônimo de W. Friedrich, lhe forneceu um texto em alemão a partir do qual lhe foi possível reconstituir a música perdida. Com muito atraso, *Die Matrosen* (Os Marinheiros) acabou sendo encenada em Hamburgo, em 1845; mas, um ano antes, o Stadttheater dessa cidade tinha assistido, em 30 de dezembro, à estréia da primeira ópera de Von Flotow a fazer real sucesso.

O selo Voce tem uma gravação ao vivo, de 1977, regida por Heinz Wallberg, da ópera romântica *Alessandro Stradella*, que W. Friedrich adaptou da "comédie mêlée de chant" homônima, de Paul Duport e Philippe Auguste Pitaud Deforges. Quando essa peça estreou em Paris, em 1837, Von Flotow já tinha sido contratado para escrever algumas das árias entremeadas ao diálogo falado. Os autores tinham-se baseado em alguns dos episódios da vida do compositor italiano Stradella (1639-1682), tal como são narradas em *Histoire de la Musique et de ses Effets Depuis son Origine jusqu'à l'Âge Présent* (1715), de Jacques Bonnet-Bourdelot.

Não é nem sequer necessário dar asas à imaginação romântica para extrair, da vida de Stradella, um movimentado libreto de ópera. O autor de *La Forza dell'Amor Paterno*, apesar de sua refinada origem aristocrática, sempre foi um homem de moral duvidosa. Em 1669, teve de sair de Roma, onde trabalhava para a Arciconfraternità del SS. Crocifisso, pois fizera mão baixa em dinheiro da Igreja. Voltou mais tarde mas, em 1677, teve de fugir de novo para não ser morto, pois estava envolvido em outro escândalo de dinheiro; e o pai de uma donzela que seduzira mandara assassinos atrás dele quando se recusou a cumprir a promessa de casamento. Stradella foi para Veneza, ali seduziu a noiva do nobre Alvise Contarini, fugiu com ela para Turim, escapou de um atentado promovido pela família do noivo traído, abandonou a companheira e fugiu novamente para Gênova. Nessa cidade, obteve seus maiores sucessos; mas, tendo seduzido uma filha dos Lomellini, foi assassinado na Piazza Bianchi, em fevereiro de 1682. Comparadas às peripécias de sua vida real, as do libreto são de uma idealização um tanto frouxa.

Na ópera, a personagem-título conhece, durante o Carnaval veneziano de 1670, a jovem Leonora. Apaixona-se por ela e rapta-a das mãos de seu tutor Bassi, que pretende se casar com ela (situação que ecoa, naturalmente, a do *Barbiere di Siviglia*). Perseguidos pelos homens de Bassi, fogem para Roma, onde se casam. Quando os esbirros os localizam, Alessandro os encanta de tal forma com a beleza de seu canto que eles não têm coragem de matá-lo. Bassi também, ao ver que Leonora está feliz ao lado do marido, decide perdoá-los.

Cheia de pretextos para efeitos brilhantes, como a cena do Carnaval – em que há evidentes reminiscências do *Benvenuto Cellini* de Berlioz –, a ópera reserva também alguns números bem escritos ao tenor, entre eles o "Jungfrau Maria" (Ave Maria) do ato III. Mas é no tratamento cômico dado aos assassinos Malvolino e Barbarino, inspirados no Giacomo e no Beppo do *Fra Diavolo*, de Auber, que está o que a ópera tem de menos envelhecido. O sucesso de *Alessandro Stradella* na Alemanha repetiu-se em Viena em 1845. Diante disso, a direção do Kärntnertortheater encomendou a Von Flotow uma nova ópera para a temporada seguinte. Este seria o título que colocou seu nome no repertório permanente dos teatros de todo o mundo.

Como já fizera antes, Von Flotow optou por retrabalhar um de seus espetáculos parisienses. Escolheu o balé-pantomima *Lady Henriette ou La Servante de Greenwich*, com libreto de Jules Henri Vernoy, marquês de Saint-Georges, para o qual compusera o ato I em 1844 (os dois outros eram obra de Burgmüller e Deldevez). Reutilizou em *Martha oder der Markt zur Richmond* (Marta ou A Feira de Richmond) praticamente toda a música desse ato. E tirou de uma outra obra, *L'Âme en Peine*, de 1846, a melodia de "Ach so fromm", que haveria de se tornar a sua página mais famosa. Estreada em 25 de novembro de 1847 no teatro vienense que a encomendara, *Martha* alcançou de imediato um sucesso que nunca mais se desmentiu.

Desejosas de uma aventura que as faça sair da vida tediosa que levam, lady Harriet e sua criada Nancy disfarçam-se de camponesas. Com os nomes de Marta e Júlia, vão para a feira de Richmond, onde são contratadas como criadas pelos irmãos fazendeiros Lionel e Plunkett, que se apaixonam por elas. Depois de voltar à corte, lady Harriet dá-se conta de que também ama Lionel. Manda construir então, no jardim de seu palácio, uma réplica da feira de Richmond, para a qual convida toda a população. Ali reencontra o homem que ama. No final, os dois casais se reúnem. D. J. Grout lamenta:

> *Martha* é uma composição sentimental de velho estilo que conseguiu tenazmente sobreviver, quando outras óperas, até melhores do que ela, foram esquecidas. A explicação para isso – se deixarmos de lado as tolices e incongruências do libreto – está no encanto de melodias muito diretas, que compensam a caracterização ralíssima das personagens; na alegria transbordante da música, que atenua bastante a pieguice de certas situações; e na mistura bem dosada de cosmopolitismo e simplicidade doméstica. O fato de Von Flotow ter optado pela forma de "ópera cômico-romântica", em vez do *singspiel*, só a beneficia pois, sem a interrupção do diálogo falado, os números cantados se sucedem num jorro muito fluente. A interpretação de Caruso celebrizou "Ach so fromm", hoje mais conhecida na versão italiana, "M'apparì". Muito conhecida ficou também a ária de Harriet, "Letzte Rose, wie du so einsam hier erblühn?" (Última rosa, como podes florescer aqui sozinha?). É a adaptação de uma melodia folclórica irlandesa, "The Grove of Blarney", que Thomas Moore já tinha popularizado, na Inglaterra, em sua canção "The Last Rose of Summer".

Mas há outros números muito bem escritos: o quarteto do ato II, em que a música acompanha o ritmo do tear em que as moças estão fiando enquanto conversam com os rapazes; a ária de Lionel "Mag der Himmel euch vergeben" (Que o céu a perdoe), que se resolve num quarteto com coro; ou a canção de Plunkett em louvor da cerveja, "Lasst mich euch fragen" (Deixem-me perguntar-lhes), no início do ato III, de alegria exuberante. A música de Von Flotow é leve, às vezes beirando a irrelevância; mas em seus melhores momentos tem muita graça e fluência. E ele sabe como repetir as melodias mais atraentes, até que o público saia do teatro assobiando-as. Elas são típicas de um compositor para o qual as situações românticas são mais importantes do que a veracidade psicológica ou a verossimilhança da ação.

Para conhecer *Martha*, há dois caminhos. A edição da Cetra (1952), regida por Francesco Molinari-Pradelli, com a delicada interpretação de Ferruccio Tagliavini e Pia Tassinari, traz a versão italiana, na qual por muito tempo a ópera circulou fora da Alemanha. A da EMI (1968) com Robert Heger e a da Eurodisc (1977) com Heinz Wallberg oferecem o original alemão. O registro da Eurodisc é o único sem cortes; mas o de Heger tem um elenco inigualável: Anneliese Rothenberger e Nicolai Gedda, Brigitte Fassbaender e Hermann Prey. Há ainda dois vídeos: um filme alemão de 1983 (Peacock, Steiner/Stein) e a versão de 1986 no Staatstheater de Stuttgart (Witsing, Meier/Hauschild).

O mais francês dos compositores alemães, Von Flotow soube adaptar o lado intimista da comédia Biedermeier ao gosto de sua platéia parisiense, reexportando depois essa fórmula modificada para Viena. Exemplos disso são as duas óperas em que colaborou, em 1852, com seu amigo Gustav Heinrich Gans zu Pulitz: *Rübezahl* e *Indra*, esta última a revisão alemã de *A Escrava de Camões*. Seus hábitos aristocratas fizeram com que se recusasse a ficar em Paris após a revolução liberal de 1848. Aceitou o cargo de intendente na Hofoper do grão-ducado de Schwerin (1855-1863), para o qual

Gravura representando a Cena da Roca, na *Martha* de von Flotow, na estréia vienense de novembro de 1847.

escreveu *Herzog Johann Albrecht von Mecklenburg*, que tem formas nítidas de *grand-opéra*. Passou uns tempos na Áustria mas, em 1873, depois de divorciar-se da segunda mulher, Anna Theen, para casar-se com sua irmã mais nova, a cunhada Rose, de quem era amante, o escândalo forçou-o a instalar-se em Darmstadt, onde ficou até o fim da vida.

Mas continuou a compor regularmente para Paris, onde teve sucesso com *La Châtelaine* (1865), *Zilda ou La Nuit des Dupes* (1866), *L'Ombre* (1870) e, sobretudo, *La Veuve Grapin*, de 1859, uma comédia em um ato moldada na *Serva Padrona*, de Pergolesi. Mesmo sem ter repetido a popularidade da *Martha*, elas são historicamente importantes pois, ao adotar um tom ligeiro e irreverente, serviram de ponte entre o *opéra-comique* e a opereta, exercendo considerável influência sobre essa última.

WAGNER

Poucos compositores exerceram impacto tão profundo sobre a História da Música quanto Richard Wagner (1813-1883). A ele coube a missão de revolucionar a forma da ópera alemã, não só dando total independência em relação aos modelos estrangeiros como também transformando-a num gênero tão inovador que sinais de sua exportação serão encontrados nos mais diversos quadrantes, da América do Sul à Rússia. Mas Wagner não se limitou a influenciar os operistas; deixou também sua marca na música instrumental do pós-Romantismo: nas sinfonias de Bruckner, Mahler, Albéric Magnard ou Giuseppe Martucci, nos poemas-sinfônicos de Richard Strauss, Vincent d'Indy ou Ottorino Respighi.

Sua influência extrapolou, além disso, as fronteiras da própria música. Manifestou-se também nas artes plásticas, nos quadros de Gustave Moreau ou nas ilustrações do inglês Aubrey Beardsley (*Venus and Tannhäuser*); nos escritos de Oscar Wilde ou de Joris-Karl Huysmans, na poesia de Stéphane Mallarmé ou Jules Laforgue; no teatro falado, em especial o do Simbolismo (ver, a esse respeito, o capítulo sobre o wagnerismo em *A Ópera na França*, desta coleção). Surgiu, finalmente, na filosofia, na teoria social e política pois, em seus ensaios, ele se apresentava como "um eclético messias vindo para redimir não apenas a ópera, mas também o triste estado da cultura e da sociedade européias" (David C. Large em *Wagner: Um Compêndio*). Convenciona-se dividir em três etapas a obra de Richard Wagner, compositor, poeta, dramaturgo e ensaísta de importância excepcional – e também uma das figuras humanas e artísticas mais polêmicas de que se tem notícia:

– a *Fase de Formação* (1832-1840), que inclui:
o projeto inacabado de *Die Hochzeit* (O Casamento, 1832);
e a composição de *Die Feen* (As Fadas, 1834), *Das Liebesverbot* (A Proibição de Amar, 1836) e *Rienzi* (1840);

– a *Fase de Transição* (1841-1848), a que pertencem:
as "'óperas românticas", *Der fliegende Holländer* (O Navio Fantasma, 1841), *Tannhäuser* (1845) e *Lohengrin* (1848);
o projeto abandonado de *Die Bergwerke zu Falun* (As Minas de Falun), baseado em Hoffmann (1842);
a cantata *Das Liebesmahl des Apostel* (A Ceia de Amor dos Apóstolos, 1843);
e o primeiro esboço em prosa dos *Mestres Cantores de Nuremberg* (1845);

– e a *Fase de Maturidade* (1849-1883), em que ele:
redige o roteiro para um drama em cinco atos, *Jesus von Nazareth* (1849), que não chega a converter em ópera;
prepara o roteiro em prosa de *Wieland der Schmied* (Wieland o ferreiro, 1849), depois abandonado;

inicia o libreto de *Siegfrieds Tod* (A Morte de Siegfried, 1850), futuro *O Crepúsculo dos Deuses*;

em 1851 esboça *Der junge Siegfried* (O Jovem Siegfried, 1851), o futuro *Siegfried*; e redige o texto de *Das Rheingold* (O Ouro do Reno) e *Die Walküre* (A Valquíria);

em 1856 projeta a ópera budista *Die Sieger* (Os Vencedores), não levada adiante;

em 1857, concebe o *Parsifal* e compõe os *Wesendonck-Lieder*, sobre poemas de sua amante Mathilde Wesendonck;

compõe *Tristan und Isolde* (1859), *Die Meistersinger von Nürnberg* (1867), *O Ouro do Reno* (1869), *A Valquíria* (1870), o *Idílio de Siegfried* (1870) – como presente de aniversário para sua segunda mulher, Cósima – e *Götterdämmerung* (1874);

inaugura o Teatro do Festival de Bayreuth (13 a 30.8.1876) com a primeira apresentação integral da tetralogia *O Anel do Nibelungo*;

e compõe sua última ópera, *Parsifal* (1882).

Nos primeiros anos, de formação, as influências externas ainda são muito visíveis: a de Weber e Marschner nas *Fadas*; a de Rossini e Bellini na *Proibição de Amar*; a do *grand-opéra* meyerbeeriano no *Rienzi* – não só porque Wagner ainda estava em busca de uma linguagem própria, mas também porque procurava adequar-se aos moldes mais populares na época, na esperança de conseguir exportar suas óperas para teatros estrangeiros (principalmente Paris, alvo visado por todos os compositores seus contemporâneos).

Os libretos ainda são convencionais, baseados em obras literárias – o drama *La Donna Serpente*, de Carlo Gozzi; a comédia *Measure for Measure*, de Shakespeare; o romance *Rienzi*, de Sir Edward Bulwer-Lytton –, mas desde o início é o próprio Wagner quem os escreve. Observa as regras tradicionais de redação desse tipo de texto, mantendo a estrutura de recitativos e números. Mas escolhe as situações e desenvolve as personagens de acordo com as suas necessidades dramáticas.

Die Feen não denota inexperiência; mas não apresenta ainda uma personalidade original. *Das Liebesverbot* é uma salada de pastiches de música italiana e francesa, sem melodias realmente memoráveis; mas as cenas de multidão já deixam vagamente antever a segurança de quem, mais tarde, escreverá o final do ato II dos *Mestres Cantores*. E o dueto de Isabella e Marianna, ou a ária de Marianna no último ato, já prenunciam o tom do *Tristão e Isolda*, aquele mesmo clima mórbido de erotismo que, no futuro, reaparecerá na obra de Richard Strauss, de wagneritas como Chausson e Chabrier, dos neo-românticos Schreker, Zemlinsky, Korngold.

Quanto a *Rienzi*, seu modelo é o *Fernando Cortez*, de Spontini, ópera que Wagner ajudara a preparar para uma apresentação, regida pelo autor, na Ópera de Berlim, em 1836. Ou seja, ela se insere na linhagem da ópera heróica de matriz gluckiana, à qual se acresce a influência do *grand-opéra* tal como praticado por Meyerbeer, em Paris.

Nos anos de transição, ainda é visível a influência do *Vampiro*, de Marschner, sobre *O Navio Fantasma*; e do modelo parisiense de superespetáculo no *Tannhäuser* e *Lohengrin*. Além disso, a forma do "Romantische Oper" ainda é relativamente tradicional. Mas os números estão se ampliando, o recitativo assume formas de arioso que garantem muito mais continuidade ao ato, e Wagner abandona a inspiração de origem literária, preferindo libretos originais, baseados em antigas lendas, a que dá tratamento muito livre, modificando-as ou amalgamando-as (*O Navio Fantasma, Tannhäuser, Lohengrin, Tristão e Isolda, Parsifal*). No *Anel*, ele evoluirá da lenda para o mito: seus libretos inspiram-se na mitologia nórdica, também livremente retrabalhada. *Os Mestres Cantores*, sua única comédia, põe em cenas personagens da História literária medieval, igualmente recriados de acordo com suas conveniências estéticas e dramáticas.

Típica obra de transição, *O Navio Fantasma* ainda é uma ópera de números mas, por influência francesa, deixou de ser um *singspiel* e o recitativo acompanhado garante-lhe maior organicidade. Nela, o elemento sobrenatural – que no *Freischütz* estava ligado aos mistérios da floresta, e no *Vampiro* e *Hans Heiling*, aos do mundo subterrâneo – vincula-se ao mar e seus segredos, vistos como uma metáfora do próprio drama humano. Dentro desse quadro, desenha-se pela primeira vez o tema que é a viga-mestra do teatro wagneriano: a "redenção pelo amor". A partir de Senta, que se sacrifica para livrar o Holandês de sua maldição, teremos os pares formados por Elisabeth e Tannhäuser; Elsa e Lohengrin; Tristão e Isolda; Eva e Walther; Siegmund e Sieglinde; Siegfried e Brünhilde, até convergirmos para o amplo processo de redenção coletiva que, no *Parsifal*, é operado pela compaixão.

Tannhäuser faz a síntese da "Romantische Oper" de estilo alemão com o *grand-opéra* de molde francês. Números como o hino de Tannhäuser a Vênus, o "Dich teure Halle" de Elisabeth, ou a "Canção da Estrela Vespertina" de Wolfram são árias de corte tradicional. Já os *morceaux d'ensemble* (o final do ato II), as cenas corais (a "Entrada dos cavaleiros" ou o "Coro dos Peregrinos") e a "Bacanal no Venusberg" (na versão de Paris) são heranças francesas claras. Mas o *Tannhäuser*, ao contrário de seu modelo parisiense, não sacrifica a unidade dramática ao mero efeito cênico. Mesmo os momentos mais espetaculares, como o final do ato II, são sempre exigidos pela lógica interna da ação, e há grande equilíbrio entre forma e conteúdo.

A aquisição mais importante do *Tannhäuser* é o estilo de declamação, de que o melhor exemplo é a chamada "Narrativa de Roma". O relato que Tannhäuser faz a Wolfram de sua peregrinação a Roma constitui um tipo de arioso intermediário entre o recitativo acompanhado, da ópera romântica, e a ária propriamente dita – mas sem fraseado regular e perfil melódico definido. Musicalmente, esse arioso apresenta-se como uma melodia que adere naturalmente ao texto, fazendo a declamação melódica dos versos avizinhar-se quase de sua recitação oral. A atenção concentra-se sempre no significado das palavras, expresso através de uma linha musical flexível sustentada por uma estrutura harmônica muito desenvolvida.

A orquestra, além de fornecer essa base harmônica, enuncia temas musicais que, dependendo de seu caráter ou das associações que sugerem, desempenham uma função de comentário do texto ou transformam-se em elementos expressivos complementares puramente musicais. Houve, portanto, uma inversão. Tradicionalmente, a linha melódica principal era a da voz, à qual a orquestra, mesmo quando de forma muito elaborada, servia de apoio. Em Wagner, cada vez mais, é à orquestra que incumbirá o papel musical de narradora, emoldurando de forma sinfônica – isto é, articulada como um conjunto arquitetônico – o texto poético.

Nesse sentido, é essencial frisar a influência de Beethoven, que se exerce desde as obras de juventude – a *Sinfonia em Dó Maior*, de 1832 – e dará frutos excepcionais na maturidade. A aplicação da forma sinfônica à ópera conduzirá Wagner naturalmente ao abandono do belcanto – ligado às tradições da ópera de números, que privilegia a melodia atraente e a exibição das habilidades vocais – em favor da estruturação orgânica de cada ato. É por isso que, para diferenciar suas obras do molde tradicional, ele preferirá chamá-las de "drama lírico" em vez de "ópera". Com essa revolução, aliás, estará indo ao encontro do ideal do "recitar cantando" formulado, nos primórdios do gênero, por seus criadores, os músicos da Camerata florentina.

Lohengrin, estreada por Liszt em Weimar (1850), representa mais um passo considerável na direção do drama lírico. A narrativa em si mesma, e a sua ambientação histórica, interessam menos a Wagner do que o significado atemporal e universal dos acontecimentos narrados. Nesse sentido, as personagens transformam-se em símbolos das forças e das características humanas em conflito. Pode-se encarar Lohengrin, o Cavaleiro do Cisne, como uma personificação do amor divino, que espera receber do gênero humano fé e dedicação; e Elsa como a representação da natureza humana, falível e corroída pela tentação, que não consegue se entregar sem dúvida a esse sentimento de fé. Essa não é, naturalmente, a única leitura possível; mas todas as outras passam, de um modo ou de outro, por esses elementos básicos de oposição.

Do ponto de vista dramático, *Lohengrin* tem mais unidade de tom do que o *Tannhäuser*, ou seja, a fórmula do *grand-opéra*, à qual ainda está ligado, é agora usada de forma sóbria e depurada. A técnica do tema recorrente, embrionariamente utilizada até então, é mais sistemática. Eles começam também a ser usados de forma abstrata, para evocar idéias, e não apenas personalidades ou situações dramáticas. É o caso, por exemplo, da melodia de oito compassos a que se costuma dar o nome de "o tema da pergunta proibida". Ela é ouvida pela primeira vez quando Lohengrin proíbe a Elsa perguntar o seu nome. Reaparece, inteira ou fragmentada, em diversos pontos do ato II: na introdução orquestral; no diálogo de Ortrud com Telramund; no momento em que Ortrud adverte a Elsa que deve desconfiar do cavaleiro desconhecido; ao manifestar-se a dúvida de Elsa durante a cena final; e na cadência orquestral com que o ato se encerra. No ato III, também ressurge em momentos climáticos do dueto de amor; com toda a plenitude, naturalmente, no momento em que Elsa faz a pergunta proibida; no fim dessa cena e na entrada de Elsa no final da ópera.

Ainda não é o princípio do *leitmotiv*. No *Anel*, sobretudo, eles serão mais breves, de caráter predominantemente rítmico e harmônico em vez de melódico, usados sistematicamente de modo a constituir um comentário sinfônico ininterrupto. Mas é no *Lohengrin* que Wagner encontra o caminho que o levará à maturidade. Ainda há traços da ópera de números – o "Einsam in trüben Tagen" (Solitária, em dias sombrios), de Elsa; o dueto do ato II; a narrativa "Mein lieber Schwann" (Meu querido cisne), de Lohengrin –; mas a declamação livre aparece com freqüência muito maior do que no *Tannhäuser*. Observe-se ainda que o Prelúdio é o primeiro exemplo de introdução orquestral, dentro da ópera alemã do Romantismo, que foge ao modelo weberiano. É uma peça curta, de tom introspectivo, com escrita muito original para cordas divididas – que só tem equivalente, na época, no Prelúdio da *Traviata* –, e não visa a condensar toda a ação. Deseja apenas evocar o aspecto-chave da história: o culto do Graal e a missão de Lohengrin. Nesse sentido, tem uma semelhança formal e de tom com a do *Parsifal*, que aborda o mesmo tema.

Harmonicamente, *Lohengrin* ainda é decididamente diatônica. Os cromatismos são muito limitados e do tipo que já se encontrava no "Coro dos Peregrinos" ou na "Canção da Estrela Vespertina", do *Tannhäuser*. Mas já existe um uso deliberado das tonalidades para caracterizar as personagens: o lá maior do Prelúdio para Lohengrin; o fá sustenido menor para Ortrud; as tonalidades bemolizadas para Elsa, e assim por diante. A orquestração não tem a mesma homogeneidade e busca do efeito grandioso do *Tannhäuser*. Wagner tende a dividir os instrumentos em grupos que se respondem, freqüentemente com cordas divididas e as madeiras ampliadas a ponto de se poder fazer acordes de três ou quatro notas com cada família. O efeito é menos brilhante no conjunto, mas muito mais sutil. Sente-se, inclusive, o desejo de fugir dos finais de efeito do *grand-opéra* – exemplo disso é o encerramento do ato II, quando o amanhecer é anunciado pelas trompas e a procissão se encaminha para a igreja.

O coro tem ora o papel realista de uma intervenção do povo, ora o do comentário de um "espectador articulado", à maneira da tragédia grega – dentro de uma dimensão que liga a ópera à tradição heróica de Gluck (e não é por acaso que, em 1847, Wagner tinha preparado uma edição da *Iphigénie en Aulide* para apresentação na Ópera de Dresden). Resta relembrar ainda os pontos de contato entre *Lohengrin* e a *Euryanthe*, de Weber. Não só ambas têm como tema o amor conjugal posto à prova, como também a relação entre Elsa e Ortrud/Telramund assemelha-se à de Lysiart/Eglantine. Com a apresentação do *Lohengrin* em Weimar (1850), encerra-se um ciclo dentro da ópera romântica alemã que se iniciara em 1821 com o *Freischütz*.

Wagner foi um ensaísta prolífico. Desde cedo, com *Die deutsche Oper* (A Ópera Alemã, 1834), mas sobretudo depois que fugiu para a Suíça por ter participado da revolta de maio de 1849, em Dresden, ele discutiu sistematicamente as suas idéias sobre a renovação do drama musical numa série de textos notáveis – *Die Kunst und die Revolution* (A Arte e a Revolução) e *Das Kunstwerk der Zukunft* (A Obra de Arte do Futuro), ambos de 1849; *Oper und Drama* (Ópera e Drama, 1850), *Eine Mitteilung an meine Freunde* (Uma Comunicação a Meus Amigos, 1851), *Über Schauspieler und Sänger* (Sobre Atores e Cantores, 1872) – além do livro de memórias *Mein Leben* (Minha Vida, 1865-1880).

Pensador instigante e não raro inspirado, Wagner foi também freqüentemente tendencio-

Duas encenações de Wieland Wagner para o Festival de Bayreuth: a do concurso de canto no ato II do *Tannhäuser* (1965), e a do final dos *Mestres Cantores de Nurembergue* (1956).

so, de uma forma que contradiz a grandeza de seu ideário. É lamentável, por exemplo, que rancores pessoais o tenham levado à publicação de um panfleto como *Das Judentum in der Musik* (O Judaísmo na Música, 1850) em que, sob o pseudônimo óbvio de Herr Freigedank (Sr. Livre-pensador), faz ataques anti-semitas indignos de seu talento. Visando obviamente Meyerbeer – embora não o citasse nominalmente –, "investiu contra os artistas judeus que, motivados por instintos comerciais e sem contar com uma cultura própria, só conseguiam imitar a arte produzida pela cultura hospedeira" (Barry Millington na obra coletiva *Wagner: Um Compêndio*, lançada em português pela Jorge Zahar em 1995).

É claro que o anti-semitismo de Wagner não era um fenômeno isolado. Insere-se numa tradição histórica que, em função do contexto nacionalista, assume caráter muito concentrado no século XIX: a ideologia *völkisch* (popular), que pregava o retorno a um mundo mítico primordial, habitado por camponeses de puro sangue germânico, via como um corpo estranho a raça dos "judeus errantes". E longe de ser uma distorção da periferia reacionária, essas eram idéias expressas até mesmo por membros da elite liberal e progressista que, preocupados com a sua posição social e a possível proletarização na Alemanha recém-industrializada, não hesitavam em escalar os judeus como bodes expiatórios.

Segundo Wagner, diz B. Millington, "os verdadeiros alemães não podiam sentir senão repulsa pela desagradável aparência física dos judeus, pelo zumbido sibilante e estridente de suas vozes, pelo gorgolejar grotesco que se ouvia em suas sinagogas. Era só renunciando ao judaísmo que os judeus podiam ser redimidos". Idéias politicamente incorretas de feição tão tosca não teriam causado impressão muito forte se não caíssem em terreno sensível; e se, nos anos posteriores, o carisma de seu autor, e a posição que ele passou a desempenhar dentro da cultura alemã, não lhes tivessem emprestado enorme respeitabilidade. A despeito das tentativas de vários autores de compreender – e atenuar – esse anti-semitismo em função de seu contexto histórico, é inegável o fato de que ele se prestou às mais diversas explorações pelas forças reacionárias. A leitura de "Wagner e os judeus" (Millington, *op. cit.* pp. 182-185) oferece a esse respeito amplas informações e matéria para reflexão.

Era muito rigoroso o método de trabalho de Richard Wagner. Ele fazia primeiro um esboço em prosa (*Entwurf*); em seguida redigia o libreto (*Gedicht*) e rascunhava todos os temas musicais que utilizaria como motivos condutores (*Bestandsteile*). Compunha primeiro o *Kompositionskizzen*, ou redução para piano e, finalmente, fazia a orquestração (*Partitur*). De um modo geral, começava a compor em um determinado ponto climático da ação que polarizava a sua atenção – a balada de Senta sobre o Holandês, no *Navio fantasma*, por exemplo –, dele fazendo irradiar os demais trechos da ópera. Essas etapas de trabalho, sempre minuciosamente observadas, podiam durar muito tempo. O período de gestação do *Parsifal*, por exemplo, estendeu-se por 25 anos. Wagner o concebeu na Sexta-feira da Paixão de 1857, no início da composição do *Tristão e Isolda*. Em cartas de 1859-1860 a Mathilde Wesendonck – a mulher de um amigo que o hospedara na Suíça, e que se tornou sua amante –, discutiu as personagens e fez modificações no plano original. O *Entwurf* é de 1867, na fase final de composição dos *Mestres Cantores*. O *Gedicht* é de 1877, após a inauguração do teatro de Bayreuth. A *Partitur* foi terminada em 1882.

Uma vez formulados com toda clareza, a nível teórico, os princípios básicos de sua reforma do drama musical, Wagner os põe em prática nas óperas da maturidade: *Tristão e Isolda* – a mais revolucionária de suas obras, que leva a música ocidental à beira da dissolução da tonalidade, prefigurando a guinada atonal que ocorrerá no início do século XX –; *Os Mestres Cantores de Nuremberg*; a tetralogia do *Anel do Nibelungo* e o *Parsifal*. Desses princípios, extremamente ricos e complexos, é necessário que se dê, aqui, uma visão sumária.

A Recusa da Estrutura Tradicional da Ópera

O Barroco e o Classicismo privilegiaram o belcanto em detrimento da ação; o *grand-*

opéra romântico, a encenação em detrimento da música. O objetivo de Wagner era restabelecer o equilíbrio texto-música-espetáculo que ele identificava nas grandes criações de Mozart e Gluck: buscar a unidade orgânica, o movimento contínuo da obra, a perfeita relação entre os diversos elementos de origem divergentes que se fundem para formar o conjunto do drama lírico. É o mesmo objetivo que, por caminhos diferentes, perseguem compositores como Berlioz ou Verdi.

Para atingir esse objetivo, Wagner considerava necessário rejeitar a melodia operística típica, que atrai a atenção por si mesma, independentemente do texto, substituindo-a por uma melodia que nasça do discurso e seja a expressão natural das idéias e dos sentimentos contidos no drama. O resultado é a técnica da *Durchkomposition*, que faz os atos tornarem-se contínuos, sem divisões em atos ou cenas. Desse momento em diante, o termo *durchkomponiert* (literalmente "composto de uma ponta à outra") passará a significar a rejeição da estrutura de números – que é fragmentada – em favor de uma textura contínua. A *Durchkomposition* exige a criação de um tipo de arioso, a meio caminho entre o recitativo e a cantilena, que permita a declamação melódica moldada nos ritmos internos do texto (o legítimo "recitar cantando" de que falavam os precursores da Camerata florentina). E um tipo de acompanhamento orquestral que sirva de reforço e comentário à ação. O ato, assim, transforma-se numa unidade indivisível, e esse formato será posteriormente imposto até mesmo a obras como *O Navio Fantasma* e o *Tannhäuser*, compostas antes da maturação da reforma: ao ser revisto entre 1846-1860, *O Navio Fantasma* que, originalmente, tinha dois atos, foi fundido em um ato único, extremamente orgânico. A abertura une-se ao início da ópera, sem cadência conclusiva, para não romper a continuidade musical – técnica utilizada também nos *Mestres Cantores*, e na versão revista do *Tannhäuser*, preparada para a encenação de 1861 no Opéra de Paris.

A continuidade cada vez maior do comentário orquestral gera a chamada *Unendliche Melodie* (melodia infinita), de que o ponto de virada é *Tristão e Isolda*. Nessa ópera, o uso do cromatismo sistemático – modulações constantes, impedindo que uma tonalidade imponha-se como a predominante – gera a total ambigüidade harmônica. A instabilidade e flutuação permanente que essa técnica produz correspondem à tensão interna do drama narrado, à sua inquietude existencial de matriz schopenhaueriana. Da mesma forma que, na música, nunca se cria a sensação de repouso trazida pela resolução tonal, Tristão e Isolda também se angustiam por tomar consciência de que seu amor – condenado pelo sistema de valores do mundo em que vivem – não é possível no plano da realidade. Só na morte, isto é, no plano do Ideal, eles poderão unir-se definitivamente.

De início, prevendo as dificuldades de encenação do *Anel*, Wagner abandonou esse projeto, pretendendo escrever algo mais exeqüível. Em vez disso, compôs *Tristão e Isolda*, tão complexo e diferente de tudo o que já tinha sido feito antes que ele só conseguiu encená-lo em 10 de junho de 1865, em Munique, graças ao patrocínio do rei Ludwig II da Baviera. Partindo da versão que, no século XII, Gottfried von Strassburg deu à lenda céltica – de que a forma mais antiga é a de Béroul –, Wagner abreviou o tempo da ação, eliminou as personagens secundárias (por exemplo, Isolda das Brancas Mãos) e simplificou o enredo. Inseriu na lenda, entretanto, elementos provenientes de outras fontes. A lâmpada que se apaga, no ato II, é uma situação muito comum na ópera romântica e, provavelmente, vem da história de Ero e Leandro através do poema de Shakesperare. A conclusão da cena de amor com a alvorada é um outro clichê romântico, herdado do *Romeu e Julieta*. O delírio de Tristão, no ato III, foi-lhe sugerido por um poema do inglês Matthew Arnold. E já se apontaram semelhanças entre Tristão, Isolda e Brangäne, no ato II, e Fausto, Helena e Lyncaeus na parte II do poema de Goethe.

Além disso, o fascínio pela relação amor/morte, pela idéia da Noite como uma forma de refúgio e libertação que se equaciona com o outro mundo, está ligada à influência das idéias pessimistas de Schopennhauer, com quem Wagner entrara em contato em 1852. Idéias em que, de resto, pode-se encontrar ecos da temática noturna muito freqüente em poetas como Novalis, Schlegel ou J.-P. Richter, bem como das filosofias orientais – estas entusiasmaram Wagner a ponto de ele ter planejado uma "ópera budista" que não levou adiante, mas deixou marcas visíveis no *Parsifal*.

Mas sejam quais forem as fontes que o inspiraram, Wagner as assimilou de forma extremamente pessoal. E é à sua ópera, muito mais do que à lenda, que devemos o fato de Tristão e Isolda terem passado a integrar a galeria dos grandes apaixonados, ao lado de Romeu e Julieta, Paolo e Francesca, Paulo e Virgínia ou Des Grieux e Manon. Por outro lado, a ópera de Wagner, com sua situação básica – um homem jovem que se apaixona por uma mulher da mesma idade, casada com um homem mais velho, ao qual ele está ligado por um laço de fidelidade ou parentesco – vai servir de matriz, no futuro, para uma grande quantidade de óperas: *Pelléas et Melisande*, de Maeterlinck e Debussy; *Le Roi Arthus*, de Chausson; *Parisina*, de D'Annunzio e Mascagni; *Francesca da Rimini*, de D'Annunzio e Zandonai; *L'Amore di Tre Rè*, de Benelli e Montemezzi etc.

Tristão e Isolda é uma dessas raras óperas – como o *Paride ed Elena*, de Gluck; ou a *Bérénice*, de Magnard – em que praticamente não há ação externa. Há apenas a confrontação dos sentimentos das personagens, seu conflito íntimo, um longo e tortuoso debate emocional. "As próprias palavras freqüentemente misturam-se à música", escreve David Jay Grout, "perdendo a sua função de linguagem inteligível que, em muitos casos, revela-se supérflua" – especialmente no momento em que o plano expressivo é apenas o das emoções; como, por exemplo, no *Liebestod*, a cena da morte por amor de Isolda, no fim do ato III.

Os três temas fundamentais – a descoberta do amor; a idéia da noite como refúgio e negação das atribuições do dia; e a morte como libertação – dominam cada um dos três atos. Mas, ao mesmo tempo, estão intimamente entrelaçados ao longo de todo o texto. O filtro mágico que, na lenda, desencadeia a paixão entre os dois, na versão wagneriana é apenas um símbolo do momento em que as duas personagens tornam-se conscientes do amor que já sentiam uma pela outra e decidem-se a assumi-lo. O centro focal da ópera é a gigantesca cena de amor do ato II, com a invocação "O sink hernieder, Nacht der Liebe" (Desce sobre nós, noite de amor) e a descrição de um amor que se confunde com a morte: "So stürben wir, ewig einig ohne End', ohn' Erwachen" (Assim morreremos, eternamente juntos, sem fim, sem despertar). Cena que culmina no alerta de Brangäne: de fora da cena, ela adverte os amantes de que a noite está chegando ao fim; e ao dissipar-se o seu manto protetor, aumenta o perigo de que sejam descobertos. Mas Tristão e Isolda estão de tal forma imersos no êxtase amoroso que se deixam surpreender pelo rei Marke.

Esse episódio, entretanto, e os que se seguem – a ferida que Melot faz em Tristão; o delírio da personagem em seu castelo de Kareol; sua morte e a de Isolda, que expira sobre o seu corpo num verdadeiro êxtase erótico –, são a conseqüência inevitável da própria lógica interna da história, enraizada na idéia pessimista de que é impossível a plenitude amorosa num mundo contingente onde tudo é imperfeito. Só no absoluto da morte esse sentimento pode realizar-se com integral pureza.

A simplificação da trama – duas personagens apenas, dominadas por um sentimento único – permite grande unidade musical. Ao mesmo tempo, a quase total ausência de ação externa elimina os elementos extramusicais normalmente impostos pelo libreto. Os *leitmotive* são poucos e, de modo geral, tão parecidos entre si que é possível confundi-los. O princípio da *Unendliche Melodie* traz consigo a técnica do cromatismo sistemático a que já nos referimos: cada vez que o desenvolvimento melódico se aproxima da resolução, a modulação para outra tonalidade impede a cadência conclusiva.

O cromatismo não é um elemento decorativo, nem uma mera transgressão da norma representada pelo sistema diatônico. Pelo contrário, é a regra, a razão de ser da partitura. De tal forma que são poucos os motivos diatônicos – ou seja, os que possuem tonalidade determinada – que formam exceção à linguagem de conjunto. Assim sendo, eles constituem o que D. J. Grout chama de "os espectros do dia que conseguiram violar o abraço noturno do drama de amor". Como dissemos, no início destas observações sobre a técnica de *Durchkomposition* e *Unendliche Melodie*, como o cromatismo sistemático cria a total ambigüidade harmônica, impedindo o ouvinte de perceber uma lógica de tonalidade-desenvolvimento-resolução, "o conflito contínuo entre *o que é* e *o que poderia ser* faz dessa música o instrumento adequado para expressar a mistura de insegurança e de tensão passional que caracteriza o drama" (D. J. Grout).

Em *Das Geheimnis der Forme bei Richard Wagner: II. Der musikalische Aufbau von "Tristan und Isolde"* (O Segredo da Forma em Richard Wagner: A Construção Musical no 'Tristão e Isolda'), publicado em 1926, o musicólogo Alfred Lorenz demonstrou a simetria formal dos atos I e III, que formam um arco com o II, obedecendo às regras clássicas da construção tripartite ABA. Subjacente ao cromatismo sistemático, Lorenz identifica um núcleo tonal básico de *mi maior*, do qual, no Prelúdio, ouvimos a *subdominante*, que é *lá menor* e, no final da ópera, a *dominante*, que é *si maior*. Mas o único momento em que a tonalidade de mi maior aparece explicitamente é na cena da morte de Tristão, no ato III – justamente porque, com a morte, o seu conflito íntimo está se 'resolvendo": libertado do mundo material e contingente, ele poderá unir-se a Isolda na Eternidade.

Esse primeiro tema, exposto nos dezessete primeiros compassos do Prelúdio, só reaparece três vezes (mas, ao fazê-lo, baliza os pontos culminantes essenciais da ação): *no ato I*, quando Tristão bebe o filtro que lhe é dado por Isolda; *no fim do ato II*, depois do monólogo em que o rei Marke lamenta-se por sua confiança em Tristão ter sido traída; e no trecho já mencionado *do ato III*. Nesse sentido, funciona como um *ritornello*. Contendo um a um os doze graus da escala cromática, esse tema emblemático já é uma clara antecipação da serie dodecafônica.

A ousadia harmônica do *Tristão e Isolda*, de resto, é tamanha que, tendo-a terminado, Wagner deu-se conta de que, se seguisse o caminho aberto por ela, seria obrigado, na obra seguinte, a romper decididamente com o conceito de tonalidade. Por isso retrocedeu, optando por permanecer dentro dos limites do diatonismo nos *Mestres Cantores de Nuremberg* – drama lírico em que a própria construção formal revisita e reformula a tradição do *grand-opéra*.

O Uso do *Leitmotiv*

Antes de mais nada, é bom lembrar que essa designação não foi criada pelo próprio Wagner. Aos temas recorrentes, ele dava o nome de *Hauptmotiv* (motivo principal) e, num ensaio de 1866-1877 sobre *Tristão e Isolda*, foi este o termo cujo uso recomendou a seu discípulo Heinrich Porges. A expressão *leitmotiv* (motivo condutor) tinha sido usada pela primeira vez por Friedrich Wilhelm Jahn, em 1871, em *Carl Maria von Weber in seinen Werken* (C. M. W. através de sua obra), para designar uma figura musical breve usada para identificar, numa ópera, uma personagem, objeto ou situação. O termo foi retomado, em 1878, por Hans von Wolzogen, o editor das *Bayreuther Blätter* (Folhas de Bayreuth), nos "guias temáticos" das sinopses que redigia para os programas do Festival.

A técnica do "tema recorrente" já existia muito antes de Wagner: estudos a esse respeito já demonstraram a sua existência em embrião nas óperas de Haendel, Gluck, Rameau ou Mozart. Em Weber eles são de fato muito freqüentes: as sétimas diminuídas associadas a Samiel no *Freischütz*, o tema de Eglantine na *Euryanthe*, e assim por diante. Na ópera italiana, o tema recorrente como procedimento de "reminiscência" também é comum, em especial em Verdi: para ficar com um só exemplo, o "tema da amizade" que se ouve no dueto "Dio che nell'alma infondere", do *Don Carlo*, e retorna sempre que se fala do afeto que liga a personagem títu!o a Rodrigo, ou ao desejo que este tem de que Carlo canalize suas forças para a causa da libertação dos flamengos oprimidos.

Mas o sistema wagneriano vai além da simples "reminiscência" – citada de maneira praticamente imutável a cada reaparição. Seus motivos passam por processos extremamente sutis e variados de desenvolvimento, decomposição e recomposição, combinação e transformação, visando a dar ao ouvinte uma compreensão mais profunda das motivações psicológicas e das estruturas narrativas. Já que a divisão dos atos em números ou cenas deixou de existir, Wagner utiliza, para balizar as diversas etapas da ação e organizar o conjunto das idéias discutidas no drama, um sistema de motivos condutores que se estende, de forma arquitetônica, a todo o arcabouço do drama. O que antes se referia apenas a uma personagem ou situação, passa a ter ligações em diversos níveis, com todas as camadas do drama. O resultado é uma visão muito mais articulada da partitura como um todo. Ou, como dizia Thomas Mann: "Graças ao *leitmotiv*, a música, numa medida até então desconhecida, torna-se o instrumento de uma psicologia que procede por alusões, por aprofundadas voltas sobre si mesma, por multiplicação de relações."

A conseqüência é a total modificação do papel da orquestra – à qual são confiados os *leitmotive* –, pois é ela quem fica com a verdadeira função narrativa, a missão de complementar, expandir ou às vezes até contradizer o que está sendo dito pelos cantores (quando Wotan, no *Ouro do Reno*, promete aos gigantes entregar-lhes a deusa Freia como pagamento pela construção do Valhala, o tema da mentira, ouvido na orquestra, informa-nos que ele não pretende cumprir os termos do contrato). Com isso, o espectador pode estabelecer uma série de relações entre situações e idéias que, à primeira vista, não parecem interligadas.

No plano literário, pode-se fazer a comparação entre *O Anel do Nibelungo* e *A Comédia Humana*, a série de romances de Honoré de Balzac, em que as personagens reaparecem, de um livro para o outro, formando um vasto painel da vida parisiense na primeira metade do século XIX. No *Anel*, os motivos amarram e articulam episódios que acontecem em pontos diferentes das quatro óperas que integram a Tetralogia, fazendo com que, na medida em que eles se respondem e complementam, o conjunto forme um todo arquitetônico lógico e harmonioso. Tanto Balzac quanto Wagner buscam a unidade na multiplicidade (o equivalente àquilo que faz a própria natureza), dotando a obra de uma quarta dimensão, muito abrangente: a proporção cósmica. Balzac funde literatura, história, política, sociologia e ciências humanas num gigantesco painel crítico da sociedade de seu tempo. Da mesma forma, Wagner funde música, poesia, teatro, tradição legendária e mitológica, pintura, pantomima e dança num espetáculo único. E isso nos leva a uma outra característica fundamental de sua dramaturgia.

A Visão da Ópera como uma *Gesamtkunstwerk*

Para Wagner, a ópera é a "obra de arte total", na qual todas as artes se fundem e tornam-se interdependentes. Em *Darwin, Marx e Wagner* (1941), Jacques Barzun aponta o fato de que é típica da segunda metade do século XIX a idéia de que a música e as outras artes devem deixar de ter existência autônoma, para fundirem-se num grande conjunto. Segundo ele, esse pensamento coincide com a eclosão das teorias socialistas e a idéia de que os interesses individuais devem ser absorvidos pelos da comunidade como um todo. Mas é possível apontar exemplos bem anteriores desse conceito: já o encontramos esboçado por Friedrich Schelling em sua *Filosofia da Arte* (1805):

> A mais plena manifestação teatral, o teatro da Antiguidade, foi a perfeita combinação de todas as artes, a união da poesia e da música através da canção, da poesia e da pintura através da dança, sintetizadas umas nas outras. Hoje, temos apenas uma caricatura desse tipo de teatro na ópera. Mas se ela fosse capaz de utilizar um estilo mais elevado e mais nobre de poesia, como o das demais artes rivais, poderia levar-nos de volta ao antigo drama que, em sua interpretação, fundia também a música e o canto.

E antes mesmo de Schelling, a *Teoria Geral das Belas-artes* (1774), de Johann G. Sulzer, já definia a ópera como

> capaz de ser a maior e a mais importante das formas dramáticas porque, nela, unem-se as potencialidades de todas as belas-artes [...] embora até mesmo as melhores óperas sejam comprometidas por vícios tais como a inadequação das palavras à música, as exigências abusivas dos cantores e o uso desordenado dos elementos cenográficos.

Wagner vai se propor, portanto, a pôr em prática um ideal já muitas vezes intuído antes dele. Mas para que essa fusão de todas as artes possa realizar-se, é preciso que o criador tenha o total controle de sua criação. E é por isso que Wagner escreve não só a música mas também os libretos – exemplo a ser seguido por muitos dos compositores que ele influencia. Os textos wagnerianos têm maneirismos de estilo muito típicos:

- o uso do verso curto para criar a flexibilidade rítmica;
- o uso da *Stabreim* (aliteração: a repetição de fonemas em geral no início das palavras) para criar a música interna dos versos e maior dinamismo das sonoridades [eis alguns exemplos dessa técnica:

Gab sein Gold
mir Macht ohne Mass,
nun zeug' sein Zauber
Tod dem ihr trägt

(Seu ouro deu-me poder desmedido; e que assim a sua mágica leve à morte quem o carrega – *Ouro do Reno*, cena 4)

Helle Wehr!
Heilige Waffe!
Hilf meinem ewigen Eide!
Bei des Speeres Spitze
sprech'ich den Eid:
Spitze, achte des Spruchs!
Ich weihe deine Wucht,
dass sie ihn Werfe!
Deine Schärfe segne ich
dass sie ihn schneide!

(Arma brilhante! Arma sagrada! Vem em auxílio a meu juramento eterno! Pelo ferro da lança pronuncio o juramento: ponta afiada, lembra-te de minhas palavras! Consagro a tua força para que ela o abata; abençôo o teu corte para que ele o estraçalhe – *O Crepúsculo dos Deuses*, ato II, cena 4).]

- o gosto pelo vocabulário ultrapoético, com metáforas trabalhadas e a presença de muitos elementos arcaicos;
- a utilização de formas fixas da antiga poesia trovadoresca, detectável já em determinados aspectos do *Tristão e Isolda*, mas muito visíveis sobretudo em sua única comédia, *Os Mestres Cantores de Nuremberg*.

No fim de 1865, Wagner teve de deixar Munique, perseguido pela oposição dos ministros do rei Ludwig II, que o acusavam de desperdiçar dinheiro do erário público protegendo o compositor. Foi para Triebschen, perto de Lucerna, na Suíça, onde ficou de 1866 a 1872. Ali terminou os *Meistersinger*, que começara a esboçar em 1845, entre o *Tannhäuser* e o *Lohengrin* (a estréia foi em Munique, em 21 de junho de 1868, sob a regência de Hans von Bülow – o marido de Cósima, filha de Franz Liszt, com quem Wagner mantinha um relacionamento adúltero desde 1864; e com quem só se casou em 1870, quatro anos depois da morte de Minna, a sua primeira mulher).

Nos *Mestres Cantores* – cujas personagens são figuras reais da literatura trovadoresca alemã – Wagner discute o conflito entre o respeito à tradição e a livre criação artística. A liga dos mestres cantores representa a defesa da tradição, que pode ser inteligente e aberta à inovação ou reacionariamente conservadora. De um lado está o poeta-sapateiro Hans Sachs, cuja sabedoria vem da maturidade e da experiência. Do outro, o obtuso Beckmesser que, inicialmente, Wagner queria chamar de Hans Lick, pois nele fazia a caricatura do todo-poderoso crítico vienense Eduard Hanslick, inimigo jurado da "Música do Futuro" de que Liszt e ele eram os líderes.

Quanto a Walther von Stolzing, ele representa a força criadora do artista jovem, que não suporta restrições. É Sachs quem demonstrará a Walther que nem a tradição nem o espírito inovador bastam por si mesmos. É preciso compreender o que há de vivo nas regras estabelecidas no passado, de modo a que o novo possa preservar o que nelas ainda há de válido; e para que, ao mesmo tempo, a elas possam-se incorporar as propostas de renovação da arte. Nesse sentido, Sachs e Walther são projeções de aspectos complementares do próprio Wagner, que quer inovar mas sem romper com a linhagem mais pura e autêntica da arte alemã. E os *Meistersinger* vão ser um constante ponto de referência para o acirrado debate entre vanguarda e tradição que se desenrolará nos primeiros anos do século XX. A esse respeito, diz D. J. Grout:

> Um dos pilares dessa filosofia, é a declarada confiança no "povo" como juiz definitivo em matéria de arte. *Das Volk* foi uma das abstrações mais amadas por Wagner, que sempre a distinguiu do conceito de *Das Publikum*. Pode-se pensar, entretanto, que essa distinção se refere, na realidade, àqueles que estimavam os seus dramas líricos e os que preferiam óperas mais convencionais, como as de Rossini ou de Meyerbeer. "O povo" representaria, assim, os verdadeiros instintos e as virtudes não-contaminadas da raça, enquanto "o público" seria algo de malsão, extraviado e corrompido. Nessa teoria da soberania popular em matéria de arte, defendida nos *Meistersinger*, há algo de fundamentalmente verdadeiro, desde que se entenda 'povo' no sentido democrático da palavra, não como uma plebe amorfa, mas como uma comunidade de interesses, possuidora de um profundo ins-

tinto inconsciente capaz, afinal de contas, de compreender e julgar corretamente.

Mas essas preocupações ligadas à filosofia da arte não fazem dos *Mestres Cantores* um mero exercício racional. Esta é a ópera mais humana e acessível de Wagner – até mesmo por ser uma "Komische Oper", gênero que, por oposição à ópera séria, sempre abordou situações e explorou personagens terra-a-terra, cotidianos e mais próximos do homem comum. Ela dispõe de todos os ingredientes de uma boa comédia:

- a história de amor, simples e envolvente, de duas personagens de nível mais elevado (Eva e Walther), contraposta à atração simpática e desenvolta de duas personagens populares (Magdalena, a governanta de Eva, e David, o aprendiz de sapateiro de Sachs);
- todos os episódios pitorescos envolvendo David e os aprendizes;
- a movimentada cena de desordem de rua, no final do ato II, após a serenata frustrada de Beckmesser para Eva;
- a desonestidade de Beckmesser ao roubar a canção com que Walther pretende concorrer ao prêmio, e o castigo que vem a cavalo: ele se coloca em posição ridícula ao tentar cantá-la sem compreender o seu texto.

Sobre todos esses episódios, plana a figura de Hans Sachs, sem dúvida alguma a personagem mais simpática, humana e atraente de toda a galeria wagneriana. O poeta contempla a ação com os olhos tolerantes de quem, através do sofrimento, aprendeu a resignação. Sabe renunciar ao amor de Eva em favor de Walther, porque aprendeu a sentir-se alegre com a felicidade dos outros. E, da defesa de princípios sagrados, sabe extrair um sentido para a própria vida.

Em relação ao *Tristão e Isolda* – e não apenas do ponto de vista harmônico – *Os Mestres Cantores* são uma pisada no freio. Mantém-se aqui o princípio do desenvolvimento sinfônico dos *leitmotive*, e o recitativo é em estilo arioso. Mas cada vez que isso é dramaticamente vantajoso, Wagner retorna à estrutura de números fechados, que se costuram à trama contínua do comentário orquestral. São assim as árias de Walther – em especial a "Canção do Prêmio", cantada duas vezes, nas cenas 1 e 2 do ato III –, a serenata de Beckmesser, o discurso de Pogner, a canção de David no ato III e os dois monólogos de Sachs. E as cenas de conjunto: o grande concertato do ato II, reformulação do *grand morceau d'ensemble* do *grand-opéra*; o quinteto do ato III, um *pezzo chiuso* de forma tripartite (ABA); e a triunfante cena final. A própria abertura, construída com temas que reaparecerão no decorrer da ópera, é um retorno ao modelo weberiano, como as do *Navio Fantasma* ou do *Tannhäuser*.

Mas a raiz histórica e a natureza cômica dos *Meistersinger* justificam a escolha de uma linguagem predominantemente diatônica, com certa regularidade de ritmo e simplicidade de estilo. Os corais, as melodias de origem popular, as fugas, as combinações contrapontísticas dos três temas principais da abertura, da mesma forma que a estrutura em contraponto da cena final e de outras passagens, parecem resgatar ou evocar as formas e traços mais caraterísticos da música alemã. Elas estão em relação direta, aliás, com a postura nacionalista contida na defesa da "sagrada arte alemã", que Sachs faz no monólogo com que a ópera se encerra. Contrastando com isso, podemos sentir, nas cenas de amor ou nos monólogos de Sachs, os cromatismos e as liberdades estilísticas típicas do idioma pessoal wagneriano.

O belíssimo Prelúdio do ato III não só representa a quintessência do estilo musical wagneriano, como também é o ponto mais alto de todo o drama, a mais viva e abrangente expressão da nobreza de caráter de Hans Sachs. Esse Prelúdio, como diz Grout, "é um dos melhores exemplos de como a música pode constituir uma síntese de toda a ação narrada".

O Cuidado com a Encenação

Da mesma forma que seu contemporâneo Verdi na Itália, Wagner terá preocupação, desusada para os compositores da época, com os aspectos teatrais da produção de suas óperas. Ele regulamenta com minúcia todos os detalhes da encenação. Supervisiona desde o desenho dos cenários até a movimentação dos cantores no palco – redigindo folhetos em que faz a descrição meticulosa do espetáculo tal como deseja que o encenador o realize. No caso do *Parsifal*, chegou a exigir do cenógrafo, Paul von Joukowsky, que reproduzisse nos telões pintados paisagens e monumentos de Ravello, na Itália, que a seu ver correspondiam exatamente ao clima que desejava criar.

Para todas as suas óperas Wagner teve esse cuidado. Mas a nenhuma delas dedicou tanta atenção quanto às que integram a *Tetralogia do Anel do Nibelungo* – até mesmo porque processos inteiramente novos de encenação eram requeridos para representar, no palco, as difíceis situações que imaginara: o encontro do anão Alberich com as Filhas do Reno, no fundo do rio; a entrada dos deuses no Valhala passando por uma ponte de arco-íris; a cavalgada das valquírias pelo céu; a luta de Siegfried com o dragão; o desmoronamento do castelo e a invasão do palco pelas águas do Reno, no final do *Crepúsculo dos Deuses*.

A revolução que Wagner introduziu nas técnicas de encenação operística é a responsável por ter-se formado toda uma tradição de cenografia wagneriana, uma arte especificamente voltada para repensar o significado de seu drama lírico e encontrar formas cada vez mais arrojadas e inovadoras de montá-los. Essa tradição teve grandes representantes:

– Adolphe Appia e Gordon Craig, na Alemanha;
– Serguêi Eisenstéin na Rússia;
– depois da II Guerra, as montagens "abstratas" de Wieland e Wolfgang Wagner, e de Günther Schneider-Siemsen;
– as modernas propostas de Josef Svoboda, Patrice Chéreau, Harry Kupfer, Rolf Liebermann, Peter Sellars ou do cineasta Hans-Jürgen Syberberg em sua versão filmada do *Parsifal*.

Esses encenadores não só trouxeram idéias novas para as produções de ópera como influenciaram, de forma decisiva, o teatro como um todo. Todas as óperas de Wagner atraíram – e continuam atraindo – os cenógrafos e diretores de teatro. Mas era natural que, por sua própria complexidade, a *Tetralogia* fosse o grande pólo para o qual convergiram as experimentações mais inovadoras.

A *Tetralogia do Anel do Nibelungo* – o ciclo de óperas mais revolucionário da História do gênero – ocupou vinte anos da vida de Wagner (1853-1874) e constitui a aplicação mais completa e radical dos princípios teóricos formulados em *Oper und Drama*. A história funde dois ciclos mitológicos germânicos: o das aventuras de Siegfried e o do declínio dos deuses. A essa altura de sua obra, Wagner troca as antigas lendas pelos mitos básicos, por ter-se dado conta de que a mitologia representa, da forma mais simples, densa e concentrada possível, a interação das forças eternas que regulam as relações dos homens com os deuses, a natureza e os outros homens – ou seja, os princípios elementares que norteiam as esferas religiosa, psicológica, social e econômica, princípios dos quais a arte dá o testemunho mais sintético e profundo (não é por outra razão, de resto, que Freud também baseou-se nos mitos para estabelecer os arquétipos fundamentais do comportamento humano).

No *Anel*, conseqüentemente, esses princípios são simbolizados por *pessoas* (Wotan, Siegfried, Brünhilde, Hagen), *objetos* (o ouro, a espada, o capacete mágico) ou *idéias abstratas* (o pacto com os gigantes, a traição, a redenção pelo amor). A ambigüidade desses símbolos, entretanto, e a multiplicidade de interpretações que permitem, abriram espaço à polêmica, fazendo com que o *Anel* se tornasse o objeto das mais variadas – e, por vezes, desencontradas – exegeses.

O próprio Wagner sentiu dificuldade em realizar teatralmente concepções abstratas. E é isso o que explica a presença das longas discussões metafísicas (a cena Wotan-Brünhilde no último ato da *Valquíria*, por exemplo, quando o deus cobra da filha predileta a desobediência à sua ordem, e esta lhe explica como, desrespeitando-a, atendeu àquilo que ele realmente queria no fundo de seu coração). Ou as numerosas narrativas que se repetem – e que se explicam também pelo fato de os libretos das óperas terem sido escritos às avessas, da última para a primeira. Em determinado momento, essas narrativas tornaram-se necessárias para explicar ao espectador fatos que tinham precedido a ação mostrada. É verdade que, depois de os quatro libretos estarem prontos, muitas dessas narrativas – a das Nornas; a conversa do Viandante com Alberich – já não eram mais indispensáveis. Mas Wagner não

Intérpretes do *Anel do Nibelungo*, de Wagner, no Festival de Bayreuth de 1876. Da esquerda para a direita: Karl Schlosser (Mime), Amalie Materna (Brünhilde), Georg Unger (Siegfried) e Franz Bettz (Wotan).

conseguia renunciar a uma só linha do que já tinha feito, e as manteve, mesmo sabendo que eram redundantes. Em todo caso, isso não chega a ser um defeito, na medida em que as narrativas reiteradas, de estrutura espiralada, e em ritmo lento, são características fundamentais dos poemas épicos medievais em que ele se inspira.

De qualquer maneira, por melhor elaborados que fossem os seus textos, Wagner estava convencido de que só a música – a linguagem ideal para expressar os sentimentos – era capaz de revelar a ação interna do drama, manifestar os elementos psicológicos mais profundos das personagens e as motivações que as fazem agir. A função da palavra e do gesto é apenas a de definir a ação externa. É a partir desse princípio – e da constatação de que as emoções humanas são um fluxo ininterrupto de sensações que se combinam, alternam-se, contrastam-se ou superpõem-se – que Wagner vai deduzir a idéia de que a música deve ser contínua (*Unendliche Melodie*). Mas "música contínua" não significará apenas "dissolução total da estrutura de números" e "substituição da alternância recitativo/cantilena por um arioso elaborado ininterrupto". Como A. Lorenz demonstrou em seus estudos, significará também conceber todo o drama como uma forma musical precisa, em que o rigor de construção da cena se reflete na do ato, e a do ato no da ópera inteira.

Encarando os dramas líricos wagnerianos como amplas estruturas arquitetônicas, Lorenz mostrou, por exemplo, que todo *O Ouro do Reno* pode ser considerado uma grande estrutura ternária ABA em ré bemol maior. O *Tristão*, por sua vez, é uma estrutura ternária ABA, não do ponto de vista das tonalidades mas da retomada dos temas e dos elementos dramáticos. Quanto aos *Mestres Cantores*, a sua forma é AAB, ou seja, os dois primeiros atos têm duração idêntica e o terceiro é tão longo quanto os dois primeiros juntos.

Nesse procedimento há, de resto, a retomada e aplicação à estrutura do drama lírico de regras de construção provenientes da antiga poesia trovadoresca alemã, em que eram comuns as formas ABA do *Bogen* (arco), e AAB do *Barform* [em que A designa a *Stolle* (estrofe) e B, o *Abgesang* (refrão).] Partindo dos estudos de Lorenz, autores como Gerald Abraham e Alan Edgar Dickinson dissecaram detalhadamente as rigorosas regras internas da construção wagneriana.

Na segunda parte de *A Hundred Years of Music*, dedicada a Wagner, G. Abraham faz a análise pormenorizada do ato I da *Valquíria*, mostrando a alternância perfeitamente simétrica de segmentos em forma de *Bogen* e de *Barform*. Não é possível afirmar categoricamente que Wagner tivesse consciência disso ou o fizesse deliberadamente. Ele, que é sempre tão pródigo em justificar os seus recursos de escrita, não faz qualquer alusão a essa técnica nos ensaios teóricos. Mas o controle que tem de estruturas de tão vastas proporções torna difícil acreditar que tal forma fosse intuitiva ou inconsciente. Além disso, o fato de, no ato III dos *Meistersinger*, Hans Sachs explicar a Walther como transformar a "Canção do prêmio" em um perfeito *Barform* torna pouco provável a suposição de que Wagner não estivesse usando voluntariamente essas formas nas suas óperas.

O Teatro como o Local Sagrado da Fusão de Todas as Artes

Era natural que a extrema preocupação de Wagner com a correta encenação de suas óperas, e o grau crescente de complexidade teatral que elas atingiram, o levassem à necessidade de dispor de um sala que modificasse profundamente a maneira de ser e a função tradicional da casa de espetáculos. O teatro, tal como sempre existiu no Ocidente, não cria uma sociedade – tenta demonstrar Wagner em seus ensaios. Numa certa medida, pode até ajudar a modificá-la mas, em geral, limita-se a refletir seus gostos, sua moral, sua política e sua organização social e religiosa (o exemplo mais típico disso é o *grand-opéra*, a forma de teatro por excelência numa fase muito próspera da cultura e da sociedade francesas).

Para Wagner, isso não bastava: a criação da *Zukunftmusik* (a "música do futuro") implica o surgimento de uma sociedade ideal, capaz de apreciá-la, entendê-la e comungar com as idéias que ela defende. Por isso, o seu conceito de drama lírico entra em choque com o teatro tradicional, que não está equipado, nem técnica nem ideologicamente, para colocá-lo em prática. Donde a necessidade de um teatro que fosse um espaço novo, inteiramente pensado em função das exigências específicas de seu drama lírico. Esse espaço novo é o *Bayreuther Festspiele*, o Teatro do Festival de Bayreuth, construído segundo os planos do compositor, numa cidadezinha perto de Munique, graças ao apoio do rei Ludwig II, da Baviera.

O teatro possui uma acústica inédita para a época, obtida com a forma da sala e a construção de um fosso encoberto (o "poço mágico"), que esconde a orquestra dos olhos do espectador, aumentando a ilusão da realidade cênica. A disposição das cadeiras dá uma visibilidade do palco muito maior do que a dos teatros convencionais. E os recursos de maquinaria permitiam, desde o início, encenações muito arrojadas. O Teatro de Bayreuth foi inaugurado, de 13 a 20 de agosto de 1876, com a primeira execução completa da *Tetralogia do Anel do Nibelungo*, à qual esteve presente a nata intelectual e social do mundo inteiro. Na ampla cobertura que fez para seu jornal, a enviada especial do *New York Times* chamava a atenção para a comitiva que mais sensação causara pelo seu exotismo: a do imperador brasileiro D. Pedro II. Wagnerita fervoroso, o soberano chegara a fazer a seu compositor predileto o convite para que viesse instalar em Petrópolis o seu teatro.

Para Wagner, o Bayreuther Festspiele tinha um caráter sagrado: era um local não de entretenimento, mas de celebração. Para o *Parsifal*, especialmente – que não chamou de drama lírico e, sim, de *Bühnenweihfestspiel* (festival sagrado) –, exigia uma atitude respeitosa, como se o público estivesse assistindo a um culto em vez de uma ópera. Não admitia que os espectadores aplaudissem no final de cada ato – afinal de contas, não se aplaude num templo – e proibiu que ela fosse representada fora de Bayreuth. *Parsifal* só foi liberada para outros teatros depois de 1913, quando caiu em domínio público. A única exceção foi o Metropolitan Opera House de Nova Iorque, cujo diretor, o alemão Heinrich Conried, ousou desafiar a proibição de Cósima Wagner e encenou-a em 1903. A todo-poderosa viúva do compositor conseguiu que, por esse motivo, tanto ele quanto o regente, Alfred Herz, passassem a ser *personae non gratae* na Alemanha.

A convergência de diversas fontes de inspiração filosófica e o simbolismo complexo, às vezes obscuro, fazem com que *Parsifal* seja a ópera wagneriana de mais árdua compreensão, a despeito da simplicidade da história. A lenda do Santo Graal (a que já se fizera referência no *Lohengrin*) superpõe-se a uma meditação sobre a função do sofrimento na vida humana. A idéia central é, uma vez mais, a da redenção, não pelo amor, mas mediante a figura de um salvador, o *reine Tor* (puro tolo), que faz o trajeto da ingenuidade à sabedoria através da compaixão. A solenidade do tema e da música, de uma lentidão sistemática, e o uso da simbologia cristã da eucaristia justificam a denominação de "drama místico".

Formalmente, *Parsifal* não é tão claro quanto o *Tristão* ou *Os Mestres Cantores*. Há analogias suficientes entre os atos I e III para que se possa falar de uma estrutura geral ABA, mas nem o esquema tonal nem os outros elementos permitem que se conduza análise tão rigorosa quanto as anteriormente mencionadas. Como no *Tannhäuser*, a música evoca mundos ideológica e emocionalmente opostos, usando para isso instrumentação muito contrastante. O mundo dos sentidos é o do jardim do feiticeiro Klingsor, povoado pelas Moças-flor e visitado pela figura ambígua de Kundry, a sedutora prisioneira de um encantamento maléfico, que exerce a tentação mas, ao mesmo tempo, deseja libertar-se dessa maldição. Trata-se, porém, de um erotismo frio, mecânico, sem a exuberância do Venusberg ou a paixão incandescente das cenas de amor de Siegmund/Sieglinde ou de Siegfried/Brünhilde.

Os atos I e III contrapõem e misturam o mundo de Amfortas, o penitente agonizante que purga o pecado de ter-se deixado seduzir por Kundry e ferir por Klingsor; e o do Graal, o místico reino celeste da piedade e da paz. A música de Amfortas atinge um extremo de expressividade que se reflete na riqueza do colorido orquestral, no uso freqüente das dissonâncias, na complexidade e ambigüidade das relações harmônicas, no uso de um cromatismo que, uma vez mais, chega ao limite da tonalidade. A música do Graal, pelo contrário, é perfeitamente diatônica e quase litúrgica. O tema que se ouve no início do Prelúdio, e com o qual é construída a última cena, é uma linha melódica simples, de ritmo livre, reminiscente do canto gregoriano. Quanto ao motivo do Graal, este é uma velha fórmula melódica que se costumava usar, para encerrar as orações, na capela real de Dresden, na época em que Wagner ali trabalhava – por essa razão ele é chamado de "o Amen de Dresden".

No *Parsifal*, chega ao auge o talento de Wagner – já demonstrado no *Tannhäuser*, no *Lohengrin* ou nos *Mestres Cantores* – para a escrita coral. No final dos atos I e II, o uso de coros separados e a contraposição das vozes graves e agudas obtêm efeitos de profundidade e perspectivas sonoras que lembram a técnica dos compositores venezianos do século XVI. De resto, nunca é demais lembrar que Wagner admirava muito a música de Palestrina, cujo *Stabat Mater* editou para uma execução em 1848.

Ao tentarmos definir o lugar ocupado por Wagner na História da Ópera, é antes de mais nada necessário que nos lembremos da fé em seus ideais e da integridade artística de que ele sempre deu provas. Por mais que se possa criticar a sua conduta pessoal – e não são poucos os elementos que tornam muito discutível o seu perfil como ser humano – deve-se admitir que, como artista, ele nunca aceitou forma alguma de compromisso. Poderia ter passado a vida repetindo a fórmula do *Rienzi* que, momentaneamente, correspondia ao gosto do público; mas preferiu prosseguir em suas pesquisas certo de que haveria, um dia, de surgir o público capaz de compreendê-lo. Rejeitado pelos mais diversos círculos numa fase inicial de sua carreira, combateu até se impor, não deixando a seus sucessores outra alternativa senão reconhecer a força de suas idéias e de seus métodos.

Desse momento em diante, tornou-se um ponto de referência obrigatório, que se devia imitar (Chausson, D'Indy), adaptar (Richard Strauss) ou transgredir (o Debussy do *Pelléas*). Sua teoria do drama lírico não eclipsou, como ele esperava, as outras formas de ópera existentes. Mas tornou-se um parâmetro do qual não foi mais possível prescindir. Expedientes como a equiparação entre voz e orquestra, a continuidade do fluxo orquestral e o tratamento sinfônico dos *leitmotive* deixaram marca indelével na ópera da virada do século, até mesmo em compositores muito distantes do circuito ocidental, como o russo Rímski-Kórsakov.

Outros elementos, porém, mostraram-se menos imitáveis – o que se tentará demonstrar no capítulo sobre a influência wagneriana. O uso que fez da mitologia nórdica e de seu simbolismo é tão pessoal que a maioria das tentativas de imitá-lo transformaram-se em paródias involuntárias. O mesmo deve-se dizer do estilo de libreto que ele criou, cheio de maneirismos tão próprios que qualquer esforço para reproduzi-los soa caricatural. Quanto às teorias estéticas, históricas ou filosóficas que invocou em apoio a seu edifício dramatúrgico, a maioria delas está envelhecida ou obsoleta; e suscita, hoje, apenas a admiração pela complexidade do pensamento que cerca o seu processo criador.

Na verdade, por mais complexas e inteligentes que sejam as teorias por trás do drama lírico wagneriano, ele não teria sobrevivido se Richard Wagner não fosse o músico que é. O autor do *Tristão e Isolda* é um dos maiores melodistas da História da Música, dono daquela capacidade rara que compositores como Beethoven ou Brahms possuíam de trabalhar com células melódicas simples das quais sabe tirar efeitos absolutamente prodigiosos. Se essa música não fosse irresistivelmente bela, ninguém sobreviveria às quase cinco horas do *Götterdämmerung*, cujo primeiro ato é quase tão longo quanto a *Aida* inteira. É uma música cuja força consiste em sua capacidade de evocar um universo de idéias e objetos extremamente variados com uma pureza, uma plenitude, uma intensidade raramente igualada por outros compositores.

Discografia Seletiva

Reserva-se ao volume específico sobre *As Óperas de Wagner* o levantamento extensivo dos discos e vídeos – comerciais ou piratas – que documentam as suas óperas. Neste capítulo, será incluída apenas uma lista parcial, contendo as versões comerciais mais importantes de cada uma delas.

Die Feen

Orfeo, 1983 – Kurt Moll, Linda Esther-Gray/ Wolfgang Sawallisch.

Das Liebesverbot

Orfeo, 1962 – Anton Dermota, Hanny Steffek/ Robert Heger.

Rienzi der Letzte der Tribunen

EMI, 1976 – René Kollo, Siv Wennberg/ Heinrich Hollreiser.

Der fliegende Holländer

DGG, 1952 – Josef Metternich, Annelies Kupper/Ferenc Fricsay;
Decca, 1956 – George London, Astrid Varnay/ Joseph Keilberth;
EMI, 1960 – Dietrich Fischer-Dieskau, Marianne Schech/ Franz Konwitschny;
Philips, 1961 – Franz Crass, Anja Silja/ Sawallisch;
RCA, 1961 – London, Leonie Rysanek/Antal Doráti;
EMI, 1968 – Theo Adam, Silja/Otto Klemperer;
DGG, 1971 – Thomas Stewart, Gwyneth Jones/ Karl Böhm;
Decca, 1977 – Norman Bailey, Janis Martin/ Georg Solti;
EMI, 1983 – José van Dam, Dunja Vejzovic/ Herbert von Karajan;
Philips, 1985 – Simon Estes, Lisbeth Balslev/ Woldemar Nelsson;
Decca, 1991 – Robert Hale, Hildegarde Behrens/Christoph von Dohnányi;
DGG, 1991 – Bernd Weikl, Cheryl Studer/ Giuseppe Sinopoli;
Naxos, 1992 – A. Muff, I. Haubold/Pinchas Steinberg.

Tannhäuser und der Sängerkrieg auf Wartburg

EMI, 1930 – Sigismund Pilinsky, Maria Müller/Karl Elmendorff;
Heliodor, 1950 – Günter Treptow, Trudde Eipperle/Kurt Schröder;
EMI, 1960 – Hans Hopf, Elisabeth Grümmer/ Konwitschny;
Philips, 1962 – Wolfgang Windgassen, Silja/ Sawallisch;
DGG, 1969 – Windgassen, Birgit Nilsson/Otto Gerdes;
Decca, 1971 – Kollo, Helga Dernesch/Solti;
EMI, 1985 – Klaus König, Lucia Popp/Bernard Haitink;
DGG, 1989 – Plácido Domingo, Studer/ Sinopoli.

Lohengrin

Decca, 1953 – Windgassen, Eleanor Steber/ Keilberth;
EMI, 1953 – Rudolf Schock, Maud Cunitz/ Schuchter;
DGG, 1959 – Lorenz Fehenberger, Kupper/ Eugen Jochum;
Philips, 1962 – Jess Thomas, Silja/Sawallisch;
EMI, 1964 – Thomas, Grümmer/Kempe;
RCA, 1966 – Sándor Konya, Lucine Amara/ Erich Leinsdorf;
DGG, 1971 – James King, Gundula Janowitz/ Rafael Kubelík;
Westminster, 1974 – Herbert Schachtschneider, Eleonore Kirchstein/Hans Swarowsky;
EMI, 1982 – Kollo, Anna Tomowa-Sintow/Von Karajan;
CBS, 1982 – Peter Hofmann, Karen Armstrong/Nelsson;
Decca, 1986 – Plácido Domingo, Jessye Norman/Solti;
Philips, 1991 – Paul Frey, Studer/Peter Schneider;
DGG, 1992 – Siegfried Jerusalem, Studer/ Claudio Abbado.

Tristan und Isolde

Malibran-Music, 1928 – Gunnar Graarud, Nanny Larsen-Todsen/Ellmendorff (lançamento em CD de 1998);
Urania, 1950 – Suthaus, Margaret Bäumer/ Konwitschny;
EMI, 1952 – Suthaus, Kirsten Flagstad/ Furtwängler;
Decca, 1960 – Fritz Uhl, Nilsson/Solti;
DGG, 1966 – Windgassen, Nilsson/Böhm;

EMI, 1972 – John Vickers, Dernesch/Von Karajan;
Decca, 1981 – John Mitchinson, Esther-Gray/Reginald Goodall;
DGG, 1982 – Kollo, Margaret Price/Carlos Kleiber;
Philips, 1982 – Peter Hoffmann, Behrens/Leonard Bernstein.

Die Meistersinger von Nürnberg

EMI, 1943 – Jaro Prohazka, Lorenz, Müller/Furtwängler;
Decca, 1950 – Paul Schöffler, Treptow, Hilde Güden/Knappertsbusch;
Vox, 1951 – Ferdinand Frantz, Bernd Aldenhoff, Tiana Lemnitz/Kempe;
EMI, 1951 – Otto Edelmann, Hopf, Elisabeth Schwarzkopf/Von Karajan;
EMI, 1956 – Frantz, Schock, Grümmer/Kempe;
RCA, 1963 – Otto Wiener, J. Thomas, Claire Watson/Keilberth;
EMI, 1970 – Adam, Kollo, Helen Donath/Von Karajan;
Philips, 1974 – Karl Ridderbusch, Jean Cox, Hannelore Bode/Silvio Varviso;
Decca, 1975 – Norman Bailey, Kollo, Bode/Solti;
DGG, 1975 – Fischer-Dieskau, Domingo, Catarina Ligendza/Jochum;
EMI, 1993 – Weikl, Ben Heppner, Studer/Sawallisch;
Decca, 1995 – Van Dam, Heppner, Karita Mattila/Solti.

Der Ring des Nibelungen

Fonit Cetra, 1950 – Furtwängler no Scala de Milão;
EMI, 1953 – Furtwängler com a RAI de Roma;
Decca, 1958-1966 – Georg Solti (primeira integral em estúdio; as duas anteriores são gravações ao vivo comercializadas oficialmente após o lançamento da Decca);
Philips, 1966-1967 – Böhm no Festival de Bayreuth (ao vivo);
DGG, 1967-1970 – Von Karajan com a Filarmônica de Berlim;
Westminster, 1971 – Swarowski com a Suddeutsche Philarmonie;
EMI, 1973-1977 – Goodall na English National Opera (ao vivo, cantada em inglês na tradução de Andrew Porter);
Philips, 1979-80 – Pierre Boulez no centenário de inauguração do Teatro do Festival de Bayreuth (existe também o vídeo documentando a polêmica montagem de Patrice Chéreau);
Eurodisc, 1980-1984 – Marek Janowski com a Staatsoper de Dresden;
EMI, 1987-1988 – Bernard Haitink com a Orquestra da Rádio Bávara;
DGG, 1988-1989 – James Levine no Metropolitan de Nova Iorque (ao vivo);
Teldec, 1990-1991 – Daniel Barenboim no Festival de Bayreuth (ao vivo).

Vale a pena incluir duas gravações comerciais isoladas da *Valquíria*:

EMI, 1954 – Suthaus, Rysanek, Franz, Martha Mödl/Furtwangler;
RCA, 1961 – Vickers, Brouwenstjn, London, Nilsson/Leinsdorf.

Parsifal

Decca, 1951 – Windgassen, Mödl/Knappertsbusch;
Philips, 1962 – J. Thomas, Irene Dalis/Knappertsbusch;
DGG, 1970 – King, G. Jones/Boulez;
Decca, 1972 – Kollo, Christa Ludwig/Solti;
DGG, 1980 – Hoffmann, Vejzovic/Von Karajan;
Erato, 1981 – Reiner Goldberg, Yvonne Minton/Armin Jordan;
EMI, 1984 – Warren Ellsworth, Waltraut Meier/Goodall;
Philips, 1985 – Hoffmann, Waltraut Meier/Levine;
Teldec, 1989 – Jerusalem, Meier/Daniel Barenboim;
DGG, 1992 – Domingo, Norman/Levine.

Do Século XIX para o XX

O Pós-Wagner:
Goldmark – Os "Wagneritas"

Em sua *Short History of Opera*, Donald Jay Grout afirma:

> Wagner convulsionou a rota que vinha sendo seguida pelo drama lírico, como se fosse um planeta que se afastasse do sistema solar. O centro do universo operístico nunca mais foi o mesmo, e todos os velhos equilíbrios viram-se perturbados. Formaram-se, assim, novos agrupamentos, acompanhados por movimentos extravagantes.

Foi assombroso o número de artistas e intelectuais do fim de século que se proclamaram herdeiros do multifacetado legado wagneriano. Considerando-se os únicos capazes de compreender a verdadeira lição proposta pelo mestre, tornaram-se rigidamente sectários, o que fez surgir movimentos antiwagnerianos igualmente virulentos. "As guerras de religião não foram mais sanguinárias do que as discussões entre wagnerianos e antiwagnerianos", sintetizou George Bernard Shaw, em seu delicioso *The Perfect Wagnerite*.

Foi mostrado, no volume *A Ópera na França*, como nesse país houve uma verdadeira "mania" wagneriana, contaminada pelo espírito decadentista que, em escritores como o romancista Joris-Karl Huysmans ou o poeta Jules Laforgue, manifesta-se sob a forma de um esteticismo que serve de refúgio contra a mediocridade e a fealdade burguesas, e a busca da realização pessoal mediante uma combinação de sensualidade e misticismo. Apesar das lembranças amargas da Guerra Franco-prussiana e da francofobia declarada do próprio Wagner, a França foi o mais dedicado santuário wagnerita fora da Alemanha. E os intelectuais franceses, de Baudelaire a Mallarmé, os mais devotados propagadores do credo wagneriano.

Testemunho eloqüente do entusiasmo gaulês por Wagner são as numerosas gravações de cenas das suas óperas, em tradução francesa, feitas entre 1928-1938 por grandes nomes como Marcel Journet, Georges Thill, Paul Franz ou Martial Singher. Em suas master-classes, a soprano Elisabeth Schwarzkopf costumava apontar "Aux bords lointains" – a versão de "In fernem Land", do *Lohengrin*, gravada por Thill em 1930 – como um verdadeiro modelo do canto wagneriano. Esses documentos estão contidos no álbum "Les Introuvables du Chant Wagnérien", lançado pela EMI francesa.

Na Itália, berço da ópera, os dramas líricos de Wagner pareceram uma ameaça terrível às tradições culturais de um país que mal acabava de emergir como um Estado unitário. "Viva Rossini!", "Viva Verdi!", "Morra Wagner!" gritavam as cabeças mais esquentadas à saída da famosa estréia do *Lohengrin* em Bolonha (1871). A crítica fez guerra sem quartel a qualquer influência e bastava ao compositor dar um pouquinho mais de destaque ao acompanhamento orquestral ou aos temas recorrentes – como aconteceu a nosso Carlos Gomes na *Fosca* – para ser logo tachado com a pecha de "wagneriano" – pecado mortal de que a italianíssima *Aida* não escapou de ser acusada.

Ainda assim, havia um vigoroso reduto wagneriano em Bolonha, que se orgulhava de ter visto *Lohengrin* (1871) e *Tannhäuser* (1872) antes de Milão, sua velha rival. Em Bolonha surgiu a *Società Internazionale Richard Wagner*, que publicava a revista *Cronaca Wagneriana*. O mestre alemão foi vigorosamente defendido por Arrigo Boito e deixou marcas na primeira versão de seu *Mefistofele*. E, na Itália pós-unificação, forneceu armas ao "nacionalismo integral" do "poeta-guerreiro" Gabriele d'Annunzio, que exigia o "triunfo do ativismo heróico sobre as querelas e indecisões do liberalismo burguês".

Não é apenas nos libretos de D'Annunzio para Mascagni (*Parisina*) e Zandonai (*Francesca da Rimini*) que encontramos as idéias de Wagner, mas também num ato político como a invasão de Fiume em 1919 (ver *A Ópera na Itália após 1870*, nesta coleção). Já existe, no wagnerismo dannunziano, a impetuosa mistura de retórica exaltada, música estimulante e mobilização das massas que nos permite entender a utilização da obra de Wagner feita mais tarde por Hitler (Mussolini, porém, nunca poderia ter dado destinação propagandística semelhante à obra de Verdi, pois são obviamente humanistas, liberais e antitotalitários os princípios que a alicerçam).

Via a pregação francesa, e visto como uma celebração da arte sacralizada, ou como uma impositiva saída para as convenções morais vitorianas, o wagnerismo tem para os britânicos – o artista plástico Aubrey Beardsley, o poeta e dramaturgo Oscar Wilde – o significado não só do cultivo dos prazeres proibidos como também de uma promessa de autodestruição da decadente burguesia. Foi, aliás, como "uma forma de libertar a humanidade do jugo avassalador do materialismo científico" que as idéias de Wagner foram entendidas pelos discípulos reunidos em torno da revista *The Meister*, dirigida por William Aston Ellis – pensamento que Shaw demolia sumariamente, chamando-o de "conversa fiada piegas".

Até mesmo a *intelliguêntsia* russa encontrou em Wagner inspiração para afastar-se do positivismo utilitarista e buscar ideais espirituais e formas estéticas mais refinadas (ver o capítulo sobre Aleksandr Seróv no volume *A Ópera na Rússia*, desta coleção). Serguêi Diáguilev deu, nos Ballets Russes, uma espécie de versão eslava do ideal de *Gesamtkunstwerk*, formulada a nível teórico na revista *Mir Isskústva* (O mundo da arte), que discutia constantemente as interpretações das obras do mestre feitas pelos exegetas alemães e franceses. É também na Rússia que veremos o idealismo político wagneriano contaminar a mistura, tipicamente russa, de misticismo, neopopulismo e ativismo revolucionário que há na obra de escritores como Viátcheslav Ivánov ou Gueórgui Tchúlkov, do poeta Aleksandr Blok ou do político e teórico socialista Anatóli Lunatchárski.

Muito rica para a compreensão desse fenômeno é a leituras dos artigos a ele dedicados na já citada *Wagner: Um Compêndio*. Na seção intitulada "A receptividade da obra", autores como David C. Large, Raymond Furness e Michael Hall estudam detidamente a reputação e influência póstuma de Wagner e seu impacto na história da música, da literatura e das artes visuais.

Mas é, naturalmente, no país que vira nascer o sistema wagneriano que essa influência fez-se sentir de modo mais relevante – justificando a afirmativa de D. C. Large: "Ela é um testemunho da sabedoria proverbial de Nietzsche ao dizer que artistas e intelectuais deviam ter cuidado ao atrair discípulos." Na Alemanha, o Círculo de Bayreuth estava de tal maneira convencido de ser o único capaz de compreender o legado do mestre, que tentou controlar ou limitar a produção de sua obra fora do Festspiele. O caso do "bloqueio" do *Parsifal*, furado por Heinrich Conried em Nova Iorque, exemplifica à perfeição o totalitarismo do *entourage* de Cósima.

A viúva de Wagner arrogava-se o direito de escolher os autores que – como o biógrafo "oficial" Carl Friedrich Glasenapp – "podiam" analisar a obra de seu marido. E o *Bayreuther Blätter* só abria as suas páginas a quem compartilhasse as idéias xenofobicamente nacionalistas de seu editor, Hans von Wolzogen. Com isso, muito antes do Nazismo, o kaiser Guilherme II – que gastava mil talers anuais com a manutenção do Festspiele – já via na música de Wagner a perfeita trilha sonora para o ideal de transformação da Alemanha numa potência internacional. Autor do projeto de um pomposo monumento a Wagner erguido em Berlim, o kaiser chegou a mandar afinar a buzina de seu automóvel para que ela tocasse o tema do trovão, de Donner, no *Ouro do Reno*.

Richard Sternfeld, autor de *Richard Wagner und der Heilige Deutsch Krieg* (RW e a Sagrada Guerra Alemã), encontra no *Lohengrin*, e em vários de seus ensaios teóricos, a justificativa para as ambições imperialistas germânicas. E durante a "sagrada missão alemã" da I Guerra Mundial, trechos do *Parsifal*, executados para os soldados alemães na catedral de Saint Quentin, em Lille, assim foram comentados pelo jornal *Liller Kriegszeitung* (Diário de guerra de Lille): "Enquanto aqui celebrava-se musicalmente o *reine Tor* (o tolo puro), no fronte realizavam-se os feitos da pura espada germânica."

Não é preciso esperar por Adolf Hitler para ver a música de Wagner retumbar nos comícios e paradas militares que reuniam milhares de espectadores. Já na I Guerra os generais prussianos davam a seus bunkers e posições estratégicas os nomes de Wotan e Siegfried, Brünnhilde e Hunding. É uma vez mais Large quem volta a citar a irônica frase de Nietzsche: "Tem um profundo significado o fato de a chegada de Wagner coincidir com o aparecimento da noção de 'Reich': os dois eventos provam a mesma coisa – a necessidade de obediência e de se ter pernas compridas." Na fase do entre-guerras, portanto, os conservadores que querem investir contra as teorias de vanguarda encontrarão no wagnerismo as armas adequadas e, nos responsáveis pela manutenção de seu santuário, o escudo ideal por trás do qual se abrigarem.

É em torno dos dirigentes do Festival de Bayreuth que, a partir de 1929, se reunirá, em Munique, a *Kampfbund für deutsche Kultur* (Liga de luta pela cultura alemã), que se se propõe a combater a "decadência cultural" e retornar aos valores tipicamente germânicos pregados pelo Mestre. A ela pertencem Von Wolzogen; Stewart Houston Chamberlain, marido de Eva, a filha de Wagner; Winifred Wagner, a esposa de Siegfried, o seu filho mais velho; e Adolf Bartels, o "ideólogo oficial" do wagnerismo. A esse grupo virá logo juntar-se Alfred Rosenberg, eminência parda do Partido Nacional Socialista, que será o editor-chefe do *Volkischer Beobachter*, órgão oficial do Nazismo.

Rosenberg é o vaso comunicante que transmitirá a Winifred e Chamberlain o respeito e a admiração ilimitados pela figura de Hitler, que eles passarão a ver como o garante moral do programa de recuperação da arte alemã. O Festspiele será, em 30 de setembro de 1923, dia da festa nacional alemã, o cenário da primeira manifestação de força do PNS, organizada pela Liga da Juventude local. Ficou famosa a apresentação dos *Mestres Cantores*, em 1924, encerrada com o *Deutschland über alles* entoado pelos nostálgicos do antigo regime – manifestação contra a qual Siegfried Wagner se insurgiu. E é de Bayreuth que se espalhará por toda a Alemanha a onda de solidariedade a Hitler quando sua tentativa de golpe de Estado fracassa e ele vai para a prisão: nessa ocasião, só na pequenina cidade bávara recolheram-se dez mil assinaturas a seu favor.

Do ponto de vista puramente musical, porém, essa adesão não foi imediata e a assimilação das teorias mais radicais formuladas por Wagner processou-se com uma certa dose inicial de resistência. Num primeiro momento, os compositores demonstraram algum interesse, não pelas ousadias mais radicais do *Tristão* ou do *Anel* e, sim, pelas características das óperas românticas de início de carreira, que infundiam vida nova ao tipo de drama musical até então praticado, sem subverter inteiramente os seus modelos. Permanecer fiel às formas tradicionais, colorindo-as com algumas moderadas técnicas wagnerianas, significava também, de um modo geral, continuar aplicando a receita do *grand-opéra* de corte meyerbeeriano, que desfrutava ainda de bastante popularidade – e correspondia ao formato do *Tannhäuser* e do *Lohengrin*.

Goldmark

É esse o caso do húngaro Károlyi Goldmárk (1830-1915), que fez carreira em Viena e conseguiu, com *Die Königin von Saba*, obter um sucesso duradouro. Filho de uma numerosa família judia de Keszthély, sem condições de custear seus estudos, Goldmárk só pôde tornar-se músico porque ganhou uma bolsa para o Conservatório de Ödenburg (1842), onde se destacou tanto que foi mandado para Viena, para estudar violino com Leopold Jansa. O início da carreira foi obscuro, como violinista de orquestra e professor particular.

Só em 1860, com o *Quarteto de Cordas op. 8*, obteve reconhecimento como compositor, o que lhe valeu o convite para colaborar com revistas de música. A brilhante atuação como crítico musical vivamente empenhado na defesa dos ideais wagnerianos, associada à estréia de felizes obras instrumentais – entre elas a abertura *Sakuntala*, hoje ainda ouvida em programas de concerto – chamou a atenção para o nome, a essa altura já germanizado, de Carl Goldmark.

Em 1866, ele começou a trabalhar no libreto de Samuel Hermann Mosenthal para *A Rainha de Sabá*. Juntamente com peças como a sinfonia *Bodas Campestres* (1876) ou o *Concerto para Violino em Lá Menor* (1878), ela seria a responsável pela grande popularidade de seu nome durante muito tempo. A composição da ópera estendeu-se até 1870; mas o manuscrito, preservado na Biblioteca Széchényi de Budapeste, contém 29 acréscimos, e isso indica que o processo de revisão prosseguiu, incansavelmente, até perto da estréia, que só ocorreu em 10 de março de 1875, na Hofoper.

A direção desse teatro já recusara *Die Königin von Saba* em 1870. Sem desanimar, Goldmark conseguira, em 11 de janeiro de 1874, incluir num concerto sinfônico a marcha do fim do ato I, publicamente elogiada por Franz Liszt. Diante desse aval prestigioso, o intendente do Hofoper prontificou-se a rever seu julgamento e programou a ópera para o ano seguinte. Encenada com cenários suntuosos, cantada por um elenco de primeira, tendo Amalie Materna no papel-título, ela foi recebida com enorme entusiasmo desde o primeiro momento. A complexidade da montagem fez rarearem, em anos recentes, as suas apresentações; mas a excelente gravação de Ádám Fischer (Hungaroton, 1980) lançou nova luz sobre suas qualidades.

O guerreiro Assad, encarregado de recepcionar a rainha de Sabá, que vem visitar o rei Salomão, volta à corte, em Jerusalém – onde o espera sua noiva, Sulamita, filha do sumo-sacerdote. Conta ao rei ter-se apaixonado por uma mulher que vira banhando-se sob os cedros do Líbano. Quando a rainha chega e retira o seu véu, Assad reconhece nela a mulher que descreveu. Mas esta nega conhecê-lo e ao guerreiro, humilhado e confuso, Salomão lembra que, para o dia seguinte, está marcado o seu casamento com Sulamita.

No jardim do palácio, à noite, a rainha confessa seu desejo por Assad e a vontade que tem de impedir esse casamento. Sua escrava, Astaroth, atrai o jovem até onde ela se encontra e Assad declara-lhe seu amor. No templo, no dia seguinte, quando a rainha aparece para assistir ao casamento, o capitão atira longe o anel de noivado e proclama a paixão que sente por ela. A corte exige o castigo para ele. Durante a festa em sua homenagem, a rainha pede a Salomão que o perdoe, mas este recusa. Deixa-se enternecer, entretanto, pelas súplicas de Sulamita, e decide banir Assad para o deserto. A rainha segue-o até um oásis onde o guerreiro, agonizando de fome e de cansaço, ainda encontra forças para rejeitar sua sedução. Chega em seguida Sulamita, em cujos braços ele morre, pedindo-lhe perdão.

Não há de escapar ao leitor uma certa semelhança entre Tannhäuser e a personagem masculina da ópera de Goldmark, dividido entre a necessidade do amor sagrado e a compulsão do amor profano. Mas Assad, diz István Kecskeméti na introdução ao álbum da Hungaroton,

mostra-se passivo e faz papel mais de vítima do que de herói. A verdadeira heroína é a rainha de Sabá: é ela quem dirige a ação dos bastidores, seduz, ataca, exige e torna-se a origem do conflito dramático, até que seu poder demoníaco seja rompido por Salomão. É ela principalmente quem transforma em drama essa ópera composta de cenas estáticas, líricas ou épicas. A rainha encarna o universo do mal pagão. É uma espécie de Rainha da Noite que defende seus próprios interesses egoístas contra a sabedoria de Salomão, rei monoteísta, e na batalha contra o Sumo Sacerdote, espécie de novo Sarastro, representante de um mundo de bondade e de luz. Comparado com ela, Assad é uma personagem secundária – embora seja parte da ação dramática e constitua o seu fermento. Mas, paradoxalmente, ele só se torna herói quando já

A soprano Amalie Materna no papel título da *Rainha de Sabá* de Karl Goldmark (Viena, 1875).

está agonizando. Enquanto dispõe plenamente de sua força viril, não passa de um joguete nas mãos da rainha. O exílio faz com que tome consciência de seus atos e, embora tarde demais, consiga expulsar a sedutora e encontrar o caminho para o coração de Sulamita, a sua noiva, ainda que no limiar da morte.

A Rainha de Sabá tem a ampla estrutura do *grand-opéra* meyerbeeriano: quatro atos longos, oito personagens com papéis bem trabalhados, muitos balés (em especial o da entrada da rainha, no ato I, e o da festa, no início do III) e um papel importante para o coro, principalmente nos finais de ato, em que é usado para obter efeitos imponentes. Mas são relativamente poucos, em obra tão extensa, os números fechados tradicionais e, nisso – como também em certos clichês temáticos – detecta-se a influência wagneriana. Há apenas três números isolados no ato I, entre os quais o "Cântico da Rosa", entoado por Sulamita e suas companheiras, cujos melismas têm um sabor folclórico nitidamente magiar. A melodia lembra a música de Ferenc Erkel, o criador da escola nacional de ópera húngara. Num compositor cosmopolita como Goldmark que, até mesmo para se impor no ambiente vienense, escreve em estilo deliberadamente germanizado, são relativamente raras as reminiscências de sua música pátria.

No ato II, há cinco números tradicionais, incluindo o mais célebre deles: a romança de Assad, "Magische Töne" (Sons mágicos) que, com a sua melodia encantadora e seus rarefeitos *pianissimi* no registro agudo, é um cavalo de batalha para os tenores líricos. Conta-se que o compositor Carlo Pedrotti, regente da estréia italiana em Turim, exclamou ao ouvi-la: "È una vera melodia belliniana". Há mais dois números fechados no ato III e três no IV; neste, destaca-se a ária de Assad, "Komm Tod" (Vem, morte), enquadrada por seus duetos com a rainha e com Sulamita.

Em sua maior parte, a escrita de Goldmark tem a continuidade já característica da ópera do fim do século XIX, repousando sobre a flutuação flexível de recitativo acompanhado e arioso, e sobre extensos comentários confiados a uma orquestra de grandes proporções, em que se destacam as madeiras e os metais. Não há *leitmotive*, no sentido wagneriano do termo e, sim, motivos recorrentes que sublinham momentos específicos da ação, de um modo geral já enunciados na rigorosa armadura temática do extenso Prelúdio ao ato I. Este abre-se com o tema do templo de Jerusalém, exposto pelos metais sobre um pedal em dó maior, contrastando em seguida com o tema do desejo de Assad pela rainha, tocado no registro agudos dos violoncelos – a melodia que voltará com mais freqüência durante a ópera.

Aparece, em seguida, o tema do desejo da rainha por Assad, melodia ascendente confiada ao oboé, com desenho extremamente sensual, que se dissolve em outro, de caráter bem líquido, formado por arpejos do violino acompanhados pela harpa, sobre um pedal de cordas graves: o da atração de Assad pela desconhecida que viu banhando-se sob os cedros do Líbano. Mas esses motivos recorrentes, quando retornam, não o fazem na linha vocal: são sempre recordados pela orquestra, como um pano de fundo, sob a forma de repetições simples, sem o desenvolvimento sinfônico característico do estilo wagneriano maduro.

Aspecto marcante da *Rainha de Sabá*, e que estabelece seu vínculo estilístico com o *grand-opéra*, é o emprego profuso de marchas e cenas de cortejo, para criar efeitos pomposos. A mais famosa delas é justamente a da entrada da rainha, no ato I, elogiada por Liszt após o concerto de janeiro de 1874. Trata-se de uma típica *grande scène* em que, à música da marcha, entremeiam-se intervenções do coro e trechos de dança. A música soa mais como a de Meyerbeer ou Spohr do que a de Wagner.

Onde a influência da fase romântica de Wagner é mais visível é na forma como Goldmark molda seus grandes monólogos. O que narra o encontro de Assad com a desconhecida – em que se alternam recitativos, ariosos e ária, com grande variedade de tonalidades e efeitos de orquestração, de acordo com cada seção do texto – lembra, pelo tratamento melódico e da escrita para o tenor, "Mein lieber Schwann", do *Lohengrin*. E há algo de Ortrud, mas também, de certa forma, de Elsa na grande cena da rainha, no ato II, em que se alternam sua raiva contra Sulamita, a lembrança sensual do encontro no oásis e a determinação de vingar seus desejos contrariados impedindo o casamento dos dois jovens. Tratamento original do dueto de amor convencional surge na cena entre Assad e a rainha: embora confessem a paixão que sentem um pelo outro, suas vozes nunca se unem em canto simultâneo – a não ser nos últimos compassos do número. Essa é a forma de sugerir o conflito de emoções que os opõe.

Depois da *Rainha de Sabá*, Goldmark escreveu diversas outras óperas. *Der Fremdling* (O Estrangeiro), com texto de Felix Dahm, foi abandonada depois de pronto o ato I. A influência wagneriana é ainda mais forte em *Merlin*, com libreto de Siegfried Lipiner, sobre as lendas do ciclo arturiano. Desde o Prelúdio sente-se a atração de Goldmark pelo *Anel*. A orquestra e o coro são usadas de forma muito imaginosa. Há poucos números fechados, dissolvidos num arioso contínuo que lembra o do *Ouro do Reno*. Estreada em 19 de novembro de1886, foi muito popular nos teatros alemães, sobretudo depois da versão revista, reestreada em Frankfurt em 14 de fevereiro de 1904.

Devido a seu tema, *Das Heimchen am Herd* (O Grilo na Lareira, 1896), baseada no conto de Charles Dickens, abandona o modelo wagneriano, voltando-se para a tradição cômica de Lortzing e Nicolai – embora seja uma ópera com recitativos e não um *singspiel*. Goldmark reverte para o estilo de *Merlin* na heróica *Die Kriegsgefangene* (A Prisão de Guerra, 1899), inspirada em um episódio da *Ilíada*. Seu uso do coro, em particular, é muito forte; mas o tema não atraiu o público da época e essa bem acabada partitura não teve o sucesso que merecia.

A indecisão estilística de *Götz von Berlichingen* (1902), tirada da peça de Goethe, faz dela a ópera mais irregular de Goldmark, oscilando entre o lirismo tradicional e a tentação dos grandes gestos de matriz wagneriana. Muito mais desenvolta e espontânea é *Ein Wintermärchen* (Um Conto de Inverno), em que o compositor volta-se para a veia cômica de Peter Cornelius ou Hermann Götz, os mestres da moderna "Komische Oper", para musicar a comédia shakespeareana. Nenhuma delas, porém, teve carreira tão duradoura quanto a *Königin von Saba*.

O Wagnerismo

Durante as décadas de 1840-1850, quando a polêmica em torno das idéias de Wagner começava a aquecer-se, havia operistas que rejeitavam as suas propostas técnicas de composição. Mas havia concorrentes que enveredavam pela mesma trilha, do ponto de vista temático, como uma forma de capitalizar, em termos aceitáveis pelo público conservador, o *succès de scandale* que suas óperas iam provocando. Só mais adiante, na década de 1860, veremos surgir os imitadores confessos, muitas vezes entusiastas a ponto de se converterem em papel carbono.

Mangold

Em 1846 – ano seguinte ao de Wagner – Karl Mangold (1813-1889) estreou, em um *Tannhäuser* que tem um final feliz: o poeta casa-se com Elisabeth após sua volta de Roma. Tanto o formato da ópera quanto a música tinham forte influência francesa, resultado dos estudos de Mangold no Conservatório de Paris, época em que esteve em estreito contato com as fórmulas do *grand-opéra*. Em 1882, para evitar a comparação, agora desvantajosa, entre a sua ópera e a de Wagner, ele a reviu com o título de *Der getreue Eckhardt* (O Leal Eckhardt). Mangold foi, a partir de 1848, *Musikdirektor* na corte de Darmstadt, para a qual compôs cantatas e peças orquestrais.

Born

A crítica tradicionalista insistiu durante muito tempo em apontar, como o modelo do que Wagner deveria ter feito com o *Anel*, um *Nibelungen* que Heinrich Born (1800-1892) fizera encenar em Weimar, em 1854, um ano após a estréia do *Navio Fantasma*. Desde 1850, Wagner vinha anunciando que estava trabalhando no assunto que Born explorara. A ópera que planejava a essa altura e a que, de início, pretendia dar o título de *Siegfrieds Tod* (A Morte de Siegfried), haveria de ser o ponto de partida para *O Crepúsculo dos Deuses*.

Von Holstein

O primeiro compositor a denotar influência direta e assumida do estilo wagneriano maduro é Franz Friedrich von Holstein (1862-1876). Militar que fazia da música uma atividade paralela, ele foi convencido por Moritz Hauptmann a tornar-se compositor profissional, depois que suas óperas *Zwei Nächte in Venedig* (Duas Noites em Veneza) e *Waverley*, esta última baseada no romance de Sir Walter Scott, fizeram relativo sucesso. *Der Haiderschacht* (O Poço de Haider, 1868) apresenta *leitmotive* com desenvolvimento sinfônico, estrutura contínua, com predominância do comentário orquestral sobre o arioso. Mais tarde, Von Holstein ressentiu-se de ter sido considerado um mero epígono de Wagner e, em *Die Hochländer* (Os Habitantes das Terras Altas, 1876), e principalmente em *Marino Faliero* (1878), tema romântico por excelência, que Donizetti já usara, voltou à fórmula do *grand-opéra* de tema histórico. Na primeira delas fez, inclusive, um interessante uso de melodias do folclore escocês.

Na década de 1880, finalmente – coincidindo com a expansão da fama internacional de Wagner – começaram a proliferar óperas caracterizadas pela escolha de temática mitológica, o uso sistemático de *leitmotive*, a continuidade na narrativa orquestral, o abandono dos números fechados em favor de um arioso muito enfático, e os libretos escritos pelo próprio compositor. Neste último caso, muitas vezes com efeito de paródia involuntária, imitavam-se todos os maneirismos estilísticos de Wagner: versos curtos, vocabulário arcaizante, metáforas continuadas e o uso da *Stabreim*, as aliterações em seqüência que são uma das marcas registradas de sua escrita. Tentava-se, sobretudo, conceber a ópera como uma "obra de arte total", em que se faz o uso combinado de recursos expressivos tomados de empréstimo a todas as outras artes.

O simples título das óperas desses autores, hoje muito pouco conhecidos, demonstra a vontade de emular o Mestre:
- *Iwein* (1879) e *Gudrun* (1882), de August Klughardt (1847-1902).
- *Gudrun* (1884), de Felix Draeseke (1835-1913). Este, aluno de Liszt em Weimar, foi um sinfonista apreciável e respeitado professor de composição do Conservatório de Dresden. Um dos mais ardorosos defensores do conceito de *Zukunftmusik* (a música do futuro), aplicou os princípios wagnerianos também em *Herrat* (1890) e *Merlin* (1905). Mas é mais lembrado por suas cinco sinfonias ou as aberturas para orquestra, sobretudo *Penthesilea*.
- *Kunihild* (1884), de Cyril Kistler (1848-1907).
- *Wieland der Schmied* (Wieland o ferreiro, 1880) de Max Zenger (1837-1911), usando o tema elaborado e depois abandonado pelo próprio Wagner; revista em 1894 para atenuar os aspectos mais servis do papel carbono wagneriano.
- *Kudrun* (1896), do suíço Hans Huber (1852-1921), que faz amplo uso de material folclórico de seu país. Este, como foi comum em sua época, atirou para todos os lados na esperança de, em algum dos casos, acertar. Wagneriano e épico nesta *Kudrun*, tentou a "Komische Oper" de tom mais leve em *Simplicius* (1912) e as tintas veristas em *Frutta di mare* (1918). De suas nove sinfonias, destaca-se a nº 2 sobre as telas de Arnold Böcklin – pintor pós-romântico que serviu de fonte de inspiração para vários compositores desse período.

Mas foram feitas também tentativas de aplicação do sistema wagneriano fora do universo temático da mitologia nórdica. Exemplo disso são as óperas de:

Zöllner

Ativo professor e regente, Heinrich Zöllner (1854-1941), trabalhou na Estônia, nos Estados Unidos entre 1890-1898, em Leipzig, Antuérpia e Freiburg. Seguiu os preceitos wagnerianos ao compor *Faust* (1887), em que usou partes do texto original de Goethe; *Der Überfall* (O Ataque de Surpresa, 1895), baseada num conto de Hans Wildenbruch; e *Die versunkene Glocke* (O Sino Submerso, 1899), da peça de Gerhardt Hauptmann que inspirou também Ottorino Respighi.

Weingartner

Um dos mais notáveis regentes do início do século XX (existe o registro fonográfico de sua brilhante interpretação das sinfonias de Beethoven), – *Paul Felix Weingartner* (1863-1942) foi regente da Hofoper em Berlim, sucedeu a Mahler em Viena e fez várias turnês triunfais pelos Estados Unidos. Estudou em Weimar com Liszt, que promoveu a encenação de sua primeira ópera, *Sakuntala* (1884), baseado no poema do indiano Kalidasa – o mesmo que inspirara a Goldmark uma abertura hoje muito apreciada. A marca wagneriana se imprime com toda força em *Malawika* (1886), *Genesius* (1892), na trilogia *Orestes* (1902) extraída das tragédias de Ésquilo, e em *Kain und Abel* (1914); mas também nas sete sinfonias que ele compôs entre 1899-1937.

Bungert

Lugar especial deve ser reservado a August Bungert (1845-1915). Esse aluno do Conservatório de Colônia acabava de voltar de um estágio de especialização no Conservatório de Paris em 1884, quando estreou a comédia *Die Studenten von Salamanka*, moldada no estilo de Cornelius e Götz, e muito bem recebida. Logo em seguida, lançou-se ao mais ambicioso projeto da dramaturgia lírica alemã depois do *Anel*, em que se decalcou, embora sem conseguir a mesma celebridade: a tetralogia *Homerische Welt* (Mundo Homérico), composta entre 1845-1915. *Achilleus* e *Klytemnestra*, que deveriam integrar a seção inicial desse ciclo de seis óperas, usando material extraído da *Ilíada*, nunca chegaram a ser terminadas para encenação. Mas as quatro partes da *Odisséia* foram montadas em Dresden:

Kirke (Circe) em 29 de janeiro de 1898;
Nausikaa em 20 de março de 1901;
Odysseus Heimkehr (A Volta de Ulisses para Casa) em 12 de dezembro de 1896 – antes, portanto, das partes I e II;
e *Odysseus Tod* (A Morte de Ulisses) em 30 de outubro de 1903. Bungert conseguiu fazer que suas óperas fossem apresentadas em outras cidades alemãs mas, em nenhuma delas, a acolhida foi muito entusiástica. Isso não o desanimou de procurar, inutilmente, patrocínio para a construção de um teatro, como o de Bayreuth, onde *Mundo Homérico* pudesse ser encenado com todos os recursos que a sua complexidade exigia. No fim da vida, a persistência da popularidade dos *Estudantes de Salamanca* o deixava descontente e frustrado. A título de curiosidade, registremos que ele é o autor da sinfonia *Zeppelins erste grosse Fahrt* (A Primeira Grande Viagem do Zeppelin), testemunho de seu entusiasmo com esse avanço tecnológico.

Wagner influencia igualmente os estágios iniciais da carreira de músicos que, mais tarde, evoluirão encontrando seu próprio caminho. É o caso de *Guntram* (1894) e *Feuersnot* (A Necessidade do Fogo, 1901), de Richard Strauss, cuja obra, de importância excepcional para o início do século XX, será estudada à parte;

de *Urvasi* (1886) e *Heilmar der Narr* (Heilmar o Bobo, 1892), de Wilhelm Kienzl;
de *Ingwelde* (1894) e *Pfeifertag* (O Dia do Pífaro, 1899), de Max von Schillings;
de *Der arme Heinrich* (O Pobre Henrique, 1896), de Hans Pfitzner;
ou *Kain* (1900), de Eugen d'Albert.

A esses compositores retornaremos, mais adiante, nos capítulos referentes aos gêneros em que se destacaram. O que acontecera com Von Holstein vai, de resto, ocorrer também na obra da maioria dos wagneritas convictos. Passada a fase eufórica da descoberta da "Música do Futuro", eles vão dar-se conta do risco de se converterem em meros diluidores. E, com resultados melhores ou piores, buscam mudar de rota.

É assim que Kistler passa a dedicar-se à *Volksoper* (a "ópera popular"), de que falaremos mais adiante; Zenger retorna, com *Eros und Psyche* (1901), a um severo estilo neoclássico, na linha da ópera heróica gluckiana; Huber retoma o modelo romântico weberiano em *Die schöne Bellinda* (1916) e faz a já mencionada incursão no Verismo; e Weingartner experimenta com diversos outros estilos em *Dame Kobold* (1916), *Die Dorfschule* (A Escola campestre, 1920) e *Meister Andreas* (1920).

Mas não é no campo da ópera séria que vamos encontrar os resultados mais substanciosos e interessantes da influência wagneriana e, sim, na obra dos compositores que buscam caminhos alternativos na comédia ou no melodrama sentimental de ambientação popular e, ao fazê-lo, contaminam esses gêneros com algumas bem dosadas aquisições da *Zukunftmusik*. Por mais profundas que sejam as marcas deixadas por Wagner, neles a influência é, de um modo geral, melhor assimilada – porque trata-se de músicos com um nível superior de talento; e porque cedo eles dão-se conta da impossibilidade de reproduzir um estilo extremamente pessoal e, por isso mesmo, difícil de imitar – o que fez com que a profusão de *Gudruns* e *Kudruns* que assolou o teatro alemão entre 1870-1890 fosse redundante, amaneirada e sem a menor originalidade.

As criações mais individuais, nessa busca de uma renovação para a ópera alemã, surgirão em três domínios distintos, que estudaremos a seguir:

– o da *Komische Oper*, que prolonga a tradição da ópera bufa clássica e romântica (a este domínio pertencem Cornelius e Götz, praticamente contemporâneos do mestre e a ponte entre a comédia de Lortzing e o fim do século);

– o da *Volksoper*, a "ópera popular", de factura bem simples, usando assuntos camponeses e material melódico e rítmico folclórico coligido ou reconstituído (e que, por isso mesmo, estará sob o influxo cruzado do Verismo italiano);

– e o da *Märchenoper*, "ópera conto de fadas", que garimpará seus assuntos nos repositórios das histórias de tradição oral, prolongando sob luz nova uma tendência que já estava presente no *singspiel* de tema fantástico.

A *Komische Oper*

Cornelius, Götz, Wolf, D'Albert, Von Reznicek, Von Schillings, Urspruch, Blech

Da segunda metade do século XIX às primeiras décadas do XX, aqui estão reunidos compositores que deram prosseguimento à tradição cômica herdada do início do Romantismo, revitalizando-a com outras energias: o influxo wagneriano, a lição verista, a convivência com as idéias renovadoras da passagem de século.

Cornelius

Filho de atores e, a princípio, destinado a uma carreira teatral, Peter Cornelius (1824-1874) perdeu o pai muito cedo. Em 1843, foi morar em Berlim com seu tio e padrinho Peter von Cornelius, de quem herdara o nome. E este o colocou como aluno de Composição de Siegfried Dehn – com quem Glinka tinha estudado. Paralelamente, um de seus primos, que era pintor e escultor, o pôs em contato com os círculos intelectuais e literários da capital prussiana, despertando nele o interesse pela escrita. Autor de seus próprios libretos, Cornelius fez também refinadas traduções das óperas francesas de Gluck e produziu crítica, ensaios e poesia – parte da qual transformada em *lieder*, gênero em que se destacou.

Em 1852, conheceu Liszt, seu "mestre, amigo e benfeitor". Este o transformou num defensor entusiástico da música de Wagner e sugeriu que escrevesse, como seu modelo, dramas de assunto sério – o que ele efetivamente tentaria fazer mais tarde. Mas Cornelius – cujo talento de miniaturista encontra sua melhor expressão em *lieder* e pequenas peças corais de fino acabamento – não tinha o tipo de fôlego requerido pelas grandes obras sérias. Onde encontrou um tom deliciosamente pessoal foi na comédia *Der Barbier von Bagdad*, com libreto que ele próprio escreveu, seguindo o exemplo de seu ídolo. Construiu-o juntando duas narrativas das *Mil e Uma Noites*: o "Conto do Alfaiate" e as "Histórias do Barbeiro sobre os seus Seis Irmãos".

A idéia era compor um *singspiel* em um ato, mas Liszt lhe propôs que expandisse o libreto, transformando-o numa "Komische Oper" em dois. Discutiu também com ele a orquestração, sugerindo uma série de modificações que Cornelius acatou. *O Barbeiro de Bagdá* estreou no Hoftheater, de Weimar, em 15 de dezembro de 1858, regida pelo próprio Liszt – e foi um redondo fracasso. Havia contra ela uma cabala montada pelo diretor do teatro ducal, um certo Dinglestedt, adversário da "música moderna", isto é, das simpatias wagnerianas do *Kappelmeister*. Enfrentando as vaias, Liszt pediu que a orquestra se levantasse e aplaudisse, junto com ele, o jovem autor, que estava na platéia. Depois, voltou para casa e redigiu sua carta de demissão do cargo de regente titular. Nessa mesma noite, escreveu a Wagner: "Na verdade, tenho de me lembrar, a todo instante, que sou um discípulo de São Francisco, para conseguir suportar tantas coisas insuportáveis".

Apesar dos esforços de Liszt, ninguém mais se animou a encenar uma ópera que começara com o pé esquerdo. Só em 1884, depois da morte de Cornelius, ela foi levada postumamente em Karlsruhe e, dessa vez, teve seu merecido sucesso. Mas foi ouvida numa versão pesadamente revista por Felix Mottl, que a comprimiu em um só ato e dotou-a de pesada roupagem orquestral, mais apropriada para *Os Mestres Cantores* do que para a buliçosa música de Cornelius. Hermann Levi fez, mais tarde, uma segunda revisão, em que abriu alguns dos cortes de Mottl; mas não restabeleceu integralmente a orquestração transparente de Cornelius – escrupulosamente reconstituída por Max Hasse, em 1904, para a reapresentação em Weimar. É assim que, felizmente, ela é hoje conhecida, gravada por Erich Leinsdorf (EMI, 1956). Existe também uma boa versão vienense, ao vivo, com Heinrich Hollreiser, de 1952 (Melodram). É também Hollreiser quem rege a versão filmada de 1990 com Weikl, Geszty, Ridderbusch.

A primeira qualidade do *Barbeiro de Bagdá* é a estrutura fluente de seu libreto, escrito com versos elegantes, rimas divertidas e elaboradas, e um uso da técnica wagneriana da *Stabreim* que visa a obter efeitos cômicos. Ajudado por Abul Hassan Ali ibn Bekar – um barbeiro embrulhão, em cuja personalidade de *factotum* e intrigante não deixa de haver uma bem-humorada paródia de seu colega rossiniano –, o jovem Nureddin tenta conseguir um encontro com Margiana, a filha do califa, pela qual está apaixonado. Depois de uma série de qüiproquós, entre os quais um momento em que Nureddin vai parar na cadeia, o califa se compadece do sofrimento dos dois jovens e permite que se casem.

A persistência da temática oriental liga esta comédia à tradição do *singspiel* dos séculos XVIII-XIX que, saindo do *Rapto do Serralho*, de Mozart, passa pelo *Abu Hassan*, de Weber. Ela está, de resto, enraizada na tradição melódica de Lortzing e Nicolai. Mas há aqui uma novidade absoluta em termos de ópera bufa, o que a faz preceder a renovação nesse campo que só virá mais tarde com o *Falstaff*, de Verdi: o uso da técnica wagneriana da *Durchkomposition*, a escrita orquestral contínua. Algumas cenas ainda se encerram, à maneira tradicional, com cadências conclusivas que estabelecem uma cesura entre um trecho e outro. Mas, em várias delas, a orquestra *attacca subito*, estabelecendo a fusão com a seguinte, o que dá maior organicidade ao pensamento musical.

O tipo de elaboração harmônica e o uso ortodoxo de *leitmotive* denotam também a atenção à lição wagneriana. Mas, ao contrário de outros wagneritas mais servis, as melodias de Cornelius não lembram em nada a sonoridade típica da música de seu modelo: têm um caráter absolutamente pessoal. Quanto à escolha dos registros, ela é feita visando à variedade dos efeitos vocais e, nesse ponto – à exceção de Nureddin, cuja tessitura tende mais para o dramático, embora com utilização histriônica – sente-se que Cornelius está firmemente enraizado na tradição mozartiana. Margiana e Abul Hassan são uma soprano e um baixo bufo da mesma raça da Kostanze e do Osmin do *Rapto*; e o califa Baba Mustafá é um tenor cômico na linha do Basílio das *Bodas*.

A grande ária de catálogo "Bin Akademiker" (Sou um acadêmico), com que o barbeiro se apresenta e declina seus títulos, tem o virtuosismo de silabato e o efeito cômico tirado da enumeração de todas as virtudes e atividades da personagem, que a liga a grandes exemplos do gênero, de Osmin ao Dulcamara do *Elisir d'amore* donizettiano. Há outros momentos muito felizes nessa partitura. Um deles é o dueto de Nureddin com a ama de Margiana, "Wenn zum Gebet der Minarett" (Quando o chamado à oração vier do minarete), quando ela vem lhe falar do interesse da moça por ele – Cornelius faz, aqui, um deliberado pastiche do trio do ato I do *Benvenuto Cellini*, de Berlioz, pelo qual tinha ilimitada admiração.

Outro é a ária "O holdes Bild" (Encantadora imagem), no ato II, em que ágeis compassos em 3/4 e 4/4 se alternam para sugerir a fluidez dos ritmos orientais. Ou ainda o dueto de amor, "So mag kein anders Wort erklingen" (Que nenhuma outra palavra soe), na cena 2 do ato II; e o trecho do ato II em que as vozes de Baba Mustafá e Abul Hassan são contrapostas a um fundo formado por um coral dividido em quatro partes. Ouçamos a palavra de Donald Jay Grout:

Der Barbier von Bagdad não é uma comédia de tom elevado, como *Os Mestres Cantores de Nuremberg*, mas uma farsa que utiliza todos os recursos musicais – em particular certos detalhes engraçados de acompanhamento – para obter efeitos cômicos, como é o caso do dueto em cânon, "Wenn zum Gebet". A liberdade de ritmo, as melodias declamadas, os freqüentes intervalos amplos e as harmonias cromáticas já prenunciam, à distância, o estilo do *Cavaleiro da Rosa*, de Richard Strauss. Estão presentes também elementos de paródia da ópera italiana, sobretudo no dueto de amor de II, 2. Essa cena, de resto, funciona como uma paródia antecipada e involuntária do dueto de amor do *Tristão e Isolda* [composto em 1865, sete anos após *O Barbeiro*], com Abul Hassan desempenhando o papel que, em Wagner, caberá a Brangäne.

E Ernest Newman, em suas *Stories of the Great Operas*, celebra a independência intelectual de Cornelius:

> De todas as pessoas atraídas à órbita de Wagner, quer como homem quer como artista, ele foi a que menos sujeitou sua personalidade à tirania da personalidade do gigante. Com efeito, como homem, muitas vezes causou sérios aborrecimentos a Wagner, recusando-se a fechar os olhos às suas faltas como indivíduo. Votava imensa admiração a Wagner e a Liszt, mas apegava-se tenazmente a seu direito de julgar a cada um deles de maneira objetiva, e sempre se recusou a ser, como ele próprio dizia, "um zero à esquerda de Wagner". Não tinha ilusões a respeito da extensão ou da profundidade de sua capacidade musical. Sabia exatamente o que podia e o que não podia fazer; contudo, considerava que o que tinha a dizer valia a pena ser dito, e sua rica natureza evitou-lhe os perigos de uma dependência demasiado estreita de Wagner ou de sua arte.

Isso se sente com muita nitidez no esforço que faz, em sua ópera seguinte, para preservar a individualidade, embora aplique à estrutura de sua ópera os princípios básicos de composição do drama lírico (nessa época, Wagner, com quem ele teve muito contato em Viena, a partir de 1861, estava trabalhando no *Lohengrin*). Três fontes lhe serviram, entre 1860-1864, para elaborar o libreto de *Der Cid*: a peça espanhola *Las Mocedades del Cid* (1618), de Guillém de Castro y Bevis, e as tragédias do francês Pierre Corneille (1636) e de seu compatriota Johann Gottfried von Herder (1804). Essa multiplicidade de fontes concorre para que o libreto tenha bastante flexibilidade formal. A estréia foi também no Hoftheater de Weimar, em 21 de maio de 1865. Dessa vez, a acolhida da platéia foi muito melhor.

Der Cid tem a típica estrutura do drama lírico wagneriano, sem formas fechadas, com um estilo declamatório de canto que abre pouco espaço para as ornamentações vocais tradicionais. Isso não impede o característico estilo melódico de Cornelius de se afirmar. O tratamento das personagens, porém, é desequilibrado: o de Chimène é exaltado, fortemente lírico; o do rei Ferdinando, escrito para tenor heróico, tem uma dimensão retórica bastante convincente; mas o da personagem título, destinada a um barítono, raramente alça-se acima de um arioso de tom pedestre. Com isso, *O Cid* nunca conseguiu alcançar a mesma popularidade do *Barbeiro* e só voltou à cena em 1891, revista e "wagnerizada" por Hermann Levi. Uma vez mais, foi Max Hasse quem lhe devolveu a forma original, para a remontagem de 1904 em Weimar. De lá para cá, têm sido raríssimas as suas reapresentações, embora exista o registro de uma transmissão da Rádio Berlim (Koch-Schwann, 1997), regida por Gustav Kuhn.

Em 1865, Wagner convidou Cornelius a mudar-se para Munique, onde ele se empregou como leitor do rei Ludwig II, da Baviera. Dois anos depois, este o nomeou professor de Teoria Musical na Königliche Musikhochschule. Cornelius não chegou a terminar *Gunlöd*, em que trabalhava desde 1866, usando lendas da Edda, sob visível influência das óperas do *Anel*. Quando morreu, tinha esboçado praticamente toda a obra e terminado alguns trechos, mas nada havia orquestrado. Karl Hoffbauer e Ernst Lassen editaram a partitura para a estréia de 1891 em Munique. Posteriormente, Waldemar von Bausznern fez uma revisão incluída na *P. Cornelius Musikalische Werke*, a obra completa que Hasse publicou em Leipzig (1906). Mas não há notícia de outras encenações dessa ópera.

Götz

Ao lado de Cornelius, outro nome significativo e, infelizmente, muito menos conhecido do que merece, é o de Hermann Götz (1840-1876), brilhante aluno de Hans von Bülow no Conservatório Stern, de Berlim. Tuberculoso desde a infância, Götz aceitou, em

1863, o cargo de organista em Winterthur, perto de Zurique, na esperança de que o clima suíço lhe fosse benéfico. Ali começou a compor produzindo apreciável música orquestral e pianística, e óperas que – apesar do estado depressivo em que a doença freqüentemente o deixava – têm música alegre e colorida.

Die heiligen drei Königen (Os Três Reis Magos), um *singspiel* de 1865, nunca foi publicado nem encenado. Mas *Der Widerspäntigen Zahmung* foi cantada em Mannheim em 11 de outubro de 1874. O libreto, baseado em Shakespeare, é de Joseph Viktor Widmann e do autor. É curioso observar que a primeira sugestão de libreto apresentada por Widmann fora um *Parzifal*. Götz o rejeitou dizendo sentir-se mais à vontade no domínio cômico. E tinha razão, pois *A Megera Domada*, uma das jóias da comédia lírica alemã, inscreve-se na mesma ilustre linhagem do *Tsar e Carpinteiro*, das *Alegres Comadres de Windsor* e do *Barbeiro de Bagdá*. Gerhard von Westermann lamenta, no *Knaurs Operaführer*:

> É incompreensível para um músico que esta ópera nunca tenha tido verdadeiro sucesso popular. É verdade que os diretores dos teatros alemães dão mostras de seu senso de responsabilidade programando, ocasionalmente, montagens da *Widerspäntigen Zähmung*. E é bem possível que, algum dia, essa ópera ainda se imponha, através de encenações realmente boas, pois tem todos os ingredientes necessários para se tornar uma das favoritas do público.

À exceção da venerável versão Karl Elmendorff, do selo Urania (1944) – relançada em CD pela FonoTeam –, com ótimo elenco, mas qualidade técnica deficiente, não existe nenhuma versão moderna dessa ópera. Mas o registro pirata de uma transmissão da Rádio de Colônia (março de 1978), com Horst Stein, dá plena razão às palavras de Von Westermann. Qualquer dúvida sobre a qualidade da música de Götz se dissipa com a audição dos discos que Andreas Albert fez para o selo CPO, com a Orquestra da Rádio de Hanover, documentando a sinfonia, o concerto para violino e os dois concertos para piano. Mais próximo de nós, o duo pianístico Yara Ferraz/Marina Brandão gravou, para o selo brasileiro Paulus, no disco *La Vie d'Artiste*, a sua belíssima *Sonata op. 17 em Sol Menor*, para piano a quatro mãos.

Götz tem inato senso melódico, escreve para as vozes de forma esplendidamente variada e sabe caracterizar com muita vivacidade as figuras com que é contada a história de Katharina, linda mas de gênio horrível. Seu pai declarou que só deixará Bianca, a filha mais nova, casar-se com um de seus dois pretendentes, Lucentio e Hortensio, depois que a primogênita tiver desencalhado. O problema é que ninguém tem coragem de candidatar-se a marido da megera. Petrucchio, porém, aceita o desafio de pegar a fera pelos chifres, e consegue domá-la. Basta ouvir, por exemplo, a ária de apresentação de Petrucchio, no ato I, "Sie ist ein Weib für solchen Mann geschaffen" (Ela é uma mulher feita para tal marido), para perceber a economia de traços com que Götz retrata o homem decidido e dominador. Mas, ao mesmo tempo, por meio de um sistema muito sutil de variações sobre o tema central da ária, ele sugere claramente as reservas de ternura que se escondem sob seu exterior rude.

O mesmo acontece com a grande cena do ato IV, "Die Kraft versagt, des Kampfes bin ich müde" (A força se gastou, estou cansada da luta), em que Katharina finalmente admite ter sido vencida, e que é um primor de expressão do processo de metamorfose psicológica de uma personagem. Na linha de Lortzing e Nicolai, Hermann Götz é um mestre do humor musical. Isso é particularmente verdade em relação às cenas em que os dois pretendentes se esforçam por conquistar o coração de Bianca. O seguro controle que ele tem das amplas estruturas de conjunto se revela no início do ato I, em que a serenata de Lucentio é interrompida pela inútil tentativa de Battista, o pai, de impedir que todos os empregados da casa se despeçam ao mesmo tempo em protesto contra os maus-tratos que recebem da megera. E a balbúrdia atrai os vizinhos, fazendo com que a confusão atinja proporções caóticas. Götz, porém, consegue montar essa seqüência sem que haja aderência servil ao óbvio modelo da cena dos distúrbios noturnos, no ato II dos *Mestres Cantores*.

É de tom rossiniano, reminiscente do *Barbiere di Siviglia*, a cena do ato II em que Petrucchio introduz Hortensio na casa de Battista, disfarçado como Cembaloni, o professor de música, enquanto Lucentio se apresenta como um professor de línguas, também tentando aproximar-se de Bianca. É de grande sutileza a seqüência do ato III em que Lucentio declara seu amor a Bianca através da tradução de um texto de Virgílio; e em que a moça, tendo-se decidido por ele, trata mal a Hortensio como a forma de fazê-lo desistir de continuar a cortejá-la. E depois do dueto em que Petrucchio e Katharina se reconciliam e confessam se amar, é esfuziante o septeto final, em que todos se regozijam, pois a megera foi domada e isso abre o caminho à felicidade de Bianca e Lucentio.

De uma ponta à outra, a inspiração de Götz é refinada, elegante, firmemente ancorada na tradição mozartiana. Em 1893, George Bernard Shaw não lhe regateou elogios:

> É preciso ir procurar, nos melhores quartetos e quintetos de Mozart, ou nas melhores páginas dos *Mestres Cantores*, música da qualidade que encontramos na *Sinfonia em Fá Maior* ou na *Megera Domada*. Estas são obras-primas que colocam Götz, seguramente, acima dos demais compositores alemães dos últimos cem anos, à exceção de Mozart e Beethoven, Weber e Wagner.

Em sua segunda colaboração, Widmann escreveu a quatro mãos com o compositor o libreto de *Francesca da Rimini*, baseando-se na peça que, em 1812, Silvio Pellico extraíra da história contada por Dante no Canto V da *Divina Comédia*. Mas ao começar a trabalhar na partitura, em 1875, Götz já estava muito alquebrado pela doença e, por mais que tentasse trabalhar depressa, perdeu a luta contra o tempo. Deixou alguns números belíssimos, como o dueto do ato II, em que Paolo Malatesta declara seu amor a Francesca, a jovem esposa de seu irmão Lanciotto. Mas a partitura estava inacabada quando ele morreu.

Seu assistente Ernst Frank terminou-a e ela foi estreada em Mannheim, em 30 de setembro de 1877, com a presença de Brahms e Max Bruch, que tudo fizeram para propagandear o último trabalho do compositor, cuja obra admiravam. Em 1893, Felix Mottl fez nela uma de suas habituais revisões "wagnerianas". Mas se a admirável *Megera* nunca teve muita sorte, o que dizer da pobre *Francesca*, de libreto muito estático e música necessariamente desigual?

Wolf

Assim como Hermann Götz, outro autor de ópera única é Hugo Wolf (1860-1903), famoso como compositor de *lieder* – mais de trezentos, de enorme beleza e originalidade. Desde muito cedo, Wolf sonhava em tornar-se um operista bem-sucedido. Mas a instabilidade emocional, que o faria perder a razão aos 38 anos, não lhe permitiu levar adiante projetos de compor óperas baseadas na *Tempestade*, de Shakespeare, no *Sino Submerso*, de Gerhardt Hauptmann, na *Viagem ao Harz*, de Heinrich Heine, no *Asno de Ouro*, de Lucius Apuleio, na *Pocahontas*, de Henry Longfellow ou no *Anfitrião* e *Pentesiléia*, de Heinrich Kleist (para esta última, chegou a compor algum material que transformou no imponente poema-sinfônico do mesmo nome).

De 1892 até ser internado num sanatório, em Viena, em 1896, com as faculdades mentais em frangalhos, Wolf trabalhou em *El niño de la bola*, um conto do espanhol Pedro Antonio de Alarcón a que o libretista Moritz Hörnes deu o título de *Manuel Venegas*. Mas sobraram apenas as sessenta primeiras páginas do ato I, para voz e piano. Ainda assim, esse fragmento foi cantado em Mannheim, em 1903. E em 5 de julho de 1989, foi executado no Stuttgart Liederhalle. Horst Koegler, que fez a resenha para a revista inglesa *Opera*, descreveu sua "escrita coral encantadora, um *parlando* melódico ricamente temperado e belas melodias para o papel-título".

Baseia-se também em Alarcón a única ópera que Wolf chegou a terminar. *Der Corregidor* foi tirada de *El Sombrero de Tres Picos* (1874), a mesma história que, mais tarde, inspiraria o balé de Manuel de Falla. Em 1890, ano em que os temas hispânicos o entusiasmavam muito, pois acabara de escrever as 44 peças do *Spanisches Liederbuch* (O Livro das Canções Espanholas), Wolf recusou um libreto sobre esse conto, que lhe fora oferecido por Franz Schumann, por considerá-lo insatisfatório. Preferiu o de Rosa Mayreder-Obermeyer, sobre o mesmo assunto. Musicou-o a toda velocidade, embora o texto ainda estivesse num estado preliminar de esboço, que a autora tinha a intenção de revisar. A pressa com que Wolf lançou-se à empreitada – talvez por já pressentir que sua razão estava por um fio – é responsável, inclusive, por situações que poderiam ser dramaticamente melhor resolvidas se a libretista tivesse podido retocar o texto como pretendia.

A ópera foi composta de 12 de março a 9 de julho de 1895, e orquestrada até 17 de dezembro com o mesmo entusiasmo com que, anos antes, ele escrevera cerca de duzentas canções no espaço de 170 dias. Esse esforço, a decepção com a recusa dos teatros de Berlim, Viena e Praga em encená-la, e a morna acolhida que a ópera teve ao estrear em Mannheim, em 7 de junho de 1896, contribuíram certamente para acelerar seu processo de desintegração mental. Ainda assim, ele teve tempo de submetê-la a extensa revisão, no ano seguinte, buscando contornar os problemas responsáveis pela má reação da platéia.

Numa carta de 1890 a seu amigo Grohe, Wolf dissera: "Quero compor uma ópera cômica brilhante, sem o espectro sombrio e redentor de um filósofo de talhe schopenhaueriano pairando no fundo." Esse propósito, porém, não foi o suficiente para livrá-lo da influência omnipresente de Wagner, pois a partitura do *Corregidor* caracteriza-se por dois elementos estilísticos opostos e contraditórios. De um lado, o uso de números fechados, no estilo de seus *lieder* – inclusive com a inserção de duas das canções do *Spanisches Liederbuch*. Do outro, ariosos de ligação de um número a outro, com uso extenso de *leitmotive* instrumentais confiados a uma orquestra grande, que desenvolve uma trama densamente polifônica. O problema é que Wolf não consegue conciliar uma coisa com a outra, fazendo as canções se integrarem naturalmente no fluxo contínuo da orquestra, o que dá ao conjunto um caráter fragmentário. Além disso, a cerrada trama contrapontística, inspirada na escrita de Wagner para *Os Mestres Cantores*, resulta pesada demais para argumento descompromissado como o do *Corregidor*.

Don Eugenio de Zúñiga é juiz numa cidadezinha do interior da Espanha e sua função é simbolizada pelo chapéu de três pontas que usa, de onde provém o título do conto de Alarcón. O velhote deseja seduzir Frasquita, a bela mulher do tio Lucas, o moleiro. Esta o recusa, é claro, mas aproveita sua corte para pedir-lhe que arranje um emprego público para seu sobrinho. O velho obtém o emprego, inventa uma falsa mensagem para afastar Lucas de casa, e vai novamente cortejar Frasquita, cobrando-lhe o pagamento do favor que lhe fez. Mas, no caminho para o moinho, cai dentro do rio.

Ao vê-lo aparecer todo molhado, a jovem novamente o recusa e, deixando-o em sua casa, sai à procura do marido para dizer-lhe o que está acontecendo. Na estrada, porém, desencontra-se dele. Enquanto isso, o corregedor tira as roupas molhadas para se secar, deita-se na cama do casal para esperar por Frasquita, e pega no sono. Quando Lucas chega em casa e o encontra em sua cama, veste-se com suas roupas e vai contar tudo à sua mulher, doña Mercedes.

Ao voltar para casa envergando as roupas de Lucas, que teve de usar para poder sair do moinho, o velho é impedido de entrar por sua esposa: ela lhe dá a entender que o corregedor já está em sua cama. Diante da fúria do velho, Lucas sai à rua para explicar-lhe tudo. Mas é confundido com um ladrão pelos criados do juiz, que o espancam. Está amanhecendo e todas as personagens dão-se bom-dia, concluindo que estão quites.

Além de haver muito pouca interação entre os números fechados – alguns de escrita preciosa, como nos melhores *lieder* de Wolf – e o arioso de ligação, este último, muito empastado para o tipo de comédia leve em que é empregado, tem pouca variedade formal, o que o torna muito monótono. A influência wagneriana é visível não só nesse arioso mas também nas tessituras vocais. Frasquita corresponde ao tipo de soprano da Eva dos *Meistersinger*; Lucas é um barítono encorpado, de empostações semelhantes às de Hans Sachs, o que freqüentemente o faz parecer sentencioso; e o corregedor é um *Hohentenor* característico, decalcado no Mime do *Anel*. A impressão que passam é a de cantores wagnerianos que, por engano, foram escalados para fazer *O Barbeiro de Sevilha*. Além disso, as cenas de conjunto são curtas demais; o papel do coro, insignificante e, apesar da riqueza das idéias musicais em episódios isolados, o todo é pesado, repetitivo e, portanto, bastante desajeitado dramaticamente.

Resta o consolo dos momentos em que o gênio de Wolf consegue se manifestar. Onde ele o faz melhor é nas canções fechadas. Por exemplo, a de tom leve e despreocupado com que Frasquita faz sua primeira aparição: "In dem Schatten meiner Locken schlief mir mein Geliebten ein" (À sombra dos meus cachos dorme o meu amado) – uma das canções tiradas do *Spanisches Liederbuch* – em que ela fala ao juiz de seu amor pelo marido. Ou a ária cômica do corregedor, "Herz versagt nicht geschwind, weil die Weiber Wiber sind" (Coração, não fraqueje, porque as mulheres são assim mesmo) – também saída do *Liederbuch* –, que é um típico *morceau de bravoure* para tenor característico.

O lirismo amoroso encontra também seu ponto alto no dueto do início do ato II, de ambientação noturna extremamente serena. Esse dueto é construído sobre o tema do amor de Lucas por Frasquita, que se ouviu no Prelúdio – uma página orquestral cuidadosamente trabalhada, que sobreviveu como peça de concerto –, contraposto a um outro motivo, pomposo e grotesco, que representa o Corregedor. O Prelúdio é um dos raros momentos de escrita orquestral realmente satisfatória em toda a ópera, assim como o é o Interlúdio, sobre um ritmo de dança espanhola, que liga as duas primeiras cenas do ato I. Nada sintetiza melhor o problema do *Corregidor* do que a observação de Hans-Joachim Moser em sua *História da Ópera Alemã*:

> É uma pena que esse compositor, que sabia tão bem ser dramático em suas canções, tenha permanecido sobretudo um autor de canções em seu drama.

Pensando assim, talvez Wolf se tivesse saído melhor se utilizasse, no *Corregidor*, a forma do *singspiel*, embora àquela altura ela já estivesse obsoleta. A ligação com diálogos falados teria sido mais ágil do que seu arrastado arioso e estaria preservada toda a graça dos curtos números fechados que ele sabia tão bem construir. Da única ópera de Wolf, há duas gravações. A de Karl Elmendorff (Urania, 1944), relançada em CD pela Preiser, tem valor histórico; a de Gerd Albrecht (Koch-Schwann, 1986) tem um bom elenco moderno e um tratamento mais preciso da partitura.

D'Albert

Franz Liszt, seu professor, chamava-o carinhosamente de "o jovem Tausig", numa alusão ao virtuose polonês Carl Tausig. "Albertus Magnus" foi outro apelido que o mestre, cheio de admiração pelo talento de seu discípulo predileto, deu a Eugène Francis Charles d'Albert (1864-1932), que não o decepcionou: foi realmente um dos maiores pianistas de seu tempo.

D'Albert era, como Liszt, cosmopolita por natureza: filho do coreógrafo Charles-Louis Napoléon d'Albert, alemão de origem francesa, e de mãe inglesa originária de Newcastle, nasceu em Glasgow, e estudou em Londres com Arthur Sullivan e Ebenezer Prout. Começou a carreira de concertista em Londres, onde fez amizade com o maestro Hans Richter, depois de ouvi-lo reger Wagner. Richter levou-o para Viena, onde o apresentou a Brahms e Liszt. Ambos ficaram boquiabertos com o descomunal talento do menino ao teclado.

Embora nunca renunciasse às suas vitoriosas turnês de concerto, em 1895 D'Albert tornou-se *Kappelmeister* em Weimar e pianista oficial da corte da Saxônia. Foi também diretor da Hochschule für Musik, de Berlim. Em 1907, renunciou à cidadania britânica, adotando a naturalidade do pai e trocando seu nome original para Eugen Franz Karl. Apesar de uma agitada vida profissional e amorosa – foi casado seis vezes, inclusive com a famosa pianista venezuelana Teresa Carreño, e com a cantora Hermine Finck –, Eugen d'Albert ainda achou tempo para ser um compositor prolífico. Deixou dois concertos para piano, um para violoncelo, peças orquestrais e de câmara, abundante música pianística, canções e 21 óperas nos mais variados estilos, até mesmo fazendo experiências com o uso do jazz que antecipam o *Jonny spielt auf* de Ernst Krenek.

A audição de suas três óperas existentes em disco sugere que, entre as demais, deve existir outras obras de real interesse. *Die Abreise* (A Partida), estreada em Frankfurt em 20 de outubro de 1898, encaixa-se aqui, no contexto da Komische Oper pós-wagneriana. *Tiefland* (Terra Baixa), de tom sério, abertamente influenciada pelo Verismo italiano, e *Die toten Augen* (Os Olhos Mortos), serão analisadas mais adiante, no capítulo dedicado à *Volksoper*, gênero ao qual pertencem.

Die Abreise tem importância histórica pela novidade formal que apresenta: é uma *Konversationstück*, o tipo de comédia conduzida num recitativo muito ágil, que visa a reproduzir a dinâmica da língua falada, tratando a ação numa chave intimista e coloquial. Foi escrita onze anos antes do *Segreto di Susanna*, de Ermanno Wolf-Ferrari, e 26 anos antes do *Intermezzo*, de Richard Strauss – que são balizas do gênero. E não é só isso: numa fase em que a ópera alemã ainda era dominada pelo sinfonismo wagneriano, de tinturas cromáticas muito acentuadas, D'Albert propõe o retorno a um diatonicismo reminiscente do *opéra-comique* de Auber, a ritmos dançantes em que predomina o compasso 2/4, e ao uso de uma orquestra reduzida com intervenções solistas ocasionais.

O libreto do conde Ferdinand Sporck, baseado em uma comédia de A. von Steigentesch, trabalha com situações do quotidiano e personagens burguesas surpreendidas na intimidade de sua sala de estar, vivendo dentro de uma moldura absolutamente contemporânea e, por isso mesmo, incomum na ópera alemã da época. Gilfen, cujo casamento com Luise passa por uma fase de rotina e indiferença, prepara uma viagem. Mas hesita em partir porque pressente que Trott, amigo da família, está interessado em sua mulher e aproveitará a sua ausência para tentar tornar-se seu amante. Após uma série de desculpas que inventa para tentar afastar Trott de sua casa, Gilfen reconcilia-se com a mulher e decide ficar. Quando Trott chega, anunciando que a carruagem está pronta, Luise entrega-lhe um bilhete de despedida – e ele entende que agora é a sua vez de partir.

O modelo, da mesma forma que na pequena ópera cômica de Wolf-Ferrari, é o do *intermezzo* barroco, com suas situações banais e realistas, suas personagens reduzidas, sua ação concentrada. A música apresenta momentos muito inspirados e prenuncia recursos que Strauss empregará, mais tarde, no *Intermezzo*, na *Arabella* e em *Capriccio*: o contraste entre o estilo de recitativo *quasi parlando* e as efusões líricas em ritmo de valsa; e os fragmentos solistas nos instrumentos de sopro fazendo irônicos comentários à ação. Um dos melhores momentos é "Der Jüngling spricht" (O jovem falou), em ritmo de minueto, que Luise canta acompanhando-se à espineta. Essa ária tem um clima noturno em que, à distância, já ressoa a "Cena do Luar" do final de *Capriccio*. A gravação de János Kulka, para o selo EMI, demonstra como três bons cantores/atores – Hermann Prey, Edda Moser e Peter Schreier – podem extrair efeitos deliciosos dessa miniatura.

Outros Nomes

No conjunto, a *Komische Oper* da fase de transição entre os séculos XIX-XX não conseguiu se impor como um gênero realmente estruturado. Tanto assim que seus títulos permaneceram, quase sempre, como experimentações isoladas, que seus próprios autores pareceram incapazes de repetir. É o caso de outros compositores que vale a pena mencionar:

Von Reznicek

Emil Nikolaus von Reznicek (1860-1945), filho de um alto oficial do Exército austríaco, estudou com Wilhelm Mayer-Rémy, em Graz, e fez carreira como regente em Zurique, Jena, Mainz, Weimar e Varsóvia. Em 1894, leu a peça espanhola *El Desdén con el Desdén* (1654), de Moreto y Cavana, e inspirou-se nela para escrever o libreto da ópera por que é lembrado: *Donna Diana*, estreada no Deutsches Theater de Praga em 16 de dezembro de 1894.

Donna Diana é uma jovem muito bonita e arrogante, cercada de pretendentes a quem despreza; até o dia em que surge um homem que não lhe dá a mínima. Apaixonada pelo belo indiferente, acaba descobrindo que ele também sempre a amou mas, para conquistá-la, fê-la provar de seu próprio veneno. É uma historinha simples, mas que fornece ao autor a chance de escrever árias atraentes e cenas de conjunto brilhantes. Na revisão de 1933, Reznicek transferiu a ação do século XVII para a atualidade e fez alguns cortes na partitura. Hoje, a ópera está infelizmente um tanto esquecida – não existe dela nenhuma gravação, que eu saiba –, mas sua abertura subsistiu como peça de concerto.

Ação ágil, enfatizada por uma música muito móvel, em que são freqüentes as mudanças de andamento, escrita vocal que favorece as cenas de conjunto complexas, e orquestração exuberante caracterizam as demais óperas de Reznicek. Sente-se também que ele era um músico inquieto, que experimentava em várias direções diferentes, atento à moda e às modificações no gosto do público. Isso faz com que tenha contribuído com títulos para vários gêneros diferentes de ópera.

Till Eulenspiegel (Karlsruhe, 12.1.1902), inspirada pela mesma personagem folclórica que R. Strauss relembrou em seu poema sinfônico, é uma cintilante comédia que toma *Os Mestres Cantores* como ponto de partida. Em *Eros und Psyche* (Weimar, 15.1.1916) e *Reiter Blaubart* (O Cavaleiro Barba Azul, Darmstadt, 29.1.1920), Reznicek obtém resultados interessantes com a fusão do estilo de canto italiano e as técnicas de harmonia e orquestração do impressionismo francês. E a temática está ligada à curiosidade mórbida pelo erotismo e os comportamentos sexuais patológicos, típica do Decadentismo, que vai gerar obras como a *Salomé*, de Strauss, ou *Die Gezeichneten* (Os Estigmatizados), de Schreker.

As mesmas características impregnam *Holofernes*, cujo libreto o próprio compositor tirou da *Judith* de C. F. Hebbel. Esse *grand-opéra* na linha orientalista ilustra o retorno, na década de 1920, do gosto pelo exotismo, uma tendência pós-verista que fez ressurgirem intrigas tradicionais ambientadas em locais exóticos: neste caso, a Palestina bíblica. Judite, a bela viúva, vai procurar o general de Nabucodonosor que está assediando Betúlia, a sua cidade, matando de fome os seus habitantes. Mas fica seriamente perturbada ao defrontar-se com o homem, que lhe parece extremamente sedutor.

Num torturado monólogo, confia isso à serva que a ajuda a enfeitar-se para ir, à noite, encontrar-se com ele. Embora tenha consciência do risco psicológico que está correndo, entrega-se a ele e, quando Holofernes adormece, corta-lhe a cabeça. É aclamada como salvadora pelo seu povo; mas está desesperada e suicida-se, alegando não querer correr o risco de ter um filho do inimigo. No fundo, porém, castiga-se por ter-se apaixonado por Holofernes e sentido prazer em ser possuída; e também por ter sido obrigada a matar o homem que amava.

Para essa tragédia de sentimentos contraditórios, que condenam a personagem à destruição inevitável, Reznicek escreveu música muito intensa e de sonoridades opulentas, que têm no universo straussiano o seu ponto de partida. O libreto também é de qualidade literária muito alta, o que faz de *Holoferne* uma ópera muito bem armada e convincente. A estréia foi no Hoftheater de Charlottenburg, em 27 de outubro de 1923.

O exotismo assume formas ainda mais ousadas em *Satuala* (1927), que se passa no Havaí e inclui até mesmo uma hula-hula. *Benzin* (Gasolina, 1929) transporta o mesmo esquema narrativo de *Donna Diana* para uma "ilha desconhecida" onde funciona uma gigantesca refinaria de petróleo. É uma *Zeitoper* – ópera de assunto contemporâneo – em que, seguindo o exemplo de Hindemith e Krenek, Reznicek explora a atração do público pela música e a cultura americanas: mistura a polca e a valsa vienenses com ritmos de foxtrot e bebop, e usa na orquestra efeitos incomuns – ruídos de sereia, bigorna, martelos e motores industriais.

Spiel oder Ernst? (É Brincadeira ou é Sério?, 1930) leva-nos para os bastidores de um teatro onde, enquanto ensaiam o *Otello*, de Rossini, o tenor, o baixo e Peulemann, o ponto, brigam pelas atenções da volúvel soprano que faz o papel de Desdêmona. *Der Gondoliere des Dogen* (O Gondoleiro do Doge, 1932) retorna, de forma passadista, à ambientação renascentista de *Donna Diana*, com o mesmo tipo melodioso de partitura. Já *Das Opfer* (A Oferenda, 1932) demonstra o interesse pelo teatro politizado de Bertolt Brecht e Kurt Weill, ao usar uma mistura de contraponto clássico, formas tradicionais da ópera de números e ritmos de jazz, para contar a história de Martha, militante do Exército da Salvação, que se apaixona por um alcoólatra. A variedade da produção de Reznicek torna a sua obra bastante característica da fase de transição em que viveu e a faz merecedora de uma reavaliação séria.

Von Schillings

Professor de Filosofia e Literatura na Universidade de Munique, Max von Schillings (1868-1933) decidiu dedicar-se exclusivamente à música influenciado pela amizade de Richard Strauss. Sua melhor comédia é *Pfeifertag* (O Dia dos Pífaros, 1899); mas sua ópera mais conhecida é *Mona Lisa*, que será analisada no capítulo sobre a *Volksoper*.

Urspruch

Em *Das Unmöglichsten von Alle* (O Impossível dos Impossíveis, 1897), baseada em Lope de Vega, Anton Urspruch (1850-1907) resgata o estilo da ópera cômica mozartiana através de um recitativo muito ágil, *quasi parlando*, e de abundantes cenas de conjunto com orquestração bem transparente, mas com uma trama contrapontística intrincada.

Blech

Um dos grandes regentes de seu tempo, Leo Blech (1871-1958) era reputado intérprete de Verdi e de Wagner. Em *Das war ich* (Era eu, 1902) e *Versiegelt* (Marcado, 1908), a tentativa de repetir o estilo dos *Mestres Cantores* resulta, como no caso de Hugo Wolf, numa trama polifônica sobrecarregada que dá, a libretos prosaicos, quase de opereta, um tom desnecessariamente pomposo.

A *VOLKSOPER* E A INFLUÊNCIA VERISTA

Brüll, Nessler, Bittner, Kienzl, D'Albert, Von Schillings, Von Walthershausen

O nome de *Volksoper* (ópera popular) prende-se às características típicas desse gênero: temática ingênua e sentimental; personagens simples, muitas vezes de baixa extração; música leve e sem alto grau de sofisticação, fazendo amplo uso de temas e ritmos de sabor popular. Por sua própria natureza descontraída e voltada para assuntos diretamente observados da vida cotidiana, a *Volksoper* estará muito aberta à influência do Verismo italiano inaugurado, em 1890, pela *Cavalleria Rusticana*, de Pietro Mascagni – ópera que fará furioso sucesso na Áustria e Alemanha. Do Verismo ela herdará inclusive, após essa data, um certo gosto pelas paixões fortes e as situações violentas exibidas de forma explícita. Em meados do século XIX, Brüll e Nessler são os mais prestigiados precursores da *Volksoper*.

Brüll

Austríaco de origem morávia, estimado virtuose do piano, Ignaz Brüll (1846-1907) era amigo íntimo de Brahms, que confiava muito em sua opinião no que se referia a questões técnicas do teclado. Sua ópera de maior sucesso é *Das goldene Kreuz* (A Cruz Dourada, Berlim, 22.12.1875), com libreto de Samuel Mosenthal, o colaborador de Goldmark na *Rainha de Sabá*. Agradou muito ao público também com *Königin Marietta* (A Rainha Marietta, Munique, 1883), *Das steinerne Herz* (O Coração de Pedra, Viena, 1888), *Gringoire* (Munique, 19.3.1892, baseada na peça de Théodore de Banville) e, principalmente, *Der Husar* (O Hussardo, Viena, 1898). Ainda hoje algumas dessas óperas costumam ser reencenadas nos teatros de província alemães.

Nessler

Com o sucesso local de *Fleurette* (Estrasburgo, 1864), o alsaciano Victor Nessler (1841-1890), conseguiu o convite para reger no Caroltheater de Leipzig, onde estreou a primeira ópera a promover o seu nome: *Der Rattenfänger von Hameln* (O Caçador de Ratos de Hamelin, 19.3.1879), baseada no conhecido conto infantil. Mas a sua fama deve-se a *Der Trompeter von Säckingen* (O Corneteiro de Säckingen, 4.5.1884), ainda hoje regularmente encenada nos teatros alemães do interior. A personagem dessa ópera de texturas muito ligeiras – quase de opereta – é Werner Kirchhof, um estudante pobre de Heildelberg que, no século XVII, apaixona-se por uma aristocrata, de nível social superior ao dele. Na tentativa de esquecê-la, alista-se no exército, torna-se o corneteiro do regimento e, durante a batalha, tem comportamento heróico. Quando seus companheiros o despem, para fazer curativos em seus ferimentos, o capitão descobre uma marca de nascença que ele possui: trata-se de um nobre desaparecido quando criança. Agora que sabe possuir sangue azul, Werner pode reclamar a mão da mulher que ama.

A melancólica ária "Behüt dich Gott" (Deus te proteja), com que Werner despede-se da namorada, tornou-se um cavalo de batalha do repertório do barítono brilhante. É uma pena que a gravação existente, feita ao vivo por Wolfgang Froschauer durante o Festival de Outono de Bad Urbach (Capriccio, 1994), seja impiedosamente cortada; e que Hermann Prey já estivesse um tanto idoso quando documentou, em disco, um papel que contribuíra para popularizar em décadas recentes.

Der wilde Jäger (O Caçador Selvagem, 1881) e *Die Rose von Strassburg* (A Rosa de Estrasburgo, 1890) também ainda são eventualmente representadas. Mais esquecida está a curiosa *Dornröschens Brautfahrt* (A Viagem de Núpcias da Bela Adormecida, 1867) que, como o *Rattenfänger*, inscreve-se no gênero da *Märchenoper*, de que falaremos mais adiante.

Bittner

Brüll e Nessler abrem caminho para os austríacos Bittner e Kienzl, dois compositores mais talentosos que obterão, nesse gênero, resultados menos superficiais. Julius Bittner (1874-1939) era juiz em Viena, mas exercia também a carreira de compositor. Profundo admirador de Wagner, escrevia seus próprios libretos, geralmente baseados em episódios da vida rural austríaca, e combinava números fechados, de sabor folclórico, com um estilo de declamação reminiscente do arioso do *Anel*; mas com uma espontaneidade que o torna adequado a seus objetivos mais descompromissos. Esse é o estilo das comédias *Die rote Gred* (Gred, a Ruiva, 1907) e *Der Musikant* (O Músico, 1910). Com o mesmo formato, mas de caráter trágico, é sua partitura mais consistente, *Der Bergsee*, estreada no Volksoper de Viena em 1911.

Ambientada na região de Salzburgo durante a revolta dos camponeses, em 1525, contra a autoridade abusiva do arcebispo, *O Lago na Montanha* conta a história do soldado Jörg que, indignado com a crueldade de seus companheiros, deserta do exército e volta a sua aldeia nas montanhas. Ali, ele poderia finalmente ser feliz com Gundula, sua namorada de outros tempos, obrigada pela família a se casar com outro, pois o marido dela morreu em combate. Mas, após algum tempo de vida a seu lado, Jörg se inquieta com a sorte dos camponeses rebeldes e a abandona para ir lutar ao lado dos insurretos. Desesperada, Gundula abre as comportas da represa que contém as águas do lago Sonnkar, inunda o vale e suicida-se atirando-se na corrente.

No fim de 1999, o selo Myto lançou uma gravação radiofônica do *Bergsee* feita em 1953 por Felix Prochaska, com Hilde Konetzni, Günther Treptow, Eberhard Wächter. Esse excelente registro revela uma instrumentação muito hábil, e senso de teatro no encadeamento ágil de cenas ora intimistas – as passagens que mostram o amor de Jörg por Gundula – ora exteriorizadas: os combates, a catástrofe final. A presença wagneriana é inequívoca, tanto no retrato cômico do líder camponês, que lembra o Beckmesser dos *Mestres Cantores*, quanto no monólogo final de Gundula, em que há ecos da Cena da Imolação de Brünhilde – tanto que o crítico Julius Korngold apelidou a ópera zombeteiramente de *Bauerndämmerung* (Crepúsculo dos Camponeses). No plano melódico, há também a influência de Richard Strauss; e não nos esqueçamos que *O Lago na Montanha* estreou no mesmo ano que *O Cavaleiro da Rosa*.

Bittner reverte ao *singspiel* ao usar diálogos falados em sua obra mais popular, ainda hoje montada de vez em quando nos países germânicos: *Das höllische Gold* (O Ouro Infernal, 1916), uma *sacra rappresentazione* campestre em tom humorístico. Ele continuou trabalhando até quase o fim da vida, apesar dos problemas de saúde que exigiram a amputação de suas duas pernas. *Das Rosengärtlein* (O Jardinzinho de Rosas, 1923), *Mondnacht* (Noite Enluarada, 1928) e *Das Veilchen* (A Violeta, 1934) foram mal acolhidas – a primeira, em especial, foi tratada com absoluto desdém por J. Korngold, ao subir à cena em Mannheim.

Kienzl

Além de compositor, Wilhelm Kienzl (1857-1941) desempenhou importante papel como crítico, diretor de teatros e conservatórios e musicólogo. Colega de von Reznicek, Busoni e Weingartner nas aulas de composição de Wilhelm Mayer-Rémy em Graz, ligou-se desde cedo ao círculo de Bayreuth e foi um dedicado propagandista do wagnerismo – até desentender-se com os seguidores mais ortodoxos do mestre e afastar-se deles. Foi escritor prolífico, autor de ensaios, textos autobiográficos e de uma bem documentada biografia de Wagner (1904). Sua tese de doutorado, *Die musikalische Deklamation* (1880), é um texto fundamental para o estudo das técnicas de adaptação da melodia aos ritmos da língua alemã. Após a I Guerra Mundial, foi convidado pelo governo republicano a escrever o novo hino nacional austríaco, sobre um texto do presidente Karl Renner; mas esse hino, adotado em 6 de junho de 1920, foi utilizado só até 13 de dezembro de 1929, data em que se restaurou, com a letra modificada, o anterior, com a melodia composta por Haydn em 1797.

Não é de se espantar que as duas primeiras óperas de Kienzl, *Urvasi* (1886) e *Heilmar der Narr* (Heilmar, o Bobo, 1892), auspiciosamente recebidas, tivessem corte wagneriano. Mas ele estava trabalhando num *Münchhausen* que deveria prosseguir na mesma veia quando, repentinamente, mudou de rumo e produziu uma *Volksoper* que conseguiu garantir lugar estável no repertório. *Der Evangelimann* (O Pregador), estreada em Berlim em 4 de maio de 1895, agradou tanto ao público que, do ano da criação até 1935, foi encenada 5.300 vezes em toda a Alemanha e Áustria; e continua comparecendo regularmente, sobretudo nas temporadas dos teatros provincianos.

Em nenhuma de suas óperas seguintes – *Don Quichotte* (Berlim, 18.11.1898), *In Knecht Rupprechts Werkstatt* (Na Oficina do Servo Rupprecht, Graz, 1906), *Das Testament* (O Testamento, Viena, 6.12.1916), *Hassan der Schwarmmer* (Hassan, o Visionário, Viena, 1925), *Sanctissimum* (Viena, 1925) e *Hans Kipfel* (1926) – Kienzl conseguiu comunicar-se tão espontaneamente com a platéia. Só *Der Kuhreigen* (A Ciranda das Vacas, 1911), livremente adaptado de "Zu Strasburg auf der Schanz" (Na trincheira de Estrasburgo), um dos poemas do *Knaben Wunderhorn*, teve melhor receptividade. Encenada na Inglaterra e nos EUA, foi remontada com sucesso em Viena em 1953 (existe também o registro de uma transmissão radiofônica da ORF, feita em 1983).

O próprio Kienzl escreveu o libreto de *Der Evangelimann*, baseando-se no conto *Papiere eines Polizeikomissars* (Documentos de um Comissário de Polícia), em que Leopold Florian Meissner relata, de forma romanesca, fatos reais ocorridos no interior da Áustria. Um *Evangelimann* é um pregador leigo que vai de porta em porta, pedindo esmolas e comida em troca de orações e da leitura de histórias tiradas das Sagradas Escrituras. Essa é a profissão escolhida pela personagem principal, após uma série de experiências infelizes.

A ação começa em uma aldeia da Baixa Áustria, onde dois irmãos, Matthias e Johannes Freudhofer, são rivais no amor da mesma moça. Ao perceber que Martha prefere seu irmão, Johannes revela o namoro dos dois ao tio da moça, Friedrich Engel, administrador do mosteiro de St. Othmar, que deseja para a sua sobrinha um casamento com um homem rico. Isso faz com que Engel despeça Matthias do mosteiro, onde ele é escriturário, e manobre para que as autoridades locais o expulsem da aldeia. À noite, enquanto os namorados estão se despedindo, Johannes toca fogo no celeiro onde eles se encontram, e põe a culpa no irmão, que é preso e condenado a vinte anos de prisão. Enquanto ele está detido, Martha, desesperada, suicida-se, atirando-se no Danúbio.

Ao ser solto, Matthias não consegue emprego por ser ex-presidiário; é aí que decide tornar-se *Evangelimann*. Ao chegar, em Viena, à casa onde mora Johannes, hoje um homem muito próspero, é reconhecido por sua governanta, Magdalena que, no passado, foi a melhor amiga de Martha. Ela lhe conta que seu irmão está seriamente enfermo e seu remorso não o deixará morrer em paz. Magdalena o leva à cabeceira do agonizante, que confessa seu crime. Após longa luta interior, Matthias o perdoa e Johannes morre em seus braços.

Há, em *Der Evangelimann*, um curioso cruzamento do estilo popularesco e sentimental de Nessler e Brüll; de reminiscências das técnicas wagnerianas nos momentos mais solenes; e de um tipo de realismo que deixa transparecer a atração de Kienzl pelo Verismo italiano (em 1895, Viena estava sob o pleno impacto da *Cavalleria* e de todas as obras no mesmo estilo que ela inspirara). O lirismo açucarado do dueto de amor do ato I e o moralismo sentencioso do ato III envelheceram bastante; mas a música atinge, eventualmente, um tom de grande nobreza, como na cena da leitura do Sermão da Montanha: "Selig sind die Verfolgung leiden" (Bem-aventurados os que são perseguidos).

O que melhor resistiu à ação do tempo é a forma como Kienzl recria, numa linha que remonta a Weber e Lortzing, a vida do povo no campo. Nesse sentido, o momento mais saboroso da ópera é a cena do ato I em que os aldeões se reúnem para jogar boliche, e o alfaiate Zitterbart, de quem todos zombam porque ele joga muito mal, consegue a inesperada proeza de derrubar os nove pinos com uma só bolada. A construção musical dessa seqüência é muito eficiente: ela começa como uma polca lenta e, aos poucos, vai-se transformando numa contagiante valsa que culmina na explosão de espanto dos aldeões – e do próprio Zitterbart!

No selo Electrola, existe a gravação completa do *Evangelimann* feita por Lothar Zagrosek em 1981. Havia também, no selo DG, um Lp da década de 1970 com trechos regido por Horst Stein.

D'Albert

Ao domínio da *Volksoper* pertence a obra mais conhecida de Eugen d'Albert, compositor já mencionado no capítulo sobre a "Komische Oper". Ainda regularmente encenada nos países de língua alemã, *Tiefland* estreou em Praga em 15 de novembro de 1903. O libreto de Rudolf Lothar baseia-se em um best-seller da época, *Terra Baixa*, do romancista catalão Ángel Guimerá (a editora Ricordi tinha comprado os direitos de adaptação para Puccini, mas este nunca chegou a aproveitá-los). A prova da popularidade de que essa ópera ainda desfruta na Alemanha é o número de gravações dela existentes, regidas por Kurt Herbert Adler (Columbia), Rudolf Moralt (Philips), Paul Schmitz (Berlin Classics), Hans Zanotelli (Eurodisc) e Marek Janowski (Acanta) – todas elas a partir da revisão feita por Eugen d'Albert para a reprise de Dresden, em 1904.

Tiefland ambienta-se numa aldeia dos Pireneus. O proprietário de terras Sebastiano pretende casar-se com uma rica herdeira local. Mas, para isso, tem de salvar as aparências, dando a impressão de ter-se desembaraçado de Marta, moça a quem tirou da miséria forçando-a, em troca, a tornar-se sua amante. Planeja casá-la com o pastor Pedro, rapaz ingênuo e sem malícia, acreditando que, depois do casamento, este fechará os olhos deixando que a mulher continue a manter a ligação. Quando Pedro, que se apaixonou por Marta, descobre a verdade, estrangula Sebastiano; depois refugia-se com ela no ponto mais inacessível da montanha, para onde costuma levar os seus rebanhos. Lá, estarão longe de toda a sordidez da vida na aldeia. É o mesmo tema da montanha, por oposição à cidade, que há na *Wally*, de Catalani, ou na *Amica*, de Mascagni, ambas de ambientação alpina.

É em *Tiefland* que encontramos as mais nítidas influências do Verismo fora da Itália, na escolha do ambiente camponês e das personagens populares, e na exploração de paixões elementares expostas com crueza e intensidade. Mas infiltra-se, nesse quadro naturalista, um componente simbólico claramente herdado do teatro wagneriano, embora assimilado com propriedade à moldura realista: a oposição entre o mundo livre e tranqüilo das montanhas, descrito com melodias amplas, diatônicas, líricas e de sabor folclórico, e a atmosfera sufocante e ameaçadora das terras baixas, dominadas pela figura prepotente de Sebastiano – caracterizadas com temas ásperos e dissonantes.

O uso dos *leitmotive* reforça essa oposição simbólica. O tema sincopado que Pedro usa ao narrar uma caçada ao lobo nas montanhas volta na cena da morte de Sebastiano, igualando a brutalidade da fera e a do homem. O motivo do conflito íntimo de Marta, presa à vida indigna que leva na aldeia, mas aspirando à pureza, é o mesmo que se associa à liberdade da vida na montanha. Há também recursos interessantes, como a melodia leve e elegante, em ritmo de dança, com que Sebastiano vem convencer Pedro a casar-se com Marta e que, antes mesmo que tenhamos certeza de suas intenções, já sugere a idéia do engodo a que o pastor está sendo submetido. Ou os efeitos cômicos na música com que as mulheres da aldeia zombam de Pedro, que ainda não percebeu estar sendo manipulado pelo rico proprietário.

O bem estruturado libreto de Lothar cria possibilidades dramáticas de impacto em vários momentos. Na cena do ato I em que Sebastiano joga na cara de Marta tudo o que fez por ela, exigindo que se case com Pedro mas, ao mesmo tempo, continue a ser sua amante. Ou no clímax do ato II, em que Pedro, confrontado com a verdade, enfrenta o patrão, mata-o e, sob os olhos de toda a assombrada população da aldeia, parte com sua amada para a montanha, ao som de uma música exaltada que traduz toda a sua esperança de lá encontrar uma vida mais limpa e feliz.

Cuidadoso é também o desenho das personagens secundárias, bastante bem observadas. A jovem camponesa Nuri, ingênua e inocente, desperta sem o perceber os ciúmes de Marta, já apaixonada por Pedro. As fofoqueiras locais, Pepa, Antonia e Rosalía, formam um intermédio cômico que ameniza um pouco a densidade da tragédia. E é muito simpático o perfil do camponês Nando, único amigo fiel de Pedro.

A título de curiosidade: *Tiefland* foi o pivô involuntário de um escândalo pós-II Guerra. Em 1954, a cineasta Leni Riefenstahl, responsável pelos grandes filmes de propaganda do III Reich, terminou o filme tirado da ópera, notável pela forma como explora a grandiosidade das paisagens alpinas. Mas, como as filmagens tinham se iniciado antes do final do conflito, surgiram denúncias de que ela teria utilizado, como figurantes, ciganos que estavam detidos num campo de concentração próximo à região das externas.

Em *Die toten Augen* (Os Olhos Mortos), estreada com sucesso em Dresden em 1916, os elementos veristas ainda são muito fortes: a ação é rápida, crua, descrita com traços muito diretos. Mas o libreto de Carl Ewers já está contaminado pelos ingredientes alegóricos do Neo-Romantismo então em voga. Na antiga Jerusalém, Myrtocle ama Arcesius, seu marido; mas como é cega, ignora que ele é feio e deformado. Ao entrar na cidade – onde pouco depois será preso e julgado – Jesus Cristo cruza com ela, toca-lhe os olhos e restitui-lhe a visão. O primeiro homem que vê é o centurião Galba, amigo de Arcesius, que está apaixonado por ela. Tomando-o pelo marido, ela o beija; e Arcesius, encimado, o mata. Percebendo o mal que fez involuntariamente e amando realmente o marido, Myrtocle fixa os olhos no sol até ficar de novo cega, pois "prefere a felicidade nas trevas do que a desventura na luz".

No final de 1999, o selo Myto divulgou a gravação radiofônica de Walter Born, feita em 1951, com Marianne Schech, Engelbert Czubok e Wolfgang Windgassen. O libreto é ingênuo e envelhecido, a partitura, bastante irregular. Alguns trechos são de um lirismo açucarado, e a orquestração às vezes é simplista. Em contrapartida, há páginas em que D'Albert alça-se a um sensualismo que se extravasa em escrita rutilante para os instrumentos e em uso exuberante de vozes que têm de ser generosas para competir em pé de igualdade com a orquestra. Nesses instantes, *Os Olhos Mortos* alinha-se com o Neo-Romantismo exacerbado de Schrecker, de Zemlinsky ou Korngold.

O Verismo deixou sua marca em outras óperas isoladas. Duas, pelo menos, merecem ser analisadas em detalhe: *Mona Lisa*, de Von Schillings – autor que já mencionamos no capítulo anterior –, e *Oberst Chabert*, de Von Walthershausen.

Von Schillings

Richard Strauss foi o grande propagador da obra de Max von Schillings (1868-1933), de quem era amigo. Montou suas óperas nos teatros que dirigiu e o indicou para professor no Conservatório de Munique, onde ele teve, entre seus alunos, o regente e compositor Wilhelm Furtwängler. Depois do drama *Ingewelde* (1894) e da comédia *Der Pfeifertag* (O Dia dos Pífaros, 1899), Von Schillings obteve seu primeiro sucesso com *Moloch* cujo libreto, de Emil Gerhäuser, baseava-se na tragédia inacabada de Friedrich Hebbel.

Estreada em 8 de dezembro de 1906, no Sächsisches Staatstheater, essa ópera de ideologia muito dúbia passa-se após a destruição de Cartago pelos romanos e tenta provar que a religião pode civilizar os povos primitivos. Não é de se espantar que *Moloch*, de estilo muito retórico, diretamente ligado ao do *Parsifal*, tenha sido usada mais tarde, com assentimento de seu autor, como parte da campanha anti-semita do Nazismo. O sucesso de *Moloch* valeu a Von Schillings o convite para dirigir alguns importantes teatros do interior. Mas ele preferia trabalhar num grande centro e, por isso, em 1908, optou pelo cargo de assistente da Intendência na Ópera Real de Stuttgart.

Decisão acertada pois, três anos depois, tornou-se o *Musikdirektor* desse teatro, que transformou num grande centro de divulgação de óperas novas. Nos dez anos em que esteve lá, promoveu a estréia de 45 títulos, entre eles a da *Ariadne auf Naxos*, de R. Strauss, e a de sua ópera mais famosa. Em abril de 1911, ele tinha procurado a dramaturga Beatrice Dovsky, pensando em pedir-lhe a autorização para musicar a "lenda dramática" *Lady Godiva*. Mas Dovsky mostrou-lhe o texto da recém-escrita *Mona Lisa*, ambientada em Florença em 1492, durante a tentativa de Savonarola de converter essa cidade-Estado numa teocracia; e dando tratamento romanesco à figura de Lisa Gherardini, a esposa do comerciante Francesco del Giocondo, imortalizada na tela de Leonardo da Vinci.

Von Schillings encantou-se com essa história fantasiosa, com muitos pontos em comum com a de outros libretos de tema renascentista que fariam sucesso nas primeiras décadas do século. A composição, iniciada na primavera de 1913, foi interrompida durante a I Guerra, em que o compositor prestou serviços num destacamento médico na França e Bélgica. Mas quando ele a retomou, terminado o conflito, o tema ganhara muita notoriedade, pois a tela de Leonardo, roubada dois anos antes no Museu do Louvre, acabara de ser reencontrada em Florença. Com isso, grande expectativa cercou a estréia, em 26 de setembro de 1915, na Ópera de Stuttgart, tendo Barbara Kemp, a segunda mulher de Von Schillings, no papel-título.

O sucesso se repetiu, um mês depois, quando Maria Jeritza criou Mona Lisa em Viena.

Houve reações negativas, é claro, a uma ação considerada "excessivamente sórdida", e chegaram a ser feitas tentativas de interdição – principalmente em Berlim, onde a censura imperial era muito rigorosa. Mas isso só serviu para atrair a atenção do público, fazendo de *Mona Lisa* o maior sucesso na carreira de seu autor.

No Prólogo, um casal contemporâneo, que está passando a lua-de-mel em Florença, visita uma cartuxa, onde um frade propõe-se a contar-lhes uma história sangrenta, ocorrida naquela cidade durante o Carnaval de 1492. Durante as festividades carnavalescas – perturbadas por Savonarola que vem, com seus monges, pregar contra a libertinagem –, Francesco del Giocondo diz a seu amigo Pietro ter encontrado, no retrato de sua mulher pintado por Leonardo, um sorriso enigmático que Lisa, tão séria e reservada, nunca mostrou para ele. Francesco recebe a visita de Giovanni Salviati, que vem comprar, para o papa, uma das celebradas peças de sua coleção de pérolas.

Giovanni reencontra Lisa, de quem foi namorado antes que ela se casasse. Volta a procurá-la, tentando convencê-la a fugir com ele. Quando Francesco os surpreende, Giovanni tem de se esconder dentro do cofre onde o dono da casa guarda as jóias, e este, fingindo nada ter percebido, entrega-se a um jogo sádico com Lisa. Interpretando sua preocupação como sinal de desejo, tenta seduzi-la e a mulher, fazendo o jogo, entrega-se a ele. Mas, quando ela lhe pede a chave do cofre, Francesco, dizendo entender que ela sente ciúmes das pérolas, afirma a sua intenção de provar-lhe que a sua beleza é muito maior do que a das jóias... e atira a chave no rio.

Na manhã seguinte, Lisa está morta de remorso, pois nada fez para salvar a vida de Giovanni. Dianora, a filha do primeiro casamento de Francesco, vem devolver-lhe a chave, que encalhou junto a seu barquinho. Quando Lisa lhe mostra a chave, Francesco se convence de que ela deixou o amante fugir e, querendo verificar se ele ainda está lá, cai na armadilha da mulher, quando ela lhe pede que tire do cofre algumas pérolas para que ela as use. Entra no cofre e ela tranca a porta atrás dele.

No Epílogo, voltamos à época contemporânea e ficamos sabendo que o casal de turistas é uma espécie de reencarnação de Giocondo e Mona, e o frade, a de Giovanni. E a ópera termina carregada da ameaça de que, no presente, a história possa se repetir.

Os wagnerismos das primeiras óperas foram totalmente superados e a linguagem musical é bem mais pessoal. Mesmo havendo, na partitura, o uso sistemático de *leitmotive*, é menor a continuidade sinfônica e nota-se o retorno a alguns números fechados, no estilo tradicional, com cantilenas bem elaboradas, entremeadas a longas cenas em recitativo, que asseguram a clara compreensão do texto. Pietro e Francesco contemplando o retrato da protagonista pintado por Leonardo; Francesco mostrando a Giovanni a sua coleção de pérolas; o rapaz declarando a Lisa o seu amor; a cena em que Francesco praticamente violenta a esposa – estes são momentos em que a melodia explode de forma muito expansiva. E dentre eles, nenhum é mais enfático do que o monólogo de Lisa, meio enlouquecida, depois de ter trancado o marido no cofre: "So! So! Hab' ich dich! Ah, nur ein Augenblick genoß ich ein Glück!" (Ah, eu te peguei! E por um instante apenas senti-me feliz) – em que ela exclama:

Den Teufel hast du in mir geweckt,
den Dämon hast du beschworen,
der in jedem Weib steckt, [...]
sollst nun meine teuflische Rache fühlen!

(Despertaste o diabo em mim, acordaste o demônio escondido dentro de cada mulher [...] e, agora, deves sentir a minha satânica vingança!)

Esse monólogo ecoa as palavras ditas pelo frade, no Prólogo, antes de dar início à sua narrativa. Nelas está presente uma visão ambígua da mulher, típica daquelas primeiras décadas do século XX, marcadas pelas teorias freudianas, que assistiram ao nascimento de figuras femininas como Salomé e Lulu, criminosas insensíveis como a *Fredegundis* de Franz Schmidt, ou santas como a protagonista do *Milagre de Heliane* de Korngold:

Ein unergründlich Rätsel ist das Weib.
In seiner Seele schlummert unbewusst
an tausend Möglichkeiten...
Weich wie Wachs ist sie,
schmiegt sich jeder Hand.
Das Schicksall spielt mit ihr...
Sie schreckt zurück vor einem rauhen Wort,
und trägt mit Lacheln unerhörte Qualen...
Kann einer Blume nichts zu Leide tun,
berauscht hinwied'rum sich an Grausamkeit,
die eines Mannes Sinn zu denken kaum vermag.
Lieb' macht sie stark – und Haß unüberwindlich!
Des Weibes Herz, es birgt in seiner Tiefe
die Lüsternheit der Eva nach verbot'ner Frucht;
der Magdalena sündhaft-buhlerischen Trieb
und ihre wunderbare Kraft der Reue,
den Blut- und Rachedurst der Mörderin Johannis,
und der Maria Reinheit, Milde und Erbarmnis!
Je nachdem des Lebens Würfel rollen,
verwandelt sich das rätselvolle Wesen "Weib".

(Mistério impenetrável é a mulher. Em sua alma, mil possibilidades dormitam inconscientes... Ela é macia como cera e se amolda à mão de qualquer um. O destino brinca com ela... Ela se assusta com uma palavra rude, suporta dores tremendas com um sorriso, não consegue fazer mal a uma flor, mas se inebria com ações de uma crueldade que um homem teria dificuldade em imaginar. O amor lhe dá forças – e o ódio a torna invencível! Em suas profundezas, o coração da mulher contém a cobiça de Eva pelo fruto proibido, o desejo de amores pecaminosos de Madalena e sua maravilhosa capacidade de arrepender-se, a sede de sangue e vingança da assassina de João Batista, e a pureza de Maria, sua doçura e misericórdia! Dependendo de como rolam os dados da vida, esse enigmático ser que se chama "mulher" vai se alterando.)

Mona Lisa é uma ópera de estilo deliberadamente híbrido, aberta a várias influências: a de R. Strauss na brilhante orquestração; a do impressionismo nas harmonias muito sensuais; a de Puccini no recorte melódico mediterraneamente generoso. E isso é realizado mediante o uso criterioso, ora camerístico, ora portentoso, de uma orquestra imensa: cordas, três flautas, dois oboés, corne inglês, Heckelfone, duas clarinetas, clarineta baixa, três fagotes e um contrafagote, seis trompas, quatro trompetes, três trombones, tuba baixo, celesta, bandolim e um vasto conjunto de percussão que inclui címbalos, triângulos, pratos, pandeiros, tambores e tam-tam.

Trata-se de uma ópera verista, sim – com todos os ingredientes violentos que caracterizam essa escola, em que as paixões são pintadas de forma crua e exacerbada. Mas é um verismo *fin de siècle*, com forte sabor decadentista – a começar pela ambientação renascentista, reconstituída com o mesmo gosto esteticista dos neo-românticos, a serem estudadas mais adiante. O fato de os mesmos cantores fazerem o papel de Mona, Francesco, Giovanni, e o do casal de turistas modernos e o frade, cria uma ambivalência de muito bom efeito dramático.

São bem construídas cenas como a do Carnaval, no ato I, em que o diálogo dos convidados de Francesco, que assistem ao desfile da varanda de sua casa, trança-se ao som do coro fora de cena: de um lado os foliões celebrando "Vênus, a benfeitora do amor"; do outro, as filhas de Maria pedindo à Virgem que as "resgate do pecado e redima da danação". E o encontro das duas procissões, "que faz arderem as faces virgens das jovens freirinhas", é subitamente interrompida pelo canto sinistro dos monges – reminiscente da cena do auto-da-fé, no *Don Carlos* de Verdi –, entoando o hino "Fuge, Zion, fuge quae habitas apud filiae Babylonis. Gladius Dei super terram et super te." Um belo achado é, no final da ópera, Lisa retomar o tema desse coro, como se a tragédia que ela está vivendo desse, *a posteriori*, razão à ameaça que eles estavam proferindo.

Algumas canções de forma fechada servem de *intermezzo* no decurso da intriga:
– "Jügend ist so hold un süss" (A juventude é tão linda e doce), balada de forma A.B.A', que Arrigo canta, no ato I, a pedido de seus amigos; a letra é um poema de Lorenzo di Medicis;
– "Ritornelle weiss ich eine Masse" (Eu sei um monte de ritornellos), quando Arrigo, seus amigos Masolino, Sandro, Pietro, e a cortesã Ginevra, que eles convidaram a vir à casa de Francesco, fazem uma espécie de desafio, cada um deles cantando, depois do outro, uma estrofe de estilo amoroso;
– "Wenn, o geliebtes Kind, ein weisser Schleier dein schönes Auge neidisch mir entzieht" (Amada criança, se um branco véu esconde invejosamente de minha vista teus belos olhos), que Arrigo canta de fora do palco, durante a altercação dos esposos;
– e "Grüner, grüner, blaublühender Rosmarin" (Verde, verde, alecrim de flores azuladas), de Dianora, antes de iniciar-se a cena final.

Todos esses são números fechados, pois trata-se de trechos realmente "cantados", por oposição ao restante da peça que é "falada". E, conseqüentemente, têm um tratamento melódico que os faz distinguirem-se do recitativo no restante da partitura. Cabe-lhes criar um efeito de contraste e, com isso, reforçar o caráter emotivo da cena em que se inserem.

Se compararmos a *Mona Lisa* às óperas de Strauss, ou de neo-românticos como Schreker, Zemlinsky ou Korngold, talvez ela não pareça ter a mesma incandescência passional, apesar de não lhe faltarem momentos muito fortes. De fato, no ensaio com que apresenta a ópera no álbum da CPO, a que nos referiremos em seguida, Cordula Engelbert comenta:

> Ainda vivo, Schillings tinha a reputação de ser um compositor que escrevia música elegante mas contida, e um pouco fria. Os que o afirmam talvez não estejam de todo errados, pois ele não visa nem a obter grandes efeitos nem a explorar sem escrúpulos os temas existentes. Ele utiliza economicamente seus motivos, de um modo geral muito breves, e raramente os repete nota por nota. Para ele, a atmosfera musical é mais importante do que a utilização de um determinado motivo na hora certa. Aliás, o próprio Schillings deu uma descrição muito exata de seu estilo ao dizer: "Sei por que sempre qualificam a minha música de fria e de racional. É porque tenho horror de utilizar clichês, de apresentar torneados tradicionais de frase como se fossem meus, de oferecer entretenimento às pessoas com coisas convencionais só para brilhar sob a luz dos holofotes. Raros são os que sabem de que profundidades da minha alma vem a minha música, e prefiro calar-me a produzir notas forçadas. Isso é o que me retém e impede de fazer mais em benefício próprio. Poucas pessoas podem realmente sentir o que há de grande valor na música de *Mona Lisa*, sua gravidade incondicional e sua profundidade, a intensa agitação psíquica que a faz nascer".

Mona Lisa manteve-se regularmente em cartaz até 1945, quando foi mandada para o limbo, junto com outros títulos populares durante o período nazista. Só foi revivida em 1983, na Ópera de Karlsruhe – existia um registro pirata desse espetáculo no selo MRF –, e nessa ocasião constatou-se que nada tinha perdido de seu efeito teatral e a música mantinha ainda todo o frescor. Mas só em em 1996 o selo CPO lançou a primeira gravação comercial, regida por Klauspeter Seibel, tendo Beate Bilandzija, Klaus Wollprecht e Albert Bonnema nos papéis principais. Ela prova que a ópera pode perfeitamente atrair a atenção do público contemporâneo.

Na verdade, a lamentável atuação pessoal de Von Schillings contribuiu muito para o desinteresse que, por algum tempo, cercou a sua obra. Em 1919, ele se tornou o Intendente da Ópera de Berlim, onde fez o mesmo tipo de administração inovadora de Stuttgart. Mas suas convicções de extrema-direita e seu caráter autoritário provocaram polêmicas intermináveis, granjearam-lhe muitos desafetos, e acabaram forçando-o a demitir-se em 1925. Quando o Nazismo subiu ao poder, o ressentido Von Schillings viu nesses novos senhores – que o valorizavam por ver nele, como em Pfitzner, um representante da arte tradicional germânica – a possibilidade de desforrar-se de seus adversários. Em 1932, foi nomeado presidente da Academia Prussiana de Artes e, no ano seguinte, Intendente do Teatro Municipal de Berlim. Nesses cargos – antes de morrer das conseqüências da operação de um câncer no intestino, em julho de 1933 –, teve tempo de demitir ou exigir a renúncia de todos os artistas e funcionários com quem se indispusera ou que eram mal vistos pelos nazistas.

Von Walthershausen

Membro de uma família aristocrática de Göttingen, o aristocrata Hermann Wolfgang Sartorius *Freiherr* von Walthershausen (1882-1954) perdera o braço e a perna direitos num acidente de infância. Isso não o impediu de fazer carreira como regente, ensaísta e professor. Estudou composição com Ludwig Thuille, em 1917 fundou a Escola de Estudos Musicais Avançados de Munique e, em 1920, tornou-se professor da Akademie der Tonkunst, que passou a dirigir três anos depois. Depois da guerra, fundou o Seminário Walthershausen de dramaturgia operística, que dirigiu dinamicamente até sua morte. É o autor de um método de piano para a mão esquerda apenas. Compôs peças e fez diversas transcrições para a mão esquerda, que apresentava em seus recitais.

Sua única ópera de sucesso é *Coronel Chabert*, cujo libreto ele mesmo escreveu a partir de *La Comtesse aux Deux Maris*, de Honoré de Balzac. A mulher do coronel Chabert recebe a notícia de que ele morreu na Batalha de Preussisch-Eylau, em 1807, e torna a se casar. Na verdade, ele estava muito ferido e demora a se recuperar. Retorna a Paris disfarçado, descobre que ela se uniu a um homem a quem ama e, angustiado, incapaz de destruir a sua felicidade atual, acaba se suicidando.

Chabert desenvolve um tipo de recitativo de parâmetros melódicos muito simples – prenunciador do estilo de declamação a ser usado mais tarde por Carl Orff –, com um acompanhamento de harmonias flutuantes e a alternância, como um persistente motivo recorrente, de duas tríades com o intervalo de quarta aumentada, que representam os sentimentos obsessivos da personagem. Embora algumas situações tenham bom rendimento com esse processo de composição, o efeito global é redundante e gera monotonia. O próprio autor não pareceu muito convencido do resultado, pois evoluiu para uma linguagem decididamente neo-romântica em suas óperas seguintes: o "mistério dramático" *Richardis* (1915), *Die Rauensteiner Hochzeit* (As Bodas de Rauensteiner, 1919) e *Die Gräfin von Tolosa* (A Condessa de Tolosa, 1934). Nenhuma delas, porém, obteve muito sucesso.

A *Märchenoper*

Ritter, Humperdinck, Zollner, Thuille, Klose, Sommer, Blech, Lothar, Schulze

O retorno aos *Märchen* – os contos de fadas, que tinham sido fonte temática muito comum para os *singspiele* do início do século XIX – foi um recurso para fugir à imitação dos assuntos metafísicos e legendários dos seguidores de Wagner, sem cair no extremo oposto do Verismo, de influência italiana. O precursor desse gênero foi um aluno de Liszt, o irmão de Julia Ritter que foi amiga e protetora de Wagner.

Ritter

Casado com Franziska, a sobrinha do compositor, pelo qual tinha ilimitada admiração, Alexander Ritter (1833-1896) exerceu considerável influência, enquanto spalla em Meiningen, sobre o jovem regente titular da orquestra, Richard Strauss. Foi ele quem levou Strauss a interessar-se pelo mestre de Bayreuth e a fazer a sua primeira experiência operística compondo *Guntram* dentro dos cânones estritos do estilo wagneriano. Embora seja mais importante como o autor de eloqüentes poemas-sinfônicos de talhe lisztiano, Ritter é o autor de *Der faule Hans* (Hans, o Preguiçoso, 1855), pela qual Strauss tinha muito apreço. Sempre que podia, ele a programava nas temporadas dos teatros que dirigia. Essa ópera, cujo libreto o próprio compositor extraiu de um conto popular, é historicamente importante por ter sido o modelo seguido pelo mais original dentre os compositores que optaram por trilhar a senda aberta por Wagner.

Humperdinck

Durante os estudos de arquitetura que fez em Colônia, Engelbert Humperdinck (1854-1921) tornou-se amigo de Ferdinand Hiller. Este reconheceu seu talento para a música e convenceu-o a inscrever-se no Conservatório, onde fez brilhantes estudos de piano, violoncelo e composição, ganhando diversos prêmios – entre eles o *Mozart Stiftung* (1876), bolsa que financiou seus estudos em Munique, com Franz Lachner e Joseph Rheinberger. Ali, Humperdinck publicou sua primeira obra a tornar-se conhecida, o *Humoreske* para orquestra (1879); logo em seguida a balada coral *Die Wahlfahrt nach Kevlaar* (A Viagem Optativa para Kevlaar, 1880). Ambas lhe valeram o *Mendelssohn Stiftung* ao qual, um ano depois, viriam juntar-se os 7.600 marcos do *Meyerbeer Stiftung*, soma considerável para a época.

Esses prêmios permitiram ao inveterado ganhador de concursos passar longa temporada na Itália. Em Nápoles, conseguiu uma entrevista com Wagner que, nessa época, trabalhava no *Parsifal*. Embora o compositor estivesse doente e mal-humorado, consentiu em recebê-lo, pois o jovem lhe mandara um cartão de visitas onde escrevera: "Membro da Ordem do Graal". A simpatia, o talento e, principalmente, o senso de humor de Engelbert conquistaram Richard que, dois anos depois, distinguiu esse jovem músico desconhecido com a honraria do convite para ser o preparador dos cantores, nos ensaios para a estréia do *Parsifal*, em Bayreuth. Humperdinck era o único de quem Wagner – que o chamava afetuosamente de "Humpchen" – tolerava certas brincadeiras. Ele, que teria fulminado quem ousasse zombar de seu sacrossanto "festival sagrado", ria às gargalhadas quando Engelbert referia-se às *Blumenmädchen* – as moças-flor que povoam o jardim do feiticeiro – como "die lustige Weiber von Klingsor", num trocadilho com o título das *Alegres Comadres de Windsor*, de Nicolai. Ele dizia que "era o grupo mais cativante de *soubrettes* que já tinha sido reunido numa ópera".

Foi Humpchen quem salvou a situação, quando se criou um impasse embaraçoso, às vésperas da estréia. Para a chamada Cena da Transformação, o cenógrafo Paul Joukowsky desenhara um telão com paisagens de Sienna e Ravello – que o próprio Wagner escolhera, durante as férias de 1880. Este iria desenrolar-se lentamente, enquanto Hermann Winkelmann e Emil Scaria, os criadores dos papéis de Parsifal e Gurnemanz, andariam sem sair do lugar, sugerindo assim a caminhada da floresta até o santuário de Montsalvat, onde se passa a seqüência final. Mas, na hora do ensaio, verificou-se que o rolo de lona levava mais tempo do que a música para se desenrolar – e já era tarde demais para encurtá-lo. Quando lhe pediram que resolvesse o problema retocando a partitura, Wagner saiu do teatro aos gritos, dizendo que "não compunha música aos metros". Humperdinck foi o único que teve a coragem de ir parlamentar com a fera em seu covil: amansou-a e convenceu-a a deixá-lo compor alguns compassos suplementares, para ajustar a música ao cenário (posteriormente, o telão foi encurtado e a partitura original restabelecida). Em compensação, Wagner oficializou o uso do final que Engelbert escreveu para a "Viagem de Siegfried pelo Reno", de modo a que esse trecho do *Crepúsculo dos Deuses* pudesse ser tocado como um episódio isolado, em concertos sinfônicos.

A veneração por Wagner marcou toda a vida de Humperdinck. Sua filha chamava-se Senta; ao São Bernardo de estimação deu o nome de Fasolt, um dos gigantes do *Ouro do Reno*; e sua casa de campo, em Boppard, às margens do Reno, estava cheia de relíquias do compositor. Foi ele também quem convenceu Wagner a permitir que seu filho mais velho, Siegfried, estudasse composição com ele (Richard pretendia formá-lo em arquitetura). Humperdinck foi, de resto, um competente professor: entre seus alunos figuram Kurt Weill e o americano Charles Tomlinson Griffes, cuja importância só recentemente vem sendo determinada.

Episódios como o do cenário do *Parsifal* definem sua personalidade descontraída e estão bem de acordo com o tipo de assunto que escolheu para suas óperas. A mais famosa delas foi escrita a partir de 1881, quando ele era professor no Conservatório de Frankfurt e crítico musical no *Frankfurter Allgemeine Zeitung*. Sua irmã, Adelheid Wetter, pediu-lhe que compusesse alguns números para um *singspiel* de sua autoria, a ser encenada por seus filhos em um teatrinho de marionetes. O libreto baseava-se em *Hänsel und Gretel*, o conto de fadas a que já nos referimos, recolhido pelos irmãos Grimm.

Entre os convidados para o espetáculo, que se realizou num teatrinho particular de Frankfurt, estava Hugo Wolf. Encantado com a qualidade da música, ele encorajou Humperdinck a transformar o *singspiel* em uma ópera completa. Os Wette, entusiasmados com a idéia, colaboraram em conjunto na reelaboração do libreto, que Engelbert chamava de "a nossa dor de cabeça familiar". A ópera foi inscrita no concurso do teatro da Corte de Gotha, aberto pelo duque Ernesto II de Saxe-Coburgo-Gotha – irmão do príncipe consorte Albert, marido da rainha Victoria –; mas foi recusada por ter sido considerada "inadequada para encenação". Na verdade, a rejeição deveu-se ao fato de que ela não obedecia, como as premiadas *Die Rose von Pontevedra*, de Josef Förster, e *Mara*, de Josef Hummel, aos cânones do Verismo – pelo qual os alemães andavam fascinados na época.

Humperdinck enviou então a música da "Pantomima dos Anjos da Guarda" – o delicado balé do fim do ato II, em que os anjos vêm proteger o sono das duas crianças, que adormeceram de cansaço, perdidas na floresta – a Hermann Levi, o maestro da estréia do *Parsifal*. E este decidiu-se a programar a ópera para Munique. Nesse meio tempo, entretanto, Levi mostrou a partitura a Richard Strauss que, extasiado com a música, convenceu o grão-duque Carlos de Saxe-Weimar a requisitá-la para seu teatro de corte, em Weimar, de que ele era o regente titular. O compositor lhe escreveu:

> Sua ópera me encantou. É verdadeiramente uma obra-prima. Há tempos eu não via um trabalho tão importante. Admiro nela a riqueza melódica, a finura e o refinamento polifônico da orquestração [...]. Tudo isso é novo, original, genuinamente alemão.

Mas nem a inspirada regência de Strauss conseguiu impedir que a estréia, em Weimar, em 23 de dezembro de 1893, fosse um desastre. A direção do teatro, que achara a ópera fora de moda, concedera a menor verba possível para a montagem, e os cenários e guarda-roupa eram muito pobres. Uma epidemia de gripe forçou a substituição de diversos membros da orquestra, que tinham caído doentes, por músicos menos experientes. A excelente soprano Pauline de Ahna, futura frau Strauss, deveria criar o papel de Hänsel; mas torceu o pé e não pôde cantar. Maria Keyser, antes escalada para fazer Gretel, teve de aprender o papel na última hora e, embora fosse uma boa cantora, na noite da estréia estava muito insegura. Além disso, a única soprano disponível para substituí-la era uma certa frau Schubert, muito fraca. Para completar, o copista, contagiado pela má vontade de todos os empregados do teatro, demorou tanto a aprontar as partes de orquestra que a abertura, uma das páginas mais brilhantes da partitura, não pôde ser executada. Nessas condições, nem um milagre dos anjos da guarda teria impedido a récita de ser vaiada.

Mas o espetáculo regido por Levi, em Munique, em 7 de janeiro de 1894, desencadeou uma tempestade de aplausos que recompensou o autor pela decepção sofrida em Weimar. "É a ópera alemã mais importante desde o *Parsifal*", decretou Siegfried Wagner. "Esta é uma opinião irritante", retrucou o intolerante crítico vienense Eduard Hanslick, "principalmente porque é verdade". A popularidade de *Hänsel e Gretel* ainda é muito grande, especialmente na Alemanha e nos Estados Unidos. Foi a primeira ópera a ser transmitida pelo rádio, do Covent Garden, em Londres, em 6 de janeiro de 1923. E a primeira a ser transmitida ao vivo, no Natal de 1931, inaugurando o programa de sábado à tarde do Metropolitan Opera House, de Nova Iorque. Mantém-se, até hoje, nesses países, a tradição de encená-la à tarde, para o público infantil, na véspera do Natal.

Os vídeos do Met (Frederica von Stade, Judith Blegen/Jeffrey Tate) e da Ópera de Viena (Edita Gruberová, Brigitte Fassbänder/sir Georg Solti) documentam dois desses espetáculos. Em 1927, Ludwig Andersen fez um arranjo com diálogo falado e orquestra reduzida que, com freqüência, é usado em montagens escolares ou amadoras. Além dos dois vídeos mencionados, existem as seguintes gravações em disco:

Urania/Preiser, 1943 – Arthur Rother (E. Berger, M.-L. Schilp);
CBS/Sony, 1947 – Max Rudolf (N. Conner, R. Stevens) – em inglês;
EMI/Angel, 1953 – Herbert von Karajan (E. Schwarzkopf, E. Grümmer);
DG, 1954 – Fritz Lehmann (R. Streich, G. Litz);
Stradivarius – Von Karajan (E. Schwarzkop, R. Streich) – ao vivo;
EMI/Angel, 1964 – André Cluytens (A. Rothenberger, I. Seefried);
EMI/Angel, 1964 – Mario Bernardi (M. Neville, P. Kern) – em inglês;
Telefunken, 1970 – Otmar Suitner (R. Hoff, I. Springer);
RCA/Eurodisc, 1971 – Kurt Eichhorn (H. Donath, A. Moffo);
EMI/Angel, 1974 – Heinz Wallberg (B. Lindner, E. Hug);
Decca/London, 1978 – Georg Solti (L. Popp, B. Fassbänder);
CBS/Sony, 1988 – John Pritchard (I. Cotrubas, F. Von Stade);
EMI/Angel, 1989 – Jeffrey Tate (B. Bonney, A. S. Von Otter);
Philips, 1992 – Colin Davis (E. Gruberová, A. Murray);

Legato, 1992 – Johannes Fritsch (Ch. Douglas, S. Johnston);
Teldec, 1994 – Donald Runnicles (R. Ziesak, J. Larmore);
Qualiton, 1997 – Paul Kantschieder (T. Hörhold, A. Wilker).

A versão Von Karajan, pela excelência do tratamento orquestral e das solistas, é um clássico da História do disco. Mas merece atenção a de Eichhorn, de um raro equilíbrio (em que, além de Donath e Moffo como os dois irmãos, há Fischer-Dieskau como o Pai e a excelente bruxa de Ch. Ludwig). E, em termos modernos, é ótima a de Tate, com solistas perfeitamente afinados com seus papéis (a bruxa de Marjana Lipovšek, mezzo de voz muito escura, é a mais assustadora já documentada em discos).

Uma das qualidades fundamentais do *Hänsel* é a capacidade que tem Humperdinck de manter tão claras as texturas superficiais que chega a passar despercebida a complexidade da estrutura interna. Ao contrário de Wolf ou Blech, anteriormente citados, sua trama polifônica é cerrada, mas a técnica de instrumentação faz com que ela soe simples, leve, transparente.

Na ópera, há apenas quatro melodias folclóricas autênticas recolhidas na Vestfália: a canção "Suse, lebe Suse" (Querida Suse), que os dois irmãos cantam no início do ato I; o "Ach, wie armen, armen Leute" (Ai, como os pobres), que o pai vem cantando ao voltar para casa, trazendo as coisas gostosas que um negócio inesperado lhe permitiu comprar na feira; o "Ein Männlein stehlt im Walde" (Um homenzinho anda furtivamente pelo bosque), entoado por Gretel na floresta, no início do ato II; e o tema que se ouve na trompa, nos primeiros compassos do Prelúdio ao ato III. A primeira e a terceira canções foram extraídas do *Knaben Wunderhorn*.

Todas as outras melodias foram criadas pelo próprio Humperdinck, seguindo modelos folclóricos, dentro da tradição romântica de Weber, Marschner e Lortzing. Exemplos disso são "Brüderchen, komm" (Vem, irmãozinho), do ato I, quando a menina convida Hänsel a vir aprender com ela a dançar; o comovente tema da oração que os irmãos, muito assustados com a escuridão, fazem na floresta antes de adormecer, pedindo a ajuda dos anjos da guarda, que não demoram em vir protegê-los; ou a delicada melodia da Fada do Orvalho. Essa figura folclórica, bem como a do Homenzinho da Areia, foram acréscimos de frau Wette ao texto original.

A presença de Wagner, naturalmente, é constante em toda a partitura... mas *à la manière d'Humperdinck*. Ou seja: é uma influência assumida com aquele mesmo bom-humor que lhe permitia ser irreverente em relação a uma obra tão mortalmente séria quanto é o *Parsifal*. Citações em tom irônico dos *Mestres Cantores*, do *Ouro do Reno* e do *Crepúsculo* estão salpicadas aqui e ali. A evocação das bruxas cruzando o céu em suas vassouras, no Prelúdio ao ato III, é uma paródia da "Cavalgada das Valquírias". E o monólogo da Feiticeira, no ato III, é um pastiche das grandes cenas wagnerianas: Ortrud parece ter-se mudado para a casinha de chocolate e faz "hmmm!" gulosamente, antecipando o prazer de comer Hänsel assado.

Com todo esse bom-humor, todavia, convive a beleza dos momentos líricos: a "Pantomima dos Anjos da Guarda", que vêm velar o sono dos meninos; ou a reconversão final dos biscoitos em crianças, após a morte da Bruxa, empurrada por Gretel para dentro do forno que ela preparava para Hänsel – e onde ela também se transforma em um enorme biscoito tisnado. Esse finale, com sua idéia implícita de salvação e fim do malefício, tem um tom que não deixa de remeter ao do *Parsifal* – com um humaníssimo sorriso nos lábios.

A personalidade amável do compositor e de sua irmã leva-os, sobretudo, a privilegiar os aspectos mais fantasiosos do conto popular, atenuando o lado cruel da narrativa dos Grimm. Os pais dos meninos são apenas um pouquinho negligentes, em vez de quererem ver-se livres deles, como no original. E a Bruxa é bem mais engraçada do que aterrorizante. François-René Tranchefort escreve, em *L'Opéra* (volume 2: *De Tristan à nos jours*):

> Poema musical que realiza a judiciosa combinação do autêntico caráter popular com a mais refinada arte da composição, *Hänsel und Gretel* permanece como uma obra única no teatro lírico, dirigindo-se, sem pieguice e com perfeita naturalidade, a um público que ainda ama os contos de fadas bem narrados.

Anna Jaeger (Hänsel) e Hedwig Schacko (Gretel) numa encenação da ópera de Humperdinck em Frankfurt (1894).

Geraldine Farrar como a Menina dos Gansos, na estréia de *Königskinder*, de Humperdinck, em Nova York, 1910.

Elektra no cartaz da Semana Richard Strauss realizada em Munique de 23 a 28 de junho de 1910.

E Herbert Peyser, em sua biografia de Humperdinck, diz:

> Nada há de hesitante, desonesto ou em tom de desculpa na desarmante franqueza com que, em suas obras, ele cita ou parodia os *Mestres Cantores*, *O Ouro do Reno*, *Siegfried* ou *O Crepúsculo dos Deuses*. Mas ele não é apenas um papel carbono de Wagner. Há, na partitura de *Hänsel und Gretel*, uma personalidade que se afirma de modo tão enfático que reconhecemos logo seu estilo, definido e individual. Não se pode falar de imitação em um músico dotado de linguagem tão pessoal, ainda que o vocabulário e a sintaxe tenham sido aprendidos com um mestre imperioso e dominador. As cores e as texturas das roupagens tomadas de empréstimo não escondem o fato de que os ossos e músculos da partitura se enraizam no solo fértil das melodias e do espírito folclórico.

Em 1896, o kaiser Guilherme II, em agradecimento por essa ópera que se tornara um verdadeiro tesouro nacional, concedeu a Humperdinck o título de *Herr Professor*, acompanhado de uma substanciosa pensão. Esta lhe permitiu retirar-se para Boppard e dedicar-se exclusivamente à composição de música orquestral e incidental (para peças de teatro), canções, um quarteto de cordas e outras óperas. A começar pela que o ocupava desde 1895. Em Bayreuth, na época do *Parsifal*, ele fizera amizade com Heinrich Porges, diretor de palco do teatro. Em dezembro de 1894, este lhe pediu que compusesse a música incidental para *Königskinder* (Os Filhos do Rei), peça em tom de conto de fadas que a sua filha, Elsa Bernstein-Porges, escrevera sob o pseudônimo de Ernst Rosmer.

Ninguém mais indicado do que Humperdinck, depois do sucesso do *Hänsel*, para musicar esse tipo de peça. Ele atendeu ao pedido com a sua costumeira boa vontade e, durante 1895, essa primeira versão da música foi ouvida nas várias ocasiões em que a peça foi representada. No ano seguinte, durante uma viagem de férias à Itália, teve a idéia de transformar a peça em um melodrama. Para que o texto pudesse ser declamado ritmicamente, contra o comentário musical contínuo, desenvolveu um inovador sistema de notação dos ritmos e inflexões da voz falada. No Prefácio à partitura da segunda versão, explicou:

> As notas para a palavra falada indicam, em geral, a altura relativa, não a absoluta, dos sons, ou seja, a flutuação ascendente-descendente da linha vocal. Quanto mais a voz se aproximar da nota indicada, mais exatamente aderirá às alturas prescritas, de modo a evitar as dissonâncias. E quanto mais afastar-se da notação do compositor, mais se reaproximará do tom natural da fala. Em que medida uma ou outra forma será adotada? Isso dependerá, naturalmente, da maneira de ser de cada recitante, ou da natureza do trecho que ele estiver declamando.

A importância histórica dessa segunda versão de *Königskinder*, estreada no Hoftheater de Munique em 23 de janeiro de 1897, é muito grande. O tipo de declamação que propunha, oscilando entre canto e fala, constitui o elo de ligação entre o *parlando* convencional, usado em ópera desde o século XVIII, e a técnica do *sprechgesang* (canto falado) que, no século XX, será desenvolvida por Alban Berg e Arnold Schönberg. Mas com uma diferença essencial, que representa um passo à frente. O melodrama setecentista, tal como Antonín Benda o criou na *Ariadne em Naxos* (1775), era para ser *falado por um ator*. O de Humperdinck é para ser *declamado por um cantor* que dispusesse de recursos vocais para fazer soar *musicalmente* certos trechos da frase falada. (Esse estilo de melodrama voltaria a ser usado por Humperdinck na peça infantil *Bübchens Weihnachtstraum* [O sonho de Natal do garoto], estreada em Berlim em 1906).

Comentando as reações desencontradas a essa segunda versão de *Königskinder*, Humperdinck escreveu:

> Acredito ter dado um passo em direção a uma nova forma artística. É desnecessário dizer que não tenho a pretensão de desbancar o canto. Mas, colocada ao lado dele, essa nova forma de declamação terá um tremendo efeito, cada vez que o canto não for muito adequado para expressar a forma e o material dramáticos. A ópera moderna está seguindo por um caminho que a levará ao melodrama. Com os esforços que a nossa época está fazendo para levar o realismo ao palco, deve-se encontrar meios de expressão que sejam compatíveis com essa tendência e, na minha opinião, essa forma é o melodrama.

Este texto de 1897 demonstra a clarividência do compositor quanto aos rumos que a ópera tomaria em um futuro não muito distante. O melodrama do último movimento dos *Gurrelieder* – o gigantesco ciclo de canções para voz e orquestra escrito por Schönberg entre 1900-1911 – já estará muito próximo do que Humperdinck propunha. E é desse melodrama que evoluirão tanto as formas mais radicais de *sprechgesang* – a serem usadas no *Pierrot Lunaire* (1912) ou na *Glückliche Hand* (A Mão Feliz, 1913), de Schönberg; e no *Wozzeck* (1914-1921) e na *Lulu* (1928-1935), de Alban Berg – quanto o estilo salmodiado de recitativo que Orff empregará em suas óperas baseadas nas grandes tragédias gregas.

Finalmente, no verão de 1908, durante as férias em Boppard, Humperdinck concluiu ter chegado a hora de transformar *Königskinder* em uma ópera. Para isso, condensou o texto da peça, conservou a música da segunda versão mas abreviou os prelúdios, e escreveu uma opulenta linha vocal. A estréia dessa versão definitiva ocorreu no Metropolitan Opera House, de Nova Iorque, em 28 de dezembro de 1910, com Geraldine Farrar e Hermann Jadlowker, sob a regência de Alfred Hertz. Essa estréia indispôs Engelbert com sua amiga Cósima Wagner. Ela nunca lhe perdoou ter permitido que sua ópera fosse dirigida pelo "traidor" Hertz que, em 1903, desrespeitara a sua vontade, regendo no Met a montagem proibida do *Parsifal* (ver o capítulo sobre a *Ópera Pós-wagneriana*). A temporada de 1910, no Met, foi brilhante: dezoito dias antes de *Königskinder*, Arturo Toscanini tinha dirigido Caruso e Emmy Destin na "prima assoluta" de uma outra ópera européia: a *Fanciulla del West*, de Puccini. Segundo o artigo do correspondente do *Allgemeine Musik-Zeitung*, a estréia dos *Filhos do rei* foi um verdadeiro triunfo:

> Os cantores foram chamados quatorze vezes diante das cortinas, depois do ato I. E, no final, houve uma ovação de quinze minutos. Muitos críticos chegaram a dizer que consideravam *Königskinder* o coroamento da ópera alemã pós-wagneriana. O poder de invenção melódica de Humperdinck é rico e fluente, com aquela característica de simplicidade folclórica que torna seu estilo caro aos corações de todos os alemães. Comparada às suas obras anteriores, *Königskinder* demonstra uma habilidade ainda maior no método de desenvolvimento orquestral, na arte do entrelaçamento polifônico feito com admirável maestria e transparência. Toda a partitura brilha com a mais pura eufonia.

Esse artigo fazia porém uma justa restrição:

> O ato II é um pouco mais fraco do que os outros devido à estagnação da intriga. Mas o ato I e, em especial, o último atingem alturas dramáticas imponentes.

Já os críticos alemães, depois da estréia em Berlim, em 14 de janeiro de 1911, foram mais reticentes, devido talvez à campanha insidiosa contra a ópera que Cósima vinha fazendo: disseram que ela não estava à altura do *Hänsel*. Não tinham razão pois, musicalmente, *Königskinder* é bastante superior ao *Hänsel*. Mas é verdade o que disse o crítico da montagem nova-iorquina, pois o ponto fraco dessa ópera é o seu libreto, um tanto prolixo e confuso.

A Menina dos Gansos mora na floresta com uma Bruxa que a mantém sob um encantamento. A feiticeira lhe ordena que faça um pão mágico que matará a quem o coma. Um dia, a Menina se apaixona pelo filho do rei, que veio à floresta em busca de aventura; mas os artifícios mágicos a impedem de acompanhá-lo quando ele volta para a cidade. Um violinista, um lenhador e um vassoureiro vêm à floresta para perguntar à bruxa quem será o novo rei e ela lhes responde: aquele que entrar na cidade, no dia seguinte, ao som dos sinos do meio-dia. O violinista, que também se sente atraído pela Menina, consegue cancelar a bruxaria que a prende na floresta fazendo com que caia do céu, sobre a sua cabeça, uma estrela que está para nascer. E assim ela pode ir à cidade à procura de seu príncipe.

Ele está lá incógnito, tomando conta dos porcos do estalajadeiro, pois acredita que assim há de tornar-se digno da Menina dos Gansos; e, fiel a ela, resiste às tentativas de sedução da rica filha de seu empregador. O povo, enquanto isso, espera pelo meio-dia para abrir as portas da cidade. Mas, ao fazê-lo, depara com a Menina e seus gansos, e tenta expulsá-la. O príncipe a defende mas, como ninguém sabe quem ele é, os dois são tocados da cidade. Só a filhinha do vassoureiro acredita que ele seja o filho do rei, e chora ao vê-los expulsos.

É inverno e o príncipe e a Menina dos Gansos voltam à floresta, procurando abrigo na casa onde ela morava. Mas a Bruxa já foi queimada pelos caçadores de feiticeiras e a casa onde ela morava está em ruínas. O dois encontram o lenhador e o príncipe dá-lhe a sua coroa em troca de comida. A única coisa que este encontra na casa é um pão velho. Sem se lembrar de que se trata do pão enfeitiçado, a

Menina o divide com seu amado e ambos morrem abraçados. Quando o violinista, que os estava procurando, chega com as crianças da aldeia, coloca-os sobre uma maca de ramos de pinheiro e o cortejo segue em direção ao poente, ao som de um triste canto fúnebre.

As qualidades básicas que faziam o encanto de *Hänsel e Gretel* continuam presentes nesta partitura. Além dos prelúdios, que permaneceram no repertório de concerto das orquestras alemãs, há outras páginas que confirmam o talento de Humperdinck como operista. No ato I, é muito feliz o dueto entre lírico e engraçado do príncipe com a Menina, que nunca viu um homem antes e não sabe como se comportar diante dele – é, invertida, a mesma situação do *Siegfried*, onde o herói se sente perturbado, pois nunca tinha visto uma mulher antes. Nesse mesmo ato, é de excelente escrita a canção da Bruxa e muito delicada, no III, a canção com que o violinista fala de seus sentimentos pela Menina. De intensa beleza crepuscular é todo o final do ato III, com um inequívoco eco tristanesco na idéia de que o amor só encontra a paz na morte. Humperdinck encontra, ali, lancinantes tons elegíacos. A gravação feita em 1977, por Heinz Wallberg (EMI), tirou do esquecimento essa belíssima ópera. Depois dela, foi editada a versão ao vivo de Fabio Luisi (março de 1996) na Herkulessaal de Munique (selo Calig).

Muito boas referências críticas têm sido feitas também a outras obras de Humperdinck, hoje semi-esquecidas:

- *Die Sieben Geislein* (Os Sete Cabritinhos, Frankfurt, 1895), peça infantil com acompanhamento de piano, é uma das raras experiências de ópera compostas para serem cantadas por crianças, a ser posta ao lado de títulos como *Wir bauen eine Stadt* (Vamos Construir uma Cidade), de Hindemith, ou *Let's make an opera*, de Britten, que visam esse mesmo fim.
- Em *Dornröschen* (A Bela Adormecida) estreada em 12 de novembro de 1902 no Stadttheater de Frankfurt, à influência wagneriana, soma-se curiosa antecipação do estilo de Richard Strauss no *Cavaleiro da Rosa*. A suite orquestral é muito popular, na Alemanha, como peça de concerto. As gravações existentes – Martin Fischer-Dieskau (Marco Polo, 1991) e Karl Anton Rickenbacker (Virgin Classics, 1992) – demonstram que ela possui música extremamente sugestiva, orquestrada com grande elegância. O Prelúdio, de tom sonhador, interrompido pelos sombrios acordes anunciando a maldição que há de cair sobre a princesa recém-nascida, é muito eficiente. É muito bonito o movimento construído sobre o tema da balada que um trovador canta, prevendo "o aparecimento, junto com a primavera, de um glorioso herói" que salvará a princesa adormecida; extremamente atmosférica a evocação do castelo envolto nos cardos que cresceram à sua volta depois que a princesa e toda a corte caíram no sono; e exultante a *Festklange* (Música festiva) que comemora o final feliz do conto de fadas. A versão integral precisa ser urgentemente resgatada.
- *Die Heirat wider Willen* (O Casamento Contra a Vontade, Berlim, 1905) é a única comédia de estilo realista de Humperdinck, baseada em *Les Demoiselles d'Avignon*, de Alexandre Dumas pai. Eugen d'Albert tinha começado a musicá-la, mas desistiu ao saber que Humperdinck trabalhava nela. A estréia, regida por Richard Strauss, com Emmy Destin no papel principal, obteve grande sucesso. Dessa ópera com música de grande eufonia e vivacidade existem duas gravações de trechos que demonstram o interesse que haveria em revivê-la inteira: a pirata de uma remontagem de 1945, sem a indicação do regente; e a versão de novembro de 1994, no Görrehaus de Coblença, regida por Christian Kluttig (ambas no selo Deutsche Schalplatten).
- O disco da Marco Polo, acima mencionado, inclui o Prelúdio de *Die Marketenderin* (A Vivandeira, Colônia, 1914), página curiosa que começa com tons sérios, quase trágicos, evoluindo depois para acentos mais leves e otimistas.
- Sua última ópera, *Gaudeamus* (Darmstadt, 1918), é uma comédia de fundo histórico que tem por subtítulo "Cenas da vida estudantil alemã" e retrata o ambiente boêmio universitário no século XIX. Humperdinck compôs ainda música para diversas peças de teatro: *O Mercador de Veneza, Conto de*

Inverno, Romeu e Julieta, Como Gostais e *A tempestade*, de Shakespeare; *Lisístrata*, de Aristófanes, e *O Pássaro Azul*, de Maeterlinck. A maior parte delas acompanhava montagens de Max Reinhardt em seu teatro berlinense. No disco da Marco Polo, o leitor poderá travar contato com a delicada "Cena de amor" de *Der Kaufmann von Venedig*, a tradução da peça de Shakespeare feita por Schlegel. No da Virgin Classics, há dois trechos do *Pássaro Azul*: o "Sonho de uma Noite de Natal" e o delicado "Balé das Estrelas", freqüentemente ouvido na plataforma de concertos.

Foi a Humperdinck que Reinhardt recorreu para escrever o acompanhamento musical de seu espetáculo mais ambicioso: a montagem londrina, em 1911, de *Le Miracle*. Essa versão moderna de um *mystère* medieval, escrita por Maeterlinck, envolvia dois mil músicos, coralistas, atores e dançarinos num cenário gigantesco, que reproduzia o interior de uma catedral gótica. Em 1914, essa "extravaganza" foi apresentada, com enorme sucesso de público, no Madison Square Garden de Nova Iorque.

Outros Nomes

O modelo humperdinckiano de *Märchenoper*, de apelo imediato junto a uma faixa considerável de público da virada do século, foi seguido por outros compositores que também estavam na esfera da influência wagneriana. Ele foi seguido em três das óperas de seu aluno preferido, Siegfried Wagner, o filho mais velho do mestre – e, por esse motivo, é costumeiro encontrarmos, na bibliografia padrão de História da Ópera, esse compositor classificado como um "autor de contos de fadas". Mas como é muito diversificada a sua produção e este é um autor que se encontra, atualmente, em franco processo de redescoberta e revalorização, sua carreira será tratada num capítulo separado. Outros exemplos típicos dessa tendência encontramos em:

Das hölzerne Schwert (A Espada de Pau, 1897) e *Die versunkene Glocke* (O Sino Submerso, 1899), de Heinrich Zöllner, que já citamos no capítulo dedicado aos wagneritas ortodoxos.

Lobetanz (A Dança de Louvor, 1898) e *Gugeline* (1901), de Ludwig Thuille (1861-1907), renomado professor bávaro, autor de um *Harmonielehre* (Manual de harmonia) em uso até hoje nas escolas de música alemãs. Ele também, como Richard Strauss, foi levado à composição de óperas em estilo wagneriano pelo proselitismo de Alexandre Rittner. A admiração por Humperdinck o fez escolher os contos de fadas como temática.

Ilsebill (1905), uma ampla "ópera-oratório" do suíço Friedrich Klose (1862-1942), cujo amor por Wagner e o gosto das formas monumentais veio-lhe através dos estudos, em Viena, com Anton Bruckner. Foi professor de composição na Akademie der Tonkunst, de Munique, depois voltou para Basiléia onde, em 1918, estreou um oratório dramático, *Der Sonne-Geist* (O Espírito do Sol), em que também se cruzam a influência wagneriana e as pesquisas folclóricas na linha de Humperdinck.

Loreley (1891), *Der Meermann* (O Homem do Mar, 1896), *Münchhausen* (1899), *Rübezahl* (1904), *Riquet mit dem Schopf* (Riquet o Topetudo, 1907) e *Der Waldschratt* (O Sátiro) de Hans Sommer (1837-1922) – pseudônimo de Hans Friederich August Zincken. Professor de física, Sommer deu aulas na Universidade de Göttingen e dirigiu a Escola Superior de Tecnologia de Brunswick. Músico amador, apresentava suas óperas com o pseudônimo ou sob o anagrama de Neckniz. Foi um apreciável autor de baladas narrativas de tema folclórico ou lendário: os ciclos *Der wilde Jäger* (O Caçador Selvagem), *Hunold Singulf* e *Tannhäuser*.

As *Märchenopern* de um autor já mencionado na seção dedicada à *Komische Oper*: o regente Leo Blech, que também foi aluno de Humperdinck e, sob sua influência, compôs *Alpenkönig und Menschenfeind* (Rei dos Alpes e Inimigos dos Homens, 1903) e *Aschenbrödel* (A Gata Borralheira, 1903);

As obras de Mark Lothar (1902-1985), aluno de Schreker e Wolf-Ferrari, que se notabilizou também como autor de música incidental para 130 peças de teatro e 50 espetáculos de rádio e televisão, além da trilha sonora para 28 filmes. *Tyll* (1928), *Lord Spleen* (1930), *Münchhausen* (1933), *Das kalte Herz* (O Coração Gelado, 1935), *Schneider Wibbel* (O Alfaiate Wibbel, 1938), *Rappelkopf* (1958), *Der Glückfischer* (O Pescador Feliz, 1962) e *Der widerspenstiger Heiliger* (O Santo Recalcitrante, 1968) têm música leve, alegre, extremamente atraente.

Schulze

Cumpre registrar, finalmente, uma *Märchenoper* tardia que conseguiu conquistou seu lugar na preferência do público jovem alemão: *Schwarzer Peter*, de Norbert Schultze – nascido em 1911 – de que existe, no selo Koch-Schwann, uma gravação regida pelo próprio autor. O título *Pedro, o Preto* refere-se ao nome de um jogo de cartas comum na Alemanha, em que o ganhador tem o direito de sujar de preto, com um pedaço de carvão, a cara de seu adversário derrotado.

Aluno de Hermann Abendroth e Philipp Jarnach, Schultze trabalhou no cabaré "Vier Nachrichten", para o qual escreveu muitas canções satíricas. Essa experiência o aproximou do ator berlinense Walter Lieck, que acabara de ser libertado do campo de trabalho de Esterwege, onde fora detido por causa de sua atuação em um outro cabaré, o "Tingeltagen". Impedido de trabalhar no teatro, Lieck estava escrevendo livros infantis para se sustentar, e propôs-lhe produzirem juntos um musical baseado em contos tradicionais.

Como não gostava de ópera, Lieck sugeriu-lhe que compusesse canções simples, capazes de serem cantadas por atores que não dispusessem de um treinamento lírico formal. Mais tarde, o maestro Hans Schmidt-Isserstedt, com quem Schultze foi trabalhar na Ópera de Hesse-Darmstadt, convenceu-o a transformar o musical em uma ópera, que pudesse interessar ao público infantil e servir de alternativa, na época da passagem de ano, às eternas montagens do *Hänsel und Gretel*. A única ópera composta por Schulze estreou, em 1933, na Ópera de Hamburgo, de que Schmidt-Isserstedt era o regente titular. Mas este adoeceu e, à última hora, o próprio autor teve de reger o espetáculo, que foi um grande sucesso. Desde então, *Schwarzer Peter* vem sendo regularmente retomada nos teatros alemães. A gravação mencionada documenta uma montagem ao vivo da Ópera de Colônia, dirigida por Norbert Schultze Jr.

Até aposentar-se, Schultze trabalhou como produtor na gravadora Deutsche Grammophon e fez carreira compondo jingles para propaganda e trilhas sonoras para cinema e televisão. O fato de incluirmos neste volume um compositor contemporâneo prende-se à sua decisão de permanecer fiel à linguagem tonal da virada do século. Lieck reúne, em seu libreto, situações extraídas de vários contos conhecidos, clichês narrativos que se conjugam tornando muito familiar, para o público de cultura germânica, a história de Pedro, o preto.

O rei Klaus, muito rico, é amigo do rei pobre Hans, com quem se reúne todos os dias para jogar "Schwarzwer Peter". Mas tem um péssimo humor e rompe com ele, invade seu reino e expulsa-o de seu castelo, porque a mulher de Hans deu-lhe um filho na mesma época em que, em vez do herdeiro varão que esperava, a sua esposa deu à luz uma filha. Hans vai morar com a família numa aldeia, onde leva vida miserável. Ao fazer quinze anos, Roderick, o seu filho, conhece um fabricante de vassouras e vai trabalhar com ele, tendo assim como sustentar modestamente os pais.

Um dia, durante uma tempestade, Roderick ajuda uma moça que se perdeu na floresta, e que se encanta com a beleza das flores do campo que ele usa para enfeitar as suas vassouras. Logo em seguida, fica sabendo que ela é Érika, a filha do mal-humorado rei Klaus. Um menestrel, amigo de Hans, aconselha-o a mandar Roderick vender as suas vassouras no castelo de Klaus. Mas sugere que Hans empreste ao filho a coroa e o cetro –, pois sabe que, naquele dia, Erika escolherá, entre vários candidatos, o príncipe com quem quer se casar. Ao mesmo tempo, o menestrel conta a Klaus – cujo humor está cada vez pior, porque não tem mais com quem jogar "Schwarzer Peter" – que um vendedor de vassouras terá a ousadia de insinuar-se entre os pretendentes à mão de Erika. Furioso, o rei ordena a seus guardas que não deixem entrar ninguém sem cetro e coroa.

Erika recebe os candidatos à sua mão e lhes diz que se casará com aquele que lhe oferecer as flores mais bonitas. Nenhuma delas supera as que Rodeick usa para enfeitar as suas vassouras. Klaus, babando de fúria, diz que sua filha nunca se casará com quem não tiver cetro e coroa. Mas Roderick, tirando-os de seu carrinho de vassoureiro, exige a mão da princesa. Impossibilitado de recusar, Klaus autoriza o casamento, mas expulsa-os de seu castelo. Concede à sua filha, porém, levar dali a coisa – uma só – de que mais goste. À noite, o menestrel dá ao rei um grogue muito forte, para acalmá-lo, e Klaus adormece. Erika o coloca dentro do carrinho de Roderick e leva-o consigo –, pois ele é a coisa de que mais gosta.

Ao despertar na cabana do vassoureiro, e dar-se conta da demonstração de amor da filha, Klaus a perdoa. Fica felicíssimo ao reencontrar seu antigo parceiro de cartas, e renuncia ao trono em favor do casal jovem, para poder dedicar-se tranqüilamente a jogar "Schwarzer Peter". Dessa vez perde, mas não se irrita. Reencontrou o amigo, acaba de saber que vai ser avô e é ele mesmo quem apanha o pedaço de carvão para sujar o próprio rosto de preto.

Para o autor de uma única ópera, Schultze mostra-se um dramaturgo hábil, capaz de fazer caracterizações muito vivas; em especial a do menestrel, escrito para um barítono agudo, e a do mau-humorado Klaus que, na estréia, foi criado pelo baixo Gustav Neidlinger, e é cantado por Theo Altmeyer na gravação. A música é melodiosa, diatônica, deliberadamente inserida na tradição cômica que remonta a Lortzing e Nicolai. Há um número grande de cenas de conjunto bem escritas, o que torna a ópera muito animada. E a profusão de personagens populares – o pastor, o taberneiro, o alfaiate, o sapateiro, o ferreiro, o padeiro, o cozinheiro – dá um retrato colorido e simpático, se bem que idealizado, da vida da gente simples alemã.

A popularidade de que desfruta uma ópera assim concebida prende-se ao fato de o público encontrar nela ingredientes, fontes de inspiração, um tipo de humor, características poéticas e musicais com as quais sente profunda afinidade, e que se confundem com a sua própria noção de identidade como povo. Além disso, Lieck e Schulze tiveram a habilidade de usar a sua ingênua historinha, bebida nas fontes mais antigas do saber popular, para fazer a crítica dos anos atormentados que a Alemanha estava vivendo. No folheto de apresentação dos discos, Schmidt-Isserstedt comenta:

> Naqueles anos de guerra, quando o menestrel dizia: "Ah, como as pessoas são estúpidas! Brigam sem saber por quê e, às vezes, até quebram a cabeça umas das outras! Ah, crianças, por que será que tem de ser assim?", a platéia sabia muito bem do que Walter Lieck lhe estava falando.

O Século XX

Os Caminhos Divergentes do Século XX

Neo-Romantismo com acentuado sabor decadentista, Expressionismo, Neo-Classicismo, Nova Objetividade: na virada dos séculos XIX-XX são muitas e simultâneas as possibilidades que se oferecem aos compositores. Numa fase de agitação política, profunda crise socioeconômica e intensa efervescência intelectual, em que os "ismos" se multiplicam e o gosto pela experimentação faz todas as fronteiras serem ultrapassadas, torna-se árdua para o estudioso a tarefa de definir a que tendência pertence cada artista. De um modo geral, abertos a todas as influências, eles se deixam contaminar por elas e passam com facilidade de um registro para o outro.

Qual é o mais típico Richard Strauss, compositor que, não tendo compromisso com tendência nenhuma, podia permitir-se passar de uma para a outra ao sabor de sua inspiração? O expressionista de *Salomé* e *Elektra*, o neoromântico do *Cavaleiro da Rosa* e da *Mulher sem Sombra*, o neoclássico de *Ariadne auf Naxos* ou *Dafne*? Ou o autor do *Intermezzo* que deixou tentar-se até pela atualidade da *Zeitoper* brincando com uma historinha autobiográfia em que aparecem o trenó, o telégrafo, o hotel da estação de esqui contemporânea, a mesa dos jogadores de skat?

Expressionismo e Neo-Romantismo andam de mãos dadas nas óperas de Schreker. Neoclassicismo e Nova Objetividade se confundem nas de Hindemith que, no início da carreira, cede também à voga expressionista.

As fronteiras são ainda mais fluidas no caso de criadores como Krenek ou Blacher, que se deixaram também seduzir pelas propostas dos vanguardistas que rompiam com o sistema tonal. E como classificar o deliberado primitivismo de Orff? Ou a original fusão de clássico e popular que Weill efetua em suas peças de forte coloração política, a meio caminho entre a ópera e o musical, entre o canto lírico e a canção de cabaré?

Este capítulo opta, portanto, por oferecer uma visão de conjunto dos principais caminhos trilhados pela ópera alemã, na fase que vai dos últimos anos do século XIX até o segundo pós-guerra. Os músicos a ela pertencentes – de Richard Strauss a Gottfried von Einem – serão em seguida apresentados na ordem cronológica de seu nascimento. E nos capítulos a eles dedicados será mostrado como passaram de uma forma de expressão para a outra ou, até mesmo, como as fizeram conviver dentro de sua obra. Para que se possa encaixar essas tendências na época que as viu surgir, apresentamos, antes disso, um panorama do contexto histórico nesse início de século XX.

O Quadro Histórico

Desde o final do Congresso de Viena, a Europa vinha sendo dividida pelas rivalidades imperialistas da Grã-Bretanha, França, Rússia e dos impérios Austro-Húngaro e Otomano. Se, por um lado, o congresso dera à Inglaterra a abertura para a expansão extra-européia, por outro fizera com que as demais nações se unissem em pactos – a Santa Aliança, a Quádrupla Aliança – de forte sabor reacionário, que visavam a conter a disseminação continental do ideário liberal inglês.

A partir da guerra de independência da Grécia, em 1830, tinha-se assistido ao nascimento e à escalada do nacionalismo balcânico. No início do século XX, esse nacionalismo assumia formas perigosas com o pan-eslavismo russo e o plano de criação da Grande Sérvia, visando à união de todos os povos eslavos. Ao mesmo tempo, crescia o revanchismo francês, enraizado no desejo de vingar a derrota sofrida em 1870 contra a Prússia, no conflito que resultara no surgimento da Alemanha como Estado unificado (ver em *A Ópera na França* a sinopse da Guerra Franco-prussiana, verdadeiro divisor-de-águas na história européia).

Em 26 de junho de 1914, o terrorista sérvio Gavrilo Princip matou em Sarajevo, a capital da Bósnia-Herzegóvina, o arquiduque Francisco Ferdinando, herdeiro do trono austríaco. Esse atentado ofereceu ao Império Austro-Húngaro o pretexto para que atacasse a Sérvia, visando a sufocar o mais ativo foco de agitação nos Bálcãs. Mas isso colocou a Rússia do lado das minorias eslavas. O sistema de alianças múltiplas existente na época fez com que o conflito assumisse proporções extremamente amplas. De um lado, havia a Tríplice Aliança, firmada em 1882 pela Alemanha, Império Austro-Húngaro e Itália (pacto que se rompeu em 1914, pois a Itália entrou na guerra contra a Áustria). Do outro, a Entente Cordiale (1904) entre a Grã-Bretanha e a França que, em 1907, ampliara-se na Tríplice Entente, com a adesão da Rússia, como uma forma de contrabalançar a expansão industrial, comercial e militar da Alemanha unificada. O resultado foi a I Guerra Mundial, iniciada em 28 de julho de 1914.

A assinatura da Paz de Brest-Litovsk, em 3 de março de 1918, entre a Alemanha e o novo regime russo, assinalou o início do fim de uma guerra que estava para fazer quatro anos. A partir da rendição da Bulgária, em 30 de setembro, começou a derrocada dos países centrais. Os impérios alemão, austro-húngaro, otomano e russo deixaram de existir. O mapa da Europa foi inteiramente redesenhado: Polônia, Estônia, Letônia, Lituânia, Finlândia, Hungria e Tchecoslováquia tornaram-se independentes; a Iugoslávia surgiu da união da Sérvia com a Croácia, a Bósnia, a Eslovênia, o Montenegro e parte da Macedônia. Esses países recém-criados formavam uma espécie de "cordão sanitário" destinado a isolar o Ocidente capitalista dos "germes" da Rússia comunista. Dos 65 milhões de homens envolvidos na luta, mais de 8 milhões tinham morrido, 20 milhões ficado feridos e 5 milhões desaparecidos; 9 milhões de civis tinham sido vítimas de fomes, epidemias e massacres.

Na Alemanha, após a queda do império guilhermino (9.11.1918), realizaram-se eleições (6.2.1919) nas quais Friedrich Ebert foi escolhido para a presidência da República, proclamada logo em seguida por seu chanceler, o social-democrata Philipp Scheidemann. Ao mesmo tempo, Karl Liebknecht, chefe da Liga Espartaquista, anunciou a criação de uma "República Socialista Livre" sufocada, em poucos dias, pelas Forças Armadas. Instalou-se em Weimar um governo de coalizão, socialista-centro-democrata, apoiado numa Constituição progressista aprovada em julho de 1919, que estabelecia o sufrágio universal, a representação proporcional, o sistema parlamentar, a defesa das liberdades básicas e o direito ao trabalho, educação e assistência social. Mas, num país sem tradições democráticas, isso não era suficiente para afastar o espectro da radicalização política.

Entre dezembro de 1918 e janeiro de 1919, da ala mais à esquerda do Socialismo surgiu o Partido Comunista da Alemanha, cuja influência na área cultural seria preponderante. No outro extremo do tabuleiro político, o programa nacional-socialista foi formulado em fevereiro de 1920. Desde o início, a ausência de maioria estável fez da república de Weimar um edifício muito frágil, constantemente solapado pelos revanchistas do antigo regime e pelos nacionalistas inconformados com a derrota na guerra. A pouca solidez das instituições, a crise econômica, a desmoralização do sentimento pátrio e o medo da arregimentação proletária pelos comunistas, sobretudo nas regiões carboníferas internacionalizadas, transformou a violência política na realidade cotidiana.

Em 15 de janeiro de 1919, dias depois dos combates de rua e da repressão aos espartaquistas, Liebknecht e Rosa Luxemburgo foram assassinados por paramilitares a soldo de um governo cujo representante, Gustav Noske, justificava a repressão alegando "a crueldade de um inimigo interno bestial". E as crises se sucederam:

– em 21 de fevereiro de 1919, Kurt Eisner, primeiro-ministro da Baviera, foi assassinado a tiros numa rua de Munique;
– em março de 1920, fracassou a tentativa de derrubar o governo liderada por Wolfgang Kapp, fundador do Partido da Pátria, de extrema-direita, ligado ao general conservador Erich von Ludendorff; seu golpe foi desmontado pela resistência operária e a greve geral convocada pelos sindicatos;
– em 12 de agosto de 1921, o ex-ministro das Finanças, Matthias Erzberger, um dos signatários do armistício, foi fuzilado por um desconhecido enquanto passeava na Floresta Negra;
– em 24 de junho de 1922, agitadores anticomunistas chefiados por Ernst-Werner Techow mataram o ministro das Relações Exteriores, Walter Rathenau, artífice do Tratado de Rapallo, que visava à reaproximação russo-germânica;
– e em 8-9 de novembro de 1923, fracassou, em Munique, o "putsch da cervejaria", liderado por Ludendorff e Adolf Hitler – que, na prisão, escreveu o *Mein Kampf* (Minha Luta), a bíblia da ideologia nazista.

Um retrato desses tempos atormentados foi feito, em 1974, pelo artista plástico George Grosz em seu livro de memórias, *Ein kleines Ja und ein großes Nein* (Um Pequeno Sim e um Grande Não):

> Éramos como veleiros empurrados pelo vento, com suas velas brancas, negras, vermelhas. A capital de nossa república recém-nascida parecia um caldeirão no fogo. [...] Em cada esquina, um orador fazia a sua arenga e por toda parte elevavam-se cânticos de ódio contra os judeus, os capitalistas, os aristocratas, os comunistas, os militares, os proprietários de imóveis, os operários, os desempregados, os soldados da Reichswehr, as comissões de controle, os políticos, as grandes lojas, os judeus e, de novo, os judeus. Era uma orgia de incitação ao ódio e a república estava sem forças, quase inexistente. Vivíamos num mundo totalmente negativo e isso só poderia terminar numa espantosa derrocada.

O regime de Weimar via-se, portanto, ameaçado pelo caos que a guerra deixara e pelas pressões do extremismo tanto de direita quanto de esquerda. A humilhação com a derrota, aliada à perda da confiança nos governantes, favorecia os defensores de uma solução autoritária que pregavam o surgimento de um líder salvador. E a exasperação nacional era agravada pelas condições draconianas que os aliados tinham imposto aos vencidos no Tratado de Versalhes, assinado em 28 de junho de 1919.

A Alemanha perdeu um terço de seu território para a França, Bélgica, Dinamarca e Polônia. Foi obrigada a ceder para a França, durante quinze anos, toda a produção das minas de carvão do Sarre, que ficou sob a administração da Liga das Nações até 1935 – o que acarretou também a perda de 65% do ferro e 70% do zinco alemães. Dantzig (a atual Gdańsk) passou para o território polonês. Foram entregues aos aliados todos os navios mercantes, um oitavo do gado e grandes quantidades de material de construção e maquinaria, toda a frota de superfície – à exceção de trinta unidades – e todos os submarinos. A Alemanha foi proibida de manter aviação militar e de fortificar o vale do Reno e o seu Exército teve de limitar-se a cem mil homens. Além disso, em 1921, a Comissão de Reparações fixou em 132 bilhões de marcos alemães (US$ 33 bilhões) a dívida de guerra alemã.

Todas essas imposições contribuíram para aumentar o sentimento de humilhação nacional. E a ele veio ajuntar-se a crise econômica de 1923, resultante da emissão exagerada de papel-moeda para sustentar os mineiros da bacia do Ruhr, que tinham entrado em greve geral para protestar contra a ocupação francesa. A desvalorização galopante da moeda – em 1914, US$ 1 = DM 4,2; em novembro de 1923, US$ 1 estava cotado em DM 2,5 trilhões – teve efeitos desastrosos para as classes assalariadas. Em junho de 1923, um ovo custava DM 800 e a inflação logo passou a ser medida duas ou três vezes ao dia. Em suas memórias – *Thème et Variations: Souvenirs et Réflexions*

(Lausanne, 1952) –, Bruno Walter conta que, na primavera de 1923, os músicos da Staatskappelle lhe pediram que interrompesse no meio um ensaio,

pois aquele era o momento em que lhes pagavam o seu cachê e, se eles não saíssem imediatamente para comprar mantimentos, daí a uma hora o seu poder aquisitivo teria caído pela metade.

Tendo chegado a um ponto crítico no final de 1923, a situação econômica se estabilizou e, daí até 1927, a Alemanha viveu um enganoso período de otimismo que vemos refletido, com muito humor, em *L'Enfant Terrible de la Musique*, as recordações do compositor americano Georges Antheil que, tendo visitado o país em 1923, espantou-se com o que via quatro anos depois:

A primeira coisa que me chocou foi o preço da xícara de café, que estava custando 25 cents. Na minha viagem anterior, ela custava cerca de 25 milhões de marcos, o que equivalia a uns 3 cents americanos. Por todo lugar onde pousava os olhos, deparava com reluzentes estabelecimentos noturnos. As lâmpadas elétricas tinham sido recolocadas em seus soquetes. Diante dos hotéis, tinham desenrolado tapetes vermelhos novinhos! Maçanetas de latão tinham voltado à porta das casas. Em 1923, não se teria podido encontrar uma só delas em Berlim pois, se as colocassem, teriam sido roubadas durante a noite. Todo mundo usava casacos novos. Não se viam mais mendigos na rua, enquanto em 1923 havia cinco diante de cada prédio, e dez prostitutas em cada esquina. Berlim, agora, era elegante, distinta. E todo mundo ganhava dinheiro a rodo.

Mas essa estabilidade era ilusória. Já sob a presidência do respeitado marechal Paul von Hindenburg que, em fevereiro de 1925, fora eleito presidente, após a morte de Ebert, a crise se aprofundou, em 1929, com a Grande Depressão causada pela quebra da Bolsa de Nova Iorque. Data daí o processo que levaria o país à pior fase de totalitarismo de sua história. Desagregaram-se as tradições militares em um país em que o Exército era não apenas uma garantia de segurança, mas o símbolo da própria grandeza nacional. Num país de pequenos proprietários rurais, de capitalistas com seus negócios ameaçados e de classe média burocrata conservadora, somou-se a isso o medo da escalada comunista: nas eleições de 1932, o PC obteve 6 milhões de votos. Temendo uma revolução bolchevique, capitalistas e proprietários voltaram-se para os movimentos de extrema direita.

Os efeitos da crise favoreceram a ascensão do Nazismo, ideologia totalitária e militarista que repousava sobre uma mística heróica de regeneração nacional. Tinha conteúdo marcadamente racista, afirmando a superioridade ariana e propondo a perseguição das raças consideradas inferiores (mobilizando, em especial, o anti-semitismo de longa data enraizado no espírito germânico). Apoiava-se no campesinato e não tinha a estrutura corporativista do Fascismo italiano: abolia o direito de greve, mantinha as atividades econômicas sob estrito controle, mas os interesses econômicos não estavam representados no governo.

Nas eleições de 1928, o Partido Nacional-Socialista, fundado em 1919, tinha conquistado apenas doze cadeiras no Reichstag. Mas com os efeitos devastadores da Grande Depressão – entre eles a quebra do poderoso Darmstätter und Nationalbank (julho de 1931) e a elevação do número de desempregados, em janeiro do ano seguinte, a seis milhões de pessoas – o tipo de discurso do líder nacional-socialista, Adolf Hitler, passou a contar com o apoio dos segmentos da sociedade que se sentiam economicamente ameaçados. O virtuosismo demagógico de Hitler, mestre na arte de utilizar todas as modernas técnicas de persuasão de massa para manipular o ressentimento nacional, o sentimento de revolta e o desejo de uma liderança forte, apresentando-se como o redentor da Alemanha, contava com o apoio de Alfred Hugenberg, o dono da maior cadeia de jornais e agências de notícias do país. Hugenberg usou a sua posição de quase monopólio da indústria das comunicações para mobilizar a opinião da classe média alemã contra a República de Weimar. Convenceu também magnatas como Hjalmar Schacht e Fritz Thyssen a contribuir liberalmente para a campanha do PNS.

Nas eleições de 14 de setembro de 1930, a votação do PNS saltou de 810 mil para 6,409 milhões (18,3% do total) e ele conquistou 107 cadeiras no Reichstag, tornando-se o segundo maior partido do país. O austríaco Hitler, que acabara de conseguir a cidadania alemã graças às pressões de seus aliados do mundo econômico-financeiro, foi derrotado por Hindenburg nas eleições presidenciais de 1931. Mas os 13.418 milhões de votos que teve foram quatro vezes o que obteve Ernst Thaelmann, o candidato comunista. Finalmente, nas eleições parlamentares de 31 de julho de 1932, o PNS surgiu como o maior partido da Alemanha, com quase 14 milhões de votos (37,3% do total) e 230 cadeiras no Reichstag. A negativa comunista em colaborar com os socialistas após esse pleito pôs o sistema parlamentar em colapso. Foi a oportunidade para que o PNS se recusasse a apoiar um gabinete que não fosse encabeçado pelo seu líder.

A camarilha de políticos conservadores encabeçada pelo então chanceler Franz von Pappen persuadiu o relutante Von Hindenburg a designar Hitler chefe do governo em 30 de janeiro de 1933. No poder, ele dissolveu o Parlamento e convocou, para março, novas eleições – as últimas "democráticas" realizadas na Alemanha durante largo tempo – em que o PNS teve apenas 11 milhões de votos (288 das 647 cadeiras). Somadas às 52 de seu aliado, o minoritário Partido Nacionalista, de extrema-direita, elas lhe deram a maioria. Na abertura do Reichstag, poderes quase ilimitados foram conferidos a Hitler. Estava criado o III Reich.

Uma vez no poder, Hitler manobrou rapidamente para eliminar seus rivais. Em 27 de fevereiro de 1933, o Reichstag (o prédio do Parlamento) foi destruído por um incêndio, que o primeiro-ministro atribuiu a comunistas decididos a desestabilizar seu poder – segundo Otto Friedrich, em *Depois do Dilúvio*, "Goebbels organizou uma conspiração mediante a qual os SA tocaram fogo no prédio e fizeram a culpa pelo incêndio recair sobre os comunistas". Esse incidente deu ao chefe do governo o pretexto para abolir o Estado Federativo e, em conseqüência, também o Reichsrat (a Câmara Baixa), instaurar o monopartidarismo, o estrito controle dos meios de comunicação e a campanha sistemática de perseguição aos judeus, comunistas e socialistas, que foram eliminados de qualquer papel na vida política. As sedutoras noções de "renascença nacional" e "revolução legal" ajudaram a paralisar a oposição legal e a dissimular a realidade do poder autocrático por trás de uma fachada de instituições tradicionais. O poder absoluto de Hitler consolidou-se em 30 de junho de 1934, na Noite dos Longos Punhais em que, por sua ordem, foram assassinados 1.076 opositores do regime encabeçados pelos radicais Ernst Röhm e Gregor Strasser. Quando Von Hindenburg morreu, em 2 de agosto, Hitler suprimiu o cargo de presidente da República e deu-se o título de *Führer und Reichskanzler* (guia e chanceler do Reich).

Nos quatro anos seguintes, seu governo obteve uma série espantosa de sucessos internos e externos, contornando a resistência dos líderes políticos estrangeiros da mesma forma que derrotara a oposição doméstica. Denunciando o Tratado de Versalhes em 1935, Hitler começou a reconstruir o Exército, convocando cinco vezes o número de soldados permitido. Convenceu a Grã-Bretanha a permitir um aumento no programa de construção naval e, em 7 de março de 1936, violando o Tratado de Locarno, ocupou a Renânia desmilitarizada, sem que houvesse oposição dos aliados. Começou a montar a Luftwaffe e deu apoio militar aos franquistas na Guerra Civil Espanhola, contribuindo para a vitória fascista em 1939. Com esse programa intensivo de rearmamento, criou novos empregos e expandiu de forma extraordinária a produção, alicerçando um passo muito ousado na política externa: a formação do eixo Roma–Berlim, em 27 de outubro de 1936 – ao qual o Japão aderiu em 27 de setembro de 1940. Em fevereiro de 1938, Hitler demitiu dezesseis generais veteranos e assumiu pessoalmente o comando das Forças Armadas. Em 12 de março, invadiu a Áustria e proclamou o *Anschluss* (a anexação).

A tática impulsiva de Hitler empurrou ingleses e franceses à assinatura do humilhante Acordo de Munique que, em 30 de setembro de 1938, permitiu a "libertação" dos Sudetos, parte do território tcheco onde havia uma grande comunidade germânica. A partir de 1º de outubro desse mesmo ano, começaram as depredações sistemáticas de sinagogas e estabelecimentos comerciais pertencentes a judeus. Mas a euforia da expansão territorial com que Hitler cumpria a sua promessa de conquistar *Lebensraum* (espaço vital) para os alemães fazia-os esquecer a ignomínia das leis anti-semitas, dos campos de concentração, da perseguição aos religiosos e aos dissidentes políticos. A Tchecoslováquia foi invadida em 15 de março de 1939 e a Boêmia e a Morávia proclamadas protetorados alemães.

O alvo seguinte era a Polônia, onde interessava a Hitler recuperar o porto de Dantzig. Para evitar uma guerra em duas frentes, o governo nazista assinou, em 23 de agosto de 1939, o Pacto de Não-agressão com a URSS. Quando as tropas nazistas entraram na Polônia em 1º de setembro, a Grã-Bretanha e a França, garantes da independência desse país, declararam guerra à Alemanha; e a Itália, nos termos do Pacto de Aço que Mussolini assinara em 22 de maio, alinhou-se com Berlim. Estava acesa a fogueira em que o Reich de Mil Anos haveria de consumir-se.

Neo-Romantismo

Nos primeiros anos do século XX, a reação aos excessos do Verismo produz, até mesmo por parte dos compositores responsáveis pela sua disseminação, um retorno às características da grande ópera romântica. Esse resgate, porém, é revitalizado por uma série de forças novas. A mais significativa é a do Decadentismo que, na virada do século, retomara alguns traços típicos do início do Romantismo: o gosto pelas ruínas e lugares desolados, a melancolia inexplicável, o sentimento da predestinação ao sofrimento, o fascínio pela morte. Fruto de uma época política e socialmente tão instável quanto a que viu nascer o *mal du siècle*, os decadentistas também manifestam em sua arte desesperança e o sombrio pressentimento – não infundado – de estar vivendo o fim de uma era.

O próprio nome do movimento, tomado de empréstimo, de forma auto-irônica, de um verso de Paul Verlaine

Je suis l'empire à la fin de la décadence,

traduz a sensação que têm esses artistas de estarem vivendo uma fase de esgotamento de possibilidades e ausência de perspectivas. Isso faz com que suas obras se caracterizem por

– pessimismo entranhado: a poesia de Albert Samain, dos *crepuscolari* italianos Guido Gozzano e Sergio Corazzini, ou do alemão Stephan George;
– o culto da tristeza e da morbidez, o gosto pela descrição de lugares sombrios: o romance *Bruges-la-morte*, de Georges Rodenbach, que há de inspirar a ópera *A Cidade Morta*, de Korngold;
– a atração pelos aspectos mais insólitos e até mesmo pervertidos do comportamento humano: o romance *À Rebours*, de Joris-Karl Huysmans; a novela *O Retrato de Dorian Gray* e a peça *Salomé*, de Oscar Wilde, musicada por R. Strauss; os romances *O Inocente*, de Gabriele d'Annunzio, e *O Anjo de Fogo*, de Valiéri Briússov, este último transformado em ópera por Serguêi Prokófiev; o ciclo de poemas *Pierrot Lunaire*, de Albert Giraud, que vai inspirar Schönberg,
– e um esteticismo rebuscado: a poesia de Jules Laforgue e Tristan Corbière, fundadores da revista *Le Décadent*/1886; e também a de D'Annunzio, a dos russos Briússov e Konstantín Bálmont.

O final do século XIX, que Nietzsche chamou de "período de transmutação de todos os valores", tinha sido uma fase espiritual inquieta, problemática e contraditória (como costumam ser, de resto, todos os "fins de época": basta pensar na profunda crise de valores que assinala a transição do Classicismo iluminista para o Pré-romantismo). De um lado, existe um espírito científico – representado por nomes como Darwin, Marx e Freud – que está minando, no campo biológico, sociopolítico e psicológico, uma velha ordem de princípios que parecia inabalável. Do outro, na geração de passagem de século (1880-1910), observa-se a desilusão crescente com os valores morais, a organização sociopolítica e os preceitos estéticos vigentes. É essa desilusão que gera frustração e pessimismo, sentimento de insegurança, tristeza e angústia existencial.

Já num artista do Realismo pleno, como Gustave Flaubert, era possível detectar o embrião desse pessimismo e dessa insegurança que, nele, se manifestava sob a forma de um perfeccionismo estilístico maníaco – equivalente ao rebuscamento de escrita ou de traço que se observará num poeta como D'Annunzio ou um pintor como Gustave Moreau. Essa melancolia *fin de siècle* – a que Baudelaire dava o nome de *spleen* – é o prolongamento do *mal du siècle* romântico, sensação vaga e imponderável de tédio e insatisfação que acompanha todas as grandes crises espirituais.

Nesta fase de "transmutações", o desenvolvimento dos estudos sociológicos e psicológicos induz, por um lado, o estudo minucioso dos mecanismos de comportamento do homem, de suas relações com o meio em que vive e da forma como as condições físicas e econômicas influem em sua vida: essa é a fonte central de inspiração para Émile Zola e os naturalistas, em que os veristas tinham ido beber. Mas, por outro lado, estimula o gosto pela prospecção dos recessos mais proibidos e misteriosos da alma humana, os extremos da sensibilidade neurótica, o erotismo exacerbado que leva às perversões sexuais, o desequilíbrio mental.

Esta, é claro, não é uma característica exclusiva do fim do século XIX. Ela se manifesta em todos os "momentos de passagem". Na transição do Iluminismo para o Pré-romantismo, nos últimos anos do século XVIII, floresceu a literatura dita "libertina" de Laclos, Nerciat, Crébillon, Rétif de la Bretonne e do marquês de Sade. Na fronteira entre o Romantismo e o Realismo, a *école poitrinaire* – assim chamada pelo prazer mórbido com que explorava as personagens frágeis, tísicas, condenadas à morte precoce – produziu frutos típicos: *La Dame aux Camélias*, de Alexandre Dumas filho, *Scènes de la Vie de Bohème*, de Henri Murger, *Mademoiselle de Maupin*, de Théophile Gautier.

Na transição entre os séculos XIX-XX, a atração pelas novas teorias psiquiátricas faz com que a desintegração mental e física e a sexualidade patológica sejam temas comuns na literatura e no teatro. Atração incestuosa e ninfomania necrofílica fizeram da *Salomé*, de Oscar Wilde, um dos grandes escândalos do final do século XIX. A *Elektra* de Hugo von Hofmannsthal não deixa por menos: em sua versão do mito helênico, a fixação sexual da personagem na figura do pai, morto violentamente, vai reverter numa obsessão assassina matricida. As duas peças vão ser musicadas por Richard Strauss em óperas que fundem estreitamente características neo-românticas e expressionistas.

O desejo contrariado manifesta-se sob a forma de sadismo, na *Tosca*, de Victorien Sardou. Na *Senhorita Júlia*, de August Strindberg, o desejo sexual assume o papel de forma de contestação das estruturas opressoras e leva à ruptura das barreiras sociais. Um romance erótico como *Aphrodite*, de Pierre Louÿs, o grande amigo de Debussy, usa a Antiguidade como forma indireta de descrever os costumes dissolutos de sua sociedade – de que um outro escritor "libertino" como Paul de Kock também faz o impiedoso retrato em livros por muito tempo considerados pornográficos mas que, na realidade, são de um exasperado moralismo. Na *Caixa de Pandora* de Frank Wedekind, peça em que Decadentismo e Expressionismo convergem de forma indissociável, a sexualidade de Lulu é uma força destruidora que só repousa quando consegue a sua própria aniquilação.

Um dos mais típicos romances decadentistas é *L'Inocente*, de D'Annunzio: nele, os sentimentos das personagens são a emanação inevitável do ambiente de nobreza arruinada em que vivem; e a obsessão do ciúme leva a personagem central a um crime absurdo: matar o filho recém-nascido por suspeitar que o pai possa ser um hipotético amante de sua mulher. Também a lenta agonia da família *Buddenbrook*, no imponente romance de Thomas Mann, espelha o declínio irremediável do mundo em que ela vive.

Na fase de transição entre os séculos XIX-XX, deixam de existir, portanto, fronteiras nítidas entre a objetividade realista, o idealismo neo-romântico, a desordem de sentimentos e o refinamento formal dos decadentistas, o hermetismo intelectualizado dos simbolistas. Temos de nos preparar para, nos autores que serão analisados de agora em diante, encontrar todos esses elementos associados, como resultado de um processo gradual de descoberta que leva o homem a um grau muito grande de perplexidade.

A arte clássica refletia a crença de que o Homem era um ser racional, cuja vida era controlada e organizada por sua mente. As próprias paixões humanas deveriam estar submetidas ao controle da razão e à noção superior de dever: esse é o conflito básico do teatro clássico – Corneille, Racine – ou de um romance como *La Princesse de Clèves*, de Madame de Lafayette. O período romântico toma gradualmente consciência do lado emocional do Homem, do caos emocional que existe sob uma superfície de ordem aparente; mas a verdadeira natureza dessas forças perturbadoras ainda é intuída de modo muito vago e obscuro.

É só na virada do século que a multiplicidade dos caminhos abertos pela ciência, a filosofia e as teorias estéticas levam à compreensão mais clara do papel do inconsciente, à aceitação dos elementos irracionais que compõem a personalidade humana. Paralelamente, surge a consciência de que esses fatores contraditórios são matéria excepcional para o processo de criação artística: "Com bons sentimentos, não se faz boa literatura", dizia André Gide. Com mais intensidade ainda do que no Romantismo, esta fase leva o artista a projetar em sua obra a própria personalidade, sem inibições, com todos os seus impulsos e conflitos mais profundos, sentindo-se plenamente livre para reviver as suas fantasias inconscientes de forma simbólica. Afinal, não foi Freud quem disse que "o artista é o único homem capaz de fazer um uso positivo de suas neuroses" ao sublimá-las em sua criação?

A ópera não poderia deixar de responder ao que acontecia no domínio da literatura e das artes plásticas, a que está intimamente associada mediante o libreto e os elementos cenográficos. Com isso assistimos a uma nítida revivescência neo-romântica, com as seguintes características:

- A influência mais ou menos bem digerida – dependendo do artista – das teorias wagnerianas sobre o drama lírico.
- O namoro com as inovações harmônicas do Impressionismo mas, ao mesmo tempo, a recuperação de um diatonicismo que privilegia a melodia generosa. Nesse sentido, é forte o fascínio pelos contagiantes cantábiles italianos, de Puccini e Mascagni em especial (que, pouco antes, já tinham sido modelos para as óperas de factura realista). Em conseqüência disso, a estrutura formal é cada vez mais governada por princípios exclusivamente musicais.
- O retorno do gosto por espetáculos suntuosos, filiados à tradição do *grand-opéra* romântico, que se manifesta na preferência pela recriação dos ambientes legendários, medievais ou renascentistas, em chave mais de evocação poética do que de preocupação com a exata reconstituição histórica. Isso está intimamente ligado à proliferação das tendências esteticistas: o *Jugendstil* – chamado de Art Nouveau na França –; o movimento dos poetas e pintores Pré-rafaelitas ingleses. Observam-se, nesses grupos, influências cruzadas de Wagner e dos poetas e dramaturgos simbolistas, que também exibem gostos semelhantes.
- A atração mórbida pelos estados patológicos do comportamento humano, típica dos decadentistas.

Esta tendência, de resto, não se restringe à Alemanha. Existe também na Itália onde, ao auge da ortodoxia verista, segue-se uma guinada neo-romântica típica, que produz a *Turandot*, de Puccini; a *Parisina* e a *Isabeau* de Mascagni; a *Cena delle Beffe*, de Giordano. E, numa geração mais jovem, resulta nas óperas de Zandonai (*Francesca da Rimini*), Respighi (*La Fiamma*), Montemezzi (*L'Amore di Tre Rè*).

Expressionismo

O musicólogo húngaro László Fábian foi o primeiro a aplicar a um músico a designação de "expressionista". Em *Debussy und sein Werk*, publicado em 1923, lançou mão desse termo para caracterizar o autor de *La Mer*, ao contestar a imprecisa vinculação que se costumava fazer entre ele e os pintores impressionistas (questão discutida no capítulo sobre Debussy em *A Ópera na França*). Até então, esse era um vocábulo do domínio das artes plásticas, empregado por Wilhelm Worringer em *Abstraktion und Einfühlung* (Abstração e Intuição), de 1908, para descrever a pintura de Van Gogh, que rejeita a objetividade do Impressionismo. Era também a designação escolhida pelo crítico berlinense Herwarth Walden, em 1912, para definir o movimento pictórico de vanguarda que vinha se desenvolvendo em seu país nos primeiros anos do século.

Quando Fábian a aplicou à fase final da produção de Debussy, a denominação "Expressionismo" já passara a descrever as formas de arte, de todas as épocas, que distorçam as imagens "reais" e rejeitem as normas "ideais" de beleza, de modo a poder refletir a deterioração das relações do artista com o mundo em que vive, deterioração essa representada com um grau maior ou menor de deformação – e, no caso limite, até de abstração – a que o criador é levado pelo seu "impulso interior" (*innerer Drang*). De Grünewald a El Greco, de Goya a Daumier, os estudiosos já tinham percebido, em pintores muito remotos, prenúncios desse espírito expressionista que surge no início do século XX.

Mas tinham sobretudo identificado três precursores mais próximos dessa tendência:

– o belga James Ensor, cujas figuras mascaradas fazem a sátira desenfreada da hipocrisia social;
– o holandês Vincent van Gogh, com seu grafismo violento e o poder simbólico e expressivo de um colorido que abre caminho ao Fauvismo;
– e o norueguês Edvard Munch, em cujo *Grito* (1893) estão muito claras as relações entre o Simbolismo e o Expressionismo: há nele a mesma estilização gráfica do Art Nouveau, a mesma concepção nova da forma desligada do compromisso de representar fielmente a realidade.

Esses três pintores vão influenciar de modo decisivo o primeiro grupo de expressionistas alemães, o *Die Brücke* (A Ponte), surgido em Dresden em 1905. Marcados pelo mal-estar que impregna os anos imediatamente anteriores à I Guerra Mundial, os jovens Ernst Ludwig Kirchner, Erich Heckel, Karl Schmidt-Rotluff, Max Pechstein e, mais tarde, Emil Nolde reagem contra o impressionismo de Max Slevogt, Max Liebermann ou Lovis Corinth, produzindo uma pintura intensamente subjetiva, de grafismos agressivos, cores fortes e tom erótico. Quem os atrai, no passado, são pós-românticos mórbidos e idealistas como Arnold Böcklin. E no presente eles são fascinados pelas inovações técnicas e temáticas de Gauguin e Cézanne. De início isolados em Dresden, começam a tornar-se mais conhecidos a partir de 1910, quando expõem na galeria *Der Sturm* (A Tempestade), em Berlim. Nesse espaço, H. Walden promove também a exibição dos quadros dos fauvistas franceses, dos futuristas italianos, dos vanguardistas belgas e dos jovens integrantes do grupo *Der blaue Reiter* (O Cavaleiro Azul), de que participam Vassíly Kandinski e Oskar Kokoschka. De um lado o papel fundamental desempenhado pelo uso não-naturalista da cor e pela deformação no desenho; do outro, a tentativa – influenciada pelas teorias freudianas – de desnudar o drama humano e renovar os mecanismos de percepção: essas são as características básicas dos pintores expressionistas.

Por extensão, o termo expressionista passa a ser utilizado também para designar os escritores do mesmo período – Frank Wedekind, Stefan George, Carl Döblin, Ernst Toller, Franz Kafka, Georg Kaiser – que rompem com o Naturalismo e manifestam seus sentimentos e idéias com uma intensidade só possível quando o realismo é transfigurado por um irrefreável "impulso interior". Em peças como *A Caixa de Pandora*, de Wedekind, nos poemas de George, ou nos insólitos romances de Kafka (*O Processo, A Metamorfose*), isso resulta numa concepção fatalista do destino humano e numa visão fantasmagórica da realidade, que pode chegar a extremos paranóicos. Suas idéias impregnam também o pensamento político, tal como ele é expresso nos ensaios publicados por Franz Pfemfert na revista *Die Aktion*, fundada em Berlim em 1911.

Desde o início, são estreitas, no Expressionismo, as relações entre a música e a pintura (Schönberg, pintor e compositor, é amigo de Kokoschka, Kandinsky). Casado com a poeta Else Lasker-Schuller, Walden dá grande importância à música e, como amador, compõe *lieder* sobre poemas da esposa, de Arno Holz, Richard Dehmel e Detlev von Liliencron. E em *L'Expressionisme Comme Révolte*, Jean-Michel Palmier chama a atenção para a presença constante, no vocabulário crítico dessa tendência, de termos e conceitos musicais: *Wortklang* (o som das palavras), *Wortklangkomposition* (a composição com o som das palavras), *rhytmische Harmonie* (harmonia rítmica) – para referir-se ao jogo das formas.

Paralelamente, uma vertente muito irreverente do Expressionismo se desenvolve nos cabarés e no teatro popular de marionetes, que zomba do empolado gosto oficial: aquele que, "ao *Falstaff*, de Verdi, preferia os acentos grandiloqüentes do *Roland von Berlin* que Guilherme II encomendara a Ruggero Leoncavallo" – como diz Pascal Huynh em *La Musique sous la République de Weimar*. Trabalhando com o kitsch, esses cabarés atacam os valores mais sagrados da política oficial, atraindo reações ferozes da censura: em 1912, o Ministério Público da Prússia emite um decreto ordenando a apreensão e a destruição de todos os discos que propagam canções de conteúdo considerado obsceno. A paródia e a ironia presentes nessa arte impregnam também, num registro mais sério, a obra seminal que é, para a compreensão do Expressionismo, o *Pierrot Lunaire* de Schönberg – que, por suas características formais, fica fora dos limites deste volume e será tratado em *A Ópera Contemporânea*. Sobre esse ciclo de melodramas, basta dizer que ele está cheio daquela *Unheimlichkeit* (estranheza inquietante) de que fala Freud, e que está subjacente a todo o romantismo musical alemão, do *Freischütz* à *Cidade Morta*, de Korngold.

É muito forte a ligação das experiências feitas por Schönberg no *Pierrot* com o tipo iconoclasta de espetáculo poético apresentado por Wedekind no cabaré literário *Elf Scharfrichter* (Onze Carrascos) de Munique; ou por Kurt Hiller no *Neo-pathetisches Cabaret* de Berlim. Ênfase verbal confinando com uma artificialidade de ritual, processos de distanciamento que forçam o ouvinte a refletir e a convicção de que não só o obviamente "artístico", mas também o prosaico, o trivial, o vulgar merece ser levado à cena caracterizam essas obras de menor porte criadas entre 1910-1915, cuja importância fertilizadora, para os gêneros teatrais em grande escala, será muito grande.

A penúria de recursos e de pessoal, pois muitos dos artistas são enviados para a frente de batalha, faz com que o ritmo da vida musical alemã decresça consideravelmente durante a I Guerra Mundial. Mas ela não se interrompe. Embora seja necessário adiar a estréia de alguns títulos – *A Mulher sem Sombra*, de R. Strauss, por exemplo – obras importantes como a *Mona Lisa*, de Schillings, *Os Olhos Mortos*, de D'Albert, *Uma Tragédia Florentina*, de Zemlinsky, e *Palestrina*, de Pfitzner, conseguem chegar à cena nesse período. Mas o entusiasmo inicial com a idéia de "defender a cultura germânica" e de encontrar na guerra "uma forma de renovação purificadora", que fizera até mesmo pacifistas como o escritor Ernst Toller e o poeta Klabund assinarem um documento de apoio ao militarismo (o *Manifesto dos 93*), logo cede lugar à desesperança, a uma poesia e música amargas, cheias de visões alucinadas de destruição e morte. Durante o conflito, a poesia e a pintura expressionista vivem seus dias de glória e também de declínio.

Depois da guerra, assiste-se a dois fenômenos paralelos: enquanto o Expressionismo pictórico se transforma, surgem tendências expressionistas periféricas no teatro e principalmente no cinema, que anexam, sobretudo na cenografia, o estilo da pintura. É o momento em que o até então incipiente cinema alemão vai florescer numa escola muito rica e de grande influência a nível europeu. Em clássicos como *O Gabinete do Dr. Caligari*, de Robert Wiene, *Dr. Mabuse* e *Metropolis*, de Fritz Lang, *Nosferatu* e *Faust*, de Friedrich Murnau, desenvolve-se o tipo de cenário com perspectivas deformadas, linhas oblíquas, paredes que parecem prestes a ruir, maquiagem pesada e artificial, figurino que acentua a irrealidade das personagens, linha interpretativa que beira deliberadamente a caricatura – traços que exercerão profunda influência em todas as artes cênicas da época.

No teatro e cinema expressionistas, porém, não se observa o subjetivismo puro e intransigente da primeira hora do Expressionismo pictórico, pois os tempos são outros. Na própria pintura, as condições penosas do pós-guerra estão fazendo surgir uma arte que volta-se para fora, sai da torre de marfim e testemunha sobre a realidade. A crítica social surge com toda força nas obras intensamente satíricas de Dix e Grosz, e a ideologia comunista condiciona a compaixão e o tom de denúncia e de luta em favor dos oprimidos que há, por exemplo, nas gravuras de Käthe Kollwitz.

Músico que também era pintor, Arnold Schönberg teve, desde cedo, relações muito próximas com os artistas plásticos expressionistas. Como a arte desses pintores, de subjetivismo extremado, supõe a rejeição das formas e técnicas tradicionais, tem sido costumeiro equacionar o Expressionismo com as primeiras experiências atonais. De expressionistas têm sido chamadas as obras pré-seriais de Schönberg – a cantata *Gurre Lieder*, o monodrama *Erwartung* (A Espera) – ou de Alban Berg: a ária *Der Wein* (O Vinho) sobre poema de Baudelaire, a *Suíte Lírica*, e até mesmo a ópera *Wozzeck*, baseada na peça de Georg Büchner, dramaturgo que viveu na plenitude romântica, mas é reivindicado como um dos precursores à distância do Expressionismo.

Mas será limitar o sentido do termo e o âmbito da influência dessa escola supor que, na música, ela tenha influenciado apenas os compositores que romperam com o sistema tonal. Expressionismo é um subsídio fundamental para a compreensão de obras que, embora permanecendo tonais, constituem significativo afastamento da norma. É o caso da *Salomé* e da *Elektra*, de Richard Strauss; da tendência à deformação que se observa em Gustav Mahler; da atração de Franz Schreker pela temática mórbida – momentos de confluência do Expressionismo com o Neo-romantismo decadentista. E trata-se de um conceito fundamental para entendermos determinados aspectos da dramaturgia de Hindemith, Krenek, Wellesz ou até mesmo da ópera politizada de Kurt Weill.

Nova Objetividade e Neoclassicismo

O clima depressivo, com a humilhação da derrota, e as más condições socioeconômicas após a I Guerra geram um pessimismo que acentua a tendência, inata nos povos germânicos, à introspecção, ao egocentrismo, à atração pelo esoterismo, ao comportamento tortuoso e atormentado. É dolorosa também a desaparição, no campo de batalha, de alguns dos mais promissores nomes da nova geração – e uma das mais irreparáveis é a de Rudi Stephan (1887-1915), cuja única ópera, *Die ersten Menschen* (Os Primeiros Homens), representada em Frankfurt em 1920, exerceu forte influência sobre Hindemith.

É nas composições instrumentais de Stephan escritas entre 1911-1913 – reunidas sob o título abstrato de "Musik" (*Música para Sete Instrumentos de Corda, Música para Orquestra, Música para Violino e Orquestra*) – que vamos encontrar os primeiros sinais do desejo de reagir aos excessos de melancolia e pessimismo do período precedente. Sua escrita, de uma maneira que ainda se prende aos maneirismos expressionistas, já está cheia do desejo de dar um tom mais extrovertido à peça e à execução ao utilizar, constantemente, indicações do tipo: *Ausdruck!* (expressivo), *zart!* (terno), *hervortreten!* (soltando-se), *mit grösster Ausdruck!* (com a maior expressão possível), *sehr ausdrucksvoll!* (cheio de expressão), *wärmster Ausdruck!* (com a expressão mais calorosa). Dessa vontade de renovação vai surgir, na década de 1920, a *Neue Sachlichkeit* (Nova Objetividade), movimento tipicamente anti-romântico, cuja ofensiva contra o pessimismo se caracteriza por:

– Atitude irônica em relação aos antigos ideais e ao sistema de valores responsável pelo aparecimento da geração do conflito de 1914-1918.
– Busca de valores novos que vão ser encontrados no progresso da vida contemporânea. Em fevereiro de 1927, no nº VI/2 da revista *Melos*, o crítico Hans Stuckenschmidt exorta o músico a "abandonar sua mesa de trabalho, sair ao ar livre, entrar no metrô e nas fábricas, parar de raciocinar". A visão messiânica revolucionária dos românticos converte-se em pragmatismo materialista.
– Prazer no superficial e no supérfluo, entendidos como um depurativo, uma forma de ajudar a superar os sentimentos depressivos gerados pela tormenta inflacionária – típico do período de estabilização em que, aparentemente superadas as agruras da primeira fase de crise, quer-se desfrutar dos bens readquiridos.
– Prática de esquemas formais claros e ordenados, que rejeitem a emotividade romântica exacerbada e valorizem a simplicidade das formas populares (um conjunto de atitudes que baterá de frente com o conservadorismo do ideário nazista).
– Culto do ritmo enquanto referência básica da vida moderna, ilustrada pela máquina, o esporte, a dança.

Esta é também a época em que as referências culturais estão mudando. Toda a Europa encanta-se com a descoberta dos "primitivos", as artes plásticas inspiram-se na arte "exótica" da África, da Ásia ou das Américas; a música busca fontes de renovação em ritmos populares estrangeiros – jazz, ragtime, tango, o folclore de outros povos – como uma forma também de desafiar os sacrossantos modelos de um passado recente que se quer questionar. Por muito tempo fechada sobre si mesma, a Alemanha vai se abrir para as influências externas: a da vizinha França em primeiro lugar; a dos Estados Unidos em seguida.

A princípio dominada pelo espírito expressionista, só num segundo momento a Alemanha começa a absorver o tipo de objetividade proposto pelas correntes vanguardistas francesas: Satie e Stravínski, desde 1915; a ação de Jean Cocteau e do Groupe des Six depois de 1918. Isolada pelas conseqüências da guerra, a Alemanha vai demorar para superar os últimos resquícios românticos. Só em dezembro de 1925 Stuckenschmidt frisa a importância do autor de *Parade* no artigo "Notizen zur Jüngsten französischen Musik" (Notícia sobre a Jovem Música Francesa), publicado nas *Musikblätter des Anbruch*. Darius Milhaud, que colabora frequentemente com o Festival de Baden-Baden, será um dos vasos comunicantes para essa abertura européia.

Outro elemento importante, no plano da abertura para o exterior, é o americanismo. Para o homem comum, os Estados Unidos são objeto de fascínio através do cinema, do jazz, da tecnologia, do progresso acelerado – a indústria automobilística (a autobiografia de Henry Ford é um dos best-sellers de 1923), a da construção civil, que faz surgirem os arranha-céus, o desenvolvimento vertiginoso da comunicação com o rádio – ou de proezas como o vôo do aviador Charles Lindbergh, em maio de 1927. Mas os intelectuais percebem de forma muito ambígua o *american way of life* e o desenvolvimento do capitalismo. *Na Selva das Cidades* (1923), de Bertolt Brecht, ilustra muito bem essa dualidade: reflete todo o modernismo do estilo de vida do Novo Mundo, mas representa a violência do combate social ao colocar as suas personagens dentro de um ringue de boxe.

Para o objeto de nosso estudo, naturalmente, o ingrediente de maior interesse é o jazz – até mesmo porque o jazz liga-se também à influência francesa, na medida em que o Groupe des Six e Stravínski já se tinham deixado atrair pelos ritmos negros americanos. Desde o final da I Guerra, os locais de lazer tinham sido invadidos pelas "orquestras de dança orgiásticas", como disse Paul Bernhard em *Jazz, eine musikalische Zeitfrage* (Jazz, uma Resposta Musical para o Nosso Tempo), de 1927. Mas é em torno de 1925 que Berlim descobre Sam Wooding, Duke Ellington, Josephine Baker e o jazz sinfônico de Paul Whiteman, que vai indicar um caminho de revitalização para a música erudita. Em 1926, a revista *Chocolate Kiddies* estoura a bilheteria no Grosses Schauspielhaus e os discos de música americana inundam o mercado alemão, "enfeitiçando literalmente os intelectuais europeus com a alquimia do contraste entre o trompete, o trombone e o saxofone" (Alfred Polgar na revista *Die Weltbühne*).

A vanguarda mostra-se logo receptiva às possibilidades de enriquecimento do repertório sério com o jazz. Dois anos depois do número especial das revista *Anbruch* sobre essa modalidade de música, Paul Bernhard e Bernhard Egg publicam o *Jazzfremdenwörterbuch* (Dicionário das Palavras Estrangeiras no Jazz). E em 1928, Bernhard Sekles e Matyas Seiber abrem, no Conservatório de Frankfurt, o primeiro curso de música popular negro-americana. Diante disso, no artigo citado da revista *Melos*, Stuckenschmidt afirma:

> A influência direta e indireta do jazz é tão grande que pode-se dizer que 90% da Música Nova é impensável sem ele.

As primeiras experiências esporádicas são feitas em 1919 por Hindemith e Erwin Schuhlhoff. Mas o primeiro a usar sistematicamente as formas jazzísticas em composições eruditas é o russo Louis Grünberg, aluno de Busoni, no *Daniel Jazz* para piano e orquestra (1925) e, sobretudo, nos *20 Negro Spirituals* para voz e piano (1926), que não hesitam em traçar o paralelo entre a improvisação do jazz e a do Barroco, e entre o clima espiritual da música religiosa negra e a de Bach. Wilhelm Grosz, Karl Amadeus Hartmann, Eduard

Künneke, Schuhlhoff o seguem. A ópera *Der Sprung über den Schatten* (O Salto sobre a Sombra) de Krenek constitui, em 1923, a primeira tentativa estruturada de assimilação orgânica dos ritmos de dança numa textura musical *durchkomponiert*. E em 1927, diz Pascal Huynh,

> *Jonny spielt auf* marca um ponto de chegada composicional e estético, uma estabilização dentro da estabilização: utiliza o jazz como valor ideológico num contexto dramático fundamentado no antagonismo e na inibição. Expressão da emancipação e do americanismo conquistador, a dança aparece ao mesmo tempo como um elemento de tensão e de libertação dentro de um esquema de escrita operística tradicional. O próprio Krenek assim justificou o uso dramático do jazz, que comparou à função da valsa no *Cavaleiro da Rosa*, de Richard Strauss.

O jazz se presta admiravelmente, de resto, aos objetivos de compositores como Weill ou Krenek: o primeiro quer escrever para as massas e ajudá-las a conscientizarem-se de sua situação social; o segundo deseja estabelecer a correlação entre o teatro e a vida moderna – ambos exploram, portanto, o veio da ópera que se volta para a atualidade e propõem o modelo, objetivo, realista, irônico, da *Zeitoper* (a ópera de seu tempo), com temática e estilo musical contemporâneos.

Por outro lado, uma das características fundamentais da Nova Objetividade é a tentativa de resgatar valores mais antigos, sólidos e preciosos, que tinham sido esquecidos ou postos de lado. Há nessa atitude uma forma de lutar contra a total dissolução formal (abstração, atonalismo, verso livre, cinema e teatro de vanguarda) a que se tinha chegado como uma conseqüência extrema do Expressionismo. Num momento em que proliferam "ismos" preconizadores da liberdade total, da anarquia mesmo – Dadaísmo, Surrealismo, Futurismo –, a Nova Objetividade enverada por um caminho que a leva a valorizar a tonalidade, as formas clássicas, o retorno ao tradicionalismo.

Isso a aproxima muito do conceito de "novo classicismo" formulado por Ferruccio Busoni em seu *Entwurf einer neuen Ästhetik der Tonkunst* (Esboço de uma Nova Estética da Arte Musical). Publicado em Trieste em 1907, esse opúsculo haveria de causar grande impressão ao ser reeditado em 1916. O Neoclassicismo será abraçado, na década de 1920, por compositores que, por um lado, não querem prosseguir num caminho pós-romântico que consideram esgotado e, por outro, vêem nele uma forma de resistir à dissolução dos mais sólidos valores da tradição musical, ameaçados pelas pesquisas dos grupos de vanguarda. Essa aproximação é tão forte e natural que Paul Griffiths, na *Thames & Hudson Encyclopaedia of 20th Century Music*, chega a afirmar:

> A Nova Objetividade faz parte, obviamente, do fenômeno chamado de Neoclassicismo.

Os músicos alemães vinculados à *Neue Sachlichkeit* sentem-se, de fato, extremamente atraídos pelas experiências "neoclássicas" iniciadas por Busoni (*Arlecchino*, 1916, e *Turandot*, 1917) e depois pelos russos Serguêi Prokófiev (*Sinfonia Clássica*, 1917; *O Amor de Três Laranjas*, 1921) e Igor Stravínski (*Pulcinella*, 1920).

Alguns motivos influem também na gestação desse tipo de música:

– A crise econômica do pós-guerra, que força a redução ou a dispersão das grandes orquestras, leva os autores a recorrer a formas clássicas que utilizem efetivos orquestrais reduzidos. Como se trata também de rejeitar as composições complexas e marcadas pelo subjetivismo da Era Romântica, abandonam-se o poema-sinfônico ou a sinfonia – que Bruckner, Mahler, Strauss, Schreker e o jovem Schönberg (do *Pelleas und Melisande* e do *Gurre Lieder*) tinham levado ao extremo da hipertrofia instrumental – em favor da simplicidade do concerto grosso, da suite barroca, das obras para teclado dos séculos XVII-XVIII.

– Intensificam-se os estudos sobre música antiga, divulgam-se pesquisas muito pormenorizadas sobre a *Commedia dell'arte* renascentista, são editadas partituras esquecidas de óperas barrocas. A isso corresponderá, nesta fase da História da Ópera, o gosto pela reconstituição de antigos modelos operísticos resultando – dentro e fora da Alemanha – na criação de títulos tão variados quanto a *Ariadne auf Naxos*, de R. Strauss, o *Arlecchino*, de Busoni, ou o

Cardillac, de Hindemith; *Le maschere*, de Mascagni ou *La donna serpente*, de Casella; *L'amour des trois oranges*, de Prokófiev, e *The Rake's Progress*, de Stravínski.

Não nos esqueçamos de que ao espírito da Nova Objetividade liga-se também a proposta da *Gebrauchsmusik* (música funcional), feita por Hindemith: a da composição de música "para uso diário", que satisfaça a demanda de um meio ou ocasião particular. A "música funcional" visa a romper com a concepção romântica da obra de arte como o fruto de um momento excepcional de iluminação, recolocando-a dentro da dimensão que teve, no Barroco e no Classicismo, de um artefato produzido por homens como Bach ou Telemann, plenamente integrados nas necessidades da vida cotidiana, capazes de fornecer regularmente, para cada uma das festas religiosas da igreja em que trabalhavam, cantatas do mais alto apuro técnico e expressivo.

O conceito de *Gebrauchsmusik* assumiu conotação particular nas mãos de músicos engajados como Hanns Eisler ou Paul Dessau, que fizeram dela o instrumento de veiculação das doutrinas políticas em que acreditavam. Por outro lado, prestou-se também às críticas dos que acusavam os seus praticantes de terem objetivos meramente comerciais (vítimas dessa incompreensão foram, em especial, compositores como Erich Korngold ou Ernst Toch, que produziram trilhas sonoras para o cinema). A tal ponto que, em *A Composer's World: Horizons and Limitations*, série de conferências que publicou em 1950, Hindemith chega a arrepender-se de ter formulado o conceito de "música funcional", queixando-se de nunca ter sido "capaz de eliminar essa palavra boba e a classificação sem escrúpulos que sempre a acompanhou".

Neo-romantismo, Expressionismo, Neoclassicismo, Nova Objetividade: estas são tendências paralelas que, numa época muito conturbada, em que a evolução dos modismos estéticos já se dá com grande velocidade, aparecem muitas vezes sobrepostas e – como se verá a seguir – até mesmo passam, na obra de certos artistas, por um difícil processo de convivência.

Richard Strauss

Alemão originário da Baviera, Richard Georg Strauss (1864-1949) não tem parentesco algum com os Strauss vienenses – e menos ainda com Oskar Straus, que também compunha operetas e, para desvincular-se do autor do *Morcego*, eliminou o último "s" de seu sobrenome. Nascido menos de dez anos depois da morte de Schumann, um dos maiores operistas deste século morreu um ano depois de Pierre Schaeffer formular o conceito de música concreta. Foi contemporâneo de Brahms mas também de Karlheinz Stockhausen; de Berlioz e de Pierre Boulez. Assistiu a mais de setenta anos da História da Música e, em sua obra, deu testemunho de seus momentos mais determinantes:

– o debate musical Brahms-Wagner (a *Burleske*, para piano e orquestra);
– o debate filosófico Wagner-Nietzsche (o poema sinfônico *Assim Falava Zaratustra*);
– a estética decadentista fim de século, já prenunciando o Expressionismo (*Salomé*, da peça de Oscar Wilde) ou ainda carregada de influência simbolista (*A Mulher sem Sombra* e *A Helena Egípcia*);
– a revalorização germânica do helenismo (*Elektra* e, mais tarde, *Dafne* e *O Amor de Danaé*; a *Procissão da Panatenéia*, para piano e orquestra);
– a redescoberta do Barroco e do Classicismo (*O Cavaleiro da Rosa* e *Ariadne em Naxos*; as obras concertantes "mozartianas" do fim da carreira);
– a voga, no pós-guerra, de um teatro intimista e burguês (*Intermezzo* e *Arabella*);
– a revalorização da tradição alemã da *Komische Oper* (*A Mulher Silenciosa*);
– o testemunho sobre a dureza da guerra e o absurdo do militarismo (*Dia de Paz*; as *Metamorfoses*);
– o gosto contemporâneo pela metalinguagem e a reflexão sobre as regras internas que condicionam a gestação da obra de arte (*Capriccio*).

Poucos compositores foram materialmente tão bem-sucedidos quanto este homem – considerado também um dos maiores regentes de seu tempo –, a ponto de isso lhe ter sido recriminado como prova de que era mercenário. Na verdade, o que nunca lhe perdoavam era não ter nada em comum com o estereótipo romântico do artista torturado e paupérrimo. Strauss era próspero, feliz no casamento, profissionalmente bem realizado, totalmente dedicado à sua profissão – que só trocava por um joguinho de cartas com os parceiros de *skat* (tão importante em sua vida que chegou a retratá-lo numa das cenas mais saborosas de *Intermezzo*, a sua comédia autobiográfica). Para ele a criação era o fruto não de um rompante de inspiração, mas de um trabalho sistemático e coerente, iniciado desde muito cedo.

Filho de Franz Strauss, o maior trompista alemão do fim do século, aos 21 anos Richard já era assistente na Ópera de Meiningen; aos 25, *Kappelmeister* da corte de Weimar e, aos 34, músico oficial do Kaiser, em Berlim. Mais tarde, exerceu durante algum tempo o cargo de presidente do *Reichsmusikkammer* (uma espécie de ministério da Música) durante o Nazismo – e por isso foi muito criticado, tendo de passar, depois da II Guerra, pelo Comitê de Desnazificação que, em junho de 1948, o exonerou das acusações que lhe eram feitas. Na fase final da carreira (1941-1948), quando já se proclamava o declínio total de sua obra, foi capaz de um verdadeiro "Indian Summer", um extraordinário surto de criatividade, que assistiu ao nascimento de uma ópera original como *Capriccio*. Ou das *Metamorfoses*, estudo para 23 instrumentos de corda, sobre o tema da "Marcha fúnebre" da *Eroica*, elegia para a Alemanha de Mozart, Goethe e Beethoven, arrasada pela guerra, que tem uma sobriedade de expressão próxima à das pesquisas de escrita da Escola de Viena. E sobretudo das *Quatro Últimas Canções*, sobre poemas de Hermann Hesse e Eichendorf. Coroando a obra de um dos maiores autores de *lieder* da Alemanha, esse pequeno ciclo para voz e orquestra constitui a serena meditação sobre a velhice e a espera da morte feita por um músico em paz consigo mesmo e com sua criação.

Para a orientação do leitor, incluímos aqui a lista das óperas de Strauss seguida de informações sobre o libreto, a data de estréia e de uma breve sinopse da ação. No final deste capítulo, há uma Discografia Seletiva, na qual estão registradas apenas as gravações comerciais mais importantes. Para o volume específico desta coleção dedicado à obra do compositor reserva-se o levantamento extensivo do que existe documentado em disco e vídeo.

1. *Guntram* – libreto original do próprio compositor; Grossherzogliches Hoftheater de Weimar, 10.5.1894; regente: o autor.

A Sagrada Sociedade para a Paz, união secreta de Minnesingers (trovadores), incumbe o cavaleiro Guntram de libertar os súditos do opressivo duque Robert. Ele salva Freihild, a mulher do duque que, enojada com a crueldade do marido, pensava em suicidar-se; e apaixona-se por ela. Guntram participa de um concurso de canto, mas Robert, considerando subversiva a sua ode à liberdade, o desafia para um duelo e é morto. Guntram atormenta-se com a idéia de que, por amor a Freihild, desejara a morte de seu marido e, por isso, recusa o julgamento por seus companheiros: opta por castigar-se com uma vida de solidão.

2. *Feuersnot* (A Necessidade do Fogo) – libreto de Ernst von Wolzogen, baseado numa lenda flamenga recolhida por Johann Wilhelm Wolf; Königliches Opernhaus de Dresden, 21.11.1901; regente: Ernst von Schuch.

A ação passa-se em Munique, no século XII, no auge do verão. Dietmut, a filha do burgomestre, ridiculariza Kunrad, que está apaixonado por ela: faz com que ele suba num monta-cargas, dando-lhe a entender que vai permitir-lhe entrar em seu quarto mas, quando ele está pelo meio do caminho, deixa-o dependurado, exposto às risadas de toda a cidade. Para castigá-la por sua crueldade, todo o fogo se apaga, deixando a cidade às escuras. A luz só volta quando Dietmut, convencida do amor de Kunrad, recebe-o em seu quarto e entrega-se a ele.

3. *Salomé* – da peça de Oscar Wilde traduzida por Hedwig Lachmann; K. O. de Dresden, 9.12.1905; regente: Von Schuch.

A princesa Salomé, filha da rainha Herodíades, está fascinada por Jokanaan, o profeta, aprisionado no poço do palácio. Mas ele a rejeita e exorta a não imitar a vida de pecados de sua mãe. O rei Herodes, que deseja a enteada, pede-lhe que dance para ele, prometendo dar-lhe o que quiser em recompensa. Ela dança e, em troca, exige que Herodes lhe ofereça a cabeça de Jokanaan numa bandeja. Num êxtase erótico, ela beija a cabeça decepada até que Herodes, revoltado, dê ordem a seus soldados para que a matem.

4. *Elektra* – peça de Hugo von Hofmannsthal, baseada em Sófocles; K. O. de Dresden, 25.1.1909; regente: Von Schuch.

Mantida como criada no palácio de seu pai Agamemnon, a princesa Elektra jura vingar sua morte – ele foi assassinado pela esposa, Clitemnestra, e o amante dela, Egisto, ao voltar da Guerra de Tróia –, e em vão pede a Crisótemis, sua irmã mais nova, que a ajude. Clitemnestra, perseguida pelo remorso, consola-se com a notícia de que seu filho Orestes morreu e, portanto, nada mais fará contra ela. Mas a notícia é falsa: Orestes volta incógnito ao palácio, dá-se a conhecer a Elektra, recebe de suas mãos o machado com que Agamemnon foi morto e, com ele, trucida a mãe e Egisto. Louca de alegria, Elektra dança em triunfo, até cair morta de exaustão.

5. *Der Rosenkavalier* (O Cavaleiro da Rosa) – libreto de Hofmannsthal; K. O. de Dresden, 26.1.1911; regente: Von Schuch.

A ação passa-se em Viena, no século XVIII, durante o reinado da imperatriz Maria Teresa. Aproveitando uma das freqüentes ausências de seu marido, a marechala Marie Therese von Werdenberg acaba de passar a noite com o jovem Octavian, seu amante. De manhã cedo, eles são surpreendidos pela chegada inesperada do barão Ochs von Lerchenau, primo distante da marechala, que mora no campo. Ele vem lhe pedir que indique alguém da nobreza para apresentar, ao rico banqueiro Faninal, o pedido da mão de sua filha Sophie em casamento. O aparecimento repentino de Ochs não dá tempo a Octavian de se retirar e, para não ser apanhado em flagrante, ele é obrigado a envergar o único disfarce que encontra: o uniforme de uma empregadinha. Apresenta-se com o nome de "Mariandel" e o barão, que não pode ver um rabo de saia sem tentar a sorte, põe-se imediatamente a fazer-lhe a corte. Irritada com seu comportamento, Marie Therese sugere que ele convide o nobre Octavian Rofrano para desincumbir-se da cerimônia de entrega de uma rosa de prata à futura noiva.

Ao visitar a casa de Faninal para entregar a rosa, Octavian apaixona-se por Sophie e fica indignado com a forma grosseira como Ochs a trata. Acaba desafiando o barão para um duelo e ferindo-o levemente. Lembrando-se das tentativas que ele fez, de manhã, de seduzir a 'criada' da marechala, Octavian decide, com a ajuda do casal de intrigantes Annina e Valzacchi, atraí-lo para uma armadilha que há de desmoralizá-lo. Marca um encontro entre Ochs e "Mariandel" em uma hospedaria e, ali, submete-o a todo tipo de situação ridícula, até fazer fracassar inteiramente seus projetos matrimoniais. A essa altura, a marechala, também atraída à hospedaria, já percebeu a atração existente entre seu amante e uma mocinha de sua idade; e compreendeu ter chegado a hora de afastar-se, deixando o caminho livre para que eles se unam. Numa atitude extremamente nobre, entrega Octavian a Sophie e vai embora, para que eles sejam felizes juntos.

6. *Ariadne auf Naxos* (Ariadne em Naxos) – libreto de Hofmannsthal; primeira versão em um ato: Kleines Haus do Hoftheater de Stuttgart, 25.10.1912, regida pelo autor; versão definitiva com o Prólogo: Hoftheater de Viena, 4.10.1916; regente: Franz Schalk.

Na primeira versão, a ópera era um *divertissement* a ser apresentado no final da encenação do *Burguês Fidalgo*, de Molière. Como esse espetáculo era proibitivamente longo e teatralmente impraticável, por exigir duas companhias diferentes, Strauss e Hofmannsthal o reformularam numa segunda versão em que a ópera é precedida de um Prólogo.

O Prólogo passa-se no século XVIII, "na casa do homem mais rico de Viena". O Compositor está se preparando para encenar a sua nova *opera seria* logo após a apresentação de um grupo de comediantes, quando o Mordomo vem lhe avisar que, para não atrasar a exibição de fogos de artifícios prevista para o fim da noite, o patrão decidiu que os dois espetáculos serão mostrados juntos. O Compositor fica desesperado, certo de que uma coisa arruinará totalmente o efeito da outra, mas é consolado primeiro por seu Professor de Música, depois por Zerbinetta, a líder da companhia de *Commedia dell'arte*.

A ópera propriamente dita conta o episódio mitológico: abandonada por Teseu na ilha de Naxos, Ariadne é resgatada pelo deus Baco que, apaixonado por ela, leva-a consigo para o céu. A história mistura-se com as brincadeiras dos comediantes; e aos negros sentimentos de frustração da protagonista opõe-se a pragmática filosofia de vida de Zerbinetta: para cada amor perdido há pelos dez novos amores a serem conquistados.

7. *Die Frau ohne Schatten* (A Mulher sem Sombra) – libreto de Hofmannsthal; Hofoper de Viena, 10.10.1919; regente: Schalk.

Combinando elementos tirados de diversas fontes lendárias e literárias, o conto de fadas construído por Hofmannsthal conta a história da filha de Keikobad, o rei dos espíritos, que assumiu forma humana para casar-se com o jovem e belo Imperador. Mas ela não projeta sombra – símbolo de sua esterilidade – e um mensageiro vem lhe dizer que se, dentro de três dias, ela não obtiver a sombra, seu marido há de se converter em pedra e ela terá de retornar a seu mundo sobrenatural. Ajudada pela Ama – figura ambígua, que lhe é muito devotada mas, ao mesmo tempo, odeia os seres humanos e, por isso, deseja voltar ao mundo dos espíritos –, a Imperatriz desce à terra, onde se emprega em casa de Barak, o tintureiro. Fazem isso porque sabem que a Mulher do tintureiro, insatisfeita com a vida que leva, está disposta a vender a própria sombra – renunciando assim à maternidade –, em troca de fortuna. Ao cabo de uma série de peripécias, Barak e sua Mulher concluem que se amam e não querem se separar. Ao mesmo tempo, embora o Imperador já tenha começado a se petrificar, a Imperatriz percebe que não pode, ainda que para salvar a vida de seu esposo, privar um ser humano de sua sombra. Diante da generosidade de seu gesto, os espíritos a recompensam fazendo surgir a seus pés a sombra tão desejada – e os dois casais celebram um amor que, agora, será abençoado com descendência.

8. *Intermezzo* "uma comédia burguesa com interlúdios sinfônicos" – libreto do próprio compositor baseado em um incidente autobiográfico; Sächsische Staatstheater de Dresden, 4.11.1924; regente: Fritz Busch.

Durante a ausência do regente Robert Storch, que está fazendo uma turnê de concertos na Áustria, o jovem barão Lummer faz a corte a Christine, sua mulher; mas esta logo percebe que ele está interessado apenas em seu dinheiro. Nesse meio tempo, chega a seu endereço uma carta comprometedora, endereçada por engano a Storch, mas destinada, na verdade, ao maestro Stroh, de nome parecido. Antes mesmo de averiguar o que aconteceu, a impulsiva Christine decide pedir o divórcio. A reconciliação só é possível depois que Stroh explica a frau Storch que era ele o alvo da admiradora desconhecida.

9. *Die Ägyptische Helena* (A Helena Egípcia) – libreto de Hofmannsthal; S. S. de Dresden, 6.6.1928; regente: Busch.

A feiticeira Aithra, filha do rei do Egito, descobre que o rei Menelau pretende matar Helena, a causadora da Guerra de Tróia. Ela faz o barco em que eles viajam naufragar, dá a Helena um filtro que apaga as suas lembranças do passado e diz a Menelau que, enquanto ele esteve lutando em Tróia, a verdadeira Helena esteve adormecida no Egito. O príncipe Páris tinha levado consigo apenas um simulacro da rainha espartana. Sob o encantamento de Aithra, o casal viaja pelo deserto e Menelaus é convidado a caçar com Altair e seu filho Da-Ud, dois chefes árabes apaixonados por Helena. Numa crise de ciúmes, Menelau mata Da-Ud. Helena descobre o antídoto para o filtro de Aithra, o casal recupera a consciência e se reconcilia.

10. *Arabella* – libreto de Hofmannsthal; S. S. de Dresden, 1º.7.1933; regente: Clemens Krauss.

Em Viena, durante o Carnaval de 1860. O jogador compulsivo conde Waldner está sempre endividado e não tem condições de oferecer dote a duas filhas; por isso, cria Zdenka, a mais nova, como se fosse um rapaz. À procura de um marido rico para Arabella, a mais velha, manda seu retrato a um antigo colega de regimento, homem muito abastado, sem saber que ele já morreu. Tempos depois, recebe a visita de Mandryka, o sobrinho de seu colega, que se apaixonou pelo retrato e veio pedir a mão de Arabella em casamento. Apresentada ao pretendente, a moça gosta dele e aceita o pedido. Mas aquela noite, durante o baile, Mandryka ouve o que não deve: Zdenka, apaixonada pelo jovem Matteo, que gosta de Arabella, o atrai para um encontro fazendo-o crer que é com sua irmã que ele vai estar. Achando que já está sendo traído antes mesmo de ter-se casado, Mandryka faz um escândalo e, constrangido, descobre o que realmente acontecera. Quando já acredita ter arruinado de vez a possibilidade do casamento com Arabella, a moça lhe oferece um copo de água – que, segundo o antigo costume croata simboliza a pureza da noiva – para que o bebam juntos, em sinal de fidelidade. E Mandryka compreende que ela o ama e o perdoou.

11. *Die schweigsame Frau* (A Mulher Silenciosa) – libreto de Stefan Zweig baseado na peça *Epicoene or the Silent Woman*, de Ben Johnson, e em idéias tiradas do *Don Pasquale*,

de Donizetti; S. S. de Dresden, 24.6.1935; regente: Karl Böhm.

Londres, 1780. Sir Morosus, almirante aposentado e neurastênico, não tolera barulho de espécie alguma. Ele não sabe que seu sobrinho Henry se casou secretamente com Aminta e os dois fazem parte de uma trupe de atores ambulantes. Como Morosus manifesta o desejo de casar-se de novo, seu amigo o Barbeiro – de cumplicidade com Henry – arranja um casamento forjado com 'Timida', na verdade Aminta disfarçada. Depois de casada, Timida revela ser uma megera barulhentíssima. Para ter sossego, Morosus separa-se dela, abençoa seu casamento com Henry – e assume uma atitude mais tolerante em relação à vida.

12. *Friedenstag* (Dia de Paz) – libreto de Josef Gregor baseado numa sinopse de Zweig inspirada em *La Redición de Breda*, de Calderón de La Barca; Nationaltheater de Munique, 24 de julho de 1938; regente: Krauss.

Em outubro de 1648, o Comandante da cidadela holandesa de Breda, assediada pelos espanhóis, prefere mandar sua fortaleza pelos ares a render-se ao inimigo. Sua mulher, Maria, é quem lhe faz um apelo para que aceite negociar a paz e deixe que a solidariedade substitua o ódio. Quando ele está começando a deixar-se convencer, chega um mensageiro anunciando a assinatura do Tratado de Paz de Vestfália, e os dois comandantes, encontrando-se, estendem-se a mão. A ópera termina com um hino à paz.

13. *Daphne* – libreto de Gregor; S. S. de Dresden; regente: Böhm.

Dafne, a filha de Peneios e Gaia, é repreendida por sua mãe por rejeitar o pastor Leucipo, que a ama. O deus Apolo, que se apaixonou pela garota, desce à Terra disfarçado de pastor e tenta seduzi-la, mas também é rejeitado. Tendo revelado ser o deus do sol, Apolo mata Leucipo, o seu rival, o que deixa Dafne desesperada. Condoído de seu sofrimento, Apolo pede a Zeus que a transforme em um loureiro (e com as folhas colhidas nessa árvore faz a coroa que passa a ser o símbolo da poesia).

14. *Die Liebe der Danae* (O Amor de Danae) – libreto de Gregor a partir de um roteiro deixado por Hofmannsthal; ouvida no ensaio geral, no Festival de Salzburgo, em 16.8.1944, sob a regência de C. Krauss, mas não apresentada; estréia póstuma no Grosses Festspielhaus de Salzburgo em 14.8.1952; regente: Krauss.

Júpiter visita em seus sonhos, sob a forma de uma chuva de ouro, a princesa Danaé, filha de Pollux, rei de Eos. Em seguida, assume a forma de Midas, a quem ela ama, e consegue seduzi-la. Júpiter concede a Midas o toque mágico; mas o adverte de que o perderá se o desobedecer. Apesar disso, Midas toca em Danaé e ela se converte numa estátua de ouro. O deus devolve à moça a forma mortal e dá-lhe a chance de escolher entre ele, que a salvou, e o seu namorado. Mas ao saber o motivo por que Midas perdeu seus poderes, ela o escolhe. Júpiter ainda tenta conquistar Danaé disfarçando-se de mendigo; ainda assim é ao outro que ela prefere. Impressionado por sua lealdade a Midas, Júpiter dá sua benção ao casal e permite que se unam.

15. *Capriccio* "conversação musical em um ato" – libreto de Clemens Krauss (e vários colaboradores) tomando como ponto de partida a ópera *Prima la Musica poi le Parole*, de Antonio Salieri; Bayerische Staatsoper de Munique, 28.10.1942; regente: Krauss.

Nos arredores de Paris, em 1775, no auge da polêmica entre os partidários das propostas de Gluck para a reforma da ópera e os adeptos do modelo italiano tradicional representado por Piccini. A condessa Madeleine, cujo aniversário está sendo comemorado naquele dia, é amada pelo compositor Flamand e pelo poeta Olivier. Durante a festa, debate-se o que é mais importante na ópera: o texto ou a música – e o empresário La Roche puxa a brasa para a sua sardinha, defendendo a importância das montagens luxuosas, cheias de efeitos especiais. La Roche desafia Flamand e Olivier a escreverem uma ópera inspirada nos acontecimentos daquele dia. Quando todos os convidados se retiram, ficamos sabendo que Madeleine marcou um encontro com os dois pretendentes, no dia seguinte, no mesmo lugar e na mesma hora – mas não pretende comparecer, pois ainda não se decidiu com qual dos dois quer ficar. Na verdade, ela simboliza a ópera e, assim sendo, não pode dispensar seus dois amores, a poesia e a música. Por isso, deixou-lhes um bilhete pedindo-lhes que se unam e componham juntos a ópera sugerida por La Roche.

Considerada superficialmente, a obra de Richard Strauss parece desconexa como se, ao longo de seus 75 anos de atividade, ele tivesse apenas querido demonstrar que a sua inspiração poderia adaptar-se à máxima diversidade formal. Não faltou tampouco quem o acusasse de ter declinado, depois do apogeu a que teria chegado com a modernidade de *Salomé* e *Elektra* e o inegável sucesso do *Cavaleiro da Rosa*. Esse é, hoje, um ponto de vista totalmente superado, como o demonstra a revalorização até mesmo de obras como *Friedenstag* ou *Die schweigsame Frau* que, durante algum tempo, pareciam condenadas ao esquecimento. Na verdade, em um músico como Strauss, que praticamente nasceu pronto – os sinais de maturidade surgem em obras escritas quando ele era ainda muito jovem, como a canção *Zueignung* (Dedicatória) ou o poema sinfônico *Don Juan* –, o conceito de *evolução* não vem muito ao caso. Melhor seria falar no de *adequação*. Inteiramente despreocupado de seguir escolas ou acompanhar modismos, detentor de riquíssimos recursos de escrita, Strauss sabe perfeitamente que estilo de música convém para cada assunto que se propõe a tratar.

Atonal, áspero e "modernista" na *Salomé* e na *Elektra*, ele voltará a esse tipo de linguagem na primeira parte de *Friedenstag*, porque o tipo de situação – o sofrimento de uma cidade que morre à míngua, assediada pelo inimigo – assim o exige. Mas à Viena de Mozart, no *Rosenkavalier*; à Viena do outro Strauss, na *Arabella*; à Paris dos tempos de Gluck, no *Capriccio*, não cabe dar o mesmo tratamento melódico e orquestral que à densa fábula oriental da *Frau ohne Schatten* ou à comediazinha doméstica de *Intermezzo*, ambientada em sua própria casa, na Berlim contemporânea. Para cada tema, Strauss encontra uma linguagem diferente, perfeitamente compatível, e de inventividade sempre renovada. Além disso, se observamos atentamente as etapas de sua carreira, ela progride de forma lógica, ordenada e consciente, em fases fáceis de delimitar.

1864-1885 são os anos das primeiras tentativas de composição, do culto a Brahms, muito nítido nas primeiras peças de câmara e no *Concerto nº 1* para trompa (dedicado a seu pai, é claro). São os anos da descoberta de Wagner, Liszt e Berlioz – a "música do futuro" de que Franz Strauss, mozartiano convicto, não gostava nem um pouco.

O período seguinte, 1885-1900, em que Richard edifica, em Meiningen, Munique, Weimar e Berlim, a fama como regente, é também a das grandes obras orquestrais, vastos painéis em que ele se liberta do molde descritivo do poema sinfônico lisztiano, abrindo-se para o que ele mesmo chama, numa carta a Romain Rolland, de "um programa poético que visa a expressar musicalmente as emoções, em vez de descrever musicalmente fatos concretos". Esta é também a fase da composição mais intensa de *lieder*: os de *opp*. 27 a 49, dedicados a Pauline de Ahna, a sua mulher, com quem fazia freqüentes turnês, apresentando-se em recitais de canções. *Lieder* em que está o prenúncio de que na música vocal residirá o melhor de sua criação.

A ópera começa relativamente tarde. Strauss já tem 28 anos quando, sob a influência de Alexander von Ritter, o spalla da orquestra de Meiningen – de quem falamos no capítulo sobre a *Märchenoper* –, adota um modelo estritamente wagneriano para escrever *Guntram* (1892), que ainda não tem nada de original. Mas, em 1901, em *Feuersnot* (A Necessidade do Fogo), já está visivelmente à procura de uma linguagem mais individual, embora os vínculos com *Os Mestres Cantores de Nuremberg* ainda sejam muito grandes. Essa é também a fase em que Strauss se torna o nome mais importante da vida musical alemã nos primeiros anos do século XX, o porta-voz da arte oficial. Instalando-se em Berlim em 1898, regeu, entre essa data e 1910, setecentas récitas de ópera; e entre 1908 e 1920, 225 concertos sinfônicos com a Staatskappelle. Mas não o fez de modo acadêmico ou conservador: admirava Mahler, encorajou o jovem Schönberg, e a frase famosa de Guilherme II – "Alimentei uma víbora no meu seio" – dá a medida dos atritos que teve com as autoridades, na defesa intransigente de suas posições de independência.

Entre 1905-1909, vem a ruptura. A música sensual, super-refinada da *Salomé* e a crueza e selvageria da *Elektra* levam a extremos o cromatismo wagneriano, o uso da dissonância e do politonalismo, dando a Strauss os motivos para ser admirado pela crítica de vanguarda que, depois, rejeitaria como decadente boa parte de sua produção. É a época em que entra em sua vida o dramaturgo austríaco Hugo von Hofmannsthal, autor da *Elektra*, durante 23 anos o seu libretista. Não podia haver dois homens mais diferentes: um, o esteta vienense de origem judia, refinadíssimo, de sensibilidade à flor da pele; o outro, o sólido burguês bávaro com os pés firmemente plantados do chão. Admiravam-se mutuamente como artistas, mas não se sentiam bem na companhia um do outro; com isso, preferiam escrever-se. Doaram assim à musicologia um documento sem preço: uma extensa correspondência que nos permite reconstituir, passo a passo, a gênese de cada uma das óperas que criaram juntos.

Depois da *Elektra*, também Strauss vai dar-se conta – como Wagner após o *Tristão e Isolda* – de que prosseguir nesse rumo implicaria a ruptura definitiva com o sistema tonal. Ninguém mais do que ele estaria tecnicamente equipado para tentar essa aventura. Mas não era o que desejava. Preferiu voltar-se para a tradição vienense e mozartiana, revitalizada por contribuições da linguagem moderna, inaugurando um estilo neobarroco que lhe permitiu conciliar, com rara felicidade, ousadia e tradição. *O Cavaleiro da Rosa* será o primeiro fruto da fase 1910-1929 e terá uma finura psicológica e uma temperatura erótica só comparáveis às das *Bodas de Fígaro*, a mais visível de suas fontes de inspiração. Desde a sua estréia triunfal em 1911, é a mais popular das óperas de Strauss, inúmeras vezes gravada em vídeo e disco.

Segue-se a *Ariadne auf Naxos* (1912), deliciosa experiência de "teatro dentro do teatro", em que se faz conviver a *Commedia dell'arte* com um pastiche de *opera seria* metastasiana. Hofmannsthal ainda escreverá para ele o libreto da *Frau ohne Schatten* (1919), um dos pontos altos do drama simbolista; da *Ägyptische Helena* (1928), ópera meio falhada, mas que contém uma curiosa releitura de um mito grego pouco familiar; e de *Arabella*, iniciada em 1929, que reata com a tradição straussiana das valsas e das operetas. Nesse meio tempo, redigindo seu próprio libreto, Strauss produzira *Intermezzo*, comédia baseada num episódio de sua vida pessoal: a crise de ciúmes que Pauline, sua temperamental esposa, tivera ao suspeitar de sua infidelidade, pois chegara à casa dos dois, por engano, durante uma das ausências de Richard, uma carta comprometedora endereçada a uma pessoa de nome parecido com o dele.

Na verdade, poucos maridos foram tão fiéis. Embora o temperamento explosivo de Pauline tornasse tempestuoso o dia-a-dia dos dois, eles se amavam realmente (a cena noturna da *Sinfonia Doméstica*, em que Strauss evoca a sua felicidade no lar, não deixa dúvidas quanto à tórrida natureza do relacionamento íntimo de ambos). A cantora Lotte Lehmann, que conviveu estreitamente com os dois durante longo tempo, garante em suas memórias que as altercações constantes eram uma espécie de jogo para uso externo, a forma que eles tinham de estar constantemente reavivando o seu amor. Richard e Pauline viveram juntos, brigando amorosamente como cão e gato, durante 45 anos. E frau Strauss durou pouco mais de um ano, depois que seu marido se foi.

Em 1929, Strauss sofreu uma perda irreparável: no dia seguinte ao suicídio de seu filho mais velho, Hofmannsthal foi fulminado por um colapso cardíaco. Os anos seguintes foram de crise, pois a perda de seu colaborador o deixara extremamente abalado. Em 1933, quando finalmente conseguiu terminar e estrear *Arabella* – de que Hugo pudera rever apenas o ato I – sua vida tomou um rumo inesperado: ele aceitou a proposta das novas autoridades de assumir a presidência da recém-fundada *Reichsmusikkammer*. Não porque tivesse qualquer entusiasmo particular pela ideologia nazista: fechado dentro de sua música, sempre fora singularmente indiferente à vida política. Mas porque acreditava que, com o seu prestígio, poderia conseguir melhorias para a vida do músico alemão. E de fato, durante essa gestão, fundou a primeira Associação de Compositores do país e fez aprovar a regulamentação da profissão de instrumentista de orquestra. Além disso, interessava a Strauss manter bom relacionamento com o governo, pois Alice, a mulher de Franz, seu único filho, era judia e, conseqüentemente, eram também judeus os seus dois netos. Não procedem, de resto, as acusações de anti-semitismo que já lhe foram formuladas, pois foi justamente o relacionamento profissional com um intelectual judeu – o novo libretista, Stefan Zweig – que o fez entrar em rota de colisão com o novo governo.

Zweig não tinha o mesmo gênio de Hofmannsthal, mas poderia ter sido um precioso colaborador para Strauss, como o demonstra *A Mulher Silenciosa* (1935), que adaptaram de uma comédia de Ben Jonson. Mas quando essa ópera estava para ser estreada, Joseph Goebbels, o ministro da Propaganda, ordenou que o nome do libretista fosse riscado do programa e do cartaz diante do teatro. Furioso, Strauss ameaçou cancelar uma estréia para a qual estavam vindo espectadores de toda a Europa. Seu prestígio internacional era grande demais para que o governo, a essa altura ainda interessado em preservar sua imagem, pudesse dar-se o luxo do escândalo. Goebbels cedeu, a ópera estreou mas, pouco depois, foi retirada de cartaz. Zweig ainda continuou a colaborar com o compositor às escondidas; depois, teve de exilar-se. Veio para o Brasil onde, desiludido, acabou se suicidando. *A Mulher Silenciosa* foi banida e caiu num tal esquecimento que só em 1979, no 30º aniversário da morte de Strauss, foi feita a sua primeira gravação comercial.

Strauss caiu em desgraça, foi demitido de seu cargo e proibido de reger na Alemanha e na Áustria. Conseguiu que a nora, os netos e Pauline se refugiassem na Suíça, mas ele mesmo não quis sair da Alemanha. Depois de *Friedenstag* (1938), emocionado apelo contra a guerra iminente, compôs a delicada *Dafne* (1938), *Die Liebe der Danae* – só produzida postumamente, no Festival de Salzburgo, em 1944 – e *Capriccio* (1942). Depois, doente e solitário, amargurado com o desmantelamento da Alemanha e o sucessivo bombardeio dos quatro grandes teatros que tinham assistido ao nascimento de suas óperas – Berlim, Munique, Dresden e Viena –, isolou-se cada vez mais. Primeiro em sua casa de Garmisch-Partenkirche, perto de Munique. E depois que a guerra acabou, em Zurique, ao lado de Pauline. Conta-se que quando foi a Londres, em 1947, para reger um festival de suas próprias obras, causou espanto, pois todos achavam que já tinha morrido.

No entanto, os anos finais, de volta a Garmisch, foram de paz. A paz expressa no final das *Quatro Últimas Canções*, em que o músico, aos 84 anos, toma de empréstimo as palavras de Eichendorff para fazer-nos sentir a serenidade com que aceita o fim de uma vida cheia de realizações. Sentindo a doçura da noite que cai, depois de um dia cheio de luz e calor, ouvindo o cuco que canta no bosque, ele pergunta: "Será assim afinal a Morte?".

"Ligo o meu rádio e, já no segundo compasso, identifico a música de Strauss", escreve seu biógrafo Dominique Jameux. O que torna tão fácil de reconhecer a música de um homem que, ao lado da turbulenta *Elektra*, escreveu a plácida *Ariadne auf Naxos*, música brincalhona como a do *Till Eulespiegel*, ou tão densamente dramática quanto a de *Morte e Transfiguração*? De que se compõe, em suma, o seu estilo? Vários musicólogos já tentaram fazer o levantamento do repertório básico de características da escrita straussiana, e encontraram efeitos curioso que se repetem, certos intervalos de sua predileção – como a combinação de sextas e nonas que sempre usa para anunciar a entrada de suas personagens femininas –, ou certo esquema rítmico construído sobre tríades, que surge quando a ação está para entrar na fase decisiva. Essas fórmulas são numerosas e, por sua constante retomada de uma obra para a outra, adquirem valor de signo.

São melodias em terças, ou por aumento de intervalo; ritmos obstinados – como na cena da altercação entre os judeus, na *Salomé* –; ou então certas bruscas rupturas de andamento para estabelecer oposições entre uma personagem e outra. Um bom exemplo é a Cena do Reconhecimento, na *Elektra*. À música agitada que acompanha a pergunta da protagonista: "Was willst Du, fremder Mensch?" (O que queres estrangeiro?), responde o estatismo da resposta do desconhecido, que ela ainda não sabe ser Orestes: "Ich muss hier warten" (Tenho de esperar aqui). Da mesma forma, a cada nova oferta que Herodes faz para tentar dissuadir Salomé de mandar matar o Batista, ela responde com um impassível: "Ich will der Kopf

Cenários e figurinos de Alfred Roller para a estréia do *Cavaleiro da Rosa*, de Richard Strauss (Dresden, 1911). O cenário é o do quarto privado da taverna, no ato III. As personagens são um militar a serviço de Octavian na cena da apresentação da rosa (ato II) e o tabelião da Marechala (ato I).

Cenários e figurinos de Ludwig Sievert para uma apresentação de *Ariadne auf Naxos*, de Richard Strauss, no Residenztheater de Munique em 1937, dirigida por Rudolf Hartmann.

des Jokanaans" (Eu quero a cabeça de Jokanaan), que derruba todas as tentativas de demovê-la.

Na tentativa de determinar o que seria a "assinatura" straussiana, isto é, o talhe típico de sua frase melódica, que nos permite identificá-la com poucos compassos de audição, esses musicólogos chegaram a duas fórmulas básicas e opostas:

- uma frase que ascende gradualmente, em três patamares bem distintos, faz uma pausa bem apoiada na nota mais aguda e, depois, desce rapidamente (o início do *Don Juan*; o tema da agonia em *Morte e Transfiguração*; o tema do Compositor no Prólogo de *Ariadne auf Naxos*);
- e outra com um grande intervalo ascendente no início, um clímax breve sem pausa, e uma descida lenta, regular e prolongada (algumas das passagens mais eufóricas de *Assim Falava Zaratustra*, da *Sinfonia Alpina* ou do *Cavaleiro da Rosa*).

Frases com um perfil muito identificável, tornadas ainda mais familiares pela facilidade com que Strauss escreve melodias extremamente cantábeis: a de canções como *Morgen* (Manhã) ou *Wiegenlied* (Canção de Ninar); a do trio no ato III do *Cavaleiro da Rosa*; a da cena final de *Ariadne auf Naxos*; a do dueto de amor de Barak com sua esposa, na *Mulher sem Sombra*; a dos dois duetos de Mandryka com Arabella; a da cena final da *Dafne*; a da Música do Luar, na cena final de *Capriccio*; a de cada uma das *Quatro Últimas Canções* – os exemplos são inúmeros e percorrem a obra de Richard Strauss de ponta a ponta.

Outro traço característico: gostar de citar a si próprio, de transpor estruturas ou frases inteiras de uma obra para a outra – em *Vida de Herói*, por exemplo. "Mas esse procedimento", alerta Jameux, "só pode desagradar a quem não gosta de Bach, Mozart, Rossini ou Mahler" – ou seja, a quem não gosta daquele espírito barroco (ou barroquizante) que é um dos componentes mais curiosos do perfil intectual do autor da *Ariadne auf Naxos*. Quanto à harmonia straussiana, ela não é inovadora apenas em seus períodos de música "avançada". Mas também nas composições da fase a que, por uns tempos, certa crítica torceu o nariz. É de certa forma enganosa a própria idéia – aceita durante muito tempo – de que a linguagem do músico jovem, agressivamente moderna, cedeu lugar com o tempo à euforia sonora da idade madura e, depois, à serenidade mozartiana da velhice. Não faltam exemplos para demonstrar a relatividade dessa visão redutora da evolução straussiana.

Na *Elektra*, por exemplo, a música tensa e dissonante se interrompe, na Cena do Reconhecimento, para dar lugar a uma passagem muito terna, de harmonia tradicional – correspondendo ao apaziguamento da personagem-título quando reencontra seu irmão. Inversamente, na *Dafne*, que é de 1938, a cena final, da transformação da personagem em loureiro, é harmonicamente ousada, anticonvencional, porque aqui Strauss quer expressar, em termos musicais, a passagem de uma realidade para a outra. É que, para ele, a escrita está sempre submetida àquilo que quer dizer, e nunca é um mero fim em si. Pouco importa que o quinteto dos judeus, na *Salomé*, seja politonal "avant la lettre". Nada lhe era mais indiferente do que saber-se adiantado ou atrasado em relação à sua época. Dissonâncias, acordes irregulares, frases tensas ou fragmentadas e, no extremo, as regras da harmonia "bem comportada" são usadas por Strauss apenas na medida em que veiculam melhor as emoções que quer transmitir.

Não é por gosto da pesquisa estrutural que, enveredando por um caminho já intuído por Wagner no Prelúdio do *Tristão e Isolda*, ele utiliza uma "série" completa para representar a Ciência, no *Assim Falava Zaratustra*. É porque, para sugerir o rigor do espírito científico, que é puramente cerebral, lança mão de um processo de escrita intelectualmente muito elaborado. Um dos melhores exemplos do que dizemos está no *Krämerspiegel* (O Espelho do Mercador), um de seus ciclos de canções menos conhecidos – o que é pena, pois é um dos mais originais.

Em 1918, para vingar-se de um editor que ameaçava processá-lo para obrigá-lo a cumprir um contrato de composição de lieder em que, naquele momento, não lhe estava interessando trabalhar, Strauss musicou uma coleção muito irreverente de poemas satíricos de Alphons Kerr. Vestiu-os com uma roupagem musical áspera, deliberadamente desagradável, de texturas ultracomplexas. A introdução que o piano faz à quarta canção, por exemplo, tem uma estrutura contrapontística de fazer inveja a Schönberg. Pois bem, no centro do *Krämerspiegel*, há um interlúdio para solo de piano que é de um lirismo schumanniano – como se o compositor, piscando o olho para a platéia, dissesse: "Vejam, este é o verdadeiro Richard Strauss." Esse interlúdio é melodicamente tão bonito que foi reaproveitado na encantadora Cena do Luar, no final de *Capriccio*.

Não há, portanto, como dissemos no início deste capítulo, evolução e sim adaptação dos processos de escrita, no decorrer de sua obra. "Sempre procurei encontrar um estilo que se adaptasse à natureza íntima de cada obra", escreveu Strauss nas suas *Betrachtungen und Erinnerungen* (Reflexões e Recordações). "Estou convencido de que cada obra deve ser escrita num estilo diferente." E àqueles que desejavam relegá-lo a um plano subalterno no universo da composição, respondeu ironicamente: "Posso não ser um compositor de primeira classe. Mas sou um compositor de segunda classe de primeira."

Se a idéias novas devem corresponder formas novas, é no domínio das estruturas musicais que a contribuição de Richard Strauss vai ser mais patente. Não só no poema-sinfônico, em que substitui o programa descritivo por uma estrutura livre, que remete a categorias puramente mentais. Mostrou-se inventivo, sobretudo, na construção de suas óperas. Deixando de lado os intermináveis mastodontes pós-wagnerianos – de que *Guntram* ficou como exemplo isolado –, aprendeu a condensar toda a ação em um só ato extremamente sintético (*Feuersnot, Salomé, Elektra*). Escreveu *Ariadne* que se constitui, na realidade, de duas óperas em um ato acopladas uma à outra. Elaborou dramas que se compõem da aglutinação de pequenos quadros em um ato contínuo (*Friedenstag, Dafne, Capriccio*), fórmula que lhe permite conciliar seu fôlego inspiracional, por natureza longo, com as necessidades da contenção dramática. E demonstra preciso senso de *timing* nas comédias de caráter mais realista: *Intermezzo, Arabella*.

Exceções existem, é claro: as caudalosas *A Mulher sem Sombra* e *Helena Egípcia*, as três horas e tanto do *Cavaleiro da Rosa*. Esta última é responsável por um episódio que é uma boa amostra do tipo de humor de Strauss. Muitos anos depois da estréia, quando teve de reger pela primeira o *Rosenkavalier*, lá pelo meio do ato II Richard sussurrou ao spalla da orquestra: "Mas essa coisa não acaba mais?". E à reação surpresa do músico: "Maestro, mas foi o senhor mesmo quem a escreveu!", retrucou: "É, mas quando a compus não imaginava que, um dia, teria também de regê-la." Piadinha divertida mas, no fundo, injusta, pois a beleza musical e poética do *Rosenkavalier* faz com que suas três horas de duração transcorram sem que o ouvinte as perceba.

Mencionemos ainda a paixão de Strauss pela transformação de formas já gastas, ou pela experimentação com novidades. A *Burleske*, para piano e orquestra, diabolicamente virtuosística, é a forma de sonata cuidadosamente maquiada em fantasia de estrutura livre. A *Panathenäenzug* (Procissão da Panatenéia), para mão esquerda e orquestra – mais uma das obras escritas para o pianista Paul Wittgenstein que perdera o braço direito na guerra –, faz o mesmo com a forma da passacalha barroca. E em 1894 – portanto sete anos antes do movimento final dos *Gurre Lieder* de Schönberg – ele já fazia, com *Enoch Arden*, baseado no romance de Hermann Melville, uma revolucionária tentativa de melodrama que abre o caminho para o *sprechgesang*. Mas Richard Strauss terá sido menos o inventor de formas novas do que o mestre que, com o tipo de abordagem dada à tradição, tornou impossível o retorno puro e simples às formas convencionais.

Finalmente, se há um traço do gênio sobre o qual jamais houve dúvidas são os seus dotes de orquestrador. Strauss faz parte daquela admirável geração de orquestradores – que inclui músicos tão diferentes quanto Mahler e Schreker, Debussy e Ravel, Puccini e Respighi, Tchaikóvski e Rímski-Kórsakov – surgida com o aperfeiçoamento técnico dos instrumentos. É uma geração que mergulha suas raízes em Berlioz, Liszt e Wagner, cuja preocupação em individualizar os timbres de cada naipe fez nascer a orquestração moderna. Poucos compositores contaram, tão cedo, com as vantagens desfrutadas por Strauss que, nomeado aos 21 anos para substituir Hans von Bülow em

Meiningen, teve a seu dispor um verdadeiro laboratório para testar suas experimentações tímbricas. Ele sempre sabe, instintivamente, o que "vai bem" e o que "vai mal" para cada instrumento. Sabe que texturas transparentes devem acompanhar a voz delicada do soprano que faz Sophie no *Cavaleiro da Rosa*. Sabe que paredão sonoro pode erguer ao lado da voz do contralto que faz Clitemnestra na *Elektra*. A esse respeito, vale lembrar a anedota célebre. Contam que, durante o ensaio, ele gritava para Von Schuch: "Mais alto! Mais alto! Ainda estou ouvindo a voz de frau Schumann-Heink!" – a célebre cantora wagneriana escolhida para criar a figura da mãe de Elektra.

A época em que Strauss iniciou a sua carreira é marcada pela paixão com as possibilidades novas da grande orquestra. É a fase que vê nascer a *Sinfonia dos Mil*, de Mahler; os *Gurre Lieder*, de Schönberg; a cantata *Vom deutscher Seele* (Da Alma Alemã), de Pfitzner; as óperas de Schreker ou Zemlinsky. Strauss também cede à tentação da hipertrofia orquestral na *Vida de Herói* ou na *Sinfonia Alpina*. Mas, desde muito cedo – já na *Suite op. 4*, de 1884 –, ele preocupa-se também em trabalhar com conjuntos de câmara, freqüentemente fazendo com que, de dentro da grande orquestra, emerjam formações mais reduzidas, que se revezam ao longo da peça. No que se refere à busca da máxima economia, sua realização mais genial é a *Ariadne auf Naxos*, em que utiliza apenas 35 músicos, todos eles solistas, mas de forma a fazê-los soar, principalmente na cena final, como se fossem uma orquestra completa. Regente excepcional, ele demonstra conhecer os mínimos meandros da escrita orquestral, seja ao manejar os 140 músicos da *Sinfonia Alpina*, seja ao extrair, dos 23 solistas de arco das *Metamorfoses*, efeitos de uma contida mas intensa dramaticidade.

Discografia Seletiva

Reserva-se ao volume específico sobre *As Óperas de Strauss* o levantamento extensivo dos discos e vídeos – comerciais ou piratas – que documentam as suas óperas. Neste capítulo, será incluída apenas uma lista parcial, contendo as versões mais importantes de cada uma delas.

Guntram

Hungaroton, 1896 – Rainer Goldberg, Ilona Tokody/Eve Queler.

Feuersnot

Acanta, 1986 – Julia Varady, Bernd Weikl/Heinz Fincke.

Salomé

Oceanic, 1950 – Christel Goltz, Bernd Aldenhoff, Josef Herrmann/Joseph Keilberth;

Decca, 1954 – Goltz, Julius Patzak, Hans Braun/Clemens Krauss;

Decca, 1961 – Birgit Nilsson, Gerhard Stolze, Eberhard Wächter/Sir Georg Solti;

RCA, 1968 – Montserrat Caballé, Richard Lewis, Sherrill Milnes/Erich Leinsdorf;

DG, 1970 – Gwyneth Jones, Richard Cassily, Dietrich Fischer-Dieskau/Karl Böhm;

EMI, 1978 – Hildegarde Behrens, Karl-W. Böhm, José van Dam/Herbert von Karajan;

Sony, 1990 – Éva Marton, Heinz Zednik, Bernd Weikl/Zubin Mehta;

DG, 1990 – Cheryl Studer, Horst Hiestermann, Brynn Terfel/Giuseppe Sinopoli;

Philips, 1990 – Jessye Norman, Wolfgang Raffeiner, James Morris/Seiji Ozawa;

Teldec, 1992 – Caterina Malfitano, Hiestermann, Simon Estes/Sinopoli;

Pioneer, 1993 – Maria Ewing, Kenneth Riegel, Michael Devlin/Edward Downes;

Decca, 1995 – Malfitano, Riegel, Terfel/Christoph von Dohnányi;

Chandos, 1998 – Inga Nielsen, Reiner Goldberg, Robert Hale/Michael Schonwandt.

Elektra

DG, 1960 – Inge Borkh, Jean Madeira, Dietrich Fischer-Dieskau/Böhm;

DG, 1967 – Nilsson, Regina Resnik, Tom Krause/Solti;

Philips, 1988 – Behrens, Christa Ludwig, Jorma Hynninen/Ozawa;

Decca, 1988 – Leonie Rysanek, Astrid Varnay, Fischer-Dieskau/Böhm;

EMI, 1990 – Marton, Marjana Lipovšek, Weikl/Wolfgang Sawallisch;
Pioneer, 1993 – Marton, Brigitte Fassbänder, Franz Grundheber/Claudio Abbado;
DG, 1995 – Alexandra Marc, Hanna Schwarz, Samuel Ramey/Sinopoli.

Der Rosenkavalier

EMI, 1933 – Maria Olczewska, Lotte Lehmann, Elisabeth Schumann, Richard Mayr/Robert Heger (versão abreviada, mas absolutamente fundamental do ponto de vista da importância histórica);
Decca, 1954 – Hilde Gueden, Maria Reining, Sena Jurinac, Ludwig Weber/Erich Kleiber;
EMI, 1956 – Teresa Stich-Randall, Elisabeth Schwarzkopf, Ludwig, Otto Edelman/Von Karajan;
DG, 1958 – Rita Streich, Marianne Schech, Irmgard Seefried, Kurt Böhme/Böhm;
Decca, 1969 – Helen Donath, Régine Crespin, Yvonne Minton, Manfred Jungwirth/Solti;
CBS, 1971 – Lucia Popp, Ludwig, G. Jones, Walter Berry/Leonard Bernstein;
Philips, 1976 – Ruth Welting, Evelyn Lear, Frederica von Stade, Jules Bastin/Edo de Waart;
DG, 1982 – Janet Perry, Anna Tomowa-Sintow, Agnes Baltsa, Kurt Moll/Von Karajan;
EMI, 1990 – Barbara Hendricks, Kiri te Kanawa, Anne Sophie von Otter, Kurt Rydl/Bernard Haitink.

Ariadne auf Naxos

DG, 1944 – Reining, Alda Noni, Max Lorenz/Böhm;
EMI, 1954 – Schwarzkopf, Streich, Rudolf Schock/Von Karajan;
DG, 1954 – Lisa della Casa, Gueden, Schock/Böhm;
Decca, 1959 – Rysanek, Roberta Peters, Jan Peerce/Leinsdorf;
EMI, 1968 – Gundula Janowitz, Sylvia Geszty, James King/Rudolf Kempe;
DG, 1969 – Hildegarde Hillebrecht, Reri Grist, Jess Thomas/Böhm;
Decca, 1977 – Leontyne Price, Edita Gruberová, René Kollo/Solti;
DG, 1986 – Tomowa-Sintow, Kathleen Battle, Gary Lakes/James Levine;
Philips, 1988 – Norman, Gruberová, Paul Frey/Kurt Masur.

Die Frau ohne Schatten

Decca, 1955 – Rysanek, Goltz, Hans Hopf, Paul Schöffler/Böhm;
DG, 1963 – Ingrid Bjoner, Borkh, Thomas, Fischer-Dieskau/Keilberth;
DG, 1977 – Rysanek, Nilsson, King, Berry/Böhm;
EMI, 1987 – Studer, Schwarz, Kollo, Alfred Muff/Sawallisch;
Decca, 1991 – Varady, Behrens, Plácido Domingo, Van Dam/Solti;
Decca, 1992 – Studer, Marton, Thomas Moser, Robert Hale/Solti.

Intermezzo

EMI, 1989 – Popp, Fischer-Dieskau/Sawallisch.

Die ägyptische Helena

Decca, 1992 – G. Jones, Matti Kastu/Antal Doráti.

Arabella

DG, 1947 – Reining, Hotter/Böhm;
Decca, 1957 – Della Casa, George London/Solti;
DG, 1963 – Della Casa, Fischer-Dieskau/Keilberth;
Orfeo, 1981 – Varady, Fischer-Dieskau/Sawallisch;
Decca, 1986 – Te Kanawa, Franz Grundheber/Jeffrey Tate.

Die schweigsame Frau

DG, 1959 – Hotter, Hermann Prey, Fritz Wunderlich/Böhm;
EMI, 1979 – Theo Adam, Jeannette Scovotti/Marek Janowski.

Friedenstag

Koch-Schwann, 1939 – Hotter, Ursuleac/Krauss;

EMI, 1988 – Weikl, Haas/Sawallisch;
Koch-Schwann, 1989 – Roloff, Marc/Robert Bass.

Daphne

Preiser, 1944 – Reining, Karl Friedrich, Anton Dermota/Böhm;
DG, 1964 – Gueden, King, Wunderlich/Böhm;
EMI, 1989 – Popp, Goldberg, Peter Schreier/Haitink.

Die Liebe der Danaë

Melodram, 1952 – Annelies Kupper, Paul Schöffler, Josef Gostic/Krauss (ao vivo, a gravação da estréia em Salzburgo).

Capriccio

EMI, 1957 – Schwarzkopf, Gedda, Wächter/Sawallisch;
DG, 1971 – Janowitz, Schreier, Prey/Böhm;
Orfeo, 1985 – Tomowa-Sintow, Büchner, Schöne/Horst Stein;
London, 1996 – Te Kanawa, Uwe Heilmann, Olaf Bär/Ulf Schirmer.

BUSONI

Embora tivesse nascido em Empoli, perto de Florença, Ferruccio Dante Michelangelo Benvenuto Busoni (1866-1924), filho de um clarinetista italiano e de uma pianista de origem alemã, cresceu num ambiente cultural tipicamente centro-europeu e passou a maior parte de sua vida na Alemanha, Áustria e Suíça. E foi em alemão que escreveu os libretos para as suas quatro óperas – razão pela qual é a este volume que pertence a análise de sua criação lírica.

A vida e a obra desse cosmopolita – cuja mulher, Gerda Sjöstrand, era sueca – estiveram sob um duplo signo: o da fusão do espírito germânico com o latino, e o da convivência de uma tendência inata ao classicismo com a irrefreável curiosidade por tudo o que era moderno. Um dos maiores pianistas de seu tempo, Busoni foi famoso como intérprete de Bach e Mozart; mas dava grande atenção à música contemporânea e valorizava muito as pesquisas feitas pelos jovens músicos da Segunda Escola de Viena, embora nunca tenha querido aderir a nenhuma tendência em especial. Esse ecletismo, aliado ao fato de que a carreira do pianista eclipsou de certa forma a do compositor, o manteve como uma figura isolada. É recente a revalorização da obra tanto instrumental quanto operística deste artista que tentou conciliar o norte e o sul, o moderno e o tradicional.

Como todo bom italiano, Busoni interessou-se cedo pela ópera. Mas demoraria muito tempo antes de conseguir pôr em prática os projetos nessa área. Tinha apenas 17 anos quando planejou, em 1883, uma *Filha do Rei René*, baseada na mesma peça do dinamarquês Henrik Hertz (1864) de que Tchaikóvski tirou *Iolanta*, a sua última ópera. Mas não a levou adiante. Em 1884, Gottfried Keller recusou-se a ceder-lhe os direitos de *Romeo und Julia auf dem Dorfe* (Romeu e Julieta na Aldeia), um dos contos de sua coletânea *Die Leute von Seldwylla* (A Gente de Seldwylla, 1856) – essa adaptação só seria feita mais tarde pelo inglês Frederick Delius.

Quando estudante em Leipzig, Busoni começou a compor *Sigune oder Das stille Dorf* (A Aldeia Tranqüila), onde era perceptível a influência wagneriana que, depois, ele rejeitou. Chegou a escrever toda a partitura vocal, mas orquestrou apenas o Prelúdio e, em 1892, desistiu de continuar. Parte da música foi reaproveitada na *Peça de Concerto op. 31a*, para piano e orquestra. Um outro tema dessa ópera inacabada serviu de base para o "Pezzo serioso" de seu monumental *Concerto para Piano op. 39*, de 1904. Nessa obra gigantesca foi parar também um trecho do *Aladdin*, que ele chegou a começar, usando a peça do dinamarquês Oehlenschlaeger. O coro masculino, no último movimento do concerto, foi o que sobrou dessa tentativa de "*Gesamtkunstwerk* com música, drama, dança e efeitos mágicos".

Em 1893, Busoni assistiu à estréia do *Falstaff*, de Verdi. Em carta ao compositor, que nunca chegou a enviar, disse como essa experiência tinha modificado a sua vida, fazendo-o acreditar na possibilidade de infundir vida nova à ópera. No anos que se seguiram, manteve contatos esporádicos com George Bernard Shaw, Gabriele d'Annunzio e Hugo von Hofmannsthal, pensando em encomendar-lhes libretos. Mas acabou escrevendo ele mesmo os textos de suas óperas. O tema do *outsider* talentoso que luta para alcançar a imortalidade aparece, de formas diferentes, nos libretos que redigiu, nessa fase, mas não chegou a musicar: *Ahasver*, sobre o Judeu Errante; *Der mächtige Zauberer* (O Poderoso Mágico), *Leonardo da Vinci* e *Dante*.

Em 1916, Busoni provocou celeuma no mundo artístico com a reedição do controvertido *Entwurf einer neuen Ästhetik der Tonkunst* (Esboço para uma Nova Estética da Música), que passara quase despercebido ao sair em Trieste em 1907. Nesse panfleto, ele rejeitava tanto o drama lírico neo-romântico, de filiação wagneriana, quanto o Verismo, que considerava "o supra-sumo da decadência teatral" e as tendências expressionistas, "de uma anarquia pouco construtiva".

As propostas do *Esboço* serão completadas, em fevereiro de 1920, com o ensaio *Junge Klassizität* (O Jovem Classicismo), que proclama a superioridade da "serenitas" mozartiana sobre a metafísica romântica da arte. Com essa noção, refere-se ao exame, domínio e exploração de todas as conquistas das experimentações passadas – como o fez Mozart, sintetizando todos os recursos de linguagem de seu tempo, e levando-os à perfeição – e à sua incorporação em formas sólidas e harmoniosas. A síntese dessa arte situa-se na encruzilhada do velho e do novo; e Busoni consagra o conceito da unidade musical, o abandono do tematismo em proveito da melodia e da polifonia.

Abria assim o caminho para a tendência neo-clássica que viria a seguir, ao advogar o retorno às tradições de Bach e Mozart e a revalorização da *Commedia dell'arte* que, naquela época estava sendo exumada por uma série de estudos críticos. A idéia de uma evolução baseada num retorno às fontes pré-românticas era o contrário de uma fórmula de neoclassicismo meramente restaurador de formas antigas, e pregava, isso sim, o resgate de procedimentos clássico-barrocos a serem fundidos e sintetizados com as aquisições contemporâneas. Busoni estava convencido de que a ópera era o "domínio universal" da música contemporânea e, por isso, deveria ser um espetáculo que mobilizasse todos os recursos possíveis, preferindo os temas "incríveis, inverossímeis, improváveis".

A ópera do futuro, dizia ele, só deveria usar a música quando ela fosse indispensável, para retratar o sobrenatural ou o preternatural, funcionando como um espelho mágico (ópera séria) ou distorcido (ópera bufa). Nesse sentido, dizia ele, a autonomia musical, enquanto força teatral ativa, assume relevo particular, trazendo credibilidade estética à palavra cantada da ópera que, por si mesma, é inverossímil. Em 1926, um dos alunos mais talentosos de Busoni, Kurt Weill, retomará esse conceito do *Entwurf*: empregará a imagem do espelho num texto em que, conclamando seus contemporâneos a usar a ópera como a forma privilegiada de refletir a sociedade, formulará o princípio da ópera épica.

Anexo à primeira edição desse ensaio vinha o primeiro libreto que Busoni conseguiu efetivamente musicar: *Die Brautwahl* (A Escolha da Noiva), uma "Musikalische-fantastische Komödie" adaptada da novela homônima de E. T. A. Hoffmann. Ela foi estreada em 13 de abril de 1912, no Stadttheater de Hamburgo. A gravação pirata (bastante cortada) que existe no selo Voce é de 1975 e foi regida por Fernando Previtali.

O pintor Edmund apaixona-se por Albertine, a filha de um rico comerciante de Berlim. O protetor do rapaz, o joalheiro Leonhard, pratica a magia branca e, ao mesmo tempo que estimula seus sentimentos pela moça, lamenta que eles o distraiam de sua arte. Leonhard e seu rival, o judeu Manassés, são seres sobre-humanos que viveram 300 anos antes e reencarnaram. Manassés quer que Albertine case-se com seu filho, o barão Bensch. Há ainda um outro pretendente, o pedante funcionário público Thusman. No final, são as artes mágicas de Leonhard que fazem Albertine escolher Edmund. Casando-se com ela, seu protegido parte para Roma, onde vai aperfeiçoar a sua pintura.

Busoni fez um trabalho bastante razoável ao adaptar um conto de intriga complexa, com um estilo muito prolixo e um final inconclusivo – foi decisão sua dar à história o desenlace que ela tem na ópera. *Die Brautwahl* marca uma guinada em sua escrita: a tonalidade não chega a ser abandonada, mas ele faz diversas experimentações harmônicas, escrevendo música modal, fazendo modulações bruscas, recorrendo a escalas desusadas e incorporando à partitura citações de Carissimi, de Rossini, de música folclórica e cânticos de sinagoga. "Em seus momentos mais fracos, a linguagem musical parece forçada e carente de invenção melódica convincente; mas nos melhores, está impregnada do inimitável misticismo busoniano", escreve Anthony Beaumont, autor de *Busoni the Composer*.

Há muitas cenas de caráter bufo ao lado de bem-sucedidos momentos em que o compositor consegue reproduzir o clima fantasmagórico das novelas de Hoffmann, e sua peculiar mistura de realidade e fantasia. Um deles é a visão que Edmund tem de Albertine na janela alta de uma torre; a outra, a cena climática do ato III, em que Leonhard sonha com o apogeu da carreira de Edmund como artista e o imagina pintando um retábulo no altar de uma catedral.

A inspiração da *Commedia dell'arte* está presente nas duas óperas curtas que Busoni compôs em seguida, entre 1913-1917, para serem encenadas juntas. De um modo geral, é assim que elas têm sido apresentadas modernamente: por exemplo na produção da Radio France, no Auditório Maurice Ravel de Lyon, em fevereiro de 1993, sob a regência de Kent Nagano – espetáculo gravado pelo selo Virgin Classics. Mas *Arlecchino* e *Turandot* não foram, de início, planejadas como obras independentes.

Em 1910, ao começar a redigir o libreto da que viria a ser sua ópera mais importante – a inacabada *Doktor Faust* – Busoni tencionava intercalar, à ação séria, cenas cômicas no estilo de um espetáculo de marionetes a que assistira, em que compareciam figuras tradicionais do antigo teatro italiano, tais como Jacques Callot as imortalizara nas gravuras da série *I Balli di Sfessania*. Desejava que essas interpolações cômicas funcionassem como os antigos *intermezzos* barrocos, inseridos entre os atos de uma ópera séria. Mudou de opinião, porém, após uma visita a Bérgamo, pátria do Arlequim da *Commedia*. E a idéia de dar maior destaque a esse personagem consolidou-se após ter organizado, em sua casa de Berlim, em junho de 1913, uma audição privada do *Pierrot Lunaire*, de Arnold Schönberg. A figura fantasmagórica de Pierrot evocada nos poemas do decadentista belga Albert Giraud, e o estilo inovador de *sprechgesang* (canto falado) proposto por Schönberg, o animaram a começar o trabalho no *Arlecchino* pouco antes do início da I Guerra.

A consciência de que o conflito não seria de solução rápida, porém, o fez parar. Em janeiro de 1915, foi com a família para os Estados Unidos. A distância de casa, as saudades dos amigos, as tristes notícias que lhe chegavam da Europa e o ambiente musical americano, que achava estreito e medíocre, o deprimiram muito, fazendo-o desistir da ópera. Mas aproveitou a música já pronta no *Rondò Arlecchinesco op. 46* para orquestra. Contudo, ao voltar para a Europa, a estréia dessa peça em Roma (5.3.1916) e uma ópera de Rossini a que assistiu em um teatrinho de marionetes o motivaram para retomar o trabalho. Em agosto de 1916, *Arlecchino* estava pronto; mas a guerra não lhe permitiu estreá-lo em Berlim, como desejava. Foi necessário oferecê-lo ao Stadttheater de Zurique. Como a ópera, com uma hora apenas de duração, era curta demais para preencher a noite, e ele não desejava que a direção do teatro a acoplasse a outra peça em um ato inadequada, decidiu-se a fornecer-lhe uma companheira.

Em 1905, compusera extensa música incidental para a *Turandot*, de Carlo Gozzi, partitura utilizada numa famosa montagem de Max Reinhardt no Deutsches Theater de Berlim (1911). Foi ela que Busoni decidiu rever e transformar numa ópera. Refez a orquestração, tornando-a mais leve, para ser compatível com a do *Arlecchino*, e compôs árias adicionais para Turandot, o príncipe Kalaf e o imperador Altum. Era o primeiro a saber que as duas óperas tinham muito pouco em comum, a não ser a origem das personagens na *Commedia*. Assim mesmo, chamou-as de *La*

Nuova Commedia dell'arte e regeu pessoalmente a estréia, em Zurique, em 11 de maio de 1917.

A ação de *Arlecchino* passa-se em Bérgamo e está dividida em quatro "movimentos":

Arlequim tratante – Diante da casa do velho alfaiate Ser Matteo, Arlequim faz a corte à sua mulher, a linda Annunziata, enquanto o marido lê o Canto V da *Divina Comédia* – justamente a história dos amores ilícitos de Francesca da Rimini e Paolo Malatesta. Arlequim o convence de que os bárbaros cercaram a cidade, o faz enfurnar-se em casa, tranca a porta e guarda a chave no bolso. Ao Abade Don Cospicuo e ao Doutor Bombasto, que passam diante da casa, Matteo conta, da janela, as notícias alarmantes. Eles se dispõem a ir alertar o prefeito, mas não resistem à tentação de parar no primeiro botequim.

Arlequim guerreiro – De uniforme militar e acompanhado por dois ajudantes de ordens ridículos, Arlequim vem dizer a Matteo que ele foi convocado pelo exército; mas o autorizam a levar consigo o seu volume de Dante. Ser Matteo sai de casa de armadura e vai embora com os esbirros, deixando Arlequim sozinho com Annunziata.

Arlequim marido – Surge de repente Colombina, a sua mulher, recriminando-o por sua infidelidade. Fingindo reconciliar-se com ela, Arlequim foge com quantas pernas tem. Aparece o trovador Leandro, usando um chapéu de pluma e com o alaúde a tiracolo – a figura acabada do tenor de ópera –, e faz a corte a Colombina em árias cheias de clichês operísticos. Arlequim volta, leva Colombina para a taverna, depois vai desafiar Leandro para um duelo. Quando este cai, esconde-se dentro da casa.

Arlequim conquistador – Colombina, o Abade e o Doutor saem bêbados da taverna, tropeçam no corpo de Leandro, constatam que ele ainda está vivo, colocam-no numa carroça e levam-no para o hospital. Arlequim, finalmente, está livre para cair nos braços de Annunziata. Matteo volta da guerra, encontra um bilhete da mulher dizendo que foi à missa, e senta-se pacientemente para ler Dante enquanto a espera. Todas as personagens atravessam a cena fazendo reverências. No final vêm Arlequim e Annunziata, de braço dado.

Ele tira a máscara, avança até o proscênio e anuncia que "deixa aos jornalistas e críticos de arte, juízes benévolos, a tarefa de deduzir a moral da história".

Arlecchino faz a transição entre o experimentalismo do pré-guerra e o Neoclassicismo da maturidade de Busoni. A personagem vive num espaço a meio caminho entre o palco e a platéia: ora participa da ação, ora sai fora dela para falar diretamente ao público. E, cada vez que o faz, o incomoda com a sátira virulenta da guerra, da natureza humana, da religião e do artificialismo das convenções operísticas. O tom de paródia persiste, sobretudo na cena entre Leandro e Colombina, cheia de citações que vão de Gluck a Wagner, do belcanto barroco ao rag-time. Quando Matteo está se preparando para ir à guerra, ouve-se um tema de Donizetti que, depois, volta num tom mais grotesco, na clarineta grave, fagote e contrabaixo. No início dessa cena, há também uma citação da marcha de entrada de Don Pizarro, no *Fidelio*. O tema de Arlequim transpõe para lá maior a melodia dodecafônica de uma peça inacabada do próprio Busoni, para piano. O tema de Colombina também é uma autocitação: sai da *Sonatina Ad Usum Infantis*, escrita alguns anos antes. E em certas atitudes do Abade e do Doutor há a paródia evidente do Capitão e do Médico no *Wozzeck*, de Büchner (a ópera de Berg ainda não tinha sido estreada mas, graças aos contatos que tinha com o compositor, Busoni já tinha conhecimento do projeto).

Este é o tipo da ópera que resiste a ser traduzido pois, se isso for feito, perde-se uma característica fundamental: a mistura do alemão com o italiano – as citações de Dante, o pastiche de *aria di vendetta* "Contro l'empio traditore" cantado por Leandro –, além dos farrapos de frase em francês e latim. Arlequim, extremamente loquaz, usa o tempo todo um tipo de declamação – de ritmo anotado, mas sem indicação precisa de altura – que contrasta com o canto formal dos outros. Só quando está nos bastidores é que canta o seu "larallera", terminando num virtuosístico lá maior agudo. Ele é, no dizer de A. Beaumont, "uma *Übermarionette*, a máscara cômica, em contraposição à máscara trágica, o *Übermensch* que será o Doutor Fausto".

Cenários e figurinos de Gino Severini para uma apresentação de *Arlecchino ou As Janelas*, no Teatro La Fenice de Veneza, em 1940.

O programa da estréia berlinense do *Doktor Faust*, de Busoni (Staatstheater, outubro de 1927).

Turandot (1761) é uma das fábulas com que Carlo Gozzi reagiu ao que considerava o "realismo degenerado" das comédias de seu contemporâneo Carlo Goldoni. Em suas peças, Gozzi ainda usa as figuras da *Commedia dell'arte*, que já estavam caindo em desuso acelerado, como uma forma de associar efeitos bufos terra-a-terra ao clima fantasista da história lendária. Com isso, criou um tipo híbrido de teatro que, para os dramaturgos do início do século XX, revestia-se de características muito modernas (Brecht foi um dos que viu nele traços aparentados ao do teatro épico e com distanciamento crítico que propunha). Há sensíveis diferenças entre a versão de Busoni, mais próxima da peça de Gozzi, e a de Puccini, com a qual o público está mais familiarizado.

Depois da derrota de Timur, seu pai, numa batalha, o príncipe Kalaf vai a Pequim em busca de aventura e, ali, encontra seu ex-servo Barak. Este lhe conta que a princesa Turandot manda executar os pretendentes à sua mão se eles não conseguem decifrar os enigmas que ela lhes propõe. Ao ver seu retrato, Kalaf apaixona-se por ela: vai ao palácio e, apesar das tentativas do imperador Altum e de seus ministros Pantalone e Tartaglia de dissuadi-lo, apresenta-se como candidato à mão de Turandot. Adelma, a confidente da princesa, o reconhece: ele é o homem que, no passado, ela amou em vão.

Durante a cena dos enigmas, Turandot usa um truque infalível: tira o véu para que, embasbacado com sua beleza, Kalaf não consiga falar. Mas o príncipe acaba respondendo às perguntas e, como ela se recusa a casar-se com ele, propõe que ela tente descobrir o seu nome. Esperando conquistar Kalaf para si mesma, Adelma revela sua identidade à princesa. Vestida de luto, Turandot surge diante do povo e diz o nome do desconhecido; mas surpreende a todos ao acrescentar que o ama e quer casar-se com ele. Todos se unem numa dança jubilosa em homenagem a Buda.

Para dar autenticidade à sua partitura, Busoni pesquisou, na *Geschichte der Musik* (História da Música), de August Wilhelm Ambros, melodias de origem chinesa, árabe, bizantina, indiana e etíope. O tema de Kalaf baseia-se em um cântico de muezim; e o de Turandot é uma melodia chinesa autêntica. Há também um uso freqüente de temas com ostinato, como no arioso de Kalaf "Barak, Barak, du tückischer Alter" (Barak, velho pérfido). Como Ambros harmonizava os temas que recolhia de uma forma que os fazia aparentarem-se à música ocidental, Busoni deduziu daí que havia realmente um vínculo natural entre os dois estilos de melodia, no qual viu a prova de sua teoria da "unicidade da música". Por essa razão, não recuou diante da inclusão, numa ópera passada na China legendária, de uma melodia inglesa elizabetana: a popular "Greensleaves", cantada pelo coro das damas de companhia de Turandot. Numa carta de 1910, aliás, ele chama sua personagem-título de "a dama das mangas verdes". E é assim a indumentária com que ela é representada, no desenho que ornamenta a capa da primeira edição da partitura.

Além do álbum de Nagano a que já nos referimos, existem as seguintes gravações isoladas destas duas óperas: a do *Arlecchino* com John Pritchard, ao vivo no festival de Glyndebourne de 1954 (HMV); e a da *Turandot* com Otto Ackermann, numa transmissão de 1959 da Rádio Suíça (MR). De *Arlecchino* há um vídeo da Ópera de Lugano – 1984, Loomis, Bottion/Travis – de que participa o brasileiro Nelson Portella.

Em 1910, antes mesmo de terminar a composição de *Die Brautwahl*, Busoni tinha começado a escrever o libreto do *Doktor Faust*. Essa foi uma época em que teve contatos muito estreitos com artistas progressistas de várias áreas: os pintores do grupo vienense *Sezession*, os futuristas italianos seguidores de Marinetti, os poetas Gabriele d'Annunzio e Rainer Maria Rilke, os compositores de vanguarda Arnold Schönberg e Edgar Varèse. Obras experimentais como a *Sonata Seconda*, para piano, ou o *Nocturne Symphonique op. 43*, datam desse período.

O texto de *Doktor Faust* foi escrito entre 1910 e 1915, a maior parte num surto criativo que ocorreu durante o Natal de 1914, sob o forte impacto do início da guerra. A essa altura, Busoni já tinha começado a abandonar as ousadias de escrita, voltando-se para o que, em 1918, definiria como *junge Klassizität* (jovem classicismo) – em que estará o germe para o futuro Neoclassicismo. "Muitas experiencias já foram feitas neste nosso jovem século", escreveu ele. "Agora, chegou a hora de constituir de novo algo de durável." Ele acreditava que o legado das gerações passadas podia – e devia – ser associado às aquisições novas, de forma a permitir um reflorescimento da música ocidental semelhante ao da Idade de Ouro de Bach e Mozart, seus modelos perenes. O libreto do *Doktor Faust* expressa, de forma alegórica, a crença nessa possibilidade, podendo portanto ser interpretado – até mesmo pelo fato de a gestação dessa última ópera ter ocupado o compositor durante 14 anos – como o testamento artístico e filosófico de Busoni.

Embora os primeiros esboços datem de 1910, a partitura só começou a ser composta em 1912. De 1921 em diante, os problemas de saúde tornaram o trabalho cada vez mais lento e, quando Busoni morreu, em 27 de julho de 1924, deixara inacabados dois trechos muito importantes: a aparição de Helena para Fausto na cena 2, e o monógo do protagonista na cena final: "Hinweg, ich hab' zu beten!" (Vai embora, tenho de rezar!). A viúva pediu a Schönberg que completasse a partitura, mas este recusou. Foi a Philipp Jarnach, aluno de Busoni, que incumbiu a tarefa de preparar a partitura para a estréia, no Sachsisches Staattheater de Dresden, em 21 de maio de 1925, sob a regência de Fritz Busch. Essa é a versão que, com cortes substanciais, existe gravada no selo DG (1969), sob regência de Ferdinand Leitner.

Em 1974, o espólio de Jarnach foi doado à Biblioteca Estatal da Prússia. Três anos depois, no decurso de pesquisas sobre o compositor, Anthony Beaumont localizou duas páginas de esboços para essas seções incompletas, a que Jarnach parecia não ter dado atenção. Elas lhe permitiram, em 1984, fazer uma edição da ópera muito mais próxima das intenções originais do compositor. As mudanças que propôs – um coro final, depois que Mefistófeles se afasta sardonicamente do corpo de Fausto, e a expansão da cena em que ele tem a visão de Helena – negam a impressão que se possa ter de que a visão busoniana do mito de Fausto desemboca no desespero niilista. Na sua versão, reestreada em 2 de abril de 1985, no Teatro Communale de Bolonha, Fausto surge como um agnóstico cuja alma se perpetua como um símbolo da vitória das esperanças humanas; e a imagem de Helena, ícone da beleza e do poder criativo do amor, toma o lugar da do Cristo no final. A Erato lançou, em 1999, a gravação do espetáculo montado, no ano anterior, com essa edição, por Pierre Strosser, na Ópera de Lyon, sob a regência de Kent Nagano. As observações abaixo, porém, referem-se à edição padrão, comumente utilizada nas raras ocasiões em que a ópera é levada à cena.

A ópera se inicia com uma *Symphonia: Ostervesper und Frühlingskeimen* (Véspera de Páscoa e Germinação da Primavera), em que vozes invisíveis repetem a palavra "Pax", salmodiando-a como se fosse um toque de sinos. Em seguida, um ator que representa o Compositor surge diante do pano e, num longo poema intitulado *Der Dichter an die Zuschauer* (O Poeta aos Espectadores), fala da gênese do libreto. Diz que, a princípio, pensara em escrever sobre *Don Giovanni*;

mas Meister Wolfgang, bom em tudo o que faz, já tinha encontrado para ele o canto definitivo.

Por esse motivo, escolheu

um espírito forte, único, um sábio, um domador do Inferno, personagem múltipla, homem frágil mas grande lutador, mestre do pensamento, servidor do instinto, ao qual a saciedade nunca traz a solução.

E finalmente anuncia que o teatro de marionetes foi a sua fonte de inspiração.

Wagner, o criado do Dr. Fausto, lhe apresenta, em seu estúdio de Wittenberg, três estudantes de Cracóvia. Estes lhe trazem o *Clavis Astartis Magica*, que ensina a invocar os servos de Lúcifer; e estes aparecem sob a forma de seis línguas de fogo. O mais poderoso deles, Mefistófeles – que afirma ser "mais veloz do que o pensamento humano" – oferece a Fausto o pacto, que ele assina com o próprio sangue. Um *intermezzo* leva a uma cena numa capela de estilo romano, onde Mefistófeles mostra a Fausto um soldado (o irmão de Gretchen) que jura vingar-se do homem responsável pela sedução e a morte de sua irmã. O Diabo faz com que uma patrulha militar lhe atribua o assassinato de seu Capitão e o mate. Fausto é apresentado aos convidados, durante a festa de casamento do duque de Parma, e assombra a todos com suas artes mágicas. Invoca os espectros de Sansão e Dalila, Salomão e a rainha de Sabá, Salomé e João Batista, e todos eles falam da atração que sente pela duquesa. Com a ajuda de Mefistófeles, Fausto consegue seduzi-la e convencê-la a fugir com ele.

Outro *intermezzo* sinfônico leva-nos a uma taverna, em Wittenberg, onde a mediação de Fausto, numa discussão entre estudantes católicos e protestantes, só serve para fazê-los desentenderem-se ainda mais. Mefistófeles traz o cadáver do filho que Fausto teve com a duquesa. Toca-lhe fogo e, das chamas, sai Helena de Tróia. Fausto tenta inutilmente abraçar essa visão. Os estudantes de Cracóvia reaparecem e dizem a ele que deverá morrer à meia noite daquele dia. Na praça de Wittenberg, coberta de neve, Mefistófeles passa, disfarçado de vigia noturno, anunciando que já são dez horas da noite. Os estudantes estão fazendo uma serenata para Wagner, que assumiu o posto de reitor da universidade no lugar de Fausto. Este dá uma esmola à mendiga que passa por ele e percebe que é o fantasma da duquesa: ela lhe pede que "termine a sua obra antes que chegue a meia noite". Entrega-lhe o filho de ambos e Fausto, numa oração à Força Suprema, pede que a sua vida seja transferida para o corpo daquela criança. Cai morto, o filho se ergue e desaparece dentro da noite. Ao vir buscar Fausto, Mefistófeles constata que foi derrotado.

O poeta volta, diante do pano fechado, dizendo aos espectadores que espera ter sabido contar a história do destino fatal de Fausto.

> Tantos metais foram atirados ao fogo. Será que a minha liga contém ouro suficiente? Desta obra, ao longo das décadas, há de brotar um ensinamento cujos frutos amadurecerão. Que cada um de vocês tome aquele de que necessita. A semente foi lançada, que outros arem o campo. Erguendo-se sobre os ombros do passado, a alma humana acabará atingindo o céu.

Teatro mágico, fantasmagoria cênica, simbolismo espiritual e metafísico conjugam-se nesta obra concebida em sua maior parte durante a I Guerra, em que um homem profundamente afetado por ela, e que se sente dividido entre duas nações na época inimigas, considera ser sua missão criar uma obra que afirme valores permanentes da luta do espírito, colocada num plano que transcende o das dissensões presentes. É por isso que Busoni, profundo conhecedor de Goethe – ele colecionava edições do *Fausto* e livros de análise desse poema –, toma a liberdade de ambientar na sua Itália natal parte da história da mais alemã das personagens.

Em sua gênese, a obra tem ligações muito fortes com a tradição das Paixões e Mistérios medievais. Donde a sua estrutura de cenas autocontidas, com largas elipses entre uma e outra (só temos a referência a Gretchen, por exemplo, depois de sua sedução). E também os episódios mais leves e extrovertidos que se inserem, de vez em quando, para fazer contraste com os elementos introspectivos e sombrios da trama. Na partitura, Busoni reaproveitou material de diversas peças anteriores, canções e peças para piano inacabadas, mas também trechos de obras maiores já publicadas. E unifica esses fragmentos dispersos com aquilo que, no *Esboço de Prefácio à Partitura do Doktor Faust*, que publicou em 1922, chama de "vocabulário fáustico": música tonal de grande sutileza harmônica, predominância de texturas polifônicas, mas com uma escrita orquestral que faz as tramas serem sofisticadamente transparentes.

No *Doktor Faust*, vamos encontrar o procedimento que, nesta fase da História da Música, será muito comum, observável em autores como Schreker e Magnard, Hindemith e Berg: o de dar a cada cena uma forma fixa determinada. O encontro de Fausto com os estudantes de Cracóvia constrói-se como uma marcha de ritmos obstinados. Tema e variações é uma forma muito adequada para a seqüência em que, com as invocações do *Clavis Astartis Magica*, Fausto vai fazendo aparecer cada uma das línguas de fogo. A assinatura do pacto com o Diabo é acompanhada por citações do "Credo" e do "Glória" da *Missa* latina, para frisar o fato de que, ao assinar o documento, o Doutor está abjurando a sua fé.

A cena na capela tem a forma de um rondó em que um hino sacro combina-se com uma fanfarra militar. A suite de danças cortesãs com que se articula o quadro no palácio ducal leva a um *intermezzo* que tem a forma de uma sarabanda muito sombria. O clímax musical e dramático da ópera está na cena da taverna, um *scherzo*, coral e fuga em que o choque entre o "Te Deum" dos católicos e o coral protestante "Ein' feste Burg ist unser Gott" (Nosso Deus é uma sólida fortaleza) resolve-se na truculência de uma canção de taverna. Aqui triunfa o legado nórdico do contraponto, herdado de Bach, parte fundamental da personalidade estética de Busoni.

Onde mais fica claro o desejo do compositor de "um retorno à serenidade clássica" é na límpida construção de seus números fechados: "Er ruft mich wie mit tausend Stimmen" (Ele me chama como se fossem mil vozes), a ária em que a duquesa de Parma cede ao desejo de seguir Fausto; o sardônico monólogo em que Mefistófeles conta aos estudantes, na taverna, como Fausto raptou a duquesa e a abandonou, depois que ela deu à luz o filho de ambos; e a oração final de Fausto.

No capítulo sobre Hans Pfitzner, está citado um depoimento do barítono Dietrich Fischer-Dieskau – intérprete do papel-título na gravação Leitner, e do Prólogo na Nagano –, em que ele traça um paralelo entre *Palestrina*, *Doktor Faust* e *Matias, o Pintor*. Estas óperas, como também os *Mestres Cantores de Nuremberg*, o *Cardillac*, de Hindemith, e *Moses und Aron*, de Schönberg, pertencem a uma nobre linhagem dentro da História da Ópera alemã: a que discute a criação artística colocando-a num plano muito elevado de reflexão filosófica.

Busoni não chegou a assistir à criação do *Wozzeck* de Alban Berg. Morreu em 1924, deixando desamparado um grupo de discípulos que o considerava – como escreveu Kurt Weill no *Berliner Boursen-Courier* de 26.7.1925 – "o último homem da Renascença", o "europeu do futuro, chefe invisível da vida musical européia". Fixando e esclarecendo novos conceitos, ele conseguira libertar a nova geração de suas inibições. Transmitira-lhes as lições do Classicismo e do Romantismo ao mesmo tempo que a familiarizava com as inovações do Impressionismo francês e da *Histoire du Soldat* de Stravínski – que ele considerava o modelo de ópera do futuro, síntese do antigo e do moderno. No texto citado, assim Weill resumiu a riqueza de seu legado:

> Sentíamo-nos sufocados por uma concepção estética muito rígida, tentávamos libertar-nos violentamente desse sufocamento, provocado por um longo fechamento em nós mesmos durante muitos anos, dando um salto no desconhecido, recusando todas as idéias adquiridas, limitando-nos asceticamente aos novos meios de expressão cuja existência pressentíamos. Mas não sabíamos que forma dar a nossos novos conteúdos e balbuciávamos em vez de explodir. Foi então que ele chegou como uma corrente de ar fresco. Era diferente do que imaginávamos: mais maduro, mais seguro de si... e mais jovem. Superara a cãimbras que nos paralisava. Nisso, estava à frente de nós todos. Mas nunca nos impunha isso. Atraiu para si apenas alguns de nós porque, para ele, naquela época, já não tinha mais sentido ter "alunos". Chamava-nos seus "discípulos" e não dava aulas. Deixava-nos, em vez disso, impregnar-nos com a sua quintessência pluridisciplinar que passava por tudo mas sempre desembocava na música.

Os mais esclarecidos dentre esses discípulos perceberam a ambigüidade das posições de um homem cujo desejo de forjar novos princípios, novas doutrinas, o levava a orientá-los em direções que pareciam contradizer-se – resultado talvez da natureza meio germânica, meio latina de Busoni, que o expunha demasiado à agitação criadora para que ele pudesse atingir a calma e o rigor do Jovem Classicismo que pregava. No entanto, longe de enfraquecer o prestígio de Busoni, essa defasagem entre formulação teórica, aspiração técnica e realização prática estimulou seus discípulos. Mais do que na obra do Mestre, é na de seus discípulos, adaptadas às necessidades dos tempos novos, que encontraremos a divulgação de seu pensamento.

SIEGFRIED WAGNER

Somente em 25 de agosto de 1870 Siegfried Helferich Richard Wagner (1869-1930) pôde ser legitimado. Sua mãe, Cósima Liszt, ainda não tinha se divorciado do marido, o maestro Hans von Bülow, quando ele nasceu na cidade suíça de Triebschen, às margens do Lago Lucerna, onde ela tinha ido morar, três anos antes, com Richard Wagner. O ilustre avô, Franz Liszt, deu-lhe as primeiras lições de harmonia em 1882. Desse mesmo ano data a sua primeira composição, uma marcha para a representação doméstica do drama *Gottfried der Spielmann* (Gottfried, o Jogador).

Wagner escolheu Humperdinck para lhe ensinar teoria e contraponto, mas o destinava à carreira de arquiteto, e fez questão que ele se inscrevesse na Politécnica de Berlim. Mais tarde, quando prosseguia o curso de arquitetura em Karlsruhe, Siegfried decidiu, por influência do maestro Karl Mottl, retomar os estudos musicais. É o próprio Siegfried quem evoca, em seu *Diário*, o momento em que optou exclusivamente pela música. Em 1892, ele fez uma excursão à Ásia em companhia de Clement Hugh Gilbert Harris (1871-1897), jovem compositor inglês com quem mantinha uma ligação amorosa. Na tarde de 3 de abril, Siegfried saiu para dar um passeio a pé pelas ruas da Cidade de Cingapura. Ao passar diante de uma igreja protestante, ouviu o som de um coral que cantava "O Haupt voll Blut" (Ó cabeça coberta de sangue), da *Paixão Segundo São João*. A universalidade da emoção com que a música de Bach era entoada em paragens tão distantes lhe pareceu um sinal claro de que essa era a arte a que devia consagrar a sua vida.

Depois de trabalhar quatro anos em Bayreuth como assistente de Hans Richter e Julius Kniese, o filho mais velho de Wagner regeu seu primeiro *Anel* em 1896. Em 1906, Cósima, já muito idosa, passou a ele o encargo de dirigir o Festival, que ficou em suas mãos até o fim da vida. A mãe e ele morreram no mesmo ano, com apenas cinco meses de diferença. Compositor muito prolífico, além de várias peças vocais e instrumentais, Siegfried Wagner estreou quatorze óperas. Foi, porém, com um poema-sinfônico, e não com uma de suas obras cênicas, que se iniciou o processo muito recente de resgate discográfico de sua produção. Em 1993, Konrad Bach, presidente da Siegfried Wagner Society, gravou para o selo Marco Polo as duas peças esboçadas por Siegfried e Clement no navio que os levava para a Ásia: os poemas sinfônicos *Sensucht* (Saudade), baseado no poema de Schiller, e *Paradise Lost*, inspirado pelo poema de Milton.

Embora tivesse sido estreado por Hans Richter em 6 de junho de 1895, e executado sob a regência do autor em várias ocasiões, o próprio Siegfried recusou, em junho de 1896, a oferta de um editor de publicar *Sehnsucht*, decerto porque à família não interessava de forma alguma divulgar uma partitura ligada à lembrança de seu comportamento homossexual de adolescência. Paul Pretzsch, que publicou em 1918 uma análise de sua obra, nem sequer o menciona. E em 1970, a viúva, Winifred Wagner, garantiu que a partitura tinha se perdido durante a II Guerra. Só em 1979, Friedelind, a filha do compositor, descobriu, num depósito do teatro de Bayreuth, uma cópia da obra, que a Litographischen Anstalt C. G. Röder, de Leipzig, tinha publicado mesmo sem autorização.

Com base nesse achado, foram feitas as gravações de Konrad Bach e Werner Andreas Albert (selo CPO) – esta última acompanhada de duas obras instrumentais da década de 1920: o *scherzo* "Un wenn die Welt voll Teufel wär" (E se o mundo estivesse cheio de demônios, 1922), inspirado numa frase de Martinho Lutero; e o belíssimo poema sinfônico *Glück* (Felicidade), iniciado em 20 de abril de 1923, data do aniversário de morte de Harris. *Paradise Lost* e a *Marcha Festiva* que K. Bach acrescentou a seu registro de *Sensucht* demonstram que Harris, aluno de Clara Schumann em Frankfurt, era o dono de um talento que poderia ter se desenvolvido caso o jovem inglês não tivesse morrido aos 26 anos, na batalha de Pentepigadia (22.4.1897), como voluntário na Guerra da Independência grega contra os turcos.

Em *Sehnsucht*, muito significativamente, Siegfried demonstra deixar-se influenciar mais pelo avô do que pela figura massacrante do pai: em diversos momentos, é Franz Liszt, e não Richard Wagner, que a peça lembra. Konrad Bach, o responsável pela execução dessa obra, tem feito importante trabalho de divulgação das óperas de seu autor. Ele é o diretor do mais antigo festival da Alemanha, o de Rudolstadt, cidadezinha da Turíngia vizinha de Bayreuth. Ali, vem realizando o projeto de tirar do esquecimento todas as óperas do compositor. A orquestra do Landestheater Saalfeld-Rudolstadt é de nível apenas provinciano, e os elencos com que pode trabalhar também não são de primeira linha. Mas a equipe compensa com devoção os eventuais desníveis técnicos. Até 1999, o selo Marco Polo já tinha posto no comércio o registro ao vivo de *Die Bärenhäuter* (O Homem Vestido com a Pele de Urso), *Banadietrich* e *Schwarzschwanenreich* (O Reino do Cisne Negro). Ao mesmo tempo, à frente da Filarmônica da Renânia-Palatinado, W. A. Albert realizou, para a CPO, a integral das aberturas e interlúdios, dos poemas sinfônicos e da *Sinfonia em Dó Maior*, oferecendo um panorama muito abrangente de sua arte da escrita orquestral.

Através dessas gravações, é possível constatar que, apesar da inevitável presença de alguns dos maneirismos herdados do pai – no que de resto ele desfruta da companhia da maioria dos compositores alemães de seu tempo –, Siegfried consegue, a maior parte do tempo, afirmar um estilo individual, ao contrário do que andou dizendo a seu respeito mais de um autor superficialmente informado. Essa distância deliberada que assumiu em relação ao estilo de Wagner pai é compreensível num compositor e num ser humano que enfrentou, a vida inteira, o problema inevitável de viver à sombra gigantesca do progenitor. É ele o primeiro a admiti-lo:

> Meus pais deram-me o nome de Siegfried, mas nunca parti uma bigorna ao meio, nunca matei um dragão ou atravessei um mar de chamas. Apesar disso, espero não ser inteiramente indigno desse nome, pois o medo não é uma de minhas fraquezas.

Siegfried estava pronto a reconhecer a dívida que tinha para com Richard:

> Foi com ele que aprendi a declamação, a instrumentação, a concisão, a estrutura dramática, é claro. Mas evitando transformar-me em um imitador pobre. Para sermos wagnerianos, devemos conhecer os nossos próprios limites, e não trabalhar com uma orquestra ciclópica, se não é essa a nossa verdadeira propensão. Acima de tudo, aprender a modular de forma delicada e não sair por aí pulando indiscriminadamente de uma tonalidade para a outra.

Era muito sincero, porém, ao admitir as cobranças que pesavam sobre os seus ombros:

> Há pessoas que gostariam de ver-me como uma figura trágica. Olham para mim com uma risadinha de simpatia e parecem estar pensando: "Coitadinho, como deve ser opressivo o peso da fama do pai dele! Temos pena de você, principalmente por ter a ousadia de posar de compositor e por ser ingênuo a ponto de pensar que pode ser bem-sucedido nessa carreira." Pois será que pareço realmente oprimido e abatido? Desculpem-me se lhes dou essa impressão, pois sinto-me perfeitamente bem. E, no

entanto, concedo que não foi lá muito fácil. Precisei de paciência para conseguir dar cabo do preconceito que existe contra o filho de um grande homem. Não sei como as coisas se passam em outros países. Aqui na Alemanha, há o dogma de que um filho assim deve ser meio bobo, se não for um completo idiota. E, aí, de repente, aparece alguém que não se encaixa nesse molde e só serve para causar confusão.

E no final de suas *Memórias*, publicadas em 1922, fez questão de dizer:

> Não me vejo como uma figura trágica. Alegro-me, todos os dias, pela sorte de ter tido um pai como o meu. Alegro-me pelo avô e a mãe que tive. Alegro-me com o carinho e a ternura que recebo de minhas irmãs. Alegro-me com a beleza, o bom-humor e a inteligência de minha mulher. Alegro-me com os meus quatro filhos. Alegro-me em poder chamar de meu lar a linda cidadezinha de Bayreuth cujos habitantes dão-me apoio tão sincero em todas as ocasiões. Orgulho-me da confiança que os nossos músicos e o público do festival depositaram em mim. E alegro-me, finalmente, por não ser inteiramente desprovido de talento e ter herdado em boa medida o espírito de meus pais. Caro leitor, pensas que alguém com tantas razões para ser feliz possa ser chamado de uma lamentável figura trágica?

Mas basta ouvir *Glück*, iniciado no ano seguinte, para sentir o quanto ele desmente o tom falsamente seguro desses textos que acabamos de citar. Siegfried sempre foi atormentado pela genialidade inatingível do pai e pelas relações difíceis com Cósima, mãe autoritária e dominadora. Cristalino reflexo disso é a freqüência com que aparece o conflito mãe-filho em seus libretos – de que era sempre ele o autor, como bom filho de Wagner. Siegfried nunca esqueceu tampouco a forma brutal como a família sufocou sua relação com Harris e, em Reinhardt, uma das personagens de *Herzog Wildfang* (O Duque Traquinas), representou o amante adolescente. E nunca superou o trauma de ser fruto de um adultério – tanto assim que jamais teve coragem de assumir a paternidade de Walter Aign, que nascera de uma de suas aventuras ocasionais (filhos ilegítimos são outra presença freqüente em suas óperas).

A forma como dirigiu o Festival de Bayreuth também revela o desejo de escapar às imposições do establishment wagneriano que, tendo Cósima à frente, empenhava-se em preservar uma visão congelada e imutável das óperas de seu pai. Siegfried era um homem de seu tempo, aberto a todas as pesquisas no campo teatral e, nas polêmicas encenações que promoveu, sente-se a influência dos mais diversos diretores, de Max Reinhardt a Bertolt Brecht. Tinha, para isso, de enfrentar a oposição cerrada dos ortodoxos, que se ofendiam, por exemplo, quando ele exigia dos cantores, que se apresentavam para audições, que cantassem árias de Verdi, um de seus autores prediletos.

Nem o conteúdo nem os temas das óperas de Siegfried Wagner correspondiam ao que o público esperava do filho do grande Richard. A vida inteira ele teve de lutar não com um, mas com dois dragões: o wagnerita, convencido – qual Fafner sentado sobre seu ouro – de ser o guardião da única interpretação válida dos dramas líricos de seu pai; e o antiwagneriano, que o via como *Wagner der Junge*, mera réplica piorada do mestre de Bayreuth. Só hoje, graças ao esforço de um punhado de artistas que se recusam a mastigar mecanicamente as idéias preconceituosas que os manuais repetiram a seu respeito, é possível começar a dar-se conta de que ambas as coisas são profundamente injustas.

À família Wagner desagradava, em particular, a predileção de Siegfried por personalidades artísticas que nada tinham em comum com o tipo de nacionalismo germânico radical propagado pelo Festival de Bayreuth – e de que o ideólogo-mor era Houston Stewart Chamberlain, o genro escolhido por Cósima, responsável pelo tipo de pensamento que aproximou o wagnerismo das doutrinas nazistas. Em suas obras para o palco, era com autores decadentistas ou expressionistas como Oscar Wilde, Stefan George ou Gerhardt Hauptmann que Siegfried demonstrava ter afinidade. Temas explosivos se escondem por trás de títulos aparentemente inócuos como *Sonnenflamen* (As Chamas do Sol) – que trata de um amor obsessivo mas não compartilhado, que leva o indivíduo à autodestruição – ou *Das Flüchlein, das jeder mitkekam* (A Maldição que Todos Conheciam), conto de fadas cheio de transparentes alusões à Alemanha da década de 1920, marcada pelo desemprego e a crise de liderança política que permitirá a ascensão do autoritarismo.

Sobre essas "aberrações", os Wagner exerceram a mais draconiana censura. Acreditavam estar fazendo a coisa certa ao engavetar *Das Flüchlein*, que só pôde ser estreada postumamente, no Festival de Rudolstadt, em 1984. Mas são justamente as posições anticonvencionais que garantem a Siegfried Wagner a sua modernidade, como ficou demonstrado, em 1994, quando *Das Flüchlein* foi reprisada em comemoração ao 125º aniversário de seu nascimento: a imprensa alemã não deixou de assinalar semelhanças entre o que era dito por ele nessa ópera e a situação atual do país, em que a crise econômica faz ressurgir o espectro do nazismo. Um ano antes, de resto, os guardiães da tradição wagneriana tinham reagido indignados à reapresentação de *Schwarzschwanenreich*, drama que fala de preconceito e da violência da comunidade contra quem vem de fora, dois temas candentes na Alemanha de hoje.

Mas foi sobretudo em sua música que o filho mais velho de Richard e Cósima sentiu a necessidade constante de afirmar a sua mal reconhecida individualidade. Em *Siegfried Wagner: Genie im Schatten* (O Gênio na Sombra), o seu biógrafo Peter Pachl mostra como a linguagem eclética que desenvolveu, misturando elementos do folclore, da tradição romântica e das pesquisas contemporâneas, corresponde à tentativa deliberada de evitar qualquer semelhança com o estilo do pai que, na opinião "oficial" de Bayreuth, tinha levado à perfeição insuperável o drama lírico de tema mitológico:

> As dezoito óperas de SW formam um universo dramatúrgico em há vários motivos interligados. Ao ouvirmos umas de suas óperas, não temos mais dificuldade em reconhecer os temas que reaparecem em suas outras obras. Ele tinha um estilo próprio, uma espécie de marca registrada que inclui conexões harmônicas, técnicas de transição e determinados coloridos orquestrais, além do emprego de certos procedimentos musicais para situações semelhantes, independente de onde ou da época em que a ação se passe. Isso não significa que a sua obra seja estática: de *Bärenhäuter* até a sua fase final, ela sofreu uma evolução que acusa a influência crescente do Impressionismo.
>
> As óperas de SW são interrelacionadas e devem ser compreendidas como um grande ciclo. A maior parte delas não tem um gênero fixo. Categorias como "drama lírico psicológico" ou "drama simbolista" foram designações que lhes foram dadas, posteriormente, pelos estudiosos. Embora as fronteiras de gênero nem sempre sejam fáceis de delimitar, as óperas de SW podem ser classificadas, com base em seu conteúdo, como *Märchenoper*, sagas ou óperas de tema histórico.

Para distanciar-se do risco da comparação desvantajosa, Siegfried tomou como modelo as obras do cunhado de seu pai, Alexander Ritter, e de seu mestre Humperdinck, escrevendo *Märchenopern* nas quais há uma mistura de simbolismo, clima lendário e bom-senso popular. Ele mesmo dizia:

> Geralmente, tiro os meus libretos do folclore alemão, onde ainda há muitos tesouros a serem descobertos. Não é fácil procurá-los, examiná-los e juntá-los. Nossos pesquisadores excepcionais, Jakob Grimm acima de todos os outros, prestaram um grande serviço à cultura alemã ao coletar todas essas histórias de deuses e heróis que estavam fragmentadas, dispersas e, não raro, mutiladas a ponto de ficarem irreconhecíveis. É um sinal feliz de nosso tempo ter surgido a necessidade de nos aproximarmos mais e mais da alma do povo, a única defesa contra a contaminação urbana que ameaça corromper nossos costumes locais.

A preferência pela *Märchenoper* não o impedia, porém, de, eventualmente, incursionar por temas típicos do universo dramatúrgico paterno. É o caso de sua primeira ópera, *Der Bärenhäuter*, estreada em Munique em 22 de janeiro de 1899. Ela foi o maior triunfo de sua carreira, regida por Gustav Mahler na estréia vienense, apresentada nos maiores teatros alemães e traduzida para o inglês, o francês e o húngaro. Depois da morte de Siegfried, sua viúva, que considerava a ópera um desrespeito às tradições wagnerianas, proibiu que fosse reencenada enquanto ela estivesse viva; mas em 1952, o teatro de Regensburg desobedeceu a essa interdição. Suspenso o banimento após a morte de Winifred, ela foi apresentada no Festival de Rudolstadt, ocasião em que foi feita a gravação de Konrad Bach.

No *Homem Vestido com a Pele de Urso*, Siegfried cruza dois contos de Grimm – o que dá título à ópera e *Der Teufels rußiger Bruder* (Os Irmãos Ruivos do Diabo) – ao *Spielmannssage von Heilige Petrus* (A História do Jogador de São Pedro) e às crônicas da época da Guerra dos Trinta Anos. Em 1630, terminado o conflito, o soldado Hans Kraft volta para a aldeia onde morava, e descobre que sua casa foi destruída e a mãe, com quem sempre teve relações difíceis, está morta. É obrigado a aceitar um trabalho no inferno, que lhe é oferecido pelo Demônio em pessoa. Sua função é acender o caldeirão no qual irão ferver as almas condenadas ao suplício eterno. Ao fazê-lo, reconhece, entre as vozes dos condenados, a do sargento que, no exército, sempre o tratara com extrema crueldade e isso lhe dá um certo prazer em remexer o caldeirão.

Mas um misterioso estranho aparece no inferno e lhe propõe um jogo de dados para passar o tempo. Hans aceita e, desastradamente, perde as almas sob sua guarda. É punido por seu patrão: sujo de fuligem e excremento, terá de andar pelo mundo, vestido com uma pele de urso, sem nunca se lavar. Só se salvará se encontrar uma mulher que agüente ficar três anos a seu lado apesar de seu estado repugnante. Reconhecemos aí o tema da regeneração pelo amor, viga mestra do edifício wagneriano.

Hans vai para a aldeia de Kulmbach, onde a sua sujeira causa repulsa a todos. Mas ele tem dinheiro e o prefeito Melchior Fröhlich, que está atolado em dívidas, concorda em dar-lhe uma de suas três filhas em casamento em troca de ajuda. As duas mais velhas, Lene e Gunda, recusam horrorizadas; mas a mais nova, Luise, aceita ficar a seu lado, pois reconhece naquele homem fedorento um ser sensível e marginalizado. Em sinal de gratidão e fidelidade, Hans lhe dá a metade de uma aliança de noivado e conserva consigo a outra metade. Luise é uma descendente direta de Senta e Elisabeth, a quem o Holandês e Tannhäuser devem sua redenção. O judeu errante, a bela e a fera – são múltiplos os arquétipos da narrativa folclórica que se fundem nesse libreto.

Três anos se passam e Hans fica finalmente livre do encantamento. Nesse momento, surge novamente diante dele o estrangeiro, que lhe aconselha ir correndo até Plassenburg, pois a cidade, cercada pelos inimigos, está prestes a ser atacada pelas tropas do duque de Wallenstein. Kraft consegue salvar a guarnição e é aclamado como um herói. Luise, que assiste às festividades, não o reconhece sem a pele de urso. É preciso que ele lhe mostre a sua metade da aliança para que ela descubra quem ele é e agradeça aos céus por tê-lo libertado da maldição demoníaca.

Numa época em que é tão forte o influxo da escrita wagneriana sobre os compositores, é inevitável o comparecimento de alguns de seus maneirismos – é o caso dos violinos divididos, reminiscentes do Prelúdio do *Lohengrin*, que se ouvem no Interlúdio do ato III; ou de certos recortes melódicos nas passagens mais líricas. Mas, curiosamente, se influência há é a de uma fase mais de início de carreira da obra de Wagner, e não a do músico maduro e revolucionário do *Anel*. Convivendo com esses traços, há uma linguagem de cunho bem pessoal, enraizada no folclore e nos ritmos e melodias populares: a cena de regozijo, em Plassenburg, por exemplo, que parece imitar certos dobrados de banda bem típicos das tradições interioranas. Iniciando-se em estilo arioso de cunho declamatório, a ópera vai evoluindo, à medida que o amor se instala na vida de Hans, para um canto que se espraia livremente em cantábiles de gosto italiano: o melhor exemplo disso é a delicada cena 6 do ato II, quando Luise diz ao homem da pele de urso que, apesar de seu aspecto repugnante, está disposta a casar-se com ele.

Nitidamente autobiográfica é *Herzog Wildfang* (O Duque Traquinas), também cantada em Munique em 23 de março de 1901. O libreto é construído como um típico *Bildungsroman* (romance de aprendizagem) em estilo de conto de fadas. O jovem duque Ulrich não quer ter de assumir as responsabilidades do trono. Deseja ser livre, inclusive no relacionamento, que todos desaprovam, com seu melhor amigo, o cavaleiro Reinhardt. Mas o vazio político criado por sua omissão e pela indecisão do conselho de ministros cria o terreno fértil para a sedição de Matthias Blank que, manipulando a insatisfação popular, tenta tomar o poder. Finalmente, Ulrich compreende que tem a obrigação de assumir o cargo. Mas, ao fazê-lo, promete a si mesmo modificar as regras do jogo, "servindo o povo em vez de ser apenas seu governante".

A estréia da ópera serviu de pretexto para os protestos dos universitários de Munique contra o imobilismo e a obsolescência da política cultural bávara. Essa "comédia imoral", como foi chamada pela crítica da época, desagradou profundamente aos admiradores da *Märchenoper* pois, além de servir de pretexto para uma reflexão política subversiva, tinha ousadias musicais impensáveis dentro do gênero leve da ópera-conto de fadas, como a linguagem quase atonal que Siegfried usa na cena do conselho, para descrever as divergências e indecisões dos ministros (de uma forma que não deixa de lembrar as controvérsias entre os judeus, na *Salomé* de Richard Strauss).

O Duque Traquinas desagradou especialmente aos wagneritas, que perceberam muito bem o subtexto pessoal do libreto. Siegfried falava de sua hesitação inicial em assumir a administração do legado artístico paterno, da conclusão a que chegara de que era seu dever fazê-lo, e da decisão que tomara de dirigir o festival de um modo que muitos consideravam iconoclasta. Uma das cenas mais interessantes é a da quermesse, durante a qual realiza-se uma corrida que tem como prêmio a mão da filha de um dos conselheiros – e que ofendeu os wagneritas ortodoxos, pois pareceu uma paródia de situação análoga nos *Mestres Cantores*.

A partir de 1904, Hamburgo foi a cidade que assistiu à criação das três óperas seguintes. Em primeiro lugar, *Der Kobold* (O Duende), comédia ligeira de tema folclórico. Em seguida, *Bruder Lustig*, cantada em 13 de outubro de 1905. "Fra Allegro" era o nome que, em cartas escritas a Humperdinck, Siegfried dava a esse *Irmão Jovial*, apelido da personagem central, Heinrich von Kempten, que consegue manter o bom-humor em todas as situações difíceis por que passa. Heinrich está apaixonado por Walburga, a moça mais bonita da aldeia, e é correspondido; mas ela foi prometida pelos pais a um noivo rico arranjado pela casamenteira locais. Tratada com crueldade pelos pais, forçada a aceitar o marido indesejado, Walburga foge com Heinrich e eles se refugiam na igreja – mas até lá são maltratados pelo padre, que os acusa de adultério. Adormecendo diante do altar, os namorados têm a visão das imagens dos santos que adquirem vida para consolá-los e lhes dizer que está próximo o momento em que poderão ser felizes.

De fato, logo depois, Heinrich salva um desconhecido de uma emboscada e descobre que ele é o imperador Oto III, o Barbudo. Condoído com sua narrativa, o soberano vai até sua aldeia, enterra uma machadinha no tronco do carvalho, na praça principal, em sinal de paz, e promove pessoalmente o casamento dos dois. Antigas superstições, o verdadeiro comércio que se fazia, nas comunidades bávaras, com os contratos de casamento, e a crueldade dos pais para com os filhos, a quem tratavam como objetos de troca, são os temas dessa nova ópera.

Mas a personalidade exuberante da personagem título e sua constante capacidade de reagir com alegria às piores adversidades fazem com que a ópera nada tenha de sombria. Para ela, Siegfried Wagner escreveu melodias cativantes, reminiscentes da antiga tradição cômica que, saindo de Lortzing, chega a Cornelius e Götz. A orquestração também é leve e transparente, mais próxima de Ritter do que das texturas encorpadas dos *Meistersinger*.

Bem austera, em contraste, é a matéria de que é feita *Sternengebot*, a terceira ópera destinada à Ópera de Hamburgo, estreada em 21 de janeiro de 1908. Seu tema é o conflito entre a racionalidade e a crença na astrologia e nos poderes sobrenaturais; e ela é uma das obras mais claramente autobiográficas de Siegfried. Enraizada em fatos históricos reais, a ação dos *Mensageiro das Estrelas* passa-se na residência real de Fritzlar, no século X. Siegfried deu à personagem central o seu nome do meio: Helferich von Lahngau descobriu, mediante a leitura do horóscopo feita por um adivinho, que o duque Konrad, usurpador do trono, pretende matar o príncipe herdeiro Heinz para impedi-lo de reclamar seus legítimos direitos. Dedica-se a defender o jovem nobre, embora todos os critiquem por isso; e à custa de muitos esforços consegue fazer com que, em 919, o príncipe seja reconhecido e coroado com o nome de Henrique I. Helferich é amado por Agnes, a filha de Konrad, que representa os valores contrários à superstição. É ela quem lhe diz a frase que resume a mensagem central do libreto: "Há um poder mais alto e mais forte do que o das estrelas: o dos ditames do coração."

Na missão assumida por Helferich, os biógrafos de Siegfried Wagner vêem transparente alusão a seu propósito de defender as tradições wagnerianas, dispondo-se, entretanto, a renová-las. Da mesma forma que Von Langhau abre mãos de seus interesses pessoais, inclusive do amor por Agnes, em nome da proteção do futuro rei, também Siegfried deixou que o extenuante esforço de divulgação da obra do pai prejudicasse o desenvolvimento de seu próprio trabalho. E teve de aceitar que a sua música fosse sempre julgada por critérios que não se aplicavam a ela. Há, em *Sternengebot*, pelo menos dois grandes momentos. Um deles é a cena do torneio, em que Helferich, lutando pela mão de Agnes, é derrotado por Adalbert von Babenberg – outra personagem histórica –, pois está preocupado demais com a segurança de Heinz para conseguir concentrar-se na luta. O outro é a seqüência da festa de noivado de Agnes com o vencedor do torneio, durante a qual há danças reproduzindo antigos rituais pagãos. *Sternengebot* foi uma das primeiras óperas de Siegfried Wagner a ser revivida em anos recentes: o público reagiu agradavelmente surpreso ao ouvi-la, em versão de concerto, durante o Festival de Maio de Wiesbaden, em 1997.

A Ópera de Karlsruhe foi a escolhida para a estréia, em 23 de janeiro de 1910, da que é provavelmente a ópera mais importante de Siegfried, e a mais significativa de seu método de trabalho. *Banadietrich* baseia-se no *Hildebrandlied*, o poema épico germânico do século IX. Mas agindo com a mesma liberdade de seu pai no tratamento do repertório lendário, o compositor fundiu a ele elementos extraídos de outras fontes, entre os quais a personagem de Schwannweiss (Cisne Branco), cujo perfil assemelha-se ao da Ondina, da Russalka ou da Loreley: ela é um espírito das águas que se apaixona por um mortal, o duque Dietrich von Bern, a quem salvou de afogar-se num pântano. Nesse sentido, há distintas ressonâncias wagnerianas em *Banadietrich*, na medida em que o amor dos dois, como o de Tristão e Isolda, é impossível no plano contingente e imperfeito do mundo humano, e só poderá realizar-se a partir do momento em que Dietrich aceitar acompanhar a ninfa no sereno reinado aquático dos cisnes.

Várias lendas formaram-se em torno do nome do herói Dietrich von Bern, cujo modelo histórico parece ter sido Teodorico, o Grande que, no século VI, derrotou Odoacro, rei dos godos, na Batalha de Ravenna, e conquistou o norte da Itália. Uma dessas sagas é a cavaleiro virtuoso que, sem querer, ofendeu a divindade pois, durante uma cerimônia religiosa, o Diabo, disfarçado como um velhote ridículo, conseguiu distraí-lo com suas palhaçadas e fazê-lo rir. A outra é a do homem tão apaixonado pela caça que, num domingo, em vez de ir à missa, saiu a perseguir um gamo. De repente, ouviu uma voz do céu que lhe perguntava: "Até quando continuarás caçando?". Em tom de desafio, voltou-se para o alto e exclamou: "Enquanto Deus o permitir." Ao que a voz retrucou: "Pois então caçarás até o fim dos tempos", e ele se converteu no Caçador Selvagem, que cruza os bosques incessantemente. Não é possível vê-lo mas, nas noites de lua cheia, pode-se ouvir o ruído dos cascos de seu cavalo.

Essas duas lendas também são trançadas à história de *Banadietrich*; e o prelúdio ao ato III, "Das Wilde Heer", é um turbulento minipoema sinfônico evocando a interminável caçada a que a arrogância do cavaleiro o condenou. Mas é intensamente satírico o tratamento dado por Siegfried a esse conjunto de antigas narrativas tradicionais – o que também foi uma idéia mal recebida pelos cultores do drama lírico wagneriano. "Não se deve recuar diante do medo do grotesco", diz Siegfried nas instruções que redigiu sobre a encenação desta ópera que, segundo Peter Pachl, "está mais próxima do *Zaubertheater* (o teatro mágico) de Schikaneder do que dos dramas líricos de seu pai".

Banadietrich obteve enorme sucesso ao ser recriada em Rudolstadt. Depois disso, o mesmo elenco a apresentou em Bayreuth, em junho de 1995. A gravação de K. Bach mostra ser ela uma das partituras mais bem escritas de seu autor. Os monólogos da personagem título, em especial o do início do ato III, são extremamente bem construídos e – no dizer do crítico Bill Zakariasen, da revista *Opera News* – o "suntuoso finale é comparável ao *Liebestod* paterno". Pelo papel de destaque que ocupa dentro de sua produção, e pela forma como ilustra a técnica de fusão, numa espécie de *Märchenoper* de fundo histórico, de elementos das mais variadas procedências, vale a pena dar uma idéia clara da ação muito carregada desta ópera.

Banadietrich aliou-se ao rei Etzel para resistir à tentativa de invasão de sua terra pelo godo Ermenrich. Ao erguer-se o pano, vai em meio a batalha, que suas forças estão perdendo, e o ardiloso cavaleiro Raunerath o aconselha a sacrificar sua mulher, Cisne Branco, pois Deus provavelmente se ofendeu com o fato de ele estar vivendo com um espírito das águas. Na verdade, Raunerasth pensa nas vantagens pessoais de que desfrutará se conseguir promover o casamento de Banadietrich com uma das filhas de Etzel. Embora deva a vida à ninfa, Banadietrich, desesperado com o avanço do inimigo, acaba invocando os poderes infernais e lhes oferecendo o que mais ama.

O cavaleiro Wittich, que se bandeara para o lado do inimigo, ama Cisne Branco. Embora Banadietrich lhe ofereça a reconciliação após a vitória, ele lhe conta a que preço seu marido conseguiu vencer e se oferece para ajudá-la a fugir e protegê-la. Raunerath mostra os dois juntos a Banadietrich, este acusa a mulher de traição e Cisne Branco, antes de partir com Wittich, lhe diz, indignada, que ele só recuperará o bom-senso quando vir surgir diante dele dois espectros: o da eterna fidelidade de sua esposa; e o do remorso, que lhe devorará o coração.

Durante a cerimônia de ação de graças pela vitória, o Diabo surge dentro da igreja fazendo cabriolas indecentes. Vendo-o, Banadietrich perde o controle, ri escandalosamente e é repreendido pelo bispo. Como reage irritado à reprimenda e não se arrepende do que fez, é excomungado e banido da sociedade. O rei Etzel quer prendê-lo, para vingar a morte de seus filhos na batalha; mas Raunerath, ajudado pelo Diabo, envolve-o num manto mágico que o torna invisível e Banadietrich foge montado nas costas de um dragão voador.

Ao voltar para casa, o cavaleiro Dietleib, o melhor amigo de Banadietrich, conta a Ute, sua mãe, que o guerreiro anda desaparecido e há rumores de que ele se transformou no Caçador Selvagem. Descobre em seguida que Ute deu abrigo a um casal fugido da devastação trazida pela guerra. Dietleib reconhece Cisne Branco: ela está cuidando de Wittich, em quem o desejo violento de vingança produziu uma enfermidade incurável. Ela não consegue corresponder ao amor de Wittich, pois ainda não esqueceu o marido, e pede a Dietleib que tire das mãos de seu companheiro, Balmung, a espada de Banadietrich, de que ele se apossou no momento da fuga. Esta será a única forma de fazer desaparecer os sentimentos negativos que o estão destruindo.

Ute recebe a visita de um velho amigo, o mago Magister Flederwisch, que Raunerath encarregou de verificar se é Cisne Branco quem está refugiada em sua casa. O feiticeiro vai falar com a ninfa, dizendo-lhe que trouxe um maravilhoso remédio para curar Wittich. Dá-lhe dois frascos: de um, sai uma cobra; do outro, uma chama. A ninfa manda a Raunerath o recado que não teme os feitiços de Voland, o diabo. Quando Flederwisch sai, Wittich lhe diz que só o seu amor será capaz de lhe aliviar os sofrimentos; mas ela o acusa de só pensar em vingança, em vez de querer provar a sua inocência; e recusa-se a ouvi-lo quando Wittich insiste que a traição de Banadietrich, vendendo-a ao diabo em troca da vitória, merece ser vingada. Enquanto discutem, Dietleib apodera-se de Balmung e foge, perseguido por Wittich.

Dietleib vai procurar Banadietrich na floresta. Tenta devolver-lhe a espada e lhe diz que seu pecado poderá ser perdoado, se ele aceitar voltar para defender seu povo. Mas Banadietrich afirma que só Cisne Branco poderá perdoá-lo, pois seu crime em relação a ela foi cem vezes pior do que o cometido contra Deus. Cisne Branco já o perdoou, garante Dietleib. O cavaleiro não acredita e insiste para que o amigo fique com a espada. Wittich vem procurar Banadietrich, mas a confrontação entre eles se interrompe com o aparecimento do Diabo, que volta para cobrar o que fez pelo cavaleiro quando este lhe pediu ajuda. Banadietrich, porém, não o teme mais e nem à morte, agora que foi amaldiçoado e perdeu tudo o que amava.

Antes de ir embora derrotado, o Diabo lhe pergunta se está vendo a pequena flor que desabrochou com o orvalho da manhã. Pisá-la seria um grande pecado. Sozinho, Banadietrich se pergunta por quê, por tanto tempo, deixou de ver as flores e de sentir seu perfume. Quando se lembra da frágil flor que, no passado, fez sofrer, ouve uma voz do céu perguntando se se arrepende de seus atos. Arrogante como sempre, continua dizendo que não, e é condenado à dor eterna da caçada selvagem. Mas, nesse momento, ouve a voz de Cisne Branco pedindo-lhe que se arrependa. A ela, sim, ele responde: "O que nem Deus nem o Diabo conseguiram, um pedido da mulher amada há de obter." Cisne Branco e as ninfas da água surgem e lhe estendem os braços, convidando-o a acompanhá-las no reino das águas. Banadietrich despertará assim para uma nova vida.

Elementos reconhecíveis do universo wagneriano – o amor impossível no plano terreno, a ferida física que é fruto de um sentimento negativo, a espada que é preciso recuperar para reaver a glória perdida, o poder regenerador da mulher – cruzam-se nesta ópera em que, eventualmente, até mesmo as sonoridades da música prestam tributo a Wagner pai. Mas eles são aclimatados ao ambiente em que Siegfried evolui naturalmente: o das crendices populares, das tradições folclóricas, das raízes mais profundas da nacionalidade germânica. Um libreto extenso e episódico não impede *Banadietrich* de ser uma ópera de excelente rendimento cênico, com personagens bem desenvolvidas, para as quais é escrita música vocalmente muito satisfatória.

Toda a Europa estava convulsionada, em 1910, pela passagem do Cometa de Halley e os rumores de que o juízo final estava próximo, quando Siegfried Wagner começou a ópera seguinte. Esse clima de cataclisma, típico de um mundo atravessado por tensões cada vez maiores, que estava realmente à beira de uma conflagração próxima do fim do mundo, marcou profundamente a gestação de *Sonnenflammen*, "uma espécie de continuação muito sombria de *Sternengebot*" (P. Pachl), que se ambienta em Bizâncio no século XIII. A estréia foi em Darmstadt, em 30 de outubro de 1918.

Fridolin, rei dos Francos, partiu para as cruzadas como a forma de expiar os pecados que cometeu. No caminho para a Terra Santa, porém, pára na corte imperial bizantina, onde se apaixona por Iris, a filha de Gomella, o bufão. A jovem não lhe dá atenção, mas ele é totalmente dominado por essa paixão e, ao descobrir que tem no imperador um rival, não hesita em tornar-se cúmplice de conspiradores que planejam derrubá-lo. Por isso é preso e condenado à morte. A sentença é comutada em troca de ele se expor a uma suprema humilhação: raspam-lhe a cabeça e Fridolin assume o lugar de Gomella como bobo da corte. Obcecado pela necessidade de expiação, o rei dos francos se sujeita. Com isso, enche de vergonha o seu pai, que o amaldiçoa e segue viagem para a Palestina. Logo depois, Bizâncio é cercada pelos inimigos, Fridolin deixa-se morrer no incêndio que a destrói, evocando as "chamas do sol" que havia no olhar de Iris, e nas quais ele próprio se consumiu.

A temática tipicamente decadentista das *Chamas do Sol*, sua ambientação de *grand-opéra*, sua opulência orquestral e a forma estilizada como nela é evocado o passado a aparentam às óperas neo-românticas de Schreker (*Os Estigmatizados*), Zemlinsky (*O Anão*) ou Korngold (*Violanta*). Foi também uma das primeiras obras de Siegfried Wagner a merecer uma reprise moderna: ouvida em versão de concerto no Festival de Maio de Wiesbaden, em 1979, foi muito aplaudida. É certamente uma das partituras que mais terá a ganhar com o resgate discográfico previsto dentro da integral programada pela Marco Polo.

Peter Pachl localizou, na coleção de contos dos irmãos Grimm – e nas variantes de fabulistas como Andersen, Bechstein e Vernaleken –, quarenta histórias das quais Siegfried extraiu elementos para a vasta colagem que é o libreto da ópera seguinte. Terminada em 1915, *An allem ist Hütchen schuld* (A Culpa Disso Tudo é do Hütchen) só foi estreada em Stuttgart em 16 de dezembro de 1917, quase repetindo o sucesso do *Bärenhäuter*. Wieland Wagner montou-a em Altenburg e Bayreuth em 1944. Depois disso, só algumas cenas do ato II foram executadas no Festival de Wiesbaden, em maio de 1979.

A chave para a história é dada num melodrama em que surge o próprio Siegfried, discutindo com Jacob Grimm a função dos contos de fada e o significado da história de Frieder, estudante de música que se apaixona por Katherlieschen, a filha de um fazendeiro – mas é separado dela pela mãe (uma vez mais a figura autoritária, dominadora), que tem outros planos matrimoniais para ele. Compositor e escritor não chegam a uma conclusão. Estão a ponto de trocar socos quando aparece um etnólogo dizendo que não se espantem com a confusão em que se transformou a vida dos dois jovens: "é tudo culpa do Hütchen", um gnomo brincalhão – donde o título da ópera.

Hütchen é um símbolo do inconsciente, da fantasia, da capacidade de sonhar, necessária para compreender certos aspectos da vida humana, que o pensamento racional é insuficiente para abarcar. Forçados a fugir, no final do ato I, os dois namorados só conseguirão voltar para casa depois de passar, durante o ato II, por uma série de aventuras e realizar, num mundo inteiramente fantástico, uma porção de proezas que têm caráter iniciático. É nos episódios desse ato, governados pela lógica própria do sonho, que está a maioria das citações dos contos de Grimm e, nele, as figuras da aldeia francônia em que os jovens vivem, a princípio retratados de maneira realista, reaparecem sob a forma de caricaturas grotescas.

No ato III, as duas dimensões convergem. Katherlieschen e Frieder estão de volta ao mundo real e descobrem que os objetos mágicos com que, no mundo dos sonhos, conseguiam se defender e realizar suas proezas, já não funcionam mais. Durante a noite em que é comemorado o seu noivado, parece que os *poltergeister* vão conseguir assumir o controle mas, próximo da meia-noite, Frieder tira do saco o porrete mágico que Hütchen lhe dera. Com ele, expulsa a morte e os demônios. Os espectros desaparecem mas, com eles, somem também os objetos mágicos. Agora, só resta ao casal de enamorados o saber adquirido no mundo poético do sonho para enfrentar o prosaísmo da realidade. Comenta Peter Pachl a respeito de *Hütchen*:

> A colisão entre os mundos da arte e da vida, da fantasia e da realidade, do consciente e do inconsciente oferecem ao compositor o terreno ideal para desenvolver um estilo de composição que concilia o clima dos poemas sinfônicos de Franz Liszt com os cantábiles operísticos italianos e franceses, mas mantendo a independência tanto do pós-Romantismo quanto do Impressionismo.

Num libreto que preserva deliberadamente o tom nebuloso dos contos de fada, e em que alguns dos episódios nem chegam a ser devidamente elucidados em termos estritos de lógica formal, a estrutura dramática precisa ser muito rigorosa, para que a ópera se sustente enquanto espetáculo. E de fato, no nº 15 do boletim da Siegfried Wagner Gesellschaft, Dieter Heinz analisou as proporções cênicas de *Hütchen*, demonstrando que elas obedecem a critérios matemáticos rigorosos, constituindo a aplicação a uma obra músico-teatral de princípios absorvidos durante os seus estudos de arquitetura.

Depois desse interlúdio cômico, a criação seguinte é uma das mais densas de seu autor: *Schwarzschwanenreich* (O Reino do Cisne Negro), estreada na Ópera de Karlsruhe em 5 de novembro de 1918. No *Diário*, Siegfried conta a visita que fez a uma prisão, na cidade chinesa de Cantão, durante a excursão de 1892 à Ásia. Ali, foi-lhe mostrada "uma jovem pálida e bela como eu ainda não tinha visto igual na China, que me lembrava uma daquelas antigas madonas de Fra Angelico ou Giotto". Ela tinha sido condenada à morte por infanticídio, e jogava tranqüilamente dominó com suas companheiras de cela, como se não estivesse à espera da pena capital. Muito perturbado com a aparente frieza com que aquela mulher de aparência frágil reagia, Siegfried ouviu horrorizado as palavras do guia:

> Contou-me que ela não tinha ilusões quanto ao que a esperava. Sua culpa era tão grande que a morte não seria punição suficiente: o castigo mais assustador a ameaçava – ela seria picada em trinta pedaços. Dizem que nenhuma vítima conseguia resistir após lhe terem cortado o sétimo pedaço.

A impassibilidade da ré diante da perspectiva de sentença tão atroz impressionou-o profundamente. Muitos anos depois, ainda a tinha viva na memória, e tomou-a como o ponto de partida para a história da órfã Linda, olhada com desconfiança pela comunidade em que vive pelo fato de ser estrangeira. Ela é amada pelo jovem Ludwig e desejada por Oswald, um soldado. Este alia-se a Ursula, irmã de Ludwig, que vê com maus olhos o envolvimento do rapaz com uma moça pobre vinda não se sabe de onde. Os dois perseguem tanto Linda que a jovem chega a pensar em suicidar-se, atirando-se no rio; mas Ludwig a impede de fazê-lo e lhe confessa o seu amor. A ária de Linda "Wer wagte mich zu fassen?" (Quem ousa me segurar?) e o dueto que se segue, "Spiel mit dem Worte nicht!" (Não brinque com as palavras), são dois dos trechos mais exaltadamente líricos da partitura.

Por algum tempo, isolados na floresta, o casal vive fugazes momentos de paixão. Uma das mais belas melodias escritas por Siegfried Wagner está no dueto que Linda e Ludwig cantam durante o Prelúdio ao ato II. Intitulada *Liebestraum* (Sonho de Amor), esta página que fala da noite e da mágica do sono, no qual os amantes fundem-se um no outro, aparenta-se na essência ao dueto do *Tristão e Isolda* mas, do ponto de vista das sonoridades, tem um caráter pessoal que não lembra em nada essa página célebre.

Mas a felicidade dura pouco. Ao saber que eles estão juntos, Ursula acusa Linda de ter matado e enterrado na floresta um filho ilegítimo que teria tido da união com o misterioso Rei dos Cisnes Negros (o que introduz um elemento fantástico e legendário numa trama de caráter duramente verista). Sob tortura, a moça confessa um crime que não se sabe se realmente cometeu e acaba convencida de sua culpa. Ludwig é o único que continua a acreditar em sua inocência. Mas nem a força de seu amor é capaz de salvá-la de arder na fogueira. Porém, a extática repetição do tema do *Liebestraum* no momento do suplício sugere a idéia extremamente wagneriana da eternidade na qual, finalmente, os amantes poderão reunir-se.

A citação do coral "O Haupt voll Blut", de Bach, estabelece o nexo emocional entre a história desta ópera e as experiências vividas por Siegfried no passado, durante a viagem à Ásia, no momento crucial em que fez a escolha que definiria o seu futuro como homem e como artista. *Schwarzschwanenreich* mostra-o, de resto, no auge da forma como compositor. Esta é uma de suas partituras mais melodiosas e a escrita vocal tem uma flexibilidade que atesta a sua atração pela generosidade do belcanto italiano. Muito bem recebida ao ser recriada no Festival de Rudolstadt, ela também foi encenada no teatro de Bayreuth, pela mesma equipe, no verão de 1995. A despeito da irregularidade dos solistas, a gravação da Marco Polo constitui um passaporte ideal para o universo teatral do compositor.

O Prelúdio de *Die heilige Linde* (A Tília Sagrada) foi terminado em 4 de setembro de 1922, cinco anos antes de a ópera propriamente dita ficar pronta. Desde a sua primeira execução, num concerto sinfônico realizado em 27 de novembro de 1924, tornou-se a peça mais popular de Sigfried Wagner: dela existem diversas gravações isoladas, inclusive sob a regência do próprio autor. A boa acolhida do público a essa página orquestral exaltada preparou o caminho para que, ao ser encenada em Bayreuth em 1927, a ópera obtivesse um pouco mais do que um *succès d'estime*.

A ação passa-se no século III e trata do choque entre religiões. Influenciado pelo romano Philo, o rei bárbaro Arbogast ignora as advertências do sábio ancião Ekhart e manda derrubar a tília sagrada, símbolo ancestral de sua tribo. Abandona Hildegard, sua mulher, e vai com Philo para Roma, onde deixa-se enredar por suas intrigas, leva uma vida de orgias e acaba unindo-se à cortesã romana Antonoé, num arremedo sacrílego de cerimônia de casamento realizado no templo de Ísis. Ao voltar para casa, dá-se conta de sua cegueira, mas é tarde demais: os romanos atacam sua aldeia e ele morre em combate. O inimigo, porém, é derrotado pelo príncipe Fritigern que, tendo vindo à região para assistir ao festival de Nerthus, a deusa da fertilidade, apaixonara-se por Hildegard e a protegera na ausência do marido. Após a morte de Arbogast, a viúva aceita o amor do príncipe e o designa chefe da tribo. São eles quem plantam uma nova tília, sinal do fortalecimento das tradições antigas.

Die heiligen Linden é a partitura onde mais se sente a influência, sobre Siegfried Wagner, da arte de Humperdinck, seu professor de composição, enraizada no canto folclórico. A partitura opõe melodias diatônicas de corte popular, com harmonias simples e luminosas, representando a tribo bárbara, à bitonalidade e aos cromatismos de sabor impressionista com que é descrito o mundo corrupto dos romanos. Já se traçou um paralelo entre esse procedimento e o que Wagner pai usa, no *Tannhäuser*, para opor as tentações do Vennusberg à pureza do Wartburg.

Liberdade pessoal versus as convenções sociais: é este o tema central de *Der Schmied von Marienburg* (O Ferreiro de Marienburg), que subiu à cena na Ópera de Rostock, em 16 de dezembro de 1923. Em que medida o indivíduo tem o direito de livrar-se das normas e doutrinas vigentes, em nome de seu desenvolvimento como ser humano? A história do ferreiro que se insurge contra o rígido código ético por que se pauta a corporação de cavaleiros para a qual trabalha foi mais uma ocasião para que Siegfried entrasse em rota de colisão com os wagneritas. Estes protestaram com veemência contra a semelhança entre o tema do Valhala e a melodia que, na ópera, caracteriza a "vacuidade pomposa" dos cavaleiros, que se agarram a suas antigas concepções, recusando-se a aceitar que o mundo evoluiu. A personagem-título do *Ferreiro* encarna o lado mais anticonvencional de Siegfried; e no cavaleiro Alfred, estimulado por sua rebeldia a também romper com a liga dos cavaleiros, e sair de Marienburg para viver em liberdade o amor proibido pela jovem Friedlind, está representada a esperança do compositor num futuro que possa renovar as estruturas carcomidas de um mundo estagnado e obsoleto.

Até 1999, continuava-se à espera de uma execução integral de *Rainulf und Adelasia*, baseada em *Die Normannen in Sizilien*, do conde Ferdinand von Schack. O Prelúdio, construído como uma recapitulação de todos os temas da ópera, sintetizando as linhas mestras da ação, foi ouvido isoladamente em Rostock, em 10 de março de 1923. Tendo agradado bastante, foi retomado várias vezes em concerto, principalmente em 15 de março de 1925, numa celebrada execução da orquestra da Renânia-Palatinado, em Ludwigshafen, sob a regência do autor – de que existia o registro em discos de 78 rpm. Mas até sua morte Siegfried não tinha conseguido um teatro interessado em encená-la e, depois que ele desapareceu, a família não fez esforço nenhum para que isso acontecesse.

Ópera de fundo histórico, embora com a habitual dose de fantasia neo-romântica, *Rainulfo e Adelásia* passa-se em 1194, em Reggio Calabria, durante o governo do último rei normando. Rainulfo usou de um estratagema para tornar-se o herdeiro do trono. Quando seus ardis foram descobertos, jogou a culpa em Osmundo, seu irmão mais velho. Adelásia, uma aristocrata normanda que está apaixonada por Osmundo e não acredita em sua responsabilidade nos malfeitos de que é acusado, sacrifica a sua honra e torna-se amante de Rainulfo para obter as provas de seus crimes. Com a ajuda da maga Sigilgaita, consegue hipnotizá-lo e o usurpador confessa o que fez. Depois que o denuncia e Rainulfo, para escapar da condenação, se envenena, Osmundo compreende que Adelásia não o traiu. Pede-lhe perdão e quer torná-la sua esposa. Mas ela se sente impura pois, ao deitar-se com Rainulfo, não pôde impedir-se de sentir prazer com ele. Para purgar seu pecado, vai para as montanhas, onde se dedica a tomar conta de Wilhelm, o filho de treze anos do rei Tancredo, que é cego de nascença.

Consciência da culpa e necessidade da expiação, sacrifício de si mesmo em nome do amor, sensualidade ambígua e impregnada de remorso fazem de *Rainulfo e Adelásia* uma ópera fundamente enraizada no conturbado universo mental de Siegfried Wagner. Poder conhecê-la integralmente trará certamente a revelação de uma partitura que o bem escrito Prelúdio faz supor muito interessante. Também *Der Friedesengel*, cujo tema – a compaixão pelo suicida e o reconhecimento do direito que tem o indivíduo de tirar a própria vida – escandalizou profundamente a platéia burguesa na época da estréia, na Ópera de Kasrlsruhe, em 4 março de 1926, é obra do Siegfried Wagner fascinado por idéias tabus e assuntos mórbidos.

Wilfried apaixona-se pela jovem Mita. Eruna, a sua mulher, recusa-se a conceder-lhe o divórcio. A comunidade em que eles vivem o condena por seu comportamento. Desesperado, o rapaz se mata, pois "a morte é o portal que o leva ao paraíso do amor e da redenção do ódio de seus semelhantes" (uma vez mais o tema do amor impossível que só se realiza no outro mundo). Depois de sua morte, a população da cidade quer impedir que ele repouse em solo abençoado. Mas o Anjo da Paz aparece para que todos saibam que Deus o perdoou. De sua boca vem a mensagem de que "o amor deve lutar contra o ódio e a loucura que enchem o mundo de confusão".

Embora fosse estreada apenas em 1926, *O Anjo da Paz* tinha sido composta dez anos antes, em plena I Guerra Mundial. Demorou a ser apresentada justamente porque, à família Wagner, que apoiara entusiasticamente a política agressiva do império guilhermino, esse tipo de apelo antibelicista parecia inteiramente fora de propósito. Siegfried faz nesta ópera um emprego muito pessoal da técnica da *unendliche Melodie* – as modulações incessantes – desenvolvida por seu pai. Só no fim do último ato existe uma cadência conclusiva em lá maior, na qual se resolvem os temas ouvidos desde o início da abertura, e que estão ligados à idéia do ódio e da exortação à paz. Sugere-se assim um conflito contra o qual a humanidade luta obsessivamente, desde o início da civilização, sem conseguir resolvê-lo. Reaparece aqui também a citação do coral "O Haupt voll Blut und wunden", de Bach, idéia fixa de Siegfried Wagner, símbolo do sofrimento humano – mas também da compaixão divina. *O Anjo da Paz* era uma de suas óperas prediletas: Siegfried incluía freqüentemente o prelúdio em seus programas de concertos sinfônicos e, em 1925, usou-o como o material de base para o segundo movimento de sua *Sinfonia em Dó Maior*.

As guerras de religião têm menos a ver com questões de fé do que com a luta pelo poder entre grupos rivais, parece dizer o compositor com a história de *Der Heidenkönig* (O Rei Pagão). A ópera se passa na segunda metade do século XVI, época em que a Europa estava sendo dilacerada por guerras entre católicos e protestantes. A ação ambienta-se na região primitiva do norte da Prússia, onde ainda havia lutas entre cristãos e a etnia dos wends, que permanecia pagã. Embora tivesse apresentado os interlúdios e algumas das árias separadamente, Sigfried nunca a viu integralmente encenada: *O Rei Pagão* só foi estreada postumamente, em 16 de dezembro de 1933, na Ópera de Colônia, sob a regência de seu aluno Alexander Spring.

O rei Radomar, escolhido pelos wends como seu novo chefe, duvida que seja um verdadeiro representante da fé tradicional, pois sente-se atraído pelas idéias novas. Seu revolucionário sistema de pensamento o faz ser considerado impuro pelos ortodoxos. Ele acabará preferindo abandonar o trono e deixar sua terra, em companhia da mulher que ama, para não ter de compactuar com princípios em que não acredita. Musicalmente, um dos momentos mais bem-sucedidos da ópera é o do Kupâlo, o festival pagão da colheita, transformado numa turbulenta peça independente para a execução em concerto, que serve como um mostruário da boa técnica de escrita orquestral do filho de Wagner.

Uma vez mais não é difícil detectar os elementos autobiográficos nessa trama, pois a essa altura Siegfried, mais do que nunca, entrava em choque, dentro da família, com a tendência a dar ao Festival de Bayreuth um conteúdo radicalmente nacionalista. Na sua opinião, o teatro estava se transformando numa plataforma de idéias e conceitos que nada tinham a ver com a obra de seu pai. Essa deliberada rejeição ao uso propagandístico que o regime faria da música de Wagner desmente a impressão de que ele se tenha refugiado em sua música, e nas atividades como diretor do Festspielhaus, como uma forma de manter-se à margem das grandes transformações por que passava a sociedade alemã com a queda do Império guilhermino e a República de Weimar.

Siegfried não viveu o suficiente para assistir, em 1933, à ascensão de Hitler ao poder, entusiasticamente apoiado por boa parte da família Wagner – a começar por sua mulher Winifred que, mesmo depois de terminada a II Guerra, continuou a externar a admiração que sentia pelo Führer. Mas ficou famosa a forma indignada como reagia a certas manifestações "nacionalistas", nas quais pressentia um perigoso conteúdo totalitário. No final de uma récita dos *Mestres Cantores* regida por ele, o público entoou o *Deutschland über alles* em resposta às palavras finais de Hans Sachs defendendo a pura arte alemã. Irritado, Siegfried mandou apagar as luzes da sala e, no dia seguinte, afixar um cartaz com os dizeres:

> Por melhores que sejam as suas intenções, pede-se ao público que evite cantar após os espetáculos. Este é um lugar dedicado à arte.

E o musicólogo Eckhardt Kröplin relembra as palavras que ele escreveu, pouco antes de morrer, ao se dar conta dos novos rumos que seu país se arriscava a tomar:

> Chego a sentir vergonha de ser alemão! Ó impunidade, teu nome é Alemanha!

Seis contos de Grimm – mas especialmente *Jungfrau Maleen* (A Donzela Malena) – forneceram elementos para uma nova colagem: o libreto de *Das Flüchlein, das jeder mitbekam* (A Maldição que Todos Conheciam), escrita em 1929. Siegfried só chegou a orquestrar o prelúdio, executado em Bayreuth num concerto em sua memória, em 4 de agosto do ano seguinte. A redução para piano ficou engavetada até a década de 1970, quando a orquestração foi feita por Hans Peter Mohr. Se à família não interessou divulgar essa partitura foi decerto porque – como a própria Winifred era a primeira a reconhecer – a figura de Wolf, o sádico ladrão que aparece no ato II, era uma caricatura grotesca de Hitler, tão admirado pela família.

O libreto desse conto de fadas muito sarcástico, que fala da maldição lançada pela maga Gute Frau (a Boa Dama) sobre os onze filhos do rei, que zombaram dela quando estava disfarçada de mendiga, prova que Siegfried estava atento ao que de mais moderno se fazia no teatro de protesto de seu tempo, conhecia as técnicas dramatúrgicas de Bertolt Brecht, e admirava Kurt Weill que, como ele, tinha sido aluno de Humperdinck. A "maldição que todos conheciam", e que se abate não só sobre os príncipes que ofenderam a maga, mas também sobre o rei e todos os seus súditos, surge como uma metáfora dos males – o desemprego, a miséria, a depressão econômica – com que se debatia a Alemanha da década de 1920. Só o amor de Wehrhold, filho caçula do rei, pela princesa Malena é capaz de livrar o mundo da maldição e trazer-lhe "a paz, a paz eterna" que a jovem proclama na cena final.

As posições críticas de Siegfried Wagner fizeram, de resto, que seus últimos anos de vida fossem ensombrecidos pelos ataques de que foi alvo por parte do político extremista Maximilian Harden, líder da campanha de perseguição aos homossexuais. Sem ter a coragem de trazer explicitamente à baila as antigas relações do músico com Harris – afinal, não lhe interessava atrair sobre sua cabeça o furor dos poderosos Wagner –, Harden não hesitou em tachá-lo, em virulentos artigos de jornal, de "socialista empenhado em redimir gente de colorido suspeito".

Das Flüchlein não foi a única ópera cuja estréia os Wagner preferiram embargar. Também *Wahnopfer* (A Oferenda da Loucura), que Siegfried terminou pouco antes de morrer, ficou 64 anos adormecida nos arquivos de Wahnfried, a residência da família em Bayreuth, até ser exumada por Konrad Bach, que a apresentou em Rudolstadt em 10 de junho de 1994. Juntamente com as demais obras do autor para o palco, ela também está prevista para eventual lançamento, pelo selo Marco Polo, dentro do projeto da integral.

Ambientada no século IV, durante o Reino dos Visigodos, *A Oferenda da Loucura* conta a história do arquiteto Argimundo, que projetou um grande portão para a muralha que protege a cidade. Mas sabotadores fizeram com que a edificação ruísse duas vezes. O arquiteto sente-se enlouquecer, pois acha que a queda do portão é um castigo por ele não ter sido capaz de cumprir a promessa, feita à mãe agonizante, de que renunciaria ao amor de Ingunthis, que vive na cidade, mas não é considerada digna de fazer parte de sua família, pois não pertence à tribo. Porém, o desejo que sente por ela é tão grande que Argimundo cede sempre à tentação; e, a cada recaída, corrói-se de remorsos.

Enquanto isso, os membros de um culto satânico convencem Ingunthis a emparedar, nas muralhas da cidade, o orfãozinho que adotou, como um sacrifício aos deuses, para expiar seus pecados com Argimundo e impedir que o portão volte a cair. Cheia de dor, ela o faz e o portão acaba sendo inaugurado numa cerimônia que tem todo o brilho das grandes cenas festivas das óperas de Wagner pai – mas com uma conotação ironicamente sinistra, pois a alegria disfarça ódio, preconceito e crime. No final, Argimundo rompe com sua gente e deixa a cidade, levando Ingunthis consigo. Sentimento de culpa e remorso, a opressiva força social tentando sufocar os sentimentos mais autênticos, e amor verdadeiro que triunfa do obscurantismo – em seu último trabalho, o compositor permanece absolutamente fiel a si mesmo.

A situação familiar, a personalidade controvertida de Siegfried Wagner, e a forma como tentou reagir e superar as forças que agiam sobre ele o tornam uma figura humana e artística fascinante. Já em 1952, em seu *Knaurs Operaführer*, Gerhardt Westermann alertava para o fato de que seu talento não podia ser subestimado e chamava a atenção para a necessidade de resgatar a obra de um músico vítima de descaso imerecido. Hoje, que esse processo de redescoberta se iniciou, temos condições de perceber que a curiosidade que ele manifestava pelos temas mórbidos, as suas atitudes não-convencionais, os seus comportamentos tabus o aproximam muito de Schreker, Strauss e Zemlinsky – ou seja, do Neo-Romantismo de matriz decadentista – fazendo dele uma das figuras mais importantes para compreender os caminhos da arte lírica alemã nas primeiras décadas do século XX.

PFITZNER

Um dos mais alemães dos compositores, Hans Pfitzner (1869-1949) nasceu em Moscou, pois era lá que seu pai estava trabalhando como regente de coro. De volta à Alemanha, estudou música em Frankfurt e, muito cedo, começou a dar aulas e arranjou o emprego de regente no Theater des Westens, em Berlim. Fervorosamente religioso e nacionalista, desde a primeira ópera manifestou o interesse por temas que combinassem germanismo e cristianismo.

James Grun extraiu de lendas do século XI o libreto de *Der arme Heinrich* (O Pobre Heinrich), estreada com muito sucesso em Mainz em 2 de abril de 1895. O cavaleiro Heinrich, um trovador, cai mortalmente doente. Um monge, professor na Escola de Medicina de Salerno, descobre que Deus o está punindo por sua arrogância: ele só será salvo se uma virgem aceitar sacrificar-se por ele. Embora Hilde, a sua mulher, e Dietrich, o seu escudeiro, tentem dissuadi-la, a filha do cavaleiro, Agnes, de quatorze anos, oferece-se para salvar a vida do pai. No momento da imolação, Heinrich consegue reunir forças para erguer-se do leito e arrancar o punhal das mãos do médico. Com isso, redime-se de seus pecados e é perdoado.

O trovador que carrega um pecado de soberba (e se chama Heinrich, como Tannhäuser); uma doença que só será curada pela compaixão e o sacrifício alheios; a mulher que, por amor (neste caso, filial), aceita morrer – é muito evidente a filiação wagneriana dessa primeira ópera. De um modo geral, a música também – *durchkomponiert* e com amplo uso de *leitmotive* – trai a influência wagneriana, inevitável no estágio inicial da carreira da maioria dos compositores alemães dessa fase. Mas já há alguns traços típicos de Pfitzner, por exemplo na melodia introspectiva, muito própria dele, das quatro violas em surdina com que o Prelúdio se inicia.

Mahler e Humperdinck ficaram bem impressionados tanto com essa primeira ópera quanto com a seguinte, *Die Rose von Liebesgarten* (A Rosa do Jardim do Amor). Grun foi também o libretista desse drama simbolista, a eles sugerido por um quadro do amigo comum Hans Thoma, que se inspirara nos textos medievais de mística amorosa, como o *Roman de la Rose*. Apadrinhado por esses nomes ilustres, Pfitzner conseguiu que Felix Mottl a estreasse em Elberfeld, em 9 de novembro de 1901. A prova de que por muito tempo ela manteve a popularidade é que, no início da década de 1950, Robert Heger fez dela uma gravação distribuída hoje pelo selo Rococo.

Assim como *Hänsel e Gretel*, que lhe serviu de modelo, *Das Christ-Elflein* (O Pequeno Elfo de Cristo) começou como um *Liederspiel* natalino: uma série de canções unidas umas às outras por diálogos falados e pantomimas. O ingênuo libreto de Ilse von Stach, retocado pelo compositor, conta a história de um elfo travesso, que se emenda ao descobrir o milagre da Natividade. O tratamento dado a figuras como São Pedro, o Menino Jesus e o cavaleiro Rupert – figura folclórica que, segundo se diz, vem cobrar das crianças os seus malfeitos – lembra o tom de certas canções do *Knaben Wunderhorn* – como a "Felicidade no céu" que Mahler usou no último movimento de sua *Sinfonia nº 4*. Estreada em Munique, em 11 de dezembro de 1906, sob a regência de Mottl, a ópera foi revista em dois atos, em 1917, e reestreada em Dresden, no mesmo dia 11 de dezembro.

Convidado em 1907 a dirigir o Conservatório de Estrasburgo e a reger a orquestra local, Pfitzner passou também, a partir de 1910, a dirigir o teatro de ópera da cidade onde, em 1914, contratou como seu assistente o jovem Otto Klemperer. Não exercia atividade político-partidária formal, mas seu conservadorismo arraigado o fez apoiar abertamente o II Império durante a I Guerra Mundial e a proclamar seu direito moral à vitória. O final do conflito e a perda de Estrasburgo, que voltou a ser uma cidade francesa, representou para ele grande desgaste emocional – e prejuízo material, pois foi obrigado a mudar-se para os arredores de Munique, onde amigos generosos o ajudaram a comprar uma casa. Nesse momento, em todo caso, o seu nome estava se tornando conhecido graças à boa acolhida dada à sua segunda ópera.

Em 12 de junho de 1917, Bruno Walter – ainda longe de ser o regente famoso em que se tornaria – dirigiu, no Prinzregententheater de Munique, a primeira récita da "musikalische Legende" sobre a qual repousa a fama de Pfitzner como operista. *Palestrina* era um projeto que ele vinha amadurecendo desde que, logo após deixar a Conservatório, começou a estudar a *História da Música*, de A. W. Ambros, apaixonando-se pela figura de Giovanni Pierluigi da Palestrina, o grande mestre da polifonia do século XVI. Na luta desse compositor para impedir que o Concílio de Trento depurasse radicalmente a música sacra, "secularizada e desenvolvida de maneira desordenada" – diz Pfitzner no Prefácio ao libreto – ele via "um drama, não no sentido corrente do termo, mas um grande drama artístico". E explica que deu à sua ópera a denominação de "lenda musical" porque, segundo a tradição, "os próprios anjos do céu ajudaram Palestrina a escrever a *Missa Papae Marcelli* que, pela sua pureza e devoção, preservou do aniquilamento os mais estáveis valores musicais e convenceu os fiéis de sua importância".

Estamos em novembro de 1563. O Concílio de Trento, iniciado dezoito anos antes, aproxima-se do final. Silla, discípulo de Palestrina, ensaia, juntamente com Ighino, filho do compositor, uma canção que compôs, no novo e revolucionário estilo monódico florentino – proposto pelos jovens compositores que, alguns anos mais tarde, fariam surgir um novo gênero de teatro musical, o *dramma per musica*, mais tarde chamado de *opera per musica* ou, simplesmente, ópera. Enquanto cantam, comentam o estado depressivo em que o compositor ficou depois da morte de Lucrezia, a sua mulher.

Palestrina aparece em companhia de seu amigo, o cardeal Carlo Borromeo: este lhe pede que componha uma missa com a qual tentem convencer o papa Pio IV de que a polifonia pode ser devota, antes que o concílio decida proibi-la e obrigar o retorno ao cantochão. O compositor recusa dizendo que nada mais tem sentido para ele neste mundo. Depois que Borromeo vai embora muito aborrecido, ele adormece e, no sonho, vê os espectros de nove grandes músicos do passado. Estes vêm lhe pedir que atenda ao pedido do cardeal. Sua mulher o conforta, os anjos descem do céu para ajudá-lo. Na manhã seguinte, Silla e Ighino o encontram adormecido. Diante dele, pronta, está a partitura da *Missa Papae Marcelli*.

As rivalidades nacionais e pessoais dominam o concílio e a questão da música está sendo discutida de forma acessória. Ninguém presta muita atenção quando Borromeo informa ter encomendado uma nova missa a Palestrina que, após ter recusado teimosamente, foi aprisionado. O ato termina com uma luta sangrenta entre os servos dos cardeais italianos, espanhóis e alemães, símbolo das estéreis e violentas controvérsias e politicagens que, nos conciliábulos, acaba passando para segundo plano as discussões realmente importantes.

Duas semanas depois, ao voltar para casa, Palestrina descobre que a sua missa está sendo cantada na basílica de São Pedro. Para salvá-lo do castigo, os cantores do coro de Santa Maria Maggiore entregaram a partitura às autoridades. O papa vem procurá-lo, juntamente com Borromeo, e convida-o a trabalhar para o Vaticano de forma vitalícia. Borromeo está exultante. O compositor aceita seu destino e, sentando-se ao órgão, começa a improvisar.

Numa conferência feita em 1932, Pfitzner contou ter estudado atentamente a história do Concílio de Trento, tal como ela foi relatada por Sarpi e Pallavicini. As personagens que aparecem em cena, durante o ato II, são autênticas e, de fato, Pio IV tinha encarregado o cardeal Borromeo de presidir uma comissão de cardeais que discutiria a questão da reforma da música sacra, pois o imperador Ferdinando I não desejava que a polifonia fosse simplesmente banida do culto. Mas, segundo a boa tradição romântica, a verdade histórica é tratada de forma extremamente livre na ópera. Em 1563, Palestrina ainda não era o homem idoso e alquebrado de que Pfitzner nos faz o melancólico perfil: mal tinha chegado aos 40 anos. Várias missas foram apresentadas à comissão Borromeo, tentando salvar a música figurativa; mas não há nenhuma prova de que, entre elas, houvesse uma composição de Palestrina (a *Papae Marcelli* tinha sido escrita em 1562). É verdade, porém, que ela foi executada diante do papa, em 19 de junho de 1565, e este declarou que a música o fazia "ouvir as vozes dos anjos da mesma forma que São João, outrora, na celeste Sion".

Ao contrário do que acontece nas primeiras obras de Pfitzner para o palco, em que é muito forte a influência wagneriana, é mais discreto aqui o uso dos *leitmotive*. De um modo geral, eles estão associados a noções abstratas: a espiritualidade do artista, sua aspiração a uma arte pura e elevada, a angústia diante da sensação de que é incapaz de criar a música que esperam dele, e a submissão ao destino quando percebe que o céu fez dele o instrumento para a preservação da grande arte. Sensação na verdade ambígua pois, ao compor sua missa, o compositor tem consciência de estar também fechando um grande ciclo histórico. Ele sabe que está – como dizia Thomas Mann – escrevendo "o canto de cisne de toda uma era em vias de desaparecer". É muito clara, nesse sentido, a oposição feita por Silla entre a "sorridente Florença" e a "boa Roma, velha e venerável". O fato de, no final, Silla ter desaparecido – ele decidiu ir para Florença, onde a Camerata de' Bardi está rompendo com a polifonia, propondo o caminho novo da monódia e, com ela, a música do futuro – frisa ainda mais esse aspecto do drama, que se aplica à própria época de Pfitzner.

Conservador que polemizou irritadamente contra o Neoclassicismo de Busoni, a Nova Objetividade de Hindemith e o atonalismo da Segunda Escola de Viena, Pfitzner identifica-se profundamente com a figura de Palestrina por sentir-se também como o representante de uma tradição que está se desagregando. Isso explica a falta de exultação, por parte de Palestrina, quando a beleza de sua missa é reconhecida e o papa coroa o seu gênio convocando-o para o seu serviço. Esse é um sentimento que se equaciona com o de Pfitzner, advogado de uma forma de criar condenada a ser inevitavelmente superada e imbuído de melancolia no momento mesmo em que celebra a beleza eterna desse arte.

Palestrina é uma ópera muito difícil de ser montada. Não possui nenhuma intriga sentimental, há um predomínio de vozes masculinas, e sua estrutura é desequilibrada: a dois enormes atos que duram quase três horas, segue-se um último com meia hora apenas. É indispensável que haja um imenso elenco de excelentes atores, especialmente no ato II, onde as extensas discussões no concílio, em estilo declamado, dependem exclusivamente da verossimilhança teatral. Nesse sentido, a ópera foi muito bem servida pelo disco. O selo Melodram preserva a apresentação histórica de 1952, ao vivo na Ópera da Baviera, regida por Robert Heger, com Julius Patzak, Hans Hotter e Franz Klarwein. A do selo Myto, também regida por Heger, é de Viena (1964), com Fritz Wunderlich, Gottlob Frick e Walter Berry. A gravação comercial, de Rafael Kubelík (DG, 1973), também apresenta uma constelação de grandes nomes: Nicolai Gedda, Dietrich Fischer-Dieskau, Bernd Weikl, Hermann Prey, Karl Ridderbusch – e Helen Donath e Brigitte Fassbänder nos papéis de Ighino e Silla. Assim interpretada, ela adquire grande força e relevo. Existem ainda a integral de Othmar

Cena da estréia do *Palestrina*, de Hans Pfitzner, no Prinzregententheater de Munique, em junho de 1917.

Suitner (Berlin Ci, 1979) e dois álbuns de trechos de interesse histórico: Bruno Walter (1937) e Rudolf Moralt (1942), ambos lançados pela Koch-Schwann em 1995. É fundamental acompanhar o extenso texto para poder desfrutar das qualidades de *Palestrina*; uma vez isso conseguido, trata-se de uma obra muito gratificante.

Musicalmente, não lhe faltam momentos de grande impacto, como os três prelúdios que, no plano temático e psicológico, desempenham papel fundamental. O do ato II, por sua extensão, é uma verdadeira abertura de estilo weberiano, sintetizando toda a ação. Para o barítono, é um *tour de force* o imenso monólogo do ato I, "Es drohet nicht von eitlen Dilettanten" (Diletantes ociosos não podem pôr em risco), em que Borromeo pede a ajuda de Palestrina para defender a causa da música sacra. E há grande virtuosismo na evocação dos estilos de música antiga em cenas como a da visão dos velhos mestres, ou a da composição da *Papae Marcelli* – desta última são citados, de forma abreviada e livremente adaptada, o *Kyrie*, o *Christe eleison* e partes do *Gloria*.

O senso de teatro de Pfitzner é responsável por bons momentos do ato II. Um deles é a alocução do cardeal Giovanni Morone, legado do papa, interrompida pelos apartes dos demais religiosos até que a altercação entre os cardeais espanhóis e italianos degenere em tumulto generalizado. Muito comovente, no último ato, é a forma como Pfitzner sugere musicalmente os sentimentos ambíguos de Palestrina: tendo conhecido a aflição mais profunda e a felicidade mais exaltada, ele sabe que a glória no fundo já não significa mais nada. É o estado de espírito de quem já superou as limitações do mundo real, refugiando-se numa esfera de pura espiritualidade.

No final de um ato III dominado pelo arioso narrativo – de que o ato II da *Valquíria* é o modelo evidente –, na cena em que Palestrina é investido de sua missão histórica, a luz desempenha um papel simbólico quase metafísico. No auge da exaltação do compositor, a quem os anjos ditam a sua música, a luz invade o palco. E quando esta declina, é substituída pelos primeiros clarões da alvorada, traduzidos por acordes muito serenos que contrastam com as exclamações da multidão fora do palco. Pfitzner nunca foi mais inspirado do que nessas páginas finais, em que expressa com simplicidade todo o heroísmo interior de sua personagem. Tem razão Pascal Huynh ao dizer, em *La Musique sous la République de Weimar*:

> Juntamente com as óperas de Schreker, *Palestrina* marca uma das grandes etapas do pós-wagnerismo e inscreve-se como uma das balizas de sua geração, da mesma forma que, na filosofia, o é uma obra que tem com ela certa afinidade em sua concepção mundo: *O Declínio do Ocidente* (1918-1922), de Oswald Spengler, que sanciona a era pós-industrial do Império.

O entusiasmo que *Palestrina* desperta em Thomas Mann, por muito tempo admirador fervoroso de seu autor, atesta o significado espiritual e ideológico que a ópera teve para o seu tempo. Nas *Considerações de um Apolítico* (1918), Mann definiu-o como um elo essencial numa tradição tipicamente germânica e, ao mesmo tempo, como o ponto culminante de um processo catártico que responde às dificuldades de sua época:

> Assimilei rápida e facilmente esta obra forte e ousada, tornando-a minha propriedade, meu bem familiar. Esta obra, o último eco e, conscientemente, a última produção da esfera schopenhaueriano-wagneriana, da esfera romântica, com suas características que lembram Dürer e Fausto, sua atmosfera metafísica, sua ética 'da Cruz, da morte e do túmulo', sua mistura de música, de pessimismo e de humor, esta obra enquadra-se decisivamente no meu propósito – no propósito deste livro. Sua aparição, neste exato momento, trouxe-me o conforto da simpatia total, correspondendo à minha noção mais íntima de humanidade, tornando-me positivo e libertando-me da polêmica. Ela oferece à minha sensibilidade um grande tema de reflexão ao qual ela poderá dedicar-se com gratidão, até o momento em que, curada e pacificada, poderá novamente voltar-se para a sua produção pessoal. Considerado a partir desta obra, tudo o que hoje é odioso perde a importância e parece transfigurado por um clarão imaterial.

Vale a pena citar aqui também os comentários sobre a ópera feitas pelo barítono Dietrich Fischer-Dieskau no folheto de apresentação da gravação Kubelík. Intérprete extremamente sensível e inteligente, afeito à reflexão sobre os papéis que integram seu repertório, o autor deste texto participou da gravação das três obras cujos pontos em comum aponta. É ele quem faz as personagens-título do *Dr. Fausto* e de *Matias, o Pintor* e, na ópera de Pfitzner, o cardeal Borromeo.

O *Palestrina* de Hans Pfitzner é o ponto de partida para uma tripla constelação que detém valor de referência especial no teatro musical de língua alemã. Da mesma forma que as duas outras obras dessa trilogia, o *Dr. Fausto*, de Busoni, e *Matias, o Pintor*, de Hindemith, o seu drama musical trata da solidão da artista criador. Essas obras, solitárias em meio à produção normal, juntam-se umas às outras pelos traços autobiográficos que os compositores atribuíram a seus heróis. Pintaram neles a sua própria situação de artista que lança um olhar para trás e, ao mesmo tempo, sente-se perplexo com a aproximação de um futuro musical incerto. A distância que as separa estilisticamente simbolisa o declínio, a dissolução de uma cultura musical, mas não podemos deixar de reconhecer que as suas mensagens se unem, até mesmo porque seus autores lhes reservaram um lugar todo especial ao escrever, eles mesmos, os seus libretos. Embora a profecia de Pfitzner de que, um dia, a sua ópera chegaria a desfrutar da mesma popularidade que *Os Mestres Cantores de Nuremberg* não se tenha realizado, *Palestrina* é, das três, a que mais conseguiu sair de seu isolamento de torre de marfim. As qualidades que essa obra confessional reúne – felicidade da inspiração, linguagem orquestral que se liberta da sombra de Wagner e atrativos do pastiche histórico – não pode hoje deixar indiferente um ouvinte receptivo.

Palestrina é muito raramente encenada fora do âmbito germânico. Teve, portanto, significado muito especial a primeira apresentação da obra-prima de Pfitzner no Covent Garden, em março de 1997. A boa acolhida dada à montagem de Nikolaus Lehnhoff, regida por Christian Thielemann, pareceu indicar a abertura de possibilidades novas para a tomada de contato do público não-alemão com esta significativa obra do século XX.

Apesar de algumas ousadias de escrita que o aproximam dos modernistas, no *Palestrina* Pfitzner defende valores baseados no Romantismo germânico. Nessa ópera já estão presentes as convicções conservadoras que o farão detestar a república, vendo nela desorganização e fragilidade responsáveis não só por erros políticos – a assinatura do Tratado de Versalhes –, mas também pela dissolução das tradições que abria as portas às idéias de vanguarda, que ele considerava puro "bolchevismo cultural". Desde esse momento, a sua personalidade começa a assumir, aos olhos dos partidários da preservação dessas tradições, o papel simbólico de último representante de um estilo oitocentista que ameaçava perder-se com o modernismo – foi o musicólogo nazista Josef Müller-Blattau quem, em 1940, chamou-o de "artista musicalmente alemão".

Queria com isso dizer que a música de Pfitzner tendia, assim como o homem, a ser austeramente introspectiva, impregnada pelas noções de heroísmo e sacrifício de si mesmo, sempre mergulhada no simbolismo religioso e metafísico. O anti-Strauss em suma pois, em suas obras para o palco, nada havia do erotismo, da exuberância, do rico colorido orquestral, da ironia ou do gosto pelas brincadeiras presentes no outro grande herdeiro do legado wagneriano. Freqüentemente chamada de "atormentada", a música de Pfitzner parece derivar do *Parsifal* e, nela, o que há é sofrimento, severidade, resignação. São escuras as tintas com que ele traça as obras seguintes.

Wilhelm Furtwängler, em Berlim, e Hans Knappertsbusch, em Munique, regeram a estréia simultânea de *Das Herz* (O Coração), em 12 de novembro de 1931 – o que demonstra a boa conta em que Pfitzner era tido no início da década. Ela foi precedida pela fantasia coral *Das dunkle Reich* (O Reino Sombrio), de 1929, vasta meditação sobre a morte que lhe foi inspirada pela perda da esposa, e na qual já se viu também um réquiem para todo um mundo musical e artístico que, na opinião do compositor, estava se perdendo irrecuperavelmente. Trançando poemas de Michelangelo, Goethe, Richard Dehmel e Conrad Ferdinand Meyer, essa peça é descrita por Pascal Huynh como "o testamento musical da era pré-fascista".

O Coração passa-se no sul da Alemanha, no século XVII. Nesta *Zauberoper* em que está presente o conceito wagneriano da redenção pelo amor, é contada a história do pacto que um médico, o Dr. Athanasius, faz com o demônio Asmodeus, para poder ressuscitar o príncipe para quem trabalha. O demônio mostra-lhe como reviver o morto roubando, no Reino dos Sonhos, um dos corações que ali repousam quando os seres humanos estão adormecidos. O ambicioso cirurgião é punido: sem querer, ele escolhe o coração de sua própria mulher. Os aspectos espiritualistas dessa trama têm afinidades com os das duas primeiras obras de Pfitzner, e é só isso o que explica ter ele se sentido atraído pelo libreto muito tolo de Hans Mahner-Mohns. "Nada na ópera, porém, é mais chocante do que o triste declínio que ela assinala na obra do compositor", escreve Donald Murray (*The Viking Guide of Opera*). Existe no selo Marco Polo a gravação de *Das Herz* feita em 1993, por Rudolf Reuter, na Ópera da Turíngia.

As posições de Pfitzner, abertamente contrárias às tendências renovadoras, só poderiam agradar aos responsáveis pela política cultural reacionária do III Reich, que viram a possibilidade da exploração propagandística de suas obras de exaltação da grandeza do espírito germânico, *Das dunkle Reich* e a cantata *Vom deutscher Seele* (Da Alma Alemã, 1921). Já em 1920, esse homem rancoroso e hipersensível, afeito a queixar-se de que seu gênio não era suficientemente reconhecido, tinha-se ligado à associação pangermanista *Vaterlandspartei*, de tendências nacionalistas exacerbadas. Nesse mesmo ano, publicara *Die neue Ästhetik der musikalischen Impotenz: ein Verwesungssymptom* (A Nova Estética da Impotência Musical: um Sintoma de Decadência) em que, a pretexto de defender um credo estético enraizado nos valores românticos – de que a *A Alma Alemã* é a realização musical –, investe furiosamente contras as teorias de vanguarda, colocando-as no mesmo balaio que as idéias liberais e republicanas.

Durante a República de Weimar, Pfitzner não tinha simpatias explícitas pelo Nazismo. Mas como o PNS e ele tinham alvos comuns – críticos como Paul Bekker e Alfred Einstein, os apóstolos da *Neue Musik*, do "internacionalismo" e do "judaísmo" que ameaçavam a pureza, a integridade da herança artística nacional – ele se deixou explorar, emprestando o prestígio de seu nome às sórdidas campanhas que um reacionário como Alfred Heuss orquestrava, no *Zeitschrift für Musik*, a partir de abril de 1928, contra os vanguardistas, cujas idéias qualificava de "bolchevismo cultural". Seus defensores alegam que ele nunca foi favorável ao encarceramento, à expulsão ou ao extermínio, e isso é verdade. Lembram também sua amizade com judeus como Bruno Walter ou o publicitário Paul Cossmann – embora o primeiro tenha rompido com ele por motivos políticos; e o segundo fosse um caso de judeu "assimilado" que, em 1905, converteu-se ao catolicismo e aderiu à extrema-direita (o que não o impediu de ser preso pela Gestapo em 1933 e de morrer em 1942 no campo de concentração de Theresienstadt).

O anti-semitismo de Pfitzner era do tipo difuso que nada tem contra os judeus, individualmente, mas condena a noção nebulosa de "judaísmo" e quer que a sua influência seja combatida. Com isso, embora não chegasse a ter com o Nazismo um envolvimento político muito definido, e, às vezes, até chegasse a criticar Goering abertamente, ele se tornou, depois da ascensão de Hitler ao poder em janeiro de 1933, o candidato ideal à manipulação. O ideólogo Alfred Rosenberg sugeriu seu nome para assumir a intendência da Stadt Oper de Berlim em julho de 1933, quando Max von Schillings morreu. E ele só não foi nomeado porque Goebbels, como o Gauleiter da capital, preferiu Wilhelm Rode, que contava com a proteção pessoal do Führer.

Mas Pfitzner envaideceu-se com o tratamento recebido do novo governo: os concertos especiais de obras suas patrocinados pela Kampfbund für deutsche Kultur e sua sucessora, a NS-Kulturgemeinde, as organizações responsáveis pela política cultural nazista. Prestou-se a participar de projetos do tipo "arte para o povo", regendo um concerto de suas próprias composições, em 1937, numa oficina de manutenção de locomotivas. E acomodouse aos privilégios que a sua condição de grande representante da música alemã lhe garantia: prêmios como a Medalha de Goethe, em 1934, ou o que lhe foi dado em maio de 1939, em seu 70º aniversário; divulgação constante de suas peças pelo rádio e em concertos, convites para participar de celebrações oficiais em diversas localidades. Strauss nunca aceitou o convite que lhe era feito por Hans Frank, o governador da Polônia, para visitá-lo em Cracóvia. Pfitzner, ao contrário, esteve lá em 1942 e 1944, sempre levado pelo luxo vagão pessoal de Frank. E, na segunda ocasião, dedicou-lhe uma *Krakauer Begrüssung* (Saudação Cracoviana).

Essas honrarias o tinham feito considerarse irremovível de suas posições como professor de Bayerisches Akademie für Tonkunst e regente convidado da Ópera de Munique. Foi, portanto, com grande surpresa – e com a consciência dolorosa de que a sua situação de mero inocente útil não lhe garantia nenhuma estabilidade – que ele foi aposentado da academia em meados de 1934 e seus privilégios como regente foram consideravelmente reduzidos. Como se vê, pelas datas acima, ele não deixou de continuar recebendo prêmios; mas a desculpa oficial de que já tinha atingido a idade compulsória de 65 anos dissimulava, na verdade, o fato de que ele não era mais um artista que atraísse ao teatro grandes multidões (Strauss, mais idoso, continuava em plena atividade).

De nada adiantaram os protestos, as cartas insistentes, as visitas pessoais a ministros e altos oficiais do partido. Ficou famoso o episódio de sua visita a Hermann Göring em janeiro de 1935. A alegação do compositor de que se desapontara com a possibilidade de que a ascensão do Nazismo ao poder significasse o despertar da nação alemã enfureceu Göring, que chegou a ameaçá-lo com o campo de concentração. Quanto a Hitler, suas relações com Pfitzner sempre foram difíceis porque, inexplicavelmente – talvez por causa de sua barba pontuda de rabino –, desde o primeiro encontro dos dois, em 1923, o Führer enfiara na cabeça que ele era meio judeu e sempre o evitou. Não escondia de ninguém que desprezava sua música; ainda assim, ordenou a Goebbels, em 1937, que lhe concedesse uma pensão honorária, o direito ao uso de um carro com chofer e à assistência médica permanente para um de seus filhos, que sofria de uma doença incurável.

Mas o que ele realmente não conseguia tolerar era a rivalidade com Strauss, desde o dia de um concerto, em 1900, em que *Morte e Transfiguração* e *Vida de Herói* foram delirantemente aplaudidos, enquanto o seu *Die Rose vom Liebesgarten* (A Rosa do Jardim do Amor) era recebido com frieza. Para Pfitzner – que Michael Kater descreve "baixinho, frágil, encurvado, no rosto a expressão triste de uma coruja" – era intolerável a figura do bávaro alto, desempenado, casado com a filha de um general, muito rico, coberto de sucesso e socialmente bem-relacionado. Declarou não querer "ser um vassalo do compositor da *Arabella*" quando Strauss foi nomeado *Reichsmusikkammerkanzler*. E ficou mortificadíssimo quando Heinz Tietjen, diretor da Preussische Staatsoper, cancelou uma apresentação de *Der arme Heinrich*, no Ano Novo de 1934-1935 e, no lugar, programou uma ópera de Strauss.

Cada vez mais convencido de que a nação não sabia valorizar devidamente a sua arte, Pfitzner amargurava-se também com a sensação de que o novo regime não constituíra o antídoto esperado às perversões de Weimar: apenas introduzira outras – pois ele detestava a música de Orff, Egk ou Wagner-Régeny, bem aceita na época. Ironicamente, o protofascista Pfitzner não encontrou no Fascismo a resposta às suas indagações. E, no final da guerra, seu prestígio estava seriamente arranhado. Sua casa em Munique tinha sido inteiramente destruída por um bombardeio: tendo ficado desprovido de recursos, teve de ser recolhido a um asilo de velhos. Assim como Strauss, enfrentou um tribunal de desnazificação, do qual se safou com grande dificuldade. No início de 1948, a Sociedade Filarmônica de Viena o instalou numa casa em Salzburg e, em 5 de maio do ano seguinte, organizou um festival para comemorar seus 80 anos e arrecadar fundos com que pudesse se sustentar. Pfitzner morreu dezessete dias depois.

Zemlinsky

O período em que viveu Alexander von Zemlinsky (1871-1942) condicionou as flutuações estilísticas de sua obra. Tendo nascido e chegado à idade adulta na Viena dominada pelo classicismo brahmsiano, esse aluno de Robert Fuchs atingiu a maturidade como compositor em plena turbulência fim de século do Art Nouveau. Atravessou em seguida a fase expressionista de pós-guerra, primeiro cedendo à sua tentação; depois reagindo a seus excessos com a adesão à Nova Objetividade e ao influxo do teatro político de Kurt Weill.

Foi professor e cunhado de Arnold Schönberg, que preparou a redução para piano de sua primeira ópera, *Sarema*. Com essa peça de tema folclórico – de que ele mesmo escreveu o libreto extraindo-o de *Die Rose vom Kaukasus*, de R. Von Gottschall –, Zemlinsky concorreu em 1896 ao Prêmio Luitpold, de Munique. A partitura foi a escolhida para encenação na Hofoper dessa cidade, em 10 de outubro de 1897, tendo Milka Ternina no papel título. István Dénes gravou-a em 1996, na Ópera de Trier, para o selo Koch-Schwann.

Na época do lançamento desse álbum, o crítico americano David McKee chamou *Sarema* de "um cruzamento de *Norma* com *Šarka*, ao qual foi acrescentado um resquício de escrúpulo moral". De fato, a personagem título é uma guerreira, como a heroína da ópera do tcheco Zdeňek Fibich, que fez voto de castidade para dedicar-se apenas à defesa de seu povo. Mas, da mesma forma que Šarka ou a sacerdotisa druida de Bellini, não resiste aos atrativos de um corajoso inimigo, a quem se entrega. Corroída pelo remorso, pois traiu sua gente, sacrifica-se para expiar essa culpa. Embora em estado ainda embrionário, já se percebe, na escrita de Zemlinsky – em especial no difícil monólogo de Sarema do ato I –, o desejo de distanciar-se do arioso fixado por Wagner em seus dramas líricos, para retornar a um estilo mais elaborado de cantábile. As tessituras são extremamente pesadas e apresentam muitas dificuldades para Karin Clarke e Norbert Kleinhenn, os intérpretes da versão Dénes. Interessante é o uso de temas extraídos dos folclores armênio e árabe, para estabelecer a distinção entre os dois povos inimigos, cossacos e caucasianos.

Zemlinsky era o regente do Carltheater, em Viena, quando Mahler aceitou *Es war einmal*, a sua segunda ópera, para montagem na Hofoper, de que era o diretor (não sem antes ter aconselhado uma série de revisões ao jovem compositor, ele próprio não hesitando em compor cerca de 50 compassos adicionais para a partitura). O libreto de *Era uma Vez* é de Maximilian Singer e baseia-se num tríptico de contos folclóricos dinamarqueses recolhidos por Holger Drachmann. A estréia foi em 22 de janeiro de 1900. O selo Largo possui a gravação de Hans Graf, feita em 1987, sob patrocínio da European Broadcasting Union, para transmissão na BBC em 1.6.1989.

A história parece um cruzamento de *Turandot* com *Cinderela* e *A Megera Domada*. Uma princesa de temperamento muito forte rejeita todos os seus nobres pretendentes, até o dia em que seu pai a expulsa do palácio por ter sido apanhada beijando em público um pobre cigano. Ela o fez para agradecer-lhe por ele lhe ter contado um segredo. O cigano a acolhe em sua carroça e a princesa passa a ser sua ajudante. Nesse meio tempo, um príncipe desprezado por uma bela moça anuncia que se casará com aquela em quem servir o vestido de noiva feito para a mulher que o rejeitou. Todas as mulheres do reino têm de experimentá-lo e é na princesa/cigana que ele serve. Ela tenta em vão protestar pois, a essa altura, está apaixonada por seu companheiro e tornou-se sua esposa. No momento em que se defronta com o seu noivo, descobre que ele é o cigano e usou desse estratagema para aproximar-se dela e conquistar o seu coração. Como pedem as boas histórias de fada, eles se casam e vivem felizes para sempre.

Esta partitura de inspiração folclórica profunda parece ter sido composta a quatro mãos por Brahms e Wagner, por mais incompatível que seja essa dupla. Mas é uma ópera dramaticamente eficiente, sobretudo depois que, sob a orientação de Mahler, Zemlinsky tornou mais transparentes as texturas orquestrais e retrabalhou a linha vocal para que ficasse mais cantábile. Expandiu também o Interlúdio entre o Prólogo e o ato I, e condensou o início e o fim do III. Reescreveu inteiramente o finale do ato I, introduzindo nele material temático que, originalmente, só aparecia no II, o que deu mais unidade ao conjunto. *Era uma Vez* começa num tom ligeiro, quase de opereta, e vai ganhando aos poucos densidade, concentrando-se principalmente num bom estudo psicológico do príncipe cigano.

Em 1904, Zemlinsky trocou o Carltheater pelo recém-inaugurado Jubiläumtheater (hoje a sede da Volksoper). Naquele ano, fundou, juntamente com Schönberg, uma sociedade destinada a promover a música moderna. Seu brilhante trabalho como regente e animador cultural lhe valeu o convite para trabalhar como assistente de Mahler na Hofoper e a inclusão de sua terceira ópera, *Der Traumgörge*, na temporada de 1907 desse teatro. *Görge, o Sonhador* é outro conto de fadas escrito por Leo Feld e revisto por Johannes Wattke. Mas Zemlinsky nunca viu essa ópera no palco. Os ensaios já iam pela metade quando Mahler desentendeu-se com o conselho diretor, pediu demissão, e seu sucessor, Felix Weingartner, que pertencia à facção oposta, cancelou a produção pelo simples fato de seu autor estar ligado por laços de amizade ao demissionário. Diante disso, Zemlinsky demitiu-se também e nunca mais reclamou a sua partitura, que ficou esquecida nos arquivos do teatro até 11 de outubro de 1980, quando foi estreada na Ópera de Nuremberg.

Existe, no selo Capriccio, uma gravação de 1987, regida por Gerd Albrecht. É uma versão de concerto ao vivo, com meia hora de cortes. Mas serve para que se tenha uma idéia dessa ópera em que, pela primeira vez, surge o tema que há de preocupar muito Zemlinsky: o do herói como um *outsider*. E nele reflete-se muito claramente o drama do homem que lutava para impor as suas convicções estéticas e que, por ser feio e sem atrativos pessoais, sentia-se trancado do lado de fora de vários aspectos da vida social. Junta-se a isso uma discussão sobre o conflito entre "a arte pela arte" e "a arte como uma forma de retratar a realidade", tema dominantes naquela época de convívio de tendências estéticas antagônicas – Simbolismo, Verismo, Art Nouveau, Decadentismo, Neoclassicismo – cada uma delas com propostas muito específicas quanto à postura que o artista devia assumir em relação à sociedade.

Görge, esteta e sonhador, prefere as fantasias de seus livros à realidade. Grete, sua noiva, gostaria que ele tivesse os pés no chão, como seu amigo Hans. No dia em que devem ficar noivos, Görge, intoxicado por uma de suas fantasias, mete na cabeça que uma princesa o está chamando para conquistar o mundo, e abandona Grete. Os anos passam-se e ele se transforma num marginal, vivendo sem eira nem beira em companhia de uma moça pobre chamada Gertrude que, como ele, tem a cabeça nas nuvens e é uma espécie de imagem invertida de Grete, pragmática e de pés no chão. Os dons de orador de Görge fazem dele o líder natural dos camponeses para guiá-los numa rebelião em defesa de seus direitos. Mas eles o rejeitam, pois temem seu relacionamento com Gertrude que, na aldeia, tem fama de ser feiticeira. Görge escolhe ficar com ela e os abandona.

No Epílogo, ele volta com Gertrude para a sua cidadezinha, aonde foi chamado para receber uma herança. Instala-se ali com a namorada, passa a levar uma vida convencional e a usar o dinheiro que recebeu para fazer obras de caridade. Dá-se conta, então, de que é ela a princesa por quem sempre procurou. E de que a vida útil que passou a levar preenche todos os seus sonhos.

A música de *Görge, o Sonhador* ainda não assinala um decisivo passo adiante. É na verdade uma espécie de ampla síntese de todas as forças que até então vinham agindo sobre a formação estética de seu autor. Mas a ópera é importante não só pelas razões acima mencionadas como também por exibir um compositor que, passo a passo, torna-se teatralmente mais seguro e sabe infundir às suas personagens bastante verossimilhança, com economia de recursos. E há, em *Der Traumgörge*, pelo menos uma grande página, que mostra Zemlinsky pronto para produzir a primeira obra realmente importante dentro de sua produção para a cena lírica: a cena 6 do ato I, em que a orquestra sugere, com grande sensualidade, o prazer físico da personagem com o torpor que a envolve, deitada à beira de um riacho, sob o sol do meio-dia.

Tendo pedido demissão da Hofoper, Zemlinsky tinha voltado para seu antigo teatro – já rebatizado com seu nome atual de Volksoper. Ali aplicou o estilo inovador de planejamento de repertório aprendido com Mahler: regeu, entre outras coisas, a estréia vienense da *Salomé* e da *Ariane et Barbe Bleue*, de Paul Dukas. Incluiu também, na temporada de 1910, a sua ópera seguinte, *Kleider machen Leute*, estreada em 2 de outubro. Leo Feld adaptara *O Hábito Faz o Monge* de uma das novelas satíricas reunidas pelo escritor suíço Gottfried Keller em seu livro *Die Leute von Seldwylla* (A Gente de Seldwylla), publicado em 1874.

Seldwylla e a vizinha Goldach são duas aldeias imaginárias, de ambiente externamente idílico e plácido, onde Keller ambienta uma série de histórias que denunciam o comportamento hipócrita "de uma pequena burguesia entediada que anda à busca do sensacionalismo" – como dizia Walter Benjamin em um ensaio de 1927. O tratamento que Feld dá a seu libreto é bem mais fiel ao espírito de Keller do que o do compositor Joseph Suder para a ópera que tem o mesmo título – e será analisada no capítulo a ele dedicado. A gravação da *Kleider machen Leute* de Zemlinsky, feita por Ralf Weikert para o selo Koch-Schwann (1991), usa a versão revista – que foi reestreada no Neues Deutsches Theater de Praga em 20 de abril de 1922.

Por não ter mais trabalho a lhe oferecer, o patrão do alfaiate Wenzel Strapinski o dispensa e ele decide sair de Seldwyla, à procura de novo emprego. As únicas coisas que Wenzel conservou foram um casaco de veludo e um boné de pele, que lhe dão aspecto muito imponente. Aceita a carona de um cocheiro para ir até Goldach, e lhe conta quem é. Mas o cocheiro, para zombar dele, apresenta-o na taverna *Zur Waage* (À Balança) como "Sua Alteza o conde Wenzel Strapinski". E os crédulos aldeões, vendo como ele está vestido, acreditam que é um nobre. Alguns figurões da cidade vêm à taverna para jogar cartas e, mais do que depressa, são apresentados ao "conde". Quando o conselheiro municipal chega à taverna – acompanhado de sua filha Nettchen e do comerciante Melchior Bohni, que deseja casar-se com ela –, os figurões, para se valorizar, apresentam-lhe "o seu bom amigo, o conde polonês Strapinski". Fascinado pela beleza de Nettchen, Wenzel não tem coragem de revelar a verdade, e aceita um convite para almoçar na casa do conselheiro no dia seguinte. Como o taverneiro lhes diz que o cocheiro distraidamente levou embora toda a bagagem do conde, os figurões se apressam em fornecer-lhe todas as roupas e objetos de que precisará para a estada na cidade.

Em casa do conselheiro, onde toda a alta sociedade de Goldach se reuniu, Nettchen canta, em homenagem ao hóspede, o lied "Lehn' deine Wang' an meine Wang" (Encosta teu rosto no meu), sobre poema de Heine. Vendo que a situação está se tornando muito séria, Wenzel tenta fugir. Mas Nettchen lhe pede que fique e confessa que está apaixonada por ele. Surpreendida por Melchior, ela tem de dizer a seu pai que ama o conde e quer casar-se com ele. Todos se regozijam e Melchior, irritadíssimo, senta-se ao piano e, enquanto toca uma dança para os noivos, planeja a sua vingança. Põe-se em campo, mobiliza seus informantes e não demora a descobrir a verdadeira identidade de Wenzel. No dia da festa de noivado, Melchior anuncia que vai montar uma pantomima na qual quer provar que "o hábito faz o monge, sim"; e traz consigo o ex-patrão de Strapinski e seus dois aprendizes de Seldwyla. Os cidadãos de Goldach tentam reagir indignados, mas Wenzel os enfrenta denunciando a sua hipocrisia e servilismo. Diz que aceitou a farsa apenas porque tinha se apaixonado por Nettchen assim que a vira, e só a ela deve desculpas. Quer ir embora, mas a moça o detém, dizendo: "Já que não posso casar-me com um conde, quero ser a esposa de um grão-senhor."

O ecletismo de escrita de *Kleider machen Leute*, iniciada em 1909 e estreada no final de 1910, é um produto típico da efervescência do período em que foi escrita. Este são anos em que as tendências se entrecruzam fazendo o romantismo tardio do *Don Quichotte*, de Massenet, ou o verismo da *Fanciulla del West*, de Puccini, conviver com o simbolismo do *Martyre de Saint-Sébastien*, de Debussy, o neo-romantismo do *Cavaleiro da Rosa*, de R. Strauss; ou com obras como o monodrama *Erwartung*, de Schönberg, e *O Castelo de Barba Azul*, de Béla Bartók, carregadas de influência expressionista. Não há por que cobrar unidade de estilo de uma ópera nascida nessa encruzilhada e fertilizada pelas forças mais divergentes.

Os burgueses, pomposos, cheios de si, são retratados de modo ironicamente realista, ora com valsas vulgares e sensuais, ora com música deliberadamente solene e pesada – como o quarteto canônico dos figurões de Goldach "Wenn Männer fröhlich beisammen sind" (Quando homens alegres se reúnem). Harmonias ousadas, angulosas, numa linha expressionista, marcam a música – em especial o Interlúdio do ato II – que evoca o ressentimento de Melchior e a malícia com que ele se vinga do rival. Em contraste, os temas de Wenzel têm o típico "sotaque popular", a candura folclórica que se percebe, no início da ópera, no trio com que ele se despede de seus dois aprendizes, ou em sua canção "Schneiderlein, was machst denn du!" (Que estás fazendo, alfaiatezinho!). Já os contornos melódicos dos momentos em que declara-se a Nettchen são sinuosos, delicados, comparáveis aos motivos florais da decoração Art Nouveau, cheios de indicações do tipo *innig, mit Wärme, zart* (intenso, caloroso, terno). "É uma das melhores partituras de Zemlinsky", disse Theodor Adorno numa conferência radiofônica de 1959 sobre o compositor, "não há música mais terna, de beleza mais amável e contida."

Contida é de fato a expressão exata para se referir à forma sem derramamentos como Zemlinsky assimila, nas seqüências mais ligeiras, a influência das cintilantes operetas de Franz Lehár – em especial as cenas de conjunto do início, quando os habitantes de Goldach se maravilham com o aparecimento de um "conde" entre eles; e do final, quando zombam impiedosamente de Strapinski, ao descobrirem sua verdadeira identidade. E não é possível esquecer, nesses primeiros anos da obra de Zemlinsky, a presença constante de Mahler, sobretudo o dos *Knaben Wunderhorn*. Não se quer com isso dizer, porém, que a ópera seja uma mera colagem de modelos colhidos dali e dali. Na verdade, Zemlinsky utiliza os diversos vocabulários disponíveis em seu tempo, na medida em que eles lhe permitem ilustrar as situações e personalidades. Mas o faz com um tom muito pessoal que unifica os diversos aportes externos. Adorno, de resto, foi o primeiro a perceber a "sensibilidade sismográfica" com que ele reage aos estímulos mais diversos, que combina com imaginação e inventividade, "para produzir algo de único".

Em *O Hábito Faz o Monge*, Zemlinsky já adquiriu o controle do idioma teatral que, na ópera seguinte, atingirá a plena maturidade. *Eine florentinische Tragödie* – estreada em 30 de janeiro de 1917, no Württembergisches Staatstheater de Stuttgart – é um dos frutos da fase 1911-1927, em que ele dirigiu o Neues Deutsches Theater de Praga e compôs suas obras mais significativas. Ali pôs em prática a mesma política de valorização do repertório contemporâneo que já adotara na Volksoper: em junho de 1924, por exemplo, regeu a estréia do *Erwartung*, de Schönberg. Mas foi também um mestre no repertório padrão, elogiadíssimo por Stravínski ao reger Mozart (alguns dos discos que prensou na década de 1920 foram recentemente reeditados em CD).

A gravação da *Tragédia Florentina* feita em 1985 por Gerd Albrecht para o selo Koch-Schwann foi responsável por despertar a atenção internacional para um autor da maior importância, cuja obra dramática, àquela altura, andava um tanto negligenciada. De lá para cá o interesse por sua produção cresceu enormemente, o lugar que lhe é devido na evolução da música alemã tem tido amplo reconhecimento e poucas são as suas obras significativas ainda não disponíveis em registro discográfico. Em 1997, a série *Entartete Musik* (Música Degenerada), da Decca, consagrada a obras banidas pelo Nazismo, lançou nova versão desta que é sua ópera mais célebre, assinada por Riccardo Chailly (dela participa o barítono Albert Dohmen, que São Paulo ouviu, em 1997, como o Wolfram do *Tannhäuser*). No ano seguinte, a EMI editou o álbum em que James Conlon utiliza uma edição revista e corrigida pelo autor para a reprise da ópera em Praga.

Assim como Strauss na *Salomé*, Zemlinsky usou, na *Tragédia Florentina*, um texto em prosa de Oscar Wilde de história muito curiosa. O original inglês tinha sido roubado da casa do dramaturgo em 1895, enquanto ele estava no cárcere, em Reading; e acreditava-se que estivesse definitivamente perdido. Depois da morte do escritor, em 1900, uma cópia incompleta foi encontrada entre os seus documentos. Faltava a cena inicial entre Bianca e seu amante Guido Bardi. Traduzida por Max Meyerfeld, a peça foi estreada em alemão, em 12 de janeiro de 1906, no Deutsches Theater. A fantástica produção era dirigida por Max Reinhardt e estrelada por Tilla Durrieux, Rudolph Schildkraut e Alexander Moissi, três dos maiores atores de sua companhia.

Na *Florentinische Tragödie*, encontramos a mesma ambientação renascentista dos *Estigmatizados*, de Schreker, da *Violanta*, de Korngold ou da *Mona Lisa*, de Von Schillings – que regeu a estréia da ópera de Zemlinsky. Estamos na plenitude do Neo-Romantismo que, reagindo ao excesso de prosaísmo dos realistas, refugia-se com freqüência num passado idealizado, recriado com refinamentos de estilização que lembram as telas dos pré-rafaelitas ingleses. É a atitude a que Karl Kraus, num ensaio de 1910, chamou de "rastejar ao longo do muro para não ter de enfrentar a vida" – a fuga diante de um presente em cujo horizonte já se perfilam as sombras ameaçadoras de uma guerra que porá fim a todo um mundo.

Nessas obras, por trás da fachada da vida refinada, cheia de radiante beleza e poesia, expressa numa música com sólido senso de forma, agita-se algo de muito inquietante: o abismo do coração humano com seus impulsos reprimidos e suas deformidades psíquicas. Na verdade, é do homem de seu tempo, e de seus conflitos e contradições internas, que esses compositores estão todo tempo falando. Eles usam o passado como um espelho distante no qual fazem seus contemporâneos se contemplarem. Em suas indicações cênicas, Zemlinsky exige que a ação seja iluminada apenas pela luz fantasmagórica do luar. E é das sombras da noite que emerge essa tragédia de traição, ciúme, vingança e desejo pervertido.

O mercador Simone retorna de uma viagem e surpreende Bianca, a sua mulher, em companhia de um estranho. Ela lhe apresenta Guido Bardi, o filho do duque de Florença. Fingindo não perceber o que está acontecendo, Simone trata-o amavelmente, oferece-lhe de beber, tenta-lhe vender alguns de seus belos tecidos. Aos poucos consegue que Guido vá se tornando mais ousado e admita seus sentimentos por Bianca. Quando o próprio Guido cai na armadilha e confessa que Bianca é sua amante, Simone o desafia para um duelo. A princípio, Bianca estimula o amante a matar o marido para que, livres dele, possam finalmente se unirem. Mas quando o rapaz cai mortalmente ferido, ela percebe que o marido acaba de lhe dar uma prova de amor. "Por que nunca me disseste que és tão forte?", diz ela, ajoelhando-se a seus pés. "Por que nunca me disseste que és tão bela?", responde Simone, tomando-a nos braços.

O centro de interesse da ópera não está no casal, jovem, belo, descuidado e, sim, no homem idoso, verdadeira personagem contemporânea, o pequeno burguês aparentemente obtuso mas que, na realidade, é hábil, astucioso, extremamente malévolo na forma de tecer a teia em torno de sua vítima. Num primeiro momento, ele camufla a sua insegurança diante da beleza e juventude do outro sob uma capa de conversa fútil; depois vai colocando arapucas nas quais Guido cai ingenuamente. Simone é quem mais fala; o ódio de Bianca pelo marido que deixou de amar, e o desprezo de Guido pelo aparente corno manso são expressos menos pelo texto do que por uma música de coloridos infinitamente variados e de uma intensidade mediterrânea (Puccini, aliás, considerou durante algum tempo a possibilidade de musicar a peça de Wilde).

Zemlinsky queria que Meyerfeld reescrevesse a cena inicial perdida. Como este se recusasse, compôs um longo e tórrido Prelúdio – semelhante ao do *Cavaleiro da Rosa* – em que faz a explícita evocação do encontro amoroso de Guido e Bianca, antes da chegada do marido. Mas a música de R. Strauss evoca o ato sexual de forma voluptuosa, extrovertida e até mesmo com uma pontinha de ironia: no Prelúdio do *Rosenkavalier*, o tema de Octavian enovela-se ao da Marechala, numa exaltada figura ascendente mas, como ele é jovem e fogoso, termina bruscamente antes do dela. Ao contrário a paixão, em Zemlinsky, já está impregnada do gosto de morte, a começar pela fanfara inicial do Prelúdio, que lembra o início da *Elektra*.

Já se comparou muito *Eine florentinische Tragödie* com a *Salomé*, igualmente inspirada numa peça de Wilde de clima perturbadoramente trágico e sensual, com a mesma ênfase decadentista nos desequilíbrios emocionais; e há de fato uma inevitável afinidade superficial no tratamento melódico e do acompanhamento orquestral. Mas um exame mais detido revela-nos um compositor dono de um idioma individualizado. Apesar de sua palheta sonora muito rica, a música nunca é meramente decorativa ou busca efeitos fáceis. Cada compasso reconstitui as etapas do jogo de gato e rato que conduz à morte de Guido. Esta, quando chega, é descrita numa violenta escala descendente de grande impacto; e que contrasta com a efusividade do abraço final entre os esposos, ainda mais tórrido do que o inicialmente sugerido pelo Prelúdio.

Wilde voltará a inspirar Zemlinsky em 1920. A escolha recairá, dessa vez, sobre o conto *The Birthday of the Infanta* (1888), que Franz Schreker já utilizara, anos antes, como tema para um bem-sucedido balé. Foi a Schreker, de resto, que Zemlinsky se dirigiu, encomendando-lhe o libreto (ver o capítulo sobre esse compositor). Mas como ele preferiu desenvolver a idéia do texto de Wilde num libreto independente, que se transformaria em sua própria opera *Os Estigmatizados*, Zemlinsky acabou pedindo a adaptação do conto a Georg Klaren; e este intitulou-a *Der Zwerg* (O Anão).

O presente de aniversário de que a infanta Dona Clara da Espanha mais gosta é um anão, melancólico mas altivo. Como ele é um homem simples, que nunca se viu num espelho, não tem consciência da própria feiúra; e a garota ordena que se cubram todos os espelhos para que o monstrengo não perceba a sua deformidade. Sentindo-se irresistivelmente atraído pela infanta, o anão lhe explica ser um órfão vendido ainda criança a um sultão. A princesa é a primeira pessoa que não ri dele, trata-o com gentileza, chega a dar-lhe uma rosa branca de presente. É inevitável que ele se apaixone por esse bibelozinho desmiolado. Ao perceber seus sentimentos, a infanta fica indignada e ordena a Ghita, sua dama de companhia, que lhe mostre como é feio. Ghita não tem coragem de fazê-lo. Porém, quando o anão vai procurar Dona Clara, passa acidentalmente diante de um espelho descoberto e fica estarrecido com o que vê. Pede à infanta que lhe diga que não é assim e ela lhe responde que está disposta a continuar a brincar com ele, sim, mas só como se ele fosse um animalzinho de estimação. Desesperado, o anão cai a seus pés, vítima de um colapso, e morre de dor segurando na mão a rosa branca. Sem se comover, a princesa volta a dançar com suas companheiras.

Na escolha dessa história, em que a deformidade serve de obstáculo à realização emocional, há uma ressonância autobiográfica: Zemlinsky amargou por muitos anos a paixão sem esperança pela bela e brilhante Alma Schindler que, a partir de 1897, foi sua aluna. As cartas trocadas por ambos demonstram que Alma não se interessava por ele mas, decerto lisonjeada pela adoração que ele testemunhava, nunca tirou inteiramente suas esperanças.

Em 1902, porém, casou-se com Mahler e, depois de sua morte, com o arquiteto Walter Gropius e com o romancista Franz Werfel. Alma respeitava muito Zemlinsky como artista mas, em sua autobiografia, o descreveu em termos cruéis, dizendo que era "baixinho, sem queixo, desdentado, pouco asseado e sempre rescendendo a botequins baratos". A identificação do autor com a figura trágica do anão explica a intensidade da música que escreve para descrever o seu conflito.

Otto Klemperer regeu a estréia do *Anão* no Theater am Habsburger Ring, de Colônia, em 28 de maio de 1922. A crítica a aclamou como uma obra de mestre. Berg, numa carta, mostrou-se entusiasmado com as suas "cascatas de melodia infinitamente doces". Até o advento do Nazismo, ela foi a ópera de Zemlinsky mais freqüentemente encenada em toda a Alemanha. Depois caiu no esquecimento até 1981, quando foi revivida pela Ópera de Hamburgo. Para esse espetáculo – com a aquiescência de Louise von Zemlinsky, a viúva do compositor –, encomendou-se a Adolf Dresen uma revisão do libreto, que o aproximou mais do original de Wilde. Nele, o anão transforma-se num camponês ingênuo, filho de um carvoeiro, que foi capturado na floresta, durante uma caçada, e trazido para o palácio dentro de uma jaula. Foi essa versão, intitulada *Der Geburtstag der Infantin*, que Gerd Albrecht gravou para o selo Koch-Schwann em 1984. Embora de um ano antes, não foi *O Aniversário da Infanta* e sim *A Tragédia Florentina*, de 1985, o disco que deu o empurrão inicial no processo de redescoberta de Zemlinsky. No selo EMI Classics, existe a versão original da ópera, intitulada *Der Zwerg*, ao vivo com James Conlon no Gürzenich de Colônia (fevereiro de 1996).

Esta partitura também tem um caráter deliberadamente eclético. Os ritmos de dança com sabor espanhol, que acompanham os folguedos da infanta com suas damas de companhia, têm corte rigorosamente neoclássico. A música que caracteriza Dona Clara, egocêntrica e trancada em seu mundo de rígido protocolo cortesão, é fria, mecânica, cristalinamente diatônica, com uma elegância rebuscada que parece ter ido buscar em Ravel a sua fonte de inspiração. Mais lírica e espontânea é a caracterização de Ghita, que sente pena do anão e o trata com humanidade. Como não podia deixar de ser, ele é o centro da ação – assim como o interesse da *Tragédia Florentina* girava em torno do envelhecido e desprezado Simone. Interjeicões irregulares da tuba e dos trombones sugerem sua deformidade. Um pastiche do estilo heróico wagneriano é feito quando ele diz que gostaria de ser um cavaleiro para defender a infanta.

Mas a música com que confessa estar apaixonado por ela tem um radioso brilho tonal e curvas melódicas extremamente expansivas. É de extraordinária sensualidade a melodia que acompanha suas palavras quando ele exclama: "Ah, és bela como uma harpa na noite, como uma flor de acácia acariciada pelo vento. Teus olhos velados, em que a íris devora o branco, consomem-se de nostalgia." Em compensação, a melancolia é profunda quando o anão toma consciência do motivo por que é rejeitado; mas segue-se brusca catarse quando ele morre. "Se existe um caso de obra-prima esquecida que precisasse urgentemente ser redescoberta, esta é certamente *Der Zwerg*, de Zemlinsky", escreveu um crítico alemão comentando o espetáculo de 1981 em Hamburgo.

O Anão subiu à cena em 1922. Na década seguinte, Zemlinsky escreveu apenas três peças instrumentais de grande importância, fundamentais para a sua reabilitação póstuma: a monumental *Sinfonia Lírica* (1922), para soprano e barítono, sobre poemas do indiano Rabindranath Tagore; o *Quarteto nº 3* (1924), o mais refinado dentro de uma série de quatro; e as *Canções Sinfônicas* (1929), com textos de quatro poetas negros americanos: Langston Hughes, Countee Cullen, Frank Horne e Jean Toomer (por sinal, os preconceitos americanos fizeram com que esta última só fosse estreada nos Estados Unidos em 1965). Nesse meio tempo, em 1927, fora trabalhar com Klemperer no Kroll Oper, de Berlim, ali ficando até o teatro ser fechado em 1930. Era professor na Musikhochschule quando voltou a produzir uma obra para o palco.

O gosto do público mudara durante a década de 1920. O retorno ao realismo advogado pela Nova Objetividade e a voga do teatro politizado fechavam a porta dos teatros e das editoras a quem não se acomodasse às novas tendências. Naturalmente inclinado à experimentação, Zemlinsky deu sua contribuição ao novo gênero. Mas o fez com uma dose generosa de ironia, parodiando diversos estilos para caracterizar personagens e situações que, na verdade, são bastante estereotipados. Ele próprio redigiu o libreto de *Der Kreidekreis* (O Círculo de Giz), extraindo-o da versão alemã que Klabund (pseudônimo de Alfred Henschke) fizera em 1923 de um antigo drama do chinês Li Xingtao. A mesma peça, recebendo tratamento diferente, serviria de base mais tarde ao *Kaukasische Kreiderkreis* (O Círculo de Giz Caucasiano), de Bertolt Brecht. Os nazistas já estavam no poder quando Zemlinsky terminou sua ópera, e o anti-semitismo o forçara a mudar-se para Viena. Com isso, foi no Stadttheater de Zurique que ela estreou, em 14 de outubro de 1933.

A ação passa-se na antiga China. Depois que seu marido se suicida, devido aos impostos desumanos que lhe são cobrados pelo mandarim Ma, uma mulher é forçada a prostituir Chang-Haitang, a sua filha. Enquanto isso, o seu irmão, Chang-Ling, transforma-se num revolucionário e planeja assassinar o responsável pela morte de seu pai. Cortejada pelo príncipe Pao e pelo próprio Ma, Haitang acaba cedendo ao mandarim. No contato com ele, suaviza o seu caráter, e convence Ling a desistir do projeto de atentado contra ele. Apaixonado por Haitang, o mandarim abandona sua mulher, Yu-pei, que é estéril; e pretende fazer novo testamento em favor da amante e do filho que teve com ela. Ao saber disso, Yu-pei envenena o marido e joga a culpa em Haitang.

Diante do tribunal, Yu-pei apresenta provas forjadas de que Haitang é a criminosa e de que o bebê é seu filho, e reclama para si a herança do mandarim. Nesse meio tempo, o imperador morreu e chega a notícia de que o príncipe Pao, seu herdeiro, está revendo todas as penas capitais. Haitang e Ling vão para Pequim pedir clemência (no caminho, eles topam com um grupo de soldados que prendem o rapaz, pois ele disse que o novo imperador será tão corrupto quanto seu predecessor). Na corte de Justiça, o imperador propõe uma forma salomônica de descobrir de quem é o filho: manda traçar um círculo de giz em torno do menino; a mãe de verdade será a que conseguir puxar a criança para fora do círculo. Yupei o faz sem dificuldades, enquanto Haitang permanece imóvel. Ling, que os soldados trouxeram perante o soberano, lhe explica então que ela não quer arrancar o seu filho das mãos da impostora com medo de feri-lo nesse cabo-de-guerra. Pao então confessa que, na primeira noite que Haitang passou em casa de Ma, ele entrou em seu quarto, às escondidas, e fez amor com ela. A moça lembrava-se desse episódio, mas achava que tudo não passara de um sonho. Ling é perdoado, Pao reconhece seu filho e, estendendo a mão a Haitang, faz com que se sente no trono a seu lado.

O Círculo de Giz contém trechos cantados, melodramas e diálogo falado. A declamação melódica predomina, com uma pequena quantidade de números fechados formais. O habitual estilo de Zemlinsky, exuberantemente melodioso, com lirismo muito quente, é usado para caracterizar as personagens positivas: Haitang, Pao e o mandarim regenerado do ato II. Para o retrato dos vilões, recorre a uma série de pastiches: ritmos desiguais, reminiscentes do Stravínski da *Sagração da Primavera*, e uma declamação angulosa, histérica, para a cena do ato I em que a crueldade de Ma leva o pai de Haitang ao desespero; uma imitação deliberada de Kurt Weill, com música de cabaré e amplo uso de saxofones, na cena em que a mãe vende a filha no bordel; uma irônica marcha militar mahleriana quando, na estrada coberta de bruma, os dois irmãos topam com os soldados bêbados; e assim por diante. O clima oriental é simulado com melodias pentatônicas e harmonias baseadas na repetição de intervalos de quarta. Existe, no selo Capriccio, a gravação dessa ópera muito curiosa, feita por István Soltesz em 1990.

A invasão da Áustria, em 1938, forçou Zemlinsky a fugir da Europa. Ao partir para os Estados Unidos, ele levava na mala a partitura de sua última ópera, escrita entre 1935-1936. Uma vez mais, tinha redigido o libreto de *Der König Kandaules*, usando a tradução que Franz Blei fizera de *Le roi Candaule* (1901), a peça de André Gide. Orquestrara apenas 137 páginas. Mas não conseguiu ninguém, no país de exílio, que se interessasse em montá-la. Viveu pobremente nos Estados

Unidos e morreu em Larchmont, perto de Nova Iorque, em 15 de março de 1942. Na Biblioteca do Congresso, em Washington, estão guardados os manuscritos das óperas que deixou incompletas: *Malwa* (1913); *Der heilige Vitalis* (São Guido, 1915); *Raphael oder Der Chagrinleder* (1918), inspirada em *La Peau de Chagrin*, de Balzac; e *Circe* (1939).

A partitura incompleta do *König Kandaules* também ficou ali depositada até 1989, quando o musicólogo Anthony Beaumont obteve da família a permissão para terminar de orquestrá-la. Em 1993, Gerd Albrecht apresentou alguns trechos em forma de concerto (o Prelúdio do ato III e um monólogo da personagem-título, cantado por Franz Grundeheber, existem num disco do selo Capriccio). A estréia da peça completa, também regida por Albrecht, foi apenas no outono de 1996, na Staatsoper de Hamburgo, com James O'Neal, Nina Warren e Monte Pederson. Capriccio lançou, logo em seguida, também o álbum da integral. O sucesso da montagem que Hans Neuenfels dirigiu na Volksoper de Viena, em maio de 1997, sob a regência de Asher Fisch, demonstrou a viabilidade do ingresso deste título novo no repertório.

O rei Candaules, da Lídia, dá um banquete em que, pela primeira vez, permite a Nícia, sua mulher, aparecer em público. Mas decreta que sua extasiante beleza terá de ficar encoberta por um espesso véu. Durante o banquete, um anel mágico é encontrado dentro de um peixe. Candaules manda chamar Gigas, o pescador que o apanhou e, fascinado com a simplicidade e a espontaneidade do moço, veste-o com ricas roupagens, dá-lhe muitos presentes e oferece-lhe a sua amizade. O contato com o palácio torna Gigas ambicioso. Usando o poder mágico do anel, faz Nícia mostrar-se a ele inteiramente nua e a possui. Em seguida, mata Candaules e sobe ao trono. Toma Nícia por esposa e quer obrigá-la a voltar a usar o véu, que preservaria só para ele a sua beleza. Ela se recusa, porém, dizendo que, antes de morrer, Candaules o rasgou em pedacinhos.

Nas mãos de Zemlinsky, a morte de Candaules assume um significado alegórico: o do fim de toda uma época na música ocidental. A subida de Gigas ao trono simboliza melancolicamente a tomada do poder pela nova música – de que o defensor máximo era seu grande amigo e cunhado Schönberg. Mas, em seu entender, esses novos senhores nunca poderão possuir a beleza esplendorosa que, antes, Candaules tinha nas mãos. Esta é a partitura em que Zemlinsky chega mais perto do estilo moderno. Embora tenha um núcleo claramente diatônico – em especial no que se refere à descrição muito apaixonada da beleza de Nícia –, ela incorpora procedimentos pentatônicos (para evocar o ambiente oriental), bitonais e politonais. No momento em que a ambição de Gigas explode, a música vai ao limiar do atonalismo, embora não chegue a cruzar essa fronteira. Nela confirma-se, pela última vez, o senso de forma desse mestre do teatro cantado – hoje, felizmente, cada vez mais valorizado.

Zemlinsky já estava morto havia sete anos quando, em 1949, para uma exposição retrospectiva preparada por Otto Kolleritsch, o seu cunhado Arnold Schönberg escreveu:

> Sempre acreditei firmemente que ele era um grande compositor e continuo a acreditar. Sua hora virá mais depressa do que se pensa. De uma coisa não tenho dúvidas: não conheço nenhum outro compositor vindo depois de Wagner que tenha sabido responder, com substância musical mais nobre, àquilo que o teatro exige. Suas idéias, forma, sonoridade, cada expressão nascem diretamente da ação da cena e da voz do cantor com uma nitidez e uma precisão da mais alta qualidade.

SCHMIDT

Bratislava, a capital da atual Eslováquia, ainda pertencia ao Império Austro-Húngaro e tinha o duplo nome de Poszonyi e Pressburg, quando Franz Schmidt (1874-1939) nasceu. O pai era austríaco, mas a avó e a mãe húngaras explicam a forte presença do folclore magiar em seu idioma musical. O menino estudou com o excêntrico pianista Theodor Leschetitzky que, um dia, irritado com sua rebeldia, comentou maldosamente: "Mas também como é que uma pessoa chamada Schmidt pode ter pretensão a ser um artista?".

Leschetitzky provavelmente tinha razão, pois as origens humildes de Schmidt sempre o prejudicaram. Depois de estudos no Conservatório de Viena – composição com Robert Fuchs; violoncelo com o virtuoso Ferdinand Hellmesberger –, ele venceu quarenta candidatos e conseguiu uma vaga para violoncelista na orquestra da Ópera. Mas esbarrou nos preconceitos e má-vontade do spalla, Arnold Rosé, que se opôs aos planos de seu cunhado, o regente-titular Gustav Mahler, de promovê-lo a violoncelo solista.

Ser relegado à segunda estante amargurou muito Schmidt e acelerou os problemas cardíacos e de esgotamento nervoso que o afligiram desde cedo. Amargura que se agravou quando Mahler, enciumado com o sucesso da *Sinfonia nº 1* (1902), de Schmidt – que coincidira com a má acolhida do público à sua *Titã* – recusou-se a aceitar, na Ópera de Viena, a sua primeira ópera. Exemplo também seguido por Felix Weingartner, depois dele. *Notre Dame* talvez tivesse ficado longo tempo inédita se Hans Gregor, que acabara de ser transferido da Komische Oper de Berlim para Viena, não tivesse resolvido programá-la para o Hoftheater. O sucesso da primeira récita, em 1º de abril de 1914, demonstrou que Gregor tinha razão.

A história do "corcunda de Notre Dame" é bastante conhecida: Quasímodo, o sineiro da catedral, ama a cigana Esmeralda que compadeceu-se dele quando o viu ser humilhado pelo arquidiácono Claude Frollo, seu protetor: ele o acolhera na igreja como bebê enjeitado. Frollo deseja a cigana e, como não pode possuí-la, tenta matar Phoebus, o belo capitão da guarda, ao surpreendê-los em um encontro amoroso. Acusada de tentativa de assassinato e feitiçaria, Esmeralda é condenada à morte; mas Quasímodo a salva da fogueira e esconde-a em sua torre, resistindo bravamente quando os mendigos do Pátio dos Milagres atacam a catedral, tentando resgatar a cigana. Esmeralda é recuperada pelas autoridades e executada. Desesperado, Quasímodo atira Frollo, seu protetor, do alto da catedral.

A intriga é apenas o fio condutor para o belíssimo painel da vida e da arte medievais que Victor Hugo traça em seu romance, publicado em 1831. Mas como o cinema o demonstrou nas diversas versões, americanas e francesas, feitas dessa história, contém elementos que teriam rendimento excelente no palco lírico. Nesse meio, porém, *Notre Dame de Paris* nunca teve sorte. O libreto que o próprio Hugo escreveu para Louise-Angélique Berton foi mal-sucedido quando musicado tanto por ela (1836) quanto pelo russo Aleksandr Dargomýjski (1841). Outras óperas, do italiano Alberto Mazzucato, do franco-polonês conde Poniatowski, do espanhol Felipe Pedrell, não passam de verbetes em dicionários especializados. A de Schmidt teria o mesmo destino, não fosse a música excelente composta para ela, pois o libreto é muito mal costurado.

Totalmente desprovido de prática teatral, Schmidt pediu ajuda a um amigo, o farmacêutico Leopold Wilk, que tinha fumaças de poeta amador – mas era igualmente inexperiente. A ação desenvolve-se aos trancos e barrancos e o texto "é um tanto absurdo" – a expressão é de Hugo von Hofmannsthal que, após assistir à ópera, assim o descreveu a R. Strauss em carta de 22 de abril de 1914. Mas o libretista do *Rosenkavalier* – legislando, inclusive, em causa própria – chamava a atenção de Strauss para uma qualidade que o impressionara, e é efetivamente característica da escrita transparente de Schmidt:

> Entendi quase todo o texto [...] ao ouvi-lo pela primeira vez, embora a música não fosse rala ou pouco dramática. Sempre que se esperava da parte vocal que predominasse, a música cedia-lhe lugar – e isso causou em mim uma ótima impressão embora, como lhe disse, o texto fosse tolo. [...] Menciono isso porque você mesmo se queixa de que, por mais que o compositor tente, ninguém entende o texto. Pois neste caso, eu o entendi. Entendi pelo menos metade dos versos, sem um libreto e ao ouvi-los pela primeira vez.

O ponto de partida para a composição foi o "Interlúdio e Música do Carnaval", do qual se irradiam os principais motivos sobre os quais a ópera se constrói. Nessa peça instrumental, muito freqüentemente tocada ainda hoje em concertos sinfônicos, Schmidt reutilizou as melodias, de inspiração húngara, de uma *Fantasia para Piano e Orquestra* cuja partitura se perdeu. Esse interlúdio foi ouvido num concerto, em 6 de dezembro de 1903, o que torna incorreta a data de composição de 1902-1904 indicada pelo próprio autor em seu *Esboço Autobiográfico*, publicado em 1924. Hoje, estudiosos como Harold Truscott e Norbert Tschulik já demonstraram que *Notre Dame* foi escrita entre 30 de agosto de 1904 e 10 de agosto de 1906.

O tema de Esmeralda, nesse interlúdio, cantado pelas cordas com o acompanhamento das harpas, descreve a pureza e alegria de viver da jovem cigana, que a faz ser amada por todas as personagens: sensualmente por Phoebus; castamente pelo poeta pobretão Gringoire, a quem ela salvou da morte consentindo em fazer com ele um casamento branco; sem esperanças por Quasímodo; com sentimento de culpa por Frollo, que odeia o desejo irrefreável que ela lhe inspira. Esse tema é o principal *leitmotiv* a percorrer toda a ópera. Ele contrasta vivamente, em sua leveza, com o de Frollo, com notas longas, fluindo como um coral e retratando uma dignidade que é apenas exterior. O cartão de visitas de Phoebus, homem decidido, seguro do que a sua beleza e juventude podem conquistar, é uma fanfarra na seção de sopros. Todos esses motivos sofrem desenvolvimento sinfônico. O único a permanecer o mesmo é o de Quasímodo, como uma forma de sugerir a natureza simples da personagem, um tanto retardada, mas com um coração de ouro e um inabalável senso de justiça.

Compositor mais de música instrumental do que operística – as suas quatro sinfonias, hoje redescobertas, têm sido muito valorizadas –, Schmidt escreveu a maior parte da música antes de o libreto estar pronto – o que só incrementa a artificialidade do encontro música/texto: em algumas passagens, tem-se a impressão de que as vozes foram simplesmente superpostas à trama orquestral, não nascendo junto com elas, de forma coordenada. O resultado desse método de trabalho é que algumas cenas, em especial as mais longas, assumem a forma de um movimento de música instrumental. Esse é um procedimento muito comum em compositores dessa época (ver o capítulo sobre Schreker) – mas em operistas mais experimentados existe uma melhor integração do canto a essa moldura orquestral.

A primeira cena tem a forma de sonata. O pano se ergue ao terminar a exposição, repetida com instrumentação diferente durante a conversa em que Phoebus fala a seu oficial da atração que sente por Esmeralda. O desenvolvimento começa com uma modulação de semitom, de fá maior para sol bemol maior, que é um maneirismo de Schmidt em suas obras sinfônicas. E o círculo melódico fecha-se no final da reprise, que não só volta à tonalidade como ao mesmo estilo de instrumentação do início. No folheto de apresentação do álbum Capriccio, contendo a primeira gravação comercial de *Notre Dame* – feita por Christoph Perick em 1988 – Gerhard Schmiedpeter mostra como as seções seguintes podem ser entendidas, em relação a esse movimento de sonata, como os movimentos complementares de uma pequena sinfonia. Chamemos a atenção também para a forma de passacalha do Prelúdio ao ato II; e para as duas fugas a quatro vozes que o coro canta na cena do tribunal. Seu uso não é gratuito: o primeiro recurso serve para intensificar o clima sombrio da confrontação entre Frollo e Esmeralda no calabouço; o segundo para descrever o burburinho da multidão.

Com todos os problemas criados pela inexperiência dramática de Schmidt e seu desastrado libretista, *Notre Dame* tem páginas memoráveis: o coral "Karneval! Ach, schönster Tag!" (Carnaval! Ah, o mais belo dos dias!); o dueto de amor de Esmeralda com Phoebus; ou a longa ária "Ach, dieser Sang, göttlich wie sie selbst!" (Ah, este canto, divino como ela mesma!), em que Gringoire rememora a forma como sua vida foi salva pela cigana. E sobretudo o atormentado solilóquio do arquidiácono no ato II: ele vê Esmeralda adormecida na prisão – "So sanft und friedlich träumt kein Mensch dem Tod entgegen" (Ninguém sonha de forma tão doce e serena diante da morte) – e conclui: "Nur Höllenkunst vollbringt das Werk" (Só a magia negra obtém tal resultado). É a forma que encontra para justificar o desejo abrasador que a beleza da cigana desperta nele, e que é incapaz de reprimir. A única forma de "redescobrir o caminho para Deus", portanto, será matá-la.

Notre Dame gozou de popularidade, nos países de língua alemã, até a II Guerra. Desde 1945, faz parte do repertório da Volksoper, de Viena. Ali Wolfgang Weber fez, em junho de 1975, uma remontagem que foi reapresentada 33 vezes até 1980, sempre com o mesmo elenco: Julia Migenes-Johnson (Esmeralda), Josef Hopferwieser (Phoebus), Walter Berry (Quasímodo) e Ernst Gutstein (Frollo). Existe desse espetáculo uma gravação pirata no selo Voce. O elenco da gravação Perick também é de primeira: Gwyneth Jones, James King, Kurt Moll e Hartmut Welker.

A boa acolhida dada a *Notre Dame* e a posição segura que obtivera como professor, no Conservatório de Viena, decidiram finalmente Schmidt a demitir-se de seu cargo na orquestra, onde Mahler e Rosé o discriminavam. Seus cursos de violoncelo, piano, contraponto e composição eram muito procurados. Professor de estilo não-autoritário, tinha uma forma de respeitar a individualidade de seus alunos que o tornou muito estimado. Entre 1916 e 1921, embora assoberbado pelas atividades no Conservatório de que, em 1925, haveria de tornar-se o diretor, Schmidt compôs uma nova ópera.

Fredigundis baseia-se num dos contos recolhidos por Felix Dahn no quinto volume de seu *Kleine Romane aus der Völkerwanderung* (Pequenos Romances sobre a Migração dos Povos). No *Viking Opera Guide*, David Murray chama de *opéra maudit* a essa história estranha e violenta, de horror gótico, que o público de Berlim achou repelente quando estreou, no Stadttheater, em 19 de dezembro de 1922. Foi transmitida uma única vez pela Rádio Austríaca em 27 de setembro de 1979, sob a regência de Ernst Märzendorfer – o selo Voce possui o registro pirata – mas não tenho notícia de que tenha voltado a ser encenada; o que é uma pena, pois ela tem características muito importantes para que se compreenda a evolução da ópera na fase a que pertence.

Chilperico, o rei dos Francos, está noivo de Galswintha, mas apaixona-se pela ruiva e sedutora Fredigundis, criada no castelo. Muito ambiciosa, ela seduziu e rejeitou Landerich, o filho do duque Drakolen, conselheiro do rei; para separá-los, este mandou o filho para um mosteiro. Embora Drakolen advirta o rei contra a sua amante, Chilperico não consegue afastar-se dela. Fredigundis assassina Galswintha e Drakolen encontra, junto ao cadáver da princesa, um anel de seus cabelos vermelhos. Mas Landerich, que ainda não a esqueceu, embora a essa altura seja o bispo de Rouen, queima a prova de seu crime, para que ela não possa ser incriminada. Ainda assim, Drakolen interrompe o casamento de Chilperico com Fredegundis e a acusa de assassinato. Furioso, o rei ordena que lhe arranquem os olhos, e ele próprio coroa rainha a sua amante.

Anos depois, o filho do casal cai gravemente doente. Fredegundis, certa de que Deus a está punindo pelos seus pecados, pede a Landerich que reze pela recuperação de seu filho. Como este responde que só o fará se ela renunciar à coroa e aceitar ser punida pelos seus crimes, a rainha decide vingar-se envenenando-o. Mas é Chilperico quem, acidentalmente, bebe a poção que ela preparou. Ele e o filho morrem. Durante a madrugada, Fredegundis irrompe na catedral de Rouen, onde Drakolen está velando o rei, dança para os deuses pagãos pedindo-lhes que façam-no ressuscitar, e faz o velho duque fugir apavorado. Sozinha, no frenesi de uma dança histérica, derruba a tampa do caixão, que cai sobre os seus longos cabelos, prendendo-a aos despojos do marido. Quando os cortesãos vêm libertá-la, de manhã, seus cabelos ficaram inteiramente brancos, ela envelheceu horrivelmente e está agonizando. Arrepende-se de seus crimes e morre nos braços de Landerich, tendo a visão consoladora do marido e do filho no céu.

Por mais descabeladas que sejam as peripécias desse libreto, escrito por Bruno Warden e I. M. Welleminsky, ele não é nem melhor nem pior do que tantos outros. E Fredegundis, amoral e sem escrúpulos, é um arquétipo de fim de século: a Nova Mulher perigosamente sedutora, que se rebela contra o conformismo e a passividade de suas companheiras de sexo e toma o destino nas próprias mãos, mesmo que o preço dessa rebeldia seja a sua própria destruição. Personagem de pintores como Gustav Klimt, Egon Schiele ou Odilon Redon, essa figura feminina tem, na *Salomé*, de Wilde/Strauss; na Bianca da *Tragédia Florentina* (Wilde/Zemlinsky); na *Lulu* de Wedekind/Berg, alguns de seus exemplos mais marcantes. E fora da Alemanha, não lhe faltam antecessoras: uma mais distante na *Carmen*, de Bizet; parentes mais próximas na *Fosca* de Carlos Gomes, na *Gioconda* de Ponchielli, na Tigrana do *Edgar*, de Puccini. Com toda a sua exasperação decadentista, ela é a negação da tradicional personagem feminina de ópera, dócil, submissa e sofredora.

O período de composição de *Fredegundis* foi extremamente atribulado para Schmidt. As faculdades mentais de Karoline Perssin, sua primeira mulher, tinham-se perturbado e ele teve de interná-la no Am Steinhof, um asilo para alienados. Visitava-a regularmente, em companhia de Emma, sua filha. Depois da morte de Schmidt, em fevereiro de 1939, as autoridades nazistas incluíram Karoline em seu programa de "eutanásia". Ao mesmo tempo, Franz apaixonara-se por uma de suas alunas, Margarethe Jirasek, com quem se casou em 1923; mas vivia o conflito de interessar-se por outra mulher quando sua esposa precisava tanto dele. Essa dupla tensão pessoal reflete-se claramente no estilo atormentado da música que escreveu. O mesmo de sua *Sinfonia nº 4* – a mais bela e dolorida da série –, um réquiem para Emma, composto quando ela morreu de parto em 1933.

Fredegundis representa um considerável passo adiante em relação a *Notre Dame*. Seu libreto, apesar do dramalhão granguinholesco, é bem construído e as idéias musicais são mais originais. Strauss dizia que, nessa partitura, havia material para compor três sinfonias – e, de fato, ela é a matriz da inspiração para a *Sinfonia nº 3* e o oratório *Das Buch mit sieben Siegeln* (O Livro dos Sete Selos), baseado no texto do *Apocalipse* de São João – obra de grande porte, amplamente revalorizada nos últimos anos. É o produto de cinco anos de trabalho muito refletido de um compositor que está chegando ao auge da maturidade.

A ópera começa lentamente, com uma longa cena entre Landerich e a ruiva sedutora; depois vai ganhando agilidade, tornando-se cada vez mais elétrica, à medida que se instala um clima expressionista em que é muito visível a influência da *Salomé* e da *Elektra* straussianas. O que certamente chocou o público berlinense da estréia foi o fato de não haver moralismo no julgamento das personagens. Conseqüentemente, não há efeitos melodramáticos fáceis e, sim, invenção sinfônica autêntica. Dunja Veijzović faz justiça à sedutora na gravação pirata; mas *Fredegundis* – até mesmo pela importância histórica que tem – mereceria uma divulgação comercial condigna. E teria, certamente, rendimento muito bom numa montagem em vídeo, pois explora com muita propriedade os recursos tradicionais do formato de *grand-opéra*.

O final da vida de Schmidt, muito atribulado pela doença e as dificuldades materiais, foi marcado por estranhas relações com indivíduos ligados ao novo regime. Estes o convenceram que as autoridades estavam propensas a valorizar o seu trabalho como compositor, em troca de uma demonstração de fidelidade, e ele aceitou compor a cantata *Die deutsche Aufferstehung* (A Ressurreição Alemã), enaltecendo o "despertar e o poder do Reich". Deixou-a inacabada ao sofrer um colapso em sua casa de campo de Perchtoldsdorf, perto de Viena. Essa peça lastimável, que se encerra com um hino de louvor ao Führer, foi editada a partir de seus esboços e apresentada uma única vez em 1939. Em "The salute that finished a genius", artigo publicado na *Classic CD* de outubro de 1998, por ocasião do lançamento da versão Franz Welser-Möst do *Livro dos Sete Selos*, o crítico inglês Michael Oliver discute esse episódio que prejudicou por algum tempo o prestígio de Schmidt, pois "o público concluiu não estar interessado em ouvir a música desse fóssil dotado de desproposital interesse por Hitler." Oliver acha estranho que uma obra como *A Ressurreição Alemã* possa ter sido escrita por um artista que, em sua vida, nunca deu provas de adesão ao Nazismo e sobre o qual não podem pesar suspeitas de anti-semitismo.

Quando um grupo de alunos de direita veio lhe pedir que sugerisse uma peça que pudessem executar, Schmidt recomendou-lhes as *Variações sobre um Tema Hebraico* de seu aluno Israel Brandmann. Todos os parceiros de Schmidt em seus famosos saraus semanais de música de câmara eram judeus. Um deles, o velho amigo Oskar Adler, seu médico pessoal e líder de seu quarteto, sempre negou que ele fosse simpatizante do nazismo ou tivesse convicções anti-semitas. É Adler quem nos conta que, na época da composição da cantata, Schmidt estava desesperadamente doente. Uma combinação de diabetes, cirrose, câncer da próstata e graves problemas cardíacos, além da morfina que ele usava para aliviar as dores causadas por todos esses males, faziam com que sua mente estivesse bastante confusa.

Tendo emprestado a um amigo a partitura de um interlúdio para órgão que pretendia usar nessa cantata, precisou pedi-la de volta, pois já não se lembrava mais de uma só nota: a sua memória privilegiada, que sempre fora o motor de sua criatividade, tinha desaparecido. Mas ele acreditava que sobreviveria se conseguisse continuar trabalhando. No auge de um período aterrorizante de três meses de confusão mental – um "estado crepuscular" como ele próprio dizia –, ofereceram-lhe o infame texto dessa cantata e ele aceitou.

A Ressurreição Alemã é um episódio que encerra de forma tristonha a vida nem sempre fácil de Schmidt. Melhor é lembrá-lo pela excelente música de câmara que deixou – parte dela destinada ao pianista Paul Wittgenstein, que perdera o braço direito na guerra e, portanto, escrita só para a mão esquerda – e as difíceis composições para órgão dedicadas a Karl Schütz. Lembremo-lo pela *Sinfonia nº 4*, um dos lamentos mais comoventes na literatura sinfônica do século XX. E sobretudo pelo *Livro dos Sete Selos*, em cujas imagens de combate e devastação parece haver a previsão de um futuro que se aproximava a passo de ganso.

SCHREKER

Durante as décadas de 1910-1920, Franz Schreker (1878-1934) rivalizou com Richard Strauss como o principal operista da Alemanha. Estatísticas da época demonstram que em alguns teatros seus títulos chegavam a superar, em número de apresentações, os do autor do *Rosenkavalier*. Em 1919, ao publicar *Franz Schreker: Studien zur Kritik der modernen Oper* (Estudos sobre a Crítica da Ópera Moderna), Paul Bekker proclamou-o um gênio e não hesitou em afirmar:

> A questão capital do reaparecimento de um músico à altura de Richard Wagner acaba de ser respondida: Franz Schreker é o primeiro, depois dele, a possuir um dom de igual envergadura, a ser um fenômeno idêntico, embora de incarnação fundamentalmente diferente.

O compositor a suscitar elogio tão desmedido era muito admirado pelo rigor com que delineava o caráter de suas personagens, e pela complexidade da textura harmônica e orquestral de suas partituras – o que dava forte relevo à atmosfera sempre emocionalmente carregada de seus textos. Autor de seus próprios libretos, Schreker não buscava inspiração na literatura, no acervo folclórico ou na tradição legendária, como faziam seus contemporâneos. Ele próprio imaginava suas tramas, impregnadas pelas teorias psicanalíticas de Freud, misturando misticismo e erotismo, e criando uma moldura realista para histórias que contêm freqüentes elementos sobrenaturais. Essas características o vinculam ao espírito decadentista do fim de século, ainda muito presente na arte alemã das primeiras décadas do século XX.

Circunstâncias políticas, ou ligadas à evolução da História da Música, explicam que, por muito tempo, o nome desse importante compositor tenha sido eclipsado. Em primeiro lugar, ele foi vítima da campanha anti-semita do governo de Franz von Papen – chanceler do Reich em 1932 e vice-chanceler de Hitler até 1934. Brutalmente demitido dos postos que ocupava como professor, ficou tão deprimido que isso acelerou a sua morte. Em segundo lugar, seu nome foi obscurecido pelos movimentos que se sucederam, da década de 1930 em diante: a Nova Objetividade; o teatro político de Weill/Brecht; e a revolução da Segunda Escola de Viena – cujos integrantes tinham aprendido muito com ele. Em abril de 1991, numa matéria escrita para a revista americana *Opera News*, o crítico Eric Myers comentava:

> Mencione o nome de Franz Schreker para o mais fanático dos fãs de ópera e o mais provável é que ele te devolva um olhar vazio. Não é o melhor dos tributos ao homem cujas nove óperas serviram de ponte entre *Salomé* e *Wozzeck*.

Schreker não foi, de resto, o único a ser passado para segundo plano por esse fervilhar de tendências novas. À exceção de Richard Strauss, cuja obra sobreviveu parcialmente – e depois entrou também em processo recente de redescoberta –, esse problema afetou todos os compositores de que estamos tratando, nesta fase neo-romântica, cujo idioma musical enraizava-se em tradições oitocentistas que combinavam influências de Wagner, do Verismo e do Impressionismo. Foi preciso superar a etapa radical da vanguarda dodecafônica, muito ortodoxa na rejeição de tudo o que a ela se opusesse, para que esses nomes começassem a voltar à tona.

Dentre as vítimas do ostracismo, Schreker foi provavelmente a perda mais lamentável – felizmente provisória, como o demonstra o favor de que voltou rapidamente a desfrutar ultimamente. É interessante observar porém que, em sua hoje superada *Uma Nova História da Música* – onde não há a menor referência a Franz Schmidt, Zemlinsky ou Korngold –, Otto Maria Carpeaux já dizia:

> (Suas óperas) estão hoje totalmente esquecidas, o que talvez chegue a revelar-se, um dia, como injustiça.

Porém, esse processo de redescoberta – que com o tempo há certamente de nos devolver o acesso a toda a sua rica produção – é muito recente: só se iniciou em 1989 com o lançamento, pelo selo Marco Polo, da primeira gravação comercial de uma ópera sua, *Der ferne Klange* (O Som Distante) – acolhida com tanto entusiasmo pelo público que, em 1991, a Ópera de Viena fez dela uma importante encenação, dirigida por Jorgen Flimm, regida por Gerd Albrecht e tendo Caterina Malfitano no papel principal.

O compositor nasceu em Mônaco, onde seu pai, Ignaz Franz Schrecker, judeu de origem tcheca, era o fotógrafo oficial dos Grimaldi, a família real monegasca. Depois, mudaram-se para Linz, na época em que Ignaz Franz assumiu o mesmo cargo junto à corte austríaca. *Bon vivant* e perdulário, Schrecker pai nada deixou para sua viúva ao morrer em 1888. Eleonore von Clossmann, de família aristocrática empobrecida da Estíria, mudou-se para Viena e teve de abrir um modesto armazém e trabalhar duro para sustentar os quatro filhos. Isso explica a preocupação maníaca que Schreker sempre teve com a segurança financeira. E o estado de desavoramento em que o deixou, no fim da vida, a perda de posições duramente conquistadas.

O talento musical manifestou-se cedo, impelido talvez pela própria necessidade do menino de trabalhar para ajudar a mãe. Aos quatorze anos, ele tocava órgão numa igrejinha de bairro e arranjou emprego como o organizador dos entretenimentos musicais numa colônia de férias. Foi ali que ficou conhecendo a proeminente cantora Bertha Ehn. Usando de seu prestígio, ela conseguiu que Franz fosse aceito no Conservatório de Viena. Ele mesmo decidiu, ao iniciar seus estudos nessa instituição, alterar a ortografia do sobrenome, eliminando o "c", para que não o confundissem com o pai, que tinha o mesmo prenome. Não foram fáceis os primeiros anos nessa escola, pois ele entrava freqüentemente em choque com as idéias conservadoras de Robert Fuchs, seu professor de composição, e a exigência que este lhe fazia de respeitar os cânones clássicos de escrita.

Justiça seja feita, porém, foi Fuchs quem, em 1896, recomendou à orquestra da Ópera de Budapeste os *Liebeslieder* (Canções de Amor) para harpa e orquestra, uma de suas primeiras composições, executada durante uma excursão dos músicos húngaros a Londres. E em 1900, as suas peças de formatura, o *Salmo CXVI* e o *Intermezzo op. 8* – posteriormente incluído na *Suíte Romântica* – foram muito bem acolhidas em Viena. A suite recebeu o primeiro prêmio de um concurso instituído pelo jornal *Neue Musikalische Presse* e foi estreada na sala da Musikverein em 1902.

Mas era a ópera que o atraía desde o início. *Flammen*, a sua primeira experiência nesse campo, foi iniciada assim que Schreker terminou os estudos de Conservatório. É a única de suas óperas cujo libreto ele não escreveu. Mais tarde, em sua autobiografia, afirmou ter-se arrependido de confiar a tarefa a uma amiga, Dora Leen, pois o lirismo um tanto frouxo do texto foi o ponto mais atacado pelos críticos Rudolph Stephen Hoffmann e Julius Kapp, que não auguraram carreira promissora ao novo compositor. *Flammen* foi ouvida uma única vez, em forma de concerto, na Bösendorfersaal, em 24 de abril de 1902. O elenco era formado por estudantes do Conservatório e a partitura, não-orquestrada, era tocada ao piano por Julius Fischer. Nunca mais se ouviu falar dela até 1989, quando foi gravada por Frank Strobel para o selo Marco Polo.

Schreker não escreveu o libreto, mas teve voz ativa em sua elaboração: já aparece nele o tema, constante em sua dramaturgia, da personagem afligida por uma culpa que só conseguirá expiar com a morte. A história de Irmgard, que se envolve com um Cantor durante a ausência de seu marido, o Príncipe, que foi para as Cruzadas, é contada com uma estrutura de *Liederoper* – um ciclo de canções unidas umas às outras por interlúdios orquestrais. Cada canção captura um determinado estado de espírito e a rápida sucessão desses flagrantes emocionais corresponde ao desenvolvimento psicológico da ação, cujas etapas são comentadas e reforçadas pelos interlúdios. Essa estrutura em mosaico já é anunciada pela Abertura, em que não há desenvolvimento, apenas uma colagem dos temas das principais canções.

É nítida a influência wagneriana, em especial no dueto de amor da cena 10, "Lass uns fliehen in frohe Ferne" (Voemos para a feliz distância), em que a imagem do cálido crepúsculo tem o mesmo sentido das metáforas noturnas no *Tristão e Isolda*. Mas Schreker e Leen invertem a imagística wagneriana: enquanto Tristão e Isolda buscam a escuridão da noite como um refúgio, Irmgard e o Cantor afirmam que o amor os fez sair da escuridão para a luz. Para que não haja dúvidas quanto à alusão, Schreker utiliza não só a tonalidade predominante de lá bemol maior como também o pedal de mi bemol com que Wagner constrói a sessão "O sink hernieder, Nacht der Liebe" (Desce sobre nós, noite do amor), em seu dueto. Na forma como o compositor joga com os blocos instrumentais, criando ondas de som que se erguem e depois refluem, percebe-se também a influência da escrita sinfônica de Bruckner.

O texto de Dora Leen articulava-se, originalmente, em dezesseis cenas divididas em duas partes simétricas. O clímax da ação estava previsto para ocorrer na décima, onde se encontra o já mencionado dueto. Mas Schreker alterou esse formato, dividindo a cena 7 em três, para compor com ela o finale da primeira parte. E fez o mesmo com a última, de modo a poder encerrar a ópera com maior efeito. Deu mostras, assim, do senso de proporção já evidenciado nas canções que escrevera em seus anos de estudante. Unificou ainda essa seqüência fragmentária de canções mediante relações tonais e temas recorrentes que as trançam umas à outras.

Essa obra de transição ficou em redução para piano. Na gravação, Strobel usou um arranjo para pequena orquestra – violino, clarinete, trompa, violoncelo e teclados – feito por Hans Peter Mohr. *Flammen* marca o momento em que Schreker deixa para trás as influências de Conservatório e parte em busca de uma linguagem própria. Mas é só no balé *Der Geburtstag der Infantin*, baseado no conto de Oscar Wilde – cuja sinopse o leitor encontrará no capítulo sobre Zemlinsky –, que esse tom individual vai manifestar-se pela primeira vez. Apresentado na abertura da exposição de arte *Sezession*, em 27 de junho de 1908, *O Aniversário da Infanta* foi sua primeira obra de sucesso. Em 1926, a popularidade dessa partitura ainda era tão grande que o compositor a reviu, reapresentando-a com o título de *Spanisches Fest* (Festa Espanhola).

A acolhida entusiástica se explica: Wilde estava na moda em Viena, cujo público sentia-se fascinado com a temática de suas peças, em que os aspectos mais patológicos dos sentimentos humanos eram dissecados com impiedoso bisturi. Em 1908, ainda estava muito vivo o escândalo da *Salomé*, composta três anos antes por Richard Strauss, impressionado pela revolucionária montagem da tragédia que Max Reinhardt fizera em Berlim. E é um interesse que persistirá por muito tempo: também Zemlinsky buscará em Wilde a inspiração para *A Tragédia Florentina* (1917) e *O Anão* (1922); e nos libretos de Beatrice Dovsky para a *Mona Lisa* (1915), de Von Schillings, e de H. Müller para a *Violanta* (1916), de Korngold, que se passam durante o Carnaval, em Florença, identificaremos os mesmos maneirismos esteticistas com que o irlandês evocava o clima renascentista em suas peças.

O sucesso do balé encorajou Schreker a desengavetar um projeto que dormitava desde 1903: o do libreto de uma ópera em três atos, a que deu o título de *Der ferne Klange* (O Som Distante). "Quando falei da trama ao idoso escritor Ferdinand von Saar", conta Franz em sua autobiografia, "ele me encorajou a escrever a ópera, embora no fundo não acreditasse que eu fosse capaz de fazê-lo. Em cerca de três semanas, escrevi os dois primeiros atos, que deixaram Von Saar muito entusiasmado, mas causaram consternação e até mesmo horror em todos os 'especialistas'. Totalmente desencorajado, deixei o trabalho de lado."

Entre esses "especialistas" estava Fuchs, que tachou *O Som Distante* de "bobajeira caótica". As causas da rejeição foram, no ato I, a crueza verista do retrato das classes baixas, moralmente corrompidas pela pobreza e, no II, a cena ambientada numa casa de prostituição. Ao retomar a ópera, Schreker começou compondo a *Nachtmusik* (Música Noturna) que serve de interlúdio aos atos II e III, e apresentou-a em um concerto, em 1909. Como a recepção do público foi muito boa, terminou o ato III e tentou oferecer a ópera a diversos teatros. Estava cheio de esperanças, pois aquele era um momento muito feliz em sua vida: ao fundar o Coro Filarmônico de Viena, conhecera o soprano Maria Binder, por quem se apaixonara. Ela se tornou sua esposa e foi a intérprete de várias de suas personagens.

A Ópera de Budapeste, que acolhera tão bem seus *Liebeslieder*, rejeitou *Der ferne Klange*. Felix Weingartner aceitou-a para a Hofoper mas, após aposentar-se, não se sentiu mais obrigado a cumprir a promessa. E Hans Gregor, que o substituiu, recusou categoricamente a ópera por considerá-la imoral. Finalmente, a partitura foi parar nas mãos de Ludwig Rottenburg, diretor da Ópera de Franfurt. E foi ali que *O Som Distante* estreou, em 18 de agosto de 1912, com um sucesso que superou até mesmo as expectativas mais otimistas. Richard Specht afirmou nada ter havido de mais importante, na ópera contemporânea, do que essa nova ópera, depois da explosão verista italiana e da obra de Strauss. E Friedrich Brandes escreveu, no *Neue Zeitschrift für Musik*:

> O efeito da obra é o de uma força da natureza e não o de uma composição musical. Aqui vemos o que um gênio pode criar usando os impulsos que vêm de tudo o que o cerca.

Opinião com a qual concordava o crítico do *Grazer Tagespost*:

Uma vez mais, eis-nos confrontados com um milagre que só a História da Arte pode oferecer: a chegada de um músico que não é apenas o seguidor de um "ismo", mas um indivíduo que tem uma linguagem própria.

Entusiasmo que, curiosamente, não era compartilhado por Hans Heinsheimer, da editora Universal, que aceitara editar *Der ferne Klange* e fez com ela negócios milionários. Ele também tinha sérias dúvidas sobre a validade artística e moral da ópera, tendo confessado em suas memórias:

> As ordens da diretoria para que não deixássemos o público se esquecer de Franz Schreker me colocavam, e a meu editor assistente, Paul Stefan, numa situação delicada: tínhamos de decidir entre a nossa consciência artística e os apelos da caixa registradora.

Nada como o tempo para relativizar esses julgamentos. Do ponto de vista moral, *O Som Distante*, sem perder seu gume, já não nos causa mais o mesmo desconforto. Quanto ao estético, cada vez mais, hoje em dia, constata-se que Heinsheimer estava redondamente enganado. É bem verdade que a ópera valeu a Schreker a pecha, pejorativa naqueles tempos, de "modernista" – mas com a diferença que, ao contrário de Schönberg e seu grupo, era muito mais imediata a sua comunicação com a platéia, logo seduzida pelas suas melodias generosas e a orquestração de colorido iridescente, que deve muito à influência de Debussy.

O compositor Fritz quer encontrar as sonoridades ideais, o "som distante" que "parece o vento tocando uma harpa com seus dedos fantasmagóricos". Parte em busca de seu ideal, prometendo voltar, quando tornar-se famoso, para casar-se com Grete, sua namorada. Mas Graumann, o pai da moça, alcóolatra e jogador inveterado, perde-a para um parceiro das cartas, na taverna. Para não ter de casar-se com o homem a quem o pai quer entregá-la, Grete foge e se embrenha na floresta. Acaba desfalecendo à beira de um lago, extasiada com a beleza da luz que se reflete na superfície da água. É encontrada por uma misteriosa Mulher Idosa, que lhe promete riqueza e felicidade.

Dez anos depois, ela se transformou numa prostituta de alto bordo na Casa delle Maschere, um bordel de Veneza. Não se esqueceu

Karl Gentner (Fritz) e Lisbeth Sellin (Grete) na estréia de *Der ferne Klang*, de Franz Schreker, na Ópera de Frankfurt, em agosto de 1912.

da beleza da luz que viu refletida sobre o lago e compara-a com a sua própria beleza, que desperta desejos incontroláveis em seus clientes. Propõe-lhes a realização de um concurso de canções, em que se oferece como prêmio. O vencedor é Fritz, que comove a todos contando como ainda está à procura do som ideal; mas ao reconhecer Grete e saber de seu passado, ele a rejeita, enojado.

Cinco anos depois, Fritz transformou sua inútil procura do "som distante" numa peça autobiográfica, *Die Harfe* (A Harpa), cujo final negativo descontentou ao público e a seus amigos. Grete, agora uma prostituta envelhecida e de baixo meretrício, fica sabendo que ele está muito doente e vai procurá-lo. Revendo-a, Fritz dá-se conta de que o ideal que procurava era o amor duradouro. Agonizando em seus braços, ouve finalmente o "som distante" – uma série de acordes muito agudos na celesta, que parecem quase irreais.

É o próprio Schreker quem diz:

> *Der ferne Klang* nasceu de uma dupla necessidade, a vontade de minha juventude de encontrar uma forma de expressar-se e o desejo de alcançar um ideal artístico, fama, alegria de viver, o amor de uma mulher! Eu queria criar, queria moldar as coisas em sons – mas faltava-me um libreto, pois estava claro para mim que só através do drama lírico eu conseguiria tornar vivas essas forças latentes em mim. E o que me ofereciam era lixo: libretos de poetas fracassados ou jornalistas que estavam de olho apenas nos direitos autorais. De repente, pensei em mim mesmo, no drama de amadurecer, na loucura que é esta vida, com suas questões incertas e todas as tragédias que se abatem sobre nós, ainda que às vezes fugazmente – e tirei *Der ferne Klang* de dentro de mim mesmo, das minhas experiências de juventude.

É notável a sutileza com que Schreker utiliza uma imensa orquestra em que, além das cordas usuais, há trincas de madeiras, trompetes e trombones, quatro trompas, tuba, tímpanos, diversas percussões, duas harpas, celesta e cordas. É muito rico também o uso que faz das bandas internas. Na cena da Casa delle Maschere, no início do ato II, por exemplo, opera verdadeira colagem com a superposição de diversas camadas sonoras. Em cena, nesse trecho, estão algumas das prostitutas – Mary, Mitzi, Milli e a Garota Espanhola – conversando sobre os encantos de um jovem conde que está interessado em Grete. Pela janela, ouvem-se sons que vêm de fora: vozes de pessoas cantando na praia; um conjunto de serenata formado por flauta, clarinete em lá maior, três bandolins, dois violões e cordas; em seguida, uma banda cigana com clarinete em ré maior, cordas e um címbalom, o instrumento folclórico húngaro. No ato III, também, ouve-se uma banda interna com dois clarinetes, duas trompas, tímpanos, harpa e cordas. É original e inovador o tratamento dos efeitos de orquestração, a meticulosa atenção dada aos jogos de timbres, o cuidado em evitar dobrar os instrumentos, para que suas sonoridades se destaquem claramente. Nesse sentido, é evidente a influência de Debussy sobre uma harmonia em que são freqüentes os acordes de 7^a e 9ª como entidades consonantes, o emprego livre e simultâneo de modulações, pedais e sucessões de acordes paralelos, à maneira do organum medieval. É a influência não do Debussy contido do *Pelléas et Mélisande* e, sim, do músico sensual e extrovertido autor do *L'Après-midi d'un Faune*, dos *Trois Nocturnes* ou de *La Mer*.

A variedade de escrita é muito grande, indo do melodrama à cantilena mais elaborada. Apesar do estilo *durchkomponiert*, de filiação wagneriana, com grande número de *leitmotive*, há alguns números fechados, sempre dramaticamente justificados: o monólogo "Ah, wie schön! Wie seltsam ein Märchen" (Ah, que bonito! Como se fosse um conto de fadas!), quando Grete se extasia com o reflexo da lua sobre o lago; a longa narrativa "Schuldbeladen und reuig steh'ich vor Dir" (Cheio de culpa e remorso, eis-me diante de ti), em que Fritz, no ato II, fala de sua infrutífera busca do "som distante"; e o belíssimo dueto do último ato em que, à beira de perderem-se, Grete e Fritz confessam seu amor. Deve-se também chamar a atenção para a influência da linguagem cinematográfica sobre a construção de alguns trechos, em especial o noturno do ato I, no momento em que, pronta para se matar, Grete é surpreendida pela beleza da paisagem. Vale a pena citar a descrição que, no artigo sobre Schreker incluído em *Quasi una Fantasia*, Theodor Adorno faz dessa cena:

> Ela ergue os braços como se fosse atirar-se no lago. Nesse momento, a lua surge, metamorfoseando a paisa-

gem. O lago cintila com sua luz e vêem-se brilhar os vagalumes, um rouxinol canta, esquilos aproximam-se do lago para beber. Uma brisa morna envolve a garota. Magia noturna da floresta. A natureza respira amor e promessa. Grete mergulha na contemplação e num mudo espanto.

Foi muito grande a influência dessa ópera sobre Alban Berg que, em 1910, fez dela a redução para piano – aliás, uma partitura tão difícil de tocar que, mais tarde, ela teve de ser revista por Ferdinand Rebay. É na forma como Schreker estrutura sinfonicamente os quadros de *Der ferne Klang* que parte a idéia de construir cada cena do *Wozzeck* a partir de uma forma fixa diferente. Mas foi muito lento o caminho de volta aos palcos de uma obra que, nas décadas de 1910-1920, foi ouvida por toda parte sob a regência de maestros do porte de Fritz Reiner, Otto Klemperer, Alexander von Zemlinsky e Erich Kleiber. Houve apresentações de rádio em 1947 e 1955; e uma encenação na Ópera de Cassel, regida por Christoph von Dohnányi. Durante muito tempo, a única forma de ter acesso à partitura era através dos discos pirata do selo MRF contendo uma apresentação ao vivo de 24 de outubro de 1976, durante a Temporada Internacional de Concertos de Viena, sob a regência de Ernst von Märzendorf. A gravação comercial de *O Som Distante* feita em 1989, por Michael Halász, para o selo Marco Polo, foi a responsável pelo despertar do interesse por um compositor que estava negligenciado. É um trabalho correto, homogêneo, mas perde, do ponto de vista da qualidade dos intérpretes, para a versão de Gerd Albrecht (1990) no selo Capriccio.

Der ferne Klang fez com que Schreker ficasse na moda: tornou-o um professor muito solicitado, convidado a ensinar na Academia de Música de Viena. Com isso, muita expectativa cercava a ópera seguinte, *Das Spielwerk und die Prinzessin* (O Carrilhão e a Princesa), que estreou simultaneamente na Ópera de Frankfurt e na Hofoper de Viena, em 15 de março de 1913. Mas o sucesso não se repetiu: o público de Frankfurt reagiu friamente à sombria história; e os vienenses foram abertamente hostis, vaiando-a estrepitosamente. Em 1916, Schreker fez uma revisão, a que deu o título de *Das Spielwerk*. Eliminou o Prólogo, comprimiu os dois atos em um só, atenuou o final trágico e, chamando a sua ópera de "mistério", à maneira medieval, reapresentou-a no Nationaltheater, de Munique, em 30 de outubro de 1920. Mas o resultado não foi melhor.

A mulher e o filho de Florian, um talentoso marceneiro, são seduzidos e corrompidos pela licenciosa Princesa, senhora da aldeia onde moram. Embora o filho seja muito benquisto, pois é um excelente violinista, Florian expulsa ambos da localidade. Entristecido com o exílio, o rapaz definha e morre pouco depois. Desde que ele parte da aldeia, ninguém mais consegue fazer soar o carrilhão que o pai construíra para ele. O belo instrumento silencia porque a sua música foi maculada pelo pecado dos dois. Até que, um dia, passa pela aldeia um músico itinerante, homem muito ingênuo e puro, que extrai de novo do carrilhão os mais belos sons. A Princesa ordena que se faça uma grande festa para comemorar o fato. Mas é subitamente atingida por uma doença misteriosa e dispõe-se a aceitar a morte como expiação de sua culpa. A essa altura, o músico simplório, que se encantou com a sua beleza, acredita poder curá-la com o poder de sua música. Quando toca a sua flauta, o carrilhão soa sozinho e o cadáver do filho de Florian sai do túmulo para vir acompanhá-lo ao violino.

No original, a Princesa era arrastada para o outro mundo numa espécie de sarabanda infernal. Na versão revista, o poder do amor e da música triunfam, a Princesa une-se ao homem que a ama e o espectro do filho de Florian, livre do pecado, pode finalmente descansar em paz. A temática – combinando a idéia da culpa que precisa ser expiada pela morte à noção da capacidade regeneradora do amor – está intimamente associada à das demais óperas de Schreker. Quanto à partitura, sobretudo na versão original, o seu cromatismo é ainda mais arrojado do que o do *Som Distante*; e, uma vez mais, os conteúdos simbólicos do drama estão ligados à exploração de efeitos orquestrais específicos: *glockenspiel*, celesta, harpa e piano recriando as melodias do carrilhão; violino e flauta tendo participações solistas importantes. Não há gravação comercial desta ópera. O selo Voce, porém, possui o registro pirata da versão revista, num programa da Österreischiche Rundfunk (ORF) retransmitido pela BBC em 3 de dezembro de 1984.

Em 1911, Alexander Zemlinsky pediu a Schreker que lhe escrevesse um libreto baseado no *Aniversário da Infanta*, de Wilde – história com a qual identificava-se num nível profundo pelas razões expostas no capítulo sobre ele. Schreker entusiasmou-se pelo tema, mas desenvolveu-o numa história de sua própria criação, a que deu o título de *Die Gezeichneten* (Os Estigmatizados). Zemlinsky, porém, não se interessou por esse texto: preferiu o de Wilde que, como já vimos, musicou em 1921 dando-lhe o título de *Der Zwerg* (O Anão). Schreker decidiu, então, compor ele mesmo a música para *Os Estigmatizados*. Para escrever o libreto, fizera extensas pesquisas sobre a Renascença, extraindo detalhes autênticos da História genovesa dos estudos de Ferdinand Gregorovius sobre a cultura italiana do século XVI. Mas usou a ambientação antiga apenas como uma moldura para discutir questões contemporâneas, filtradas através da típica sensibilidade austríaca fim de século, responsável pela sua formação intelectual.

O nobre genovês Alviano Salvago, corcunda, deformado mas cheio de desejos sensuais e aspirações artísticas, criou uma ilha paradisíaca chamada Elysium, que ele mesmo evita freqüentar, temendo que a sua fealdade macule a beleza perfeita do lugar. Mas pretende doar a ilha para a cidade, pois descobriu que jovens libertinos, amigos seus, usam uma gruta que há nela para promover orgias com moças raptadas de suas famílias. No encontro com o prefeito Lodovico Nardi, fica conhecendo Carlotta, a sua filha, uma bela moça, muito tímida e idealista, que sublima na pintura os desejos que não tem coragem de satisfazer na vida real. Ao ver Alviano, Carlotta lhe pede que a deixe pintar o seu retrato, pois sente que será capaz de captar sua alma em uma tela. Ao mesmo tempo, o conde Vitelozzo Tamare, jovem, belo e leviano, que está conspirando com o duque Antoniotto Adorno para impedir o fechamento da gruta, conhece Carlotta e jura a si mesmo que há de possuí-la. Durante as seções de pose para o quadro, Carlotta enternece-se com a solidão de Alviano e acaba acreditando que o ama. Mas assim que aceita tornar-se sua noiva, começa a experimentar intensa repulsa pela sua deformidade. Ao mesmo tempo, sente-se cada vez mais atraída por Tamare e, um dia, aceita encontrar-se com ele na gruta. Alviano os surpreende juntos e mata o rival. Carlotta cai morta sobre o cadáver do amante, pronunciando o seu nome, e Alviano enlouquece.

As três personagens centrais foram "estigmatizadas" pelo destino. A feiúra de Alviano o condena a não poder desfrutar do paraíso que criou. E quando conhece uma mulher que precisa da ternura e compreensão que ele lhe pode dar, é vítima da repulsa que o seu corpo disforme lhe inspira. Carlotta também reprimiu por tanto tempo os seus impulsos físicos que confunde piedade e amor; e sua libido é canalizada para Tamare, personificação da beleza e da masculinidade seguras de si, cuja forma egoísta de procurar o prazer põe em marcha o mecanismo de destruição dos três. Muito familiarizado com os escritos de Otto Weininger, discípulo de Freud, Schreker dá empostação nitidamente psicanalítica ao retrato de suas criaturas. Da mesma forma que Ibsen ou Wedekind, assume também atitude muito crítica em relação à hipocrisia sexual da burguesia. E é igualmente crítico em relação ao artista que, fugindo da realidade, tranca-se numa torre de marfim – atitude muito comum numa época em que escritores como Hugo von Hofmannsthal e Stefan George, Ferdinand von Saar e Leopold Andrian usavam a literatura como uma espécie de jardim cercado de altos muros, dentro do qual refugiavam-se do resto do mundo.

Tudo em *Die Gezeichneten* é desmedido, barroco, despreocupado do respeito aos limites convencionais do "bom gosto" – o que provocou reações de desagrado até mesmo nos admiradores do compositor. Numa carta de 1911 em que descreveu o libreto a Schönberg, qualificando-o de "incrivelmente eficiente, poderoso e construído com toda a habilidade", Alban Berg fazia a ressalva de que ele era "também um pouquinho kitsch". Com seu modo franco de abordar temas considerados tabu, a ópera atraiu novamente a ira dos conservadores, que viram nela mais uma demonstração da "decadência da cultura ocidental".

Em 1937, o regime nazista montou, em Munique, a exposição *Entartete Kunst* (Arte Degenerada), em que condenou os expressionistas, abstracionistas, surrealistas e outras tendências de vanguarda, propondo em seu lugar as formas acadêmicas voltadas para o engrandecimento do regime (processo muito semelhante ao que, mais adiante, ocorrerá na União Soviética com o "realismo socialista"). Um ano depois, abria-se em Düsseldorf uma segunda exposição, destinada a denunciar a *Entartete Musik*: os compositores que faziam uso de jazz, música atonal, cruzamentos de música erudita e popular; e as obras escritas por músicos judeus de um modo geral. Nessa exposição, sob o título de *Zwei jüdische Vielschreiber* (Dois Escrevinhadores Judaicos), havia fotos de Schreker e de Ernst Toch. A legenda sob o retrato de Schreker chamava-o de "o Magnus Hirschfeld dos compositores de ópera", dizendo: "Não houve aberração da patologia sexual que ele não pusesse em música." (Hirschfeld, cujos livros foram queimados em praça pública em Nuremberg, provocou escândalo explorando, em seus romances, casos de homossexualismo, ninfomania ou promiscuidade sexual.)

Mas os excessos emocionais e a psicologia torturada das personagens de *Die Gezeichneten* não foram a única coisa a desagradar a crítica. A orquestração suntuosa e os derramamentos melódicos neo-românticos entravam em choque com as texturas espartanas e a ácida ironia da Nova Objetividade, que estavam entrando na moda. Atitude que se agravou ainda mais depois da II Guerra, quando Schreker foi simplesmente varrido para debaixo do tapete por modernistas radicais que, não sabendo mais em que categoria ortodoxa classificá-lo, preferiram rejeitar como uma "mixórdia impura" a sua mistura de estilos e linguagens. Ele próprio reagia ironicamente aos mal-entendidos suscitados por sua obra. Vale a pena, embora se trate de uma página extensa, citar integralmente o "Meu auto-retrato" que ele publicou, em 1921, no nº 7 da revista *Musikblätter des Anbuch*:

> Sou impressionista, expressionista, internacionalista, futurista e verista; judeu que venceu na vida graças ao poder dos judeus; cristão "fabricado" por uma igrejinha católica patrocinada por uma princesa vienense arquicatólica. Sou um artista da música, um visionário da música, um mágico da música, um esteta da música, mas não tenho o menor vestígio de senso melódico (à exceção de algumas fórmulas complicadas que, recentemente, batizaram de "musiquinha"). Sou um melodista de primeira mas e um harmonista anêmico, pervertido, embora um músico puro-sangue! Sou (infelizmente) maníaco sexual e tenho, sobre o público alemão, um efeito dos mais perversos (ao que parece, fui eu o inventor do erotismo, apesar do *Figaro* e do *Don Giovanni*, da *Carmen*, do *Tannhäuser*, *Tristão* e *Valquíria*, da *Salomé*, *Elektra* e do *Cavaleiro da Rosa*).
>
> Sou, porém, um idealista (graças a Deus), que pertence à ala esquerda da modernidade (Schönberg, Debussy), mas não à extrema-esquerda; na música, sou inofensivo, emprego acordes perfeitos e até mesmo a "banalidade" do bom e velho acorde de sétima diminuída, meus modelos são Verdi, Puccini, Halévy e Meyerbeer; sou um sujeito extremamente original que especula sobre os instintos da massa; um dramaturgo cinematográfico; um homem que "tira a sua força da melancolia e da morbidez", minha escrita é exclusivamente homofônica, minhas partituras são ao mesmo tempo obras-primas de contraponto mas também de "maneirismo", minha música é pura e autêntica, alambicada, ruminada, afetada, um oceano de harmonia, um acúmulo grisalho de cacofonia; sou, ao contrário dos outros, um herói publicitário da pior espécie, vivo "bêbado de vinho doce", sou uma "grandiosa ilustração do declínio de nossa civilização", um louco, um espírito esclarecido e calculista, um regente lamentável embora, enquanto maestro, uma personalidade notável, um técnico brilhante incapaz de reger as suas próprias óperas, mas que insiste em regê-las assim mesmo; sou, de qualquer maneira, *un cas* (haverá quem diga "*cas*-lamitoso", outros, "*cas*-tastrófico"); sou, aliás, mau poeta mas bom músico, embora meus talentos poéticos sejam bem superiores aos musicais; minha música é filha da poesia, minha poesia, filha da música; sou o contrário exato de Pfitzner, o único sucessor de Wagner, um concorrente de Strauss e de Puccini, lisonjeio o público, só escrevo para fazer as pessoas morrerem de raiva e – falando sério – ultimamente ando pensando em... emigrar para o Peru.
>
> Mas, pelo amor de Deus, o que será que eu não sou? Sei que não sou biruta, não sou megalômano nem uma pessoa amargurada, não sou um asceta, não sou um fracassado e nem sou um diletante. E nunca escrevi uma crítica em toda a minha vida.

Por trás dessa divertida enumeração de todas as avaliações disparatadas de seu trabalho, o que há é a amarga contestação de que, na verdade, muitos poucos sabiam quem era o verdadeiro Schreker.

Em sua biografia do compositor, Christopher Hailey situa *Os Estigmatizados* ao lado de obras na aparência muito dessemelhantes: os *Gurrelieder*, *Erwartung* e *Die glückliche Hand*, de Schönberg; a *Sinfonia nº 8 "dos Mil"*, de Mahler; *Salomé* e *Elektra*, de Richard Strauss; o *Pelléas*, de Debussy e a *Ariane et Barbe Bleue*, de Dukas; até mesmo a *Sagração da Primavera*, de Stravínski e o *Mandarim Maravilhoso*, de Béla Bartók. E justifica:

> Todas elas são obras que não recuam diante da tentativa de decifrar o enigma da condição humana e o fazem sem se embaraçar diante de seus mais terríveis mistérios. São também peças que se tornaram o veículo para a exuberante experimentação com novos recursos musicais. *Die Gezeichneten* representa a quintessência dos clichês morais e estéticos que, por setenta anos, ameaçaram sepultar a obra de Schreker e riscar do mapa a sua lembrança. E, no entanto, no tom exaltado de suas óperas há tanta força e fervor que rejeitá-las seria correr o risco de perder uma das mais imediatas formas de contato com o rico legado daquela era tumultuosa e perturbada.

Por trás de seus excessos aparentes, a música de *Die Gezeichneten* é, na realidade, de extremo refinamento, com uma mobilidade furta-cor que lhe é dada, dentro da mais estrita moldura tonal, por um frenético cromatismo que chega à beira da bitonalidade. A abertura – estreada em 1914 numa versão de concerto mais longa, intitulada *Vorspiel zu einem Drama* (Prelúdio para um Drama) – já nos fornece, à boa maneira weberiana, uma síntese perfeita da história, ao entrelaçar os três motivos principais: a melodia sinuosa que evoca os ardentes desejos insatisfeitos de Alviano; o desenvolto tema de Tamare, descaradamente melodioso, seguro de si, com um cantábile de corte deliberadamente pucciniano; e os acordes hesitantes, envergonhados, que correspondem à personalidade evasiva de Carlotta. Esses três temas já dão uma idéia clara do mestre do retrato psicológico que é Schreker.

Todas as caracterizações são muito bem-sucedidas: a do duque Adorno, manipulador, dissimulado, traiçoeiro; a do Podestà, solene e imbuído da dignidade de sua função; a dos nobres genoveses, Usodimare e Negroni, Cibo, Fieschi, Pinelli e Calvi, que se servem cinicamente das mordomias do Elysium. Cada um deles é esboçado com traços econômicos mas muito diferenciados. E a multidão de personagens secundárias tem a variedade dos figurantes nas peças shakespearianas.

O contraponto entre a declamação muito emocionada e as delicadas interpolações instrumentais fazem das duas cenas entre Alviano e Carlotta, nos atos I e II, os pontos altos líricos da ópera. Todo o último ato, com seu impiedoso crescendo emocional, é uma obra-prima de arquitetura dramática. A temperatura começa a subir quando Carlotta, encantada com a beleza natural do Elysium e perturbada com as propostas amorosas de Tamare, entoa o "Ach, welche Nacht! Welch eine glühende Sommernacht!" (Ah, que noite! Que ardente noite de verão!), hino à noite como um tristanesco refúgio, em cujo seio ela terá coragem de dar vazão a seus desejos. Segue-se uma elaborada pantomima, misturando alegorias greco-romanas e renascentistas, que reconstitui brilhantemente as festas cortesãs do século XVI. O amplo coral com que Alviano é aclamado pela população, grata por ele estar doando à cidade local tão paradisíaco, é subitamente interrompido por Adorno que, incapaz de impedir o fechamento da gruta dos prazeres, vinga-se acusando Alviano de ser o responsável pelo seqüestro de tantas moças de boa família.

Preocupado com o desaparecimento de Carlotta que, durante a pantomima, afastou-se com Tamare, Alviano convida todos os presentes a acompanhá-lo até o subterrâneo. Ali, depara com os vestígios de uma orgia interrompida e encontra Carlotta sem sentidos, num leito coberto de pétalas de rosas – todo um arsenal de efeitos decadentistas que dão à cena um típico perfume pré-rafaelita (o mesmo que, no domínio da ópera neo-romântica italiana, encontraremos nos libretos de D'Annunzio ou seus discípulos). Alviano não acredita que sua noiva tenha-se entregue voluntariamente a Tamare. Mas quando este o enfrenta, desafiador e sem remorsos, tem uma crise de fúria e o apunhala; mas perde a razão ao ver Carlotta sucumbindo de dor sobre o cadáver do amante. Para esse momento de maior tensão, Schreker reserva um efeito inesperado: a orquestra se cala, afasta-se, nega apoio à pobre personagem no instante em que, despedaçando-se emocionalmente, ele mais precisa dela. E a ópera tem um final brusco, irresolvido, em que a personagem é abandonada à sua dor. Christopher Hailey afirma:

> *Die Gezeichneten* tem a integridade da audácia e, no final da década de 1920, ainda conquistava adesões,

numa época em que a obra do compositor já começava a ser vista com ceticismo. O próprio Schreker estava convencido de que, de todas as suas óperas, essa era a que tinha melhores condições de firmar-se no repertório básico. Talvez ela seja a melhor introdução ao universo dramatúrgico de Schreker. É, em todo caso, uma obra à qual é sempre gratificante retornar.

Não há dúvida que *Os Estigmatizados* constitui o ápice da carreira operística do compositor, o ponto em que ele atingiu a plena maturidade. E se ela não se firmou no repertório básico, é menos devido às dificuldades cênicas e musicais da montagem do que ao ostracismo a que, por diversos motivos, seu autor esteve por longo tempo relegado. Existem dela duas gravações. A de Edo de Waart, feita em 1990, em Amsterdã, para o selo Marco Polo, dentro da política de resgate do pouco valorizado repertório alemão de início de século – que resultou também nos registros do *Ferne Klang* e das *Märchenopern* de Siegfried Wagner. E a de Lothar Zagrosek (1994), incluída na série *Entartete Musik*, do selo Decca. Ambas são de boa qualidade, com elencos equilibrados. A de Zagrosek é mais completa.

Der Schatzgräber (O Caçador de Tesouros) foi a última ópera de Schreker a fazer sucesso junto ao público e à crítica. Terminada no dia da proclamação da República de Weimar – efeméride que o compositor fez questão de registrar na página final do manuscrito –, foi muito aplaudida ao estrear em Frankfurt am Main, em 21 de janeiro de 1920. Entre essa data e 1925, foi apresentada 354 vezes em cerca de cinqüenta cidades alemãs e austríacas. Depois, com a mudança no gosto do público, foi rareando; após 1933, as restrições impostas pelo novo regime a fizeram desaparecer de cartaz. Aliás, nunca mais Schrecker colheria tantos aplausos por uma de suas óperas.

A ação passa-se durante a Idade Média, num reino imaginário. No Prólogo, o bobo da corte oferece-se à rainha para recuperar as suas jóias mágicas, que lhe garantem a eterna juventude. Desde que elas lhe foram roubadas, a rainha começou a envelhecer a olhos vistos. O bobo parte à procura delas com a ajuda do menestrel ambulante Elis, dono de um alaúde encantado. Caso as recuperem, a recompensa do bobo será ter a mulher que desejar.

No ato I, somos apresentados a Els, a linda filha de um taverneiro. Cada vez que seu pai tenta impor-lhe um noivo que não seja de seu agrado, ela pede a Albi, o seu servo, que o mate. Antes, porém, exige da vítima que roube uma das jóias da rainha para lhe dar de presente. Por isso elas estão desaparecendo. Agora, Albi recebe a ordem de matar o terceiro pretendente, que estava a ponto de presenteá-la com um colar, a última jóia que lhe falta para completar a sua coleção. A cada nova jóia, Els torna-se mais bonita e espera, com isso, ficar livre da vida medíocre que leva. Albi mata o terceiro noivo, mas volta sem a jóia, que não conseguiu encontrar com o pretendente assassinado. Elis vem cantar na taverna, encanta-se com Els e dá-lhe o colar, que encontrou próximo ao cadáver de seu noivo. É preso e condenado à forca pelo assassinato. Els encontra-se, na praça da aldeia, com o bobo, que está à procura do menestrel, e conta-lhe que ele será executado naquele dia mesmo. Intercedendo junto ao rei, o bobo consegue que este mande um mensageiro, no último minuto, com a ordem de cancelar a execução. Mas pede a Elis que o ajude a encontrar as jóias. Els ordena, então, a Albi que roube o alaúde do menestrel pois, assim, ele não poderá achar as jóias e descobrir que é em seu poder que elas estão.

Mas, à noite, ao recebê-lo em seu quarto, fica tão tomada de amor por ele que se mostra, em toda a sua beleza, enfeitada com as jóias da rainha. Concorda em entregá-las ao menestrel, para que ele as devolva à sua dona, desde que não lhe revele de onde elas vieram. Num dueto extasiado, os dois declaram o seu amor. Mas durante o banquete no palácio, para comemorar o retorno das jóias, o menestrel apaixonado não se contém e entoa uma balada em que celebra a beleza das jóias no corpo de sua amada. Furioso, o rei manda prendê-lo, achando que é ele o ladrão. Uma vez mais, quando Elis está à beira de ser enforcado, chega a notícia de que Albi foi preso e, sob tortura, confessou ter matado os três noivos para apoderar-se das jóias. Desmascarada, Els é presa e o rei ordena que seja executada. Mas é a vez de o bobo exigir a sua recompensa: é a ela que deseja como mulher. No dia seguinte, Els vai procurar o menestrel e lhe pede perdão, dizendo que pecou por amor; mas ele a rejeita.

No Epílogo, já se passou um ano e Els, sem as jóias e sem o amor de Elis, envelheceu, adoeceu e está às portas da morte. Pede para ver o menestrel e o bobo manda chamá-lo. Elis a consola: no outro mundo, livres das restrições morais, eles poderão finalmente se amar. Seu alaúde começa a tocar sozinho e o bobo diz a Els agonizante: "Vai em paz, estranha flor, pois serás perdoada. O que, nesta terra, murcha por resignar-se ao sofrimento, florescerá no céu, com felicidade e alegria."

Der Schatzgräber tem todos os ingredientes comuns ao teatro de Schreker: a reconstituição de época num tom de evocação poética; uma trama com características de conto de fada, dominada pelo poder mágico de um instrumento musical – aqui um alaúde, símbolo da arte e dos artistas –; uma personagem feminina cuja culpa só poderá ser expiada com a morte; criaturas dominadas por desejos que as destroem; e uma música muito acessível, de alto teor emocional. São de imenso lirismo as longas e ardentes linhas melódicas das cenas de amor – em especial "Geheimnisvoll kündet die Nacht sich an" (A noite anuncia secretamente a sua vinda), a apaixonada declaração que Elis e Els se fazem no ato II. Como não poderia deixar de ser, esse dueto tem fortes laivos tristanescos, com a sua idéia da noite como o refúgio dos amantes.

A caracterização das personagens, das principais às mais episódicas, é muito segura e verossímil – por mais extravagantes e estereotipados que possam parecer alguns dos episódios da história. É especialmente feliz a forma como o autor consegue trançar as motivações individuais às manifestações coletivas, nas duas grandes cenas de conjunto: a que se passa na praça da aldeia (ato II), quando Els está para ser enforcado; e a do banquete no palácio (ato IV). Os dois Prelúdios, antes do Prólogo e do Epílogo, são páginas instrumentais particularmente felizes, e constituem – abrindo e fechando a ópera – uma síntese de seu círculo dramático. Uma vez mais – como no *Som Distante* ou nos *Estigmatizados* – Schreker encontra formas muito expressivas de encerrar o seu drama. O último encontro do menestrel com sua amada agonizante é uma cena belíssima. Uma das páginas mais bem-sucedidas da ópera é o monólogo de despedida, em que Elis prepara Els para a morte dizendo-lhe docemente, como se embalasse uma criança assustada: "Du legst dein Köpfchen jetzt sanft zur Seit' und gibst mir dein Händchen und schläfst dich 'mal aus" (Agora deita suavemente a tua cabecinha de lado, dá-me a tua mãozinha e vai dormir).

De *Der Schatzgräber* existem duas gravações. A comercial, de Gerd Albrecht, no selo Capriccio, documenta uma montagem da Ópera de Hamburgo em 1989 e tem um elenco excelente. A pirata, do selo Voce, traz a transmissão, pela BBC, em 9 de agosto de 1971, de um programa da Rádio Austríaca. O grande sucesso da apresentação de julho de 1999 no Badisches Stadttheater de Karlsruhe – da qual é provável que tenha sido feito o registro em imagens – é um indício seguro da retomada do interesse pela obra de Schreker.

Nas reminiscências que deixou de seu pai, Haidy Schreker-Bures conta como lhe veio a idéia para a ópera seguinte. Ele tinha adormecido dentro de um trem, num dia de 1919, e foi subitamente despertado pela voz do fiscal gritando: "Irrloh!". Achando estranhamente evocativo o nome da aldeia onde tinham parado, desceu para visitá-la e ficou fascinado com a atmosfera do lugar, que parecia parado no tempo. Impressionou-o particularmente a sombria silhueta das ruínas de um castelo destruído por um incêndio durante a Idade Média. Em poucos dias tinha escrito um novo libreto, a que deu o título de *Irrelohe* – palavra que significa "labareda desorientada" ou "demente", anunciando desde o pórtico da obra o tema do fogo como símbolo de aniquilação mas também de purificação. Pela primeira vez, o ponto de partida da trama não é um símbolo musical – um som distante e impalpável, um instrumento de efeito mágico. A ambientação é mais simples e *Irrelohe*, junto com a última ópera, *O Ferreiro de Gand*, é a sua peça mais ingênua e descontraída.

Uma maldição pesa sobre o castelo de Irrelohe: a partir do momento em que o *jus primae noctis* deixou de ser um direito feudal, seus senhores sentem-se compelidos a obter, pela violência, os favores que as mais belas moças da aldeia não são mais obrigadas a lhes conceder em sinal de vassalagem. O antigo conde estuprou Lola, a dona da taverna – hoje envelhecida e meio louca –, no dia em que ela devia casar-se com Christobald, o violinista da aldeia. Desse crime nasceu Peter, o namorado de Eva, a filha de um lenhador. Mas a moça rompe com ele ao ficar conhecendo Heinrich, o jovem conde, que se apaixona por ela e pede-a em casamento. Christobald nunca conseguiu perdoar os condes de Irrelohe pelo mal que lhe fizeram. Está cheio de desejos de vingança e decide pôr fogo no castelo, pois acha que só assim poderá pôr fim à maldição. Nesse meio tempo, Peter também ficou sabendo de sua origem e está cheio de ressentimento por isso e pelo abandono de Eva. Sentindo que o ex-namorado tem más intenções, a moça lhe pede que não venha à sua festa de casamento. Mas ele vem, dança, se embebeda e tenta repetir o episódio do passado, violentando-a. Mas é impedido por Heinrich, que o mata. Enquanto isso, o castelo de Irrelohe é devorado pelas chamas. Ao saber que matou o próprio irmão, Heinrich fica seriamente perturbado; mas é salvo da loucura pelo amor de Eva.

O tom da obra é dado por uma citação do poeta Richard Dehmel, que Schreker coloca na epígrafe da partitura. O lema "*Aus dumpfer Sucht zu lichter Glut*" (Da paixão surda ao ardor esclarecido) – reminiscente do "*Per aspera ad astra*" latino – dá a idéia do caminho que Eva e Heinrich terão de percorrer, das trevas de um desejo sexual destrutivo até a luz de um amor que regenera e salva da irracionalidade. *Irrelohe* inscreve-se numa tradição operística tipicamente germânica: a das provas que se colocam no caminho dos apaixonados – do Tamino e Pamina da *Flauta Mágica* ao Max e Agathe do *Freischütz* – antes que seu amor possa realizar-se plenamente. Aliás, nada na ópera é gratuito: ela está cheia de referências cruzadas ao universo do drama lírico. Mulher do povo, como Agathe ou Senta – ao contrário da maioria das heroínas de Schreker – Eva recebe o mesmo nome da personagem dos *Mestres Cantores* e, como ela, também será um prêmio ao amor puro. E o jovem conde, em perpétua busca de absoluto, de libertação, de espiritualidade e amor ideal, tem o mesmo prenome do Fausto e de Tannhäuser.

Com *Irrelohe*, voltamos à plenitude da ópera romântica idealista: o libreto joga deliberadamente com o arsenal de peripécias extravagantes, profecias, maldições, coincidências misteriosas, irmãos que se desconhecem e castelos em chamas que caracterizava a ópera do Novecento. É como se ingressássemos de novo no mundo verdiano regido pela "forza del destino". São visíveis, de resto, as referências a Verdi. É imediata a lembrança do *Trovatore* nesta ópera em que dois homens lutam pelo amor da mesma mulher sem saber que são irmãos. A velha Lola, outrora violentada pelo pai de Heinrich, faz-nos pensar em Azucena, tanto na narrativa do ato I, em que fala a Peter da maldição que pesa sobre os senhores de Irrelohe, quanto no "Er ist dein Brüder!" da cena final, que repete o "Egli era tuo fratello" da cigana de Verdi. O tema do fogo purificador – muito forte no *Trovatore* –, pelo qual Schreker sentia-se atraído desde os tempos de *Flammen*, assume aqui importância capital, com uma conotação wagneriana clara. O fogo destrói Irrelohe, para purgar seus pecados, da mesma forma que consome o Valhala, para livrá-lo da maldição ligada ao ouro roubado do Reno. Mas enquanto o castelo dos deuses é devorado por liberadoras chamas em ré bemol maior, o castelo de Irrelohe é sepultado sob camadas politonais de ré menor, fá menor e lá bemol menor, uma combinação angustiada que traz a marca do melhor Schreker.

Na apresentação do álbum da Sony, gravado em 1989 por Peter Gülke, Wolfgang Molkow chama a atenção para uma outra influência interessante: a do cinema expressionista alemão, que teve seu apogeu no entre-guerras. O homem que escreveu *Das Spielwerke, Die Gezeichneten* e *Der Schatzgräber* sempre teve uma atração natural – germânica até a medula – pelas histórias de horror, que produziram os contos de Hoffmann ou a cena do Vale dos Lobos, no *Freischütz*. Nada mais natural, portanto, do que encontrarmos em sua ópera ressonâncias do cinema de seu tempo, que produziu filmes como *O Gabinete do Dr. Caligari*, de Robert Wiene, ou o *Dr. Mabuse*, de Fritz Lang, caracterizados pela cenografia distorcida, o estilo não-realista de representação e a mistura do sobrenatural com situações do cotidiano. É principalmente *Nosferatu* (1921) que nos ocorre quando pen-

O ato II do *Schatzgräber*, de Franz Schreker, na estréia em Frankfurt (janeiro de 1920).

samos nos senhores de Irrelohe. Esses aristocratas, diabolizados por um desejo que carregam como uma maldição, são compelidos a "vampirizar" as moças da aldeia, da mesma forma que o faz a personagem do filme de Friedrich Murnau. Esta, aliás, inspirada no *Dracula* do romance do inglês Bram Stoker, pertence à mesma linhagem de Lord Ruthven, o *Vampiro* de Heinrich Marschner. Esse tema do "príncipe das trevas" liga-se diretamente ao do fogo, símbolo tanto da paixão devoradora e demoníaca quanto da purificação. Também as rubricas de cenário que acompanham o texto sugerem que Schreker concebia, para a sua ópera, uma encenação não-naturalista, muito próxima da pesada estilização expressionista.

Os Prelúdios a cada um dos três atos são Schreker de primeira água. E a ópera tem grandes momentos: a cena do ato I em que Peter fica sabendo que o conde é seu rival; o trio grotesco dos músicos da aldeia, Fünkchen, Strahlbusch e Ratzekahl, em que há uma paródia do estilo de Kurt Weill; o dueto de amor do ato II, que se encerra com um cânon sereno, extremamente lírico, "Nun wird es stille" (Agora vem a calma); a cena da confrontação final entre Heinrich e Peter, de um tom verista dramaticamente muito eficaz. Apesar de a idéia do fogo purificador planar sobre toda a obra, o compositor tem a sabedoria de não abusar dos efeitos sonoros, usando com parcimônia os lúgubres acordes que o representam. Reserva-os para momentos muito especiais, como o monólogo "Die Flamme frisst sie ins Herz und ins Hirn" (A chama devora-nos aos poucos o coração e o cérebro), em que Lola – no melhor estilo Azucena – narra a Peter como foi engravidada pelo pai de Heinrich. É na cena final, naturalmente, que o motivo do fogo se desencadeia com toda a liberdade. E após o dueto "Der Liebe Sieg über wilde Glut" (A vitória do amor sobre o selvagem ardor), a idéia de que o amor faz a luz triunfar sobre a escuridão é musicalmente sugerida por um poslúdio resplandescentemente melodioso, extático, mágico. Esse é, aliás, um traço do Schreker maduro: o gosto pelos comentários instrumentais que prolongam as melodias vocais e ampliam as emoções expressas no texto cantado.

Apesar dessas qualidades, a ópera foi um redondo fracasso ao estrear, em 27 de março de 1924, na Ópera de Colônia, sob a regência de Otto Klemperer. Soava moderna demais para os conservadores e demasiado tradicional para a facção progressista. *Irrelohe* marca o adeus a uma era; e ninguém o percebeu melhor do que Hans Mayer – estudioso da obra de Schreker – que, após a estréia, escreveu:

> Naquela noite, enquanto o castelo ardia sobre o palco, como se fosse o Valhala, era a reputação de Schreker que perdia um pouco de seu brilho. O grande dueto final de Eva e Heinrich é, de certa forma, um cântico de adeus da arte dramática expressionista.

Essa partitura, ainda tonal apesar de seus ousados cromatismos e dissonâncias, exerceu nítida influência sobre Berg. Em algumas das sonoridades dessa música, escrita entre 1919-1923, já se tem a impressão de ouvir ressoar passagens do *Wozzeck* (estreado em 1925). A nível do tratamento vocal, isso ocorre também: por vezes, a escrita de Peter, personagem tenso e desequilibrado, relembrando a de Herodes, na *Salomé* de Strauss, lança uma ponte entre ela e a do Capitão, na ópera de Berg.

Em 1920, enquanto compunha *Irrelohe*, Schreker fora convidado a dirigir a Hochschule fur Musik, de Berlim. Durante os doze anos em que esteve à frente dessa escola, ele lhe conferiu extraordinário prestígio. Contratou professores do nível de Arthur Schnabel, Carl Flesch e Paul Hindemith. Formou toda uma geração de compositores, entre os quais estavam Ernst Krenek e Berthold Goldschmidt, o polonês Jerzy Fitelberg e o tcheco Alois Hába (que levaria adiante as suas experiências com a escrita microtonal), além de uma série de grandes regentes: Jascha Horenstein, Arthur Rodzinski, Hans Schmidt-Isserstedt e Ignace Strasfogel.

Pascal Huynh comenta, em *La Musique sous la République de Weimar*, a fase de decínio que se inicia após a fria acolhida a *Irrelohe*:

> Schreker deixa de tomar parte ativa nas grandes jogadas que operam a passagem do Expressionismo para a Nova Objetividade. Manifesta um certo interesse pelo rádio e o cinema, sim, mas ao mesmo tempo confessa uma certa apreensão diante dessa técnica. Como Schönberg, proclama o seu desinteresse, até mesmo a sua repulsa pela moda dos "ismos" que acompanha o fervilhar de tendências de pós-guerra. Mais grave ainda, mostra-

se incapaz de sugerir à jova geração a diretriz de que ele sente necessidade. [...] Juntamente com Richard Strauus, continua a ser um dos autores mais representados na época, mas a sua aura vai declinar rapidamente, tanto junto à imprensa quanto aos meios vanguardistas e até mesmo a seu principal sustentáculo, a editora Universal.

As duas vertentes de sua atividade, a de compositor e a de professor, que não deixam de alimentar contradições – pois ele nunca se dispôs a negligenciar o palco em nome do trabalho de diretor do Conservatório –, são igualmente contestadas. A sua concepção globalizante do drama lírico, que faz dele o continuador da tradição wagneriana – embora ele tenha querido, com a sua política de administrador, valorizar a corrente Reger-Mahler – é combatida desde 1921 pela revista *Melos*. Além disso, Schreker tem de levar em conta as aspirações e reivindicações de uma parte dos estudantes da Hochschule, entre os quais Alois Hába e Ernst Krenek, seus próprios alunos, que o acusam implicitamente de encarnar uma veia passadista. O caráter obsoleto de sua escrita opulenta não corresponde mais aos critérios de renascimento da ópera. A maioria dos jovens compositores considera seu estilo de orquestração exagerado e meramente preocupado com efeitos de colorido.

Fracassaram todas as tentativas de Schreker de interessar seus alunos na estréia de *Irrelohe* em Colônia. Bertolt Goldschmidt conta, em sua autobiografia, *Composer and Conductor*:

> Todos eles consideraram a obra totalmente fora de moda, uma espécie de salada sonora em que ao hiper-refinado misturava-se o trivial.

São anos angustiados, em que Schreker, percebendo estar ficando superado o estilo de ópera com que antes ganhava o favor do público, tenta o caminho da renovação, experimentando gêneros novos sem, no entanto, sentir-se muito à vontade em estilos com os quais não tem uma afinidade natural. *Christophorus oder Die Vision einer Oper* (São Cristóvão ou A Visão de uma Ópera), por exemplo, é um *Zeitoper*, a tentativa de entrar na seara de Hindemith, Weill e Krenek, cujo renome vinha de óperas cheias de referências à realidade contemporânea, em que utilizavam recursos de jazz ou música de cabaré. Faltava-lhe, porém, o desenvolto talento irônico necessário para dar vida à sua trama. É um tanto pesado e sentencioso o tratamento dado à história de um professor de música que sugere a seus alunos a composição de um quarteto de cordas inspirado na vida de São Cristóvão; o Hospitaleiro. Anselm, um dos estudantes, prefere explorar o assunto numa ópera. Essa é a sua maneira de desforrar-se de Liza, a moça pela qual está apaixonado e que o trata levianamente: ele a representa como a encarnação do Mal, à qual o santo resiste. Mas não consegue realizar seu ambicioso projeto, e o professor o acaba convencendo a voltar à proposta inicial da música de câmara.

Musicalmente, a partitura tem os atrativos melódicos comuns às outras obras do autor para o palco. O entrecho, cheio de interessantes efeitos de "teatro dentro do teatro", permite-lhe dar à orquestra grande um refinado tratamento camerístico, pois ela se subdivide constantemente em diversas formações menores, de colorido muito cambiante. São raros e bem escolhidos os momentos em que o efetivo instrumental intervém de forma mais maciça. Embora dedicada a Schönberg, esta partitura resolutamente diatônica está cheia de críticas indiretas às idéias da vanguarda alemã. Ela é, sobretudo, um documento interessante sobre a crise de identidade por que passava o próprio Schrecker naquele momento, como o mostra Pascal Huynh:

> A problemática da arte e de sua confrontação com a sociedade, sob a forma das produções mais modernistas e triviais (jazz, música de dança) que esta última oferece, é sublinhada pela dialética da oposição entre as formas musicais mais extremas, a ópera e o quarteto. Este surge, no final, como o paradigma do conhecimento espiritual mais elevado, num momento em que sua estrutura só interessava de forma muito limitada aos compositores alemães, enquanto campo de experimentação. Essa referência expressionista à introversão – por oposição à forma extrovertida por excelência que é a ópera –, ainda mais acompanhada de alusões negativas às tendências contemporâneas da Nova Objetividade, não correspondia, nesse período de estabilização do país, nem aos postulados da vanguarda nem às expectativas de um público que via, na reconstrução econômica, a ocasião de se interessar por assuntos mais modernos.

Iniciada em 1924, *Christophorus* só foi terminada em 1928 e, a essa altura, a editora de Schreker, Universal Verlag, já relutava em publicar a obra de um autor judeu. Foi necessário confiá-la a uma editora pequena, a Adler – hoje Bärenreiter – e, na falta de uma casa influente, cujo peso animasse um dos grandes teatros do país a programá-la, ele teve de contentar-se com a pequena Ópera de Freiburg. Mesmo assim, esse espetáculo, programado para a temporada de 1931, acabou sendo cancelado à última hora e o autor nunca chegou a ver sua obra no palco. Freiburg fez justiça tardia a Schreker estreando *Christophorus* em 1º de outubro de 1978; dessa montagem foi feita uma gravação, de que o selo Voce lançou a versão pirata, após a transmissão pela BBC, em 1º de março do ano seguinte.

Em *Der singende Teufel*, foi para a estética da Nova Objetividade que Schreker se voltou, embora não optasse pelo realismo cru de Weill ou Krenek. Pelo contrário: nessa história de mais um instrumento dotado de poderes mágicos, continua presente a sua habitual linguagem simbólica. O "diabo cantante", no título desse apólogo pessimista e desencantado, é um órgão amaldiçoado: o som que emite produz tal efeito sobre as pessoas que o seu criador, acusado de bruxaria, foi queimado na fogueira. A ação passa-se no início da Idade Média, e evoca as lutas entre os monges missionários e os adeptos do paganismo como uma forma de prenunciar os tempos negros, irracionais, que Schreker sentia aproximarem-se. Ao contrário de *Das Spielwerk*, a música não tem mais, aqui, um poder regenerador, capaz de fazer a luz triunfar sobre a treva; mesmo porque já não há mais distinção alguma entre bem e mal. No combate sem quartel entre duas facções implacáveis, a música pode transformar-se num instrumento de engodo que, com a aparência de acalmar a paixão, serve na realidade para açular a violência. Quando os pagãos, na cena final, entram na catedral dispostos a matar todos os monges, ficam embevecidos com o som do órgão e caem de joelhos, em êxtase. Aproveitando que estão rendidos à beleza dos sons emitidos pelo instrumento, os monges atiram-se selvagemente sobre eles e os massacram. É impossível não pensar, neste caso, que Schreker está quase prevendo o uso destorcido, propagandístico, que o regime nazista fará da música como um agente de hipnose da multidão.

Era compreensível que o público presente na Staatsoper de Berlim, na noite de 10 de dezembro de 1928, ficasse estarrecido com a violência da história. E com uma partitura que, virando as costas à opulência orquestral de outrora, tem contornos duros, agressivos, melodias modais, ritmos angulosos e contraponto cerrado. O recurso da banda interna, presente em *Der ferne Klang*, retorna, mas de forma muito áspera: na cena do massacre, ouvem-se diversos grupos de vozes e instrumentos, dentro e fora do palco, cantando de forma cacofônica versos de métrica diferente, formando uma balbúrdia infernal. O desagrado com que *Der singende Teufel* foi recebida a fez cair no esquecimento após umas poucas récitas. De lá para cá, não há notícia de que tenha sido feita alguma tentativa de ressuscitá-la. Conseqüentemente, não há dela nem sequer um registro pirata.

A escolha da forma de *Volksoper* para a sua última obra teatral foi condicionada pela imensa popularidade de *Schwanda o Gaiteiro*, do tcheco Jaromír Weinberger, que estreara em abril de 1927. *Der Schmied von Gent* (O Ferreiro de Gand) recebeu a designação de *Grosse Zauberoper* (grande ópera mágica). É o seu único libreto não-original: baseia-se em "Smetse Smee", narrativa incluída por Charles de Costa em sua coletânea folclórica *Vlamischen Mären* (Contos de Fadas Flamengos).

Descendo ao inferno, um ferreiro ardiloso faz um pacto com o Demônio para ter fama e fortuna. Mas, depois, ajudado por São José, passa a perna no tinhoso e consegue ir para o céu. Apesar da proteção do pai adotivo de Jesus, não consegue entrar, pois a sua vida na Terra não foi das mais bentas. Monta então, diante dos Portões de Pérola do paraíso, uma taverna onde param todas as almas que estão chegando à vida eterna. Como elas acabam preferindo ficar ali bebendo e se divertindo, e esquecem de apresentar-se a São Pedro, o jeito, para pôr fim à baderna, é deixar que o ferreiro entre no céu.

A forma da *Volksoper* é compatível com um número maior de números fechados do que nas óperas anteriores, e Schrecker esforça-se por escrever árias e cenas de conjunto com melodias simples e atraentes, na linha da comédia que vai de Lortzing a Hermann Götz. Colore a partitura com marchas animadas, uma bela valsa e uma empolgante passacalha. Mas, ocasionalmente, recai em texturas pesadas e violentas que não condizem com o tom ligeiro e satírico que a história pretende ter. A estréia, na Deutsches Opernhaus de Berlim, em 29 de outubro de 1932, foi um total fracasso. Além disso, as alfinetadas políticas da peça e a origem judaica do compositor provocaram manifestações nazistas na porta do teatro, tentando impedir a récita. A ópera foi retirada de cartaz após meia dúzia de apresentações. Não há dela tampouco gravação alguma.

O Ferreiro de Gand subiu ao palco dois meses antes de Adolf Hitler tomar posse na Chancelaria. Naquele mesmo ano, pressões das autoridades forçaram Franz Schreker a demitir-se da direção da Hochschule. Como prêmio de consolação, deram-lhe um curso na Academia de Artes da Prússia. Um ano depois, Schönberg e ele foram sumariamente demitidos. A arbitrariedade dessa decisão o abalou tanto que, em 21 de março de 1934, ele morreu de um derrame, dois dias antes de fazer 66 anos.

Schreker nasceu na Viena dos Habsburgos e agonizou junto com a República de Weimar. Foi o típico artista dilacerado pelas forças conflituosas que desencadearam o turbilhão estético da cultura alemã nos períodos pré e pós-I Guerra Mundial. Se Marschner é um elo fundamental entre Weber e Wagner, a sua obra é essencial para que possamos compreender o trânsito entre a geração pós-romântica e a dos novos compositores da fase de Weimar, muitos dos quais foram seus alunos. O surgimento de boas gravações comerciais de *Chamas, O Som Distante, Os Estigmatizados, O Caçador de Tesouros* e *Irrelohe* contribuiu de forma inestimável para lançar uma luz nova sobre a sua importância no desenvolvimento da ópera alemã do início do século. *Christophorus, Der singende Teufel* e *Der Schmied von Gant* ainda não mereceram – pelo menos até meados de 2000, no fechamento deste capítulo – a exumação via disco. Que isso aconteça logo, pois há nelas, como em suas predecessoras, elementos preciosos para que conheçamos melhor a obra muito rica desse compositor, em que se reflete, com grande fidelidade, a época em que viveu.

Outros Nomes

Há, nessa virada de século, compositores menores, hoje negligenciados, cuja obra vale a pena registrar. Em maior ou menor grau, estes músicos nascidos entre 1870-1890 – aqui ordenados cronologicamente segundo a sua data de nascimento – foram epígonos dos grandes criadores deste período. Sente-se neles, em especial, um certo mal-estar diante da desagregação dos grandes valores estéticos herdados do Romantismo; o que pode explicar a freqüência com que o sentimento religioso surge como um antídoto contra o materialismo crescente.

Graener

Embora tenha iniciado estudos no Veit Conservatorium, de Berlim, Paul Graener (1872-1944) nunca se diplomou e era basicamente um músico autodidata – o que o fez ouvir da língua ferina do velho Brahms, a quem venerava, o comentário irônico: "Meu filho, você ainda tem muito o que aprender." Isso não o impediu de fazer boa carreira como *Kappelmeister* em Bremerhaven, Königsberg e Berlim; regente do Haymarket Theatre em Londres; e professor de composição em várias cidades alemãs, inclusive Leipzig, onde foi o sucessor de Reger no Conservatório.

Dono de um estilo híbrido, em que influências de Brahms e Bruckner misturavam-se às de Reger e R. Strauss, detestava os modernistas e não hesitava em atribuir a complôs marxistas e judeus o pouco sucesso alcançado por algumas de suas óperas. Mas teve o azar de estrear *Hanneles Himmelfahrt* (A Viagem de Hanneles ao Céu), baseada na peça de Gerhardt Hauptman, em 1927, ano em que o público só tinha ouvidos para *Jonny spielt auf*; e a partitura iconoclasta de Krenek fez empalidecer o Verismo antiquado da sua.

Era muito pequeno o seu interesse pelo lado psicológico do drama. Estava convencido de que "o libreto é apenas um pretexto para a música, na qual a ópera deve basear-se inteiramente". Essas palavras são ditas no prefácio a *Friedemann Bach* (1931), baseada na vida do filho mais velho de Johann Sebastian. Esta é uma de suas óperas mais bem escritas, com a inclusão de elementos barrocos – corais, fugas, formas de dança setecentistas – e o uso do famoso tema B.A.C.H. (si-lá-dó-si bemol) como *leitmotif* do pai de Friedemann. Além dela, Graener conseguiu, graças às posições oficiais que ocupou, fazer ouvir freqüentemente *Don Juan letztes Abenteuer* (A Última Aventura de Don Juan, 1914) e *Der Prinz von Homburg* (1935), adaptada do drama de Kleist – embora o crítico Karl Holl tenha dito, na época da estréia desta última, que "nem com um sincero esforço conseguia-se encontrar nela alguma profundidade". Em 1941, quando Graener estreou *Schwanhild*, já perdera todo o prestígio e essa última ópera passou quase despercebida.

Afiliado ao Nazismo desde março de 1933, foi Graener o indicado para chefiar a *Reichsmusikkammer* (RMK) após a queda em desgraça de R. Strauss – que reagiu sarcasticamente à notícia de que seria ele seu sucessor. Após os problemas que enfrentara com uma celebridade internacional, era normal que Goebbels preferisse ter, à frente dessa instituição, um músico dócil e de menor prestígio, pronto a colocar-se ao serviço do regime. A correspondência de Graener, nessa época, demonstra que ele odiava um cargo onde nada mais tinha a fazer do que anunciar oficialmente decisões políticas tomadas por Goebbels ou por Hans Hinkel ou Peter Raabe, altos funcionários da RMK. Mas permanecia na função porque esta lhe permitia impor suas obras ao rádio ou às salas de concerto; e lhe valia honrarias oficiais, como o Prêmio Beethoven, que recebeu em 1934.

Era, porém, um péssimo administrador e, no final da década de 1930, Goebbels teve de lhe conseguir um empréstimo de 30 mil marcos, para sanear as finanças de seu organismo. Os dois homens entravam também constantemente em choque, pois Graener, partidário da *Ernste Musik* (música séria), não concordava com os planos de Goebbels de privilegiar, na programação, a *Unterhaltungs Musik* (música ligeira), pensando na massa de soldados e operários cujos gostos básicos o Reich deveria agradar. O atrito tornou-se insustentável e, no início de 1941, ele se viu forçado a renunciar a seu cargo. Em janeiro de 1942, ao fazer 70 anos, ainda foi homenageado com um festival de suas obras e recebeu da RMK um prêmio de 6 mil marcos pela sua carreira artística – o mesmo que já tinha sido conferido a Strauss e Pfitzner.

Mas o final de sua vida foi amargo. Doente, tendo perdido na guerra os três filhos, viu sua casa em Berlim ser destruída num bombardeio. Teve de mudar-se com a mulher para Metz, onde estreou a última obra, um *Deutsche Hymne* que não conseguiu convencer os antigos amigos a fazer tocar no rádio. Segundo conta Michael H. Kater em *The Twisted Muse*:

Amargurado, morreu em Salzburgo, em novembro de 1944, nem pranteado pelos colegas, nem relembrado ritualmente por um regime que, a essa altura, já estava cultural e politicamente falido.

Ettinger

Uma longa enfermidade de infância fez com que Markus Wolf Ettinger (1874-1951), nascido na comunidade judaico-alemã de Lwów – na época pertencente à Polônia –, começasse relativamente tarde os estudos de música. Só em 1899 pôde iniciá-los com Von Herzogenberg, em Berlim, Thuile e Rheinberger, em Munique. Aceitou eventuais trabalhos como regente, mas trabalhou basicamente como compositor, em Munique. Depois de 1933, exilou-se em Ascona, na Suíça.

A herança judaica, responsável pela inserção de temas folclóricos, sobretudo de origem leste-européia, em suas partituras, foi também a causa do ostracismo de suas óperas, banidas pelo Nazismo. *Dolores* (1931), premiada pela Fundação Emil Hertzka, é a sua ópera mais bem escrita. Além dela, é o autor de *Judith* (1920); *Juana* (1925), cujo texto é de Georg Kaiser; *Clavigo* (1926), baseada em Goethe; e *Frühlings Erwachen* (O Despertar da Primavera, 1928), da peça de Frank Wedekind. Ettinger era, em geral, o autor de seus próprios libretos.

Haas

Ao lado de compositores como Karl Hasse, Heinrich Kaminski ou Ernst Pepping, que praticam a escrita instrumental – principalmente para órgão – e dedicam-se muito à música sacra, Joseph Haas (1879-1960) é o membro mais importante da corrente tradicionalista influenciada por Max Reger e pelos ensinamentos teóricos de Karl Straube, grande autoridade na obra de Bach, cujo cargo, como *Kantor* da Thomaskirche de Leipzig, ocupou a partir de 1918. Os representantes dessa tendência eram em geral originários do Sul e do Oeste da Alemanha – o eixo Leipzig-Munique e a Renânia – muito mais conservadores do que o Norte. Possuem sólida formação de música religiosa e manifestam gosto pronunciado pelas técnicas de escrita antigas.

Haas pretendia dedicar-se ao ensino primário. Mas Reger o levou para Leipzig, onde ele estudou com Straube e Ruthhardt, que o indicaram como professor ao Conservatório de Stuttgart. Foi, ao lado de Heinrich Burkard e Eduard Erdmann, um dos fundadores do Festival de Donaueschingen em 1921. Chefiou o Departamento de Música Sacra da Akademie der Tonkunst, em Munique e, terminada a II Guerra, empenhou-se na reconstrução da Musikhochschule. Em *Über die Anfange meiner künstlerischen Entwicklung* (Sobre os Primórdios de meu Desenvolvimento Artístico), ele diz ter sido essa a mais fecunda fase criativa de sua carreira, em que criou, para seus alunos, o que chamava de "uma catequese pedagógica e moral", baseada na autoconfiança individual, na ausência de autoritarismo e na precedência da prática sobre a teoria.

Ao morrer, Haas era uma figura lendária, honrada com títulos das universidades de Roma (1953) e Munique (1954), e com a criação em vida da Joseph Haas Gesellschaft (1949). Como Straube, ele achava que a criação artística era não apenas o fruto de uma habilidade conquistada através do estudo, mas também a "expressão tangível de um testemunho divino". Reivindica ainda a incorporação à música da inspiração vinda de fontes populares, que encara com um sentimento patriótico autêntico, sem laivos de nacionalismo pré-fascista.

E, no entanto, a sua obra, durante muito tempo bastante apreciada pelo público devido a seu tom acessível, generosamente enraizado no folclore e na emotividade neo-romântica, hoje está praticamente esquecida. A ópera *Tobias Wunderlich* (1937) ainda é eventualmente remontada em teatros de província, mas a *Märchenoper* natalina *Die Bergkönigin* (A Rainha da Montanha, 1927) e a comédia *Die Hochzeit des Jobs* (O Casamento de Jó) sumiram de cartaz. O mesmo acontece com um setor muito original de sua obra: o "oratório folclórico", em que esse católico fervoroso combinava a espontaneidade popular com o rigor contrapontístico de Reger. Pertencem a esse gênero *Die heilige Elisabeth* (Santa Elisabete, 1931), *Christnacht* (Noite de Natal, 1932), *Weihnachtslied aus Oberbayern* (A Noite de Natal na Alta Baviera, 1933), *Das Lebensbuch Gottes* (O Livro da Vida de Deus, 1934), *Lied von der Mutter* (A Canção da Mãe, 1939), *Das Jahr im Lied* (O Ano numa Canção, 1952) e *Der Seligen* (As Bemaventuradas, 1953). Valeria a pena também resgatar suas belas obras *a cappella*: as *Deutsche Vesper* (Vésperas Alemãs, 1919), a *Deutsche Singmesse* (Missa Cantada Alemã, 1924), o *Hymne an das Licht* (Hino à Luz, 1930) ou o *Deutsches Gloria* (Glória Alemão, 1933).

Berg

O sueco Carl-*Natanael* Rexroth-*Berg* (1879-1957), de família muito ligada à ópera – era primo do famoso tenor John Forsell –, tencionava a princípio dedicar-se à Veterinária, profissão que chegou a praticar, no Exército, durante o serviço militar. Foi o compositor Wilhelm Stenhammar quem, percebendo o seu talento, convenceu-o a estudar música primeiro em Estocolmo e, depois, em Berlim. Na noite em que chegou à capital alemã, Natanael Berg foi ao teatro assistir à *Salomé*, de Richard Strauss; e ficou de tal forma impressionado com ela que decidiu dedicar-se à composição. A mistura de influências neo-românticuas e expressionistas caracteriza o seu idioma musical desde a primeira obra, o poema sinfônico *Traumgewalten*, poderosamente evocativo, baseado em um poema de Nikolaus von Lenau.

Berg escreveu, em alemão, o libreto de suas cinco óperas: *Leila* (1912), baseada no poema *Giaour*, de Lorde Byron; *Engelbrekt* (1929); *Judith* (1936), tirada da mesma tragédia de Hebbel que inspirou a ópera de Ettinger e o *Holofernes*, de Reznicek; *Brigitta* (1942) e *Genoveva* (1947), esta última também baseada em Hebbel. Todas elas foram encenadas em teatros alemães. No fim da vida, Berg voltou para Estocolmo, onde morreu.

Weismann

Os estudos de piano e composição de Julius Weismann (1879-1950) começaram muito cedo, em Freiburg, com Seyffart, e prosseguiram em Munique com Rheinberger e Thuille, em Munique, e Von Herzogenberg, em Berlim. Trabalhou como pianista acompanhador e compositor de obras de encomenda até 1930, quando passou a ensinar no Freiburg Musikseminar, que fundara juntamente com

Erich Doflein. Aposentou-se em 1939 e instalou-se em Singem-am-Hohentweil, à beira do Lago de Constança, onde se dedicou exclusivamente à composição.

Dono de uma obra vastíssima que abrange todos os gêneros, à exceção de música sacra, Weismann é um desses autores que, muito respeitados nas décadas de 1920-1930, declinaram depois da guerra – para isso contribuindo de certa forma o seu bom relacionamento com as autoridades nazistas que lhe deram o título de *Musikprofessor* em 1936 (mas ele foi também distinguido pelo governo de Baden em 1950, pouco antes de morrer e, em 1954, Wieland Wagner participou dos esforços para que fosse aberto em Duisburg o Arquivo Julius Weismann, dedicado à preservação de sua obra).

A atração pelo teatro de Strindberg, a que dá uma empostação nitidamente expressionista, o fez adaptar *Schwannenweiss* (Branco como o Cisne, 1920), *Ein Traumspiel* (Um Sonho, 1924) e *Das Gespenstersonate* (A Sonata dos Espectros, 1930). Mas a sua ópera mais importante é *Leonce und Lena* (1924), baseada na peça de Georg Büchner, cujos aspectos pré-expressionistas ele explora com muita propriedade. É pena que sua obra esteja tão esquecida, pois nela há elementos preciosos para compreender a influência, na área operística, desse movimento tão forte nas artes plásticas e cenográficas. Weismann compôs ainda *Regina del Lago* (1928) e a comédia *Die pfiffige Magd* (A Menina Esperta, 1938), sobre texto do clássico norueguês Ludvig Holberg.

Klenau

O dinamarquês Paul August von Klenau (1883-1946) iniciou os estudos musicais em Copenhaguen com Otto Maling e F. Hillmer; mas em 1902 foi estudar com Bruch em Berlim, depois com Thuille em Munique. Após a morte deste, assumiu o cargo de *Kappelmeister* na Ópera de Freiburg, época em que começou a fazer nome como o autor de amplas sinfonias nitidamente inseridas no legado bruckneriano (a *nº 4 "Dante"* foi festivamente estreada no Haymarket, de Londres, em 1913). Paralelamente, tornava-se também conhecido como um dos melhores regentes da Bach Gesellschaft, de Frankfurt. *Sulamith* (1913), baseada no *Cântico dos Cânticos*, vinculada à já antiquada voga romântica do orientalismo; e *Kjarten und Gudrun* (1918), uma lenda islandesa tratada em moldes wagnerianos, que Furtwängler estreou em Mannheim, consolidaram seu prestígio como operista.

A I Guerra o fez voltar para Copenhague, onde participou da fundação da Sociedade Filarmônica Dinamarquesa. Com ela, Klenau empenhou-se na difusão da música contemporânea em seu país. Decepcionado com o resultado, aceitou em 1926 o convite para reger a Konzerthausgesellschaft de Viena, onde permaneceu até o início da década de 1940. Nessa época teve de demitir-se e voltar para casa, pois a surdez progressiva o estava impedindo de trabalhar, e os contatos amistosos que mantivera com Schönberg, com quem chegara a ter aulas, o tornavam mal visto aos olhos das novas autoridades.

A comédia *Die Lästerschule* (A Escola dos Difamadores, 1927), de uma peça de Sheridan; o imponente drama *Michael Kohlhaas* (1933), que ele próprio adaptou da novela de Kleist; e *Rembrandt van Rijn* (1937), biografia fantasiosa do mestre holandês, caracterizam Klenau como o típico neo-romântico muito influenciado por Bruckner e Strauss e com um gosto nítido pelas formas suntuosas do *grand-opéra*. Essa é também a moldura externa de *Elisabeth von England* (Elisabete da Inglaterra, 1939), de tema histórico; mas nela Klenau adotou uma linguagem híbrida, com recursos atonais; e esse fato, somado ao de ele ter sido casado com uma judia – de quem se divorciara depois da tomada do poder pelos nazistas – colocaram-no na lista negra dos adversários do serialismo; tanto que, para se defender – segundo conta M. Kater:

ele atribuiu oficialmente a invenção da teoria dodecafônica a Josef Matthias Hauer, um contemporâneo vienense de Schönberg, que era ariano, trabalhava principalmente com teoria musical e compunha muito pouco, o que ajudou a relegá-lo à obscuridade.

Gál

Musicólogo e professor muito respeitado, Hans Gál (1890-1987) estudou em Viena com Eusebius Mandyczewski, discípulo e amigo de

Brahms. Seu renome como compositor firmou-se em 1928, quando a sua *Sinfonietta* ganhou o Columbia Schubert Centennial Prize. Esse prêmio lhe valeu ser nomeado, no ano seguinte, diretor da Musikhochschule de Mainz, onde ficou até 1933. Com a ascensão do Nazismo, voltou para Viena, onde dirigiu o Wiener Madrigal-Vereinigung. Em 1938, fugindo do anti-semitismo, refugiou-se em Edimburgo, onde tornou-se um prestigiado professor universitário e um dinâmico animador da vida cultural escocesa.

Embora tivesse tido contato, em Viena, com as teorias de Schönberg, optou por permanecer fiel, em suas óperas, ao idioma de Brahms e Richard Strauss. Sua obra mais importante é o tríptico que escreveu em colaboração com seu amigo Karl Maria von Levetzow. Iniciado em 1923 com a *Märchenoper* intitulada *Die heilige Ente* (O Patinho Sagrado), prosseguiu três anos depois com a "balada dramática" *Das Lied der Nacht* (A Canção da Noite), de tom ligado à *Volksoper* de tema sério; e encerrou-se em 1933 com a comédia *Die beiden Klaas* (Os dois Klaas), baseada nos qüiproquós criados pela semelhança entre dois gêmeos. O sucesso dessa trilogia a fez ser encenada em Düsseldorf, Berlim, Praga, Weimar e Karlsruhe, sempre com elencos estelares.

Gál é também o autor da comédia *Der Ärzt der Sobeide* (O Médico de Zobeida, 1919), um divertido pastiche das "turqueries" setecentistas; e de *Der Zauberspiegel* (O Espelho Mágico, 1930), em que reedita o estilo dos *singspiele* de tema fantástico do início do século XIX. Em ambos reafirma-se o seu gosto pela forma clara e bem organizada, e as melodias de extrovertido diatonicismo. Gál foi também um ensaísta muito perceptivo, autor de bons estudos sobre Brahms, Wagner e Schubert.

Braunfels

A apresentação de *Die Vögel* (Os Pássaros) em versão de concerto, em 3 de dezembro de 1994, na Ópera de Berlim, reparou uma injustiça cometida em 1933 quando seu autor, Walter Braunfels (1882-1954), sumariamente demitido pelo regime nazista do cargo de diretor da Escola Superior de Música de Colônia, foi varrido para um limbo de que só sairia muitos anos depois de sua morte. "É obra de inspiração opulenta, uma verdadeira jóia musical", escreveu Klaus Geitel no jornal *Die Welt*, após essa reabilitação de *Os Pássaros*. E Fritjof Haas pergunta:

> Como é possível que obra de tal porte tenha podido ficar esquecida por tanto tempo? Como a maldição da proscrição nazista conseguiu, mesmo depois da derrota de 1945, continuar se exercendo durante meio século?

Essas palavras foram escritas no folheto de apresentação do álbum Decca, da série *Entartete Musik*, contendo a gravação dos *Pássaros* feita por Lothar Zagrosek logo após o concerto que trouxe a ópera de volta à atenção do público. Na verdade, desde a remontagem de 1971, na Ópera de Karlsruhe, vinha-se tentando resgatar a obra de Braunfels; o que só foi possível a partir do registro de *Die Vögel* por uma gravadora de ampla circulação internacional.

O jurista Braunfels, pai do compositor, era um respeitado tradutor de Cervantes. Sua mãe, sobrinha neta de Spohr, tinha sido amiga de Liszt e de Clara Schumann. Foi ela quem o preparou para entrar, aos 12 anos, no Conservatório de Frankfurt, como aluno de piano de James Kwast, o sogro de Pfitzner. Ao terminar o Conservatório, porém, o jovem Walter decidiu ir para Munique e inscrever-se nos cursos de Direito e Economia. Mas ao assistir ao *Tristão e Isolda* regido por Felix Mottl, sentiu-se de tal forma perturbado que abandonou a universidade e foi para Viena aperfeiçoar-se ao piano com Theodor Leschetitzky, dando início a uma carreira como solista que se estendeu até os 70 anos.

De volta a Munique, trabalhou como assistente de Mottl na Hofoper onde, sob a impressão das óperas de Berlioz, que ajudou o titular a preparar, compôs seu primeiro trabalho para o palco. *Prinzessin Brambilla*, adaptada por ele mesmo do conto de E. T. A. Hoffmann, é de estilo convencionalmente pós-romântico. O público deu-lhe boa acolhida quando Max von Schillings a levou para Stuttgart, em 1909. Nessa época, Braunfels ficou conhecendo o escultor Adolf von Hillebrand, com quem firmou sólida amizade. Além de lhe dar em casamento a sua filha Bertel, esse artista revelou-lhe as riquezas da arte e da literatura clássica, orientando-o na escolha do texto em que basearia a sua segunda ópera.

O que atraiu Braunfels nos *Pássaros*, a comédia de Aristófanes escrita em 414 a.C., foi a crítica à política ateniense da época e a mensagem pacifista – fundamental para quem, durante a fase de redação do libreto e composição da música, vivera o trauma da I Guerra. Fascinou-o também o aspecto poético e metafísico da comédia antiga, de que o próprio Goethe já fizera uma adaptação, em 1780, em seus anos de Weimar. Na versão de Aristófanes, tendo incitado os pássaros a se revoltarem contra os deuses, os homens saem vitoriosos. Na de Braunfels, um Zeus "cristianizado", semelhante à figura de Deus Pai, pune a arrogância dos homens, obrigados a bater em retirada depois que a cidade dos pássaros é arrasada, e estes admitem a grandeza e o poder da divindade. No Prefácio ao libreto, Braunfels diz ter-se afastado do modelo antigo "em favor da mística da noite característica do Romantismo alemão". Prova disso é ter citado versos de Eichendorff na cena em que o poeta Hoffegut (Boa Esperança) desfruta, nos braços do Rouxinol, alguns instantes de alegria paradisíaca.

No Prólogo, o Rouxinol dá o tom da obra ao recepcionar o público, dando as boas-vindas ao Reino dos Pássaros. Ali não há ódio, sofrimento nem angústia; só a serenidade e o amor terno e verdadeiro. Há, porém, a vaga sensação de um desejo que não se sabe explicar: a aspiração àquilo que não se pode atingir.

Dois seres humanos vem em busca do Reino dos Pássaros: o artista Ratefreund (Amigo Leal) está desiludido com a decadência da arte; o poeta Hoffegut quer consolar-se de seus amores mal-sucedidos. Encontram-se com o rei Wiedhopf (a Poupa), homem convertido em pássaro que se lamenta, pois as aves não têm um domínio que lhes pertença exclusivamente. Ratefreund sugere que os pássaros construam uma fortaleza entre a terra e o céu e, cobrando tributos proibitivos, impeçam o fumo dos sacrifícios de chegar até os deuses que, assim, morrerão de fome. Enquanto os pássaros, entusiasmados, constroem a fortaleza, Hoffegut tem, na floresta, um extasiante encontro amoroso com o Rouxinol. Pronta a cidadela, quando os pássaros comemoram alegremente o casamento de duas pombas, Prometeu vem exortá-los a não se revoltar contra os deuses, como ele próprio fez outrora. Os pássaros ignoram suas advertências e preparam-se para a guerra; mas uma tempestade de violência inaudita destrói inteiramente as muralhas que eles ergueram. Reconhecendo terem sido desmedidamente presunçosos, os pássaros pedem perdão aos deuses, cheios de remorso. Enquanto isso, os dois homens, desiludidos, voltam para a cidade. Ratefreund resigna-se à simplicidade da vida doméstica. Quanto a Hoffegut, o beijo do Rouxinol o transformou e ele está pronto para ver o amor com novos olhos.

Bruno Walter regeu, em 30 de novembro de 1920, no Nationaltheater de Munique, a estréia de *Die Vögel*. Anos depois, em seu *Lebenserinnerungen* (Lembranças de minha vida), referiu-se à ópera como "uma das novidades mais interessantes do período que passei na Baviera". Sua regência, a criação inspirada que Karl Erb e Maria Ivogün fizeram de Hoffegut e do Rouxinol, e a a excelência dos cenários de Leo Pasetti contribuíram para realçar a beleza da música de Braunfels, que consegue evocar as vozes de suas personagens com melodias maviosas, já prenunciadoras das pesquisas de Messiaen sobre o canto dos pássaros.

No início do Prelúdio, ouvimos o tema do "desejo" – isto é, da aspiração ao indizivelmente belo: uma oitava ascendente nos violinos em uníssono, que, depois, desce lentamente, jogando com os sete tons da escala maior. Esse tema diatônico e límpido voltará várias vezes durante a ópera, sempre evocando a imaginação sem limites mas também a pureza da inocência. São muito pitorescos os recursos vocais utilizados para representar as vozes dos pássaros. Os mais ricos, naturalmente, são os do Rouxinol, cuja coloratura, no extremo agudo, é dominada por roulades e trillos brilhantes. Em torno dele, surgem o grasnado do corvo, o arrulho das andorinhas, o pio característico da toutinegra, do tordo, do cuco. Só a águia, cantada por um baixo, mantém-se de lado, solitária austera. Quanto ao rei que outrora foi homem, este conserva uma brilhante voz de barítono e uma forma retórica, bem humana, de se expressar.

A Ratefreund, realista e cínico, cabe a linha de canto tradicional do baixo bufo, enquanto o sensível Hoffegut é o tenor lírico que entoa amplas melodias de tom apaixonado. O coro tem uma participação importante e variada, da declamação em uníssono – reminiscente das cantatas de Milhaud sobre a *Orestíada* – à polifonia mais complexa, em que vários pássaros cantam ao mesmo tempo, cada um com a sua voz característica. O apogeu melódico está, naturalmente, no dueto de amor do ato II, de acentos tristanescos. Em contraste, o tom muda a partir da aparição de Prometeu: faz-se austero, patético e, depois, com a tempestade, bastante violento. Mas a palheta sonora volta a colorir-se, no final, quando homens e pássaros, tendo aprendido com a dura experiência, recuperam a serenidade.

O prestígio do operista consolidou-se com *Don Gil von den grünen Hosen* (Don Gil das Calças Verdes), *Volksper* de inspiração espanhola, estreada em Munique, em 1924, sob a regência de Hans Knappertsbusch. Não só as óperas como as peças instrumentais de Braunfels – as *Aparições Fantásticas de um Tema de Berlioz* ou as *Variações sobre um Tema do Don Giovanni* – tornaram-se obras muito populares nessa época. No mesmo ano do *Don Gil*, o retumbante sucesso do *Te Deum* que ele compôs para a Prefeitura de Colônia fez o então prefeito Konrad Adenauer convidá-lo – e ao maestro Hermann Abendroth, que regera a primeira apresentação – para criar um novo conservatório na cidade.

Braunfels contratou professores excepcionais – Eduard Erdmann, Bram Eldering, Paul Grümmer e Philipp Jarnach –, tornando a escola internacionalmente conhecida. Mas a a metade de sangue judeu que corria em suas veias – embora fosse de religião católica – serviu de pretexto para que fosse demitido da direção em 1º de abril de 1933, quando começou a assumir posições resolutamente antinazistas, recusando-se inclusive a compor um hino para o Partido Nacional Socialista. A execução pública de sua obra foi proibida. Mas ele se recusou a emigrar: preferiu o "exílio interno", dando aulas para sobreviver.

Adenauer chamou-o de volta a Colônia em 1945, para reconstruir o Conservatório. Foi no Städtische Bühne dessa cidade que Helmut Schnackenburg regeu, em 4 de abril de 1948, a estréia de *Verkündigung* (Anunciação), que ele tinha composto entre 1934-1937. Embora num ensaio da época dos *Pássaros* Braunfels tivesse dito que nunca conseguiria compor música para um libreto que não tivesse sido escrito por ele mesmo, o drama *L'Annonce Faite à Marie* o impressionou de tal forma que ele utilizou diretamente o texto de Paul Claudel – na tradução alemã de Jakob Hegner autorizada pelo autor –, fazendo-lhe vários cortes para abreviá-la, mas sem modificar uma só palavra.

A Anunciação Feita a Maria é uma das obras capitais de Claudel, síntese de sua espiritualidade ortodoxamente católica e fruto de um demorado esforço de elaboração. Concebida em 1892 com o título de *La Jeune fille Violaine*, foi revista para a publicação em 1901 e totalmente remanejada, em 1912, já com o título atual, para a encenação em Paris. Braunfels baseou-se nessa versão, que viu representada em Hellerau em 1913, e não na definitiva, que Claudel reescreveu em 1948. Curiosamente, o poeta, muito ligado a Honegger e Milhaud, com os quais colaborava, não quis a princípio que sua peça fosse musicada por um compositor alemão de prestígio muito restrito fora de seu país. Como condicionou a autorização ao uso da tradução de Hegner, que era seu amigo, Braunfels viu-se obrigado a manter a adaptação germanizada por que ele optara. Em Hegner, o arquiteto Pierre de Craon do texto original é chamado de Peter von Ulm; e o rei Carlos VII transforma-se num soberano alemão anônimo, que está indo a Spire para ser coroado.

O arquiteto Peter ama a jovem Violaine e, no passado, tentou violentá-la. Hoje, ele está leproso e, por compaixão, a moça o perdoa, dá-lhe um beijo e oferece-lhe, em donativo para a construção da igreja que ele está projetando, o anel de ouro que lhe foi dado por seu noivo, Jakobäus. Mas a cena foi presenciada por Mara, a invejosa irmã de Violaine. Apaixonada por Jakobäus, ela vai-lhe dizer que foi traído pela noiva. Sem saber de nada, Andreas Gradherz, o pai das duas moças, parte para uma peregrinação à Terra Santa e deixa Jakobäus tomando conta de suas propriedades, depois de lhe ter recomendado que se case com Violaine. Na véspera do casamento, Jakobäus descobre que a noiva está com lepra, expulsa-a da sua própria casa e, para humilhá-la mais ainda, decide casar-se com Mara. Um ano depois, o casal tem um filho, que morre na noite de Natal. Mara leva o cadáver do filho até a irmã que, agora, está cega e mora sozinha num eremitério. Enquanto Mara lê o Evangelho de Natal e Violaine reza pela criança morta, tem-se a visão do rei, no fundo da cena, que é levado para ser coroado. O bebê ressuscita, mas os seus olhos, antes negros como os de Mara, agora são azuis como os de Violaine. Louca de ciúmes, Mara atira a irmã no fundo de um poço onde Peter a encontra agonizante. Ele a leva de volta para casa. Violaine perdoa Mara e Jakobäus reconhece, tarde demais, os seus erros. O pai, chegando da peregrinação, assiste à morte da filha. Peter, acompanhado por um coro que entoa o "De profundis clamavi", celebra a libertação de Violaine na Eternidade.

A ação do *mystère* claudeliano organiza-se em função da simbologia católica da anunciação. A virgem Violaine devolve a vida à criança na noite de Natal: a esse símbolo de renovação da vida, junta-se o de renascença da própria nação, representado pela imagem do rei que, na versão original da peça, está sendo levado por Joana d'Arc para ser coroado em Reims, em plena Guerra dos Cem Anos. Na adaptação alemã, a eliminação dessas personagens históricas priva a peça de parte de seu significado. O motivo da lepra, que impede a união carnal de Violaine e Jakobäus, cria um vínculo místico, feito de compaixão, entre ela e Peter. A Divina Providência preside o destino aparentemente absurdo das personagens: é ela quem as guia para o universo intemporal em que, nas palavras de Claudel, "o infinito é tangível no finito".

Ao ficar cega porque assumiu o sofrimento de Peter, para curar a alma que há dentro de seu corpo doente, Violaine adquire um olhar interior que lhe permite contemplar o plano superior da realidade; e o seu anel de noivado transforma-se na pedra fundamental da catedral que Peter vai construir. Em oposição a ela, Mara deseja selvagemente acreditar em Deus, mas a maldade a torna cega, impedindo-a de dar conta de Sua presença em todas as coisas. Entre as duas, Jakobäus é o homem comum que só acredita no palpável e material; mas o perdão de Violaine também faz dele uma pessoa diferente.

Andreas, o pai, deseja fazer a peregrinação a Jerusalém para purgar todas as impurezas deste mundo. Ao voltar, é colocado numa posição de juiz do que ocorreu durante a sua ausência; e perdoa em vez de condenar. À margem fica a figura da Mãe, a imagem da mulher de horizontes limitados, incapaz de entender que o marido possa partir deixando-a sozinha; e, por isso, ela morre. Ao mundo regido pelo desejo e pela necessidade imperiosa de realizá-lo (a tentativa de estupro de Peter, a conquista sem escrúpulos de Jakobäus por Mara), o *mystère* opõe a idéia do erotismo sublimado, da renúncia voluntária como possibilidade de suprema realização. A isso junta-se a noção do amor pela humanidade, que se expressa desde as palavras pronunciadas por Violaine, no Prólogo: "Wie schön ist doch diese Welt, wie bin ich so glücklich!" (Como é belo este mundo e como me sinto feliz).

Os cortes feitos por Braunfels não prejudicam a continuidade da peça, pois a música preenche claramente as lacunas do drama. Sem serem realmente *leitmotive*, há toda uma trama de temas que caracterizam as personagens e acompanham a ação. As diversas cenas organizam-se em estruturas musicais autônomas, com instrumentação bem diferente, o colorido da palheta sonora variando em função do tom de cada passagem.

A escrita vocal vai do recitativo *parlando* até um arioso bem fluente e o estilo de canto caracteriza cada personagem: bruscos staccatos para Mara, longas curvas melódicas para Violaine; quanto a Peter, o tom angustiado de sua declamação vai ficando mais nobre e sereno à medida que a compaixão da moça o resgata de seu sofrimento. O coro tem participação muito importante neste drama de substância religiosa. Ele acompanha a oração que Andreas faz, no fim do ato I, antes de partir para a Terra Santa, e que converge para um imponente final. No ato III, faz ouvir a voz dos anjos: vinda de longe, ela acentua o clima místico do milagre obtido por Violaine na noite de Natal. E na cena da morte de Violaine, transforma o salmo de penitência "De profundis" no radioso hino de exaltação "Sustinuit anima mea" com que a ópera se encerra.

Para conhecer *Verkündigung*, o leitor dispõe da gravação de Andrew Russell Davies. Ela tinha sido feita ao vivo, em março de 1992, durante um concerto com a Filarmônica de

Colônia; mas só depois do sucesso de vendagem dos *Pássaros*, na coleção *Entartete Musik* da Decca, a EMI/Electrola animou-se a colocá-la no mercado – onde recebeu entusiásticas resenhas da crítica especializada.

Em 1952, quando Braunfels fez 70 anos, Günther Wand regeu o seu *Te Deum* num programa especial da Westdeutscher Rundfunk (a Rádio da Alemanha Ocidental); e a televisão de Colônia transmitiu uma montagem de sua "balada dançada" *Der Zauberlehrling* (O Aprendiz de Feiticeiro). Mas foram homenagens formais a que não se associou a geração mais jovem, para quem a sua obra, enraizada no pós-romantismo, soava ultrapassada. O desinteresse do público não o impediu, porém, de continuar compondo até o fim. Em seus últimos anos de vida, Braunfels ainda produziu peças de câmara e para orquestra de cordas, e um oratório intitulado *Ressurreição*. Quarenta anos depois de morto, ressurge, através dessas duas óperas, com uma música que nada perdeu de sua vitalidade.

Wellesz

Um dos primeiros alunos de Schönberg, Egon Joseph Wellesz (1885-1974) tornou-se também seu primeiro biógrafo – e irritou o mestre profundamente ao publicar, em 1921, uma análise não-autorizada de sua vida e obra (embora o livro contenha comentários extremamente lúcidos sobre as obras produzidas até aquela data). Além de compositor, Wellesz foi um musicólogo eminente. Formando-se nessa disciplina com Guido Adler, doutorou-se em 1908 com uma tese sobre Giuseppe Bonno, *Kappelmeister* da corte austríaca no século XVII, aprovada com tantos louvores que foi considerada digna de publicação no *Sammelbände der Internationale Musik-Gesellschaft* (Coletânea da Sociedade de Música Internacional).

Professor de musicologia da Universidade de Viena a partir de 1913, Wellesz tornou-se uma das grandes autoridades européias na ópera italiana do século XVII – autor de *Die Beginn des musikalische Barock und die Anfänge der Oper in Wien* (O Começo do Barroco Musical e os Primórdios da Ópera em Viena), de 1922 – e nos estudos sobre música bizantina: seu *Byzantinische Kirchenmusik* (A Música Sacra Bizantina), de 1927, bem como as obras publicadas posteriormente na Inglaterra são até hoje fundamentais para a compreensão desse período na História da Música. Não é sem razão que, em *Music in the 20th Century*, William Austin chama a sua obra de "síntese muito pessoal de influências tanto de Bruckner e Debussy quanto de Fux" – de quem, aliás, editou *Costanza e Fortezza*, de 1723.

Na música instrumental de Wellesz, há traços eventuais das técnicas dodecafônicas aprendidas com seu mestre. Mas nas óperas, embora haja amplo emprego de cromatismo e dissonâncias, a linguagem é basicamente diatônica. No *Viking Guide of Opera*, diz Robert Layton:

> Wellesz nunca deu muita importância aos efeitos harmônicos por si mesmos. Preferia o que ele mesmo chamava de "a maior durabilidade" da escrita a várias vozes, com melodias bem cuidadas e um ritmo bem definido. Em seus melhores momentos, a música que escreve tem senso de atmosfera e uma firma resposta às variações de situações dramáticas.

Uma apresentação do *Freischütz* regido por Mahler, a que assistiu em Viena, decidiu-o a dedicar-se à composição e uma de suas primeiras partituras de porte foi o balé *Das Wunder der Diana* (O Prodígio de Diana), escrito em 1915 mas só estreado nove anos depois em Mannheim. *Persisches Ballet* (Balé Persa), de 1920, criado no Festival de Donaueschingen de 1924, assinala o encontro daquela que seria a sua linguagem pessoal, que Paul Conway descreve como "uma bem temperada mistura de influência expressionista, monódia bizantina e senso arquitetônico tipicamente barroco". Judeu convertido ao catolicismo, Wellesz notabilizou-se também por algumas obras sacras, como o *Gebeten der Mädchen zur Maria* (Oração das Donzelas a Maria, 1909), a que o orientalismo confere um sabor todo especial.

Jakob Wassermann escreveu para ele, em 1918, o libreto de *Die Prinzessin Girnara*, extraído de um episódio de seu próprio romance *Christian Wahnschaffe*. O sucesso dessa ópera, encenada pela primeira vez em Hanôver em 15 de maio de 1921, e reprisada com agrado ainda maior em Frankfurt, em 1921, atraiu a atenção de um amigo de Wassermann, o grande poeta austríaco Hugo von Hofmannsthal. O notável colaborador de R. Strauss escreveu para Wellesz o roteiro do balé *Achilles auf Skyros* (1921) – em que há uma cena cantada, sem palavras, construída sobre antigos melismas gregos. Forneceu-lhe, em seguida o libreto de sua ópera mais importante da fase européia: *Alkestis*, estreada em Mannheim em 20 de março de 1924. Além disso, depois da morte do poeta, Wellesz usaria a sua tradução de *Die Bakchantinnen* (As Bacantes) como base para outra ópera, produzida em Viena em 20 de junho de 1931. A fluidez de texturas da música bizantina dá um clima muito peculiar a essas duas peças inspiradas em Eurípedes. Interessado "em tudo o que vincula o mundo material ao espiritual", Wellesz era naturalmente atraído pelos mitos antigos, dando-lhes uma interpretação moderna que visava a frisar a sua continuidade e o quanto ainda eram válidos no mundo contemporâneo.

Entre essas duas óperas de tema grego, Wellesz escrevera o drama em um ato *Die Opferung des Gefangenen* (O Sacrifício do Prisioneiro) para Colônia (10.4.1926). Reutilizando o libreto preparado por Goethe para Philipp Christoph Kayser, compusera também um *singspiel* de câmara: *Scherz, List und Rache* (Gracejo, Astúcia e Vingança), aplaudido em Stuttgart na noite de 1º de março de 1928. Nesta última, seu íntimo conhecimento de ópera barroca foi de grande valia na reconstituição atualizada de alguns procedimentos tradicionais do gênero.

Logo após o Anschluss, apesar de sua proeminente posição como vice-presidente da Liga dos Compositores Austríacos, Wellesz viu-se compelido a sair de seu país. Para exilar-se, escolheu a Inglaterra, pela qual sempre sentira fascínio especial, como o atestam a série dos sonetos de Elizabeth Barrett Browning para soprano e quarteto de cordas (1935), ou o poema sinfônico *Prosperos Beschwoerung* (A Evocação de Próspero, 1936), inspirado na *Tempestade* de Shakespeare que, na realidade, é uma ampla sinfonia em três movimentos. Se tivesse querido instalar-se em Londres, provavelmente teria se tornado muito conhecido como compositor. Mas o gosto pelo trabalho universitário o fez preferir Oxford, onde foi acolhido com grandes honras acadêmicas, mas seu trabalho criador ficou em segundo plano. Além disso, as bruscas circunstâncias do exílio o fizeram calar-se até 1944, quando a virada no conflito mundial o estimulou a voltar a compor. Datam desse momento duas verdadeiras obras-primas: o *Quarteto nº 5* e o belíssimo ciclo *The Leaden Echo and the Golden Echo*, para soprano e grupo de câmara, sobre poemas de Gerald Manley Hopkins.

Mais surpreendente ainda é o fato de, no final de 1945, aos sessenta anos, cheio de novas energias com a derrota do Nazismo e a perspectiva do retorno da paz à Europa, Wellesz ter-se dedicado a um gênero novo: a sinfonia. A *nº 1 op. 62* tem tal amplitude formal e profundidade espiritual que Paul Conway a cognominou "a Décima de Bruckner" – "não porque ele faça uma cópia de carbono do grande mestre austríaco, mas porque reutiliza o mesmo idioma revitalizando uma nobre tradição que conhecia e amava como ninguém."

Entre 1945-1971, Wellesz escreveu nove sinfonias que sintetizam o legado de Bruckner-Mahler e, sem romper com o sistema tonal, o concilia com as aquisições contemporâneas de Stravínski e Debussy, de Hindemith e Bartók, e da Segunda Escola de Viena. Ao lado de Karl Amadeus Hartmann, a sua produção sinfônica é uma das mais importantes na literatura germânica desse século. E joga uma ponte para o futuro ao influenciar um compositor como o inglês Nicholas Maw, cuja surpreendente *Odissey*, de 1987, lhe deve muito.

Wellesz estava seriamente envolvido nesse projeto sinfônico – trabalhava na *nº 3 op. 68* – quando a escritora Elizabeth Mackenzie lhe ofereceu a chance de voltar ao palco, do qual estava afastado desde 1931. Da novela elizabetana *Incognita or Love and Duty Reconciled*

Cenário de Alfred Roller para o ato II das *Bacantes* de Egon Wellesz (Viena, 1931).

(1692), de William Congreve, ela extraiu o libreto de *Incognita*, estreada no Town Hall de Oxford em 5 de dezembro de 1951. Nessa típica comédia neobarroca, envolvendo disfarces, identidades trocadas e expectativas equivocadas, Wellesz reutiliza a técnica de resgate atualizado das técnicas do passado, tomando deliberadamente como modelo o Strauss do *Cavaleiro da Rosa* e da *Ariadne auf Naxos*. As melodias são generosas, a orquestração é em grande escala, a ópera tem um charme muito grande.

Considerado avançado demais pelos conservadores, e tido como passadista por aqueles que tinham rompido definitivamente com o sistema tonal, o autor dos *Eastern Elements in Western Chants* (1947) e da monumental *A History of Byzantine Music and Hymnography* (1949) hoje é mais lembrado como musicólogo – e também por ter sido o primeiro editor da *New Oxford History of the Music* – do que pelas suas realizações como compositor. Mas Caroline Benser que, em 1985, publicou a sua biografia, *Chronicle of a 20th Century Composer*, é da opinião que "as obras de Wellesz para o palco, hoje negligenciadas, são sérias candidatas a serem redescobertas".

SCHOECK

Ele foi chamado de "o último dos românticos", "um solitário dentro de uma geração intermediária". Mas se há um título que o suíço Othmar Schoeck (1866-1957) merece é o de "o último mestre do *lied* romântico". A esse aluno de Max Reger e Ferruccio Busoni devemos alguns dos melhores ciclos de canção para voz e piano (ou orquestra) deste século. São mais de 400 peças reunidas em *Reiselied* (Canção de Viagem); *Wanderlied der Prager Studenten* (Canções de Peregrinação do Estudante de Praga); *Elégie*, sobre poemas de Eichendorff e Lenau; o impressionante *Lebendig begraben* (Enterrado Vivo), de Gottfried Keller; *Noturno*, para voz e quarteto de cordas, usando textos de Keller e Lenau; *Unter Sternen* (Sob as Estrelas), de Keller; *Das stille Leuchten* (O Farol Imóvel), de C. F. Meyer; *Das holde Bescheiden* (A Resposta Propícia), com poemas de Mörike; e *Nachhall* (Eco), sobre textos de Lenau e Matthias Claudius; e a composição desses ciclos estende-se de sua adolescência até 1955. Entre eles há algumas de suas obras mais pessoais, expressões poderosíssimas de um gênero levado à perfeição pelos compositores germânicos.

O influente pintor Alfred Schoeck desejava que seu filho mais novo seguisse a mesma carreira. Mas foi para a música que ele se orientou. Já no Conservatório de Zurique, manifestou-se o seu interesse pelas formas vocais e dramáticas: além das primeiras canções, ele escreveu *Der Schatz im Silbersee* (O Tesouro no Lago Prateado), tirado de um livro de aventuras de Karl May, autor de romances para adolescentes extremamente popular na época. O texto era de Armin Rüeger, seu colega na Industrieschule de Zurique e futuro libretista.

Estudos de composição com Reger, em Leipzig, não deixaram marcas muito profundas em Schoeck, pois ele não encontrou afinidades muito grandes com esse mestre. O interesse pelo contraponto, marca registrada da música de Reger, deixa em todo caso as suas marcas nas peças para violino – as sonatas *Woo 22* e *op. 16*, o *Concerto Quasi una Fantasia op. 22* – compostas para a húngara Stefi Geyer, por quem Bartók também se apaixonara, dedicando-lhe o seu *Concerto nº 1*. Schoeck dizia ter ficado "schon bis ins Innerste begeistert" (perturbado no mais íntimo de seu ser) ao ouvir Geyer tocar. A extensão do trauma que representou para ele ter sido rejeitado pela jovem artista – que preferiu casar-se com o advogado vienense Erwin Jung – pode ser medida pela inscrição "Die chaibe Stefi!" (Essa maldita Stefi!) que Othmar fez na partitura do *Concerto para Violino*, na época de suas núpcias. Depois que Jung morreu, na epidemia de gripe que se seguiu ao fim da I Guerra, Stefi casou-se novamente com o compositor suíço Walter Schulthess e voltou para Zurique. Nessa época, reconciliou-se com Schoeck e estabeleceu com ele uma amizade platônica que reverteria em futuras colaborações na área musical.

Mais forte do que a influência de Reger foi a de Ferruccio Busoni que, durante a I Guerra, tinha se mudado para Zurique: este encorajou Schoeck a prosseguir no terreno dramático. Entre 1911-1916, Othmar escreveu um prelúdio, um interlúdio e algumas canções para *Erwin und Elvire*, o *singspiel* cujo libreto é de Goethe. Depois, juntamente com Rüeger, compôs a primeira obra a chegar ao palco. A comédia *Don Ranudo* baseia-se numa das peças mais conhecidas do mestre dinamarquês da sátira, Ludvig Holberg. *Don Ranudo de Colibrán* (1723), versão nórdica do *Bourgeois gentilhomme*, de Molière, é a história de um emproado burguês que quase destrói a vida da filha com suas tentativas de obrigá-la a fazer um casamento nobre. A personagem é um idiota pomposo e egoísta – seu nome inverte a expressão "O, du Nar(r)", que significa "Oh, seu tolo!". Num autor que ainda está procurando um idioma pessoal, a influência de um mestre muito respeitado é inevitável: esta ópera, encenada no Stadttheater de Zurique em 16 de abril de 1919, é em tudo fiel ao receituário neoclássico de Busoni e, como não podia deixar de ser, bebe em *Arlecchino* boa parte de sua inspiração.

Schoeck musicou ainda a pantomima *Das Wandbild*, com roteiro escrito por Busoni. Mas, a essa altura, atraído pelas obras sinfônicas e teatrais de Richard Strauss, já estava começando a afastar-se dos preceitos busonianos da *Junge Klassizität*. Foi nesse momento que Rüeger lhe propôs adaptar *La Vénus de l'Île*, de Prosper Mérimée – que ele acolheu entusiasmado pois, nessa época, mantinha uma tórrida relação amorosa com uma mulher mais velha, a pianista Mary de Senger, de 32 anos, que conhecera em Genebra. A tempestuosa *Consolação e Tocata*, que lhe dedicou quando o caso terminou, usa temas extraídos de *Venus*.

A ruptura com Mary, que o deprimiu profundamente, deixa suas marcas na partitura dessa ópera, bem como no melancólico ciclo de canções *Elegia*, de 1921. Durante o Festival Internacional de Zurique do ano seguinte, o próprio Schoeck regeu a estréia (10/5), muito valorizada pela presença do *Heldentenor* Curt Tauscher, estrela da Ópera de Dresden, que aceitara o convite de criar o difícil papel de Horace. Em agosto de 1991, o selo suíço MGB fez a gravação dessa ópera, regida por Mario Venzago.

Em seu libreto, Rüeger cruzou o romance de Mérimée com *Das Marmorbild* (A Imagem de Mármore), um conto de Eichendorff. Esses dois textos literários partem de uma fonte comum. Ambos retomam o tema antiquíssimo das estátuas que adquirem vida – como no caso de Pigmalião e Galatéia –, com base numa lenda que William of Malmesbury narra em *De gestis regum Anglorum* (século XII): a do jovem romano que, no dia de suas bodas, coloca de brincadeira a aliança na mão de uma estátua de Vênus. A mão se fecha e ele não consegue retirar o anel. À noite, uma estátua demoníaca, fervendo de desejo, vem deitar-se entre a noiva e ele, exigindo os seus direitos.

Mérimée dá a seu romance um caráter de lembrança pessoal, situando-o na época da viagem que fez à Île-sur-Têt como Inspetor Geral dos Monumentos Históricos. Ele conta ter conhecido ali o arqueólogo amador Peyrehorade, que desenterrou uma Vênus de bronze cuja fama era a de trazer azar. Alphonse, o filho do arqueólogo, vai casar-se naquele dia. Durante a festa, ele vai jogar pelota basca com os amigos. Como o anel de diamante que destina à noiva o está atrapalhando, ele o coloca no dedo da estátua. No final do romance, o jovem é encontrado morto na alcova nupcial e o anel, que ficara preso na mãos da estátua, está caído ao lado da cama.

Rüeger situa a ação num castelo do sul da França, transforma o arquiteto num tio bonachão, o barão de Zarandelle, e cria personagens novas: Mme. de Lauriens, a mãe de Simone, a noiva; Lucille, a melhor amiga da moça; e Raimond, o seu primo. O libertino inconseqüente de Mérimée transforma-se em Horace, cuja busca da beleza, de caráter fáustico, o leva a atirar-se nos braços de Vênus. Essa mudança foi operada por sugestão de Schoeck que, entusiasmado com a história, deu-lhe dimensão mais complexa do que a prevista por Rüeger; e este teve de adaptar-se ao rumo que a composição estava tomando.

Foi Schoeck também quem sugeriu o final retirado do conto de Eichendorff, seu poeta favorito, de quem musicou mais de cinqüenta poemas. Na *Imagem de Mármore*, o jovem Florio – pseudônimo que o próprio Othmar costumava adotar nas cartas que escrevia a seu amigo Hermann Hesse –, apaixonado por Bianca, uma moça pura e inocente de Lucca, perde-se pela estrada à noite e chega ao jardim de um castelo, onde vê uma estátua de mármore que corresponde a seu ideal de beleza. O castelo pertence a uma desconhecida que tem os traços da estátua. Ela o envolve num delírio místico e pagão, no auge do qual, durante uma tempestade, as estátuas do jardim adquirem vida e o ameaçam. No último instante ele é salvo por seu amigo Fortunato e volta para a seguranca dos braços de Bianca.

O final da ópera é trágico: para possuir a beleza perfeita da desconhecida que surgiu durante a sua festa de noivado – e que, na realidade, é a estátua no dedo da qual ele colocou o anel – Horace aceita deixar-se abraçar e esmagar em seus braços de bronze. Nas palavras que ele canta no início do ato II resume-se o significado da ópera: "Vor ihrer Schönheit klarer Himmelswelt gibt es nicht gut, noch klug, noch ehrenhaft; die einzige Tugend ist: ergriffen sein." (Diante do límpido e celestial domínio de sua beleza, não há bem nem honra; a única virtude é entregar-se totalmente) – ou seja, à plenitude da criação artística cedem todas as convenções, todas as limitações humanas.

No ato I, em que ainda estamos no plano da realidade, sucedem-se os números com o formato de *lieder* decalcados nas inflexões da língua falada, coros e cenas de conjunto desenvolvidos a partir de relações harmônicas simples. A partir do II, o mundo sonoro de Vênus começa a descerrar as suas portas. Ritmos meridionais, muito ligados às raízes também italianas da Suíça, impregnam a cena da festa, cujos sensuais turbilhões fazem desaparecer o clima idílico do início. A vertiginosa combinação de ritmos irregulares, no clímax da festa, com suas inflexões stravinskianas, parecem prenunciar a escrita de Carl Orff na *Carmina Burana*. Quando a desconhecida aparece, a superposição de estruturas harmônicas põe em risco a coesão da tonalidade e as dissonâncias criam forte tensão expressiva.

À exceção de Zarandelle, que sempre se expressa num tom declamatório próximo do *sprechgesang* (o canto falado), a linha vocal vai ficando cada vez mais belcantística – em especial a de Horace, que compete com a orquestra numa tessitura que desafia os limites graves e agudos de seu registro. O gosto de Schoeck pela ópera italiana revela-se não só na generosidade dos cantábiles, mas também na construção de cenas de conjunto que remetem aos grandes concertatos verdianos – tudo isso envolto numa roupagem instrumental que já não tem mais nada a ver com o ascetismo de Busoni e volta-se para a opulência orquestral do *Cavaleiro da Rosa*.

Vênus/a mulher desconhecida é uma personagem muda. Mas ela é identificada por um tema langoroso que reaparece, pontuando os momentos chave da história:

– no primeiro encontro de Horace com o amigo Raimond, que tem dúvidas se ele conseguirá abandonar sua vida livre para dedicar-se ao casamento;
– insinuando-se de repente no meio do dueto de amor de Horace e Simone, no fim do ato I;
– como uma insólita fanfarra no ponto mais intenso da festa;
– como uma misteriosa música cósmica, entoada por cinco vozes de mulher, durante o dueto de Horace com Raimond, no ato III, em que se chocam as visões opostas da moral burguesa e da exigência artística da liberdade absoluta;
– acompanhando o monólogo "Venus sei mir gnädig" (Vênus, tenha misericórdia de mim), com que Horace aceita entregar-se ao abraço da estátua;
– e num nebuloso epílogo instrumental, entoado por cinco violinos, depois da morte de Horace.

As relações tonais são um elemento muito importante para conferir à ópera unidade formal. Ainda que haja ousadas montagens de acordes livres, texturas politonais, polirrítmicas, e surpreendentes dissonâncias, toda *Vênus* constrói-se sobre um si bemol maior com que o ato I começa e termina. Os atos II e III desenham um longo arco harmônico que, partindo do si bemol menor, passa por fá sustenido menor, ré bemol maior, sol maior, a oscilação de mi bemol menor e maior, para resolver-se no si bemol menor inicial – que ressoa, tingido de acordes de sol menor, nas derradeiras frases.

Numa nota inserida no folheto da gravação, o maestro Mario Venzago chama a atenção para a má qualidade da edição Breitkopf & Härtel da ópera, que está cheia de erros, explicando ter sido necessário fazer nela uma revisão a partir da redução para piano e, em alguns casos, suprimir pequenas passagens onde as dificuldades eram insolúveis. Frisando os problemas de um libreto muito alambicado, de um poeta amador, qualifica *Vênus* como "um poema orquestral com vozes *obbligato*, em que o canto, com freqüência, distancia-se do discurso instrumental, em total contradição às regras existentes [...], dando a essa ópera um estilo único." Seria de se desejar, como diz Venzago em seu texto, que uma pesquisa musicológica mais detida devolvesse a essa obra magnífica a sua forma original.

Um caminho para isso pode ser a redescoberta da peça, que se seguiu à saída do disco. Fez muito sucesso, em fevereiro de 1997, a montagem de Francisco Negrín na Ópera de Genebra. Tendo Paul Frey no papel de Horace, ela foi regida por Venzago, dedicado defensor da obra de Schoeck (o espetáculo está disponível em vídeo). Na época, mencionou-se a possibilidade de a atenção atraída para o nome do compositor permitir a divulgação de outras obras suas para o palco. Foi, de resto, depois dessa data, que o selo Jecklin decidiu-se a exumar uma gravação histórica a que faremos referência mais adiante.

Desde a volta a Zurique, em 1908, Schoeck tinha dirigido diversos coros. A partir de 1917, passou a reger concertos sinfônicos na cidade próxima de Saint-Gallen. Ao mesmo tempo, fazia turnês como pianista acompanhador de Stefi Geyer, do contralto Iolona Durigo ou do baixo Feliz Loeffel. E, mais tarde, de sua própria mulher, o soprano Hilde Bratscher, a quem se uniu no fim da década de 1920. Mas em 1924, quando começou a trabalhar na ópera seguinte, o casamento ainda não pusera fim à crise sentimental da ruptura com Mary e os sentimentos depressivos, que já se tinham manifestado na *Elegia*, continuavam muito vivos num ciclo de canções de tom desesperado como é *O Enterrado Vivo*.

Foi nesse estado de espírito que Schoeck concebeu o projeto de transformar em ópera a *Penthesilea* de Heinrich Kleist – projeto marcado pelo sentimento da "hostilidade original entre os sexos" de que falavam os românticos. Foi o germanista Hans Corrodi, mais tarde autor de sua primeira biografia, quem lhe sugeriu esse texto. A ópera, no dizer de Schoek, tinha de "desenvolver-se aos urros, como uma tempestade, sem deixar ao espectador o tempo de recuperar o fôlego; só no fim ele poderá libertar-se do feitiço". Corrodi lhe propusera uma sinopse em três atos; mas, ajudado por seu primo Leon Oswald, Schoeck cortou tudo que fosse de caráter conceitual, explicativo ou retórico. Não modificou absolutamente nada no texto: "Não quero uma só vírgula que não seja de Kleist", insistia. "As palavras do poeta são a verdadeira melodia. Minha música não passa de um acompanhamento para elas."

No fim, condensou o texto a um ato único. A ópera começa na cena 9 da peça e não dura mais do que uma hora e meia. "Para dizer a verdade, escrevi um grande finale", dizia Schoeck. Depois que Aquiles derrota as amazonas durante a Guerra de Tróia, exige Pentesiléia, a sua líder, como prêmio. Para preservar a auto-estima da rainha, porém, concorda em fingir que é ele o prisioneiro dela. Não demora para que se apaixonem um pelo outro; mas o rumo da batalha se inverte: os gregos são vencidos pelas amazonas e estas acusam a soberana de ter traído seu juramento ao apaixonar-se por um homem. Um arauto vem dizer a Pentesiléia que Aquiles a espera no campo de batalha. Furiosa com a decisão deste de voltar à luta, ela vai a seu encontro e o atinge com uma flecha no pescoço. Só quando o guerreiro cai morto é que ela se dá conta de que ele estava desarmado e vinha render-se, em sinal de amor. Desesperada, Pentesiléia apunhala-se sobre o cadáver do homem que ama.

Terminada em 1925, a ópera só foi estreada na Staatsoper de Dresden em 8 de janeiro de 1927. A gravação comercial foi feita por Zdenek Macal, em 1975, para o selo Harmonia Mundi. Além disso, na coleção *Festspiel Dokumente*, da Orfeo, existe um registro ao vivo, de interesse histórico: a apresentação de

17 de agosto de 1982, em forma de concerto, no Festival de Salzburgo, regida por Gerd Albrecht. Ambas são de excelente qualidade.

Por seu caráter violentamente expressionista, *Penthesilea* já foi comparada à *Elektra*, de Strauss, ao *Castelo do Duque Barba Azul*, de Bartók, ao *Erwartung*, de Schönberg. Com elas, têm em comum a concentração dramática, o clima de intenso desequilíbrio emocional, a mobilização de recursos orquestrais excepcionais. É muito estranha a instrumentação: apenas quatro violinos solistas, contra uma floresta de violas, violoncelos e contrabaixos; dois pianos, um contrafagote, dez (!) clarinetes, quatro trompetes na orquestra e três nos bastidores; e vasta seção de percussões. Com ela, Schoeck obtém os mais vivos coloridos além de, em passagens climáticas, um volume assustador.

Penthesilea foi chamada de *ein Trauerspiel mit Musik* (tragédia com música), designação muito exata para uma peça em que é à palavra falada que se destinam os momentos de paixão mais intensa. Daí, passando pela declamação ritmicamente fixada, chega-se ao canto formal, que não exclui exigências de belcanto, numa exploração sistemática de todas as modalidades vocais. Mas é no domínio da harmonia e das sonoridades orquestrais que estão os achados mais pessoais. As duas personagens principais são caracterizadas por centros tonais que funcionam como pólos de tensão: dó maior para Aquiles, fá sustenido maior para Pentesiléia. O intervalo entre esses dois centros é o trítono, o famoso "diabolus in musica", símbolo da "contradição original entre os sexos" e, portanto, da impossibilidade da união entre os dois.

Schoeck atinge momentos poderosos de tensão com o tecido instrumental, criando panos de fundo sonoros contra os quais recortam-se outros motivos, que caracterizam determinados detalhes da ação. Obtém, assim, uma profundidade da perspectiva musical que corresponde, por assim dizer, à terceira dimensão do palco. Esse é um efeito cuja plasticidade pode ser aferida na gravação de Albrecht, de uma apresentação de concerto: nas cenas de batalha, os planos sonoros se intercalam de forma extremamente nítida e expressiva. É uma partitura de coloridos sombrios.

Corrodi dizia que ela era "cor de bronze". Contra as insólitas combinações instrumentais recortam-se as vozes graves dos protagonistas (barítono e meio-soprano), contrastando com os claros desenhos dos violinos solistas. Depois da estréia em Dresden, porém, achando que a partitura era demasiado austera, Schoek compôs o dueto "O du, die eine Glanzerscheinung mir herabsteigt" (Tu que desceste sobre mim com o brilho de tua aparição), cuja lírica melodia funciona como um momento de repouso.

Em janeiro de 1946, cansado de ouvir enumerar tudo o que a peça de Kleist perdera a se transformar numa ópera, Schoeck declarou, em entrevista ao crítico Werner Vogel: "No teatro, a linguagem de Kleist passa depressa demais e deixa, no final, a impressão de fragilidade. Na ópera, as palavras são amplificadas, pois dispõe-se de mais tempo para elas. Deve-se fazer com que o ouvinte tome consciência da beleza do texto de Kleist!".

A penúltima ópera de Othmar Schoeck foi estreada por Karl Böhm na Staatsoper de Dresden, em 2 de março de 1937 – ou seja, depois de os nazistas terem chegado ao poder na Alemanha. *Massimilla Doni* abandona os problemas sociais ou humanos e reflete sobre questões estéticas, explorando uma técnica de "ópera dentro da ópera" que, de certa forma, lembra a *Ariadne auf Naxos* de Strauss. O libreto de Rüeger baseia-se no romance de Balzac, e passa-se em Veneza, em 1830, num círculo rarefeito de artistas e melômanos ligados ao Teatro La Fenice. Há uma gravação feita por Gerd Albrecht, em 1986, para o selo Kock-Schwann mas, infelizmente, ela possui cortes que desfiguram a partitura.

Embora esposa fiel, Massimilla percebe estar se apaixonando pelo jovem Emilio, a cujas propostas faz o possível para resistir. A causa desse desassossego emocional é a frieza de seu marido. O duque Cattaneo está mais interessado nos intermináveis debates do grupinho fechado de estetas que freqüenta. O tenor Genovese defende os méritos do naturalismo na ópera, enquanto Tinti, temperamental soprano coloratura, é partidária da estilização e do belcanto. A discussão intelectual trança-se, na vida real, com uma quadrilha emocional: Genovese ama Tinti, que prefere Cattaneo mas, para fazer-lhe ciúmes, seduz Emilio. Quando, no palco lírico, essas paixões cruzadas se manifestam, misturando-se com a intriga das óperas e transpondo os limites do bom gosto, Massimilla conclui que, quanto mais fortes as paixões, mais racionais devem ser as reações que elas suscitam. No fim, porém, de caso pensado, decide entregar-se a Emilio, pois está convencida de que as emoções naturais devem triunfar sobre o racionalismo.

Numa época de experimentações vanguardistas muito radicais, é nítido o significado alegórico dessa história. Schoeck está persuadido de que na criação artística – e em especial na ópera, que trabalha com as emoções humanas num nível de grande imediatismo – não é o dado cerebral que deve predominar. O mais importante é a expressão da sensibilidade, das emoções, do subjetivo. Musicalmente, essa defesa da tradição expressa-se através de uma forma extremamente disciplinada, que privilegia os números fechados (árias, duetos, cenas de conjunto) em detrimento do arioso constante e da escrita *durchkomponiert*. Da mesma forma, os ritmos e as frases musicais são mais regulares e as melodias têm um débito declarado para com os expansivos cantábiles puccinianos.

Essa opção pelo conservadorismo fez com que, apesar de sua declarada falta de simpatia pelos nazistas, Schoeck fosse muito apoiado pelo novo regime, que transformou *Massimilla Doni* num dos grandes sucessos da temporada de 1937. Com isso, havia muita expectativa oficial em torno do trabalho seguinte, *Das Schloss Durande* (O Castelo do Conde Durande), que Hermann Burte adaptara da novela de Eichendorff. O compositor pretendia encená-la em Dresden, mas a máquina de propaganda do governo apoderou-se do espetáculo e transferiu-o para o mais prestigioso Staatsoper, de Berlim, onde ela estreou em 1º de abril de 1943 (é desse espetáculo que o selo Jecklin lançou o registro, regido por Robert Heger, com um grande elenco: Cebotari, Anders, Domgraf-Fassbänder, Greindl). A seus amigos, Schoeck mandou cartões postais onde escrevera um verso de Matthias Claudius: "Só espero não ter culpa nenhuma por tudo isso."

O tiro das autoridades saiu pela culatra: elas odiaram a história de um jovem caçador que, na época da Revolução Francesa, sai à procura da irmã, raptada pelo conde Durande e trancafiada em seu castelo. Essa típica ópera de resgate – que tem muitos pontos de contato tanto com o *Fidelio* quanto com a *Lodoïska* de Cherubini, a começar pela ênfase na defesa do direito à liberdade e no enaltecimento da solidariedade humana – tinha todos os ingredientes para desagradar aos regimes autoritários: um vilão que exerce, sobre a mocinha indefesa, um poder tão violento quanto o do ditador sobre seu povo; um herói que, em nome do conceito de liberdade, subleva os camponeses contra o tirano; a valorização da religião, que dá força aos indivíduos para reagir contra a opressão; cenas de celebração da missa católica, de conspiração, de guerra civil.

Goering fez, pelos jornais, violentos ataques a *Schloss Durande* e a ópera foi logo retirada de cartaz. A primeira apresentação em Zurique, em junho do mesmo ano, também foi muito criticada, mas por razões musicais: o *establishment* vanguardista suíço considerou totalmente superado o idioma de seu compatriota. Desiludido com a repressão política e a incompreensão crítica, Schoeck abandonou o teatro. Ainda participou de festivais e, em 1957, ao fazer 70 anos, teve a satisfação de assistir a uma retrospectiva de sua obra, um ano antes de morrer. Mas sua música estava fora de moda e eram cada vez mais raras as apresentações, principalmente das óperas – pelas quais nem a competente biografia crítica de Corrodi, publicada em 1956, conseguiu reavivar o interesse. Foi necessário esperar até 1975, quando o registro da *Penthesilea* deu início a um *revival* que, hoje, devolveu ao teatro de Othmar Schoeck muito de sua importância. Gravações integrais ou mais modernas de *Massimilla Doni* e *Schloss Durande* contribuiriam muito para que o grande público pudesse avaliar melhor suas qualidades.

GURLITT

A gravação de Gerd Albrecht, feita para o selo Capriccio em abril de 1993, tirou do esquecimento o "outro *Wozzeck*" – o do compositor berlinense Manfred Gurlitt (1890-1972), de quem até os rodapés dos manuais de História da Ópera tinham deixado de dar notícia. Trata-se de peça extremamente original e gratificante, ainda que não se deva buscar nela o mesmo nível de genialidade da versão operística mais conhecida da peça de Büchner.

Não foi a extrema notoriedade da ópera de Alban Berg a única razão para que a de Gurlitt, escrita praticamente na mesma época, desaparecesse do repertório. Esse compositor parece ter sido vítima do próprio ecleticismo de sua escrita, que ia buscar técnicas de composição nas mais diversas fontes e, por isso mesmo, mantinha-se independentes das principais tendências vigentes. Uma historiografia habituada a categorias rígidas parece ter preferido ignorar uma obra que não se encaixava nem no conservadorismo neoclássico nem entre os inovadores que se filiaram à Segunda Escola de Viena. A isso acrescente-se o fato de o judeu Gurlitt ter sido obrigado a fugir da Alemanha, durante a vigência do Nazismo, refugiando-se no Japão.

Embora a sua atuação, nesse país, fosse muito destacada, ter-se mantido à margem do "circuito nobre" europeu de produção musical fê-lo ser progressivamente desleixado. Até mesmo a sua ópera correu o risco de se perder, pois não chegou a merecer uma publicação decente e, com o tempo, suas partes se dispersaram. Só na década de 1980 começou, sob os auspícios da Sociedade Ferenc Fricsay, o processo de reconstrução da partitura que lhe permitiu ser de novo executada.

Gurlitt estudou composição com Engelbert Humperdinck, e regência com Karl Muck, de quem foi assistente na Hofoper de Berlim e no Festival de Bayreuth. Trabalhos em Essen e Augsburg precederam a nomeação para o cargo de *Generalmusikdirektor* em Bremen, que ele exercia em 22 de abril de 1926 quando a sua ópera foi estreada (já se demonstrou não haver a menor possibilidade de que ele conhecesse a versão de Berg, estreada em Berlim em dezembro do ano anterior). Numa cidade pequena e reacionária como Bremen, não eram bem vistos nem o interesse de Gurlitt em divulgar a música moderna nem as suas simpatias socialistas. Foram as pressões para que se interrompessem as atividades da Sociedade Nova Música, que ele fundara em 1920, que o desiludiram, decidindo-o, em 1927, a pedir demissão e voltar para Berlim.

Na capital, deu aulas na Charlottenburg Musikhochschule e trabalhou como regente para a Rádio Berlim, onde gravou diversos discos sob selo Deutsche Grammophon. No volume 20 – "Gravações Históricas" – da *Beethoven Complete Edition*, lançada em 1998 para comemorar o centenário de fundação da DG, há um desses registros: o *Concerto para*

Violino (Polydor, 1929), em que ele acompanha o solista Josef Wolfstahl. Como compositor também, Gurlitt granjeou bastante prestígio. As mesmas preocupações sociais de que dera mostras no *Wozzeck* – e que estavam presentes na anterior *Die Heilige* (O Santo, 1920) – comparecem nas óperas seguintes.

Soldaten (1930) baseia-se na mesma peça de Jakob Lenz (1776) em que mais tarde Bernd-Alois Zimmermann também buscaria inspiração. Nela, é visível a influência de Berg – que, a essa altura, ele já conhecia. Mas é interessante ver como Gurlitt explora a politonalidade e as dissonâncias dentro de um contexto músico-dramático rigorosamente estruturado, com uma linguagem que tem tom muito pessoal. *Nana* (1933), baseada no romance de Émile Zola, e *Nächtlicher Spuk* (Aparição Noturna, 1937) são anteriores ao exílio. *Warum?* (Por Que?, 1940), *Nordische Ballade* (Balada Nórdica, 1944) e *Wir schreiten aus* (Caminhamos a Passos Largos, 1958) foram escritas e apresentadas no Japão. Todas elas continuam à espera de reavaliação.

Acusado de "bolchevismo cultural" pelos nazistas em 1933, Gurlitt foi demitido de seus postos e viu suas obras serem proibidas. Ameaçado de prisão pela Gestapo, emigrou para o Japão onde, por algum tempo, conseguiu trabalhar como regente da rádio estatal e professor na Imperial Academia de Música. A diplomacia hitleriana não demorou, porém, a obter do imperador Hiroíto que o demitisse. Alguns alunos particulares que lhe permaneceram fiéis permitiram que não morresse de fome durante os anos de guerra. Terminado o conflito, tentou voltar para seu país. Mas o desinteresse generalizado por suas composições o deixou tão desiludido que acabou retornando ao Japão onde, em 1953, fundou a Gurlitt Opera Company, destinada a divulgar repertório contemporâneo. Ali, sim, o trabalho que realizou foi reconhecido com diversos prêmios; e, em 1969, ele foi nomeado professor do Colégio Showa de Música, onde lecionou até morrer, aos 81 anos, em 29 de abril de 1972.

Por que há, no título da ópera de Gurlitt, o mesmo erro de ortografia que na de Berg? Porque ele usou a edição Orplid (1919), que reproduz a da editora Insel (1909), utilizada por Berg. Paul Landau, o organizador desse volume, manteve a interpretação incorreta que Karl Emil Franzos fizera, em 1879, da complicada caligrafia de Büchner, ao preparar o manuscrito para a primeira publicação, lendo como *Wozzeck* o nome da personagem-título que é *Woyzeck* (versão germanizada do polonês Wojciech). Gurlitt selecionou 18 cenas do texto de Büchner – duas a menos do que Berg – sem fazer-lhes cortes ou dividi-las em atos. Apenas acrescentou a elas uma 19ª cena, um epílogo intitulado *Klage um Wozzeck* (Lamento por Wozzeck). Respeitou a estrutura do texto, sem tentar criar transições entre os fragmentos, nem atenuar a veemência da linguagem do dramaturgo. Com isso, ficou mais próximo da intenção revolucionária de Büchner, que queria fazer de sua peça um drama episódico de estrutura aberta.

Mas não é apenas na estrutura formal que os dois *Wozzecks* diferem. Enquanto Berg frisou da forma mais pungente a dura condição social do soldado paupérrimo, humilhado por todos, em Gurlitt seu perfil é menos áspero. Não são tão grotescas as figuras do Capitão e do Médico. Gurlitt suprimiu a cena – capital em Berg – em que o Médico faz de Wozzeck a atormentada cobaia de suas cínicas experiências médicas, envaidecendo-se por ter diagnosticado nele uma "*aberratio mentalis partialis*". Em compensação, Berg eliminou uma cena que, em Gurlitt, é fundamental: a 15, em que uma Velha conta às crianças a história da órfã que tenta fugir de sua triste realidade viajando para o Sol, a Lua ou as estrelas, mas não o consegue. Ao voltar para a Terra, descobre que esta se transformou em uma panela revirada, e se sente sozinha e infeliz. Ouvindo esse lúgubre conto de fadas, Marie tem a premonição de seu final trágico e, abraçando-se ao filho, repete: "Ach, wenn ich tot bin!"(Ah, quando eu estiver morta!).

A frase de Büchner, "Wir arme Leute" (Nós, a pobre gente), que Berg coloca na boca de sua personagem, transforma-se, nas mãos de Gurlitt, em uma espécie de lema, entoado por um coro distante, fora de cena, no início e no fim da ópera. Em sua versão, portanto, a compaixão pelo sofrimento de Wozzeck, símbolo da dor e do desamparo de uma larga parcela da humanidade, não é menos intensa; é apenas expressa de forma menos sarcástica.

A história é extremamente simples. O soldado Wozzeck teve um filho de sua companheira Marie, com quem não é casado. Insatisfeita com a vida paupérrima que leva, Marie sente-se atraída pelo tambor-mor do regimento, homem jovem e forte, que usa um uniforme reluzente; e deixa-se seduzir por ele. Wozzeck ouve brincadeiras maldosas do Capitão e do Médico sobre a infidelidade de Marie; vê a mulher dançando na taverna com o tambor-mor; vai tomar satisfações do outro e é humilhado diante de seus colegas de caserna. Convencido de que tem de se vingar, Wozzeck compra uma faca na loja de um judeu, leva Marie para passear perto do lago e a apunhala. Depois, volta à beira d'água para procurar a arma do crime. Ao tentar lavar-se dentro do lago, acaba se afogando. O epílogo mostra um grupo de pessoas reunido em torno do lago, enquanto o coro entoa a frase "Wir arme Leute", repetida depois por uma voz de contralto que se ouve vindo cada vez mais de longe.

O *Wozzeck* de Gurlitt vira as costas à forma dramática contínua (*durchkomponiert*) de matriz wagneriana, em que é costumeiro fundir uma cena à outra mediante interlúdios. Prefere manter as cenas como fragmentos isolados, tal qual no drama de Büchner e, para isso, faz com que a música comece e termine junto com o texto – é um procedimento que, em alguns pontos, lembra muito o Mússorgski do *Borís Godunóv*. As 19 cenas não só se sucedem sem transições como, em alguns momentos, não há pausa nenhuma entre elas: a indicação *atacca subito* une as de nº 9-10 e 18-19.

A independência de cada trecho é reforçada, além disso, pela forma diferente que cada uma delas assume. Usando técnica semelhante à de Berg – bebida numa fonte comum que é o exemplo de Schreker – Gurlitt utiliza esquemas formais de música pura, que aplica com rigor maior ou menor, de acordo com o caso. No folheto que acompanha a gravação Albrecht, ao fazer a sinopse da ópera, Katrin Winkler indica a forma adotada para cada trecho. Como essa sinopse é demasiado longa para ser integralmente reproduzida, limito-me a descrever aqui algumas das cenas mais características, a título de exemplo:

– a 1ª, em que Wozzeck está barbeando o Capitão, é uma fuga em estilo livre, com dois temas contrastantes que representam as concepções diferentes de moral e virtude das duas personagens;
– a 2ª, em que Wozzeck e seu amigo Andres cortam lenha no campo, é uma chacona;
– a 11ª, em que Wozzeck, na caserna, é perseguido por pesadelos e idéias fixas, superpõe em *ostinato* os motivos das duas cenas precedentes: a 9ª, em que ele viu Marie dançando na taverna com o tambor-mor; e a 10ª, em que, vagando pela floresta, acredita ouvir vozes dizendo-lhe que tem de matar a mulher infiel;
– a 17ª, do assassinato de Marie, tem a forma de um rondó, cuja estrutura iterativa corresponde ao comportamento de Wozzeck: a cada evocação que faz do passado feliz, chega mais perto da compulsão assassina;
– a cena seguinte, da volta ao local do crime, tem uma vez mais a forma de chacone, com um acompanhamento melancólico no oboé.

Como, a maior parte do tempo, Gurlitt renuncia ao uso de *leitmotive*, as cenas são extremamente concisas, e há mais corte e colagem do que desenvolvimento propriamente dos temas. Afastando-se das densas e voluptuosas sonoridades sinfônicas das óperas neo-românticas ou expressionistas, este *Wozzeck* tem austeras texturas de música de câmara – nesse sentido, é uma ilustração da *Neue Sachlichkeit* em seus aspectos mais descarnados. A orquestra é muito grande, mas os *tutti* são raros: a cada cena, ela se divide num grupo pequeno e diferente de instrumentos. As palhetas muito coloridas são evitadas: Gurlitt favorece as combinações de sons mais secas. Exemplo típico disso é a marcha da cena 3, economicamente orquestrada para piccolo, trompete, trombone, tuba, carrilhão, címbalo e tambor. Essas sonoridades ásperas são, de modo geral, usadas para obter efeito grotesco e caricatural. Em diversos momentos, Gurlitt usa vocalises vindos dos bastidores, ou colocados dentro da orquestra, para ajudar a criar a atmosfera desoladora da cena, ou para intensificar a idéia do sofrimento desesperançado das personagens.

Diz K. Winkler, a respeito da ópera:

Ao apresentar um impiedoso retrato do destino do soldado Wozzeck, Manfred Gurlitt atinge alta intensidade dramática. A acuidade das oposições que constrói, fazendo-as entrar em brutal conflito, e a economia dos meios que utiliza, fazem de sua ópera uma cativante transposição musical do drama de Büchner. Mais do que um mero exemplo interessante de ópera da década de 20, este *Wozzeck* é uma obra de teatro musical na mais completa acepção do termo.

Quanto a Pascal Huynh, este é o julgamento que formula, em *La Musique sous la Republique de Weimar*, sobre o "segundo *Wozzeck*":

Embora, em certas passagens, [a ópera] possa parecer um tanto rígida, a sua concisão não é sinal de pobreza nem dramática e nem musical. A economia de meios e o domínio da distribuição dos corpos sonoros (coro, música no palco, tratamento da orquestra principal) pelos diversos espaços estão perfeitamente sintonizados com este drama intimista e visionário, e rendem plenamente justiça à fragmentação fulgurante de Büchner. O compositor demonstrava, assim, com clareza, que essa peça esquelética podia ser musicada de forma muito eficiente. Com ela, tanto Berg quanto Gurlitt contribuíram, cada um a seu modo, para alimentar a última grande fase do Expressionismo lírico. Hindemith e Weill, no *Cardillac* e no *Protagonista*, criadas no ano seguinte, ainda estarão recolhendo a repercussão dessas duas obras, cujo propósito é dominado pela objetividade da escrita musical.

MARTIN

A inclusão do suíço Frank Martin (1890-1974) neste volume deve-se ao fato de que, por formação e sensibilidade, esse compositor francófono gravita no âmbito da música germânica. Embora apenas um dos libretos de suas óperas seja escrito em alemão, elas não podem – ao contrários das de suíços como Bloch ou Honegger – ser consideradas parte integrante da ópera de estilo francês.

Filho mais novo de um pastor calvinista, descendente de antiga família huguenote francesa refugiada na Suíça, Martin destinava-se inicialmente à carreira de professor de matemática e física, embora fizesse estudos musicais regulares, em Genebra, com Joseph Lauber. O encontro, aos 20 anos, com o pedagogo Jacques Dalcroze, decidiu-o a dedicar-se exclusivamente à música. Além de compositor, Martin distinguiu-se também como pianista, cravista e professor. Bach e Debussy formam as bases contrastantes de uma linguagem harmônica muito pessoal, a que vieram juntar-se, na década de 1930, os ensinamentos dodecafônicos ministrados pelo maestro Ernest Ansermet que, em seus concertos com o Orchestre de la Suisse Romande, revelava a seus compatriotas os mais importantes compositores de vanguarda. Martin nunca renunciou ao tonalismo, mas as aquisições de vanguarda contribuíram para dar à sua linguagem musical uma grande flexibilidade e um espectro muito amplo de possibilidades expressivas.

Le Vin Herbé foi a obra que o consagrou como um dos grandes nomes da música suíça. Sugerido ao compositor pela leitura do romance *Sparkenbroke*, do inglês Charles Morgan, esse oratório dramático utiliza trechos de *Le Roman de Tristan et Yseut*, traduzido por Joseph Bédier, em 1900, para o francês moderno. Dentre os diversos textos girando em torno dessa história de amor, Bédier escolheu a fusão, realizada por um poeta desconhecido, no apogeu da Idade Média, de cinco versões mais antigas da lenda céltica. Seu texto difere bastante, portanto, do tratamento dado à lenda por Wagner, pois ainda conserva as personagens acessórias que este eliminou – entre as quais a outra Isolda, a das Brancas Mãos, que compete com a princesa da Irlanda pelo amor do cavaleiro Tristão, mandado à Irlanda para buscar a princesa prometida como noivo a seu amo, o velho rei Marke da Cornualha.

O Prólogo e a primeira parte foram estreadas no Tonhalle de Zurique, em 16 de abril de 1940. No mesmo local ocorreu, em 28 de março de 1942, a estréia da peça completa – com Prólogo, três partes e Epílogo –, mas ainda em versão de concerto. A primeira encenação foi em 15 de agosto de 1948, no Landestheater de Salzburgo, durante o festival. Raramente executada fora do âmbito germânico, ela fez enorme sucesso ao ser apresentada, no Opéra-Bastille de Paris, em março de 1997, regida por Jean-Claude Pennetier. Existem duas gravações para se conhecer *Le*

Vin Herbé: a do selo Westminster (1961), com Roger Desarzens (1961); e a pirata, de Miltíades Caridis, resultado de uma transmissão da Rádio Austríaca em abril de 1974.

Escrito para doze solistas, acompanhados por cordas e piano, o oratório tem uma forma extremamente concentrada, com um impacto emocional que é acentuado pela sua total liberdade harmônica. O uso das vozes é extremamente flexível: elas se revezam não só criando as personagens, que refletem sobre os acontecimentos em longas expansões líricas, mas também como três narradores que fazem a ação avançar, ou juntam-se num pequeno coro que a comenta à maneira do teatro grego. Só as dimensões reduzidas do efetivo orquestral autorizam que se chame *Le Vin Herbé* de "ópera de câmara". Na verdade, a ação cênica – quando a partitura é encenada – é de complexidade semelhante à de uma ópera de grande porte.

A escrita de Martin alterna ilhas melódicas de centro tonal preciso com súbitas derrapagens para a politonalidade e até mesmo o atonalismo completo, em função de necessidades expressivas bem claras. As personagens são traçadas com uma energia primitiva, uma selvageria quase, que as liga muito mais às fontes medievais do que à reinterpretação romântica da lenda. É evidente, de resto, o desejo de desvincular-se de qualquer comparação com o onipresente modelo wagneriano. Em função disso, a linha vocal é muito variada, indo de um recitativo *quasi parlando* à cantilena mais organizada.

Nos anos seguintes, Martin continuou a explorar a forma do oratório: *In Terra Pax* (1945) e *Golgotha* (1948) são dois dos mais belos exemplos da prática desse gênero no século XX, inegavelmente influenciados por Franz Schmidt e Arthur Honegger. A propensão para as formas dramáticas é atestada também por dois ciclos de canções: *Die Weise von Liebe und Tod des Cornets Christopher Rilke* (O Cântico de Amor e Morte do Porta-bandeira CR), de 1943, para contralto e orquestra – que já chegou a ser encenado. E os *Seis Monólogos de Jedermann* (1943), extraídos do *mistério* medieval, para barítono e piano (com uma versão orquestrada de 1949).

Mas só em 1952 Martin voltou a interessar-se pelo palco, desta vez escrevendo uma ópera de grande formato, com três atos e um Epílogo. Ele próprio montou o libreto de *Der Sturm*, adaptando-o da tradução que August Wilhelm von Schlegel fizera da última peça de Shakespeare. *A Tempestade* foi estreada na Staatsoper, de Viena, em 17 de junho de 1956, e segue muito de perto a ação do drama original. Da mesma forma que *Le Vin Herbé*, a ópera tem uma orquestração muito econômica; mas há nela os vivos coloridos e uma certa leveza melódica que se tornaram característicos da escrita de Martin a partir da *Petite Symphonie Concertante*, de 1945, para harpa, cravo, piano e duas orquestras de cordas, que é um verdadeiro divisor de águas estilístico.

Fruto de uma fase muito refinada que, sem perder a profundidade da música grave e meditativa do início da carreira, ganha em elegância e flexibilidade, *A Tempestade* é uma peça mais diatônica e, nesse sentido, bastante acessível para o grande público. Há grande nobreza de caracterização principalmente na figura central do velho mago. Dietrich Fischer-Dieskau, que criou o papel de Próspero, gravou seus três principais monólogos para o selo DG, em 1963, sob a regência do próprio Martin. Na produção original, Ariel cantava dos bastidores e seu papel era representado, no palco, por um dançarino. Numa revisão posterior, o Gênio do Bem passou a ser um papel falado; mas na tradução francesa do libreto, preparada pelo próprio Martin, foi conservada a forma original.

O mesmo tratamento da *Tempestade* foi dado, em 1960, a *Monsieur de Pourceaugnac*: a orquestra é muito grande, mas utilizada de forma camerística, e se fragmenta virtuosisticamente, todo o tempo, em pequenos conjuntos que oferecem multifacetado mosaico de possibilidades timbrísticas. São raros e bem escolhidos os momentos em que o efetivo instrumental intervém em peso. O libreto limita-se a abreviar a *comédie-ballet* de Molière, usando seu texto sem modificações. O parisiense Orgon contrata o casamento de sua filha Julie com um rico advogado de província, muito mais velho do que ela. Mas como Orgon nunca viu Pourceaugnac, o namorado da moça, Éraste, o namorado de Julie, faz-se passar por ele. Ao cabo de vários qüiproquós, consegue enredar o velho advogado em falsas acusações, obrigando-o fugir de Paris. Abre-se assim o caminho para que ele próprio se case com a moça. De tom mozartiano, essa melodiosa *comédie mise en musique* utiliza os contrastes entre os diversos timbres orquestrais como recursos para caracterizar cada uma das personagens. É pena que não exista gravação nenhuma desse *divertissement* estreado no Grand Théâtre de Genève em 23 de abril de 1963 pois, das três óperas de Martin, é a que talvez teria, pela sua leveza e elegância, condições melhores de seduzir o público contemporâneo.

Entre *A Tempestade* e *Pourceaugnac*, Martin compôs também duas peças de inspiração religiosa: o *Mystère de la Nativité* (1959), usando o texto do dramaturgo medieval Arnoul Gréban, e o *Oratorio de Noël* (1960). Destinadas a formar um programa duplo, elas foram inicialmente estreadas por Ansermet, em Genebra, em versão de concerto; e depois encenadas no Festival de Salburgo de 1960, sob a regência de Heinz Wallberg. São obras de importância menor no conjunto de sua carreira, mas atestam a profunda religiosidade que lhe inspirou os monumentais oratórios da década de 1940, e o entranhado misticismo de que há provas até em algumas de suas obras instrumentais. Ao morrer, na cidadezinha holandesa de Naarden, em 1974, Frank Martin tinha-se consagrado como o mais importante compositor contemporâneo da Suíça.

SUDER

Kleider machen Leute é a única ópera de Joseph Suder (1892-1980), cuja obra, hoje, está relativamente esquecida. Mas como ela é uma tentativa consciente de resgatar a grande tradição alemã da "Komische Oper"; e como permite-nos a comparação com o tratamento dado ao mesmo texto literário por Alexander von Zemlinsky, é importante que dediquemos a ela um estudo detido.

Filho de um arquiteto de Mainz, Suder começou muito cedo a estudar piano e violoncelo e, aos 16 anos, compôs um *Scherzo em Estilo Clássico*, para orquestra, que foi executado em 1909. Seus estudos foram completados na Akademie der Tonkunst, de Munique, com Friedrich Klose (composição), Carl Roesger (piano) e Heinrich Kiefer (violoncelo). O ensino foi a forma encontrada por ele para sobreviver, após a I Guerra. Chamou a atenção pela primeira vez, como compositor, com a *Sinfonia de Câmara em Lá Maior* (1924), em que formulou o que chamou de "o princípio da síntese temática": os motivos que, na exposição, aparecem sucessivamente e contrastados, são combinados, na recapitulação, de forma a soar simultaneamente e "reconciliados uns com os outros". Mas entre 1926-1936 dedicou-se exclusivamente à redação da sua ópera, cujo libreto ele próprio escrevera, baseando-se na novela de Gottfried Keller. Com isso, não produziu, nesse período, nenhuma outra partitura de maior porte. *O Hábito Faz o Monge* ocupa, portanto, posição central em sua obra.

As tentativas de encená-la, porém, foram infrutíferas. Foi autorizada a transmissão radiofônica de alguns trechos – o balé, a "Canção da Flor", a marcha nupcial – que, desvinculados do conjunto, perdiam inteiramente o sentido. Mas as autoridades nazistas, que já tinham proibido a execução da ópera homônima de Zemlinsky, não permitiram a estréia de obra tão crítica. Em 1937, a Rádio de Munique apresentou uma seleção de cenas regida pelo autor e, diante da boa reação do público, a Ópera de Stettin (atual Szczecin, na Polônia) interessou-se em programá-la para a temporada de 1939-1940. Mas o início da guerra forçou o cancelamento do projeto. Depois de 1945, as dificuldades prosseguiram, mas por outro motivo: agora, as numerosas peças de câmara de Suder, seu *Concerto para piano* (1938) e, principalmente a *Missa "Dona Nobis Pacem"* (1945), um inflamado libelo pacifista, continuavam agradando ao público; mas não ao establishment de vanguarda, que considerava o seu estilo "ultrapassado".

Com isso, só em 1964 *Kleider machen Leute* foi encenada e, assim mesmo, no pequeno Landestheater de Coburg. Fez um sucesso retumbante, mas não o suficiente para animar os grandes teatros a programar uma partitura "passadista" que não tinha, a apoiá-la, o prestígio de uma das grandes editoras alemãs. No final da década de 1970, a Rádio Baviera e o selo Orfeo firmaram acordo de co-patrocínio para fazer uma gravação completa, que deveria ter sido regida pelo autor. Suder continuava sem sorte: uma série de problemas retardou a produção e, quando a equipe se reuniu, em abril de 1983, para começar a trabalhar, ele já estava morto havia dois anos e meio. Uwe Mund tinha sido contratado para reger a obra.

Comparando a sinopse desta versão com a de Zemlinsky, o leitor verá que Suder fez diversas modificações importantes no texto de Keller, que colocam mais ênfase no drama humano do artista do que no retrato satírico da sociedade. O alfaiate Wenzel Strapinski original é rebatizado como Ladislaus e ganha vocação para a música: toca violino, o que permite ao compositor utilizar freqüentes solos desse instrumento, de efeito muito interessante. Outra modificação significativa é a caracterização de Annette, a filha do prefeito da cidade vizinha por quem, no livro, Wenzel se apaixona de maneira mais ou menos acidental e sem maior motivação. A Annette de Suder é precocemente madura e o amor que sente pela música a aproxima naturalmente de Ladislaus. Ela é uma jovem forte, de personalidade determinada, que ajuda o rapaz a encontrar a sua verdadeira identidade.

Como, ao despedi-lo, seu patrão não lhe pagou os atrasados devidos, Ladislaus Strapinski apossa-se de um elegante casaco de veludo como forma de ressarcir o prejuízo; e sai estrada a fora à procura de novo emprego. Um belo dia de primavera, deita-se um pouco debaixo de uma árvore para descansar; mas é despertado, primeiro por um policial, que o trata com brutalidade, depois pelo gritos de socorro de uma moça cujo cavalo tropeçou, e que ele salva de levar uma queda. Ela se chama Annette, e Ladislaus sente por ela grande atração; mas, temendo que sua origem humilde seja descoberta, recusa-se a acompanhá-la até a casa de seu pai.

Por causa de seu casaco, o carteiro, que está passando por ali, confunde-o com um fidalgo e pede ao cocheiro de um conde que o leve até a vizinha Goldach. O cocheiro percebe que Ladislau não passa de um alfaiate pobre, mas encoraja-o a explorar a sua aparência distinta. Leva-o até a taverna *Zur Waage*, onde ele é regiamente recebido. Ladislaus pensa em fugir antes que descubram a impostura; mas está com tanta fome que acaba decidindo ficar. Os freqüentadores da taverna tratam cerimoniosamente o "conde Strapinski" e Melchior, um próspero mercador, o convida a ir à casa do prefeito – cuja filha é Annette, a quem ele ficou conhecendo na estrada. Ela o apresenta como o seu salvador, canta para ele e Ladislaus a acompanha ao violino, deixando a todo encantados com o seu virtuosismo. Melchior, que está apaixonado pela moça, irrita-se com o interesse que ela manifesta pelo desconhecido.

Quando o falso conde tenta novamente fugir, Annette o segue até o jardim e confessa-lhe o seu amor. Depois, voltando para a sala, anuncia à sua família que decidiu ficar noiva dele. Todos se alegram, exceto Melchior, que percebeu as vestimentas pobres do "conde" sob o casaco, e jura vingança. Depois de ter em vão tentado confessar ao prefeito quem realmente é, o alfaiate decide aproveitar a sua boa sorte, pelo menos enquanto pode. Durante a festa que lhe é oferecida, Melchior vinga-se dele montando, com outros cidadãos, uma pantomima que conta a sua história. Desmascarado, Ladislaus é expulso da cidade, perseguido por todos os moradores. Annette defende o seu noivo e consegue convencer o pai de que ele agiu de boa-fé. Vai procurá-lo e encontra-o sozinho, tocando violino, na mesma beira de estrada onde a ação começou. Eles caem nos braços um do outro e partem em busca de um futuro em que, juntos, possam realizar os seus ideais artísticos.

O diário de Suder revela que ele teve a idéia de musicar a novela de Keller em setembro de 1920. Um mês depois, fez questão de anotar que a sua sinopse de libreto já estava pronta muito antes de ter tomado conhecimento da ópera de Zemlinsky sobre o mesmo livro, cuja versão revista, a essa altura, estava para ser apresentada em Praga. Pelo visto, nem ele nem Zemlinsky sabiam que, em 1912, a novela de Keller já inspirara uma outra ópera, hoje totalmente esquecida, da compositora Gabrielle Kneussl. No folheto que acompanha a gravação da Orfeo, Helga-Marie Palm faz um cuidadoso retrospecto das hesitações, interrupções e retomadas que se arrastaram até a ópera ficar pronta, em 1934. Essa longa gestação, porém, não fez dela uma obra fragmentária. *Kleider machen Leute* é um drama musical contínuo, com orquestração muito elaborada e trama cerrada de motivos. Muito freqüentemente, como já acontecera com Schreker, Berg, Gurlitt – ou Albéric Magnard, fora da Alemanha –, Suder recorre à estruturação sinfônica, escolhendo formas fixas para cada uma de suas cenas.

A cena 2, por exemplo, é um *quasi-scherzo* com um episódio central, um brilhante conjunto de variações sobre o tema do prefeito; e o final da cena 4 é um grande coral sobre uma fuga dupla, dos cidadãos de Seldwyla e Goldach. Efeito dramático muito interessante é também o obtido com a pantomima em que o embuste de Ladislaus é exposto – na realidade uma cena de balé contínua –, que se resolve bruscamente num breve texto falado.

A acusação de que Suder praticava uma arte superada e obsoleta prendia-se ao fato de que ele não desejava fazer da ópera um gênero experimental, acessível apenas para um público especializado. Na sua opinião, o drama lírico precisava adotar uma linguagem que pudesse ser compreendida e suscitar a adesão emocional de todo tipo de público. Por esse motivo, ele não hesita em escrever melodias tonais, envolventes, fáceis de reter, de um tipo a que o público já se desacostumara em obras contemporâneas.

São raras as árias formais, como "Leise leise rauscht der Wind im Abendschimmer" (O vento sopra suavemente à luz do crepúsculo), a chamada "Canção da Flor", que Annette entoa na cena 3. Mas a sua forma fechada se justifica: ela é realmente um *lied*, com acompanhamento de violoncelo, harpa e piano, no estilo das composições que no século XIX eram produzidas para uso doméstico e que, durante o sarau em casa de seu pai, ela canta para os convidados. Predomina o arioso, mas ele é de escrita muito árdua; e são grandes as exigências feitas ao coro e aos instrumentistas – em especial o violino solo. A orquestração original era mais densa mas, para a estréia em Coburg, onde a orquestra era pequena, teve de ser reduzida (formato que Mund preserva em sua gravação). Diz Alexander Suder, o filho do compositor:

> Do ponto de vista tanto do texto quanto da música, *Kleider machen Leute* não corresponde a nenhuma categoria operística específica. Não chega a ser um *grand opéra*, mas também não é apenas uma comédia ligeira. A ópera com que mais se parece é *Os Mestres Cantores de Nuremberg* na medida em que, sobre um alicerce sério, mas não trágico, o elemento cômico desempenha um papel importante, de forma que uma aura de universalidade muito positiva brilhe sobre o conjunto. A intensidade emocional romântica não diminui em nada com um humor levemente irônico.

A comparação com a única comédia de Wagner vem muito a propósito, não só por causa da empostação do libreto mas também pelo corte melódico ou as texturas instrumentais que, com freqüência, relembram a dos *Meistersinger*. A originalidade de Joseph Suder está, portanto, em não ter renunciado ao tonalismo e em ter dado à melodia diatônica e lírica lugar de destaque dentro de sua obra. Numa época em que a "bela melodia" passara a gozar de uma reputação de facilidade e pieguice, ele não recuou diante do risco de ser marginalizado por um determinado círculo de críticos e produtores culturais – o que realmente aconteceu – e permaneceu fiel à sua sensibilidade. Hoje, o impasse do dodecafonismo conduziu a ópera a caminhos muito mais ecléticos: o neotonalismo está em vias de resgatar muitas formas e procedimentos antes considerados obsoletos. Este momento histórico dá-nos condições privilegiadas para reavaliar esse compositor, membro de uma linhagem que remonta a Strauss, Wagner e Weber, e apreciar melhor a sua única ópera.

SCHUHLHOFF

Iniciada relativamente tarde – o compositor já tinha 33 anos ao redigir seus primeiros esboços –, a única ópera de Schuhlhoff teve história tortuosa: recusada pelos teatros alemães, que a consideraram inadequada para o palco, *Flammen* ficou totalmente esquecida depois que seu autor, judeu e antifascista, foi recolhido a um campo de concentração. Só se voltou a ouvir falar de *Chamas* depois que, em 1994, o selo Decca incluiu, na coleção *Entartete Musik*, a gravação feita em Berlim por John Mauceri. Foi o merecido resgate de uma obra extremamente original, que poderia ter sido o início de uma produção operística muito fértil, não tivesse o seu criador sido vítima primeiro de incompreensão e, em seguida, da repressão étnica e política.

Embora tivesse nascido em Praga, Erwin Schuhlhoff (1894-1942) era de origem alemã. O texto de sua única ópera foi originalmente escrito em tcheco mas, para musicá-lo, ele preferiu usar uma tradução alemã, pois sabia que, assim, teria melhores possibilidades de oferecê-la aos grandes teatros, de Viena a Berlim. Além disso, são essencialmente germânicas as suas raízes estilísticas como compositor. Por todos esses motivos, é neste volume que *Flammen* deve inserir-se.

Schuhlhoff tinha apenas sete anos quando Antonín Dvorák, percebendo a sua precoce musicalidade, recomendou à sua família que o pusesse sob os cuidados de Heinrich Kaan, em Praga. Esses brilhantes estudos iniciais prosseguiram, na Alemanha, com Max Reger e Robert Teichmüller. O talento de que o jovem deu mostras fez com que recebesse duas vezes, em 1913 e 1918, o cobiçado *Mendelssohn Stiftung*. A experiência da I Guerra foi profundamente traumatizante para Schuhlhoff. Datam daí o antimilitarismo, a rejeição do nacionalismo reacionário, a crença nas idéias socialistas, que o fizeram entusiasmar-se pelo pacifismo pan-europeu pregado por Henri Barbusse e Romain Rolland no movimento a que davam o nome de *Clarté*. Convencido da necessidade de uma revolução política e estética, Schuhlhoff fundou em Dresden os *Fortschrittskonzerte* (Concertos Progressistas), destinados à propagação da obra de Skriábin, dos membros da II Escola de Viena, ou de jovens compositores como Josef Hauer.

Aproximou-se também dos dadaístas, que se reuniam em torno do pintor George Grosz – cujos quadros satirizavam a arrogante classe dos oficiais prussianos e a podridão de uma burguesia que tentava tirar proveito da situação instável deixada pelo conflito mundial. Foi, aliás, numa casa de jazz freqüentada por esse grupo que conheceu a jovem Alice, com quem haveria de se casar. O desejo de protestar contra a cultura burguesa falida e de eliminar de sua própria obra os seus resíduos fará dele o mais típico representante do Dadaísmo no campo da música. A essa atitude virá juntar-se, mais tarde, a convicta adesão ao Realismo Socialista, marcada pela composição, entre 1931-1932, de um monumental oratório sobre o texto do *Manifesto Comunista*, de Marx e Engels.

O primeiro namoro de Schuhlhoff com o palco ocorrera em 1914. Mas a comédia *Mitschuldigen* (Os Cúmplices), baseada em um conto de Goethe, foi interrompida pela convocação para o serviço militar e, terminada a guerra, tinha deixado de interessá-lo. No outono de 1923, Max Brod – amigo de Kafka e Janácek, o mais influente intelectual dentro da comunidade germânica de Praga –, o apresentou ao escritor Karel Josef Beneš. Este andava à procura de um compositor que fornecesse a música incidental para *Don Juan*, poema dramático que escrevera no ano anterior reinterpretando livremente o mito explorado pela primeira vez por Tirso de Molina em *El Burlador de Sevilla o El Convidado de Piedra* (1624). Porém, antes de se dedicar a esse trabalho, ambos colaboraram no balé *Ogelala*, de ambientação mexicana, com um caráter primitivo que trai a nítida influência da *Sagração da primavera*, de Stravínski. Nele, Schuhlhoff desenvolveu a idéia –, muito comum nos poetas simbolistas, mas que lhe viera por intermédio de Skriábin –, da relação sinestésica entre os sons e as cores. Juntamente com o arquiteto e cenógrafo Zdeněk Pešánek, pioneiro da arte cinética, elaborou para o espetáculo um esquema de iluminação em que cada cena do balé recebia um tratamento cromático com simbologia específica.

Entusiasmados com as possibilidades abertas por essa colaboração, Schuhlhoff e Pešánek levaram adiante as pesquisas sinestésicas. Em 1928, o compositor mandou construir um piano em que cada nota do teclado correspondia a um matiz de cor emitido por um projetor; e apresentou-se com ele, em recital, em Praga. Juntos, elaboraram também o projeto de um grande espetáculo de som e luz, ao ar livre, em que o oratório sobre o *Manifesto Comunista* seria encenado para comemorar o centenário da Comuna de Paris – idéia que, naturalmente, nunca pôde ser posta em prática.

Ogelala não teve sorte: a estréia em Dessau (1925) foi um fracasso, devido à preparação musical e coreográfica insuficiente, e às dificuldades técnicas propostas pela encenação de Pešánek, a que o pequeno teatro não estava em condições de atender. Em Brno, o clero católico acusou o balé de "obscenidade" e impediu a apresentação. Não foi melhor o destino da obra que Schuhlhoff e Beneš criaram a seguir, o balé-grotesco *Die Mondsüchtige* (Os Sonâmbulos), terminado em 1925 mas só encenado uma única vez em Oxford (1931). Tinha sido reaproveitada nele a *Suite para Orquestra de Câmara*, peça de forte inspiração jazzística composta poucos anos antes; e seus ritmos de dança muito sincopados dão ao balé aquele sabor típico da vanguarda da década de 1920, na linha de *Le Boeuf sur le Toit*, de Darius Milhaud. Para conhecê-lo, existe na coleção *Entartete Musik* o disco *Tanz-Grotesk* (1993), em que Lothar Zagrosek o interpreta ao lado do *Geburtstag der Infantin*, de Schreker, e do *Dämon*, de Hindemith.

Na primavera de 1927, Beneš e Schuhlhoff tinham decidido converter *Don Juan* em uma ópera, e o compositor atirara-se ao trabalho, "num estado de excitação permanente, que apoderou-se de mim totalmente", como escreveu a seu libretista. Brod traduzira o poema para o alemão (provavelmente ajudando-o a dar ao texto um formato mais teatral). Às "nove e quinze do dia 18 de junho de 1928", o músico pôs vitoriosamente o ponto final no rascunho da partitura. E começou a orquestrá-la enquanto, através de sua editora, a Universal, negociava com os teatros alemães a estréia da ópera que, a essa altura, passara a chamar-se *Flammen*.

O interesse inicial de Erich Kleiber que, em abril de 1928, executara a *Sinfonia nº 1* de Schuhlhoff no Stadtstheater de Berlim, diminuiu quando Hans Heinsheimer, o chefe do setor de ópera da Universal, foi da opinião de que *Flammen* não teria bom rendimento no palco. Contra isso, o autor protestou vivamente. A sua ópera nada tinha em comum "com esses produtos manufaturados em série de hoje em dia, compilados para o palco segundo receitas realistas bem conhecidas". E alertava Heinsheimer: "Não se esqueça de que a música da obra é um comentário da ação e das personagens, em si e por si fantasmas inquietantes, que a música torna ainda mais fantasmagóricas e inquietantes, não deixando, por isso mesmo, de ter eficiência cênica."

Tendo a Universal e a Schott se recusado a imprimir a partitura, nenhum grande teatro alemão aceitou programá-la, e *Flammen*, retraduzida para o tcheco com o nome de *Plameny*, acabou sendo criada no Zemské Dívadlo, de Brno, em 27 de janeiro de 1932, numa versão reduzida para um ato apenas. Apesar da resenha muito favorável do crítico Erich Steinhard, houve apenas cinco récitas. A radicalização das opiniões políticas de Schuhlhoff, após a visita que fez a Moscou em 1932 e a ascensão de Hitler ao poder, o isolaram cada vez mais, jogando por terra as esperanças de que *Flammen* fosse montada na Alemanha em sua versão integral, em três atos, com a cena de tempestade adicional composta após a estréia em Brno.

A deliberada guinada para a esquerda que o fez – juntamente com Hanns Eisler – tornar-se um representante convicto do Realismo Socialista no Ocidente, não ajudou em nada a um artista que já era mal visto pelos nazistas pelo fato de ser judeu. Em 1933, Schuhlhoff perdeu a sua principal fonte de subsistência ao ser proibido de apresentar-se como pianista na Alemanha. Sobreviveu com um salário de fome, graças à boa vontade de alguns amigos, tocando piano anonimamente nas rádios de Praga e Ostrava. Naturalizou-se russo, esperando poder emigrar para a União Soviética; mas não houve tempo para isso. Em 23 de junho de 1941, pouco antes da invasão da União Soviética pelos alemães, foi preso e deportado, como "inimigo estrangeiro". Mandaram-no, juntamente com seu filho Peter, para o campo de internação de Wülzburg, na Baviera, que se destinava a prisioneiros de guerra soviéticos. Ali, ainda conseguiu trabalhar nas suas *Sinfonias nº 7 e 8*. Mas morreu de tifo, em 18 de agosto do ano seguinte.

Após a guerra, o governo comunista tcheco começou a revalorizar as suas obras de inspiração política, cercando de brilho propagandístico a primeira execução, em 1946, da *Sinfonia nº 6 "da Liberdade"*. Em 1962, foram descobertos em Moscou diversos manuscritos que o próprio Schuhlhoff ali deixara, para protegê-los. Mais tarde, por iniciativa do musicólogo suíço Walter Labhart e do violinista russo Gidon Kremer, várias de suas obras instrumentais foram executadas no Festival de Música de Câmara de Lockenhaus. Mas foi necessário que, no início da década de 1990, o diretor de teatro francês Bertrand Sauvat convencesse a editora Schott a publicar a partitura de *Flammen*, para que se tornasse disponível o material que permitiu a gravação de 1994.

Em sua versão atual – cuidadosamente editada por John Mauceri, que restabeleceu toda a música existente no autógrafo, inclusive a cena de tempestade composta posteriormente – *Flammen* tem dois atos divididos em dez cenas, cada uma delas com um título. Não há uma trama linear, apenas uma série de quadros isolados que evocam estados de espírito:

Ato I, cena 1 – *Noturno*: Uma vez mais as sombras – encarnadas por um sexteto de sopranos e contraltos – arrastam Don Juan para o caminho do excesso sexual. Até mesmo as nuvens no céu lhe parecem ser símbolos fálicos. La Morte o acompanha até uma casa isolada, onde ele leva uma Mulher a um êxtase erótico cujos gemidos mais parecem gritos de agonia.

Cena 2 – *Canto do fogo*: As sombras comentam que uma desconhecida está ardendo de paixão por Don Juan. Na imaginação deste, o alvo corpo da mulher tinge-se de vermelho sangue.

Cena 3 – *Missa da meia-noite*: Don Juan tenta libertar-se de seus instintos rezando na catedral, mas encontra-se com uma freira com a qual acaba rolando no chão. O *Gloria* ameaçador que La Morte toca no órgão é aos poucos submergido por um irreverente fox-trot.

Cena 4 – *Quimera*: Don Juan sobe para o topo de um monte passando por um caminho ladeado pelos corpos nus de mulheres que ele vai abraçando e rejeitando. As sombras o acusam de traição. No alto do monte, banhada em luz intensa, depara com La Morte, e volta para as trevas cambaleando.

Cena 5 – *Galeria*: Don Juan visita uma galeria onde estão as estátuas dos grandes sedutores que o precederam e lamenta não ser tão bem-sucedido na busca da felicidade. Sem que ele a veja, La Morte lhe estende os braços voluptuosamente.

Cena 6 – *Diálogo*: A freira volta a procurá-lo e o arranca de seus sombrios pensamentos. No fundo da cena surge um corpo nu de mulher, iluminado por violenta luz vermelha, que o enche de desejos. É a ela que Don Juan se dirige dizendo: "Dem Traum gleicht alles!" (Tudo parece-se com um sonho!).

Cena 6a: *Tempestade* – Don Juan encontra Margarethe e abraça-se com ela. Mas La Morte aparece e mata a moça.

Cena 7 – *Conversa com o mar*: Estendido na praia ao lado do cadáver de Margarethe, Don Juan pensa em morrer e começa a sentir-se atraído por La Morte. Mas esta, sem nada dizer, desaparece dentro do mar.

Ato 2, cena 8 – *Noite de Carnaval*: Enquanto Don Juan dança um foxtrote com Donna Anna, num salão de baile decorado no estilo da *Commedia dell'arte*, Arlequim anuncia para a meia-noite uma cena trágica. De fato Don Juan apunhala o marido de Donna Anna, que está fantasiado de Comendador e transforma-se numa gigantesca aparição luminosa. "Auch lebend, Juan, bist du des Todes Ebenbild", diz-lhe a mulher. "Dem, der wahrhaft liebt, gehör ich an" (Mesmo morto, Juan, és o retrato da morte. Pertenço àquele que me ama de verdade). Tomando a espada do marido, ela se mata.

Cena 9 – *Banquete*: Don Juan tenta tirar Donna Anna de seu caixão e reanimá-la. Mulheres nuas surgem, dançando diante dele, mas escapam a seu abraço. Ele então vira-se para La Morte, dizendo que só a ela poderá ser fiel, mas esta lhe responde que o ama demais para ser capaz de destruí-lo. Aterrorizado pela aparição do Comendador, que o condena à vida eterna, Don Juan dispara um tiro no peito, mas só o que consegue é rejuvenescer. "So muss ich weiter, weiter sein?", lamenta-se (Terei então de viver para sempre?).

Cena 10 – *Noturno*: O ciclo se fecha. Como no início da ópera, as sombras perseguem Don Juan, enchendo-o de desejo. Da casa isolada vêm os gemidos apaixonados de "uma nova vítima do amor". Ele não resiste e vai procurá-la. Sozinha no palco, La Morte pergunta: "Lebens- und Todesflammen, wann endlich zusammen?" (Quando estarão finalmente reunidas as chamas da vida e da morte?).

Encarnação de uma sede de viver demoníaca, o *Don Juan* de Tirso de Molina, que não recua diante de coisa alguma para satisfazer seus desejos, transforma-se, nas mãos de Molière, num símbolo mais profundo, de subversão da ordem moral e religiosa em nome da afirmação da liberdade pessoal. É daí que parte Lorenzo da Ponte para, na ópera de Mozart, fazer de *Don Giovanni* um instrumento de crítica social, denunciando a inconsistência de comportamento tanto do casal aristocrático (Donna Anna-Ottavio) quanto da mulher burguesa (Donna Elvira) ou do casal do povo (Zerlina-Masetto). O século XIX apaixonou-se pelas facetas sombrias da personagem, vendo-a como uma figura fáustica ou um precursor do *Manfred* byroniano. Mais tarde, poetas como Baudelaire, Cocteau e Apollinaire, ou um filósofo como Albert Camus, o encararam de forma positiva: um símbolo da rebelião contra as convenções sexuais, a ser encaixado na mesma categoria do marquês de Sade. No campo oposto, havia a tendência a descrevê-lo como um impotente incapaz de amar, que seduz incansavelmente as mulheres como uma forma de conspurcá-las, pois não consegue amá-las.

Beneš, em seu poema, vê Don Juan pelo prisma da psicanálise. Uma dinâmica das pulsões instintivas domina a cena e – como no *Erwartung* (A Espera) ou *Die glückliche Hand* (A Mão Feliz), de Schönberg –, transforma o drama em um monodrama: as personagens secundárias não passam de projeções de Don Juan e dos "complexos que o torturam". De arquétipo do princípio ativo da vontade incontrolável, Don Juan passa a vítima de tentações que despertam nele impulsos adormecidos, aos quais não consegue resistir. Aos tormentos da libido opõem-se o amor puro (Donna Anna) e a felicidade eterna (La Morte), o contrário dos efêmeros prazeres terrestres (reflexo distante do pessimismo schopenhaueriano e de seu influxo sobre Wagner). A ameaçadora aparição do espectro do Comendador o condena à vida eterna e a sofrer para sempre. O tiro que o rejuvenesce só serve para aumentar o tempo que ele terá de viver.

Personagem trágica atormentada pelos desejos nebulosos do "Id" freudiano, esse Don Juan busca em vão os meios de controle do "eu". Na Introdução à ópera, Beneš e Schuhlhoff comparam-no à figura do Judeu Errante, pois ele vaga em busca de uma redenção que sempre escapa de seu alcance. E tiram daí uma conclusão: assim como só o controle pessoal dos impulsos de Don Juan poderia salvá-lo da maldição do desejo, só a estabilização do indivíduo pode criar bases firmes para a sociedade. E, em termos que não disfarçam as suas opções ideológicas, afirmam: "A moral só se realiza no plano coletivo quando o indivíduo é capaz de encontrar, entre todas as suas más qualidades, as boas também e, entre estas, localizar o seu próprio eu."

Até instalar-se em Praga, Schuhlhoff tinha composto numa grande variedade de estilos, experimentando todos os recursos à sua disposição na época. Depois, sem perda da energia rítmica ou da riqueza de coloridos instrumentais, assiste-se a uma decantação neoclássica em que as formas adquirem contornos mais nítidos. Não se trata, porém, de um retorno aos modelos barrocos, como o fazem o Hindemith do *Cardillac* ou o Stravínski do *Rake's Progress*. Na verdade, a uma primeira fase instintiva, seguem-se processos criativos mais refletidos. *Flammen* rompe com os maneirismos da *Zeitoper*: não há ação realista, a ambientação não é contemporânea (pelo contrário, é deliberadamente atemporal) e, se há um compositor ao qual a ópera faz referência, é a Richard Wagner, arquétipo de um ultra-romantismo que a vanguarda via como superado.

Em *Divadelní List*, a revista do teatro de Brno, a cidade onde *Plameny* estreou, Schuhlhoff escreveu: "A essência do teatro permanece, há milênios, aquilo que os chineses viam nele: o espaço em que pode existir, para o prazer do espectador, uma fantasia sem limites. E é ao espectador que cabe decidir se ousa ou não deixar que uma parte pelo menos dessa fantasia se desenvolva." Mover-se nesse sentido significava desligar-se do princípio aristotélico da identificação e optar por um esteticismo – reminiscente do Simbolismo –, que compreendia o teatro como um espetáculo lúdico, uma fantasia irreal e quase surrealista. A lei da unidade de ação torna-se irrelevante e a peça adquire a forma livre de seqüências de factura variada, em que Schuhlhoff pode dar livre curso a seu gosto pela variedade estilística. Mas não se pense que, com isso, a ópera como um conjunto tenha forma fragmentada.

Reatando com a forma *durchkomponiert* wagneriana, usando vastos interlúdios sinfônicos que asseguram a continuidade entre uma cena e outra, não recuando diante de um tom extático que relembra o *Tristão* ou o *Parsifal*, a ópera de Schuhlhoff rompe com a estrutura de números que voltara à moda. A esse vínculo neo-romântico, junta-se um outro, muito forte, com o teatro expressionista, estabelecido pelo uso não-naturalista das cores e do espaço cênico. Além de a iluminação definir o que pertence à área do "eu" consciente (branco), do "Id" libidinoso (vermelho), da compulsão pela morte (azul) e do "super-ego" (verde), o cenário de Pešánek, construído em diversos níveis, colocava as sombras no inferior, próximo à boca de cena, e os graus mais elevados da consciência no alto, no fundo do palco.

Influenciado pelos dadaístas, Schuhlhoff tinha utilizado em suas peças, desde muito cedo, ritmos populares de dança – foxtrote, one-step, ragtime – descrevendo-os como a "expressão de uma animalidade antiburguesa". Mais ainda do que Stravínski, Milhaud ou Weill, ele explorou esse filão, chegando a dizer, numa carta a seu editor: "Fui o primeiro a fazer do jazz uma utilização com fins dramáticos". Essa afirmação, naturalmente, não é verdadeira – Krenek já o precedera nessa trilha –; mas isso não diminui o valor do uso que ele faz desse recurso, em duas passagens sobretudo. Na *Missa da meia-noite*, as sonoridades solenes do órgão desaparecem sob a música sensual e insolente de um conjunto de sax soprano, sax tenor, piston, banjo tenor, piano e bateria, simbolizando a forma como Don Juan é dominado pelos seus desejos. E, no *Banquete*, é o *jazz combo* que opõe, a seu desejo de morte, a idéia assustadora da vida eterna.

Os ritmos populares servem, aliás, para romper constantemente a unidade de estilo da música de vinculação romântica, tirando Don Juan do seu plano heróico tradicional e projetando-o no da sua impotência em libertar-se de um destino que o escraviza. Isso acontece com o foxtrote que vem interromper a fanfarra dos três trompetes na *Noite de Carnaval*; ocorre também com o tango que é tocado depois da morte do Comendador; e com os ritmos de jazz que irrompem depois da frustrada tentativa de suicídio do protagonista.

Outro elemento fundamental em *Flammen* são as suas relações com o cinema e com a arte surrealista. As descrições de cenário, da misteriosa casa isolada, banhada por uma luz misteriosa, lembram os quadros de Magritte. A estrada pontuada por estáticas mulheres nuas parece ter saído de uma tela de Paul Delvaux. As cenas curtas e os cortes bruscos denotam a influência do cinema – em especial das teorias de Serguêi Eisenstéin. Freqüentadores assíduos da Embaixada soviética, Beneš e Schuhlhoff tinham assistido a seus filmes em sessões especiais e discutido as suas idéias com os intelectuais de esquerda que ali se reuniam. Examinando o cenário desenhado por Pešánek para a estréia em Brno – há, no álbum da Decca, uma foto da maquete –, percebe-se, além disso, visível influência dos construtivistas russos, na mesma linha dos dispositivos cênicos feitos para as peças de Maiakóvski, por exemplo.

Embora fruto de uma formação firmemente ancorada na tradição germânica, *Flammen* tem muito pouco a ver com o tipo de ópera que se fazia na Alemanha na época em que foi escrita. Josef Bek, autor de um ensaio que acompanha a gravação da Decca, é da opinião que ela "é parte da linha de desenvolvimento que, partindo do *grand-opéra* francês, estende-se, através do Debussy de *Pelléas et Mélisande*, até o Milhaud do *Christophe Colomb*". Mas isso também é vê-la sob apenas um aspecto pois, como todas as outras obras de Schuhlhoff, *Flammen* socorre-se das mais variadas fontes de inspiração, não hesitando em saltar as fronteiras entre o erudito e o popular, e em combinar estilos das mais diversas procedências. Apesar das palavras elogiosas que foram escritas por alguns críticos, o público presente à estréia de Brno ficou muito perplexo com a estrutura teatral e a escrita musical de *Flammen* – e isso explica também o descaso que, por muitos anos, cercou esta obra originalíssima. Infelizmente os espectadores presentes à estréia não tinham condições de perceber que – numa época em que já se falava da ópera como um gênero que atravessava um período de crise – Schuhlhoff estava apontando um caminho para o futuro.

Dessau e Brand

Menino prodígio que, aos seis anos, já tocava violino, Paul Dessau (1894-1979) começou a compor aos doze. Embora nunca tenha passado dos esboços ao piano, estudava ainda no Conservatório de Berlim quando fez, com *Giuditta*, a primeira tentativa de escrever uma ópera. Aluno de regência de Arthur Nikisch e Felix Weingartner, ele próprio dizia ter-se sentido dividido, na fase de formação, entre as influências contraditórias de Schönberg e Richard Strauss. Iniciou a carreira musical trabalhando como co-repetidor na Ópera de sua Hamburgo natal e, em seguida, ocupou postos de regente auxiliar em Bremen, Colônia (como assistente de Otto Klemperer), Mainz e Berlim.

Nesse último posto, desentendeu-se com o titular, Bruno Walter e, e tendo pedido demissão, foi obrigado, para se sustentar, a aceitar o emprego de compositor de trilhas sonoras para cinema mudo. Era um trabalho de mouro, que exigia dele escrever uma partitura por semana; mas isso lhe valeu disciplina, fluência técnica e um gosto pelas citações que haveria de condicionar de forma muito típica o seu estilo pessoal. Ligado desde cedo aos movimentos de esquerda, Dessau foi para a França, em 1933, após a ascensão dos nazistas ao poder. Ali, foi iniciado pelo maestro René Leibowitz nas técnicas dodecafônicas e compôs a música incidental para a estréia francesa de *Furcht und Elend des dritten Reiches* (Terror e Misérias do III Reich), de Brecht. O dramaturgo, porém, ele só veio a conhecer pessoalmente em 1939, na Califórnia, quando mudou-se para os Estados Unidos, onde passou os anos de guerra compondo, para o cinema, trilhas sonoras que, de um modo geral, eram assinadas por testas de ferro.

Em 1948, as suas simpatias de esquerda o tornaram *persona non grata* nos Estados Unidos, e Dessau teve de voltar à Europa. Embora nunca se filiasse formalmente ao Partido Comunista, foi, ao lado de Hanns Eisler, figura de proa na vida musical da recém-proclamada Alemanha Oriental. Continuou compondo música incidental para peças de teatro – a mais famosa é a de *Mãe Coragem* (1948), de Brecht – e, a partir de 1951, iniciou a carreira de operista. Para isso contribuiu o seu casamento com a diretora Ruth Berghaus, responsável por controvertidas montagens de ópera, muito criticada pelo público conservador, pois sempre dava um conteúdo político às encenações até mesmo das obras mais tradicionais.

Apenas a primeira das contribuições de Dessau para o palco será tratada aqui, pois permanece dentro do âmbito do sistema tonal. As demais – *Puntila* (1966), *Lanzelot* (1969), *Einstein* (1974) e *Leonce und Lena* (1979) –, por combinar diversas técnicas de vanguarda, escapam aos objetivos deste livro e serão discutidas no volume dedicado à *Ópera Contemporânea*.

Brecht escreveu a peça radiofônica *Verhör des Lukullus* em 1939, logo após a invasão da Polônia pelas tropas alemãs. A primeira apresentação ocorreu no ano seguinte, num programa da Rádio Berna. Em 1947, durante a sua estada nos EUA, ao saber que estudantes de música da Universidade da Califórnia pretendiam encenar a *Histoire du Soldat*, de Stravínski, Brecht propôs ao russo que musicasse *O Julgamento de Lúculo* para formar com ela um programa duplo. Tendo Stravínski recusado alegando não se interessar pelo conteúdo político do texto, o compositor americano Roger Sessions encarregou-se da tarefa e *The Trial of Lucullus* estreou em 18 de abril de 1947. A crítica americana foi bem favorável ao trabalho de Sessions, elogiando o seu eloqüente estilo declamatório. Mas Brecht não gostou nem um pouco do resultado e, de volta à Alemanha, ofereceu o texto a Dessau.

Escrita em três semanas, a ópera foi executada numa sessão fechada, para convidados, na Staatsoper de Berlim, em 17 de março de 1951, sob a regência de Hermann Scherchen – e desta vez foram as autoridades alemãs orientais que não ficaram nem um pouco satisfeitas. Exigiram que Brecht atenuasse o antimilitarismo do texto, adequando-o às posições estratégicas do novo governo enquanto aliado da União Soviética e signatário do Pacto de Varsóvia. A versão revista, intitulada *Der Verurteilung des Lukullus* (A Condenação de Lúculo), foi oficialmente estreada na Staatsoper, em 12 de outubro de 1951. Scherchen, porém, não concordou com a mudança e, à revelia de Dessau, publicou a versão original pela editora Ars Nova, de Zurique (1952). Quanto ao compositor, ele ainda fez novas revisões antes de entregar a partitura à editora leste-berlinense Henschel, que a publicou em 1961. É nesse texto revisto que se baseia a gravação existente, feita por Herbert Kegel para o selo Telefunken, na Rádio de Leipzig, em 1965.

No Prólogo, a multidão assiste ao cortejo fúnebre de Lúculo, enterrado com todas as honras militares. Meninos de escola são levados diante de seu túmulo para ouvir o professor recitar a lista das batalhas que ele venceu. A ação passa, em seguida, para o Reino das Sombras, onde o general comparece perante um tribunal formado por um camponês, um professor, um padeiro, a mulher de um pescador e uma prostituta. Em sua defesa, o general pede que seja exibida a frisa de mármore onde estão representadas as suas vitórias. Mas o tribunal conclui que as personagens ali esculpidas – um rei derrotado, a sua rainha estuprada, duas crianças carregando tabuinhas com os nomes das cidades arrasadas – são provas para a acusação, não para a defesa. Em favor do morto só vêm falar o seu cozinheiro, sempre muito bem tratado por esse gastrônomo famoso – cujo nome compõe a expressão proverbial "um festim de Lúculo" –, e um camponês que o elogia por ter introduzido na Itália a plantação da cerejeira. Mas esses feitos não o desculpam por ter sido o responsável pela morte de 80 mil pessoas, conclui o tribunal; e o condena a ser atirado no vazio eterno.

A partitura do *Julgamento de Lúculo* é notável pelo uso hábil que Dessau faz de uma variada seção de percussões, pela virtuosística construção das cenas de multidão (em que o coro vai da fala ao canto, passando pela declamação rítmica) e pelo brilho do colorido instrumental. Os rompantes do general, cantado por um robusto Heldentenor, são pontuados por agressivas intervenções dos metais. Em contraste, é de delicadeza camerística o conjunto de flautas usado na cena em que a mulher lamenta a morte de seu filho na guerra. Um acordeon acompanha o camponês e dá a seu depoimento um tom descontraído que rompe com a atmosfera épica do conjunto. Em alguns momentos, ouve-se um duo de pianos preparados. E no final, o coro de condenação de Lúculo exige o uso do trautônio, um instrumento eletrônico. Acessivelmente tonal, retoricamente convincente, *Der Verurteilung des Lukullus* é, ainda hoje, freqüentemente representada nos teatros alemães.

Brand

Neste mesmo contexto de ópera com inspiração política e intenções doutrinárias, cabe mencionar uma obra isolada de sensível importância: *Maschinist Hopkins*, estreada no Staatstheater de Duisburg em 13 de abril de 1929. Ela fez o nome de Max Brand (1896-

Estréia do *Julgamento de Lúculo*, de Paul Dessau, na Staatsoper de Berlim Oriental, em março de 1951. Remontagem no mesmo teatro, em 1966.

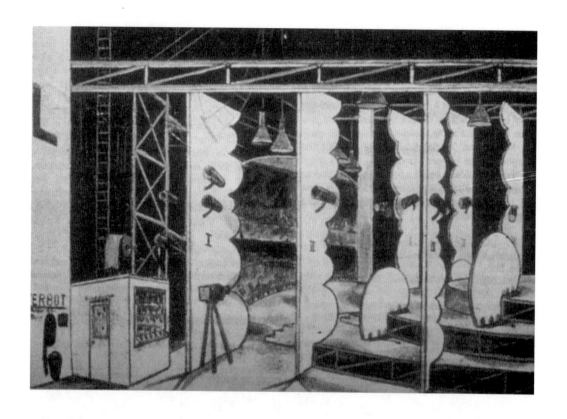

O cenário para a estréia do *Maschinist Hopkins*, de Max Brand, no Staadttheater de Duisburg, em abril de 1929.

1980) que, por sua causa, recebeu naquele ano o primeiro prêmio do festival Allgemeine Deutsche Musikverein. Antes disso, esse aluno de Schreker, Hába e Erwin Stein, nascido em Lemberg – hoje Lvov, na Ucrânia –, era virtualmente desconhecido. Brand era o modernista típico, aberto a todas as experiências novas. Foi o primeiro, fora do círculo que gravitava em torno de Schönberg, a experimentar com a técnica dodecafônica: suas *Cinco Canções Bíblicas* são de 1927, três anos antes da primeira obra serial do criador da II Escola de Viena.

Mas *Hopkins, o Operário de Fábrica*, cujo libreto é de sua própria autoria, é uma obra basicamente tonal, com os mesmos propósitos do teatro político de Weill e Dessau. Foi um dos maiores sucessos musicais da república de Weimar, comparável ao *Jonny spielt auf*, de Krenek. Até o fim de 1930, tinha sido encenada em 37 teatros alemães diferentes. Em 1933, fora apresentada em Praga, Estocolmo, Khárkov, na Ucrânia, Zurique e Leningrado. De ambientação urbana, realista, preocupada com a moralidade e os aspectos humanitários da sociedade industrial, combinando neoclassicismo, serialismo, jazz, temas populares e cantabiles operísticos tradicionais no mais descarado estilo pucciniano, *Hopkins* é o exemplo acabado da ebulição estética que marcou a fase de Weimar, e de seus efêmeros ideais progressistas.

No Prólogo, dois operários, Bill e Nell, a sua amante, roubam uma fórmula secreta da fábrica em que trabalham. São surpreendidos pelo marido de Nell; mas este, ao tentar impedir o roubo, é esmagado pelas máquinas da fábrica. Sete anos depois, com a fórmula roubada, Bill abriu o seu próprio negócio e está ficando rico. Com seu dinheiro, pôde realizar o sonho dourado de Nell transformando-a numa vedete de nightclub. Durante a festa para comemorar o contrato milionário que assinou, por ela, com o cabaré mais chique da cidade, Bill faz também um outro negócio: compra a fábrica onde os dois trabalhavam antes. Sua intenção é fechá-la, para que ninguém jamais possa descobrir o que ambos fizeram, mesmo que isso signifique o desemprego para muita gente.

Mas Hopkins, um dos operários, descobre a verdade sobre o passado e começa a chantageá-los. Os dois entram em declínio. Nell se prostitui para sobreviver, até o dia em que Bill a surpreende com um cliente e a assassina. Decide então destruir as máquinas que foram a sua perdição, mas é surpreendido por Hopkins, os dois lutam e Bill acaba caindo nas engrenagens, que o esmagam como ao marido de Nell, no Prólogo. Salvos os seus empregos, os operários retomam os seus lugares na linha de montagem e trabalham como autômatos.

Por algum tempo, os aspectos popularescos da partitura – o *black-bottom* e o tango dançados na cena que se passa num restaurante chique; a canção meio obscena que se ouve num botequim popular – fizeram a crítica perder de vista a seriedade da estruturação sinfônica dessa ópera. O estilo neoclássico é usado para retratar a fria eficiência da fábrica moderna montada por Bill. E nas cenas em que Hopkins os chantageia sem o menor escrúpulo, há um clima sombrio que remete à influência do *cinéma noir*, fazendo assim, também, a ligação com o Expressionismo.

A ópera tem curiosos paralelismos. A música do Prólogo retorna no Epílogo, com variantes que sugerem a idéia de que a mesma coisa está acontecendo de novo, só que de trás para diante. O tema em tom maior do momento em que Nell rouba a fórmula, chave para um futuro brilhante, retorna num sombrio tom menor quando Bill a apunhala, no ato III. Os versos que, no Prólogo, eram cantados pelas máquinas, fontes de energia e poder, são entoados no final pela voz de Nell, sugerindo a idéia de que não só a sede de poder, mas também o desejo por ela eram os motores que levavam Bill a agir.

A reprise, no final, da música das máquinas, confiada a um coro desencarnado, de tom fantasmagórico, sugere que a eles caberá o poder, e à desumanização que representam. A coda da ópera, em que os operários salmodiam mecanicamente a palavra "Arbeit" (trabalho), acompanhados pelos ritmos monótonos de onze instrumentos de percussão, parece ter saído do *Metrópolis*, de Fritz Lang. Num artigo intitulado "*Maschinist Hopkins*: a Father for *Lulu*?", publicado no nº 127 de *Musical Times* (1986), Clive Bennett mostrou a influência exercida por Brand sobre a última obra de Alban Berg.

Em fevereiro de 1933, Brand estava ensaiando, na Ópera de Berlim, a sua segunda ópera, *Requiem*, quando um decreto do novo governo baniu a execução de sua música. Essa partitura perdeu-se, na Tchecoslováquia, durante a II Guerra. Brand mudou-se para Viena, onde trabalhou com Hanns Eisler num estúdio que produzia filmes experimentais. Em 1938, teve de fugir. Foi para Praga, dali seguiu para a Suíça, esteve alguns anos no Brasil e, daqui, emigrou para os EUA, onde fez alguns trabalhos pioneiros com música eletrônica (é ele o autor do hino *The Astronauts*, para celebrar a viagem espacial de John Glenn).

Escreveu também peças de estilo mais tradicional: o oratório cênico *The Gate* (1940), estreado no Metropolitan de Nova Iorque em 1944; e o poema sinfônico *The Wonderful One-Hoss-Shay* (1959), encomendado por Eugene Ormandy para a Orquestra de Filadélfia. Mas nenhuma delas obteve reconhecimento. Voltou para a Europa em 1975 e recolheu-se à aldeia de Langenzersdorf, perto de Viena, onde morreu cinco anos depois.

Hindemith

A atenção de Fritz Busch, que andava à procura de novas óperas, foi despertada pelo trabalho de um violinista da orquestra da Ópera de Frankfurt, onde ele era o titular. Busch regeu, em 4 de junho de 1921, no Württembergisches Landestheater de Stuttgart, a estréia das duas primeiras óperas de Paul Hindemith (1895-1963). A atitude provocadora que esse jovem compositor assumia em relação ao comportamento sexual e o tom agressivamente expressionista dessas óperas em um ato fizeram de *Mörder, Hoffnung der Frauen* e *Das Nusch-Nuschi* o típico sucesso de escândalo. O que encorajou o músico a juntar a elas *Sancta Susanna*, estreada em 26 de março de 1922, formando um tríptico contrastante, de estrutura – mas não de tom – nitidamente inspirada no de Puccini.

Hindemith leu, em outubro de 1917, no número especial da revista *Kunstblatt* dedicado a Oskar Kokoschka, o texto da peça *Assassinato, Esperança das Mulheres*, seqüência fragmentária de cenas curtas que o pintor escrevera em 1907, a partir de desenhos em que mostrava um homem e uma mulher em posturas que eram, ao mesmo tempo, de luta e de violento embate sexual. A peça, estreada em Viena com um acompanhamento de percussões, trata do eterno combate entre Eros e Tânatos, e do antagonismo fundamental entre Homem e Mulher. À noite, ao pé de uma torre protegida por pesado portal gradeado, guerreiros conduzidos por um Homem, que tem o rosto todo pintado de branco e o corpo coberto por uma couraça azul, encontram-se com uma Mulher vestida de vermelho, seguida por suas damas de companhia. Os dois grupos trocam insultos e provocações, até que os dois protagonistas se atracam, o Homem marca a Mulher com um ferro em brasa, e esta o apunhala.

Mortalmente ferido, o Homem é levado para dentro da torre. A Mulher o segue e, ali, eles entregam-se um ao outro numa cena de êxtase que os eleva a um auge de conhecimento místico. Enquanto o Homem desperta para uma segunda vida, a Mulher se exaure e agoniza. O Homem se ergue do leito, sai da torre, massacra os guerreiros e as damas de companhia, que estão confraternizando do lado de fora e, depois, desaparece numa ruela lateral. A torre é destruída por um incêndio, enquanto o galo canta, anunciando a chegada do dia seguinte.

Ao escolher esse texto como o tema de sua primeira ópera, Hindemith alinhava-se com o que havia de mais radical em termos de propostas estéticas na época: as "ultra-extravagâncias" do Expressionismo, como ele próprio as chamava. A adaptação de *Mörder* foi o resultado de longas discussões sobre o futuro da ópera com seu amigo, o escultor Benno Elkan, e com o crítico Bernhard Diebold, o primeiro a fazer uma análise do teatro expressionista em seu livro *Anarchie im Drama* (A Anarquia no Drama). Em seu *Diário*, Hindemith faz anotações preciosas para que se entenda o clima intelectual que presidiu à composição desse ato único:

> Elkan propõe o abandono completo de qualquer tipo de realidade na arte [...]. Temos de fugir dessa horrorosa realidade que nos deixa de cabelos em pé, afirma Elkan [...]. Hoje em dia, nenhum problema humano pode mais ser levado em conta sem que tomemos a guerra como ponto de referência.

O escultor lhe sugeria que trabalhasse com abstrações e estilizações radicais, buscando sua inspiração no teatro japonês ou nas peças do teatro de sombras da Birmânia, como única forma de "encontrar a realidade interior da arte".

Nesse sentido, a peça de Kokoschka, muito influenciado pela idéia do dualismo homem-mulher, tal como Otto Weininger o expressara em *Geschlecht und Charakter* (Sexo e Caráter), atendia ao que ele estava procurando. As situações arquetípicas do relacionamento antagônico entre os sexos eram expressas em palavras que valem menos pelo que comunicam do que pelos seus ritmos obsessivos e imagens bruscas – ou seja, pelas suas qualidades musicais latentes. Aliás, ao comentar a apresentação da peça em 1919, o crítico vienense Otto Walzel já dissera: "Ela está pedindo para ser musicada." Para organizar o caótico material metafórico oferecido pelo texto, deixando bem claras as etapas da ação, Hindemith construiu a ópera como um movimento de sonata, com uma turbulenta exposição em duas partes, um desenvolvimento, uma seção contrastante mais lenta, e uma recapitulação. Dentro dessa moldura clássica, inseriu também algumas formas tradicionais, transformando trechos do diálogo em pequenas árias ou duetos. São evidentes, ainda, nesse músico de 23 anos, as influências de R. Strauss, Schreker e Paul Dukas, nas linhas declamatórias da escrita vocal e na forma de manejar uma orquestra de grandes proporções, extraindo dela as mais ásperas sonoridades. Ao público tradicional e, particularmente, ao establishment bayreuthiano, chocaram as alusões "sacrílegas" à obra de Wagner, a semelhança que há entre situações do *Tristão e Isolda* ou do *Parsifal*.

Seguindo o conselho de Elkan, Hindemith buscou inspiração na dramaturgia oriental; e encontrou-a em *Das Nusch-Nuschi*, texto de Franz Blei baseado numa peça de teatro de marionetes birmaniano. O tema é o mesmo: a sexualidade ligada à idéia de violência e castigo; mas o tom aqui é burlesco, irônico, e as personagens e situações são vistas sob uma luz mais amável, senão grotesca. O tom irreverente já é dado pelo título: "Nusch-nuschi", diminutivo pueril da palavra "Nuss" (noz), é uma expressão de gíria que designa os testículos. A historinha, muito simples, é narrada pelo mordomo Tum tum. O rei Mung Tha Bya, da Birmânia, fica sabendo por Susulü, o chefe dos eunucos, que as suas quatro mulheres, Bangsa, Osasa, Twaise e Ratasata, saem pela janela do harém, à noite, e só voltam ao amanhecer. Elas estão indo encontrar-se com Zatwai, um jovem de incrível beleza, patrão de Tum tum, que viram pela janela do harém. Mas o rei acaba pondo a culpa no marechal Kyce Waing, que anda sempre bêbado, e manda castrá-lo.

A crítica ficou indignada com a ópera. As expressões usadas por Willibald Nagel na *Neue Musikzeitung* antecipam de certa forma o tom hidrófobo dos críticos nazistas dez anos depois:

> Pfitzner tinha razão ao dizer que a moderna arte alemã macula, viola e banaliza as nossas tradições culturais. Já que troços alinhavados de qualquer jeito, como esta ópera grotesca, podem causar sérios danos morais, é preciso protestar contra tal empulhação em nome de nossa arte maior e mais pura. Um teatro estatal não deveria prestar-se aos caprichos de um bando de vagabundos.

A Oswald Kühn, do *Börsencourier*, de Berlim, o que mais ofendeu foi a sacrílega citação do tema do rei Marke, do *Tristão e Isolda*, que Hindemith faz na cena do castigo do pretenso sedutor:

> Alguma coisa não está certa, se permitimos que um jovem como Paul Hindemith escolha os temas mais excêntricos e pervertidos e deixamos que ele zombe das coisas mais sagradas. Isso é o que acontece quando, numa cena de castração, ele coloca, na boca de um reizinho tolo, senhor de um reino birmaniano de opereta, o "Fizeste realmente isso?" do *Tristão e Isolda*, que condensa, num grito diretamente saído do coração, o mais antigo e trágico motivo de toda a poesia.

A famigerada expressão *Entartete Musik* já parece ressoar nas palavras de Karl Grunsky, do *Abendzeitung*, de Munique:

O espetáculo, de uma indescritível vulgaridade, dessacralizou as nossas cidadelas artísticas, arrastando na lama tudo o que para nós é mais sagrado. Até quando nós, alemães, permitiremos que façam isso conosco?

Wagner não é o único autor que Hindemith cita: logo depois do motivo do rei Marke, surge o tema do *Till Eulenspiegel*, de Strauss, para deixar bem claro que o rei está sendo vítima de um engano. E há um nítido pastiche straussiano no inflamado comentário orquestral da cena em que as quatro mulheres do rei se apresentam, contam como viram da janela o belo desconhecido, e como o seu mordomo conseguiu fazer chegar até elas o recado de que deveriam ir procurá-lo "na casa do macaco dourado, na primeira rua à direita". A instrumentação para harpa, celesta, bandolim e trompa, sobre acordes das cordas, que ele usa na segunda cena, para criar uma atmosfera oriental, lembra muito o Mahler do *Canto da Terra*. E quando as baiadeiras apresentam as suas danças, a terceira delas, com a forma de fuga coral, tem um refinamento típico do neobarroquismo da virada do século. Nesse ponto da partitura, Hindemith coloca a seguinte nota:

> Esta fuga coral, com tudo a que tem direito – aumentos, diminuições, *stretti* e *basso ostinato* – deve a sua existência a um incidente fortuito: ela simplesmente ocorreu ao compositor. Não tem nenhum outro objetivo senão o de se encaixar na moldura estilística da cena, dando a todos os "especialistas" a oportunidade de queixar-se, em altos brados, da monstruosa falta de bom-gosto de seu criador. Aleluia! Essa é uma peça que teria realmente de ser dançada por dois eunucos com enormes barrigonas de fora.

Essa nota dá o tom da irreverência da ópera. Irreverência que é ainda maior se se pensar que incríveis refinamentos de orquestração, constituindo uma partitura multifacetada, estão sendo deliberadamente postos a serviço de um texto leve e frívolo. Isso também irritou muito os críticos, que viram aí um sinal da falta de seriedade de Hindemith.

Irritação que chegou ao auge, em março de 1922, quando *Sancta Susanna* veio completar o tríptico. Se as duas óperas anteriores eram provocadoras, o texto de *Santa Susana*, que August Albert Bernhard Stramm publicara na revista *Der Sturm* em 1921, elevou o escândalo à enésima potência. É uma história de sexualidade reprimida, que irrompe quase que sob a forma de uma possessão demoníaca. Excitada pela visão de um casal fazendo amor, e pela narrativa que sua companheira de convento, irmã Klementia, lhe faz de como às vezes fica sexualmente estimulada, Susana perde totalmente o controle. Na capela do convento, despe-se e, em êxtase, abraça-se à única figura masculina que tem a seu alcance e na qual projetou todas as suas fantasias: o Cristo crucificado. Por esse sacrilégio, é condenada a ser emparedada numa das muralhas do convento; mas a violência e a desproporção do castigo fazem com que, a despeito da ofensa à moral católica, sua morte assuma um valor de martírio.

Era demais! Busch recusou-se a reger a estréia do tríptico, alegando que "o conflito ia ser incontrolável". Ludwig Rottenberg foi o maestro e os protestos foram de fato imensos. A Liga das Senhoras Católicas de Frankfurt chegou a convocar um "ato público de expiação", para pedir perdão a Deus pelo pecado que a cidade cometera ao encenar tal monstruosidade. Em Hamburgo, em 1925, a direção da Ópera obrigou o público a assinar, na entrada do teatro, um documento comprometendo-se a não perturbar o espetáculo. Precauções que só serviam para atrair uma platéia cada vez maior – infelizmente mais atenta aos aspectos sensacionalistas do que às eventuais qualidades estéticas.

Em 1933, prevendo as dores de cabeça que o tríptico lhe daria com as autoridades nazistas, Hindemith retirou-o de circulação e nunca mais permitiu em vida que fosse encenado. Em 1977, a Ópera de Roma programou a sua apresentação. Houve protestos do Vaticano, uma tempestuosa reunião a esse respeito no conselho municipal – que acabou autorizando o espetáculo –, e um processo da Sociedade das Mulheres Católicas Italianas contra o prefeito e o diretor do teatro. Entre 1986-1988, Gerd Albrecht, que tinha trabalhado com Hindemith – e de quem nunca conseguira a permissão para reencenar o tríptico – fez dele uma excelente gravação que existe, em três CDs independentes, no selo Wergo.

A estrutura de tema e variações corresponde perfeitamente à idéia de que Susana está dominada por uma obsessão. O esquema formal é simétrico; em número de compassos, cada segmento obedece ao seguinte plano: 105 + 105 + 62 + 50 + 62 + 110 + 109 – como se os densos blocos sonoros repetitivos reproduzissem os muros do claustro que se fecham em torno da personagem, e o peso intolerável do instinto que ela já não consegue mais reprimir. São muito bem-sucedidos também o contraste entre a austeridade pesada do local onde a ação se passa e a sensualidade de alguns elementos que parecem deslocados naquele cenário de repressão – o clarão da lua, o toque lascivo da brisa, a vegetação luxuriante do jardim –, introduzindo na ópera um elemento Art Nouveau típico de Schreker ou Zemlinsky.

Das três óperas, *Sancta Susanna* é a de tom mais pessoal; e é também aquela em que as regras de construção conseguem refletir melhor a natureza da história. Como as personagens são verossímeis e de certa forma realistas, esta é, dentro do tríptico, a ópera em que a caracterização psicológica é mais convincente. Na orquestra de grandes proporções ressaltam os efeitos contrastantes obtidos com as intervenções solistas ora do órgão, ora da celesta.

A tendência à severidade contrapontística neoclássica, de que já há indícios esparsos em *Sancta Susanna*, consolida-se, durante a década de 1920, na série de obras para várias formações musicais a que Hindemith intitulou *Kammermusik*, no *Concerto para Orquestra*, ou na ópera seguinte, de ambientação setecentista. Em 1922, ele tinha escrito um "conto de Natal" intitulado *Tuttifanchen*; mas essa era apenas uma obra de circunstância, e há tempos ele vinha buscando um novo libreto ajudado por seus editores. Ludwig e Willy Strecker, da Schott de Mainz, sugeriram-lhe temas como o *Fausto* ou *A Ópera do Mendigo*. Depois puseram um anúncio nos jornais, procurando novos textos. A carta de 18 de setembro de 1925, em que Hindemith responde à sua sugestão de que musicasse uma história passada nos mares do Sul contém esclarecimentos fundamentais sobre os seus conceitos estéticos.

Uma história sobre os mares do Sul, ou qualquer outra história com um colorido exótico pronunciado, seria muito perigosa. É difícil escapar daquele exotismo musical barato inventado na Europa e que, para mim pelo menos, sempre pareceu apenas a tentativa de encontrar uma saída para o impasse em que a ópera moderna caiu – e uma saída das mais fracas, por sinal. Acredito que a gente tem de enfrentar o problema com toda a força, sem medo de esmagar algo que, para dizer a verdade, já anda podre. De minha parte, uma grande ópera poderia se passar numa fábrica, nas ruas de uma cidade contemporânea, dentro de um trem ou em qualquer outro lugar (o que quero dizer com isso é que não considero essencial que uma boa ópera tenha uma dose forte de romantismo); embora isso não signifique que ela tenha de ser naturalista, realista ou simbólica. O mais importante é que se possa extrair dela música que forme uma entidade viva – e estou convencido de que, agora, sou capaz de fazer isso.

Na verdade, no verão daquele mesmo ano, Hindemith encontrara o tema que estava procurando: seu amigo Ferdinand Lion tinha começado a escrever para ele um libreto baseado na peça *Cardillac* (1860), de Otto Ludwig. Essa história de crime e mistério transformava em personagem principal uma figura secundária de *Das Fräulein von Scuderi*, o conto de E. T. A. Hoffmann – um joalheiro que, após vender suas jóias, mata os clientes para reavê-las, pois não consegue separar-se de suas criações. Quando escreveu aos Strecker, Hindemith já tinha em mãos o ato I e, em dois meses, compôs a música para ele. Também o II fluiu com toda facilidade.

Só com o ato III teve problemas, pois Lion e ele não encontravam uma forma de atrair a compaixão e a simpatia do público para uma personagem patologicamente obcecada, que morria desiludida e culpada. Só depois de um encontro em Veneza, em março de 1926, conseguiram chegar a um acordo. Mas Hindemith não parara de compor nesse meio tempo, e o resultado foi que Lion teve de adaptar as palavras do último ato a uma música já escrita. Nesse meio tempo, o músico negociava com Busch a estréia em Dresden e, com Otto Klemperer, um espetáculo, dias depois, em Wiesbaden. A primeira récita na Dresdner Staatsoper, em 9 de novembro de 1926 – uma semana antes de Hindemith fazer 31 anos – suscitou entusiasmo apenas moderado do público. Mas a apresentação do dia 24 foi um triunfo e, desde então, *Cardillac* é, na Alemanha, uma ópera de repertório, da qual existem duas versões em disco: a de Joseph Keilberth

Esboço de Caspar Neher para uma cena do *Cardillac*, de Hindemith, representado no Teatro La Fenice de Veneza em 1948.

(DG, 1966), enobrecida pela interpretação de Dietrich Fischer-Dieskau; e a de Gerd Albrecht (Wergo, 1989), com S. Nimsgern. Wolfgang Sawallisch rege a versão em vídeo da Ópera de Munique (1985), com Donald McIntyre.

Paris, no fim do século XVII, está aterrorizada pelos misteriosos assassinatos de mulheres, geralmente jovens e ricas. Quem os está cometendo é Cardillac, o joalheiro mais solicitado da cidade. Para sustentar-se, ele precisa vender as suas jóias, de inacreditável beleza. Mas mata as clientes para recuperá-las, pois não consegue separar-se delas. Quando um Cavaleiro leva um cinto de ouro a uma Dama, que prometeu entregar-se a ele se ganhasse uma das jóias de Cardillac, é morto por um homem embuçado que rouba o precioso objeto. Ao Oficial a quem concedeu a mão de sua filha em casamento, Cardillac vende uma belíssima corrente de ouro, para que ele a ofereça à moça como presente de noivado. Depois, vai atrás dele e tenta matá-lo, para recuperar a corrente. O Oficial fica apenas ferido e o reconhece mas, por amor à noiva, hesita em denunciá-lo. A princípio, Cardillac tenta botar a culpa num Mercador de Ouro que suspeita dele; depois, perseguido pelo remorso, confessa os seus crimes. É ouvido por pessoas que amotinam contra ele a multidão, e é linchado.

Muitas vezes já se disse que o libreto de *Cardillac* não passa de um pretexto para uma composição musical multifacetada, em que o compositor faz refinada reconstituição do estilo barroco da ópera "de números", de tal forma que, muitas vezes, ao seguir um curso autônomo, a música perde a conexão com os aspectos psicológicos da ação. Exemplo disso é o final do ato I, em que a cena do assassinato do Cavaleiro é acompanhada por uma invenção para dueto de flautas que nada tem a ver com o clima emocional do que está acontecendo. Da mesma forma, a ária "Mein Geliebter kommt" (Meu amado está vindo), do ato II – em que a filha de Cardillac se pergunta se seu namorado há de querer fugir com ela, caso o pai recuse a autorização para o casamento – é um plácido concerto grosso, com solos de violino, oboé e trompa, que parece desmentir o tom agitado das palavras que acompanha.

Na verdade, se música e texto parecem com freqüência correr sobre trilhos paralelos, isso se deve a uma opção anti-romântica muito definida. Hindemith prefere o distanciamento crítico à adesão subjetiva. Como na *Sancta Susanna*, em que o caráter obcecado da personagem é expresso mais pelo esquema de tema e variações do que pelo próprio sentido das palavras, aqui também ele parece estar em busca de equivalentes musicais para concretizar ou objetificar determinadas áreas de expressão. De um modo geral, as texturas são polifônicas e contrapontísticas, como nas muitas camadas que se acumulam na cena (nº 17) em que Cardillac dialoga com a multidão furiosa, e acaba assumindo a responsabilidade pelo que fez. Mas, de repente, a orquestra pode reduzir-se a um simples uníssono, como no dueto "Meine Lippen auf die Wunde" (Meus lábios sobre a ferida), da filha com seu noivo, que está ferido – uma construção sem precedentes na ópera da época. Os instrumentos também podem renunciar ao acompanhamento eufônico e multicolorido, para contentarem-se com alguns sons ásperos e angulosos dos metais e percussões. O piano, aliás, preenche a função normalmente exercida pela harpa e recebe um tratamento percussivo.

A cada número ou seção formal é atribuído um tipo de colorido instrumental que resulta da natureza da forma utilizada; e formas análogas correspondem a procedimentos de orquestração semelhantes. Sonoridades afins estabelecem vínculos entre a personalidade da Dama e a da filha de Cardillac. E servem, pelo contrário, para sugerir que é pura bazófia a coragem de que o Cavaleiro se vangloria, enquanto no Oficial ela é autêntica: no primeiro caso, a voz é quase engolida pelo acompanhamento orquestral; no segundo, há perfeito equilíbrio entre voz e instrumentos. Existe variedade muito grande nas formas utilizadas: o Prelúdio ao ato I é um fugato; a cena coral seguinte – as reações do povo aos estranhos assassinatos que andam ocorrendo –, um conjunto de variações em que cada seção recebe instrumentação diferente. A cena do ato II em que membros da corte vêm visitar a oficina do joalheiro é uma pantomima concebida como um concertino para duas flautas e orquestra. O dueto "Vater, ich liebe einem

Fremden, euch Unbekannten" (Pai, amo um estranho, de ti desconhecido), em que a filha pede a Cardillac a permissão para se casar com o Oficial, é um prelúdio e fuga; a cena final, uma vasta passacalha.

Onde o aspecto neo-barroco da escrita é mais evidente é na linha vocal, de origem nitidamente instrumental, e nem sempre preocupada em relacionar-se estreitamente com o texto – até mesmo porque, no ato III, como já dissemos, este foi posteriormente adaptado àquela. A autonomia da música chega a ser total no quarteto da cena da taverna, entre Cardillac e sua filha, o Oficial e o Mercador de Ouro, pois parte do texto é falado; ou em trechos como a pantomima mencionada ou o final do ato I, em que não há canto.

À música incumbe sugerir aspectos fundamentais da narrativa. No final da cena em que a multidão expressa seu medo diante dos crimes misteriosos, há um poslúdio em que os três temas do número são tratados de forma contrapontística. Nele, destaca-se o som inusitado do saxofone, descrevendo a figura solitária e lúgubre de Cardillac, que cruza a multidão no final do trecho. A articulação dos números obedece a leis arquitetônicas precisas, que estabelecem correspondências musicais e dramáticas entres os diversos trechos. Os atos I e III estão ligados pelas longas cenas corais que emolduram a ação. O II é uma espécie de seção contrastante que torna clara a forma de arco da ópera, em que o I é a exposição e o III a reprise. Nessa reflexão sobre o papel do artista na sociedade, e sobre a relação do criador com a sua criação, encontramos portanto, convivendo com o elemento neoclássico, um princípio de estilização e abstração da forma que é muito típico do Expressionismo.

Em 1952, na fase final de sua carreira como operista, condicionado pelos rumos que seu estilo tomava após *Matias, o Pintor*, Hindemith fez extensa revisão em *Cardillac*. Reescreveu parte do texto e inseriu um ato a mais, passado num teatro onde está sendo apresentado o *Phaëton* (1683), de Lully – o que lhe permite criar uma cena de "teatro dentro do teatro", com numerosos pastiches. Alterou a linha vocal também, em função de uma escrita orquestral mais pesada. Proibiu que a versão original fosse reapresentada mas, em 1961, pouco antes de sua morte, esse veto foi desrespeitado pela Ópera de Wuppertal e pelo Festival da Holanda. Daí em diante, voltou-se a dar preferência à primeira versão, que é muito mais forte e concisa. São dela as duas gravações existentes.

Na segunda metade da década de 1920, Hindemith tornou-se um dos nomes mais importantes dentro da política cultural iniciada por Leo Kestenberg – o responsável pelo setor de música no ministério das Ciências, Artes e Educação –, que visava a fazer da música escrita para amadores o vetor principal da prática comunitária. Foi fundamental a sua colaboração com o pedagogo Fritz Jöde, principal animador da campanha de divulgação da música entre a juventude. Desde o final da I Guerra, Jöde iniciara, em Hamburgo, o trabalho de reativação dos ideais estéticos do *Wandervögel* (Pássaros Migratórios). Esse movimento de caráter revolucionário surgido em 1896, em reação ao capitalismo selvagem do império guilhermino, e propunha a idéia rousseauísta, neo-romântica, do retorno à natureza, da criação de uma sociedade comunitária sem classes. O projeto cultural desse movimento utópico baseava-se no resgate dos valores do canto folclórico e na primazia da prática musical sobre a mera escuta passiva de música. Foram essas as diretrizes a partir das quais Jöde construiu dinâmicas escolas de música para o povo em Berlim, Hamburgo e Munster.

Juntamente com Jöde e o assistente deste, Hans Mersmann, Hindemith participou da edição de coletâneas dedicadas à juventude e à prática da música em família. Essa atividade assumiu especial importância em 1927, quando, aos 31 anos, ele foi nomeado professor de composição na Hochschule für Musik de Berlim. Transferiu para as suas aulas nessa escola o mesmo tipo de cumplicidade e relação não-autoritária entre professor e aluno que a Bauhaus tinha criado, anos antes, no ensino das artes plásticas. E transformou a Hochschule num prolongamento institucional do experimentalismo que praticara nos festivais de Donaueschingen.

À aplicação prática de seus ensinamentos, voltados para um tipo de escrita acessível tanto para amadores quanto para profissionais, e que resultasse em peças capazes de atingir as mais amplas camadas de público, ele chamou de *Gebrauchsmusik* ("música utilitária"). Uma das manifestações dessa "música funcional" será o interesse muito grande pelo jazz ou as canções populares ou de cabaré. Para Hindemith, esses espetáculos satíricos eram "a expressão mais característica da vida urbana berlinense"; parecia-lhe, portanto, "lógico que as formas desse novo gênero fossem aplicadas à ópera" – ponto de vista de resto compartilhado por Kurt Weill, em suas óperas políticas, ou por Zemlinsky e Schönberg, que escreveram canções em estilo *cabaretier*.

Os títulos de algumas das obras resultantes dessa proposta de trabalho, escritas entre 1927-1928, deixam claras as suas intenções didáticas: *Lieder für Singkreise* (Canções para Círculos de Canto), *Schulwerk für Instrumental-Zusammenspiel* (Peças Educativas para Conjuntos Instrumentais), *Sing- und Spielmusik für Liebhaber und Musikfreunde* (Canções e Peças Dramáticas para Amadores e Amigos da Música). Resgatando um estilo de música utilitária que tinha tido muita popularidade no período barroco, Hindemith voltou a escrever *Morgenmusik* (Música Matutina) ou *Tafelmusik* (Música de Mesa), pequenas peças leves destinadas a servir de fundo para atividades domésticas e cotidianas como o despertar ou a hora das refeições. Por trás dessas criações de circunstância estava uma postura ideológica das mais conseqüentes, que visa a dessacralizar a idéia parnasiana da música como uma arte restrita a iniciados e praticada como um ritual, praticado em "templos" fechados à patuléia – o teatro, a sala de concertos –, resgatando o lugar que ela deve ocupar nos momentos mais prosaicos do dia-a-dia.

No plano dramático, a manifestação mais interessante da *Gebrauchsmusik* é a ópera *Wir bauen einen Stadt* (Vamos Construir uma Cidade), um *singspiel* para ser cantado por crianças. Estreada em Berlim em 21 de junho de 1930, compõe-se de canções fáceis de cantar e tocar, a maioria delas destinada ao coro, e faz parte de um amplo movimento de integração dos cursos de iniciação musical aos currículos escolares que será muito difundido no mundo inteiro a partir da década de 30. *Vamos Construir uma Cidade* é o modelo em que Benjamin Britten há de se inspirar em *The Little Sweep* (O Pequeno Limpador de Chaminés), que faz parte de uma peça infantil de Eric Crozier intitulada *Let's Make an Opera!* (1949).

As duas pequenas óperas que se seguem a *Cardillac* serão o resultado do encontro de Hindemith com Marcellus Schiffer, "um dos autores mais sofisticados e bem-sucedidos desse tipo de peça satírica", como ele próprio o descreveu numa de suas cartas. Escrita para o Festival de Baden-Baden, onde estreou, no Stadthalle, em 15 de julho de 1927, *Hin und zurück* (Para a Frente e Para Trás) conforma-se à voga da ópera de câmara experimentalista praticada nesses encontros, responsável pela produção dos *opéra-minute* de Darius Milhaud, do *Mahagonny-Songspiel* de Weill, ou do conto de fadas *Die Prinzessin auf die Erbse* (A Princesa e o Grão de Ervilha), de Ernst Toch.

Para a Frente e Para Trás amplia um sketch de revista musical a que Schiffer tinha assistido em Londres, comprazendo-se na paródia de alguns clichês operísticos expressionistas e na aplicação, à estrutura da peça, de um procedimento de origem cinematográfica: o do filme passado de trás para diante. No dia do seu aniversário, Helene está tomando o café da manhã com Robert, seu marido, quando chega uma carta que o deixa furioso de ciúmes. Os dois discutem e Robert, puxando o revólver, dá-lhe um tiro. Arrependido, está a ponto de se suicidar quando surge um Sábio com a mensagem de que as forças superiores opõem-se a que os homens se matem por causa de pecadilhos tão insignificantes. Faz a ação recuar e devolve a vida à mulher. No fim do sketch, vemos a Tia Emmy tricotando pachorrentamente em sua cadeira de balanço – sinal de que tudo voltou ao normal.

Há cinco cantores e um papel falado, acompanhados por um sexteto de sopros, dois pianos (um deles a quatro mãos) e um harmônio fora de cena. A música é leve, bem melodiosa, fácil de cantarolar, com ritmos muito vivos. O material literário deliberadamente banal e absurdo (como o atestam as aparições cômicas de um professor e de um enfermeiro), as raízes populares do tipo de espetáculo, a economia de recursos e o distanciamento criado por um narrador-mediador inserem *Hin und Zurück* na linha da desestruturação do espetáculo iniciada, em 1915, com *Renard*, de Stravínski – cuja *História do Soldado* era considerada por Busoni uma referência para o teatro musical moderno. No selo alemão FSM, existe uma gravação de 1982, feita por Franz Gruber.

Hin und zurück foi, na realidade, um estudo preliminar para *Neues vom Tage* (As Notícias do Dia), um pouco mais ambiciosa, uma *lustige Oper* (ópera ligeira) em que Hindemith e Schiffer colaboraram logo a seguir. Sketch de revista e canção de cabaré dão-se as mãos nesta historinha articulada em três partes, nas quais mostram-se as prosaicas peripécias da vida cotidiana de um casal às voltas com um processo de divórcio, o emperramento da burocracia e o assédio da imprensa sensacionalista. *As Notícias do Dia* é o primeiro tratamento dramático de um tema que não perdeu atualidade: o que acontece à vida privada quando os meios de comunicação dela se apoderam transformando-a num mafuá mediático que serve de pasto a um público voyeur.

Tanto o casal M quanto os recém-casados Eduard e Laura brigam muito, e eles procuram uma agência de casamentos para cuidar de seu divórcio. Hermann, o dono da agência, apaixona-se pelas duas mulheres, para grande desprazer de suas secretárias. Marca com ambas um encontro num museu; mas Eduard vai atrás de Laura, fica furioso ao vê-la em companhia de outro homem, quebra um objeto valioso da exposição, e vai preso. Afastado o marido, Hermann instala Laura num hotel de luxo. Numa cena que causou escândalo na época da estréia, a jovem é vista tomando banho de banheira, cantando uma ária sobre as vantagens do aquecimento central e comparando os méritos da eletricidade e do gás.

A sra. M descobre que Hermann está tendo um caso com Laura, vai até o hotel e apronta um enorme escândalo. A notícia vai parar nos tablóides sensacionalistas e Laura e Eduard transformam-se em celebridades, a "notícia do dia". Ganham bom dinheiro com a exploração comercial de sua história, mas perdem toda a privacidade. Passam a encenar suas desavenças num espetáculo de variedades, a que M comparece com sua nova mulher. Acabam se reconciliando e gostariam de voltar a viver em paz mas, para não perder a boa situação financeira conquistada, são obrigados a continuar interpretando o eterno ciclo de brigas e divórcio.

Para uma ópera contendo elementos tão provocadores, a sala ideal era o Krolloper, o anexo da Ópera Estatal que, em 1924, Kestenberg mandara instalar na Praça da República, perto do Reichstag. Convertendo-se num dos bastiões da vanguarda, pelo modo anticonvencional como encenava os títulos tanto clássicos quanto modernos, o Krolloper estava, desde 1926, sob a direção artística de Otto Klemperer, que lhe imprimiu uma linha de funcionamento extremamente dinâmica, ali realizando algumas das montagens mais marcantes do período entre as duas guerras. Foi Klemperer quem regeu a estréia de *Neues vom Tage*, em 8 de junho de 1829.

O público reagiu bem aos elementos populares – o uso dos ritmos de jazz, sobretudo –, mas considerou agressivos os seus toques mais provocadores: por exemplo, a orquestra de máquinas de escrever, piano e percussão que acompanha as secretárias de Hermann. A pintura do mundo moderno, de resto, provoca um certo mal-estar, pois a impressão que ela transmite é a da mais profunda vacuidade. Uma parte da platéia também se ofendeu com as desrespeitosas alusões, na cena que se passa no escritório, ao popularíssimo *Uma Jovem com um Vestido de Seda Artificial,* o romance de Irmgard Keun sobre a secretária que vem da província para Berlim, sonhando com ascensão social, e é engolida pelo caos da cidade grande.

Há engraçadas paródias de convenções operísticas: a esfuziante abertura, decalcada na das *Bodas de Fígaro*; coros imitando Verdi; o *Duett-Kitsch* – de ódio, não de amor – em ritmo de foxtrote; e um quarteto para os dois casais que é, na realidade, um duplo dueto sobre uma valsa em tom de blues. O ponto alto da partitura, naturalmente, é a ária de Laura dentro da banheira, uma página que nada perdeu de sua mordacidade, e da ironia que há em dar tratamento formal hiperelaborado a um texto que fala de coisas absolutamente prosaicas. Essa página ficou famosa pela reação que suscitou das autoridades. Num artigo publicado no *Volkischer Beobachter*, Goering condenou

> os músicos atonais que, por puro sensacionalismo, colocam no palco uma mulher nua dentro de uma banheira, da forma mais chocante e obscena possível, e emporcalham ainda mais essa cena com dissonâncias atrozes que são o sinal da mais completa impotência musical.

Esse "exemplo claro de bolchevismo cultural" desagradava tanto mais a Goering por ter-se inspirado numa famosa canção de cabaré que os censores consideravam indecente. Em *Ich hab das Fräul'n Helen baden sehn* (Vi a srta. Helena Tomando Banho), de 1925, Fred Raymond sugeria possibilidades muito lascivas no encontro entre a loura valquíria do título e o homem que, enganando-se de quarto, no hotel, a surpreende nua dentro da banheira. Comparando *Neues* com *Jonny*, sente-se a inegável superioridade de Hindemith sobre Krenek, nesta fase, na capacidade que ele tem de construir uma peça de tom eclético estruturando-a organicamente de uma ponta à outra, apesar do tom confuso da ação.

Em 1953, Hindemith fez em *Neues vom Tage* uma revisão que afetou mais o libreto do que a música. Acrescentou algumas personagens novas, alterou o comportamento de outras, e mudou o final, devolvendo a Eduard e Laura o direito à vida privada. Ele mesmo regeu a reestréia, em 7 de abril de 1954, no Teatro San Carlo, de Nápoles, num espetáculo cantado em italiano. Mas a versão original continua mais interessante, e foi ela a escolhida por Jan Latham-König, para a gravação feita em 1990 para o selo Wergo.

Assim como em *Cardillac*, um artista será a personagem da ópera seguinte. Mas se, antes, Hindemith interrogava-se sobre a natureza da criação artística e a relação entre o criador, sua obra e seu público, agora ele reflete sobre a posição do artista em relação às grandes questões sociais e políticas. As personagens são históricas: o pintor Mathis Nithart, conhecido como Mathias Grünewald, que viveu no século XVI; e seu empregador, o príncipe Albrecht von Brandenburg, cardeal-arcebispo de Mainz. Nessa cidade – perto de Hanau, onde Hindemith nasceu – ficava o famoso retábulo de Isenheim, hoje exposto no Museu Unterlinden, de Colmar. Esses painéis, considerados uma metáfora dos sentimentos de Grünewald em relação à Revolta dos Camponeses, de 1524, foram a inspiração para o libreto de *Mathis der Maler* (Mathias, o Pintor), escrito pelo próprio compositor.

Na introdução à partitura, Hindemith descreve Mathias, "um homem afligido por todos os tormentos infernais que lhe são impostos pela busca de sua própria alma e que, com a sensibilidade à flor da pele, experimenta o trauma da chegada de uma nova era, no início do século XVI, com a inevitável derrubada de todos os pontos de vista até então aceitos". Referindo-se ao fato de Grünewald, a certa altura, ter abandonado a pintura, retirando-se para Halle, onde trabalhou como moleiro até o fim da vida, Hindemith comenta: "Esse fim comovente, após tantas explosões de energia artística, longe de casa e da arte, talvez seja o declínio de alguém que foi derrotado pelo desespero; mas talvez aí esteja também um homem que caminha serenamente para o túmulo, pois encontrou finalmente o equilíbrio para as alegrias e horrores que tem dentro de sua alma."

Nesse texto, Hindemith explica ainda que apenas Regina, a filha do rebelde Hans Schwalb, é uma personagem imaginária. As outras são reais: o próprio Schwalb, líder da Revolta dos Camponeses; Wolfgang Capito, o conselheiro do cardeal-arcebispo; Lorenz von Pommersfelden, decano de Mainz, conservador arraigado e papista cuja obstinação e radicalismo o fizeram acabar caindo em desgraça; o líder do partido luterano, o rico burguês Riedinger, e sua filha Ursula.

Schwalb, o líder dos camponeses revoltados, esconde-se com Regina no mosteiro de Santo Antônio, em Mainz, onde Mathias está pintando um afresco. Quando Schwalb questiona a validade de continuar pintando num mundo dilacerado pela guerra, Mathias responde-lhe que há sentido, sim, na arte inspirada por Deus e que se enraiza na alma do povo. Dá-lhe um cavalo para que eles fujam; e, ao oficial Sylvester von Schaumberg, que aparece logo depois, confessa ter sido ele quem ajudou pai e filha a fugir. Mathias vai procurar o cardeal e tenta defender a causa dos camponeses. Mas é muito mal recebido pois, naquele exato momento, o seu empregador está entre dois fogos, em meio à polêmica dos luteranos com os papistas. De um lado, Riedinger pede-lhe que não execute a ordem papal de queimar os livros protestantes; e Albrecht não só necessita de sua ajuda financeira como também sente-se atraído por Ursula, a sua filha. De outro, o cardeal é pressionado a assinar essa ordem por von Pommersfelden, com o argumento de que a Igreja não pode tolerar a desobediência. Ao apelo de Mathias, o cardeal responde secamente, mandando-o retornar a seu trabalho.

Riedinger e seus amigos luteranos tentam esconder da fogueira os seus livros, mas Capito os persuade a entregá-los. Diz, porém, a Riedinger que ele deve tentar convencer Albrecht a ceder ao apelo de Martinho Lutero, casar-se e secularizar seu arcebispado – aproveitando, inclusive, o fato de que o cardeal ama Ursula e sabe que o seu casamento com uma luterana reconciliaria os dois partidos. Ursula, porém, ama Mathias; mas quando este, ainda que de forma relutante, lhe diz que o seu destino é ajudar a causa camponesa e, para isso, tem de estar sozinho, decide aceitar o pedido do pai de que se case com o cardeal.

Na aldeia de Königshofen, devastada pela guerra, Mathias protesta inutilmente contra a brutalidade com que os camponeses tratam o conde e a condessa de Helfenstein. Os rebeldes, porém, destróem uma de suas telas, representando a Virgem Maria, à qual a condessa pediu proteção; mas poupam a vida da aristocrata. Schwalb, a caminho do combate, recrimina os camponeses por seu comportamento mas, ao mesmo tempo, diz a Mathias que eles agem assim, pois estão revoltados com anos e anos de opressão. Nessa batalha, Schwalb morre e o condestável Von Waldburg, comandante das tropas do governo, manda executar Mathias, por seu apoio ao rebeldes. Mas ele é defendido pela condessa, cuja vida salvou. Levando consigo Regina, a quem passará a proteger, Mathias lamenta a sua própria arrogância e a ilusão de que, com a sua arte, seria capaz de mudar o mundo.

Embora hesite em romper seu voto de castidade, Albrecht concorda em conhecer a noiva que lhe propõem, quando Capito argumenta que, se não se casar, o arcebispado corre o risco de ir à bancarrota. Fica chocado ao saber que Ursula prestou-se a ser-lhe praticamente vendida como noiva; mas ela lhe explica os motivos que teve para aceitar. Diante da nobreza de seu gesto, Albrecht decide-se a manter o celibato e a tolerar a fé dos luteranos.

Na floresta de Odenwald, onde se esconderam, Regina conta a Mathias que é perseguida pela sombra do pai, e o pintor, para acalmá-la, fala-lhe do concerto dos anjos, e eles cantam juntos o hino medieval "Es sungen drei Engel" (Três anjos estavam cantando), cujo tema foi ouvido no Prelúdio à ópera. Durante a noite, Mathias sonha com dois de seus quadros ligados a episódios da vida de Santo Antônio. No primeiro, *A Tentação de Santo Antônio*, o próprio pintor, vestido como o santo, confronta-se com várias personagens da ópera, que o acusam de ter fracassado e tentam afastá-lo da pureza de sua devoção à arte. No segundo, *Santo Antônio na Ermida de São Paulo*, o cardeal, retratado como São Paulo, reconforta Mathias, falando do aspecto totalmente desinteressado de sua vocação artística.

No estúdio de Mathias, este adormeceu, exausto de tanto trabalhar, e Ursula cuida de Regina que, seriamente doente, está agonizando. Fala-lhe da morte como um descanso e consegue que ela expire serenamente em seus braços. Depois de um interlúdio que evoca o seu enterro, Albrecht vem oferecer a Mathias a sua amizade e um refúgio pelos dias que lhe restam. Mas o pintor lhe responde que terá de esperar pela morte na solidão. "Lasst mich mein Sterbenplätzlein suchen, wie ein Tier im Wald" (Deixa-me procurar o meu lugarzinho para morrer, como uma fera no bosque), diz ele. Depois que o cardeal despede-se dele, Mathias guarda cuidadosamente dentro de uma arca as suas ferramentas de trabalho e a fita que guardou como lembrança de Ursula, dizendo:

Dem Schlaf reicht die Hand die kleinen Leichname.
Sie mögen noch bewahren, wenn man mich
begraben hat einem Hauch dessen,
legt eine Papierrolle in der Truhe
was ich an Gutem übte... versenkt Mass-stab und Zirkel
was ich erstrebte... legt Farben und Pinsel hinein, nachdem er sie gestreichelt hat
was ich erschuf... eine goldene Kette
was mir an Ehre ward... einige Bücher
was mich bedrängte... küsst das bunte Band
was ich liebte.

Cena de uma apresentação de *Neues vom Tage*, de Hindemith, em Darmstadt (1929).

Encenação de *Mathias o Pintor*, de Hindemith, na Ópera de Düsseldorf, em 1980: Günther Reich como Mathis e Sven-Olof Eliasson como o Cardeal.

(Entrega ao sono, ó minha mão, o que sobrou de mim. Depois que eu tiver sido enterrado, que os homens cuidem bem destes objetos, pois eles são o vestígio *colocando um rolo de papel dentro da arca* do que eu fiz bem... *guardando a régua e o compasso* daquilo por que lutei... *guardando as tintas e pincéis depois de acariciá-los* do que consegui fazer... *uma corrente dourada* do que me trouxe prestígio... *alguns livros* do que me perturbou... *beijando a fita* do que amei.)

As questões propostas ao artista pela sociedade em que vive – este é o tema proposto em *Mathias, o Pintor*, ópera que se encerra com a sensação amarga da inutilidade da participação do intelectual nos acontecimentos de sua época, da futilidade de seu compromisso com a justiça e a mudança mas, ao mesmo tempo, com a certeza de que essa falta de sentido não é motivo suficiente para que ele renuncie a seu trabalho. A Guerra dos Camponeses atira na cara de Grünewald uma pergunta difícil: para quê continuar a produzir arte se, com ela, nada pode fazer para mitigar o sofrimento do próximo?

Na primeira cena, ele tem de admitir, falando com Schwalb: "É claro que um quadro não há de te converter. E por que você há de se preocupar com os artistas? Eles vivem mais perto de Deus e obedecem às suas próprias leis." Mas há nisso a admissão implícita de que estar mais perto de Deus significa estar afastado dos outros seres humanos. É Schwalb quem lhe diz que todo sofrimento infligido a um camponês o atinge também, fazendo-o perceber que virar as costas ao sofrimento do povo é uma forma de fracasso para ele, que dizia querer enraizar sua arte na alma desse povo. "Se tudo for destruído, só lhe restará pintar em suas telas aquilo que ninguém mais quer olhar", diz Schwalb. "Você terá cumprido a missão que Deus depositou em suas mãos? O que você molda e pinta é o suficiente? Você não estará pensando apenas no que lhe interessa?" Schwalb é, na verdade, o alter-ego de Mathias, e as interrogações que ele lhe propõe são perguntas que se agitam na cabeça do próprio Hindemith.

Angustiado por essas perguntas – "Meu trabalho será apenas a busca solitária da imagem bem-resolvida? O que mais posso fazer?" –, Mathias conclui que toda ação significativa exige a rendição incondicional à vida em toda a sua concretude, pois as imagens "que buscam a si mesmas" não têm significado algum para o homem comum que está lutando pelos seus direitos – certeza que se cristaliza quando, ao presenciar a queima dos livros (experiência que os contemporâneos de Hindemith tinham de sobra), ele se dá conta do tipo de obediência exigido pelo poder. O antagonismo de classe faz com que a arte de Grünewald perca o seu lugar tanto aos olhos do povo quanto da nobreza. "Não queremos um pintor que representa nosso Salvador como um mendigo paupérrimo e sua Mãe como uma campônia ordenhadora de vacas", diz Von Pommersfelden, esquecendo-se de que o Cristo não era um aristocrata. E os camponeses, cheios de ódio e ressentimento, ignoram o apelo de Mathias à paz e destróem o quadro que representa a Mãe de Deus, símbolo de compaixão e de compreensão pelos pecadores.

O ponto de virada é o doloroso monólogo "Wagen Wollen, was ein Wille nich zu zwingen Vermag" (Ter a vontade de ousar aquilo que a nossa vontade não consegue fazer acontecer), em que Mathias faz sua autocrítica: "Frágil criatura, quiseste ser um redentor e liberar teus irmãos de suas cadeias. [...] E o que conseguiste? Não passas de um pintorzinho descontente, um fracassado. [...] Desiste. Esgueira-te do palco de tua desgraça como um ladrão na noite." De agora em diante, ele vai se restringir a praticar sua arte, que há de adquirir um valor emancipatório, contra o poder opressivo da realidade à sua volta.

Mathis der Maler forma, na carreira de Hindemith, um limiar novo, de auto-segurança, pelo qual, de resto, ele será muito criticado. *Cardillac* mostrava o artista dilacerado entre uma visão narcisista de sua arte e a insensibilidade de uma sociedade que a degrada, rebaixando-a ao nível de mera mercadoria. Aqui, o artista desligou-se da noção vaidosa de que a criação artística é o sentido para a sua vida e propõe de forma crítica a questão da função da arte e de sua capacidade de comunicar-se com os outros. E isso o leva ao reconhecimento da autonomia da arte, de suas leis interiores vistas à luz de um princípio transcendental de realidade.

Hindemith trabalhou em *Mathis der Maler* de 1932 a 1934. A gênese da ópera está, portanto, intimamente ligada aos acontecimentos que levaram os nazistas ao poder. O sentimento que o leva, como Mathias, à "resistência pacífica" assume sentido ainda mais claro se pensarmos em sua reação quando Gottfried Benn aderiu ao Nazismo. Ele tinha colaborado com esse poeta num oratório, *Das Unauffhorliche* (O Perpétuo), estreado por Klemperer em novembro de 1931, em que se celebrava a criação estética como uma atividade metafísica absoluta, livre dos condicionamentos da História. O apoio de Benn ao Nacional-Socialismo decepcionou-o profundamente, parecendo confirmar a sua impressão de que era inútil lutar contra uma força a que nada podia resistir. Sua maneira de protestar foi refugiando-se na tradição – datam dessa época diversas canções sobre textos de poetas clássicos e românticos – e numa arte que afirma determinadas características permanentes do povo germânico.

Isso se sente claramente na virada estilística de *Mathis* que, abandonando as sonoridades ainda ásperas de *Cardillac*, tenta conciliar, de forma muito harmoniosa, materiais contrastantes: canções folclóricas e corais litúrgicos, polifonia cerrada e escrita modal muito singela, formas rapsódicas com outras muito claramente estruturadas – tudo isso unificado por uma escrita que se caracteriza pela economia de recursos e a clareza na construção da frase. As cordas, e não os metais, predominam, o que reduz a agressividade típica de *Cardillac*, dando à música um matiz melancólico, muito relacionado com as próprias idéias expressas no libreto.

Mathis der Maler é, ao lado dos *Mestres Cantores* e de *Palestrina*, uma dessas óperas que refletem sobre um processo de desenvolvimento que teve seu ponto de partida na Renascença e apontava para o homem o rumo de uma sociedade mais lógica e racional. Mas se a compararmos às outras duas, constatamos que ela constitui uma conclusão cética e resignada: a de que a evolução historica não trouxe o resultado por tanto tempo prometido pelos artistas, cientistas e filósofos. A ópera fala muito mais do desencanto de um homem do século XX com as possibilidades atuais de sua criação artística do que dos sentimentos otimistas da Renascença. Isso explica também a opção do músico pelo retorno às técnicas e modos de expressão musical do passado – é a atitude do desiludido, que se convenceu de que o futuro nada mais reserva ao desenvolvimento da arte, e renuncia ao progresso por não ter mais condições de confiar no desenvolvimento da sociedade como a forma de levar adiante a expressão artística.

A *Sinfonia Mathias, o Pintor*, que Hindemith construiu com os temas principais da ópera e apresentou como uma espécie de "trailer", haveria de se tornar sua peça de concerto mais popular. Ela se compõe de três movimentos: *Concerto dos Anjos*, o Prelúdio ao ato I, em que se ouve o tema da canção "Es sungen drei Engel ein süsses Lied"; *Descida ao Túmulo*, o interlúdio entre as cenas 1 e 2 do sétimo quadro, após a morte de Regina; e *A Tentação de Santo Antônio*, tirado da cena de sonho no sexto quadro. A boa acolhida que lhe foi dada, quando Wilhelm Furtwängler a estreou em Berlim, em 12 de março de 1934, irritou muito Hitler que, desde o escândalo da cena do banho em *Neues vom Tage*, tinha Hindemith em sua lista negra. Sua música foi parcialmente boicotada a partir de 1934 e totalmente banida em 1937. Proibida na Alemanha, *Mathias, o Pintor* teve de estrear no Stadttheater de Zurique, em 28 de maio de 1938.

Em 1940, Hindemith exilou-se nos Estados Unidos, onde ganhou grande prestígio como professor de composição em Yale, a ponto de, em 1946, ser-lhe oferecida a cidadania americana. Só nesse ano *Mathis der Maler* pôde ser encenada na Alemanha. Desde então, têm sido raras as encenações de uma obra que, além de exigir produção muito dispendiosa, é longa, às vezes arrastada, e de estilo austero, difícil de assimilar pelo grande público. A própria gravação de Rafael Kubelík, a única existente, feita em 1978 para a Angel/HMV, pareceu uma forma de fazer justiça a um título de importância histórica que suscita mais respeito do que real apreço.

Após fazer as revisões de *Cardillac* e *Neues vom Tage*, publicadas em edições separadas, como versões alternativas, Hindemith iniciou, em 1956, um novo projeto de ópera. Na realidade, tratava-se de uma antiga idéia da década de 1930 em que ele voltara a pensar desde o início dos anos de 1950. Animou-se a retomá-lo com o convite a escrever um espetáculo novo para a abertura do Festival de Ópera de Munique. *Die Harmonie der Welt* (A Harmonia do Mundo) foi planejada como uma companheira para *Mathis der Maler* e aborda, uma vez mais, a questão da postura do intelectual diante da política e da sociedade, desta vez através da figura do astrônomo Johannes Kepler, cuja teoria das leis planetárias culminou no conceito matemático da "harmonia do sistema solar", formulada em 1619 no livro *De harmonice mundi*.

Hindemith relacionou as teorias de Kepler com as idéias que ele próprio expressara em *Die Unterweisungen im Tonsatz* (O Artesanato da Composição Musical), de 1937: a escrita musical não deve ser o resultado da vontade do compositor, que organiza livremente o seu material e, sim, de uma "ordem natural" preexistente – ponto de vista que se insurgia diretamente contra as técnicas dodecafônicas e seriais de Arnold Schönberg e seus seguidores. Em 1951, como uma espécie de rascunho, já escrevera a *Sinfonia "Harmonie der Welt"*, dedicada ao maestro suíço Paul Sacher, que a estreou em Basiléia, em 1952, comemorando os 25 anos de fundação de sua orquestra de câmara (no ano seguinte, a obra foi apresentada também por Furtwängler no Festival de Edimburgo). A seqüência dos três movimentos ajuda a compreender o que, mais tarde, Hindemith tentará realizar em sua ópera. A descrição a seguir foi feita pelo próprio compositor, num texto de 1952:

> A primeira parte, *Música instrumentalis*, refere-se à música cuja percepção dirige-se aos sentidos: ela comove o ouvinte, infiltra-se nele, apodera-se de seu corpo. [...] A parte central, *Música humana*, faz intervir o espírito, determina a ligação entre o corpo e o intelecto, o ouvinte necessita utilizar as suas faculdades mentais para compreender o discurso musical. [...] A terceira parte, finalmente, é a *Música mundana*, a Harmonia das Esferas, que ultrapassa o entendimento do homem, fazendo-o pressentir uma transcendência da música que excede todas as suas possibilidades perceptivas e até mesmo intelectuais, inteiramente independentes dele, e das quais não conseguiria participar.

Essa última parte é deliberadamente elaborada: um amplo fugato seguido de uma passacalha com 21 partes, que se resolve numa longa coda solene. Música que foi julgada com severidade por Stéphane Goldet que, no *Guide de la Musique Symphonique*, da editora Fayard, escreve:

> Ela é de um peso e de um neoclassicismo tão mecanizado que, hoje em dia, é praticamente inaudível.

Kepler surge, no libreto de *A Harmonia do Mundo*, como uma figura tão atormentada quanto Mathias Grünewald, atacado pela Igreja, coberto de honrarias pelo Estado, atribulado em sua vida familiar e, só no momento de sua morte, conseguindo conciliar a desordem do mundo com a idéia da harmonia celeste. O fato de o próprio Hindemith ter regido a estréia, no Prinzregententheater (atual Staatsoper) de Munique, em 11 de agosto de 1957, garantiu à ópera uma acolhida respeitosa, embora não muito calorosa. No fim da década de 1970, Rafael Kubelík fez, para a DG, uma gravação com praticamente o mesmo elenco do *Mathis*. As linhas vocais são bem definidas e o colorido orquestral variado, mas a ópera é demasiado longa e lenta, sem muita variedade rítmica e afligida por uma música sem grandes atrativos melódicos. Os melhores momentos são as cenas de conjunto, embora elas se refiram mais a conceitos filosóficos e a discussões metafísicas do que à expressão de sentimentos ou aspectos da personalidade. Como era de se esperar, *A Harmonia do Mundo* nunca conseguiu se impor no repertório.

Hindemith tinha voltado para a Europa, morava em Blonay, às margens do Lago Lucerna, quando compôs sua última ópera. A essa altura, tinha pedido demissão do cargo de professor na Universidade de Zurique, para dedicar-se exclusivamente à composição e à regência. *The Long Christmas Dinner*, o único libreto em inglês que musicou, é de Thornton Wilder, adaptado de sua própria peça, escrita em 1931. Mas a estréia, no Nationaltheater de Mannheim, em 17 de dezembro de 1961, foi cantada numa tradução alemã feita pelo próprio compositor e intitulada *Das lange Weihnachtsmahl*.

A peça passa-se em casa da família Bayard e mostra a ceia de Natal de quatro gerações, entre 1840 e 1930. As personagens "nascem" através de uma porta à direita do palco e desaparecem por outra no extremo oposto. Há episódios realmente comoventes, como o do jovem que se alista para ir lutar em Flandres, na I Guerra Mundial, e morre em combate. São onze as personagens e a orquestra é de câmara, embora utilize instrumentos como a clarineta grave, o contrafagote e a tuba. Se recriada, *A Longa Noite de Natal* talvez obtivesse, junto ao público contemporâneo, resultado melhor do que as suas longas predecessoras, justamente porque preocupa-se mais com a expressão dos sentimentos do que com a discussão de problemas metafísicos ou filosóficos ou com a dialética da composição musical. Deliberadamente tonal, tem alguns números fechados intercalados por recitativos *quasi-parlando* com que Hindemith visa a reconstituir a conversação familiar. São freqüentes os números de conjunto – duetos, trios, quartetos e um bonito sexteto que precede a partida do jovem soldado –; e há interlúdios de tom reflexivo unindo uma cena à outra. O clima natalino é sugerido por um Prelúdio sobre o tema da canção tradicional "God rest you merry gentlemen".

Como essa peça em um ato dura apenas uma hora, Hindemith tinha a intenção de compor outra pequena ópera, de tom cômico, para formar um programa duplo. Mas morreu, em dezembro de 1963, antes de poder concretizar esse projeto.

ORFF

Todo o prestígio de Carl Orff (1895-1982) repousa praticamente sobre uma única obra: *Carmina Burana*, estreada em Frankfurt em 8 de junho de 1937. Esta é uma das peças mais populares escritas no século XX: freqüentemente executada em concerto ou encenada, é uma verdadeira campeã em número de gravações. Nenhuma das obras compostas por Orff depois dela conseguiu igualar o inabalável sucesso dessa cantata cênica em que se resumem as características básicas do estilo de seu autor. Numa época em que a maioria dos compositores trabalhava com óperas extremamente complexas do ponto de vista temático e estrutural, Carl Orff optou pelo caminho oposto: desenvolveu uma linguagem marcada pela simplificação deliberada das melodias e das texturas instrumentais, acoplada a uma exploração de ritmos repetitivos que, na *Carmina Burana* por exemplo, tem momentos cativantes.

Filho de uma antiga família de militares bávaros, Orff estudou na Academia de Música de Munique e iniciou a carreira trabalhando como regente em pequenos teatros dessa cidade, de Mannheim e Darmstadt. Ao voltar para a sua cidade natal em 1919, dedicou-se ao estudo da música antiga. Entre 1923 e 1925, por sugestão do musicólogo Curt Sachs, preparou, juntamente com a escritora Dorothea Günther, edições de obras de Claudio Monteverdi – *Orfeo, Il Ballo delle Ingrate* e o *Lamento d'A-rianna* – trabalho fundamental para que definisse o seu próprio caminho.

Em 1924, Günther e ele abriram, em Munique, uma escola destinada a ensinar música a partir do movimento e da dança. Inspiravam-se no trabalho da dançarina Mary Wigman, seguidora das teorias do coreógrafo Émile Jacques-Dalcroze. Inicia-se assim o *Schulwerk* (literalmente "trabalho escolar"), projeto de iniciação musical para crianças que, na verdade, constitui um legado mais importante do que o das óperas deixadas por Orff. Dos exercícios elaborados para essas atividades pedagógicas, em que se combinavam canto e declamação, música e dança, provêm muitas das características da escrita orffiana: uso de melodias simples, modos pentatônicos, ritmos obstinados e uma bateria muito variada de instrumentos de percussão. No selo Celestial Harmonies existe a gravação completa do *Schulwerk* realizada por solistas e percussionistas sob a direção de Karl Peinkofer.

Orff tinha composto, em 1914, uma ópera intitulada *Gisei*. Mas renegou-a, juntamente com diversas outras peças instrumentais, após o sucesso da *Carmina Burana*, que considerou "um novo ponto de partida para a sua obra". Essa cantata cênica – *Os Poemas de Benediktbeuren* – tem o mesmo nome de uma coletânea publicada em 1847 por Johann Andreas Schmeller, bibliotecário da Königlich-

Bayerischen Hof- und Staatsbibliotheke (a Real Biblioteca da Corte e do Estado Bávaros). Nela estão reunidos cerca de 200 textos, poemas em latim vulgar, alemão arcaico e provençal, escritos durante o século XIII pelos chamados monges goliárdicos, que iam de uma cidade a outra pregando, recolhendo esmolas e retribuindo com canções. Os manuscritos tinham sido encontrados na biblioteca do mosteiro de Benediktbeuren, no sul da Baviera.

Freqüentemente esses poemas eram muito profanos: celebravam o amor carnal, o gosto pela boa mesa e o bom vinho, e satirizavam a Igreja e o Estado. As partituras originais de muitas dessas canções foram também localizadas e, hoje, existem delas diversas gravações. Orff descobriu a coletânea de Schmeller em 1935 e percebeu haver nela a base para uma peça em que pantomimas e danças fossem intercaladas às canções e aos números corais. Com a ajuda de Michael Hoffmann, selecionou 24 poemas agrupando-os em seções: *Fortuna imperatrix mundi – Primo vere* (Na primavera) – *Uf dem Anger* (Na pradaria) – *In taberna – Cours d'amour* (Amor cortesão) – *Blanziflor et Helena*. Forma-se assim uma série de quadros autocontidos ilustrando como o destino do homem é governado pela Fortuna, cujo tema retorna, no final, fechando o ciclo. A cantata recebeu o subtítulo de *Cantiones Profanae Cantoribus et Choris Cantandae Comitantibus Instrumentis atque Imaginibus Magicis* (Canções profanas para serem entoadas por cantores e coro acompanhados por instrumentos e quadros mágicos), e foi escrita para soprano, contra-tenor, barítono, coro adulto e infantil e uma grande orquestra com celesta, dois pianos e extensa seção de percussões.

Rompendo com a complexidade da música pós-romântica, Orff adere ao neoprimitivismo de Stravínski (e de fato é enorme a influência, sobre as *Carmina Burana*, de uma peça como *Les Noces*). Trata-se de obra extremamente melodiosa, mas os temas são simples, fáceis de memorizar, e repetidos obsessivamente, o que cria um efeito incantatório. Orff vai buscar inspiração no folclore bávaro, no cantochão gregoriano, nos corais luteranos, na ópera barroca, dando a todo esse material um tratamento de paródia. A instrumentação é muito colorida e a escrita vocal, variada. Mas a harmonia é básica e não há nem contraponto nem desenvolvimento temático.

Da *Carmina Burana*, existe um número interminável de gravações. De referência, a meu ver, continua sendo a de Eugen Jochum, feita em 1967 para o selo DG, com Gundula Janowitz e Fischer-Dieskau. Limito-me, neste caso, a apresentar uma seleção dos registros mais interessantes que, em 1998, estavam disponíveis na edição de primavera do catálogo Schwann Opus. Ela basta para dar uma idéia da variedade de interpretações existente.

DG – James Levine/June Anderson, Bernd Weikl;
EMI Classics – André Previn/Sheila Armstrong, Thomas Allen;
EMI Classics – Riccardo Muti/Arleen Augér, Jonathan Summers;
Telarc – Robert Shaw/Judith Blegen, Hakan Hagegard;
CBS – Michael Tilson Thomas/Blegen, P. Binder;
DG – Previn/Barbara Bonney, A. Michaels-Moore;
London – Antal Doráti/ Norma Burrowes, John Shirley-Quirk;
EMI Classics – Michel Plasson/Nathalie Dessay, Thomas Hampson;
Philips – Seiji Ozawa/Edita Gruberová, Hampson;
RCA – Eduardo Mata/Barbara Hendricks, Hagegard;
Arts Music – Krzysztof Penderecki/Venceslava Hruba-Freiberger, Piotr Kusiewicz;
Teldec – Zubin Mehta/Sumi Jo, Boje Skovhus;
RCA – Leonard Slatkin/Sylvia McNair, Hagegard;
RCA – Seiji Ozawa/E. Mandac, Sherrill Milnes;
EMI Classics – Rafael Frühbeck de Burgos/ Lucia Popp, R. Wolansky;
BIS – Hans Schmidt-Isserstedt/Elisabeth Söderström, G. Bäckelin (ao vivo de 1954);
EMI Classics – Leopold Stokowski (histórica, ao vivo, de 1955).

Além de todos esses registros da partitura original, registremos duas versões reduzidas: a da Cascavelle, com o Conjunto de Percussões de Genebra, para dois pianos e percussão; e a da BIS, para orquestra de câmara, realizada por Cecilia Rydinger Alin na Universidade de Uppsala, em junho de 1955. Quanto aos vídeos, há o de um concerto regido por Seiji Ozawa – com Kathleen Battle e Thomas Allen –, já muitas vezes exibido na televisão brasileira; e um outro com uma bela montagem de palco assinada por Jean-Pierre Ponelle.

O objetivo de Orff, na *Carmina Burana*, não era o de reconstituir a música medieval e, sim, de evocá-la, à distância, com o seu próprio estilo, muito híbrido. Fez a mesma coisa em seu trabalho seguinte, *Der Mond* (A Lua), cujo material deriva parcialmente da cena da taberna na cantata cênica. À maneira medieval, chamou de "ein kleines Welttheater" (um pequeno teatro do mundo) a essa operazinha extraída de um conto dos irmãos Jakob e Wilhelm Grimm, passado em um país imaginário onde não existem lua nem estrelas. Quatro jovens vão ao país vizinho, cujo céu, à noite, é iluminado pela lua resplandescente, e a roubam. Quando estão para morrer, fatiam o astro e pedem para serem enterrados cada um com o seu pedaço. No outro mundo, a luz da lua acorda os mortos de seu sono e estes erguem-se de seus túmulos e começam a festejar, causando grande confusão entre os vivos. O pandemônio atrai a atenção de São Pedro que, descendo dos céus, manda os mortos de volta para seus caixões e, colando os pedaços da lua, devolve-a a seu lugar no céu.

Apenas três episódios de *Der Mond* – estreada em Munique, em 5 de fevereiro de 1939 – são mostrados em cena. A maior parte da história é contada por um narrador. Repetem-se as características básicas de *Carmina Burana*: ritmos insistentes, melodias de caráter folclórico sem desenvolvimento, harmonia muito singela. Não se observa nenhum avanço substancial, em termos formais, neste conto popular descontraído de que existem as seguintes gravações: no selo Calig, a de Rudolf Alberth, uma transmissão da Rádio Bávara de janeiro de 1950; no EMI, a de Wolfgang Sawallisch; no Berlin Classics, a de Herbert Kegel e, no Eurodisc, a de Kurt Eichhorn.

Qual foi realmente a relação, com o III Reich, de um compositor que, depois da II Guerra, dizia ter sido hostilizado pelas autoridades devido ao caráter "antigermânico" de algumas de suas obras? E que chegou a afirmar ter sido um dos fundadores do movimento de resistência *Weisse Rose* (Rosa Branca) – cujos membros, liderados pelo professor Kurt Huber, de Munique, foram presos e executados em 1943. A questão é discutida por Michael Kater em *The Twisted Muse: Musicians and their Music in the Third Reich*. É óbvio que a história da Rosa Branca não passou de invencionice, como o atestou Clara Huber, viúva do verdadeiro criador do grupo (e Gertrud Orff, viúva do compositor, o confirma).

Embora fosse politicamente indiferente, Orff sabia que os nazistas não veriam com bons olhos as suas simpatias por Stravínski, pelas peças de Brecht e Weill, nem o fato de, na juventude, ele ter musicado poemas do judeu Franz Werfel. No outono de 1938, durante a crise dos Sudetos, o seu aluno Newell Jenkins chegou a lhe propor emigrar para os Estados Unidos, mas ele recusou a idéia de afastar-se da Baviera.

Depois do sucesso das *Carmina Burana*, Orff percebera que o caráter conservador de uma música acessível às mais diversas camadas de público, com temática inócua do ponto de vista da crítica ao regime, que ia buscar inspiração no acervo folclórico germânico, o tornava aceitável, facilitando para ele a tarefa de ocultar seus ancestrais parcialmente judaicos. Em *Mein Vater und ich: Erinnerungen an Carl Orff* (Meu Pai e Eu: Lembranças de CO, 1992), a sua filha Godela deixa claro que ele não chegou a ser um "vilão nazista", mas simplesmente acomodou-se às vantagens que a posição de músico respeitado lhe poderia trazer. Tornou-se internacionalmente muito conhecido depois que a sua *Schulwerk* foi oficialmente adotada pela Juventude Hitlerista. Em 1938, aceitou a encomenda recusada por Strauss: compor uma música incidental para o *Sonho de uma Noite de Verão* que substituísse a de Mendelssohn – executada com grande pompa em Frankfurt e, depois, é claro, totalmente esquecida.

Recebeu encomendas de figurões como o Gauleiter Baldur von Schirach, foi agraciado com o prêmio da *Reichsmusikkammer*, e era um dos músicos freqüentemente procurados por Goebbels para fornecer partituras à rádio ou aos estúdios encarregados de produzir documentários de propaganda. Sensível e, de certa forma, original durante a República de Weimar, Orff se converteu no que Kater chama de "um oportunista político-cultural devido à incerteza e à ameaça de perseguição". Encontrou, em suma, uma fórmula de convivência pacífica que lhe permitiu atravessar os anos de guerra, praticando um "modernismo ma non troppo" que fez Gerald Abrahams comentar, na *Concise Oxford History of Music* (1986):

> O único tipo de modernismo aceitável, para o III Reich, era o do neoprimitivismo que Orff praticava em suas cantatas cênicas, ritmicamente hipnóticas e totalmente diatônicas.

A mesma fórmula de *Märchenoper* reaparece em 1940 em *Die Kluge* (A Mulher Astuciosa), também extraída de um conto dos Grimm: *Der Geschichte von dem König und der klugen Frau* (A História do Rei e da Mulher Astuciosa). Este talvez seja o mais feliz dos libretos de Orff, no qual ele cruzou, às peripécias originais, divertidas situações inspiradas em antigos provérbios alemães. Ao estrear na Ópera de Frankfurt, em 20 de fevereiro de 1943, essa comédia agradou muito ao público – e à crítica nazista que viu nela a celebração da sabedoria popular.

Ouvindo falar de uma moça que é extremamente esperta e sensata, o rei manda chamá-la e propõe-lhe três enigmas, aos quais ela responde corretamente. Ele então a toma por esposa. Tempos depois, enganado por um bando de trapaceiros, o rei comete uma injustiça. A rainha não critica abertamente o seu erro mas, em segredo, tenta ajudar a vítima do mau julgamento. Ao saber disso, o rei a expulsa do castelo; mas permite que leve consigo "a coisa que mais ama" (situação que reencontraremos em *Pedro, o Negro*, de Norbert Schultze, analisada no capítulo sobre a *Märchenoper*). A rainha serve ao rei um lauto jantar, regado com um vinho em que colocou um sonífero. Canta para ele uma canção de ninar, deita-o dentro de um baú e carrega-o consigo. Ao acordar, longe do castelo, e dar-se conta de que é ele o bem mais precioso para sua esposa, proclama que ela é a mais sábia das mulheres.

Embora, em termos musicais, não haja novidade alguma em relação a *Der Mond*, a boa qualidade do texto e a espontaneidade das melodias fizeram de *Die Kluge* uma ópera até hoje muito popular, freqüentemente remontada nos teatros alemães. Há três gravações disponíveis, todas de ótima qualidade: a de W. Sawallisch (EMI, 1957), com Elisabeth Schwarzkopf; a de Herbert Kegel (Berlin Classics, década de 1960); e a de Kurt Eichhorn (Eurodisc, 1970), com Lucia Popp.

Sete poemas para coro a cappella, musicados em 1930, deram origem a uma nova cantata dramática, escrita entre 1941-1943. Seu autor é o romano Caio Valério Catulo, que viveu entre 84-54 a.C. A paixão por Clodia Pulcher, volúvel aristocrata a quem ele deu o pseudônimo de Lésbia, inspirou-lhe poemas de tom confessional de rara sinceridade. O *Liber Catulli Veronensis* é um dos grandes monumentos da poesia lírica latina. Orff orquestrou e reviu os textos já prontos, acrescentou-lhes outros e montou *Catulli Carmina* (Os Poemas de Catulo), chamando-os de *ludi scaenici* (jogos cênicos). Estreou-os em Leipzig, em 6 de novembro de 1943.

A cantata está dividida em três atos curtos, enquadrados por um Prólogo e um Epílogo. Convidados pelos mais velhos a aprender com os ensinamentos de Catulo – que é mostrado como o homem apaixonado, traído e desiludido –, os jovens interrompem seus joguinhos eróticos, ouvem durante algum tempo, depois se desinteressam e voltam a se divertir. Passa-se assim a idéia melancólica de que a experiência não é transmissível e a juventude terá de sofrer para aprender. Soprano, tenor e coro misto são acompanhados por quatro pianos e um enorme grupo de percussões. Ainda mais do que na *Carmina Burana*, as melodias são simples e os esquemas rítmicos elementares, com repetições incisivas que criam um efeito primitivo, de ritual pagão – a começar pela frenética repetição das palavras "Eis aiona" (salve) com que a obra se inicia. Em meio aos episódios de paixão impulsiva, com textos que não recusam a evocação explícita do ato amoroso, destacam-se momentos líricos como "Ille mi par esse deo" (Parece-me ser um deus), em que Catulo faz a paráfrase de um poema famoso de Safo.

São as seguintes as gravações disponíveis: Hans Rudolf Zöbeley (Calig), da década de 1950; Eugene Ormandy (CBS) e Herbert Kegel (Berlin Classics), ambas da década de 1960; Eugen Jochum (DG, 1971); Milan Mílkov (Forlane, 1988); e duas versões diferentes de Wolfgang Schäfer, dos anos de 1980-1990, feitas para os selos Intuition e Koch-Schwann. Há trechos de uma montagem de palco dos *Catulli Carmina* num documentário da TV alemã sobre a vida de Carl Orff, já exibido no Brasil pela TV a cabo.

A reedição, em 1940, do dicionário em que J. A. Schmeller compilara, entre 1827-1832, o vocabulário e as expressões mais típicas do dialeto bávaro sugeriu a Orff a idéia de um espetáculo escrito nesse linguajar. A escolha do tema foi condicionada pelo fato de sua filha Godela, que era atriz, ter interpretado, no Teatro Nacional da Baviera, o papel-título de *Agnes Bernauer*, a tragédia de Friedrich Hebbel, baseada em um sinistro episódio da história bávara.

Em 1432, o conde Albrecht von Voheburg, filho único do duque Ernst da Baviera, apaixonou-se por Agnes, filha de Kaspar Bernauer, dono de uma casa de banhos em Augsburg. Apesar da oposição de seu pai e dos dignitários da Igreja, casou-se com essa plebéia. Três anos depois, aproveitando-se da ausência do filho, Ernst acusou-a de feitiçaria e, apoiado pelo clero, condenou-a à morte: a bela Agnes foi afogada no Danúbio, em 12 de outubro de 1435. Para vingá-la, Albrecht planejou invadir Munique e incendiá-la. Mas, antes que o fizesse, seu pai morreu e ele subiu ao trono ducal.

O texto de *Die Bernauerin* foi escrito em 1944, durante a estada de Orff em um sanatório, onde se recuperava de um ataque cardíaco. Além das peça de Hebbel e das fontes por este utilizadas – a tragédia homônima do conde Joseph August von Törring (1790) e a crônica histórica de Felix Joseph Lipowsky (1800) –, usou várias canções autênticas do século XV recolhidas no *Liederbuch der Clara Hätzlein*, de 1471. Construiu, com esse material, um "bairisches Stück" (peça bávara) em que visava a explorar a "música falada, nascida da língua, fazendo renascer antigas palavras, há muito tempo esquecidas". O resultado é mais uma peça de teatro com canções e intervenções corais intercaladas do que uma ópera propriamente dita. Como o demonstra a gravação de Kurt Eichhorn, feita para o selo Orfeo em 1981, isso limita o interesse da obra a ouvintes possuidores de bom conhecimento do alemão, que lhes permita apreciar o sabor de um texto em dialeto, de tom cru e barroco. Quanto aos trechos cantados, eles repetem as características de *Der Mond* ou *Die Kluge*. O final da guerra retardou a estréia de *Die Bernauerin*: ela só subiu ao palco em 15 de junho de 1947, no Staatstheater de Stuttgart – e só tem sido remontada pelas companhias voltadas para a valorização do acervo folclórico bávaro.

Data de 1940 o interesse de Orff pelas traduções de tragédias gregas feitas por Hölderlin. Usando-as textualmente, apenas com alguns cortes, cria a trilogia que se inicia com *Antigonae*, da peça de Sófocles (c. 441 a.C.) Depois que Edipo é banido de Tebas, seus filhos Eteocles e Polinice combinam reinar em rodízio. Mas Eteocles recusa-se a entregar o trono a Polinice que, reunindo contra Tebas sete exércitos, tenta invadi-la. Os dois irmãos morrem em combate, e seu tio Creonte, que subiu ao trono, dá funerais suntuosos a Eteocles e condena Polinice a apodrecer sem sepultura. Antígone, a irmã de ambos, desobedece as ordens de Creonte, presta a Polinice os ritos funerários e, por isso, é condenada a ser enterrada viva. O adivinho Tirésias adverte a Creonte que deve libertá-la; mas já é tarde demais: ela se suicidou dentro de seu túmulo; e o rei é triplamente castigado, pois sua mulher Eurídice, e seu filho Haemon, noivo de Antígona, horrorizados com a crueldade de seu gesto, também se mataram.

Antigonae foi estreada no Festival de Salzburg, em 9 de agosto de 1949. A música segue rigorosamente o padrão formal da tragédia grega. Os diálogos (*stichomythia*) são em geral salmodiados sobre uma nota única, contrastando com os monólogos, tratados como árias com melodias modais, e os números corais, em que se reconhecem os mesmos maneirismos de escrita das cantatas cênicas. Nos monólogos, são comuns os ritmos bruscamente deslocados, os saltos de intervalo e a coloratura sobre melismas muito sinuosos, de sabor oriental. Musicalmente é, talvez, a partitura mais elaborada de Orff do ponto de vista vocal. O acompanhamento, em que são freqüentes ritmos obstinados, para criar um pano de fundo sombrio e inquietante, requer uma orquestra de proporções e constituição desusadas: seis pianos usados de forma tanto melódica quanto percussiva, quatro harpas, nove contrabaixos, seis flautas, seis oboés, seis trompetes, oito tímpanos e um grupo de quinze percussionistas incluindo um xilofone construído segundo as especificações do autor. No tratamento rítmico do comentário orquestral são constantes idéias formuladas nos exercícios da *Schulwerk*.

Existem três gravações da *Antigonae*: no selo DG, a de Ferdinand Leitner (1961); no Stradivarius, a de Ferenc Fricsay, também da década de 60; e no Orfeo d'Or, um registro ao vivo de janeiro de 1951, no Prinzregententheater, regido por sir Georg Solti.

Antes de dar prosseguimento à trilogia grega, Orff completou o tríptico das cantatas cênicas, ao qual deu o título coletivo de *Trionfi*, e compôs mais uma "comédia bávara" de sabor folclórico. Tendo refletido, nas duas *Carmina* precedentes, sobre a questão amorosa na Idade Média e em Roma, é para a Grécia antiga que ele se volta, reconstituindo seus rituais de casamento em *Il Trionfo di Afrodite*. No texto que montou, Orff utiliza duas das odes nupciais de Catulo, em estilo grego, combinando-as a poemas de Safo. E esse *concerto scenico* se encerra com uma *Apparizione di Afrodite* cujo texto – "Su tan theón akámpton phréna" (Orientas a inflexível vontade dos deuses) – é um coro extraído do *Hipólito*, de Eurípedes.

Esta obra, escrita entre 1947-1951, mas só estreada no Scala de Milão em 13 de fevereiro de 1953, também requer orquestra grande, com três pianos, três violões e uma imensa seção de percussões; mas os instrumentos nunca tocam sozinhos: sempre acompanham os cantores, dobrando as melodias vocais ou apoiando-os com motivos *ostinato*, pedais sustentados por longo tempo e pontuações rítmicas. As frases melódicas dos solistas e do coro carregam todo o peso expressivo. Como nas duas cantatas precedentes, ritmos muito incisivos são predominantes, mas há um maior respeito pela métrica original dos poemas (o que também acarreta uma menor variedade rítmica).

Il Trionfo di Afrodite está dividido em sete seções. Inicia-se com um amplo coro em que rapazes e moças, enquanto esperam os noivos, cantam a Vésper, a estrela noturna, associada pelos romanos a Vênus/Afrodite. O poema de Safo "Ipsoi de to melathrôn himénaon!" (Que se erga o telhado, festejemos as bodas) introduz o cortejo nupcial, seguido do dueto dos noivos, "Za t'eléxaman onár Kyprogenía" (Em sonhos falei contigo, deusa de Chipre) – esse poema, também de Safo, recebe tratamento vocal com ricos melismas. A *Invocação a Himeneu*, de Catulo, é um coro a quatro vozes cujo acompanhamento alterna acordes de dó e ré maior sobre longos pedais de ré maior. Sensuais e maliciosos são os conselhos que os amigos dão à noiva enquanto, nos *Ludi e Canti Nuziali Davanti al Talamo*, eles a acompanham até a alcova, onde o marido a espera. A inflamada declaração de amor do esposo, "Gálaktos leukótera" (Mais branco do que o leite), é interrompida pelo coro que, assinalando a aparição de Afrodite, encerra a cantata de forma imponente.

Embora possua seus atrativos, esta terceira parte do tríptico é a menos conhecida ou representada. H. Kegel gravou-a na década de 1960 (Philips); e o selo tcheco Supraphon tem o registro de Václav Smetácek, feito na década de 1970. A série de três cantatas intitulada *Trionfi* foi enfeixada em álbuns regidos por Ferdinand Leitner (Basf) e Franz Welser-Möst (EMI Classics, 1995).

Munique assistiu, em 20 de outubro de 1953, à estréia de *Astutuli*, uma farsa medieval cujo libreto Orff redigiu em dialeto bávaro. Trata-se de uma peça de teatro escrita em 1949, na qual intervêm breves passagens cantadas. O texto falado tem os ritmos anotados de forma precisa, numa pauta de uma só linha, e o acompanhamento é feito exclusivamente com percussões. Antes mesmo de levar *Astutuli* ao palco, Orff já tinha retomado a trilogia grega, desta vez narrando, em *Oedypus der Tyrann*, os antecedentes da história de *Antigonae*.

Uma vez mais o objetivo de Orff é realçar a musicalidade da tradução que Hölderlin fez

Esboço de Hans Fenneker para o cenário da estréia do *Trionfo d'Afrodite*, de Carl Orff, em 1953.

da tragédia de Sófocles. Em *Édipo Rei*, toda a música gira em torno de uma tonalidade básica de dó maior e o estilo vocal oscila entre a fala ritmada e um insistente parlando sobre uma nota única. São muito raros os momentos de canto e, neles, utilizam-se melismas mas não tão elaborados quanto os do *Trionfo*. O resultado é bastante monótono, sobretudo se o espectador não dispõe de um conhecimento da língua que lher permita apreciar as belezas dos versos de Hölderlin. Seguindo o padrão estabelecido por *Antigonae*, essa tragédia utiliza uma orquestra incomum, com dezoito percussionistas, seis pianos, quatro harpas, bandolim, celesta, harmônica de vidro, nove contrabaixos, flautas, oboés e trombones em grupos de seis, órgão elétrico, seis tímpanos e, nos bastidores, oito trompete e um jogo completo de gongos javaneses. A estréia foi no Staatstheater de Stuttgart, em 11 de dezembro de 1959. A gravação foi feita por Rafael Kubelík (DG), em 1959.

Entre a composição do *Édipo* e o final da trilogia grega, Orff escreveu, para a televisão alemã, dois autos de Natal com texto em latim: *Comoedia de Christi Ressurectione* (1956, só levada ao ar três anos depois) e *Ludus de Nato Infante Mirificus* (1960). Em ambos os casos, o estilo se aparenta ao da *Bernauerin* ou de *Astutuli*, com ênfase nos aspectos populares da encenação e tentando reconstituir o tom ingênuo dos mistérios medievais.

Para *Prometheus*, que o ocupou de 1963 a 1967, Orff preferiu usar o texto original do *Prometeu Acorrentado*, de Ésquilo, por considerá-lo superior à tradução alemã. Como no Édipo, a música restringe-se, durante passagens muito longas, a fornecer um acompanhamento rítmico às palavras. O texto é cantarolado em estilo declamatório, com eventuais intervenções de frases melódicas simples, de estilo perfeitamente diatônico. O único trecho de canto mais elaborado é a aparição de Io, atormentada e delirante. A história de Prometeu, que desafia Zeus para dar o fogo aos homens, e é condenado a uma cruel tortura eterna, é também acompanhada por uma orquestra insólita: quatro pianos, flautas, oboés, trompetes e trombones em grupos de seis, quatro banjos e quatro harpas, órgão, nove contrabaixos, dezoito percussionistas e máquinas de vento e trovão. A estréia foi em Stuttgart, em 24 de março de 1968. A gravação de Ferdinand Leitner (Acanta) foi feita em 1972. Em 1999, o selo Orfeo d'Or lançou um registro ao vivo de Rafael Kubelík.

De Temporum Fine Comoedia (A Comédia do Fim dos Tempos), síntese das preocupações místicas de Orff, é mais um oratório do que uma ópera, e o texto é escrito em grego, latim e alemão. A primeira seção, baseada nas Profecias Sibilinas, contém um lamento pela humanidade, condenada sem qualquer esperança de redenção. A esse ponto de vista opõe-se o da segunda seção, que desenvolve a teoria de Orígenes (185-254) – considerada herética pela Igreja – de que, no Juízo Final, Deus perdoará a todos e até mesmo ao Diabo. O oratório se encerra com um *Dies illa* descrevendo a catástrofe do fim do mundo. No meio do caos, Lúcifer surge e, tendo reconhecido os seus erros e pedido perdão, é de novo transformado pela bondade divina no Anjo de Luz que era antes da queda. A última obra cênica de Carl Orff encerra-se, assim, com a idéia, extraída de Orígenes, de que "o fim de todas as coisas será a abolição do pecado". Composta para o Festival de Salzburgo, a *Comoedia* ali foi estreada em 20 de agosto de 1973, sob a regência de Herbert von Karajan (existe, no selo DG, um registro desse espetáculo). Depois dela, embora vivesse até 1982, o compositor não produziu nenhuma outra obra de maior porte.

Korngold

Quando ele morreu, em 1957, um dos raros artigos a fazer um balanço de sua obra intitulava-se *Vom Genie zum Talent* (Do Gênio ao Talento). O outrora admiradíssimo menino prodígio estava completamente esquecido até mesmo no país que vira despontar sua assombrosa carreira. A musicografia gosta muito dessas generalizações: a idéia de que, ao amadurecer, o menino genial declinara e acabara se transformando em um compositorzinho medíocre foi sendo passada de mão em mão, e repetida até por quem nunca tinha ouvido uma nota sequer de sua música. Pouco mais de trinta anos depois, essa situação mudou radicalmente. A posição que Erich Wolfgang Korngold (1897-1957) ocupa dentro da História da Música germânica está sendo claramente avaliada e constata-se que ele foi não um criador de formas novas, mas um mestre consumado na exploração dos gêneros existentes – ou, como diz seu biógrafo Brendan Carroll, o "último prodígio" de uma longa e nobre tradição vienense.

Seu pai, Julius Leopold Korngold, era o mais respeitado crítico de música de Viena na virada do século. Foi ele quem, percebendo a vocação do filho, deu-lhe as primeiras lições de música, encaminhando-o depois para estudar com Robert Fuchs, no Conservatório de Viena. Quando Julius o apresentou a Gustav Mahler, e o pequeno Erich tocou para ele, de memória, a cantata *Gold* (Ouro), que escrevera aos nove anos, o compositor proferiu o veredicto: "É um gênio!". E como estava de partida para os Estados Unidos e não podia lhe dar aulas pessoalmente, recomendou que continuasse seus estudos de composição com Zemlinsky.

Foi durante o período em que esteve aos cuidados do cunhado de Schönberg que o menino de treze anos tornou-se conhecido como o novo *Wunderkind*, a criança prodígio a quem até mesmo um crítico em geral avaro em elogios, o inglês Ernest Newman, não hesitou em chamar de "o novo Mozart". Em 4 de outubro de 1910, no dia do aniversário do imperador, Korngold estreou, na Hofoper, a pantomima *Der Schneemann* (O Homem da Neve), que fez dele uma celebridade em Viena. Uma caricatura publicada em 1911, no *Neues Wiener Tageblatt*, mostra-o ao piano, com uma carinha de Dr. Silvana, cercado pelos maiores compositores, regentes e pianistas de então – Richard Strauss, Max Reger, Arthur Nikisch, Eugen d'Albert e Siegfried Wagner que, nas mãos cruzadas atrás das costas, segura uma chupeta. Enquanto o menino toca, as celebridades o olham com ar ao mesmo tempo incrédulo e admirado. "Ele tem um talento assustador!", teria comentado Strauss.

Korngold nasceu em Brünn (atual Brno), na Morávia, onde seu pai era advogado antes de mudar-se para Viena e tornar-se assistente de Eduard Hanslick no *Neue Freie Presse* – onde herdou o cargo de principal crítico, quando ele se aposentou. Os detratores de Erich diziam ser impossível uma criança compor tão bem; provavelmente era Julius o autor da música atribuída ao filho. A isso, Korngold pai respondia: "Vocês acham que, se eu compusesse daquele jeito, seria crítico?". Outros afirmavam que sua carreira devia-se ao prestígio do pai. Este tinha realmente condições de colocar o menino em contato com a nata da música austríaca. Mas nunca conseguiria convencer um regente do porte de Nikisch, ou um pianista como Arthur Schnabel, a estrear a *Sinfonietta* e a *Sonata para Piano* que Erich escreveu aos quatorze anos, se não se tratasse de partituras realmente consistentes. O próprio Zemlinsky logo concluiu nada mais ter a lhe ensinar e, ao saber que ele se matriculara no curso de contraponto de Hermann Grädener, mandou-lhe um cartão postal em que perguntava: "Ouvi dizer que você está estudando com o Grädener. Ele tem feito muitos progressos?".

É claro que o preço a pagar pela genialidade precoce era pesado. Julius considerava o filho um objeto de sua propriedade e – digno aluno da escola de Leopold Mozart – exigia dele um comportamento de menino prodígio em tempo integral. Obrigado a trabalhar incessantemente, Erich foi o tipo da criança que não teve infância. Alma Mahler, em suas *Memórias*, diz que ele era um menino tímido, "de natureza obstinada e taciturna". E o maestro Karl Böhm, que se encontrava freqüentemente com a família Korngold, durante as férias, em Veldem-am-Wörthersee, onde sua cunhada, Elsa Böhm, era a dona do Schlosshotel, de frente para o lago, conta como era espartano o regime imposto ao garoto:

> Um dia em que todo mundo estava saindo para tomar banho no lago, ouvi Julius dizer ao filho: "*Nix baden, Erich – komponieren!*" (nada de banhos, Eric – vá compor!).

Mas os resultados eram compensadores. A *Sonata para Violino*, que ele dedicou a Carl Flesch e Schnabel, ou o *Trio para Piano e Cordas*, estreado por Bruno Walter, Arnold Rosé e Friedrich Buxbaum, são obras surpreendentemente maduras para um garoto de 15 anos. Em todo caso, os rumores de que era o pai quem escrevia a música do filho só podiam ser alimentados por episódios como o que conta Bruno Walter:

> Durante a preparação do *Trio*, houve um momento em que a família toda apareceu para assistir a um ensaio. "Acho que eles estão tocando depressa demais", disse frau Korngold a seu marido a respeito de determinado trecho. "Na minha opinião, esta é muito devagar", retrucou Julius. "Pois eu acho que está como eu queria", arriscou timidamente o autor da peça. "*Du hällst den Mund!*", disseram-lhe imediatamente os pais: "Você cale a boca!".

Papai e Mamãe acreditavam saber, melhor do que ele, *como* apresentar ao mundo o produto acabado. Com isso, porém, faziam crescer a maledicência dos que viam em Erich apenas uma invenção do lobby poderoso controlado pelo pai. Corria pelos cafés vienenses a historinha maldosa do músico que perguntava a seu colega:

> "Soube que você vai tocar a nova sonata de Korngold. Ela é gratificante?" – "Não, mas o pai dele é."

Tudo isso explica – na opinião de biógrafos como Jessica Duchen ou Brendan Carroll – atitudes de rebeldia que Korngold terá mais tarde, ou a forma como sublima determinados impulsos e curiosidades em suas duas primeiras óperas. De natureza muito diferente, elas foram estreadas juntas, na Hofoper de Munique, em 28 de março de 1916, sob a regência de Bruno Walter. A primeira, *Der Ring des Polykrates*, é uma comédia doméstica na linha verista da *Abreise*, de Eugen d'Albert. A segunda, *Violanta*, é um tórrido drama passional ambientado na Renascença, gênero que a *Mona Lisa* de Von Schilling tinha posto na moda.

Erich tinha dez anos ao ler *O Anel de Polícrates*, de Heinrich Teweles, diretor do Teatro Alemão de Praga. Em seu livro de memórias, *Die Korngolds in Wien: der Musikkritiker und der Wunderkind* (Os Korngold em Viena: o Crítico de Música e o Menino Prodígio), Julius conta que, no verão de 1913, ele a escolheu, como tema para a sua primeira experiência dramática, "atraído pela história dessa felicidade conjugal sem problemas, cuja serenidade mesma parece condená-la às maiores perturbações". Tendo obtido o consentimento do autor, que ficou encantado com a idéia e concordou com qualquer mudança que fosse necessária, confiou a redação do libreto a Leo Feld, autor do texto de *Kleider machen leute*, de Zemlinsky. Mas Julius não ficou contente com o trabalho de Feld e reescreveu-o com o pseudônimo de Westend, para evitar mais boatos sobre suas interferências no trabalho do filho.

A ação do *Anel de Polícrates* foi transferida para 1797 – a época de Schiller, autor do poema que dá título à ópera – numa pequena corte da Saxônia. O músico Wilhelm Arndt sente-se perfeitamente feliz: é apaixonado por Laura, sua jovem mulher, com quem tem um lindo bebê; acaba de ser nomeado *Hofkappelmeister* e, com a morte de uma tia, herdou uma pequena fortuna. Florian, valete e copista de Wilhelm, totalmente leal a ele, ama Liesel, a dedicada criada de Laura, e gostaria de ter com ela uma união igualmente feliz. Uma só coisa entristece esse quadro venturoso: a ausência do melhor amigo, Peter Vogel, de quem há muito tempo Arndt não tem notícias.

Wilhelm se alegra ao saber que Vogel reapareceu. Enquanto Florian vai buscá-lo na estação de carruagens, Laura relê seu diário e ficamos sabendo que, em outros tempos, ela foi namorada de Peter. Mas renunciou a ele ao descobrir que Wilhelm era o homem a quem realmente amava. Vogel, hoje, é um homem amargurado, que não se casou, foi mal-sucedido nos negócios e, ainda por cima, foi roubado durante a viagem e está sem um tostão. Invejoso da alegria de viver do jovem casal, provoca Wilhelm falando-lhe da balada de Schiller sobre Polícrates, homem muito próspero que, para não atrair a ira dos deuses, sacrificou o bem mais precioso que possuía, um valiosíssimo anel. E sugere-lhe que procure conhecer melhor o passado de Laura, esperando que o rompimento dos dois seja o "sacrifício de Polícrates".

A maldade de Vogel lança, por algum tempo, a confusão entre Wilhelm e sua mulher; e também entre Liesl e Florian que, ouvindo a conversa do patrão com o amigo, tem a idéia de investigar também o passado de sua namorada. Mas no final os dois casais se reconciliam e Wilhelm chega à conclusão de que o bem a ser sacrificado é o falso amigo, que tentou destruir a sua felicidade. E a ópera termina com os esposos relendo juntos o poema de Schiller.

Um mérito do jovem compositor é ter sabido escolher uma obra leve, a que poderia dar tratamento camerístico, para familiarizar-se com um gênero que ainda não dominava. Seu entusiasmo por uma historinha ingênua e um pouco piegas – em especial numa época em que as teorias freudianas eram largamente exploradas pela arte lírica – indicam a defasagem entre o desenvolvimento psíquico e intelectual de Erich e a sua evolução artística. O que torna ainda mais notável a habilidade com que costura uma partitura concisa mas melodiosa, em que ainda são muito visíveis as influências – o cromatismo wagneriano, a técnica de orquestração de Strauss, certos torneados de frase típicos de Zemlinsky, algumas reminiscências de Lortzing, Flotow, Mahler –, mas que já contém alguns toques extremamente individuais.

Depois da riqueza de orquestração da *Sinfonietta em Si Maior*, é notável a contenção do efetivo orquestral, de proporções clássicas, com cordas, harpa, celesta e sopros aos pares – mas com um variado conjunto de percussões em que há *glockenspiel*, xilofone, diversos tipos de tambor, bandolim, triângulos, címbalos e tam-tam. Harmonicamente simples, a música não se esforça em recriar o ambiente setecentista fazendo o pastiche do estilo do Classicismo. Mas Korngold adota a forma tradicional da ópera de números e, vez por outra, opta por uma forma discreta de paródia: por exemplo, a celesta que comenta a leitura do diário de Laura, à maneira do cravo que, no século XVIII, acompanhava o recitativo seco.

É muito hábil o manejo do arioso, que flui com grande naturalidade. No monólogo "Glück leiht die Schwingen" (A felicidade nos dá asas) com que, na cena 2, Wilhelm celebra a sua ventura doméstica, já ressoa toda a paixão de *Violanta* e *A Cidade Morta*. E a ária, "Kann's nicht heute fassen" (Hoje não consigo entender), na já mencionada "Cena do Diário", com seu acompanhamento de cordas em surdina, celesta, harpa e flauta, é de um refinamento de compositor maduro. Para conhecer esta primeira experiência operística de Korngold – que, no dizer de Andreas Meyer, "situa-se na antecâmara de suas obras-primas" – existe a gravação de Klauspeter Seibel, lançada pela CPO em 1997, ano de seu centenário de nascimento. A coleção *The Golden Age of Opera*, do selo EJS, tinha a versão de Hans Swarowski (1952), ligeiramente cortada.

Temendo que *Polykrates*, por ser curta, fosse representada em companhia de uma ópera inadequada, Erich decidiu compor uma companheira para ela. Seu pai apresentou-o então a um antigo colega de Brno, o dramaturgo Hans Müller. Colaborador da *Neue Freie Presse*, Müller era uma personalidade conhecida em Viena por suas atitudes excêntricas de homossexual espalhafatoso, e de hipocondríaco militante. Além do jornal, trabalhou também como roteirista para a produtora cinematográfica alemã UFA e, nos Estados Unidos, até 1931, para a MGM. Müller submeteu ao jovem músico duas sugestões, ambas ambientadas no século XV: um drama histórico sobre a figura do reformador Girolamo Savonarola; e uma sangrenta história de amor e morte tendo como pano de fundo o Carnaval veneziano. Korngold preferiu esta segunda, modelada em peças de sucesso na época: *Mona Vanna*, de Maurice Maeterlinck; *O Véu de Beatriz*, de Arthur Schnitzler, *A Tragédia Florentina*, de Oscar Wilde. Os poucos meses que separam *Polykrates* (1913-1914) e *Violanta* (1914-1915) significam um salto espantoso em termos de qualidade musical e amadurecimento dramático.

Violanta, a mulher de Simone Braccai, está decidida a vingar a morte de sua irmã Nerina, que se suicidou depois de ter sido seduzida e abandonada por Alfonso, príncipe de Nápoles. Combina com seu reticente marido que atrairá o rapaz para uma emboscada em sua própria casa: ela o convidou dando-lhe a entender que quer entregar-se a ele. Quando Simone a ouvir cantando a canção do Carnaval, com a qual seduziu o príncipe, saberá que esse é o sinal combinado para entrar no quarto e matar o sedutor. Ao revelar a Alfonso sua identidade e a intenção de vingar Nerina, este lhe fala de sua infância solitária, da vida que leva, feita de prazeres passageiros, mas sem a esperança de encontrar um amor verdadeiro. E lhe pede que dê a Simone e o sinal para que entre, pois no fundo não deseja outra coisa senão morrer. Diante da reação petrificada de Violanta, Alfonso compreende que a jovem o ama desde a primeira vez que o viu. Enquanto ela lamenta a desventura de ter-se apaixonado pelo sedutor de sua irmã, Alfonso lhe pede que não pense nem no passado nem no futuro, só no momento privilegiado de êxtase que estão vivendo. Simone, impaciente, vem procurá-los e os encontra nos braços um do outro. Tenta matar o sedutor, mas Violanta o protege com seu corpo e é ela quem recebe o golpe, e morre nos braços do marido.

Em suas *Memórias*, conta Julius Korngold:

> Antes mesmo de começar a escrever a música, Erich que, na época, tinha 17 anos, deu a prova de seu grande talento dramático. Com instinto infalível, aprofundou as motivações das personagens e remanejou as cenas para tornar mais densa a intriga. Foi Erich quem insistiu para que houvesse uma respiração, um episódio calmo, depois do furioso dueto em que Violanta exige do marido que mate o sedutor: é a cena em que, diante do espelho, ela é preparada para o encontro por Barbara, a sua velha ama. Essa interrupção aumenta a tensão, cria a calma que precede a tempestade e conduz a ação para o seu trágico desenlace.

Quando a I Guerra começou, os Korngold tiveram de sair precipitadamente de sua casa de campo de Salzkammergut, fugindo para Alt-Aussee, onde Erich executou a partitura de *Violanta* para um pequeno grupo de amigos. Entre eles estava Clemens von Frankenstein, intendente do Hoftheater de Munique, que decidiu montar nessa sala as duas óperas em um ato. Depois da estréia bávara, elas foram levadas para Viena (10.4.1916), onde *Violanta* representou um momento capital na carreira do grande soprano Maria Jeritza. O selo EJS tinha o registro abreviado de 1949, regido por Gottfried Kassowitz. Em 1980, a CBS lançou a excepcional gravação de Marek Janowski, feita entre 1976-1977 com Éva Marton e Siegfried Jerusalem (relançada em CD pelo selo inglês MK). No ensaio que serve de introdução a esse álbum, Christopher Palmer pergunta:

> Como é que um adolescente superprotegido e sem experiência da vida pode ter escrito uma música em que a paixão física é expressa com tanta eloquência? E como um compositor cuja experiência anterior da orquestra era muito limitada pode ter adquirido o domínio da orquestração que se observa em *Violanta* – levando em conta que orquestrar é coisa menos inata e instintiva do que compor? Não sei como, mas Korngold *sabia* compor, tocar piano, orquestrar brilhantemente e, ao que parece, sem o menor esforço. O pintor americano James McNeil

Whistler dizia: "Uma tela só termina quando desaparecem todos os sinais dos meios utilizados para terminá-la... Na obra do Mestre, não se sente o suor de sua testa: ela já está terminada desde o início." Korngold é assim: toda a sua técnica parece estar miraculosamente pronta desde o início.

Ainda é possível discernir influências, é claro – a de Strauss, a de Puccini –, e nem poderia ser de outra forma. Mas, aos dezoito anos, Korngold já é dono de um estilo pessoal, disciplinado em termos harmônicos e melódicos, e com aqueles torneados característicos, inconfundíveis, a que se dá o nome de "assinatura". Na escrita vocal, por exemplo, já surge uma característica que predominará em seu teatro, tornando seus papéis diabolicamente difíceis de cantar: o uso de tessituras muito altas, a freqüência com que a voz tem de permanecer nas árduas áreas de passagem, e a liberdade rítmica, os rubatos inesperados que tornam a linha melódica oscilante, aumentando a impressão febril de ansiedade que ela transmite.

No excelente artigo a que nos referimos, Palmer faz uma detalhada análise da ópera, a que vale a pena remeter o leitor. Na impossibilidade de citá-lo inteiramente, tentemos mencionar apenas os pontos altos de uma partitura de extrema riqueza, surpreendentemente satisfatória para um operista que mal iniciou a carreira.

O Prelúdio, apresentando motivos que só voltarão na cena capital do confronto entre Violanta e Alfonso, tem a habilidade de oferecer ao ouvinte um material melódico marcante e, em seguida, fazê-lo esperar pelo seu retorno, percebendo de imediato, quando ele reaparece, o significado fundamental desse momento. A atmosfera inquietante é imediatamente criada pelo chamado "acorde de Violanta", um arco de quatro oitavas e meia que se estende através de toda a orquestra, assim descrito por Brendan Carroll:

> um acorde de nona alterada, muito peculiar, que compreende um pedal grave em mi maior, com uma tríade central aumentada nas trompas e um ponto de pedal invertido de dó sustenido maior, que não poderia ter sido escrito por nenhum outro compositor.

Nesse Prelúdio, é admirável também a forma como o tema de Alfonso, essencialmente melódico – exposto pelas trompas e violoncelos – entrelaça-se ao de Violanta, essencialmente harmônico: uma seqüência sinuosa de acordes que, partindo de um pedal de dó sustenido, se expande voluptuosamente, em tons quentes, "num verdadeiro retrato musical", como diz Palmer.

É brilhante o scherzo escrito para o pintor Bracca, personagem secundária, que está apaixonado por Violanta, e cujo tema exultante funde-se ao da jovem quando ela aparece pela primeira vez, mediante uma engenhosa transição.

O primeiro clímax vem na agressiva cena em que Violanta exige do marido que a ajude a vingar a morte de Nerina. O cromatismo misterioso da música que se relaciona com a personagem-título opõe-se ao diatonicismo deliberado dos motivos de caráter quase marcial que servem para descrever Simone.

A *Nachtmusik*, no interlúdio que se segue, impregna-se daquele fascínio tipicamente alemão pela noite, suas sombras e sonhos, que encontramos na poesia de Richter, Novalis ou Heine, na música de Wagner, Mahler ou Berg. Flauta, piccolo, celesta, trompete, trombone em surdina, cordas em pizzicato unem-se para traçar uma paisagem tanto exterior – o entardecer, o ruído da água no canal, o sopro da brisa – quanto interior: a agitação crescente de Violanta ao sentir aproximar-se a hora em que terá Alfonso diante de si. A cena incluída a pedido de Korngold, em que Barbara, a velha governanta, canta para Violanta enquanto penteia seus cabelos, inspira-se claramente na "Canção do salgueiro", do *Otello* de Verdi. As harmonias quase bitonais, que desestabilizam o diatonicismo do tema em ré menor, sugerem perfeitamente a ansiedade da protagonista, que está à espera do homem de quem quer se vingar.

A balada "Der Sonnen will sich neigen" (O sol vai se pôr), que Alfonso vem cantando, já parece prenunciar o clima tórrido do encontro entre eles. Nela reaparecem os temas enunciados no Prelúdio.

Há finalmente a longa cena entre Alfonso e Violanta, que tem três etapas capitais:

– o "Sterben wollt ich oft" (Muitas vezes eu quis morrer), com que Alfonso desnuda sua angústia e solidão;

– o dueto de amor, que começa quando ele constata "Ihr liebt mich, Mona Violanta?"

(A senhora me ama, Mona Violanta?), e culmina no êxtase do "Reine Lieb, dich ich suchte ein Leben lang" (Amor puro que eu procurei a vida inteira), a que Violanta responde com "Heisse Lust, der ich fluchte ein Leben lang" (Desejo ardente de que fugi a vida inteira) – momento de temperatura erótica digna do *Tristão e Isolda*;

– e a seção final, em que ela convida a morte a vir libertá-los, entoando a canção do Carnaval – "Am den Gräbern selbst die Toten tanzen heut" (Até os mortos dançam hoje em seus túmulos) –, o sinal para que Simone venha executar sua vingança.

Amor impossível neste mundo, morte como única possibilidade de realização – eis mais uma cena que se insere na típica tradição romântica germânica. De resto, *Violanta* tem, em alto grau, a capacidade de evocar os aspectos mais insólitos da paixão, tema constante da ópera nessa época, que encontramos em obras de contemporâneos seus: *Mona Lisa*, de Schillings, *Eine florentinische Tragödie*, de Zemlinsky, *Die Gezeichneten*, de Schrecker. Tema que se reafirmará com maestria ainda maior na ópera seguinte.

Foi o dramaturgo Siegfried Trebitsch quem sugeriu a Julius, um dia de 1916 em que se encontrou com ele na rua, o tema para esse trabalho. Trebitsch era o tradutor de *Le Mirage*, peça em quatro atos em que o belga Georges Rodenbach adaptara seu próprio romance *Bruges la Morte*, de 1892. Rejeitado pela Comédie-Française, esse drama simbolista, pesadamente influenciado por Edgar Alan Poe e pela atmosfera sonâmbula das peças de Maurice Maeterlinck, nunca chegou a ser encenado em países de língua francesa. Mas fez grande sucesso em Berlim em 1903, montado no Lessing Theater, na tradução de Trebitsch, intitulada *Die stille Stadt* (A Cidade Silenciosa). Mais tarde, o tradutor a publicou com o título de *Das Trugbild* (A Miragem) – seria esse o texto base para o libreto.

Apesar de sua brevidade – tem pouco mais de cem páginas – o romance *Bruges la Morte* é um texto fundamental da literatura produzida na confluência do Simbolismo com o Decadentismo, tendo de um o refinamento de linguagem, do outro a atração pelos estados mórbidos de emotividade. A cidade, no livro, não é um mero pano de fundo: é uma presença viva, a protagonista que controla e determina os atos e emoções de Hugues, a personagem central. Obcecado pelas lembranças da esposa, ele não consegue aceitar sua morte. Para frisar a importância do ambiente em que Hugues está imerso, Rodenbach fez questão de intercalar ao texto imagens da cidade, de suas fachadas góticas decrépitas, ruas desertas, canais adormecidos, igrejas, mosteiros, torres e casas do século XIV habitadas por pessoas que parecem ter saído das sombras do passado.

Queria assim que o leitor sentisse a estreita relação entre a paisagem e a história de Hugues que, durante uma apresentação do *Robert le Diable*, de Meyerbeer, fica conhecendo a bailarina Jane Scott – parecida com sua mulher a ponto de ele acreditar que se trata de uma reencarnação da defunta. A atmosfera onírica da cidade, impregnada da idéia de morte e de declínio, explica a atitude derrotista de Hugues, a quem o amor de Jane não devolve a alegria de viver. Eles passam a noite juntos, mas é um prazer passageiro. Na manhã seguinte, roído pelo remorso, Hugues acredita ver, na procissão que passa pelas ruas, as virgens do *Martírio de Santa Úrsula*, de Memling, que avançam para ele. Ao lúgubre som dos sinos, estrangula Jane com a trança da esposa falecida que, sacrilegamente, tinha roubado de seu caixão. Depois cai sobre o corpo da bailarina exclamando: "Morte... morte... *Bruges la morte*."

Havia aí uma atmosfera melancólica e um conflito entre Eros e Tânatos que não podia deixar de atrair um dramaturgo como Erich naqueles primeiros anos de século XX ainda impregnados do espírito decadentista. De início, Korngold recorreu a Müller, que o convenceu a expandir para três atos o projeto inicial de uma ópera num ato único. Mas não lhe agradou a sinopse traçada por ele. Foi uma sorte o libretista da *Violanta* estar muito ocupado com outros projetos, pois o texto de *Die tote Stadt* (A Cidade Morta) foi confiado a Paul Schott. Só em 1975, quando a ópera foi reprisada pela New York City Opera, soube-se que esse era o pseudônimo adotado por pai e filho, que o escreveram a quatro mãos. Paul é o nome dado à personagem principal; e o sobrenome é uma homenagem à B. Schotts Söhne, de Mainz, a editora de Korngold (a ópera, aliás, é dedicada a Ludwig Strecker, o diretor da firma).

"Schott" fez modificações no romance que tornaram *A Cidade Morta* mais complexa e individualizada. Rebecca, a mulher que morreu, no livro uma silhueta muito vaga, transforma-se em Marie, visão concreta, dotada de voz e presença física, feita pela mesma cantora que interpreta Marietta, a dançarina – cujo nome é uma "banalização" deliberada da outra, como se a viva fosse a versão real, terra-a-terra, da morta idealizada e tornada inatingível. Nesse sentido, as linhas do triângulo vivido por Paul, no fio de navalha da fronteira entre a vida e a morte, tornam-se mais claras e definidas. Mas a mudança fundamental ocorre no fim. Paul estrangula Marietta, sim; mas depois ela volta ao palco, exatamente como estava no final do ato I: vem buscar a sombrinha e as rosas que esqueceu. E o espectador dá-se conta de que toda a ação não passou de um delírio, uma espécie de ritual de purgação. A luz da manhã traz a Paul a perspectiva de enfrentar de novo a vida.

Julius conta ter sido ele quem teve a idéia de fazer com que o núcleo da ópera fosse uma longa seqüência de sonho, "para atenuar o impacto da cena de estrangulamento e criar um desenlace conciliatório e elegíaco". Na realidade, o recurso ao sonho teve o efeito paradoxal de ancorar a ação mais firmemente na realidade. Ao contrário do *Pelleas*, de Maeterlinck – em que Rodenbach se inspira –, com sua permanente indefinição entre sonho e realidade, o devaneio é necessariamente percebido, na *Cidade Morta*, em termos da realidade que a enquadra. Os efeitos de contraste dramático que se pode tirar dessa oposição têm muito bom rendimento teatral. E o final feliz tinha mais a ver com a natureza de Erich. Por mais que se sentisse atraído pelo mundo sombrio, neurastênico e necrofilíaco de Rodenbach – aspectos que teriam sido certamente enfatizados se o autor da ópera fosse Schreker –, a sua personalidade era demasiado calorosa e otimista para que ele se contentasse com um desenlace trágico.

Não nos esqueçamos tampouco de que, paralelamente ao namoro com a mórbida temática decadentista, Korngold tinha nítida vertente verista, oposta à evanescência de expressão de um autor como Debussy. Essa tendência se expressa através da caracterização forte das personagens e da linguagem neo-romântica robusta, emocionalmente direta, de cantábiles italianados, que faz grandes exigências dos cantores e da orquestra. Puccini foi o primeiro a reconhecer essa filiação verista da partitura: chamou a ópera de "a mais forte esperança da nova música alemã" quando visitou Viena, em 1920. Julius conta como, sentado ao lado de Erich, ouvindo-o executá-la ao piano, o italiano exclamou "Bello! Bello! Miracolo!", ao ouvir a melodia da ária de Marietta, o "Lautenlied" (Canção do alaúde), que haveria de se tornar a página mais famosa da partitura.

Die tote Stadt teve uma dupla estréia, na noite de 4 de dezembro de 1920: em Colônia, com Otto Klemperer, e em Hamburgo, com Egon Polak. E tornou-se um sucesso delirante, semanas depois, quando Maria Jeritza criou Marie-Marietta na Ópera de Viena. Strauss em pessoa veio ao camarote de Korngold, no final de cada ato, para cumprimentá-lo. O tema central da ópera – a dificuldade em aceitar a perda de um ser amado – tocava profundamente um público que acabava de sair de uma guerra desastrosa, via o império austríaco desmoronar à sua volta, e tinha perdido prematuramente muitas pessoas queridas. O próprio Erich sentira essa dor na carne durante o serviço militar. Sua fama o poupara de ir para a frente de combate: puseram-no trabalhando no arquivo e encarregaram-no de reger a banda da Infantaria. Mas isso não o impediu de ter a experiência amarga da guerra.

Dentro da série de gravações abreviadas das óperas de Korngold feitas na década de 1930, o selo EJS tinha a de Fritz Lehmann (setembro de 1952). O despertar recente do interesse pela obra de Korngold teve início, em 1975, com a gravação da *Cidade Morta* feita por Erich Leinsdorf na Rádio de Munique (RCA). Existe também um vídeo da Staatsoper de Berlim: uma montagem de Götz Friedrich (1984), regida por Heinrich Hollreiser. Em 1996, Leif Segerstam regravou a ópera na Suécia, para lançamento pela Naxos no ano do centenário do compositor. Esses registros demonstram que se trata de sua obra-prima, em que o talento melódico se afirma com segurança ainda maior do que em *Violanta*. E em que a sua escrita orquestral, intensamente cromática, firmemente enraizada no tonalismo, mas com freqüentes apelos à politonalidade, encontra seus acentos mais equilibrados.

Korngold viveu no tempo de Strauss, Mahler, Schreker e, como eles, é um grande orquestrador. Extrai sonoridades simplesmente suntuosas do maior efetivo instrumental que jamais chegou a usar: madeiras triplas, quatro trompas, três trompetes e o raramente usado trompete baixo, três trombones, tuba, duas harpas, bandolim, celesta, piano, harmônio, órgão, máquina de vento, dois conjuntos de sinos e um número excepcional de cordas. Duas bandas de palco intervêm, uma com quatro trompetes e três trombones; a outra com dois trompetes e duas clarinetas em mi bemol. Além do coro duplo, ele usa coro infantil e um coro de câmara de dezesseis vozes.

A essa intrincada tapeçaria sonora, entrelaça o brilho belcantístico de uma escrita vocal árdua mas perfeitamente balanceada em relação à orquestra. Korngold é um dos últimos compositores a preservar o segredo daqueles grandes gestos, da *grande manière* que seus contemporâneos, de um modo geral, parecem ter perdido. Como Schreker, Mahler ou Strauss, sabe dar à textura e ao timbre da orquestra uma coesão que reconhecemos, sem possibilidade de erro, como o "seu som". E o faz, alternando a retórica com momentos de intenso lirismo. E o melhor exemplo é o *divertissement* noturno, no ato II, quando Paul vê passar pelas ruas de Bruges figuras carnavalescas que parecem saídas de um sonho. É nesse trecho que está uma das mais belas páginas da ópera: "Mein Sehnen, mein Wähnen" (Meu desejo, meu devaneio), a "Canção do Pierrô", entoada por Fritz, uma personagem funambulesca, com o acompanhamento de um grupo de oito sopranos cantando fora do palco.

Os motivos utilizados são curtos e, portanto, extremamente flexíveis, permitindo os mais variados desenvolvimentos. Importância especial, na moldagem do material temático, têm o intervalo de quarta perfeita – e sua inversão, a quinta perfeita –, que podem assumir diversas conotações, dependendo do contexto. A quarta, que se ouve desde o início da ópera, está em geral associada à idéia de ressurreição, enquanto a quinta relaciona-se com a morte, o passado e a inutilidade dos esforços humanos para reter uma felicidade que é fugaz. A combinação dos dois cria efeitos mágicos, como no motivo ligado à trança de Marie, que Paul guardou como um memento – uma seqüência de quartas descendentes que se resolve numa quinta ascendente. Essa mesma oscilação é muito feliz no tema da "Canção do Pierrô"; ou na cena da procissão que passa pelas ruas, no ato III, criando a impressão arcaica do organum medieval, da época em que ainda não se praticavam as modernas regras da harmonia.

Um dos raros motivos longos, de grande fôlego, lembrando o do herói em *Ein Heldenleben*, de R. Strauss, é o de Marietta, a reincarnação viva e cheia de calor de Marie. Seu ímpeto dinâmico vem do intervalo de quinta com que se abre e parece jogá-lo decididamente para a frente. É interessante observar como, aqui, o recurso ligado à idéia de morte, que vincula Marietta à imagem da mulher desaparecida com quem se parece, é posto a serviço da vida, sintetizando numa unidade musical única os aspectos conflitantes do drama.

Die tote Stadt marca o fim de uma época. O clima musical estava mudando rapidamente. E a efervescência intelectual da década de 1920 estava substituindo o Neo-romantismo, de que ela é um dos últimos grandes frutos, pelo desejo de objetividade, de realismo cênico, que vai revolucionar a temática e a técnica de escrita operísticas – e Korngold não demoraria a sentir na pele as conseqüências desse processo. Ela foi também, apesar de seu sucesso, um prato cheio nas mãos dos adversários do crítico e de seu filho genial. A idéia maldosa de que Erich desfrutava de privilégios que não merecia estava clara num anúncio anônimo que apareceu na maioria dos jornais vienenses, no dia seguinte ao da estréia: "A execução da *Cidade Morta*, a noite passada, não pôde ser evitada por motivos técnicos." – "Viena é sempre Viena", dizia o humorista Karl Kraus, "e não conheço maldição maior."

Passada essa fase polêmica, *Die tote Stadt* surge hoje, diante de nossos olhos, como um dos mais típicos produtos de seu tempo. Bruno Walter relata, no Prefácio a *Erich Wolfgang Korngold: ein Lebensbild* (EWK, o Retrato de uma Vida) – a biografia do compositor publicada por Luzi, sua viúva, em 1967 –, como se sentiu mergulhar em lembranças agridoces da Viena de outros tempos ao ouvir, pelo rádio, a "Canção do Alaúde" de Marietta. De fato, na mágica melodia diatônica de "Glück, das mir verblieb" (A felicidade que me abraça), em que se alternam ritmos de 4/4 e 3/4, Korngold parece ter capturado todo o encanto perdido e irrecuperável de um mundo de cultura extraordinariamente refinada. Walter deve ter ouvido uma das duas gravações dessa ária que foram best-sellers na época: a de Maria Jeritza (1922); ou a de Lotte Lehmann (1924), com a intervenção de Richard Tauber. Mas a ópera não é apenas uma peça de época, uma curiosidade de museu. É um drama vivo e intemporal sobre um sentimento constante no ser humano: como reencontrar, em si mesmo, a força de continuar vivendo depois de uma perda irreparável – seja ela a de uma pessoa, seja a de todo um mundo.

Era natural que, depois da *Cidade Morta*, a ópera seguinte fosse esperada com muita ansiedade. Mas *Das Wunder der Heliane* (O Milagre de Heliane), bem recebida ao estrear na Staatsoper de Hamburgo, em 10 de outubro de 1927, fracassou redondamente ao chegar a Viena. Apesar de suas qualidades inegáveis, ela permanecia fiel a um estilo de composição que, àquela altura, estava sendo rapidamente superado por uma linguagem de vanguarda mais agressiva e inovadora.

Mas Korngold tinha um carinho todo especial por essa sua quarta ópera. A música incandescente de *Heliane* é a obra de um homem apaixonado. Na primavera de 1917, Erich tinha conhecido Luise von Sonnenthal, uma das mais deslumbrantes beldades vienenses. Aos 17 anos, a linda neta de Adolf von Sonnenthal – o galã das matinês do Burgtheater – tinha tudo para deixá-lo encantado: pintava, cantava bem e era uma excelente pianista. Tinha até trabalhado em filmes mudos realizados por Michael Curtiz que, mais tarde, emigraria para os Estados Unidos e se tornaria um importante diretor de cinema americano, autor de filmes musicados por Korngold. Erich enamorou-se perdidamente por Luzi, como a chamava. Mas para casar-se com ela, teve de rebelar-se pela primeira vez contra o pai, que não a considerava o partido adequado (na verdade, Julius sabia que o casamento, fosse com quem fosse, marcaria o momento da perda inevitável do controle férreo que mantinha sobre seu *Wunderkind*). A oposição cerrada de Julius não os impediu de se casarem em 30 de abril de 1924. De Salzburgo, onde passavam a lua de mel, Erich mandou a sua sogra, Adele von Sonnenthal, um cartão postal com os dizeres:

> Inventamos um jogo maravilhoso e Luzi ganha quase sempre. É o jogo de estarmos casados para a vida inteira.

Apesar de seus esforços, Luzi nunca conseguiu ser inteiramente aceita pelos sogros, que desconfiavam de sua origem "suspeita" como membra de uma família de atores e não a consideravam capaz de desempenhar o papel de "Hausfrau" (a dona de casa) à altura de cuidar do seu geninho. Só depois que os Korngold se mudaram para os Estados Unidos é que Luzi pôde assumir plenamente a sua posição. Ainda assim, *O Retrato de uma Vida*, que Luzi escreveu dez anos depois de ter ficado sozinha, é o comovente testemunho de uma vida em comum, que se resume na frase:

> Desde o momento em que a minha amizade com Erich começou, até o momento em que o perdi para sempre, nossa vida foi uma longa e ininterrupta história de amor.

A renovação do fiasco de Viena em Berlim, e o subseqüente desinteresse do governo nazista pelos trabalhos do judeu Korngold, fizeram *Heliane* sumir do repertório. Tentativas de remontá-la em Gand (1970) e Bielefeld (1988) não foram bem-sucedidas. Foi preciso esperar pela gravação de John Mauceri – feita na Rádio de Berlim para a série *Entartete Musik* da Decca – para poder reavaliá-la e dar-se conta de que se trata de um *grand-opéra* em escala épica, com música de estilo exaltadamente erótico, que apresenta a seus intérpretes exigências quase impossíveis. Bem interpretada, por solistas como Anna Tomowa-Sintow e Hartmut Welker, resulta num espetáculo tão grandioso quanto *A Mulher sem Sombra, Palestrina* ou *Die Gezeichneten*.

O Monarca, tirânico senhor de um reino imaginário, manda prender sua esposa Heliane, mulher belíssima e detentora de poderes mágicos, porque suspeita que ela lhe foi infiel com o Estrangeiro, homem misterioso que apareceu no país pregando a rebelião contra a sua tirania. Para defender a honra de Heliane, o Estrangeiro se mata; mas ela, tendo reconhecido que o ama, usa poderes sobrenaturais para devolver-lhe a vida. Morto de ciúmes, o Monarca a apunhala. É a vez de o Estrangeiro, apenas com a força do amor, ressuscitá-la também. O povo os aclama, celebrando o amor indestrutível.

A partitura não se desvincula da tradição diatônica, mas tem uma linguagem harmônica complexa, de grande mobilidade tonal, que a leva com freqüência à beira da bitonalidade. Teria sido, certamente, o portal para uma nova fase da produção dramática de Korngold, se as condições da estréia não o tivessem desiludido e as circunstâncias de sua vida não se tivessem conjugado para afastá-lo por muito tempo do palco lírico. Mas o caráter conservador da escrita não basta para justificar o insucesso. A ele é necessário acrescentar outras causas.

Tudo indica que Hans Kaltneker escreveu a peça *Die Heilige* (A Santa) pensando em oferecê-la a Korngold, cuja *Violanta* o impressionara muito. De origem romena, esse poeta, morto de tuberculose em 1919 aos 24 anos, tinha uma vertente mística muito forte e fora influenciado pelas teorias dramáticas wagnerianas. *A Santa* faz parte de uma tetralogia integrada por *Bergwerk* (As Minas), cujo tema também é a redenção pelo amor; *Die Opferung* (O Sacrifício), em que o pecado é descrito como um caminho de ascensão até a fé; e a ousada *Die Schwester* (A Irmã), em que uma lésbica se redime e purifica após uma vida extremamente promíscua. Totalmente desconhecidas hoje, essas peças são exemplos típicos de um teatro extravagante, extremado, em que se confundem Simbolismo, Decadentismo e Expressionismo.

Luzi conta, em seu livro, que Erich comprou o manuscrito em 1923 de Zsolnay, o editor de Kaltneker. A peça nunca chegou a ser publicada e o original se perdeu. O único acesso, indireto, que temos à *Santa* é um estudo da obra de seu autor, feito em 1931 por Emmy Wohanka. Através desse estudo, é possível perceber que Müller, o libretista, fez algumas modificações na peça, visando a torná-la mais compacta. Desta vez, porém, não houve interferência dos Korngold e o texto de Müller é bastante frouxo. Mas o tema do amor triunfante, os elementos sobrenaturais e a possibilidade de trabalhar em grande escala atraíram muito Erich, fazendo do *Milagre de Heliane* uma grande síntese de seu estilo dramamtúrgico. E essa é uma das razões para a ópera ter sumido do mapa: os efetivos orquestrais e vocais que mobiliza e as exigências extraordinárias que faz aos cantores a tornam muito difícil de encenar.

A orquestra requer três flautas, piccolo, dois oboés, corne inglês, três clarinetes, clarinete baixo, dois fagotes e um contrafagote, quatro trompas em fá maior, três trompetes em dó maior, três trombones, tuba, três conjuntos de tímpanos, violão, sinos, gongo, xilofone, *glockenspiel*, celesta, harmônio, piano, duas harpas e uma imensa seção de cordas. A banda interna pede outros três trompetes em dó maior, três trombones, três trompetes de banda, *glockenspiel*, órgão e um *glockenklavier* (uma espécie de celesta afinada uma oitava mais abaixo). A habilidade de Korngold em misturar tonalidades para obter uma espectro harmônico muito rico, e as dissonâncias usadas livremente para realçar o colorido, dão à música um caráter permanentemente cambiante. Mas a linha melódica permanece constante, para que o ouvido, privado de um centro tonal reconhecível, não perca o ponto de referência. O uso de diversos instrumentos de teclado, criando efeitos de multiglissandos, arpejos e interjeições com acordes bruscos, confere um "som" muito característico a essa ópera de natureza eminentemente orquestral, em que o acompanhamento comenta sempre a ação com uma espécie de poema sinfônico paralelo.

Em alguns pontos, as cordas são tão divididas que ocupam quase três quartos da página da partitura orquestral. Ainda mais do que nas óperas anteriores, há uma fluidez de rubato que faz com que o ritmo mude não só de compasso para compasso mas, às vezes, no interior do compasso, criando uma atmosfera de excitação constante, dificílima de ser captada pelo regente e os instrumentistas. Cada naipe é escrito como se se destinasse a um virtuose. E a partitura transborda de instruções pormenorizadas aos executantes e ao maestro, como se Erich estivesse compondo para músicos que só existissem em sua imaginação. Ouçam o que diz Brendan Carroll sobre a abertura do ato I, de efeito absolutamente mágico:

> Um amplo tema construído como um acorde para toda a orquestra, com a presença do harmônio, passa por uma série de progressões bitonais que, no papel, parecem impossivelmente dissonantes mas, ao serem ouvidas, dissolvem-se numa harmonia difusa. Esse tema, uma cadeia de acordes de sétima diminuída, é de importância fundamental para toda a partitura e vai reaparecer, ao longo de toda a ópera, metamorfoseado em harmonias cada vez mais exóticas.

Korngold queria confiar o papel de Heliane a Jeritza, a criadora de Marietta, de Turandot e da Imperatriz da *Mulher sem Sombra*. Mas as dificuldades práticas criadas pela dupla estréia acabaram fazendo com que ela preferisse ir para os Estados Unidos – onde lhe tinham oferecido uma *Violanta*. Com isso, a personagem foi proposta a Lotte Lehmann que, a princípio, não estava muito interessada em ser apenas a substituta de outra estrela. Mas, depois de um encontro com Erich, ela apaixonou-se pela parte e a interpretou com grande classe. Um dos pontos altos de sua discografia é a gravação que fez, em 1928, de "Ich ging zu ihm, der Morgen sterben sollt" (Fui até aquele que deve morrer de manhãzinha), a ária do ato II em que Heliane, diante do tribunal, nega a acusação de que ama o Estrangeiro; mas o faz em termos tão tórridos que ninguém mais tem dúvidas quanto à sua paixão.

A cena é construída em duas partes. A primeira é um longo arioso com a forma de um arco, retomando a melodia do dueto do ato I, em que Heliane descreve o encontro que teve na cela com o Estrangeiro. Depois, às palavras "Doch schön war der Knabe" (Mas o jovem era belo), a melodia modula para fá sustenido maior e a ária propriamente dita começa, com uma melodia cromática ascendente que vai se tornando cada vez mais intensa.

Numa das mais poéticas descrições operísticas do ato sexual, é um toque de mestre a interrupção da frase, quando ela está se aproximando do clímax, para retomá-la, uma oitava abaixo e, aí sim, conduzi-la à inevitável explosão num triunfante lá sustenido agudo.

A cena do milagre, quando Heliane devolve a vida ao Estrangeiro, tem um efeito hipnótico criado pelos maciços arpejos da harpa e do piano. O coro, no último ato, tem papel extremamente importante e, no dizer de B. Carroll, "o próprio Janácek ficaria encantado com seus ritmos bárbaros". Nas páginas finais, o acorde da introdução retorna convertido numa fluida melodia diatônica que leva a uma dulcíssima conclusão. *Heliane* é a súmula das crenças místicas de um artista que não praticava o judaísmo de seus ancestrais – e nunca sequer manifestou a crença formal em Deus –, mas era constantemente atraído pelos temas e rituais religiosos (vejam, por exemplo, a procissão no ato III da *Cidade Morta*). Aqui, o Estrangeiro vai adquirindo, cada vez mais, traços messiânicos. E a religião do amor, capaz de vencer todos os obstáculos, é pregada por ele em termos claramente evangélicos:

> *Und auferstehen werden*
> *dir dahingesunken sind*
> *um Liebe, um Liebe, um Liebe,*

cantam as Vozes Seráficas, vindas do céu, no momento em que Heliane faz o Estrangeiro erguer-se da maca onde jaz. "E ressuscitarão os que caíram por amor." O tema da ressurreição é de nítida filiação cristã. O Monarca é uma figura que se equaciona com o Mal e, portanto, com o Demônio. Ao passo que sua esposa é sempre evocada com um vocabulário que sugere uma figura de Madona.

Pelo seu tema do amor redentor, por seu simbolismo místico e seu tipo de caracterização de personagens – à exceção de Heliane, nenhum deles tem nome próprio –, e também pela grandiosidade da concepção em termos musicais, *O Milagre de Heliane* insere-se numa tradição tipicamente germânica que remonta ao *Parsifal* e, na virada do século, tem um de seus grandes momentos na *Mulher sem Sombra*, de R. Strauss. Por outro lado, não se pode deixar de observar a ligação da peça de Kaltneker com as de um simbolista tardio como

Paul Claudel – que, por sua vez, recebe nítido influxo da dramaturgia wagneriana.

Erich, porém, foi vítima do excesso de zelo de seu pai. Há tempos Julius vinha movendo guerra sem quartel à chamada Segunda Escola de Viena, liderada por Arnold Schönberg. Num artigo intitulado *O Crepúsculo Atonal dos Falsos Deuses*, ele dissera:

> Estamos diante de um movimento de retrocesso. A música anda querendo engatinhar de novo, numa negação completa de sua natureza fundamental: uma queda no primitivismo, uma adoração maníaca do que há de mais feio em termos de som.

Julius recebera com desdém a maioria das óperas estreadas entre 1924-1928: *Fredegundis* de Franz Schmidt, *Das Rosengärtlein* de Bittner, *Irrelohe* de Schreker, *Cardillac* de Hindemith, *Das Lied der Nacht* de Gál, até mesmo *Intermezzo* e *Die ägyptische Helena* de Strauss. O *Wozzeck* de Alban Berg o fizera babar de ódio. Mas nada se igualou ao furor com que acolheu *Jonny spielt auf* que, em 10 de fevereiro de 1927, tinha subido à cena com enorme sucesso em Leipzig (falaremos dela no capítulo reservado à fase pré-dodecafônica de seu autor, Ernst Krenek). *Jonny* ainda não fora apresentada em Viena. Temendo que a popularidade dessa *Zeitoper* em que, pela primeira vez, falava-se do rádio, do automóvel e da locomotiva, pudesse empanar o brilho da estréia de *Heliane*, Julius convenceu seu amigo Franz Schalk, diretor artístico da Ópera de Viena, a recusá-la em seu repertório. Mas o Intendente Geral dos Teatros do Estado Austríaco, Franz Schneiderhan, de olho na caixa registradora, deu ordem a Schalk para que a programasse.

Korngold pai foi para seu jornal e abriu fogo em defesa da "independência artística" de Schalk, demolindo Krenek como músico, e acusando de irresponsabilidade a sua editora, a Universal. O mais irônico foi que o judeu Korngold viu-se, sem querer, bandeado para o lado dos nazistas, pois Schalk, reacionário até a raiz dos cabelos, pediu a ajuda de seus amigos do Partido Nacionalista Germânico. E estes recorreram a seus aliados do Partido Nacional Socialista (PNS) – que não tinham simpatia alguma pela música de vanguarda. A máquina de propaganda nazista foi posta em ação e, de repente, Krenek estava sob fogo cruzado tanto da *Neue Freie Presse* quanto do *Dötz* – o *Deutsche-österreichische Tageszeitung*, órgão do PNS austríaco, e da imprensa nazista. A virulência dos ataques à "profanação judaica da Stadtoper por uma ópera que contém melodias de jazz e uma intriga pornográfica" mobilizou os admiradores de Krenek e os defensores da liberdade de expressão. E a campanha contra Julius respingou, por tabela, na nova ópera de Erich.

Tentando ajudá-lo, críticos bem-intencionados e competentes como Richard Specht, Hans Liebestockl e Ferdinand Pföhl escreveram matérias elogiando *Heliane*. Mas isso só serviu para influenciar negativamente um público por natureza cético e que sempre desconfiara do papel que o establishment crítico exercera para impor o prestígio do compositor. Em Hamburgo, houve dezoito récitas e o artigo de Pföhl no *Hamburger Nachrichten* (9.10.1927) fala na "tempestade de aplausos para os artistas, o regente e, acima de todos, o compositor que foi chamado ao palco diversas vezes". Mas em Viena, dia 29 de outubro, nem a montagem luxuosíssima nem o elenco de primeira – encabeçado por Lotte Lehmann e Jan Kiepura –, nem o fato de que o espetáculo estava sendo transmitido ao vivo pela rádio impediram o fracasso. Havia discreta ironia nas palavras de Hans Liebstöckl que, no *Neues Wiener Tagblatt*, escreveu que "o menino prodígio se transformara num grande mestre".

Quanto ao *Jonny*, muito antes da primeira récita, na véspera do Ano Novo, os ingressos já estavam esgotados. "Temos um sucesso de bilheteria antes mesmo de ter uma ópera", comentou Schalk, amargurado. Para isso contribuiu muito a campanha hidrófoba do *Dötz*, que chegara a transcrever uma resenha de doze colunas em que Julius Korngold tentava provar que Krenek era um impostor. Até a Companhia Austríaca do Tabaco entrou na dança, lançando duas marcas novas de cigarro: uma bem popular, chamada *Jonny*; a outra refinadíssima e muito mais cara, com papel malva e piteira em forma de pétala de rosa, intitulada *Heliane*. Mas o mal já estava feito. Alarmadas com a celeuma em Viena, diversas cidades cancelaram a apresentação da ópera, alegando que ela era muito difícil de montar – o que não deixa de ser verdade. De todas as cidades onde *Heliane* conseguiu ser apresentada, nenhuma a massacrou mais do que Berlim.

Bruno Walter regeu, em 5 de abril de 1928, um elenco excelente. Mas a Universal desforrou-se de Julius divulgando as cartas que ele escrevera aos teatros alemães pedindo-lhes que não encenassem *Jonny*. Toda a imprensa berlinense, indignada, cerrou fileiras e reduziu Korngold e sua ópera a frangalhos. O mais perto que Julius conseguiu chegar de admitir que estava clamorosamente errado foi escrever, anos depois, em sua autobiografia:

> A experiência em Berlim teve um efeito psicológico desastroso sobre Erich. Ao ser atacado e perseguido por um partido musical muito ativo, boicotado em sua esfera germânica de influência, ele despertou do sonho ingênuo da criação e perdeu toda a alegria. Foram tempos difíceis para mim também, pois tive de admitir que as minhas convicções como crítico tinham contribuído para as represálias contra o meu filho.

Curioso é o tempo e a forma como ele restabelece o equilíbrio entre as coisas. Passados mais de setenta anos, *Jonny* e *Heliane* estão hoje lado a lado, numa coleção de obras banidas pelo Nazismo. E a constatação que se faz é a de que a conservadora *Heliane* envelheceu muito menos do que a inovadora *Jonny* – esta, sim, parecendo hoje um objeto de museu, testemunha de um modismo típico dos "roaring 20s", a curiosidade pela música negra americana. Quanto a *Heliane*, por mais que a sua linguagem volte-se para o passado, ela constitui uma verdadeira síntese da arte de Korngold e, pela profunda força de convicção de que está investida, conserva inegável frescor. Numa entrevista de 23 de maio de 1926 ao *Neues Wiener Tageblat*t, o compositor assim descreveu o que tinha tentado fazer:

> Como em minhas óperas anteriores, usei formas fechadas em *Das Wunder der Heliane*. Mas, do ponto de vista harmônico, ela é muito mais radical do que *Violanta* ou *Die tote Stadt*. Não me isolo, de forma alguma, dos enriquecimentos harmônicos que devemos a Schönberg, por exemplo. Mas não é por isso que vou renunciar às possibilidades oferecidas pela chamada "velha música". Nas minhas canções sobre poemas de Kaltneker [o ciclo op. 18, escrito no balneário de Klamm-am-Semmering, durante o processo de redação da ópera], há trechos que se poderia chamar de verdadeiramente atonais. Não me submeto a uma doutrina única. O meu credo musical é o da idéia inspirada. Com que desprazer as pessoas, hoje, ouvem falar desse conceito! E, no entanto, como é que a construção artificial, a matemática musical, por mais perfeita que seja, poderia triunfar sobre a idéia inspirada?

Desiludido com a ópera, Korngold abandonou por uns tempos o palco. São notáveis as obras instrumentais dessa fase: o *Sexteto para Cordas*; o *Concerto para a Mão Esquerda* (dedicado a Paul Wittgenstein, para quem Ravel e R. Strauss escreveram também), o *Quinteto para Piano e Cordas* ou a deliciosa *Baby Serenade*, para seu segundo filho, Georg, nascido em 1928. E como precisava ganhar dinheiro, editou, arranjou ou, às vezes, até recompôs operetas de Johann Strauss II, Jacques Offenbach ou Leo Fall. Deste último, terminou tão habilmente a inacabada *Rosen aus Florida* que, por muito tempo, não se soube que era dele a ária mais popular da peça, "Irinas Lied". É de Korngold a versão que se faz até hoje, em Viena, de *Eine Nacht in Venedig* (Uma Noite em Veneza), com temas tirados de diversas obras de Strauss II. Foi aliás editando *Die Fledermaus* (O Morcego) para um espetáculo a ser dirigido por Max Reinhardt, que ele conheceu esse grande diretor de teatro. E isso haveria de dar um rumo novo à sua vida.

Mas, antes, ele tinha iniciado sua última ópera, *Die Kathrin*. O revés com *Heliane* o afastara temporariamente do palco, mas não o fizera desistir dele. À procura de novo libreto, sua escolha recaiu inicialmente em *Le Chapeau Chinois*, de Franc-Nohain (pseudônimo de Maurice Legrand, o libretista da *Heure Espagnole* de Ravel). Mas os direitos exigidos pela Société des Auteurs foram tão exorbitantes que ele teve de desistir. Erich interessou-se, depois, por *Ariane* (1931), filme dirigido por Paul Czinner e estrelado pela mulher deste, Elisabeth Bergner, baseado num conto de Claude Anet. Mas engavetou esse projeto ao ler, em junho de 1932, o romance *Das Mädchen aus Aachen* (A Garota de Aix-la-Chapelle), de Heinrich Eduard Jacob, a história de uma empregadinha alemã que se apaixona por um soldado das forças francesas de ocupação, logo após o final da I Guerra. A ação muito simples, através da qual fazia-se o aceno à reconciliação entre os dois povos, pareceu-lhe o antídoto adequado para o passionalismo e o clima expressionista de *Heliane*.

O pai aconselhou que o libreto fosse entregue a um colega seu, o crítico Ernst Decsey que, mais tarde haveria de se tornar o conhecido autor de biografias romanceadas de Bruckner, Wolf, Johann Strauss, Lehár. Mas Willy Strecker, sócio da Schott, sua editora, o desaconselhou a explorar um tema que haveria certamente de desagradar às novas autoridades alemãs. Diante disso, Korngold abandonou provisoriamente a idéia, voltando à busca de temas novos. Desistiu de *Little Dorrit*, o romance de Charles Dickens, porque Eduard Künneke acabara de estrear, em Stettin, uma ópera sobre esse assunto. Durante algum tempo, estudou um outro libreto de Decsey, *Sissys Brautfahrt* (A viagem nupcial de Sissy), baseado num episódio histórico: a paixão do jovem imperador Francisco José por Elisabeth da Baviera, irmã da princesa de quem estava noivo, e seu casamento com ela. Depois que Korngold desistiu do tema, o libreto de Decsey transformou-se numa opereta de Fritz Kreisler (1932), filmada quatro anos depois, em Hollywood, por Josef von Sternberg, com o título de *The King Steps Out*. E na década de 1950, dessa história foi extraída a popularíssima série de filmes dirigidos por Ernst Marischka, que revelou uma atrizinha adolescente, Romy Schneider, filha da grande atriz de teatro Magda Schneider – que, na série, fazia o papel da mãe de Sissy.

Korngold, porém, não renunciara à história de Kathrin e seu jovem soldado. Pediu a um amigo, Ludwig Herzer, que ajudasse Decsey a retrabalhar o libreto, introduzindo nele elementos extraídos de *Ariane*, o filme de Czinner. A ópera ficou em banho-maria até fevereiro de 1934, depois do retumbante fiasco de um *Fledermaus* montado por Reinhardt em San Remo – um dos raros fracassos na carreira desse artista. Na volta para casa, os Korngold passaram por Aix-la-Chapelle, cenário do romance de Jacob. E veio de Luzi a idéia de tirar as conotações políticas de *Die Kathrin*, avançando a ação para 1930, fazendo da protagonista uma garota suíça e de François, por quem ela se enamora, um cantor ambulante que está apenas fazendo o serviço militar.

Entusiasmado, Korngold voltou a trabalhar nessa peça em sua casa de campo, Schloss Höselberg, em Gmunden. Concebeu-a como uma *Volksoper*, de estilo deliberadamente leve, misturando traços veristas e de opereta vienense, e temperando-os com elementos populares, como a orquestra de jazz que toca nas cenas passadas dentro de uma boate francesa. Interrompeu a composição, em 1934, porém, para aceitar um convite de Max Reinhardt. Este lhe propusera acompanhá-lo até os Estados Unidos, onde dirigiria a versão cinematográfica do *Sonho de uma Noite de Verão* – um filme delicioso com Olivia de Havilland e James Cagney, em que Mickey Rooney, aos quatorze anos, fazia o papel de Puck.

A missão de Korngold seria adaptar, como trilha sonora, a música incidental de Mendelssohn. Com uma facilidade que surpreendeu seus colegas americanos, ele se adaptou naturalmente à necessidade de escrever segmentos que correspondessem com exatidão à minutagem dos trechos filmados que deveriam acompanhar – um dos problemas mais árduos enfrentados pelo músico para cinema. O resultado foi tão feliz que os estúdios da Warner o convidaram a voltar, no ano seguinte, para colaborar com Oscar Hammerstein II numa opereta original, *Give us the Night*, que marcou a estréia do tenor polonês Jan Kiepura no cinema americano. E em 1936, a música de *Anthony Adverse* valeu-lhe o primeiro Oscar.

Foi em Hollywood que ele propôs a Kiepura criar o papel de François em Viena, ao lado de Jarmila Novotná. Seu amigo Bruno Walter deveria ser o regente da estréia, marcada para março de 1938. Mas o polonês foi chamado para cantar no Metropolitan de Nova York. Richard Tauber, consultado, aceitou substituí-lo mas, antes, precisava terminar de rodar um filme na Inglaterra. Nesse meio tempo, chegou um telegrama da Warner Bros convidando-o a compor a trilha para *The Adventures of Robin Hood*, a ser estrelado por Erroll Flynn. Erich estava hesitante, mas o Dr. Eckmann, diretor da Ópera de Viena, lhe disse: "Aceite isso como um presságio e vá embora."

Foi a decisão mais acertada. A família Korngold embarcou para os Estados Unidos em 29 de janeiro de 1938. Em 12 de março, Hitler anexou a Áustria. A América foi a porta de escape para a situação política que, na Europa, tornava o ar irrespirável para os judeus.

Além disso, fascinava-o a idéia de trabalhar com um novo meio de expressão, que ampliaria extraordinariamente a sua audiência. *The Adventures of Robin Hood* valeu-lhe o segundo Oscar. Entre 1935 e 1946, ele escreveu a trilha de dezoito filmes. Suas partituras mais famosas – *Another Dawn, King's Row, The Sea Hawk* – estabeleceram um padrão de composição "sinfônica" para a música de cinema que tem, hoje, em sua linhagem, autores como JohnWilliams.

São trilhas que têm qualidades perenes e não constituem apenas obras de circunstância descartáveis, uma vez passada a fase de sucesso do filme. Prova disso é que melodias inicialmente concebidas para a tela acabaram migrando para peças de outro gênero. A trilha de *Deception* (1946), dedicada a Bette Davis, sua atriz favorita, transformou-se no denso *Concerto para Violoncelo*, em um movimento único. E o belíssimo tema de *Another Dawn* (1937) ressurge no *Concerto para Violino*, estreado em 1947 por Jascha Heifetz. O contrário também acontece. Em 1944, encomendaram-lhe a trilha para *Between Two Worlds*, a filmagem da peça *Outward Bound*, de Sutton Vane, uma história de amor indestrutível. A partitura para esse filme, que ele afirmava ser a sua melhor, tem vínculos muito fortes com *Das Wunder der Heliane*: a orquestração é análoga, o clima emocional é muito parecido e o tema de amor parece uma variação de "Ich ging zu ihm". Mauceri gravou-a, em 1997, para a série *Entartete Musik*.

Com a invasão da Áustria, a partitura de *Die Kathrin* quase se perdeu definitivamente, pois Schloss Höselberg foi confiscado e todos os documentos ali encontrados, destruídos. Por sorte, uma cópia tinha sido enviada ao editor Josef Weinberger (havia muito tempo que a Schott tinha sido proibida de publicar obras de autores judeus), e foi este quem tomou a iniciativa de mandar dois homens arrombarem a casa vienense de Erich, no nº 35 da Sternwartestrasse, de lá retirando o resto dos manuscritos do compositor – hoje conservados na Biblioteca do Congresso americano. Com isso, foi possível estrear *Die Kathrin* na Ópera Real de Estocolmo, em 7 de outubro de 1939. A acolhida do público foi muito favorável, mas a imprensa anti-semita lhe fez violentos ataques. Dizia a revista *Operan*:

> Montam aqui a lamentável ópera *Die Kathrin*, do emigrante judeu Korngold, enquanto compositores suecos são obrigados a ir encenar suas obras no exterior. [...] O libreto é a típica mixórdia judaica, um exemplo claro do que acontece quando se cai nas mãos do bolchevismo cultural judaico. E deixam com que esse lixo judeu conspurque o mais importante palco de nossa nação!

Diante disso, após sete récitas, a ópera foi retirada de cartaz. Viena organizou uma "estréia atrasada", em 1950, com Maria Reining, Karl Friedrich e Otto Edelmann mas, dessa vez, a ópera foi vítima dos preconceitos da crítica, que viu em sua riqueza melódica o supra-sumo da velharia. O establishment vanguardista não perdoava duas coisas a Korngold: ter-se mantido fiel ao tonalismo numa época em que o dodecafonismo imperava soberano; e ter "perdido tanto tempo" com um gênero "menor" como a música para cinema. Foi um dos pilares desse tipo de crítica quem escreveu zombeteiramente, a respeito do *Concerto para Violino*: "Há nele mais *corn* (milho) do que *gold* (ouro)." O que é uma prova flagrante de burrice e má-vontade em relação a um dos mais bonitos concertos para violino do repertório contemporâneo (a gravação de Heifetz/RCA e as mais recentes, de Gil Shaham/DG e Chantal Juillet/Decca, aí estão para quem quiser conferir).

Desconhecimento também do relacionamento que Erich mantinha, nos Estados Unidos, com a vanguarda e a nata da inteligüentsia alemã. Não só ele era conhecido e respeitado por seus colegas compositores cinematográficos – Franz Waxman, Max Steiner, Miklós Rózsa, Bronislaw Kaper – como a sua casa, em Toluca Lake, era um ponto de encontro para europeus exilados. Luzi conta, em suas memórias, que os amigos preferidos eram Alma Mahler e seu marido da época, o romancista Franz Werfel. Leon Feuchtwanger, Igor Stravínski e Otto Klemperer visitavam-nos constantemente. E numa entrevista a Brendan Carroll, concedida em setembro de 1975, George Korngold, o filho mais novo do compositor, deu testemunho da amizade que o ligava a Arnold Schönberg, o antigo saco de pancada do velho Julius:

> Meu pai gostava muito de se encontrar com Schönberg porque, embora não concordasse com os seus princípios, respeitava-o muito e a discussão o estimulava. [...] Lembro-me que, uma vez, Schönberg lhe per-

guntou: "Mas, Erich, há alguma de minhas músicas de que você goste?" e ficou espantadíssimo quando o meu pai foi até o piano e tocou de cor umas peças escritas por volta de 1910. Duvido que ele tivesse visto a partitura nos últimos trinta anos. Acho que nem o próprio Schönberg saberia tocá-las.

Die Kathrin nunca mais foi representada até 1998. No ano do centenário de Korngold, o selo CPO lançou a gravação dos BBC Singers and Concert Orchestra, regida por Martyn Brabbins. Do ponto de vista da regência e do elenco, é um registro que fica aquém das qualidades da obra; mas é, em todo caso, uma documentação que põe ao alcance do público o lirismo despretensioso dessa ópera com tom deliberado de opereta, que não hesita em adotar para suas árias o corte de canção popular.

No cinema de uma cidadezinha do sul da França, a garçonete Kathrin conhece o soldado François. Sua colega Margot a desaconselha de namorar um soldado: seus patrões podem não gostar e até despedi-la. Convence-a a escrever uma carta para o rapaz dizendo que não quer mais vê-lo. Mas François vem procurá-la em seu quarto, conta-lhe que é cantor e está apenas fazendo o serviço militar. Eles acabam passando a noite juntos. Semanas depois, o regimento de François é transferido para a Argélia e a moça, que está grávida, é mandada embora do emprego.

Num albergue da fronteira com a Suíça, Kathrin fica conhecendo Malignac, homem libidinoso e sem escrúpulos, que se oferece a ajudá-la a entrar em contato com o namorado. Mas ele a leva para o "Chez Chou-Chou", uma boate que possui em Marselha – onde, por coincidência, François, já desligado do exército, foi empregado como cantor. Malignac tenta seduzir Kathrin e, por causa disso, entra em choque com sua amante, Monique, que o ameaça de morte, caso ele não cumpra a promessa que fez de casar-se com ela. François chega no momento em que Malignac tenta forçar Kathrin a dar-lhe um beijo. É impedido, pelos leões-de-chácara da boate, de agredi-lo; mas Monique, que também assistiu à cena, mata Malignac com um tiro. Acreditando que sua amada o assassinou, François acusa-se do crime para inocentá-la, e é preso.

Cinco anos depois, em companhia de seu pequeno François, Kathrin trabalha numa hospedaria das montanhas suíças e é cortejada por um jovem alfaiate. Como este não sabe cantar, contrata um cantor ambulante para fazer-lhe uma serenata. É claro que se trata de François. Ao reconhecê-la, ele se dispõe a partir, acreditando que ela está noiva do alfaiate. Mas a moça o retém, diz que nunca o esqueceu, mostra-lhe o filho dos dois e, num extático dueto final, eles reafirmam seu amor.

Na orquestração da *Kathrin*, antes de mais nada, reconhecemos a mão inconfundível de Erich Wolfgang. "Tantas cordas quanto possível", pede ele, para formar um denso tapete sonoro contra o qual trançam-se os desenhos do órgão, do violão, do acordeon, dos saxofones – e do vibrafone, que ele conhecera em Hollywood, e do qual faz uma utilização deslumbrante no movimento lento do *Concerto para Violino*. Brendan Carroll conta que, ao ouvir pela primeira vez o vibrafone dobrando as cordas, Korngold disse a Hugo Friedhofer, seu orquestrador-assistente na Warner: "Este é o instrumento que Richard Strauss teria usado, na *Mulher sem Sombra*, em lugar da harmônica de vidro."

Deliberadamente tonal, *Die Kathrin* introduz uma modificação no sistema habitual de *leitmotive* korngoldiano: em vez de uma multidão de motivos breves, às vezes meras células sonoras bem lacônicas, aqui as personagens são caracterizadas por linhas melódicas longas e sinuosas. Além disso, volta nesta ópera o tema de uma de suas obras antigas, que ele gosta muito de citar em partituras posteriores, como o *Quarteto nº 1*: o "Motiv des fröhlichen Herzens" (motivo do coração alegre), cuja primeira aparição é na *Sinfonietta op. 5*, de 1912. Ele está associado ao amor do casal e é ouvido sempre que eles estão juntos.

Confirmando uma tendência comum aos compositores da virada do século – de que Strauss é o expoente – Korngold gosta da autocitação. O segundo tema da alegre abertura da *Baby Serenade* comparece na cena da boate, no ato II. E a fanfarra de entrada dos soldados (I,1) retorna na trilha de *Robin Hood*. A factura tradicional da ópera significa que são mais numerosos, nela, os números fechados, árias, longos duetos:

– "Ich soll ihn niemals, niemals mehr sehn" (Nunca mais te verei), de melodia tão cativante quanto a da "Canção de Marietta" da *Cidade Morta* – é a "Cena da Carta" que Kathrin escreve relutantemente a François: nela, a música, de imensa ternura, faz-nos sentir exatamente o contrário do que dizem as palavras;

– a narrativa de François "Ich bin ein Liedersänger, ein Chansonnier" (Sou um cantor, um *chansonnier*), em que há um eco evidente da técnica pucciniana da ária de apresentação de personagem (as da *Bohème*, por exemplo), e que precede o enflamado dueto de amor "Es ist mir einerlei wer du bist" (Não me importa quem você é);

– a oração "Mein Mann hat mich vermieden" (Meu homem me deixou) com que, no fim do ato I, Kathrin implora a proteção da Virgem, agora que está grávida e sozinha;

– a canção de cabaré de Chou-chou – personagem de opereta que precisa ter os dotes vocais da Zerbinetta de *Ariadne auf Naxos* –, uma típica página de *Zeitoper* em escrita jazzística, com *obbligato* de saxofone;

– "In einer Viertelstund hang' ich an ihrem Mund!" (Dentro de um quarto de hora eu beijarei a sua boca), o único momento em que Malignac mostra-se um pouco mais humano, deixando entrever que não é apenas atração física o que sente por Kathrin;

– o monólogo "Was ist gescheh'n?" (O que aconteceu?), com que se encerra o ato II; neste trecho em que Kathrin, atarantada, se pergunta o que será feito dela, desabrocha a típica capacidade de Korngold de escrever melodias que dão um nó na garganta;

– e as duas árias de François no ato II: a "Canção do peregrino" – "Wo ist mein Heim, mein Haus?" (Onde está o meu lar, a minha casa) –, com acompanhamento de acordeon e melodia muito simples, em fá sustenido maior, a tonalidade predileta de Korngold; e a serenata encomendada pelo alfaiate, "Wach' auf, du schöne Sünderin, tritt wie der Mond herfür!" (Desperta, bela pecadora, e desponta como a lua), de tom brincalhão, digno de uma opereta.

São vários clichês tradicionalíssimos: a "Cena da Carta", a *preghiera*, o monólogo de confissão amorosa do vilão, o número musical inserido na narrativa, a serenata. Mas Korngold os revitaliza, pelo próprio contexto descontraído que os emoldura, conferindo-lhes extremo frescor. Ou como diz Brendan G. Carroll, na introdução ao álbum da CPO:

> Apesar das debilidades do libreto, *Die Kathrin* tem um efeito mágico irresistível, pelo poder de evocação da deliciosa música de Korngold, cheia de belas minúcias. Afastados, hoje, os problemas políticos que pesaram sobre a sua estréia, podemos escutá-la como uma obra única, em que se entrelaçam, com arte consumada, a música popular e a música erudita de sua época.

A cidadania americana, que Korngold tinha desde 1943, não o impedia de sentir falta da Europa e desejar retornar ao ambiente musical vienense. Em 1947, recusou-se a assinar a renovação do contrato com a Warner. Ao lhe perguntarem por que, respondeu ironicamente: "Ao chegar aqui, eu não entendia os diálogos. Hoje, entendo." Ficou muito abalado com a incompreensão que o esperava na volta ao lar. Mas não abandonou a única linguagem musical em que sabia se expressar. Pelo contrário, reafirmou suas convicções estéticas na obra mais importante do fim da carreira, a *Sinfonia em Fá Sustenido Maior*, tradicional na forma, mas extremamente contemporânea no conteúdo, refletindo de modo poderoso a tensão dos anos de pós-guerra vividos pela Europa.

Mas era impossível encontrar quem quisesse estreá-la. Furtwängler aceitou incluir a *Serenata Sinfônica op. 39*, para orquestra de cordas, em um de seus concertos. Mas avaliou mal a dificuldade de escrita da peça, fez só dois ensaios, e a execução foi um fracasso. Com a saúde já abalada por um enfarte sofrido em 1947, Korngold voltou para os Estados Unidos. Tinha começado a trabalhar numa sexta ópera, baseada no romance gótico *Das Kloster bei Sendomir* (O Claustro Junto ao Sendomir), de Grillparzer; mas não haveria de terminá-la. O menino prodígio, de quem Puccini dissera: "Ele tem tanto talento que, se nos der a metade, ainda sobra um bocado para ele", morreu aos sessenta anos, em Hollywood, de um derrame cerebral, em 29 de novembro de 1957. O crítico Karl Schumann, que o entrevistara na primavera de 1955, escreveu, após sua morte:

> Ele produzia um efeito anacrônico com a sua gravata borboleta obrigatória, a sua cortesia fora de moda, o seu pesado sotaque vienense. Os anos passados nos EUA

não pareciam ter deixado marca alguma sobre ele. Conversar com Korngold era ser levado trinta anos para o passado. Esse homem, que tinha passado pelo sofrimento da emigração e enfrentado a roda-viva dos estúdios de cinema, estava obviamente muito cansado e com o coração partido. Essa foi a causa de sua morte, mais do que o desgaste causado pelo excesso de trabalho. Ele nunca se conformou com o fato de ter sido expulso da Viena dos velhos dias, a Viena dos cafés, da atmosfera de fim de século, do Art Nouveau, do Simbolismo, do culto à música, da veneração pela ópera.

Iniciada em meados da década de 1970, a revalorização de Korngold vem se acelerando, favorecida pela atenuação do preconceito que, em certa época, vigorava contra compositores que, como ele, não romperam com o sistema tonal. Hoje, finalmente, pode-se apreciar sua obra pelo que ela tem de melhor a oferecer: beleza, emoção, e a integridade pessoal de um artista que não quis ceder aos modismos apenas para tornar-se aceito. Pois foi, afinal, o próprio Korngold quem disse, quando lhe perguntaram por que resistia ao serialismo: "Não se pode esperar que uma macieira dê damascos."

TOCH

Não havia, na família de Ernst Toch (1887-1964), filho de um judeu vienense dono de um curtume, ninguém que se interessasse por música. O menino aprendeu a tocar sozinho, batucando num velho piano desafinado que encontrou na loja de penhores de sua avó. Um violinista do bairro lhe ensinou a notação musical e ele aprendeu sozinho os rudimentos da composição estudando os quartetos de Mozart. Por esse motivo, foram quartetos de cordas as primeiras obras que escreveu. Os cinco primeiros, compostos entre 1902-1903, se perderam. Mas o *Quarteto nº 6 op. 12*, de 1906, foi estreado pelo prestigioso Quarteto Rose, de Viena.

Toch entrou em 1906 para a Universidade de Medicina mas, três anos depois, seus esforços autodidatas lhe valeram o *Mozart-Stiftung* e uma bolsa para cursar o Conservatório de Frankfurt, onde foi aluno de Willy Rehberg (piano) e Iwan Knorr (composição). O *Mendelssohn-Stiftung* (1910) e quatro vitórias sucessivas no Prêmio do Estado Austríaco trouxeram o convite para dar aulas de piano na Zuschneid Hochschule für Musik de Mannheim. Ao lado de Hidemith e Krenek, ele logo assumiu posição proeminente no movimento da *Neue Musik*. Nesse meio tempo, doutorava-se em musicologia, publicando em 1921 a tese *Beiträge zur Stilkunde der Melodie* (Contribuição à Estilística da Melodia).

A ópera *Wegwenden* (O Desvio), iniciada em 1925, ficou inacabada e ele próprio destruiu os esboços, por considerá-los insatisfatórios. Mas é possível que parte do material tenha sido aproveitado em *Die Prinzessin auf der Erbse* (A Princesa e o Grão de Ervilha), escrita para o Festival de Baden-Baden e ali estreada em 17 de julho de 1927. Extraída do conto de Hans Christian Andersen, a história da princesinha que chega incógnita a uma hospedaria – mas é reconhecida porque, sob diversos colchões, o hospedeiro coloca um grão de ervilha e ela, habituada apenas às camas mais macias, não consegue dormir a noite inteira – recebe o tratamento camerístico típico das obras estreadas nesse festival. É uma partitura neo-clássica, enraizada na tradição romântica austro-germânica, que toma como ponto de partida a *Märchenoper* humperdinckiana – mas a traduz em termos muito transparente, ligados à vertente mozartiana de sua obra camerística ou para piano.

O experimentalismo de Baden-Baden e a voga do *Zeitgeist* (o espírito de seu tempo), com uma veia ligeira, de entretenimento sofisticado, impregnam suas outras obras cênicas:

– o "drama não-familiar" *Egon und Emilie* (Mannheim, 21.10.1928), para soprano, recitante e conjunto de sopros; extraído de um conto de Christian Morgenstern;
– a "ópera-capriccio" *Der Fächer* (O Leque, Königsberg, 8.6.1930), com intervenção de solistas, recitante, pantomima e conjunto de câmara;

– e a cantata cênica *Das Wasser* (A Água), sobre poema de Alfred Döblin. Todas essas peças em que o recitante ocupa papel importante convergem para a criação mais interessante de Toch, bem típica de seu senso de humor e gosto pela pesquisa: a *Fugue aus der Geographie* (Fuga Geográfica), parte da *Gesprochene Musik* (Música para Coro Falado) que, juntamente com *A Água*, foi produzida para o Festival de Música Nova de Berlim, e estreada em 17 de junho de 1930. Sua apresentação ocorreu no mesmo momento da controvertida *Der Maßnahme*, de Eisler.

A prática do coro falado era estimulada, nas escolas de formação operária montadas pelos sindicatos, como uma forma de expressão artística e, ao mesmo tempo, como uma forma de manifestação utilizável em reuniões políticas. Suas possibilidades estéticas interessaram compositores de vanguarda como Wladimir Vogel, de origem russa, professor do Conservatório Klindworth-Scharwenka e encarregado dos contatos internacionais na seção russa da Associação de Promoção do Interesse pela Arte Alemã. É ele o autor de uma das obras mais instigantes dessa fase, o oratório *Wagadu*, para soprano, contralto, baixo, coro misto, coro falado e cinco saxofones. Estreado em Bruxelas, por Hermann Scherchen, em 1935, *Wagadu* baseia-se em poemas de tradição oral africanos sobre a emigração do povo cabile do império de Fez-Fessan para o deserto do Sahel.

É na forma como Vogel utiliza todas as potencialidades da polifonia (imitação, repetição, choques de grupos opostos de vozes) que Toch vai buscar o ponto de partida para a sua *Fuga Geográfica*, ainda hoje muito apreciada pelos grupos corais amadores alemães e americanos. Cheia daquela ironia nonsense típica do Dadaísmo, a *Fuga* é uma peça para coro a quatro vozes que brinca com a atração da época pelos assuntos exóticos e está relacionada com as experiencias da vanguarda francesa de desmonte e deformação da linguagem. A frase "Der Popocatepetl liegt nicht in Kanada, sondern in Mexiko" (O Popocatepetl não fica no Canadá e, sim, no México) é decomposta em todas as combinações silábicas e rítmicas possíveis, pontuadas por exclamações do coro que, à maneira de uma salva de canhão, lança de vez em quando palavras como "Mississipi", "Honolulu", "Tititicaca", "Cochabamba".

Em 1932, Toch fez uma turnê pelos Estados Unidos, tocando suas próprias obras para piano. Os contatos que fez ali lhe permitiram emigrar, em 1935, após o advento do Nazismo, depois de um período passado em Londres e Paris. Deu aulas na New School for Social Research, de Nova York e, em 1936, mudou-se para Hollywood, onde tornou-se autor de trilhas sonoras para cinema: *Peter Ibbetson, Outcast, The Ghost Breakers* e *Address Unknown* estão entre os filmes para os quais escreveu a música. Embora pouco conhecido hoje, Toch é o autor de obra muito volumosa, com destaque para as sete sinfonias escritas após 1950 – em especial a *nº 3*, que ganhou o Prêmio Pulitzer de 1956, na qual ele utiliza o Hisser, um tanque de dióxido de carbono que produz um assobio modulado através de uma válvula. Professor de composição na Universidade do Sul da Califórnia, Ernst Toch – naturalizado americano em 26 de julho de 1940 – teve entre seus alunos o regente e compositor André Previn, de origem austríaca.

Eisler

Contribuição menor, para a ópera de cunho político, mas não negligenciável, é a de Hanns Eisler (1898-1962), o mais ortodoxo dos compositores de tendências esquerdistas desta fase. Curiosamente, esse aluno de Schönberg, muito influenciado por ele em suas primeiras criações, rejeitou categoricamente as idéias de seu mestre após filiar-se ao Partido Comunista (PC), em 1926. Na verdade, suas simpatias socialistas já vinham de longa data e tinham-se intensificado, no final do período que ele passou estudando em Viena (1919-1924), devido aos contatos mantidos com o Karl Liebknecht Gesangverein e o Stahlklang Chorvereinigung, associações corais que usavam as atividades musicais como um veículo para a doutrinação popular.

A forma veemente como Eisler rejeitou o dodecafonismo, nos ensaios que publicou na *Rote Fahne*, a revista oficial do PC, o indispôs com Schönberg que classificou de "desleais" os seus ataques à música de vanguarda. Eisler não só renegou as peças compostas sob a tutela de Schönberg, como associou-se ao Agitpropgruppe do PC, compondo para ele as suas primeiras *Massenlieder* (canções para as massas) – hinos e marchas propagandísticos que tornaram-se muito populares junto a todos os movimentos comunistas europeus, principalmente nas gravações feitas pelo ator e cantor Ernst Busch. São cânticos para os quais, apesar de seu tom exortatório, Eisler escolhia em geral tonalidades menores, dizendo que "o modo menor possui um caráter mais ameaçador".

Em 1930, foi apresentado a Brecht, de quem tornou-se um dos melhores amigos. Desse contato resultaram suas duas obras mais importantes para o palco (não óperas, na acepção rigorosa do termo, mas peças de teatro com abundante música incidental e diversas canções intercaladas): a polêmica *Die Maßnahme* (A Decisão), um *Lehrstück* (peça didática) rejeitado pelo festival Neue Musik devido a seu conteúdo abertamente panfletário; e *Die Mutter* (A Mãe), a novela de Maksim Górki que Brecht adaptara para o palco e encenou tendo sua mulher, Helene Weigl, no papel principal.

Importante é também o trabalho não-operístico dos dois no filme *Kuhle Wampe* (Curativos Gelados), de 1932, descrevendo a dureza da vida em um acampamento de desempregados, no auge da crise econômica, às margens do Müggelsee, lago que fica na periferia de Berlim. A trilha sonora de Eisler e as canções que escreveu, sobre textos de Brecht, para este semidocumentário de Slatan Dudow é fundamental para fazer passar, com um fôlego épico, a mensagem de crença na força renovadora da juventude, por oposição ao mundo corrompido e sem perspectivas da pequena burguesia. *Kuhle Wampe* é a maior contribuição que o cinema alemão fez à propaganda marxista durante a República de Weimar; e a "Canção da Solidão" que pergunta, em tom provocador, "A quem pertence o mundo?", haveria de se tornar a mais conhecida das canções de protesto do compositor.

Brecht e Eisler voltariam a colaborar, durante o exílio, primeiro na Dinamarca, em *Die Rundköpfe und die Spitzköpfe* (Cabeças Redondas e Cabeças Pontudas) e, depois, nos Estados Unidos, em *Furcht und Elend des dritten Reich* (Terror e Misérias do III Reich) e *Leben des Galileo* (A Vida de Galileu). Na mesma linha, Eisler contribuiu para outras encenações marcantes na fervilhante história do teatro berlinense das décadas de 20-30. Em *Kalkutta, 4 Mai* (Calcutá, 4 de maio), de Lion Feuchtwanger; *Dantons Tod* (A Morte de Danton), de Georg Büchner; *Feuer aus den Kesseln* (Fogo na Caldeira), de Ernst Toller, seu acompanhamento musical exerce função tão importante que ele efetivamente transforma o espetáculo numa forma teatral a meio caminho entre a peça falada e a ópera. As partituras são sempre diatônicas, de texturas muito claras e acessíveis, com relação estreita entre as palavras e a música que, renunciando a realçá-las de forma "emotiva", procura glosá-las de modo a explicitar seu conteúdo.

Die Maßnahme, sua obra didática mais radical, é a que mais claramente realiza esse objetivo. A peça não esconde o objetivo de converter o concerto ou o espetáculo de teatro convencionais num comício político, cuja realização depende estreitamente da participação do público. O próprio autor cantou no coro da estréia com a Filarmônica de Berlim, em 13 de dezembro de 1930, numa encenação de Slatan Dudow. Vários coros operários berlinenses participavam e os textos eram projetados numa tela para que a platéia pudesse cantar junto. Encarada como um "fórum de discussão", a peça foi escrita de modo a poder ser adaptada às circunstâncias de cada execução – e foi o que aconteceu quando ela foi reprisada no Grosses Schauspielhaus. Da mesma forma que o *Jasager* de Kurt Weill, *A Decisão* foi ideologicamente condenadíssima e, hoje, à luz de todos os acontecimentos trágicos que marcaram o nosso século, demonstra pertencer à parte mais obsoleta e discutível da obra de Brecht.

A ação passa-se na China e o espectador assiste ao julgamento de quatro agitadores acusados de terem assassinado um colega do Partido Comunista. Eles reconstituem os motivos que os levaram, durante um recente trabalho de propaganda dos objetivos do partido de que foram encarregados, a eliminar o companheiro. Alegam que ele era um homem fraco, incapaz de se controlar que se deixava dominar pela pena que sentia do inimigo e, com essa atitude comprometedora, prejudicava a coletividade. O sacrifício do elo fraco na corrente – feita com a aquiescência da vítima – era, portanto, lamentável mas necessário. Legitimava-se esse ato de violência numa frase que sintetiza o sentido da peça: "Matar é horrível, mas só a violência pode mudar este mundo assassino."

Reduzidos ao essencial – um solista que funciona como o narrador, o coro e um conjunto formado de piano, instrumentos de metal e percussões –, *A Decisão* tem deliberadamente uma forma de oratório em que os movimentos solistas e corais se alternam, deixando espaços para a discussão – momentos em que o público é convidado a intervir, respondendo às idéias que lhe são lançadas pelo coro. Uma frase de Lênin, ligando a mudança à capacidade humana de reflexão, exposta pelo coro a cappella num cânon a duas vozes, frisa sempre a necessidade de usar a ação da peça como o ponto de partida para o debate. Na revista *Kampfmusik* de março-abril de 1932, Eisler publicou o artigo "Einige Ratschläge zur Einstudierung der *Maßnahme*" (Algumas Instruções para a Execução de *A Decisão*), fazendo recomendações que mostram a afinidade que ele tinha com as propostas brechtianas do teatro épico:

1. Deve-se, antes de mais nada, romper com a idéia da "bela interpretação", típica das associações de canto. [...] 2. A maneira de cantar deve ser muito estrita, rítmica e precisa. O cantor deve se esforçar por cantar sem expressão, isto é, não deve identificar-se com a música como numa canção de amor. Deve emitir as notas como se estivesse fazendo um relatório, um exposição diante da multidão reunida, portanto com tom frio, rigoroso e decidido. 3. O espectador deve poder compreender todo o texto o tempo todo. [...] 4. O ritmo básico da *Decisão* é o do passo, da marcha. Deve-se evitar reduzir os andamentos. [...] 6. É muito importante que os cantores não aceitem passivamente o texto e, sim, que o discutam durante os ensaios. [...] 8. Cada cantor deve estar plenamente consciente do conteúdo político do que canta, de modo a poder criticá-lo. 9. Na *Decisão*, o coro cantado apresenta um relatório destinado às massas, comunicando-lhe uma mensagem política determinada.

O Prelúdio, intitulado "Avante", ou a canção que faz o "Elogio do trabalho ilegal" exemplificam esse estilo rítmico *marcato* duro e seco. Mas às vezes, num movimento como "A canção dos puxadores da barcaça de arroz", para evitar a monotonia e enfatizar o conflito dialético, Eisler se permite flutuações no estilo enfático de declamação, optando por um tom salmodiado a que as trompas e trombones trazem ornamentos de andamento mais flutuante. Ou então apela para o tom de paródia e, nesses momentos, é ao jazz que recorre. Na "Canção da mercadoria", em que se discute o preço que se deve pagar por cada homem, Eisler parece estar fazendo um pastiche de Weill e da predileção por jazz demonstrada pelos adeptos da Nova Objetividade. Nas "Notas sobre *Maßnahme*" que incluiu em seus *Escritos sobre Teatro*, Brecht comenta essa utilização:

> A música da quinta parte – "E por falar nisso, o que é um Homem?" – é a imitação de uma música que reflete a atitude fundamental do negociante: o jazz. A brutalidade, a estupidez, a falta de escrúpulos, o desprezo de si mesmo que caracterizam esse tipo de homem não poderiam ser "representadas" por nenhum outro tipo de música. [...] Deve-se saber distinguir entre o jazz enquanto escola técnica e a mercadoria repugnante em que a indústria do entretenimento o transformou. A música burguesa não foi capaz de desenvolver o que há de progressista no jazz – o seu caráter de montagem, que faz do músico um técnico especializado – o que indicava a possibilidade de atingir uma nova unidade de liberdade do indivíduo e da disciplina do conjunto (improvisação com objetivos definidos), de insistir no gestual, de subordinar o método da prática musical à sua função; conseqüentemente, no momento da mudança de função, mudar também de estilo sem transição etc.

Violentamente criticada por alguns setores, *A Decisão* foi aclamada por outros, justamente por ter querido fazer da sala de concertos um espaço de formação política. Um autor marxista como Alfred Durus condenou, no texto de Brecht, a incapacidade de superar o nível da anarquia e de ascender ao do ativismo revolucionário real. Mas Alfred Kurella, do jornal comunista *Die rote Fahne*, chamou-a de "aliança renovadora do coro proletário, do coro de declamação, da orquestra moderna e da dramaturgia épica". Hoje, como o *Jasager* de Weill, ela é o testemunho de um radicalismo que haveria de endossar os piores abusos stalinistas.

Ameaçado de prisão após a ascensão nazista, Eisler fugiu para os Estados Unidos, onde ensinou, escreveu música para cinema e prosseguiu fazendo obra de protesto contra o nazifascismo – em especial musicando, com extrema sutileza, os poemas de Brecht. Mas a sua adesão declarada ao ideário comunista o tornou vítima, em 1947, do Comitê sobre Atividades Antiamericanas; e ele só escapou da prisão graças a um abaixo-assinado firmado por personalidades como Charles Chaplin, Thomas Mann, Albert Einstein, Pablo Picasso, Henri Matisse, Aron Copland e Jean Cocteau. Extraditado dos Estados Unidos, voltou para Viena e, mais tarde, instalou-se na Alemanha Oriental, para a qual compôs o Hino Nacional, baseado no poema *Auferstanden aus Ruinen* (Erguendo-se das Ruínas), de Becher. Foi, até o fim da vida, professor na Hochschule für Musik, de Berlim. Ali, retomou o contato com Brecht e, entre 1948-1961, escreveu a música incidental para dezessete das peças que ele montou com o Berliner Ensemble; e também para as peças de outros autores que Brecht dirigiu: *Volpone* (Ben Jonson), *Lisístrata* (Aristófanes), *Hamlet* (Shakespeare), *O Playboy do Mundo Ocidental* (Synge), *Guilherme Tell* (Schiller).

Numa obra extremamente vasta e variada – em que os inúmeros ciclos de canções ocupam posição privilegiada – Eisler aplicou sempre o princípio de que " a música deve ser sempre escrita num idioma que se possa compreender imediatamente e aprender depressa". Por mais que o tenham acusado de ter ido longe demais nessa busca da simplicidade, o resultado é com freqüência de grande beleza. Em 1937, escreveu:

> Na nossa nova música, devem-se evitar os efeitos bombásticos, o sentimentalismo, o misticismo, preferindo o frescor, a inteligência, a força e a elegância.

ULLMANN

Num dos verbetes do *Viking Opera Guide*, publicado em 1993, o musicólogo inglês Anthony Beaumont já chamava a atenção para o esquecimento imerecido em que caíra a obra desta vítima do Nazismo. Mas o interesse pelas óperas de Viktor Ullmann (1898-1944) só foi realmente despertado, no ano seguinte, pela inclusão do *Imperador da Atlântida* na coleção *Entartete Musik* da Decca. Seguida, em 1997, pelo registro de *A Queda do Anticristo* no selo Naxos, ela contribuiu para restabelecer a importância desse artista muito promissor, precocemente vitimado pelo Holocausto.

Filho de um oficial do Exército austríaco, Ullmann nasceu em Tensche – a atual Tešin, na fronteira da Polônia com a República Tcheca. Seguiu os passos do pai alistando-se no Exército mas, depois da I Guerra, deu baixa e dedicou-se à música, estudando em Viena com Arnold Schönberg. Este tinha de Ullmann uma boa opinião, pois o recomendou a seu cunhado, Alexander von Zemlinsky, diretor do Neues Deutsches Theater de Praga, no momento em que o jovem decidiu ir estudar na Musikhochschule da capital tcheca – onde colaborou com Alois Hába em suas pesquisas sobre a escrita microtonal. Zemlinsky ofereceu-lhe trabalho como assistente, e Ullmann foi também membro ativo da Sociedade para a Execução Musical Privada, criada por Schönberg (dois de seus ciclos de canções foram estreados ali, em 1924).

Em 1927, depois que Zemlinsky voltou para Berlim, ele aceitou o cargo de regente da Ópera de Aussig (atual Ústí nad Labem), no norte da Boêmia. Mas as suas predileções vanguardistas – ele teve a ousadia de montar *Johnny spielt auf*, de Krenek, nessa cidadezinha do interior – logo o fizeram entrar em choque com o público provinciano muito conservador, e ele se demitiu ao término da primeira temporada. Nesse meio tempo, Hába lhe apresentara as teorias filosóficas de Rudolf Steiner; e Ullmann, apaixonado pelas idéias do criador da antroposofia, foi para Stuttgart, onde ficava a sede da Sociedade Antroposófica. Tornou-se seguidor tão dedicado das teorias de Steiner que, entre 1931-1933, dirigiu o *Goetheanum*, a livraria especializada mantida por esse grupo.

Esse foi para o músico um período de reflexão profunda, em contato com os líderes da antroposofia, Hans Büchenbacher e Hermann Beckh, e de produção musical muito pequena, como se Ullmann estivesse tomando fôlego antes de lançar-se a uma nova fase criativa. Quando a livraria foi fechada pelo regime nazista, ele voltou com sua mulher, Anna Winternitz, para Praga, e ali ganhou a vida como professor e crítico do jornal *Der Auftakt*, porta-voz da pequena comunidade alemã na capital tcheca. O primeiro reconhecimento de seu trabalho como compositor veio em 1934, com a concessão do cobiçado Emil-Hertzka-Gedächtnispreis às suas *Variações sobre um tema de Schönberg*. Mas ainda era uma fase de crise em sua carreira, pois Ullmann estava preocupado em encontrar uma forma de se comunicar diretamente com o seu público sem, com isso ter de fazer concessões que o comprometessem como criador.

Em 1928, já compusera um *Peer Gynt* (1928) cujo resgate valeria a pena, para que se pudesse compará-lo com a adaptação que Werner Egk fez da peça de Henrik Ibsen. Mas foi em *Der Sturz der Antichrist* (1935) que Ullmann encontrou o seu tom característico: uma eclética mistura do melodismo straussiano com as dissonâncias dodecafônicas de Schönberg e o estilo jazzístico do *Zeitmaner*, à maneira de Hindemith, Krenek ou Weill. Esse material aparentemente disparatado, porém, é fundido numa linguagem extremamente individual, em que a ironia, ácida e mordente, é um ingrediente fundamental. Ao moldar esse idioma híbrido, ele dizia tomar como modelo o "atonalismo romântico" de Alban Berg.

Hitler é cruelmente caricaturado no drama de Albert Steffen, cuja leitura ele ouvira em Stuttgart, em 1928, antes mesmo que a peça fosse estreada em Dornach, em 15 de abril de 1933. O Regente mandou prender o Artista, o Padre e o Técnico para obrigá-los a realizar tarefas absurdas: transformar pedras em pães e fazer com que a Terra deixe de girar na órbita do Sol. O Artista é o único a resistir e a sua força de caráter permite-lhe demonstrar, no final da ópera, que o Regente é o Anticristo. Este, insistindo raivosamente em alcançar as estrelas, é de repente fulminado por um ataque, e cai morto.

A Queda do Anticristo foi proposta a Felix Weingartner em Viena, mas seu conteúdo político o desencorajou de aceitá-la. Nova tentativa foi feita em outubro de 1933, quando Steffen foi a Praga, com a companhia de teatro dos seguidores da antroposofia, para apresentar a leitura dramática de textos seus. Mas o Deutsches Theater, onde eles pretendiam encenar a ópera, recusou pelos mesmos motivos de Viena. Já que a estréia do texto original alemão parecia impossível, Ullmann voltou-se para o Teatro Nacional de Praga e, a seu pedido, Alois Hába publicou no jornal antroposófico uma elogiosa análise de *Der Sturz*. Mas a direção do Národni Divadlo não se deixou comover e o autor acabou desistindo de ver encenada uma obra que só subiu ao palco postumamente, em 7 de janeiro de 1995, durante o Festival de Bielefeld, sob a regência de Rainer Koch. É essa a gravação existente no selo CPO, lançada em 1997.

A Queda do Anticristo possui estrutura formal muito rigorosa, mas a ópera tem um caráter estático, quase de oratório – em especial o ato II, dominado por um longo diálogo entre o Artista e o seu Carcereiro, em que as idas e vindas da argumentação são sugeridas pelos episódios de uma fuga construída de forma muito estrita. Há boas tentativas de caracterização, como a marcha e os episódios em tom de *scherzo* que, no ato III, retratam a grotesca sede de poder do Regente. Mas a música é austera, o elenco, exclusivamente masculino e os cantores devem também ser bons atores para que o espetáculo decole – o que, no caso da versão Koch, é particularmente conseguido por Louis Gentile (o Artista) e Monte Jaffe (o Técnico).

Uma rede cerrada de *leitmotive*, representando não só pessoas mas também as idéias expostas no texto de Steffen, percorre toda a obra; e os motivos se interpenetram constantemente, numa relação polifônica. Os intervalos são usados de maneira simbólica: o de sétima maior para o Regente, que tem um temperamento instável; o de nona, com caráter ascendente, para o Padre, que pertence ao domínio do sobrenatural; e assim por diante. Ritmos marcados, mecânicos, acompanham a crença do Cientista em que não há limites para o que a tecnologia pode fazer. Já as melodias do Poeta, como era de se esperar, são cantábile, líricas, cheias de um frescor juvenil.

Do ponto de vista harmônico, Ullmann lança mão de todos os recursos: cromatismos pós-wagnerianos, elementos pentatônicos e modais, escala de tons inteiros e os acordes aumentados que a ela se relacionam, para demonstrar a complexidade do mundo em que as suas personagens vivem e a dificuldade que elas têm em abarcá-lo. A orquestração também apresenta toques originais, como o uso de duas clarinetas baixas para sugerir o clima opressivo da prisão no ato I.

A Queda do Anticristo já colocou Ullmann, judeu e antinazista, na lista negra do regime. Ainda assim, ele conseguiu sobreviver em liberdade até setembro de 1942. Tinha acabado de compor *Der zerbrochene Krug* (A Bilha Quebrada), baseada na comédia de Kleist – e programada pelo selo Orfeo para lançamento no fim de 2000 –, quando foi preso e mandado para o campo de concentração de Terezín. Ali haveria de escrever uma das mais veementes obras de protesto contra o Nazismo.

Terezín – ou Therensienstadt, como o chamavam os alemães – era um centro de triagem para os judeus que vinham de diversos pontos da Europa Central, e acabavam sendo mandados para campos de extermínio como Majdanek ou Auschwitz. Criado no outono de 1941 numa cidadezinha de 7 mil habitantes, no norte da Boêmia, onde havia uma antiga guarnição austríaca, o campo chegou a ter 50 mil prisioneiros, no auge do funcionamento. Era mantido como um "gueto modelo", onde se permitiam as supervisões internacionais, de modo a desviar a atenção do mundo exterior da sinistra realidade da Solução Final. Os judeus tinham autonomia relativa na gestão do campo e eram estimulados a levar uma vida "normal", que incluía atividades culturais razoavelmente intensas.

A *Freizeitgestaltung* (Administração do Lazer) de Terezín encarregou Ullmann de organizar eventos musicais. Foi-lhe permitido criar um Estúdio de Música Contemporânea e escrever no jornal do campo. As 26 críticas de concerto que sobreviveram são um testemunho da variedade dos recitais organizados pelos detentos, como uma forma de preservar um pouco de sua dignidade humana e de manifestar a esperança de poder sobreviver àquele inferno. As obrigações de Ullmann deixavam-lhe bastante tempo livre. "Não é hora de ficarmos sentados chorando, às margens do rio da Babilônia", escreveu ele em seu *Diário*. Nos dois anos que passou no campo, trabalhou ativamente preparando e regendo concertos, e compôs suas obras mais importantes: três sonatas para piano, um quarteto de cordas, dois ciclos de canções – um dos quais é o magnífico *Hölderlinlieder* – e a ópera de câmara *Der Kaiser von Atlantis oder Die Tod-Verweigerung*.

O libretista de *O Imperador da Atlântida ou A Recusa da Morte* foi o pintor e poeta Peter Kien, companheiro de alojamento de Ullmann, que já estava no campo desde 1941. Seu texto é uma transparente alegoria da natureza do fascismo e do nenhum valor que ele atribui à vida humana. Além de deixar desenhos que documentam de forma lancinante aspectos da vida cotidiana no campo, Kien escreveu o drama *Marionetten*, que ficou incompleto, e o ciclo de poemas *Die Peststadt* (A Cidade Vítima da Peste), musicado pelo compositor Gideon Klein, também recolhido a Terezín.

Ullmann conseguiu arrebanhar, entre os prisioneiros, seis competentes cantores e treze instrumentistas – entre os quais executantes de cravo, banjo, harmônio e saxofone contralto – e, com base nesses recursos limitados, foram escritos o libreto e a música. Os ensaios chegaram a ser iniciados, no verão de 1944. Em suas memórias, o sobrevivente Karel Berman, que deveria ter sido o encenador do espetáculo, conta que a apresentação foi proibida por um delegado das SS. Tendo assistido ao ensaio geral, ele percebeu a incômoda semelhança entre Hitler e a personagem-título, o Kaiser Overall (referência clara ao *über alles*, "acima de todos", do hino nacional nazista). De qualquer modo, a liberdade relativa estava perto de terminar. Depois da visita que o Comitê Internacional da Cruz Vermelha fez a Terezín em 23 de junho de 1944, o III Reich concluiu que o "campo modelo" já tinha cumprido a sua função. Em 16 de outubro, a grande maioria de seus internos foi transferida para Auschwitz. Dois dias depois, Ullmann e Kien estavam na lista dos prisioneiros mandados para a câmara de gás. Diz Hans-Günter Klein no artigo de introdução à gravação Decca do *Kaiser*:

> Viktor Ullmann é um daqueles compositores que os nazistas mataram duas vezes. Não contentes em exterminá-lo em Auschwitz, conseguiram apagar até mesmo a lembrança de sua obra.

Nunca mais se ouviu falar dele até a realização, em Praga, em 1972, de uma exposição sobre a sua vida e obra. Nela, surgiram documentos dando a entender que, por milagre, a partitura do *Imperador* sobrevivera ao Holocausto. Essa pista fez o musicólogo H. G. Adler iniciar pesquisas que, dois anos depois, o levaram a descobrir, entre os documentos de Terezín, o manuscrito da partitura e as partes preparadas para execução; e em Londres, duas versões do libreto: o manuscrito e uma cópia datilografada. Essas diversas fontes foram compiladas por Kerry Woodward, que completou trechos ilegíveis ou apenas esboçados, preparou a edição e regeu a estréia, no Bellevue Centre de Amsterdã, em 16 de dezembro de 1975. Cuidadosamente revista, essa partitura serviu para a primeira encenação da ópera, na Neuköllner Oper, de Berlim, em 1989. E foi a utilizada por Lothar Zagrosek para a versão de concerto de 1994, na Gewandhaus de Leipzig, gravada pela Decca. Dois anos depois, o selo Arabesque também lançou o registro de uma versão de concerto, ao vivo, regida por Robert Decormier na capela da Universidade de Vermont.

Durante o breve Prólogo, o Alto-falante apresenta cada personagem. O ríspido "Hallo, hallo" dessa "personagem", cuja voz vem dos bastidores, introduz-nos de saída na dura realidade do universo concentracionário no qual passa-se a ação – embora ela seja nominalmente ambientada no reino legendário da Atlântida (destruída por uma hecatombe simbolicamente semelhante à que ameaçava a Alemanha do III Reich). Na primeira cena, a Morte, em conversa com o Arlequim – que representa a Vida, mas está velho, decrépito e cansado – lamenta como tudo foi nivelado no mundo moderno e, com isso, perdeu o sentido. A Menina do Tambor vem trazer a notícia de que o Imperador Overall proclamou a "guerra santa" e está convocando todo mundo a lutar, inclusive a Morte. Esta, furiosa com a impertinência de Overall, recusa-se a cumprir as suas obrigações.

Em conseqüência disso, as pessoas são mortalmente feridas no campo de batalha, mas não morrem, e o povo, indignado, ameaça rebelar-se contra o poder desmedido do tirano. Esta não é a única forma de protesto, pois a Menina do Tambor e um Soldado do campo inimigo apaixonam-se um pelo outro, desafiando o ódio ao adversário pregado pelo Imperador. Completamente sozinho dentro de seu palácio vazio, horrorizado com as notícias de que o mundo exterior mergulhou no caos, Overall olha-se no espelho e vê refletida a imagem da Morte. Ela se oferece para voltar a trabalhar, desde que ele aceite ser a sua primeira vítima. Overall concorda, pois esta é a única forma de evitar a destruição completa da humanidade.

Embora a experiência de Terezín tenha feito emergir em Ullmann a consciência do judaísmo – um de seus ciclos de canções usa textos em hebraico e iídiche, e o tema principal da *Sonata nº 7* é uma canção judia –, ele quis inserir *Der Kaiser* no contexto amplo da cultura germânica e, em especial, de uma de suas características marcantes: o fascínio que poetas e compositores alemães sempre tiveram pela idéia da morte. Ullmann inspirou-se no exemplo de Alban Berg, que concluiu o seu *Concerto à Memória de um Anjo* – inspirado pela morte de Manon, a filha de Alma Mahler e Walter Gropius – com uma citação do coral luterano *Es ist genug* (Já basta). Ele também encerra a sua ópera com o tema de *Ein' feste Burg ist unser Gott* (Nosso Deus é uma fortaleza poderosa) acompanhando as palavras "Komm, Tod, du unser werter Gast" (Vem, morte, nossa hóspede honrada) – e é muito significativo que esse judeu tenha querido endereçar a seus semelhantes uma palavra final de esperança e consolo usando um hino protestante.

Também a "Canção de Despedida" de Overall, "Der Krieg ist aus" (A guerra acabou), trança uma rede de referências musicais. Ela começa como uma ária de cantata de Bach, com o indefectível oboé *obbligato*, depois vai evoluindo de forma a trazer à lembrança do ouvinte duas obras marcadas ao mesmo tempo pela amargura diante da proximidade da morte e pela resignação diante do destino: as *Vier Ernste Gesänge* (Quatro Canções Sérias) op. 121, de Brahms; e "Der Abschied" (A Despedida), movimento final de *Das Lied von der Erde* (A Canção da Terra), de Mahler. Esse ciclo de canções mahleriano é, de resto, citado explicitamente em um outro passo. Na primeira cena, quando Arlequim está louvando a alegria de viver, ouve-se o tema de "Der Trunkene in Frühling" (O Bêbado na Primavera), quinto movimento da *Canção da Terra*.

Uma citação, em especial, deve ter enfurecido o membro das SS que assistiu ao ensaio geral: a referência grotesca ao *Deutschland über alles* quando a Menina do Tambor vem anunciar, numa ária que parodia o tom pomposo das declarações oficiais, que Overall proclamou a "segensreichen Krieg aller gegen alle" (a guerra santa de todos contra todos). Esse uso "sacrílego" do hino nacional é agravado pela referência deliberada às canções em estilo *cabaretier* das óperas de Kurt Weill, e pela lista delirante dos títulos do soberano: ele é "pela graça de Deus, Overall primeiro e único, o orgulho da Pátria, uma benção para a Humanidade, imperador das duas Índias e da Atlântida, duque de Ophir e o verdadeiro primeiro-ministro da deusa Astarté, barão da Hungria, cardeal-príncipe de Ravenna, rei de Jerusalém e, como prova cabal de sua natureza divina, Arquipapa."

E, no entanto, apesar de todas essas referências à cultura musical germânica, é muito significativo que as raízes boêmias de Ullmann o tenham levado a escolher, para *leitmotiv* central da ópera, o tema da morte na *Sinfonia Asrael*, que o compositor tcheco Josef Suk escreveu, entre 1904-1906, lamentando a dupla perda de sua mulher, Otylka, e de seu sogro e professor, Antonín Dvorák. Tocada pela Rádio de Praga, em 1937, quando o presidente Tomaš Masaryk morreu, essa grandiosa sinfonia, freqüentemente executada nas ocasiões de luto nacional, ficou muito associada à própria identidade tcheca. Seu tema central – sol, ré bemol, mi bemol, lá, ascendente e, depois, descendente – é ouvido na fanfarra com que o *Imperador* se inicia. Em seguida, é usado como o unificador de todo o material melódico.

Os números relativamente curtos da ópera, intercalados ora a diálogos falados, ora a recitativos secos (com piano) ou acompanhados, variam do melodrama – o discurso do Alto-falante, no Prólogo – até a ária formalmente construída: a "Despedida do Imperador". Além do uso abundante de recursos jazzísticos, nos blues da primeira ária da Morte ou no *shimmy* do trio que há na cena 4, as ocasionais "resvaladas" para fora do domínio tonal são feitas de modo muito expressivo. Uma das mais interessantes é o motivo de três acordes, formando uma série de onze sons, que caracteriza o mundo desumano do Imperador. Aqui, a dissonância simboliza a violência e a perda dos valores humanos. Ela se opõe ao lírico diatonismo do tema do Arlequim que, voltando no dueto de amor entre a Menina e o Soldado, e no "Komm Tod" final, relembra o elo dialético entre a vida e a morte.

Ullmann e Kien tinham a certeza de que a sofisticada trama de referências musicais seria compreendida pela platéia a que pretendiam apresentar a sua ópera pois, afinal de contas, em Terezín estava confinada boa parte da elite intelectual judaica de Praga, Brno e Viena. Mais de cinquenta anos depois, não é necessário reconhecer todas essas citações, ou perceber seu entrelaçamento, para sentir-se tocado pela eloqüência da música de Ullman ou atingido pelo gume certeiro da poesia de Kien.

Em 1998, o selo Matous MK lançou uma nova gravação do *Imperador da Atlântida*: a de Alexander Drcar com o grupo austríaco Arbos. Ela é o resultado de novas pesquisas no manuscrito e apresenta um formato mais próximo do original. Mas do ponto de vista da qualidade do elenco, não se compara à de Zagrosek.

KRENEK

Seu sobrenome sempre lhe trouxe problemas. É de origem boêmia – tem sobre a letra *r* um *hátchek*, o acento em forma de ganchinho que o faz ser pronunciado /krjênek/ – e até para os ouvidos austríacos soa estranho. Num texto autobiográfico de 1980, intitulado *Zu Protokol gegeben* – algo como "A quem interessar possa" – Ernst Krenek (1900-1991) comenta, com muito bom humor: "Desisti de usar esse símbolo depois que imigrei para os Estados Unidos, porque ele não existe nos caracteres tipográficos ingleses e eu perdia um tempo enorme cada vez que tinha de explicar a grafia correta desse som esquisito." É por esse motivo que, neste capítulo, o nome Křenek será grafado como aparece habitualmente na bibliografia anglo-germânica, sem o acento.

Da enorme produção lírica desse aluno de Schreker, filho de tchecos, que nasceu em Viena e morreu na Califórnia, apenas parte cabe dentro dos limites deste volume: as dez óperas que ainda não rompem com o sistema tonal, embora incorporem, ocasionalmente, diversas técnicas vanguardistas. As onze seguintes pertencem à fase dodecafônica de sua carreira e serão analisadas no volume dedicado à *Ópera Contemporânea*. Músico de insaciável curiosidade, sempre aberto a todas as experimentações, Krenek aderiu entusiasticamente ao atonalismo dodecafônico e serial em meados da década de 1930. Antes disso, curiosamente, atacava com violência a Segunda Escola de Viena, provocando a ira de Schönberg – é a ele que esse compositor se refere quando, numa de suas sátiras, observa: "wie der Mediokre neckisch bemerkt" (como o homem medíocre provocantemente observou).

Krenek foi um músico de muitas faces e inúmeros caminhos. Em 1930, o crítico Hans Heinz Stuckenschmidt o comparou a Hindemith pela sua fecundidade – mas também pelas suas posturas neoclássicas. No entanto, na década de 1920, ele era tachado de "ultramodernista" e associado aos vanguardistas radicais que animavam os festivais de Salzburg e Donaueschingen. Pois no ano no seguinte ao comentário de Stuckenschmidt, ele criará *Karl V*, a sua primeira ópera ortodoxamente dodecafônica. "Nenhum outro compositor, entre 1920-1930, reagiu com precisão tão sismográfica à rápida evolução da música de seu tempo", afirma Thomas Gayda em *A Composer Between Worlds* (no folheto da gravação Decca de *Jonny Spielt auf*). De fato, a obra de Krenek espelha as mutações de um período em que, com velocidade surpreendente, os músicos saltavam do Neo-romantismo para a tonalidade livre e o uso de jazz, do Neoclassicismo para a aplicação estrita do Dodecafonismo, da música serial para a eletrônica.

Essa capacidade de sempre estar na crista da onda fez dele um artista muito popular. Em 1927, uma revista de Berlim, onde ele residia desde 1920, o apontou como uma das três maiores celebridades do momento (as outras eram Max Schmeling, o campeão de box alemão, e Charles Lindbergh, o aviador que atravessara o Atlântico). Mas a música não era a única área em que Krenek se destacava. Uma ficha de informações precede *Zu Protokoll gegeben* e, no tópico Profissão, ele colocou: Compositor e Escritor. De fato, sua atividade literária foi tão intensa quanto a musical. É o autor de todos os seus libretos, colaborou intensamente com o *Frankfurter* e o *Wiener Zeitungen*, escreveu a novela *Die drei Mäntel des Anton K* (Os Três Casacos de Anton K) e, como ensaísta – sempre sob o pseudônimo de "Austriacus" –, deu um testemunho muito lúcido da crise por que passava a Europa, e que a levaria ao Fascismo e Nazismo.

Der Sprung über den Schatten (O Salto sobre a Sombra), que Krenek começou a compor em 1922 e foi estreada na Opernhaus de Frankfurt em 9 de junho de 1924, foi a primeira *Zeitoper* (ópera com alusões a elementos contemporâneos) e também a primeira a incorporar o jazz. Mas é parodístico o uso que ele faz aí desse tipo de música, apenas para realçar a sátira aos excessos da psicanálise, a grande moda da época. Em 1928, com a montagem do Kírov, em Leningrado, ela se tornou a primeira ópera contemporânea a ser encenada na União Soviética. Depois disso, ficou esquecida até 1989, quando o selo CPO gravou ao vivo o espetáculo da Ópera de Bielefeld, regido por David de Villiers.

O príncipe Kuno liga para o escritório do detetive Marcus, a quem quer contratar para vigiar Leonora, a sua esposa, pois suspeita que ela esteja apaixonada pelo poeta Laurenz Goldhaar. Marcus não se encontra no escritório. Quem atende é seu amigo, o psiquiatra Dr. Berg, que o está esperando. Berg decide passar por detetive, pois também deseja a bela Leonore. Goldhaar e a princesa devem encontrar-se num baile de máscaras. É nessa festa que os dançarinos brincam de pular sobre a própria sombra, numa imitação do que imaginam ser o legítimo estilo negro de dançar o foxtrote. Goldhaar é confundido com Berg e preso sob a acusação de usar o hipnotismo para tentar seduzir Leonore. Durante o seu julgamento, estoura uma revolução e Kuno é deposto. Os amantes fogem e Berg é eleito presidente da recém-proclamada república.

O Salto sobre a Sombra é uma típica *Zeitoper*, realista, de tema contemporâneo, com referências deliberadas a objetos e costumes cotidianos, e intenções críticas. Combina dissonâncias, para evocar um mundo às voltas com revolução, mecanização e perda das ilusões, à música popular, para fazer a caricatura de uma sociedade decadente que quer ser moderninha. Mas utiliza todo esse material disparatado dentro de moldes estritamente clássicos: rondó, fuga, passacalha. Usa o hipnotismo como símbolo do exercício de um poder sobrenatural sobre os outros – imagem de resto presente em filmes expressionistas como *O Gabinete do Dr. Caligari, Nosferatu* e *Dr. Mabuse* –; e nesse poder há um aceno metafórico à opressão das ditaduras que, no início da década de 1920, já se perfilavam no horizonte. Trabalha além disso com o símbolo tradicional da sombra, explorado em obras tão diversas quanto *Peter Schlehmil*, de Adalbert von Chamisso, *A Mulher sem Sombra*, de Strauss/Von Hofmannsthal, ou o filme *Shadows*, de Arthur Robinson.

Nesse sentido, a brincadeira – na aparência inconseqüente – do "pulo sobre a sombra" assume um significado simbólico: o da inutilidade do esforço de uma sociedade decaída em livrar-se de seu obsoleto sistema de valores, sem se dar conta de que está sendo levada pelo nariz por um hipnotizador, e encontra-se a um fio de cabelo de ser vítima de uma revolução grotesca. Mais tarde, num texto em que Krenek registra o caráter digamos profético de sua primeira ópera, ele diz:

> É com humor e ceticismo que *Der Sprung über den Schatten* apresenta o fato de que, com as mudanças, tudo continua como era antes. O príncipe é deposto, mas o presidente não é nem um pouco diferente. A nação tenta pular sobre a sua sombra, ou seja, livrar-se do que é obsoleto, sem dar-se conta de que está condenada ao fracasso. A ópera assinala esse fracasso, mas esse alerta não foi percebido nem em Frankfurt, em 1924, nem em Leningrado, em 1926.

Uma ópera como *Der Sprung* jogou lenha na fogueira dos críticos que, como Hans Pfitzner, indignavam-se com a "invasão dos tanques americanos do jazz e do foxtrote contra a cultura européia [...], ajudando a plantar, no solo cultural europeu, a ausência internacional de identidade". Para Pfitzner, o jazz significava "inferioridade, ausência de harmonia, insanidade quando comparada à mais alta arte musical". Num tom que anuncia ameaçadoramente as fogueiras inquisitoriais nazistas, o autor do *Palestrina*, arvorado em guardião da cultura germânica, condenava "o caos e a sensualidade" da música negra que "encoraja instintos hostis à cultura" e "é perigosa devido justamente ao fascínio que exerce sobre os mais amplos segmentos da população".

Já nessa época – e com mais intensidade no início da década de 1930, quando o Nacional Socialismo vai tachar de "antigermânicas" as "cruas e horrendas orgias de negritude" –, o uso dos ritmos de dança americanos nas canções ou nas peças musicais assume um significado maior do que o de simples atração por um modismo. Os jazz clubs onde se ia para dançar transformavam-se também em locais onde reuniam-se pessoas que, de uma forma ou de outra, procuravam resistir à maré negra que vinha subindo. Donde a importância, enquanto instrumento crítico, da inserção, na música de caráter erudito, desses elementos de origem popular – um tipo de *crossover* de que, na Alemanha, é Krenek o pioneiro.

Para a sua segunda ópera, Krenek baseou-se em *Orpheus und Eurydike*, a peça de 1915 em que o pintor Oskar Kokoschka reinterpretara psicanaliticamente o mito antigo sob o impacto de um duplo trauma: a violência da I Guerra Mundial e o fim de seu relacionamento com Alma, a viúva de Mahler. Ernst escolheu esse texto porque uma circunstância pessoal o fazia identificar-se com ele em um nível muito profundo: em 1925, fracassara também o seu breve casamento com Anna Mahler, a filha do compositor. O caráter de exorcismo do drama pessoal dá a essa partitura uma intensidade toda especial.

Na versão de Kokoschka, o amor de Orfeu transforma-se em ódio quando ele descobre que Eurídice deixou-se seduzir por Hades no outro mundo. Na rede de pesca lançada pelo navio que os está trazendo de volta do Inferno para o mundo dos vivos, surge um crânio; e na mandíbula desse crânio, Orfeu encontra o anel que dera à mulher como prova de amor. Interroga-a e Eurídice acaba confessando que jogou-o fora ao entregar-se a Hades. Enlouquecido pelo ciúme, Orfeu a assassina, condenando-a assim a voltar para o outro mundo. Tempos depois, seu crime é descoberto e o povo da Tessália, furioso, decide linchá-lo. Quando está para ser enforcado, Orfeu tem a visão do espectro de Eurídice: ela lhe pede que a perdoe, para que possa ter o repouso eterno. Mas ele se recusa a fazê-lo preferindo, na morte, o triunfo do niilismo total.

O tom alucinado da poesia de Kokoschka sugere a Krenek música dissonante, praticamente atonal, de grande autonomia em relação ao texto. *Orpheus und Eurydike* é um dos mais claros exemplos da influência do teatro expressionista sobre a ópera. Além disso, há nítidas reminiscências do *Pelléas et Mélisande* nos intervalos de quarta que surgem nos momentos psicologicamente mais tensos. Embora tenha sido posteriormente eclipsada pelo sucesso de *Jonny spielt auf*, essa neurótica tragédia foi muito admirada e constituiu o primeiro degrau para a ascensão de Krenek à fama. A demistificação dos grandes símbolos culturais da humanidade – e o de Orfeu é essencial para a História da Ópera – é uma das empreitadas básicas do Expressionismo dramático. Nesse sentido, esta adaptação contemporânea do mito assume o valor de uma interrogação sobre os valores da arte.

Percebe-se, em *Orfeu e Eurídice*, a tendência a evitar o princípio wagneriano do *leitmotiv*, em favor da tendência à abstração musical, que se traduz pela utilização de fórmulas rítmicas em grande escala, ou de formas de música pura, como a passacalha sobre a qual se constrói o final do ato III. O tratamento da dissonância, dentro de um tecido sinfônico muito diversificado, é uma das chaves da composição. Determinante, para compreender a gênese da obra, é a influência do *Wozzeck*, de Alban Berg, cuja partitura Krenek conhecia antes mesmo que a ópera fosse estreada em 1925.

Para superar a frustração do fim do casamento, Krenek decidira mudar de ares, aceitando o convite para trabalhar como assistente de Paul Bekker na Ópera de Kassel (e foi ali que *Orpheus* estreou em 27 de novembro de

1926). Era interessante trabalhar em um teatro pequeno mas bastante ativo, onde teria liberdade de experimentação, pois desejava testar na prática as idéias que vinha formulando em seus ensaios: de que era necessário encontrar uma linguagem musical capaz de comunicar-se com o novo público, mais popular, que estava se formando nos Estados germânicos após o colapso das monarquias centro-européias e a criação de formas mais democráticas de governo. Antes de vir para Kassel, já fizera tentativas nesse sentido com *Die Zwingburg* (A Fortaleza, 1924) – mais uma cantata cênica do que uma ópera – e com *Bluff* (1925), uma comédia de costumes.

O poema de Krenek e Franz Werfel para *Die Zwingburg* tem o mesmo estilo descosido, cheio de rupturas metafóricas, de uma peça como *Mörder, Hoffnung der Frauen* de Kokoschka, musicada por Hindemith. Contemporânea do *Castelo*, de Kafka, ela também, por coincidência, fala do combate desigual entre uma comunidade escravizada e um poder opressivo simbolizado pela fortaleza do título. Em sua linguagem musical, a cantata funde influências da dissonâncias do Schönberg de *A mão feliz*, e do Expressionismo do Hindemith de *Mörder*, a um molde básico que é pós-wagneriano, com uma empostação típica de Schreker e Strauss. Mas nem ela nem a comédia fizeram mais do que sucesso moderado. Agora, porém, Krenek ia acertar na mosca.

Na passagem de ano de 1925, ele assistira em Frankfurt ao musical *Chocolate Kiddies*, de Duke Ellington, e este lhe sugeriu o tema para *Jonny spielt auf* (Jonny Começa a Tocar), em que trabalhou muito rapidamente: em junho de 1926, a partitura estava pronta. Gustav Brecher aceitou estreá-la no Staadttheater de Leipzig, em 10 de fevereiro de 1927 e, do dia para a noite, ela fez de Krenek uma celebridade. E rendeu-lhe direitos autorais que lhe garantiram a independência financeira – pelo menos até a ascensão do Nazismo, quando eles lhe foram confiscados. No capítulo sobre Korngold, já nos referimos à campanha que o pai desse compositor fez contra a estréia vienense de *Jonny*, temendo que ela fizesse sombra ao *Milagre de Heliane*, de seu filho; e ao fato de que esses ataques só serviram para formar filas intermináveis diante da porta do teatro.

Em 1927-1928, *Jonny spielt auf* foi encenada em mais de cinqüenta teatros de toda a Europa e, até 1930, foi mais representada do que qualquer outra ópera do mesmo período. Alguma de suas canções, como o blues "Leb wohl, mein Schatz", tornaram-se hits populares e foram gravadas em diversos arranjos diferentes. E o aparecimento de títulos como *Satuala*, de Reznicek, *Die schwarze Orchidee* (A Orquídea Negra), de D'Albert, e *Royal Palace*, de Kurt Weill, misturando formas operísticas e de musical, testemunham a sua influência. A sorte, porém, não demorou a virar.

Em 1928, já ocorreram demonstrações diante dos teatros, protestando contra o "lixo negro" que Krenek "fazia passar por arte". Em Paris, a ópera foi recebida com o mais gélido desprezo. O racismo americano reservou-lhe péssima acolhida em Nova Iorque, onde a ópera foi cantada em 1929: o rosto do cantor que fazia Jonny foi maquiado de uma forma exagerada, para que ficasse claro que se tratava de um cantor branco – da mesma forma que acontecera com Al Jolson, dois anos antes, em *The Jazz Singer*, o primeiro filme sonoro. Apesar do entusiasmo do público, a imprensa especializada torcia o nariz para a ópera, chamando Krenek de "oportunista". E os vanguardistas, Eisler, Weill, Adorno, o rejeitavam por perceber em sua escrita algumas renintentes afinidades com o pós-romantismo pucciniano.

Krenek, a princípio, dava de ombros, pois o sucesso financeiro era largamente compensador. Mas nos sombrios *Gesänge des späten Jahres* (Cânticos dos Últimos Anos), de 1931, já sentimos que ele se dava conta do que o futuro lhe reservava. Com a ascensão do Nazismo, a ópera desapareceu de cartaz. Só nos últimos anos da década de 1950 o despertar do interesse pela arte da década de 1920 fez com que fosse relembrada. É mais ou menos dessa época o registro de um espetáculo ao vivo, na Volksoper de Viena, regido por Heinrich Hollreiser, que existe no selo Amadeo; e em junho de 1980, Ernst Märzenforfer conduziu uma apresentação no Theater an der Wien de que a Voce tem o registro pirata. Felizmente, Krenek ainda teve tempo de assistir ao renascimento de *Jonny*: em 23 de agosto de 1990, data em que estava completando 90 anos, assistiu à montagem de Udo Zimmermann na Ópera de Leipzig, onde ela estreara. Foi esse espetáculo, regido por Lothar Zagrosek, a base da gravação que a Decca lançou em 1993, na série *Entartete Musik*.

O jovem compositor Max escreve uma ópera celebrando o seu amor pela prima-donna Anita, a quem conheceu durante uma excursão a uma geleira nos Alpes. Mas Anita acha seu amor sufocante e, durante uma apresentação dessa ópera em Paris, deixa-se seduzir pelo violinista Daniello, um terrível mulherengo. Durante a noite que passam juntos, o violino de Daniello é roubado por Jonny, o saxofonista negro de um conjunto de jazz que está tocando no hotel. Na manhã seguinte, porém, Anita conclui que, apesar dos ciúmes, Max é o homem de sua vida e recusa-se a continuar com Daniello. Quando este descobre o roubo do violino, põe a culpa em Yvonne, a camareira. Para compensá-la por ter sido demitida, Anita contrata-a como sua empregada e leva-a consigo para a Alemanha. Jonny as segue, pois escondeu o violino dentro da caixa do banjo de Anita. Antes que elas partam, Daniello dá a Yvonne um anel que retirou das coisas de Anita, e pede-lhe que o entregue a Max.

Ao receber o anel das mãos da empregadinha, o compositor percebe ter sido traído e, desesperado, volta para os Alpes, em cujas altitudes geladas encontra consolo. Nesse meio tempo, Jonny recuperou o violino e explicou a Yvonne tê-lo roubado porque o Velho Mundo já não sabe mais o que fazer com esse instrumento. Agora é a vez de o Novo Mundo mostrar do que é capaz. No alto da geleira, Max é demovido de suas idéias suicidas ao ouvir, pelo alto falante do rádio de um hotel, no vale, o som da voz de Anita cantando uma ária de sua ópera. Decide voltar a procurá-la. Enquanto isso, Daniello ouviu Jonny tocando no rádio, reconheceu o som de seu instrumento e denunciou-o à polícia. Perseguido, o negro esconde o violino na bagagem de Max e este é preso. Segue-se uma série de qüiproquós incluindo a morte de Daniello, que cai nos trilhos quando o trem se aproxima. No final, decidindo tomar nas mãos o seu destino, o jovem compositor parte com Anita para a América, onde eles pretendem começar vida nova. Tendo recuperado o violino, Jonny começa a tocar uma música de ritmo endiabrado, que faz toda a multidão dançar alegremente.

Jonny spielt auf é a típica *Zeitoper*, que reconhece as vantagens do progresso e traz para dentro do palco os seus produtos, o telefone, o rádio, o automóvel, o trem. Admite a influência estrangeira e simboliza o desejo de revitalizar a vida social e cultural européia com o roubo do violino por um músico aparentemente primitivo, mas que saberá tirar dele sons inteiramente novos. Incorpora também elementos de linguagem cinematográfica ao mostrar uma perseguição policial nitidamente inspirada nas comédias dos *Keystone Cops*.

Num texto de 1948, o próprio Krenek reconhece o caráter autobiográfico de Max ao descrevê-lo como "o típico intelectual desajeitado e inibido da Europa Central, que está sempre remoendo as coisas, muito inseguro e, por isso, é o contrário do sujeito extrovertido e direto que veio do Ocidente. Nas peripécias do final do drama, por um ato de livre arbítrio, ele acaba conseguindo quebrar as cadeias de sua inibição e encontra a salvação na liberdade do mundo exterior." Ou seja, é o artista descendente da tradição romântica, cheio de dúvidas, que prefere a solidão ao tumulto da vida social, e oscila constantemente entre a apatia e o desejo de uma vida "normal". Sua crise interior é desencadeada pelo contato com Jonny: a intensa vitalidade do músico negro vindo do Novo Mundo o faz suspeitar que há centenas de coisas atraentes fora de sua redoma – claramente simbolizada na geleira em que ele se refugia.

Na prática, Krenek cometeu um erro de cálculo: pretendia colocar no centro da história as reflexões e hesitações de Max, mas acabou fazendo de Jonny uma personagem mais interessante. As seqüências cômicas e de pastelão têm mais força e deslocam a atenção dos momentos sérios. O longo monólogo da cena 5, em que Max medita sobre as mudanças em sua vida desde que Anita trouxe-lhe a paixão, mas também o sofrimento, perde para a espontaneidade dos números jazzísticos:

– o dueto "Oh, das ist mein Jonny" (Esse é o meu Jonny), de Yvonne com o músico negro;

- o blues "Leb wohl, mein Schatz" (Viva, meu querido);
- o spiritual "Mir gehört alles, was gut ist in der Welt" (Tudo o que há de bom neste mundo me pertence), que Jonny canta na cena 6;
- a música de jazz band da cena 7 e, principalmente, a contagiante dança do final.

As melodias e ritmos leves, porém, são tratados com muita sofisticação, como no caso da estrutura canônica da seqüência de blues, no fim da primeira parte. Há uma virtuosística justaposição de jazz americano – ainda que às vezes tratado à maneira germânica pesadona –, cromatismos da tradição harmônica alemã e melodias vocais líricas e italianadas. A evolução histórica encarregou-se de logo tornar obsoletas as fantasias escapistas do *Amerikanismus* de Krenek; mas *Jonny*, com seu espírito carnavalesco e suas transparentes associações simbólicas, permanece como uma das primeiras tentativas européias válidas de lançar uma ponte entre a chamada "arte elevada" e a cultura popular.

O espírito de *Jonny spielt auf* prolonga-se no estilo burlesco das três óperas em um ato que Krenek compôs entre 1926-1927: *Der Diktator* (O Ditador), *Der geheime Königreich* (O Reino Secreto) e *Schwergewicht oder Die Ehre der Nation* (Peso-Pesado ou O Orgulho da Nação). Embora essas três *Zeitopern* não tenham sido concebidas como um tríptico, tornou-se costume apresentá-las juntas, pois as três têm como tema a natureza do poder – e possuem também caráter contrastante, pois são uma tragédia descabelada, uma *Märchenoper* bem fantasiosa e uma opereta satírica. Foram de resto estreadas em um só espetáculo, no Staatstheater de Wiesbaden, em 6 de maio de 1928.

O ditador da primeira ópera é uma caricatura declarada de Mussolini, até mesmo num traço típico do ditador italiano: o de ser um incorrigível mulherengo. Ele deseja a bela e jovem Maria, casada com um oficial do Exército. Mas esta quer matá-lo, pois coloca nele a culpa por seu marido ter ficado cego. Ao defrontar-se com o tirano, porém, Maria é vítima de sua magnética atração e, como hipnotizada, oferece-lhe o seu corpo. Quando os dois se abraçam, Charlotte, a mulher do ditador, entra em seu escritório, puxa um revólver e tenta matá-lo. Mas Maria protege-o com seu corpo e é ela quem leva o tiro. O oficial cego, que esperava na antecâmara, ouve o disparo, entra na sala e atira-se aos prantos sobre o cadáver da esposa.

Fiel às propostas da Nova Objetividade, *O Ditador* tem uma partitura rigorosamente neoclássica, próxima do Hindemith de *Nusch-Nuschi* ou do Prokófiev do *Amor de Três Laranjas*, com melodias diatônicas e formas fixas setecentistas. Mas à medida que os sentimentos das personagens vão se tornando mais intensos e confusos, suas emoções são expressas mediante um estilo de representação deliberadamente caricatural, e a música também se distorce, torna-se cada vez mais dissonante. Nesta peça cheia de humor negro, com um clima de *grand-guignol*, ainda estão presentes as deformações características do teatro expressionista, que a encenação frisava através de efeitos antinaturalistas de cenografia e iluminação.

No *Reino Secreto*, o Rei de um país imaginário, pressionado por uma rebelião popular, decide abdicar. Entrega a coroa ao Bobo da corte, que lhe dissera: "Vossa Majestade há de sofrer até encontrar a resposta para um enigma: O que é, o que é que contém em si mesmo o mundo inteiro?". A Rainha, muito ambiciosa, joga cartas com o Bobo e recupera a coroa. Mas sente-se tentada a oferecê-la ao belo chefe dos rebeldes. Ao descobrir, porém, que este pretende matá-la, foge para a floresta onde o Rei se escondeu. Ao se despir para tentar seduzir o rebelde que a está perseguindo, a Rainha é transformada numa árvore. Dois revolucionários bêbados encontram o Rei na floresta, e este prontifica-se a render-se. Mas como trocou de roupas com o Bobo, os dois não o reconhecem e tratam-no com desprezo. Desiludido com a falta de respeito, o rei resolve enforcar-se. Mas da árvore onde dependurou a corda sai a voz da Rainha pedindo-lhe que contemple a beleza do mundo à sua volta: o milagre da Natureza é a resposta para a charada do Bobo.

Reminiscências do acervo folclórico germânico, clichês mitológicos – a mulher que se transforma em árvore para não entregar-se ao excesso sexual – e alusões contemporâneas cruzam-se nesta *Märchenoper* em que Krenek utiliza dois estilos contrastantes de linguagem. Na cena em que a Rainha e suas damas de companhia tentam seduzir o Bobo, ele escreve um tango que, harmonicamente, balança entre o tonal e o atonal. As seqüências em que o chefe dos rebeldes rejeita a Rainha e a persegue tentando matá-la são agressivamente dissonantes. Em compensação, o final é do mais diatônico lirismo. Um dos trechos melodicamente mais atraentes é o interlúdio antes da cena 2, em que Krenek evoca, em deliberado tom de pastiche wagneriano, os "murmúrios da floresta". A orquestra é reduzida a proporções camerísticas, com destaque para o solo de violino e as figurações da flauta, que evocam os ruídos da natureza.

[É necessário abrir aqui um parêntesis para registrar que há, na música do *Reino Secreto*, o mesmo tom de amargo enlevo diante da beleza do mundo que se encontra em *Reisebuch aus den österreichischen Alpen* (Diário de Viagem aos Alpes Austríacos), o ciclo de canções escrito mais ou menos na mesma época. Deliberadamente moldado no *Winterreise* (A Viagem de Inverno), de Schubert, esse *Diário* é talvez a última manifestação de um gênero germânico até a raiz dos cabelos: a obra de arte de caráter reflexivo que espelha o encantamento com a contemplação da natureza. Mas não é apenas isso. Escrito em julho de 1929, num momento em que o Nacional-Socialismo, ainda oficialmente ilegal, tornava-se extremamente ativo e influente, já transmite a sensação de que em breve aquelas paisagens de aparência acolhedora deixarão de ser um refúgio, um lugar de segurança e felicidade. E se assume deliberadamente uma linguagem romântica – entrecortada, é bem verdade, por eventuais episódios "fora do tom" – é porque ela remete a um mundo que está à beira de ser irremediavelmente perdido. Há algo de profético nessa bela coletânea de canções escrita por um músico que, dez anos mais tarde, deixaria seu país para sempre. Wolfgang Holzmair e Gérard Wyss fizeram, em 1998, uma excelente gravação do *Diário* para o selo Philips.]

A fama internacional do campeão de boxe Max Schmelling era tão grande que o embaixador alemão nos Estados Unidos chegou a declarar aos jornais que os grandes esportistas de seu país eram mais merecedores de fama e respeito do que seus artistas ou intelectuais. Essa declaração bisonha inspirou a Krenek *Schwergewicht*, sátira ao fanatismo com que o público endeusava os ídolos do esporte. O boxeador Ochsenschwanz ("rabo de boi") torna-se "o orgulho da nação" porque bate todos os recordes numa máquina elétrica de fazer exercícios físicos. O que as pessoas que o cobrem de honrarias não sabem é que o pobre Ochsenschwanz não pode parar os exercícios: foi amarrado à máquina por Gaston, um professor de dança, que assim o fez para poder fugir com Evelyn, a sua mulher. O clima dessa opereta, que dura pouco mais de 20 minutos, é leve, descomprometido. Ela não passa de uma bem-humorada brincadeira. Mas a partitura, levando adiante a mistura de estilo já presente em *Der Sprung* e *Jonny*, é muito colorida: para isso contribui uma orquestra em que, ao lado dos instrumentos convencionais, são usados banjo, flexatone, *glockenspiel*, bandolim e xilofone.

Na esteira de *Schwergewicht*, Krenek escreveu em 1930 *Kehraus um St. Stephan* (Botafora em Santo Estêvão), decalcada nos *vaudevilles* de Karl Kraus, que zombava dos costumes e escândalos da sociedade berlinense. Mas a irreverência dessa comédia, beirando a obscenidade, fez com que a Ópera de Leipzig, a que foi oferecida, não tivesse coragem de apresentá-la. E todos os outros teatros também a recusaram. Ela só subiria ao palco, numa luxuosa montagem da Ópera de Viena, em 1990, dentro das comemorações do 90º aniversário do compositor.

A rejeição de Leipzig não incomodou muito Krenek pois, desde 1928, ele estava trabalhando em um projeto mais ambicioso e de caráter bem diferente. *Leben des Orest* é uma ópera em cinco atos, de inspiração clássica, em que o compositor quer "representar as pessoas de nosso tempo expressando o seu ser e essência mediante o ambiente de grandeza intemporal de uma fábula eterna". O verdadeiro tema subjacente à história do herói legendário, que luta para libertar-se de seu comportamento brutal e evoluir para uma forma mais racional de vida, baseada na fraterni-

Cenário de Giorgio de Chirico para a encenação da *Vida de Orestes*, de Ernst Krenek, na Krolloper de Berlim, em 1930.

dade humana, é a ameaça fascista que paira sobre a Europa. O libreto parte de Eurípedes; mas Krenek incorpora novas personagens, que acenam para o contexto contemporâneo em que se insere a "jornada de Orestes pela vida", desde o assassinato selvagem de Clitemnestra e Egisto até o momento em que ele consegue alçar-se a uma categoria mais elevada de humanidade.

Ao escrever *A Vida de Orestes*, Krenek sabia ser necessário expressar-se numa linguagem emocional mais densa, diferente do idioma satírico que caracterizara suas óperas precedentes, e lhe permitia a comunicação imediata com o público mais amplo. Optou, portanto, por uma música tonal de estilo neo-romântico, que não recusa eventuais elementos de jazz – para caracterizar de forma irreverente a figura de Agamemnon, por exemplo (no que reflete o exemplo do *Oedipus Rex*, de 1927, de Stravínski) –; mas chega a ter uma delicadeza schubertiana em alguns pontos. A música de balé é usada de forma eficiente para retratar o estilo de vida hedonista dos atenienses. A ópera foi estreada em 19 de janeiro de 1930, no Stadttheater de Leipzig. Ficou famosa, naquele mesmo ano, a montagem do Krolloper de Berlim, regida por Otto Klemperer, com belíssimos cenários pintados por Giorgio de Chirico.

A virada estilística vem em 1931, com *Karl V* (no texto autobiográfico, ele conta que Carlos V, do Sacro Império Romano, foi uma de suas personagens favoritas desde os tempos de estudante). É a primeira ópera de grande porte a usar a técnica dos doze sons. Até então Schönberg só escrevera óperas em um ato; e *Karl V* dura três horas, contra a uma hora e meia do *Wozzeck*. Esta é uma obra "explicitamente antinazista, pró-austríaca e católica", que corresponde à "crença de que a ópera deve ter uma função intencionalmente espiritual". Dela existe a excelente gravação Gerd Albrecht no selo Amadeo.

Karl V o indispôs definitivamente com as autoridades. Clemens Krauss pretendia estreá-la em Viena, em fevereiro de 1934; mas foi forçado a cancelar o espetáculo. Quando o Deutsches Theater de Praga arriscou-se a apresentá-la em 23 de junho de 1938 – sua última montagem antes da invasão alemã dos Sudetos –, Krenek e sua segunda mulher já tinham, como Max e Anita, tomado o caminho dos Estados Unidos, levando apenas US$ 70 no bolso. Nesse país, ele preferiu dedicar-se ao ensino em vez de integrar-se à produção musical voltada para o *show biz*, como o fizeram Korngold e Weill. E, como professor no Vassar College, de Nova Iorque, ou na Hamline University, de Minnesota, levou vida muito modesta.

Em 1945, recebeu a cidadania americana e transformou-se, como ele próprio dizia, num "compositor americano, nascido na Áustria, de origem tcheca". Ao eliminar o acento tcheco do "r" em seu nome, cortou simbolicamente os vínculos com um mundo que, depois da guerra, o desapontara por não convocá-lo para participar da restauração da vida cultural germânica. Voltou algumas vezes à Europa para reger concertos, fazer conferências ou assistir às montagens de suas óperas, mas nunca foi convidado a voltar definitivamente. Instalou-se em Palm Springs, onde morreu, em 23 de dezembro de 1991. Só depois de sua morte Viena lembrou-se de chamá-lo de volta, oferecendo-lhe um lugar de repouso no Wiener Zentralfriedhof.

As dez óperas escritas entre 1934-1969 confirmam o espírito combativo de Krenek, aberto às novas linguagens – as pesquisas de música eletrônica do laboratório de Darmstadt, por exemplo – e voltado para a reflexão sobre seu tempo. O protesto contra a caça às bruxas do Macarthismo surge em *Pallas Athene weint* (Palas Atenas chora), de 1955. Sua última ópera, a sátira *Sardakai* (1969), cruza uma irreverente paródia serial do *Così Fan Tutte* mozartiano com referências alegóricas ao papel de gendarme do mundo assumido pelos Estados Unidos ao intervir em Cuba e no Vietnã. Mas este, como já foi dito, é um estudo a ser feito em outro volume.

Weill

Uma das mais famosas colaborações, na História da Ópera, foi a de Kurt Julian Weill (1900-1950) com Bertolt Brecht, um dos dramaturgos mais revolucionários do século XX. E, no entanto, quando começaram a trabalhar juntos, em 1927, era Weill o músico consagrado, e o *Mahagonny Songspiel* que apresentaram no Festival de Baden-Baden de 1927 foi a primeira chance para que o grande público ouvisse falar de um jovem poeta e autor de teatro que, naquela época, era ainda pouco conhecido. Para Brecht, a colaboração com Weill veio a calhar: a ópera era um veículo muito apropriado para o tipo de teatro que ele se dispunha a fazer, a serviço da denúncia do egoísmo e da cobiça humanas e do regime que, na sua opinião, melhor encarnava essa rapacidade: o capitalismo.

Marxista convicto, Brecht aplicou essa doutrina não só ao argumento de suas peças, mas também à forma que assumiam, propondo um modelo de teatro épico e didático. O que desejava era comunicar as suas idéias da maneira mais direta possível, sem que essa mensagem fosse filtrada pelo passionalismo ou a emotividade – em suma, que passasse ao espectador por intermédio da razão e não do "terror e piedade" do ideal aristotélico. Como marxista, propunha-se a escrever para as classes trabalhadoras, convidando-a a até mesmo participar da produção, discutir os pontos expostos e dar sugestões alternativas. Gostava de associar a música a seus textos, pois reconhecia o quanto ela ajuda a fixar determinadas idéias-chave: "o dardo da sátira vem embebido no veneno da melodia bonita e atraente", como escreve o musicólogo John Tyrrell, especialista nas produções da dupla Brecht/Weill. Além disso, o artificialismo da ópera, o jogo de convenções sobre o qual ela repousa, constitui um elemento a mais para promover o "distanciamento" desejado pelo dramaturgo – os artifícios de encenação que, impedindo o espectador de simplesmente identificar-se com a ação no plano emocional, o levem a assumir uma atitude crítica e a refletir sobre o que lhe está sendo dito.

Por mais que, às vezes, Brecht tenha sido acusado de fechar os olhos aos erros do marxismo aplicado sob forma de governo – e ele de fato estava convencido de que, com todos os seus problemas, o comunismo ainda era superior a todos os outros tipos de regime (e em especial a um marxismo aguado, que aceitasse determinadas modalidades de capitalismo) –, o que não se deve esquecer é a profundidade de seu humanismo, a sua fidelidade à gente humilde, eternamente derrotada no embate com os poderes superiores. É essa fidelidade que impede que se transforme numa mera máquina propagandística a obra do homem que escreveu, em *Galileu Galilei*: "Pobre do país que não tem heróis. Pobre do país que precisa de heróis." Sobre essa fidelidade, ele construiu um edifício dramatúrgico que – descontadas as suas inevitáveis falhas, seus erros doutrinários e a tendência a ignorar distorções que hoje nos parecem indesculpáveis – há de sobreviver porque afirma constantemente o ódio à tirania, à opressão, à injustiça social, à desigualdade e à guerra.

E se foi com Weill que Brecht quis trabalhar, é porque reconhecia nele um músico sem preconceitos, que pulava desenvoltamente as fronteiras entre o erudito e o popular, e tinha o talento inato para escrever melodias atraentes, fáceis de memorizar – como a do *Morität*, mais conhecida como *Mack the Knife*, tantas vezes arranjada das mais diversas maneiras que, hoje, chega-se a esquecer de quem ela é. Weill já tinha demonstrado, nas óperas que estreara antes de conhecer Brecht, ser um compositor capaz de atingir as mais amplas camadas de público.

Filho do chazan (Kantor) da sinagoga de Dessau, na Baviera, Weill tinha estudado, em sua cidade, com o regente Albert Bing, aluno de Pfitzner; e a partir de 1918, com Humperdinck, em Munique. Hans Knappertsbusch, na época o titular da Ópera de Dessau, convidou-o, em 1919, para trabalhar como co-repetidor. Ao mesmo tempo, ele adquiriu prática de regência na Ópera de Lüdenscheid, na Vestfália. Mas em 1920 voltou a Berlim, para estudar composição com Busoni. Abalado pelo *Doktor Faust*, sentiu-se responsável por assumir a herança espiritual e o desafio estético de seu mestre fazendo, no ensaio *Bekenntnis zur Oper* (Crença na Ópera), publicado em 1926, o apelo a que a sua geração se dedicasse ao drama lírico, recusando "a duplicação do texto pela música que levou a ópera romântica à redundância e à ineficiência".

Tratava-se de uma "verdadeira renovação das bases formais do drama lírico", da aspiração a "uma dimensão dramatúrgica que relegue a influência literária por trás da preocupação com a estrutura musical". Num momento em que a inteliguêntsia alemã nutria, a respeito da ópera, desconfiança e desinteresse, Weill tinha, quanto à sua atualização, objetivos ambiciosos:

> Não podemos abordar a ópera ostentando um esnobismo tingido de indignação indiferente. Não podemos compor óperas e, ao mesmo tempo, nos queixarmos das deficiências do gênero. Não podemos considerar a composição de óperas a realização de uma tarefa puramente acessória enquanto esgotamos nossa substância verdadeira trabalhando com outras formas. Temos de realizar o nosso ideal formal no palco. Temos de estar convencidos que a obra cênica pode reproduzir os elementos essenciais de nossa música. Temos de acreditar na ópera sem reservas.

O programa formal toma como ponto de partida o modelo mozartiano, mas já fornece a ossatura da ópera épica, que será a etapa última do itinerário estético de Weill:

> A claridade cristalina e a tensão interior da dicção musical só se podem fundamentar na transparência de nossos conteúdos afetivos; e já que a nossa música pode uma vez mais acolher os elementos característicos da ópera, a nitidez da acentuação, a concisão da dinâmica, a mobilidade melódica da língua, a ópera pode voltar a ser para nós o meio mais precioso de acolher todas as formas e todos os gêneros musicais.

A essa altura, faltava apenas encontrar o libretista. Suas bem recebidas peças instrumentais – a *Sinfonia nº 1*, o *Concerto para Violino e sopros*, as primeiras peças de câmara – e o sucesso do balé *Die Zaubernacht* (A Noite Encantada), estreado em Berlim em 1922, fizeram com que Georg Kaiser, o mais respeitado dramaturgo expressionista, que o maestro Fritz Busch lhe tinha apresentado, concordasse em trabalhar com ele. Para começar, pensaram em um novo balé. Depois mudaram de idéia. No programa da estréia de sua primeira colaboração, Weill escreveu:

> Voltei-me para o gênero dramático no momento em que senti que a minha linguagem continha a tensão apropriada para a ação cênica. [...] A princípio, nós dois hesitamos. Tínhamos combinado qual seria o assunto, Georg Kaiser tinha proposto escrever para mim uma ação coreográfica que ocupasse o programa de uma noite inteira, mas o silêncio dessas personagens nos torturava. Foi então que decidimos saltar a barreira da pantomima: a ópera tinha-se tornado indispensável.

Kaiser, a quem Brecht chamava de "o imperador do palco alemão", era um escritor extremamente prolífico. Quando estreou sete peças em um ano só, a crítica chegou a levantar a suspeita de que seu nome servia de pseudônimo a um grupo de autores de teatro. Mas ele era dotado de uma inacreditável capacidade de trabalho e deixou uma obra enorme, feita de peças, poemas, novelas e brilhantes ensaios. Muito cedo, tinha rompido com o círculo do poeta Stefan George porque não concordava com sua rarefeita concepção da arte pela arte. "Ein Werk ist kein Werk für sich", afirmava. Uma obra de arte nunca existe por si mesma. Em vez de depender apenas de sua lógica interna, a arte tem de assumir o compromisso com *der gekonnte Mann*, o "homem manifestado". Em suas idéias já vemos, em plena vigência do mais tortuoso Expressionismo, o caminho para o didatismo politizado de Brecht. E o fato de ele ter colaborado com Weill pavimenta de certa forma a estrada para o trabalho que Brecht e ele farão mais tarde.

Para Kaiser, o objetivo essencial da arte dramática é mostrar o extraordinário esforço intelectual, moral e espiritual do Homem Novo – conceito que expôs, em 1922, no ensaio *Der kommende Mensch oder Dichtung und Energie* (O Homem Novo ou Poesia e Energia). O indivíduo que ele concebe tem potencial infinito e universalidade inerente em vez de ser o homem da era tecnológica, fragmentado pela especialização. "Durch den Menschen dringt die Idee zur Darstellung" – ou seja, através de sua auto-realização, o homem torna-se a própria personificação da idéia, o princípio moral que governa a harmonia pré-estabelecida do universo. "Dichtung proklamiert die Synthese: Mensch." A função da literatura é proclamar essa síntese da ordem natural e moral operada pelo Novo Homem.

O músico aceitou a sugestão que o dramaturgo lhe fez de transformar em ópera a peça em um ato *Der Protagonist*, publicada em 1921. E foi Kaiser quem apresentou Kurt à jovem dançarina austríaca Lotte Lenya, com quem ele se casou pouco depois de Busch ter regido, no Stadtstheater de Dresden, em 27 de março de 1926, a estréia do *Protagonista*. A ovação de vinte minutos que o compositor de 26 anos recebeu e as críticas unanimamente favoráveis consolidaram sua fama, a ponto de a Universal, a mais respeitada editora da Alemanha, oferecer-se para publicar as suas obras.

O Protagonista é o diretor de um grupo de teatro, na Inglaterra elizabetana, que está ensaiando, no albergue onde seus atores se hospedam, uma farsa levemente licenciosa para apresentar na corte do Duque. Ele tem um relacionamento mórbido com a própria irmã e fica chocado – embora reaja com aparente calma – quando esta lhe revela que, há muito tempo, é amante de um Jovem Lorde a quem quer apresentá-lo. Quando ela se afasta para ir buscar o amante, o mordomo do Duque vem anunciar que o Bispo foi convidado para a festa e, por isso, a farsa tem de ser atenuada. O Protagonista decide, então, que ela será representada em tom de tragédia. No clímax do ensaio, a irmã do Protagonista volta com o Jovem Lorde. O diretor perde a cabeça e, confundindo teatro e realidade, apunhala a moça. Mas pede às autoridades que deixem para prendê-lo depois do espetáculo, pois este é o melhor papel que já desempenhou em toda a sua carreira.

Já houve quem dissesse, referindo-se ao tema do ciúme desenfreado e à seqüência final de "teatro dentro do teatro", que *O Protagonista* "é o *Pagliacci* escrito para gente grande". Mas deve-se ver nele também o depoimento autobiográfico de Kaiser, reflexo de uma personalidade arredia, ligada a uma concepção romântica e egocêntrica da arte. Como o artista de Schreker no *Som Distante*, o do *Protagonista* também é o homem do início da década de 1920, em choque com uma realidade hostil que o persegue. É só no êxtase e na morte, que extrai das próprias personagens que interpreta, que essa personagem encontra sua forma de realização. A dialética do conflito permanente entre sonho e realidade, ser e parecer, seriedade e ironia permite a busca transformação da comédia em tragédia, fazendo com que uma saia de dentro da outra naturalmente – e oferecendo com isso, a Kurt Weill, um amplo campo de ação dramatúrgico.

Existe, nas dissonâncias da música e no estilo anguloso do canto, uma grande influência do Hindemith do tríptico, em especial o de *Mörder Hoffnung der Frauen*; mas também dos dois *Wozzeck* – o de Berg e o de Gurlitt. A seqüência mais virtuosística é a da primeira pantomima, escrita apenas para instrumentos de sopro. Esse conjunto de sopros, de resto, assume uma função narrativa quase cerimonial, imiscuindo-se na ação, em determinados momentos, como se fosse uma personagem. Durante o Prelúdio, os músicos deixam o pódio entre o palco e a orquestra, onde estão, e vão ocupar seu lugar no fosso. Durante a ópera, aparecem como a orquestrinha do palácio do duque. De uma maneira que relembra a noção busoniana de "jogo cênico", o estrato sonoro que eles criam tem ao mesmo tempo independência e incorpora-se ao drama. A respeito desse verdadeiro "drama da orquestração" (a expressão é do crítico Oskar Bie no *Berliner Börsen-Courier* de 29.3.1926), disse o regente Maurice Abravanel, aluno do compositor: "A música não ilustra a ação. Ela é a própria ação."

Originalmente, *Der Protagonist*, que dura apenas uma hora e meia, era completada por *Royal Palace*, uma comédia com texto do poeta franco-alemão Yvan Goll. Dotada de fortes conotações autobiográficas, ela também traduz a angústia de seu autor diante do mundo contemporâneo. Indecisa entre a defesa dos valores tradicionais feita por Goll e o experimentalismo de Weill, a peça é bem típica de uma fase de transição em que as fomas tradicionais estavam se desagregando rapidamente, mas as tendências novas ainda não se tinham estabilizado. Talvez por isso mesmo valesse a pena retornar a essa pequena ópera, de que não há nenhum registro discográfico, pois ela é um documento interessante para entender o espírito do tempo.

Num hotel de luxo da Riviera, o Marido, o Ex-amante e o Futuro Amante fazem a corte à elegante e jovem Dejanira, tentando superar-se com o ineditismo dos presentes que lhe oferecem. O primeiro encomenda um banquete durante o qual os funcionários do hotel executam um balé com música de jazz. Em seguida, paga a Dejanira um passeio de avião pelas grandes cidades européias. O Ex-amante monta para ela um balé realista, "O céu de nossas noites", em que desfilam os astros. E o do Futuro, um balé construtivista, é cheio de objetos mecânicos. Dejanira reage com total indiferença a essa orgia de presentes e, dizendo só lhe interessar a comunhão com a natureza, desaparece nas ondas do mar. Num ensaio intitulado *Flucht in die Oper* (Fuga para a Ópera), Goll conclui: "*Royal Palace* é o conto da vida que só se reconhece na morte."

Apesar de seu caráter descosido, *Royal Palace* é interessante pela mistura de gêneros que já anuncia a Nova Objetividade. As diversas cenas curtas são amarradas por interlúdios, dos quais o mais interessante é o último, um longo coro construído sobre diversas combinações das sílabas do nome de Dejanira. Ruídos de avião, toques de buzina, sons de baile, toda a parafernália da *Zeitoper* mistura-se à partitura e, no meio da ópera, é inclusive projetado um filme que reconstitui o passado da protagonista, fazendo da peça um híbrido que não se sabe se é ópera-balé, teatro de revistas ou um filme de ópera *avant la lettre*.

Embora tenha importância histórica como a segunda tentativa de *Zeitoper* depois do *Salto sobre a Sombra*, de Krenek, *Royal Palace* foi um total fracasso. Kaiser redigiu então uma espécie de "lever de rideau" de tom bufo, em um ato – com menos de uma hora de duração –, intitulado *Der Zar lässt sich photographieren* (O tsar deixa-se fotografar), para fazer companhia ao *Protagonista*. As duas óperas foram reapresentadas, com muito melhor resultado, na Ópera de Leipzig, em 18 de fevereiro de 1928. À exceção da *Ópera dos Três Vinténs*, a dobradinha *Protagonista/Tsar* foi, durante muito tempo, a obra de Weill para o palco mais apreciada pelo público alemão.

A ação passa-se em Paris, em 1914. O elegante estúdio fotográfico de Angèle é invadido por um grupo de revolucionários, chefiados por uma mulher, pois eles sabem que ela está à espera do Tsar, a quem vai fotografar. Os invasores amarram todos os empregados do estúdio, escondem uma arma dentro da câmara, e sua líder assume o lugar da fotógrafa. O Tsar, um tirano desenvolto e mulherengo, fica encantado com a Falsa Angèle, manda embora a sua escolta e começa com ela um joguinho de gato e rato, de amor e morte, ironicamente comentado pelo coro masculino. Todo sedutor, o Tsar oferece-se para tirar primeiro a foto da moça, mas ela escapa do perigo fingindo que vai entregar-se a ele. Alguém vem avisar ao soberano que estão tentando assassiná-lo, o Tsar fica inquieto e a Falsa Angèle, para ganhar tempo, coloca na vitrola um disco de tango. Começa a dançar, diz ao Tsar que vai se despir e pede que ele feche os olhos. Aproveita então para fugir com o seu bando. O Tsar fica muito desapontado quando a verdadeira Angèle volta, pois ela é bem menos atraente; mas, assim mesmo, deixa-se fotografar.

Inteligente, sofisticada e tendo a vantagem de não durar mais do que o necessário, *O Tsar* não é apenas uma comediazinha descontraída: é também, por trás de seu tom irreverente, uma reflexão muito interessante sobre as fronteiras entre ilusão e realidade, e a retomada em tom cômico de um tema extremamente alemão, o das relações entre amor e morte. O *Tango Angèle* foi o primeiro disco com uma composição de Weill a tornar-se um sucesso de vendagem na Alemanha. O selo Capriccio tem a gravação do *Zar* feita em 1984 por Jan Latham-König.

Em 1927, o Deutsche Kammermusik, que se transferira de Donaueschingen para Baden-Baden, convidou Weill, juntamente com Paul Hindemith, Darius Milhaud e Ernst Toch, a contribuir para o festival compondo óperas curtas. Foi para esse evento que Hindemith escreveu *Hin und zurück*; Toch o conto de fadas *Die Prinzessin auf die Erbse* (A Princesa e o Grão de Ervilha); e Milhaud, a sua irreverente trilogia de *opéras-minutes* (ver A Ópera na França). Weill, à procura de um libreto adequado, leu nessa época um volume de poemas intitulado *Hauspostille*, que acabara de ser publicado pela Propyläen Verlag, e decidiu procurar seu autor, Bertolt Brecht.

Reunindo os poemas que se referiam à cidade imaginária de Mahagonny – a que Brecht acrescentou um texto novo para o finale –, Weill construiu um ciclo de canções em estilo de music-hall, com um prelúdio e interlúdios, a que deu o título de *Mahagonny Songspiel*. O modelo que tomou como ponto de partida foi o *Édipo Rei* de Stravínski, cuja forma de ópera-oratório o sensibilizara, parecendo-lhe indicar um caminho viável para o teatro épico. A respeito dessa ópera, ele escreveria mais tarde, na revista *Der deutsche Rundfunk* (16.11.1928):

> Esta obra marca sem dúvida alguma uma etapa fundamental no desenvolvimento da ópera moderna. Mais claramente do que todas as obras precedentes, mostra a recusa categórica da forma do drama musical em proveito da adoção de um puro estilo de ópera vocal no qual a ação, o elemento dramático e o movimento visual são totalmente reprimidos em favor da pura formulação musical. Nesta obra, o papel da música é essencial, ainda mais porque o texto é cantado em latim e, por isso, o ouvinte é instruído apenas pelo impacto da música.

A convenção teatral da progressão dramática é totalmente varrida nesta seqüência um tanto solta de canções sobre uma cidade americana, cujos licenciosos habitantes, ao serem condenados por Deus ao inferno, lhe respondem que é no inferno que já se encontram. A mistura de inglês e alemão nos textos, o perfil atonal e dissonante das melodias, e a instrumentação dominada pelos metais davam um tom frio ao espetáculo, intensificando o efeito de distanciamento criado pela encenação: o espetáculo passava-se dentro de um ringue de boxe, retomando a idéia já usada por Brecht em *Na Selva das Cidades*. A alusão a elementos contemporâneos – o terremoto e o telefone em *Benares Song*, por exemplo; ou a cena final, montada como um comício, com cartazes – estabeleciam a relação com a atualidade. O trabalho coletivo do libretista, do compositor, do cenógrafo (Caspar Neher) e dos atores destruía a hierarquia tradicional do espetáculo, cujos próprios termos práticos eram subvertidos: os autores, os atores que não estavam participando da cena, o pessoal técnico e os organizadores do festival ficavam trançando de um lado para o outro, em torno do ringue.

Mahagonny-Songspiel causou um *succès de scandale* ao ser estreada em 17 de julho de 1927. O respeitável público presente em Baden-Baden, que esperava uma experiência vanguardista séria, ficou chocado com a irreverência daquela fieira de canções de cabaré, com texto um tanto obsceno, cantadas dentro de um ringue de boxe. Diante do furor causado pelo *Songspiel*, seus autores decidiram transformá-lo numa ópera longa. Mas antes disso um outro projeto se interpôs.

No verão de 1927, a escritora Elisabeth Hauptmann teve notícia do enorme sucesso que estava fazendo em Londres a remontagem da *Beggar's Opera*, escrita em 1728 por John Gay; e sugeriu a Brecht – com quem na época estava tendo um caso – que a utilizassem como tema para um musical de fundo político. Sátira não só da vida londrina, mas também das rígidas praxes da *opera seria* barroca, que naquela altura do século XVIII já entrava em declínio, *A Ópera do Mendigo* não tem música original. Para cada uma de suas canções, Gay adaptou melodias populares muito conhecidas na época. Para isso, foi ajudado por Johann Christopher Pepusch, cravista no teatro de Drury Lane. Gay e Pepusch criaram assim um gênero novo, a *ballad-opera*, que concorreu para promover a decadência, na Inglaterra, da ópera de modelo italiano. Brecht e Weill não foram os únicos a inspirar-se nesse clássico inglês: lembremos que ele está também na base do musical *A Ópera do Malandro* (1978), de Chico Buarque de Hollanda[1].

A *ballad-opera*, devido às suas raízes eminentemente populares, vinha a calhar para os dois artistas que, no dizer de Weill, fizeram de sua adaptação alemã "a mais coerente reação ao wagnerismo, a destruição mais completa do conceito de drama lírico". Ofereceram o espetáculo a Ernst Joseph Aufricht, dramaturgo sem sucesso que, tendo acabado de herdar uma pequena fortuna, alugara o Theater am Schiffbauerdamm e estava à procura de um espetáculo para iniciar-se na carreira de empresário.

Embora Brecht tenha assinado o libreto sozinho, biógrafos seus – em especial John Fuegi em *Brecht & Co.: Sex, Politics and the Making of Modern Drama* (1994) – demonstraram que cerca de 80% do texto é a tradução de Gay feita por Elisabeth Hauptmann – à qual, inicialmente, ela deu o título de *Gesindel* (Gentalha). Brecht inseriu nesse texto a letra das canções. Algumas delas são originais, outras adaptadas de poemas de François Villon traduzidos por K. L. Ammere; outras ainda de Rudyard Kipling, extraídas das *Barrack Room Ballads* – a ponto de o crítico Kurt Tucholsky tê-lo chamado desdenhosamente de "Rudyard Brecht". No trabalho citado de Solange Ribeiro de Oliveira, há um cuidadoso levantamento das apropriações brechtianas e das reações da crítica e dos biógrafos a essa atitude.

Quem assistisse aos ensaios, na véspera da estréia, em 31 de agosto de 1928, teria a certeza de que a ópera seria um total fiasco: nem a música nem o libreto estavam prontos (Brecht continuaria a revisar a peça até 1931) e foi necessário fazer substituições de última hora no elenco. O próprio Aufricht duvidava do sucesso da ópera que, a essa altura, por sugestão de Lion Feuchtwanger, recebera o título de *Dreigroschenoper*. Na primeira récita, a casa não estava cheia. As críticas, no dia seguinte, foram desfavoráveis. Mas o boca-a-boca fez o público ir comparecendo e, em poucos dias, *A Ópera dos Três Vinténs* tinha-se transformado num sucesso retumbante. Em um ano, fora encenada cerca de quatro mil vezes, em cinqüenta teatros alemães. Foram abertos bares com o nome *Dreigroschen* e uma firma de decoração lançou uma tapeçaria de parede com cenas da ópera. Até ser tirada do cartaz pelos nazistas em 1933, ela foi apresentada ininterruptamente em toda a Alemanha e levada várias vezes no exterior.

A ação se passa em Londres nos dias que precedem a coroação da rainha Victoria, em 28 de junho de 1838. Polly Peachum, a filha do casal Peachum – que controla no Soho londrino um serviço organizado de mendigos e batedores de carteira – foge para casar-se com o marginal Mack Navalha. A cerimônia realiza-se no estábulo onde Mack guarda a muamba que rouba. Está presente o chefe da polícia, Tiger Brown, ex-colega de escola de Mack. Mas os Peachum não se conformam com esse casamento e estão decididos a botar Mack na cadeia. Convencem Jenny, uma prostituta de quem, em outros tempos, Mack foi o gigolô, a atraí-lo para um bordel em Turnbridge e entregá-lo às autoridades. Mas Lucy, a filha de Tiger Brown, que também está apaixonada pelo charmoso marginal, o ajuda a fugir da prisão de Old Bailey. Os Peachum então chantageiam Brown, dizendo que o seu exército de mendigos perturbará a cerimônia de coroação da nova rainha, marcada para os próximos dias, se o bandido não for novamente preso; e o chefe de polícia vê-se forçado a reconduzir seu ex-colega para Old Bailey. Desta vez, ninguém consegue impedir que ele seja condenado à forca. No último momento, porém, chega um mensageiro anunciando que, em regozijo pela sua coroação, a rainha o perdoou, nomeou-o par do reino e deu-lhe de presente uma pensão e um castelo. Esse desenlace parodia o final feliz obrigatório da ópera barroca, com toda a suspensão da credibilidade que ele acarretava. Num artigo escrito para a revista *Anbruch* em janeiro de 1929, disse Kurt Weill, a respeito de sua composição:

---

1. A respeito desta última, recomenda-se a leitura de RIBEIRO DE OLIVEIRA, Solange (1999) – ver Bibliografia.

Desenho de Luciano Damiani para o telão de fundo de *O Tsar Deixa-se Fotografar*, de Kurt Weill, numa montagem do Teatro alla Scala de Milão.

Roma Bahn (Polly) e Harald Paulsen (MacHeath) na estréia da *Dreigroschenoper*, de Kurt Weill: Theater am Schiffbauerdamm, de Berlim, em agosto de 1928.

O que queríamos produzir era a ópera em sua forma mais primitiva. A cada nova obra musical para o palco, coloca-se de novo a mesma questão: como é possível utilizar a música, e em especial a canção, no teatro? Aqui, respondemos a essa pergunta da forma mais primitiva possível. Escrevi música de um tipo oposto ao da trama, de caráter realista, de modo a recusar-lhe qualquer possibilidade de efeito naturalista. Dessa forma, a história era deliberadamente interrompida para que se pudesse cantar; ou então, era levada até um ponto em que o canto parecia inevitável. Esse retorno à forma mais antiga de ópera trouxe consigo uma simplificação obrigatória da linguagem musical. Mas o que, a princípio, parecia uma restrição, demonstrou ser muito enriquecedor à medida que a obra progredia. [...] *Dreigroschenoper* inscreve-se num movimento que, hoje, interessa a quase todos os jovens músicos. A renúncia à posição da arte pela arte, o abandono do princípio artístico individualista, a idéia do filme musical, o vínculo com os movimentos de divulgação da música para a juventude, a simplificação dos meios de expressão ligada todas essas tendências fazem-nos progredir na mesma direção.

Falando, portanto, a um público novo, impondo novos comportamentos que visam a abolir as fronteiras entre teatro falado e ópera, entre o gênero sério e o ligeiro, Weill rompe com o passado: escreve não para cantores de ópera, mas para atores que saibam cantar (e que, portanto, terão de ser recrutados no cabaré, na revista musical); e abole a complexidade de escrita – o atonalismo do *Mahagonny-Songspiel*, por exemplo – para poder atingir as massas.

Escrita para 23 instrumentos, tocados por onze intérpretes, a partitura tem o estilo estridente e jazzístico da música berlinense de cabaré da década de 1920, combinando o sardônico ao nostálgico e sentimental. Essa simplificação deliberada da linguagem musical – de que ele fala em seu texto – realçou, de forma muito irônica, a crítica da burguesia européia de pós-guerra. Números como a "Balada da boa vida", que Mack canta na prisão, ou a "Canção da dependência sexual", com que Mrs. Peachum convence Jenny a trair o antigo gigolô, têm um gume satírico muito cortante. Alguns dos números, como o finale do ato II, são intercambiáveis e, dependendo das vozes de que se dispõe no elenco, podem ser confiados a cantores diferentes. A moral da história está contida nos três cínicos finales de ato: a existência humana é amarga e absurda, diz o primeiro; o homem só consegue sobreviver se suprimir a sua humanidade e explorar o próximo, conclui o segundo; "Não persigam o crime; deixem que ele morra sozinho", recomenda a paródia de coral bachiano com que a ópera se encerra.

Essa "reconstrução" de ópera realista, na qual a relação texto/música é oposta à da estética romântica da ilustração melódica do sentido das palavras, apóia-se nos primórdios da ópera alemã: a estrutura do *singspiel*. Dentro de uma peça falada, a música intervém não para sustentar ou enfatizar a ação mas, cada vez que ela o exige, enquanto necessidade orgânica de tirar uma conclusão e formular uma moral. Nesse sentido, as canções funcionam como as árias do período barroco. Geralmente de forma estrófica, de caráter dúplice – pois a influência americana se insere num molde clássico estilizado –, essas canções podem fazer pastiches de clichês tradicionais: a ária de furor, o dueto de ciúme, a grande cena de final de ato. Esse acúmulo de propostas contrastantes mas não contraditórias, provenientes da ópera, da opereta, do teatro de revista, é tão disparatado que funciona como elemento distanciador que projeta a sátira numa dimensão épica.

Embora o quadro social e o ambiente da *Beggar's Opera* não sejam modificados, são evidentes as referências à Alemanha da década de 1920. Peachum é o retrato brechtiano do capitalista que suga o sangue de seus ladrões pé-de-chinelo e de suas prostitutas, depois os joga fora como bagaços de laranja. Quanto a Mack, ele é o único herói que uma sociedade assim pode se permitir ter: um homem totalmente desprovido de moral, uma espécie de versão moderna do Arlequim da *Commedia*, que explora todo mundo descaradamente mas é perdoado porque o faz de forma aberta e sedutora. O credo de Peachum é cinicamente exposto num texto cantado em tom de coral bachiano – com a retomada inclusive do "Wach auf" que relembra a cantata BWV 140:

Wach auf, du verotterer Christ!
Mach dich an dein sündiges Leben!
Zeig, was für ein Schurke du bist
der Herr wird es dir dann schon geben.
Verkauf deinen Bruder, du Schuft!
Verschacher dein Ehweib, du Wicht!
Der Herrgott, für dich ist er Luft?
Er zeigt dir's beim Jüngsten Gericht!

(Despertem, cristãos putrefatos! Adiante com essa vida pecaminosa! Mostrem os canalhas que vocês são: o Senhor lhes há de pagar na mesma moeda. Vendam seu irmão, seus malandros! Vendam baratinho a sua mulher, seus miseráveis! O Senhor Deus, para vocês, não passa de vento? Mas ele há de lhes aparecer no Dia do Juízo!)

As gravações da época, feitas pelos cantores que participaram da estréia, mostram que as canções da *Dreigroschenoper* não devem ser vociferadas ou declamadas em estilo *parlando*, como se tornou comum nas produções de que participam artistas com treinamento vocal insuficiente. Na verdade, elas exigem uma técnica muito refinada, com recursos elaborados de canto; mas os utiliza com uma certa candura de abordagem que faz as canções terem um tom de inocência aparente muito insinuante. Números como a "Balada de Mack the Knife", o tango cantado por Jenny no bordel, ou a "Canção de Bárbara" logo estavam na boca de todo mundo, assumindo um caráter de música popular.

As revisões feitas por Brecht intensificaram o aspecto panfletário da obra, numa linha deliberadamente marxista. O original era mais curto, engraçado e caótico, sem o tom didático. Mas é a versão de 1931 que vinha sendo utilizada nas gravações existentes: a de Brückner-Rüggeberg (CBS, 1959); a de Wolfgang Rennert (Philips, 1966); a de John Mauceri (Decca, 1990); ou a de V. C. Symonette (Koch-Schwann, 1991). Em 1999, o selo RCA lançou a versão de H. K. Gruber, de acordo com a edição crítica publicada, na época do centenário, pela Fundação Weill. O compositor americano Mark Blitzstein tinha feito, em 1954, uma tradução para o inglês que foi apresentada 2.611 vezes na Broadway, em Nova Iorque, marcando o renascimento do interesse pelo teatro político de Brecht e Weill da década de 1920. Convém procurar conhecer também a *Kleine Dreigroschenmusik*, uma suite de concerto para conjunto de sopros, retrabalhando a música de sete dos números.

Eufórico com o tilintar da caixa registradora, Aufricht pediu mais do que depressa aos autores da *Dreigroschenoper* que lhe fornecessem uma nova ópera. Trabalhando a quatro mãos com Elisabeth Hauptmann – que assinava com o pseudônimo de Dorothy Lane –, Brecht começou então a adaptar a peça *Major Barbara*, de George Bernard Shaw, intitulando-a *Happy End*. Mas a história de Lilian, a oficial do Exército da Salvação que se apaixona pelo gângster Cracker, teve tudo menos o final feliz prometido pelo título. Elisabeth tentou o suicídio quando Brecht abandonou-a para se casar com a atriz Helene Weigel. Nessas condições, desde o início o espetáculo estava fadado ao fracasso. Aufricht reunira alguns dos melhores atores da época – Carla Neher, Oskar Homolka, Peter Lorre –, mas, quando os ensaios começaram, o ato III ainda não estava pronto. Dessa vez, não houve jeito: a estréia, em 2 de setembro de 1929, foi um redondo fiasco. O libreto tinha ficado muito mal costurado e o público achou demasiado panfletário o discurso que Helene Weigel fazia, no final, antes do "Hosannah Rockefeller" com que a ópera se encerra. Porém, o ataque cerrado que a peça fazia à crueldade do sistema capitalismo e à cobiça dos especuladores tinha um tom involuntariamente profético, pois foi pronunciado um mês apenas antes do *Black Thursday*, o dia da quebra da Bolsa de Nova Iorque. Seja como for, *Happy End* teve apenas duas récitas mais e foi retirada de cartaz.

Desde então, têm sido raríssimas as suas encenações. E, no entanto, do ponto de vista dos números operísticos, ali estão algumas das melhores coisas produzidas pela dupla Weill/ Brecht, com perfeita integração texto-música, invenção melódica e técnica de orquestração superiores às da ópera precedente. A "Canção de Bilbao", o "Tango dos Marinheiros" e, principalmente, "Surabaya Johnny" – celebrizada pela voz ácida de Lotte Lenya –, são hoje cavalos de batalha no repertório de uma cantora como Ute Lemper, que se especializou no resgate do acervo das canções de protesto alemãs da década de 1920, enraizadas na tradição do cabaré. A única forma de salvar esses números bem-sucedidos foi dissociá-los do texto capenga que os acompanhava. Em 1975, o americano David Drew, especialista em Weill, montou com elas um *Happy End Songspiel*; e é assim que eles têm sido apresentados.

Há três gravações disponíveis: Brückner-Rüggeberg (CBS/Philips, 1960), com Lotte Lenya, de que foi cortado o "Hosanna Rockefeller"; David Atherton (DG, 1975), em que não há a "Bilbao Song"; e J. Latham-König (Capriccio, 1988), a única integral.

Para recuperarem-se do fiasco, poeta e compositor decidiram retomar o projeto esboçado em 1927 com o *Mahagonny Songspiel*. Transformaram *Aufstieg und Fall der Stadt Mahagonny* (Ascensão e Queda da Cidade de Mahagonny) numa ópera em três atos, estreada no Neues Theater de Leipzig, em 9 de março de 1930. Resenhando-a na revista *Die Scene*, H. H. Stuckenschmidt foi entusiástico:

> Weill dissolve a ação em episódios cantados criando números operísticos de melodismo cativante. Não só os pontos mais atraentes – "Alabama Song", a "Balada dos Dados" ou o magnífico dueto de amor – mas também as passagens de ligação foram trabalhadas com muito cuidado, com freqüência moldados em exemplos pré-clássicos (händelianos). [...] Esta obra constitui um clímax na História da Ópera de nossa época.

Mas Otto Klemperer recusou-se a programá-la na Krolloper, em Berlim, e Weill teve de contratar Zemlinsky para reger as apresentações num teatro menor, o da Kurfürstendamm. Revisões foram necessárias para essa reestréia, que ocorreu em dezembro de 1931; e, durante os ensaios, vieram à tona desentendimentos havia tempos latentes entre os dois colaboradores. Brecht, ressentido com a preponderância que a música adquirira sobre o seu texto, acusava Weill de ser um "Richard Strauss falsificado". E Lenya conta que, numa de suas discussões, Kurt jogou na cara do dramaturgo "não estar interessado em musicar o *Manifesto Comunista*". Datam daí os atritos que os acabaram afastando.

Ao se instalar na Alemanha Oriental, Brecht fez cortes drásticos no texto e carregou nas tintas ideológicas, para tornar a peça mais adequada à representação num regime comunista. Weill, por sua vez, estava preparando uma versão revista para Viena, em 1933. Se essa produção não tivesse sido interrompida pelos nazistas, provavelmente teria conseguido tornar a ação mais densa e resolver o conflito entre o material decididamente não-operístico e as vozes que, para conseguir cantá-lo, precisavam ter um treino específico de canto lírico. As duas gravações existentes – Brückner-Rüggeberger (CBS, 1956), com cortes; e Latham-König (Capriccio, 1988), completa – seguem a partitura padrão da estréia.

Leocadia Begbick, Fatty the Bookkeeper e Trinity Moses estão fugindo da Justiça, acusados de falência fraudulenta e tráfico de escravas brancas. Seu caminhão quebra no meio do deserto e eles resolvem construir ali Mahagonny, a "cidade das redes", destinada a proporcionar prazeres aos homens – dos quais é mais fácil extrair ouro do que da terra. Trazem a prostituta Jenny Smith e suas companheiras, e logo aparecem os primeiros fregueses, Jimmy Mahoney e seus amigos os lenhadores Jakob Schmidt, Bankroll Bill e Alaska Wolf Joe. Depois de ter comprado Jenny por US$ 30 e a possuído à força, Jimmy começa a protestar que, na cidade, há regulamentos demais: a sociedade deveria basear-se na permissividade total, no *laissez-faire*, no cada um por si e Deus por todos. "Wie man sich bettet so liegt man", diz ele. "A gente faz a cama e deita-se nela." Um tufão, de que Mahagonny é miraculosamente poupada, parece ser o sinal verde para o "liberou geral", representado em quatro quadros: a gula, em que Jake come até morrer; a luxúria, que mostra Leocadia presidindo o bordel; a luta, em que Jimmy aposta todo o dinheiro que tem numa partida de boxe entre Joe e Trinity Moses, e este mata o lenhador; e, finalmente, a bebedeira, em que Jimmy paga rodada após rodada para todo mundo e, depois, não tem como pagar, pois já não possui mais um tostão. Jenny recusa-se a emprestar-lhe dinheiro, jogando-lhe na cara o "quem faz a cama, deita-se nela", e Jimmy vai para a cadeia.

No tribunal, presidido por Leocadia, um certo Toby Higgins, acusado de assassinato, é absolvido porque tem dinheiro para subornar a juíza. Bill recusa-se a emprestar dinheiro a Jimmy para que faça o mesmo, e ele é condenado à morte por ter violentado Jenny, provocado a morte de Joe e – o mais grave dos crimes –, por não ter dinheiro para pagar as suas contas. Quando o amarram na cadeira elétrica, Jimmy diz que não se arrepende de nada e exorta os cidadãos de Mahagonny a continuar cultuando o prazer, pois não existe outra vida depois desta. Depois de sua execução, explodem manifestações contra o elevado custo de vida, enquanto a cidade é destruída por um incêndio.

Apesar dos desentendimentos entre o compositor e o libretista, que tornaram atribulado o processo de criação, *Mahagonny*, com sua equilibrada mistura de fórmulas neoclássicas e canções de music-hall de grande riqueza melódica, é uma das óperas mais notáveis do século XX. Páginas como a "Alabama Song", que marca a entrada de Jenny e suas prostitutas; a paródia do "Coro das Noivas", do *Freischütz*, entoada por Jimmy e seus amigos quando eles chegam à cidade; ou o protesto de Jimmy contra as restrições à sua liberdade tornaram-se clássicos da canção popular alemã. A cena do tribunal, concebida nos termos grotescos da encenação cinematográfica expressionista, tem um crescendo dramático de força irrefreável. E o finale é extremamente convincente na medida em que faz uma recapitulação de todos os temas usados na ópera, através das marchas e contra-marchas dos grupos de manifestantes. A ópera acaba com todo o elenco encarando a platéia e perguntando "Na und?" (E daí?), num sinal de que não há resposta para as perturbadoras questões ali levantadas.

Em *Kurt Weill: a Handbook*, David Drew comenta:

> Ascensão e queda da cidade de Mahagonny é uma espécie de equivalente da *Flauta mágica* no século XX. Com a diferença de que esta não é uma jornada das trevas para a luz e, sim, das trevas para uma escuridão ainda maior, em que as verdades eternas propostas são profundamente incômodas.

Esta é uma fase em que Brecht ainda não aderiu ao marxismo ortodoxo e não tem respostas prontas para uma série de problemas. E esta ópera profundamente pessimista reflete, de forma extremamente crítica, o ambiente histórico que a viu nascer: a situação econômica caótica da Alemanha corroída pela hiperinflação, a desmoralização política da República de Weimar, a profunda crise de valores morais e sociais – quadro em que as sensíveis antenas do artista já conseguem prever a inexorável marcha para o abismo.

Theodor Adorno foi um dos primeiros a proclamar a importância de *Mahagonny*, "uma das mais complexas obras modernas", a respeito da qual escreveu:

> À exceção das óperas antiteticamente opostas da escola de Schönberg, não conheço nenhuma outra que se encaixe de forma tão estrita e satisfatória no conceito de vanguarda.

Referindo-se aos distúrbios promovidos pelos camisas pardas nazistas, dentro e fora do teatro, em Leipzig, na noite da estréia, ele frisou a *richtiger Bewußtseinsstand* (o modo correto de consciência) de Weill e Brecht – observação feita na década de 1930, quando ainda nem se sonhava em cunhar a expressão "politicamente correto". E num de seus ensaios posteriores sobre o papel social da música, descreveu a obra de Weill como "a única música que hoje ainda tem um impacto social polêmico".

A colaboração Weill/Brecht teria se interrompido ali se eles já não tivessem se comprometido em mandar uma ópera nova para o *Neue Musik Berlin*, que sucedera o festival de música contemporânea de Baden-Baden. Essa ópera foi *Der Jasager* (Aquele que Diz Sim), baseada na tradução que Elisabeth Hauptmann fizera de *Tanikô*, um clássico do teatro Nô escrito no século XV pelo dramaturgo japonês Zenchiku. Nela, o fundamentalismo marxista de Brecht, ainda indeciso em *Mahagonny*, afirma-se de forma deliberada. Ao festival deveria concorrer também uma outra peça de Brecht, *Die Maßnahme* (A Decisão), musicada por Hanns Eisler. Mas quando os organizadores a recusaram por motivos políticos, Weill retirou *Der Jasager*, em solidariedade com seu libretista – por mais que, a essa altura, as relações entre ambos estivessem desgastadas. Com isso, a estréia só se deu em 24 de junho de 1930, após o encerramento do festival, no Zentral Institut für Erziehung und Unterricht (espetáculo que foi transmitido ao vivo pela Rádio Berlim). Na verdade, tanto *Die Maßnahme* quanto *Der Jasager* representam o ponto mais discutível na carreira de Brecht, o da plena adesão ao stalinismo, pela qual ele foi muito criticado pois, naquela época, já tinham começado as denúncias do totalitarismo soviético. É também o elo mais fraco na produção de Weill.

"O importante é aprender a aquiescência", diz a primeira linha do Prólogo. E a história que se conta a seguir serve para ilustrar o princípio do "eu estava apenas cumprindo ordens", em nome do qual se cometeram, neste século, os crimes mais escabrosos. Em busca de um remédio raro para sua mãe, que está doente,

O ringue de boxe em que *Ascensão e Queda da Cidade de Mahagonny* foi encenada em Baden-Baden, em 1927: na foto aparecem Kurt Weill (o segundo à esquerda), Bertolt Brecht e Lotte Lenya (terceiro e quarta à direita).

um rapaz pede para acompanhar uma expedição científica (no original, a peregrinação a um templo no topo de uma montanha). Durante a viagem, é vítima de uma doença muito grave, e os cientistas lhe perguntam se concorda em ser sacrificado, para não prejudicar os objetivos maiores da pesquisa. O rapaz diz que sim e os cientistas o atiram num precipício, agindo coletivamente para que ninguém se sinta isoladamente culpado.

A mensagem de *Aquele que Diz Sim* já foi chamada de "moralmente repulsiva" (David Drew), e a história subseqüente da URSS e do Leste Europeu faz com que, de fato, ela assuma hoje um caráter bastante sinistro. O pior é que não se trata sequer de uma boa peça de teatro. As personagens são esquemáticas e o estilo postiçamente primitivo do texto parece uma paródia involuntária da poesia brechtiana. E para esse libreto que não o inspirava, Weill escreveu uma música geladamente neoclássica, cheia de lugares comuns, que desagradou profundamente a seus admiradores. Houve quem chamasse *Der Jasager* de "o ponto mais baixo atingido pela *Gebrauchsmusik*". A gravação de Willy Gundlach (Capriccio, 1990) demonstra que essas críticas não estavam desprovidas de razão. O debate que os autores tinham-se proposto a fazer com a platéia suscitou reações tão indignadas que Brecht, surpreso, escreveu uma versão alternativa, *Der Neinsager* (Aquele que Diz Não), em que expõe o ponto de vista contrário: o direito a rebelar-se.

O fracasso do *Jasager* marcou o aparente ponto final na carreira da dupla. O compositor, aliás, sabia que não havia mais futuro para essa colaboração pois, durante a atormentada fase dos ensaios de *Mahagonny*, já tinha entrado em contato com Caspar Neher, pedindo-lhe que redigisse o libreto de sua ópera seguinte. *Die Bürgschaft* (A Garantia) transpõe para o século XX a ação de *Der Afrikanische Rechtspruch* (O Veredicto Africano) do crítico e filósofo setecentista Gottfried von Herder. Fritz Stiedry regeu a estréia, na Städtische Oper de Berlim, em 10 de março de 1932. O diretor Carl Ebert fez a festejada encenação.

Na cidade imaginária de Urb, o criador de gado Matthes é salvo de seus credores pelo amigo Orth, um plantador de grãos, que lhe serve de fiador. O coro comenta que só as circunstâncias externas podem alterar a bondade natural do ser humano. Seis anos depois, Matthes compra de Orth um saco de grãos, sem saber que, generosamente, seu amigo escondeu nele uma grande quantidade de ouro. Ao descobri-lo, fica convencido de que foi um engano, mas não diz nada a ninguém. É, porém, obrigado a confessar que apossou-se do ouro ao ver-se pressionado por dois chantagistas. A questão vai parar num tribunal, onde o juiz decide que os filhos de Matthes e Orth devem casar-se e herdar o ouro como dote. Nesse momento, entretanto, surge o mensageiro de um Grande Potentado – Alexandre, o Grande, no texto de Herder – e confisca o tesouro. O Grande Potentado usou o ouro para industrializar o país; mas a crise econômica fez com que haja fome, epidemias, guerra e inflação desenfreada. Quando a multidão descobre que, apesar de tudo, Matthes enriqueceu porque é um trapaceiro, persegue-o furiosa, e ele vai pedir abrigo em casa de Orth. Mas este o entrega, deixando-o ser linchado; e tira a moral da história: no final, as únicas coisas que importam são poder e dinheiro.

Die Bürgschaft só podia causar polêmica: aclamada pela imprensa liberal como uma alegoria muito a propósito para os tempos que corriam, foi condenada pela direita, cujas pressões a fizeram sair de cartaz após três récitas apenas. Diante disso, foram cancelados os espetáculos previstos em teatros de província. Nesse caso, a perseguição foi ajudada pelo fato de a ópera não ter agradado ao público: em vez do tom desenvolto anterior, Weill optara por um estilo neoclássico que tornou a peça, além de muito longa, impessoal e monótona. Desde então, têm sido muito raras as representações da *Garantia*, mas em 1999 foi gravada a bem-sucedida encenação no Festival de Spoletto.

"Dez vezes mais dura do que as peças de Brecht" – assim foi descrita *Silbersee* (Lago Prateado), a ópera seguinte, fruto de nova colaboração com Georg Kaiser. Quem disse isso foi Detlef Sierck, o diretor da estréia – que, ao emigrar para os Estados Unidos, onde fez carreira no cinema, americanizou o nome, passando a assinar Douglas Sirk. Não foi fácil conseguir quem se animasse a montar texto tão agressivo. O Deutsches Theater de Berlim, que o programara para janeiro de 1933, cancelou o espetáculo à última hora, alegando ser proibitivo o custo do coro e da orquestra – embora Weill e Kaiser tivessem projetado uma peça de teatro com canções intercaladas, nos moldes da *Dreigroschenoper*, pois sabiam que a crise econômica impedia os teatros de realizar produções onerosas. Na verdade, a recusa tinha razões políticas – "o que não deixa de ser um ponto a nosso favor", comentou Weill.

Pelo mesmo motivo, Jascha Horenstein em Düsseldorf, e Reucker, o Intendente de Dresden, rejeitaram a nova ópera. Uma vez mais, foi Gustav Brecher quem teve a coragem de levá-la no Altes Theater de Leipzig. Diante disso, os Stadttheater de Magdeburg e Erfurt decidiram fazer estréias simultâneas e, em 18 de fevereiro de 1933, *Silbersee* – cujo subtítulo é *Ein Wintermärchen* (Um conto de inverno) – subiu à cena nesses três palcos. Não era, para Kaiser, um acontecimento sem precedentes pois, em 1930, sua peça *Mississipi* tinha estreado em dezesseis cidades ao mesmo tempo.

São transparentes as alusões à situação política e social da Alemanha de 1933 na história de Severin que, desempregado e passando fome, assalta um armazém, às margens do Lago Prateado, juntamente com seus companheiros. Enquanto estes roubam pão, Severin pega um abacaxi e, por isso, é baleado pelo policial Olim, que o deixa aleijado. A voz da consciência de Olim – que se ouve vindo de fora da cena – o persegue. E ele promete que, no dia em que tiver dinheiro, há de se dedicar a amenizar os sofrimentos do pobre homem a quem feriu. Suas preces são atendidas e ele ganha uma fortuna na loteria.

Severin, que está numa cadeira de rodas, concorda em mudar-se para um castelo que Olim alugou, onde ficará aos cuidados de uma governanta, frau Luber. Em cumplicidade com seu amante, o barão Laur, a governanta tenciona revelar ao vingativo Severin quem é Olim, como parte do plano para apoderar-se de sua fortuna. Mas a bondosa Fenimore, sobrinha de frau Luber, consegue reconciliar Olim e Severin. Diante disso, os dois cúmplices passam a roubar Olim descaradamente. Ao se ver despojado de suas propriedades, este, desiludido, decide atirar-se no Lago Prateado juntamente com Severin. Mas as águas do lago congelam-se milagrosamente e os dois são conduzidos para a margem oposta, onde os espera uma vida melhor.

Há quem considere *Silbersee* a obra-prima na fase alemã da obra de Weill. À exceção da "Balada da Morte de César", de tom panfletário – cuja mensagem, "quem vive pela espada há de morrer por ela", destinava-se diretamente a Hitler –, existe uma perfeita integração entre os números musicais e o texto de Kaiser. É uma peça difícil de encenar, hoje em dia, pois requer um tipo de ator-cantor comum em Berlim naqueles dias, e que já não existe mais. Tanto assim que, em 20 de março de 1980, o New York City Opera apresentou uma versão revista por Hugh Wheeler e Lys Simonette (regida por Julius Rudel e gravada pela Nonesuch). Wheeler e Simonette cortaram algumas páginas da partitura e acrescentaram números novos, adaptando música de outras obras de Weill. No folheto da gravação, Kim H. Kowalke, autor de *Kurt Weill in Europe*, explica detalhadamente as modificações feitas. Mas o resultado é altamente insatisfatório. Ao transformar a peça num musical à maneira americana, priva-a de sua característica singular: a de ser uma peça de teatro entremeada de verdadeiros números de ópera.

Em suas memórias, Douglas Sirk conta as pressões que recebeu para que o espetáculo fosse cancelado; primeiro de "um certo Hauptmann, que não era o pior deles"; depois de Carl Goerdeler, o prefeito de Leipzig, "que chegou a me a aconselhar que eu 'adoecesse' e adiasse indefinidamente a estréia [...] pois tinha informações seguras de que membros das SA e do Partido pretendia impedir a récita." Sirk fincou pé e a primeira noite, a que tinha comparecido a nata da intelectualidade alemã, foi um sucesso. "Foi a última noite da maior década da cultura germânica neste século", escreveria mais tarde o crítico Hans Rothe.

Qualificada "criação única, de rara beleza poética", *Silbersee* foi ainda mais celebrada do que a legendária *Dreigroschenoper*. Mas a alegria durou pouco. As organizações nazistas denunciaram a peça e exigiram que fosse retirada de cartaz, o que levou a direção do Volksbühne de Berlim a cancelar a encenação programada. A imprensa de direita fez abertas ameaças a Weill e Kaiser, Sirk e Brecher. Nove dias depois da estréia, o incêndio do Reichstag deu a Hitler o pretexto de que precisava: acusando os bolcheviques de um crime cometido por um terrorista isolado, suspendeu os direitos civis e a liberdade de imprensa. No dia seguinte, Brecht, Helena Weigel e seu filho Stefan fugiram para Praga. Em 4 de março de 1943, um decreto retirou *Silbersee* de cartaz e proibiu toda e qualquer encenação das obras de Weill ou Kaiser.

Brecher fugiu para a Holanda, onde morreu em circunstâncias mal explicadas, provavelmente assassinado por agentes nazistas. Sirk teve melhor sorte, pois foi fazer cinema em Hollywood. Kaiser foi demitido da Academia de Artes da Prússia, teve de devolver os royalties que recebera do editor por *Silbersee* e seus livros foram queimados em praça pública em 10 de maio de 1933. Em junho de 1938, conseguiu fugir para Amsterdã, de onde exilou-se na Suíça. Ali morreu em 1945, sem ter conseguido terminar o romance autobiográfico *Ard*. Ficou também no papel o projeto de escrever, juntamente com Weill, uma ópera baseada no *Billy Budd* de Herman Melville. *Silbersee* só voltou a ser encenada em 1955, em Berlim, numa versão muito abreviada. O Festival da Holanda de 1971, e o de Berlim de 1975, a ouviram inteira, mas em forma de concerto, com uma narração feita por Lotte Lenya. Não tenho notícia de outra montagem que reconstituísse o formato original, de 1933.

Em 21 de março de 1933, Weill e Lenya, acompanhados do cenógrafo Carl Neher e de sua mulher Erika, deixaram Berlim de carro. No meio do caminho, Lotte, que estava se separando do marido, decidiu tomar o trem para Viena (eles se divorciaram em 18 de setembro, mas tornaram a se casar, em 1937, na cidade americana de Westchester County). Weill e os Neher foram para Paris, onde o compositor tencionava colaborar com Jean Renoir e René Clair, escrevendo trilhas sonoras para os seus filmes. Ali foi procurado por Edward James, um milionário inglês que se propunha a financiar uma temporada dos recém-fundados *Les Ballets de 1933*.

Um ano antes, o coronel Basil, dono dos *Ballets Russes de Monte Carlo*, tinha demitido o coreógrafo George Balanchine para contratar Leonide Massine em seu lugar. Em protesto, Boris Kochno, diretor artístico do grupo, também pediu demissão e, unindo-se a Balanchine, fundou a nova companhia, subvencionada a princípio por Coco Chanel e, em seguida, por Edward James. Este tinha um motivo para fazê-lo: queria agradar à mulher, a bailarina Tilly Losch, que ameaçava separar-se dele. Impunha como condição para a ajuda que ela estrelasse uma produção nova (a estratégia de nada adiantou pois, no ano seguinte, Tilly moveu contra ele um rumoroso processo de divórcio). Além de encomendar ao pintor André Derain dois roteiros de balé (*Les Songes*, com música de Darius Milhaud, e *Fastes*, de Henri Sauguet), James ofereceu 30 mil francos a Weill para que escrevesse uma espécie de ópera-balé. Escolheu-o devido ao sucesso recente do *Mahagonny Songspiel*, encenado na Salle Gaveau sob os auspícios do visconde e da viscondessa de Noailles. Weill sugeriu Jean Cocteau para redigir o libreto, mas este recusou (propôs, em troca, que escrevessem juntos um *Faust*; mas esse projeto não foi adiante). A contragosto, o compositor aceitou então a sugestão de James de que se chamasse Brecht, exilado em Corona, na Suíça. Era a primeira vez que se reviam desde a "batalha de Berlim" por causa de *Mahagonny*.

Quando Brecht chegou a Paris, o tema do *ballet chanté* já tinha sido escolhido: a personalidade dividida, "as irmãs siamesas que, no fundo, existem dentro de toda mulher". Impressionado com a semelhança entre Tilly e Lotte Lenya, o milionário propôs que ela fosse convidada a fazer a segunda metade de Anna, a personagem, talvez esperando com isso promover uma segunda reconciliação. Lenya aceitou, mas veio de Viena em companhia do namorado, Otto von Pasetti, que acabou ganhando também um papel como um dos membros da família de Anna. Como as suas peças ainda não eram conhecidas na França nessa época, Brecht foi encarado como um mero libretista contratado, o que o deixou irritadíssimo. Recusou o tema proposto, apresentou outros, ameaçou ir embora; mas Weill acabou convencendo-o de que poderia converter o estudo psicológico numa crítica da corrupção do indivíduo pela sociedade capitalista, preservando assim a sua integridade ideológica. Lembrou-lhe que, desde *Mann ist Mann* (O Homem é um Homem), de 1925, ele vinha discutindo o ponto de vista marxista de que a personalidade é produto dos processos socioeconômico e que, no conto *Fanny Kress oder Der Huren einziger Freund* (FK ou O Único Amigo da Meretriz), criara um caso de dupla personalidade: uma prostituta que se disfarça de vendedor ambulante de cigarros para ajudar suas colegas de profissão.

Essa idéia volta em *Die Ware Liebe* (O Amor, uma Mercadoria), fragmento de peça de 1930 no qual, mais tarde, Brecht baseou *Der gute Mensch von Sezuan* (A Alma Boa de Sé-tsuan): nela, uma prostituta disfarça-se de homem de negócios. Além disso, o exílio impedira o projeto de uma montagem de *Giroflé Girofla*, de Charles Le Coq, que Brecht planejava fazer em 1933. E essa opereta baseia-se nas complicações amorosas de duas irmãs gêmeas que seriam interpretadas pela mesma atriz. Todos esses argumentos serviram a Weill para convencer o dramaturgo a aceitar a colaboração. Uma outra influência sobre o trabalho dos dois foi o romance *An American Tragedy*, de Theodore Dreiser, em que o choque entre o pecado e as noções de religião e família exerce efeito destruidor sobre o protagonista, Clyde, e seu alter-ego, Gilbert. Traduzido para o alemão em 1927, o romance fora adaptado para o palco por Erwin Piscator; e o filme de Joseph von Sternberg fizera enorme sucesso em 1931. Retomar a colaboração, entretanto, nada fez para melhorar as relações entre os ex-amigos: o trabalho foi de novo penoso e, numa carta escrita a Erika Neher, sua amante na época, Weill desabafou:

> Depois de trabalhar uma semana com Brecht, mais do que nunca estou convencido de que ele é uma das figuras mais desagradáveis e repulsivas na face da Terra.

Assim que terminou o texto, Brecht voltou para a Suíça. Os dois só voltariam a se rever nos Estados Unidos, no início da década de 1940, quando o dramaturgo, passando dificuldade como refugiado, procurou o compositor, agora membro influente da indústria cultural americana, propondo-lhe retomar a cooperação. Mas Lotte Lenya, com quem Kurt tinha se reconciliado, fez ver que seria mais cauteloso recusar.

Com seu aspecto de cantata cênica, o libreto não fornecia indicações para a ação coreográfica. Coube a James e Kochno estabelecer esse roteiro, o que fizeram enfatizando o conceito psiquiátrico original, em detrimento da crítica social pretendida por Brecht. É claro que este não ficou contente, mas nem por isso deixou de aceitar os mil francos que Weill lhe mandou para ir a Paris, em 7 de junho de 1933, assistir à estréia de *Die sieben Todsünden* (Os Sete Pecados Capitais). Foi uma grande noite para Weill: os cenários eram de Neher, o regente era seu ex-aluno Maurice Abravanel e, na platéia do Théâtre des Champs Elysées, havia diversos intelectuais alemães exilados. Mas o público parisiense não entendeu nada do texto cantado em alemão, achou muito estranho o estilo de canto de Lotte Lenya e, apesar dos comentários entusiásticos de críticos como Cocteau, deu à ópera uma recepção apenas polida. Em todo caso, na platéia estava o empresário americano Lincoln Kirstein que, impressionado, convidou Weill a ir para os Estados Unidos, abrindo-lhe as portas para uma fase nova em sua carreira.

Quanto a Brecht, despeitado por seu nome ter aparecido no programa após o de James e Kochno, limitou-se a mandar a Weill um cartão postal onde dizia: "Bonzinho, mas pouco significativo". E recusou-se a permitir que o texto fosse incluído em suas *Obras Completas*. Em Londres – onde Weill foi precedido pela acusação de ter cometido um oitavo pecado mortal: o de "mutilar" a *Beggar's Opera* –, o estilo e as intenções da obra tampouco foram compreendidas. Foi muito fria a recepção ao espetáculo, apresentado no Savoy Theatre em 28 de junho, com o título de *Anna-Anna*. E as críticas londrinas a um concerto de obras de Weill, dia 18 de julho, poderiam perfeitamente ter sido publicadas no *Volkischer Beobachter*, o porta-voz do Nazismo.

Daí em diante, *Os Sete Pecados Capitais* tiveram história acidentada. A embaixada alemã protestou contra a montagem de Copenhague, em 1936, e ela saiu de cartaz após duas récitas. A gravação que Lenya fez, em 1956, com Brückner-Ruggeberg (Philips), foi transposta um quarto de tom para baixo pois, aos 57 anos, ela já não conseguia mais cantar na tonalidade original. A viúva de Weill, porém, tinha entrado na Justiça contra Helena Weigel, viúva de Brecht, pelos direitos da obra; e isso inviabilizou as encenações na Alemanha até o problema ser resolvido, em 1959. Nesse ano, a Suhrkampf Verlag publicou a peça como parte das obras de Brecht, mas com o título rebarbativo de *Die sieben Todsünden der Kleinbürger* (Os Sete Pecados Capitais do Pequeno Burguês), de modo a retificar a ênfase dada por James e Kochno ao roteiro do balé.

Este, porém, continuou a ser adotado nas encenações feitas fora da Alemanha: em particular a de Balanchine em 4 de dezembro 1958, no New York City Ballet, com Lenya e Allegra Kent, que fez um sucesso fenomenal. O mesmo aconteceu com a estréia alemã em Frankfurt (1959), com Lenya e Karin von Aroldingen que, na época, tinha apenas 18 anos. Mas a essa altura convencionara-se considerar definitiva a versão transposta de Lenya e, por isso, durante muito tempo Anna-I só foi interpretada por cantoras de cabaré ou jazz: Cleo Laine, Georgia Brown, Annie Ross, Helen Vita, Ute Lemper ou Gisela May – esta última a intérprete da versão Herbert Kegel, feita em 1989 para o selo Polydor. Quando a ópera foi montada em São Paulo pelo maestro Jamil Maluf, uma atriz de teatro, Sônia Guedes, fez o papel de Anna-I. Só em 1968 Evelyn Lear voltou à tonalidade original, numa apresentação da ópera em forma de concerto, regida por Colin Davis. Assim também o gravou Annie Ross, em 1983, com Simon Rattle, para a EMI.

As duas Annas vêm da Luisiânia. A cantora tem os pés no chão; a dançarina é "etwas verrückt" (um pouquinho tonta), como diz Anna-I. Mas ela mesma adverte:

> Wir sind eigentlich nicht zwei Personnen
> sondern nur eine einzige.
> Wir heissen beide Anna.
> Wir haben einen Vergangenheit und eine Zukunft,
> ein Herz und ein Sparkassenbuch
> und jede tut nur, was für die andre gut ist.

(Não somos duas pessoas e, sim, uma só. Nós duas nos chamamos Anna. Temos um passado e um futuro, um coração e uma só conta bancária, e só fazemos o que é bom para ambas.)

Elas têm por missão viajar por sete cidades americanas, durante sete anos, ganhando dinheiro para que sua família possa comprar uma casa. A família das duas Annas é pintada com traços deliberadamente caricaturais: a mãe é cantada pelo baixo, exatamente como a Mamma Lucia das *Convenienze Teatrali* de Donizetti. Pai, mãe e irmãos ficam num canto do palco entoando hinos bíblicos e pedindo às filhas que não se deixem cair em tentação. As duas irmãs passam por Nova Orleans (a preguiça), Memphis (o orgulho), Los Angeles (a ira), Filadélfia (a gula), Boston (a luxúria), Baltimore (a avareza), São Francisco (a inveja). É sempre Anna-II quem cede ao pecado: tem preguiça de trabalhar; o orgulho a impede de aceitar fazer um strip-tease; come demais e engorda; ou arranja um amante a quem Brecht, como um *private joke*, dá o nome de Edward. E é Anna-I quem a chama às falas – "Pobre não pode dar-se o luxo de ter orgulho" –, fazendo-a trabalhar e ganhar dinheiro. A moralidade burguesa é sistematicamente achincalhada e virada de pernas para o ar. No Epílogo, quando as duas gêmeas voltam para a Luisiânia, Anna-I vai triunfante e o espírito humano de Anna-II está em frangalhos.

Os Sete Pecados Capitais é a obra-prima na fase européia da carreira de Kurt Weill, e a obra mais consistente das que produziu com Brecht, em que integra perfeitamente as formas populares aos moldes eruditos. A partitura divide-se em nove movimentos fechados, o Prólogo e o Epílogo enquadrando a série dos sete pecados. O quarteto masculino que representa a família funciona como uma espécie de coro, comentando a ação ora numa paródia de estilo religioso – a oração ao dólar todo-poderoso –, ora imitando canções sentimentais alemãs com acompanhamento de violão ou o típico *barber shop quartet* (o quarteto de barbearia) da música popular americana da década de 1920. Além disso, as intervenções da Família funcionam como um elo entre os sete números que representam os pecados.

Mas Weill une-os de maneira ainda mais sutil, mediante um tema recorrente que se ouve desde os primeiros compassos e vai se alterando a cada nova aparição: é o que Kowalke chama de "um verdadeiro *leitmotiv* neste *Götterdämmerung* da sociedade materialista".

No final, quando as irmãs retornam para a Luisiânia, o tema é usado uma última vez para desmentir o cansado "Ja, Anna" com que a dançarina concorda com tudo o que lhe diz a irmã cantora. Em nenhuma de suas obras anteriores Weill consegue costurar com tanta naturalidade, dentro da trama sinfônica, os ritmos de valsa, foxtrote, *shimmy*, marcha ou tarantela. Ao lado disso, há momentos de lirismo quase clássicos contrastando com explosões orquestrais de dimensões mahlerianas, ritmos propulsivos, inesperadas guinadas harmônicas, modulações contínuas de maior para menor e, na orquestração, um permanente tom de galhofa.

A dualidade resultante da música parece sintetizar muito melhor a complexidade humana da história do que as tentativas de crítica social do texto de Brecht. O inimitável estilo melódico e de orquestração, o variado vocabulário harmônico fornecem um contraponto paradoxal às palavras e ações – e às verdades chocantes que se dissimulam por trás delas.

Em Paris, Weill ainda escreveu a música incidental para a peça *Marie Galante*, de Jacques Deval – a ela pertence "J'attends un navire", uma de suas melhores canções –; e trabalhou numa opereta com texto de Robert Vambery. *Der Kuhhandel* (A Venda da Vaca) conta a história de um fabricante de armas americano que fomenta a guerra entre dois pequenos países que ocupam a mesma ilha do Caribe, na esperança de lucrar vendendo para os dois lados. Ao descobrir que um dos presidentes é um pacifista que quer negociar a paz, financia um golpe para derrubá-lo. A vaca do título pertence a Juan, um camponês que é obrigado a vendê-la para pagar os impostos criados para subvencionar as despesas militares. No final, a guerra é impossível, pois as armas vendidas pelo americano são defeituosas e imprestáveis.

Tendo fracassado as tentativas de encenar essa opereta na Alemanha, Weill concordou em estreá-la no Savoy de Londres, em 28 de junho de 1935, com o título de *A Kingdom for a Cow* (Um Reino por uma Vaca). Quem a traduziu foi Reginald Arkell que, naquele mesmo ano, ficara famoso com a adaptação para o palco de *1066 and All That*. Mas essa sátira antimilitarista, reminiscente do teatro épico brechtiano, não agradou nem um pouco ao público. J. Latham-König gravou-a em 1990 para o selo Capriccio; mas até hoje a última produção européia de Weill está à espera de ser estreada no palco em sua língua original.

Em 1935, Weill partiu para os Estados Unidos, contratado por Max Reinhardt para compor a partitura da peça *Der Weg der Verheissung* (O Caminho da Promessa), de Franz Werfel, sobre a história do povo judeu – encenada em Nova Iorque em 1937 com o título de *The Eternal Road*. Passou o resto da vida nos Estados Unidos, compondo para a Broadway e Hollywood. Morreu prematuramente, aos 50 anos, de um ataque cardíaco, no momento em que se preparava para iniciar um novo musical baseado no *Huckleberry Finn* de Mark Twain.

A extensa obra produzida nos Estados Unidos já não pertence mais ao âmbito deste livro. Será tratada no volume sobre a evolução das escolas nacionais de ópera nas Américas. Limito-me, aqui, a mencionar seus títulos, dando a respeito deles algumas informações básicas:

– *Johnny Johnson* (musical) com texto de Paul Green – sátira pacifista contra a I Guerra, estreada logo após a eclosão do segundo conflito mundial, em 19 de novembro de 1939 no 44th Street Theater de Nova Iorque; gravação: Mattlowsky (Heliodor, 1957).

– *The Eternal Road*, música para o drama bíblico de Werfel traduzida por Ludwig Lewisohn, com letras adicionais de Charles Alan; estréia em 4 de janeiro na Manhattan Opera House (o papel do Messias foi feito pelo futuro cineasta Sidney Lumet); reapresentada com grande sucesso em Nova Iorque, no final de 1999, falou-se na época na possibilidade do lançamento de uma gravação.

– *Knickerbocker Holiday* (musical), de Maxwell Anderson, baseada em *The History of New York by Diedrich Knickerbocker*, de Washington Irving (1809) – violenta sátira anti-New Deal estreada em 19 de outubro de 1938 no Ethel Barrymore Theater de Nova Iorque; gravação: Abravanel/Levy (AEI, compilação de apresentações ao vivo de 1938 e 1945).

– *Lady in the Dark*, música para a peça de Moss Hart (letras das canções de Ira Gershwin), estréia em 21 de janeiro de 1941 no Alvin Theater de Nova Iorque.

– *One Touch of Venus* (musical) de S. J. Perelman e Ogden Nash, a partir do romance *The Tinted Venus*, do humorista britânico F. J. Anstey (pseudônimo de T. A. Guthrie), baseado no conto *La Vénus de l'Île*, de Prosper Mérrimée [o mesmo em que se inspira, a sério, a *Venus* de Othmar Schoeck]; letras de Ogden Nash; estréia em 7 de outubro de 1943 no Imperial Theater de Nova Iorque; gravação: Abravanel (AEI, 1943).

– *The Firebrand of Florence*, opereta com texto de Edwin Justus Mayer, inspirada pela autobiografia de Benvenuto Cellini; letras de Ira Gershwin; estréia em 22 de março de 1945 no Alvin Theater; um dos grandes fracassos da carreira de Weill.

– *Street Scene*, "an American Opera", sobre peça de Elmer Rice (1929), com letras do poeta negro Langston Hughes; estréia no Adelphi Theater de Nova Iorque em 9 de janeiro de 1947 – drama realista ambientado em um cortiço nova-iorquino, uma das mais brilhantes realizações de Weill; gravações: Carl Davis (That's Entertainment, 1991) e Mauceri (Decca, 1991).

– *Down in the Valley*; *folk opera* com libreto de Arnold Sundgard, ambientada na área rural dos Estados Unidos; estréia em 15 de julho de 1948, no auditório da Universidade de Indiana, em Bloomington; gravações: Adler (RCA, 1950) e Gundlach (Capriccio, 1990); existe também um vídeo dessa ópera.

– *Love Life* (*vaudeville*) com libreto de Alan Jay Lerner; estréia em 7 de outubro de 1948 no 46th Street Theater de Nova Iorque, dirigida por Elia Kazan – visão irônica da História americana através dos episódios fantasiosos da vida de um casal que se une em 1791, se separa e volta a juntar-se várias vezes até se reconciliar durante a Depressão, na década de 1940.

– *Lost in the Stars*, "tragédia musical" de Maxwell Anderson, baseada no romance *Cry the Beloved Country*, do sul-africano Alan Paton; estréia em 30 de outubro de 1949, no Music Box Theater de Nova Iorque, dirigida por Rouben Mamoulian – o cantor negro Paul Robeson recusou-se a cantar o papel principal, alegando que o conflito racial na África do Sul era retratado de forma "demasiado cor-de-rosa"; quem o fez foi Todd Duncan, criador de Porgy na ópera de George Gershwin; gravação: Levine (Decca, 1949).

O lugar exato de Kurt Weill – um dos maiores compositores para teatro do século XX – dentro da História da Ópera não é muito fácil de definir. Banido do palco pelos nazistas, visto com desconfiança pela crítica contrária às suas posturas de esquerda, é vítima também dos preconceitos de quem acha que, no fim da vida, ele "se vendeu" à Broadway. Quem formula esse tipo de acusação se esquece, porém, que ele trouxe uma resposta inovadora ao que fazer com a ópera depois de Wagner. Enquanto Strauss prolongava o legado romântico, Schönberg rompia com o tonalismo, Busoni e Hindemith optavam pelo neoclassicismo e compositores como Schreker ou Zemlinsky levavam aos extremos da exasperação expressionista o decadentismo neo-romântico, Weill encontrava para a questão uma resposta extremamente fértil.

O caminho adotado pelos compositores acima citados levava a uma complexidade musical crescente, a uma estética que afastava a ópera cada vez mais do público comum, muitas vezes restringindo-a a uma seleta platéia de iniciados. Data daí a separação cada vez mais acentuada entre a música popular e a chamada música clássica (ou erudita), em termos que teriam sido impensáveis nos tempos de Haendel ou até mesmo de Verdi. Quanto a Weill, muito antes de emigrar para os Estados Unidos ele já tinha optado por escrever para o grande público. Em que pesem os elementos expressionistas ou neoclássicos que há em *Dreigroschenoper* ou *Mahagonny*, é a ele que se deve a transformação da canção popular ou de cabaré numa forma muito elaborada de arte. Basta lembrar que, quando Klemperer – mais tarde chefe da ala dos que o acusavam de ter-se "vendido" – recusou-se a montar *Mahagonny* na Krolloper, ele não hesitou em propô-la às salas da Kurfürstendamm, o equivalente berlinense da Broadway.

Nos Estados Unidos, Weill voltou-se para a música popular e folclórica americana da mesma forma que o tinha feito em seu próprio país. De resto, estava sendo absolutamente coerente ao escrever, em 1949: "A canção popular americana, nascida do folclore, é a base do teatro musical americano da mesma forma que a canção popular italiana está na raiz da ópera daquele país" – afirmação que poderia ter feito também a respeito do *singspiel* de sua terra natal. Quem o acusa de ter optado pela música puramente comercial prefere ignorar que Weill colaborou, nos Estados Unidos, com radicais que viriam a ter sérios problemas durante o macarthismo. E que seus musicais ou *folk operas* estão cheios de preocupações políticas e sociais.

A colaboração com Brecht interrompeu-se no momento em que este tornou-se um marxista ortodoxo, disposto a fazer vista grossa aos excessos stalinistas em nome da pureza ideológica. Mas isso não significou que Weill tivesse renunciado a uma postura de humanismo militante. Seu teatro esteve, até o fim, voltado para o combate da intolerância, do preconceito, da miséria e da injustiça. E isso era feito com um idioma que seduzia as platéias mais diversas – no momento exato em que uma vanguarda radical (a mesma que torceu o nariz mais tarde à sua música) alienava boa parte desse público com partituras cada vez mais rarefeitas.

Numa entrevista que concedeu ao *New York Times* em 1940, Weill sintetizou sua estética ao dizer:

> Nunca concordei com a distinção que se faz entre música "séria" e música "ligeira". Para mim, existe apenas música boa e música ruim

(e afirmava isso num país onde um artista como Gershwin era a confirmação desse ponto de vista).

> Schönberg dizia que compunha para um tempo que viria cinqüenta anos após a sua morte. Mas os grandes mestres do Classicismo escreveram para seus contemporâneos. E foram compreendidos por eles. Quanto a mim, é para hoje que escrevo. Não ligo a mínima para essa história de compor para a posteridade.

Basta pensar – como dissemos no pórtico deste capítulo – no status de composição popular ganho por *Mack the Knife*, para concluir que Weill foi muito bem-sucedido em seu desígnio. Isso não significa, porém, que tenha escolhido o caminho da facilidade. Sua escrita é sempre extremamente inventiva e, ao contrário do que acontecia comumente na Broadway, era ele quem fazia pessoalmente a orquestração de suas canções e seqüências de dança. No volume dos Cambridge Opera Handbooks dedicado à *Dreigroschenoper*, David Drew mostra como, por trás de melodias aparentemente acessíveis, existe muitas vezes uma complexa técnica serial.

Kurt Weill mostrou que o teatro popular pode ser extremamente sério e, nesse sentido, plantou uma semente que, no futuro, haveria de dar frutos tão saborosos quanto o *West Side Story* de Leonard Bernstein. Deixou um exemplo em que haveriam de mirar-se os mais inesperados seguidores pois, em 1993, numa entrevista a respeito de sua ópera *The Cave*, que estava para estrear, o minimalista Steve Reich o apontou como uma das influências sobre o seu trabalho,

> pois estamos vivendo numa época em que, felizmente, a fronteira entre a arte elevada e o que está acontecendo na rua é cada vez mais tênue.

Reutter

Embora a ópera o tenha atraído particularmente, Hermann Reutter (1900-1985) era mais conhecido em seu tempo como pianista e professor. Foi também compositor prolífico, autor de quatro concertos para piano, do balé neoclássico *Die Kirmes von Delfi* (A Romaria a Delfos) e dos oratórios *Volks-Selle* (A Alma do Povo) e *Gesang des Deutsches* (O Cântico dos Alemães), de tom desabridamente neo-romântico. Aluno de Courvoisier e Dorfmüller em Munique, Reutter iniciou a carreira na Musikhochschule de Stuttgart de que, mais tarde, foi professor. Como acontece com outros compositores de seu tempo, a cavalo sobre tendências divergentes e simultâneas, seu estilo deve muito a Strauss e Pfitzner mas, em determinada fase de sua carreira, ele foi também influenciado por Hindemith e demonstrou grande interesse pelo primitivismo de Orff.

O trabalho como pianista acompanhador de Karl Erb e Sigrid Onegin, em recitais de *lieder*, deu-lhe um conhecimento das possibilidades da voz humana que transparece desde a sua primeira ópera, *Saul*, estreada em 1928 no prestigioso festival de música contemporânea de Baden-Baden. O renome que lhe foi dado por esse trabalho e por *Der verlorene Sohn* (O Filho Pródigo), do ano seguinte, fez com que Hindemith, organizador do evento, lhe encomendasse para 1930 *Der neue Hiob* e, para 1936, *Doktor Johannes Faust*.

Esta é a sua obra mais importante, em grande escala e, como a de Busoni, inspirada numa peça de teatro de marionetes do século XVI. Mas enquanto Busoni altera a história em função dos pontos de vista filosóficos e estéticos que quer discutir, Reutter respeita muito mais a lenda, preocupando-se com as suas raízes folclóricas e com as possibilidades que isso lhe dá de fazer uma exploração sistemática dos cânticos germânicos tradicionais. A fidelidade com que tratou um monumento literário germânico agradou muito às autoridades nazistas; estas, entretanto, pareceram não perceber o conteúdo crítico implícito na forma como Fausto deixa-se enganar pelo demônio, seduzido por falsas promessas.

Seja como for, Reutter teve condições de trabalho bastante boas durante os anos do III Reich, embora sempre mantivesse prudente distância do Nacional-socialismo. Essa cautela se manifesta na temática das peças escritas nesse período: *Der Prinzessin und der Schweinehirt* (A Princesa e o Guardador de Porcos, 1938) é uma *Märchenoper* inspirada em Andersen, inserida no legado de Humperdinck; e *Odysseus* (1942) trata a lenda homérica em chave pós-wagneriana. Ambas já sinalizam uma opção pelo conservadorismo que vai tornar-se mais nítida nos anos de pós-guerra.

Os sofrimentos dos anos negros de conflito, cuja expressão ele tivera de reprimir na vigência do Nazismo, afloram em duas peças compostas em 1948: a ópera radiofônica *Lübecker Totentanz* (A Dança da Morte de Lübeck) e a comovente *Der Weg nach Freudenstadt* (O Caminho para a Cidade da Alegria). Em ambas, os horrores da guerra são evocados com tanta força quanto a esperança de que eles possam ser definitivamente superados. As duas recriam os anos dolorosos do conflito com recursos que lembram os do teatro e do cinema expressionistas.

No tradicionalismo da fase final de Reutter, um estudioso como Hermann Lindlar já quis ver o desejo consciente de preservar um legado germânico muito sólido, ameaçado de destruição tanto pelas intempéries políticas quanto pelo radicalismo de uma vanguarda que se propunha a fazer tábula rasa do passado. Não existe, porém, a mesma precisão estilística em suas derradeiras produções. *Don Juan und Faust* (1949), do conto de Andersen; *Die Witwe von Ephesus* e *Die Brücke von San Luis Rey* (A Ponte de San Luis Rey, 1954), da peça de Thornton Wilder, remoem características de escrita que, a essa altura, já se transformaram em meros cacoetes. Uma delas é a forma de apresentar as personagens, no início do espetáculo, como se elas fizessem parte de uma frisa helênica, que parece inspirada em Orff ou no Stravínski de *Oedipus Rex*.

Das três, a mais prejudicada por esse tipo de tratamento é *A Viúva de Éfeso* (1954). Foi Petrônio quem contou, no *Satyricon*, a história da viúva inconsolável, disposta a morrer ao lado dos despojos do marido. Ela muda de idéia ao conhecer um jovem e fogoso soldado encarregado de vigiar, no mesmo cemitério, os restos mortais de um enforcado que a justiça condenou a ficar dependurado em sua corda até que os abutres o devorem. Durante o colóquio da viúva com o soldado, no mausoléu do marido, os familiares do condenado roubam seu cadáver. Para evitar que a sentinela seja punida pela sua distração, a viúva lhe dá o agora inútil corpo do esposo para que ele o pendure no lugar do que foi retirado. O estilo monótono de recitativo, decalcado na declamação utilizada por Orff na *Antigonae*, transforma num espetáculo neutro e sem brilho o que poderia ter sido uma ópera cômica cáustica e irreverente.

EGK

Seus pais opunham-se a que fizesse carreira como músico. Por isso, Werner Egk (1901-1983) deixou Auchsesheim, a cidadezinha bávara onde nascera: em 1920 mudou-se para Munique, onde estudou com Carl Orff. Mas durante muito pouco tempo. Foi basicamente um compositor e regente autodidata, que se manteve à margem dos principais movimentos de seu tempo, embora retivesse deles os elementos que lhe convinham para formar uma linguagem que fosse acessível a um público amplo sem, com isso, fazer concessões demasiadas.

Sua primeira experiência dramática, *Merlin*, composta na Itália, onde passou os anos de 1925-1927 convalescendo de uma séria doença, é muito influenciada pelo *Marionettentheater Münchener Künstler* (Teatro Artístico de Marionetes de Munique), onde a sua mulher tocava violino. E o estilo desse teatrinho de bonecos também deixará marcas bem visíveis em obras posteriores. Instalando-se na capital alemã em 1929, Egk produziu, para a Rádio Berlim, cantatas de teor politizado, influenciadas por Brecht; pequenas óperas para crianças; e, em 1933, a ópera radiofônica *Columbus*, reação naturalista ao tratamento épico e místico que Darius Milhaud e Paul Claudel tinham dado ao mesmo tema (ver *A Ópera na França*). Essa obra de início de carreira, ainda muito irregular mas já cheia de promissor senso dramático, foi encenada em Frankfurt em 1942; no selo Koch-Schwann, existe a gravação de trechos desse espetáculo, regido por Leopold Ludwig.

O primeiro sucesso de palco de Werner Egk foi *Die Zaubergeige* (O Violino Mágico), que a Ópera de Frankfurt criou em 22 de maio de 1935. Ele assistira à peça do conde Franz von Pocci no *Marionettentheater*, e preparou o libreto ajudado por Ludwig Strecker, diretor da editora Schott – que assinou com o pseudônimo de Ludwig Andersen, em homenagem ao escritor dinamarquês de histórias para criança. Trechos dessa ópera foram gravados pelo próprio Egk, para o selo DG, em 1958.

Descontente com a vida pobre que leva, o camponês Karl despede-se de sua namorada, Gretl, e parte em busca de aventuras. Na estrada, dá as suas três últimas moedas para um mendigo. Este lhe revela ser Cuperus, um dos Erdgeiste (Espíritos da Terra) e, em sinal de gratidão, lhe dá de presente um violino encantado – mas que só funcionará se o seu proprietário renunciar ao amor. Karl experimenta os poderes do violino fazendo o rico agiota Guldensack dançar até cair desmaiado; e aí, rouba-lhe todo o dinheiro. Com o nome de Spagatini, o rapaz transforma-se em um virtuose famoso. Mais tarde, reencontra Gretl que, agora, trabalha para a rica senhora Ninabella. Com a ex-namorada, ele se comporta friamente, mas não resiste à sedução de Ninabella. Ao entregar-se a ela, porém, perde os poderes mágicos, é acusado de roubo por Guldensack, preso e mandado para os trabalhos forçados.

Cuperus salva-o e dá-lhe uma segunda chance. Dessa vez, Kurt prefere o amor e a vida modesta ao lado de Gretl.

Esta é uma típica *Märchenoper* com seu conteúdo moralizador mais brincalhão do que sentencioso, ágeis ritmos de dança e melodias de corte folclórico muito fáceis de memorizar, vazadas num molde harmônico perfeitamente diatônico – o que não impede Egk de temperar a partitura com bem semeadas dissonâncias, nas passagens dramáticas. Em seus momentos mais ligeiros, a música aproxima-se muito do estilo da comédia musical, tendendo a aproximar-se do modelo Brecht/Weill, mas sem a mesma acidez satírica. Há também, de vez em quando, o uso de paródias, em especial das peças virtuosísticas para solo de violino (Paganini, Kreisler etc.). Os teatros de província alemães ainda encenam *O Violino Mágico* com bastante freqüência; mas, decerto por ser tipicamente germânica, esta é uma ópera que passou despercebida no exterior.

Apesar do orçamento modestíssimo de 1.800 marcos de que o teatro dispusera para a montagem, o sucesso do *Violino Mágico* foi tão grande que valeu a Egk o convite, feito por Heinz Tietjen em 1936, para trabalhar como regente na Berlin Staatsoper, que ele dirigia. Foi Tietjen também quem lhe encomendou uma nova ópera para esse teatro; e a escolha de Egk recaiu em *Peer Gynt* (1876), o poema dramático de Henryk Ibsen. Ele próprio explicou, mais tarde:

> A fama da música incidental que Grieg escreveu para essa peça poderia amedrontar um pobre músico iniciante, mas o problema, na realidade, era outro: as dimensões desse drama.

O que o atraiu, no verdadeiro labirinto simbolista que é a peça de Ibsen, foi a mistura de épico escandinavo, aventura dom-juanesca e drama fáustico. A necessidade de condensar o texto fê-lo renunciar a todas as passagens filosóficas e reduzir para três os cinco atos do original. A ópera estreou em 24 de novembro de 1938, com bastante sucesso. Heinz Wallberg regeu, em 1982, a gravação que existe no selo Orfeo. O folheto desse álbum traz na íntegra o artigo – demasiado longo para reproduzir aqui – em que Egk justifica as suas opções ao condensá-la, dizendo ter procurado seguir a alternância ininterrupta de atmosferas, de sentimentos, cores e valores que há na peça de Ibsen, tentando acompanhar o mais fielmente possível o caminho trilhado por esse dramaturgo.

Todo mundo, na aldeiazinha de Haegstad, odeia e teme Peer Gynt, um rapaz estranho, que parece não distinguir a fantasia da realidade e tem por lema: "Faço o que bem entendo e pouco se me dá se isso não te agrada." Sem ser convidado, ele vai ao casamento de Ingrid, sua ex-namorada, com o simplório Mads; e durante a festa tenta fazer a corte a Solveig, uma jovem pura e doce. Como ela não lhe dá atenção, seduz Ingrid e a rapta, provocando a raiva de toda a aldeia. Pouco depois, tendo-se cansado de Ingrid, Peer manda-a de volta para casa e, em suas andanças, chega ao Dovreber, a morada dos trolls – como são chamados, na mitologia nórdica, os gnomos malfazejos que moram nas grutas da montanha.

É seduzido pela Garota Ruiva, a filha do Velho Dovre, o rei da montanha. Ela o leva para a grande caverna onde está a sala do trono de seu pai, apresenta-o aos gnomos e estes o fazem um deles, presenteando-o com um rabo e pedindo que preste o juramento dos trolls, que parece ter sido feito de propósito para ele: "Ich schwöre, daß ich nie etwas anderes tun wie als das, was mir grade paßt!" (Juro que nunca farei senão aquilo que me agrada). Peer assiste à lúbrica dança de um bode que tenta seduzir uma vaca, mas desiste de se casar com a Garota Ruiva quando o Velho quer arrancar um de seus olhos para que ele veja a realidade com o olhar vesgo dos trolls. Invoca o nome de Solveig e o pesadelo se dissipa.

Peer vai à procura de Solveig e ela concorda em ir morar com ele no alto de uma montanha. Mas o rapaz foge espavorido no dia em que a Garota Ruiva aparece com uma criança de feiúra espantosa, dizendo que é o filho dos dois. Solveig promete que há de esperá-lo. Vinte anos depois, Peer foi parar numa republiqueta da América Central, cujo presidente suborna para que o deixe partir com seu navio carregado de barras de ouro. Mas é traído pelos seus homens de confiança, que roubam o navio. Peer pede ao céus que os castigue, a caldeira explode em alto mar e toda a carga se perde. Num sórdido bar desse país centro-americano, onde ficou retido sem um tostão no bolso, Peer é seduzido por uma dançarina que tem os traços da Garota Ruiva. Depois de conseguir que ele fique a seus pés, perdido de paixão, ela o esbofeteia e entrega-se a cinco homens que babam de desejo por ela, e aos quais trata como uma domadora de feras. Peer volta para casa desiludido. Está agora com 45 anos.

Na floresta devastada por um incêndio, encontra um velho misterioso que lhe dá as notícias: Aase, sua mãe, morreu, e a fazenda em que eles moravam foi leiloada. O velho lhe diz que alguém ainda o espera e pede-lhe que o acompanhe; mas embrenha-se pela terra adentro e leva-o de volta para o salão do rei da montanha, onde o trolls os julgam. As testemunhas contra ele são Ingrid, Mads, os mercadores que ele enganou e sua mãe. Ele é condenado a ser besuntado com lama e excremento; Aase é a única a pedir para ele uma nova chance. Os trolls dão-lhe o prazo de um ano, certos de que isso não lhe adiantará de nada, pois ele é incorrigível. Peer volta à casa no alto da montanha, onde Solveig continua a esperá-lo. O velho reaparece e lhe diz que só poderá salvar-se da maldição de sua natureza inquieta se Solveig adivinhar onde ele esteve durante os últimos anos. A mulher responde: "Ele sempre esteve dentro de meu coração." Peer está salvo. "Agora estás de volta à tua casa", diz-lhe ela, "e eu velarei por ti".

Embora o que tivesse atraído Egk, no drama de Ibsen, fosse o caráter universal da parábola sobre o ser humano em busca de si próprio, a ópera chama a atenção pela coragem com que satiriza a ditadura nazista, representando os homens no poder sob os traços sórdidos e ridículos dos trolls, súditos do Rei da Montanha. A intenção do compositor era construir um espetáculo que fosse ao mesmo tempo poema dramático, drama educativo, fantasia feérica e retrato crítico do mundo na virada do século XIX para o XX – nisso refletindo a diversidade do texto de Ibsen. Já se percebe a empostação crítica na decisão de Egk de transformar a personagem da peça, egoísta e indecisa, num homem cuja vida é condicionada pelas perseguições e chantagens dos maléficos trolls, até o momento em que, numa decisão de vida ou morte, ele se liberta das potências tenebrosas. Dentro dessa perspectiva, o Velho Dovre, símbolo do mal em seus aspectos mais arrogantes e autoritários, não é apenas o líder de um bando de diabinhos de conto de fada e, sim, a própria imagem do inferno interior de uma humanidade decaída.

Da mesma forma, a Garota Ruiva é dotada do poder de sedução de uma Vênus nórdica e transforma-se num símbolo de sedução irresistível. Aase, a mãe de Peer, é reduzida a uma mera figura secundária. Os cenários noruegueses também passam a ter papel acessório, já que Egk quer inscrever a ação numa moldura mais universal, fazendo de sua ópera um "teatro do mundo". Por isso mesmo "moderniza" alguns ambientes, transferindo para a América Central cenas que, em Ibsen, passam-se no norte da África. Isso lhe permite usar o tango, tipo de dança muito na moda na década de 1930, e fazer referência a problemas contemporâneos como contrabando e corrupção política.

Há episódios imaginados por Egk: o do julgamento de Peer (ato III, cena 2), por exemplo, a que aplicou uma técnica que lembra muito Brecht/Weill – a de versinhos de estilo bem banal, salmodiados com uma melodia que soa como música de realejo. Tem tom brechtiano também a denúncia do absurdo da guerra – o que correspondia a uma verdadeira admissão de alta traição na época, dominada pelo militarismo, em que a ópera foi escrita. Basta lembrar que, nessa cena, as palavras "Eu ajudo aos fortes, não aos fracos" são a citação literal de uma frase de Mussolini num discurso sobre a Guerra Civil espanhola. Por isso o III Reich acusou Egk de ter escrito uma ópera que era "um fruto do bolchevismo cultural e da perversidade de intelectuais cuja atividade deveria ser proibida". E se *Peer Gynt* conseguiu permanecer no repertório foi apenas graças ao prestígio de Tietjen – a quem, de resto, a partitura foi dedicada. Mas o libreto não foi o único a provocar indignação.

Às autoridades mais perspicazes, não escapava o fato de que a música pomposa do ato I, cena 3 era uma paródia venenosa dos ruidosos rituais públicos nazistas, do lema "Kraft durch Freude" (a força através da alegria), da cenografia grandiloqüente das paradas, dos comícios, do estilo arquitetônico *Kolossal*, de que ficou a documentação nos filmes propagandísticos de Leni Riefenstahl. Dizia-se, a boca pequena: o palhaço Kid, vestido de bode, que aparece nessa cena, fazendo duas voluptuosas bailarinas fantasiadas de vaca executarem "allen Gangarten der hohen Schule" (todos os exercícios da escola clássica de balé), representava Goebbels, o ministro da Propaganda, cujo gosto por estrelinhas da dança era mais do que conhecido. O cinismo offenbachiano que paira sobre a seqüência no reino dos trolls era desusado para o teatro lírico sério da época. Os ritmos e melodias irreverentes faziam, a todo momento, alusão a Stravínski, Prokófiev ou Kurt Weill, autores "decadentes" que não gozavam de muito prestígio na Alemanha nazista. Nos galopes, polcas, cancãs e valsas de tom bem canalha sente-se, o tempo todo, o desejo de zombar da solenidade dos elaborados espetáculos oficiais.

Por outro lado, *Peer Gynt* revela, em Werner Egk, um melodista muito talentoso, capaz de manipular habilmente tanto a canção de tom mais espontâneo quanto o arco sinfônico lírico; tanto os ritmos de dança incisivos quanto os sons da natureza estilizados. Contrastando com a esfera de pureza em que Solveig evolui, o caos do reino maléfico é descrito com intensidade demoníaca. A harmonia da natureza e a integridade humana são descritas com melodias perfeitamente diatônicas, enquanto bruscos cromatismos evocam as personagens e situações negativas. Essa oscilação do absolutamente harmônico ao enarmônico e quase atonal é frisada por efeitos polirrítmicos e politonais – oficialmente tachados, na época da composição de *Peer Gynt*, de "música decadente, estranha à raça alemã". Suspeita que se estendia também ao jazz e aos ritmos populares latino-americanos, em particular o tango, usado como o signo musical por excelência dos mais irresistíveis meios de sedução.

Os coloridos instrumentais também são muito ricos em nuances, embora Egk utilize uma orquestra que não ultrapassa os limites da sinfônica normal. Podem ser espessos, escuros, quando o inferno dos troll é evocado; ou de uma limpidez e transparência que remete ao Impressionismo, cada vez que é necessário descrever a natureza e a paz interior que o ser humano pode extrair de estar em harmonia com ela. Chega ao apogeu, em *Peer Gynt*, aquilo que Karl Schumann chama de "tendência a uma escrita fosforescente", cujas primeiras manifestações já encontramos no *Violino Mágico*. Não há inserções folclóricas. À exceção da cena do casamento (I, 2), em que surge o "Gjeite Lok", a melodia tradicional dos pastores de cabras noruegueses, não há nenhuma tentativa de criar cor local, pois o que interessa é dar à figura de Peer uma validade universal.

É necessário ainda chamar a atenção para a importância que têm os ritmos de dança e as situações resolvidas de forma coreográfica (não fosse Werner Egk um excepcional autor de balés ainda hoje freqüentemente encenados na Alemanha). Já nos referimos à dança infernal dos trolls e à cena do bode e da vaca. Muito interessante também é o ato II, passado no botequim centro-americano. Na cena 1, Peer faz o relato de suas mirabolantes aventuras, num monólogo de melodia vertiginosamente sincopada, "Vor fünfzehn Jahren hat mich ausgespuckt" (Há quinze anos ando correndo), intercalada a intervenções de um trio de mercadores – e interrompida pela irônica conversa com o presidente do país, que se deixa subornar para que ele saia com seu contrabando de ouro.

Na cena 2, após a explosão de seu navio, ele reencontra a Garota Ruiva vestida como uma dançarina. O número sensual dessa Salomé de botequim faz um negro matar por ela um marinheiro e, em seguida, entregar-lhe tudo o que tem. Mas a ruiva o faz ser dominado e afastado pelos outros fregueses quando ele tenta tocá-lo. Em seguida ela seduz Peer, levando-o a tal extremo de excitação que ele entoa a frenética "Dein Hähnchen bin ich" (Eu sou o teu galinho). Quando ele se entrega de corpo e alma, a ruiva o despreza. E a cena culmina na pantomima em que, dentro de uma jaula, cinco homens vestidos como fantoches da *Commedia dell'arte* giram em torno da Garota Ruiva, que agita no ar um chicote como se fosse uma domadora de feras. Para Egk, a dança não tem função apenas decorativa: é uma parábola servindo para retratar, de forma elíptica e extremamente expressiva, as virtudes e fraquezas humanas.

Durante a II Guerra, Egk compôs apenas o excelente balé *Joan von Zarissa*, até hoje uma de suas páginas de maior sucesso; e a ópera *Circe*, baseada em Calderón de la Barca, só estreada em 1949. Nesse meio tempo, *Abraxas* (1946), ação coreográfica adaptada dos fragmentos do *Doktor Faust* de Heine, causou escândalo ao estrear em Munique, onde foi considerada imoral. O balé continuou a ocupá-lo durante os anos de 1950-1953 em que dirigiu a Musikhochschule de Berlim Ocidental: *Ein Sommertag* (Um Dia de Verão) e *Die chinesische Nachtigall* (O Rouxinol Chinês), baseado em Andersen, foram os produtos dessa fase.

De volta a Munique, começou a trabalhar na adaptação de *L'École des Femmes*, de Molière; mas desistiu da idéia ao saber que Rolf Liebermann estava compondo uma ópera sobre o mesmo tema. Escolheu, então, *Countess Cathleen*, de Yeats, cujo nacionalismo, fundamente enraizado na mitologia céltica, ele conseguiu captar de forma extremamente poética. *Irische Legende* (Lenda Irlandesa), a sua ópera de tom mais subjetivo, agradou tanto ao público ao estrear, no Festival de Salzburgo de 1955, que a Rádio do Sul da Alemanha lhe fez logo em seguida a encomenda de um novo espetáculo, também destinado a ser um grande sucesso. *Der Revisor* (O Inspetor-geral) adapta a tradução alemã da comédia de Nikolái Gógol (1836) limitando-se a fazer alguns cortes e condensando habilidosamente as cenas curtas numa só. A estréia foi no Festival de Schwetzingen em 9 de maio de 1957. Não tenho conhecimento de gravação alguma dessa ópera, que tem tudo para agradar muito ao público atual.

Bobtchínski e Dobtchínski, dois broncos proprietários de terra numa cidadezinha russa de província, convencem-se que Khléstakov, modesto funcionário público hospedado no albergue local, é o inspetor-geral cuja vinda de surpresa foi anunciada por um amigo do Prefeito, que lhe escreveu prevenindo-o. O Prefeito, o Juiz, o Diretor dos Correios e outros funcionários da cidade – todos corruptos – dão recepção principesca a Khléstakov, na esperança de que ele não os denuncie. Até Anna, a mulher do prefeito, insinua-se para o seu lado. Ajudado por seu criado Óssip, Khléstakov tira proveito da situação e chega a ficar noivo de Maria, a filha do prefeito. Depois, antes de ser desmascarado, desaparece da cidade. O correio intercepta uma carta que ele escreveu a um amigo na capital, contando a sua aventura. Quando estão todos indignados, sem saber o que fazer para desforrar-se dele, entra um criado do Prefeito anunciando a chegada do verdadeiro inspetor-geral.

Egk mantém um tom leve o tempo, não perdendo a oportunidade de fazer hábeis pastiches da "Komische Oper" tradicional ou do estilo de Weill. Costurado num arioso fluente há números fechados bem construídos, com melodias atraentes, reatando com o idioma comunicativo que fez de *Zaubergeige* o seu primeiro sucesso. A ópera tem bons achados. Entre eles a seqüência de sonho, sobre a forma de três danças – não nos esqueçamos de que Egk é um bom compositor de música para balé –, em que Khléstakov vê-se seduzido primeiro por Anna e, depois, por Maria. Ou a cena em que as diversas autoridades vêm oferecer suborno ao presumido inspetor-geral, encenada sob a forma de pantomimas com um vivo acompanhamento orquestral. No conjunto, porém, está longe de ter a força do original, de humorismo extremamente amargo e com um desenlace que é de desconcertante pessimismo. Em *L'Opera e le Opere*, escreve Guido Pannain:

> Oportunamente secundada por uma música muito ágil e eficiente, a ação do *Revisor* reduz-se à de uma brincalhona ópera bufa dos outros tempos. É uma comédia de equívocos sem segundos sentidos. Respeitados os seus limites, Werner Egk conseguiu, com uma música que não chega a ser original mas é colorida, fluente e jamais ociosa, criar uma obra que se distingue do medíocre nível comum.

A última ópera que Egk compôs, em 1966 –, antes de retirar-se para a sua casa de campo de Inning-am-Ammersee, onde morreu – foi *Siebzehn Tage und vier Minuten* (Dezessete Dias e Quatro Minutos), em que retrabalhou completamente a *Circe* de 1966, dando-lhe ambientação moderna e tom mais satírico. Chegou a encená-la, mas a acolhida do público foi bastante fria, o que o deixou muito decepcionado. Decerto esperava a repetição do sucesso, três anos antes, de sua última grande obra para o palco, cuja idéia lhe viera durante uma viagem de férias ao Caribe. *Die Verlobung in San Domingo* (Noivado em São Domingos) baseia-se na novela de Heinrich Kleist. O próprio autor regeu a estréia, em 27 de novembro de 1963, no Festival de Munique. A série "Festspiel Dokumente", da Orfeo, tem o registro ao vivo, de importância histórica, desse espetáculo.

No Prólogo, duas personagens alegóricas, Herr Schwarz e Herr Weiss – o Sr. Negro e o Sr. Branco – discutem a insurreição dos escravos de São Domingos, em 1803. Figuras históricas pintadas no pano de fundo participam do debate, dizendo que nenhum dos dois está com a razão. E, adquirindo vida, vêm para o primeiro plano contar a história verdadeira.

Durante a insurreição, sem saber que ali mora o chefe negro Hoango, o oficial Christoph von Ried, do Exército francês, pede abrigo para seus homens numa casa no meio da selva. É muito bem recebido pela mulata Babekan e por sua filha, a bela Jeanne, que fica encarregada de reter Christoph até que Hoango chegue com seus homens para matar a todos. Mas os dois jovens se apaixonam e Jeanne decide salvar o rapaz e fugir com ele. Como Hoango chega antes do previsto, Jeanne é obrigada a amarrar Christoph adormecido, para ganhar tempo. Quando este acorda, acha que foi traído pela amante. Os franceses cercam a casa e libertam o oficial. Babekan e Hoango, que perceberam terem sido enganados por Jeanne, tentam castigá-la. Ela pede proteção a Christoph que, não tendo entendido suas intenções, a apunhala. Hoango e Babekan contam-lhe a verdade, mas é tarde demais: Jeanne morre em seus braços, reafirmando o amor por ele.

Primeira partitura contemporânea a ser cantada no prédio reconstruído do Bayerisches Nationaltheater – bombardeado em outubro de 1943 –, *Noivado em São Domingos* faz parte do grupo de óperas germânicas contemporâneas que foram buscar inspiração na obra de Kleist. Além da *Penthesilea*, analisada no capítulo sobre Schoeck, nosso tempo assistiu às adaptações da *Marquesa de O* (Heimo Erbse), do *Anfitrião* (Giselher Klebe), do *Príncipe de Homburg* (Hans-Werner Henze), de um outro *Noivado*, em um ato, composto por Winfried Zillig – todos eles autores de filiação dodecafônica, de que falaremos no volume sobre *A Ópera Contemporânea*. Um dos primeiros dramaturgos modernos a pintar o ser humano vítima de suas emoções, a trazer para o palco o desvairamento, o desmantelamento psíquico, a angústia existencial, Kleist não podia deixar de exercer grande atração sobre os músicos de uma fase tão atormentada quanto o pós-guerra. Egk sentiu-se imediatamente fascinado pela oposição entre a força de Toni (que ele chamou de Jeanne), que sabe perfeitamente o que quer e enfrenta corajosamente todos os desafios, e a fragilidade de Gustav (Christoph na ópera) que, diante do absurdo do que ele mesmo fez, só consegue dizer à mulher agonizante: "Eu não devia ter desconfiado de você."

A estréia foi prejudicada pelas repercussões do assassinato, no dia 22, do presidente americano John Kennedy. O comparecimento do público ao teatro não foi maciço e as reações, pouco calorosas. Mas a crítica reagiu muito favoravelmente. Helmut Schmidt-Garre, do *Neue Zeitschrift für Musik*, chamou Egk de "o mais brilhante compositor alemão contemporâneo", dizendo que "seus libretos são os melhores do pós-guerra". E em vista desse julgamento, as récitas subseqüentes fizeram justiça à obra. É verdade que, durante os ensaios, o encenador Günter Rennert sugerira ao compositor diversas revisões na orquestração, que tornaram a partitura mais transparente, dando relevo maior à emissão do texto. E Egk contava com dois cantores excepcionais, Evelyn Lear e Fritz Wunderlich, para criar os papéis principais.

Egk concebeu *Noivado em São Domingos* como uma ópera de números de formato clássico, que respeita a regra das unidades de ação, tempo e lugar. Mantém literalmente a seqüência dos fatos na novela de Kleist, transpondo para o palco, sob a forma de descrição dos cenários ou rubricas de movimentação dos atores, até mesmo as descrições de ambiente feitas pelo escritor. Mas sabe onde introduzir episódios líricos adicionais – como a oração de Jeanne ou o relato de sonho feito por Christoph – que se alternam com os momentos mais dramáticos, quebrando um pouco a tensão. A mensagem da ópera sintetiza-se nas palavras que as personagens históricas, no final, dizem aos senhores Weiss e Schwarz: "Vocês terão de aprender a viver um com o outro, se não acabarão morrendo um pelo outro, como nós." Fica clara a escolha do tema: um apelo à compreensão num mundo dividido pelo racismo, a intolerância, os conflitos ideológicos, os desníveis econômicos.

Sobre a música – que aceita eventuais aportes vanguardistas, quando estes servem para intensificar momentos mais tensos, mas permanece basicamente fiel ao tonalismo – o próprio Egk escreveu:

> O importante é que o seu caráter seja mais vital do que abstrato e que ela encontre a sua justificativa não nos choques harmônicos que produz ou no sistema a que obedece, mas na sensibilidade e na expressão espiritual.

De um modo geral, o idioma de Egk, nesta ópera, tem afinidades com o de Darius Milhaud e Arthur Honegger. E uma vez mais, são visíveis as referências a Kurt Weill, as citações de jazz, as reminiscências de Bartók e Stravínski.

Wagner-Régeny

De origem romena, nascido em Sächsisch-Regen – hoje Száz-Régen, em território húngaro –, parte da comunidade germânica de Siebenbürgen, Rudolf Wagner (1903-1969) iniciou os estudos de piano em Leipzig. Foi entre 1921-1923, quando cursava as aulas de composição de Schreker na Berlin Hochschule für Musik, que incorporou o nome magiar da cidade natal a seu *nom de plume*: Wagner-Régeny. Durante a República de Weimar, trabalhou em cabarés tocando música ligeira; foi pianista na escola de dança de Rudolf von Laban; e manteve contatos com os círculos modernistas, conhecendo Weill e Eisler, Milhaud e Hindemith, e fazendo amizade com o cenógrafo e libretista Carl Neher. Em 1923, ano em que conseguiu a cidadania germânica, casou-se com a escultora húngara Leli Duperrex, filha de um huguenote francês e de uma judia vienense.

Na fase final do regime republicano, impôs-se lentamente com suas primeiras óperas, em que experimentou diversos gêneros. *Sganarelle oder Der Schein trügt* (As Aparências Enganam, 1923) é, na verdade, uma espécie de *singspiel* usando a tradução alemã da peça de Molière, com música incidental e vários números musicais intercalados ao diálogo. *Der nackte König* (O Rei Nu, 1928) é uma *Märchenoper* de inspiração humperdinckiana, extraída do conto de Hans Christian Andersen. A "cena bíblica" *Esau und Jakob* (1930), o melodrama *La Sainte Courtisane* (1930), para quatro atores e orquestra de câmara, e *Die Fabel vom seilige Schlächtermeister* (A Fábula do Mestre Açougueiro, 1932), a que ele deu a designação vaga de *Stück für die Musikbühne* (peça musical), também estão mais próximas do teatro falado com acompanhamento de números cantados do que da ópera propriamente dita.

Sua primeira obra de grande sucesso, até hoje encenada na Alemanha com certa regularidade, é *Der Günstling oder Die letzten Tage des grossen Herrn Fabiano* (O Favorito ou Os Últimos Dias do Grão-senhor Fabiano). O libreto de Caspar Neher adapta a versão alemã que Georg Büchner fez do drama *Marie Tudor*, de Victor Hugo (1833) – o mesmo que serviu de inspiração às óperas de Pacini e Carlos Gomes. A estréia foi em 20 de fevereiro de 1935, na Semper Oper, de Dresden, sob a regência de Karl Böhm. Este maestro apreciava muito a partitura e empenhou-se em divulgá-la, fazendo com que fosse ouvida em vários teatros dentro e fora da Alemanha. Kurt Masur fez dela, em 1964, uma gravação para o selo alemão Eterna.

Era uma colaboração perigosa, pois Neher, um dos intelectuais mais ativos durante os anos ideologicamente liberais da república de Weimar, era politicamente suspeito aos olhos dos novos senhores. Cenógrafo muito competente, tinha trabalhado com diretores "renegados", como Max Reinhardt e Carl Ebert, e no Kroll Theater, onde Otto Klemperer encenara várias obras modernistas consideradas "degeneradas". No capítulo sobre Weill, de quem Neher foi grande amigo, mencionamos o seu trabalho como cenógrafo da *Ópera dos Três Tostões* e de *Mahagonny*, e como libretista de *Die Burgschaft*, a última ópera européia desse compositor. Havia, no *Favorito*, passagens que poderiam ser interpretadas como críticas ao regime ditatorial: alusões ao machado do carrasco, a um país devastado e exaurido pela tirania, ao desejo de derrubar o opressor. Mas o estilo musical conservador dessa ópera, firmemente ancorado dentro dos limites da tonalidade, fez com que agradasse aos nazistas, que a apresentaram como um modelo do que deveria ser feito pelos compositores germânicos.

A rainha inglesa Maria Tudor, filha de Henrique VIII, é forçada pelo Conselho de Estado a assinar a sentença de morte de seu favorito, Fabiano, porque há suspeitas de que ele seja um espião italiano. Concorda em condená-lo à morte, furiosa por ele ter sido preso em situação comprometedora, na companhia de outra mulher. Arrepende-se logo em seguida, mas é tarde demais: ele já foi executado. Escrita em estilo neomodal, com melodias simples e escrita vocal silábica, a ópera utiliza os números tradicionais – duetos de Fabiano com Maria e com sua amante, uma grande ária final para Maria –, indo buscar seus modelos nas óperas de assunto histórico de Donizetti e Verdi.

Era inevitável que ao regime agradasse essa obra tradicionalista, em tudo contrária às inovações e experimentalismos desaprovados como sinais de "decadência cultural". Era natural, também, que a ópera seguinte fosse esperada com grande ansiedade. Mas ela deixou de preencher as expectativas quanto ao papel que Wagner-Régeny poderia exercer como o porta-voz da música nazi-socialista. Neher baseara-se, para seu libreto, na peça *Die Bürger von Calais* (Os Burgueses de Calais, 1917), do expressionista Georg Kaiser, sobre o episódio histórico do cerco de Calais durante a Guerra dos Cem Anos, tal como é evocado no primeiro volume das *Chroniques* (1369-1373) de Jean Froissart – é a mesma história que, em 1836, já inspirara *L'Assedio di Calais*, de Donizetti/Cammarano.

Essa peça violentamente antimilitarista, sobre o conflito da responsabilidade individual na vida social, tinha sido proibida pelo novo governo. Eram extremamente incômodas, para o Nazismo, as perguntas que ela fazia: para o bem coletivo, pessoas podem ser sacrificadas?; a longo prazo o sacrifício do indivíduo é útil para a sociedade?; e quem decide qual é a vítima a ser imolada? Com a guerra batendo às portas da Alemanha, essa era uma ordem de preocupações absolutamente inoportuna. Mas o próprio regime enaltecera muito o nome de Wagner-Régeny e não podia, agora, cancelar a estréia de uma ópera para a qual voltava-se a atenção de todo o mundo musical europeu. Como aconteceu também com *A Mulher Silenciosa*, de R. Strauss, as autoridades permitiram uma suntuosa estréia na Preussische Staatsoper de Berlim, sob a regência de Herbert von Karajan, maestro que tinha com o governo relações privilegiadas. Mas não foram poucas as manifestações de descontentamento, em especial nas críticas negativas aparecidas em jornais como o *Volkischer Beobachter*. Os porta-vozes da política cultural não engoliram nem a cinzenta previsão dos dias difíceis com a guerra que se aproximava, nem as resvaladas de Wagner-Régeny para um estilo de escrita que se aproximava mais de Kurt Weill do que de Haendel.

Calais está há um ano sob cerco inglês e o burgomestre aconselha seus cidadãos a se renderem para não morrer de fome. Um deles, Josef, preferiu fugir da cidade para não ter de ceder a essa desonra. A mulher do burgomestre, Cornélia, pede uma audiência à Rainha da Inglaterra, com quem se encontra fora dos muros da cidade. Falando-lhe de mulher para mulher, pede que interceda pelos habitantes da cidade. A rainha recusa, mas permite que ela volte em segurança para dentro dos muros, levando consigo Josef, que os soldados ingleses tinham capturado. A princípio os habitantes de Calais recusam os termos de rendição oferecidos pelos ingleses. Mas Josef os convence a aceitar: afinal de contas, só seis burgueses serão sacrificados para salvar seis mil pessoas. Os seis são escolhidos e dirigem-se para os portões (Rodin é o autor de *Les Bourgeois de Calais*, a belíssima estátua que os mostra com a roupa de condenado à forca, trazendo a corda dependurada no pescoço). Mas no último momento surge um mensageiro com a notícia

Cenário de Caspar Neher para o ato III dos *Burgueses de Calais*, de Rudolf Wagner-Régeny, estreada na Staatsoper de Berlim em janeiro de 1939.

de que o rei os perdoou – provavelmente porque a rainha mudou de idéia e decidiu interceder pela cidade.

Os Burgueses de Calais parece-se muito com *Friedenstag* (1936), a ópera pacifista de R. Strauss baseada em *La Redición de Breda* (1625), de Calderón de la Barca. Esta também evoca um fato real ocorrido em Flandres, em outubro de 1648, durante a Guerra dos Trinta Anos. Ambas falam de cidades assediadas e da decisão desesperada de sacrificar-se: o Comandante flamengo, no drama de Strauss, pensa em explodir a cidade para não ter de render-se. Cornélia tem muita afinidade com Marie, a mulher do Comandante, que tenta convencê-lo de que há mais bom senso em render-se e salvar a vida de todos do que em praticar um inútil ato de heroísmo. E as duas óperas terminam acenando com a paz: a de Strauss quando o armistício com os espanhóis é assinado; a de Wagner-Régeny mediante o perdão real.

Musicalmente, porém, as duas diferem bastante. *Friedenstag* inicia-se com melodias ásperas e harmonias agressivas, reminiscentes da *Elektra*. Mas vai se tornando efusivamente diatônica à medida que o bom-senso se instala. E converge para um desenlace francamente tonal, de tom romântico assumido, em estilo de oratório: um hino em louvor à paz cantado por todas as personagens, – lembrando muito o finale do *Fidelio*. A música de Wagner-Regeny, ao contrário, é desapaixonada, objetiva, e mais parece observar do que ilustrar a ação. As formas e temas utilizados são simples e fáceis de memorizar. O atos I e III são de estilo monumental, com corais maciços, construídos sobre esquemas harmônicos elementares. Tem efeito muito comovente, porém, o clímax da ação: a cena de conjunto em que os seis cidadãos escolhidos concluem estar prontos a sacrificar a própria vida para salvar a de seus concidadãos.

Já o ato II é de caráter mais intimista e a confrontação entre Cornélia e a soberana inglesa tem momentos muito eficientes. Neste ato concentram-se as páginas de inspiração folclórica, em especial o sexteto das lavadeiras inglesas, que protegem Cornélia quando ela sai das muralhas da cidade para se encontrar com a rainha; e o truculento dueto entoado por dois soldados ingleses embriagados.

Em janeiro de 1939, os nazistas ainda se preocupavam em preservar uma certa imagem. Em 1941, em plena guerra, fizeram Wagner-Régeny e Neher pagar caro pela ousadia de fazer, em *Johanna Balk* – sob a capa de um *Volksoper* baseado em contos populares da Transilvânia –, a sátira do tirano de um país imaginário, construída à maneira de Kurt Weill que, àquela altura, estava banido havia muito tempo. A ópera chegou a ser estreada, em 4 de abril, na Staatsoper de Viena, dirigida pelo progressista Oskar Fritz Schuh e regida por Leopold Ludwig. Mas foi um escândalo. Sua "inadequação" serviu de pretexto a Goebbels para bater de frente com Baldur von Schirach, que exigia autonomia para a sua política cultural. O relativamente esclarecido Gauleiter da Áustria aceitara encenar *Johanna Balk* em Viena, depois de ela ter sido recusada por Wilhelm Rode, o intendente da Deutsche Oper de Berlim. Wagner-Régeny tomara a precaução de germanizar os nomes húngaros originais do libreto de Neher, para não ferir a susceptibilidade do regime fascista de Budapeste, de Nikolaus Horthy, aliado do Eixo. Mas a emenda saíra pior do que o soneto pois, com um nome alemão, o tirano ficava ainda mais parecido com Hitler. E a música angulosa, de ritmos abruptos, nada fazia para melhorar a coisa. Na noite da estréia, a claque de Goebbels compareceu para vaiar e perturbar o espetáculo.

Goebbels tinha poderes para vetar a apresentação de *Johanna Balk* nos teatros alemães; mas não pôde impedir que ela fosse cantada mais algumas vezes em Viena. Wagner-Régeny foi duramente punido por ter sido apanhado no meio da briga entre dois pesos-pesados. Michael Kater evoca, em *The Twisted Muse*, o destino difícil dessa "vítima acidental":

> O compositor foi eliminando da lista de prêmios que o *Reichsmusikkammer* estava distribuindo aos Graener, aos Orff, aos Knabb, aos Distler. Foi riscado da lista dos músicos favorecidos com a transmissão radiofônica. E o que é pior, para um homem de sua sensibilidade, foi declarado não-isento do serviço militar. Convocado para servir na frente leste em 5 de fevereiro de 1943, passou oito meses num campo de treinamento da *Wehrmacht*, onde viveu num verdadeiro inferno físico e psicológico, em companhia de homens rudes incapazes de compreender uma pessoa como ele, refinadamente culta. Passou a sofrer de insônia, crises de choro e fobia de armas carre-

gadas. Antes saudável e muito bonito, logo ficou magro e pálido. Mas no fim de oito semanas, não foi mandado para Khárkov, como esperava, e sim para um posto muito mais suave na Paris ocupada – ao que tudo indica, por iniciativa de um proeminente opositor do regime, que mantinha boas relações com nazistas importantes. Embora a sua situação não tivesse melhorado significativamente, Wagner-Régeny conseguiu voltar a Berlim no fim de 1943. Tinha um trabalho de escritório, mas ainda estava no exército. Para piorar as coisas, a sua esposa, estrangeira e meio-judia, estava com câncer no seio. Como compositor, ele tinha-se transformado numa não-entidade; as suas obras eram ignoradas. No início de 1945, removido para Mecklemburg, sofrendo de enxaqueca crônica, ele cuidava da mulher moribunda e tentava aprender russo, preparando-se para a ofensiva soviética que, a qualquer momento, tomaria a cidadezinha.

No conjunto, é muito ambígua a posição de Wagner-Régeny em relação ao Nazismo. Por um lado, inspirou a um amigo íntimo, o compositor Gottfried von Einem, ele próprio um perseguido, o comentário de que era "um homem íntegro, que compunha de acordo com a sua consciência e não podia ser subornado". Por outro, transigiu ao aceitar dois mil marcos, em 1934, para escrever uma música incidental para o *Sonho de uma Noite de Verão*, que substituísse a do judeu Feli Mendelssohn – mais tarde, defendeu-se dizendo que Orff fizera a mesma coisa. E se calou quando os nazistas manipularam *Die Burger von Calais* ao bel-prazer de sua ideologia, fazendo dela a celebração do indivíduo disposto a sacrificar a própria vida pelo bem-estar da comunidade – de bom grado o próprio Hitler assinaria embaixo. Não existem gravações integrais das duas óperas desse período. Mas em 1973, Herbert Kegel regeu, para o selo Eterna, uma seleção de trechos dos *Burgueses* e de *Johanna Balk*, gravados na Rádio de Leipzig.

Depois da guerra, Wagner-Régeny instalou-se na Alemanha Oriental e conseguiu reconhecimento por parte das autoridades comunistas. Efetuou-se, aí, curiosa divisão em sua carreira. No campo da música instrumental e de câmara, aderiu ao serialismo, produzindo a série das *Mythologischen Figurinen* (1951) para orquestra. Mas nas obras para o palco permaneceu fiel à música diatônica. *Persische Episode* (Episódio persa, 1950) é um retorno à peça de teatro com interpolação de vários números cantados. *Cantica Davidi Regis* (1954) e *Genesis* (1956) são "cenas bíblicas" que tentam reconstituir o estilo dos "mistérios" medievais de intenções apologéticas. E *Prometheus* (1959) é um "oratório cênico" de certa forma influenciado pelo experimentalismo primitivista de Carl Orff.

Sua última ópera de maior porte foi *Das Bergwerk zu Falun* (A Mina de Falun), que ele mesmo extraiu da peça de Hugo von Hofmannsthal. Estreada em 16 de agosto de 1961, no Festival de Salzburgo, conta a história de Elis, um marujo a quem a Rainha da Mina e um fantasma de 200 anos convencem a abandonar a profissão de faroleiro, que lhe foi legada por seu pai, e ir trabalhar numa mina, como fazia a sua mãe quando solteira. Elis apaixona-se pela filha da rainha mas, no dia das bodas, a abandona. A peça aborda, à maneira densamente simbólica comum em Hofmannsthal, a psicologia das relações arquetípicas do indivíduo com o pai e a mãe. A Wagner-Régeny, porém, faltava o estofo de um Strauss para fazer de libreto tão complexo uma nova *Mulher sem Sombra*. O resultado é uma partitura um tanto árida, em que já se sente o declínio do potencial criativo do compositor.

Blacher

Nascido na China, Boris Blacher (1903-1975) era filho de um próspero comerciante alemão do Báltico, que trabalhava para um banco russo em Nanchung. A profissão de seu pai o fez peregrinar, durante a infância, por Irkútsk, na Sibéria, e Harbin, na Manchúria. Acompanhado pela mãe, foi para Berlim, em 1922, pensando em estudar Arquitetura na Technische Hochschule. Quatro anos depois, abandonou o curso para dedicar-se à música. Ao receber a notícia, o pai suspendeu imediatamente as remessas de dinheiro para sustentá-lo. Diante disso, frau Blacher preferiu voltar para o Báltico. Para se sustentar, Boris teve de tocar piano e harmônio em cinemas de bairro e fazer arranjos para conjuntos de dança – o que o colocou em contato com o jazz.

Foi aluno tão brilhante da classe de composição de Friedrich Ernst Koch que este o indicou para lecionar no Conservatório de Dresden, onde ele foi professor até 1939. A apresentação do *Capriccio* para orquestra, em 1935, foi violentamente atacada pelo crítico Fritz Stege, que condenou seus "efeitos ruidosos e cruezas rítmicas", um "típico legado espiritual de Stravínski e Weill". Mas a *Konzertante Musik für Orchester*, que Carl Schuricht regeu em dezembro de 1937, agradou tanto – ela foi bisada duas vezes na noite da estréia – que o prestígio do jovem compositor se firmou, a ponto de ele ter sido convidado a participar do Festival de Música do Reich, realizado em Düsseldorf em maio de 1938.

Mas a atividade didática de um professor inconformista, que usava em suas aulas peças "politicamente incorretas" do exilado Hindemith e do judeu Milhaud, o fez entrar em choque com as autoridades nazistas. E estas o demitiram por considerá-lo refratário às suas diretrizes. Freqüentemente atacado por Stege, acusado de ter "um quarto de sangue judeu" – pois sua avó materna, Louise Feliciana Boerling, era filha de judeus convertidos –; suspeito de atividades subversivas, pois sua namorada, a pianista Gerty Herzog, tinha sido amante do dissidente político Helmut Rollof, Blacher precisou adotar, até o final da guerra, um perfil muito discreto. Dedicou-se, então, ao ensino particular e exerceu bastante influência sobre a nova geração de compositores alemães. Entre seus alunos estavam Giselher Klebe, Heimo Erbse e Isang Yun. Mas o que mais se distinguiu foi Gottfried von Einem, com quem Blacher colaborou escrevendo libretos para ele. Em *Zum Werk Boris Blachers* (Sobre a Obra de BB), artigo publicado em 1967, na revista *Musica*, o crítico Werner Oehlamnn afirmou:

> Sua obra dá mostras de uma constante originalidade, de uma *legierezza* intelectual que não tem paralelo na música alemã de hoje em dia.

E, de fato, o virtuosismo instrumental, a riqueza das combinações rítmicas, a influência do jazz, e uma certa tendência às texturas frias e secas fazem dele um compositor na mesma linhagem de Stravínski ou de Darius Milhaud.

Blacher é, na essência, um dos compositores que permaneceram fiéis à linguagem tonal – motivo para que o situemos neste volume. Mas, a partir de 1950, integrou a seu idioma procedimentos dodecafônicos e seriais, criando uma linguagem híbrida, na busca de maior variedade de expressão. A partir das teorias de Joseph Schillinger, que tentava racionalizar as relações entre a matemática e a música, desenvolveu a chamada "teoria dos metros variados", que o faz utilizar séries pré-estabelecidas de segmentos rítmicos curtos, combinando-os de diversas maneiras diferentes. Exemplificou-a, pela primeira vez, nos *Ornamente* para piano, que têm por subtítulo "Sete estudos sobre metros variáveis", mas a pôs também em prática nas obras experimentais.

A mais típica, dentre as que pertencem a esse grupo, é a *Abstrakte Oper nº 1* (não houve continuação), estreada em Mannheim em 1953. Partindo de uma sugestão de Werner Egk, ele usa fonemas e sílabas soltas, frases desconexas em alemão, russo e inglês, para sugerir as emoções humanas básicas: amor, medo, dor, alegria. O libreto, não-linear, faz também a paródia dos grandes clichês de situação operística. Igualmente experimentais são *Rosamunde Floris* (1960) e *Zwischenfälle bei einer Notlandung* (Incidentes durante uma Aterrisagem de Emergência), que ele chamou de "uma reportagem musical". Estreada em Berlim em 1966, esta última usa efeitos eletrônicos para realçar o clima de pesadelo de uma história de acidente de avião por pouco evitado. Suas demais óperas têm um estilo mais tradicional.

Fürstin Tarakanowa (Princesa Tarakanowa), estreada em Wuppertal em 1941, é uma comédia ligeira que teria textura quase de opereta, não fossem as eventuais incursões na politonalidade. A ópera de câmara *Romeo und Julia*, composta em 1943, só foi estreada em 1947, e é uma versão bem pessoal da história de Shakespeare ambientada na época do compositor. *Zweihunderttausend Taler* (Duzentos mil táleres, 1969) combina fantasia e crítica social numa linha brechtiana. *Yvonne, Prinzessin von Burgund* (1973) é uma mistura de *Märchenoper* com *grand-opéra*, em estilo muito acessível.

O título mais interessante, na produção de Blacher para o palco, é certamente a ópera-balé *Preussisches Märchen* (Contos de Fada Prussianos), com libreto de Heinz von Cramer, composta em 1949, mas só estreada em 23 de setembro de 1952 na Ópera de Berlim, onde foi muito bem recebida. Disfarçando-se de militar para ir a um baile a fantasia, o medíocre funcionário público Wilhelm von Fadenkreuz descobre que o uniforme lhe dá poderes quase ilimitados. Embriagado com suas novas possibilidades, faz todo tipo de extravagância, culminando na invasão do prédio da Prefeitura, onde trabalha, à frente de um regimento de soldados. O libreto dessa ópera satírica inspira-se numa personagem folclórica, o capitão Von Kopenick, cujas aventuras mirabolantes lembram muito as do barão de Münchhausen, o grande mentiroso.

A bem-humorada mistura de elementos de ópera, opereta e balé faz com que *Contos de Fada Prussianos* seja freqüentemente representada, até hoje, nos teatros alemães. Há ingredientes muito saborosos de *Zeitoper*, com situações prosaicas e contemporâneas, na linha irônica e verista do *Neues vom Tage* de Hindemith. Uma cena na tesouraria da Prefeitura, por exemplo, com alusões hilariantes ao ramerrão burocrático que é o pão de cada dia de Fadenkreuz. Ou o baile anual promovido por uma companhia de seguros contra incêndios. Os vinte números da partitura, de factura tradicional, contêm melodias muito vivas e abrem espaço para freqüentes paródias dos clichês operísticos. Não existe, porém, salvo engano, registro discográfico dessa comédia.

GOLDSCHMIDT

Em 1º de dezembro de 1992, poucas semanas antes de fazer 90 anos, Berthold Goldschmidt (1903-1997) avançou até o proscênio da Berliner Philarmonie e foi ovacionado pela platéia presente. Lothar Zagrosek acabara de reger, em versão de concerto, a sua ópera *Der gewaltige Hahnrei* (O Magnífico Cornudo), que a capital alemã não ouvia desde 1932. Goldschmidt estava voltando para casa, exatos sessenta anos depois de ter sido obrigado a escolher o caminho do exílio.

Aluno de composição de Franz Schreker, ele tinha sido colega de classe de Krenek e Hába. Começou a carreira de regente como assistente de Erich Kleiber no Staatsoper unter den Linden onde, em 1925, ajudou na preparação da estréia do *Wozzeck*. No mesmo ano, ganhou o *Mendelssohn Stiftung* com sua *Passacaglia para Orquestra op. 4*, que Kleiber estreou num concerto com a Staatskapelle. No ano seguinte, a seletiva Universal Verlag aceitou para publicação o *Quarteto op. 8*, consolidando seu prestígio como compositor. O ator e diretor Carl Ebert o convidara para trabalhar em Darmstadt como regente e assessor musical quando, em 1929, Goldschmidt assistiu à peça *Le Cocu Magnifique* (O Magnífico Cornudo), do belga Fernand Crommelynck.

Ao estrear em Paris, em 1920, esse estudo de um caso de ciúme patológico causara um *succès de scandale* ampliado pela extraordinária montagem russa de Vsiévolod Meyerhold, em estilo futurista, retomada em vários teatros da Europa. Goldschmidt, que andava à procura de um tema para ópera, identificou na peça uma alegoria dos sentimentos neuróticos e desequilibrados causados, no pós-guerra, pela instabilidade social e econômica, a falta de confiança nos antigos valores, a intolerância política e racial. Além disso, ela o tocava por uma circunstância pessoal: sua namorada acabara de deixá-lo, após um relacionamento de vários anos, para unir-se a seu melhor amigo – e compor a ópera foi, para ele, uma forma de catarse desse sofrimento.

Embora, a princípio, relutasse em autorizar a adaptação operística da peça, pois sabia que seriam inevitáveis cortes substanciais no texto, Crommelynck concordou quando Goldschmidt o visitou, em Paris, e tocou para ele os dois primeiros atos, que já tinha composto antes mesmo de saber se a permissão lhe seria concedida. Fritz Busch, em Dresden, e Gustav Brecher, em Leipzig, demonstraram interesse pela ópera, que ficou pronta em junho de 1930. Mas o tema era delicado, a direção dos teatros hesitava em montar uma obra que poderia causar escândalo e, com isso, a estréia foi retardada até 14 de fevereiro de 1933, quando *Der gewaltige Hahnrei* subiu à cena no Nationaltheater de Mannheim, regida por Joseph Rosenstock, outro aluno de Schreker.

O crítico Hans Redlich aclamou entusiasticamente o talento de um compositor que, em sua primeira experiência para o palco, já demonstrava absoluto domínio da estrutura dramática e da expressão musical. Seus elogios atraíram a atenção do público e *O Magnífico Cornudo* tornou-se o grande sucesso daquele ano. Mas o ar estava ficando pesado, pois Goldschmidt era francamente hostilizado por seus colegas anti-semitas, principalmente depois que colaborou nas montagens de operetas de Jacques Offenbach. O expurgo de junho de 1934, que eliminou os radicais chefiados por Ernst Röhm, deu a ele a esperança de que as coisas estivessem mudando para melhor. Nessa época, Jürgen Fehling e Gustav Gründgrens, que dirigiam o teatro, aconselharam-no a ficar. Mas a melhora aparente foi de curta duração.

Ebert, que acabara de ser nomeado Intendente da Städtische Oper, em Berlim, programou *O Magnífico Cornudo* para apresentação na temporada de 1932-1933. Antes que isso acontecesse, o esquerdista Ebert e o judeu Goldschmidt foram chamados para interrogatório pela Gestapo, demitidos dos cargos que exerciam na capital e em Darmstadt, e a ópera foi proibida sob a acusação de ser imoral. No início de 1935, Goldschmidt exilou-se na Inglaterra. No ano seguinte, seria a vez de Rosenstock: tendo já perdido o cargo de *Generalmusikdirektor* em Mannheim, teve de fugir para o Japão.

A ação do *Magnífico Cornudo*, a que o compositor deu o subtítulo de "eine musikalische Tragikomödie", passa-se numa cidadezinha da província flamenga. Stella, mulher de grande beleza física, é casada com o poeta Bruno, que sente por ela um ciúme mórbido. Um dia, o boiadeiro Ludovick, que é analfabeto, vem à casa do poeta pedir à sua mulher que lhe faça o favor de escrever para ele uma carta. Sozinho com ela, fica excitado com a sua beleza e, se não fosse a pronta intervenção de Mémé, a governanta, teria sido capaz de estuprá-la. Mas o episódio açula a insegurança doentia de Bruno, que se pergunta se não terá sido sua mulher quem tentou seduzir o boiadeiro. Para pôr à prova seus próprios sentimentos, ele a força a exibir os seios para seu primo, o capitão Petrus, pois sabe que este sempre se sentiu atraído por Stella. Mas o teste só serve para exasperá-lo ainda mais e fazê-lo achar que a mulher, a quem forçou a agir assim, prestou-se a essa humilhação de bom grado (na estréia, o censor vetou essa cena, exigindo que Stella exibisse a Petrus os seus longos cabelos).

Bruno tranca a mulher dentro de casa, obriga-a a se vestir só de preto e a usar uma máscara na presença de estranhos. Quando um jovem vem pedir a Stella que escreva uma carta de amor "para a moça mais bonita da aldeia", o marido tem a certeza de que é à sua mulher que essa declaração se destina, e só não agride o rapaz porque Estrugo, o seu contador, faz o garoto fugir antes. Bruno chega então à conclusão de que a única forma de pôr fim às suas suspeitas é ter a certeza de que Stella é realmente infiel, e convence-a de que deve ir para a cama com Petrus. Este, chamado de volta, aceita "com gélida determinação". Mas assim que eles se trancam no quarto, Bruno, desatinado, pega um revólver, esmurra a porta, faz tal escândalo que atrai um policial e vários moradores da aldeia. Stella sai do quarto com Petrus e diz ao marido que, agora, ele não tem mais razões para suspeitas. Rindo, ele retruca: "Esses dois acham que me enganam", enquanto os aldeões cantarolam: "Bruno ist ein Hahnrei und es merkt es nicht!" (Bruno é chifrudo e nem sabe).

Todos os homens da aldeia passam a rondar a casa da bela mulher que trai o marido, o que deixa suas esposas furiosas e faz o policial preocupar-se com a possibilidade de que aquilo cause grandes transtornos na cidade. Uma noite, para testar novamente sua mulher, Bruno se mascara e, ajudado por Estrugo, entra no próprio quarto pela janela e faz a corte a Stella. A princípio, ela o rejeita. Depois, reconhecendo-o, entrega-se a ele. Uma multidão de mulheres junta-se em torno da casa, achando que o mascarado é um de seus maridos. Quando Bruno aparece e tira a máscara, elas o ridicularizam e ameaçam jogar Stella no rio. Surge de repente Ludovick e protege Stella das mulheres que a querem agredir. Mémé lhe diz que já está na hora de ela abandonar Bruno e procurar um outro homem, mas ela responde que ainda ama o marido. "Meine Seele is weiss wie ein Schwann" (Minha alma é branca como um cisne), repete. Mas como Bruno, ao ver que Ludvick se esforça para protegê-la, grita que encontrou finalmente o seu verdadeiro amante, ela diz ao boiadeiro: "Ja, ich lieb' dich, nimm mich mit! Du sollst mich behalten! Aber schwöre, dass ich dir ewig treu bleiben darf!" (Sim, eu te amo, leve-me com você! Você pode me possuir! Mas jure que terei de ser fiel a você para sempre). Vendo-os afastarem-se, Bruno diz, com um ar de sinistra satisfação: "Das ist wieder einer von ihren Streichen, aber mich fängt sie nicht mehr!" (Esta é outra de suas armações, mas eu não caio mais nessa).

Redlich tinha razão ao falar no instinto natural de Goldschmidt para o palco – e é uma pena que ele tenha composto apenas duas óperas. Desde a primeira cena, sente-se a facilidade e a segurança com que caracteriza as personagens e suas oscilações de temperamento. A instabilidade da linha vocal e a intensidade emocional da música, oscilando entre lirismo e drama, frisam cada detalhe emocional da trama. Em novembro de 1992, quando Zagrosek estava gravando a ópera para o selo Decca, na Jesus-Christus Kirche do bairro berlinense de Dahlem, Goldschmidt fez questão de supervisionar pessoalmente a dicção dos cantores, para que o texto fosse emitido com toda clareza – "e o fez com a mesma concentração e energia de quando era preparador, aos 25 anos", diz Bernard Keefe, autor das notas de apresentação do álbum.

Nesta história de um amor destruído pelo ciúme obsessivo, há estreita relação entre a construção melódica e os verdadeiros sentimentos das personagens. Já na primeira cena, os instáveis arpejos, as modulações bruscas, os ritmos irregulares nas figurações orquestrais parecem desmentir a certeza das declarações de amor que Bruno faz a Stella. No ato II, a escrita contrastante para os três tenores que estão em cena – Bruno, Estrugo e o jovem aldeão – mostra claramente a diferença entre seus estados psicológicos. A obsessão do poeta é acentuada por ritmos mecânicos, pontuados pelo xilofone. A melodia do contador é impassível, pois ele mantém-se exterior à ação. Quanto ao rapaz – apaixonado, ao que parece, por uma cigana que é representada por um motivo na clarineta –, o seu tema apaixonado é uma variação do de Bruno, lembrando-nos o que o poeta deve ter sentido, em outros tempos, quando amava realmente a sua mulher. Esse trio atormentado é momentaneamente interrompido pela ampla linha de canto de Stella, com um acompanhamento orquestral de textura completamente diferente, que leva ao poderoso efeito rítmico da cena em que os aldeões invadem a casa.

Grupos de instrumentos se associam a cada personagem – madeiras e metais para Bruno, cordas para Stella, percussões para a figura rude de Ludovick, e assim por diante –, e o elemento de paródia não está ausente: o melhor deles são os ritmos de dança (já ouvidos no Prelúdio) que, no início do ato III, sugerem o clima da quermesse que está se realizando na praça da aldeia. Diz Bernard Keefe:

> O poder da música de Goldschmidt reside no seu tom direto e sem afetação, derivado não de efêmeras influências mas da assimilação consciente de séculos de evolução musical.

Por que incluir, num volume sobre *A Ópera Alemã*, um drama cantado em inglês e estreado na Inglaterra? Porque *Beatrice Cenci*, como toda a obra de Goldschmidt após 1933, é fruto das circunstâncias que o obrigaram a sair de sua terra e comer o amargo pão do exílio. Mas permanece profundamente germânica em espírito, fiel à linha evolutiva que viemos descrevendo nos últimos capítulos deste livro, impregnada da cor orquestral, do estilo melódico, da técnica vocal que associamos imediatamente à *Deutsche Oper*. Não haveria sentido em analisá-la noutro contexto.

Não foi fácil a vida de Goldschmidt no estrangeiro. As autoridades de imigração lhe recusaram o *work permit* e ele teve de trabalhar clandestinamente, dando aulas de música por uma ninharia, até conseguir um contrato com o Jooss Ballet. No início de 1944, arranjou emprego na BBC, que o colocou em seu serviço exterior, participando da campanha de propaganda antinazista. Ali, Carl Ebert veio procurá-lo, no final da guerra, para que o ajudasse a preparar o elenco da Ópera de Glyndebourne, recentemente reformada, que participaria do Festival de Edimburgo. Em Glyndebourne, Goldschmidt regeu, em 1947, apresentações muito elogiadas do *Macbeth*, de Verdi – na época, em plena fase de redescoberta, dentro do projeto de "renascença verdiana" animado pelo maestro Karl Böhm e pelo romancista Franz Werfel, autor de uma biografia muito fantasiosa do compositor italiano que, em determinada época, chegou a ser best-seller.

No ano seguinte, o historiador de teatro Martin Esslin o convidou a colaborar na produção radiofônica de *The Cenci*, a peça em que Percy Bysshe Shelley conta a trágica história da jovem Beatrice. Aos 16 anos, ajudada por sua madrasta Lucrezia Petroni, ela matou o próprio pai, o conde Francesco Cenci, pois este a vinha forçando havia tempos a cometer incesto. Francesco odiava os sete filhos que tivera do primeiro casamento, e construiu a igreja de São Tomás para enterrá-los, regozijando-se cada vez que um deles morria em conseqüência de seus maus-tratos. Segundo consta, o papa Clemente VIII sabia de todas as crueldades e pecados cometidos pelo aristocrata, e o perdoava sempre, mediante o pagamento de "penitências" consideráveis em dinheiro. Historiadores como Georg Brandes (1894) afirmam que a decisão do papa de condenar Beatrice e Lucrezia a serem decapitadas, em 1599, deveu-se menos à moral ultrajada do que à perda de uma lucrativa fonte de renda.

Considerado por Lord Byron "o melhor drama inglês desde Shakespeare", *The Cenci* foi rejeitado pelo Covent Garden, que o considerou escandaloso. A primeira representação só teve lugar na Sociedade Shelley, em 1866, mas a portas fechadas. A peça foi encenada na Alemanha (1919) e na Rússia (1924); mas só depois da montagem de Antonin Artaud – que em 1935 apresentou-a como típica precursora do que ele chamava de "teatro da crueldade" –, *Os Cenci* se impôs como a genial obra dramática que é, cuja influência foi sensível sobre Eugène Ionesco, Samuel Beckett, Jean Genêt e outros autores de vanguarda.

Goldschmidt percebeu imediatamente o potencial operístico da peça de Shelley e, apesar da relutância de Esslin, convenceu-o a condensá-la às proporções de um libreto em três atos. *Beatrice Cenci* foi inscrita, em 1951, num concurso de óperas novas para o Festival of Britain, e recebeu o primeiro prêmio do Arts Council. Mas nem ela nem as três outras premiadas chegaram a ser montadas. No máximo houve, na BBC, a transmissão de alguns de seus trechos selecionados. Em 1987, foi apresentada em versão de concerto no Queen Elizabeth Hall, regida por Odaline de la Martínez, tendo Helen Lawrence no papel-título. A redescoberta de Goldschmidt e o sucesso do *Magnífico Cornudo* fizeram com que fosse também apresentada em versão de concerto, em 30 de agosto de 1994, no auditório da Filarmônica de Berlim, sob a regência de Lothar Zagrosek (existe, no selo Sony, a gravação desse espetáculo).

Lucrezia, Beatrice e seu irmão Bernardo lamentam-se da crueldade com que são tratados por Francesco. A menina já mandou uma petição ao papa pedindo autorização para se casar, pois vê nisso a forma de escapar às torturas que o pai lhe inflige. O cardeal Camillo vem dizer a Francesco que o papa está disposto a perdoá-lo por um assassinato que cometeu, se uma de suas propriedades for doada à Santa Sé, e ele responde: "Let it go... and grant that I may long enjoy strength, wealth, pride and lust and sin" (Deixe-a ir... desde que por muito tempo eu possa desfrutar de força, riqueza, orgulho e lascívia e pecado). Beatrice recorre ao prelado Orsino a quem, em outros tempos, tinha confessado seu amor, antes de ele ser ordenado padre. Orsino diz que pode pedir uma dispensa ao papa para casar-se com ela; mas quando a moça se afasta, revela, no monólogo "I think to win you at an easier rate" (Pretendo conquistar-te por um preço mais barato), que a sua intenção é apenas seduzi-la.

Durante uma festa no palácio – em que ouvimos um trovador entoando uma canção sobre o poema "Thou art fair and few are fairer" (És linda e poucas são mais belas), do próprio Shelley –, Francesco horroriza os convidados quando bebe à morte de seus dois filhos que estão lutando na Espanha. Beatrice pede a todos que a salvem dos tormentos a que o pai a submete. Mas os convidados se retiram e deixam-na sozinha com Francesco, que a arrasta para sua alcova. O estupro deixa Beatrice quase louca. Ela está cantando um lamento – cujo texto é o poema "Rough wind that moanest loud" (Vento áspero que gemes tão alto), de Shelley –, quando chega Orsino e, ouvindo o que Francesco lhe fez, propõe que o matem quando estiver bêbado. Lucrezia dá ao marido uma taça de vinho com um sonífero; dois assassinos contratados, Olimpio e Marzio, o estrangulam e atiram o cadáver no jardim. Camilo vem procurar o conde, seu assassinato é descoberto e, logo em seguida, chega a notícia de que Marzio foi preso e, em seu poder, encontraram uma carta em que Orsino acusa as duas mulheres de terem planejado o crime.

Na prisão, apesar de serem acusadas por Marzio, torturado até confessar, as duas mulheres continuam negando o crime e afirmando para seus juízes que Orsino planejou tudo. Mas este fugiu de Roma e está desaparecido. Torturada na roda, Lucrezia confessa. Ambas são condenadas à morte. Camilo ainda tenta obter a clemência do papa, mas este recusa porque, exatamente na mesma época, um outro rapaz, Paolo Santa Croce, matou a mãe, e o parricídio não pode ficar impune. Fracassa também o pedido de perdão feito ao Sumo Pontífice por Bernardo. Diante de uma multidão dividida, uns pedindo vingança, outros reconhecendo que o desespero as levou ao crime, as duas mulheres são executadas. À distância, ouve-se o cântico do *Requiem*: é o papa que reza pela alma de suas duas vítimas. A última palavra é do cardeal Camillo: "Thus we are all enmeshed in a vast web of sin and guilt" (Assim nos enredamos todos numa vasta teia de pecado e culpa).

Os preconceitos sociais de que eram vítimas as mulheres e a posição de inferioridade em que elas viviam em relação ao homem sempre preocuparam Goldschmidt. Desde menino, indignava-se com a forma como as empregadas eram tratadas em sua casa e na de seus amigos. Em suas duas óperas, Stella e Beatrice têm em comum o fato de serem vítimas de uma forma de demência masculina. Mas enquanto a personagem do *Gewaltige Hahnrei* sofre com a insegurança do marido, que transforma a vida conjugal num inferno fechado, Beatrice é a presa de um homem poderoso e sem escrúpulos que, inserido num contexto sociopolítico mais amplo, encarna a sede de poder reforçada por um orgulho pessoal desmedido. Nesse sentido, tanto os seus atos quanto a revolta de Beatrice assumem significado alegórico mais abrangente – principalmente quando a tragédia dos Cenci é evocada por um artista que sentiu na pele a experiência da perseguição e de um exílio que assume a dimensão de uma pena capital.

Em *Beatrice Cenci*, reencontramos a mesma facilidade para a escrita vocal e para a orquestração brilhante, que dá a cada cena o seu caráter distintivo. As páginas puramente instrumentais, em especial, são exemplos eloqüentes de como a técnica de escrita herdada do Neo-romantismo de Strauss e de seu mestre Schreker é posta a serviço da expressão dos sentimentos. Os Prelúdios aos atos I e II; o Noturno do ato III, na prisão, entre a cena da condenação à morte e o retorno de Camillo com a notícia de que o papa negou o perdão; e o agitado Interlúdio que leva à cena da execução são admiráveis comentários às etapas de crescente tensão no drama.

Embora ainda estejam presentes as dissonâncias, a música de *Beatrice* é deliberadamente mais diatônica do que a do *Cornudo*, até mesmo para evocar a atmosfera renascentista, numa chave neo-romântica reminiscente das óperas de Schreker, Zemlinsky ou Korngold passadas nessa época. Numa década em que predomina, na composição européia, o tom frio e distanciado dos serialistas, a partitura de Goldschmidt é calorosamente melódica, recorrendo à curva ampla dos grandes cantabiles straussianos para expressar o sofrimento de suas personagens. Assim é, desde o início, o dueto "My gentle Beatrice" (Minha gentil Beatriz), da personagem-título com Lucrezia, seguido do trio "Ours is an evil lot" (É mau o nosso destino), em que as duas e Bernardo lamentam o tratamento que Francesco lhes inflige. A seqüência de danças e a arietta do trovador, na cena da festa, são duas vinhetas de grande delicadeza, reconstituindo de forma graciosa o ambiente cortesão quinhentista.

O lirismo intenso da ária "The beautiful blue heaven" (O belo céu azul), que Beatrice canta no início do ato II; a elegia "Rough wind"; ou a arietta do ato III, "False friend, wilt thou smile or weep" (Falso amigo, hás de sorrir ou chorar) – cujo texto também é um poema de Shelley –, são a prova de que os recursos da antiga arte operística do grande número fechado ainda não estão esgotados. Mas foi justamente esse tipo de escrita – hoje tão naturalmente aceito por um público que aprendeu a não rejeitá-lo mais – o que fez certa geração desdenhar a música de Goldschmidt, considerando-a superada e passadista.

O título de um artigo que saiu na imprensa berlinense, após o concerto de 1994 – "Die Melodie ist nicht tot" (A melodia não morreu) – aplica-se a toda a arte de Goldschmidt; e não apenas a uma cena profundamente comovente como o final de *Beatrice Cenci*. Essa era a linguagem que ele sabia usar e que continuou explorando nas obras que compôs até o fim da vida, mesmo quando ainda não tinha esperanças de vê-las executadas (ou gravadas, como agora).

Berthold Goldschmidt desempenhou também papel importante ao ajudar o musicólogo Derek Cooke a reconstruir a *Sinfonia nº 10*, deixada incompleta por Gustav Mahler; e ao reger a sua primeira execução em 1964. Compôs concertos para violino, clarinete, violoncelo, peças de câmara e ciclos de canção. Dois deles, de grande beleza – *Mediterranean Songs* e *Vier Lieder* (Quatro Canções) –, complementam os álbuns do *Gewaltige Hahnrei* e da *Beatrice Cenci*. Depois da exumação do *Magnífico Cornudo*, os selos Decca e CPO lançaram discos contendo as suas peças instrumentais, de grande variedade de factura e alto nível de inspiração. Goldschmidt morreu aos 94 anos, coberto de prestígio, depois de ter podido, felizmente, assistir à própria ressurreição.

Hartmann

A forma que Karl Amadeus Hartmann (1905-1963) encontrou de protestar contra o Nazismo foi o silêncio auto-imposto. Ao invés de tirar vantagem do vácuo deixado pela partida de tantos compositores, que fugiam do Nazismo exatamente no momento em que a sua própria linguagem chegava à maturidade, ele optou pelo "exílio interno". Retirou-se da vida musical alemã e não deixou que nenhuma de suas obras fosse executada na vigência do III Reich. Mais tarde diria:

> Dei-me conta de que era necessário dar provas não de desespero, nem de medo do regime, mas de vontade de confrontação. Dizia-me, o tempo todo, que não havia importância nenhuma se nós, pessoalmente, fôssemos esquecidos desde que, no final, a liberdade prevalecesse.

Só permitiu que Hermann Scherchen regesse o poema sinfônico *Miserae* (1934) porque o concerto realizou-se em Praga. E assim mesmo, embaraçou publicamente o embaixador alemão ao dedicá-la

> aos amigos que não esqueço, que tiveram de morrer cem vezes e, hoje, dormem por toda a eternidade.

Filho de um antigo socialista de Munique, irmão do comunista Richard Hartmann, que ajudou a fugir para St.-Gallen, na Suíça, quando ele foi apanhado distribuindo panfletos anti-hitleristas, Karl Amadeus tinha assumido, desde cedo, atitudes de dissidente. Rompeu com os ensinamentos tradicionalistas de Joseph Haas na Akademie der Tonkunst de Munique; usou música de Hindemith e Egk nas aulas de iniciação musical que deu para crianças e adolescentes; escreveu canções baseadas em textos de Karl Marx e do poeta comunista Johannes Becher; ligou-se estreitamente ao notório antifascista Hermann Scherchen e, em suas primeiras composições, como ele próprio dizia:

> misturei Futurismo, Dada, jazz e outras correntes musicais muito malvistas pela platéia de Munique, onde era restrito o círculo das pessoas receptivas à arte contemporânea.

Hartmann provocou as autoridades até onde pôde. Retardou até 1936 a devolução dos formulários sobre a sua origem étnica, que tinham de ser preenchidos por todos os profissionais liberais, artistas e funcionários públicos. Depois do episódio de Praga, o governo impôs-lhe a proibição de viajar, a menos que pedisse autorização com quinze dias de antecedência. Quando a sua música também começou a ser rotulada de "atonal" e "degenerada", ele concluiu ter chegado a hora de manter absoluto silêncio, "pois também não teria sentido ter sido mandado para Dachau". Conseguiu sobreviver, durante esses anos, pois foi sustentado por sua esposa.

Ele conhecera Elisabeth, filha do rico industrial Alfred Reussmann, em 1929, quando ela tinha apenas dezesseis anos. O pai da moça tentou pôr fim a um namoro "socialmente inadequado" mandando a filha estudar na Inglaterra. Mas não conseguiu impedir que eles continuassem se correspondendo, nem que se casassem em dezembro de 1934, assim que Elisabeth chegou à maioridade. O casal viveu em quase total isolamento, até maio de 1945, numa casa que o sogro tinha à beira do Lago Starnberg, ao sul de Munique. Só depois da guerra Hartmann voltou a permitir que suas obras fossem executadas. Sua produção não é grande. Mas as oito sinfonias (1936-1962), os dois quartetos de cordas – em especial o monumental *Carillon* – e *Des Simplicius Simplicissimus Jugend* (A Juventude de Simplício Simplicíssimo), a sua única ópera, fazem dele um compositor cujo nome não pode ser negligenciado.

As raízes da linguagem sinfônica desse músico que não quis ligar-se a nenhuma escola estão em Bruckner e Mahler. A partir daí, ele elaborou um estilo muito pessoal, de estampa neoclássica, naturalmente simpático a Hindemith, por exemplo. Mas que incorpora, quando necessário, procedimentos seriais aprendidos com Anton Webern, de quem foi aluno entre 1941-1942. Hartmann é, sobretudo, um músico que tem rigoroso senso de forma e uma tendência natural à retórica, muito convincente.

O romance de Hans Jakob Christoph von Grimmelshausen, *Des Simplicius Simplicissimus Jugend* (1668), narra num tom de novela picaresca as aventuras de um homem comum durante a Guerra dos Trinta Anos. O contrário do modelo idealizado de jovem alemão "feito de aço e coragem", que ideólogos nazistas como Wolfgang Stumme e Cesar Bresgen preconizavam, Simplicius passa por todo tipo de sofrimento e humilhação mas, de uma maneira ou de outra, consegue sobreviver a eles. Hartmann encontrou nesse "simplório" o veículo perfeito para expressar a sua indignação diantes dos horrores por que a Alemanha estava passando. Essa ópera composta antes do "exílio interno" justifica também os dez anos de silêncio que ele se impôs, como um protesto contra as perseguições oficiais a todos os compositores que se entregavam a uma pesquisa séria de novos caminhos para a sua arte. É o próprio Hartmann quem conta:

O livro de Grimmelshausen teve sobre mim um grande impacto. O retrato que ele faz das condições de vida durante a Guerra dos Trinta Anos me pareceu extraordinário. As suas palavras pareciam ter sido escritas para os nossos dias: "Os nossos tempos andam tão estranhos que a gente nem sabe se vai conseguir sobreviver a eles. O indivíduo é exposto à devastação e à degeneração de sua época, e vê a nossa nação perder a sua alma. Não há salvação para ninguém, a menos que o espírito forte da gente simples consiga lutar contra esse estado de coisas." Hoje também o nosso povo está muito perto de perder o seu eixo espiritual. [...] Nada há, nesse romance, que você espere encontrar numa ópera, a começar pelo fato de que ele retrata a espécie humana como uma raça de bárbaros. Mas eu senti que tudo isso estava pedindo para ser levado ao palco – não como um entretenimento, mas como uma mensagem urgente. Para quem sabe do que estou fazendo, *Simplicius* é um espelho do destino de nossa sociedade. É o julgamento do dia de nossa vergonha, um testemunho da guerra e do morticínio.

É literalmente a frase de Grimmelshausen, citada neste texto, que Simplicius pronuncia, na cena capital da ópera, em que toma subitamente consciência de como é absurda a engrenagem em que a guerra o fez cair: "Os nossos tempos andam tão estranhos que a gente nem sabe se vai conseguir sobreviver a eles." Naturalmente, seria demais esperar que as autoridades nazistas permitissem a encenação, em 1935, quando foi escrita, desta ópera de câmara cujo libreto foi redigido pelo próprio Hartmann, com a colaboração de Scherchen e de Wolfgang Petzet. O crítico belga Paul Collaer, antifascista a quem Hartmann haveria de dedicar sua *Sinfonia Tragica*, tinha planos de estreá-la em Bruxelas. Antes que isso pudesse acontecer, porém, a Bélgica foi invadida pelas tropas alemãs, em maio de 1940. Hartmann tentou propor a partitura à Rádio de Berna, mas a direção da emissora a devolveu alegando tê-la achado "demasiado moderna para o gosto de nossos ouvintes". Com isso, *Simplicius Simplicissimus* só pôde ser executada em versão de concerto, em Munique, em 2 de abril de 1948, sob a regência de Hans Rosbaud. E subiu ao palco pela primeira vez na Ópera de Colônia, em 20 de outubro de 1949. Ao publicar, em 1955, a versão revista de sua partitura, Hartmann escreveu:

A música vai das baladas de ruas até o coral de igreja, interpola números com estrutura de canção a um fluxo de recitativo salmodiado e, com freqüência, cresce até atingir dimensões sinfônicas.

É importante também destacar a homenagem a amigos judeus vítimas de perseguição, mediante o uso de melodias do folclore hebraico na cena do ato II em que são pranteadas as vítimas da guerra. A orquestra é de tamanho médio, um pouco menor do que a formação clássica padrão, mas é reforçada por uma ampla seção de percussões. Trata-se de um exemplo empolgante de teatro épico, nos termos propostos por Bertolt Brecht. Revisor compulsivo de suas próprias obras – várias delas foram praticamente reescritas depois da guerra – Hartmann preparou uma segunda versão do *Simplicius* em 1956, por sugestão de Rolf Liebermann, a quem tinha dedicado a sua *Sinfonia nº 4*. Encurtou o título retirando a palavra *Jugend* e eliminou alguns pequenos episódios acessórios. Expandiu para cinqüenta o número de instrumentistas, aumentando principalmente as cordas e percussões; mas manteve a formação original dos sopros, em que não há oboés, trompas e tuba. A nova versão foi apresentada em Mannheim, em julho de 1957. É dela que o selo Wergo tem uma gravação, feita por Heinz Fricke em 1985.

Apesar de demonstrar a aptidão de Hartmann para o gênero dramático, *Simplicius* estava destinada a permanecer como experiência isolada. *Wachsfigurenkabinett* (O Gabinete das Figuras de Cera), coleção de cinco óperas curtas de forte colorido expressionista, em que Hartmann trabalhou entre 1929-1930, ficou inacabada. É evidente a influência do cinema caligaresco nessas vinhetas que Hans Werner Henze completou e orquestrou, em 1988, com a ajuda de Bialas e Hiller, dois alunos do compositor.

Embora não pertença ao gênero lírico, não posso deixar de citar, pela sua imensa força teatral, a *Gesangsszene* (Cena Cantada) para barítono e orquestra, de 1963, sobre um monólogo extraído da peça *Sodome et Gomorrhe*, de Jean Giraudoux. Desse libelo pacifista, que é quase um monodrama, existem duas gravações: a de Anton Rickenbacker (Koch-Schwann), com Siegmund Nimsgern; e a de Rafael Kubelík (Wergo), muito valorizada pela sensível interpretação de Dietrich Fischer-Dieskau. Esta última faz parte de um álbum de quatro CDs em que a integral das oito sinfonias – um dos monumentos desse gênero instrumental no século XX – é realizada por Fritz Rieger, Ferdinand Leitner, Kubelík e Zdeněk Macal.

SUTERMEISTER

Aluno de Hans Pfitzner em Munique, o suíço Heinrich Sutermeister (1910-1995) decidiu dedicar-se à carreira operística devido à admiração que sentia pela obra cênica de Arthur Honegger. Mas são Werner Egk e Carl Orff os autores que maior peso tiveram sobre a formação de sua linguagem, tipicamente diatônica, preocupada em manter um estilo imediatamente acessível ao público mais amplo.

Die Schwarze Spinne (A Aranha Negra), ópera radiofônica baseada num conto de terror de Gotthelf, escrita em 1936 e transmitida pela Rádio Berna em 1949, enraiza-se numa tradição que remonta ao romantismo de Marschner e Spohr. Existe dela uma gravação feita na década de 1970, sob o patrocínio das Communautés de Travail Suisses. O maior sucesso de Suttermeister foi *Romeo und Julia*, estreada em Dresden em 1940, sob a regência de Karl Böhm. O próprio autor definiu essa partitura, muito melodiosa e fluente, como "Verdi da última fase disfarçado com roupas modernas". A história dos amantes de Verona presta-se muito bem, de resto, às intenções do compositor, que queria trabalhar com um argumento e um estilo de música capazes de seduzir um público já naquela época repelido por determinadas ousadias vanguardistas.

Referências deliberadas ao estilo barroco, numa linha semelhante à da *Ariadne auf Naxos*, surgem em *Die Zauberinsel* (A Ilha Mágica), de 1942, baseada na *Tempestade*, de Shakespeare, e em *Niobe* (1946). Ambas são bastante eficientes do ponto de vista teatral e o músico domina os recursos necessários para trabalhar com esses dois libretos, de tom mais leve. O problema com as ambiciosas *Raskolnikoff* (1948) – extraída do *Crime e Castigo*, de Dostoiévski – e *Madame Bovary* (1967), do romance de Flaubert, é o idioma musical de Sutermeister, influenciado pelo de Orff, não possuir a densidade necessária para abordar temas tão complexos.

Esse tipo de linguagem mostrou-se mais apropriado para óperas de tema descomprometido: *Der rote Stiefel* (A Bota Vermelha, 1951) e *Das kalte Herz* (O Coração Gelado), ambas baseadas também em contos de terror, gênero que Sutermeister tratava com bastante habilidade; e no extremo cômico dessa mesma temática, *Das Gespenter von Canterville* (O Fantasma de Canterville, 1964), tirado da engraçada narrativa de Oscar Wilde, em que uma família de americanos desmoraliza o fantasma residente de um venerável castelo escocês. Esta é provavelmente a sua ópera mais satisfatória.

O tom ligeiro da escrita de Sutermeister mostra-se também bastante adequado para a comédia: a burlesca *Titus Feuerfuchs oder Liebe, Tücke und Perüke* (Amor, Perfídia e Peruca, 1958); a bufa *Seraphine oder Die stumme Apothekerin* (A Boticária Muda, 1960), tirada de um episódio do *Pantagruel*, de Rabelais; *Der Flaschenteufel* (O Diabo Dentro da Garrafa, 1971), no estilo dos antigos *singspiele* de tema fantástico; e *Le roi Bérenger* (1985), com uma reconstrução poética da Idade Média. Várias das óperas de Sutermeister existem simultaneamente em versão para o palco e adaptadas para o rádio ou a televisão.

Krása

O amor de Hans Krása (1899-1944) por sua cidade natal haveria de selar seu destino. Depois que o exército nazista ocupou Praga, em 15 de março de 1939, esse típico representante da elite intelectual da comunidade judeu-tcheca de origem alemã hesitou em fugir. Recusava-se a sair de uma das mais belas cidades européias, palco de uma vida artística intensíssima, em que se cruzavam férteis influências eslavas e germânicas. Não escapou à onda da "solução final": foi preso em 1942 e levado para Terezín, onde também estava Ullmann. Ali viveu o clima de relativa tolerância que caracterizava esse campo, podendo inclusive continuar compondo (a ópera *Brundibár*, montada por seus companheiros de prisão, é desse período). Quando deixou de interessar aos nazistas manter Terezín como uma "vitrine" de seu sistema carcerário, Krása seguiu o caminho de muitos outros detentos: em 16 de outubro de 1944, foi levado para Auschwitz e morto na câmara de gás.

Como acontece com seus compatriotas Schulhoff e Ullmann, mas também com alemães como Goldschmidt e Braunfels, a redescoberta recente de Krása é resultado da preciosa exumação de partituras desse período feita pela Decca na coleção *Entartete Musik*. Depois de um disco com quartetos de cordas de sua autoria e de Pavel Haas, em 1999 foi lançada a sua obra mais importante, a ópera *Verlobung in Traum* (Noivado em Sonhos), de 1933. Ela tinha sido gravada por Lothar Zagrosek, com a Sinfônica de Berlim, na Jesus-Christus-Kirche do bairro de Dahlem, em agosto de 1996. O libreto em alemão, o fato de a ópera ter sido estreada no Neues Deutsches Theater de Praga, e as ligações de Krása com a cultura musical germânica justificam a sua inclusão neste volume.

Foram muitos precoces os estudos musicais de Hans Krása, feitos com Zemlinsky e o compositor alemão Gerhard von Keussler, que o iniciou nos mistérios do wagnerismo. A refinada educação recebida no Liceu Alemão de Praga também despertou nele a paixão pela literatura, a francesa e a russa em especial – mas também os poetas contemporâneos tchecos e alemães, pois uma de suas primeiras obras, escrita durante os anos de estudante, são os *Galgenlieder* (Canções da Forca), sobre textos de Christian Morgenstern. Quando Zemlinsky regeu a estréia dessa peça, em maio de 1921, ele estava com 22 anos.

Filho de família muito rica, Hans não se preocupou em conseguir logo um emprego permanente. Dava algumas aulas particulares de piano e, de vez em quando, era chamado por Zemlinsky para reforçar a equipe de co-repetidores do Neues Deutsches Theater mas, a maior parte do tempo, dedicava-se ao convívio com a boêmia intelectual dos cafés que floresciam em Praga – em especial o Café Arco, na rua Hybernská, reduto dos jornalistas do *Prager Tagblatt*, o principal jornal alemão da cidade. Ali conheceu o crítico Max Brod, amigo de Janáček e Kafka. Brod passou a protegê-lo, traduzindo para ele *Les Chercheuses de Poux* (As Catadoras de Piolho), um dos poemas de *Une Saison en Enfer*, de Rimbaud. Krása usou-o no movimento final da *Sinfonia para Pequena Orquestra* (1922) – incluída por Lothar Zagrosek, no álbum da Decca, em complemento ao *Noivado em Sonhos*.

A *Sinfonia* foi a obra que levou seu nome para fora das fronteiras tchecas: os dois primeiros movimentos, ouvidos em Paris em 1923, foram muito elogiados por Roland-Manuel. Mas só em 1991 ela foi executada completa, em Berlim, decerto porque para a época era demasiado agressivo o tom pré-dadaísta do movimento final (já presente, de resto, nos lúgubres poemas de Morgenstern). Krása assinou, em 1925, um contrato com a editora Universal. Mas compôs muito pouco, até o fim da década: apenas o quarteto incluído na coleção *Entartete Musik*, e algumas canções para voz e piano. Foi um tempo de aprendizado para o que ele realmente queria: escrever uma obra dramática de grandes proporções. Nesse período, trabalhou uns tempos na Kroloper, de Berlim, com Zemlinsky e Otto Klemperer; estudou em Paris com Albert Roussel – professor também de seu compatriota Bohuslav Martinů –, e excursionou pela União Soviética como acompanhador de Carola Neher, famosa intérprete das canções de Brecht e Weill.

A dificuldade maior que parecia enfrentar era a de encontrar um libreto que lhe agradasse. O caráter efêmero da *Zeitoper* não lhe dizia nada. Ele achava que o sucesso de peças como *Jonny spielt auf*, de Krenek, ou *Neues vom Tage*, de Hindemith, não passava de um modismo. Foi na literatura russa, e em especial em Dostoiévski, que o apaixonara desde a adolescência, que ele foi buscar inspiração. E, a conselho de Brod, pediu a Rudolf Thomas, editor-chefe do *Prager Tagblatt*, e ao tradutor Rudolf Fuchs que lhe preparassem um libreto baseado em *O Sonho do Tio*, um dos contos do autor dos *Karamázovi*. Ambos eram judeus e não tiveram sorte menos triste do que a de Krása: Thomas e sua mulher suicidaram-se no dia da invasão de Praga pelos nazistas; Fuchs conseguiu fugir para a Inglaterra, mas morreu em 1942, num acidente de carro.

Iniciada provavelmente no outono de 1928, a composição progrediu muito lentamente, devido ao rigoroso espírito crítico de Krása – o contrário da "facilidade de escrita" que Viktor Ullmann celebrou, num artigo sobre a nova geração de músicos tcheco-germânicos, após ter visto os primeiros esboços da nova obra. Só em setembro de 1930 a revista musical *Auftakt* (Anacruse) anunciou estar pronta *Fedja*, ópera em dois atos de Hans Krása. Mas negociações difíceis entre a Universal e a direção do teatro retardaram a estréia e só em 18 de maio de 1933, já com o título definitivo de *Verlobung in Traum*, ela subiu à cena no Neues Deutsches Theater, sob a regência de Georg Szell. Bem recebida, nesse mesmo ano foi contemplada com o Prêmio do Estado Tcheco.

A ação passa-se na pequena cidade russa de Mórdassov, em meados do século XIX. No Prólogo, surge o responsável pelo Arquivo Municipal. Ele conta ter sido procurado por um certo sr. Dostoiévski, que demonstrou interesse em escrever a história dos amores infelizes de Zina e Fédia.

A jovem Zina teme por seu namorado, Fédia, pois ele anda muito doente e suas convicções revolucionárias o tornam malvisto pelas autoridades. A moça não tem coragem de enfrentar a pressão social e fugir com ele; mas jura ser-lhe fiel para sempre. Zina não concorda com os planos de Maria Aleksândrova, sua mãe, de tentar casá-la com um Príncipe muito rico que está passando pela cidade. Mas começa a mudar de idéia quando Maria lhe diz que o Príncipe é muito velho, não há de viver muito e, como uma viúva rica e influente, ela terá condições de levar Fédia para a Espanha, onde o clima é saudável e ele estará em segurança. Durante uma ceia que lhe é oferecida em casa de Maria, o Príncipe fica muito interessado em Zina ao ouvi-la cantar a "Casta Diva" da *Norma*, de Bellini. Mas os planos de casamento serão atrapalhados por Paul, parente do Príncipe que viaja com ele e deseja Zina. Ele encontra uma cúmplice em Nastásia, a ressentida cunhada de Maria, que também está interessada no Príncipe. Paul intercepta uma carta de Fédia a Zina dizendo que está as portas da morte e pedindo-lhe que venha vê-lo depressa.

Na hospedaria, na manhã seguinte, o Príncipe, cuja memória anda muito fraca, já não consegue se lembrar muito bem do que fez na noite anterior. Enquanto o ajuda a vestir-se, Paul o convence de que ele apenas sonhou ter pedido em casamento uma moça da cidade. Um tanto relutante, o Príncipe concorda com ele; mas vai visitar Maria Aleksândrovna para tirar as coisas a limpo. Porém, encontra grande confusão em sua casa: Nastásia falou dele a todas as mulheres da cidade, e estas querem vê-lo, na esperança de fazê-lo interessar-se por uma delas. Em meio a tanta algazarra, a conversa torna-se muito difícil e o pobre Príncipe fica cada vez mais atrapalhado. Perdendo a paciência, Zina conta-lhe a verdade: ele foi induzido a pedir sua mão; mas é a Fédia que ela ama, e só aceitou a idéia de desposar um homem rico para ter dinheiro com que ajudar seu namorado. Impressionado com sua franqueza, o Príncipe a perdoa e admite ter sido pretensão sua imaginar que mulher tão jovem e bonita desejasse casar-se com um velho. Depois que ele vai embora, Zina se alegra, pois agora está livre para casar-se com o homem que ama. Nesse momento, porém, entra Bárbara, a empregada do rapaz, toda vestida de preto. Ao vê-la, Zina entende que Fédia morreu.

No Epílogo, falado, volta o arquivista e conta que Zina e sua mãe saíram de Mórdassov. Maria Aleksândrova conseguiu convencer a filha a aceitar o casamento com um velho governador de província. Ela ainda é muito bonita, mas "vive sem amizades, sem amor. Não sente nada. É fria como gelo. Perdeu a sua alma imortal. Não fosse a sua memória preservada em meu arquivo morto, e seria como se ela nunca tivesse existido."

O tema do indivíduo massacrado por forças que escapam a seu controle foi o que levou Krása a escolher o conto de Dostoiévski como tema de sua ópera. Isso está muito claro num artigo que ele publicou pouco antes da estréia, no qual afirma: "Sei que, hoje em dia, muito freqüentemente o destino do indivíduo perde-se dentro do da massa" – palavras proféticas para quem, como ele, seria vítima, juntamente com toda a sua comunidade, da inumana campanha de genocídio desencadeada por um regime que chegou ao poder poucos meses antes de *Verlobung in Traum* subir à cena. Interessante paralelo é traçado por Paula Kennedy, na introdução ao álbum Zagrosek, entre a ópera de Krása e a *Katya Kabanová*, de seu conterrâneo Leoš Janáček – ela também inspirada numa fonte literária russa, a peça *A Tempestade*, de Aleksandr Ostróvski:

> *Velobung* tem a mesma atmosfera claustrofóbica de cidade pequena de *Katya*, a mesma moralidade pequeno-burguesa e a mesma figura materna dominadora [em Janáček, a sogra da personagem, Kabanicha]. No entanto, a ópera de Krása não tem o tom trágico puro de *Katya* pois, no *Sonho do Tio*, Dostoiévski aproxima-se mais do espírito satírico de Púshkin do que do moralismo austero e sombrio de Ostróvski. Zina, ao contrário de Katya, não tem coragem de desafiar as convenções sociais e, como a Tatiana do *Ievguêni Oniéguin*, mais do que como as heroínas trágicas de Janáček, acaba condenada a um casamento respeitável mas sem amor.

Musicalmente, tampouco, Krása tem vínculos com Janáček ou com os demais contemporâneos seus da escola tcheca. Seus laços são com a tradição ocidental e, em especial, com a austríaca, devido aos estudos feitos com Zemlinsky, que lhe abriu os horizontes para as aquisições da vanguarda vienense, em especial a de Schönberg e seus seguidores. Krása nunca rompe com o sistema tonal, mas incorpora dissonâncias expressivas e declara que, em *Verlobung*, tentou "pôr em prática o princípio formulado por Schönberg de que cada nota tem de ser essencial para o conjunto". Nele é muito forte também a influência de Stravínski e da música francesa, em especial a do Grupo dos Seis, com a qual teve contato através dos estudos com Roussel e das freqüentes viagens a Paris. Os ritmos sincopados presentes a todo momento em *Verlobung* são também resultado do fascínio de Krása pelo jazz que, de resto, impregnava a música francesa da década de 1920.

É claro que não chega a haver ritmos definidos de jazz numa ópera que se passa na Rússia do século XIX. Mas sugestões de tango – outro tipo de dança que seduzia os europeus daquela época – insinuam-se na habanera que acompanha as palavras de Maria Aleksândrova, no ato II, quando ela sugere a Zina que leve Fédia para a Espanha. Influência das sonoridades jazzísticas é também a forma como Krása utiliza o saxofone. Ele tem papel fundamental na longa cena entre Paul e Nastásia com que se encerra o ato I, culminando num "dueto de vingança" em que há referencias diretas às canções de cabaré – gênero que Jiří Voskoveč e Jan Werich estavam popularizando em Praga naquela época.

Numa outra vertente, *Noivado em Sonhos* recebe também influências italianas. E basta, para comprová-lo, pensar nas citações feitas no decorrer da ópera. Faz-se alusão ao tema do "Miserere", do *Trovatore*, no monólogo "Bin ich es wirklich, bin ich noch dieselbe" (Serei eu a mesma pessoa), em que Zina expõe a sua dificuldade em romper com as regras do mundo sufocante em que vive. E na cena da recepção ao Príncipe, ela canta a "Casta Diva" da *Norma*; e a melodia de Bellini trança-se às demais linhas das personagens que conversam. Krása estava, de resto, convencido de que à voz deveria continuar sendo dada prioridade na ópera e isso se sente na construção de sua partitura. Embora de um modo geral ele utilize um tipo de recitativo melódico flúido, fiel às regras da *Konversationstück* (peça em forma de conversa) posta em vigor pelo Verismo alemão, não são poucos os trechos em que os cantores têm de enfrentar grandes dificuldades vocais.

A soprano que faz Zina, em especial, canta linhas angulosas, com árduos saltos, que visam a expressar seus conflitos, tanto no monólogo citado quanto na cena em que conta a verdade ao Príncipe; ou em "Ich komme, Fedja!" (Estou indo, Fédia!), em que sonha com a felicidade, antes de ficar sabendo que seu namorado morreu. Interessante também, do ponto de vista vocal, são as linhas entre sensuais e irônicas de II, 1, a cena em que o Príncipe conta a Paul os sonhos que costuma ter. Primeiro o de que estava tomando café com o xá da Pérsia e não soube escolher uma das belas odaliscas que este lhe oferecia. Depois o de uma partida de bilhar que não terminava nunca, pois ele acertava sempre, até mesmo as bolas mais difíceis. Por sinal, o texto um tanto surrealista de "Ich träumt einmal von eine Billardpartie" (Uma vez sonhei com uma partida de bilhar) é da autoria de Max Brod.

Essa ampla gama de influências dá uma idéia do ecletismo de Hans Krása, cuja obra, pequena mas muito significativa, é a imagem do ambiente multicultural onde ele foi criado: a cosmopolita Praga do entre-guerras, encruzilhada das mais variadas tendências, numa época de fermentação artística intensa. Capaz de assimilar as lições externas mais diversas sem, no entanto, trair seus instintos mais pessoais, ele é, graças à coleção *Entartete Musik*, uma das redescobertas operísticas mais preciosas da década de 90.

Von Einem

Sua mãe, a bela baronesa Gerta Louise von Einem, fora amante do conde László von Hunyadyi, o verdadeiro pai de Gottfried. Mas depois que esse coronel húngaro foi morto por um leão em um safári perto de Cartum, o marido de Gerta, o barão Wilhelm von Einem, adido militar austríaco em Berna, decidiu assumir a paternidade do menino. Embora de nacionalidade austríaca, Gottfried von Einem (1918-1996) fez seus estudos no Gymnasium de Plön, próximo à propriedade de seu pai adotivo em Holstein, no norte da Alemanha. Ali, foi muito hostilizado, após a ascensão nazista, pois seus cabelos escuros e encaracolados e o nariz proeminente faziam seus colegas pensarem que tinha ascendência judia.

Os hábitos cosmopolitas da família o fizeram conviver, desde cedo, com gente do calibre de Bruno Walter e Furtwängler. Em 1937, estudou em Kent, na Inglaterra, e teve muito contato em Londres com intelectuais alemães exilados. Instalando-se com sua mãe em Berlim em janeiro de 1938, Gottfried conseguiu, graças à influência do cantor Max Lorenz, o emprego de co-repetidor na Preussische Staatsoper, onde Heinz Tietjen, amigo da família, era *Generalintendant*. Nessa ocasião, relacionou-se amigavelmente com Orff, Egk e Wagner-Régeny. Mas em setembro desse ano, três agentes da Gestapo vieram buscá-lo, e à baronesa, no luxuoso Hotel Adlon, onde estavam hospedados à espera de que ficasse pronto o apartamento que estavam reformando para morar.

Foi uma situação kafkiana. Interrogado durante várias horas no quartel general da polícia política, na Prinz Albrecht Strasse, o jovem só conseguiu apurar que havia contra eles uma ordem de prisão assinada por Heydrich. Em *The Twisted Muse*, Michael H. Kater explica que Gerta Louise era suspeita de violar a legislação sobre câmbio e de fornecer informações confidenciais a seu amante da época, o empresário judeu-inglês Edward Albert Leonard, que tinha muitos contatos com os grupos dissidentes exilados. Os dois acabaram sendo liberados, pois não havia provas contra eles. Gottfried ainda trabalhou, na temporada seguinte, como co-repetidor em Bayreuth, onde chegou a namorar Friedelind, a filha mais velha de Siegfried e Winifred Wagner.

Depois, chegou à conclusão que valia mais a pena optar pela "imigração interna". Entre 1941-1943, viveu discretamente em Berlim. Hoje sabe-se que ajudou judeus e oposicionistas de esquerda. Um de seus amigos era Karl Gördeler, o ex-prefeito de Leipzig, que se opusera à remoção da estátua de Mendelssohn da praça em frente da Gewandhaus. E também Fabian von Schlabrendorff que, em 1943, tentou matar Hitler com uma bomba – e casou-se, depois da guerra com uma das moças da família Von Einem. Foi nesse período que Gottfried teve aulas particulares com Boris Blacher. "Mas ele já veio pronto", costumava dizer esse compositor, "e seu estilo pessoal era reonhecível no mais simples dos exercícios de harmonia".

Em 1943, Von Einem foi trabalhar na Ópera de Dresden como assistente de Carl Elmendorff que, em 5 de fevereiro do ano seguinte, estreou seu balé *Die Prinzessin Turandot* (A Princesa Turandot), baseado na peça de Gozzi – obra tão bem recebida pelo público que Herbert von Karajan lhe encomendou um concerto para piano. Apesar das bruscas síncopes e do nítido estilo improvisatório jazzístico dessa peça, ela agradou muito a Magda Goebbels, que estava na platéia. Por influência sua, o marido ordenou à rádio oficial que programasse as peças desse jovem compositor. O teatro em que Gottfried trabalhava o encarregou, então, de escrever uma ópera nova. Foi a Blacher que ele recorreu para que o ajudasse a condensar as 32 cenas de *Dantons Tod*, a peça de Georg Büchner. E seu professor teve a idéia de incorporar ao texto alguns trechos das cartas do dramaturgo a sua mulher. Mas os ensaios tinham apenas começado quando Dresden foi inteiramente destruída num dos mais violentos bombardeios da II Guerra, e o projeto ficou interrompido.

Em 6 de agosto de 1947 finalmente, *A Morte de Danton* tornou-se a primeira ópera contemporânea a ser apresentada no Festival de Salzburg – graças a Egon Hilbert, o diretor do evento. A estréia correu o risco de ser cancelada pois, no último minuto, Otto Klemperer, que deveria regê-la caiu doente. Mas Ferenc Fricsay concordou em substituí-lo e dirigiu brilhantemente a criação de uma ópera extremamente complexa, que mal tivera tempo de estudar. Foi um raro caso de ópera do século XX aclamada, desde o início, pelo público e pela crítica; a ponto de Egon Seefehlner dizer que "ela é a única ópera de repertório alemã composta depois da II Guerra". O selo Stradivarius tem o registro dessa noite em que, à batuta de Fricsay, respondiam as vozes de Paul Schöffler, Julius Patzak e Maria Cebotari. Reapresentada no festival de 1983, num magnífico espetáculo regido por Lothar Zagrosek, *Dantons Tod* foi gravada ao vivo e lançada pelo selo Orfeo.

Essa comunicabilidade da ópera deve-se à força da música de Von Einem, mas também à excelência do texto de Georg Büchner, o genial precursor do Realismo e das idéias socialistas, que forneceu à História da Música o tema do *Wozzeck* de Alban Berg e Manfred Gurlitt; *Leonce und Lena*, de Paul Dessau; e *Lenz*, do contemporâneo Wolfgang Rihm. Escrita em 1835, a peça só foi encenada em 1900, 65 depois da morte prematura de Büchner, em 1837. Sua personagem título é uma das figuras mais ambíguas e fascinantes da Revolução Francesa. Georges Danton (1759-1794), orador brilhante, capaz de amotinar as camadas populares com a força de suas palavras, foi um dos líderes mais cruéis da Revolução, fundador do Tribunal Revolucionário e responsável pelos Massacres de Setembro, em que os adeptos da realeza foram sumariamente eliminados. Era inevitável o choque entre ele e Maximilien Robespierre. Preso juntamente com Camille Desmoulins, Danton foi levado diante do tribunal que tinha criado. Defendeu-se com tanta habilidade que os juízes hesitaram em condená-lo. Mas Robespierre decretou ser um crime qualquer forma de insurreição contra a Justiça e, em 5 de abril de 1794, ordenou que ele fosse guilhotinado juntamente com treze de seus seguidores.

O Danton de Büchner não é o homem ambicioso e duro cujas intrigas acabam acarretando sua queda. É a epítome do revolucionário que reconheceu a fatalidade no desenrolar da História e tem disso consciência aguda e dolorosa que paralisa a sua ação, a ponto de ele perceber que está sendo ameaçado por Robespierre e nada conseguir fazer para defender-se – a não ser demonstrar seus pontos de vista no brilhante discurso que pronuncia diante de seus juízes. Com isso, Büchner revela nele uma dimensão de grandeza trágica que, apesar de todos os seus crimes, a personagem histórica não deixava de ter.

Blacher e Von Einem transformaram uma longa peça em quatro atos, com mais de trinta personagens, num denso drama de estrutura simétrica, dividido em duas partes, cada uma delas constituída de três quadros, subdivididos em números e ligados por interlúdios orquestrais. A peça foi virtualmente recriada, sem perda de substância, num brilhante trabalho de condensação que, conservando apenas quatorze personagens, redistribuiu por eles todas as idéias importantes expressas por Büchner em seu texto. Ao contrário do que se poderia esperar, não há traço algum da influência de Berg na *Morte de Danton*. Sem nada ter em comum com o emocionalismo típico da música romântica, Von Einem possui um estilo melódico muito pessoal, que capta perfeitamente o estado de espírito melancólico existente por trás da superfície épica do drama, expressa em música de ritmos muito incisivos. As melodias aderem estreitamente ao texto, fugindo da tentação de serem um comentário brilhante à ação, à maneira de uma trilha sonora de cinema. É surpreendente que, numa primeira ópera, não haja desequilíbrio no nível da inspiração melódica e nem insegurança no manejo de uma estrutura dramática bastante complexa.

São muitos densos os motivos sobre os quais a ópera é construída. Von Einem dá vivo tratamento polifônico a essas breves células melódicas – como o tema de Robespierre, nos trompetes em surdina, que caracteriza muito bem a sua gélida capacidade de persuasão; ou os cinco acordes com longas pausas que se ouve no início da ópera, simbolizando a mistura de grandeza e tragédia da Revolução. Na análise da ópera que faz no *Viking Opera Guide*, Anthony Beaumont chama a atenção para a deliberada afinidade que existe entre o uso do coro, na ópera, e a escrita coral nas cenas de multidão das *Paixões* de Bach. E também para o fato de que, nessas passagens corais, há surpreendente proximidade entre *A Morte de Danton* e uma outra ópera contemporânea, o *Peter Grimes*, de Benjamin Britten.

Toda a ópera converge para uma cena final de extremo virtuosismo, uma das páginas mais impressionantes da ópera neste século, comparável, em força, à última cena dos *Diálogos das Carmelitas*, de Poulenc, que também se passa durante a Revolução Francesa. Ela é precedida por um interlúdio cheio de melancolia – o mais belo da ópera –, que evoca o sentimento de impotência de Danton, derrotado após ter-se defendido com todas as forças. A cena se inicia com o canto intercalado da *Carmagnole* e da *Marseillaise*, e vai se tornando cada vez mais agitada, até culminar na seqüência da execução de Danton, que encara a morte com toda altivez. Depois disso, o tom muda bruscamente. Os carrascos vão embora, entoando uma canção sentimental, "Wenn ich nach Hause gehe" (Quando eu volto para casa). Aparece então Lucile, a mulher de Desmoulins. Ela se senta nos degraus do cadafalso e, com profunda tristeza, inicia a canção folclórica alemã "Es ist ein Schnitter, der heisst Tod" (Existe um ceifador que se chama Morte), repetida pelo coro e acompanhada por um lancinante comentário orquestral. De repente, ela se ergue, grita "Es lebe der König!" (Viva o rei!) e, enquanto a guarda a leva presa, os metais repetem os compassados acordes com que a ópera começou. A Revolução triunfou, sim, mas à custa de muita dor e frustração.

Quando o Festival de Salzburg encomendou a Von Einem uma nova ópera, o diretor de teatro Oskar Fritz Schuh lhe sugeriu que lesse *Amerika*. O compositor, porém, interessou-se não por esse, mas por um outro romance de Franz Kafka: *Der Prozeß*, no qual identificava situação muito semelhante à que sua mãe e ele tinham vivido nas mãos da Gestapo, acusados de um crime que nem sabiam qual era. "Na verdade, de uma maneira ou de outra, todas as minhas óperas tratam de julgamentos, acusação, defesa, condenação", escreveria mais tarde a um amigo. A princípio, pensou em usar a adaptação cênica que André Gide fizera do *Processo*. Mas, ao concluir que ela não funcionaria como libreto de ópera, pediu a Blacher que o ajudasse uma vez mais. Este condensou a ação do *Processo* em seis cenas. Considerando-as insuficientes, Von Einem recorreu a seu amigo Heinz von Cremer, que escreveu três cenas adicionais e, em colaboração com o compositor, reviu todo o conjunto.

A identificação com o bancário Josef K., incapaz de descobrir de que crime é acusado, foi muito grande pois, além das amargas lembranças do passado, o músico teve de enfrentar, durante a fase de gestação da ópera (1950-1952), outro sério problema. Em 1951, Gottfried apoiara o pedido de cidadania austríaca apresentado por Bertolt Brecht. Em agradecimento, o poeta escreveu para ele *Salzburger Totentanz* (A Dança da Morte de Salzburgo), peça alegórica nos moldes dos mistérios medievais, que Von Einem pretendia substituir à habitual apresentação do *Jedermann*, de Hugo von Hofmannsthal, no festival. Esse gesto de amizade foi interpretado como uma adesão ao comunismo. Os escritores de extrema-direita Hans Weigel e Friedrich Torberg orquestraram a campanha contra a naturalização de Brecht, que contou com a adesão de políticos conservadores.

Diante disso, o dramaturgo desistiu do plano de instalar-se na Áustria e fixou residência na Alemanha Oriental, onde se tornaria diretor do celebrado Berliner Ensemble. Ao protestar contra a atitude dos que o tinham qualificado de "uma vergonha para a Áustria", Von Einem foi expulso do conselho diretor do Festival, do qual fazia parte desde 1948. Décadas mais tarde, o chanceler austríaco Josef Kraus – na época prefeito de Salzburgo e membro ativo da campanha contra ele – admitiu seu erro e pediu-lhe desculpas publicamente. Mas a desilusão com essa injustiça clamorosa deixara marcas no clima sombrio e desencantado do *Processo*.

Musicalmente, a ópera não tem a mesma qualidade da *Morte de Danton*. Suas melodias são simples, as harmonias quadradas e sente-se o desejo de adequar-se ao estilo "épico" da estética brechtiana de pós-guerra – mais próximo de Paul Dessau, portanto, do que de Kurt Weill. Mas há uma contradição flagrante entre o absurdo de situações que parecem saídas de um pesadelo e a coerência e linearidade da música em que estão envoltas. A crítica foi unânime em apontar o que considerou um erro de cálculo: o tratamento pucciniano dado à figura de Leni, a enigmática garota que Josef K. conhece no tribunal, a enfraquece em vez de dar-lhe relevo lírico. No entanto, nas mãos de um elenco e uma direção competentes, este é um espetáculo que pode ter um rendimento cênico excepcional. Foi o que aconteceu na estréia, em 17 de agosto de 1953.

O festival convidara Max Lorenz para fazer Josef K., e Lisa della Casa para interpretar os três papéis femininos: Leni, a mulher do oficial de justiça e fräulein Bürstner. No elenco havia também Walter Berry e Alfred Poell em desempenhos excepcionais. A regência de Karl Böhm, a direção de cena de Oskar Fritz Schuh e a cenografia de Caspar Neher garantiram a entusiástica adesão do público. O registro dessa estréia foi preservado pelo selo Orfeo na série "Festspiel Dokumente". Mas *O Processo* não é uma ópera para o disco. Ouvindo-a, conclui-se que um registro de palco em vídeo teria rendimento muito melhor, desde que com cantores-atores que soubessem valorizar suas inegáveis qualidades como peça de teatro.

Estreada em 1955 e filmada por Bernhard Vicki em 1964, *Der Besuch der alten Damen* é, sem dúvida alguma, a melhor peça do dramaturgo suíço Friedrich Dürrenmatt. Von Einem assistira à *Visita da Velha Senhora* um ano após sua criação e, já naquela época, percebera suas potencialidades como base para um libreto. Mas só onze anos depois pediu a Blacher que a adaptasse. Pouco convencido da viabilidade do projeto, seu habitual colaborador fez uma sinopse que não o convenceu. Em 1968, convidado a vir visitá-lo e a assistir, na Ópera de Viena, a uma montagem da *Morte de Danton*, o próprio Dürrenmatt se entusiasmou com a possibilidade de sua tragicomédia transformar-se numa ópera, e ofereceu-se para escrever ele mesmo o libreto. Fez um trabalho muito compacto, deixando que toda a ação girasse em torno da figura excepcionalmente forte de Clara Zachanassian – que, no Brasil, teve em Cacilda Becker uma intérprete notável.

Christa Ludwig, tão boa atriz quanto cantora, criou-a de forma extraordinária, na Staatsoper de Viena, em 23 de maio de 1971. A seu lado, Eberhard Wächter fazia o papel de Ill, o homem que a seduziu e de quem ela quer se vingar. O selo Wergo possui a gravação da estréia. O sucesso absoluto de *Der Besuch der alten Dame* veio a calhar. Von Einem estava saindo de um terrível fracasso: *Der Zerrissene* (O Homem Dividido), vaiada na Ópera de Hamburgo em 17 de setembro de 1964 e retirada de cartaz pelo diretor do teatro, Rolf Liebermann, devido ao massacre promovido por toda a crítica musical alemã. Na verdade, não se sabe por que Von Einem, cujo forte nunca fora a veia cômica, decidira pedir a Blacher que adaptasse uma comédia sentimental muito leve de Johann Nepomuk von Nestroy, famoso por suas irreverentes paródias do *Tannhäuser* e do *Lohengrin*. A única explicação é que em Käthi, a personagem central desse "verdadeiro hino em louvor à instituição do matrimônio", ele quisera prestar uma homenagem a Lianne, sua primeira mulher, falecida pouco antes (*Der Zerrissene* é de fato dedicada a ela). Mas a linguagem do compositor, tão adequada para uma sátira amarga como a peça de Dürrenmatt, foi incapaz de captar a leveza e a sofisticação tipicamente vienenses requeridas pelo texto de Nestroy.

A ação da *Visita da Velha Senhora* passa-se na cidade fictícia de Güllen, "em algum ponto da Europa central". No passado, todos os cidadãos bem-pensantes desse lugarejo – muito semelhante, em termos de concepção e potencial crítico, à Seldwylla de Gottfried Keller – viraram as costas à jovem Clara Wäscher, quando ela foi seduzida e engravidada por Alfred Ill, seu namorado, que se recusou a casar-se com ela. Humilhada, forçada a se prostituir, Clara acabou fugindo da cidade. A ação se inicia quando ela volta a Güllen. Está muito velha, chama-se agora Clara Zachanassian e é "a viúva do homem mais rico do mundo". Vem acompanhada de um séquito grotesco, trazendo consigo um luxuoso caixão. Convoca o conselho municipal e oferece um bilhão de dólares à cidade se esta, em troca, lhe oferecer a cabeça de Ill. As autoridades recusam, indignadas, mas depois, como há tempos a cidade vem se debatendo com uma crise econômica seriíssima, começam uma a uma a ficar tentadas a aceitar – ainda mais que, hoje, Ill não passa de um bêbado decadente e não fará falta alguma à comunidade. Alfred faz o que pode para retardar a decisão inevitável. Mas ele próprio acaba percebendo a lógica de seu destino. Com o consentimento de todos os cidadãos, é morto e colocado no caixão. A cidade irrompe numa selvagem dança de regozijo no momento em que Clara, com a morte na alma, entrega o cheque ao Prefeito.

O libreto e a peça são entidades independentes, igualmente válidas. Dürrenmatt fez uma habilidosíssima adaptação, condensando os episódios principais, reduzindo um pouco a importância de Ill e concentrando o foco, como dissemos, em Clara, cuja vingança está menos em castigar Alfred – a quem ainda ama, de forma idealizada e melancólica – do que em denunciar a hipocrisia dos cidadãos de Güllen. Marcada por uma sátira impiedosamente ácida, *A Visita da Velha Senhora* é um dos melhores libretos contemporâneos. E Clara Zachanassian – uma Salomé envelhecida a quem só resta levar consigo os despojos do homem que nunca conseguiu possuir – é um papel na medida para uma mezzo de forte presença cênica, como Christa Ludwig.

Como no *Prozeß*, a partitura não é memorável do ponto de vista melódico. Mas Von Einem dispõe, do ponto de vista rítmico, de recursos muito variados, que lhe permitem caracterizar de forma convincente os diversos níveis do drama. Timbres específicos são usados com intenção simbólica: as cordas e madeiras evocam o passado, a lembrança que Clara tem dos fugazes dias felizes que viveu com Alfred; os metais estão associados ao medo que Alfred tem de ser morto; e as percussões criam de forma sinistra a sensação de que um círculo inescapável está se fechando em torno dele. Há, na partitura, uma verve e um entusiasmo que compensam pela falta de relevo melódico.

Diretor do Festival de Viena (1960-1964), professor de Composição na Hochschule fur Musik (1963-1972), Von Einem acabou voltando ao comitê diretor do Festival de Salzburgo, do qual tinha sido injustamente desligado. Em 1966, ele tinha-se casado pela segunda vez com a escritora Lotte Ingrisch, que passaria a ser sua libretista. Na primeira experiência desse gênero que fez, em 1975, ela ainda foi ajudada por Blacher. "Como sempre, eu estava interessado no problema das relações humanas difíceis dentro de uma sociedade absolutamente insensível", disse Von Einem para explicar a escolha de *Kabale und Liebe* (Cabala e Amor), o drama de Schiller que inspirara a Verdi a *Luisa Miller*. A fórmula é basicamente a da *Visita*, apenas com inflexões um pouco mais líricas, e o libreto é extremamente fiel ao original. Otto Schenk dirigiu primorosamente a estréia, na Ópera de Viena, regida por Christoph von Dohnányi, em 17 de dezembro de 1976 – num espetáculo de gala em homenagem ao presidente da República, Rudolf Kirchschläger, a quem a ópera fora dedicada. Mas ela foi recebida muito friamente. Na verdade, seria necessário um músico de temperamento nitidamente romântico para recontar a história do casal de namorados destruído pelas maquinações de um aristocrata – o pai do rapaz – decidido a impedir seu casamento com uma plebéia, pois planeja para ele a união com uma nobre. O principal problema de *Cabala e Amor* é a frieza com que são tratadas situações que exigiriam intensa emotividade.

Em 18 de maio de 1980, a televisão austríaca causou imenso reboliço ao transmitir a estréia do mistério *Jesu Hochzeit* (As Bodas de Jesus), que partia de uma leitura contemporânea do Sermão da Montanha feita por Lotte Ingrisch. A poderosa Igreja Católica austríaca considerou uma blasfêmia a visão que essa peça alegórica oferecia de um Cristo humanizado, capaz de apaixonar-se, sentir desejos físicos e comportar-se como um ser humano comum. Causou espécie às autoridades eclesiásticas a cena do casamento de Jesus com uma personagem jovem e bonita que representa a Morte – o que, dentro do texto, tinha um sentido simbólico de redenção e conquista da eternidade. Antes mesmo da estréia, regida por David Shallon, a imprensa sensacionalista já se tinha apossado do assunto, declarando que a ópera era anti-religiosa e anti-clerical.

Na noite da estréia, piquetes de manifestantes reuniram-se em torno do Theater an der Wien e tomates e bombas mal cheirosas foram atiradas nos espectadores que se arriscavam a entrar na sala de espetáculos. As pressões foram tão fortes que a ópera foi retirada de cartaz. Em novembro do mesmo ano, Gerd Albrecht regeu-a em Hanôver. Houve entrevistas coletivas acaloradas e reações adversas do público mas, num país protestante, as manifestações contrárias foram menos virulentas do que em Viena. A despeito do conteúdo polêmico do libreto, esta não é uma das obras musicalmente mais satisfatórias de Von Einem.

Por sugestão de Franz Häusler, o diretor dos Vereinigte Bühne Wien (Teatros Vienenses Unidos), o compositor fez ainda uma última tentativa dramática. *Der Tulifant*, escrita por Ingrisch, ambienta-se num espaço mágico inteiramente simbólico, e cruza o episódio da prisão e execução do filosófo Giordano Bruno, em 1600, com uma parábola sobre a escravidão do homem a um estilo moderno de vida que, com a aparência de dar-lhe mais conforto e progresso, na verdade o destrói lentamente. Grande importância é dada ao tema da preservação do meio ambiente que, na fase final de sua vida, preocupava muito o compositor – tanto que ele tinha abandonado a idílica casa de campo onde morava, em Rindlberger, na região de Waldviertel, incomodado pela construção de uma rodovia que aumentara a poluição na área.

Der Tulifant ficou pronta em 1984, mas não pôde ser estreada no Theater an der Wien, como previsto, porque o imenso sucesso do musical *Cats* levara a direção da sala a cancelar todos os demais espetáculos por um bom tempo. A criação só ocorreu em 31 de outubro de 1990, numa sala bem menor, o Ronacher-Theater. Trata-se de uma ópera de câmara de texturas bem transparentes, com boa criação de atmosfera e seções ritmicamente muito dinâmicas. Mas a acolhida do público foi apenas polida.

Ao morrer, em 12 de julho de 1996, Von Einem tinha-se retirado para uma nova propriedade rural em Oberdürnbach, perto de Maissau, onde dizia estar esperando serenamente pelo fim:

> Experiências parapsicológicas que fiz com freqüência cada vez maior nos últimos anos tiveram por conseqüência fazer-me parar de temer a transição da vida para a morte. Lotte e eu tivemos maravilhosas experiências transcendentais que nos fizeram concluir que chega uma hora em que o silêncio absoluto é extremamente necessário. Nas noites serenas de Waldviertel, experimentei sons e sensações muito estranhos que realmente não eram deste mundo.

Em seus últimos anos, a música de Von Einem, como a de outros compositores que permaneceram ligados à tradição do tonalismo, era vista com desprezo pela crítica, que considerava discrepante a escolha dos autores que o inspiravam – Büchner, Kafka, Dürrenmatt – e o estilo das óperas que produzia. O próprio Blacher chegou a declarar que ele tinha se tornado "demasiado conservador". Isso não o impede de ser um dos nomes mais representativos do teatro lírico alemão de pós-guerra; e suas óperas, quando bem montadas, podem constituir espetáculos bastante gratificantes do ponto de vista teatral.

A Morte de Danton é inegavelmente um dos títulos mais importantes do teatro musical alemão no século XX. Em suas sólidas qualidades há inclusive soluções que apontam a saída para o impasse criado pelo esgotamento das fórmulas dodecafônicas, seriais e pós-seriais – uma lição que não tem sido ignorada pelos jovens compositores que, hoje em dia, buscam o caminho da renovação.

BIBLIOGRAFIA

ADORNO, Theodor W. (1982). "Schreker" in *Quasi una fantasia*. Paris, Gallimard.

ALBRECHT, Gerd (1982). *Adding to the Hoard*. No folheto de sua gravação da *Penthesilea* de Othmar Schoeck, na coleção Festspiele Dokumente, selo Orfeo C 364 941 B.

ANDERSON, Keith (1989). *Franz Schreker's* Der Ferne Klang (*The Distant Sound*). No folheto da gravação Michael Halász, selo Marco Polo 8.223270-271.

_____. *Franz Schreker's* Die Gezeichneten. No folheto da gravação Edo de Waart, selo Marco Polo 8.223328-330.

_____. (1996). *Korngold's* Die tote Stadt. No folheto da gravação Leif Segerstam, selo Naxos 8.660060-1.

ARNDT, Michael & Walter, Michael, org. (1970). *Jahrbuch für Opernforschung*. Munique, Laaber-Verlag.

AUDUS, Mark (1993). *La nuova Commedia dell'arte: an Introduction to Busoni's* Arlecchino *and* Turandot. No folheto da gravação Kent Nagano, selo Virgin Classics 7 59313 27.

AUSTIN, William (1984). *La Música en el Siglo XX*. Trad. José María Triana. Madri, Taurus, 2 vols.

BASELT, Bernd (1993). *Georg Philipp Telemann and his Serenata* Don Quichotte auf der Hochzeit des Comacho. No folheto da gravação Michael Schneider, selo CPO, 999 210-2.

BEAUMONT, Anthony (1985). *Busoni the Composer*. Londres, Faber.

BEK, Josef (1994). *Erwin Schuhlhoff:* Flammen – *a Work of "Boundless Fantasy"*. No folheto da gravação John Mauceri, da coleção *Entartete Musik*, selo Decca, 444630-2.

BERTELÉ, Antonio et al. (1994). *L'Opéra, Dictionnaire Chronologique de 1597 à Nos Jours*. Paris, Livre de Poche (atualizada por Louis Jambou, a partir da ed. Ramsay/1979, traduzida por Sophie Gherardi, com acréscimos de Jean-Pierre Tardif em relação ao original italiano de 1977).

BLANCHARD, Roger e DE CANDÉ, Roland (1986). *Dieux et Divas de l'Opéra: 1. Des Origines au Romantisme; 2. De 1820 à 1850*. Paris, Plon.

BOLIN, Norbert (1991). *A entrada em cena das personagens humanas*. No folheto da gravação Bruno Weil de *O Rapto do Serralho*, de Mozart, selo Sony Classical, 752.147-8.

BRION, Marcel (1991). *Viena no Tempo de Mozart e de Schubert*. Trad. Márcia Vinci. São Paulo, Companhia das Letras, coleção A Vida Cotidiana.

BROWN, Maurice J. E. (1978). *Schubert: a Critical Biography*. Nova Iorque. A Da Capo Paperback (reimpressão em brochura da edição original de 1958, Londres, McMillan).

BRUNEL, Pierre e WOLFF, Stéphane (1988). *A Ópera*. Rio de Janeiro, Salamandra (edição brasileira dirigida por Bruno Furlanetto).

BRZOSKA, Matthias (1989). *An Opera for the Republic*: Der Schatzgräber. No folheto da gravação Gerd Albrecht, selo Capriccio 60 010-2.

BURG, Theo (1970). *Geschichte von dem König und der klugen Frau: Orff-Theater, a Wagner-antipodal "Gesamtkunstwerk"*. No folheto da gravação Kurt Eichhorn, selo Ariola-Eurodisc.

CARROLL, Brendan (1992). *The Background to Korngold's Magnum Opus* Das Wunder der Heliane: *an Appraisal*. Seguido de *A Musical Guide to the Opera*. No folheto da gravação

John Mauceri, selo Decca 436 636-2, da série *Entartete Musik* (Música Degenerada).

———. (1997). *The Last Prodigy: a Biography of Erich Wolfgang Korngold*. Londres, Amadeus Press.

———. (1998). *Die Kathrin: the Background and the Music of the Opera*. No folheto da gravação Martin Brabbins, selo CPO 99 602-2.

CELETTI, Rodolfo (1983). *Storia del Belcanto*. Fiesole, Edizioni Discanto.

CHERIÈRE, Georges org. (1981, 1984) *Dictionnaire des Disques: Guide Critique de la Musique Classique Enregistrée*. Paris, Robert Laffont (1ª e 2ª edições).

COMMONS, Jeremy (1987). Francesco Morlacchi: *Il Barbiere di Siviglia*. No folheto que acompanha o álbum *A Hundred Years of Italian Opera 1810-1820*, realizado por David Parry para o selo Opera Rara.

CONWAY, Paul (1999). *Egon Wellesz, an Austrian Symphonist in Britain*. Texto no site http://www.musicweb.force9.co.uk, recolhido em 26.7.1999.

DAICHES, David e THORLBY, Anthony (1971). *The Penguin Companion to Literature*. Londres, Penguin Books (volume 1: *English and Commonwealth*, e volume 2: *European*).

DAMIAN, Jean-Michel org. (1988). *Dictionnaire des Disques et des Compacts: Guide Critique de la Musique Classique Enregistrée*. Paris, Robert Laffont.

DANNENBERG, Peter (1984). *Zemlinsky's* Der Geburtstag der Infantin. No folheto da gravação Gerd Albrecht, selo Koch-Schwann 314 013 H1.

———. (1985). *Zemlinsky's* Eine florentinische Tragödie. No folheto da gravação Gerd Albrecht, selo Koch-Schwann 314 012 H1.

DANUSER, Claudio (1992). La *Vénus* d'Othmar Schoeck. No folheto da gravação Mario Venzago, selo MGB 6112.

DA PONTE, Lorenzo (1998). *Memórias*. Trad. Vera Horn. Rio de Janeiro, Lacerda Editores.

DEAN, Winton (1982). *New Oxford History of Music*. Londres, Oxford University Press (vol. 8: *The Age of Beethoven, 1790-1830*).

DONINGTON, John (1981). *The Rise of Opera*. Londres, Faber & Faber.

——— (1978). *The Opera*. Nova Iorque, Harcourt Brace Jovanovich Inc.

DREW, David (1987). *Kurt Weil: a Handbook*. Londres, Faber and Faber.

DUMESNIL, René (1953). *Histoire Illustrée du Théâtre Lyrique*. Paris, Librairie Plon.

DÜMLING, Albrecht (1994). *Erwin Schuhlhoff*: Flammen – *Don Juan sous un Jour Nouveau*, cf. Bek, Josef.

EGK, Werner (1938). *Peer Gynt als Oper*. No folheto da gravação Heinz Wallberg, selo Orfeo C 005822H.

ERMEN, Reinhard (1991). *The Monte Carlo Photographer: Notes on Franz Schreker and his opera* Der ferne Klange. No folheto da gravação Gerd Albrecht, selo Capriccio 60 024-2.

ENGELBERT, Cordula (1965). *Max von Schillings und seine Oper* Mona Lisa. No folheto da gravação Klauspeter Seibel no selo CPO 999 303-2.

EWEN, David (1966). *The Complete Book of 20th Century Music*. Englewood Cliffs, New Jersey, Prentice-Hall Inc.

———. (1966). *Great Composers 1300-1900: a Biographical and Critical Guide*. Nova Iorque, The H. W. Wilson Co.

FISCHER-DIESKAU, Dietrich (1973). *Reflections on Palestrina*. Cf. Grohe, Helmut.

FRIEDRICH, Otto (1997). *Depois do Dilúvio* (trad. Valéria Rodrigues). Rio de Janeiro, Editora Record.

FRIESE-GREENE, Anthony (1991). *Weber*. Londres, Omnibus Press.

FUEGI, John (1994). *Brecht & Co.: Sex, Politics and the Making of Modern Drama*. Nova York, Grove Press.

GASSNER, John e Quinn, Edward (1969). *The Reader's Encyclopedia of World Drama*. Londres, Methuen & Co Ltd.

GAY, Peter (1970). *Weimar Culture: the Outsider as Insider*. Nova York, Harper.

GEIRINGER, Karl (1977). *Orlando Paladino*. No folheto da gravação Antal Doráti da ópera de Haydn, selo Philips 6707 029.

GILDER, Eric e PORTER, June (1978). *The Dictionary of Composers and their Music*. Nova Iorque, Paddington Press.

GILLIAM, Brian, org. (1994). *Music and Performance during the Weimar Republic*. Cambridge University Press.

GRIFFITHS, Paul (1986). *The Encyclopaedia of 20th Century Music*. Nova Iorque, Thames and Hudson.

GROHE, Helmut (1973). *The Miraculous a Possibility: an Account of the Origins of Hans Pfitzner's* Palestrina *from the Historical and Artistic Viewpoints*. No folheto da gravação Rafael Kubelík, selo DG 2711 013.

GROUT, Donald Jay (1965). *A Short History of Opera*. Nova Iorque, Columbia University Press.

———. (1984). *Historia de la Música Occidental*. Madri, Alianza Editorial.

GRUBER, Paul org. (1993). *The Metropolitan Guide to Recorded Opera*. Londres, Thames and Hudson.

BIBLIOGRAFIA

HAAS, Frithjof (1994). Braunfels: *Verkundigung*. No folheto da gravação Dennis Russell Davies, selo EMI Classics 5 55104 2.

_____. (1995). *Die Vögel: celebrated, banned, rediscovered, then forgotten*. No folheto da gravação Lothar Zagrosek, selo Decca 448 679-2.

HARDERS-WUTHENOW, Frank (1993).*Spohrs "Faust": das 'missing-link' der deutschen Operngeschichte* (O Fausto de Spohr: o 'elo perdido' na História da Ópera alemã). No folheto da gravação Geoffrey Moull, do selo CPO.

HÄRTWIG, Dieter (1995). *Francesco Morlacchi e Giuseppe Rastrelli*, verbetes no *Grove*. Londres, MacMillan.

HAILEY, Christopher (1993). *Franz Schreker: a Cultural Biography*. Cambridge University Press.

_____. (1995). *Die Gezeichneten*. No folheto da gravação Lothar Zagrosek, selo Decca, 444 442-2.

HENNEBERG, Claus (1992). *On the Origin of Weber's Last Opera*. No folheto da gravação James Conlon do *Oberon*, selo EMI CDCB 7.54739-2.

HINTON, Stephen, org. (1990). *Kurt Weill: The Threepenny Opera* (coleção Opera Handbooks). Cambridge University Press.

HOBOHM, Wolf (1997). *Concerning Telemann's Damon*. No folheto da gravação Michael Schneider, selo CPO 999429-2.

HOFFMANN, Michel (1956). *Albert Lortzing, der meister der Deutschen Volksoper*. Leipzig, Universal Verlag.

HOLDEN, Amanda, Kenyon, Nicholas e Walsh, Stephen, org. (1993). *The Viking Opera Guide*. Londres, Viking.

HONEGGER, Marc (1988). *Diccionario de la Musica*, ed. espanhola a cargo de Tomás Marco. Madri, Espasa Calpe.

HUYNH, Pascal (1998). *La Musique sous la République de Weimar*. Paris, Fayard, coleção *"Les Chemins de la Musique"*.

JAMEUX, Dominique (1971). *Richard Strauss*. Paris, Éditions du Seuil.

KATER, Michael H. (1997). *The Twisted Muse: Musicians and their Music in the Third Reich*. Nova York, Oxford University Press.

KELKEL, Manfred (1984). *Naturalisme, Vérisme et Réalisme dans l'Opéra de 1890 à 1930*. Paris, Librairie Philosophique J. Vrin.

KEMP, Ian (1970). *Hindemith*. Oxford University Press.

KENNEDY, Paula (1994). Viktor Ullmann: *The Emperor of Atlantis or Death's Refusal*. No folheto da gravação Lothar Zagrosek, selo Decca 440 854-2.

_____ (1996). Hans Krása: *Verlobung in Traum*. No folheto da gravação Lothar Zagrosek, selo Decca 289 455 587-2.

KLEIN, Hans-Günter (1994). Viktor Ullmann: *Der Kaiser von Atlantis*. Cf. Kennedy, Paula (1994).

KOBBÉ, Gustave (1991). *O Livro Completo da Ópera*. Trad. Clóvis Marques, Rio de Janeiro, Jorge Zahar Editor.

KONOLD, Wolf (1966). *Die Dreigroschenoper*. No folheto da gravação Wolfgang Rennert, selo Philips 426 668-2.

KOWALKE, Kim H. (1980). *Reflections on the Silver Lake*. No folheto da gravação Nonesuch DB-79003.

_____. (1989). *A Tale of Seven Cities: a Chronicle of the Sins*. No folheto da gravação Herbert Kegel de *Os Sete Pecados Capitais*, selo Polydor 429 333-2.

KRAUS, Gottfried (1982). *Mozarts erste "Türkenoper"* (A primeira "ópera turca" de Mozart). No folheto da gravação Leopold Hager da *Zaide*, selo Orfeo C055 832 I.

KRENEK, Ernst (1989). *Zu Protokoll gegeben*. Nota autobiográfica no folheto da gravação David De Villiers de sua ópera *Der Sprung über den Schatten*, selo CPO 999 082-2.

KRÖPLIN, Eckart (1994). *"Ambosse habe ich nicht zerhauen"* ("Nunca parti bigornas"). No folheto da gravação Konrad Bach de *Schwarzschwanenreich*, de Siegfried Wagner, Marco Polo 8.223777-8.

_____. (1995). *Leben hinter sagenhaften Bildern* (A vida por trás das imagens lendárias). No folheto da gravação Viesturs Gailis de *Banadietrich*, de Siegfried Wagner, selo Marco Polo 8.223895-6.

KURT, Ulrich (1989). *The Heck with Virtue and Morality: the Fox-trot in the Twenties*. Cf. Krenek, Ernst.

LAFON, François (1979).*La folle journée*, in *Le Monde de la Musique* nº 13/14. Paris, Le Monde.

LANG, Paul Henry (1983). *La Experiencia de la Ópera* (trad. Juan M. Toffolo). Madri, Alianza Editorial.

LEBRECHT, Norman (1992). *The Companion to 20th Century Music*. Nova York, Da Capo Press.

LEIBOWITZ, René (1957). *Histoire de l'Opéra*. Paris, Éditions Buchet Chastel.

_____. (1972). *Les Fantômes de l'Opéra, Essais sur l'Art Lyrique*. Paris, Gallimard.

LINDENBERGER, Herbert (1984). *Opera: the Extravagant Art*. Nova York, Cornell University Press.

_____. (1998). *Opera in History: from Monteverdi to Cage*. Stanford University Press.

MACHADO COELHO, Lauro (1979). "No Municipal, um Momento Alegre e Sublime de Mozart.

Com o Fígaro". São Paulo, *Jornal da Tarde* de 24 de agosto.

―――― (1979). "Strauss: a Inspiração que Testemunhou 75 Anos da História da Música". São Paulo, Caderno de Sábado do *Jornal da Tarde* (8.9.1979).

―――― (1988). *Beethoven e Haendel*. São Paulo, Nova Cultural, coleção "Clássica".

―――― (1995). Mozart: *Don Giovanni*. Texto do programa escrito para a encenação de 18-26.11.1995 no Teatro Municipal de São Paulo.

―――― (1997). *Franz Joseph Haydn, Wolfgang Amadeus Mozart, Ludwig van Beethoven, Franz Schubert e Felix Mendelssohn-Bartholdy*. São Paulo, Editora Três, coleção "Música Maestro!: Os Grandes Gênios da Música Clássica".

―――― (1997). "Schubert, da Obscuridade em Vida à Celebridade Póstuma". São Paulo, Caderno de Sábado do *Jornal da Tarde* (25.1.1997).

―――― (1997). "Korngold, o Menino Prodígio que Levou Boa Música a Hollywood". São Paulo, Caderno de Sábado do *Jornal da Tarde* (24.5.1997).

―――― (1997). "A Ópera de Resgate de Beethoven". São Paulo, Caderno de Sábado do *Jornal da Tarde* (6.12.1997).

―――― (1998). "O Classicismo na Música", in *O Classicismo*. São Paulo, Editora Perspectiva, vol. 9, coleção Stylus.

―――― (1998). "O Dardo de Brecht, Embebido em Ópera". São Paulo, Caderno de Sábado do *Jornal da Tarde* (21.3.1998).

MARTIN, George (1979). *The Opera Companion to XXth Century Opera*. Nova Iorque, Dodd Mead & Co.

MASSIN, Brigitte e Jean, org. (1985). *Histoire de la Musique Occidentale*. Paris, Fayard/Messidor-Temps Actuel (ed. em português: Rio de Janeiro, Nova Fronteira, 1998).

MCNEFF, Stephen (1994). "The Threepenny Opera" in THOMPSON, Peter, org. *The Cambridge Companion to Brecht*. Cambridge University Press.

MEYER, Andreas (1997). Erich Wolfgang Korngold: *Der Ring des Polykrates op. 7*. No folheto da gravação Klauspeter Seibel, selo CPO 999 402-2.

MILLINGTON, Barry, org. (1995). *Wagner: um Compêndio* (*Guia Completo da Música e da Vida de Richard Wagner*). Trad. de Luiz Paulo Sampaio e Eduardo Francisco Alves. Rio de Janeiro, Jorge Zahar Editor.

MORDDEN, Ethan (1985). *Opera Anecdotes*. Nova Iorque, Oxford University Press.

MOLKOW, Wolfgang (1995). *The Triumph of Love over the Powers of Darkness*. No folheto da gravação Peter Gülke da *Irrelohe*, de Schreker, selo Sony Classical S2K 66 850.

MULLENGER, Len (1999). *Gottfried von Einem: Life and Works*. Viena, Bundesministerium für Wirtschaftliche Angelegenheiten.

MYERS, Eric (1991). *The Distant Sound of Franz Schreker*, in *Opera News* de 13.4.1991. Nova York, The Metropolitan Opera Guild Inc.

NEWMAN, Ernest (1952). *Histórias das Grandes Óperas e de seus Compositores*. Trad. Antônio Ruas, Porto Alegre, Editora Globo, 5 vols.

OLIVER, Michael (1998). *The salute that finished a genius* no nº 103 de *Classic CD* (p. 40). Londres, Future Publishing Ltd.

ORREY, Leslie (1972). *A Concise History of Opera*. Londres, Thames & Hudson.

OSBORNE, Charles (1983). *Dicionário de Ópera* (trad. de Júlio Castañón Guimarães). Rio de Janeiro, Editora Guanabara, 1987.

OTTNER, Carmen (1988). *Franz Schmidt: Composer, Musician, Teacher*. No folheto da gravação Christoph Perick de *Notre Dame*, selo Capriccio 10248/9.

PACHL, Peter (1988). *Siegfried Wagner, Genie im Schatten*. Nymphenburg, Musik Verlag.

―――― . (1995). *"Also heute Abend geht der Teufel los"* (Assim é que esta noite o diabo está à solta). No folheto da gravação Viesturs Gailis de *Banadietrich*, de Siegfried Wagner, selo Marco Polo 8.223895-6.

―――― (1995). *Siegfried Wagner*. Série de artigos de apresentação da integral das aberturas de suas óperas, em quatro volumes, gravada por Werner Andreas Albert para o selo CPO 999 003-2, 377-1, 377-2 e 378-2.

PALM, Helga Maria (1984). *Joseph Suder's* Kleider machen Leute. No folheto da gravação Uwe Mund, selo Orfeo C 124 862 H (com um depoimento de Alexander Suder, filho do compositor).

PALMER, A. Dean (1980). *Heinrich Marschner, 1795 – 1861: His Life and Stage Works*. Nova Iorque, UMI Research Press.

PALMER, Christopher (1975). Korngold and *Die tote Stadt*. No folheto da gravação Leinsdorf, selo RCA ARL-31199.

―――― . (1980) *Violanta*, no folheto da gravação Marek Janowski, selo CBS Masterworks 35909.

PANNAIN, Guido (1958). *L'Opera e le Opere ed Altri Scritti di Letteratura Musicale*. Milão, Edizioni Curci.

PAZ, Juan Carlos (1977). *Introdução à Música de Nosso Tempo*. São Paulo, Livraria Duas Cidades.

PAZDRO, Michel (1988). *Guide des Opéras de Wagner* (coleção *Les Indispensables de la Musique*). Paris, Fayard.

Bibliografia

PROENÇA FILHO, Domício (1969). *Estilos de Época na Literatura*. Rio de Janeiro, Editora Liceu.

REBATET, Lucien (1969). *Une Histoire de la Musique: de l'Origine à nos Jours* (coleção Bouquins). Paris, Robert Laffont.

REXROTH, Dieter (1978). *Mathis der Maler*. No folheto da gravação Rafael Kubelík, selo Angel SZCX-3869.

RIBEIRO DE OLIVEIRA, Solange (1999). *De Mendigos e Malandros: Chico Buarque, Bertolt Brecht e John Gay – Uma Leitura Transcultural*. Ouro Preto, Editora Ufop.

RICKARDS, Guy (1995). *Hindemith, Hartmann and Henze*. Londres, Phaidon Press Ltd., coleção "20th Century Composers".

RINGGER, Rolf Urs (1975). *Penthesilea*. No folheto da gravação Zdeněk Macal da ópera de O. Schoeck, selo Harmonia Mundi 1C 165-99781/82.

ROBBINS LANDON, H. C. (1990). *1791: o Último Ano de Mozart*. Rio de Janeiro, Editora Nova Fronteira.

_____, org. (1996). *Mozart: um Compêndio*. Rio de Janeiro, Jorge Zahar Editor.

ROGGE, Wolfgang (1989). *A Child of its Time: the Zeitoper*. Cf. Krenek, Ernst.

ROMERO, Jutta (1997). *Heinrich Marschner's* The Vampire. Tradução do libreto no site Opera-Glass, da Internet, recolhido em 16.6.1999.

RÖSLER, Walter (1996). *L'Opera Seria dans le Berlin de Frédéric le Grand*. No folheto da gravação René Jacobs do *Cesare e Cleopatra* de Carl Heinrich Graun, selo Harmonia Mundi 7901602.

RUPPEL, K. H. (1969). Busoni's Road to *Doctor Faust*. No folheto da gravação Ferdinand Leitner, selo DG 2709 032.

SAMUEL, Claude (1964). *Panorama da Arte Musical Contemporânea*. Trad. João de Freitas Branco, Lisboa, Editorial Estudos Cor, Ltda.

SALZMAN, Eric (1974). *Twentieth Century Music: an Introduction*. Nova Jérsei, Prentice Hall Inc.

SARTORI, Claudio et al. (1959). *Dizionario Ricordi della Musica e dei Musicisti*. Milão, Ricordi.

SCHMIEDPETER, Peter (1988). *The Analisis and Reception of Franz Schmidt's* Notre Dame. Cf. Ottner, Carmen.

SCHMIDT-GARRE, Helmut (1964). *Der Festwochen andere Teil*. (Crítica da estréia de *Die Verlobung in San Domingo* publicada no *Neue Zeitschrift für Musik,* ano 125, nº 1). Cf. Unger, Annette (1993).

SCHMILGUN (1997). *Erich Wolfgang Korngold: a Composer between the Times*. Nos folhetos da série *Korngold's Orchestral Works*, do selo CPO.

SCHULTZ (1995). *The Fall of the Antichrist, Viktor Ullmann's Principal Music Drama*. No folheto da gravação Rainer Koch, selo CPO 999 321-2.

SCHUMANN, Karl (1982). *Peer Gynt*: Werner Egk's Opera of the Prodigal Son. No folheto da gravação Heinz Wallberg, selo Orfeo C 005 822 H.

SCHWARTE, Michael (1994). *"Das ist nicht zu glauben was in der Musick für ein Feuer ist"*: Anmerkungen zu Ignaz Holzbauer deutscher Oper Günther von Schwarzburg ("É inacreditável o fogo que há nessa música": Notas sobre *Günther von Schwarzburg*, a ópera alemã de Ignaz Holzbauer), no folheto da gravação Michael Schneider, selo CPO.

SKELTON, Geoffrey (1975). *Hindemith: the Man behind the Music*. Londres, Gollancz.

SLONIMSKY, Nicolas (1988). *The Concise Baker's Biographical Dictionary of Musicians*. Nova Iorque, Schirmer Books/MacMillan Inc.

STEGEMANN, Michael (1991). *Petty Bourgeois Cerimouniousness: Observations on Alexander von Zemlinsky's Musical Comedy* Kleider machen Leute. No folheto da gravação Ralf Weikert, selo Koch-Schwann 314 069.

STEINER, George (1998). *Letter from Lyons: on Busoni's* Dr. Faust, in *Opera News* vol. 62, nº 11 de fevereiro de 1998, Nova York, The Metropolitan Opera Guild Inc.

THEOBALD, Christiane (1989). *Flammen op. 10*, eine Liederoper. No folheto da gravação Frank Strobel, selo Marco Polo 8.223422.

TITSCHER, Georg (1977). *Notre Dame*: Beyond the Story of the Poor Hunchback. Cf. Ottner, Carmen.

TRANCHEFORT, François-René (1976). *L'Opéra: 1. D'Orféo à Tristan; 2. de Tristan à Nos Jours* (coleção Inédit Musique) Paris, Éditions du Seuil.

_____. (1986) *Guide de la Musique Symphonique* (coleção "Les Indispensables de la Musique"). Paris, Fayard.

UNGER, Annette (1993). *Werner Egk's* Die Verlobung in San Domingo. No folheto da gravação regida pelo autor, selo Orfeo C 343 932 I.

WALTON, Chris (1997). *Othmar Schoek*. Texto no site http://www.Guildmusic.com, recolhido em 3.8.1999.

WARRACK, John (1976). *Carl Maria von Weber*. Cambridge University Press.

WARRACK, John e WEST, Ewan (1992). *The Oxford Dictionary of Opera*. Oxford University Press.

WISTRICH, Robert S. (1995). *Who's Who in Nazi Germany*. Londres, Routledge.

Título:	A Ópera Alemã
Autor:	Lauro Machado Coelho
Ilustração da Capa:	Desenho de figurino para Max na estréia do *Freischütz* de Weber
Formato:	18,0 x 25,5 cm
Tipologia:	Times 10/12
Papel:	Cartão Supremo 250 g/m² (capa)
	Chambril Book 90 g/m² (miolo)
Número de Páginas:	568
Editoração Eletrônica e Laser Filme:	Lauda Composição e Artes Gráficas
Fotolito de Capa e Ilustrações:	Macin Color
Impressão:	Orgrafic Gráfica e Editora